btb

HONORÉ DE BALZAC

Die Menschliche Komödie

II

HONORÉ DE BALZAC

Die Menschliche Komödie

Gesamtausgabe in zwölf Bänden mit Anmerkungen
und biographischen Notizen über die Romangestalten

Herausgegeben und eingeleitet von Ernst Sander

HONORÉ DE BALZAC

Albert Savarus

u. a.

btb

Diese Ausgabe folgt der von Balzac bestimmten Anordnung der ›Comédie humaine‹

Eine Übersicht über die Gesamtausgabe befindet sich am Ende dieses Bandes. Je ein Register nach den deutschen und französischen Titeln und ein Verzeichnis aller in der ›Menschlichen Komödie‹ auftretenden Personen enthält Band XII.

Umwelthinweis:
Alle bedruckten Materialien dieses Buches sind chlorfrei und umweltschonend.

btb Taschenbücher erscheinen im Goldmann Verlag, einem Unternehmen der Verlagsgruppe Bertelsmann.

1. Auflage
Genehmigte Taschenbuchausgabe Dezember 1998

Unveränderter Nachdruck der Goldmann-Gesamtausgabe in zwölf Bänden
Umschlaggestaltung: Design Team München
Umschlagmotiv: Camille Pissaro »Die Postkutsche«
KR · Herstellung: Augustin Wiesbeck
Made in Germany
ISBN 3-442-72441-4

INHALT

SITTENSTUDIEN

Szenen aus dem Privatleben

Albert Savarus

Übertragung von Ernst Sander

Der Roman, richtiger die Novelle ›Albert Savarus‹ wurde erstmals, in Fortsetzungen, in ›Le Siècle‹ gedruckt, und zwar vom 29. Mai bis zum 11. Juni 1842, eingeteilt in vierzig Kapitel. Nach Balzacs Angabe entstand sie im Mai 1842 in Paris. Unmittelbar nach dem Vorabdruck wurde sie in den (damaligen) ersten Band der ›Menschlichen Komödie‹ eingefügt und Madame Emile de Girardin (Delphine Gay)[1] gewidmet. In ›Le Siècle‹ trägt Rosalie de Watteville den Vornamen Philomène und ebenso in der Buchausgabe, dort freilich mit einer Notiz, daß der Kult der heiligen Filomena in Italien erst nach der Revolution von 1830 eingesetzt habe. Aufgrund einer Nachlaßnotiz wurde in den späteren Ausgaben der Vorname in Rosalie umgeändert. – In dem Liebesverhältnis Albert Savarus' zu der Herzogin von Argaiolo spiegelt sich vieles von Balzacs Beziehungen zu Madame de Hanska, seiner späteren Frau, wie er denn dem Helden Albert de Savarus manche seiner Charakterzüge geliehen hat.

Einer der wenigen Salons, in denen der Erzbischof von Besançon sich sehen ließ, und überdies derjenige, dem seine Vorliebe galt, war der der Baronin de Watteville. Ein paar Zeilen über jene Dame; sie war vielleicht das angesehenste weibliche Wesen in Besançon.

Monsieur de Watteville, der Großneffe des berühmtesten Watteville, des glücklichsten und erlauchtesten unter allen Mördern und Renegaten[2], dessen außergewöhnliche Abenteuer viel zu sehr der Historie angehören, als daß sie erzählt zu werden brauchten, war ebenso geruhsam, wie sein Großonkel lebhaft gewesen war. Zunächst hatte er in der Franche-Comté gelebt wie eine Assel im Riß einer Holzverkleidung; dann aber hatte er die Erbin der berühmten Familie de Rupt geheiratet. Mademoiselle de Rupt vereinigte zwanzigtausend Francs Einkünfte aus Landbesitz mit den zehntausend aus Liegenschaften, die der Baron de Watteville besaß. Das Wappen des Schweizer Edelmanns – die Wattevilles stammen nämlich aus der Schweiz – wurde dem alten Wappen der Rupts hinzugefügt. Jene Heirat war bereits seit 1802 beschlossen gewesen; vollzogen wurde sie 1815, nach der zweiten Restauration. Drei Jahre nach der Geburt einer Tochter waren sämtliche älteren Verwandten der Madame de Watteville tot, waren ihre Erbschaften angetreten worden. Damals wurde Monsieur de Wattevilles Haus verkauft, und die Familie siedelte in die Rue de la Préfecture über, in das schöne Stadtpalais der Rupts, dessen großer Garten sich nach der Rue du Perron hin erstreckt. Madame de Watteville war bereits als junges Mädchen fromm gewesen; nach ihrer Heirat wurde sie noch frommer. Sie ist eine der Herrscherinnen der heiligen Bruderschaft, die der gehobenen Gesellschaftsschicht von Besançon das düstere Gepräge und das prüde Gehaben verleiht, welch beides so gut mit dem Charakter der Stadt harmoniert.

Watteville, ein trockener, magerer, geistloser Herr, wirkte verbraucht, ohne daß man hätte sagen können, wodurch; er erfreute sich nämlich einer krassen Ignoranz; aber da seine Frau von einem brennenden Blond und von einer Dürrheit war, die sprichwörtlich geworden ist (noch heutzutage heißt es: spitzig wie Madame de Watteville), behaupteten einige Witzbolde unter den Juristen, der Baron habe sich an diesem Felsen abgescheuert. Rupt ist offenbar von ›rupes‹[3] abgeleitet. Gelehrte Beobachter der sozialen Gegebenheiten werden nicht versäumen, darauf hinzuweisen, daß Rosalie der einzige Sproß aus der ehelichen Verbindung Watteville-Rupt war.

Monsieur de Watteville verbrachte sein Leben in einer reich ausgestatteten Drechslerwerkstatt: er drechselte! Als Ergänzung zu dieser Daseinsform hatte er sich die Laune geleistet, ein Sammler zu sein. Für die Philosophen unter den Ärzten, die sich dem Studium des Irrsinns gewidmet haben, gilt der Sammeltrieb als ein erstes Stadium der Geistesstörung, wenn er sich auf Nichtigkeiten erstreckt. Der Baron sammelte Muscheln, Insekten und Bruchstücke von Gestein aus der Umgegend von Besançon. Ein paar Widerspruchsgeister, Frauen vor allem, sagten von Monsieur de Watteville: »Er hat eine schöne Seele! Gleich zu Beginn seiner Ehe hat er eingesehen, daß er mit seiner Frau nicht fertig werden würde, und da hat er sich lieber einer handwerklichen Tätigkeit und dem guten Essen ergeben.«

Dem Stadtpalais Rupt fehlte es nicht an einem gewissen Glanz, der dem Ludwigs XIV. würdig gewesen wäre und für den Adel der beiden 1815 miteinander verschmolzenen Familien zeugte. Es blitzte und funkelte darin ein alter, längst aus der Mode gekommener Luxus. Lüster aus blattförmig geschliffenem Kristall, chinesische Seidenstoffe, Damast, Teppiche, vergoldete Möbel: all das paßte zu den alten Livreen und den alten Dienern. Obwohl das Essen in schwarz angelaufenem Familiensilber rund um einen Tafelaufsatz aus Spiegelglas mit Meißener Porzellandekor serviert wurde, war es erlesen. Die von Monsieur de Watteville ausgewählten Weine – der Baron war, um eine Beschäftigung zu haben und etwas Abwechslung in sein Leben zu bringen, sein eigener Kellermeister geworden – genossen im ganzen Département eine gewisse Berühmtheit. Das Vermögen der Baronin war ansehnlich geworden; denn das ihres Gatten, das aus dem etwa zehntausend Francs Einkünfte abwerfenden Gut Rouxy bestand, hatte sich durch keinerlei Erbschaft vermehrt. Es erübrigt sich, darauf hinzuweisen, daß die sehr enge Verbindung zwischen Madame de Watteville und dem Erzbischof die drei oder vier bemerkenswertesten und geistvollsten Abbés des Erzbistums, die einer guten Tafel durchaus nicht abgeneigt waren, sich bei ihr hatte einnisten lassen.

Gelegentlich eines glanzvollen Abendessens im September 1834, das aus irgendeinem festlichen Grund gegeben wurde, saßen die Damen gerade im Halbkreis vor dem Kamin im Salon und die Herren standen in Gruppen an den Fenstern, als der just gemeldete Abbé de Grancey bei seinem Eintreten überaus beifällig begrüßt wurde.

»Na, und der Prozeß?« wurde ihm entgegengerufen.

»Gewonnen!« antwortete der Generalvikar. »Das Urteil des Gerichts, an dem wir bereits verzweifelten, Sie wissen, warum . . .«

Das war eine Anspielung auf die Zusammensetzung des Königlichen Gerichts seit 1830. Die Legitimisten hatten fast alle um ihre Entlassung gebeten.

». . . Das Urteil gibt uns in allen Punkten recht und hebt das Urteil der ersten Instanz auf.«

»Alle hatten geglaubt, Sie würden verlieren.«

»Und das wäre auch der Fall gewesen, ohne mich. Ich habe unserem Anwalt gesagt, er solle nach Paris fahren; auf diese Weise habe ich, als die Schlacht begann, einen neuen Anwalt nehmen können, und dem verdanken wir, daß der Prozeß gewonnen worden ist; er ist ein ungewöhnlicher Mensch ...«

»Aus Besançon?« fragte Monsieur de Watteville naiv.

»Aus Besançon«, antwortete der Abbé de Grancey.

»Ja, freilich, Savaron«, sagte ein gutaussehender junger Herr, der neben der Baronin saß; er hieß de Soulas.

»Er hat fünf oder sechs Nächte lang die Aktenstapel, die Konvolute durchgeackert; er hat sieben bis acht mehrstündige Besprechungen mit mir geführt«, fuhr Monsieur de Grancey fort; er war seit drei Wochen zum erstenmal wieder im Palais Rupt erschienen. »Kurz und gut: Monsieur Savaron hat den berühmten Advokaten, den unsere Gegner sich eigens aus Paris hatten kommen lassen, völlig geschlagen. Wie die Räte sagen, ist der junge Mann schlechthin wunderbar gewesen. Auf diese Weise ist das Kapitel zweifacher Sieger: einmal juristisch, und alsdann politisch hat es in der Person des Verteidigers unseres Rathauses den Liberalismus besiegt. ›Unsere Gegner‹, hat unser Anwalt gesagt, ›dürfen nicht darauf gefaßt sein, daß sie überall Entgegenkommen finden, wenn es gilt, die Erzbistümer zugrunde zu richten ...‹ Der Präsident war gezwungen, um Ruhe zu bitten. Alle Bisontiner[4] haben Beifall geklatscht. Auf diese Weise verbleibt das Eigentumsrecht an den Gebäuden des ehemaligen Klosters dem Kapitel der Kathedrale von Besançon. Übrigens hat Savaron seinen Pariser Kollegen beim Verlassen des Gerichtsgebäudes zum Abendessen eingeladen. Dieser hat die Einladung angenommen und dabei gesagt: ›Allen Siegern alle Ehren!‹ Neidlos hat er ihn zu seinem Triumph beglückwünscht.«

»Wo haben Sie diesen Advokaten denn aufgestöbert?« fragte Madame de Watteville. »Ich habe den Namen nie gehört.«

»Aber Sie können doch von hier aus seine Fenster sehen«, antwortete der Generalvikar. »Savaron wohnt in der Rue du Perron, und der Garten seines Hauses hat eine gemeinsame Mauer mit dem Ihrigen.«

»Er stammt aber nicht aus der Freigrafschaft«, sagte der Baron.

»Er hat so wenig Stammeseigentümlichkeiten, daß sich gar nicht sagen läßt, woher er eigentlich stammt«, sagte Madame de Chavoncourt.

»Aber wer ist er denn nur?« fragte Madame de Watteville, nahm Soulas' Arm und begab sich ins Eßzimmer. »Wenn er ein Fremder ist, durch welchen Zufall hat er sich dann ausgerechnet in Besançon niedergelassen? Das ist doch eine recht ausgefallene Idee für einen Anwalt!«

»Recht ausgefallen!« wiederholte der junge Amédée de Soulas; zum besseren Verständnis dieser Geschichte wird es notwendig, hier seine Biographie einzufügen.

Zu allen Zeiten hat zwischen Frankreich und England ein Austausch von Nichtigkeiten stattgefunden; er wurde um so eifriger betrieben, als er nicht der Zolltyrannei unterlag. Die Mode, die wir in Paris als die englische bezeichnen, heißt in London die französische, und umgekehrt. Das gute Einverständnis der beiden Völker hört in zwei Punkten auf, nämlich wenn es sich um gewisse Worte und um die Kleiderfrage handelt. Das ›God save the King‹, die Nationalhymne der Engländer, ist eine Melodie, die Lulli für die Chöre in ›Esther‹ oder ›Athalie‹ schrieb[5]. Die Reifröcke, die eine Engländerin in Paris einführte, wurden in London, man weiß, warum, von einer Französin erfunden, der berühmten Herzogin von Portsmouth[6]; anfangs hat man darüber so sehr gespottet, daß die erste Engländerin, die damit in den Tuilerien erschien, von der Menge beinahe erdrückt worden wäre; aber die Reifröcke wurden übernommen. Ein halbes Jahrhundert lang hat diese Mode die Frauen Europas tyrannisiert. Nach dem Frieden von 1815 wurde ein Jahr hindurch über die langen Taillen der Engländerinnen gelacht; ganz Paris sah sich Pothier und Brunet in ›Les Anglaises pour rire‹[7] an; aber 1816 und 1817 rutschten die Gürtel der Französinnen, die ihnen noch 1814 die Brüste hochgedrückt hatten, nach und nach so tief, daß sie die Hüften hervorhoben. Seit zehn Jahren hat England uns kleine linguistische Geschenke gemacht. Dem ›Incroyable‹[8], dem ›Merveilleux‹[9], dem ›Elégant‹, diesen drei Erben der ›Petitsmaîtres‹, deren Etymologie ziemlich unanständig ist, sind der ›Dandy‹ gefolgt und dann der ›Lion‹, der ›Löwe‹. Der ›Lion‹ hat nicht etwa die ›Lionne‹ gezeugt. Die ›Lionne‹, die ›Löwin‹, entstammt vielmehr dem berühmten Gedicht von Alfred de Musset[10]: »Avez-vous vu dans Barcelone . . . C'est ma maîtresse et ma lionne«: es ist zu einer Fusion oder, wenn man will, zu einer Konfusion zwischen den beiden Ausdrücken und den beiden Grundbegriffen gekommen. Wenn sich Paris über eine Dummheit amüsiert, Paris, das ebenso viele große Kunstwerke wie Dummheiten schluckt, fällt es der Provinz schwer, sich ihrer zu berauben. Als daher der ›Lion‹ in Paris seine Mähne, seinen Backenbart und seinen Schnurrbart spazierenführte, seine Westen und sein Lorgnon, das nicht mehr mit der Hand gehalten, sondern zwischen Wange und Brauenbogen eingeklemmt wurde, haben wir in den Hauptstädten einiger Départements ›Sous-Lions‹, ›Unterlöwen‹, erlebt, die durch die Eleganz ihrer Hosenstege gegen die Nachlässigkeit ihrer Mitbürger protestierten. Daher konnte Besançon sich im Jahr 1834 eines ›Löwen‹ in der Gestalt jenes Monsieur Amédée-Sylvain-Jacques de Soulas erfreuen; zur Zeit der spanischen Okkupation[11] schrieb die Familie sich ›Souleyaz‹. Amédée de Soulas ist in ganz Besançon der einzige, der einer spanischen Familie entstammt. Spanien hat zwar Leute nach Besançon entsandt, die seine Angelegenheiten in der Franche-Comté regeln sollten; aber es haben sich dort nur sehr wenige Spanier niedergelassen. Die Soulas' blieben dort, weil sie in verwandtschaftlichen Beziehungen zum Kardinal de Granvelle[12] standen. Der junge Soulas sprach in einem fort davon, er wolle Besançon den Rücken kehren, dieser tristen, bigotten, wenig literarischen Kriegs- und Garnisonstadt, deren Sitten und Gehaben, deren Physiognomie es verdienten, geschildert zu werden. Diese Einstellung gestattete es ihm, als ein Mann mit ungewissen Zukunftsplänen drei kärglich ausgestattete Zimmer am Ende der Rue Neuve zu bewohnen, dort, wo sie mit der Rue de la Préfecture zusammenstößt.

Der junge Soulas konnte nicht umhin, sich einen ›Tiger‹, einen Reitknecht, zuzulegen. Jener ›Tiger‹ war der Sohn eines seiner Pächter, ein Dienerchen von vierzehn Jahren, ein stämmiges Kerlchen namens Babylas. Der ›Löwe‹ hatte seinen ›Tiger‹ in eine tadellose Livree gesteckt: kurzer Überrock aus eisengrauem Tuch, eingeschnürt durch einen Lackledergürtel, leuchtend blaue kurze Samthose, rote Weste, Lackstiefel mit Stulpen, runder Hut mit schwarzer Schnur und Schnalle, gelbe Knöpfe mit dem Wappen der Soulas'. Amédée gab dem Jungen außerdem weiße Baumwollhandschuhe, Wäsche und monatlich ein Kostgeld von sechsunddreißig Francs, was den Grisetten von Besançon als ungeheuerlich erschien: vierhundertzwanzig Francs für einen fünfzehnjährigen Jungen, die Geschenke eingerechnet! Die Geschenke bestanden im Verkauf abgelegter Garderobe, in einem Trinkgeld, wenn Soulas eins seiner beiden Pferde gegen ein anderes austauschte, und im Verkauf des Pferdemistes. Die beiden mit filziger Sparsamkeit unterhaltenen Pferde verursachten beide im Jahr achthundert Francs Kosten. Die Rechnungen der Pariser Lieferanten für Parfüms, Krawatten, Schmuck, Dosen mit Stiefelwichse und Garderobe beliefen sich auf zwölfhundert Francs. Wenn man den Lohn für den Groom oder Tiger, die Unterhaltskosten der Pferde, die Nebenausgaben und die sechshundert Francs betragende Miete zusammenrechnet, kommt man auf dreitausend Francs. Nun aber hatte der Vater des jungen Soulas diesem lediglich Einkünfte in Höhe von viertausend Francs hinterlassen; sie waren der Ertrag aus einigen recht kümmerlichen Meierhöfen, die unterhalten werden mußten und deren Unterhaltung die Erträgnisse daraus zu etwas unselig Ungewissem machte. Dem ›Löwen‹ verblieben mit genauer Not täglich drei Francs für seinen Lebensunterhalt, sein Taschengeld und sein Geld fürs Spiel. Daher aß er häufig in der Stadt zu Abend, und sein Mittagessen war überaus frugal. Mußte er unbedingt auf eigene Kosten zu Abend essen, so ließ er sich durch seinen Tiger von einem Speisewirt zwei Gerichte holen und legte dafür höchstens fünfundzwanzig Sous an. Der junge Soulas galt als ein Verschwender, als ein Mann, der tolle Streiche beging; dabei verknüpfte der arme Kerl die beiden Enden des Jahres mit einer Verschlagenheit, mit einem Talent, die einer guten Haushälterin Ehre gemacht hätten. Man wußte damals noch nicht, vor allem in Besançon, welche Wichtigkeit Stiefel- oder Schuhwichse für sechs Francs, gelbe Handschuhe für fünfzig Sous, die in äußerster Heimlichkeit gesäubert werden, damit sie dreimal getragen werden können, Krawatten für zehn Francs, die drei Monate vorhalten, vier Westen zu fünfundzwanzig Francs und Hosen, die in die Stiefel gesteckt werden, in einer

Hauptstadt besitzen! Wie könnte dem auch anders sein, da wir es in Paris erleben, daß Frauen eine besondere Aufmerksamkeit Dummköpfen zuwenden, die zu ihnen ins Haus kommen und die bedeutendsten Männer ausstechen, und zwar einzig und allein durch ein paar frivole Vorzüge, die man sich mit fünfzehn Louis verschaffen kann, eingeschlossen das gebrannte Haar und ein Hemd aus holländischem Leinen?

Wenn man meint, jener unglückliche junge Mann sei recht mühelos zum ›Löwen‹ geworden, so möge man vernehmen, daß Amédée de Soulas dreimal in der Schweiz gewesen war, zu Wagen und in kleinen Tagesreisen; zweimal in Paris, und einmal von Paris aus in England. Er galt als ein erfahrener, weitgereister Mann und konnte sagen: »In England, wo ich mal gewesen bin . . .« usw. Die adligen Witwen pflegten zu ihm zu sagen: »Sie, der Sie einmal in England waren« usw. Er war bis in die Lombardei vorgedrungen; er war an den oberitalienischen Seen entlangkutschiert. Er las neuerschienene Werke. Kurzum: wenn er gerade mit dem Waschen seiner Handschuhe beschäftigt war, antwortete der Tiger Babylas den Besuchern: »Monsieur arbeitet.« Es war schon versucht worden, den jungen Soulas durch die Behauptung: »Der ist ein Fortschrittler!« in Mißkredit zu bringen. Amédée verfügte über die Fähigkeit, mit Bisontiner Ernst die just im Schwange befindlichen Gemeinplätze weiterzuverbreiten; das trug ihm die Ehre ein, als einer der hellsten Köpfe des Adels zu gelten. Er trug Schmuckkinkerlitzchen, die gerade modern waren, und im Kopf hatte er nur durch die Presse kontrollierte Gedanken.

Im Jahre 1834 war Amédée ein junger Herr von fünfundzwanzig Jahren, mittelgroß, brünett, mit gewaltsam betontem Thorax, dementsprechenden Schultern, etwas rundlichen Schenkeln, schon fetten Füßen, weißen, fleischigen Händen, einem Backenbart rund ums Kinn, einem Schnurrbart, der mit denen der Garnison rivalisierte, einem gutmütigen, dicken, roten Gesicht, platter Nase und braunen, ausdruckslosen Augen; im übrigen hatte er nicht das mindeste Spanische an sich. Mit Riesenschritten ging er einer für seinen Ehrgeiz gefährlichen Korpulenz entgegen. Seine Fingernägel waren gepflegt, sein Bart gestutzt und frisiert, die geringsten Einzelheiten seiner Kleidung zeigten eine englische Adrettheit. Daher galt Amédée de Soulas als der schönste Mann von ganz Besançon. Ein Friseur, der zu einer vereinbarten Stunde zu ihm kam und ihn frisierte (ein weiterer Luxus, der sechzig Francs im Jahr verschlang!), rühmte ihn überall als den überlegenen Schiedsrichter in Fragen der Mode und der Eleganz. Amédée stand spät auf, machte Toilette und ritt dann gegen Mittag zu einem seiner Meierhöfe, wo er sich im Pistolenschießen übte. Dieser Beschäftigung legte er die gleiche Wichtigkeit bei wie Lord Byron in seinen letzten Tagen. Dann kehrte er gegen drei zurück, und die Grisetten und die aus ihren Fenstern schauenden Leute bewunderten ihn, wie gut er zu Pferde saß. Nach vorgeblichen Arbeiten, die ihn dem Anschein nach bis vier beschäftigten, kleidete er sich an und aß in der Stadt zu Abend, und den Rest des Abends verbrachte er in den Salons der Bisontiner Aristokratie beim Whist; gegen elf ging er heim und legte sich schlafen. Kein Dasein konnte offener zutage liegen und vernünftiger und freier von Tadel geführt werden; denn an allen Sonn- und Feiertagen ging er pünktlich zum Gottesdienst.

Um verständlich zu machen, wie übertrieben dieses Leben wirkte, ist es erforderlich, ein paar erklärende Worte über Besançon einzufügen. Keine andere Stadt leistet dem Fortschritt einen so tauben und stummen Widerstand. In Besançon werden die Behörden, die Beamten, die Offiziere, kurz alle, die die Regierung, die Paris nach dort schickt, damit sie irgendeinen Posten ausfüllen, en bloc unter dem ausdrucksvollen Namen ›die Kolonie‹ zusammengefaßt. Die Kolonie ist neutrales Gebiet, das einzige, auf dem sich, wie in der Kirche, die adlige und die bürgerliche Gesellschaft der Stadt treffen können. Auf diesem Gebiet setzt, um eines Wortes, eines Blickes oder einer Geste willen, der Haß von Haus zu Haus, zwischen Bürgersfrauen und Aristokratinnen ein; er dauert bis zum Tode und vergrößert noch die unüberschreitbaren Wehrgräben, die die beiden Gesellschaftsklassen trennen. Dabei war mit Ausnahme der Clermont-Mont-Saint-Jeans, der Beauffremonts, der de Sceys, der Gramonts und einiger anderer Familien, die in der Franche-Comté nur auf ihren Gütern wohnten, der Bisontiner Adel kaum älter als zwei Jahrhunderte; er leitete sich aus der Zeit der Eroberung durch Ludwig XIV. her. Er ist im wesentlichen Juristenadel, aber von einem Hochmut, einer Steifheit, einem Ernst, einer Bestimmtheit und einer Anmaßung, die den Wiener Hof weit hinter sich lassen; denn die Bisontiner würden in bezug auf alles die Wiener Salons in den Schatten stellen. Von Victor Hugo[13], Nodier[14], Fourier[15], die der Stadt zum Ruhm gereichen, ist nie die Rede; um die kümmert sich niemand. Die Eheschließungen zwischen Adligen werden schon an der Wiege der Kinder vereinbart, so endgültig fest steht hier das Geringfügigste wie das Wichtige. Niemals hat ein Ausländer, ein Eindringling in diese Häuser einschlüpfen können, und sogar Oberste oder Offiziere mit Adelstiteln, Angehörige der besten Familien Frankreichs, wenn solche dort in Garnison standen, bedurften, um dort empfangen zu werden, diplomatischer Bemühungen, wie der Fürst von Talleyrand sie nur zu gern gekannt hätte, um sich ihrer bei einem Kongreß zu bedienen. Im Jahre 1834 war Amédée der einzige Herr in Besançon, der Hosen mit Stegen trug. Schon das allein vermag zu erklären, daß der junge Soulas als ›Löwe‹, als Stutzer galt. Jetzt möge noch eine kleine Anekdote zum besseren Verständnis Besançons beitragen.

Einige Zeit vor dem Tage, da diese Geschichte beginnt, empfand die Präfektur die Notwendigkeit, einen Redakteur für ihre Zeitung aus Paris kommen zu lassen, um sich gegen die kleine ›Gazette‹ zu wehren, die die große ›Gazette‹[16] in Besançon ausgebrütet hatte, und gegen den ›Patriote‹[17], den die Republik sich dort tummeln ließ. Paris in seiner Ahnungslosigkeit von der Franche-Comté schickte einen jungen Mann, der mit einem ›Besançon-Leitartikel‹ aus der Schule des ›Charivari‹[18] debütierte. Der Führer des ›Juste-Milieu‹[19], der Mittelpartei, ein Mann aus dem Rathaus, ließ den Journalisten zu sich kommen und sagte zu ihm: »Hören Sie, guter Mann, wir sind hier ernste Leute, mehr als ernst, nämlich langweilig, wir wollen nicht amüsiert werden, wir sind wütend, wenn wir mal gelacht haben. Schreiben Sie genauso unverdaulich wie die dicksten Weitschweifigkeiten der ›Revue des Deux Mondes‹[20], dann haben Sie beinahe den Bisontiner Ton getroffen.« Das ließ der Redakteur sich gesagt sein; er schrieb fortan ein nahezu unverständliches Rotwelsch. Mit durchschlagendem Erfolg.

Wenn der junge Soulas in den Salons von Besançon nicht an

Hochschätzung einbüßte, so lag das lediglich an deren Eitelkeit: die Aristokratie war nur zu sehr davon angetan, den Anschein zu erwecken, als werde sie modern und könne den Pariser Adligen, die die Franche-Comté durchreisten, mit einem jungen Herrn aufwarten, der ihnen halbwegs ähnelte. All dies Arbeiten in der Verborgenheit, all dies Sand-in-die-Augen-Werfen, diese zur Schau getragene Narrheit, die latente Weisheit hatte ein Ziel, und ohne ein solches hätte der Bisontiner Löwe nicht aus jener Stadt gestammt. Amédée wollte zu einer vorteilhaften Eheschließung gelangen, indem er eines Tages nachwies, daß seine Pachthöfe nicht hypothekarisch belastet seien und daß er Ersparnisse gemacht habe. Er wollte die Stadt beschäftigen, er wollte ihr schönster Mann sein, ihr elegantester, um zunächst das Interesse der Mademoiselle Rosalie de Watteville zu erregen und dann ihre Hand zu erlangen: ah!

1830, als der junge Monsieur de Soulas seine Laufbahn als Dandy begonnen hatte, war Rosalie vierzehn gewesen. 1834 war Mademoiselle de Watteville also gerade in das Alter gelangt, in dem junge Damen sich leicht von all den Absonderlichkeiten blenden lassen, wie sie Amédée der Aufmerksamkeit der ganzen Stadt empfahlen. Es gibt viele ›Löwen‹, die aus Berechnung und Spekulation zu Löwen werden. Die Wattevilles, die seit zwölf Jahren über ein Einkommen von fünfzigtausend Francs verfügten, gaben jährlich bloß vierundzwanzigtausend aus, obwohl sie jeden Montag und Freitag die hohe Gesellschaft von Besançon bei sich empfingen. Montags wurde zum Abendessen zu ihnen gegangen, freitags wurde bei ihnen der Abend gesellig verbracht. Welch eine Summe hatten nun also im Lauf von zwölf Jahren die ersparten sechsundzwanzigtausend Francs ergeben, die mit der Vorsicht angelegt worden waren, die jene alten Familien auszeichnet? Ziemlich allgemein war die Meinung verbreitet, daß bei ihrem großen Landbesitz Madame de Watteville im Jahre 1830 ihre Ersparnisse in dreiprozentigen Papieren angelegt habe. Rosalies Mitgift mußte daher jährlich etwa vierzigtausend Francs Zinsen abwerfen. Deshalb hatte der ›Löwe‹ seit fünf Jahren wie ein Maulwurf gearbeitet, um sich, das war sein hohes Ziel, in der Achtung der gestrengen Baronin einzunisten, und zugleich sich so verhalten, daß er dem Ehrgeiz der Mademoiselle de Watteville schmeichelte. Die Baronin war in das Geheimnis der Kniffe und Schliche eingeweiht, mittels deren es Amédée gelang, seine Geltung in Besançon aufrechtzuerhalten, und sie schätzte ihn deswegen sehr. Soulas hatte sich unter die Fittiche der Baronin begeben, als sie dreißig gewesen war; er hatte damals die Kühnheit besessen, sie zu bewundern und aus ihr ein Idol zu machen; er hatte es so weit gebracht, daß er ihr, und einzig ihr auf Erden, jene gewagten Scherze erzählte, die nahezu alle Frömmlerinnen nur zu gern hören, da sie ja doch vermöge ihrer großen Tugenden ermächtigt sind, in Abgründe zu schauen, ohne hineinzufallen, und sich die Fallstricke des Bösen anzusehen, ohne sich darin zu verfangen. Ist jetzt begreiflich, warum der ›Löwe‹ sich nicht das leichteste Liebesverhältnis gestattete? Er legte sein Leben offen dar, er lebte irgendwie auf der Straße, um bei der Baronin die Rolle des aufopfernden Liebhabers zu spielen und ihren Geist mit Sünden traktieren zu können, die sie ihrem Fleisch versagte. Ein Mann, der das Privilegium besitzt, einer Frömmlerin leichtfertige Dinge ins Ohr zu flüstern, ist in ihren Augen ein bezaubernder Mensch. Hätte dieser exemplarische ›Löwe‹ sich im Menschenherzen besser ausgekannt, so hätte er sich ungefährdet ein paar kleine Liebschaften mit den Grisetten Besançons erlauben können, die wie zu einem König zu ihm aufblickten: Seine Liebesabenteuer hätten die strenge, prüde Baronin nur noch mehr für ihn eingenommen. Rosalie gegenüber spielte dieser Cato den Verschwender: Er bekannte sich zu einem eleganten Leben, er zeigte ihr als verlockende Aussicht die brillante Rolle einer Modedame in Paris, wohin er als Abgeordneter übersiedeln würde. Diese kläglich durchgeführten Manöver wurden von vollem Erfolg gekrönt. 1834 bezeichneten die Mütter der vierzig Adelsfamilien, aus denen die hohe Bisontiner Gesellschaft sich zusammensetzt, den jungen Amédée de Soulas als den reizendsten jungen Herrn von ganz Besançon; keine wagte, ihm seinen Platz im Palais Rupt als Hahn im Korbe streitig zu machen, und die ganze Stadt betrachtete ihn als den künftigen Gatten Rosalies de Watteville. Es waren sogar schon über dieses Thema zwischen Amédée und der Baronin einige Worte gewechselt worden, denen die vorgebliche Nullität des Barons Gewißheit gab.

Mademoiselle de Watteville, der ihr eines Tages riesiges Vermögen damals eine beträchtliche Bedeutung lieh, war innerhalb der Mauern des Stadtpalais Rupt aufgewachsen, das ihre Mutter nur selten zu verlassen pflegte, wenngleich sie ihren lieben Erzbischof sehr schätzte; Rosalie war durch eine ausschließlich religiöse Erziehung und durch den Despotismus ihrer Mutter, die sie aus Prinzip ›streng‹ hielt, in engsten Grenzen gehalten worden. Rosalie wußte absolut nichts. Heißt es, etwas wissen, wenn man Geographie aus dem Guthrie[21] gelernt hat, biblische Geschichte, alte Geschichte, französische Geschichte und die vier Rechnungsarten, und das alles durch das Sieb eines alten Jesuiten gerührt? Zeichnen, Musik und Tanz waren verboten, da mehr geeignet, zur Verderbnis zu führen als das Leben zu verschönen. Die Baronin lehrte die Tochter jede erdenkliche Art der Gobelinstickerei und die kleinen weiblichen Handarbeiten: Nähen, Stricken, Häkeln. Mit siebzehn Jahren hatte Rosalie nichts gelesen als die ›Erbaulichen Briefe‹[22] und Werke über Heraldik. Nie hatte eine Zeitung ihre Blicke besudelt. Jeden Morgen hörte sie in der Kathedrale, wohin die Mutter sie geleitete, die Messe, kam zum Mittagessen heim, machte einen kleinen Spaziergang durch den Garten, arbeitete dann und empfing, neben der Baronin sitzend, Besuche bis zur Stunde des Abendessens; danach, außer montags und freitags, begleitete sie Madame de Watteville zu Abendgesellschaften, ohne dort mehr sagen zu können, als die mütterliche Weisung es ihr gestattete. Als Achtzehnjährige war Mademoiselle de Watteville zart, schmal, flachbrüstig, blond, von weißer Hautfarbe und erdenklich unbedeutend. Ihre blaßblauen Augen wurden durch das Spiel der Lider verschönt; hielt sie sie gesenkt, so flog ein Schatten über ihre Wangen. Ein paar Sommersprossen beeinträchtigten die Reinheit ihrer übrigens wohlgeformten Stirn. Ihr Gesicht ähnelte vollauf den Heiligenbildern Albrecht Dürers und der Vorgänger des Perugino: die gleiche üppige, wenngleich schmale Form, die von Ekstase ins Traurige gekehrte Zartheit, die gleiche strenge Naivität. Alles an ihr, sogar die Haltung, gemahnte an jene Jungfrauen, deren Schönheit mit ihrem mystischen Schimmer sich nur den Augen eines aufmerksamen Kenners offenbart. Sie hatte schöne, aber rote Hände und den niedlichsten Fuß, den eines Schloßfräuleins. Für gewöhnlich trug sie Kleider aus schlichtem Kattun; an Sonn- und Feiertagen jedoch erlaubte die Mutter ihr seidene. Da ihre Garderobe in Besançon angefertigt wurde, wirkte sie dadurch beinahe häßlich; ihre Mutter dagegen versuchte, sich Anmut, Schönheit und Eleganz zu leihen, indem sie sich nach der Pariser Mode kleidete; durch die Vermittlung des jungen Soulas ließ sie sich von dort die geringsten Kleinigkeiten ihrer Toilette kommen. Rosalie hatte nie Seidenstrümpfe oder Brodequins[23] getragen, sondern immer nur Baumwollstrümpfe und Lederschuhe. An Galatagen trug sie ein Musselinkleid, hochfrisiertes Haar und Goldkäferschuhe. Hinter dieser Erziehung und Rosalies bescheidener Haltung verbarg sich ein eiserner Charakter. Physiologen und gründliche Beobachter der menschlichen Natur können einem, vielleicht zu unserem größten Erstaunen, sagen, daß in den Familien Launen, Charaktere, Geist und Genie in ganz genau den großen Intervallen wiederkehren wie das, was als erbliche Krankheiten bezeichnet wird. Auf diese Weise überspringt das Talent, wie die Gicht, bisweilen zwei Generationen. Wir haben für dieses Phänomen ein illustres Beispiel in George Sand, in der die Kraft, das Machtstreben und die Auffassungsgabe des Marschalls von Sachsen wieder aufgelebt sind, dessen natürliche Enkeltochter sie ist. Der entschlossene Charakter, die romantische Kühnheit des berühmten Watteville waren in der Seele seiner Großnichte aufs neue erstanden und noch verschärft durch die Zähigkeit, durch den Stolz des Rupt-Blutes. Aber diese guten Eigenschaften oder Fehler, wenn man will, waren in der Seele dieses dem Anschein nach weichen und kraftlosen Mädchens so tief verborgen wie die glühende Lava unter einem Hügel, ehe dieser sich als Vulkan offenbart. Vielleicht ahnte einzig Madame de Watteville dieses Erbe der beiden Familien. Sie verhielt sich ihrer Rosalie gegenüber so streng, daß sie eines Tages, als der Erzbischof ihr vorgeworfen hatte, sie behandele sie gar zu hart, ihm antwortete: »Lassen Sie mich sie leiten, Monseigneur, ich kenne sie! In ihrer Haut steckt mehr als nur *ein* Beelzebub!«

Die Baronin beobachtete die Tochter um so genauer, als sie sich dazu in ihrer Ehre als Mutter verpflichtet glaubte. Schließlich hatte sie ja nichts anderes zu tun. Clotilde de Rupt war damals fünfunddreißig Jahre alt und beinahe die Witwe eines Mannes, der aus allen möglichen Holzarten Eierbecher drechselte, der sich eifrig bemühte, Serviettenringe mit sechs Wülsten aus Teakholz zu fertigen und der für seine Bekannten Tabaksdosen herstellte; sie kokettierte in allen Ehren mit Amédée de Soulas. War der junge Herr bei ihr im Haus, so schickte sie die Tochter bald hinaus, bald rief sie sie wieder herein, weil sie danach trachtete, in dieser jungen Seele Regungen der Eifersucht festzustellen, um dann Gelegenheit zu haben, diese zu bändigen. Sie ahmte die Polizei bei deren Rapporten über die Republikaner nach; aber sie mochte tun, was sie wollte: Rosalie erging sich in keiner wie auch immer gearteten Rebellion. Die dürre Frömmlerin warf dann der Tochter immer völlige Fühllosigkeit vor. Rosalie kannte ihre Mutter viel zu gut, um nicht zu wissen, daß sie, wenn sie den jungen Soulas ›nett‹ gefunden hätte, sich auf der Stelle eine heftige Zurechtweisung zugezogen hätte. Daher beantwortete sie alle Sticheleien der Mutter durch Redensarten, die höchst unpassenderweise als jesuitisch bezeichnet werden; denn die Jesuiten waren kluge Köpfe, während diese Art von absichtlicher Übergehung wie spanische Reiter war, hinter denen die Schwäche sich birgt. Da nannte die Mutter die Tochter eine Heuchlerin. Wenn unglücklicherweise einmal ein Schimmer vom wahren Charakter der Wattevilles und der Rupts zutage trat, verschanzte die Mutter sich schleunigst hinter dem Respekt, den die Kinder den Eltern schulden, um Rosalie wieder zum passiven Gehorsam zu zwingen. Dieser heimliche Kampf vollzog sich bei geschlossenen Türen im allerengsten Kreis des häuslichen Lebens. Der Generalvikar, der gute Abbé de Grancey, der Freund des verstorbenen Erzbischofs, war zwar erfahren in seiner Eigenschaft als Großbußpriester der Diözese, konnte indessen nicht herausbekommen, ob jener Kampf zu irgendwelchen Haßgefühlen zwischen Mutter und Tochter geführt habe, ob die Mutter schon im voraus Eifersucht empfinde, oder ob der Hof, den Amédée der Tochter in Gestalt der Mutter machte, nicht etwa die Grenzen überschritten habe. Als Freund des Hauses war er weder Beichtvater der Mutter noch der Tochter. Rosalie, die des jungen Soulas wegen allzu viele Nackenschläge, moralisch gesprochen, hatte einstecken müssen, konnte ihn nicht riechen, um einen gängigen Ausdruck zu gebrauchen. Wenn er daher einmal das Wort an sie richtete und ihr Herz zu überrumpeln versuchte, nahm sie es ziemlich kühl auf. Dieser nur für die Augen der Mutter sichtbare Widerwille bot beständig Anlaß zu Verweisen.

»Rosalie, ich begreife nicht, warum du Amédée soviel Kälte bezeigst; geschieht das etwa, weil er der Freund des Hauses ist und weil er ›deinem Vater‹ und mir gefällt . . .?«

»Aber Mama«, antwortete das arme Kind eines Tages, »wenn ich nett zu ihm wäre, machte ich es dann nicht noch mehr falsch?«

»Was soll das bedeuten?« rief Madame de Watteville. »Was willst du damit sagen? Etwa, deine Mutter sei ungerecht, und sie sei es deiner Meinung nach in jedem Falle? Daß du deiner Mutter wieder eine solche Antwort gibst . . .!« usw.

Dieser Streit dauerte dreidreiviertel Stunden, und darüber ließ Rosalie eine Bemerkung fallen. Die Mutter wurde blaß vor Zorn und schickte Rosalie in ihr Zimmer, wo Rosalie sich den Sinn dieser Szene klarzumachen versuchte, ohne darauf zu kommen, so unschuldig war sie! So geschah es, daß der junge Soulas, den die ganze Stadt Besançon schon dicht am Ziel glaubte, mit seinem Aufwand an Krawatten, Dosen voll Stiefelwichse, soviel schwarzem Wachs für den Schnurrbart, so hübschen Westen, verbrauchten Hufeisen und Korsetts (er trug nämlich eine Lederweste, das Korsett der ›Löwen‹) – so geschah es, daß Amédée weiter vom Ziel entfernt war als der Erstbeste, obwohl er den würdigen Abbé de Grancey auf seiner Seite hatte. Im Augenblick des Beginns dieser Geschichte wußte Rosalie übrigens noch nicht, daß der junge Graf Amédée de Souleyaz ihr bestimmt war.

»Madame«, sagte Monsieur de Soulas zur Baronin und wartete, daß die etwas zu heiße Suppe sich abkühle; er bemühte sich, seine Erzählung gewissermaßen romantisch zu gestalten; »eines schönen Morgens hat die Eilpost im ›Hôtel National‹ einen Pariser abgesetzt; der entschied sich nach einigem Suchen für den ersten Stock im Haus der Mademoiselle Galard in der Rue du Perron. Dann ist der Fremde geradewegs zur Mairie gegangen und hat dort eine Erklärung über seine Herkunft und seine politische Haltung abgegeben. Darauf hat er sich in die Liste der beim Gericht zugelassenen Anwälte eintragen lassen; zuvor hatte er einwandfreie Dokumente vorgelegt. Darauf hat er bei seinen neuen Kollegen, den nach den vorgeschriebenen Formen angestellten Beamten, den Gerichtsräten und allen Mitgliedern des Tribunals seine Karte abgegeben, und auf der stand zu lesen: ALBERT SAVARON.«

»Der Name Savaron ist berühmt«, sagte die in der Heraldik überaus bewanderte Rosalie. »Die Savarons de Savarus sind eine der ältesten, edelsten und reichsten Familien Belgiens.«

»Er ist Franzose und Troubadour«, entgegnete Amédée de Soulas. »Wenn er das Wappen der Savarons de Savarus führen will, muß er ihm einen Querbalken einfügen. Es gibt in Brabant nämlich nur noch eine einzige Demoiselle Savarus, eine reiche Erbin.«

»Der Querbalken weist in Wirklichkeit auf einen Bastard hin; aber der Bastard eines Grafen de Savarus ist von Adel«, warf Mademoiselle de Watteville ein.

»Genug, Rosalie!« sagte die Baronin.

»Sie hatten doch gewollt, daß sie sich in der Wappenkunde auskenne«, sagte der Baron. »Sie kennt sich gut darin aus!«

»Bitte weiter, Amédée.«

»Sie können sich denken, daß in einer Stadt wie Besançon, wo alles klassifiziert, definiert, gekannt, geordnet, chiffriert und numeriert ist, Albert Savaron von unseren Advokaten ohne alle Schwierigkeiten aufgenommen worden ist. Ein jeder hat sich damit begnügt, zu sagen: ›Ein armer Teufel, der unser Besançon nicht kennt. Wer mag ihm nur geraten haben, ausgerechnet hierherzukommen? Was will er hier anfangen? Seine Karte zu den Beamten zu schicken, anstatt persönlich hinzugehen . . .! Wie taktlos . . .!‹ Daher war drei Tage danach Savaron sozusagen nicht mehr vorhanden. Als Diener hat er sich Jérôme genommen, den ehemaligen Diener des verstorbenen Galard; er kann ein bißchen kochen. Albert Savaron ist um so mehr in Vergessenheit geraten, als niemand ihn besucht hat oder ihm begegnet ist.«

»Geht er denn nicht zur Messe?« fragte Madame de Watteville.

»Sonntags, nach Saint-Pierre, aber zur ersten, zur Acht-Uhr-

Messe. Er steht jede Nacht zwischen ein und zwei Uhr morgens auf, arbeitet bis acht, frühstückt, und dann arbeitet er weiter. Er geht im Garten umher, macht so etwa fünfzig- bis sechzigmal die Runde; geht wieder ins Haus, ißt, und geht zwischen sechs und sieben zu Bett.«

»Woher wissen Sie denn das alles?« fragte Madame de Watteville Monsieur de Soulas.

»Erstens wohne ich in der Rue Neuve, Ecke Rue du Perron, und kann also auf das Haus sehen, wo die geheimnisvolle Persönlichkeit wohnt; und zweitens finden wechselseitige diplomatische Konferenzen zwischen meinem ›Tiger‹ und Jérôme statt.«

»Dann führen Sie also Gespräche mit Babylas?«

»Was soll ich denn sonst bei meinen Spazierritten tun?«

»Na, gut! – Aber wieso haben Sie einen Fremden zum Anwalt genommen?« fragte die Baronin und erteilte auf diese Weise dem Generalvikar das Wort.

»Der erste Präsident hat jenem Advokaten einen Streich spielen wollen und ihn als Offizialverteidiger eines so gut wie schwachsinnigen Bauern eingesetzt, der einer Fälschung wegen vor dem Schwurgericht erscheinen mußte. Savaron hat durchgesetzt, daß der arme Kerl freigesprochen wurde; er hat nämlich bewiesen, daß der Bauer lediglich das Werkzeug der wahren Schuldigen war. Nicht nur, daß seine Methode der Verteidigung triumphierte; es ergab sich zudem die Notwendigkeit, zwei Zeugen festzunehmen, die schuldig gesprochen und verurteilt worden sind. Seine Plädoyers haben auf den Gerichtshof und die Geschworenen großen Eindruck gemacht. Der eine der letzteren, ein Kaufmann, hat am anderen Tag Savaron mit einem heiklen Prozeß betraut, und er hat ihn gewonnen. In der peinlichen Lage, in der wir uns dadurch befanden, daß Berryer nicht nach Besançon kommen konnte, hat Monsieur de Garcenault uns geraten, wir sollten uns doch an diesen Monsieur Albert Savaron wenden; er sage uns den Erfolg voraus. Ich habe ihn aufgesucht, ihn angehört, sofort Vertrauen zu ihm gefaßt und habe recht behalten.«

»Hat er denn etwas Besonderes an sich?« fragte Madame de Chavoncourt.

»Ja«, antwortete der Generalvikar.

»Das müssen Sie uns erklären«, sagte Madame de Watteville.

»Als ich zum erstenmal bei ihm war«, sagte der Abbé de Grancey, »empfing er mich im ersten Zimmer hinter dem Flur (dem ehemaligen Wohnzimmer des biederen Galard); er hatte es im Farbton alten Eichenholzes streichen lassen, und es war von oben bis unten mit juristischen Büchern vollgestellt; sie waren in Regalen aufgereiht, die gleichfalls im Farbton alten Holzes gestrichen waren. Dieser Anstrich und die Bücher sind sein einziger Luxus; das Mobiliar besteht nämlich aus einem alten Schreibtisch mit Schnitzereien, sechs alten Sesseln mit Gobelinbezügen, hellbraunen Vorhängen mit grünem Besatz an den Fenstern und einem grünen Teppich auf dem Fußboden. Der Ofen im Flur heizt auch jenen Bibliotheksraum. Als ich darin auf ihn wartete, konnte ich mir meinen Anwalt wirklich nicht als einen jungen Menschen vorstellen. Aber der sonderbare Rahmen paßte vollauf zu seiner Erscheinung, denn Monsieur Savaron erschien in einem schwarzen Merino-Schlafrock mit roter Gürtelschnur, roten Pantoffeln, roter Flanellweste und einem roten Käppchen.«

»Eine Teufelslivree!« rief Madame de Watteville.

»Ja«, sagte der Abbé; »aber ein prächtiger Kopf, schwarzes Haar mit ein paar weißen Strähnen, Haar, wie es auf unseren Bildern der heilige Petrus und der heilige Paulus haben, buschige, schimmernde Locken, hart wie eine Pferdemähne, ein weißer, runder Hals wie der einer Frau, eine herrliche Stirn, durchschnitten von der mächtigen Furche, wie große Pläne, große Gedanken und tiefe Meditation sie in die Stirnen großer Männer eingraben; ein olivfarbener Teint, mit roten Flecken marmoriert, eine eckige Nase, feurige Augen, aber hohle Wangen mit zwei langen, von Leiden zeugenden Falten, ein sardonisch lächelnder Mund und ein winzig kleines, etwas zu kurzes Kinn; an den Schläfen Krähenfüße, die Augäpfel rollen unter den Brauenbögen wie zwei glühende Kugeln; aber trotz dieser Merkmale heftiger Leidenschaften eine ruhige Miene voll tiefer Resignation, die Stimme weich, aber tragend; im Gerichtssaal hat sie mich durch ihre Leichtigkeit überrascht, eine wahre Rednerstimme, bald klar und durchtrieben, bald einschmeichelnd, donnernd, wenn es sein muß, dann wieder dem Sarkasmus zugeneigt und alsdann schneidend. Albert Savaron ist mittelgroß, weder dick noch mager. Und schließlich hat er Hände wie ein Prälat. Als ich das zweitemal zu ihm kam, hat er mich in dem an die Bibliothek anstoßenden Zimmer empfangen und über mein Erstaunen gelächelt, als ich darin eine schäbige Kommode gewahrte, einen elenden Teppich, ein Schuljungenbett und an den Fenster Gardinen aus Kaliko. Er kam aus seinem Arbeitszimmer, in das niemand hineindarf, wie Jérôme mir gesagt hat; auch er darf nicht hinein und muß sich damit begnügen, anzuklopfen. Savaron hat die Tür vor meinen Augen abgeschlossen. Beim dritten Besuch saß er in der Bibliothek bei einem überaus frugalen Mittagessen; aber diesmal hatte er in der vorhergegangenen Nacht unsere Akten durchgearbeitet; ich hatte unseren Anwalt bei mir, wir mußten lange beisammen bleiben, der gute Girardet ist weitschweifig, und so konnte ich mir gestatten, den Fremden eingehend zu studieren. Ganz sicher ist er kein gewöhnlicher Mensch. Es steckt mehr als nur ein Geheimnis hinter dieser zugleich furchtbaren und sanften, geduldigen und ungeduldigen, kompakten und hohlwangigen Maske. Ich habe festgestellt, daß seine Haltung leicht gebeugt ist, wie die aller Menschen, die etwas Schweres zu tragen haben.«

»Warum hat solch ein redegewandter Mann Paris den Rücken gekehrt? Mit welcher Absicht ist er nach Besançon gekommen? Ist ihm denn nicht gesagt worden, daß Fremde hier nur geringe Aussicht auf Erfolg haben? Man wird sich hier seiner bedienen; aber schwerlich werden die Bisontiner ihn sich ihrer bedienen lassen. Warum hat er, wenn er nun schon mal hergekommen ist, sich so zurückgehalten, daß es erst einer Laune des ersten Präsidenten bedurft hat, um ihn ans Tageslicht zu ziehen?« fragte die schöne Madame de Chavoncourt.

»Nachdem ich mir seinen schönen Kopf ganz genau angeschaut hatte«, fuhr der Abbé de Grancey fort und schaute die, die ihn unterbrochen hatte, durchtrieben an, was den Anschein erweckte, als verschweige er etwas, »und vor allem, nachdem ich heute morgen mitangehört hatte, wie er einem der Adler von der Pariser Advokatur antwortete, bin ich der Meinung, daß dieser etwa fünfunddreißigjährige Mann später einmal keine geringe Sensation machen wird . . .«

»Warum sollten wir uns mit ihm befassen? Ihr Prozeß ist gewonnen, Sie haben ihn bezahlt«, sagte Madame de Watteville; sie ließ ihre Tochter nicht aus den Augen, die, seit der Generalvikar zu sprechen begonnen, an seinen Lippen gehangen hatte.

Die Unterhaltung wechselte auf ein anderes Thema über, und es war nicht länger die Rede von Albert Savaron.

Das Bild, das der fähigste der Generalvikare der Diözese entworfen hatte, übte auf Rosalie um so mehr die Anziehungskraft eines Romans aus, als es tatsächlich einen Roman barg. Zum erstenmal in ihrem Leben begegnete sie dem Außerordentlichen, dem Wunderbaren, das jeder jugendlichen Phantasie schmeichelt und auf das sich die in Rosalies Alter so lebhafte Neugier stürzt. Welch ein ideales Wesen war dieser düstere, leidende, beredte, arbeitsame Albert, wenn Mademoiselle de Watteville ihn mit dem dicken, pausbäckigen, von Gesundheit strotzenden Baron verglich, diesem Süßholzraspler, der angesichts des Prunks der alten Grafen de Rupt von Eleganz zu reden wagte! Amédée hatte ihr immer nur Zank und Zurechtweisungen eingetragen; überdies kannte sie ihn nur zu gut, und dieser Albert Savaron bot vielerlei Rätsel dar, die zu lösen es galt ...

»Albert Savaron de Savarus«, wiederholte sie stumm.

Ihn sehen, ihn erblicken ...! Das war der Wunsch eines bislang wunschlosen jungen Mädchens. Sie durchdachte im Herzen, in der Phantasie, im Geist immer wieder die gleichgültigen Sätze, die der Abbé de Grancey geäußert hatte; denn jedes seiner Worte hatte sie betroffen gemacht.

»Eine schöne Stirn«, sagte sie sich und musterte die Stirnen aller bei Tisch sitzenden Herren, »hier hat kein einziger eine schöne ... Die Soulas' ist allzu gewölbt, die de Granceys ist zwar schön, aber er ist siebzig und hat kein Haar mehr; man weiß nicht recht, wo bei ihm die Stirn aufhört.«

»Was hast du, Rosalie? Du ißt ja gar nicht ...«

»Ich bin nicht hungrig, Mama«, sagte sie. – »Prälatenhände«, dachte sie weiter, »der Hände unseres schönen Erzbischofs erinnere ich mich nicht mehr, und dabei hat er mich gefirmt.«

Schließlich fiel ihr inmitten des Kommens und Gehens im Labyrinth ihrer träumerischen Grübelei ein helles Fenster ein, das sie zwischen den Bäumen der beiden aneinanderstoßenden Gärten von ihrem Bett aus wahrgenommen hatte, wenn sie nachts zufällig einmal aufgewacht war. »Das also war sein Licht«, sagte sie sich, »ich könnte ihn sehen! Und ich werde ihn sehen.«

»Monsieur de Grancey, ist der Prozeß des Kapitels jetzt ganz und gar zu Ende?« fragte während einer kurzen Stille Rosalie unverblümt den Generalvikar.

Madame de Watteville wechselte mit ihm einen raschen Blick.

»Und was geht dich das an, liebes Kind?« fragte sie Rosalie und legte in ihre Worte eine erheuchelte Sanftmut, die das Mädchen für den Rest seiner Lebenstage argwöhnisch machte.

»Es könnte Berufung eingelegt werden; aber das würden unsere Gegner sich zweimal überlegen«, antwortete der Abbé.

»Ich hätte es nie geglaubt, daß Rosalie während eines ganzen Abendessens an einen Prozeß denken könnte«, fuhr Madame de Watteville fort.

»Ich auch nicht«, sagte Rosalie mit leicht verträumter Miene, über die alle lachen mußten. »Aber Monsieur de Grancey hat sich so gründlich damit befaßt, daß mich die Sache interessiert hat. Das ist doch ganz harmlos!«

Die Tafel wurde aufgehoben, und die Gesellschaft begab sich wieder in den Salon. Den ganzen Abend über spitzte Rosalie die Ohren, ob nicht abermals von Albert Savaron gesprochen werde; aber abgesehen von den Glückwünschen, die jeder Neuankömmling dem Abbé über den gewonnenen Prozeß darbrachte und bei denen keiner ein Lobeswort für den Advokaten einfließen ließ, war von der Sache nicht mehr die Rede. Mademoiselle de Watteville sah voller Ungeduld der Nacht entgegen. Sie hatte sich vorgenommen, zwischen zwei und drei Uhr morgens aufzustehen und nach den Fenstern von Alberts Arbeitszimmer hinüberzuschauen. Als jene Stunde herangekommen war, verspürte sie beinahe ein Lustgefühl – beim Betrachten des Lichtschimmers, den die Kerzen des Advokaten durch die fast der Blätter beraubten Bäume hindurchwarfen. Mit Hilfe des vortrefflichen Sehvermögens, über das ein junges Mädchen verfügt und das die Neugier noch zu verstärken scheint, sah sie den schreibenden Albert; sie glaubte, die Farbe der Möbel wahrnehmen zu können: sie dünkten sie rot. Dem Kamin entquoll über dem Dach eine dicke Rauchsäule.

»Wenn alles schläft, wacht er . . . wie Gott!« dachte sie.

Die Mädchenerziehung schließt so ernste Probleme in sich ein, denn die Zukunft einer Nation beruht in deren Müttern, daß die französischen Universitäten es sich seit langem zur Aufgabe gemacht haben, darüber nicht mehr nachzugrübeln. Hier sei eines jener Probleme angeführt. Soll man junge Mädchen aufklären? Soll man sie in ihrer geistigen Enge belassen? Selbstverständlich ist das religiöse System für die Enge: wenn man sie aufklärt, werden sie vorzeitig zu tausend Teufeln; wenn man sie am Denken hindert, kommt es bei ihnen zu einer jähen Explosion, wie Molière sie in der Gestalt der Agnès[24] so trefflich geschildert hat, und man setzt diesen eingeengten, jungen, scharfsichtigen Geist, der behend und konsequent wie der eines Wilden ist, dem Zufall eines Geschehnisses aus und damit einer verhängnisvollen Krise, wie sie bei Mademoiselle de Watteville durch die unkluge Schilderung ausgelöst wurde, die sich bei Tisch einer der klügsten Abbés des klugen Kapitels von Besançon erlaubt hatte.

Es konnte nicht anders sein: am anderen Morgen erblickte Mademoiselle de Watteville beim Ankleiden Albert Savaron, wie er in dem Garten spazierenging, der an den des Stadtpalais Rupt grenzte.

»Was wäre aus mir geworden«, dachte sie, »wenn er anderswo hingezogen wäre? Ich kann ihn sehen. Woran mag er denken?«

Nachdem sie, wenngleich aus der Ferne, den ungewöhnlichen Mann erblickt hatte, den einzigen, der allein schon durch seine Gesichtszüge sich nachdrücklich von der Masse der bislang von ihr wahrgenommenen Bisontiner Gesichter abhob, sprang Rosalie rasch zu dem Gedanken über, in seine Wohnung einzudringen, die Gründe von soviel Geheimnistuerei zu erfahren, die redegewandte Stimme zu hören, einen Blick jener schönen Augen zu erhaschen. Das alles wollte sie; aber wie sollte sie dazu gelangen?

Den ganzen Tag über zog sie die Nadel durch ihre Stickerei, und zwar mit der stumpfen Aufmerksamkeit eines jungen Mädchens, das, wie Agnès, an nichts zu denken scheint und dabei so gründlich über alles nachsinnt, daß seine Listen zu etwas Unfehlbarem werden. Das Ergebnis dieser tiefen Meditation war bei Rosalie das Verlangen, zur Beichte zu gehen. Am anderen

Morgen nach der Messe hatte sie in Notre-Dame eine kleine Unterredung mit dem Abbé Giroud, und sie wußte es so gut zu drehen und zu wenden, daß ihre Beichte auf den Sonntagmorgen um halb acht[25] angesetzt wurde, vor der Acht-Uhr-Messe. Sie beging ein Dutzend Lügen, um sich ein einziges Mal zu der Stunde in der Kirche einfinden zu können, da der Advokat zur Messe dorthin kam. Zudem überkam sie ein jäher Zärtlichkeitsanfall für ihren Vater; sie besuchte ihn in seiner Werkstatt, erbat von ihm tausend Auskünfte über die Kunst des Drechselns und riet ihm schließlich, er solle doch große Dinge drechseln, etwa Säulen. Nachdem sie den Vater auf gewundene Säulen gebracht hatte, eine der schwierigsten Drechslerarbeiten, riet sie ihm, einen großen Steinhaufen, der in der Mitte des Gartens lag, nicht ungenutzt zu lassen, sondern daraus eine Grotte bauen zu lassen; darauf könne dann, als Belvedere, ein Tempelchen zu stehen kommen, für das seine gewundenen Säulen Verwendung finden könnten; sie würden dann der ganzen Gesellschaft in die Augen stechen.

Mitten in die Freude hinein, die solch ein Unternehmen in dem armen, beschäftigungslosen Mann entfachte, küßte Rosalie ihn und sagte: »Aber sag auf keinen Fall meiner Mutter, von wem du diesen Gedanken hast; sonst schilt sie mich aus.«

»Sei unbesorgt«, antwortete Monsieur de Watteville; er ächzte genauso wie seine Tochter unter dem Druck der schrecklichen Tochter aus dem Geschlecht Rupt.

Auf diese Weise erhielt Rosalie die Gewißheit, daß sehr bald ein reizender Beobachtungsposten erbaut werden würde, von wo aus der Blick in das Arbeitszimmer des Advokaten zu tauchen vermöchte. Es gibt eben Männer, um derentwillen junge Mädchen dergleichen Meisterstücke der Diplomatie zuwege bringen, und die meisten jener Männer wissen, wie Albert Savaron, lange Zeit nichts davon.

Der recht ungeduldig erwartete Sonntag kam heran, und Rosalie machte mit einer Sorgfalt Toilette, daß Mariette, die Zofe von Madame und Mademoiselle de Watteville, lächeln mußte.

»Zum erstenmal erlebe ich Mademoiselle so eitel!« sagte Mariette.

»Das läßt mich daran denken«, sagte Rosalie und schleuderte

Mariette einen Blick entgegen, der Mohnblumen auf den Wangen der Zofe entstehen ließ, »daß Sie es an manchen Tagen weit mehr als an anderen sind.«

Sie schritt die Freitreppe hinunter, überquerte den Hof, durchschritt das Tor und ging die Straße entlang, und dabei hatte Rosalie Herzklopfen, wie wenn man ein großes Ereignis vorausahnt. Sie hatte bislang noch nicht gewußt, was es heißt, über die Straße zu gehen: sie hatte gemeint, die Mutter würde ihr ihr Vorhaben von der Stirn ablesen und ihr verbieten, zur Beichte zu gehen; sie spürte neues Blut ihre Füße durchströmen; sie hob sie, als schreite sie über Feuer hinweg! Natürlich hatte sie sich mit ihrem Beichtvater auf Viertel nach acht verabredet und der Mutter gesagt, sie müsse um acht dort sein, damit sie etwa eine Viertelstunde in Alberts Nähe warten könne. Schon vor der Messe langte sie in der Kirche an, betete kurz und sah dann nach, ob der Abbé Giroud in seinem Beichtstuhl sei; das geschah lediglich, damit sie im Kirchenschiff umhergehen konnte. Außerdem wählte sie sich einen Platz, von dem aus sie Albert sehen konnte, sowie er die Kirche betrat.

Ein Mann muß schon abstoßend häßlich sein, wenn er in der Gemütslage, in der Mademoiselle de Watteville sich befand, nicht schön gefunden wird. Nun aber war Albert Savaron an sich schon eine auffällige Erscheinung; und so machte er auf Rosalie um so tieferen Eindruck, als sein ganzes Gehaben, sein Gang, seine Haltung, alles, sogar seine Kleidung, jenes gewisse Etwas besaß, das sich nur mit dem Ausdruck ›geheimnisumwittert‹ bezeichnen läßt. Er kam herein. Die bis dahin düstere Kirche dünkte Rosalie wie plötzlich erleuchtet. Das junge Mädchen war hingerissen von diesem langsamen und fast feierlichen Schreiten, wie es Menschen an sich haben, die eine Welt auf ihren Schultern tragen und deren tiefer Blick, deren Gesten zusammenwirken, um einem zerstörerischen oder herrscherlichen Gedanken Ausdruck zu geben. Rosalie begriff jetzt in ihrem vollen Ausmaß die Worte des Generalvikars. Ja, diese gelbbraunen, von Goldfäden durchzogenen Augen verhüllten eine Glut, die sich indessen durch ein jähes Aufflammen verriet. Mit einer Unbedachtsamkeit, die Mariette nicht entging, trat Rosalie dem Advokaten bei dessen Vorübergehen in den Weg, damit sie einen

Blick mit ihm austauschen konnte; und dieser gesuchte Blick verwandelte ihr das Blut, denn ihr Blut erzitterte und brodelte auf, als habe seine Wärme sich verdoppelt. Sobald Albert sich gesetzt hatte, suchte Mademoiselle de Watteville sich rasch einen Platz aus, von dem aus sie ihn ungehindert sehen konnte, solange ihr der Abbé Giroud dazu noch Zeit ließ. Als Mariette sagte: »Jetzt kommt Monsieur Giroud«, war es Rosalie, als habe jene Zeitspanne nicht länger als ein paar Sekunden gedauert. Als sie dann wieder aus dem Beichtstuhl kam, war die Messe vorüber, und Albert hatte die Kirche verlassen.

»Der Generalvikar hat recht«, dachte sie, »er leidet! Warum ist dieser Adler, denn er hat Adleraugen, auf Besançon niedergestoßen? Oh, ich will alles wissen; aber wie?«

In den Flammen dieses neuen Verlangens stickte Rosalie die einzelnen Stiche ihrer Gobelinarbeit mit bewundernswerter Genauigkeit; sie verhüllte, was sie dachte, unter einer kleinen Unschuldsmiene und spielte so gut die Alberne, daß sie Madame de Watteville hinters Licht führte. Seit dem Sonntag, da Mademoiselle de Watteville jenen Blick empfangen hatte oder, wenn man will, die Feuertaufe, eine großartige Prägung Napoleons, die sich auch auf die Liebe anwenden läßt, betrieb sie eifrig die Angelegenheit mit dem Aussichtspunkt.

»Mama«, sagte sie einmal, als bereits zwei Säulen gedrechselt worden waren, »Vater hat sich eine sonderbare Idee in den Kopf gesetzt; er drechselt Säulen für einen Aussichtspavillon; den will er mittels des Steinhaufens errichten, der mitten im Garten liegt; ist dir das recht? Mir scheint, daß . . .«

»Mir ist alles recht, was dein Vater tut«, antwortete Madame de Watteville trocken; »es ist die Pflicht der Frauen, sich ihren Männern unterzuordnen, auch wenn sie deren Einfälle nicht billigen . . . Weshalb sollte ich mich etwas so Belanglosem widersetzen, wenn mein Mann seinen Spaß daran hat?«

»Aber dann können wir von dort aus bei Monsieur de Soulas hineinsehen, und auch er kann uns sehen, wenn wir darin sitzen. Vielleicht gäbe das Gerede . . .«

»Bist du etwa so anmaßend, deine Eltern zu gängeln und mehr als sie über das Leben und das Wohlanständige wissen zu wollen?«

»Ich bin ja schon still, Mama. Außerdem hat Vater gesagt, die Grotte würde einen Raum ergeben, in dem es kühl sei und in dem wir dann den Kaffee trinken könnten.«

»Da hat dein Vater einen ausgezeichneten Gedanken gehabt«, antwortete Madame de Watteville; sie wollte gleich gehen und sich die Säulen anschauen.

Sie zollte dem Vorhaben des Barons ihre Billigung und bestimmte für die Errichtung des Bauwerks einen Platz ganz hinten im Garten, wo man von Soulas' Wohnung aus nicht gesehen werden, aber von wo aus man großartig bei Albert Savaron hineinschauen konnte. Ein Bauunternehmer wurde herbeordert; er übernahm es, eine Grotte zu bauen, zu deren Gipfel man auf einem drei Fuß breiten Weg hinaufsteigen würde, zwischen Tuffsteinen, aus denen Immergrün, Iris, Zwergahorn, Efeu, Geißblatt und wilder Wein herauswachsen sollten. Die Baronin kam auf den Gedanken, man könne das Innere der Grotte mit Borkenholz ausstatten, wie es damals für Blumenkrippen Mode war, hinten einen Spiegel einfügen, einen Diwan mit Verdeck hineinstellen und ferner einen Tisch mit eingelegter Arbeit aus Wurzelholz. Monsieur de Soulas schlug einen Asphaltfußboden vor. Rosalie fand es hübsch, wenn man in das Gewölbe eine Deckenkrone aus verschlungenen Ästen hängen würde.

»Die Wattevilles stellen sich da etwas ganz Reizendes in ihren Garten«, hieß es in Besançon.

»Sie sind reich, sie können getrost tausend Taler an eine Laune wenden.«

»Tausend Taler . . .?« fragte Madame de Chavoncourt.

»Ja, tausend Taler«, rief der junge Soulas. »Es kommt eigens ein Mann aus Paris, der das Innere mit Borkenholz auslegt; aber es wird wirklich sehr hübsch. Monsieur de Watteville fertigt selber die Deckenkrone an; er ist schon dabei, die Äste zurechtzuschnitzen.«

»Es heißt, Berquet solle einen Keller ausheben«, sagte ein Abbé.

»Nein«, entgegnete der junge Soulas, »der Kiosk kommt auf Betonfundament zu stehen, damit keine Feuchtigkeit eindringt.«

»Sie sind über jede Kleinigkeit im Bilde, die da im Hause vorgeht«, sagte Madame de Chavoncourt bitter und warf einen

Blick auf eine ihrer langaufgeschossenen, seit einem Jahre heiratsfähigen Töchter.

Mademoiselle de Watteville verspürte etwas wie Stolz bei dem Gedanken an den Erfolg ihres Belvedere und erkannte sich eine gewaltige Überlegenheit über ihre Umgebung zu. Niemand ahnte, daß ein kleines, als geistlos und nichtig erachtetes Mädchen ganz einfach das Arbeitszimmer des Advokaten Savaron aus größerer Nähe hatte sehen wollen.

Das glänzende Plädoyer Albert Savarons für das Kapitel der Kathedrale geriet um so schneller in Vergessenheit, als der Neid der Advokaten erwachte. Übrigens verharrte Savaron in seiner Zurückgezogenheit und ließ sich nirgendwo sehen. Da er keine Lobpreiser hatte und keine Besuche empfing, steigerte er sogar die Möglichkeit des Vergessenwerdens noch, die in einer Stadt wie Besançon für Fremde an sich schon übergroß ist. Dennoch plädierte er dreimal vor dem Handelsgericht in drei dornigen Fällen, die an das Berufungsgericht gelangen sollten. Auf diese Weise gewann er vier der reichsten Kaufherren der Stadt zu Klienten; sie hatten in ihm soviel Klugheit und das wahrgenommen, was in der Provinz als ›eine gute Rechtskraft‹ bezeichnet wird, daß sie ihm ihre Prozeßangelegenheiten anvertrauten. An dem Tag, da die Familie Watteville ihren Belvedere einweihte, errichtete auch Savaron sein Denkmal. Dank den heimlichen Beziehungen, die er sich im Großhandel von Besançon erworben, hatte er dort eine Halbmonatszeitschrift, genannt ›Revue de l'Est‹, gegründet, und zwar mittels vierzig Aktien zu je fünfhundert Francs; sie waren in den Händen seiner zehn ersten Klienten. Ihnen hatte er die Notwendigkeit nahegelegt, daß man dem Schicksal Besançons unter die Arme greifen müsse, der Stadt, die zum Umschlagplatz zwischen Mülhausen und Lyon, zum wichtigsten Ort zwischen Rhein und Rhône werden müsse.

Um mit Straßburg zu rivalisieren – mußte Besançon da nicht gleichermaßen ein geistiges Zentrum wie eine Handelsstadt sein? Nur in einer Zeitschrift ließen sich die hochwichtigen Fragen der französischen Ostgebiete behandeln. Wie ruhmvoll wäre es, Straßburg und Dijon den literarischen Einfluß zu rauben, den Osten Frankreichs geistig zu erleuchten und gegen die Pariser Zentralisation anzukämpfen. Diese Erwägungen, die Albert ausgeheckt hatte, wurden von den zehn Kaufleuten weiterverbreitet; sie bezeichneten sich als deren Urheber.

Der Advokat Savaron beging nicht den Fehler, mit seinem Namen hervorzutreten; er überließ die finanzielle Leitung Monsieur Boucher, seinem wichtigsten Klienten, der durch seine Frau mit einem der geschäftskundigsten Verleger großer kirchlicher Werke verwandt war; er behielt sich jedoch die Schriftleitung vor, sowie, als Gründer, einen Anteil am Gewinn. Die Handeltreibenden machten Propaganda in Dôle, Dijon, Salins, Neufchâtel, im Jura, in Bourg, Nantua und Lons-le-Saulnier. Sie forderten dort die besten Geister zur Mitarbeit auf und verlangten die Mitarbeit aller beflissenen Leute in den drei Provinzen Bugey, Brosse und Franche-Comté. Dank der Beziehungen und dem kollegialen Verhältnis der Handelsleute wurden hundertfünfzig Abonnenten gewonnen, nicht zuletzt des geringen Preises wegen: die Zeitschrift kostete pro Quartal acht Francs. Um der provinziellen Eitelkeit durch die Ablehnung von Artikeln nicht zu nahe zu treten, hatte der Advokat den guten Gedanken, die literarische Leitung der Zeitschrift dem ältesten Sohn Bouchers schmackhaft zu machen; das war ein junger Herr von zweiundzwanzig Jahren, und er war zwar erpicht auf Ruhm, aber die Fallstricke und Kümmernisse des literarischen Alltags waren ihm völlig unbekannt. Albert sicherte sich insgeheim die Oberleitung und machte Alfred Boucher zu einem ihm treu ergebenen Vasallen. Alfred war in Besançon der einzige Mensch, mit dem der König der Anwaltschaft befreundet war. Alfred kam in den Morgenstunden in den Garten und besprach mit Albert Stoff und Inhalt der nächsten Nummer. Es erübrigt sich wohl, darauf hinzuweisen, daß die Probenummer eine ›Meditation‹ aus Alfreds Feder enthielt, die Savarons Billigung gefunden hatte. In seinen Gesprächen mit Alfred äußerte Albert große Gedanken, Themen zu Aufsätzen, aus denen der junge Boucher Nutzen zog. Daher vermeinte denn der Kaufmannssohn, er beute den großen Mann aus! Albert galt für Alfred als ein genialer Mensch und tiefblickender Politiker. Die über den Erfolg der Zeitschrift entzückten Kaufleute brauchten nur drei Zehntel der gezeichneten Aktienbeträge auszuschütten. Noch zweihundert weitere Abonnenten, und die Zeitschrift würde für die Aktionäre fünf Prozent

Dividende abwerfen; die Redaktion arbeitete kostenlos. Sie war unbezahlbar.

Von der dritten Nummer an stand die Zeitschrift im Austauschverhältnis mit allen französischen Zeitungen; Albert las sie bei sich daheim. Jene dritte Nummer brachte eine A. S. gezeichnete Novelle; sie wurde dem berühmten Advokaten zugeschrieben. Trotz der geringen Aufmerksamkeit, die die Oberschicht von Besançon der des Liberalismus verdächtigen Zeitschrift zollte, wurde gegen Wintermitte über jene erste in der Franche-Comté entstandene Novelle gesprochen.

»Vater«, sagte Rosalie, »es erscheint jetzt in Besançon eine Zeitschrift; du solltest sie abonnieren und an dich nehmen, denn Mama würde sie mich schwerlich lesen lassen; aber du leihst sie mir sicher.«

Monsieur de Watteville drängte es, seiner geliebten Rosalie zu willfahren; schließlich überschüttete sie ihn seit fünf Monaten mit Zärtlichkeiten. So abonnierte er denn die ›Revue de l'Est‹ für ein Jahr und lieh die vier bereits erschienenen Nummern der Tochter. Die Nacht über konnte also Rosalie jene Novelle verschlingen, die erste, die sie in ihrem Leben las; aber sie spürte ja auch erst seit zwei Monaten, daß sie lebte! Daher darf die Wirkung, die jenes Werk auf sie ausübte, nicht nach gewöhnlichen Maßstäben gemessen werden. Ohne der Arbeit eines Parisers, der in die Provinz die Manier, oder, wenn man will, den Glanz der neuen literarischen Schule einführte, mehr oder weniger Verdienstliches zuzuerkennen, muß betont werden, daß sie für ein junges, seine jungfräuliche Intelligenz, sein reines Herz einem solchen Werk preisgebendes junges Mädchen unbedingt als ein Meisterwerk gelten mußte. Überdies hatte sich Rosalie aus allem, was sie darüber hatte sagen hören, intuitiv eine Vorstellung gebildet, die den Wert jener Novelle auf eigenartige Weise erhöhte. Sie hoffte, darin das Gefühlsleben Alberts und vielleicht sogar etwas über sein Leben zu finden. Von den ersten Seiten an festigte sich diese Meinung in ihr so sehr, daß sie sich, als sie das Fragment zu Ende gelesen hatte, gewiß war, sie täusche sich nicht. Hier möge nun also das Bekenntnis folgen, in dem, wie die Kritiker des Salons Chavoncourt behaupteten, Albert einige der modernen Autoren nachgeahmt hatte; solche, die aus Mangel an

Erfindungskraft ihre eigenen Freuden, ihre eigenen Leiden oder die mysteriösen Geschehnisse ihres Daseins zu erzählen pflegen.

Der Ehrgeizige aus Liebe

Im Jahre 1823 fuhren zwei junge Leute, die es sich vorgenommen hatten, die Schweiz zu durchreisen, an einem schönen Julimorgen in einem Boot mit drei Ruderern von Luzern ab nach Flüelen; sie hatten sich vorgenommen, an allen berühmten Stätten des Vierwaldstätter Sees haltzumachen. Die Landschaftsbilder, die zwischen Luzern und Flüelen die Ufer säumen, bieten eine Verquickung von allem dar, was die anspruchsvollste Phantasie an Bergen und Bächen, Seen und Felsgebilden, Rinnsalen und Wiesengrün, Bäumen und Wasserfällen verlangen kann. Bald erblickt man ernste Einsamkeiten und anmutige Vorgebirge, liebreizende, kühle Täler, Wälder, die wie ein Federschmuck auf steil abfallenden Granitfelsen stecken, einsiedlerische, kühle Buchten, die sich auftun, Täler, deren Köstlichkeit durch ihre Traumentrücktheit noch schöner wirkt.

Beim Vorüberfahren an dem bezaubernden Flecken Gersau schaute der eine der beiden Freunde lange nach einem Holzhaus hinüber, das erst unlängst erbaut worden zu sein schien; es war von Pfahlwerk umgeben, lag auf einem Ufervorsprung und wurde beinahe von den Fluten umspült. Als das Boot vorüberfuhr, hob sich vor dem Hintergrund der Kammer im oberen Stockwerk jenes Hauses der Kopf einer Frau ab; sie wollte sich wohl an dem Anblick des Boots auf dem See erfreuen. Der eine der jungen Leute hatte den völlig gleichgültigen Blick der Unbekannten aufgefangen.

»Laß uns hier haltmachen«, sagte er zu seinem Freunde, »wir hatten Luzern als unser Standquartier beim Besuch der Schweiz ausersehen; du verübelst es mir sicher nicht, Léopold, wenn ich meine Meinung ändere, hier bleibe und auf unsere Mäntel achte. Du kannst tun, wonach dich verlangt; für mich endet meine Reise hier. Ruderer, geht auf einen anderen Kurs und setzt uns an dem Dorf da ab; wir wollen dort zu Mittag essen. Ich hole unser Gepäck aus Luzern, und ehe du von hier aus weiterreist, sollst du erfahren, in welchem Haus ich mich einquartiere, damit du mich bei deiner Rückkehr dort vorfinden kannst.«

»Hier oder in Luzern«, sagte Léopold, »der Unterschied ist nicht so groß, als daß ich dich hindern möchte, einer Laune nachzugeben.«

Jene beiden jungen Leute waren Freunde im wahrsten Sinn des Wortes. Sie waren gleichaltrig, hatten die gleiche Schule besucht, und nach Absolvierung des Rechtsstudiums benutzten sie ihre Ferien zu der klassischen Schweizer Reise. Väterlicher Wille hatte bewirkt, daß Léopold sich bereits zum Eintritt in die Kanzlei eines Pariser Notars verpflichtet hatte. Seine Rechtlichkeit, sein weiches Naturell, die Gelassenheit seiner Sinne und seiner Intelligenz hatten für seine Fügsamkeit gebürgt. Léopold sah sich schon als Notar in Paris: Sein Leben lag vor ihm wie eine der großen Landstraßen, die eine französische Ebene durchziehen; er überblickte sie in ihrer ganzen Ausdehnung mit philosophischer Resignation.

Der Charakter seines Gefährten, wir wollen ihn Rodolphe nennen, bildete zu dem seinen einen Gegensatz, dessen Antagonismus sicherlich bewirkt hatte, daß die sie vereinenden Bande sich noch enger knüpften. Rodolphe war der natürliche Sohn eines großen Herrn, der von einem vorzeitigen Tod überrascht worden war, ohne Verfügungen zur Sicherstellung der Existenzmittel einer zärtlich geliebten Frau und Rodolphes treffen zu können. Die auf diese Weise durch einen Schicksalsschlag betrogene Mutter Rodolphes hatte ihre Zuflucht zu einem heroischen Mittel genommen. Sie hatte alles verkauft, was sie der Großzügigkeit des Vaters ihres Kindes verdankte; das ergab eine Summe von hundert und einigen Tausend Francs; sie legte sie für sich selber in Leibrenten zu hohen Zinsen an und schuf sich auf diese Weise Einkünfte von etwa fünfzehntausend Francs, mit dem festen Vorsatz, alles der Ausbildung ihres Sohnes zu opfern, damit er die persönlichen Vorteile gewinne, die am geeignetsten sind, zu Vermögen zu gelangen, und ihm durch Sparsamkeit für den Zeitpunkt seiner Mündigkeit ein Kapital zur Verfügung zu halten. Das war kühn, das hieß: auf hinlängliche Dauer des eigenen Lebens bauen; aber ohne diese Kühnheit wäre es dieser guten Mutter sicherlich unmöglich gewesen, weiterzuleben und ihren Jungen anständig zu erziehen, ihre einzige Hoffnung, ihre Zukunft, den einzigen Quell ihrer Freuden. Rodolphe war der Sproß einer der liebreizendsten Pariserinnen und eines bedeutenden Mannes der Brabanter Aristokratie, die Frucht einer gleichgearteten und von beiden Partnern geteilten Leidenschaft; und so litt er unter einer übergroßen Sensibilität. Von Kindheit an hatte er in allen Dingen den glühendsten Eifer bekundet. Bei ihm wurde das Begehren zu einer übergeordneten Kraft und zum Antrieb seines ganzen Wesens, zum Stimulans der Phantasie, zum Beweggrund seines Tuns. Trotz der Bemühungen einer mehr auf Geistiges eingestellten Mutter, die in steter Angst war, seit sie eine solche Anlage wahrgenommen hatte, erging Rodolphe sich in Begehren, wie ein Dichter sinnt, wie ein Gelehrter rechnet, wie ein Maler zeichnet, wie ein Musiker Melodien komponiert. Er war zart wie seine Mutter und schwang sich mit unerhörter Heftigkeit und durch sein Denken, zu dem begehrten Gegenstand auf; er verschlang die Zeit. Indem er die Erfüllung seiner Pläne erträumte, mißachtete er stets die Mittel zu ihrer Durchführung. – »Wenn mein Sohn einmal Kinder hat«, pflegte die Mutter zu sagen, »möchte er sie sofort erwachsen haben.« Dieser schöne, verständig geleitete Drang diente Rodolphe dazu, seine Studienzeit glänzend zu bewältigen und das zu werden, was die Engländer als einen vollkommenen Gentleman bezeichnen. Seine Mutter war entsprechend stolz auf ihn, obwohl sie ständig irgendeine Katastrophe fürchtete, falls sich jemals eine Leidenschaft seines Herzens bemächtigte, das zugleich zart und sensibel, heftig und gütig war. Daher hatte die kluge Frau auch die Freundschaft gefördert, die Léopold und Rodolphe und Rodolphe und Léopold verband; sie hatte in dem kühlen, gefügigen Notar einen Vormund, einen Vertrauten erblickt, der sie bei Rodolphe bis zu einem gewissen Grad zu ersetzen vermöchte, wenn das Unglück es wollte, daß sie ihm entrissen wurde. Rodolphes Mutter war mit ihren dreiundvierzig Jahren noch immer schön und hatte Léopold eine heftige Neigung eingeflößt. Dieser Umstand brachte die beiden jungen Leute einander noch näher.

Léopold, der Rodolphe gut kannte, war also nicht weiter überrascht, daß dieser eines ihm oben aus einem Haus zugeworfenen Blicks wegen in einem Dorf bleiben und auf den geplanten Ausflug nach dem Sankt Gotthard verzichten wollte. Während für sie im Gasthof ›Zum Schwan‹ das Mittagessen bereitet wurde, schlenderten die beiden Freunde durch das Dorf und gelangten in den Teil, der dem hübschen neuen Haus benachbart war; dort machte Rodolphe im Umhergehen und Plaudern mit den Einheimischen ein kleinbürgerliches Haus ausfindig, dessen Besitzer geneigt waren, ihn in Pension zu nehmen, wie es in der Schweiz gang und gäbe ist. Es wurde ihm ein Zimmer mit Aussicht auf den See und die Berge angeboten; es bot sich von dort aus ein prächtiger Ausblick auf eine der zauberhaften Windungen, die den Vierwaldstätter See der Bewunderung durch die Touristen empfehlen. Jenes Haus war durch eine Wegkreuzung und eine kleine Anlegstelle von dem neuen Haus getrennt, in dem Rodolphe flüchtig das Gesicht seiner schönen Unbekannten wahrgenommen hatte.

Für hundert Francs im Monat war Rodolphe aller Sorgen um das Lebensnotwendige enthoben. Aber in Anbetracht des Aufwandes, den die Eheleute Stopfer zu machen versprachen, erbaten sie eine Vorauszahlung für drei Monate. Man habe mit einem Schweizer so geringen Umgang, wie man will: er entpuppt sich stets als Wucherer. Nach dem Mittagessen hielt Rodolphe sogleich Einzug; er brachte alles in sein Zimmer, was er an Habseligkeiten für den Ausflug nach dem Sankt Gotthard mitgenommen hatte, und sah Léopold weiterfahren; in seinem Ordnungssinn wollte der Freund den Ausflug für Rodolphe und für sich selber durchführen. Als Rodolphe, der auf einem vom Gestade nach vorn gefallenen Felsblock saß, Léopolds Boot nicht mehr sehen konnte, schaute er verstohlen nach dem neuen Haus hinüber, in der Hoffnung, die Unbekannte zu sehen. Aber leider mußte er wieder hineingehen, ohne daß das Haus auch nur eine Spur von Leben gezeigt hätte. Beim Abendessen, das die Stopfers, ehemalige Böttchersleute aus Neufchâtel, ihm auftischten, fragte er sie über die Umwohnenden aus und erfuhr schließlich alles, was er über die Unbekannte hatte wissen wollen; seine Gastgeber waren geschwätzig und leerten, ohne sich lange bitten zu lassen, einen ganzen Sack voll Klatsch aus.

Die Unbekannte hieß Fanny Lovelace. Dieser Name, der ›Lavless‹ ausgesprochen wird, ist ein alter englischer Familienname; aber Richardson[26] hat daraus etwas geschaffen, dessen Berühmtheit alles übrige in den Schatten stellt. Miss Lovelace hatte sich um der Gesundheit ihres Vaters willen am See angesiedelt; die Ärzte hatten ihm das Klima des Kantons Luzern empfohlen. Die beiden Engländer waren ohne Dienerschaft angelangt, bis auf ein vierzehnjähriges Mädchen, das sehr an Miss Fanny hing, eine kleine Stumme, die sie klug und eifrig bediente. Sie hatten sich vor Beginn des letzten Winters mit dem Ehepaar Bergmann ins Einvernehmen gesetzt, ehemaligen Obergärtnersleuten Seiner Exzellenz des Grafen Borromeo auf der Isola Bella und der Isola Madre im Lago Maggiore. Jene Schweizer, die etwa tausend Taler Zinsen ihr eigen nannten, hatten das obere Stockwerk ihres Hauses auf drei Jahre für jährlich zweihundert Francs an die Lovelaces vermietet. Der alte Lovelace, ein neunzigjähriger, recht gebrechlicher Greis, war viel zu arm, um sich gewisse Ausgaben leisten zu können, und ging deshalb nur selten aus; für seinen Lebensunterhalt sorgte seine Tochter, wie es hieß, indem sie aus dem Englischen übersetzte und auch eigene Bücher schrieb. So kam es, daß die Lovelaces weder Boote zu Spazierfahrten auf dem See zu mieten wagten noch Pferde, noch Führer zu Besuchen der Umgegend. Eine Notlage, die solcherlei Entbehrungen mit sich bringt, erweckt um so mehr das Mitleid der Schweizer, als ihnen dadurch eine Möglichkeit zum Verdienen entgeht. Die Köchin im Hause beköstigte die drei Engländer für hundert Francs im Monat, alles inbegriffen. Aber in ganz Gersau wurde vermutet, daß die alten Gärtnersleute trotz ihres Anspruchs bürgerlicher Gesetztheit sich hinter ihrer Köchin versteckten, um aus diesem Handel einiges herauszuschlagen. Die Bergmanns hatten sich rings um ihr Haus herrliche Gärten und ein prachtvolles Treibhaus angelegt. Die Blumen, das Obst, die botanischen Seltenheiten dieser Behausung hatten die junge Miss dazu bestimmt, bei der Durchreise durch Gersau gerade sie auszuwählen. Miss Fanny wurde auf neunzehn Jahre geschätzt; als letztes Kind des alten Mannes wurde sie sicher weidlich verwöhnt. Vor noch nicht zwei Monaten hatte sie sich aus Luzern ein Mietklavier kommen lassen; sie schien eine leidenschaftliche Musikliebhaberin zu sein.

»Sie liebt Blumen und Musik«, dachte Rodolphe, »und sie ist noch unverheiratet? Welch ein Glück!«

Am nächsten Tag ließ Rodolphe um die Erlaubnis zum Besuch

der Treibhäuser und Gärten bitten; sie begannen, sich einer gewissen Berühmtheit zu erfreuen. Jene Erlaubnis wurde nicht sogleich gewährt. Sonderbarerweise verlangten die ehemaligen Gärtnersleute Rodolphes Paß zu sehen; er schickte ihn sofort hinüber. Erst am Tag danach wurde er ihm durch die Köchin zurückgesandt; sie sagte ihm, sie würden sich ein Vergnügen daraus machen, ihm ihr Besitztum zu zeigen. Rodolphe ging nicht ohne ein gewisses Beben zu den Bergmanns, wie es nur Menschen von lebhaftem Empfindungsvermögen verspüren, solche, die in einem Augenblick mehr an Leidenschaft aufbringen, als gewisse andere während ihres ganzen Lebens vergaben. Er hatte sich überaus sorgfältig angezogen, damit er dem ehemaligen Gärtner der Borromäischen Inseln gefiel, erblickte er doch in ihnen die Hüter seines Schatzes; er durchschritt die Gartenanlagen und schaute dabei dann und wann zu dem Haus hinüber, aber behutsam: die Augen der beiden alten Eigentümer bezeugten ihm ein recht sichtbares Mißtrauen. Bald jedoch wurde seine Aufmerksamkeit durch die kleine, stumme Engländerin gefesselt; sein Scharfblick, obwohl er noch jung war, ließ ihn in ihr eine Tochter Afrikas erkennen, oder zumindest eine Sizilianerin. Die Kleine hatte die Hautfarbe einer Havannazigarre, feurige Augen, armenische Lider mit Wimpern von unbritannischer Länge, mehr als dunkles Haar und unter der beinahe olivenfarbenen Haut Sehnen von eigenartiger Kraft und einer fieberhaften Lebendigkeit. Sie warf auf Rodolphe inquisitorische Blicke von unglaublicher Unverfrorenheit und verfolgte seine leisesten Bewegungen.

»Zu wem gehört denn die kleine Maurin da?« fragte er die ehrenwerte Frau Bergmann.

»Zu den Engländern«, antwortete Herr Bergmann.

»Die ist aber auf keinen Fall in England geboren!«

»Vielleicht haben sie sie aus Indien mitgebracht«, antwortete Frau Bergmann.

»Ich habe gehört, die junge Miss Lovelace schwärme für Musik; ich würde mich sehr freuen, wenn sie mir erlaubte, während meines Aufenthaltes an diesem See, zu dem eine ärztliche Vorschrift mich verurteilt hat, mit ihr zu musizieren ...«

»Sie lassen niemanden vor und wollen auch niemanden bei sich sehen«, sagte der alte Gärtner.

Rodolphe biß sich auf die Lippen und ging, ohne aufgefordert worden zu sein, mit ins Haus zu kommen, und ohne den Teil des Gartens betreten zu haben, der zwischen der Hausfront und dem Vorgebirge gelegen war. An dieser Seite besaß das Haus oberhalb des ersten Stockwerks eine hölzerne, vom Dach überdeckte Veranda; das Dach sprang an allen vier Seiten sehr weit vor, wie bei allen Schweizerhäusern. Rodolphe hatte diese elegante Einrichtung sehr gelobt und die Aussicht von jener Veranda gepriesen, aber umsonst. Als er sich von den Bergmanns verabschiedet hatte, kam er sich ganz dumm vor, wie jeder intelligente und phantasiebegabte Mensch, dem ein Plan mißlungen ist, an dessen Gelingen er geglaubt hat.

Am Abend ließ er sich selbstverständlich auf dem See umherrudern, um das Vorgebirge herum, bis nach Brunnen und Schwyz; bei Einbruch der Dunkelheit kehrte er heim. Von weitem gewahrte er, daß das Fenster hell erleuchtet und offen war; er konnte die Klänge des Klaviers und den Klang einer köstlichen Stimme hören. Deshalb ließ er das Boot stoppen und gab sich der Bezauberung beim Anhören einer göttlich gesungenen italienischen Arie hin. Als der Gesang geendet hatte, ließ Rodolphe anlegen und schickte das Boot und die beiden Ruderer weg. Auf die Gefahr hin, nasse Füße zu bekommen, setzte er sich auf die von den Wassern ausgenagte Granitschwelle, die von einer dichten, dornigen Akazienhecke gekrönt war; längs ihrer erstreckte sich im Bergmannschen Garten ein mit jungen Linden bestandener Weg. Nach Ablauf einer Stunde hörte er über seinem Kopf Stimmen und Schritte; aber die an sein Ohr dringenden Worte waren sämtlich italienisch und wurden von zwei Frauenstimmen gesprochen, Stimmen junger Frauen. Er nahm den Augenblick wahr, da die beiden Gesprächspartnerinnen sich am einen Ende des Weges befanden, und schlich sich geräuschlos an das andere. Nach einer mühseligen halben Stunde gelangte er an das andere Wegende und konnte, ohne bemerkt oder gehört worden zu sein, sich so aufstellen, daß er die beiden Frauen sah, ohne von ihnen gesehen zu werden, wenn sie wieder auf ihn zukamen. Wie groß jedoch war Rodolphes Erstaunen, als er in der einen der beiden Frauen die kleine Stumme wiedererkannte; sie sprach mit Miss Lovelace italienisch. Es war jetzt gegen elf Uhr abends. Auf dem See und um das Haus herum herrschte so tiefe Stille, daß die beiden Frauen sich in Sicherheit glauben konnten: in ganz Gersau konnten nur ihre Augen noch offen sein. Rodolphe meinte, die Stummheit der Kleinen müsse eine unumgängliche List sein. Aus der Art, wie das Italienische gesprochen wurde, erriet Rodolphe, daß es die Muttersprache der beiden Frauen sei; und daraus folgerte er, daß das Engländertum eine Tarnung sein müsse.

»Es sind italienische Flüchtlinge«, sagte er sich, »Verbannte, die vor der österreichischen oder sardischen Polizei auf der Hut sein müssen. Das junge Mädchen wartet die Dunkelheit ab, damit es in aller Sicherheit sich ergehen und plaudern kann.«

Sogleich legte er sich längs der Hecke auf den Boden und kroch wie eine Schlange vorwärts, bis er zwischen zwei Akazienwurzeln einen Durchschlupf gefunden hatte. Auf die Gefahr hin, seinen Rock dort hängen zu lassen oder sich tiefe Wunden auf dem Rücken zuzuziehen, schlüpfte er durch die Hecke hindurch, als die vorgebliche Miss Fanny und ihre vorgebliche Stumme sich am anderen Ende des Weges befanden; dann aber, als sie bis auf zwanzig Schritt sich ihm wieder genähert hatten, ohne ihn zu sehen, denn er befand sich im Schatten der vom Mondschein hell beleuchteten Hecke, sprang er auf.

»Fürchten Sie nichts«, sagte er in französischer Sprache zu der Italienerin, »ich bin kein Spitzel. Sie sind Flüchtlinge, das kann ich mir denken. Ich bin Franzose, und ein einziger Blick von Ihnen hat mich in Gersau festgehalten.«

Rodolphe verspürte einen Schmerz durch etwas Stählernes, das ihm die Seite zerfetzte, und stürzte zu Boden.

»Nel lago con pietra[27]«, sagte die schreckliche Stimme.

»Oh, Gina!« rief die Italienerin.

»Sie hat mich gefehlt«, sagte Rodolphe und zog aus der Wunde ein Stilett, das auf eine falsche Rippe gestoßen war, »aber etwas höher, und es wäre ins Herz gegangen. Ich war im Unrecht, Francesca«, sagte er, da ihm dieser Name einfiel; die kleine Gina hatte ihn mehrmals gesagt, »ich bin ihr nicht böse, schelten Sie nicht mit ihr: das Glück, mit Ihnen zu sprechen, ist schon einen Stilettstich wert! Zeigen Sie mir bitte den Weg zurück ins Stopfersche Haus. Seien Sie unbesorgt; ich halte den Mund.«

Francesca, die sich von ihrer Verblüffung erholt hatte, half Rodolphe beim Aufstehen und sagte ein paar Worte zu Gina, deren Augen sich mit Tränen füllten. Die beiden Frauen zwangen Rodolphe, sich auf eine Bank zu setzen und Rock, Weste und Halsbinde abzulegen. Gina schlug ihm das Hemd auseinander und saugte die Wunde kräftig aus. Francesca war weggegangen und kam mit einem breiten Stück englischem Pflaster wieder; sie klebte es auf die Wunde.

»So können Sie bis zu Ihrem Haus gehen«, sagte sie.

Jede der beiden nahm einen seiner Arme, und so wurde Rodolphe zu einer kleinen Pforte gebracht, deren Schlüssel in Francescas Schürzentasche steckte.

»Spricht Gina Französisch?« fragte Rodolphe Francesca.

»Nein. Aber verhalten Sie sich still«, sagte Francesca leicht ungeduldig.

»Lassen Sie mich Sie anschauen«, sagte Rodolphe innig, »denn vielleicht kann ich geraume Zeit nicht herkommen ...«

Er stützte sich auf einen der Pfosten der kleinen Pforte und betrachtete die schöne Italienerin; sie ließ sich einen Augenblick lang in der schönsten Stille und der schönsten Nacht anschauen, die jemals diesen See verklärt haben, den König der Schweizer Seen. Francesca war eine typische Italienerin; ganz so, wenn man will, wie sich die Phantasie im Wachen oder im Traum die Italienerinnen vorstellt. Was Rodolphe vor allem ergriff, waren die Eleganz und die Anmut des Wuchses, der ungeachtet der zarten Erscheinung von Kraft kündete, so geschmeidig war er. Die Ambrablässe ihres Antlitzes verriet eine jähe Anteilnahme, löschte jedoch nicht die Wollust zweier feuchter, samtschwarzer Augen aus. Zwei Hände, die schönsten, die jemals ein griechischer Bildhauer dem glatten Arm einer Statue angefügt hat, hielten Rodolphes Arm: ihre Weiße hob sich scharf vom Schwarz seines Rockes ab. Der unbedachte Franzose konnte nur flüchtig die ovale, etwas längliche Form des Gesichtes wahrnehmen, dessen trauriger, halb geöffneter Mund zwischen zwei jungen, roten Lippen schimmernde Zähne sehen ließ. Die Schönheit der Züge dieses Antlitzes verbürgten lange Dauer von Francescas Glanz; am meisten jedoch machte Rodolphe ihr anbetungswürdiges

Sichgehenlassen betroffen, der italienische Freimut dieser Frau, die sich völlig ihrem Mitgefühl hingab.

Francesca sagte ein paar Worte zu Gina, und diese gab Rodolphe ihren Arm bis zum Stopferschen Haus; dann schellte sie und flitzte davon wie eine Schwalbe.

»Diese Patrioten gehen nicht gerade mit schlaffer Hand vor!« sagte sich Rodolphe, als er allein in seinem Bett lag und Schmerzen verspürte. »Nel lago! Gina hätte mich mit einem Stein um den Hals in den See geworfen!«

Als es Tag war, ließ er aus Luzern den besten Wundarzt holen; und als dieser gekommen war, machte er ihm tiefstes Stillschweigen zur Pflicht, wobei er andeutete, das verlange die Ehre. Léopold kam von seinem Ausflug an dem Tage zurück, da sein Freund wieder aufstehen durfte. Rodolphe band ihm ein Märchen auf und beauftragte ihn, nach Luzern zu fahren und dort das Gepäck und die angekommenen Briefschaften abzuholen. Léopold überbrachte die unseligste, die furchtbarste Nachricht: Rodolphes Mutter war tot. Während die beiden Freunde von Basel nach Luzern unterwegs gewesen waren, war der verhängnisvolle, von Léopolds Vater geschriebene Brief dort an dem Tag ihrer Abfahrt nach Flüelen eingetroffen. Trotz der von Léopold beobachteten Vorsichtsmaßnahmen wurde Rodolphe von einem Nervenfieber ergriffen. Als der künftige Notar seinen Freund außer Gefahr sah, reiste er, mit einer Vollmacht versehen, nach Frankreich ab. Auf diese Weise konnte Rodolphe in Gersau bleiben, der einzigen Stätte der Welt, wo sein Schmerz sich beschwichtigen konnte. Der Seelenzustand des jungen Franzosen, seine Verzweiflung und die Umstände, die diesen Verlust für ihn noch schrecklicher als jeden anderen machten, hatten sich herumgesprochen und trugen ihm das Mitgefühl und die Anteilnahme von ganz Gersau ein. Die vorgeblich Stumme kam jeden Morgen zu ihm und überbrachte Nachrichten von ihrer Herrin.

Als Rodolphe das Haus verlassen konnte, ging er zu den Bergmanns hinüber und dankte Miss Fanny Lovelace und ihrem Vater für die Teilnahme, die sie ihm bezeigt hatten. Zum erstenmal seit seinem Einzug bei dem Ehepaar Bergmann ließ der alte Italiener einen Fremden in seine Wohnung; Rodolphe wurde dort mit einer Herzlichkeit empfangen, die seinem Unglück und der Tatsache galt, daß er Franzose war und also jenseits alles Mißtrauens stand. Francesca war an diesem ersten Abend im Lichterglanz so schön, daß durch sie ein Strahl in Rodolphes bedrücktes Herz fiel. Ihr Lächeln schüttete Rosen der Hoffnung über seine Trauer. Sie sang, jedoch keine heiteren Weisen, sondern ernste, erhabene Melodien, wie sie dem Zustand von Rodolphes Herzen entsprachen; er war sich dieser rührenden Fürsorge bewußt. Gegen acht Uhr ließ der alte Mann die beiden jungen Menschen allein, ohne das leiseste Anzeichen einer Befürchtung, und zog sich in sein Zimmer zurück. Als Francesca des Singens müde war, führte sie Rodolphe auf die Veranda außen am Hause, von wo aus sich der großartige Anblick des Sees bot, und bedeutete ihm, sich neben sie auf eine roh gezimmerte Bank zu setzen.

»Ist es taktlos, Sie nach Ihrem Alter zu fragen, cara Francesca?« sagte Rodolphe.

»Neunzehn«, antwortete sie, »aber schon gewesen.«

»Wenn etwas auf Erden meinen Schmerz lindern könnte«, fuhr er fort, »so wäre es die Hoffnung, Sie aus der Hand Ihres Vaters zu erhalten, gleichgültig, in welchen Vermögensumständen Sie sich befinden; Sie sind so schön, daß Sie mich reicher dünken, als eine Fürstentochter es sein könnte. Deswegen erbebe ich, nun ich Ihnen die Empfindungen gestehe, die Sie mir eingeflößt haben; sie sind tief, sind ewig.«

»Zitto[28]!« sagte Francesca und legte einen Finger ihrer rechten Hand auf die Lippen. »Halten Sie inne: ich bin nicht frei, ich bin verheiratet, seit drei Jahren ...«

Ein paar Sekunden lang herrschte zwischen ihnen tiefes Schweigen. Als die Italienerin, erschrocken über Rodolphes Haltung, sich zu ihm hinbeugte, sah sie, daß er ohnmächtig geworden war.

»Povero[29]!« sagte sie sich. »Und ich hatte ihn für kühl gehalten.«

Sie holte Riechsalz, ließ es Rodolphe einatmen und brachte ihn wieder zu sich.

»Verheiratet!« sagte Rodolphe und blickte Francesca an. Und seine Tränen rannen im Übermaß.

»Kind«, sagte sie, »es besteht Hoffnung. Mein Mann ist ...«

»Achtzig ...?« fragte Rodolphe.

»Nein«, antwortete sie lächelnd, »fünfundsechzig. Er tarnt sich als Greis, um die Polizei zu täuschen.«

»Liebste«, sagte Rodolphe, »noch ein paar solche Erregungen, und ich müßte sterben ... Erst wenn wir einander zwanzig Jahre kennten, würden Sie wissen, wie stark und mächtig mein Herz, wie geartet sein ehrgeiziges Streben nach Glück ist. Jene Pflanze dort rankt nicht behender empor, um in den Strahlen der Sonne zu erblühen«, sagte er und deutete auf einen virginischen Jasmin, der die Balustrade umhüllte, »als ich mich seit einem Monat an Sie angeklammert habe. Diese Liebe ist die geheime Triebkraft meines Lebens, und vielleicht sterbe ich daran!«

»Ach, Sie Franzose, Sie Franzose!« sagte sie und kommentierte ihren Ausruf durch ein leichtes Verziehen des Mundes.

»Muß ich denn nicht auf Sie warten, Sie aus den Händen der Zeit empfangen?« fuhr er ernst fort. »Aber vernehmen Sie dies: wenn der Ausspruch, der Ihnen entschlüpfte, ehrlich gemeint war, dann will ich getreulich Ihrer warten und kein anderes Gefühl in meinem Herzen wachsen lassen.«

Sie schaute ihn verschmitzt an.

»Keins«, sagte er, »nicht einmal eine Laune. Ich muß zu Vermögen gelangen, Sie bedürfen eines glänzenden, die Natur hat sie als Fürstin geschaffen ...«

Bei diesem Wort konnte Francesca sich nicht eines leisen Lächelns enthalten, das ihrem Antlitz den entzückendsten Ausdruck lieh, etwas verhalten Kluges und Feines, wie es der große Lionardo so wunderbar in der ›Mona Lisa‹ gestaltet hat. Dieses Lächeln ließ Rodolphe für eine Weile verstummen.

»... Ja«, sprach er dann weiter, »Sie müssen unter den Entbehrungen leiden, die das Exil Ihnen auferlegt. Ach, wenn Sie mich zum glücklichsten aller Menschen machen und meine Liebe heiligen wollen, dann bezeigen Sie mir Freundschaft. Darf nicht auch ich Ihr Freund sein? Meine gute Mutter hat mir sechzigtausend Francs an Ersparnissen hinterlassen; nähmen Sie wohl die Hälfte davon?«

Francesca sah ihn starr an. Dieser Blick drang Rodolphe tief in die Seele.

»Wir brauchen nichts; für unsere Bedürfnisse genügt der Ertrag meiner Arbeit«, antwortete sie mit ernster Stimme.

»Muß ich nicht darunter leiden, daß jemand wie Sie arbeitet?« rief er. »Eines Tages kehren Sie in Ihre Heimat zurück und finden alles wieder, was Sie dort zurückgelassen haben...« Abermals schaute die junge Italienerin Rodolphe an... »Und dann geben Sie mir zurück, was von mir zu leihen Sie geruhen«, fügte er mit einem Blick voller Zartgefühl hinzu.

»Lassen Sie uns von etwas anderem sprechen«, sagte sie mit einer unvergleichlichen Noblesse in Geste, Blick und Haltung. »Schaffen Sie sich ein glänzendes Vermögen, werden Sie einer der großen Männer Ihres Landes, ich will es. Der Ruhm ist eine fliegende Brücke, die zum Überschreiten einer Schlucht zu dienen vermag. Seien Sie ehrgeizig, dessen bedarf es. Ich glaube, Sie besitzen hohe, mächtige Fähigkeiten; aber Sie sollten sie eher zum Glück der Menschheit einsetzen, als um mich zu erringen: dann wären Sie in meinen Augen größer.«

Bei diesem Gespräch, das zwei Stunden lang dauerte, entdeckte Rodolphe in Francesca die Begeisterung für liberale Ideen und den Kult der Freiheit, der zu den drei Revolutionen in Neapel, Piemont und Spanien[30] geführt hatte. Als er fortging, wurde er von Gina, der vorgeblich Stummen, bis ans Tor geleitet. Jetzt, um elf, streifte niemand mehr im Dorf umher; keine Indiskretion war zu fürchten, und so zog Rodolphe denn Gina in einen Winkel und fragte sie ganz leise und in schlechtem Italienisch: »Wer sind deine Herrschaften, mein Kind? Sag es mir, dann schenke ich dir dies funkelnagelneue Goldstück.«

»Der Herr«, sagte das Mädchen und nahm die Münze, »der Herr ist der berühmte Buchhändler Lamporani aus Mailand, einer der Führer der Revolution, und der Verschwörer, den Österreich am allerliebsten auf dem Spielberg[31] hätte.«

»Die Frau eines Buchhändlers...! Nun, um so besser«, dachte er, »da stehen wir auf gleichem Fuße.« – »Welcher Familie entstammt sie denn?« fuhr er laut fort; »sie wirkt wie eine Königin.«

»Das tun alle Italienerinnen«, antwortete Gina stolz. »Ihr Vater ist ein Colonna.«

Francescas schlichter Stand machte Rodolphe kühn; er ließ über seinem Boot ein kleines Zeltdach anbringen und ins Heck Kissen legen. Als diese Veränderung vorgenommen worden war, schlug der Verliebte Francesca eine Spazierfahrt auf dem See vor. Die Italienerin war einverstanden, wahrscheinlich, um vor den Augen des Dorfes ihre Rolle als junge Miss zu spielen; aber sie nahm Gina mit. Alles, was Francesca Colonna unternahm, ließ auf eine überragende Erziehung und Bildung und auf höchsten gesellschaftlichen Rang schließen. Durch die Art und Weise, wie sie sich am Bootsheck niederließ, fühlte sich Rodolphe irgendwie von ihr geschieden, und vor ihrem Ausdruck echten Adelsstolzes sank die Vertraulichkeit hin, die er sich vorgenommen hatte. Durch einen Blick wurde Francesca zu einer Prinzessin mit allen Privilegien, die eine solche im Mittelalter genossen hätte. Sie schien die heimlichen Gedanken dieses Vasallen erraten zu haben, der die Kühnheit besessen hatte, sich zu ihrem Beschützer aufzuwerfen. Rodolphe hatte bereits an der Einrichtung des Wohnzimmers, in dem Francesca ihn empfangen, an ihrer Kleidung und den kleinen Dingen, die sie benutzte, indirekte Hinweise auf hohen Rang und großen Reichtum festgestellt. Alle diese Beobachtungen fielen ihm gleichzeitig wieder ein, und er versank in Grübelei, nachdem er durch Francescas Würde gewissermaßen zurückgestoßen worden war. Sogar Gina, die halbwüchsige Vertraute, schien ein spöttisches Gesicht zu schneiden, wenn sie Rodolphe von unten herauf oder von der Seite ansah. Dieses offensichtliche Mißverhältnis zwischen dem Stand der Italienerin und ihren Umgangsformen wurde für Rodolphe zu einem neuen Rätsel; er mutmaßte dahinter eine weitere, der vorgeblichen Stummheit Ginas ähnliche List.

»Wohin möchten Sie fahren, Signora Lamporani?« fragte er.

»Nach Luzern zu«, antwortete Francesca in französischer Sprache.

»Gut!« dachte Rodolphe, »sie wundert sich nicht, daß ich sie mit ihrem Namen angeredet habe; ganz sicher hat sie meine Frage an Gina vorausgesehen, die Durchtriebene!« – »Was haben Sie eigentlich gegen mich?« fragte er, als er sich endlich zu ihr gesetzt und sie durch eine Geste um Überlassung ihrer Hand gebeten hatte; Francesca zog sie indessen zurück. »Sie sind kühl und förmlich; im Konversationsstil sagen wir: spröde.«

»Da haben Sie recht«, antwortete sie lächelnd. »Ich handle falsch. Das ist nicht gut. Es ist bürgerlich. In Frankreich würde man sagen, es sei nicht ›artiste‹, nicht kunstgerecht. Es ist besser, sich offen auszusprechen, als einem Freunde gegenüber in feindlichen oder frostigen Gedanken zu verharren, und Ihre Freundschaft haben Sie mir ja schon bewiesen. Vielleicht bin ich bei Ihnen zu weit gegangen. Sie haben mich für eine recht gewöhnliche Frau halten müssen ...« Rodolphe gab mannigfache Zeichen der Verneinung. – ». . . Ja«, sagte die Buchhändlersfrau, ohne auf jenes Gebärdenspiel einzugehen, das sie übrigens sehr wohl sah. »Ich habe es gemerkt, und so muß ich natürlich wieder zu mir selbst kommen. Ja, ich will allem mit ein paar Worten von tiefer Wahrheit ein Ende machen. Verstehen Sie mich recht, Rodolphe: ich verspüre in mir die Kraft, ein Gefühl zu unterdrücken, das nicht mit den Ideen oder dem Vorherwissen harmonieren würde, das ich von der wahren Liebe habe. Ich vermag zu lieben, wie wir in Italien zu lieben verstehen; aber ich kenne meine Pflichten: kein Rausch könnte mich sie vergessen machen. Da ich ohne mein Einverständnis mit diesem armen alten Mann verheiratet worden bin, könnte ich mir die Freiheit zunutze machen, die er mir so großmütig einräumt; aber drei Ehejahre bedeuten eine Einwilligung in die Gesetze der Ehe. Daher würde nicht einmal die heftigste Leidenschaft mir den Wunsch entlocken, und sei es ungewollt, wieder frei zu sein. Emilio kennt meinen Charakter. Er weiß, daß ich, abgesehen von meinem Herzen, das mir gehört und das ich verschenken kann, mir nicht erlauben würde, auch nur meine Hand anrühren zu lassen, und eben deswegen habe ich sie Ihnen eben verweigert. Ich will geliebt werden, will, daß mit Treue, Noblesse und voller Glut auf mich gewartet wird, wogegen ich nur eine unendliche Zärtlichkeit gewähren kann, deren sichtbarer Ausdruck nie die Mauern des Herzens, des erlaubten Bereichs, überschreiten wird. Dies alles wohlverstanden ... oh!« rief sie mit einer jungmädchenhaften Bewegung, »dann will ich wieder kokett sein, lachlustig, ausgelassen wie ein Kind, das die Fährnisse der Vertraulichkeit nicht kennt.«

Diese unumwundene, offenherzige Erklärung wurde in einem Tonfall und einem Ausdruck vorgebracht und von Blicken begleitet, die ihr tiefste Wahrhaftigkeit liehen.

»Eine Fürstin Colonna hätte das nicht besser sagen können«, antwortete Rodolphe lächelnd.

»Soll das«, entgegnete sie hochmütig, »ein Vorwurf gegen meine bescheidene Herkunft sein? Bedarf Ihre Liebe eines Wappens? In Mailand stehen die erlauchtesten Namen: Sforza, Canova, Visconti, Trivulzio und Orsini auf Ladenschildern, und es gibt Träger des Namens Archinto[32], die Apotheker sind; aber glauben Sie mir, trotz meiner Stellung als Ladenfrau hege ich die Gefühle einer Herzogin.«

»Ein Vorwurf? Nein; ich habe Ihnen ein Lob zollen wollen . . .«

»Durch einen Vergleich . . .?« fragte sie hinterhältig.

»Ach, hören Sie doch«, fuhr er fort, »damit Sie mich nicht länger quälen, wenn meine Worte schlecht wiedergeben, was ich fühle; meine Liebe ist absolut und schließt unendlichen Gehorsam, unendliche Achtung in sich ein.«

Sie neigte den Kopf als eine Frau, der Genugtuung widerfahren ist, und sagte: »Monsieur willigt also in den Vertrag ein?«

»Ja«, sagte er. »Ich verstehe, daß in einem starken, innerlich reichen Frauenwesen die Fähigkeit zum Lieben nie erlöschen kann und daß Sie sie aus Zartgefühl und Takt einschränken möchten. Ach, Francesca! In meinem Alter bedeutet allein schon mit einer so erhabenen, so königlich schönen Frau wie Sie geteilte Zärtlichkeit mehr als die Erfüllung meiner Wünsche. Sie lieben, wie Sie geliebt werden wollen, heißt das für einen jungen Menschen nicht, alle üblen Torheiten scheuen? Heißt das nicht, seine Kräfte in einer edlen Leidenschaft einsetzen, auf die man später stolz sein kann und die nichts als schöne Erinnerungen schafft . . .? Wenn Sie wüßten, mit welcher Poesie Sie gerade eben die Bergketten von Pilatus und Rigi und dies wundervolle Seebecken überkleidet haben . . .«

»Ich möchte es wissen«, sagte sie mit der Harmlosigkeit einer Italienerin, die immer ein bißchen Hinterhältigkeit in sich birgt.

»Nun denn: diese Stunde wird mein ganzes Leben überstrahlen wie ein Diamant die Stirn einer Königin.«

Statt einer Antwort legte Francesca ihre Hand auf die Rodolphes.

»O Liebste, auf ewig Liebste, sagen Sie, haben Sie denn niemals geliebt?«

»Nie!«

»Und Sie erlauben mir, Sie auf edle Weise zu lieben und vom Himmel alles zu erwarten?«

Sie neigte langsam den Kopf. Über Rodolphes Wangen rannen zwei dicke Tränen.

»Aber was ist Ihnen denn?« fragte sie und trat aus ihrer Rolle als Kaiserin heraus.

»Ich habe keine Mutter mehr, der ich sagen könnte, wie glücklich ich bin; sie ist von dieser Erde abgeschieden, ohne erblicken zu können, was ihr den Todeskampf leichter gemacht hätte . . .«

»Und das wäre?« fragte sie.

»Die Ersetzung ihrer Zärtlichkeit durch eine gleichwertige.«

»Povero mio[33]«, rief die Italienerin gerührt. »Glauben Sie mir«, fuhr sie nach einer Pause fort, »es ist etwas sehr Holdes und eine sehr große Gewähr der Treue für eine Frau, wenn sie weiß, daß sie auf Erden für den, den sie liebt, alles ist, wenn sie weiß, daß er ganz allein dasteht, ohne Angehörige, daß in seinem Herzen nichts lebt als seine Liebe; mit einem Wort: daß sie ihn ganz für sich hat.«

Wenn zwei Liebende sich so verständigt haben, empfindet das Innere eine köstliche Ruhe, eine erhabene Stille. Gewißheit ist die Grundlage, nach der die menschlichen Gefühle verlangen; denn dem religiösen Gefühl mangelt die Gewißheit nie: der Mensch ist sich stets gewiß, daß Gott ihm nichts schuldig bleibt. Die Liebe glaubt sich nur in Sicherheit durch jene Ähnlichkeit mit der göttlichen Liebe. Daher muß man beide Lieben tief empfunden haben, um die Wollüste dieses Augenblicks verstehen zu können, der im Leben stets etwas Einzigartiges ist: er kehrt ebensowenig wieder wie der Gemütsaufruhr der Jugend. An eine Frau glauben, aus ihr seine menschliche Religion machen, sein Lebensprinzip, das geheime Licht seiner geringsten Gedanken . . .! Ist das nicht eine zweite Geburt? In einem solchen Augenblick mischt ein junger Mensch in seine Liebe etwas von derjenigen, die er für seine Mutter empfindet. Rodolphe und Francesca bewahrten eine Weile tiefstes Schweigen; sie antworteten einander mit freundschaftlichen, gedankenvollen Blicken. Sie verstanden einander inmitten eines der schönsten Naturschauspiele, dessen Pracht ihnen durch die Überschwänge ihrer Herzen deutlich wurde; das alles trug dazu bei, daß sich auch die flüchtigsten Eindrücke dieser einzigartigen Stunde in ihr Erinnerungsvermögen eingruben. In Francescas Verhalten war auch nicht der leiseste Anschein von Koketterie gewesen. Alles darin war weit, erfüllt, ohne Hintergedanken. Solche innere Größe machte Rodolphe tief betroffen; gerade darin erkannte er den Unterschied zwischen der Italienerin und der Französin. Die Fluten, die Erde, der Himmel, die Frau, alles wuchs jetzt ins Grandiose und Seelenerlabende, sogar ihrer beider Liebe inmitten dieses Landschaftsbildes, das weit war in seinem Gesamt und mannigfaltig in seinen Einzelheiten; das Herbe der Schneegipfel mit ihren starren Falten, die sich scharf umrissen vom Azur abhoben, gemahnte Rodolphe an die Bedingungen, in die sein Glück sich einfügen mußte: ein üppiges Gefilde, umgeben von Schnee.

Diese wonnige Trunkenheit der Seele mußte gestört werden. Aus Luzern kam ein Boot heran; Gina, die es seit einer Weile aufmerksam beobachtet hatte, blieb ihrer Rolle als Stumme treu und tat eine freudige Geste. Das Boot näherte sich, und als Francesca die Gestalten erkennen konnte, gewahrte sie einen jungen Mann und rief: »Tito!« Trotz der Gefahr zu ertrinken sprang sie auf und rief mehrmals »Tito! Tito!«, wobei sie ihr Taschentuch schwenkte. Tito gab seinen Ruderern den Kurs an, und die Boote legten sich Bord an Bord. Die Italienerin und der Italiener redeten so rasch miteinander, und noch dazu in einem Dialekt, der einem mit knapper Not die Schriftsprache beherrschenden und noch nicht in Italien gewesenen Mann so gut wie unverständlich war, so daß Rodolphe nichts von dieser Unterhaltung verstehen oder erraten konnte. Titos gutes Aussehen, Francescas Vertraulichkeit, Ginas freudiges Mienenspiel, all das bereitete ihm Kummer. Übrigens ist jeder Verliebte unzufrieden, wenn er sich aus welchem Grunde auch immer vernachlässigt sieht. Tito warf Gina hastig ein sicherlich mit Gold gefülltes Lederbeutelchen zu und Francesca ein Päckchen Briefe; sie winkte Tito einen Abschiedsgruß zu und begann sogleich zu lesen.

»Fahrt sofort nach Gersau zurück«, sagte sie zu den Ruderern. »Ich will meinen armen Emilio auch nicht zehn Minuten länger schmachten lassen.«

»Was ist Ihnen denn widerfahren?« fragte Rodolphe, als die Italienerin ihren letzten Brief zu Ende gelesen hatte.

»La libertà![34]« rief sie mit der Begeisterung einer Künstlerin aus.

»E denari![35]« ergänzte wie ein Echo Gina, die endlich wieder sprechen konnte.

»Ja«, fuhr Francesca fort, »die Not ist zu Ende! Seit elf Monaten arbeite ich, und ich fing schon an, mich zu langweilen. Ganz entschieden bin ich keine Literatin.«

»Wer ist denn dieser Tito?« fragte Rodolphe.

»Der Staatssekretär im Finanzdepartement unseres armen Colonna-Ladens, mit anderen Worten: der Sohn unseres Ragionato. Der arme Kerl hat weder über den Sankt Gotthard noch über den Mont Cenis, noch über den Simplon kommen können: da hat er den Seeweg über Marseille eingeschlagen und durch ganz Frankreich reisen müssen. Jetzt endlich sind wir in drei Wochen in Genf und können dort in aller Behaglichkeit leben. Lassen Sie es gut sein, Rodolphe«, sagte sie, als sie auf dem Gesicht des Parisers sich Niedergeschlagenheit abzeichnen sah, »wiegt der Genfer See den Vierwaldstätter nicht auf . . .?«

»Gestatten Sie mir, daß ich dem köstlichen Bergmannschen Haus nachtrauere«, sagte Rodolphe und deutete auf das Vorgebirge.

»Sie sollen mit uns zu Abend essen, damit Sie dabei Ihre Erinnerungen vervielfachen, povero mio«, sagte sie. »Heute ist ein Festtag, wir sind nicht länger in Gefahr. Meine Mutter hat mir geschrieben, daß wir vielleicht binnen eines Jahres Amnestie erhalten. O, la cara patria[36]. . .«

Diese drei Worte ließen Gina aufschluchzen; sie sagte: »Noch einen Winter hier, und ich wäre gestorben!«

»Armes sizilisches Ziegenlamm!« sagte Francesca und strich Gina über den Kopf; diese Geste war so liebevoll, daß Rodolphe sich wünschte, er möge ebenso gestreichelt werden, auch wenn es ohne eigentliche Liebe geschehe.

Das Boot legte an, Rodolphe sprang ans Ufer, reichte der Italienerin die Hand und geleitete sie bis zur Tür des Bergmannschen Hauses; dann ging er weg, um sich umzuziehen und so schnell wie möglich wiederzukommen.

Er fand den Buchhändler und seine Frau auf der Veranda vor und vermochte nur unter Schwierigkeiten eine Geste der Überraschung zu unterdrücken, als er wahrnahm, welch wundersame Veränderung die gute Nachricht bei dem Neunzigjährigen zuwege gebracht hatte. Er sah einen ungefähr sechzigjährigen, vortrefflich konservierten Mann vor sich, einen dürren Italiener, geradegewachsen wie ein I; das noch schwarze, wenngleich spärliche Haar ließ einen weißen Schädel hervorschimmern; die Augen waren lebendig, die Zähne lückenlos und weiß; es war ein Cäsarengesicht, und den Diplomatenmund umspielte ein gewissermaßen sardonisches Lächeln, das beinahe falsche Lächeln, unter dem ein Mann der guten Gesellschaft seine wahren Gefühle verbirgt.

»Da sehen Sie meinen Mann in seiner eigentlichen Gestalt«, sagte Francesca ernst.

»Das ist ja eine völlig neue Bekanntschaft«, sagte Rodolphe verwirrt.

»Völlig«, sagte der Buchhändler. »Ich habe einmal Komödie gespielt, und ich verstehe mich vortrefflich darauf, mich zu schminken. Ach ja, zur Zeit des Kaiserreichs habe ich in Paris mit Bourrienne[37], Madame Murat[38], Madame d'Abrantès[39] e tutti quanti[40] gespielt ... Alles, was in der Jugend zu lernen man sich bemüht hat, sogar die albernsten Dinge, kann einem von Nutzen sein. Hätte meine Frau nicht eine Ausbildung wie ein Mann bekommen, was in Italien als etwas Widersinniges gilt, so hätte ich, um hier leben zu können, Holzfäller werden müssen. Povera Francesca! Wer hätte mir vorausgesagt, sie würde mich eines Tages ernähren müssen?«

Als er dem würdigen, zwanglosen, umgänglichen, rüstigen Buchhändler zuhörte, glaubte Rodolphe an irgendeine Mystifikation und verharrte im beobachtenden Schweigen eines, der hinters Licht geführt worden ist.

»Che avete, signore[41]?« fragte Francesca ihn naiv. »Stimmt unser Glück Sie etwa traurig?«

»Ihr Gatte ist ein junger Mann«, sagte er leise zu ihr.

Sie brach in ein so unverhohlenes, ansteckendes Lachen aus, daß es Rodolphe noch mehr die Sprache verschlug.

»Er kann Ihnen nur mit fünfundsechzig Jahren aufwarten«, sagte sie; »aber Sie können sicher sein, daß noch mehr dahinter steckt ... und zwar etwas Beruhigendes.«

»Ich mag es nicht, daß Sie mit einer Liebe Scherz treiben, die so heilig ist wie die, deren Bedingungen von Ihnen festgelegt worden sind.«

»Zitto!« sagte sie, stampfte mit dem Fuß auf und überzeugte sich, ob ihr Mann ihnen zuhöre. »Stören Sie nie die Ruhe dieses lieben Menschen; er ist arglos wie ein Kind, und ich mache mit ihm, was ich will. Er steht«, sagte sie noch, »unter meinem Schutz. Wenn Sie wüßten, mit welcher Noblesse er sein Leben und sein Vermögen aufs Spiel gesetzt hat, weil ich liberal gesinnt war! Er teilt nämlich meine politischen Ansichten nicht. Heißt das lieben, Herr Franzose? – Aber so sind sie alle in dieser Familie. Emilios jüngerer Bruder wurde von der, die er liebte, um eines reizenden jungen Mannes willen verraten. Er hat sich seinen Degen ins Herz gestoßen, und zehn Minuten vorher hat er zu seinen Dienern gesagt: ›Ich könnte auch meinen Rivalen umbringen, aber das würde der diva[42] zuviel Kummer machen.‹«

Dies Gemisch von Noblesse und Spott, von Größe und Kindlichkeit machte in dieser Minute Francesca zum anziehendsten Geschöpf der Welt. Das Essen wie die nachfolgenden Abendstunden trugen ein Gepräge der Heiterkeit; es wurde durch die Befreiung der Flüchtlinge gerechtfertigt, stimmte indessen Rodolphe traurig.

»Sollte sie leichtfertig sein?« fragte er sich auf dem Heimgang zum Stopferschen Haus. »Sie hat an meiner Trauer Anteil genommen, und ich vermag ihre Freude nicht zu teilen!«

Er grollte mit sich und rechtfertigte diese Mädchenfrau.

»Sie ist frei von Heuchelei und überläßt sich ihren Eindrükken . . .«, dachte er. »Und ich wollte, sie wäre eine Pariserin.«

Den nächsten Tag und die folgenden, kurzum: volle drei Wochen lang verbrachte Rodolphe all seine Zeit im Bergmannschen Haus und beobachtete Francesca, ohne daß er sich im Grunde vorgenommen hätte, sie zu beobachten. Bei gewissen Seelen ist das Bewundern nicht frei von einer Art Scharfblick. Der junge Franzose gewahrte in Francesca das unbedachte junge Mädchen, das wahre Naturell der noch nicht unterworfenen Frau, die dann und wann mit ihrer Liebe rang und sich in anderen Augenblicken völlig darein ergab. Der alte Herr verhielt sich ihr gegenüber wohl wie ein Vater zu seiner Tochter, und

Francesca bezeigte ihm eine tief empfundene Dankbarkeit, die in ihr edle Instinkte erweckte. Diese Stellung und diese Frau boten Rodolphe ein undurchschaubares Rätsel dar, dessen Lösung ihn jedoch mehr und mehr fesselte.

Die letzten Tage waren erfüllt von heimlichen Feierstunden, untermischt mit Anfällen von Schwermut, mit Auflehnung, mit Streitereien, und das alles war reizvoller als die Stunden, in denen Rodolphe und Francesca einander verstanden. Kurzum: er wurde in immer stärkerem Maße von der Naivität dieser geistlosen Zärtlichkeit verführt, die in allem sie selber blieb, von dieser Zärtlichkeit, die eifersüchtig auf ein Nichts war ... schon jetzt!

»Ganz sicher haben Sie eine Schwäche für den Luxus!« sagte er eines Tages zu Francesca, als sie den Wunsch bekundet hatte, von Gersau wegzukommen, wo es ihr an vielerlei Dingen mangelte.

»Ja!« sagte sie. »Ich hänge am Luxus wie an der Kunst, wie ich ein Bild Raffaels liebe, ein schönes Pferd, einen schönen Tag, oder die Bucht von Neapel. Emilio«, sagte sie, »habe ich während unserer Notlage hier je gestöhnt und gejammert?«

»Dann wärst du nicht du selber gewesen«, sagte der alte Buchhändler ernst.

»Ist es schließlich nicht etwas ganz Natürliches, wenn Bürgerliche ehrgeizig nach einem Leben in großem Stil streben?« fuhr sie fort und bedachte Rodolphe und ihren Mann mit einem boshaften Seitenblick. »Meine Füße«, sagte sie und streckte zwei bezaubernde Füßchen vor, »sind nicht für ermüdende Gänge geschaffen. Meine Hände ...« Sie hielt Rodolphe eine Hand hin. »Sind diese Hände etwa dazu geschaffen, zu arbeiten? Laß uns allein«, sagte sie zu ihrem Mann. »Ich möchte mit ihm reden.«

Der alte Mann ging mit überlegener Gutmütigkeit ins Wohnzimmer: er war seiner Frau sicher.

»Ich möchte nicht«, sagte sie zu Rodolphe, »daß Sie uns nach Genf begleiten. Genf ist ein Klatschnest. Obgleich ich über die Nichtigkeiten von Welt und Gesellschaft erhaben bin, will ich nicht ins Gerede geraten, weniger um meinet- als um seinetwillen. Ich setze meinen Stolz darein, diesem alten Mann zur Ehre zu gereichen; schließlich ist er mein einziger Schützer. Wir reisen ab, aber Sie sollen noch ein paar Tage hierbleiben. Wenn Sie nach Genf kommen, statten Sie zuerst meinem Mann einen Besuch ab und lassen sich dann durch ihn mir vorstellen. Wir wollen unsere unwandelbare, tiefe Zuneigung vor den Blicken der Welt verborgen halten. Ich liebe Sie; Sie wissen es: aber ich möchte es Ihnen auf folgende Weise beweisen: Sie werden in meinem Verhalten nichts entdecken, was es auch sei, das Ihre Eifersucht anzustacheln vermöchte.«

Sie zog ihn in einen Winkel der Veranda, nahm seinen Kopf, küßte ihn auf die Stirn und eilte von dannen; er blieb verblüfft stehen.

Am nächsten Tage erfuhr Rodolphe, daß die Gäste des Ehepaars Bergmann im Morgengrauen abgereist seien. Der Aufenthalt in Gersau dünkte ihn fortan unerträglich; er reiste auf dem längsten Weg nach Vevey und brach auf diese Weise früher auf, als er hätte sollen; aber die Fluten des Sees, wo ihn die schöne Italienerin erwartete, verlockten ihn; Ende Oktober langte er in Genf an. Um den Unzuträglichkeiten der Stadt auszuweichen, mietete er sich in einem Haus in Les Eaux-Vives außerhalb der Wälle ein. Nun er eine Unterkunft hatte, ließ er es seine erste Sorge sein, seinen Wirt, einen ehemaligen Juwelier, zu fragen, ob nicht unlängst italienische Flüchtlinge, Mailänder, sich in Genf niedergelassen hätten.

»Nicht daß ich wüßte«, antwortete ihm sein Wirt. »Der Fürst und die Fürstin Colonna aus Rom haben für drei Jahre das Landhaus Monsieur Jeanrenauds gemietet, eines der schönsten am See. Es liegt zwischen der Villa Diodati und dem Landhaus Monsieur Lafin-de-Dieus; das letztere hat die Vicomtesse de Beauséant gemietet. Fürst Colonna ist seiner Tochter und seines Schwiegersohns wegen hergekommen, des Fürsten Gandolphini, eines Neapolitaners oder besser Sizilianers. Er war ehedem Parteigänger des Königs Murat und ist ein Opfer der letzten Revolution. Das sind die letzten Ankömmlinge in Genf; sie sind also keinesfalls Mailänder. Es hat schwieriger Verhandlungen und der Protektion bedurft, die der Papst der Familie Colonna gewährt, damit von den ausländischen Mächten und dem König von Neapel für das Fürstenpaar Gandolphini die Erlaubnis erlangt wurde, sich hier niederzulassen. Genf will nichts tun, was der Heiligen Allianz mißfällt; denn ihr dankt es seine Unabhängigkeit. ›Unsere‹ Aufgabe besteht nicht darin, die fremden Höfe vor den Kopf zu stoßen. Es sind viele Ausländer hier: Russen, Engländer.«

»Sogar Genfer gibt es.«

»Freilich. Unser See ist so schön! Lord Byron hat ungefähr sieben Jahre lang in der Villa Diodati gewohnt; jetzt wird sie von aller Welt besichtigt, wie Coppet[43], wie Ferney[44].«

»Können Sie nicht in Erfahrung bringen, ob vor etwa einer Woche ein Mailänder Buchhändler und seine Frau, ein gewisser Lamporani, angekommen ist, einer der Führer der letzten Revolution?«

»Das könnte ich im Ausländer-Klub erfahren«, sagte der ehemalige Juwelier.

Rodolphes erster Gang galt natürlich der Villa Diodati, der Wohnstätte Lord Byrons; der vor kurzem erfolgte Tod des großen Dichters[45] lieh ihr eine noch größere Anziehungskraft: der Tod ist die Krönung des Genies. Der Weg, der von Les Eaux-Vives am Genfer See entlangführt, ist, wie alle Schweizer Landstraßen, ziemlich schmal; aber des hügeligen Geländes wegen bleibt an gewissen Stellen kaum Raum genug, daß zwei Wagen aneinander vorbeifahren können. Einige Schritte vom Haus Jeanrenaud entfernt, bei dem Rodolphe ohne sein Wissen angelangt war, hörte er hinter sich das Geräusch eines Wagens; und da er sich gerade in einer Art Schlucht befand, kletterte er auf einen Felsblock, um die Durchfahrt freizugeben. Wie es nicht anders sein konnte, blickte er dem nahenden Wagen entgegen, einer eleganten, mit zwei prächtigen englischen Pferden bespannten Kutsche. Er war wie geblendet, als er auf dem Rücksitz ebenjener Kutsche neben einer alten Dame, die starr und steif wie eine Kamee war, Francesca in einem geradezu göttlichen Kleid sitzen sah. Ein Leibjäger mit funkelnden Goldtressen stand hinten. Francesca erkannte Rodolphe wieder und lächelte, als sie ihn wie eine Statue auf ihrem Piedestal stehen sah. Der Wagen, dem der Verliebte mit den Blicken folgte, während er die Höhe hinanstieg, bog in das Tor eines Landhauses ein und fuhr eilends darauf zu.

»Wer wohnt hier?« fragte er den Gärtner.

»Der Fürst und die Fürstin Colonna sowie der Fürst und die Fürstin Gandolphini.«

»Sind die beiden Damen nicht eben hineingefahren?«

»Ja.«

In Sekundenschnelle fiel ein Schleier von Rodolphes Augen: das Vergangene klärte sich ihm.

»Hoffentlich«, sagte sich endlich der niedergeschmetterte Verliebte, »war das ihre letzte Mystifikation!«

Er erzitterte, daß er das Spielzeug einer Laune gewesen sei; er hatte davon reden hören, was ein ›capriccio‹ für eine Italienerin bedeute. Aber welch ein Verbrechen mußte es in den Augen einer Frau darstellen, als eine Fürstin und geborene Fürstin für eine Bürgerliche gehalten worden zu sein? Als Tochter einer der erlauchtesten Familien des Mittelalters als eine Buchhändlersfrau gegolten zu haben? Das Bewußtsein seiner Mißgriffe verdoppelte Rodolphes Verlangen, zu erfahren, ob er jetzt verleugnet und zurückgestoßen werden würde. Er fragte nach dem Fürsten Gandolphini und ließ ihm seine Karte überbringen, und sogleich wurde er vom vorgeblichen Lamporani empfangen, der auf ihn zueilte, ihn mit vollendeter Liebenswürdigkeit, mit neapolitanischer Überschwenglichkeit empfing und mit ihm auf einer Terrasse auf und ab wandelte, von der aus Genf, der Jura und seine villenbedeckten Hügel und alsdann weit hinaus die Seeufer wahrgenommen werden konnten.

»Meine Frau, Sie sehen es ja, bleibt den Seen treu«, sagte er, nachdem er seinem Gast die Landschaft bis in alle Einzelheiten erklärt hatte. »Wir haben heute abend eine Art Konzert«, fuhr er fort und schritt auf das prächtige Haus Jeanrenaud zu; »hoffentlich machen Sie meiner Frau und mir die Freude zu kommen. Zwei Monate gemeinsam ertragenen Elends wiegen Jahre der Freundschaft auf.«

Obwohl Neugier an ihm nagte, wagte Rodolphe nicht zu bitten, daß er die Fürstin begrüßen dürfe; langsam ging er nach Les Eaux-Vives zurück, mit den Gedanken bei dem bevorstehenden Abend. Innerhalb einiger weniger Stunden war seine Liebe, so gewaltig sie auch immer sein mochte, durch seine Ängste und die Erwartung des Künftigen noch größer geworden. Er begriff jetzt die Notwendigkeit, berühmt zu werden, um in gesellschaftlicher

Hinsicht auf gleicher Höhe mit seinem Idol zu stehen. Für ihn war Francesca durch ihre Ungezwungenheit und die Schlichtheit ihrer Umgangsformen in Gersau zu etwas Großem geworden. Die, wie es nicht anders sein konnte, hochmütige Miene der Fürstin Colonna ließ Rodolphe erzittern; er meinte, Francescas Eltern würden ihm feindlich gesonnen sein, wenigstens mußte er das annehmen; und die Geheimhaltung, die die Fürstin Gandolphini ihm so dringlich nahegelegt hatte, dünkte ihn jetzt ein wundervoller Beweis ihrer zärtlichen Neigung. Hatte Francesca nicht dadurch, daß sie die Zukunft nicht kompromittieren wollte, deutlich ausgedrückt, daß sie Rodolphe liebe?

Endlich, als es neun Uhr schlug, konnte Rodolphe in den Wagen steigen und mit leicht begreiflicher Erregung sagen: »Zum Haus Jeanrenaud, zum Fürsten Gandolphini!« Endlich betrat er den Salon, der von hochgestellten Ausländern wimmelte; gezwungenermaßen mußte er in einer Gruppe nahe der Tür stehenbleiben, da gerade ein Duett von Rossini gesungen wurde. Endlich konnte er Francesca sehen, allein ohne von ihr gesehen zu werden. Die Fürstin stand zwei Schritte vom Flügel entfernt. Ihr herrliches, üppiges, langes Haar wurde von einem Goldreif gehalten. Ihr von den Kerzen überstrahltes Antlitz schimmerte in der den Italienerinnen eigentümlichen Blässe, deren Wirkung einzig auf der künstlichen Beleuchtung beruhte. Sie trug ein Abendkleid, das ihre köstlichen Schultern, ihren jungmädchenhaften Wuchs und ihre Arme, die einer antiken Statue, der Bewunderung freigab. Ihre wundervolle Schönheit ließ keinen Vergleich zu, obgleich bezaubernde Engländerinnen und Russinnen, die hübschesten Genfer Damen und andere Italienerinnen im Salon waren; unter ihnen fielen die erlauchte Fürstin von Varese und die berühmte Sängerin Tinti auf, die gerade sang. Der am Türrahmen lehnende Rodolphe schaute zur Fürstin hin und durchbohrte sie mit dem starren, unabwendbaren, magnetischen und mit aller menschlichen Willenskraft geladenen Blick, jener Willenskraft, die sich in dem ›Begehren‹ genannten Gefühl konzentriert, die aber in solch einem Augenblick den Charakter eines gewalttätigen Befehls annimmt. Drang die Flamme dieses Blicks bis zu Francesca hin? War Francesca darauf gefaßt, schon im nächsten Augenblick Rodolphe zu erblicken? Nach ein paar

Augenblicken lenkte sie den Blick nach der Tür, als sei sie angezogen von diesem Liebesstrom, und ohne zu zögern tauchten ihre Augen in die Rodolphes. Ein leichtes Erbeben durchrann das majestätische Antlitz und den schönen Körper: die Seele reagierte zuckend! Francesca errötete. Für Rodolphe lag in diesem Austausch ein ganzes Leben; dabei vollzog er sich so schnell, daß er nur einem Blitz vergleichbar ist. Womit jedoch hätte sein Glück sich vergleichen lassen? Er wurde geliebt! Inmitten der Gesellschaft, im schönen Haus Jeanrenaud, hielt die erhabene Prinzessin das Wort, das die arme Verbannte, die Kapriziöse des Bergmannschen Hauses gegeben hatte. Das Berauschende eines solchen Augenblicks macht zum Sklaven für ein ganzes Leben! Ein feines, elegantes und abgefeimtes, harmloses und triumphierendes Lächeln spielte über die Lippen der Fürstin Gandolphini; sie schaute in einem Augenblick, da sie sich unbeobachtet glaubte, zu Rodolphe hinüber, und es hatte den Anschein, als bitte sie ihn um Verzeihung, daß sie ihn über ihren Rang getäuscht habe. Als der Gesang zu Ende war, konnte Rodolphe bis zu dem Fürsten vordringen, der ihn liebenswürdig seiner Frau zuführte. Rodolphe ließ das Zeremoniell, der Fürstin und dem Fürsten Colonna sowie Francesca offiziell vorgestellt zu werden, über sich ergehen. Als es überstanden war, mußte die Fürstin ihren Part in dem berühmten Quartett ›Mi manca la voce‹ übernehmen, das sie, die Tinti, der weitbekannte Tenor Genovese und ein berühmter, damals im Exil weilender italienischer Fürst sangen, dessen Stimme, wäre er nicht Fürst gewesen, ihn zu einem Fürsten der Kunst gemacht hätte.

»Setzen Sie sich hierhin«, sagte Francesca zu Rodolphe und wies auf ihren eigenen Stuhl. »Oimè![46] Ich glaube, es waltete ein Namensirrtum ob: ich bin seit einem Augenblick die Fürstin Rodolphini.«

Das wurde mit einer Anmut, einem Charme, einer Naivität gesagt, die um dieses durch einen Scherz getarnten Liebesgeständnisses willen an die glücklichen Tage in Gersau erinnerten. Rodolphe genoß die köstliche Sensation, der Stimme einer angebeteten Frau zu lauschen und ihr dabei so nahe zu sein, daß eine seiner Wangen fast vom Stoff ihres Kleides und dem Tüll ihres Gürtels gestreift wurde. Aber wenn dann auch noch ›Mi manca la voce‹ gesungen und jenes Quartett von den schönsten Stimmen Italiens dargeboten wird, dann ist es ohne weiteres verständlich, wieso Rodolphes Augen feucht von Tränen wurden.

In der Liebe wie vielleicht in allen Dingen gibt es gewisse, an sich minimale Tatsachen, die jedoch das Ergebnis von tausend kleinen, vorhergegangenen Umständen sind, Umständen, deren Reichweite übergroß wird, da sie das Vergangene zusammenfassen und sich dabei an das Künftige heften. Tausendmal hat man den Wert des geliebten Menschen gespürt; aber ein Nichts, der vollkommene Kontakt der bei einem Spaziergang durch ein Wort, durch einen unerwarteten *Beweis* der Liebe vereinten Seelen steigert die Empfindung bis zu ihrer höchsten Stufe. Kurz und gut, um diese seelische Tatsache in ein Bild umzusetzen, das seit den Urzeiten der Welt den wenigst bestrittenen Erfolg gehabt hat: es gibt bei einer langen Kette notwendige Haftpunkte, bei denen die Kohäsion fester ist als in ihren Gliedergefügen. Dieses wechselseitige Geständnis zwischen Rodolphe und Francesca bei jener Abendgesellschaft, vor aller Welt, war einer jener äußersten Haftpunkte, die die Zukunft mit der Vergangenheit einen, die schon im voraus die wahren Liebesbeziehungen in den Herzen festnageln. Vielleicht hat Bossuet von diesen spärlichen Nägeln gesprochen, die er der Seltenheit glücklicher Augenblicke in unserem Dasein verglich, er, der Liebe so heftig und so heimlich erlebt hat.[47]

Nach der Lust, eine geliebte Frau selber zu bewundern, kommt die, sie von jedermann bewundert zu sehen: Rodolphe genoß jetzt beides zugleich. Die Liebe ist ein Schatzgewölbe voller Erinnerungen, und obgleich das Rodolphes schon voll war, fügte er ihm noch die kostbarsten Perlen hinzu: ein nur ihm allein geltendes Lächeln, flüchtige Blicke, Modulationen während des Singens, die Francesca um seinetwillen gelangen, die aber die Tinti vor Neid erblassen ließen, solch einen Beifall fanden sie. Daher stürmte die volle Macht seines Begehrens, diese besondere Ausdrucksform seiner Seele, auf die schöne Römerin ein, die unumstößlich zum leitenden Gesetz und zum Endpunkt aller seiner Gedanken und Handlungen wurde. Rodolphe liebte, wie alle Frauen sich erträumen, geliebt zu werden, mit einer Kraft, einer Beständigkeit, einer Kohäsion, die aus Francesca die unmittelbare Substanz seines Herzens machten: er verspürte sie seinem Blut beigemischt als ein reineres Blut, seiner Seele als eine vollkommenere Seele; sie sollte unter den leisesten Kraftentfaltungen seines Lebens sein wie der übergoldete Sand des Mittelmeers unter den Wogen. Mit einem Wort: Rodolphes leisestes Trachten wurde zu einer tätigen Hoffnung.

Nach einigen Tagen wurde Francesca sich dieser übergroßen Liebe bewußt; aber sie war etwas so Natürliches, sie wurde so völlig geteilt, daß Francesca sich nicht darüber wunderte: sie war ihrer würdig.

»Was ist eigentlich an Verwunderlichem dabei«, fragte sie Rodolphe, als sie mit ihm auf der Terrasse ihres Gartens auf und ab ging, nachdem sie eine der albernen Wendungen stutzig gemacht hatte, die den Franzosen stets unterlaufen, wenn sie ihren Gefühlen Ausdruck geben, »was ist denn Absonderliches dabei, daß Sie eine junge, schöne Frau lieben, die zur Genüge künstlerisch begabt ist, daß sie ihren Lebensunterhalt wie die Tinti verdienen könnte, und die der Eitelkeit einige Befriedigung zu verschaffen vermag? Welcher Rüpel würde da nicht ein Amadis[48]? Nicht darum geht es zwischen uns. Sondern darum, daß wir einander mit Beständigkeit, Ausdauer und aus der Entfernung jahrelang lieben ohne eine andere Lust als die, sich geliebt zu wissen.«

»Ach!« antwortete Rodolphe ihr, »meinen Sie nicht, daß es meiner Treue an allem Verdienstlichen gebricht, weil Sie mich mit Arbeiten beschäftigt sehen, die ein verzehrender Ehrgeiz mir auferlegt? Glauben Sie, ich möchte es erleben, daß Sie eines schönen Tages den klangvollen Namen einer Fürstin Gandolphini gegen den eines Mannes eintauschen, der nichts darstellt? Ich will einer der größten Männer meines Landes werden, reich sein, groß sein, so daß Sie auf meinen Namen ebenso stolz sein könnten wie auf Ihren Namen Colonna.«

»Ich wäre recht erzürnt, wenn ich in Ihrem Innern andere Empfindungen als so geartete wahrnähme«, antwortete sie mit einem bezaubernden Lächeln. »Aber verzehren Sie sich nicht allzu sehr in den Arbeiten, zu denen der Ehrgeiz Sie zwingt, bleiben Sie jung . . . Es heißt, die Politik lasse einen Mann rasch altern.«

Das Seltenste bei den Frauen ist eine gewisse Heiterkeit, die der Liebe keinen Abbruch tut. Das Gemisch von tiefem Gefühl und der Ausgelassenheit junger Jahre fügte in diesem Augenblick Francescas Zauber einen neuen, anbetungswürdigen Reiz hinzu. Dies bildet den Schlüssel zu ihrem Charakter: sie lacht und ist gerührt, sie ist exaltiert und kehrt sogleich wieder zu feinem Spott zurück, und zwar mit einer Ungezwungenheit, einer Leichtigkeit, die aus ihr die bezaubernde, köstliche Frau machen; ihr Ruhm hat sich übrigens über ganz Italien verbreitet. Sie verbirgt unter ihrer fraulichen Anmut eine tiefe Bildung, und diese verdankt sie dem äußerst einförmigen und gewissermaßen klösterlichen Leben, das sie im alten Schloß der Colonna geführt hat. Die reiche Erbin war anfänglich dem Kloster bestimmt, da sie das vierte Kind des Fürstenpaares Colonna war; aber der Tod ihrer beiden Brüder und ihrer älteren Schwester entriß sie unvermittelt ihrer Zurückgezogenheit und machte sie zu einer der glänzendsten Partien des Kirchenstaates. Ihre ältere Schwester war mit dem Fürsten Gandolphini verlobt gewesen, einem der reichsten Grundbesitzer Siziliens; ihm wurde Francesca gegeben, damit sich in den Vermögensangelegenheiten der Familie nichts zu ändern brauchte. Die Colonna und die Gandolphini hatten von je untereinander geheiratet. Zwischen ihrem neunten und zehnten Lebensjahr hatte Francesca unter der Anleitung eines zur Familie gehörenden Monsignore die ganze Bibliothek der Colonna gelesen, damit ihrer glühenden Phantasie durch das Sichbeschäftigen mit der Wissenschaft, der Kunst und der Literatur ein Ausgleich geschaffen wurde. Aber dabei hatte sich der Hang zur Unabhängigkeit und zu liberalen Ideen entwickelt, der sie, wie auch ihren Mann, sich der Revolution in die Arme werfen ließ. Rodolphe wußte noch nicht, daß Francesca außer fünf lebenden Sprachen auch das Griechische, das Lateinische und das Hebräische beherrschte. Dies bezaubernde Geschöpf hatte auf bewundernswerte Weise begriffen, daß für eine Frau die Grundbedingung der Bildung ist, damit gänzlich hinterm Berge zu halten.

Rodolphe blieb den ganzen Winter über in Genf. Jener Winter ging hin wie ein Tag. Als der Frühling kam, durchlitt der Liebende trotz der erlesenen Genüsse, die das Zusammensein mit einer geistvollen, über die Maßen gebildeten, jungen, lebensfrohen Frau spendet, grausame Pein, die er, nebenbei gesagt, tapfer ertrug, die sich indessen bisweilen in seinen Zügen abzeichnete, die durch sein Gehaben hindurchschimmerte, durch seine Ausdrucksweise – vielleicht, weil er sie nicht geteilt glaubte. Manchmal reizte ihn, obwohl er sie gleichzeitig bewunderte, die Ruhe Francescas, die, wie die Engländerinnen, ihren Stolz darein zu setzen schien, ihrem Gesicht nichts anmerken zu lassen; seine Heiterkeit bot der Liebe Trotz. Er hätte sie am liebsten aufgewühlt gesehen, er beschuldigte sie der Fühllosigkeit; er glaubte an das Vorurteil, das den Italienerinnen einen fieberhaften Wankelmut zuschreibt.

»Ich bin Römerin!« antwortete Francesca ihm eines Tages bedeutungsvoll, als sie ein paar diesbezügliche Scherze Rodolphes ernst genommen hatte.

Im Ton dieser Antwort war etwas Hintergründiges, das ihr den Anschein einer wilden Ironie lieh und Rodolphe zusammenzucken ließ. Der Mai entfaltete die Kostbarkeiten seines jungen Grüns; die Sonne schien bisweilen kräftig wie mitten im Sommer. Die beiden Liebenden stützten sich auf die Steinbalustrade, die an einem Teil der Terrasse, wo das Gelände steil zum See hin abfällt, die Mauer einer Treppe überragt, auf der man zur Bootsanlegestelle hinabsteigt. Von der benachbarten Villa her, wo sich ein ähnlicher Landeplatz befindet, schwamm wie ein Schwan eine Jolle mit flammenfarbenem Wimpel und karmesinrotem, baldachinartigem Zeltdach heran, unter dem lässig eine zauberhaft schöne Frau auf roten Kissen lag, natürliche Blumen im Haar; ein junger Mann in Matrosentracht ruderte sie; er handhabte die Riemen mit um so größerer Anmut, als es unter den Augen jener Frau geschah.

»Die sind glücklich!« sagte Rodolphe, und seine Stimme klang bitter. »Claire de Bourgogne, die letzte des einzigen Geschlechts, das mit dem französischen Königshaus hätte rivalisieren können ...«

»Ach ...! Sie stammt doch bloß aus einem Bastardzweig, und noch dazu aus der weiblichen Linie ...«

»Immerhin ist sie Vicomtesse de Beauséant und hat nicht ...«

»Gezögert ... nicht wahr? sich mit Monsieur Gaston de Nueil

in die Einsamkeit zurückzuziehen«, sagte die Colonna-Tochter. »Sie ist nur Französin, und ich bin Italienerin, mein lieber Herr.«

Francesca trat von der Balustrade weg, ließ Rodolphe dort stehen und ging bis ans Ende der Terrasse, von wo aus man den See unendlich weit zu überblicken vermag; als er sie langsam von dannen gehen sah, stieg in Rodolphe der Argwohn auf, er könne diese zugleich arglose und wissende, stolze und demütige Seele verletzt haben. Ihn fröstelte; er ging Francesca nach; sie bedeutete ihm durch einen Wink, sie allein zu lassen; er jedoch folgte dieser Weisung nicht und überraschte sie dabei, daß sie sich Tränen abwischte. Tränen bei einem so starken Charakter!

»Francesca«, fragte er und nahm sie bei der Hand, »ist in deinem Herzen ein einziges Reuegefühl . . .?«

Sie verharrte in Schweigen, machte ihre Hand frei, die ein gesticktes Taschentuch hielt, und trocknete sich aufs neue die Augen.

»Verzeih mir«, fuhr er fort. Und in einer jähen Aufwallung näherte er sich ihren Augen, um ihre Tränen fortzuküssen.

Francesca wurde dieser leidenschaftlichen Geste nicht gewahr, so tief erschüttert war sie. Rodolphe meinte, sie willige ein und wurde kühner; er umschlang Francescas Taille, zog sie an sein Herz und nahm einen Kuß; sie jedoch riß sich mit einer herrlichen Bewegung verletzter Scham los, trat zwei Schritte zurück, schaute ihn ohne Zorn, aber entschlossen an und sagte: »Reisen Sie heute abend ab; erst in Neapel sehen wir einander wieder.«

Trotz der Strenge dieses Befehls wurde er fromm ausgeführt; denn Francesca wollte es.

Als Rodolphe wieder in Paris anlangte, fand er in seiner Wohnung das Bildnis der Fürstin Gandolphini vor; Schinner hatte es gemalt, wie eben nur Schinner Bildnisse zu malen vermag. Der Maler war auf einer Italienreise durch Genf gekommen. Da er sich rundweg geweigert hatte, die Porträts dieser und jener Dame zu malen, glaubte Rodolphe nicht, daß der außerordentlich auf ein Bildnis seiner Frau erpichte Fürst das Widerstreben des berühmten Malers habe besiegen können; sicherlich jedoch hatte Francesca ihn bezaubert und, was an ein Wunder grenzte, bei ihm ein Originalporträt für Rodolphe und eine Kopie für Emilio durchgesetzt. Das war es, was ihm ein bezaubernder, köstlicher Brief berichtete, in dem der Gedanke sich schadlos für die Zurückhaltung hielt, die der fromme Zwang der Konvention auferlegt hatte. Der Liebende antwortete. Auf diese Weise begann, um nie zu enden, ein Briefwechsel zwischen Rodolphe und Francesca, das einzige Lustvolle, das sie sich gestatteten.

Rodolphe war im Bann eines Ehrgeizes, der seine Liebe legitimierte; er machte sich sogleich ans Werk. Als erstes wollte er sich ein Vermögen schaffen; er stürzte sich in ein Unternehmen, an das er im gleichen Maß alle seine Kräfte und seine Kapitalien wagte; aber er mußte mit der Unerfahrenheit der Jugend gegen eine Doppelzüngigkeit ankämpfen, die über ihn triumphierte. Bei diesem weitgespannten Unternehmen gingen drei Jahre verloren, drei Jahre der Mühen und des Mutes.

Das Ministerium Villèle[49] stürzte um die Zeit, da Rodolphe unterlag. Sogleich wollte der unerschrockene Liebende von der Politik erlangen, was die Industrie ihm verweigert hatte; doch bevor er sich in die Gewitterstürme dieser Laufbahn stürzte, reiste er, verwundet und leidend, wie er war, nach Neapel, um seine Wunden verbinden zu lassen und neuen Mut zu schöpfen; gelegentlich der Thronbesteigung des Königs[50] war nämlich das Fürstenpaar Gandolphini nach dort zurückberufen und wieder in den Besitz seiner Güter eingesetzt worden. Inmitten seiner Kämpfe war das eine beglückende Ruhepause; er verbrachte drei Monate in der Villa Gandolphini, von Hoffnungen gewiegt.

Rodolphe begann von neuem mit dem Aufbau seines Vermögens. Seine Begabung war bereits aufgefallen; er war der Verwirklichung seines ehrgeizigen Gelübdes nahe, eine hervorragende Stellung war ihm als Belohnung für seinen Eifer, für seine Ergebenheit und geleisteten Dienste zugesagt worden; doch da brach das Juligewitter von 1830 aus, und sein Schifflein scheiterte abermals.

Sie und Gott sind die beiden Zeugen der tapfersten Bemühungen, der kühnsten Versuche eines mit den besten Eigenschaften begabten jungen Menschen, dem indessen bislang die Göttin der Dummen, das Glück, allen Beistand versagt hat! Und dieser unermüdliche Ringer, den die Liebe stützt, beginnt mit neuen Kämpfen, und ein stets freundschaftlicher Blick, ein treues Herz spenden ihm Helle! Liebende, betet für ihn!

Mademoiselle de Watteville hatte die Erzählung verschlungen; als sie damit zu Ende war, glühten ihre Wangen, in ihren Adern war Fieber; sie weinte, jedoch vor Wut. Jene von der damaligen Literatur angeregte Novelle war die erste Lektüre dieser Art, der Rosalie sich hatte hingeben dürfen. Die Liebe war darin geschildert worden, zwar nicht durch die Hand eines Meisters, wohl aber von einem Mann, der von seinen eigenen Eindrücken zu erzählen schien; nun aber mußte etwas Wahres, mochte es noch so ungeschickt vorgetragen worden sein, eine noch jungfräuliche Seele rühren. Hierin beruhte das Geheimnis der furchtbaren Erregung, des Fiebers und der Tränen Rosalies: sie war eifersüchtig auf Francesca Colonna. Der Wahrheitsgehalt dieser Dichtung stand für sie fest: Albert hatte sich damit ergötzt, den Beginn seiner Liebesleidenschaft zu erzählen; und er hatte dabei sicherlich die Namen, vielleicht auch die Örtlichkeiten verändert. Eine höllische Neugier überkam Rosalie. Welche Frau hätte nicht, gleich ihr, den wahren Namen ihrer Rivalin erfahren wollen; denn sie liebte ja doch! Beim Lesen jener Seiten, denen für sie etwas Ansteckendes innewohnte, hatte sie sich das feierliche Wort: »Ich liebe!« gesagt. Sie liebte Albert, sie verspürte im Herzen ein ätzendes Verlangen, ihn der unbekannten Rivalin streitig zu machen, ihn ihr zu entreißen. Sie mußte daran denken, daß sie nichts von Musik verstehe und daß sie nicht schön sei.

»Nie wird er mich lieben«, sagte sie sich.

Dieses Wort verdoppelte ihr Verlangen zu erfahren, ob sie sich nicht etwa täusche, ob Albert tatsächlich eine italienische Fürstin liebe und ob er von dieser geliebt werde. Während dieser verhängnisvollen Nacht entfaltete sich die schnelle Entschlußkraft, die den berühmten Watteville ausgezeichnet hatte, in vollem Maß in seiner Erbin. Sie breitete die bizarrsten Pläne aus, wie sie nahezu alle Phantasieregungen junger Mädchen umschweben, wenn sie in der Einsamkeit, darin unkluge Mütter sie gefangenhalten, durch ein Geschehnis von größter Bedeutsamkeit aufgepeitscht werden, ein Geschehnis, das das Unterdrückungssystem, dem sie unterworfen sind, weder hatte voraussehen noch verhindern können. Es fiel ihr ein, sie könne mittels einer Leiter vom Kiosk herab in den Garten des Hauses steigen, in dem Albert wohnte, sich den Schlummer des Advokaten zunutze machen und durch sein Fenster in sein Arbeitszimmer schauen. Sie überlegte, ob sie ihm schreiben, ob sie die Bande der Bisontiner Gesellschaft brechen und Albert in den Salon des Stadtpalais Rupt einführen solle. Dieses Unterfangen, das sogar dem Abbé de Grancey als eine Höchstleistung des Unmöglichen erschienen wäre, war Sache eines einzigen Gedankens.

»Ja, richtig«, sagte sie sich, »mein Vater hat Streitigkeiten im Zusammenhang mit seinem Gut Les Rouxey; das nehme ich wahr! Wenn kein Prozeß im Gang ist, entfache ich einen, und dann kommt ›er‹ in unseren Salon!« rief sie, sprang aus dem Bett und trat an ihr Fenster, um den zauberkräftigen Lichtschein zu sehen, der Alberts Nächte erhellte. Es schlug eins; er schlief noch.

»Ich will ihn sehen, wenn er aufsteht; vielleicht kommt er an sein Fenster!«

In diesem Augenblick wurde Mademoiselle de Watteville Zeugin eines Geschehnisses, das ihr die Mittel in die Hand geben sollte, Alberts Geheimnisse kennenzulernen. Im Mondlicht sah sie zwei Arme sich aus dem Kiosk hervorstrecken, die Jérôme, Alberts Diener, beim Erklettern der Mauerkrone und beim Einsteigen in den Kiosk halfen. In Jérômes Komplicen erkannte sie sofort Mariette, die Zofe.

»Mariette und Jérôme«, sagte sie sich. »Mariette, ein so häßliches Mädchen! Wirklich, die beiden sollten sich schämen.«

Mariette war zwar schauderhaft häßlich und sechsunddreißig Jahre alt, aber sie hatte einige Morgen Land geerbt. Sie stand seit siebzehn Jahren im Dienst der Madame de Watteville und wurde von dieser um ihrer Frömmigkeit, ihrer Ehrlichkeit und ihrer langen Dienstzeit willen sehr geschätzt; höchstwahrscheinlich hatte sie Ersparnisse gemacht und ihren Lohn und ihre Trinkgelder angelegt. Da sie jährlich etwa zehn Louis bekam, mußte sie, Zins und Zinseszins und das Ererbte mitgerechnet, ungefähr fünfzehntausend Francs ihr eigen nennen. Für Jérômes Augen änderten fünfzehntausend Francs die Gesetze der Optik: er mußte meinen, Mariette sei von hübschem Wuchs, und er übersah die Löcher und die Narben, die eine abscheuliche Blatternerkrankung auf ihrem platten, dürren Gesicht hinterlassen hatte; für ihn war der schiefe Mund gerade; und seit der Advokat ihn in Dienst genommen und in die Nähe des Palais Rupt gebracht, hatte er nach allen Regeln der Kunst die bigotte Zofe belagert, die ebenso spröde, ebenso prüde wie ihre Herrin war und die wie alle häßlichen alten Jungfern sich als anspruchsvoller bezeigte denn die schönsten Mädchen. Die nächtliche Szene im Kiosk ist für Leute, die Bescheid wissen, unzweideutig; für Rosalie war sie es durchaus nicht; dennoch empfing sie dadurch die gefährlichste aller Lehren, nämlich die, die ein schlechtes Beispiel gibt. Eine Mutter erzieht ihre Tochter streng, hält sie siebzehn Jahre lang unter ihren Fittichen, und dann kommt die Stunde, da ein Dienstbote dies lange, mühselige Werk zerstört, bisweilen durch eine Äußerung, oft durch eine Geste! Rosalie kroch wieder ins Bett und überlegte, welchen Nutzen sie aus ihrer Entdeckung ziehen könne. Als sie am anderen Morgen in Mariettes Begleitung (die Baronin fühlte sich nicht wohl) zur Messe ging, nahm Rosalie den Arm ihrer Zofe, was die aus der Franche-Comté Stammende merkwürdig berührte.

»Mariette«, fragte sie sie, »besitzt Jérôme das Vertrauen seines Herrn?«

»Das weiß ich nicht.«

»Spielen Sie mir gegenüber nicht das Unschuldslamm«, antwortete Rosalie trocken. »Sie haben sich diese Nacht im Kiosk von ihm küssen lassen. Es wundert mich jetzt nicht mehr, daß Sie meiner Mutter so zugeredet haben, als sie die Verschönerung plante.«

Rosalie verspürte Mariettes Erbeben am Zittern ihres Arms.

»Ich will Ihnen nicht übel«, fuhr Rosalie fort, »beruhigen Sie sich, ich sage meiner Mutter kein Wort, und Sie können mit Jérôme so oft zusammenkommen, wie Sie wollen.«

»Aber«, antwortete Mariette, »es ist doch alles gut und in Ehren, Jérôme will nichts, als mich heiraten . . .«

»Ja, warum treffen Sie sich dann nachts mit ihm?«

Darauf wußte die verdatterte Mariette nichts zu antworten.

»Hören Sie mal, Mariette, auch ich liebe! Ich liebe heimlich und ganz für mich. Schließlich bin ich das einzige Kind meiner Eltern; also haben Sie später mal von mir sehr viel mehr zu erwarten als von wem auch immer auf Erden ...«

»Ganz bestimmt, Mademoiselle, können Sie sich auf uns auf Leben und Tod verlassen«, rief die über diese unverhoffte Lösung beglückte Mariette.

»Als erstes: Verschwiegenheit gegen Verschwiegenheit«, sagte Rosalie. »Ich will nicht Monsieur de Soulas heiraten, aber ich will, und zwar absolut, etwas ganz Bestimmtes: nur um diesen Preis halte ich die Hand über euch.«

»Und was ist das?« fragte Mariette.

»Ich will die Briefe sehen, die Monsieur Savaron durch Jérôme zur Post bringen läßt.«

»Wozu denn?« fragte die erschrockene Mariette.

»Ach, bloß um sie zu lesen, und danach können Sie sie dann bei der Post einwerfen. Das ergibt dann nur eine kleine Verzögerung und weiter gar nichts.«

In diesem Augenblick betraten Rosalie und Mariette die Kirche, und beide hingen ihren Gedanken nach, anstatt die Meßgebete zu lesen.

»Mein Gott, wieviel Sünden bringt all das nun wieder mit sich?« dachte Mariette.

Rosalie, deren Seele, Kopf und Herz durch die Lektüre der Novelle noch immer ganz aus der Fassung waren, erblickte schließlich darin sozusagen eine für ihre Rivalin geschriebene Geschichte. Da sie, wie Kinder es tun, immer über dasselbe nachgrübelte, gelangte sie am Ende zu der Überzeugung, die ›Revue de l'Est‹ müsse an Alberts Geliebte gesandt worden sein.

»Oh!« sagte sie sich, während sie kniete, den Kopf auf die Hände gelegt, in der Haltung einer ins Gebet Versunkenen, »oh, wie kann ich meinen Vater dazu bringen, Einsicht in die Liste der Leute zu nehmen, an die die ›Revue‹ geschickt wird?«

Nach dem Mittagessen unternahm sie mit ihrem Vater einen Rundgang durch den Garten, schmeichelte ihm und führte ihn zum Kiosk.

»Glaubst du, liebes Väterchen, daß unsere Zeitschrift auch ins Ausland geht?«

»Sie steht doch erst am Beginn ...«

»Na, ich wette, daß sie auch nach auswärts verschickt wird.«

»Das ist kaum möglich.«

»Such es doch herauszubekommen und merk dir die Namen der Abonnenten im Ausland.«

Zwei Stunden danach sagte Monsieur de Watteville zu seiner Tochter: »Ich habe recht gehabt. Es gibt noch keine Abonnenten im Ausland. Es besteht Hoffnung, in Neufchâtel, in Bern, in Genf welche zu bekommen. Zwar wird ein Exemplar nach Italien geschickt, aber gratis, an eine Mailänder Dame, nach ihrem Landhaus in Belgirate am Lago Maggiore.«

»Wie heißt sie denn?« fragte Rosalie eifrig.

»Die Herzogin von Argaiolo.«

»Kennst du sie, Vater?«

»Ich habe natürlich von ihr gehört. Sie ist eine geborene Prinzessin Soderini, eine Florentinerin, eine sehr große Dame, und genauso reich wie ihr Mann; dem gehört eines der größten Vermögen der Lombardei. Ihre Villa am Lago Maggiore ist eine der Sehenswürdigkeiten Italiens.«

Zwei Tage später händigte Mariette Rosalie folgenden Brief aus.

Albert Savaron an Léopold Hannequin

»Ja, tatsächlich, lieber Freund, ich bin in Besançon, während Du mich auf Reisen glaubst. Ich habe Dir nichts sagen wollen, bis der Erfolg einsetzte, und jetzt hebt seine Morgenröte an. Ja, lieber Léopold, nach so vielen fehlgeschlagenen Unternehmungen, an die ich mein Herzblut verschwendet, so viel Kräfte vergeudet, so viel Mut unnütz verbraucht habe, habe ich handeln wollen wie Du: einen gebahnten Weg gehen, die breite Landstraße, die längste, die sicherste. Jetzt sehe ich förmlich, wie Du aus Deinem Notarsessel aufspringst! Aber glaube bitte nicht, es hätte sich in meinem Innenleben irgend etwas geändert in bezug auf das Geheimnis, das nur Du auf Erden kennst, und noch dazu mit all den Vorbehalten, die ›sie‹ gefordert hat. Ich habe Dir nichts darüber mitgeteilt, mein Freund; aber Paris hat mich grausig mitgenommen. Die Liquidierung des ersten Unternehmens, an das ich alle meine Hoffnungen gesetzt hatte und das durch die abgründige Schurkigkeit meiner beiden Teilhaber ohne Ergebnis geblieben ist, der Teilhaber, die sich einig waren, mich hinters Licht zu führen, mich auszuplündern, mich, dessen Tatkraft alles zu verdanken war – jene Liquidierung hat mich darauf verzichten lassen, nach Glück in Gestalt eines Vermögens zu trachten, nachdem ich auf diese Weise drei Lebensjahre verloren hatte, von denen eins mit Prozessen hinging. Vielleicht hätte ich mich noch übler aus der Affäre gezogen, wenn ich nicht gezwungen gewesen wäre, mit zwanzig Jahren Jura zu studieren. Ich habe Politiker werden wollen, einzig und allein, um eines Tages bei einem Pairsschub den Titel eines Grafen Albert Savaron de Savarus zu erhalten und einem schönen Namen, der in Belgien erlischt, da ich weder legitim noch gesetzlich anerkannt bin, in Frankreich zur Auferstehung zu verhelfen!«

»Ach! Ich habe es ja gewußt: er ist von Adel!« rief Rosalie und ließ den Brief sinken.

»Du weißt, wie gewissenhaft ich mein Studium durchgeführt habe, welch ein Journalist im Dunkel, aber ein diensteifriger und nützlicher, und welch ein tüchtiger Sekretär ich für den Staatsmann gewesen bin, der mir übrigens 1829 die Treue gewahrt hat. Die Juli-Revolution hat mich wieder ins Nichts zurückgestoßen, als mein Name gerade zu glänzen begann; in dem Augenblick, als ich, der Bearbeiter der Bittschriften, endlich als ein notwendiges Rad der politischen Maschinerie eingefügt werden sollte, habe ich den Fehler begangen, den Besiegten treu zu bleiben, für sie, ohne sie zu kämpfen. Warum war ich auch erst dreiunddreißig Jahre alt, und warum habe ich Dich nicht gebeten, mir die Wählbarkeit[51] zu verschaffen? Ich habe Dir all meine Anhänglichkeiten, alle Gefahren, die ich lief, verhehlt. Es half nichts: ich hatte ja meinen Glauben! Wir hätten einander nicht verstanden. Vor zehn Monaten, als Du mich so heiter, so zufrieden meine politischen Artikel schreiben sahst, war ich der Verzweiflung nahe: ich sah mich schon als Siebenunddreißigjährigen mit zweitausend Francs als ganzem Vermögen, ohne die mindeste Berühmtheit, unmittelbar nach dem Scheitern eines edlen Unternehmens, nämlich einer Tageszeitung, die, anstatt sich an die Leidenschaften des Augenblicks zu wenden, nur den Erfordernissen der Zukunft dienen sollte. Ich wußte nicht mehr, wozu ich mich entschließen sollte. Und ich war mir meiner Lage bewußt! Düster und verletzt suchte ich die einsamsten Winkel dieser Stadt Paris auf, die sich mir entzogen hatte, und grübelte über meinen getäuschten Ehrgeiz nach, ohne von ihm abzulassen. Oh, welche Briefe der Wut habe ich damals an ›sie‹ geschrieben, mein zweites Gewissen, mein anderes Ich! Manchmal habe ich mir gesagt: ›Warum habe ich mir ein so weites Lebensziel gesteckt? Warum *alles* wollen? Warum nicht auf das Glück warten und sich einer quasi mechanischen Betätigung widmen?‹

Ich hatte damals den Blick auf eine bescheidene Stellung gerichtet, von der ich hätte leben können. Ich sollte die Leitung einer Zeitung unter einem verantwortlichen Herausgeber übernehmen, der nicht viel von der Sache verstand, einem ehrgeizigen Geldmann; aber da überkam mich der Schrecken.

Würde ›sie‹ einen Liebhaber zum Mann haben wollen, der so tief gesunken war? habe ich mir gesagt.

Diese Erwägung hat mir mein zweiundzwanzigstes Lebensjahr zurückerstattet! Oh, mein lieber Léopold, wieviel an Seele verschwendet man in dergleichen Ratlosigkeiten! Was müssen die Adler im Käfig, die gefangenen Löwen leiden . . .? Sie leiden alles, was Napoleon erlitten hat, nicht auf Sankt Helena, sondern auf dem Quai des Tuileries, am 10. August, als er mit ansah, wie schlecht Ludwig XVI. sich verteidigte[52], er, der den Aufruhr hätte bändigen können, wie er es später, im Vendémiaire, an derselben Stätte tat! Ja, mein Leben ist das Leiden dieses einen Tages gewesen, aber auf vier Jahre ausgedehnt. Wie viele Reden für das Abgeordnetenhaus habe ich nicht auf den menschenleeren Wegen des Bois de Boulogne gehalten! Diese unnützen Improvisationen haben wenigstens meine Zunge geschärft und meinen Geist an das Umsetzen von Gedanken in Worte gewöhnt. Während ich diese geheimen Qualen durchlitt, hast Du geheiratet, hast Dein Amt vollends abbezahlt und bist Adjunkt des Maire Deines Arrondissements geworden, und zuvor hast Du, der bei Saint-Merri[53] Verwundete, Dir das Kreuz verdient.

Hör mich an! Als ich noch ganz klein war und Maikäfer quälte, vollführten die armen Insekten eine Bewegung, die mich beinahe fieberheiß machte. Das war, wenn ich beobachtete, wie sie immer aufs neue zum Fortfliegen ansetzten, ohne jedoch wirklich fortzufliegen, obwohl es ihnen gelang, die Flügel auszubreiten. Wir sagten dann immer: ›Sie zählen!‹ War das Sympathie? War es eine Vorausschau meiner Zukunft? Ach, die Flügel entbreiten und nicht fliegen können! Das ist mir widerfahren seit dem schönen Unternehmen, aus dem ich hinausgeekelt worden bin und durch das jetzt vier Familien zu Reichtum gelangt sind.

Kurz und gut, vor sieben Monaten hatte ich mich entschlossen, mir in der Pariser Anwaltschaft einen Namen zu machen, als ich sah, wie viele wichtige Plätze dort durch die Beförderung und Versetzung so vieler Advokaten unbesetzt waren. Aber da ich an die Rivalitäten denken mußte, die ich in der Presse beobachtet hatte, und an die Schwierigkeiten, in Paris, dieser Arena, wo so viele Kämpen zusammentreffen, es zu irgend etwas zu bringen, faßte ich einen für mich sehr harten Entschluß, der aber verläßliche und vielleicht schnellere Auswirkungen haben mußte als jeder andere. Du hattest mir in unseren Plauderstunden die gesellschaftliche Struktur Besançons vortrefflich geschildert, die Unmöglichkeit für einen Fremden, dort voranzukommen, dort auch nur das mindeste Aufsehen zu erregen, sich dort zu verheiraten, in die Gesellschaft Einlaß zu finden, dort zu irgendwelchen Erfolgen zu gelangen. Dort nun aber wollte ich mein Banner aufpflanzen, weil ich mit Recht meinte, dort keine Konkurrenz zu finden und beim Streben nach einem Abgeordnetenposten ganz allein dazustehen. Die Bewohner der Franche-Comté wollen keinen Fremden sehen; gut, dann wird der Fremde auch sie nicht sehen! Sie verweigern ihm den Zutritt zu ihren Salons; gut, dann geht er eben um keinen Preis hin! Er zeigt sich nirgendwo, nicht mal auf der Straße! Nun aber gibt es eine Klasse, die die Abgeordneten macht, nämlich die Klasse der Handeltreibenden. Ich will mich also daranmachen, handelsrechtliche Fragen zu studieren; darin kenne ich mich ja bereits aus; dann werde ich Prozesse gewinnen, Vergleiche schließen, ich werde der tüchtigste Anwalt von ganz Besançon. Später gründe ich dann eine Zeitschrift, in der ich mich für die Interessen des Landes einsetze, in der ich sie erwecke, am Leben erhalte oder sie wiederbelebe. Habe ich mir dann, eine nach der andern, genügend Stimmen erobert, wird mein Name aus der Wahlurne hervorgehen. Der unbekannte Advokat wird geraume Zeit hindurch über die Achsel angesehen werden, aber es gibt etwas, das ihn ins rechte Licht stellen wird, eine kostenlose Verteidigung, einen Fall, den die übrigen Advokaten sich nicht aufladen wollen. Wenn ich ein einziges Mal zu Worte komme, bin ich des Erfolgs sicher. Gut also, lieber Léopold, ich habe meine Bibliothek in elf Kisten packen lassen, ich habe juristische Fachbücher gekauft, die mir nützlich sein konnten, und habe das alles und ebenso meine Möbel nach Besançon befördern lassen. Ich habe meine Diplome an mich genommen, tausend Taler zu mir gesteckt und mich von Dir verabschiedet. Die Eilpost hat mich nach Besançon gebracht; dort habe ich mir innerhalb von drei Tagen eine kleine Wohnung mit Ausblick auf Gärten ausgesucht; ich habe das geheimnisvolle Arbeitszimmer pompös eingerichtet; dort verbringe ich meine Nächte und meine Tage; dort leuchtet das Porträt meines Idols, derjenigen, der mein Leben geweiht ist, die es erfüllt, die der Antrieb meiner Mühen ist, das Geheimnis meines Mutes, die Ursache meiner Begabung. Als dann die Möbel und die Bücher anlangten, habe ich mir einen intelligenten Diener genommen und habe fünf Monate lang gelebt wie ein Murmeltier im Winter. Ich war übrigens in die Liste der Advokaten eingetragen worden. Schließlich bin ich dann beauftragt worden, die Offizialverteidigung eines armen Kerls vor dem Schwurgericht zu übernehmen, wahrscheinlich, damit man mich wenigstens *einmal* sprechen höre! Unter den Geschworenen saß einer der einflußreichsten Kaufleute von Besançon; er hatte einen heiklen Prozeß zu führen; ich habe zunächst für meinen Mandanten in jener Sache alles getan und den vollständigsten Erfolg der Welt erzielt. Mein Klient war unschuldig, ich habe unter dramatischen Umständen die wahren Schuldigen verhaften lassen; sie befanden sich unter den Zeugen. Kurzum: das Gericht hat die Bewunderung seiner Zuhörer geteilt. Ich habe es verstanden, das Selbstgefühl des Untersuchungsrichters zu schonen, indem ich darauf hinwies, daß es nahezu unmöglich sei, eine so gut eingefädelte Verschwörung aufzudecken. Mein schwerreicher Kaufmann wurde mein Klient, ich habe ihm seinen Prozeß gewonnen. Das Kapitel der Kathedrale hat mich zu seinem Rechtsvertreter in einem riesigen Prozeß gegen die Stadt gewählt, der schon vier Jahre lang dauerte: ich habe ihn gewonnen. Durch drei Fälle bin ich zum größten Anwalt der Franche-Comté geworden. Aber ich hülle mein Leben nach wie vor in das tiefste Geheimnis und tarne auf diese Weise, was ich vorhabe. Ich habe Lebensgewohnheiten angenommen, die mich der Annahme jeder Einladung überheben. Konsultieren kann man mich nur zwischen sechs und acht Uhr morgens; nach dem Abendessen lege ich mich schlafen und arbeite während der späten Nacht. Der Generalvikar, ein geistvoller, sehr einflußreicher Herr, der mich mit dem schon in der ersten Instanz verlorenen Prozeß des Kapitels betraut hatte, hat natürlich etwas von Dankbarkeit verlauten lassen. ›Monsieur‹, habe ich ihm geantwortet, ›ich werde Ihren Prozeß gewinnen, aber ich will kein Honorar, ich will mehr . . . (Zusammenzucken des Abbés) Vergessen Sie nicht, daß ich riesige Verluste erleide, wenn ich als Gegner der Stadt auftrete; ich bin hierher gekommen, um die Stadt als Abgeordneter wieder zu verlassen; ich will mich ausschließlich mit handelsrechtlichen Fällen befassen, weil die Kaufleute die Abgeordneten machen; die Kaufleute nun aber werden mißtrauisch gegen mich, wenn ich für ‚die Pfaffen' plädiere; denn für sie sind Sie ‚die Pfaffen'. Wenn ich mich Ihrer Sache annehme, so nur, weil ich 1828 Privatsekretär in einem gewissen Ministerium gewesen bin (abermals erstaunte Geste meines Abbés), Sachbearbeiter der Bittschriften unter dem Namen Albert de Savarus (noch eine Geste). Ich bin den monarchistischen Grundsätzen treu geblieben; aber da Sie in Besançon nicht die Mehrheit besitzen, muß ich mir Stimmen in der Bürgerschaft gewinnen. Das Honorar, um das ich Sie bitte, besteht in den Stimmen, die Sie mir heimlich im gegebenen Augenblick zuführen können. Wir wollen beide unser Geheimnis wahren; dann vertrete ich kostenlos alle Angelegenheiten aller Priester der Diözese. Kein Wort über meine Vergangenheit, und gegenseitige Treue.‹ Als er dann seinen Dankesbesuch bei mir machte, hat er mir einen Fünfhundertfrancsschein übergeben und mir zugeflüstert: ›Die Stimmen stehen nach wie vor zur Verfügung.‹ In den fünf Besprechungen, die wir hatten, habe ich mir, wie ich glaube, in jenem Generalvikar einen Freund gewonnen. Jetzt bin ich mit Prozessen überhäuft, übernehme aber lediglich die der Kaufleute, unter der Behauptung, handelsrechtliche Fragen seien meine Spezialität.

Diese Taktik führt mir die Handelsleute zu und ermöglicht es mir, einflußreiche Persönlichkeiten aufzuspüren. Auf diese Weise geht alles gut. In ein paar Monaten werde ich in Besançon ein verkäufliches Haus aufgetrieben haben; das verschafft mir dann die Wählbarkeit. Ich rechne darauf, daß Du mir das zu dieser Erwerbung erforderliche Kapital leihst. Wenn ich sterben, wenn ich scheitern sollte, so wäre der Verlust nicht groß genug, als daß er zwischen uns erwähnt zu werden brauchte. Die Zinsen dürften sich mit dem Mietertrag decken, und außerdem werde ich darauf bedacht sein, eine gute Gelegenheit abzuwarten, damit Du nichts bei dieser unumgänglichen Hypothek verlierst.

Ach, lieber Léopold, kein Spieler, der die Reste seines Vermögens in der Tasche hat und sie im ›Ausländer-Klub‹ aufs Spiel setzt, in einer letzten Nacht, aus der er reich oder gänzlich ruiniert hervorgehen muß, hat je das ständige Geklingel in den Ohren gehabt, hat je an den Händen den leichten, nervösen Schweiß verspürt, im Kopf die fieberhafte Erregung, im Körper das Zittern von innen her, wie ich es täglich empfinde, nun ich meine letzte Partie am Spieltisch des Ehrgeizes spiele. Ach, lieber, einziger Freund, seit bald zehn Jahren kämpfe ich nun. Dieser Kampf mit den Menschen und Dingen, bei dem ich ohne Unterlaß meine Kraft und meine Energie vertan, bei dem ich soviel Triebkräfte des Begehrens verbraucht habe, hat mich sozusagen innerlich ausgehöhlt. Zwar wirke ich kräftig und gesund, aber ich fühle mich ruiniert. Jeder Tag nimmt mir einen Fetzen meines Innenlebens. Bei jeder neuen Bemühung habe ich das Gefühl, daß ich nicht mehr von vorn beginnen könnte. Nur noch für das Glück bringe ich Kraft und Stärke auf, und wenn es mir nicht seinen Rosenkranz aufs Haupt drückt, könnte mein Ich nicht mehr existieren, ich würde zu einem zerstörten Etwas, ich könnte nichts in der Welt mehr begehren, ich möchte nichts mehr sein. Du weißt es: die Macht und der Ruhm, dies riesige moralische Vermögen, auf das ich aus bin, ist nur sekundär: es ist für mich Mittel und Weg zur Glückseligkeit, das Piedestal meines Idols.

Am Ziel anlangen und aushauchen, wie der Läufer des klassischen Altertums! Vermögen und Tod zusammen auf der Türschwelle erscheinen sehen! Die Geliebte in dem Augenblick erlangen, da die Liebe erlischt! Der Fähigkeit zum Genuß nicht mehr teilhaftig zu sein, wenn man das Recht erworben hat, glücklich zu leben . . .! Ach, wie vieler Menschen Schicksal ist das gewesen!

Sicherlich kommt einmal der Augenblick, da Tantalus innehält, die Arme kreuzt und dem Hades dadurch trotzt, daß er auf sein Tun mit dem ewigen Getäuschtwerden verzichtet. In dieser Lage würde ich sein, wenn irgend etwas meinen Plan fehlschlagen ließe, wenn, nachdem ich mich in den Staub der Provinz hinabgebeugt, nachdem ich wie ein hungriger Tiger dies Krämer umkrochen hätte, diese Wähler, um ihre Stimmen zu bekommen; wenn, nachdem ich in dürren Prozessen salbadert, meine Zeit verschwendet hätte, meine Zeit, die ich am Lago Maggiore hätte verbringen können, im Betrachten der Fluten, die ›sie‹ betrachtet, unter ihren Blicken einschlafend, ihr lauschend; dann hätte ich mich nicht nochmals auf die Rednertribüne geschwungen, um dort die Aureole zu erwerben, deren ein Name bedarf, wenn er dem Namen Argaiolo nachfolgen soll. Hinzu kommt, Léopold, daß mich an gewissen Tagen eine nebelhafte Mattigkeit heimsucht; aus den Tiefen meiner Seele steigen tödliche Ekelgefühle auf, vor allem, wenn ich in langen Träumereien mich schon im voraus mitten hinein in die Freuden glücklicher Liebe versenke! Hat nicht vielleicht unser Begehren nur eine gewisse Dosis an Kraft, und kann es durch ein allzu großes Verströmen seiner Substanz erlöschen? Aber letztlich ist in dieser Stunde mein Leben dennoch schön, erhellt durch den Glauben, durch die Arbeit und durch die Liebe. Leb wohl, mein Freund. Ich küsse Deine Kinder, und empfiehl der Erinnerung Deiner trefflichen Frau

Euern Albert.«

Rosalie las diesen Brief zweimal; sein allgemeiner Sinn prägte sich ihrem Herzen ein. Plötzlich war sie in Alberts Vorleben eingedrungen, denn ihre lebhafte Intelligenz machte ihr dessen Einzelheiten klar und ließ sie es in seiner ganzen Weite durcheilen. Wenn sie dieses Bekenntnis in Beziehung zu der in der Zeitschrift veröffentlichten Novelle setzte, dann verstand sie Albert ganz und gar. Natürlich übertrieb sie die an sich schon gewaltigen Ausmaße seiner schönen Seele, seiner mächtigen Willenskraft; und ihre Liebe zu Albert gedieh jetzt zu einer Leidenschaft, deren Heftigkeit durch ihre Jugendkraft, durch die Kümmernisse der Einsamkeit und die geheime Energie ihres Charakters noch gesteigert wurde. Lieben ist bei einem jungen Frauenwesen an sich schon eine Auswirkung der Naturgesetze; aber wenn das Verlangen nach Zuneigung sich einem außergewöhnlichen Mann zuwendet, tritt Enthusiasmus hinzu und bringt junge Herzen zum Überströmen. So geschah es, daß innerhalb weniger Tage Mademoiselle de Watteville in eine quasi morbide und höchst gefährliche Phase verliebten Überschwangs geriet. Die Baronin war mit ihrer Tochter sehr zufrieden; denn unter der Herrschaft dessen, woran sie tief und unaufhörlich dachte, widerstrebte Rosalie ihr nicht mehr, sondern schien sich mit ihren unterschiedlichen weiblichen Arbeiten zu befassen und verkörperte das schöne Ideal der gehorsamen Tochter.

Um jene Zeit plädierte der Advokat zwei- oder dreimal in der Woche. Obwohl er mit Prozessen überhäuft war, tat er das Seine im Gerichtsgebäude, bei den Streitigkeiten der Kaufleute und für die Zeitschrift und verblieb dabei der von tiefem Geheimnis Umwobene, im Wissen, daß sein Einfluß, je heimlicher und verborgener er sei, desto wirksamer sein würde. Doch er ließ kein Mittel zum Erfolg außer acht; er befaßte sich eingehend mit der Liste der Bisontiner Wähler und forschte nach ihren Interessen, ihren Charakteren, ihren mannigfachen Freundschaften, ihren Antipathien. Hat je ein Kardinal, der Papst werden wollte, sich solche Mühe gegeben?

Als eines Abends Mariette kam, um Rosalie für eine Abendgesellschaft anzukleiden, überbrachte sie, nicht ohne über diesen Vertrauensmißbrauch zu seufzen und zu stöhnen, einen Brief, dessen Adresse Mademoiselle de Watteville erbeben, erbleichen und erröten ließ.

An die Frau Herzogin von Argaiolo
(geborene Prinzessin Soderini)
BELGIRATE
Lago Maggiore. Italien

Diese Adresse flimmerte vor ihren Augen, wie vor denen Belsazars das Mene-Tekel-Upharsin geflimmert haben muß. Sie versteckte den Brief und ging nach unten, um sich mit ihrer Mutter zu Madame de Chavoncourt zu begeben. Während des ganzen Abends quälten sie Gewissensbisse und Skrupel. Sie hatte sich schon geschämt, das Briefgeheimnis bei dem Schreiben Alberts an Léopold verletzt zu haben. Mehrmals hatte sie sich gefragt, ob der noble Albert sie noch achten würde, wenn er von diesem Vergehen erführe, das infam war, weil es natürlich nicht bestraft werden konnte. Ihr Gewissen hatte energisch mit »Nein!« geantwortet. Sie hatte ihr Vergehen zu sühnen versucht, indem sie sich Bußen auferlegte: sie hatte gefastet, hatte sich durch langes Knien mit gekreuzten Armen kasteit und stundenlang gebetet. Auch Mariette hatte sie zu solchen Bußübungen gezwungen. In ihre Leidenschaft mischte sich ungeheucheltes Asketentum und machte sie dadurch noch gefährlicher.

»Soll ich ihn lesen, diesen Brief? Soll ich ihn nicht lesen?« fragte sie sich und hörte den kleinen Chavoncourt-Töchtern zu. Die eine war sechzehn, die andere siebzehneinhalb. Rosalie betrachtete ihre beiden Freundinnen als kleine Mädchen, weil sie noch keine heimliche Liebe hatten. – »Wenn ich ihn lese«, dachte sie nach einer Stunde des Schwankens zwischen Nein und Ja, »dann soll es ganz bestimmt der letzte sein. Da ich schon so viel getan habe, um zu erfahren, was er seinem Freund schreibt, warum sollte ich dann nicht auch wissen dürfen, was er an ›sie‹ schreibt? Es ist zwar ein gräßliches Vergehen, aber auch ein Liebesbeweis. O Albert, bin ich denn nicht eine Frau?«

Als Rosalie im Bett lag, machte sie den Brief auf; er war von Tag zu Tag datiert, als solle er der Herzogin ein getreues Bild von Alberts Leben und Gefühlen vermitteln.

25.

»Geliebte Seele, alles geht gut. Meinen Eroberungen habe ich vorhin eine sehr wertvolle hinzugefügt: ich habe einer der für die Wahlen einflußreichsten Persönlichkeiten gefällig sein können. Wie die Kritiker, die Ruhm und Ruf schaffen, ohne sich dergleichen für sich selber schaffen zu können, macht dieser Mann Abgeordnete, ohne je selber einer werden zu können. Der Wackere hat mir seine Dankbarkeit wohlfeil bezeigen wollen, sozusagen ohne dabei seine Börse zu zücken; er hat mich gefragt: ›Wollen Sie in die Kammer? Ich könnte Sie zum Abgeordneten ernennen lassen.‹ – ›Wenn ich mich zur politischen Laufbahn entschlösse‹, habe ich ihm heuchlerisch geantwortet, ›dann nur, um für die Franche-Comté einzutreten; ich habe eine Schwäche für sie, und ich werde hier geschätzt.‹ – ›Na, schön, wir wollen Sie dazu bringen, und dann haben wir durch Sie Einfluß in der Kammer; da werden Sie nämlich glänzen.‹

Auf diese Weise, mein geliebter Engel, was Du auch sagen mögest, wird meine Beharrlichkeit gekrönt werden. Binnen kurzem werde ich von der Tribüne Frankreichs aus zu meinem Lande, zu Europa sprechen. Mein Name wird durch die hundertfachen Stimmen der Pariser Presse zu Dir schallen!

Ja, wie Du es mir gesagt hattest, ich bin alt nach Besançon gekommen, und Besançon hat mich noch älter gemacht; aber wie Sixtus V. werde ich am Tag nach meiner Wahl verjüngt sein. Ich trete dann in mein wahres Leben, in meine Sphäre ein. Stehen wir dann nicht auf gleicher Ebene? Der Graf Savaron de Savarus, Gesandter ich weiß nicht wo, kann doch sicherlich eine Prinzessin Soderini heiraten, die Witwe des Herzogs von Argaiolo! Der Triumph verjüngt die Menschen, die unaufhörliche Kämpfe überstanden haben. O mein Leben! Welch einen Freudensprung habe ich aus meiner Bibliothek in mein Arbeitszimmer getan, zu Deinem geliebten Bildnis hin; ihm habe ich von all diesen Fortschritten erzählt, bevor ich Dir schrieb! Ja, die Stimmen, die ich bereits habe, die des Generalvikars, die der Leute, die ich mir verpflichten werde, und die jenes Klienten stellen meine Wahl schon sicher.

26.

Wir sind in das zwölfte Jahr eingetreten seit dem beglückenden Abend, da die schöne Herzogin durch einen Blick die Versprechungen der verbannten Francesca bestätigt hat. Ach, Liebste, Du bist zweiunddreißig, ich fünfunddreißig; der gute Herzog ist siebenundsiebzig, was besagt, daß er zehn Jahre älter ist als wir beide zusammen, und noch immer ist er wohlauf! Mach ihm meine Komplimente. Meine Geduld ist fast so groß wie meine Liebe. Ich bedarf übrigens noch einiger Jahre, bis ich mein Vermögen zur Höhe Deines Namens gesteigert habe. Wie du siehst, bin ich frohgestimmt, ich lache heute: das sind die Wirkungen einer Hoffnung. Trauer oder Heiterkeit, alles kommt für mich von Dir. Die Hoffnung auf Gelingen läßt mich immer wieder an den Morgen nach dem Tage denken, an dem ich Dich zum erstenmal gesehen habe, an dem mein Leben sich dem Deinen vereint hat wie die Erde dem Licht! Qual pianto[54] sind doch diese elf Jahre, denn heute haben wir den 26. Dezember, den Jahrestag meiner Ankunft in Deiner Villa am Bodensee. Seit elf Jahren schreie ich nach dem Glück und strahlst Du wie ein Stern, der zu hoch steht, als daß ein Mensch ihn erreichen könnte.

27.

Nein, Liebste, fahr nicht nach Mailand, bleib in Belgirate. Mailand flößt mir Angst ein. Ich mag die abscheuliche Mailänder Gepflogenheit nicht, allabendlich in der Scala mit einem Dutzend Menschen zu plaudern, unter denen Dir sicherlich einer galante Worte sagen wird. Für mich ist die Einsamkeit wie ein Stück Bernstein, in dem ein Insekt ewig in seiner unverletzbaren Schönheit lebt. Auf diese Weise bleiben Seele und Körper einer Frau rein und in der Gestalt ihrer jungen Jahre. Hast Du Sehnsucht nach diesen Tedeschi[55]?

28.

Wird Deine Statue denn niemals fertig? Ich möchte Dich in Marmor haben, als Ölgemälde, als Miniatur, in jeder Technik, um meine Ungeduld zu täuschen. Ich warte nach wie vor auf den ›Blick auf Belgirate von Süden‹ und auf die Zeichnung der Galerie; das nämlich sind die einzigen, die mir noch fehlen. Ich habe soviel zu tun, daß ich Dir heute nichts als ein Nichts schreiben kann; aber dieses Nichts ist alles. Hat nicht Gott die Welt aus einem Nichts geschaffen? Dieses Nichts ist ein Wort, das Wort Gottes: Ich liebe Dich!

30.

Oh, ich bekomme Dein Tagebuch! Dank, daß es so ausführlich ist! Es hat Dir also Freude gemacht, die Einzelheiten unseres Kennenlernens in übertragener Form nachzuerleben ...? Ach, obwohl ich sie verhüllt dargeboten habe, hatte ich Angst, Dich zu verletzen. Wir hatten keine Novellen, und eine Zeitschrift ohne Novelle ist eine Schöne ohne Haar. Da ich von Natur nur wenig ›erfinderisch‹ bin und ganz verzweifelt war, habe ich zu dem einzigen Poetischen gegriffen, das in meiner Seele war, dem einzigen Abenteuer in meinen Erinnerungen; ich habe es auf die Tonart abgestimmt, in der es erzählt werden konnte, und ich habe nicht aufgehört, Deiner zu gedenken, während ich das einzige Stück Literatur niederschrieb, das je aus meinem Herzen hervorgehen wird; denn mit der Feder vermag ich nicht zu sprechen. Hast Du nicht über die Verwandlung des wilden Sormano in Gina lachen müssen?

Du erkundigst Dich, wie es um meine Gesundheit steht? Nun, viel besser als in Paris. Obgleich ich über die Maßen arbeite, wirkt sich die ruhige Umgebung auf die Seele aus. Was ermüdet und alt macht, geliebter Engel, ist die Furcht vor getäuschter Eitelkeit, sind die beständigen, störenden Reizungen durch das Pariser Leben, die Kämpfe rivalisierender Ehrgeize. Die Ruhe ist balsamisch. Wenn Du wüßtest, welche Freude mir Dein Brief macht, dieser gute, lange Brief, in dem Du mir so schön von den geringsten Vorfällen in Deinem Leben berichtest. Nein, keine andere Frau könnte je ermessen, in welchem Maß ein wahrer Liebender an all diesen kleinen Dingen Anteil nimmt. Die Stoffprobe Deines neuen Kleides zu sehen hat mich schlechthin beglückt! Ist es denn etwas Gleichgültiges, zu wissen, was Du trägst? Ob Deine wundervolle Stirn sich runzelt? Ob unsere Autoren Dich fesseln? Ob Canalis' Gedichte Dich hinreißen? Ich lese die Bücher, die Du liest. Es gibt nichts, was mir nicht naheginge, sogar Deine Spazierfahrt auf dem See. Dein Brief ist schön, anmutig wie Deine Seele! O Du himmlische, ohne Unterlaß angebetete Blume! Wie hätte ich ohne die lieben Briefe leben können, die mich seit elf Jahren auf meinem schweren Weg gestützt haben wie ein Glanz, wie ein Duft, wie ein nie verhallender Gesang, wie eine göttliche Nahrung, wie alles, was dem Leben zum Trost gereicht und es bezaubert! Säume nicht! Wenn Du wüßtest, wie voll ängstlicher Unruhe ich an dem Tag bin, da Deine Briefe zu mir kommen müssen, und was ein Tag Verspätung mir an Schmerzen schafft! Ist sie krank? Ist ›er‹ es? Ich bin zwischen Hölle und Paradies, ich werde verrückt! O mia cara diva[56], treib immer Musik, übe Deine Stimme, lerne. Ich bin entzückt über die Übereinstimmung der Arbeitsstunden; sie bewirkt, daß wir, die durch die Alpen Getrennten, auf genau die gleiche Weise leben. Dieser Gedanke beglückt mich und gibt mir viel Mut. Dies eine habe ich Dir noch nicht geschrieben: als ich zum erstenmal plädierte, habe ich mir eingebildet, Du hörtest mir zu, und da habe ich plötzlich in mir das Auflodern der Inspiration verspürt, die den Dichter über die Menschheit hinaushebt. Wenn ich in die Kammer gewählt werde, ja, dann mußt Du nach Paris kommen und meinem Debüt beiwohnen.

30. abends

Mein Gott, wie liebe ich Dich! Ach, ich habe meiner Liebe und meinen Hoffnungen allzu viel anbefohlen. Ein Zufall, der dies überladene Boot kentern ließe, würde mich das Leben kosten! Jetzt sind es drei Jahre, daß ich Dich nicht gesehen habe, und bei dem Gedanken, nach Belgirate zu reisen, schlägt mein Herz so stark, daß ich innehalten muß ... Dich sehen, Deine kindliche, streichelnde Stimme hören! Mit den Blicken den elfenbeinernen Teint küssen, der im Lichterglanz aufstrahlt und unter dem man Dein nobles Denken errät! Deine Finger bewundern, wenn sie mit den Tasten spielen, Deine ganze Seele in einem Blick empfangen, und Dein Herz im Klang eines ›Oimè‹! oder eines ›Alberto‹! Vor den blühenden Orangenbäumen einherwandeln, ein paar Monate in dieser hoheitsvollen Landschaft leben ... Ach, wie albern ist es, hinter der Macht herzujagen, hinter einem Namen, einem Vermögen! In Belgirate ist alles: dort ist die Poesie, ist der Ruhm! Ich hätte Dein Verwalter werden sollen, oder, wie der liebe Tyrann, den wir nicht hassen können, es mir vorschlug, dort als ›cavalier servant‹, als im Dienst der Dame stehender Ritter leben, worein zu willigen uns unsere glühende Leidenschaft nicht gestattet hat. Leb wohl, mein Engel, Du wirst mir meinen nächsten Trübsinnsanfall verzeihen um der Heiterkeit willen, die über mich gekommen ist wie ein Strahl von der Fackel der Hoffnung, der Hoffnung, die mich bis jetzt ein Irrlicht gedünkt hat.«

»Wie er sie liebt!« rief Rosalie und ließ den Brief fallen; er schien ihr zu gewichtig, als daß sie ihn hätte halten können. »Noch nach elf Jahren schreibt er ihr so?«

»Mariette«, sagte Rosalie am anderen Morgen zu der Zofe, »werfen Sie diesen Brief bei der Post ein; sagen Sie zu Jérôme, ich wisse jetzt alles, was ich hätte wissen wollen, und er solle fortan Monsieur Albert getreulich dienen. Wir wollen unsere Sünden beichten, ohne dabei zu sagen, von wem die Briefe stammten, noch wohin sie gingen. Ich habe unrecht getan; die einzig Schuldige bin ich.«

»Mademoiselle hat geweint«, sagte Mariette.

»Ja, und ich möchte nicht, daß meine Mutter es merkt; bring mir recht kaltes Wasser.«

In allen Gewitterstürmen der Leidenschaft hatte Rosalie oftmals der Stimme des Gewissens gelauscht. Die wundervolle Treue zweier Herzen hatte sie gerührt; sie hatte gerade gebetet und sich gesagt, es bleibe ihr nichts, als zu verzichten, als das Glück zweier einander würdiger Menschen zu achten, die sich ihrem Schicksal unterwarfen, alles Gott anheimstellten, ohne sich verbrecherischer Handlungen oder Wünsche zu erdreisten. Sie fühlte sich besser, sie empfand einige Genugtuung, als sie diesen Entschluß gefaßt hatte, den die der Jugend angeborene Rechtlichkeit ihr eingeflößt hatte. Eine jungmädchenhafte Erwägung hatte ihr dabei Mut gemacht: sie wollte sich für ›ihn‹ opfern!

»Sie versteht sich nicht auf die Liebe«, dachte sie. »Ach, wenn ich es wäre, so würde ich einem Mann, der mich so liebte, alles opfern. Geliebt werden ...! Wann und durch wen widerfährt das mir? Der kleine Soulas liebt nur mein Vermögen; wäre ich arm, so würde er mich schwerlich beachten.«

»Rosalie, mein Kleines, woran denkst du denn? Du stickst ja über die Vorzeichnung hinaus«, sagte die Baronin zu ihrer Tochter, die für den Vater Pantoffeln in Gobelinstickerei arbeitete.

Rosalie durchlebte den ganzen Winter von 1834 auf 1835 in geheimer, aufwühlender Unruhe; im Frühling jedoch, im April, um die Zeit, da sie achtzehn wurde, sagte sie sich manchmal, daß es gut wäre, wenn sie über die Herzogin von Argaiolo obsiegen würde. In der Stille und der Einsamkeit hatte die Aussicht auf diesen Kampf ihre Leidenschaft und ihre bösen Gedanken aufs neue entfacht. Schon im voraus entfaltete sie ihre romanhafte Kühnheit und schmiedete Pläne über Pläne. Obwohl dergleichen Charaktere Ausnahmeerscheinungen sind, gibt es leider viel zu viele Rosalien, und diese Geschichte enthält eine Lehre, die ihnen als Beispiel dienen soll. Während jenes Winters hatte Albert de Savarus in Besançon heimlich gewaltige Fortschritte gemacht. Seines Erfolges sicher, wartete er voller Ungeduld auf die Auflösung der Kammer. Unter den Leuten der bürgerlichen Mitte hatte er einen der Windmacher in Besançon für sich gewonnen, einen reichen Bauunternehmer, der großen Einfluß besaß.

Die Römer haben sich überall riesige Mühe gegeben, sie haben gewaltige Summen daran gewendet, in allen Städten ihres Reiches vortreffliches Wasser in beliebiger Menge zur Verfügung zu haben. In Besançon hatten sie das Wasser vom Arcier[57] getrunken, einem ziemlich weit entfernt liegenden Bergzug. Die Stadt Besançon liegt im Innern eines Hufeisens, das der Doubs bildet. Auf diese Weise ist die Wiederherstellung des römischen Aquädukts, um in einer vom Doubs umflossenen Stadt das Wasser zu trinken, das die Römer getrunken hatten, eine der Albernheiten, auf die nur eine Provinz verfällt, in der ein exemplarischer Ernst herrscht. Wenn jener närrische Einfall sich in den Herzen der Bisontiner einnistete, so mußte er sie zu großen Ausgaben zwingen, und eben jene Ausgaben mußten in die Tasche des einflußreichen Mannes fließen. Albert Savaron de Savarus entschied also, daß der Doubs bloß dazu gut sei, unter den Hängebrücken hindurchzuströmen, und als Trinkwasser geeignet sei einzig das Wasser vom Arcier. In der ›Revue de l'Est‹ erschienen Artikel, die lediglich Ausdruck der Gedanken der Bisontiner Kaufmannschaft waren. Der Adel wie die Bürgerlichen, das ›Juste-Milieu‹ wie die Legitimisten, die Regierung wie die Opposition, mit einem Wort: alle waren sich einig, daß sie das Wasser der Römer trinken und sich einer Hängebrücke erfreuen wollten. Die Frage des Arcierwassers war in Besançon das Tagesgespräch. Wie für die beiden Eisenbahnlinien nach Versailles, wie für mancherlei bestehende Mißstände, gab es auch in Besançon heimliche Interessen, die diesem Einfall eine mächtige Lebenskraft liehen. Die Vernünftigen, die übrigens arg in der Minderheit waren, widersetzten sich dem Plan und wurden als Schwachsinnige bezeichnet. Man beschäftigte sich ausschließlich mit den beiden Plänen des Advokaten Savaron. Nach achtzehn Monaten unterirdischer Minierarbeit hatte der Ehrgeizige es fertiggebracht, die regloseste, alles Fremde am energischsten ablehnende Stadt Frankreichs tief aufzuwühlen, dort, um einen Vulgärausdruck anzuwenden, Regen und Schönwetter zu machen, einen nachhaltigen Einfluß auszuüben, ohne je sein Haus verlassen zu haben. Er hatte das eigenartige Problem gelöst, irgendwie mächtig zu sein, ohne Popularität zu besitzen. Während jenes Winters hatte er sieben Prozesse für Geistliche Besançons gewonnen. Daher atmete er bisweilen schon im voraus die Luft der Abgeordnetenkammer. Bei dem Gedanken an seine künftigen Triumphe schwoll ihm das Herz. Dies gewaltige Begehren, das ihn so viele Interessen einspannen, so viele Antriebskräfte erfinden ließ, verbrauchte die letzten Kräfte seiner maßlos überforderten Seele. Seine Uneigennützigkeit wurde gerühmt; er nahm die ihm von seinen Klienten angebotenen Honorare ohne Einwendungen hin. Aber diese Uneigennützigkeit war moralischer Wucher; er wartete auf einen Preis, der für ihn bedeutsamer war als alles Geld der Erde. Sozusagen um einem in geschäftlichen Schwierigkeiten befindlichen Kaufmann gefällig zu sein, hatte er im Oktober 1834 mit von Léopold Hannequin herrührenden Mitteln ein Haus gekauft, das ihm die Wählbarkeit verschaffte. Diese vorteilhafte Geldanlage hatte durchaus nicht den Anschein erweckt, als sei sie gesucht worden oder erwünscht gewesen.

»Sie sind tatsächlich ein ungewöhnlicher Mensch«, hatte der Abbé de Grancey, der natürlich den Advokaten beobachtet und durchschaut hatte, zu Savarus gesagt. Der Generalvikar hatte ihn aufgesucht, um ihm einen Kanonikus vorzustellen, der den Rat des Advokaten wünschte. – »Sie sind«, hatte er gesagt, »ein Priester, der den falschen Beruf ergriffen hat.« Dieser Ausspruch hatte Savarus betroffen gemacht.

Rosalie ihrerseits hatte in ihrem intelligenten, so zart wirkenden Jungmädchenkopf beschlossen, Monsieur de Savarus in den Salon und in die Gesellschaft des Stadtpalais Rupt einzuführen. Noch beschränkte sie ihr Verlangen darauf, Albert zu sehen und ihn sprechen zu hören. Sie hatte sozusagen einen Vergleich geschlossen, und Vergleiche sind oftmals nichts als Traumbilder.

Les Rouxey, das Erbgut der Wattevilles von Vaterseite, warf zehntausend Francs Nettoeinkünfte ab, in anderen Händen freilich hätte es weit mehr eingetragen. Die Sorglosigkeit des Barons, dessen Frau über vierzigtausend Francs Einkünfte verfügen mußte und auch tatsächlich verfügte, hatte Les Rouxey der Verwaltung einer Art Maître Jacques[58] überlassen, einem alten Diener der Familie Watteville namens Modinier. Dennoch fuhren der Baron und die Baronin, wenn sie Verlangen nach einem Landaufenthalt hatten, nach Les Rouxey, das sehr malerisch gelegen ist. Das Schloß, der Park, die gesamte Anlage ist übrigens von dem berühmten Watteville[59] geschaffen worden, der, auch im Alter tätig, sich für dieses herrliche Plätzchen begeistert hatte.

Zwischen zwei kleinen Bergen, kahlen Kuppen, genannt der große und der kleine Rouxey, inmitten einer Schlucht, in die die Wasser jener mit der Dent de Vilard endenden Bergkette hinabbrausen und sich zu den lieblichen Doubsquellen vereinigen, hatte Watteville einen mächtigen Staudamm mit zwei Wehren für den Abfluß bei Hochwasser erbauen lassen. Oberhalb des Staudamms erhielt er dadurch einen bezaubernden See, und unterhalb zwei Wasserfälle, die ein paar Schritte nach ihrem Sturz zu einem reizenden Bach zusammenflossen, mit dem er das dürre, unbebaute, früher häufig vom Gießbach von Les Rouxey verwüstete Tal bewässerte. Den See, das Tal, die beiden Berge umgab er mit einer Umfassungsmauer und baute sich auf dem Staudamm eine Kartause; den Damm hatte er dadurch drei Morgen breit gemacht, daß er alle Erde hinbringen ließ, die ausgehoben werden mußte, als das Bachbett und die Bewässerungskanäle gegraben wurden. Als der Baron de Watteville den See oberhalb seines Staudamms anlegte, war er zwar Besitzer der beiden Rouxey, aber nicht des oberen Tals gewesen, das er auf diese Weise unter Wasser gesetzt hatte; dabei war es zu allen Zeiten als Durchgang benutzt worden; es endet hufeisenförmig am Fuß der Dent de Vilard. Aber der ungebärdige alte Mann hatte soviel Schrecken verbreitet, daß zu seinen Lebzeiten keine einzige Einwendung seitens der Bewohner von Les Riceys erhoben worden war, eines auf der anderen Seite der Dent de Vilard gelegenen kleinen Dorfes. Als der Baron starb, hatte er die Hänge der beiden Rouxey am Fuß der Dent de Vilard durch eine starke Mauer verbunden, damit die beiden Täler nicht überschwemmt wurden, die rechts und links vom Pic de Vilard in die

Schlucht Les Rouxey einmündeten. Er hatte also bei seinem Tod die Dent de Vilard mit Beschlag belegt. Seine Erben machten sich zu Schirmherren des Dorfes Les Riceys und erhielten auf diese Weise die Usurpation aufrecht. Der alte Mörder, der alte Renegat, der alte Abbé Watteville hatte seine Laufbahn damit abgeschlossen, daß er Bäume pflanzte und daß er eine großartige Straße am Hang des einen der beiden Rouxey erbaute, die in die große Landstraße einmündete. Zu diesem Park, zu diesem Wohnsitz gehörten sehr schlecht unterhaltene Vorwerke, Sennhütten auf den beiden Bergen und Wälder, die nicht ausgeholzt wurden. Alles war wild und einsam, stand unter der Obhut der Natur, war der Willkür des Pflanzenwuchses preisgegeben, aber voller köstlicher Zufälligkeiten. Jetzt kann der Leser sich Les Rouxey vorstellen.

Es erübrigt sich, diese Geschichte dadurch noch verwickelter zu machen, daß die ausgiebigen Mühen und beinahe genialen Listen erzählt werden, mittels derer Rosalie, ohne beargwöhnt zu werden, an ihr Ziel gelangte; es möge genügen, zu berichten, daß sie ihrer Mutter gehorchte, als sie im Mai 1835 in einer alten, mit zwei guten, dicken Mietpferden bespannten Berline aus Besançon hinaus und mit ihrem Vater nach Les Rouxey fuhr.

Die Liebe lehrt junge Mädchen alles. Als Rosalie am Morgen nach ihrer Ankunft in Les Rouxey aufstand, erblickte sie von ihrem Schlafzimmerfenster aus die schöne Wasserfläche des Sees, daraus der ausgehauchte Dunst wie Rauch aufstieg, in die Fichten und Lärchen hineinschwoll und an den beiden schroffen Berghängen emporkroch, den Gipfeln entgegen. Sie stieß einen Schrei des Entzückens aus.

»›Sie‹ haben einander an Seen geliebt! ›Sie‹ wohnt an einem See! Ganz sicher strömt ein See Liebe aus.«

Ein von Schneewasser gespeister See ist opalfarben und so durchsichtig, daß er wie ein großer Diamant wirkt; aber wenn er wie der von Les Rouxey zwischen zwei mit Fichten bestandenen Granitblöcken eingezwängt ist, wenn über ihm ein Schweigen herrscht wie in der Savanne oder der Steppe, dann entpreßt er jedem den Schrei, den Rosalie gerade ausgestoßen hatte.

»Das alles«, sagte der Vater zu ihr, »danken wir dem berühmten Watteville!«

»Na ja«, sagte das junge Mädchen, »er hat wohl gewollt, daß seine Sünden ihm vergeben werden. Wir wollen ins Boot steigen und bis ans andere Ende fahren«, sagte sie; »das macht uns Appetit zum Mittagessen.«

Der Baron ließ zwei junge Gärtner kommen, die rudern konnten, und nahm seinen Premierminister Modinier mit. Der See war sechshundert Meter[60] breit, an manchen Stellen auch tausend und zwölfhundert, und vier Kilometer lang. Rosalie war bald am Ende angelangt, dort, wo die Dent de Vilard ihn begrenzt, die Jungfrau dieser Miniaturschweiz.

»Da sind wir, Herr Baron«, sagte Modinier und bedeutete den beiden Gärtnern, das Boot anzubinden; »wenn Sie sehen wollen ...«

»Was denn sehen?« fragte Rosalie.

»Ach, nichts«, sagte der Baron. »Aber du bist ja ein Mädchen, das den Mund halten kann, wir haben zusammen Geheimnisse, ich kann dir sagen, was mir zu schaffen macht: seit 1830 haben sich Schwierigkeiten zwischen der Gemeinde Les Riceys und mir erhoben, ausgerechnet um der Dent de Vilard willen, und die hatte ich aus der Welt schaffen wollen, ohne daß deine Mutter davon erfährt; die würde bei ihrer Dickköpfigkeit Gift und Galle speien, vor allem, wenn sie herausbekäme, daß der Maire von Les Riceys, ein Republikaner, den Streitgegenstand ausgeheckt hat, um sich bei seiner Gemeinde beliebt zu machen.«

Rosalie brachte es fertig, sich ihre Freude nicht anmerken zu lassen, um ihren Vater besser dirigieren zu können.

»Was für ein Streitgegenstand ist denn das?«

»Mademoiselle, die Leute von Les Riceys«, sagte Modinier, »haben seit langer Zeit das Weiderecht und das Recht zum Reisiglesen auf ihrer Seite der Dent de Vilard. Nun aber behauptet Chantonnit, seit 1830 ihr Maire, die ganze Dent gehöre der Gemeinde, und daß schon seit hundert und einigen Jahren unser Land betreten worden sei ... Sie verstehen: dann wären wir nicht mehr auf eigenem Grund und Boden. Dann käme nämlich dieser wüste Kerl und behauptete, was die alten Leute in Les Riceys ohnehin schon sagen, nämlich, daß der Abbé de Watteville sich das Gelände, wo jetzt der See ist, einfach angeeignet habe. Damit wäre es dann mit Les Rouxey aus, jawohl!«

»Ach, mein Kind, ganz unter uns: die Sache stimmt«, sagte Monsieur de Watteville in aller Unschuld. »Jenes Gebiet ist eine Usurpation, die die Zeit geheiligt hat. Daher möchte ich, um nicht länger gequält zu werden, vorschlagen, ich wolle meine Grenze an dieser Seite der Dent de Vilard in gütlicher Übereinkunft festlegen und dann dort eine Mauer bauen.«

»Wenn du der Republik nachgibst, schluckt sie dich mit Haut und Haaren. Es wäre an dir gewesen, denen in Les Riceys zu drohen.«

»Das habe ich gestern abend dem Herrn Baron auch schon gesagt«, antwortete Modinier. »Aber um in diesem Zusammenhang etwas in der Hinterhand zu haben, habe ich ihm vorgeschlagen, doch mal herzufahren und nachzusehen, ob sich nicht auf dieser oder jener Seite der Dent, etwas höher oder tiefer, Überreste von Einfriedigungen finden.«

Seit über hundert Jahren wurde von dieser oder der anderen Seite aus die Dent de Vilard genutzt, diese Art Trennmauer zwischen der Gemeinde Les Riceys und Les Rouxey; die Erträgnisse waren gering, aber es wurde auch nicht mit den äußersten Mitteln vorgegangen. Das Streitobjekt lag sechs Monate des Jahres unter Schnee und war vollauf geeignet, die Frage einfrieren zu lassen. Daher bedurfte es des durch die Revolution von 1830 angefachten Eifers der Verteidiger des Volkes, um diese Angelegenheit wieder ans Licht zu ziehen, mittels derer Chantonnit, der Maire von Les Riceys, seine Existenz an der ruhigen Schweizer Grenze zu etwas Dramatischem und seine behördliche Tätigkeit unsterblich machen wollte. Chantonnit, wie sein Name schon sagt, stammte aus Neufchâtel.

»Lieber Vater«, sagte Rosalie, als sie wieder im Boot saßen, »ich stimme Modinier bei. Wenn du die Grenzgemeinschaft der Dent de Vilard durchsetzen willst, mußt du energisch handeln und ein Gerichtsurteil erlangen, das dich vor allem schützt, was dieser Chantonnit vorhat. Warum solltest du denn Angst haben? Nimm doch den berühmten Savaron als Anwalt, nimm ihn schleunigst, damit Chantonnit ihn nicht mit der Wahrnehmung der Interessen seiner Gemeinde beauftragt. Der, der den Prozeß des Kapitels gegen die Stadt gewonnen hat, wird wohl auch den der Wattevilles gegen Les Riceys gewinnen! Überdies«, sagte sie,

»gehört ja Les Rouxey eines Tages mir (hoffentlich möglichst spät), also hinterlaß mir bitte keinen Prozeß. Ich habe diesen Besitz sehr gern, ich will häufig hier wohnen und ihn nach Kräften verbessern. An den Ufern da drüben«, sagte sie und deutete auf den Fuß der beiden Rouxey, »sollen Beete entstehen, ich mache daraus entzückende englische Gartenanlagen ... Laß uns nach Besançon fahren, und dann kommen wir mit dem Abbé de Grancey, Monsieur Savaron und meiner Mutter wieder her, wenn es ihr recht ist. Dann kannst du dich entscheiden; aber das hätte ich an deiner Stelle längst getan. Du trägst den Namen Watteville, und du scheust einen Kampf? Wenn du den Prozeß verlierst ..., ja, dann bekommst du von mir kein Wort des Vorwurfs zu hören.«

»Ja, wenn du die Sache so auffaßt«, sagte der Baron, »dann will ich es tun; ich gehe zu dem Advokaten.«

»Außerdem ist ein Prozeß doch sehr amüsant. Dann hat man doch was im Leben, wofür man sich interessiert, man geht, man kommt, man rackert sich ab. Heißt es nicht, tausend Schritte zu unternehmen, bis man an die Richter herankommt ...? Länger als drei Wochen haben wir damals den Abbé de Grancey nicht zu sehen bekommen, soviel hatte er zu tun!«

»Ja, aber damals handelte es sich auch um die ganze Existenz des Kapitels«, sagte Watteville. »Außerdem waren die Ehre und das Gewissen des Erzbischofs beteiligt und alles, wofür die Priesterschaft lebt! Dieser Savaron weiß gar nicht, was er für das Kapitel getan hat! Er hat ihm das Leben gerettet.«

»Hör mal zu«, sagte sie leise zu ihm, »wenn du Savaron auf deine Seite bringst, hast du gewonnenes Spiel, nicht wahr? Also laß mich dir einen Rat geben: du kannst Savaron nur durch de Grancey für dich gewinnen. Wenn du mir das glaubst, reden wir zusammen mit dem guten Abbé, und zwar ohne daß meine Mutter an der Besprechung teilnimmt; ich weiß nämlich ein Mittel, das ihn dazu bringt, uns den Advokaten Savaron zuzuführen.«

»Es wird recht schwierig sein, nicht mit deiner Mutter darüber zu sprechen.«

»Das nimmt der Abbé de Grancey später auf sich. Du brauchst dich bloß zu entschließen, dem Advokaten bei den nächsten Wahlen deine Stimme zu versprechen, dann wirst du schon sehen!«

»Zur Wahl gehen! Den Eid ablegen!«[61] rief der Baron.

»Pah!« sagte sie.

»Und was wird deine Mutter dazu sagen?«

»Vielleicht wird sie dir befehlen hinzugehen«, antwortete Rosalie, die ja aus dem Brief Alberts an Léopold wußte, welche Verpflichtungen der Generalvikar eingegangen war.

Vier Tage später schlüpfte der Abbé de Grancey eines Morgens zu sehr früher Stunde bei Albert de Savarus hinein; tags zuvor hatte er ihn von seinem Besuch benachrichtigt. Der alte Priester hatte für den großen Advokaten das Haus Watteville erobert, und dieses Unternehmen enthüllt den Takt und den Scharfsinn, die Rosalie unterirdisch entfaltet hatte.

»Was kann ich für Sie tun, Herr Generalvikar?« fragte Savarus.

Der Abbé, der den Fall mit bewundernswerter Biedermannsmiene wortreich darlegte, wurde von Albert kühl angehört.

»Herr Abbé«, antwortete er, »es ist mir unmöglich, die Interessen der Familie Watteville wahrzunehmen, und den Grund dafür dürften Sie einsehen. Meine Rolle hier erfordert, daß ich strengste Neutralität wahre. Ich will nicht Farbe bekennen, ich will bis zum Vorabend meiner Wahl ein Rätsel bleiben. Nun jedoch würde es zwar in Paris nichts ausmachen, ob ich für die Wattevilles plädierte oder nicht; aber hier ...? Hier, wo über alles geredet wird, wäre ich für alle und jeden der Mann des hiesigen Faubourg Saint-Germain.«

»Glauben Sie etwa«, fragte der Abbé, »daß Sie unbekannt bleiben könnten, wenn am Wahltag die Kandidaten gegeneinander loslegen? Dann kommt nämlich heraus, daß Sie Savaron de Savarus heißen, daß Sie Sachbearbeiter der Bittschriften gewesen, daß Sie Anhänger der Restauration sind!«

»Am Wahltag«, sagte Savarus, »werde ich alles sein, was zu sein erforderlich ist. Ich rechne damit, in den vorbereitenden Versammlungen zu sprechen ...«

»Wenn Monsieur de Watteville und seine Partei Sie unterstützen, hätten Sie hundert kompakte Stimmen, und zwar etwas verläßlichere als die, mit denen Sie rechnen. Man kann stets Zwietracht zwischen die Interessen säen, aber die Überzeugungen trennt man nicht.«

»Zum Donnerwetter«, fuhr Savarus fort, »ich habe Sie gern und könnte viel für Sie tun, mein Vater! Vielleicht läßt sich sogar mit dem Teufel ein Vergleich schließen. Um was für einen Prozeß für Monsieur de Watteville es sich auch handeln mag, er kann, wenn man Girardet nimmt und ihn richtig berät, die Verhandlungen bis zu den Wahlen hinschleppen. Am Tag nach meiner Wahl bin ich bereit zu plädieren.«

»Tun Sie wenigstens das eine«, sagte der Abbé, »kommen Sie ins Haus Rupt; dort ist eine kleine Person von achtzehn Jahren, die eines Tages hunderttausend Francs Einkünfte haben wird, und Sie könnten dann tun, als machten Sie ihr den Hof . . .«

»Aha, das junge Mädchen, das ich so oft auf dem Kiosk sehe . . .«

»Ja, Mademoiselle Rosalie«, fiel der Abbé de Grancey ein. »Sie sind ehrgeizig. Wenn Sie ihr gefallen, werden Sie alles, wonach einem Ehrgeizigen der Sinn steht: Minister. Man wird stets Minister, wenn man mit einem Vermögen, das hunderttausend Francs Einkünfte abwirft, Ihre erstaunlichen Fähigkeiten zu vereinigen vermag.«

»Herr Abbé«, sagte Albert lebhaft, »Mademoiselle de Watteville könnte ein noch dreimal größeres Vermögen haben und mich vergöttern; es wäre mir dennoch unmöglich, sie zu heiraten . . .«

»Sind Sie etwa verheiratet?« fragte der Abbé de Grancey.

»Nicht kirchlich, und auch nicht standesamtlich«, sagte Savarus, »wohl aber moralisch.«

»Das ist noch schlimmer, wenn man darauf so großen Wert legt, wie Sie es zu tun scheinen«, antwortete der Abbé. »Alles, was noch nicht endgültig ist, kann gelöst werden. Setzen Sie Ihr Glück und Ihre Pläne nicht auf einen Frauenwillen; ein vernünftiger Mann verläßt sich auch nicht darauf, daß er Beutestiefel eines Gefallenen ergattert, wenn er ins Feld rücken will.«

»Lassen wir Mademoiselle de Watteville«, sagte Albert ernst, »und einigen wir uns über unsere Angelegenheit. Ihnen zu Gefallen, den ich schätze und hochachte, werde ich für Monsieur de Watteville plädieren, aber erst nach den Wahlen. Bis dahin mag seine Sache, nach meinen Anweisungen, von Girardet geführt werden. Weiter kann ich nichts tun.«

»Aber es erheben sich da Fragen, die nur nach einer Lokalinspektion entschieden werden können«, sagte der Generalvikar.

»Girardet kann hinfahren«, antwortete Savarus. »Ich möchte mitten in einer Stadt, die ich sehr gut kenne, keinen Schritt unternehmen, der den höchst wichtigen Interessen zum Schaden gereichen könnte, die im Hintergrund meiner Wahl stehen.«

Der Abbé de Grancey verabschiedete sich von Savarus und warf ihm dabei einen wissenden Blick zu, durch den er sich über die Politik des jungen Kämpfers lustig zu machen schien, wenngleich er dessen Entschluß bewunderte.

»Jetzt habe ich meinen Vater in einen Prozeß hineingetrieben! Was habe ich nicht alles unternommen, um ›ihn‹ zu uns ins Haus zu bringen!« sagte sich Rosalie oben im Kiosk und schaute zu dem Advokaten hinüber, der in seinem Arbeitszimmer war; das geschah am Tag nach der Besprechung zwischen Albert und dem Abbé de Grancey, deren Ergebnis ihr von ihrem Vater mitgeteilt worden war. »Ach, ich hätte Todsünden begangen, und dennoch willst du nicht in den Salon des Stadtpalais Rupt kommen, und ich soll deine wohlklingende Stimme nicht hören? Du stellst Bedingungen für deine Mitwirkung, wenn die Wattevilles und die Rupts sie von dir verlangen ...? Nun, weiß Gott, ich hätte mich mit den kleinen Glücksumständen begnügt: dich zu sehen, dir zuzuhören, mit dir nach Les Rouxey zu fahren, damit es für mich durch deine Gegenwart geheiligt wird. Mehr habe ich nicht gewollt ... Aber jetzt werde ich deine Frau ...! Ja, ja, sieh dir nur ›ihre‹ Bildnisse an, beschau ›ihre‹ Salons, ›ihr‹ Schlafzimmer, die Ansichten ›ihrer‹ Villa aus allen vier Himmelsrichtungen, die Aussichtspunkte ›ihrer‹ Gärten. Du erwartest ›ihre‹ Statue! Ich will ›sie‹, wie sie leibt und lebt, für dich zu Marmor machen ...! Außerdem liebt diese Frau nicht. Kunst, Wissenschaft, Literatur, Gesang, Musik haben ihr die Hälfte ihrer Sinne und ihrer Intelligenz geraubt. Zudem ist sie älter, älter als dreißig, und mein Albert würde unglücklich werden!«

»Weshalb bleibst du so lange hier oben, Rosalie?« fragte die Mutter, die heraufgekommen war und die Grübeleien der Tochter störte. »Monsieur de Soulas ist im Salon; deine Haltung ist ihm aufgefallen; du hast dich mehr dem Denken hingegeben, als man es in deinem Alter darf.«

»Ist Monsieur de Soulas denn ein Feind des Denkens?« fragte sie.

»Du hast dir also tatsächlich Gedanken gemacht?« fragte Madame de Watteville.

»Freilich, Mama.«

»Nein, das hast du nicht getan. Du hast nach den Fenstern des Advokaten da drüben hinübergeschaut, und zwar mit einer Ausschließlichkeit, die weder wohlanständig noch taktvoll ist und Monsieur de Soulas am wenigsten hätte auffallen dürfen.«

»Warum denn nicht?« fragte Rosalie.

»Es wird Zeit«, sagte die Baronin, »daß du unsere Absichten erfährst: Amédée ist von dir angetan, und es gereicht dir nicht zum Unglück, wenn du Gräfin de Soulas wirst.«

Bleich wie eine Lilie gab Rosalie der Mutter keine Antwort, so stumpfsinnig machte sie das Durchkreuztwerden ihrer leidenschaftlichen Gefühle. Allein in der Gegenwart des Mannes, gegen den sie seit einer Minute tiefen Haß hegte, zwang sie sich ein Lächeln ab, wie es Tänzerinnen dem Publikum bezeigen. Schließlich konnte sie sogar lachen, sie brachte die Kraft auf, ihre Wut zu verbergen, die sich beschwichtigte; Rosalie hatte beschlossen, diesen dicken, nichtigen jungen Menschen für ihre Pläne einzuspannen.

»Monsieur Amédée«, sagte sie zu ihm, als die Baronin im Garten ein paar Schritte vorausgegangen war, da sie die jungen Leute allein lassen wollte, »wissen Sie eigentlich nicht, daß Albert Savaron de Savarus Legitimist ist?«

»Legitimist?«

»Vor 1830 war er Sachbearbeiter der Bittschriften im Staatsrat, dem Präsidenten des Ministerrats zugeteilt, beim Dauphin und der Dauphine[62] beliebt. Es wäre gut, wenn Sie nichts Nachteiliges über ihn äußerten; aber es wäre noch besser, wenn Sie sich dieses Jahr an den Wahlen beteiligten, für ihn stimmten und verhinderten, daß der gute Monsieur de Chavoncourt Repräsentant der Stadt Besançon wird.«

»Weshalb haben Sie denn plötzlich solch ein Interesse an diesem Savaron?«

»Monsieur Albert de Savarus, natürlicher Sohn des Grafen de Savarus (oh, halten Sie den Mund über diese Indiskretion!), wird, wenn er zum Abgeordneten gewählt worden ist, unser Anwalt in dem Streitfall Les Rouxey. Les Rouxey, hat mein Vater mir gesagt, geht einmal in meinen Besitz über, ich will dort wohnen, es ist entzückend! Ich wäre tief betrübt, wenn diese herrliche Schöpfung des großen Watteville zerstört würde . . .«

»Zum Teufel noch mal!« sagte sich Amédée beim Verlassen des Stadtpalais Rupt, »dies Mädchen ist gar nicht so dumm.«

Monsieur de Chavoncourt ist Royalist und gehört zu den berühmten Zweihunderteinundzwanzig[63]. Daher war er unmittelbar nach der Juli-Revolution für die heilsame Doktrin der Eidesleistung und des Kampfes gegen die Ordnung der Dinge nach Art dessen der Torys gegen die Whigs in England eingetreten. Jener Doktrin stimmten die Legitimisten nicht zu; sie verfielen nach ihrer Niederlage darauf, sich in verschiedene Meinungen zu spalten und sich an den passiven Widerstand und an die Vorsehung zu halten. Als Zielscheibe des Mißtrauens seiner Partei erschien Chavoncourt den Leuten des ›Juste-Milieu‹ als der bestgeeignete Kandidat; sie gaben dem Triumph seiner gemäßigten Anschauungen den Vorzug vor der Wahl eines Republikaners, der die Stimmen der Exaltierten und der Patrioten auf sich vereinte[64]. Chavoncourt, ein in Besançon hochgeachteter Mann, war das Oberhaupt einer alten Familie aus dem Parlamentsadel: sein Vermögen, das etwa fünfzehntausend Francs Zinsen abwarf, störte niemanden, und zwar um so weniger, als er einen Sohn und drei Töchter hatte. Bei einer solchen Belastung bedeuten fünfzehntausend Francs Zinsen nichts. Wenn nun aber unter solchen Gegebenheiten ein Familienvater unbestechlich bleibt, so müssen seine Wähler ihm schon Achtung zollen. Die Wähler begeistern sich an dem schönen Ideal parlamentarischer Tugend, wie ein Theaterparkett sich an der Schilderung schöner Gefühle erlabt, die es kaum je ausübt. Die damals vierzigjährige Madame de Chavoncourt war eine der schönsten Frauen von Besançon. Während der Kammersitzungen lebte sie bescheiden auf einem ihrer Besitztümer, um durch Sparsamkeit die Ausgaben auszugleichen, die ihr Mann in Paris machte. Im Winter gab sie an einem Tag in der Woche, dem Dienstag, einen achtenswerten Empfang, bei dem sie indessen ihr Amt als Hausherrin vortrefflich ausübte. Der junge, zweiundzwanzig Jahre alte Chavoncourt und ein anderer junger Adeliger namens de Vauchelles, der nicht reicher als Amédée war und überdies dessen Schulkamerad, waren eng befreundet. Sie gingen auf der Granville-Promenade spazieren, sie nahmen beide an einigen Jagdpartien teil; sie waren als so unzertrennlich bekannt, daß sie stets zusammen aufs Land eingeladen wurden. Rosalie war auf die gleiche Weise mit den kleinen Chavoncourt-Töchtern befreundet, und so wußte sie, daß die drei jungen Herren voreinander keine Geheimnisse hatten. Sie sagte sich, daß, wenn Soulas etwas ausplauderte, es nur gegenüber seinen beiden intimen Freunden geschehen könne. Nun aber hatte Monsieur de Vauchelles seinen Heiratsplan wie Amédée den seinen: er wollte Victoire heiraten, die älteste der Chavoncourt-Töchter; ihr würde eine alte Tante im Heiratskontrakt ein Gut mit siebentausend Francs Einkünften und hunderttausend Francs in bar zusichern. Victoire war das Patenkind und der Liebling jener Tante. Offenbar würden also der junge Chavoncourt und Vauchelles Monsieur de Chavoncourt vor der Gefahr warnen, der Alberts Bestrebungen ihn aussetzten. Aber damit ließ Rosalie es noch nicht genug sein; sie schrieb mit verstellter Handschrift einen »ein Freund Louis-Philippes« unterzeichneten Brief an den Präfekten des Départements, benachrichtigte ihn von der geheimgehaltenen Kandidatur Alberts de Savarus, wies auf die gefährliche Unterstützung hin, die ein royalistischer Redner für Berryer[65] bedeuten würde, und enthüllte ihm die Abgefeimtheit des Verhaltens, das der Advokat seit zwei Jahren in Besançon geübt habe. Der Präfekt war ein geschickter Mann, aus persönlichen Gründen ein Feind der royalistischen Partei und überzeugter Anhänger der Juli-Regierung, mit einem Wort ein Mann, von dem es in der Rue de Grenelle, im Innenministerium[66], hieß: »In Besançon haben wir einen guten Präfekten.« Jener Präfekt las den Brief und verbrannte ihn, wie es ihm nahegelegt worden war.

Rosalie wollte Alberts Wahl hintertreiben, damit er noch fünf weitere Jahre in Besançon blieb.

Die Wahlen waren zu jener Zeit ein Kampf zwischen den Parteien, und um darin zu siegen, suchte sich das Ministerium die Wahlstatt aus, indem es den Augenblick des Kampfbeginns festsetzte. Die Wahlen sollten in drei Monaten stattfinden. Wenn ein Mann sein Leben lang auf eine Wahl wartet, ist die Zeit zwischen der Regierungsverfügung für den Zusammentritt der Wahlausschüsse und dem für deren Handeln festgesetzten Tag eine Spanne, in der sein gewöhnliches Leben sozusagen aufgehört hat. Daher durchschaute Rosalie, welchen Spielraum ihr während dieser drei Monate Alberts unruhige Besorgnisse ließen. Sie erreichte es bei Mariette, der, wie sie später eingestand, sie versprochen hatte, sie wolle sie zusammen mit Jérôme bei sich anstellen, daß die Zofe ihr die Briefe einhändigte, die Albert nach Italien schickte, und ebenso die Briefe, die er aus jenem Land erhielt. Während sie diese Pläne ausheckte, stickte dies erstaunliche Mädchen mit der unschuldigsten Miene der Welt Pantoffeln für ihren Vater. Sie verdoppelte sogar ihre Harmlosigkeit und Unschuld noch, da sie sich darüber klar war, wozu ihre harmlose Unschuldsmiene ihr dienlich sein konnte.

»Rosalie wird immer reizender«, sagte die Baronin.

Zwei Monate vor den Wahlen fand bei Monsieur Boucher dem Älteren eine Versammlung statt; es nahmen daran teil der Bauunternehmer, der auf die Zuweisung der Arbeiten an der geplanten Brücke und der Wasserleitung vom Arcier her rechnete, der Schwiegervater Bouchers, Granet, der einflußreiche Mann, dem Savarus gefällig gewesen war und der ihn als Kandidaten vorschlagen sollte, der Anwalt Girardet, der Drucker der ›Revue de l'Est‹ und der Präsident des Handelsgerichts. Alles in allem bestand jene Versammlung aus siebenundzwanzig der Leute, die in der Provinz als die ›Großkopfeten‹ bezeichnet werden. Jeder von ihnen stellte durchschnittlich sechs Stimmen dar; aber wenn sie es sich richtig überlegten, kamen sie auf zehn, denn man überschätzt vor sich selbst zunächst immer seinen Einfluß. Unter jenen siebenundzwanzig Leuten hatte der Präfekt einen für sich, irgendeinen falschen Bruder, der heimlich eine Gunstbezeigung des Ministeriums für die Seinen oder für sich selber erwartete. Bei jener ersten Versammlung wurde beschlossen, den Advokaten Savaron als Kandidaten aufzustellen, und zwar mit einer Begeisterung, die niemand in Besançon sich hätte erhoffen können. Albert wartete daheim, daß Alfred Boucher ihn hole, und plauderte inzwischen mit dem Abbé de Grancey, der sich für diesen gewaltigen Ehrgeiz interessierte. Albert war sich über die beachtlichen politischen Fähigkeiten des Priesters klargeworden, und den Priester hatten die Bitten des jungen Mannes gerührt; er hatte sich einverstanden erklärt, ihm als Führer und Berater bei diesem äußersten und letzten Kampf zur Seite zu stehen. Das Kapitel mochte Monsieur de Chavoncourt nicht; der Schwager seiner Frau nämlich, der Gerichtspräsident, hatte es den bewußten Prozeß in erster Instanz verlieren lassen.

»Sie sind verraten worden, lieber Junge«, sagte der kluge, würdige Abbé mit der sanften, ruhigen Stimme zu ihm, die alte Priester sich angewöhnen.

»Verraten ...!« rief der Liebende, ins Herz getroffen.

»Und durch wen, davon weiß ich nichts«, antwortete der Geistliche. »Die Präfektur ist über Ihre Pläne im Bilde und guckt Ihnen in die Karten. Ich kann Ihnen in diesem Augenblick keinen Rat geben. Dergleichen Fälle wollen gründlich überlegt werden. Und heute abend, bei der Versammlung, müssen Sie den Hieben, die sicherlich gegen Sie geführt werden sollen, zuvorkommen. Erzählen Sie Ihre ganze Vergangenheit; dadurch schwächen Sie die Wirkung ab, die diese Enthüllung auf die Bisontiner haben muß.«

»Oh, darauf mußte ich gefaßt sein«, sagte Savaron mit beunruhigter Stimme.

»Sie haben sich meinen Rat nicht zunutze machen wollen; Sie haben Gelegenheit gehabt, sich im Palais Rupt in Szene zu setzen; Sie wissen ja gar nicht, was Sie da hätten gewinnen können ...«

»Und was?«

»Die Einstimmigkeit der Royalisten, eine Vereinbarung für den gegebenen Augenblick, zur Wahl zu gehen ... Mit einem Wort: mehr als hundert Stimmen! Kommt dann noch das hinzu, was wir unter uns die ›kirchlichen Stimmen‹ nennen, so wären Sie zwar noch nicht nominiert; aber bei der Stichwahl hätten Sie es geschafft. In einem solchen Fall muß unterhandelt werden, dann gelingt es ...«

Als Alfred Boucher hereinkam und voller Begeisterung den Wunsch der vorbereitenden Versammlung verkündete, saßen der Generalvikar und der Advokat kühl, ruhig und ernst da.

»Auf Wiedersehen, Herr Abbé«, sagte Albert, »nach der Wahl sprechen wir ausgiebiger über Ihren Rechtsfall.«

Und der Advokat drückte de Grancey bedeutungsvoll die Hand und hakte Alfred unter. Der Priester schaute den Ehrgeizigen an, dessen Gesicht jenen feierlichen Ausdruck zeigte, den Generale haben müssen, wenn sie den ersten Kanonenschuß der Schlacht vernehmen. Er blickte gen Himmel, ging hinaus und sagte dabei: »Welch prächtigen Priester würde er abgeben!«

Beredsamkeit hat nichts mit den Gerichtsschranken zu tun. Nur selten entfaltet der Advokat dort die wahren Kräfte seiner Seele, denn sonst würde er innerhalb weniger Jahre daran zugrunde gehen. Auch auf der Kanzel ist die Beredsamkeit heute selten; aber sie tritt in Erscheinung bei gewissen Sitzungen der Kammer, wenn ein Ehrgeiziger den vollen Einsatz wagt, oder wenn er, von tausend Pfeilen getroffen, im gegebenen Augenblick glänzend aus sich herausgeht. Aber sicherlich entfaltet sie sich auch bei gewissen bevorzugten Menschen in der schicksalsschweren Viertelstunde, da das Erstrebte zunichte wird oder gelingt und da sie gezwungen sind zu sprechen. Als daher Albert Savarus bei dieser Versammlung die Notwendigkeit verspürte, sich unbedingte Gefolgsleute zu schaffen, entwickelte er alle Fähigkeiten seiner Seele und alle Kräfte seines Geistes. Er betrat in guter Haltung den Raum, weder linkisch noch anmaßend; er bekundete weder Schwäche noch Feigheit, sondern war ernst und gesammelt und sah sich, ohne überrascht zu sein, in einem Kreis von dreißig und einigen Leuten. Schon hatte der Lärm der Versammlung und ihr Entschluß einiges der Glocke gehorchendes Stimmvieh herbeigelockt. Ehe er Boucher anhörte, der für ihn ein Speech über den Beschluß des Wahlkomitees Boucher vom Stapel lassen wollte, erbat Albert durch einen Wink Schweigen und drückte Boucher die Hand, als wolle er ihn vor einer plötzlich eingetretenen Gefahr warnen.

»Mein junger Freund Alfred Boucher hat soeben vermeldet, welche Ehre mir zuteil geworden ist. Aber ehe dieser Entschluß endgültig wird«, sagte der Advokat, »glaube ich Ihnen darlegen zu müssen, wer eigentlich Ihr Kandidat ist, damit es Ihnen freisteht, Ihr Wort zurückzunehmen, falls meine Darlegungen Ihr Gewissen beunruhigen sollten.«

Diese Eingangssätze bewirkten, daß tiefe Stille eintrat. Einige der Herren fanden dies Verhalten sehr nobel.

Albert äußerte sich über sein bisheriges Leben, nannte seinen wahren Namen, gab seine Tätigkeit während der Restauration bekannt, sagte, daß er seit seiner Ankunft in Besançon ein neuer Mensch geworden sei, und zwar dadurch, daß er Verpflichtungen für die Zukunft auf sich genommen habe. Diese Stegreifrede verschlug, wie es heißt, allen Zuhörern den Atem. Jene Männer mit den unterschiedlichsten Interessen gerieten in den Bann der überwältigenden Beredsamkeit, die heiß dem Herzen und der Seele des Ehrgeizigen entbrodelte. Bewunderung lähmte alles Nachdenken. Es wurde nur *eins* begriffen, nämlich das, was Albert ihnen in die Köpfe hämmern wollte.

War es nicht besser für eine Stadt, einen Mann zu haben, der zum Beherrschen der gesellschaftlichen Gesamtheit berufen war, als eine Abstimm-Maschine? Ein Staatsmann bringt bereits alle Machtvollkommenheit mit sich; der mittelmäßige, wenngleich unbestechliche Abgeordnete ist lediglich ein Gewissen. Welch ein Ruhmestitel für die Provence, Mirabeau erkannt, seit 1830 den einzigen Staatsmann entsandt zu haben, den die Juli-Revolution hervorgebracht hat![67]

Unter dem Eindruck dieser Redegewalt konnten die Zuhörer nicht umhin, zu glauben, sie würden in Gestalt ihres Repräsentanten ein großartiges politisches Instrument werden. Alle erblickten in Albert Savaron den Minister Savarus. Der gewandte Kandidat konnte sich in die geheimen Erwägungen seiner Zuhörer hineindenken und gab ihnen zu verstehen, sie als die Ersten erwürben das Recht, sich seines Einflusses zu bedienen.

Dieses Glaubensbekenntnis, diese Erklärung eines Ehrgeizigen, dieser Bericht über sein Leben und seinen Charakter war, nach der Aussage des einzigen, der Savarus zu beurteilen fähig war und der seither eine der Kapazitäten von Besançon wurde, eine Meisterleistung an Geschicklichkeit, Empfindung, Wärme, Beteiligtsein und Verführungskunst. Dieser Wirbel wickelte die Wähler ein. Nie jemals ist ein solcher Triumph davongetragen worden. Leider jedoch hat das gesprochene Wort, eine Waffe für den Nahkampf, nur unmittelbare Wirkung. Das Nachdenken tötet das Wort, wenn das Wort nicht über das Nachdenken triumphiert hat. Wäre jetzt abgestimmt worden, so wäre Alberts Name aus der Urne hervorgegangen! Für ebendiesen Augenblick war er Sieger. Aber er mußte auf die gleiche Weise zwei Monate lang täglich Sieger sein. Albert ging unter Herzklopfen fort. Dadurch, daß die Bisontiner ihm Beifall gezollt hatten, war er zu dem bedeutsamen Ergebnis gelangt, schon im voraus die gehässigen Bemerkungen zu erledigen, zu denen sein Vorleben hätte Anlaß geben können. Die Handelswelt von Besançon machte den Advokaten Albert Savaron de Savarus zu ihrem Kandidaten. Die Begeisterung Alfred Bouchers, die zunächst ansteckend gewirkt hatte, erwies sich auf die Dauer als unklug.

Der über diesen Erfolg betroffene Präfekt machte sich daran, die regierungstreuen Stimmen zu zählen, und wußte sich eine geheime Zusammenkunft mit Chavoncourt zu verschaffen, mit dem Ziel einer Koalition im gemeinsamen Interesse. Jeden Tag, und ohne daß Albert herausbekommen konnte, wie das zuging, verringerten sich die Stimmen des Wahlkomitees Boucher. Einen Monat vor den Wahlen merkte Albert, daß er nur noch über sechzig Stimmen verfügte. Es gab keinen Widerstand gegen das langsame Arbeiten der Präfektur. Ein paar geschickte Leute sagten zu Savarus' Klienten: »Wird er als Abgeordneter noch in Ihren Prozessen plädieren und sie gewinnen? Wird er Sie beraten? Ihre Verträge aufsetzen, Ihre Transaktionen leiten? Sie könnten ihn noch fünf Jahre lang als Sklaven haben, wenn Sie, statt ihn in die Kammer zu schicken, ihm nur die Hoffnung erwecken, er könne in fünf Jahren hineinkommen.« Diese Erwägung schadete Savarus um so mehr, als sie bereits von einigen Kaufmannsfrauen angestellt worden war. Die an dem Bau der Brücke und die an der Wasserleitung vom Arcier her Interessierten leisteten bei einer Besprechung mit einem gewandten Regierungstreuen keinen Widerstand, der ihnen bewies, daß einzig die Präfektur ihnen Schutz und Schirm gewähren könne, nicht aber ein Ehrgeiziger. Jeder Tag wurde für Albert zu einer Niederlage, obwohl jeder Tag zu einer von ihm geleiteten Schlacht wurde, die indessen seine Unterführer auskämpften, zu einer Schlacht der Worte, der Reden, der Verhandlungen. Er wagte nicht, zum Generalvikar zu gehen, und der Generalvikar zeigte sich nicht. Beim Aufstehen und Zubettgehen hatte Albert Fieber, und sein Kopf schmerzte. Endlich kam der Tag des ersten Kampfes heran, das, was als eine vorbereitende Versammlung bezeichnet wird; dabei werden die Stimmen gezählt, dabei können die Kandidaten ihre Möglichkeiten beurteilen, dabei können kundige Leute Fehlschlag oder Erfolg voraussehen. Es ist eine anständige ›husting‹[68]-Szene, ohne Pöbel, aber schrecklich: die Erregung findet zwar nicht Ausdruck in Handgreiflichkeiten wie in England, geht aber genauso tief. Die Engländer erledigen die Dinge mit Fausthieben; in Frankreich versetzt man einander Hiebe durch Phrasen. Bei unseren Nachbarn kommt es zu Prügeleien; die Franzosen spielen um ihr Schicksal mittels kalter, in aller Ruhe ausgeklügelter Kombinationen. Diese politische Handlung vollzieht sich im umgekehrten Verhältnis zum Charakter der beiden Nationen. Die Partei der Radikalen hatte ihren Kandidaten, Monsieur de Chavoncourt stellte sich vor, dann kam Albert dran, und die Radikalen und das Wahlkomitee Chavoncourt warfen ihm vor, er sei ein Mann der Rechten ohne eigentliche Bindung, ein Doppelgänger Berryers[69]. Das Ministerium hatte seinen Kandidaten, einen hingebungsvollen Mann, der dazu diente, die absolut regierungstreuen Stimmen auf sich zu konzentrieren. Auf diese Weise waren die Stimmen geteilt und führten zu keinem Ergebnis. Der republikanische Kandidat hatte zwanzig Stimmen, das Ministerium brachte es auf fünfzig, Albert zählte siebzig, Chavoncourt erhielt siebenundsechzig. Aber die perfide Präfektur hatte dreißig der ihr am meisten ergebenen Stimmen für Albert votieren lassen, um ihren Gegenspieler zu täuschen. Die Stimmen Chavoncourts mit den achtzig tatsächlichen Stimmen der Präfektur vereinigt mußten bei der Wahl obsiegen, sofern der Präfekt es fertigbrachte, ein paar Stimmen der radikalen Partei abzusplittern. Hundertsechzig Stimmen fehlten, nämlich die de Granceys und die der Legitimisten. Eine vorbereitende Versammlung bedeutet für die Wahlen dasselbe wie für das Theater eine Generalprobe; es gibt auf der Welt keine größere Täuschung. Albert Savarus kam in guter Haltung herein, fühlte sich indessen sterbenselend. Er hatte die Klugheit, das Genie oder das Glück gehabt, während der letzten vierzehn Tage zwei treue Anhänger zu gewinnen, den Schwiegervater Girardets und einen sehr gewiegten alten Kaufherrn, zu dem de Grancey ihn geschickt hatte. Diese beiden wackeren Leute, die zu seinen Spitzeln geworden waren, schienen im feindlichen Lager Savarus' erbittertste Gegner zu sein. Gegen Ende der vorbereitenden Sitzung ließen sie Savarus durch die Vermittlung Bouchers wissen, daß innerhalb seiner Partei dreißig unbekannte Stimmen gegen ihn dasselbe unternähmen, was sie für ihn bei den andern trieben! Ein Verbrecher auf dem Weg zum Schafott erleidet nicht, was Albert auf dem Heimweg aus dem Saal durchlitt, in dem sein Schicksal sich vollzogen hatte. In seiner Verzweiflung wollte der Liebende nicht, daß ihn jemand begleitete. Einsam lief er zwischen elf Uhr und Mitternacht durch die Straßen.

Um ein Uhr morgens saß Albert, den seit drei Tagen der Schlaf geflohen hatte, in seiner Bibliothek in einem Voltaire-Sessel, bleich, als sei er dem Tode nah, mit herabhängenden Händen, in einer Haltung der Selbstvergessenheit, die der heiligen Magdalena würdig gewesen wäre. Zwischen seinen langen Wimpern hervor quollen Tränen, jene Tränen, die die Augen feuchten und nicht über die Wangen rinnen: das Denken trinkt sie, das Feuer der Seele verzehrt sie! Nun er allein war, konnte er weinen. Da gewahrte er im Kiosk eine weiße Gestalt, die ihn an Francesca erinnerte.

»Und seit drei Monaten habe ich keinen Brief von ›ihr‹ bekommen! Was wird aus ihr? Seit zwei Monaten habe ich ihr nicht geschrieben; aber das hatte ich ihr vorausgesagt. Ob sie krank ist? O meine Geliebte! O mein Leben! Wirst du je erfahren, was ich gelitten habe? Was für eine elende Konstitution ich doch habe! Leide ich an einer Pulsadergeschwulst?« fragte er sich, als er sein Herz so heftig klopfen spürte, daß sein Pulsen in der Stille hörbar war, wie wenn leichte Sandkörner auf eine große Trommel gefallen wären.

In diesem Augenblick erschollen drei leise Klopfschläge an Alberts Tür; er öffnete auf der Stelle, und es wäre ihm vor Freude beinahe schlecht geworden, als er den Generalvikar mit heiterer, mit triumphierender Miene vor sich sah. Er umfing den Abbé de Grancey wortlos, hielt ihn in den Armen, drückte ihn an sich und ließ den Kopf auf die Schulter des alten Mannes sinken. Und er wurde wieder zum Kinde, er weinte, wie er geweint, als er erfahren hatte, Francesca Soderini sei verheiratet. Nur diesen Priester ließ er seine Schwäche sehen, auf dessen Gesicht ein Hoffnungsschimmer leuchtete. Der Priester war erhaben gewesen und ebenso scharfsinnig wie erhaben.

»Verzeihen Sie, lieber Abbé, aber Sie sind in einem der äußersten Augenblicke gekommen, in denen der Mann hinschwindet; denn Sie dürfen mich nicht für einen gewöhnlichen Ehrgeizling halten.«

»Ja, das weiß ich«, entgegnete der Abbé, »Sie haben doch den ›Ehrgeizigen aus Liebe‹ geschrieben! Ach, mein Sohn, mich hat die Liebesverzweiflung im Jahre 1786 Priester werden lassen, mit zweiundzwanzig Jahren. 1788 wurde ich Pfarrer. Ich kenne das Leben. Ich habe schon drei Bischofssitze ausgeschlagen, ich will in Besançon sterben.«

»Wollen Sie ›sie‹ sehen?« rief Savarus, nahm den Leuchter und führte den Abbé in das prächtige Zimmer, in dem sich das Bildnis der Herzogin von Argaiolo befand; er beleuchtete es.

»Das ist eine der Frauen, die zum Herrschen geboren sind!« sagte der Vikar; er war sich bewußt, welch eine Zuneigung Albert ihm durch diese stumme Vertrauensbekundung bezeigte. »Aber ihre Stirn bekundet großen Stolz, der unnachgiebig ist; sie würde nie eine Beleidigung verzeihen! Sie ist ein Erzengel Michael, der Engel der Vollstreckung, der unbeugsame Engel ... Alles oder nichts! Das ist der Wahlspruch dieser engelhaften Charaktere. Irgendein göttliches Ungestüm ist in diesem Haupt ...!«

»Sie haben sie trefflich erkannt«, rief Savarus. »Aber, lieber Abbé, sie herrscht jetzt seit zwölf Jahren über mein Leben, und ich habe mir keinen einzigen Nebengedanken vorzuwerfen.«

»Ach, hätten Sie nur ebensoviel für Gott getan ...!« sagte der Abbé naiv. »Lassen Sie uns von Ihrer Angelegenheit reden. Seit zehn Tagen bin ich für Sie tätig. Wenn Sie ein wahrer Politiker sind, folgen Sie diesmal meinem Rat. Sie wären nicht in der Situation, in der Sie sich jetzt befinden, wenn Sie, als ich es Ihnen sagte, ins Palais Rupt gegangen wären; aber Sie werden morgen hingehen, ich führe Sie am Abend dort ein. Das Gut Les Rouxey ist bedroht, in zwei Tagen muß plädiert werden. Die Wahl findet erst in drei Tagen statt. Es soll dafür gesorgt werden, daß die endgültige Entscheidung nicht gleich am ersten Tage fällt; es sollen mehrere Wahlgänge stattfinden, und bei der Stichwahl kommen Sie dann durch ...«

»Und auf welche Weise ...?«

»Wenn Sie den Prozeß um Les Rouxey gewinnen, erhalten Sie achtzig legitimistische Stimmen; zählen Sie die dreißig Stimmen hinzu, über die ich verfüge, dann kommen wir auf hundertzehn. Da Ihnen nun aber zwanzig vom Komitee Boucher verbleiben, haben Sie im ganzen hundertdreißig.«

»Gut und schön«, sagte Albert, »aber dann fehlen mir immer noch fünfundsiebzig ...«

»Ja«, sagte der Priester, »denn der ganze Rest gehört dem Ministerium. Aber, mein Sohn, Sie haben zweihundert Stimmen für sich, und die Präfektur hat nur hundertachtzig.«

»Ich habe zweihundert Stimmen ...?« Albert sprang auf die Füße wie durch den Druck einer Springfeder und blieb starr vor Staunen stehen.

»Sie haben die Stimmen Chavoncourts«, fuhr der Abbé fort.

»Wie kommt das?« fragte Albert.

»Sie heiraten Mademoiselle Sidonie de Chavoncourt.«

»Nie im Leben!«

»Sie heiraten Mademoiselle Sidonie de Chavoncourt«, wiederholte kalt der Priester.

»Aber sehen Sie denn nicht, daß sie unversöhnlich ist?« fragte Albert und zeigte auf Francesca.

»Sie heiraten Mademoiselle Sidonie de Chavoncourt«, sagte der Priester kalt zum drittenmal.

Diesmal begriff Albert. Der Generalvikar wollte nichts mit dem Plan zu tun haben, der endlich dieser ans Ende geratenen Politik günstig war. Ein Wort mehr hätte die Würde, die Ehrenhaftigkeit des Priesters kompromittiert.

»Sie begegnen morgen im Palais Rupt Madame de Chavoncourt und ihrer zweiten Tochter; Sie danken ihr für das, was sie für Sie tun will; Sie sagen ihr, Ihre Dankbarkeit kenne keine Grenzen; kurz und gut: Sie gehörten ihr mit Leib und Seele, Ihre Zukunft sei fortan die ihrer Familie, Sie seien auf nichts sonst erpicht, Sie hätten ein so großes Selbstvertrauen, daß Sie eine Ernennung zum Abgeordneten als eine zulängliche Mitgift betrachteten. Sie haben natürlich einen Kampf mit Madame de Chavoncourt auszufechten, sie wird Ihr Wort verlangen. Jener Abend, mein Sohn, bedeutet Ihre ganze Zukunft. Aber vergessen Sie nicht, daß ich mit der ganzen Sache nichts zu tun habe. Ich bin nur für die legitimistischen Stimmen verantwortlich, ich habe Madame de Watteville für Sie gewonnen, und das heißt: die gesamte Aristokratie von Besançon. Amédée de Soulas und Vauchelles wollen für Sie stimmen und haben die Jugend mitgerissen; Madame de Watteville führt Ihnen die alten Herrschaften zu. Was meine Stimmen betrifft, so sind sie Ihnen gewiß.«

»Wer hat denn Madame de Chavoncourt umgestimmt?« fragte Savarus.

»Fragen Sie mich nicht«, antwortete der Abbé. »Monsieur de Chavoncourt hat drei Töchter zu verheiraten und ist außerstande, sein Vermögen zu vergrößern. Wenn Vauchelles die erste ohne Mitgift heiratet, der alten Tante wegen, die beim Ehekontrakt Geld herausrückt, was soll dann aus den beiden anderen werden? Sidonie ist sechzehn, und Sie besitzen in Ihrem Ehrgeiz Schätze. Irgend jemand hat zu Madame de Chavoncourt gesagt, es sei besser, wenn sie ihre Töchter verheirate, als wenn sie ihren Mann in Paris Geld vernaschen lasse. Dieser Betreffende beherrscht Madame de Chavoncourt, und Madame de Chavoncourt beherrscht ihren Mann.«

»Genug, lieber Abbé! Ich verstehe. Wenn ich zum Abgeordneten gewählt worden bin, muß ich jemanden zu Vermögen bringen, und wenn es ein glänzendes Vermögen ist, werde ich meines Wortes enthoben. Sie haben in mir einen Sohn, der Ihnen sein Glück verdankt. Mein Gott! Was habe ich getan, um eine so wahre Freundschaft zu verdienen?«

»Sie haben dem Kapitel zum Sieg verholfen«, sagte der Generalvikar lächelnd. »Jetzt aber schweigen Sie wie das Grab über dieses Geheimnis! Wir sind nichts, wir unternehmen nichts. Wenn von uns bekannt wäre, daß wir uns in Wahlangelegenheiten mischen, würden wir von den Puritanern der Linken, die weit Schlimmeres tun, mit Haut und Haaren aufgefressen werden, und getadelt von den wenigen der Unseren, die *alles* wollen. Madame de Chavoncourt hat keine Ahnung, daß ich bei alledem meine Hand im Spiel habe. Lediglich Madame de Watteville habe ich mich anvertraut; auf die können wir uns verlassen wie auf uns selber.«

»Ich bringe die Herzogin zu Ihnen, damit Sie uns segnen!« rief der Ehrgeizige.

Nachdem er den alten Priester hinausgeleitet hatte, ging Albert zu Bett und träumte von der Macht.

Am anderen Abend um neun waren, wie jeder sich denken kann, die Salons der Baronin de Watteville von der zu einem von der Regel abweichenden Empfang geladenen Bisontiner Aristokratie überfüllt. Es wurde davon gesprochen, daß ›ausnahmsweise‹ zu den Wahlen gegangen werden solle, um der Tochter des Geschlechts de Rupt einen Gefallen zu tun. Man wußte, daß der ehemalige Sachbearbeiter der Bittschriften, der Sekretär eines der der älteren Linie des Königshauses treuesten Minister, in die Gesellschaft eingeführt werden würde. Madame de Chavoncourt war mit ihrer zweiten Tochter Sidonie gekommen, die geradezu göttlich gekleidet war, während die älteste, als ihres Bewerbers sicher, keine Zuflucht zu Toilettekünsten genommen hatte. Solcherlei kleine Dinge lassen sich in der Provinz beobachten. Der Abbé de Grancey ging mit seinem schönen, klugen Kopf von Gruppe zu Gruppe, hörte zu, mischte sich dem Anschein nach in nichts, aber tat einschneidende Äußerungen, solche, die das in Frage Stehende zusammenfassen und in die rechten Wege leiten.

»Wenn die ältere Linie wiederkehrte«, fragte er einen alten, siebzigjährigen Staatsmann, »welche politischen Gegebenheiten fände sie dann vor? – Berryer sitzt allein auf seiner Bank und weiß nicht, was werden soll; hätte er sechzig Stimmen, so würde er bei vielerlei Gelegenheiten der Regierung hindernd entgegentreten und Ministerien stürzen![70] – In Toulouse wird der Herzog von Fitz-James[71] gewählt werden. – Sie helfen dann Watteville, seinen Prozeß zu gewinnen! – Wenn Sie für Monsieur de Savarus stimmen, werden die Republikaner weit eher mit Ihnen stimmen als mit den Leuten vom Juste-Milieu!« usw. usw.

Um neun war Albert noch nicht gekommen. Madame de Watteville wollte in einer solchen Verspätung eine Impertinenz erblicken.

»Liebe Baronin«, sagte Madame de Chavoncourt, »wir wollen so ernste Dinge nicht von einer Lappalie abhängig machen. Vielleicht wird Monsieur de Savarus durch einen frisch gelackten Schuh, der nicht trocken werden will . . . oder durch eine Besprechung zurückgehalten.«

Rosalie warf Madame de Chavoncourt einen schiefen Blick zu.

»Sie bezeigt Monsieur de Savarus sehr viel Nachsicht«, flüsterte sie ihrer Mutter zu.

»Ja«, erwiderte die Baronin lächelnd, »es handelt sich doch um eine Heirat zwischen Sidonie und Monsieur de Savarus.«

Rosalie trat jäh an ein auf den Garten hinausgehendes Fenster. Um zehn war Savarus noch immer nicht erschienen. Das Gewitter, das gegrollt hatte, brach los. Ein paar Adlige setzten sich an die Spieltische; sie fanden die Sache unerträglich. Der Abbé de Grancey, der nicht wußte, was er denken sollte, ging zu dem Fenster, an dem Rosalie sich versteckt hatte, und sagte in seiner Betroffenheit ganz laut: »Er muß tot sein!« Der Generalvikar ging in den Garten hinaus; Monsieur de Watteville, Rosalie folgten ihm, und alle drei stiegen zum Kiosk hinauf. Bei Albert war alles geschlossen, nirgendwo war Licht wahrzunehmen.

»Jérôme!« rief Rosalie, als sie im Hof den Diener sah. Der Abbé de Grancey blickte Rosalie an. – »Wo ist Ihr Herr?« fragte Rosalie den Diener, der an den Fuß der Mauer gekommen war.

»Auf und davon, mit der Post!«

»Er ist erledigt«, rief der Abbé, »oder glücklich!«

Rosalie hatte ihre Siegesfreude nicht so gut verhehlen können, als daß der Generalvikar sie nicht erspäht hätte; aber er tat, als habe er nichts gemerkt.

»Was hat Rosalie in dieser Angelegenheit unternehmen können?« fragte sich der Priester.

Alle drei gingen sie in die Salons zurück, wo Monsieur die befremdliche, seltsame, verblüffende Nachricht verkündete, der Advokat Albert Savaron de Savarus sei im Postwagen abgereist, ohne daß man die Gründe für dieses plötzliche Verschwinden wisse. Um halb zwölf waren nur noch fünfzehn Gäste da, darunter Madame de Chavoncourt und der Abbé de Godenars, ein anderer Generalvikar, ein Mann von etwa vierzig Jahren, der Bischof werden wollte, die beiden Demoiselles de Chavoncourt und Monsieur de Vauchelles, der Abbé de Grancey, Rosalie, Amédée de Soulas und ein alter Richter im Ruhestand, eine der einflußreichsten Persönlichkeiten in der hohen Gesellschaft von Besançon; er legte großen Wert auf Albert Savarus' Wahl. Der Abbé de Grancey setzte sich neben die Baronin, damit er Rosalie beobachten konnte, deren für gewöhnlich blasses Gesicht jetzt eine fieberhafte Röte zeigte.

»Was mag Monsieur de Savarus nur zugestoßen sein?« fragte Madame de Chavoncourt.

In diesem Augenblick überbrachte ein livrierter Diener auf einem Silbertablett einen Brief für den Abbé de Grancey.

»Lesen Sie«, sagte die Baronin.

Der Generalvikar las den Brief und sah Rosalie plötzlich weiß werden wie ihr Busentuch.

»Sie erkennt die Handschrift«, sagte er sich, nachdem er über die Brille hinweg einen Blick auf das junge Mädchen geworfen hatte. Er faltete den Brief zusammen und steckte ihn kalt, ohne ein Wort zu sagen, in die Tasche. Innerhalb von drei Minuten empfing er von Rosalie drei Blicke; sie genügten ihm, alles zu durchschauen. – »Sie liebt Albert Savarus«, dachte der Generalvikar. Er stand auf, Rosalie durchrann ein Zucken; er verneigte sich, tat ein paar Schritte auf die Tür zu und wurde im zweiten Salon von Rosalie eingeholt; sie sagte zu ihm: »Monsieur de Grancey, er ist von *Albert!*«

»Wie kommt es, daß Sie seine Handschrift so gut kennen, daß Sie sie aus solch einer Entfernung zu erkennen vermögen?«

Das von Ungeduld und Zorn ergriffene Mädchen sagte etwas, das den Abbé erhaben dünkte.

»Weil ich ihn liebe! – Was ist geschehen?« fragte sie nach einer Pause.

»Er verzichtet auf seine Wahl«, antwortete der Abbé.

»Ich bitte um Stillschweigen, als handele es sich um ein Beichtgeheimnis«, sagte sie, ehe sie in den Salon zurückging. »Wenn es nicht zur Wahl kommt, dann kommt es auch nicht zur Heirat mit Sidonie!«

Am anderen Morgen, auf dem Weg zur Messe, erfuhr Rosalie durch Mariette einen Teil der Umstände, die Alberts Verschwinden im kritischsten Augenblick seines Lebens verursacht hatten.

»Mademoiselle, im Lauf des Vormittags ist im ›Hotel National‹ aus Paris ein alter Herr angekommen, im eigenen Wagen, einem schönen, vierspännigen Wagen mit Vorreiter und einem Diener. Jedenfalls behauptet Jérôme, der den Wagen bei der Abfahrt gesehen hat, es könne nur ein Fürst oder ein Lord gewesen sein.«

»War an dem Wagen eine geschlossene Krone?« fragte Rosalie.

»Das weiß ich nicht«, sagte Mariette. »Schlag zwei Uhr hat er bei Monsieur Savaron vorgesprochen und ihm seine Visitenkarte hineinreichen lassen, und als er die gesehen hat, sagte Jérôme, ist sein Herr weiß wie ein Tischtuch geworden; dann hat er bitten lassen. Da er eigenhändig seine Tür abgeschlossen hat, kann man nicht wissen, was zwischen dem alten Herrn und dem Advokaten gesprochen worden ist; aber sie sind ungefähr eine Stunde beisammen gewesen; danach hat dann der alte Herr in Anwesenheit des Advokaten seinen Diener heraufkommen lassen. Jérôme hat diesen Diener mit einem großen, vier Fuß langen Paket weggehen sehen; es hat ausgesehen wie ein übergroßer Stickrahmen. Der alte Herr hat ein dickes Bündel Papiere in der Hand gehabt. Der Advokat ist bleicher als ein Sterbender gewesen; er war doch immer so stolz und würdevoll, aber jetzt war er in einem erbarmungswürdigen Zustand ... Aber den alten Herrn hat er so respektvoll behandelt, daß er dem König gegenüber nicht ehrerbietiger hätte sein können. Jérôme und Monsieur Albert Savaron haben den alten Herrn bis zu seinem Wagen begleitet, der mit seinen vier Pferden angespannt dagestanden hat. Auf den Glockenschlag drei ist der Vorreiter losgeritten. Monsieur Savaron ist geradewegs zur Präfektur gegangen und von da zu Monsieur Gentillet, und der hat ihm die alte Reisekutsche der verstorbenen Madame Saint-Vier verkauft; danach hat Monsieur Savaron bei der Post für sechs Uhr Pferde bestellt. Er ist heimgegangen und hat gepackt; sicher hat er auch noch mehrere Briefe geschrieben; schließlich hat er dann seine geschäftlichen Dinge mit Monsieur Girardet in Ordnung gebracht; der war gekommen und ist bis sieben geblieben. Jérôme hat ein paar Zeilen zu Monsieur Boucher gebracht, wo Monsieur zum Abendessen erwartet wurde. Und dann ist der Advokat um halb acht abgereist; für Jérôme hat er drei Monatsgehälter dagelassen und ihm gesagt, er solle sich eine andere Stellung suchen. Seine Schlüssel hat er Monsieur Girardet übergeben; den hat er bis zu seinem Haus gefahren, und bei ihm hat er, wie Jérôme sagt, einen Teller Suppe gegessen, weil nämlich Monsieur Girardet um halb acht noch nicht zu Abend gegessen hatte. Als Monsieur Savaron wieder in seinen Wagen gestiegen ist, war er mehr tot als lebendig. Jérôme, der natürlich von seinem Herrn Abschied genommen hat, hat gehört, wie er zu dem Kutscher sagte: ›Straße nach Genf.‹«

»Hat Jérôme sich im ›Hotel National‹ nach dem Namen des Fremden erkundigt?«

»Der alte Herr war doch nur auf der Durchreise dort; also ist er gar nicht danach gefragt worden. Der Diener hat, wahrscheinlich auf Befehl, so getan, als spreche er nicht Französisch.«

»Und der Brief, den der Abbé de Grancey so spät bekommen hat?« fragte Rosalie.

»Den hat ihm sicherlich Monsieur Girardet zustellen lassen; aber Jérôme hat gesagt, daß der arme Monsieur Girardet, der den Advokaten Savaron sehr gern hat, genauso erschüttert gewesen ist wie dieser. Der geheimnisvoll gekommen ist, hat Mademoiselle Galard gesagt, ist auch geheimnisvoll wieder verschwunden.«

Rosalie wirkte nach diesem Bericht nachdenklich und abwesend, was allen auffiel. Es erübrigt sich, über das Aufsehen zu sprechen, das das Verschwinden des Advokaten Savaron in Besançon erregte. Man erfuhr, daß der Präfekt ihm mit der größten Liebenswürdigkeit der Welt sofort einen Paß für das Ausland hatte ausstellen lassen; denn auf diese Weise war er seinen einzigen Gegner losgeworden. Am nächsten Tag wurde Monsieur de Chavoncourt im ersten Wahlgang mit einer Mehrheit von hundertvierzig Stimmen gewählt.

»›Jean ging davon, wie er gekommen war‹[72]«, sagte ein Wähler, als er von Albert Savarons Flucht erfuhr.

Dieses Ereignis förderte nur noch die Vorurteile, die in Besançon gegen die Fremden bestanden und die sich zwei Jahre zuvor im Zusammenhang der Angelegenheit mit der republikanischen Zeitung bereits verstärkt hatten. Zehn Tage später war von Albert Savarus nicht mehr die Rede. Nur drei Menschen, der Anwalt Girardet, der Generalvikar und Rosalie, waren durch dies Verschwinden tief betroffen. Girardet wußte, daß der weißhaarige Fremde der Fürst Soderini gewesen war; er hatte nämlich die Visitenkarte gesehen, und er sagte es dem Generalvikar; Rosalie jedoch, die besser unterrichtet war als die beiden, wußte bereits seit einem Vierteljahr, daß der Herzog von Argaiolo gestorben war.

Im April 1836 hatte niemand von Albert Savarus eine Nachricht erhalten oder etwas über ihn gehört. Jérôme und Mariette wollten heiraten; aber die Baronin hatte im Vertrauen zu ihrer Zofe gesagt, sie solle Rosalies Heirat abwarten; dann sollten die beiden Hochzeiten gemeinsam gefeiert werden.

»Es wird Zeit, Rosalie unter die Haube zu bringen«, sagte eines Tages die Baronin zu Monsieur de Watteville, »sie ist neunzehn, und seit ein paar Monaten hat sie sich verändert, daß man Angst bekommen könnte ...«

»Ich weiß nicht, was sie hat«, sagte der Baron.

»Wenn die Väter nicht wissen, was ihre Töchter haben, dann können die Mütter es sich denken; sie muß verheiratet werden.«

»Das wäre mir nicht unlieb, und ich gebe ihr von mir aus Les Rouxey, nun das Gericht uns dadurch zu einem Vergleich mit der Gemeinde Les Riceys verholfen hat, daß meine Grenze dreihundert Meter oberhalb des Fußes der Dent de Vilard verlaufen soll. Es soll dort ein Graben ausgehoben werden, der alles Wasser aufnimmt und in den See ableitet. Die Gemeinde hat keine Berufung eingelegt; das Urteil ist rechtskräftig.«

»Du bist noch nicht auf den Gedanken gekommen«, sagte die Baronin, »daß dieses Urteil mich dreißigtausend Francs kostet; die habe ich nämlich an Chantonnit gezahlt. Der Bauer hat nichts gewollt, als so dazustehen, als habe er für seine Gemeinde etwas herausgeschlagen, und also hat er uns den Friedensschluß verkauft. Wenn du Les Rouxey abtrittst, hast du überhaupt nichts mehr«, sagte die Baronin.

»Ich brauche ja auch nicht viel«, sagte der Baron, »ich gehe ...«

»Du ißt wie ein Oger.«

»Das stimmt; aber ich mag essen, soviel ich will, ich fühle, wie meine Beine immer schwächer werden ...«

»Das kommt vom Drechseln«, sagte die Baronin.

»Ich weiß es nicht«, sagte der Baron.

»Wir verheiraten Rosalie an Monsieur de Soulas; wenn du ihr Les Rouxey abtrittst, dann behalte dir wenigstens die Nutznießung vor; ich meinerseits gebe den beiden eine ins Staatsschuldbuch eingetragene Rente von vierundzwanzigtausend Francs. Unsere Kinder können hier wohnen, da sind sie recht gut dran ...«

»Nein, ich gebe ihnen Les Rouxey ganz und gar. Rosalie hat Les Rouxey sehr gern.«

»Du bist reinweg närrisch, wenn es sich um deine Tochter handelt! Mich fragst du wohl nicht, ob ich Les Rouxey gern habe?«

Die sofort herbeigerufene Rosalie erfuhr, daß sie in den ersten Maitagen Amédée de Soulas heiraten solle.

»Ich danke euch, liebe Eltern, daß ihr an meine Zukunft gedacht habt, aber ich will gar nicht heiraten, ich fühle mich bei euch sehr wohl ...«

»Gewäsch!« sagte die Baronin. »Du machst dir nichts aus Soulas, und weiter gar nichts.«

»Wenn ihr die Wahrheit hören wollt: ich heirate Soulas nie und nimmer ...«

»Ach, das ›Nie und Nimmer‹ eines neunzehnjährigen Mädchens!« entgegnete die Baronin und lächelte bitter.

»Das ›Nie und Nimmer‹ einer Watteville«, erwiderte Rosalie mit überdeutlicher Betonung. »Ich meine doch, daß mein Vater nicht beabsichtigt, mich ohne meine Zustimmung zu verheiraten?«

»Ach, mein Gott, nein«, sagte der arme Baron und blickte die Tochter zärtlich an.

»Na, gut und schön«, antwortete die Baronin trocken und dämmte die Wut einer Muckerin zurück, die zu ihrer Überraschung sieht, daß ihr unvermuteterweise getrotzt wird, »dann übernimm du gefälligst die Sorge für die Zukunft deiner Tochter! Merke dir, Rosalie: wenn du nicht nach meinem Willen heiratest, bekommst du von mir nichts zur Mitgift.«

Der auf diese Weise begonnene Streit zwischen Madame de Watteville und dem von seiner Tochter unterstützten Baron ging so weit, daß Rosalie und ihr Vater nicht anders konnten, als die schöne Jahreszeit in Les Rouxey zu verbringen; das Verweilen im Stadtpalais Rupt war ihnen unerträglich geworden. Zu jener Zeit sprach sich in Besançon herum, Mademoiselle de Watteville habe dem Grafen de Soulas unumwunden einen Korb gegeben. Jérôme und Mariette waren nach ihrer Heirat nach Les Rouxey übergesiedelt, wo sie eines Tages Modiniers Nachfolge antreten sollten. Der Baron ließ Reparaturen vornehmen; er restaurierte die Kartause nach dem Geschmack seiner Tochter. Als die Baronin erfuhr, daß diese Erneuerungsarbeiten etwa sechzigtausend Francs verschlungen hätten, daß Rosalie und ihr Vater ein Treibhaus hätten bauen lassen, wurde sie sich bewußt, daß in ihrer Tochter ein Keim von Bosheit sein Unwesen treibe. Der Baron kaufte mehrere Enklaven und ein kleines Besitztum im Wert von dreißigtausend Francs hinzu. Es wurde Madame de Watteville erzählt, Rosalie bezeige sich fern von ihr als ein sehr überlegenes Mädchen, sie befasse sich eingehend mit Mitteln und Wegen, Les Rouxey ertragreich zu machen, sie habe sich ein Reitkleid geleistet und steige zu Pferde; ihren Vater habe sie glücklich gemacht, er stöhne nicht mehr über seine Gesundheit, er werde dick, er begleite sie auf ihren Spazierritten. Als der Namenstag der Baronin, die Louise hieß, heranrückte, kam der Generalvikar nach Les Rouxey, sicherlich auf Madame de Wattevilles und Soulas' Geheiß, um Friedensverhandlungen zwischen Mutter und Tochter anzubahnen.

»Die kleine Rosalie hat einen hellen Kopf«, hieß es in Besançon.

Die Baronin bezahlte nobel die neunzigtausend Francs, die an Les Rouxey gewendet worden waren, und ließ ihrem Mann monatlich etwa tausend Francs anweisen, damit er dort leben konnte: sie wollte sich nicht ins Unrecht setzen. Vater und Tochter wünschten sich nichts Besseres, als am 15. August nach Besançon zurückzukehren und bis zum Monatsende dort zu bleiben. Als der Generalvikar nach dem Abendessen Rosalie beiseite nahm, um die Heiratsfrage anzuschneiden, und ihr dabei zu verstehen gab, sie dürfe nicht länger auf Albert rechnen, von dem seit einem Jahr niemand etwas gehört habe, wurde ihm durch eine Geste Rosalies Schweigen geboten. Das absonderliche Mädchen nahm Monsieur de Grancey beim Arm und führte ihn zu einer Bank unter einer Rhododendrongruppe, vor der sich der See ausbreitete.

»Sie wissen, lieber Abbé, daß ich Sie gern habe wie meinen

Vater, da Sie meinen Albert schätzen; ich muß Ihnen endlich gestehen, daß ich Schändliches getan habe, um seine Frau zu werden; er *muß* mein Mann werden ... Da, lesen Sie!«

Sie hielt ihm eine Zeitungsnummer hin, die sie in der Schürzentasche gehabt hatte, und deutete auf folgenden Artikel mit der Ortsangabe Florenz; er war vom 25. Mai.

»Die Hochzeit des Herzogs von Rhétoré, des ehemaligen Gesandten und Sohnes des Herzogs von Chaulieu, mit der Herzogin von Argaiolo, geborener Prinzessin Soderini, ist glanzvoll gefeiert worden. Zahlreiche aus Anlaß dieser Hochzeit veranstaltete Festlichkeiten beleben in diesem Augenblick die Stadt Florenz. Das Vermögen der Herzogin von Argaiolo ist eines der ansehnlichsten in Italien; denn der verstorbene Herzog hatte sie zu seiner Universalerbin eingesetzt.«

»Die er geliebt hat, ist verheiratet«, sagte sie, »ich habe die beiden auseinandergebracht.«

»Sie? Und auf welche Weise denn?« fragte der Abbé.

Rosalie wollte gerade antworten, als ein lauter Aufschrei der beiden Gärtner, dem das Geräusch eines ins Wasser gefallenen Körpers vorausgegangen war, sie unterbrach; sie sprang auf, lief weg und rief dabei: »Oh, mein Vater ...« Sie sah den Baron nicht mehr.

Watteville hatte ein Stück Granit aufnehmen wollen, auf dem er den Abdruck einer Muschel wahrgenommen zu haben glaubte, ein Umstand, der irgendeinem geologischen System einen Schlag ins Gesicht versetzt hätte; dabei hatte er sich auf die Böschung vorgewagt, hatte das Gleichgewicht verloren und war in den See gerollt, dessen tiefste Stelle sich natürlich am Fuß der Landstraße befand. Die Gärtner plagten sich unendlich ab, daß der Baron nach einer Stange greife, mit der sie an der Stelle herumstocherten, wo das Wasser sich bewegte; endlich zogen sie ihn an Land, bedeckt von dem Schlamm, in den er kopfüber hineingefallen war und darein er noch tiefer eingesunken war, je mehr er gezappelt hatte. Monsieur de Watteville hatte reichlich zu Abend gegessen; seine Verdauung hatte eingesetzt; sie war unterbrochen worden. Als er ausgezogen, gesäubert und zu Bett gebracht worden war, befand er sich in einem offenbar so gefährlichen Zustand, daß zwei Diener zu Pferde steigen mußten; der eine ritt nach Besançon, der andere sollte den nächsterreichbaren Arzt und einen Wundarzt holen. Als Madame de Watteville acht Stunden nach dem Geschehnis mit dem besten Wundarzt und dem besten Arzt von Besançon anlangte, fanden sie Watteville in einem hoffnungslosen Zustand vor, trotz der klugen Maßnahmen des Arztes aus Les Riceys. Der Schreck hatte zu einem wässerigen Erguß im Gehirn geführt, und die unterbrochene Verdauung hatte den Tod des armen Barons vollendet.

Dieser Todesfall, der, wie Madame de Watteville sagte, nicht eingetreten sein würde, wenn ihr Mann in Besançon geblieben wäre, wurde von ihr der Halsstarrigkeit ihrer Tochter zugeschrieben; sie faßte eine Abneigung gegen Rosalie und erging sich in einem Schmerz und Wehklagen, die offensichtlich übertrieben waren. Sie nannte den Baron »ihr liebes Lamm«! Der letzte Watteville wurde auf einer kleinen Insel im See von Les Rouxey bestattet, wo die Baronin ein kleines, gotisches Denkmal aus weißem Marmor errichten ließ, ähnlich dem sogenannten der Héloïse[73] auf dem Père-Lachaise.

Einen Monat danach lebten die Baronin und ihre Tochter im Stadtpalais Rupt in ungeselligem Schweigen. Rosalie litt echten Schmerz, der sich nicht äußern durfte: sie bezichtigte sich der Schuld am Tode ihres Vaters und ahnte ein anderes, in ihren Augen noch größeres Unglück, das unzweifelhaft ihr Werk war; denn weder der Advokat Girardet noch der Abbé de Grancey hatten Aufklärung über Alberts Schicksal erhalten. Dies Schweigen war erschreckend. In einem Paroxysmus von Reue empfand sie den Drang, dem Generalvikar die abscheulichen Machenschaften zu enthüllen, mittels derer sie Francesca von Albert getrennt hatte. Das war etwas Einfaches und Furchtbares. Mademoiselle de Watteville hatte die Briefe Alberts an die Herzogin unterschlagen, und ebenso denjenigen, in dem Francesca ihrem Liebhaber die Erkrankung ihres Mannes vermeldete, wobei sie ihn hatte wissen lassen, daß sie ihm während der Zeit, da sie, wie es ihre Pflicht sei, sich dem Sterbenden widmen müsse, nicht mehr antworten könne. So hatte, während Albert voller Unruhe den Wahlen entgegensah, die Herzogin ihm nur zwei Briefe geschrieben, den, durch den er hätte erfahren sollen, in welcher Gefahr der Herzog von Argaiolo schwebte, und den, in dem sie ihm mitteilte, sie sei Witwe geworden, zwei noble, erhabene Briefe, die Rosalie nicht ausgeliefert hatte. Nachdem Rosalie mehrere Nächte lang geübt hatte, war es ihr gelungen, Alberts Handschrift auf das vollkommenste nachzuahmen. Statt der echten Briefe dieses treuen Liebhabers hatte sie drei Briefe unterschoben, deren Entwürfe sie dem alten Priester gab; sie ließen ihn erschauern, so vollendet bekundete sich darin das Genie des Bösen. Indem Rosalie für Albert die Feder führte, hatte sie die Herzogin auf die Wandlung des fälschlich als ungetreu hingestellten Franzosen vorbereitet. Auf die Nachricht vom Tod des Herzogs von Argaiolo hatte Rosalie mit der Nachricht von der bevorstehenden Vermählung Alberts mit ihr, Rosalie, geantwortet. Die beiden Briefe hatten sich kreuzen sollen, und sie hatten sich tatsächlich gekreuzt. Die höllische Klugheit, mit der die beiden Briefe abgefaßt worden waren, überraschte den Generalvikar so sehr, daß er sie zum zweitenmal las. Auf den letzten hatte Francesca, ins Herz getroffen durch ein Mädchen, das in ihrer Rivalin die Liebe hatte ertöten wollen, nur durch die schlichten Worte: »Sie sind frei, adieu«, geantwortet.

»Die lediglich moralischen Verbrechen, die der menschlichen Justiz kein Eingreifen gestatten, sind die infamsten und abscheulichsten«, sagte der Abbé de Grancey streng. »Gott bestraft sie oftmals hienieden: darin beruht das Geheimnis der furchtbaren Unglücksfälle, die uns unerklärlich vorkommen. Von allen heimlichen Verbrechen, die in den Geheimnissen des Privatlebens eingesargt liegen, ist eines der ehrlosesten das Erbrechen eines Briefsiegels oder das erschlichene Lesen eines Briefes. Jeder, wer es auch sei, der, aus welchem Grund auch immer, sich dieser Handlungsweise erdreistet, hat seine Redlichkeit auf unauslöschliche Weise befleckt. Empfinden Sie, was an Rührendem, an Göttlichem in der Geschichte des jungen, fälschlich angeklagten Pagen liegt, der einen Brief und darin den Befehl, ihn zu töten, überbringt, der sich ohne Hintergedanken auf den Weg macht, und den dann die Vorsehung beschützt und auf wunderbare Weise rettet, wie wir sagen ...? Wissen Sie, worin das Wunder besteht? Die Tugend trägt eine ebenso mächtige Aureole wie die unschuldige Kindheit. Ich sage Ihnen dies alles nicht, um Ihnen eine Strafpredigt zu halten«, sagte der alte Priester tief bekümmert zu Rosalie. »Leider bin ich hier nicht der Bußpriester, Sie knien nicht zu Füßen Gottes; ich bin nur ein Freund, den die Angst vor der Ihrer wartenden Züchtigung entsetzt. Was mag aus dem armen Albert geworden sein? Hat er sich etwa das Leben genommen? Er verbarg eine unerhörte Heftigkeit unter der zur Schau getragenen Ruhe. Ich verstehe, daß der alte Fürst Soderini, der Vater der Frau Herzogin von Argaiolo, hergekommen ist und die Briefe und Bildnisse seiner Tochter zurückgefordert hat. Das ist der Blitzschlag, der auf Alberts Kopf niedergeschmettert ist; wahrscheinlich hat Albert versucht, sich zu rechtfertigen ... Aber warum hat er vierzehn Monate lang nichts von sich hören lassen?«

»Oh! Wenn ich ihn heirate, wird er so glücklich ...«

»Glücklich ...? Er liebt Sie nicht. Außerdem ist das Vermögen, das Sie ihm einbringen, nicht gerade groß. Ihre Mutter hegt eine sehr tiefe Abneigung gegen Sie; Sie haben ihr eine gehässige Antwort gegeben; die hat sie verwundet, und die wird Sie zugrunde richten.«

»Was für eine Antwort denn?«

»Als sie Ihnen gestern gesagt hat, Gehorsam sei das einzige Mittel zum Wiedergutmachen Ihrer Fehler, und als sie Sie an die Notwendigkeit zu heiraten im Zusammenhang mit Amédée erinnert hat. – ›Wenn du ihn so gern hast, dann heirate du ihn doch, Mutter!‹ Haben Sie ihr das ins Gesicht geschleudert, oder etwa nicht?«

»Ja«, sagte Rosalie.

»Nun, ich kenne sie«, fuhr Monsieur de Grancey fort; »in ein paar Monaten ist sie Gräfin de Soulas! Ganz bestimmt bekommt sie Kinder; sie gibt Soulas vierzigtausend Francs Rente; außerdem räumt sie ihm Vorteile ein, sie schmälert Ihren Anteil an ihren Liegenschaften, so sehr sie kann. Solange sie lebt, werden Sie arm sein, und sie ist erst achtunddreißig! Alles, was Ihnen bleibt, ist der Besitz Les Rouxey und die paar Anrechte, die Ihnen die Regelung des Nachlasses Ihres Vaters läßt, sofern Ihre Mutter einwilligt, sich ihrer Rechte auf Les Rouxey zu entschlagen! In bezug auf die materiellen Interessen haben Sie Ihr Leben bereits recht schlecht eingerichtet; in bezug auf die seelische

Seite, auf die Liebe, halte ich es für völlig zugrunde gerichtet . . . Anstatt sich Ihrer Mutter zuzuwenden . . .«

Rosalie machte eine heftige Kopfbewegung.

»Ihrer Mutter«, fuhr der Generalvikar fort, »und der Religion, die Sie beide, auf die erste Regung Ihres Herzens hin, aufgeklärt, beraten, geleitet hätten; statt dessen haben Sie selber sich führen wollen, Sie, die Sie das Leben nicht kennen und nur auf die Leidenschaft gehört haben!«

Diese weisen Worte erschreckten Rosalie.

»Und was soll ich tun?« fragte sie nach einer Pause.

»Um Ihre Verfehlungen auszugleichen, müßte man da nicht deren ganze Reichweite kennen?« fragte der Abbé.

»Gut, dann schreibe ich an den einzigen Menschen, der etwas über Alberts Geschick erfahren haben könnte, an Léopold Hannequin, den Pariser Notar, seinen Jugendfreund.«

»Schreiben Sie lediglich, um der Wahrheit die Ehre zu geben«, antwortete der Generalvikar. »Vertrauen Sie mir die echten Briefe und die gefälschten an, machen Sie mir ein Geständnis bis in alle Einzelheiten, wie Ihrem Beichtvater, und fragen Sie mich nach Mitteln für die Sühnung Ihrer Vergehen und die Entsühnung Ihrer selbst, indem Sie sich an mich wenden. Ich werde dann sehen . . . Denn vor allem muß der Unselige vor dem Wesen, aus dem er auf dieser Erde seine Gottheit gemacht hat, wieder schuldlos dastehen. Auch wenn er um sein Glück gebracht worden ist, muß Albert seine Rechtfertigung erhalten.«

Rosalie versprach dem Abbé de Grancey, daß sie ihm gehorchen wolle; dabei hoffte sie, seine Schritte würden vielleicht das Ergebnis haben, Albert zu ihr zurückzuführen.

Kurze Zeit nach Rosalies Schuldbekenntnis kam ein Schreiber Léopold Hannequins mit einer Generalvollmacht Alberts nach Besançon; er fand sich zunächst bei Girardet ein und bat ihn, das Monsieur Savaron gehörende Haus zu verkaufen. Aus Freundschaft für den Advokaten übernahm der Anwalt diesen Auftrag. Der Schreiber verkaufte das Mobiliar, und mit dem Erlös konnte er bezahlen, was Albert Girardet schuldete; denn dieser hatte ihm bei der unerklärlichen Abreise fünftausend Francs vorgestreckt, für deren Deckung er übrigens Sorge getragen hatte. Als Girardet fragte, was aus dem edlen, schönen Kämpfer geworden sei, an dem er Anteil genommen hatte, antwortete der Schreiber, das wisse einzig sein Herr, und der Notar scheine tief erschüttert über die Dinge gewesen zu sein, die der letzte von Monsieur Albert de Savarus geschriebene Brief enthalten habe.

Als er das erfahren hatte, schrieb der Generalvikar an Léopold. Hier möge die Antwort des würdigen Notars folgen.

An den Herrn Abbé de Grancey
Generalvikar der Diözese Besançon

Paris

»Monsieur, leider steht es in niemandes Macht, Albert dem Leben dieser Welt zurückzugeben: er hat darauf verzichtet. Er ist Novize in der Grande-Chartreuse[74] bei Grenoble. Sie wissen noch besser als ich, der es unlängst erst erfahren hat, daß an der Schwelle jenes Klosters alles abstirbt. Albert hat geahnt, daß ich ihn aufsuchen würde, und den Ordensgeneral der Kartäuser zwischen alle meine Bemühungen und sich geschoben. Ich kenne sein vornehmes Herz gut genug und weiß, daß er das Opfer einer abscheulichen und für uns undurchschaubaren Verschwörung ist; aber es ist nun mal alles gelungen. Die Frau Herzogin von Argaiolo, jetzt Herzogin von Rhétoré, scheint mir ihre Grausamkeit zu weit getrieben zu haben. In Belgirate, wo sie nicht mehr war, als Albert hineilte, hatte sie Weisungen hinterlassen, die ihn glauben machen sollten, sie wohne in London. Von London aus ist Albert auf der Suche nach seiner Geliebten nach Neapel gereist und von Neapel nach Rom; dort hatte sie sich mit dem Herzog von Rhétoré verlobt. Erst in Florenz hat Albert Madame d'Argaiolo einholen können, und zwar zu der Stunde, da sie feierlich ihre Vermählung beging. Unser armer Freund ist in der Kirche ohnmächtig zusammengebrochen und hat nie, nicht einmal, als er in Lebensgefahr schwebte, von jener Frau eine Erklärung erlangen können; sie muß irgend etwas auf dem Herzen haben. Sieben Monate lang ist Albert hinter einem wilden Geschöpf hergereist, das sich ein Spiel daraus machte, ihm zu entschlüpfen: er wußte nicht, wo oder wie er ihrer habhaft werden sollte. Ich habe unseren armen Freund auf seiner Durchreise in Paris gesehen; und wenn auch Sie ihn gesehen hätten, so wäre Ihnen deutlich geworden, daß die Herzogin ihm gegenüber auch nicht andeutungsweise erwähnt werden durfte, sofern nicht eine Krise ausgelöst werden sollte, die seinen Verstand gefährdet hätte. Wenn er um sein Verschulden gewußt hätte, so hätte er Mittel und Wege zu seiner Rechtfertigung ausfindig machen können; aber da er fälschlicherweise bezichtigt worden war, er habe sich verheiratet, was sollte er da tun? Albert ist tot, und nur zu tot für die Welt. Ihn hat nach Ruhe verlangt; wir wollen hoffen, daß das tiefe Schweigen und das Gebet, darein er sich geflüchtet hat, ihm sein Glück in anderer Gestalt bescheren. Haben Sie ihn gekannt, Monsieur, so müssen Sie ihn bedauern, aber ebenso sehr seine Freunde! Mit hochachtungsvoller Begrüßung usw.«

Unmittelbar nachdem er diesen Brief empfangen hatte, schrieb der gute Generalvikar an den Ordensgeneral der Kartäuser, und hier folgt die Antwort, die Albert Savarus ihm schickte.

Bruder Albert an den Herrn Abbé de Grancey
Generalvikar der Diözese Besançon

In der Grande-Chartreuse

»Aus allem, was der Hochwürdige Pater General unseres Ordens mir soeben mitteilte, lieber, wertgeschätzter Generalvikar, habe ich Ihre zartfühlende Seele und Ihr noch immer junges Herz wiedererkannt. Sie haben den einzigen Wunsch erraten, der in der letzten Falte meines Herzens im Zusammenhang mit weltlichen Dingen noch verharrte: meiner Liebe Gerechtigkeit zuteil werden zu lassen durch die, die so übel an mir gehandelt hat! Aber dadurch, daß der General mir die Freiheit ließ, mich Ihres Anerbietens zu bedienen, hat er wissen wollen, ob meine Berufung untrüglich sei; er hat die ganz besondere Güte gehabt, mir offen zu sagen, was er dachte, als er mich entschlossen sah, in diesem Zusammenhang absolutes Schweigen zu bewahren. Hätte ich der Versuchung nachgegeben, den Weltmann zu rehabilitieren, so wäre der Mönch des Klosters verwiesen worden. Sicherlich hat die Gnade sich ausgewirkt: aber wenn der Kampf auch nur kurz gewesen ist, so war er doch nicht minder heftig und grausam. Genügt es Ihnen nicht, wenn ich aussage, daß ich nicht in die Welt zurückzukehren vermöchte? Daher ist die Verzeihung, die Sie von mir für die Urheberin so vieler Übel erbitten, vollständig und ohne einen Gedanken des Unwillens. Ich werde Gott bitten, daß er jener jungen Dame verzeihen möge, wie ich ihr verzeihe, gerade wie ich ihn bitten werde, Madame de Rhétoré ein Leben im Glück zu gewähren. Sei es der Tod oder die starrsinnige Hand eines jungen Mädchens, das darauf versessen ist, geliebt zu werden, oder sei es einer der Schicksalsschläge, die dem Zufall zugeschrieben werden: müssen wir nicht stets Gott gehorsam sein? Das Unglück schafft in manchen Seelen eine weite Wüste, in der Gottes Stimme widerhallt. Ich habe zu spät die Beziehungen zwischen diesem Leben und dem erkannt, das unserer wartet, denn in mir ist alles stumpf geworden. In den Reihen der streitenden Kirche hätte ich nicht dienen können; so werfe ich mich denn für den Rest eines erloschenen Lebens dem Sanktuarium zu Füßen. Dies ist das letztemal, daß ich schreibe. Es hat Ihrer bedurft, der mich gern hat und den ich so sehr gern gehabt habe, daß ich das Gebot des Vergessens brach, das ich mir beim Eintritt in die Hauptstätte des heiligen Bruno auferlegte. Auch Sie schließt ganz besonders in seine Gebete ein

Bruder Albert.

November 1836.«

»Vielleicht ist es so das beste«, sagte sich der Abbé de Grancey.

Als er diesen Brief Rosalie hatte lesen lassen, die in einer frommen Regung den Satz küßte, der ihr Verzeihung gewährte, sagte er zu ihr:

»Nun er für Sie verloren ist, wollen Sie sich da nicht mit Ihrer Mutter aussöhnen und den Grafen de Soulas heiraten?«

»Das müßte Albert mich heißen«, sagte sie.

»Sie sehen doch, daß es unmöglich ist, ihn zu befragen. Der Ordensgeneral würde es nicht erlauben.«

»Und wenn ich ihn aufsuchte?«

»Kartäuser empfangen keine Besuche. Und überdies darf keine Frau, ausgenommen die Königin von Frankreich, die Kartause betreten«, sagte der Abbé. »Auf diese Weise entbindet Sie nichts mehr davon, den jungen Soulas zu heiraten.«

»Ich will meine Mutter nicht unglücklich machen«, antwortete Rosalie.

»Satan!« rief der Generalvikar.

Gegen Ende jenes Winters starb der vortreffliche Abbé de Grancey. Jetzt waltete zwischen Madame de Watteville und ihrer Tochter nicht mehr der Freund, der so oft zwischen diesen beiden eisernen Charakteren vermittelt hatte. Was der Generalvikar vorausgesehen hatte, geschah. Im August 1837 heiratete Madame de Watteville in Paris Monsieur de Soulas; sie war auf den Rat ihrer Tochter hin, die sich ihrer Mutter gegenüber reizend und gut verhielt, dorthin gereist. Madame de Watteville glaubte an die freundschaftlichen Gefühle der Tochter; aber Rosalie hatte einfach nach Paris gewollt, um sich die Lust einer wüsten Rache zu verschaffen: sie war lediglich darauf erpicht gewesen, Savarus zu rächen, indem sie ihre Rivalin marterte.

Mademoiselle de Watteville war mündig gesprochen worden; sie wurde ja überdies demnächst einundzwanzig. Um die Erbauseinandersetzungen mit ihr abzuschließen, hatte die Mutter ihr ihre Rechte auf Les Rouxey abgetreten, und die Tochter hatte auf das Erbe des Barons de Watteville verzichtet. Rosalie hatte der Mutter zugeredet, den Grafen de Soulas zu heiraten und ihn testamentarisch zu bevorzugen.

»Wir wollen unsere Freiheit haben«, hatte sie zu ihr gesagt.

Madame de Soulas, die in Unruhe über die Absichten ihrer Tochter war, fühlte sich ob dieses noblen Verhaltens überrascht; sie schenkte Rosalie, um ihr Gewissen zu erleichtern, eine ins Staatsschuldbuch eingetragene Rente von sechstausend Francs. Da die Gräfin de Soulas achtundvierzigtausend Francs Einkünfte aus ihren Liegenschaften besaß und diese nicht in der Absicht veräußern durfte, Rosalies Anteil zu vermindern, war Mademoiselle de Watteville immer noch eine Partie mit achtzehnhunderttausend Francs: Les Rouxey konnte, wenn einige Verbesserungen durchgeführt worden waren, etwa zwanzigtausend Francs Einkünfte abwerfen, ganz abgesehen von den Vorteilen, daß man dort wohnen, den Grundzins erheben und sich Reserven schaffen konnte. Daher erlangten Rosalie und ihre Mutter, die bald den Ton und die Moden von Paris übernahmen, ohne Schwierigkeiten Einlaß in die große Welt. Der goldene Schlüssel, nämlich die Worte: achtzehnhunderttausend Francs . . .!, die sozusagen auf Rosalies Korsage gestickt standen, kam der Gräfin de Soulas weit mehr zustatten als ihre Ansprüche à la de Rupt, als ihr unangebrachter Stolz und sogar als ihre ein wenig gar zu sehr an den Haaren herbeigezogenen verwandtschaftlichen Beziehungen.

Etwa im Februar 1838 führte Rosalie, der zahlreiche junge Leute beharrlich den Hof gemacht hatten, den Plan durch, um dessentwillen sie nach Paris gekommen war. Sie hatte der Herzogin von Rhétoré begegnen, hatte diese wunderbare Frau sehen und sie in ewige Gewissensqualen stürzen wollen. Daher war Rosalie von einer schwindelerregenden Raffinesse und Koketterie, um mit der Herzogin auf gleichem Fuß zu stehen. Die erste Begegnung fand auf dem alljährlichen Ball statt, der seit 1830 für die Pfründenempfänger der ehemaligen Zivilliste gegeben wurde. Ein junger Herr, den Rosalie dazu veranlaßt hatte, wies die Herzogin auf sie hin und sagte dabei: »Das ist eine höchst bemerkenswerte, sehr kluge junge Dame! Sie hat es fertiggebracht, einen Mann von großer Bedeutung ins Kloster, in die Grande-Chartreuse zu treiben, nämlich Albert de Savarus; sie hat sein Dasein vernichtet. Es handelt sich um Mademoiselle de Watteville, die berüchtigte Erbin aus Besançon . . .«

Die Herzogin erbleichte, Rosalie tauschte rasch mit ihr einen jener Blicke, die, von Frau zu Frau, tödlicher wirken als Pistolenschüsse bei einem Duell. Francesca Soderini, die Alberts Schuldlosigkeit ahnte, verschwand sogleich aus dem Ballsaal und ließ ihren Gesprächspartner stehen; er war außerstande, sich vorzustellen, welch schreckliche Wunde er der schönen Herzogin von Rhétoré soeben beigebracht hatte.

»Wenn Sie mehr über Albert erfahren wollen, kommen Sie nächsten Dienstag zum Opernball und halten Sie eine Ringelblume[75] in der Hand.«

Dies anonyme Briefchen, das Rosalie der Herzogin hatte zustellen lassen, verleitete die unglückliche Italienerin zum Besuch des Balls, wo Rosalie ihr alle Briefe Alberts zusteckte, auch den vom Generalvikar an Léopold Hannequin geschriebenen wie die Antwort des Notars, und sogar den mit ihren Geständnissen an Monsieur de Grancey.

»Ich will nicht die einzige sein, die leidet; wir sind beide gleich grausam gewesen!« sagte sie zu ihrer Rivalin.

Nachdem Rosalie die Bestürzung genossen hatte, die sich auf dem schönen Gesicht der Herzogin abzeichnete, eilte sie von dannen, erschien nie wieder in der Gesellschaft und kehrte mit ihrer Mutter nach Besançon zurück.

Mademoiselle de Watteville, die allein auf ihrem Besitz Les Rouxey lebt, reitet, jagt, lehnt jährlich ihre zwei oder drei Heiratsanträge ab, kommt im Winter vier- oder fünfmal nach Besançon, beschäftigt sich damit, ihr Gut ertragreicher zu machen und gilt als eine äußerst originelle Persönlichkeit. Sie ist eine der Berühmtheiten Ostfrankreichs.

Madame de Soulas hat zwei Kinder, einen Jungen und eine Tochter, sie hat sich verjüngt; aber der junge Soulas ist beträchtlich gealtert.

»Mein Vermögen kommt mich teuer zu stehen«, sagte er zu dem jungen Chavoncourt. »Um eine Bigotte richtig kennenzulernen, muß man sie leider heiraten!«

Mademoiselle de Watteville benimmt sich wie ein wahrhaft ungewöhnliches Mädchen. Es heißt von ihr: »Sie hat einen Sparren!« Alljährlich verreist sie und blickt zu den Mauern der Grande-Chartreuse hin. Vielleicht will sie handeln wie ihr Großonkel, die Mauern des Klosters überklettern und ihren Gatten herausholen, wie Watteville die Mauern seines Klosters übersprang, um die Freiheit wiederzuerlangen.

1841 verließ sie Besançon; es hieß, sie beabsichtige zu heiraten; aber der wahre Grund dieser Reise ist noch immer unbekannt; sie kehrte davon in einem Zustand zurück, der es ihr für immer verbot, wieder in der Gesellschaft zu erscheinen. Durch einen der Zufälle, auf die der alte Abbé de Grancey hingewiesen hatte, befand sie sich auf jenem Loire-Dampfboot, dessen Kessel explodierte. Mademoiselle de Watteville wurde grausig zugerichtet; sie verlor den rechten Arm und das linke Bein; ihr Gesicht trägt schauerliche Narben, die ihr alle Schönheit rauben; ihre Gesundheit ist schrecklichen Störungen unterworfen, so daß sie nur wenige Tage frei von Schmerzen ist. Kurzum: heute verläßt sie die Kartause von Les Rouxey nicht mehr; sie führt dort ein Leben, das gänzlich religiösen Übungen geweiht ist.

Anmerkungen

Albert Savarus

1 Mme Emile de Girardin (Delphine Gay) ist die Gattin des Chefredakteurs von ›La Presse‹ (und anderer Blätter) und die Tochter der Schriftstellerin Sophie Gay (1776–1852), in deren Salon Balzac sie 1829 kennengelernt haben dürfte. Delphine heiratete Girardin am 1. Juni 1831. Balzacs Beziehungen zu dem Ehepaar waren zunächst überaus herzlich; er bat die literarisch begabte Freundin sogar um eine Vorrede zu einem seiner Bücher. Die gelegentlichen Zerwürfnisse ihres Mannes mit Balzac glich sie aus, bis es zum endgültigen Bruch kam. 1836 veröffentlichte Delphine eine Novelle ›La Canne de Monsieur Balzac‹, in der sie auf für den Dichter schmeichelhafte Weise Balzacs berühmten, mit Edelsteinen geschmückten Spazierstock verherrlichte. Es heißt, sie sei, als sie die Nachricht von Balzacs Tod erfuhr, in Ohnmacht gefallen. Delphine Gay (Pseudonym Vicomte de Launay) (1804–1855) schrieb Gedichte, Dramen und Romane. Ihre ›Lettres parisiennes‹ (1856), die ein geistvolles, farbiges Bild der Pariser Gesellschaft nach der Juli-Revolution entwerfen, sind auch heute noch lesenswert. Gelegentlich einer Italienreise wurde sie 1827 auf dem römischen Kapitol als Dichterin gekrönt. Eine sechsbändige Gesamtausgabe ihrer Werke begann 1860 zu erscheinen.

2 Don Jean de Watteville, geboren 1613 in Besançon als Sproß einer alten Berner Familie, die sich nach der Reformation in der Grafschaft Burgund niedergelassen hatte, war von zugleich heftigem und bedächtigem Charakter. Eine Reihe von Mordtaten und der Tod einer angebeteten Geliebten zwangen ihn zur Flucht nach Konstantinopel, wo er zum Islam übertrat. Er hatte es bis zum Befehlshaber einer türkischen Armee gebracht, als er es überdrüssig wurde, der Pforte zu dienen; er lieferte die Truppen, die er in Österreich kommandierte, dem Gegner aus und kehrte in die Franche-Comté zurück. Der Papst absolvierte ihn und belohnte ihn mit der Abtei La Baume; 1668 unterhandelte er mit Ludwig XIV. über die Eingliederung der Franche-Comté; er starb 1702 in seiner Abtei; seine letzten Lebensjahre hatte er zwischen seiner Jagdmeute und seinem Harem verbracht, einer Einrichtung, die ihm im Orient zur Gewohnheit geworden war.

3 Lateinisch: rupes = Felsen.

4 Bisontin = Einwohner von Besançon.

5 Eine Legende behauptet, Händel sei in Saint-Cyr (wo Mme de Maintenon 1685 eine Erziehungsanstalt für junge Mädchen gegründet hatte, für die Racine seine beiden letzten Tragödien ›Esther‹ und ›Athalie‹ schrieb) gewesen, habe dort eine Melodie von Lulli (1632–1687) gehört und ihr die englische Nationalhymne nachgebildet. Dazu ist zu sagen, daß jene Frankreichreise Händels wahrscheinlich nie stattgefunden hat und daß er schwerlich der Komponist von ›God save the King‹ ist. Fest steht indessen, daß die Musik zu ›Esther‹ und ›Athalie‹ nicht von Lulli, sondern von Jean-Baptiste Moreau (1656–1733) komponiert wurde.

6 Louise-Renée de Pen-An-Couët de Keroual (1649–1734) war als Hofdame im Gefolge der Herzogin von Orléans, Henriette von England, gelegentlich einer diplomatischen Mission nach England gereist, mit der Ludwig XIV. die Herzogin, seine Schwägerin, bei deren Bruder Karl II. von England betraut hatte. Mlle de Keroual gefiel dem König auf der Stelle; sie wurde seine Geliebte und übte, zur Herzogin von Portsmouth erhoben, während seiner ganzen Regierungszeit den größten Einfluß auf ihn aus. Sie schenkte ihm einen Sohn, den Herzog von Richmond und Aubigny.

7 ›Les Anglaises pour rire ou la Table et le Logement‹, Komödie in einem Akt mit Gesangscouplets von Sewrin und Dumersan, Erstaufführung 1815 im Théâtre des Variétés. Die Schauspieler Pothier und Brunet spielten darin die Rollen zweier alter Engländerinnen.

8 ›Incroyables‹ hießen unter dem Directoire die jungen Herren der royalistischen Opposition, die sich durch Affektiertheit der Kleidung, des Gehabens und der Redeweise hervortaten. Sie ließen z. B. das ›r‹ aus. Ihren Spitznamen erhielten sie, weil sie bei jeder Gelegenheit sagten: »C'est incoyable ma paole d'honneu.«

9 Die ›Merveilleuses‹: Damen, die um 1795 exzentrische, wenngleich dem klassischen Altertum nachgeahmte Moden kreierten.

10 Aus dem Gedicht ›L'Andalouse‹ von Alfred de Musset (1810–1857).

11 Um 1555.

12 Antoine Perrenot de Granvelle (Granvela) (1517–1586), geboren in Besançon, Staatsmann. Bischof von Arras, als Nachfolger seines Vaters 1550 Kanzler Kaiser Karls V., 1559–64 im Dienst Philipps II. von Spanien in den Niederlanden, wo er mit unnachsichtiger Strenge herrschte; 1561 erster Erzbischof von Mecheln und Kardinal; 1565 bis 1569 in Rom, 1570 Vizekönig von Neapel; 1579 leitender Minister Philipps II., 1584 Erzbischof von Besançon, dessen Universität er begründete; gestorben in Madrid.

13 Victor Hugo, 1802 in Besançon geboren.

14 Charles Nodier, 1780 in Besançon geboren.

15 Charles Fourier, der Philosoph und Soziologe, 1772 in Besançon geboren.

16 Die ›Gazette de France‹, 1631 von Théophraste Renaudot gegründet, hatte sich während der Revolution von royalistischen Ideen abgekehrt und das Kaiserreich unbemerkt überdauert. Die Restauration versuchte, sie zum führenden Blatt der royalistischen Presse zu machen; ihre Mitarbeiter waren de Maistre und Bonald. Sie wurde offiziöses Organ, wurde aber von ultraroyalistischen Blättern wie ›La Quotidienne‹ und ›Le Drapeau‹, den Zeitungen der rechtsradikalen Opposition, überflügelt. Auch unter der Juli-Revolution hatte die ›Gazette‹ wenig Glück. Nach 1851 beschränkte sie sich auf die Verteidigung religiöser Interessen.

17 Während der Restauration und der Juli-Monarchie erschienen mehrere Zeitungen mit dem Titel ›Le Patriote‹ (was im politischen Sprachgebrauch ›Der Republikaner‹ hieß). Keine konnte sich für längere Zeit halten.

18 Der ›Charivari‹ wurde 1832 im Gefängnis Sainte-Pélagie von dem Karikaturisten und Journalisten Charles Philipon (1800–1862) gegründet. Das satirische Blatt scharte eine Gruppe von Schriftstellern und Künstlern um sich und betrieb unaufhörlich in literarischer und künstlerischer Form Opposition gegen Louis-Philippe, anfangs unter heimlicher Mitwirkung der Legitimisten, dann ohne politisches Programm, aber ›fortschrittlich‹ eingestellt. Zu den Mitarbeitern gehörten Granville, Daumier, Gavarni, Traviès und vor allem Cham.

19 Der Ausdruck ›juste-milieu‹, die goldene Mitte, ist im politischen Sinn zum erstenmal von Montesquieu angewandt worden. In Frankreich wurde er erst unter Louis-Philippe populär, nach einem Ausspruch des Königs vom 29. Januar 1831: »Was die Innenpolitik betrifft, so wollen wir versuchen, den Mittelweg einzuhalten.« Das ›Juste-Milieu‹ war die Partei der reichen Bürger.

20 Die ›Revue des Deux Mondes‹ war anfänglich eine unbedeutende Zeitschrift. Erst als sie 1831 von Buloz (1803–1877) übernommen wurde, brachte sie zunächst literarische, dann philosophische und wissenschaftliche Beiträge, und seit 1833 auch politische. Zu den Mitarbeitern gehörten Sainte-Beuve, Alfred de Vigny, Musset und George Sand. Balzac überwarf sich nach kurzer Mitarbeit mit Buloz; auch Victor Hugo konnte nie mit ihm einig werden. Die kritischen und metaphysischen Artikel der Zeitschrift galten als besonders schwerfällig und dogmatisch.

21 William Guthrie (1708–1770), schottischer Kompilator, Verfasser einer ›geographical grammar‹, eines in alle europäischen Sprachen übersetzten Elementarlehrbuchs. Die französische Ausgabe erschien 1797 und wurde oftmals nachgedruckt.

22 Die ›Lettres édifiantes écrites des Missions étrangères‹ (erschienen 1781 in 43, 1820 in 14 Bänden) waren religiösen und wissenschaftlichen Inhalts; es handelte sich um Jahrbücher der katholischen Missionstätigkeit in allen Ländern der Welt, die zugleich wertvolle Auskünfte über Klima, Landesprodukte und Brauchtum der zum Evangelium bekehrten Gebiete enthielten. 1808 war eine achtbändige Auswahl erschienen.

23 Brodequins, die unbedingt zur Kleidung der wahrhaft eleganten Dame (und der Grisetten, die beanspruchten, ›was Besseres‹ zu sein) gehörten, waren kleine, absatzlose, tief ausgeschnittene Schuhe, die, wie die antiken Sandalen, durch kreuzweis geschnürte, bis zur halben Wade hinaufreichende Bänder festgehalten wurden.

24 Gestalt in Molières ›L'Ecole des Femmes‹.

25 Kleiner Lapsus Balzacs; denn wie man später sehen wird, war die Verabredung für Viertel nach acht getroffen worden. Ebenso bezeichnet er M. de Soulas bald als Baron, bald als Graf. Ebenso widerspricht er sich bei der Angabe von Albert Savarus' Alter.

26 Samuel Richardson (1689–1761) veröffentlichte 1747 den bürgerlich-empfindsamen Briefroman ›Clarissa‹, dessen männliche Hauptgestalt der Verführer und Wüstling Lovelace ist. – Im Zusammenhang mit dem Roman ist auch der englische Dichter Richard Lovelace (1619–1658) zu nennen, eine vornehme, kultivierte Persönlichkeit und ein fanatischer Royalist. Er starb nach einem unglücklichen Leben in bitterer Armut. Er trat mit Gedichten und zwei (verlorenen) Dramen hervor und ist der erste englische Übersetzer des Catull.

27 Mit Stein in den See.

28 Pst! Still!

29 Der Arme!

30 Die erste jener drei Revolutionen ist die spanische, die am 5. Januar 1820 durch die Revolte Riegos ausbrach und bald zu einer Erhebung ganz Spaniens führte. Es wurden spontan neue Cortes gewählt; sie zwangen Ferdinand VII. die Verfassung von 1812 auf. Das liberale Regime dauerte bis 1823, als eine französische Armee Ferdinand wieder als ›Rey nato‹ einsetzte. (Balzac behandelt jene Vorgänge als Hintergrund des ersten Teils seines Romans ›Memoiren

zweier Jungvermählter‹.) – Die zweite Revolution brach in Neapel aus, als General Pepe auf die Nachricht von den Erfolgen der Aufständischen in Madrid, unterstützt vom Thronfolger, am 20. Juli 1820 zum Aufstand aufrief und König Ferdinand I. zur Proklamation der spanischen Verfassung und zur Übertragung des Titels ›Generalvikar des Königreichs‹ an seinen Sohn zwang. Acht Monate später erbat Ferdinand auf dem Kongreß der Heiligen Allianz zu Laibach österreichische Waffenhilfe, zog in seine Hauptstadt ein und schaffte die Verfassung wieder ab. – Die dritte Revolution wurde am 10. Februar 1821 in Norditalien ausgelöst, auf die Nachricht hin, die Österreicher hätten den Po überschritten, um gegen Neapel vorzurücken. Karl Albert von Savoyen-Carignan, Sohn des Königs Viktor Emanuel I. von Piemont-Sardinien, der abdankte, berief eine provisorische Junta und rief die unter österreichischer Herrschaft stehenden lombardischen Provinzen zum Aufstand auf, die indessen nur schwach reagierten. General Santa-Rosa, der Führer der piemontesischen Truppen, wurde am 9. April 1821 bei Novara von den Österreichern geschlagen; Karl Albert dankte ab, und Karl Felix, der Bruder Viktor Emanuels I., bestieg mit Zustimmung der Alliierten den Thron.

31 Der Spielberg ist die Zitadelle der Stadt Brünn in Mähren; er diente als österreichisches Staatsgefängnis, zumal für die adligen italienischen Patrioten, die Vorkämpfer der Einheitsbewegung, die unter empörenden Bedingungen dort gefangengehalten wurden. Zu den berühmtesten gehören der Dichter Silvio Pellico (1789 bis 1854), der jene Zeit in ›Le mie prigioni‹ (›Meine Gefängnisse‹) schilderte, und der Graf Federigo Confalonieri, dessen Schicksal Ricarda Huch (1864–1947) in ihrem berühmten Roman nachgestaltete.

32 Mailänder Adelsfamilie, die behauptete, von den lombardischen Königen abzustammen. Sie hat berühmte Prälaten und Gelehrte hervorgebracht.

33 Mein Armer!

34 Die Freiheit!

35 Und Geld!

36 Oh, das geliebte Heimatland.

37 Louis-Antoine Fauvelet de Bourrienne (1769–1834), Napoleons I. Sekretär, schloß sich der Restauration an und veröffentlichte ›Memoiren‹.

38 Caroline (1782–1839), Napoleons jüngste Schwester, als Gattin Murats Königin von Neapel.

39 Laure Permon (1784–1838), als Gattin des Marschalls Junot Herzogin von Abrantès. Freundin Balzacs, der wahrscheinlich an ihren hochinteressanten Memoiren mitgearbeitet hat.

40 Und allen möglichen anderen.

41 Was haben Sie?

42 Geliebte.

43 Dorf am Schweizer Ufer des Genfer Sees. Das Schloß gehörte Necker und später dessen Tochter Mme de Staël. Beide liegen dort begraben.

44 Ferney, heute Ferney-Voltaire genannt, Dorf und Schloß westlich von Genf, wo Voltaire 1758–1778 fürstlich residierte.

45 Am 19. April 1824 in Missolunghi (Griechenland).

46 Ach! Wehe mir!

47 Jacques-Bénigne Bossuet (1627–1704), Bischof von Condom, dann von Meaux, berühmter Kanzelredner, zumal um seiner Grabreden willen. Balzac spielt auf eine Wendung in Bossuets ›Méditation sur la Brièveté de la Vie‹ an; sie lautet: »Es ist wie Nägel, die in einigem Abstand in eine lange Mauer eingeschlagen sind; ihr sagt, sie nähmen viel Platz ein; aber zieht sie heraus; dann füllen sie nicht einmal eine Hand.« – Was nun die »heftige, heimliche Liebschaft« Bossuets betrifft, so knüpft Balzac wahrscheinlich an eine Bemerkung Voltaires im ›Catalogue des Écrivains‹ (Anhang zum ›Siècle de Louis XIV.‹) an, die aussagt, Bossuet habe in heimlicher Ehe mit einer Demoiselle de Mauléon gelebt. Das ist eine gehässige Fabel. Bossuet, sechsundzwanzig Jahre älter als Mlle de Mauléon, hatte sich für sie lediglich interessiert, weil sie schon mit zehn Jahren als ein kleines Wunder an Gelehrsamkeit galt. Später hat er ihr zwar Geld geliehen; aber es darf als erwiesen gelten, daß ihrer beider Beziehungen völlig harmlos waren.

48 Amadis de Gaula ist der Held eines von Garcia Ordonez de Montalvo einem unbekannten Original nachgestalteten Ritterepos, 1508 in vier Büchern gedruckt. Es entstanden mehrere Fortsetzungen. Franz I. von Frankreich las den ›Amadis‹ 1525 während seiner Gefangenschaft nach der Schlacht bei Pavia und ließ ihn ins Französische übertragen; in dieser Form ließ Herzog Christoph von Württemberg ihn ins Deutsche übersetzen; die Übertragung des 6. Buches stammt von Fischart. Es folgten noch zahlreiche deutsche und fran-

zösische Bearbeitungen, die letzte 1867 von Graf Gobineau. Siehe auch Goethes Jugendgedicht ›Der neue Amadis‹ von 1774.

49 Jean-Baptiste-Séraphin-Joseph Graf de Villèle (1773–1854) hatte 1821 mit Corbière, Peyronnet, Montmorency und Chateaubriand das Ministerium übernommen. Am 3. Januar 1828 mußte er zurücktreten, auf Grund der Wahlen von 1827, die zur Gleichheit der Kräfte der regierungstreuen Royalisten und der Liberalen geführt hatten.

50 Es handelt sich um Ferdinand II. (1810–1859), den Sohn Franz' I., der freilich erst am 8. November 1830 der Nachfolger seines Vaters wurde. Seine ersten Regierungsmaßnahmen waren großzügig und liberal; er schien sein Versprechen, die Wunden des Landes heilen zu wollen, zu halten. Später unterdrückte er jede freiere Regung; am 15. Mai 1848 ließ er das aufständische Neapel bombardieren (daher seine Spitzname ›Re Bomba‹, ›Bombenkönig‹. Anlaß zu einer berühmten Lithographie Daumiers). Auch Sizilien unterwarf er mit blutiger Gewalt. Seine reaktionären Maßnahmen mit Einkerkerungen und Verbannungen führten zu Protesten Englands und Frankreichs. Sein Sohn Franz II. wurde 1860/61 durch Garibaldi vertrieben.

51 Das Gesetz vom 19. April 1831 hatte den Wahlzensus von 1000 auf 500 Francs gesenkt. Das erforderliche Alter für die Wählbarkeit war übrigens auf dreißig Jahre festgesetzt worden.

52 Am 10. August 1792 sah Napoleon, damals Leutnant, vom Quai des Tuileries aus mit an, wie der Pöbel in das Tuilerienschloß eindrang, sich des Königs bemächtigen wollte und die Schweizergarde niedermetzelte. »Che coglione! (Dieser Dummkopf!)« soll der spätere Kaiser gesagt haben, als er der Schlaffheit Ludwigs XVI. gedachte. »Ich hätte es lieber gesehen, wenn die Kanaille hinweggefegt worden wäre«, hat er später zu Bourrienne gesagt und diesmal die Revolutionäre gemeint.

53 Am 16. Mai 1831 starb Casimir Périer, der Minister Louis-Philippes, an der Cholera. Die von der konstitutionellen Monarchie enttäuschten Republikaner erhoben das Haupt. Am 5. Juni, beim Begräbnis des Ministers, brachen Unruhen aus und wurden bald zu einem sozialistischen Volksaufstand, der zunächst Erfolg hatte, vor allem in der östlichen Hälfte von Paris. Aber Armand Carrel (1800–1836), der Gründer des ›National‹, der später von Emile de Girardin im Duell getötet wurde, und die anderen Führer der Republikaner lehnten Mitwirkung und Leitung ab. Dadurch schöpfte die Regierung neuen Mut; am 6. Juni zerstörte die Nationalgarde

durch Artilleriebeschuß die letzten Barrikaden an der Ecke der Rue Saint-Merri und der Rue Saint-Martin (vgl. Balzacs Novelle ›Die Geheimnisse der Fürstin von Cadignan‹).

54 Wie beklagenswert.

55 Italienisch: Deutsche; hier die Österreicher, unter deren Herrschaft die Lombardei mit der Hauptstadt Mailand damals stand.

56 O meine teure Geliebte.

57 Die Arcier-Bergkette liegt drei Meilen von Besançon entfernt; es entspringen dort als Wasserfälle zwei Quellen, die die Stadt mit Wasser versorgen.

58 Gestalt aus Molières ›L'Avare‹.

59 Siehe Anmerkung 2.

60 Balzac bedient sich für die Längen- und Breitenausdehnung des Sees des Flächenmaßes ›arpent‹ (›Morgen‹), was hier in ungefähre Meterangaben berichtigt worden ist.

61 Der Eid auf die Verfassung und den König wurde bis zur Revolution von 1848 von den Abgeordneten wie von den Beamten verlangt.

62 Diese beiden Titel der früheren Monarchie wurden erst bei der Thronbesteigung Karls X. wieder eingeführt. Der Dauphin war der Herzog von Angoulême, der älteste Sohn Karls X., die Dauphine Marie-Thérèse, die Tochter Ludwigs XVI., Herzogin von Angoulême.

63 Die ›Zweihunderteinundzwanzig‹ waren die Abgeordneten der konstitutionellen Opposition, die am 15. März 1830 an der Thronrede Karls X. Kritik übten und den König zum Staatsstreich veranlaßten. Bei den Wahlen im Juni 1830 wurden mehr als zweihundert von ihnen wiedergewählt und gehörten zu den 219 Abgeordneten, die für das konstitutionelle Königtum in der Person des Herzogs Louis-Philippe von Orléans stimmten

64 Die ›Exaltierten und Patrioten‹ bildeten zwar eine dynastisch gesonnene Partei, die indessen demokratische Neuerungen forderte: wie Abschaffung der erblichen Pairschaft, Erweiterung des Wahlrechts, und die die Regierung dazu antrieb, im Ausland die nationalistischen oder liberalen Revolutionäre zu unterstützen, also in Polen, Belgien und Neapel. Ihre Führer waren Lafitte und La Fayette.

65 Antoine Berryer (1790–1868), hervorragender Advokat und Redner der legitimistischen Partei, Gegner des Zweiten Kaiserreichs; er

war der Sohn des Advokaten Nicolas Berryer (1757–1841), der den Marschall Ney vor der Pairskammer verteidigte, ohne dessen Erschießung verhindern zu können.

66 Das Innenministerium lag damals in der Rue de Grenelle, dort, wo sich heute das Handelsministerium befindet.

67 Gemeint ist Louis-Adolphe Thiers (1797–1877), der zu Marseille geborene Staatsmann und Schriftsteller, der, zunächst Journalist und Mitbegründer der Zeitung ›Le National‹, wesentlich zur Errichtung der Juli-Monarchie beitrug, 1832 Minister, 1836 und 1840 Präsident des Staatsrats wurde. 1863 und 1869 wurde er zum Abgeordneten gewählt, opponierte gegen die einseitige ›Nationalitäten-Politik‹ Napoleons III. und warnte die Kammer vor einem Konflikt mit Preußen. 1871 wurde er durch die Nationalversammlung zum Präsidenten der Republik gewählt. Der schnelle Abzug der Besatzungsmacht aus Frankreich ist sein Verdienst. Durch eine Koalition der Monarchisten und Konservativen wurde er am 24. Mai 1873 gestürzt, danach zum Senator von Belfort und zum Abgeordneten von Paris gewählt.

68 Husting = freie Wählerversammlung in England, bei der der Kandidat für das Unterhaus seine Kandidatur verficht.

69 Siehe Anmerkung 65.

70 In der Kammer der Juli-Monarchie bestand ein Drittel der Abgeordneten aus Funktionären: Präfekten, Richtern oder Beamten, die sämtlich für das Ministerium eintraten. Um zu einer Majorität zu gelangen, brauchte dieses nur dreißig bis vierzig Stimmen; die waren in den Zeiten der Eisenbahn-Konzessionen und der staatlichen Lieferungen leicht zu gewinnen. In diesen Korruptions-Methoden zeichnete sich Guizot besonders aus. Es ist begreiflich, daß unter diesen Bedingungen für Berryer, der, obwohl Legitimist, sich darein geschickt hatte, den Eid auf die Verfassung zu leisten, sechzig Stimmen genügt hätten, um die ministerielle Politik ernstlich zu stören. Aber gerade die Bedingung der Eidesleistung hielt alles, was die legitimistische Partei an starken Charakteren besaß, der Kammer fern.

71 Edouard, Herzog von Fitz-James (1776–1838), war emigriert und hatte in Condés Armee gedient. Ludwig XVIII. machte ihn zum Pair von Frankreich. Als 1834 die erbliche Pairschaft abgeschafft wurde, legte er seine Pairswürde nieder und ließ sich in Toulouse als Kandidat für die Kammer aufstellen. Er wurde gewählt. Hierauf spielt Balzac an. 1837 wurde er zum zweitenmal gewählt. Obwohl er Louis-Philippe den Eid geleistet hatte, war er Legitimist

gewesen und und bekämpfte 1837 heftig Thiers und das Bündnis mit England. Er war mit Balzac befreundet.

72 Erste Zeile der Grabschrift, die La Fontaine (1621–1695) für sich selber schrieb:

»Jean s'en alla comme il était venu,
Mangeant son fonds avec son revenu«, usw.

73 Héloïse (1101–1164), Nichte des Kanonikus Fulbert, geboren in Paris, berühmt durch ihre unglückliche Liebe zu dem Theologen und Scholastiker Pierre Abélard (1079–1142), den Fulbert aus Rache entmannen ließ. Beide wurden in dem von Abélard gegründeten Kloster Le Paraclet beigesetzt, dessen Äbtissin Héloïse bis zu ihrem Tod gewesen war. Das Grabmal, dessen Echtheit bestritten wird, wurde 1828 auf dem Père-Lachaise neu errichtet.

74 Berühmtes Kartäuser-Kloster, 1084 vom heiligen Bruno gegründet.

75 Ringelblume (Calendula), frz. ›souci‹, dem Wortlaut nach gleichbedeutend mit ›Sorge, Besorgnis, Kümmernis‹.

Biographische Notizen über die Romangestalten

Albert Savarus

HANNEQUIN, Léopold, Notar, war der Rechtsbeistand der Familie de Grandlieu und setzte den Ehekontrakt zwischen deren Tochter Sabine und Calyste du Guénic (›Béatrix‹) auf; er vertrat auch den Marschall Hulot (›Tante Bette‹) und den Vetter Pons (im Roman gleichen Titels), dessen Testament er empfing.

RHETORE, Alphonse de Chaulieu, Herzog von, begann seine mondäne Laufbahn damit, daß er die Tänzerin Tullia aushielt (›Memoiren zweier Jungvermählter‹); in ihrem Freundeskreis begegnete er Lucien de Rubempré, den er wegen seiner geringen Abkunft verspottete und den er dazu bewog, sich adeln zu lassen (›Verlorene Illusionen‹); später lästerte er mit giftiger Beharrlichkeit über ihn bei der Gräfin de Sérisy, von der er wußte, daß sie in den Dichter verliebt war (›Glanz und Elend der Kurtisanen‹).

La Vendetta

Übertragung von Ernst Sander

Der kleine, novellenhafte Roman ›La Vendetta‹ (Die Blutrache) entstand, nach Balzacs Angabe, im Januar 1830 in Paris. Veröffentlicht wurde zunächst ein Fragment, nämlich der Anfang, am 1. April 1830 in ›La Silhouette‹; im Mai 1830 erschien das ganze Werk in der ersten Ausgabe der ›Scènes de la Vie privée‹ und verblieb darin auch bei den späteren Auflagen. 1842 wurde es in den ersten Band der ›Comédie Humaine‹ eingestellt und dem Mailänder Bildhauer Alessandro Puttinati (1800–1872) gewidmet, den Balzac 1837 bei der Gräfin Maffei kennengelernt und der eine Statue Balzacs in halber Lebensgröße geschaffen hatte. Balzac war von dem Bildwerk zunächst begeistert und wollte es Madame Hanska schenken, oder doch zumindest eine Kopie. Als die Plastik in Paris eintraf, wurde sie von Balzacs Freunden skeptisch beurteilt, und die Übersendung an Madame Hanska unterblieb. Nach Balzacs Tod kam das Bildwerk an den Generaladvokaten Justin Glandaz, den Schulkameraden und Testamentsvollstrecker des Meisters. Der Schutzumschlag von Band IX der Pléiade-Ausgabe gibt den Kopf der Statue wieder.

Gegen Ende Oktober des Jahres 1800 langte ein Ausländer in Begleitung einer Frau und eines kleinen Mädchens in Paris vor den Tuilerien an und verweilte ziemlich lange bei den Trümmern eines unlängst abgebrochenen Hauses, etwa dort, wo sich heute der begonnene Flügel erhebt, der das Schloß der Katharina von Medici mit dem Louvre der Valois verbinden sollte.[1] Mit gekreuzten Armen stand er da, den Kopf geneigt; aber manchmal hob er ihn und schaute abwechselnd auf das Palais des Ersten Konsuls und auf seine neben ihm auf einem Stein sitzende Frau. Obwohl die Unbekannte sich einzig mit dem kleinen, neun bis zehn Jahre alten Mädchen zu befassen schien, dessen langes, schwarzes Haar sie spielerisch durch die Hände gleiten ließ, entging ihr keiner der Blicke, die ihr Gefährte ihr zuwarf. Die gleiche Empfindung, freilich eine andersgeartete als die Liebe, einte jene beiden Menschenwesen und durchdrang ihre Gesten und Gedanken mit der gleichen Unruhe. Vielleicht ist die Not die mächtigste aller Bande. Der Fremde hatte einen der breiten, ernsten Köpfe mit üppigem Haarschwall, die sich so oft dem Pinsel der Carraci[2] dargeboten haben. Jenes tiefdunkle Haar war von einer großen Menge weißer Haare durchsetzt. Zwar waren seine Züge nobel und stolz, besaßen jedoch etwas Hartes, das sie entstellte. Trotz seiner Kraft und seines geraden Wuchses schien er die Sechzig schon überschritten zu haben. Seine zerlumpte Kleidung ließ darauf schließen, daß er aus einem fremden Lande kam. Obwohl das ehedem schöne und jetzt verwelkte Gesicht der Frau von tiefer Traurigkeit kündete, wenn ihr Mann sie anblickte, bemühte sie sich zu lächeln und eine ruhige Haltung vorzutäuschen. Ungeachtet der Müdigkeit, deren Merkmale sich auf ihrem jungen, sonnengebräunten Gesicht abzeichneten, hielt das kleine Mädchen sich aufrecht. Sie wirkte italienisch, da sie große, schwarze Augen unter schön gewölbten Brauenbögen hatte, angeborene Noblesse und echte Grazie. Mehr als ein Vorübergehender empfand beim Erblicken dieser Gruppe Rührung, weil deren Gestalten sich in keiner Weise bemühten, eine Verzweiflung zu verbergen, die ebenso tief war wie ihr Ausdruck schlicht; aber die Quelle der flüchtigen Anteilnahme, wie sie die Pariser auszeichnet, versiegte sogleich wieder. Sobald der Unbekannte merkte, daß er das Ziel der Aufmerksamkeit irgendeines Müßiggängers war, schaute er diesen so wild an, daß auch der beherzteste Spaziergänger den Schritt beschleunigte, als habe er auf eine Schlange getreten. Nachdem der hochgewachsene Fremde eine ganze Weile unentschlossen dagestanden hatte, fuhr er sich mit der Hand über die Stirn; er verscheuchte sozusagen die Gedanken, die darein Furchen gegraben hatten, und faßte augenscheinlich einen verzweifelten Entschluß. Er warf einen durchdringenden Blick auf seine Frau und seine Tochter und zog aus seinem Rock einen langen Dolch hervor, hielt ihn seiner Gefährtin hin und sagte zu ihr in italienischer Sprache: »Ich will sehen, ob die Bonapartes sich unser erinnern.« Und langsamen, festen Schrittes ging er auf den Eingang des Palais zu, wo er selbstverständlich von einem Soldaten der Konsular-Garde angehalten wurde, mit dem er nicht lange hin und her reden konnte. Als die Schildwache merkte, wie halsstarrig der Unbekannte war, streckte sie ihm als Ultimatum ihr Bajonett entgegen. Der Zufall wollte es, daß der Posten in diesem Augenblick abgelöst wurde, und der Korporal zeigte dem Fremden überaus gefällig den Ort, wo der Wachhabende sich aufhielt.

»Melden Sie Bonaparte, Bartolomeo di Piombo wolle ihn sprechen«, sagte der Italiener zu dem Hauptmann vom Dienst.

Der Offizier hatte gut reden, um Bartolomeo zu bedenken zu geben, daß man nicht einfach vor den Ersten Konsul gelangen könne, ohne ihn zuvor schriftlich um eine Audienz gebeten zu haben; der Fremde bestand unter allen Umständen darauf, daß der Offizier Bonaparte benachrichtige. Der Hauptmann wies auf seine Instruktionen hin und lehnte es nachdrücklich ab, dem Befehl dieses eigenartigen Bittstellers zu folgen. Bartolomeo runzelte die Brauen, warf dem Wachkommandanten einen furchtbaren Blick zu und schien ihn für alles Unheil verantwortlich zu machen, das diese Weigerung zur Folge haben könne; dann bewahrte er Schweigen, kreuzte mit einem Ruck die Arme über der Brust und stellte sich unter den Portikus, der als Verbindung zwischen dem Hof und dem Garten der Tuilerien dient. Leuten, die mit aller Gewalt etwas wollen, kommt nahezu immer der Zufall zu Hilfe. Als Bartolomeo sich auf einen der Prellsteine gesetzt hatte, die sich im Eingang der Tuilerien befinden, langte ein Wagen an, dem Lucien Bonaparte, damals Innenminister, entstieg.

»Ah, Luciano, da habe ich Glück, daß ich dich treffe!« rief der Fremde.

Diese im korsischen Dialekt gesprochenen Worte ließen Lucien, der gerade in das Gewölbe hatte eilen wollen, innehalten; er sah seinen Landsmann an und erkannte ihn. Auf das erste Wort hin, das Bartolomeo ihm zugeflüstert hatte, nahm er den Korsen mit sich. Im Arbeitszimmer des Ersten Konsuls waren Murat[3], Lannes[4] und Rapp[5]. Beim Eintreten Luciens, dem ein so befremdlicher Mensch wie Piombo folgte, verstummte die Unterhaltung; Lucien nahm Napoleon bei der Hand und führte ihn in eine Fensternische. Nach kurzem Wortwechsel mit seinem Bruder machte der Erste Konsul mit der Hand ein Zeichen, dem

Murat und Lannes gehorchten; sie gingen hinaus. Rapp tat, als habe er nichts gesehen, damit er dableiben konnte. Als Bonaparte ihn heftig dazu aufforderte, verschwand auch der Adjutant mit mürrischer Miene. Der Erste Konsul hörte Rapps Schritte im Nebenraum, ging brüsk hinaus und sah ihn an der Zwischenwand stehen.

»Du willst mich also nicht verstehen?« fragte der Erste Konsul. »Ich muß mit meinem Landsmann allein sein.«

»Ein Korse«, antwortete der Adjutant. »Diesen Leuten mißtraue ich allzu sehr, als daß ich nicht ...«

Der Erste Konsul konnte sich ein Lächeln nicht verkneifen, legte seinem getreuen Offizier leicht die Hände auf die Schultern und schob ihn weg.

»Na, was tust und treibst du denn hier, mein guter Bartolomeo?« fragte er Piombo.

»Dich um Obdach und Schutz bitten, wenn du ein wahrer Korse bist«, antwortete Bartolomeo barsch.

»Welches Unglück mag dich aus der Heimat vertrieben haben? Du warst dort doch der reichste, der ...«

»Ich habe sämtliche Portas umgebracht«, entgegnete der Korse mit hohl klingender Stimme und gerunzelten Brauen.

Verdutzt wich der Erste Konsul zwei Schritte zurück.

»Willst du mich etwa verraten?« rief Bartolomeo und warf einen düsteren Blick auf Bonaparte. »Weißt du, daß wir auf Korsika noch vier Piombos sind?«

Lucien packte seinen Landsmann am Arm und rüttelte ihn.

»Du bist also hergekommen, um den Retter Frankreichs zu bedrohen?« fuhr er ihn an.

Bonaparte gab Lucien einen Wink; dieser verstummte. Dann blickte er Piombo an und fragte ihn: »Warum hast du die Portas umgebracht?«

»Wir hatten Freundschaft geschlossen«, antwortete er, »die Barbantis hatten uns ausgesöhnt. Am Tag, nachdem wir angestoßen hatten, um unsere Streitigkeiten zu ertränken, verabschiedete ich mich von ihnen, weil ich in Bastia Geschäftliches zu erledigen hatte. Sie blieben in meinem Hause und legten Feuer an meinen Rebberg bei Longone. Sie haben meinen Sohn Gregorio ermordet. Meine Tochter Ginevra und meine Frau sind ihnen entkommen; sie hatten am Morgen kommuniziert, die Jungfrau hat sie geschützt. Beim Heimkommen habe ich mein Haus nicht mehr vorgefunden; ich habe mit den Füßen danach in der Asche gewühlt. Da bin ich plötzlich an Gregorios Leiche gestoßen; im Mondlicht habe ich ihn erkannt. – ›Oh, das haben die Portas getan!‹ habe ich mir gesagt. Sofort bin ich ins Maquis gegangen, habe ein paar Männer um mich versammelt, denen ich dies und jenes zu Gefallen getan hatte, verstehst du, Bonaparte? und wir sind nach dem Rebberg der Portas gezogen. Morgens um fünf waren wir da, um sieben haben sie alle vor Gott gestanden. Giacomo behauptet, Elisa Vanni habe ein Kind gerettet, den kleinen Luigi; aber den hatte ich selber auf seinem Bett festgebunden, ehe wir das Haus in Brand steckten. Ich bin mit meiner Frau von der Insel geflohen, ohne vorher feststellen zu können, ob Luigi Porta noch lebt.«

Bonaparte musterte Bartolomeo neugierig, aber ohne Erstaunen.

»Wie viele waren es?« fragte Lucien.

»Sieben«, antwortete Piombo. »Sie haben seiner Zeit zu eueren Verfolgern gehört«, sagte er zu den beiden. Die Worte erweckten bei den Brüdern keinerlei Anzeichen des Hasses. – »Ach, ihr seid keine Korsen mehr!« rief Bartolomeo in einer Art Verzweiflung. »Lebt wohl. Ehedem habe ich euch geschützt«, fügte er vorwurfsvoll hinzu. »Ohne mich wäre deine Mutter nicht nach Marseille[6] gelangt«, sagte er zu Bonaparte, der, den Ellbogen auf den Kaminmantel gestützt, nachdenklich dastand.

»Ich kann es nicht auf mein Gewissen nehmen, Piombo«, antwortete Napoleon, »dich zu schützen. Ich bin das Haupt einer großen Nation geworden, ich stehe an der Spitze der Republik und muß deren Gesetze durchführen lassen.«

»Haha!« lachte Bartolomeo.

»Aber ich könnte ein Auge zudrücken«, fuhr Bonaparte fort. »Das Vorurteil, daß die Vendetta unbedingt geübt werden müsse, wird noch lange die Herrschaft des Gesetzes auf Korsika hindern«, fügte er hinzu, als spreche er zu sich selbst. »Dabei muß es um jeden Preis zunichte gemacht werden.«

Eine Weile verharrte Bonaparte in Schweigen; und Lucien

bedeutete Piombo, nichts zu sagen. Der Korse wiegte bereits mit mißbilligender Miene den Kopf nach rechts und nach links.

»Bleib hier«, sagte der Konsul, zu Bartolomeo gewandt, »wir tun, als wüßten wir von nichts. Ich werde deine Güter aufkaufen, damit ich dir zunächst deinen Lebensunterhalt verschaffe. Dann, nach einiger Zeit, später, werden wir an dich denken. Aber Schluß mit der Vendetta! Hier gibt es kein Maquis. Wenn du hier mit dem Dolch spielst, hast du dir keine Gnade zu erhoffen. Hier schützt das Gesetz alle Bürger, und man verschafft sich nicht selber sein Recht.«

»Er hat sich zum Oberhaupt eines seltsamen Landes gemacht«, antwortete Bartolomeo, langte nach Luciens Hand und drückte sie. »Aber ihr habt mich im Unglück nicht verleugnet, wir sind jetzt verbunden auf Leben und Tod, und ihr könnt über alle Piombos verfügen.«

Bei diesen Worten verschwanden die Runzeln von der Stirn des Korsen, und er hielt voller Genugtuung Umschau.

»Ihr seid hier nicht schlecht untergebracht«, sagte er lächelnd, wie wenn er sich ebenfalls dort einnisten wolle. »Und du bist ganz und gar in Rot gekleidet, wie ein Kardinal.«

»Es hängt einzig von dir ab, es zu etwas zu bringen und in Paris ein Palais zu haben«, sagte Bonaparte und maß seinen Landsmann mit den Blicken. »Es wird mir mehr als einmal widerfahren, daß ich um mich blicken und nach einem verläßlichen Freund Ausschau halten muß, dem ich vertrauen kann.«

Ein Freudenseufzer entrang sich Piombos breiter Brust; er streckte dem Ersten Konsul die Hand entgegen und sagte: »Es steckt doch noch was von einem Korsen in dir!«

Bonaparte lächelte. Stumm schaute er diesen Mann an, der ihm irgendwie die Luft seiner Heimat mitgebracht hatte, jener Insel, auf der er ehedem auf so wunderbare Weise vor dem Haß der ›englischen Partei‹ gerettet worden war und die er nie wiedersehen sollte. Er gab dem Bruder einen Wink, und dieser geleitete Bartolomeo di Piombo hinaus. Lucien erkundigte sich teilnahmsvoll nach der Finanzlage des ehemaligen Schützers seiner Familie. Piombo zog den Innenminister an ein Fenster und zeigte ihm seine Frau und Ginevra; beide saßen auf einem Steinhaufen.

»Wir sind von Fontainebleau zu Fuß hergekommen und haben kein bißchen Geld mehr«, sagte er zu ihm.

Lucien gab seinem Landsmann seine Börse und legte ihm nahe, am nächsten Tag zu ihm zu kommen, damit Mittel und Wege ausfindig gemacht werden könnten, wie die Zukunft der Familie sicherzustellen sei. Der Wert sämtlicher Güter, die Piombo auf Korsika besaß, konnte schwerlich hinreichen, daß er in Paris anständig davon würde leben können.

Fünfzehn Jahre waren seit der Ankunft der Familie Piombo in Paris und dem folgenden Abenteuer hingegangen; ohne das bereits Geschilderte würde es weniger verständlich sein.

Servin, einer unserer vornehmsten Künstler, war als erster auf den Gedanken verfallen, Atelierkurse für junge Damen einzurichten, die Malstunden nehmen wollten. Er war ungefähr vierzig Jahre alt, von reinen Sitten und gänzlich seiner Kunst ergeben; aus Neigung hatte er die Tochter eines vermögenslosen Generals geheiratet. Anfangs begleiteten die Mütter ihre Töchter zu dem Lehrer; sie ließen sie indessen allein hingehen, als sie seine Grundsätze kennen und die Sorge schätzen gelernt hatten, die er daran setzte, ihr Vertrauen zu verdienen. Es hatte von vornherein zu dem Plan des Malers gehört, als Schülerinnen nur junge Damen aus reichen oder angesehenen Familien anzunehmen, damit er sich nicht Vorwürfen über die Zusammensetzung seiner Atelierkurse aussetzte; er hatte es sogar abgelehnt, junge Mädchen zuzulassen, die Künstlerinnen werden wollten und denen er gewisse Unterweisungen hätte geben müssen, ohne die keine malerische Begabung sich entwickeln kann. Unspürbar hatten seine Klugheit, die Überlegenheit, mit der er seine Schülerinnen in die Geheimnisse der Kunst einweihte, die Gewißheit für die Mütter, daß ihre Töchter sich in Gesellschaft wohlerzogener junger Damen befanden, und das Gefühl der Sicherheit, das Charakter, Lebensführung und Ehe des Künstlers einflößten, ihm in den Salons einen vortrefflichen Ruf eingetragen. Wenn ein junges Mädchen den Wunsch bekundete, malen oder zeichnen zu lernen, und ihre Mutter sich beraten lassen wollte, lautete jedermanns Antwort stets: »Schicken Sie sie zu Servin!« Servin war also für die weibliche Malerei eine Spezialität geworden wie die Herbeaux[7] für Hüte, Leroy[8] für Moden und

Chevet[9] für Delikatessen. Es wurde anerkannt, daß eine junge Dame, die Unterricht bei Servin genommen hatte, in letzter Instanz die Bilder im Museum beurteilen, meisterhaft ein Porträt fertigen, ein Gemälde kopieren und ihr Genrebild malen könne. Auf diese Weise tat der Künstler allen Ansprüchen der Aristokratie genug. Ungeachtet seiner Beziehungen zu den besten Pariser Familien war er unabhängig und patriotisch und bewahrte gegenüber jedermann den leichten, geistvollen, bisweilen ironischen Ton und die Freiheit des Urteils, was alles bezeichnend für die Maler ist. Er hatte seine gewissenhaften Vorsichtsmaßnahmen sogar auf die Örtlichkeit erstreckt, in der seine Schülerinnen arbeiteten. Der Eingang zu dem sich über seinen Wohnräumen hinziehenden Speicher war zugemauert worden. Um in diese abgelegene Stätte, die geheiligt wie ein Harem war, gelangen zu können, mußte man eine Treppe hinaufsteigen, die im Innern seiner Wohnung eingebaut worden war. Das Atelier, das den gesamten Dachboden des Hauses einnahm, besaß jene gewaltigen Proportionen, die alle Neugierigen stets überraschen, wenn sie sechzig Fuß über dem Erdboden angelangt und darauf gefaßt sind, die Künstler in einer winzigen Dachkammer vorzufinden. Es war eine Art Galerie, und sie wurde ausgiebig erhellt durch riesige Glasfenster mit großen, grünen Leinenvorhängen, mit deren Hilfe die Maler das Licht zu regulieren pflegen. Eine Menge Karikaturen, in einem Zug mit dem Pinsel oder dem Spachtel hingeworfene Köpfe auf den dunkelgrau getünchten Wänden bewiesen, abgesehen von der Verschiedenheit des Ausdrucks, daß auch die vornehmsten Mädchen ebensoviel Tollheiten im Kopf haben wie die Männer. Ein kleiner Eisenofen mit großem Rohr, das ein schreckenerregendes Zickzack beschrieb, ehe es in die höheren Regionen des Daches mündete, war die unvermeidliche Zierde dieses Ateliers. Rings an den Wänden zog sich ein Brett hin; es trug wirr durcheinandergestellte Gipsmodelle, deren meiste blonder Staub bedeckte. Oberhalb dieses Brettes waren hier und dort ein an einem Nagel hängender Niobe-Kopf mit schmerzlichem Ausdruck, eine lächelnde Venus zu sehen; unvermittelt bot sich dem Blick eine Hand dar, ausgestreckt wie die eines um ein Almosen bittenden Bettlers; ferner ein paar durch den Rauch gelb angelaufene ›Muskelfiguren‹, die aussahen wie tags zuvor aus den Särgen geholte Gliedmaßen; und schließlich noch Gemälde, Zeichnungen, Gliederpuppen, Rahmen ohne Bilder und Bilder ohne Rahmen, was alles vollends dazu beitrug, dem unregelmäßigen Raum das Aussehen eines Ateliers zu geben; ein solches ist gekennzeichnet durch ein sonderbares Gemisch von Schmuck und Kahlheit, Not und Reichtum, Sorgfalt und Schlamperei. Dies riesige Schiff, in dem alles klein wirkt, sogar der Mensch, riecht nach Opernkulissen; es finden sich darin alte Leintücher, vergoldete Rüstungen, Stofffetzen, Dekorationsstücke; aber es waltet auch irgend etwas Großes darin wie der Gedanke: hier sind Genie und Tod beisammen; eine Diana oder ein Apollo neben einem Schädel oder einem Skelett, Schönes und Unordnung, Poesie und Wirklichkeit, leuchtende Farben im Dunkel und häufig eine unbewegte, stumme Tragödie. Welch ein Symbol für den Kopf eines Künstlers!

In dem Augenblick, da diese Geschichte beginnt, erhellte die glänzende Julisonne das Atelier; zwei Strahlen durchquerten es in seiner ganzen Tiefe und zeichneten breite, durchsichtige Goldstreifen hinein, in denen Staubkörnchen schimmerten. Ein Dutzend Staffeleien reckte seine scharfen Pfeilspitzen hoch, Schiffsmasten in einem Hafen vergleichbar. Mehrere junge Mädchen belebten dieses Bild mit der Mannigfaltigkeit ihrer Gesichter, ihrer Haltungen und durch die Verschiedenheit ihrer Kleidung. Die starken Schatten, die die grünen Sergevorhänge warfen – sie waren gemäß den Erfordernissen jeder Staffelei auf- oder zugezogen –, schufen eine Vielzahl von Kontrasten und pikante Hell-Dunkel-Effekte. Jene Gruppe bildete das schönste von allen Bildern im Atelier. Ein blondes, schlicht gekleidetes Mädchen hielt sich abseits von den Gefährtinnen und arbeitete tapfer drauflos, obwohl sie anscheinend ein Mißlingen voraussah; niemand beachtete sie, niemand richtete das Wort an sie: sie war die hübscheste, die bescheidenste und die am wenigsten reiche. Zwei Hauptgruppen, eine von der anderen durch einen geringen Abstand geschieden, deuteten zwei Gesellschaftsschichten, zwei Geistesrichtungen sogar in diesem Atelier an, wo Rang und Vermögen eigentlich hätten vergessen sein müssen. Die jungen Mädchen standen oder saßen, hatten ihre Malkästen um sich stehen, spielten mit ihren Pinseln oder richteten sie her, handhabten ihre leuchtenden Paletten, malten, plauderten, lachten, gaben ihren natürlichen Anlagen nach, enthüllten ihre Charaktere und boten ein den Männern unbekanntes Schauspiel dar: diese stolz, hochmütig, launisch, mit schwarzem Haar und schönen Händen, warf, wie es gerade kam, lodernde Blicke; jene war sorglos und fröhlich, hatte auf den Lippen ein Lächeln, kastanienbraunes Haar, weiße, zarte Hände, die französische Jungfrau, leichtherzig, ohne Hintergedanken, dem Leben zugetan; eine andere war träumerisch, schwermütig, blaß und hielt den Kopf geneigt wie eine dem Abfallen nahe Blüte; ihre Nachbarin dagegen war groß, lässig, hatte muselmanische Allüren, längliche, dunkle, feuchte Augen, sprach wenig, war versonnen und betrachtete verstohlen den Kopf des Antinous[10]. Mitten unter den anderen, wie der ›jocoso‹ eines spanischen Stücks, geistvoll und von boshaften Einfällen sprühend, erkundete und durchschaute ein Mädchen alle mit einem einzigen Blick, brachte sie zum Lachen und hob ohne Unterlaß das Gesicht, das viel zu lebendig war, als daß es nicht hübsch gewirkt hätte; sie kommandierte die erste Gruppe der Schülerinnen, die aus den Töchtern von Bankiers, Notaren und Handelsherren bestand; sie alle waren reich, nahmen indessen die kaum merkliche, wenn auch durchbohrende Verachtung in Kauf, die ihnen andere, der Aristokratie angehörende junge Damen bezeigten. Diese wurden von der Tochter eines Türhüters des königlichen Kabinetts beherrscht, einem kleinen, ebenso dummen wie eitlen Geschöpf, das stolz darauf war, als Vater einen Mann mit einer ›Charge bei Hofe‹ zu haben; sie wollte immer den Anschein erwecken, als habe sie auf Anhieb die Bemerkungen des Meisters verstanden und schien einzig aus Herablassung zu arbeiten; sie bediente sich eines Lorgnons, erschien stets sehr herausgeputzt und verspätet und bat ihre Freundinnen flehentlich, doch leise zu sprechen. In jener zweiten Gruppe konnte man entzückende Figuren und vornehme Gesichter wahrnehmen; aber in den Blicken der jungen Mädchen lag alles andere als Harmlosigkeit. Zwar waren ihre Haltung elegant und ihre Bewegungen voller Anmut; aber es fehlte den Gesichtern an Freimut, und man konnte ohne weiteres durchschauen, daß sie einer Gesellschaftsschicht angehörten, in der die Höflichkeit schon beizeiten die Charaktere abschleift, wo der Mißbrauch der gesellschaftlichen Nutznießungen das Gefühlsleben abtötet und die Selbstsucht entwickelt. War jene Gruppe vollzählig, so sah man in der Schar dieser jungen Mädchen kindliche Köpfe, Jungfrauen von entzückender Reinheit, Gesichter, deren leicht geöffneter Mund jungfräuliche Zähne sehen ließ und über die ein jungfräuliches Lächeln hinwegirrte. Dann glich das Atelier weniger einem Serail als einer auf einer Wolke am Himmel sitzenden Engelsschar.

Als es zwölf schlug, war Servin noch nicht erschienen. Seit ein paar Tagen hielt er sich zumeist in einem Atelier auf, das er anderswo besaß und wo er ein Bild für die Ausstellung vollendete. Plötzlich begann Mademoiselle Amélie Thirion, das Haupt der aristokratischen Partei dieser kleinen Versammlung, lange mit ihrer Nachbarin zu tuscheln, und in der Gruppe der Patrizierinnen entstand tiefes Schweigen; die verwunderte Bankierspartei schwieg gleichfalls und versuchte, das Thema einer solchen Konferenz zu erraten; aber das Geheimnis der jungen ›Ultras‹ wurde bald bekannt. Amélie stand auf, nahm eine ein paar Schritte von ihr entfernt stehende Staffelei und stellte sie ziemlich weit weg von der adligen Gruppe in die Nähe einer plumpen Trennwand, die das Atelier von einem dunklen Gelaß schied, wo zerbrochene Gipsabgüsse, vom Lehrer schlecht beurteilte Bilder und die Vorräte von Brennholz für den Winter aufbewahrt wurden. Amélies Tun rief ein Murmeln der Überraschung hervor, das sie indessen nicht hinderte, diesen Umzug dadurch zu vollenden, daß sie rasch den Farbkasten, den Schemel, schlechthin alles, sogar das Bild Prud'hons[11], das die abwesende Gefährtin kopierte, neben die Staffelei beförderte. Nach diesem Staatsstreich begann die ›Rechte‹ wieder zu arbeiten, während die ›Linke‹ lange darüber hin und her redete.

»Was wohl Mademoiselle Piombo sagen wird?« fragte eines der Mädchen Mathilde Roguin, das boshafte Orakel der ersten Gruppe.

»Es ist nicht ihre Art, den Mund aufzutun«, lautete die Antwort; »aber noch in fünfzig Jahren wird sie sich dieser Beleidigung erinnern, als sei sie ihr gestern angetan worden, und es fertigbringen, sich grausam zu rächen. Sie ist jemand, mit dem ich mich nicht gern im Kriegszustand befinden möchte.«

»Der Bann, den die Demoisellen über sie verhängen, ist um so gehässiger«, sagte ein anderes Mädchen, »als Ginevra vorgestern sehr bekümmert gewesen ist; ihr Vater, heißt es, hat unlängst den Abschied genommen. Das heißt, ihr Unglück noch zu verschlimmern, und dabei ist sie während der Hundert Tage sehr nett zu den Demoisellen gewesen. Hat sie ihnen je ein Wort gesagt, das sie hätte kränken können? Jedem politischen Gespräch ist sie ausgewichen. Aber unsere Ultras scheinen mehr aus Neid als aus Parteigeist zu handeln.«

»Ich hätte nicht übel Lust, Mademoiselle Piombos Staffelei zu holen und sie neben meine zu stellen«, sagte Mathilde Roguin. Sie stand auf; aber ein Gedanke ließ sie sich wieder hinsetzen.

»Bei einem Charakter wie dem Ginevras«, sagte sie, »kann man nie wissen, wie sie unsere Höflichkeit aufnehmen würde; wir wollen abwarten, was geschieht.«

»Eccola«, sagte das Mädchen mit den dunklen Augen gelangweilt.

Tatsächlich wurde das Geräusch der Schritte einer die Treppe Heraufsteigenden vernehmbar. Die Worte: »Jetzt kommt sie!« gingen von Mund zu Mund, und es herrschte im Atelier tiefste Stille.

Um die Bedeutsamkeit des von Amélie Thirion ausgeübten Ostrazismus zu verstehen, muß hier eingefügt werden, daß diese Szene gegen Ende Juli 1815 stattfand. Die zweite Rückkehr der Bourbonen hatte viele Freundschaften erschüttert, die den Wandlungen bei der ersten Restauration standgehalten hatten. Es wiederholten sich jetzt in fast allen durch Meinungsverschiedenheiten gespaltenen Familien die kläglichen Geschehnisse, die die Geschichte nahezu aller Länder in Zeitläuften der Bürger- oder Religionskriege besudeln. Kinder, junge Mädchen, alte Männer teilten das monarchistische Fieber, von dem die Regierung befallen worden war. Zwietracht schlich sich unter alle Dächer ein, und Mißtrauen färbte mit seinen düsteren Tönungen auch die intimsten Handlungen und Reden. Ginevra Piombo liebte Napoleon abgöttisch, und wieso hätte sie ihn auch hassen können? Der Kaiser war ihr Landsmann und der Wohltäter ihres Vaters. Der Baron de Piombo war einer der Gefolgsleute Napoleons, die am eifrigsten und wirksamsten an der Rückkehr von der

Insel Elba mitgearbeitet hatten. Der alte Baron de Piombo war außerstande gewesen, seinen politischen Glauben zu verleugnen, ja, sogar erpicht darauf, ihn zu bekennen, und so war er inmitten seiner Feinde in Paris geblieben. Ginevra Piombo konnte also um so eher der Zahl der Verdächtigen eingereiht werden, als sie kein Hehl aus dem Kummer machte, den die zweite Restauration ihrer Familie verursachte. Die einzigen Tränen, die sie vielleicht in ihrem Leben vergoß, galten der Doppelnachricht von der Gefangenschaft Bonapartes auf der ›Bellerophon‹ und von der Verhaftung Labédoyères.[12]

Die jungen Damen, aus denen sich die Gruppe der Adligen zusammensetzte, gehörten den exaltiertesten royalistischen Familien von Paris an. Es wäre schwierig, eine Vorstellung von den Übertreibungen jener Epoche und von dem Abscheu zu vermitteln, den die Bonapartisten hervorriefen. So bedeutungslos und geringfügig das Tun Amélie Thirions heute auch anmuten möge: damals war es Ausdruck eines recht natürlichen Hasses. Ginevra Piombo, eine der besten Schülerinnen Servins, nahm eine Stellung ein, die man ihr von dem Tag an hatte entreißen wollen, da sie ins Atelier gekommen war; die aristokratische Gruppe hatte sie unmerklich eingekreist: sie von einem Platz zu verjagen, der ihr gewissermaßen gehörte, hieß nicht nur, ihr eine Kränkung antun, sondern zugleich, ihr eine Unbequemlichkeit schaffen; denn jeder Künstler hat einen Lieblingsplatz für seine Arbeit. Aber die politische Mißbilligung spielte beim Verhalten der kleinen ›Rechten‹ im Atelier vielleicht nur eine geringe Rolle. Ginevra Piombo, die begabteste unter den Schülerinnen Servins, war der Gegenstand einer tiefen, neidvollen Eifersucht: der Meister erging sich in Ausdrücken der Bewunderung über die Talente und den Charakter dieser Lieblingsschülerin; sie wurde bei allen seinen Vergleichen als Vorbild hingestellt; kurzum: ohne daß man sich den Einfluß erklären könnte, den die junge Dame auf alles erlangt hatte, was um sie war, übte sie auf diese kleine Welt einen Zauber aus, der beinahe demjenigen Bonapartes auf seine Soldaten zu vergleichen ist. Seit mehreren Tagen schon hatte die Atelier-Aristokratie den Sturz dieser Königin beschlossen; aber da bislang noch niemand gewagt hatte, von der Bonapartistin abzurücken, hatte Mademoiselle Thirion gerade eben den entscheidenden Schlag geführt, um ihre Kameradinnen zu Komplicen ihres Hasses zu machen. Obgleich zwei oder drei der Royalistinnen Ginevra aufrichtig gern hatten, so waren ihnen doch sämtlich in ihren Vaterhäusern politisch die Leviten gelesen worden, und so meinten sie mit dem den Frauen eigentümlichen Takt, sie täten am besten, sich bei diesem Streit neutral zu verhalten. Somit wurde Ginevra bei ihrem Kommen durch ein tiefes Schweigen begrüßt. Von allen jungen Mädchen, die bislang in Servins Atelier gekommen waren, war sie die schönste, die größte und die bestgewachsene. Ihr Schreiten hatte etwas Adliges und Anmutiges, das Respekt erheischte. Ihr von Klugheit geprägtes Gesicht schien zu strahlen, so sehr atmete es die für die Korsen bezeichnende Lebhaftigkeit, die indessen das Ruhevolle keineswegs ausschließt. Ihr langes Haar, ihre schwarzen Augen und Wimpern drückten Leidenschaft aus. Wenn ihre Mundwinkel sich weich abzeichneten und ihre Lippen ein wenig zu üppig waren, kündeten sie von jener Güte, die starken Menschen das Bewußtsein ihrer Kraft verleiht. Durch eine seltsame Laune der Natur wurde das Reizvolle ihres Gesichtes irgendwie durch eine marmorne Stirn widerlegt, aus der ein nahezu wilder Stolz und korsische Sitten sprachen. Dort zeigte sich die einzige Bindung, die zwischen ihr und ihrem Heimatland bestand: in ihrer ganzen übrigen Persönlichkeit wirkten die Schlichtheit, die Ungezwungenheit, wie sie lombardischen Schönheiten eigen ist, so verführerisch, daß man sie nur anzuschauen brauchte, um ihr nicht das geringste zuleide zu tun. Sie übte eine so lebhafte Anziehungskraft aus, daß ihr alter, vorsichtiger Vater sie nie ohne Begleitung zum Atelier gehen ließ. Der einzige Fehler dieses wahrhaft poetischen Geschöpfes rührte von der Macht einer üppig entwickelten Schönheit her: sie sah aus, als sei sie bereits Frau. Aus Liebe zu ihren Eltern hatte sie sich der Heirat widersetzt; sie fühlte, daß sie ihnen in ihren alten Tagen unentbehrlich sei. Ihr Hang zur Malerei war an die Stelle der Leidenschaften getreten, von denen die Frauen für gewöhnlich ergriffen werden.

»Sie sind heute recht schweigsam«, sagte sie nach ein paar Schritten unter die Schar der Kameradinnen. – »Guten Tag, kleine Laure«, fügte sie sanft und zärtlich hinzu und trat zu dem

Mädchen hin, das fern von den anderen malte. »Dieser Kopf ist tadellos! Die Fleischtöne sind ein bißchen zu rosig, aber gezeichnet ist alles prachtvoll.«

Laure hob den Kopf, blickte Ginevra gerührt an, und beider Gesichter blühten in ein und demselben Ausdruck der Zuneigung auf. Ein schwaches Lächeln umspielte die Lippen der Italienerin; sie wirkte nachdenklich, ging langsam auf ihren Platz zu und musterte dabei lässig die Zeichnungen oder Gemälde, wobei sie jedes der Mädchen der ersten Gruppe begrüßte, ohne der Neugier innezuwerden, die ihre Anwesenheit erregt hatte. Man hätte meinen können, sie sei eine Königin inmitten ihres Hofstaats. Der tiefen Stille unter den Patrizierinnen schenkte sie nicht die mindeste Beachtung; sie schritt wortlos an deren Lager vorüber. Ihre Versunkenheit war so groß, daß sie sich an ihre Staffelei setzte, ihren Farbkasten aufklappte, ihre Pinsel nahm, die braunen Schutzärmel überstreifte, sich die Schürze umband, ihr Bild betrachtete, ihre Palette musterte, gewissermaßen ohne sich bewußt zu sein, was sie tat. Alle Köpfe der bürgerlichen Gruppe waren ihr zugewandt. Zwar ließen die jungen Damen der Thirion-Gruppe ihrer Ungeduld weniger freien Lauf; aber ihre heimlichen Blicke galten nicht minder Ginevra.

»Sie hat gar nichts gemerkt«, sagte Mademoiselle Roguin.

In diesem Augenblick gab Ginevra die nachdenkliche Haltung auf, mit der sie ihr Bild angeschaut hatte, und wandte den Kopf der aristokratischen Gruppe zu. Mit einem Blick maß sie den Abstand, der sie von ihr trennte, und bewahrte Schweigen.

»Sie glaubt gar nicht, daß sie absichtlich hat gekränkt werden sollen«, sagte Mathilde, »sie ist weder blaß noch rot geworden. Wie die Demoisellen sich ärgern werden, wenn sie ihren neuen Platz besser findet als den alten! – Sie sind an den Rand geschoben worden, Mademoiselle«, sagte sie laut zu Ginevra.

Die Italienerin tat, als habe sie nichts gehört; oder vielleicht hatte sie tatsächlich nichts gehört; sie stand jäh auf, ging auffallend langsam an der Trennwand zwischen dem dunklen Gelaß und dem Atelier entlang und schien das große Dachfenster genau zu betrachten, durch das Licht einfiel; dem schien sie so große Bedeutung beizumessen, daß sie auf einen Stuhl stieg, um den grünen Sergevorhang, der das Licht dämpfte, höher zu befestigen. In dieser Höhe gelangte sie an einen ziemlich engen Riß in der Trennwand, das wahre Ziel ihrer Bemühungen; denn der Blick, den sie hineinwarf, läßt sich nur mit dem eines Geizigen vergleichen, der die Schätze Aladins entdeckt hat; behend stieg sie wieder hinab, kehrte an ihren Platz zurück, stellte ihr Bild richtig hin, tat, als sei sie über das Licht unzufrieden, schob an die Trennwand einen Tisch heran, stellte darauf einen Stuhl, kletterte langsam auf dies Gestell und schaute abermals durch den Spalt. Nur einen einzigen Blick warf sie in das Gelaß, das nur durch eine geöffnete Dachluke erhellt wurde, und was sie darin wahrnahm, hatte eine so heftige Wirkung auf sie, daß sie erbebte.

»Sie fallen noch 'runter, Mademoiselle Ginevra«, rief Laure.

Sämtliche Mädchen sahen zu der Unvorsichtigen hin, die schwankte. Die Angst davor, daß die Kameradinnen zu ihr hinkommen könnten, flößte ihr Mut ein, sie kam wieder zu Kräften und ins Gleichgewicht, schaute zu Laure hin, schaukelte mit dem Stuhl und sagte mit aufrührerischer Stimme: »Pah, es ist immer noch ein bißchen solider als ein Thron!« Hastig riß sie den Sergevorhang beiseite, stieg herunter, schob Tisch und Stuhl möglichst weit von der Trennwand weg, ging wieder zu ihrer Staffelei und unternahm noch ein paar Versuche, wobei sie den Anschein erweckte, als suche sie die Lichtfülle, die sie angemessen dünkte. Mit ihrem Bild beschäftigte sie sich kaum noch; sie strebte danach, möglichst nahe an das dunkle Gelaß heranzukommen, an dem sie sich, wie sie es gewollt hatte, neben der Tür hinsetzte. Dann machte sie sich daran, ihre Palette vorzubereiten, und verharrte dabei im tiefsten Schweigen. Von diesem Platz aus hörte sie bald deutlicher das leise Geräusch, das tags zuvor ihre Neugier so stark erregt und ihre junge Phantasie das weite Gefilde der Mutmaßungen hatte durcheilen lassen. Sie erkannte ohne weiteres die starken, regelmäßigen Atemzüge des schlafenden Mannes, den sie vorhin erspäht hatte. Ihre Neugier war über alle Wünsche hinaus gestillt worden; aber sie wurde sich bewußt, daß eine gewaltige Verantwortung auf ihr laste. Durch den Spalt hatte sie den kaiserlichen Adler wahrgenommen, und auf einem schwach beleuchteten Gurtbett die Gestalt eines Gardeoffiziers.

Sie hatte alles erraten: Servin verbarg einen Geächteten. Jetzt zitterte sie davor, daß eine ihrer Kameradinnen komme und sich ihr Bild ansehe und dabei das Atmen des Unglücklichen oder ein allzu lautes Stöhnen höre, wie es während der letzten Unterrichtsstunde an ihr Ohr gedrungen war. Sie beschloß, an dieser Tür sitzen zu bleiben, und vertraute ihrer Geschicklichkeit beim Ausschalten der Tücken des Schicksals.

»Es ist schon besser, ich bin hier«, dachte sie, »um einem unglücklichen Zufall vorzubeugen, als daß ich den armen Gefangenen irgendeinem unbesonnenen Streich preisgebe.« Darin beruhte das Geheimnis der zur Schau getragenen Gleichgültigkeit, als sie ihre Staffelei an einen anderen Platz gerückt gefunden hatte; innerlich war sie entzückt davon gewesen, da sie jetzt auf unauffällige Weise ihre Neugierde befriedigen konnte. Sie war außerdem jetzt mit ihren Gedanken ganz woanders, um sich den Grund der Platzveränderung überlegen zu können. Nichts ist für junge Mädchen und alle Menschen schlechthin kränkender, als erleben zu müssen, daß eine Gehässigkeit, eine Beleidigung oder ein Witzwort ihre Wirkung infolge der Verachtung verfehlen, die ihnen das Opfer bezeigt. Es scheint, daß der Haß gegen einen Feind ebenso hoch ins Kraut schießt, wie jener Feind sich über uns erhebt. Ginevras Verhalten wurde für alle ihre Kameradinnen ein Rätsel. Ihre Freundinnen und ihre Feindinnen waren gleichermaßen überrascht; denn sie maßen ihr alle erdenklichen guten Eigenschaften zu, ausgenommen das Verzeihen einer Beleidigung. Obwohl Gelegenheiten zum Entfalten dieses Charakterfehlers sich für Ginevra bei dem, was im Atelier geschah, nur selten boten, hatten die Beispiele, die sie von ihrer rachsüchtigen Charakteranlage und ihrer Festigkeit hatte geben können, nichtsdestoweniger tiefen Eindruck auf ihre Kameradinnen gemacht. Nach mancherlei Mutmaßungen gelangte Mademoiselle Roguin schließlich dahin, in dem Schweigen der Italienerin eine über alles Lob erhabene Seelengröße festzustellen; und ihr von ihr angeregter Kreis faßte den Plan, die Atelier-Aristokratie zu demütigen. Das gelang ihnen mittels eines Feuerüberfalls von Sarkasmen, der den Hochmut der ›Rechten‹ niederschlug. Das Kommen der Madame Servin machte diesem Kampf des Geltungsdrangs ein Ende. Mit der Raffinesse, die stets mit der Bosheit Hand in Hand geht, hatte Amélie festgestellt, analysiert und kommentiert, wie tief die Verstricktheit sein mußte, die Ginevra daran hinderte, dem höflich-spitzigen Disput zuzuhören, dessen Thema sie war. Die Rache, mit der Mademoiselle Roguin und ihre Gefährtinnen Mademoiselle Thirion und ihre Gruppe wie mit Pfeilschüssen bedachten, hatte also jetzt die fatale Wirkung, daß die jungen Ultras sich Gedanken über den Grund des Schweigens machten, das Ginevra di Piombo bewahrte. So wurde denn also die junge Italienerin zum Mittelpunkt aller Blicke; von ihren Freundinnen wie von ihren Feindinnen wurde sie bespitzelt. Es ist recht schwierig, die kleinste Erregung, die leichteste Empfindung vor fünfzehn neugierigen, unbeschäftigten jungen Mädchen zu verbergen, deren Bosheit und Intelligenz nach nichts verlangt, als Geheimnisse zu durchschauen, Intrigen anzuzetteln oder zu vereiteln, Mädchen, die sich nur zu gut darauf verstehen, einer Geste, einem Blickwechsel, einem Wort unterschiedliche Auslegungen zuteil werden zu lassen, um nicht die wahre Bedeutung von alledem herauszubekommen. Daher schwebte das Geheimnis der Ginevra di Piombo nur zu bald in großer Gefahr, bekannt zu werden. In diesem Augenblick nun aber hatte das Kommen der Madame Servin eine Pause in dem Drama geschaffen, das sich stumm in den Tiefen der jungen Herzen abspielte; was es an Empfindungen und Gedanken enthielt, und sein Fortschreiten fand in beinahe allegorischen Sätzen Ausdruck, in boshaften Blicken, in Gesten, und sogar durch das Schweigen, das verständlicher zu sein vermag als das gesprochene Wort. Sobald Madame Servin das Atelier betreten hatte, richteten ihre Augen sich auf die Tür, neben der Ginevra saß. Unter den obwaltenden Umständen blieb jener Blick nicht unbeobachtet. Zwar war er zunächst von keiner der Schülerinnen wahrgenommen worden; aber später mußte Mademoiselle Thirion daran denken, und sie wurde sich des Mißtrauens, der Furcht und des Geheimnisvollen bewußt, das dem Blick der Madame Servin etwas Raubtierhaftes geliehen hatte.

»Mesdemoiselles«, sagte sie, »Monsieur Servin kann heute nicht kommen.« Dann machte sie jeder der jungen Damen ein Kompliment und empfing von allen eine Fülle jener weiblichen Liebenswürdigkeiten, die sich in Stimme und Blicken wie in der

Gestik kundtun. Schnell gelangte sie zu Ginevra; sie stand im Bann einer Unruhe, die sie vergeblich zu tarnen trachtete. Die Italienerin und die Malersgattin nickten einander freundschaftlich zu; aber sie schwiegen beide; die eine malte, die andere sah ihr dabei zu. Das Atmen des Offiziers war deutlich zu hören, aber Madame Servin schien es nicht wahrzunehmen; und ihre Verstellung war so offensichtlich, daß Ginevra geneigt war, sie absichtlicher Taubheit zu zeihen. Dabei regte der Unbekannte sich auf seinem Bett. Die Italienerin blickte Madame Servin starr an; da sagte diese ihr, ohne daß sich in ihrem Gesicht auch nur die leiseste Veränderung vollzog: »Ihre Kopie ist so schön wie das Original. Hätte ich die Wahl, so geriete ich in Verlegenheit.«

»Servin hat seine Frau nicht ins Vertrauen über dieses Geheimnis gezogen«, dachte Ginevra, antwortete der jungen Frau mit einem sanften, ungläubigen Lächeln und trällerte eine Canzonetta ihrer Heimat, um das Geräusch zu übertönen, das der Gefangene etwa machen konnte.

Es war etwas so Ungewöhnliches, die fleißige Italienerin singen zu hören, daß sämtliche Mädchen überrascht waren und zu ihr hinsahen. Später diente dieser Umstand den mildtätigen Unterstellungen des Hasses als Beweis. Madame Servin ging bald, und die Malstunde ging hin, ohne daß noch etwas geschah. Ginevra ließ ihre Kameradinnen weggehen und schien noch weiterarbeiten zu wollen; aber ohne ihr Wissen verriet sie ihren Wunsch, allein zu bleiben; denn in dem Maße, wie die Schülerinnen Anstalten zum Fortgehen trafen, warf sie ihnen Blicke voll schlecht verhehlter Ungeduld zu. Mademoiselle Thirion, die innerhalb weniger Stunden zur erbitterten Feindin derjenigen geworden war, die sie in allem übertraf, erriet durch instinktiven Haß, daß der vorgetäuschte Fleiß ihrer Rivalin ein Geheimnis verbarg. Mehr als einmal war sie betroffen gewesen, mit welch aufmerksamer Miene Ginevra auf ein Geräusch gelauscht, das keiner sonst gehört hatte. Der Ausdruck, den sie in den Augen der Italienerin ganz zuletzt wahrnahm, gedieh für sie zu einer Erleuchtung. Sie ging als die letzte aller Schülerinnen und stieg zu Madame Servin hinunter, mit der sie eine kleine Weile plauderte; dann tat sie, als habe sie ihre Handtasche vergessen, ging behutsam wieder ins Atelier hinauf und sah, daß Ginevra auf ein hastig zusammengebautes Gestell geklettert und so tief in das Anschauen des unbekannten Offiziers versunken war, daß sie das leichte Geräusch überhörte, das von den Schritten ihrer Gefährtin herrührte. Freilich ging Amélie, um einen Ausdruck Walter Scotts zu gebrauchen, ›wie auf Eiern‹; rasch trat sie an die Ateliertür zurück und hustete. Ginevra fuhr zusammen, wandte den Kopf, erblickte die Feindin, wurde rot, beeilte sich, den Sergevorhang wegzuziehen, um über ihre eigentliche Absicht hinwegzutäuschen, brachte ihren Malkasten in Ordnung und ging. Beim Verlassen des Ateliers trug sie im Gedächtnis das Bild eines Männerkopfes mit sich, das sich hineingegraben hatte, eines Männerkopfes, der genauso anmutig war wie der des ›Endymion‹ auf Girodets Meisterwerk[13], den sie vor einigen Tagen kopiert hatte.

»Einen so jungen Menschen zu ächten! Wer er wohl sein mag? Denn der Marschall Ney ist er nicht.«

Diese Sätze sind der einfachste Ausdruck aller Gedanken, die Ginevra zwei Tage lang erwog. Trotz ihrer Eile, als erste im Atelier anzulangen, fand sie dort bereits Mademoiselle Thirion vor, die sich im Wagen hatte hinfahren lassen. Ginevra und ihre Feindin ließen einander lange nicht aus den Augen; aber jede trug der anderen gegenüber ein undurchdringliches Gesicht zur Schau. Amélie hatte den reizenden Kopf des Unbekannten gesehen; aber glücklicher- und zugleich unglücklicherweise waren Adler und Uniform nicht in dem Blickfeld gewesen, das der Spalt ihr zu überschauen gestattete. Sie erging sich also in Mutmaßungen. Plötzlich, sehr viel früher als für gewöhnlich, erschien Servin.

»Mademoiselle Ginevra«, sagte er, nachdem er einen Blick über das Atelier geworfen hatte, »warum haben Sie sich dorthin gesetzt? Das Licht ist schlecht. Rücken Sie doch näher zu den anderen Damen hin und ziehen Sie Ihren Vorhang etwas tiefer.«

Dann setzte er sich zu Laure, deren Arbeit es verdiente, daß er sie mit überaus wohlwollenden Korrekturen versah.

»Ja, aber!« rief er, »das ist ja ein überlegen gestalteter Kopf. Sie werden noch eine zweite Ginevra.«

Dann ging der Meister von Staffelei zu Staffelei, schimpfte, sagte Schmeichelhaftes, scherzte und brachte es, wie stets, zuwege, daß seine Scherze noch mehr als sein Tadel gefürchtet wurden. Die Italienerin hatte den Hinweis des Lehrers nicht befolgt und war mit dem festen Entschluß auf ihrem Platz verblieben, nicht vom Fleck zu weichen. Sie nahm ein Blatt Papier vor und machte sich daran, den Kopf des armen Eingesperrten in Sepia zu skizzieren. Eine aus der Leidenschaft konzipierte Arbeit trägt stets den Stempel des Besonderen. Die Fähigkeit, den Umsetzungen des Naturgegebenen oder dem Denken Entsprossenen wahre Farben zuteil werden zu lassen, ist das Merkmal des Genies, und oftmals tritt an dessen Stelle die Leidenschaft. Daher verlieh unter den obwaltenden Umständen die Intuition, die Ginevra ihrem heftig beeindruckten Gedächtnis verdankte, oder vielleicht auch die Zwangslage, die Mutter großer Dinge, ihr ein übernatürliches Talent. Der Kopf des Offiziers wurde unter einem innerlichen Erbeben aufs Papier geworfen, das sie selber der Furcht zuschrieb, in dem jedoch ein Physiologe das Fieber der Inspiration erkannt hätte. Dann und wann warf sie einen flüchtigen Blick auf ihre Gefährtinnen, um für den Fall einer Indiskretion jener die Tuschzeichnung verstecken zu können. Trotz ihrer wachen Aufmerksamkeit kam indessen ein Augenblick, in dem sie nicht das Lorgnon sah, das ihre unbarmherzige Feindin auf die geheimnisvolle Zeichnung gerichtet hielt, wobei sie sich hinter einer großen Mappe mit Zeichnungen versteckte. Mademoiselle Thirion erkannte die Züge des Geächteten und hob unvermittelt den Kopf; und Ginevra steckte die Zeichnung weg.

»Warum sind Sie denn trotz meines Hinweises hier sitzen geblieben?« fragte der Lehrer Ginevra ernsten Tones.

Die Schülerin drehte rasch ihre Staffelei so, daß niemand ihre Tuschzeichnung sehen konnte, zeigte sie ihrem Lehrer und fragte mit bewegter Stimme: »Finden Sie nicht, wie ich, daß das Licht hier viel günstiger ist? Darf ich nicht hierbleiben?«

Servin erbleichte. Da den scharfen Augen des Hasses nichts entgeht, machte Mademoiselle Thirion sich sozusagen zur Dritten im Bunde angesichts der Erregung, die Lehrer und Schülerin überkommen hatte.

»Sie haben recht«, sagte Servin. »Sie verstehen die Sache bald besser als ich«, fügte er mit einem gezwungenen Auflachen hinzu. Es entstand eine Schweigepause, während der der Lehrer den Offizierskopf betrachtete. – »Das ist eine des Salvatore Rosa[14] würdige Meisterleistung«, rief er mit der Energie des Künstlers aus.

Auf diesen Ausruf hin standen sämtliche jungen Damen auf, und Mademoiselle Thirion stürzte mit dem Schwung eines Tigers herbei, der sich auf seine Beute wirft. In diesem Augenblick bewegte sich der durch den Lärm aufgeweckte Geächtete. Ginevra warf ihren Hocker um, stieß ein paar recht zusammenhanglose Sätze hervor und fing an zu lachen; aber sie hatte das Porträt zusammengefaltet und in ihre Zeichenmappe gesteckt, ehe ihre furchtbare Feindin es hatte anschauen können. Die Staffelei wurde umringt, Servin erläuterte laut die Schönheiten der Kopie, an der seine Lieblingsschülerin gegenwärtig arbeitete, und alle wurden durch diese Kriegslist getäuscht, bis auf Amélie, die sich hinter ihre Freundinnen gestellt hatte und die Zeichenmappe aufzumachen versuchte, in die, wie sie gesehen hatte, die Zeichnung hineingelegt worden war. Ginevra ergriff das Kartonbehältnis und stellte es wortlos vor sich hin. Die beiden jungen Mädchen maßen einander stumm mit den Blicken.

»Auf Ihre Plätze, Mesdemoiselles«, sagte Servin. »Wenn Sie so viel können wollen wie Mademoiselle Piombo, dürfen Sie nicht immer nur von Moden oder Bällen reden und Unfug treiben, wie Sie es immer tun.«

Als sämtliche jungen Damen wieder vor ihren Staffeleien hockten, setzte sich Servin neben Ginevra.

»War es nicht besser, daß das Geheimnis durch mich anstatt durch eine andere entdeckt wurde?« fragte die Italienerin leise.

»Ja«, antwortete der Maler. »Sie sind Patriotin; aber wenn Sie es auch nicht wären, hätte ich es am ehesten Ihnen anvertraut.«

Lehrer und Schülerin verstanden einander, und Ginevra scheute nicht länger die Frage: »Wer ist es?«

»Labédoyères bester Freund, derjenige, der, nächst dem unglückseligen Obersten, am meisten dazu beigetragen hat, daß das 7. Regiment sich mit den Grenadieren von der Insel Elba vereinigte. Er hat einen Truppenteil bei der Garde kommandiert und kommt von Waterloo zurück.«

»Warum haben Sie nicht seine Uniform und seinen Tschako verbrannt und ihm nicht Zivilzeug gegeben?« fragte Ginevra lebhaft.

»Das soll mir heute abend gebracht werden.«

»Sie hätten unser Atelier für ein paar Tage schließen sollen.«

»Er will weg.«

»Will er denn zu Tode kommen?« fragte das junge Mädchen. »Lassen Sie ihn hier bei Ihnen während der ersten stürmischen Tage. Paris ist der einzige Ort in Frankreich, wo ein Mann sicher versteckt gehalten werden kann. Ist er mit Ihnen befreundet?« fragte sie.

»Nein, er besitzt nichts außer seinem Unglück als Empfehlung an mich. Auf folgende Weise ist er mir in die Hände gefallen: mein Schwiegervater, der während dieses Feldzugs wieder in den aktiven Dienst getreten war, hat den armen jungen Mann getroffen und ihn sehr geschickt vor den Klauen derjenigen bewahrt, die Labédoyère festgenommen haben. Er hatte sich für ihn einsetzen wollen, der Wahnwitzige!«

»Ausgerechnet Sie bezeichnen ihn so?« rief Ginevra und warf einen überraschten Blick auf den Maler, der sekundenlang schwieg.

»Mein Schwiegervater wird allzu sehr bespitzelt, als daß er jemanden in seinem Haus behalten könnte«, fuhr er fort. »Deshalb hat er ihn vorige Woche bei Nacht zu mir gebracht. Ich hatte gehofft, ich könnte ihn allen Blicken entziehen, wenn ich ihn in diesen Winkel steckte, der einzigen Stelle im Haus, wo er hätte sicher sein können.«

»Wenn ich Ihnen helfen kann, bedienen Sie sich meiner«, sagte Ginevra, »ich kenne den Marschall Feltre[15].«

»Wir wollen sehen«, antwortete der Maler.

Diese Unterhaltung dauerte allzu lange, als daß sie nicht sämtliche Mädchen stutzig gemacht hätte. Servin ging von Ginevra weg, trat nochmals an jede Staffelei heran und erteilte so ausgiebige Belehrungen, daß er noch dabei war, als die Stunde schlug, zu der seine Schülerinnen für gewöhnlich aufbrachen.

»Sie haben Ihre Handtasche vergessen, Mademoiselle Thirion«, rief der Lehrer und lief hinter dem jungen Mädchen her, das sich zum Handwerk eines Spitzels herabgewürdigt hatte, um seinen Haß zu befriedigen.

Die neugierige Schülerin holte ihre Tasche und bezeigte einige Überraschung über ihre Vergeßlichkeit, aber Servins Fürsorglichkeit war für sie ein neuer Beweis dafür, daß hier ein Geheimnis obwaltete, dessen Bedeutsamkeit nicht angezweifelt zu werden vermochte; sie hatte sich schon alles ausgedacht, was getan werden mußte, und konnte wie der Abbé Vertot sagen: »Meine Belagerung ist fertig.«[16] Geräuschvoll stieg sie die Treppe hinunter und zog heftig die in Servins Wohnung führende Tür zu, um glauben zu machen, sie sei weggegangen; aber dann ging sie leise wieder hinauf und blieb hinter der Ateliertür stehen. Als der Maler und Ginevra sich allein glaubten, klopfte er auf eine bestimmte Art an die Mansardentür, die sich sogleich in ihren rostigen, quietschenden Angeln drehte. Die Italienerin sah einen jungen, hochgewachsenen, gutaussehenden Mann erscheinen; der Anblick der kaiserlichen Uniform ließ ihr Herz höher schlagen. Der Offizier trug einen Arm in der Binde, und seine blasse Gesichtsfarbe ließ auf heftige Schmerzen schließen. Als er eine Unbekannte erblickte, fuhr er zusammen. Amélie, die nichts sehen konnte, scheute sich, noch länger dazubleiben; aber da es ihr genügte, das Quietschen der Tür vernommen zu haben, ging sie geräuschlos weg.

»Nur keine Angst«, sagte der Maler zu dem Offizier, »die Dame ist die Tochter des treuesten Freundes des Kaisers, des Barons de Piombo.«

Nachdem er sie angeschaut hatte, hegte der junge Offizier keinen Zweifel mehr an Ginevras patriotischer Gesinnung.

»Sind Sie verwundet?« fragte sie.

»Oh, nicht weiter schlimm, die Wunde schließt sich schon.«

In diesem Augenblick schollen die gellenden, durchdringenden Stimmen der Zeitungsverkäufer bis ins Atelier hinauf: »Todesurteil gefällt gegen ...«[17] Alle drei erzitterten. Als erster vernahm der Offizier einen Namen, der ihn erbleichen ließ.

»Labédoyère!« sagte er und sank auf den Schemel.

Stumm blickten sie einander an. Auf der fahlen Stirn des jungen Mannes bildeten sich Schweißtropfen; mit der freien Hand fuhr er sich verzweifelt in das üppige schwarze Haar und stützte den Ellbogen auf den Rand von Ginevras Staffelei.

»Schließlich«, sagte er und stand unvermittelt auf, »wußten Labédoyère und ich, was wir taten. Wir kannten das Los, das unser nach dem Triumph wie nach der Niederlage wartete. Er stirbt für seine Sache, und ich, ich halte mich versteckt ...«

Er hastete auf die Ateliertür zu, aber Ginevra war behender als er gewesen und versperrte ihm den Weg.

»Können Sie den Kaiser wieder auf den Thron setzen?« fragte sie. »Glauben Sie, Sie könnten dem Giganten wieder aufhelfen, wenn er selber sich nicht auf den Beinen halten konnte?«

»Was soll denn aus mir werden?« fragte da der Geächtete die beiden Freunde, die der Zufall ihm beschert hatte. »Ich habe keinen einzigen Verwandten auf Erden, Labédoyère war mein Gönner und Freund, ich stehe ganz allein da; morgen bin ich vielleicht geächtet oder verurteilt, ich habe nie mehr als meinen Sold mein eigen genannt, ich habe meinen letzten Taler darangesetzt, Labédoyère seinem Schicksal zu entreißen und ihm zur Flucht zu verhelfen; also ist der Tod für mich eine Notwendigkeit. Ist man aber zum Sterben entschlossen, so muß man seinen Kopf dem Henker so teuer wie möglich zu verkaufen wissen. Gerade eben ist mir eingefallen, daß das Leben eines anständigen Menschen gut und gern das von zwei Verrätern aufwiegt, und daß ein gut gezielter Dolchstoß einen unsterblich machen kann.«

Dieser Ausbruch der Verzweiflung erschreckte den Maler und sogar Ginevra, die sich in den jungen Mann hineinversetzen konnte. Die Italienerin war hingerissen von seinem schönen Kopf und von seiner köstlichen Stimme, deren Wohlklang kaum durch den zornigen Unterton beeinträchtigt wurde; dann strich sie plötzlich Balsam auf alle Wunden des Unglücklichen.

»Was Ihre pekuniäre Notlage betrifft«, sagte sie, »so gestatten Sie mir bitte, Ihnen anzubieten, was ich erspart habe. Mein Vater ist reich, ich bin sein einziges Kind, ich bin sicher, daß er mir keine Vorwürfe machen wird. Machen Sie sich kein Gewissen daraus, anzunehmen: Unser Hab und Gut stammt vom Kaiser her, wir besitzen keinen Centime, der nicht von seiner Freigebigkeit herrührte. Ist es nicht Dankbarkeit, wenn wir einem seiner treuen Soldaten helfen? Nehmen Sie also diese Summe genauso ohne große Umstände, wie ich sie Ihnen anbiete. Es handelt sich doch nur um Geld«, fügte sie hinzu, und ihre Stimme klang verächtlich. »Jetzt werden Sie auch Freunde finden!« Dabei hob sie den Kopf, und ihre Augen strahlten in ungewöhnlichem Glanz. – »Das Haupt, das morgen vor zwölf Gewehrläufen fällt, rettet das Ihre«, fuhr sie fort. »Warten Sie, bis dieser Gewittersturm vorübergezogen ist, dann können Sie im Ausland Dienst nehmen, sofern Sie hier nicht vergessen werden, oder in der französischen Armee, sofern Sie vergessen werden.«

In den von einer Frau gespendeten Trostworten waltet eine Zartheit, der stets etwas Mütterliches innewohnt, etwas Vorausschauendes, etwas Umfassendes. Aber wenn solcherlei Worten des Friedens und der Hoffnung sich die Anmut der Gesten, die aus dem Herzen kommende Beredsamkeit zugesellen, und vor allem: wenn die Wohltäterin schön ist, dann fällt es einem jungen Mann schwer, zu widerstehen. Mit allen Sinnen atmete der Oberst die Liebe in sich ein. Eine leichte Röte färbte seine weißen Wangen, seine Augen verloren etwas von der Melancholie, die sie getrübt hatte, und er sagte mit einem ganz besonderen Stimmklang: »Sie sind ein Engel an Güte! Aber Labédoyère«, fügte er hinzu, »Labédoyère!«

Bei diesem Aufschrei blickten die drei einander an, in schweigendem Verstehen. Sie waren nicht länger wie Freunde, die einander seit zwanzig Minuten, sondern seit zwanzig Jahren kennen.

»Mein Lieber«, sagte Servin, »können Sie ihn denn retten?«

»Rächen kann ich ihn.«

Ginevra erbebte: Obwohl der Unbekannte gut aussah, hatte nicht etwa sein Anblick das Mädchen bewegt; das weiche Mitgefühl, das die Frauen für alle Notlagen, denen nichts Unedles innewohnt, im Herzen hegen, hatte in Ginevra jede andere Regung ausgelöscht: Aber einen Racheschrei zu hören, in diesem Geächteten einer italienischen Seele zu begegnen, Hingabe für Napoleon, korsischen Edelmut ...? Das war für sie zuviel; sie betrachtete also den Offizier mit einem Gefühl der Ehrfurcht, die ihr Herz machtvoll durchschwoll. Zum erstenmal ließ ein Mann sie so heftig empfinden. Wie alle Frauen, gefiel sie sich darin, die Seele des Unbekannten in Harmonie mit der vornehmen Schönheit seiner Züge zu bringen, mit der Ausgewogenheit seines Wuchses, die sie als Künstlerin bewunderte. Von zufälliger Neugier war sie zum Mitleid übergeglitten, vom Mitleid zu einer machtvollen Anteilnahme, und nun gelangte sie von der Anteilnahme zu so tiefen Gefühlen, daß sie es für gefährlich hielt, noch länger hier zu bleiben.

»Bis morgen also«, sagte sie und hinterließ dem Offizier ihr lieblichstes Lächeln als Trost.

Beim Erblicken dieses Lächelns, das etwas wie ein neues Licht über Ginevras Gesicht warf, vergaß der Unbekannte sekundenlang alles.

»Morgen«, antwortete er voller Trauer, »morgen wird Labédoyère ...«

Ginevra wandte sich um, legte einen Finger auf die Lippen und sah ihn an, als wolle sie ihm sagen: »Beruhigen Sie sich, seien Sie klug.«

Da rief der junge Mann: »O Dio! Che non vorrei vivere dopo averla veduta! (O Gott, wer möchte nicht leben, nachdem er Sie gesehen hat!)«

Der besondere Akzent, mit dem er diesen Satz gesprochen hatte, ließ Ginevra zusammenzucken.

»Sind Sie Korse?« rief sie und trat wieder vor ihn hin, und ihr Herz pochte vor Wohlgefallen.

»Ich bin auf Korsika geboren«, antwortete er; »aber ich bin schon sehr jung nach Genua gebracht worden; und sobald ich in dem Alter war, da man in den Militärdienst eintritt, habe ich mich gemeldet.«

Die Schönheit des Unbekannten, die übergroße Anziehungskraft, die ihm seine Anhänglichkeit an den Kaiser lieh, seine Verwundung, sein Unglück, sogar die Gefahr, in der er sich befand, alles schwand in Ginevras Augen hin, oder vielmehr: es schmolz in einem einzigen neuen, köstlichen Gefühl zusammen. Der Geächtete war ein Sohn Korsikas, er sprach dessen geliebte Sprache! Kurze Zeit blieb das Mädchen reglos stehen, in einer magischen Empfindung befangen; sie hatte ein lebendes Bild vor Augen, dem alle vereinigten menschlichen Gefühle und der Zufall lebendige Farben zuteil werden ließen. Auf Servins Aufforderung hin hatte der Offizier sich auf ein Ruhebett gesetzt, der Maler hatte die Binde, die den Arm seines Gastes hielt, aufgenestelt und löste den Verband, um die Verwundung mit einem neuen Pflaster zu versehen. Ginevra erschauerte, als sie am Unterarm des jungen Mannes eine lange, breite, von einer Säbelklinge herrührende Wunde sah, und ließ sich einen Klageruf entschlüpfen. Der Unbekannte hob den Kopf, sah sie an und begann zu lächeln. Es lag etwas Rührendes und zu Herzen Gehendes in der Sorgfalt, mit der Servin die Charpie[18] abnahm und das wunde Fleisch betastete; wogegen das freilich blasse und kränkliche Gesicht des Verwundeten beim Anblick des jungen Mädchens mehr Lust als Schmerz ausdrückte. Eine Künstlerin mußte, ob sie wollte oder nicht, diesen Gegensatz der Empfindungen bewundern, den die weißen Binden und der nackte Arm mit dem Blau und Rot der Uniform des Offiziers bildeten. Ein weiches Dunkel erfüllte jetzt das Atelier; aber ein letzter Sonnenstrahl erhellte die Stelle, wo der Geächtete saß, so daß sein edles, bleiches Gesicht, sein schwarzes Haar, seine Kleidung von Licht überflutet waren. Diesen schlichten Effekt hielt die abergläubische Italienerin für ein gutes Vorzeichen. Der Unbekannte ähnelte auf diese Weise einem himmlischen Boten, der sie die Sprache ihrer Heimat vernehmen ließ und sie dem Zauber der Kindheitserinnerungen unterwarf, während in ihrem Herzen ein Gefühl anhob, das ebenso jung und rein war wie ihre unschuldige Jugendzeit. Für eine ganz kurze Weile blieb sie versonnen und wie in einen unendlichen Gedanken versunken; dann errötete sie, weil sie sich ihre Befangenheit hatte anmerken lassen, wechselte einen weichen, raschen Blick mit dem Geächteten und lief davon, wobei sie ihn nach wie vor vor Augen hatte.

Am anderen Tag war kein Malunterricht, aber Ginevra ging dennoch ins Atelier, und der Gefangene konnte bei seiner Landsmännin verweilen; Servin, der eine Studie fertigzumalen hatte, erlaubte dem Eingeschlossenen dazubleiben; er diente den beiden jungen Leuten als Mentor; sie unterhielten sich mehrfach im korsischen Dialekt. Der arme Soldat erzählte von seinen Leiden auf dem Rückzug von Moskau; er hatte nämlich als Neunzehnjähriger den Übergang über die Beresina mitgemacht, als letzter Überlebender seines Regiments, nachdem er in seinen Kameraden die einzigen Menschen verloren hatte, die Anteil an einem Waisenjungen hätten nehmen können. Er schilderte wie in Flammenschrift die Katastrophe von Waterloo. Seine Stimme war für die Italienerin wie Musik. Die auf Korsika herangewachsene Ginevra war sozusagen ein Naturkind; die Lüge war ihr fremd, und sie gab sich ohne Umschweif ihren Eindrücken hin, sie bekannte sie offen, oder vielmehr: sie ließ sie durchschimmern, ohne in die kleinliche, berechnende Koketterie der jungen Pariserinnen zu verfallen. Mehr als einmal saß sie im Verlauf dieses Tages da, die Palette in der einen Hand, den Pinsel in der anderen, ohne daß der Pinsel sich mit den Farben der Palette vollsog: Ihre Augen hingen an dem Offizier, ihr Mund war leicht geöffnet, sie lauschte, immer nahe daran, einen Pinselstrich zu tun, der nie getan wurde. Es wunderte sie nicht, daß sie soviel Süße in den Augen des jungen Mannes fand, denn sie spürte, daß auch die ihrigen süß wurden, ungeachtet ihres Bestrebens, ihnen einen strengen oder ruhigen Ausdruck zu geben. Dann wieder malte sie mit ganz besonderer Aufmerksamkeit stundenlang, ohne den Kopf zu heben, weil er da war, dicht neben ihr, und ihr beim Arbeiten zusah. Als er sich das erstemal zu ihr setzte, um sie schweigend zu betrachten, fragte sie ihn mit bewegt klingender Stimme und nach einer langen Pause: »Macht es Ihnen denn Freude, zu sehen, wie man malt?« An jenem Tag erfuhr sie, daß er Luigi hieß. Bevor sie sich verabschiedeten, verabredeten sie, daß Ginevra an den Unterrichtstagen, wenn irgendein wichtiges politisches Ereignis stattgefunden habe, ihn davon in Kenntnis setzen solle, indem sie leise gewisse italienische Lieder singe.

Am folgenden Tag teilte Mademoiselle Thirion allen ihren Kameradinnen unter dem Siegel der Verschwiegenheit mit, Ginevra di Piombo werde von einem jungen Mann geliebt, der sich während der Unterrichtsstunden in dem dunklen Gelaß neben dem Atelier aufhalte.

»Sie, die Sie ihr die Stange halten«, sagte sie zu Mademoiselle Roguin, »sollten sie einmal genau beobachten; dann werden sie nämlich sehen, womit sie sich die Zeit vertreibt.«

Ginevra wurde nun also mit diabolischer Aufmerksamkeit beobachtet. Ihre Lieder wurden belauscht, ihre Blicke bespitzelt. Wenn sie glaubte, von niemandem gesehen zu werden, war unablässig ein Dutzend Augen auf sie gerichtet. Die auf diese Weise unterrichteten Mädchen interpretierten vollauf richtig die Wallungen, die über das leuchtende Gesicht der Italienerin hinwegglitten, und auch ihre Gesten, den besonderen Klang der Lieder, die sie trällerte, die aufmerksame Miene, mit der man sie auf unbestimmte Töne horchen sah, die einzig sie durch die

Trennwand hindurch vernahm. Nach Ablauf einer Woche hatte nur eine einzige von Servins Schülerinnen, nämlich Laure, dem Drang widerstanden, Louis durch den Spalt in der Trennwand zu beobachten; aus einem instinktiven Gefühl der Schwäche trat sie nach wie vor für die schöne Korsin ein; Mademoiselle Roguin wollte sie dazu bringen, daß sie, wenn alle weggingen, auf der Treppe stehenbleibe, damit sie ihr die Vertrautheit Ginevras und des schönen jungen Mannes beweisen könne, indem sie sie zusammen überraschte; aber Laure lehnte es ab, sich zu einer Spitzelei zu erniedrigen, die nicht durch Neugierde gerechtfertigt werden konnte, und so wurde sie zum Gegenstand allgemeiner Mißbilligung. Bald hielt die Tochter des Türhüters des königlichen Kabinetts es für wenig angemessen, in das Atelier eines Malers zu kommen, dessen Anschauungen einen Anhauch von Patriotismus oder Bonapartismus hatten, was zu jener Zeit ein und dasselbe zu sein schien; sie ging also nicht mehr zu Servin. Wenngleich Amélie Ginevra vergessen hatte, trug doch das von ihr gesäte Böse seine Früchte. Unmerklich, durch Zufall, Geschwätzigkeit oder Prüderie unterrichteten sämtliche junge Damen ihre Mütter über das seltsame Abenteuer, das sich im Atelier vollzog. Eines Tages fehlte Mathilde Roguin, in der nächsten Unterrichtsstunde ein anderes Mädchen; schließlich kamen drei oder vier Demoisellen, die bis zuletzt ausgeharrt hatten, nicht mehr wieder. Ginevra und Laure, ihre kleine Freundin, waren ein paar Tage lang die einzigen Besucherinnen des verwaisten Ateliers. Die Italienerin beachtete die Leere gar nicht, in der sie sich befand, und forschte nicht einmal nach der Ursache des Fernbleibens ihrer Kameradinnen. Da sie seit kurzem Mittel und Wege gefunden hatte, heimlich mit Louis in Verbindung zu treten, lebte sie im Atelier wie an einer köstlichen Zufluchtsstätte, einsam inmitten einer Welt, einzig von Gedanken an den Offizier und an die ihn bedrohenden Gefahren erfüllt. Obwohl eine ehrliche Bewunderin nobler Charaktere, die ihren politischen Glauben nicht verleugnen wollen, drängte das junge Mädchen Louis, sich schleunigst der königlichen Autorität zu unterwerfen, damit er in Frankreich bleiben könne. Louis wollte sein Versteck nicht verlassen. Wenn Leidenschaften nur unter dem Einfluß außergewöhnlicher Ereignisse entstehen und wachsen, dann haben niemals so viele Umstände zusammengewirkt, zwei Menschenwesen durch das gleiche Gefühl aneinander zu binden. Die Freundschaft Ginevras zu Louis und die Louis' zu ihr machten auf diese Weise innerhalb eines Monats raschere Fortschritte als eine gesellschaftliche Freundschaft innerhalb von zehn Jahren in einem Salon. Ist Notlage nicht der Prüfstein der Charaktere? Ginevra konnte somit Louis leicht abschätzen, ihn kennenlernen, und beide empfanden bald hohe, wechselseitige Achtung füreinander. Ginevra war älter als Louis, und es war für sie reizvoll, von einem jüngeren Mann umworben zu werden, der schon soviel Größe besaß, so vom Schicksal erprobt war, und der mit der Erfahrung des reifen Mannes alle Anmut des Jünglingsalters vereinte. Louis seinerseits verspürte eine unaussprechliche Lust darin, dem Anschein nach von einem fünfundzwanzigjährigen Mädchen geschützt zu werden. In diesem Gefühl lag ein gewisser unerklärlicher Hochmut. War es nicht der Beweis der Liebe? Die Vereinigung von Sanftmut und Stolz, von Kraft und Schwäche in Ginevra war von unwiderstehlicher Anziehungskraft; daher wurde Louis von ihr völlig unterjocht. Kurzum: sie liebten einander bereits so tief, daß sie es voreinander nicht abzuleugnen noch es sich zu sagen brauchten. Eines Tages, gegen Abend, vernahm Ginevra das verabredete Signal: Louis scharrte mit einer Nadel in dem Holzwerk, und zwar so leise, daß er dabei nicht mehr Geräusch machte als eine Spinne, die ihren Faden befestigt; auf diese Weise fragte er an, ob er aus seinem Versteck herauskommen könne; sie warf einen Blick durchs Atelier, sah die kleine Laure nicht und beantwortete das Signal; doch als Louis die Tür öffnete, gewahrte er die Schülerin und wich hastig wieder zurück. Verdutzt hielt Ginevra Umschau, erblickte Laure, ging zu ihrer Staffelei und sagte: »Sie bleiben recht lange hier, Liebe. Dabei scheint mir der Kopf fertig zu sein, es braucht nur noch ein Glanzlicht oben auf der Haarsträhne angebracht zu werden.«

»Es wäre reizend von Ihnen«, sagte Laure mit bewegter Stimme, »wenn Sie mir diese Kopie korrigierten; dann könnte ich etwas von Ihnen für mich behalten . . .«

»Gern«, antwortete Ginevra, die sicher war, sie auf diese Weise verabschieden zu können. »Ich habe gemeint«, fuhr sie fort und machte dabei ein paar leichte Pinselstriche, »Sie hätten einen weiten Weg von daheim zum Atelier.«

»Ach, Ginevra, ich gehe ja gleich, und zwar für immer«, rief das Mädchen mit bekümmerter Miene.

»Sie gehen von Monsieur Servin fort?« fragte die Italienerin, ohne von diesen Worten so beeindruckt zu sein, wie sie es noch vor einem Monat gewesen wäre.

»Haben Sie denn nicht gemerkt, Ginevra, daß seit einiger Zeit nur noch Sie und ich hier sind?«

»Das stimmt«, antwortete Ginevra, die plötzlich betroffen war, als sei es ihr eben erst eingefallen. »Sind die Damen etwa krank, wollen sie heiraten, oder stehen ihre Väter sämtlich im Schloß in Dienst?«

»Sie haben alle Monsieur Servin den Rücken gekehrt«, antwortete Laure.

»Und warum?«

»Ihretwegen, Ginevra.«

»Meinetwegen?« wiederholte das korsische Mädchen und stand auf, mit drohender Stirn, stolzen Blicken und funkelnden Augen.

»Ach, werden Sie nicht böse, liebe Ginevra«, rief Laure schmerzlich. »Aber auch meine Mutter will, daß ich aus dem Atelier ausscheide. All die Mädchen haben gesagt, Sie hätten ein Liebesverhältnis, und Monsieur Servin gebe sich dazu her, daß ein junger Mann, der Sie liebt, sich in dem dunklen Gelaß aufhalte; ich habe nie an diese Verleumdungen geglaubt und meiner Mutter nichts davon gesagt. Gestern abend hat Madame Roguin meine Mutter auf einem Ball getroffen und sie gefragt, ob sie mich nach wie vor hierher schicke. Auf die bejahende Antwort meiner Mutter hat sie ihr die Lügen der Damen aufgetischt. Mama hat mich tüchtig ausgescholten, sie hat behauptet, ich hätte das wissen müssen, und ich hätte dadurch, daß ich ihr nichts davon erzählt, es an Vertrauen fehlen lassen, das zwischen Mutter und Tochter herrschen müsse. Ach, liebe Ginevra! Ich habe Sie mir zum Vorbild genommen, und wie traurig bin ich jetzt, daß ich nicht länger Ihre Kameradin sein kann . . .«

»Wir werden im Leben schon mal wieder zusammenkommen: junge Mädchen heiraten . . .«, sagte Ginevra.

»Wenn sie reich sind«, antwortete Laure.

»Besuch mich doch mal, mein Vater hat Vermögen ...«

»Ginevra«, fuhr Laure gerührt fort, »Madame Roguin und meine Mutter wollen morgen zu Monsieur Servin gehen und ihm Vorwürfe machen; er müßte doch zumindest gewarnt werden.«

Hätte ein Blitz zwei Schritte neben Ginevra eingeschlagen, so wäre sie weniger verblüfft gewesen als durch diese Enthüllung.

»Was geht denn sie das an?« fragte sie naiv.

»Alle finden es sehr schlimm. Mama hat gesagt, es verstoße gegen den Anstand ...«

»Und Sie, Laure, wie denken Sie darüber?«

Das Mädchen blickte Ginevra an, beider Gedanken verschmolzen, Laure hielt ihre Tränen nicht länger zurück, fiel der Freundin um den Hals und küßte sie. In diesem Augenblick kam Servin herein.

»Mademoiselle Ginevra«, sagte er begeistert, »mein Bild ist fertig, es wird jetzt gefirnißt. Was haben Sie denn? Anscheinend haben sämtliche Damen Urlaub genommen oder sind auf dem Lande.«

Laure trocknete ihre Tränen, verabschiedete sich von Servin und zog sich zurück.

»Seit ein paar Tagen ist das Atelier verwaist«, sagte Ginevra, »und die Damen wollen nicht wiederkommen.«

»Pah ...?«

»Oh, lachen Sie nicht«, fuhr Ginevra fort, »hören Sie mich an: Ich bin die ungewollte Ursache, daß Sie Ihren Ruf eingebüßt haben.«

Der Künstler begann zu lächeln und fiel seiner Schülerin ins Wort: »Mein Ruf ...? Aber in ein paar Tagen wird doch mein Bild ausgestellt.«

»Es handelt sich nicht um Ihr Talent«, sagte die Italienerin, »sondern um Ihre Moral. Die Damen haben ausgeplaudert, daß Louis hier eingeschlossen ist, und daß Sie ... unsere Liebe ...«

»Daran ist etwas Wahres«, antwortete der Lehrer. »Die Mütter der Damen tun prüde«, fuhr er fort. »Wenn sie zu mir gekommen wären, hätte sich alles aufgeklärt. Aber soll ich mir all das zu Herzen nehmen? Dazu ist das Leben zu kurz!«

Und der Maler hob die Hände über den Kopf und schnalzte

mit den Fingern. Louis hatte einen Teil dieses Gesprächs mit angehört und eilte sogleich herbei.

»Sie verlieren noch Ihre sämtlichen Schülerinnen«, rief er, »und dann bin ich es, der Sie ruiniert hat.«

Der Künstler nahm Louis' und Ginevras Hände und legte sie ineinander. – »Wollt ihr heiraten, Kinder?« fragte er mit rührender Biederkeit. Beide senkten den Blick, und ihr Schweigen war das erste Geständnis, das sie einander ablegten. – »Na, also!« fuhr Servin fort, »ihr werdet glücklich, nicht wahr? Gäbe es etwas, das das Glück zweier Wesen, wie ihr es seid, wettmachen könnte?«

»Ich bin reich«, sagte Ginevra, »und Sie müssen mir erlauben, Sie zu entschädigen ...«

»Entschädigen ...!« rief Servin. »Wenn herauskommt, daß ich das Opfer der Verleumdungen irgendwelcher Gänse gewesen bin und daß ich einen Geächteten versteckt gehalten habe, dann schicken sämtliche Liberale von Paris ihre Töchter zu mir! Vielleicht bin ich dann Ihr Schuldner ...«

Louis drückte seinem Schützer die Hand; er konnte kein Wort hervorbringen; aber endlich sagte er gerührt: »Ihnen also verdanke ich all meine Seligkeit.«

»Seid glücklich, ich eine euch«, sagte der Maler mit komischer Salbung und legte die Hände auf die Köpfe der Liebenden.

Dieser Künstlerscherz machte ihrer Rührung ein Ende. Alle drei schauten einander lachend an. Die Italienerin drückte Louis kräftig und mit einer der Sitten ihrer Heimat würdigen Schlichtheit die Hand.

»Tja, liebe Kinder«, fuhr Servin fort, »jetzt glaubt ihr vielleicht, alles gehe wunderbar glatt? Na, da täuscht ihr euch.«

Die Liebenden musterten ihn erstaunt.

»Beruhigt euch, ich bin der einzige, den euer Streich in Verlegenheit bringt! Meine Frau ist ein bißchen altmodisch, und ich weiß wirklich nicht, wie wir uns mit ihr einigen werden.«

»Mein Gott, das habe ich ja ganz vergessen!« rief Ginevra. »Morgen kommen Madame Roguin und Laures Mutter zu Ihnen ...«

»Ich verstehe!« fiel ihr der Maler ins Wort.

»Aber Sie können sich rechtfertigen«, sprach das junge Mädchen weiter und tat eine stolze Kopfbewegung. »Monsieur Louis«, sagte sie und schaute den Offizier durchtrieben an, »hat doch jetzt keine Antipathie mehr gegen die königliche Regierung? – Gut«, fuhr sie fort, nachdem sie ihn hatte lächeln sehen, »morgen früh schicke ich ein Bittgesuch an eine der einflußreichsten Persönlichkeiten im Kriegsministerium, an einen Mann, der der Tochter des Barons de Piombo nichts abschlagen kann. Wir erlangen eine stillschweigende Begnadigung für den Major Louis, denn Ihren Dienstgrad als Oberst werden ›sie‹ Ihnen nicht zuerkennen. Und Sie«, fügte sie, zu Servin gewandt, hinzu, »können die Mütter meiner mildherzigen Gefährtinnen demütigen, indem Sie ihnen die Wahrheit sagen.«

»Sie sind ein Engel!« rief Servin.

Während sich diese Szene im Atelier abspielte, waren Ginevras Eltern voller Unruhe, daß sie noch nicht wieder daheim sei.

»Es ist sechs, und Ginevra ist noch immer nicht zurück«, rief Bartolomeo.

»Noch nie ist sie so spät heimgekommen«, antwortete de Piombos Frau.

Die beiden alten Leute blickten einander mit allen Anzeichen ungemeiner Angst an. Bartolomeo war viel zu erregt, als daß er hätte sitzen bleiben können; er stand auf und ging zweimal in seinem Salon umher, und zwar mit einer für einen Mann von siebenundsiebzig Jahren recht ungewöhnlichen Hurtigkeit. Dank seiner robusten Konstitution hatte er sich seit dem Tag seiner Ankunft in Paris nur wenig verändert, und trotz seines hohen Wuchses hielt er sich nach wie vor gerade. Sein weiß und spärlich gewordenes Haar entblößte einen breiten, vorspringenden Schädel, der eine hohe Vorstellung von seinem Charakter und seiner Festigkeit gab; sein von tiefen Falten durchzogenes Gesicht hatte sich kräftig weiterentwickelt, aber die blasse Farbe beibehalten, die Verehrung einflößt. Das Ungebärdige der Leidenschaften herrschte noch in dem übernatürlichen Feuer seiner Augen, deren Brauen noch nicht völlig weiß waren und ihre schreckliche Beweglichkeit beibehalten hatten. Der Kopf machte einen strengen Eindruck, aber man erkannte auch, daß Bartolomeo das Recht hatte, zu sein, wie er war. Seine Güte, seine Milde kannten beinahe nur seine Frau und seine Tochter. Im

Amt oder einem Fremden gegenüber legte er nie das Majestätische ab, das die Zeit seiner Persönlichkeit zu bezeigen gebot, und die Gewohnheit, die dicken Brauen zu runzeln, die Gesichtsfalten zusammenzuziehen, seinem Blick eine napoleonische Starrheit zu verleihen, ließen ihn als eisig erscheinen. Während seiner politischen Laufbahn war er so allgemein gefürchtet gewesen, daß er als recht ungesellig gegolten hatte; aber die Ursachen dieses Rufs zu erklären ist nicht schwierig. Das Leben, die Sittenstrenge und die Treue Piombos bildeten eine Rüge der Mehrzahl der Höflinge. Trotz der heiklen Missionen, die seiner Diskretion anvertraut worden waren und die für jeden anderen sehr einträglich gewesen wären, besaß er lediglich etwa dreißigtausend Francs Renten aus Eintragungen ins Staatsschuldbuch. Wenn man bedenkt, wie niedrig im Kurs die Staatsrenten während des Kaiserreichs standen, und die Freigebigkeit Napoleons gegenüber denjenigen seiner treuen Diener, die den Mund aufzumachen verstanden, in Betracht zieht, ist leicht ersichtlich, daß der Baron Piombo ein Mann von strenger Rechtlichkeit war; er dankte sein Gefieder als Baron einzig der Notwendigkeit, ihm einen solchen Titel zu geben, in die Napoleon sich versetzt gesehen hatte, als er ihn an einen ausländischen Hof schickte. Bartolomeo hatte stets einen unversöhnlichen Haß gegen die Verräter gehegt, mit denen Napoleon sich in dem Glauben umgab, er werde sie durch Siege für sich gewinnen. Er war es gewesen, der drei Schritte auf die Tür des Arbeitszimmers des Kaisers zu machte, nachdem er ihm geraten hatte, sich dreier Männer in Frankreich zu entledigen[19]; das soll am Tag vor der Abreise des Kaisers zu dem berühmten, bewundernswerten Feldzug des Jahres 1814 geschehen sein. Seit der zweiten Rückkehr der Bourbonen trug Bartolomeo das Kreuz der Ehrenlegion nicht mehr. Niemals hat jemand ein schöneres Abbild jener alten Republikaner, der unbestechlichen Freunde des Kaiserreichs, geboten, die als lebendige Trümmerstücke der beiden kraftvollsten Regierungen übriggeblieben waren, die die Welt je gekannt hat. Wenn der Baron de Piombo auch einigen Höflingen mißfallen hatte, so zählte er doch Männer wie Daru[20], Drouot[21] und Carnot[22] zu seinen Freunden. Daher kümmerte er sich nach Waterloo um den Rest der Politiker genauso wenig wie um den Rauch, den er aus seiner Zigarre sog.

Bartolomeo di Piombo hatte mittels der recht mäßigen Summe, die ihm Madame Mère, die Mutter des Kaisers, für seine korsischen Besitztümer gegeben hatte, das alte Stadtpalais Portenduère gekauft und darin keinerlei Veränderungen vorgenommen. Da er nahezu immer auf Kosten der Regierung untergebracht worden war, hatte er jenes Haus erst nach der Katastrophe von Fontainebleau[23] bezogen. Gemäß den Gepflogenheiten schlichter Menschen von hoher Rechtlichkeit gaben der Baron und seine Frau nichts auf äußeren Luxus: Ihre Möbel entstammten dem alten Inventar des Palais. Die hohen, düsteren, kahlen Räume dieser Behausung, die breiten Spiegel in alten, vergoldeten, fast schwarz gewordenen Prunkrahmen und jenes Mobiliar aus der Zeit Ludwigs XIV. paßten zu Bartolomeo und seiner Frau, Gestalten, wie sie des klassischen Altertums würdig gewesen wären. Während des Kaiserreichs und der Hundert Tage hatte der alte Korse, der ausgiebig bezahlte Funktionen ausgeübt hatte, ein großes Haus geführt, freilich eher mit dem Ziel, seiner Stellung Ehre zu machen, als in der Absicht, zu glänzen. Sein Leben wie das seiner Frau war so frugal, so ruhig, daß ihr bescheidenes Vermögen ihnen vollauf genügte. Für sie wog ihre Tochter Ginevra alle Reichtümer der Welt auf. Als daher im Mai 1814 der Baron de Piombo aus seinem Amt ausgeschieden war, entließ er seine Dienerschaft und schloß die Tür seines Pferdestalls; und Ginevra, die schlicht und ohne Hang zum Luxus wie ihre Eltern war, empfand deswegen keinerlei Bedauern. Nach dem Beispiel großer Seelen bestand ihr Luxus in der Stärke der Gefühle, gerade wie sie ihr Glück in die Einsamkeit und in die Arbeit verlagerte. Überdies hatten diese drei Menschen einander allzu lieb, als daß die Außendinge des Daseins in ihren Augen irgendwelchen Wert besessen hätten. Oft, und zumal seit dem zweiten, dem furchtbaren Sturz Napoleons, verbrachten Bartolomeo und seine Frau köstliche Abende im Anhören von Ginevras Klavierspiel und Gesang. Es lag für sie eine unsägliche geheime Freude in der Gegenwart, in der geringsten Äußerung der Tochter; sie folgten ihr mit Blicken voll zärtlicher Unruhe, sie hörten im Hof ihren Schritt, so leicht er auch sein mochte. Wie Liebende konnten sie alle drei ganze Stunden stumm verbringen; dann vernahmen sie die Beredsamkeit ihrer Seelen besser als durch Worte. Dies tiefe

Gefühl bildete das eigentliche Dasein der beiden alten Leute und belebte alle ihre Gedanken. Sie waren nicht drei Existenzen, sondern eine einzige, die, wie die Flamme eines Herdfeuers, sich in drei Loderzungen teilte. Wenn bisweilen die Erinnerung an die Wohltaten und das Unglück Napoleons, wenn die Politik der Gegenwart über die beständige liebevolle Fürsorge der beiden alten Leute triumphierte, so konnten sie sich darüber äußern, ohne daß die Gemeinsamkeit ihres Denkens dadurch unterbrochen wurde: teilte Ginevra denn nicht auch ihre politischen Leidenschaften? Gab es Natürlicheres als die Begierde, mit der sie im Herzen ihres einzigen Kindes Zuflucht suchten? Bislang hatten die Betätigungen im Staatsdienst die Energie des Barons de Piombo beansprucht; aber beim Ausscheiden aus seinen Ämtern empfand der Korse wohl das Verlangen, seine Energie auf das letzte Gefühl auszuwirken, das ihm geblieben war; außerdem aber gab es, abgesehen von den Banden, die ein Elternpaar und eine Tochter vereinen, vielleicht ohne das Wissen dieser drei despotischen Seelen einen mächtigen Grund für ihre fanatische wechselseitige Anhänglichkeit: sie liebten einander, ohne teilen zu müssen, Ginevras ganzes Herz gehörte dem Vater wie das Piombos ihr; kurzum: wenn es wahr ist, daß wir uns mehr durch unsere Fehler als durch unsere guten Eigenschaften aneinanderheften, so entsprach Ginevra wunderbar allen Leidenschaften, die ihr Vater in sich barg. Davon rührte die einzige Unvollkommenheit dieses Lebens zu dritt her. Ginevra war in ihren Willensäußerungen eigensinnig und rachsüchtig; sie ließ sich hinreißen wie Bartolomeo in jungen Jahren. Der Korse gefiel sich darin, diese wilden Gefühle im Herzen der Tochter zu entwikkeln, völlig so, wie ein Löwe seine Jungen lehrt, sich auf die Beute zu stürzen. Da aber diese Erziehung zur Rache in gewisser Hinsicht nur im väterlichen Haus durchgeführt werden konnte, ließ Ginevra ihrem Vater nichts durchgehen, und also mußte er ihr nachgeben. Piombo erblickte in diesen an den Haaren herbeigezogenen Streitigkeiten nur Kindereien; aber das Kind gewöhnte sich dadurch an, seine Eltern zu beherrschen. Im Verlauf von solcherlei stürmischen Szenen, die Bartolomeo gern herbeiführte, genügte ein zärtliches Wort, ein Blick zur Beschwichtigung der entflammten Seelen, und sie waren nie einem Kuß so nah, als wenn sie einander bedrohten. Allein seit etwa fünf Jahren ging Ginevra, die klüger als ihr Vater geworden war, beständig Szenen dieser Art aus dem Wege. Ihre Treue, ihre Anhänglichkeit, ihre Liebe, die in allem, was ihr durch den Kopf ging, den Sieg davontrug, und ihr wunderbarer gesunder Menschenverstand lehrten sie, ihre Zornausbrüche richtig zu bewerten; aber dennoch hatte sich daraus ein recht großes Übel ergeben: Ginevra lebte mit ihren Eltern auf gleichem Fuß, und das ist stets unheilvoll. Um vollends die Wandlungen verständlich zu machen, die diesen drei Menschen seit ihrer Ankunft in Paris widerfahren waren, muß gesagt werden, daß Piombo und seine Frau, Leute ohne Bildung, Ginevra nach deren eigenem Ermessen sich hatten weiterbilden lassen. Je nach ihren Jungmädchenlaunen hatte Ginevra alles gelernt und sich von allem wieder abgewendet, abwechselnd hatte sie jeden Gedanken aufgegriffen und wieder fahren lassen, bis die Malerei ihre beherrschende Leidenschaft geworden war; es wäre aus ihr etwas Vollkommenes geworden, wenn ihre Mutter befähigt gewesen wäre, sie bei dem, womit sie sich befaßte, zu leiten, sie aufzuklären und ihre Naturanlagen in Einklang zu bringen: ihre Fehler rührten von der unheilvollen Erziehung her, die ihr zuteil werden zu lassen dem alten Korsen Freude gemacht hatte.

Nachdem der alte Herr geraume Zeit die Parkettbohlen unter seinen Schritten hatte knarren lassen, schellte er. Ein Diener erschien.

»Gehen Sie Mademoiselle Ginevra entgegen«, sagte er.

»Ich habe immer bedauert, daß wir keinen Wagen mehr für sie haben«, bemerkte die Baronin.

»Sie hat keinen gewollt«, antwortete Piombo und sah seine Frau an; sie hatte sich seit vierzig Jahren darein geschickt zu gehorchen und schlug die Augen nieder.

Die Baronin war bereits siebzigjährig, dabei groß, hager, blaß und verrunzelt, und so ähnelte sie vollauf den alten Frauen, die Schnetz[24] in die italienischen Szenen seiner Genrebilder stellt; für gewöhnlich war sie so schweigsam, daß man sie für eine zweite Mrs. Shandy[25] hätte halten können; aber ein Wort, ein Blick, eine Geste verkündeten, daß ihre Gefühle die Kraft und Frische der Jugend bewahrt hatten. Ihrer aller Koketterie baren Kleidung ermangelte häufig der Geschmack. Meist blieb sie passiv; sie saß in einer Bergère wie eine Sultanin Walide[26] und wartete auf ihre Ginevra, ihren Stolz und ihr Leben, oder schaute sie bewundernd an. Die Schönheit der Tochter, ihre Art, sich zu kleiden, ihre Anmut schienen zu der ihren geworden zu sein. Für sie war alles gut, wenn Ginevra sich glücklich fühlte. Ihr Haar war ergraut, und ein paar Strähnen davon hingen ihr in die weiße, faltige Stirn oder über die hohlen Wangen.

»Seit rund vierzehn Tagen«, sagte sie, »kommt Ginevra immer ein bißchen später heim.«

»Jean geht sicher nicht schnell genug«, rief der ungeduldige alte Herr, knöpfte seinen blauen Frack zu, nahm seinen Hut, stülpte ihn sich auf den Kopf, langte sich seinen Spazierstock und wollte fort.

»Du brauchst nicht weit zu gehen«, rief seine Frau ihm nach.

Tatsächlich war das Eingangstor geöffnet und geschlossen worden, und die alte Mutter hörte Ginevras Schritte im Hof. Sogleich erschien Bartolomeo wieder und trug triumphierend seine Tochter, die sich in seinen Armen dagegen sträubte.

»Da ist sie, die Ginevra, die Ginevrettina, die Ginevrina, die Ginevrola, die Ginevrella, die schöne Ginevra!«

»Vater, du tust mir weh!«

Sofort wurde Ginevra mit einer Art Respekt auf die Erde gestellt. Mit einer graziösen Bewegung schüttelte sie den Kopf, um ihre schon erschreckte Mutter zu beruhigen und ihr zu sagen: es ist nur eine List. Das erloschene, bleiche Gesicht der Baronin bekam wieder Farbe und wurde beinahe heiter. Piombo rieb sich so kräftig wie möglich die Hände; dies war bei ihm das sicherste Symptom, daß er sich freue; das hatte er sich bei Hofe angewöhnt, wenn er gesehen hatte, wie Napoleon gegen diejenigen seiner Generale oder Minister, die ihm schlecht gedient oder etwas falsch gemacht hatten, in Zorn geraten war. Wenn seine Gesichtsmuskeln entspannt waren, drückte die kleinste seiner Stirnfalten Wohlwollen aus. Die beiden alten Leute boten in diesem Augenblick das genaue Bild dürstender Pflanzen dar, denen nach langer Dürre ein bißchen Wasser das Leben wiedergibt.

»Zu Tisch! Zu Tisch!« rief der Baron und bot seine breite Hand Ginevra; er nannte sie Signorina Piombellina, was bei ihm ein weiteres Symptom guter Laune war; die Tochter antwortete darauf mit einem Lächeln.

»Was ich sagen wollte«, sagte Piombo, als vom Tisch aufgestanden wurde, »deine Mutter hat mich darauf hingewiesen, daß du seit einem Monat sehr viel länger als gewöhnlich im Atelier bleibst. Anscheinend ist die Malerei wichtiger als wir.«

»Aber Vater!«

»Ginevra bereitet uns sicher eine Überraschung vor«, sagte die Mutter.

»Bringst du mir etwa ein Bild von dir mit?« rief der Korse und klatschte in die Hände.

»Ja, ich habe im Atelier sehr viel zu tun«, antwortete sie.

»Was hast du denn, Ginevra? Du wirst blaß!« fragte die Mutter.

»Nein!« rief das Mädchen mit einer entschlossenen Geste, »nein, es soll nicht heißen, Ginevra Piombo habe auch nur ein einziges Mal in ihrem Leben gelogen.«

Als sie diesen sonderbaren Ausruf hörten, schauten Piombo und seine Frau Ginevra verdutzt an.

»Ich liebe einen jungen Mann«, fuhr sie mit bewegter Stimme fort.

Als wage sie nicht, die Eltern anzublicken, senkte sie dann die langen Wimpern, wie wenn sie das Feuer ihrer Augen verhüllen wolle.

»Einen Prinzen?« fragte der Vater ironisch und schlug dabei einen Ton an, der Mutter und Tochter erbeben ließ.

»Nein, Vater«, antwortete sie bescheiden, »es ist ein junger Mann ohne Vermögen . . .«

»Dann ist er also sehr hübsch?«

»Unglücklich ist er.«

»Was treibt er?«

»Ein Kamerad Labédoyères; er war geächtet, ohne Unterkunft, Servin hat ihn versteckt und . . .«

»Servin ist ein anständiger Kerl und hat sich gut benommen«, rief Piombo; »aber du, Tochter, handelst übel, daß du einen anderen Mann als deinen Vater liebst . . .«

»Es hängt nicht von mir ab, ob ich liebe oder nicht«, antwortete Ginevra weich.

»Ich hatte mir damit geschmeichelt«, fuhr der Vater fort, »daß meine Ginevra mir bis zu meinem Tod treu bleiben werde, daß meine Fürsorge und die ihrer Mutter die einzige sein würde, die sie empfangen hätte, und daß unsere Zärtlichkeit in ihrer Seele auf keine rivalisierende Zärtlichkeit stoßen würde und daß . . .«

»Habe ich dir deine fanatische Liebe zu Napoleon vorgeworfen?« fragte Ginevra. »Hast du immer nur mich liebgehabt? Bist du nicht monatelang als Gesandter außer Landes gewesen? Habe ich dein Fernsein nicht tapfer ertragen? Das Leben bringt Notwendigkeiten mit sich, die man zu ertragen wissen muß.«

»Ginevra!«

»Nein, du hast mich nicht um meinetwillen lieb, und aus deinen Vorwürfen spricht ein unerträglicher Egoismus.«

»Du schmähst die Liebe deines Vaters«, rief Piombo mit flammenden Augen.

»Vater, ich werde dich nie im Leben schmähen«, antwortete Ginevra sanfteren Tones, als ihre zitternde Mutter sich gewärtig gewesen war. »Du hast in deinem Egoismus recht, wie ich in meiner Liebe recht habe. Der Himmel ist mein Zeuge, daß niemals eine Tochter ihre Pflichten gegenüber den Eltern besser erfüllt hat als ich. Ich habe dort, wo andere oftmals Pflichten erblickt haben, nur Glück und Liebe empfunden. Seit fünfzehn Jahren bin ich nicht unter eueren schützenden Fittichen hervorgekrochen, und es war eine köstliche Freude für mich, eure Lebenstage zu verschönen. Aber wäre es denn undankbar, wenn ich mich den Bezauberungen der Liebe hingäbe im Verlangen nach einem Gatten, der mich nach euch beschützt?«

»Ach so, du rechnest mit deinem Vater ab, Ginevra«, fuhr der alte Mann finster fort.

Es gab eine schauerliche Pause, in der keiner zu sprechen wagte. Endlich brach Bartolomeo das Schweigen und rief mit herzzerreißender Stimme: »Oh! Bleib doch bei uns, bleib bei deinem alten Vater! Ich könnte es nicht ertragen, mit anzusehen, daß du einen Mann liebst. Ginevra, du brauchst nicht mehr lange auf deine Freiheit zu warten . . .«

»Aber Vater, bedenk doch, daß wir einander nicht verlassen, daß wir dich zu zweit liebhaben wollen, daß du den Mann kennenlernen sollst, dessen Hut du mich überläßt! Du wirst von mir und von ihm zweifach geliebt: von ihm, der mein zweites Ich ist, und von mir, die ich gänzlich er bin.«

»O Ginevra! Ginevra!« rief der Korse mit geballten Fäusten, »warum hast du nicht geheiratet, als Napoleon mich an diesen Gedanken gewöhnt und er dir Herzöge und Grafen angeboten hatte?«

»Die hätten mich auf Befehl geliebt«, sagte das junge Mädchen. »Außerdem wollte ich euch nicht verlassen, und sie hätten mich mit sich genommen.«

»Du willst uns nicht allein lassen«, sagte Piombo; »aber wenn du heiratest, heißt das: uns isolieren! Ich kenne dich, Tochter; dann liebst du uns nicht mehr.«

»Elisa«, sprach er weiter und sah seine Frau an, die reglos und wie stumpfsinnig dasaß, »wir haben keine Tochter mehr, sie will heiraten.«

Der alte Mann hob die Hände in die Luft, als wolle er Gott anrufen, und setzte sich dann; er krümmte sich zusammen, als habe sein Schmerz ihn niedergedrückt. Ginevra sah, wie aufgewühlt ihr Vater war; und daß er seinen Zorn zurückdämmte, brach ihr fast das Herz; sie war auf eine Krise gefaßt gewesen, einen Wutanfall; gegen die väterliche Milde hatte sie ihr Herz nicht gewappnet.

»Vater«, sagte sie mit rührender Stimme, »nein, deine Ginevra verläßt dich nie. Aber hab sie auch ein bißchen um ihretwillen lieb. Wenn du wüßtest, wie ›er‹ mich liebt! Ach, ›er‹ würde mir nie einen Schmerz antun!«

»Schon wieder Vergleiche«, rief Piombo mit schrecklicher Stimme. »Nein, ich kann diesen Gedanken nicht ertragen«, fuhr er fort. »Wenn er dich liebt, wie geliebt zu werden du verdienst, würde er mich umbringen; und wenn er dich nicht liebte, würde ich ihn erdolchen.«

Piombos Hände zitterten, seine Lippen zitterten, sein ganzer Körper zitterte, und seine Augen schleuderten Blitze; einzig Ginevra konnte seinen Blick ertragen, denn jetzt leuchteten ihre Augen auf, und die Tochter war des Vaters würdig.

»Ach, dich lieben! Welch ein Mann wäre solch eines Lebens würdig?« fuhr er fort. »Dich wie ein Vater lieben, heißt das nicht schon: im Paradies leben? Wer also wäre würdig?«

»Er«, sagte Ginevra, »er, dessen ich mich unwürdig fühle.«

»Er?« wiederholte Piombo mechanisch. »Wer ist das, ›er‹?«

»Der, den ich liebe.«

»Kann er dich denn schon gut genug kennen, um dich zu vergöttern?«

»Aber Vater«, sagte Ginevra und verspürte aufwallende Ungeduld, »wenn er mich nicht liebte, da ja doch ich ihn liebe ...«

»Du liebst ihn also?« rief Piombo. Ginevra neigte langsam den Kopf. – »Du liebst ihn also mehr als uns?«

»Diese beiden Empfindungen lassen sich nicht vergleichen«, antwortete sie.

»Das eine ist stärker als das andere«, entgegnete Piombo.

»Das glaube ich auch«, sagte Ginevra.

»Du heiratest ihn nicht«, schrie der Korse mit einer Stimme, daß die Fensterscheiben des Salons klirrten.

»Ich heirate ihn«, antwortete Ginevra ruhig.

»Mein Gott! Mein Gott!« rief die Mutter, »wie soll dieser Streit enden? Santa Vergine! Tritt du zwischen die beiden.«

Der Baron, der mit großen Schritten auf und ab gegangen war, hatte sich wieder gesetzt; eisige Strenge verdüsterte sein Antlitz, er blickte die Tochter starr an und sagte dann mit weicher, schwacher Stimme zu ihr:

»Gut, Ginevra! Nein, du heiratest ihn nicht. Ach, antworte mir heute abend nicht mit ›doch‹ ...! Laß mich das Gegenteil glauben. Willst du deinen Vater auf den Knien und sein weißes Haar vor dir in den Staub gedrückt sehen? Ich will dich anflehen ...«

»Ginevra Piombo ist es nicht gewohnt, etwas zu versprechen und es dann nicht zu halten«, antwortete sie. »Ich bin deine Tochter.«

»Sie hat recht«, sagte die Baronin, »wir Frauen sind in die Welt gesetzt worden, um zu heiraten.«

»Du bestärkst sie also auch noch in ihrem Ungehorsam«, sagte der Baron zu seiner Frau, die dies Wort so sehr traf, daß sie zur Statue wurde.

»Es ist kein Ungehorsam, wenn man sich einem ungerechten Befehl widersetzt«, antwortete Ginevra.

»Er kann nicht ungerecht sein, wenn er aus dem Mund deines Vaters kommt, Tochter! Warum rechtest du mit mir? Ist der Widerwille, den ich empfinde, nicht ein Ratschlag von oben? Vielleicht bewahre ich dich vor einem Unglück.«

»Ein Unglück wäre es, wenn er mich nicht liebte.«

»Immer nur ›er‹!«

»Ja, immer«, entgegnete sie. »Er ist mein Leben, mein Gut, mein Denken. Auch wenn ich dir gehorchte, wäre er immer in meinem Herzen. Mir verbieten, daß ich ihn heirate, hieße das nicht: dich hassen?«

»Du liebst uns nicht mehr«, rief Piombo.

»Doch«, sagte Ginevra und nickte wild.

»Dann vergiß ihn, bleib uns treu. Wenn wir nicht mehr sind . . . du verstehst.«

»Vater, willst du, daß ich eueren Tod wünsche?« rief Ginevra aus.

»Ich lebe länger als du! Kinder, die ihre Eltern nicht ehren, sterben früh«, schrie der Vater, der auf der letzten Stufe der Verzweiflung angelangt war.

»Ein Grund mehr für mich, rasch zu heiraten und glücklich zu sein!« sagte sie.

Diese Kaltblütigkeit, diese Macht der Verstandesschärfe brachten Piombo vollends außer sich, heftig stieg ihm das Blut zu Kopfe, sein Gesicht wurde purpurrot. Ginevra durchschauerte es, wie ein Vogel flog sie dem Vater auf den Schoß, schlang ihm die Arme um den Hals, streichelte ihm das Haar und rief erschüttert und zärtlich: »Ach, wenn ich doch als erste stürbe! Ich könnte dich nicht überleben, Vater, guter, lieber Vater!«

»O Ginevra, meine tollköpfige Ginevra«, antwortete Piombo; sein ganzer Zorn zerschmolz bei dieser Liebkosung wie Eis unter den Strahlen der Sonne.

»Es war auch Zeit, daß ihr ein Ende machtet«, sagte die Baronin mit bewegter Stimme.

Und der Vater spielte mit der Tochter wie mit einem sechsjährigen Kind, er machte sich den Spaß, ihre langen Zöpfe aufzunesteln, er ließ sie hüpfen; es war etwas Wahnwitziges im

Ausdruck seiner Zärtlichkeit. Bald schalt die Tochter mit ihm, küßte ihn dabei und versuchte unter Scherzen die Erlaubnis zu erlangen, daß Louis im Haus empfangen werde; aber das lehnte der Vater ab, wenngleich ebenfalls unter Scherzen. Sie schmollte, fing wieder von vorn an, schmollte abermals; als dann der Abend zu Ende ging, war sie es zufrieden, dem Herzen des Vaters ihre Liebe zu Louis und den Gedanken an eine nahe bevorstehende Heirat eingeprägt zu haben. Am folgenden Tag sprach sie nicht mehr von ihrer Liebe, ging später ins Atelier und kam beizeiten heim; sie war zu ihrem Vater zärtlicher als je zuvor und zeigte sich dankbar, wie um ihm für seine Einwilligung zu ihrer Hochzeit zu danken, die er durch sein Schweigen zu geben schien. Am Abend musizierte sie lange, und oftmals rief sie aus: »Für dies Nocturno wäre eine Männerstimme nötig!« Mit einem Wort: Sie war eine Italienerin. Nach acht Tagen gab die Mutter ihr einen Wink, sie ging zu ihr hin, und es wurde ihr zugeflüstert: »Ich habe deinen Vater dahin gebracht, daß er ihn empfängt.«

»O Mutter, wie glücklich machst du mich!«

An jenem Tag genoß also Ginevra das Glück, Arm in Arm mit Louis im Stadtpalais ihres Vaters anzulangen. Zum erstenmal hatte der arme Offizier sein Versteck verlassen. Die tatkräftigen Bemühungen, die Ginevra beim Herzog von Feltre, dem damaligen Kriegsminister, unternommen hatte, waren durch vollen Erfolg gekrönt worden. Louis war wieder in die Liste der zur Disposition gestellten Offiziere eingetragen worden. Das war ein sehr großer Schritt einer besseren Zukunft entgegen. Die Freundin hatte ihn mit allen Schwierigkeiten vertraut gemacht, die seiner seitens des Barons warteten, und der junge Bataillonskommandeur wagte nicht, seine Furcht einzugestehen, daß er ihm etwa nicht gefallen könne. Dieser im Unglück so beherzte, auf dem Schlachtfeld so tapfere Mann zitterte bei dem Gedanken, er werde jetzt den Salon der Piombos betreten. Ginevra verspürte dieses Zittern, und diese Erregtheit, deren Ursache ihrer beider Glück war, bedeutete für sie einen neuen Liebesbeweis.

»Wie bleich du bist!« sagte sie zu ihm, als sie am Portal des Stadtpalais anlangten.

»O Ginevra, wenn es sich bloß um mein Leben handelte!«

Obwohl Bartolomeo von dem offiziellen Antrittsbesuch dessen, den Ginevra liebte, durch seine Frau unterrichtet worden war, ging er ihm nicht entgegen, sondern verblieb in dem Sessel, in dem zu sitzen er gewohnt war, und die Strenge seiner Stirn wirkte eisig.

»Vater«, sagte Ginevra, »ich bringe dir hier jemanden, den kennenzulernen dich sicherlich freut: Monsieur Louis, der vier Schritt vom Kaiser entfernt bei Mont-Saint-Jean gekämpft hat ...«

Der Baron de Piombo stand auf, warf einen flüchtigen Blick auf Louis und sagte sardonischen Tons: »Nanu, keine Auszeichnung?«

»Ich trage die Ehrenlegion nicht mehr«, antwortete Louis schüchtern; er war demütig stehengeblieben.

Ginevra war durch die Unhöflichkeit ihres Vaters verletzt; sie schob Louis einen Stuhl hin. Die Antwort des Offiziers hatte den alten Diener Napoleons befriedigt. Als Madame Piombo sah, daß die Brauen ihres Mannes wieder ihre natürliche Lage eingenommen hatten, sagte sie, um die Unterhaltung zu beleben: »Die Ähnlichkeit des Herrn mit Nina Porta ist erstaunlich. Findest du nicht, daß er ganz und gar ein Porta-Gesicht hat?«

»Das kann ja auch nicht anders sein«, antwortete der junge Mann, auf den sich Piombos flammende Blicke gerichtet hatten, »Nina war meine Schwester ...«

»Du bist Luigi Porta?«

»Ja.«

Bartolomeo di Piombo stand auf, taumelte, mußte sich auf einen Stuhl stützen und warf seiner Frau einen Blick zu. Elisa Piombo trat auf ihn zu; dann hakten die beiden schweigenden alten Leute einander unter, verließen den Salon und wandten sich mit einer Art Grausen von der Tochter ab. Der verblüffte Luigi Porta sah Ginevra an, die weiß wie eine Marmorstatue geworden war und auf die Tür starrte, durch die ihre Eltern verschwunden waren: Beider Schweigen und beider Weggehen hatte etwas so Feierliches gehabt, daß, vielleicht zum erstenmal, das Gefühl der Furcht Einlaß in ihr Herz fand. Sie preßte die

Hände ineinander und sagte mit so bewegter Stimme, daß sie nur von einem Liebenden verstanden werden konnte: »Wieviel Unglück in einem Wort!«

»Im Namen unserer Liebe, was habe ich denn gesagt?« fragte Luigi Porta.

»Mein Vater«, antwortete sie, »hat mir niemals von unserer bejammernswürdigen Geschichte erzählt, und ich war zu jung, als ich von Korsika wegkam, um sie wissen zu können.«

»Dann müßte also Vendetta zwischen uns sein?« fragte Luigi zitternd.

»Ja. Als ich meine Mutter ausfragte, habe ich erfahren, daß die Portas meine Brüder getötet und unser Haus verbrannt haben. Da hat mein Vater eure ganze Familie umgebracht. Wie bist du nur mit dem Leben davongekommen? Er hat doch geglaubt, er habe dich an den Säulen eines Bettes festgebunden, ehe er das Haus in Brand steckte?«

»Ich weiß es nicht«, antwortete Luigi. »Mit sechs Jahren bin ich nach Genua gebracht worden, zu einem alten Herrn namens Colonna. Über meine Familie ist mir nichts berichtet worden. Ich wußte nur, daß ich ein Waisenkind und ohne Vermögen war. Jener Colonna hat Vaterstelle an mir vertreten, und ich habe seinen Namen bis zu dem Tag getragen, da ich in den Heeresdienst eingetreten bin. Da ich Papiere brauchte, um zu beweisen, wer ich war, hat der alte Colonna mir erzählt, daß ich damals, als ich schwach und beinahe noch ein kleines Kind gewesen sei, Feinde gehabt hätte. Er hat mir geraten, nur den Namen Luigi zu führen, um ihnen zu entkommen.«

»Geh, geh, Luigi«, rief Ginevra; »nein, ich muß ja mit dir gehen. Solange du im Haus meines Vaters bist, hast du nichts zu befürchten; aber sobald du es verläßt, sei ja auf der Hut! Du gerätst von einer Gefahr in die andere. Mein Vater hat zwei Korsen in seinem Dienst, und wenn er dir nicht nach dem Leben trachtet, dann tun sie es.«

»Ginevra«, sagte er, »soll denn dieser Haß auch zwischen uns bestehen?«

Das junge Mädchen lächelte traurig und senkte den Kopf. Doch gleich darauf hob sie ihn wieder mit einer Art Stolz und sagte: »O Luigi, wie rein und aufrichtig muß sein, was wir fühlen, damit ich die Kraft aufbringe, auf dem Weg fortzuschreiten, den ich jetzt einschlage. Aber es geht um ein Glück, das lebenslang dauern soll, nicht wahr?«

Luigi antwortete nur durch ein Lächeln und drückte Ginevra die Hand. Das Mädchen sah ein, daß einzig eine wahre Liebe in diesem Augenblick von vulgären Beteuerungen absehen dürfe. Der ruhige, gewissenhafte Ausdruck, den Luigi seinen Gefühlen gab, kündete irgendwie von deren Kraft und Dauer. Das Schicksal der beiden Gatten war jetzt beschlossene Sache. Ginevra sah voraus, daß sie viele grausame Kämpfe zu bestehen haben werde; aber die Erwägung, sich von Louis loszusagen, eine Erwägung, die vielleicht in ihrem Innern geschwankt hatte, verflüchtigte sich völlig. Sie gehörte ihm für immer; sie zog ihn plötzlich beinahe energisch mit sich fort und aus dem Stadtpalais hinaus und verließ ihn erst, als er das Haus erreicht, in dem Servin ihm eine bescheidene Wohnung gemietet hatte. Als sie wieder daheim bei ihrem Vater anlangte, war jene Heiterkeit über sie gekommen, die ein fester Entschluß einem vermittelt: Kein Wandel in ihrem Verhalten zeugte von Unruhe. Sie richtete auf die Eltern, die sie bereit fand, zu Tisch zu gehen, einen Blick ohne alles Herausfordernde und voller Sanftmut; sie sah, daß ihre alte Mutter geweint hatte; die Röte der welken Lider erschütterte für einen Augenblick ihr Herz; aber sie verbarg ihre Rührung. Piombo schien im Bann eines viel zu heftigen, viel zu konzentrierten Schmerzes zu sein, als daß er ihn mit landläufigen Ausdrücken hätte bekunden können. Die Diener trugen ein Abendessen auf, das keiner anrührte. Abscheu vor Nahrung ist eines der Symptome, die von schweren seelischen Krisen zeugen. Alle drei standen auf, ohne daß einer von ihnen an den anderen das Wort gerichtet hätte. Als Ginevra zwischen den Eltern in dem großen, düsteren, feierlichen Salon saß, wollte Piombo etwas sagen, aber die Stimme versagte ihm; er versuchte, zu gehen, fand aber nicht die Kraft dazu; er setzte sich wieder hin und schellte.

»Pietro«, sagte er schließlich zu dem Diener, »stecken Sie das Feuer an, mich friert.«

Ginevra fuhr zusammen und blickte den Vater angstvoll an. Der Kampf, den er mit sich ausfocht, mußte grausig sein. Ginevra wußte um die Größe der Gefahr, die ihr drohte; aber sie zitterte nicht; die flüchtigen Blicke indessen, die Bartolomeo auf seine Tochter warf, schienen davon auszusagen, wie sehr er in diesem Augenblick den Charakter fürchtete, dessen Ungebärdigkeit sein eigenes Werk war. Zwischen ihnen beiden mußte alles zum Äußersten getrieben werden. Deshalb lieh die Gewißheit der Veränderung, die sich in den Gefühlen von Vater und Tochter vollzog, dem Gesicht der Baronin einen erschreckten Ausdruck.

»Ginevra, du liebst den Feind deiner Familie«, sagte Piombo endlich; die Tochter anzusehen, wagte er nicht.

»So ist es«, antwortete sie.

»Du mußt wählen zwischen ihm und uns. Unsere Vendetta ist ein Teil unserer selbst. Wer sich nicht zu meiner Rache bekennt, gehört nicht meiner Familie an.«

»Meine Wahl ist getroffen«, antwortete Ginevra gleichmütig.

Die Ruhe seiner Tochter täuschte Bartolomeo.

»O mein geliebtes Kind!« rief der alte Mann, und seine Augen waren feucht von Tränen, den ersten und einzigen, die er in seinem Leben vergoß.

»Ich werde seine Frau«, sagte Ginevra schroff.

Es war, als erleide Bartolomeo einen Schwindelanfall; aber er gewann seine Kaltblütigkeit wieder und antwortete: »Zu meinen Lebzeiten findet diese Heirat nicht statt, nie gebe ich dazu meine Einwilligung.« Ginevra schwieg. – »Bedenkst du denn nicht«, fuhr der Baron fort, »daß Luigi der Sohn dessen ist, der deine Brüder getötet hat?«

»Er war sechs Jahre alt, als das Verbrechen begangen worden ist; also muß er daran unschuldig sein«, entgegnete sie.

»Ein Porta?« rief Bartolomeo.

»Aber habe ich denn je diesen Haß teilen können?« rief lebhaft das junge Mädchen. »Habt ihr mich in dem Glauben erzogen, jeder Porta sei ein Unmensch? Konnte ich meinen, es könne einer von denen, die du umgebracht hast, am Leben geblieben sein? Ist es etwa nicht natürlich, daß du meiner Liebe gegenüber deine Vendetta zum Weichen bringst?«

»Ein Porta?« fragte Piombo. »Wenn sein Vater dich damals in deinem Bett vorgefunden hätte, dann lebtest du nicht mehr; hundertmal hätte er dir den Tod gegeben.«

»Das mag sein«, antwortete sie, »aber sein Sohn hat mir mehr als das Leben gegeben. Luigi zu sehen, das ist ein Glück, ohne das ich nicht zu leben vermöchte. Luigi hat mir die Welt der Gefühle erschlossen. Vielleicht habe ich noch schönere Gesichter erblickt als das seine, aber keins hat mich so tief bezaubert; vielleicht habe ich Stimmen gehört ... nein, nein, nie eine melodischere. Luigi liebt mich, er wird mein Mann.«

»Nie«, sagte Piombo. »Lieber sähe ich dich im Sarg, Ginevra.« Der alte Korse stand auf, begann mit großen Schritten im Salon auf und ab zu gehen und stieß zwischen Pausen, die seine ganze Erregung kundtaten, die Worte hervor: »Vielleicht glaubst du, du könntest meinen Willen beugen? Gib diese Täuschung auf: Ich will keinen Porta zum Schwiegersohn. Das ist mein Urteilsspruch. Fortan soll von alledem zwischen uns nicht mehr die Rede sein. Ich bin Bartolomeo di Piombo, hast du verstanden, Ginevra?«

»Steckt hinter diesen Worten ein geheimnisvoller Untersinn?« fragte sie frostig.

»Sie bedeuten, daß ich einen Dolch habe und daß ich die Justiz der Menschen nicht fürchte. Wir Korsen verantworten uns nur vor Gott.«

»Nein«, sagte die Tochter und stand auf, »ich bin Ginevra di Piombo, und ich erkläre, daß ich innerhalb eines halben Jahres die Frau Luigi Portas sein werde. – Du bist ein Tyrann, Vater«, fügte sie nach einer schrecklichen Pause hinzu.

Bartolomeo ballte die Fäuste und schlug auf die Marmorplatte des Kamins. »Ach! Wir sind leider in Paris«, murmelte er.

Er verstummte, kreuzte die Arme, neigte den Kopf auf die Brust und sagte den ganzen Abend kein einziges Wort mehr. Nachdem sie ihrem Willen Ausdruck gegeben hatte, bezeigte das junge Mädchen eine unglaubwürdige Kaltblütigkeit; sie setzte sich ans Klavier, sang, spielte entzückende Stücke, und zwar mit einer Anmut und einem Gefühlsausdruck, die von völliger innerer Freiheit zeugten; so triumphierte sie über den Vater, dessen Stirn sich nicht zu entwölken schien. Der alte Mann litt grausig unter dieser stummen Kränkung; jetzt empfing er eine der bitteren Früchte der Erziehung, die er seiner Tochter hatte angedeihen lassen. Der Respekt ist eine Schranke, die Eltern wie Kinder schützt und den einen Kummer, den anderen Gewissensnöte erspart. Am anderen Morgen fand Ginevra, als sie zur gewohnten Stunde das Haus verlassen und ins Atelier gehen wollte, die Tür des Stadtpalais für sie verschlossen; allein, sie hatte bald ein Mittel ausfindig gemacht, Luigi Porta die väterliche Strenge wissen zu lassen. Eine des Lesens unkundige Zofe ließ dem jungen Offizier den Brief zukommen, den Ginevra ihm geschrieben hatte. Fünf Tage lang wechselten die Liebenden Briefe dank der Listen, auf die man sich mit zwanzig Jahren immer versteht. Vater und Tochter sprachen nur selten miteinander. Beide hegten in ihren Herzenstiefen einen urtümlichen Haß; sie litten, aber stolz und stumm. Da sie erkannten, wie stark die Liebesbande waren, die sie aneinander knüpften, versuchten sie, sie zu zerbrechen, ohne daß es ihnen gelang. Kein freundlicher Gedanke erheiterte mehr wie ehedem Bartolomeos strenge Züge, wenn er Ginevra anschaute. Das junge Mädchen hatte etwas Wildes an sich, wenn sie den Vater ansah, und auf ihrer Unschuldsstirn lagerte der Vorwurf; wohl gab sie sich Glücksgedanken hin, aber manchmal schienen Gewissensbisse ihre Augen zu trüben. Unschwer war zu erraten, daß sie niemals ruhig eine Seligkeit würde genießen können, die ihre Eltern unglücklich machte. Bei Bartolomeo wie bei seiner Tochter mußte alles der angeborenen Güte ihrer Herzen entstammende Schwanken der Entschlüsse dennoch durch ihren Stolz vereitelt werden, durch die eigenartige Rachsucht der Korsen. Sie bestärkten einander in ihrem Zorn und schlossen vor der Zukunft die Augen. Vielleicht schmeichelten sie sich gegenseitig in der Annahme, einer werde dem anderen nachgeben.

An Ginevras Geburtstag plante die Mutter in ihrer Verzweiflung über diese Zwietracht, die einen ernsten Charakter annahm, Vater und Tochter vermöge der mit diesem Tag verbundenen Erinnerung zu versöhnen. Sie saßen alle drei in Bartolomeos Schlafzimmer beisammen. Ginevra ahnte die Absicht der Mutter aus dem Zögern, das sich auf ihrem Gesicht malte, und lächelte traurig. Da meldete ein Diener zwei Notare an, die von mehreren Zeugen begleitet seien; sie kamen herein. Bartolomeo starrte diese Männer an, deren kalte, steifleinene Gesichter etwas Verletzendes für so leidenschaftliche Seelen wie die der drei Hauptakteure dieser Szene hatten. Der alte Mann wandte sich mit beunruhigter Miene der Tochter zu; er gewahrte auf ihrem Antlitz ein Triumphlächeln, das ihn irgendeine Katastrophe vermuten ließ; aber er tat, als bewahre er, nach Art der Wilden, eine lügnerische Reglosigkeit, und musterte die beiden Notare mit einer gewissen ruhigen Neugier. Nachdem sie durch eine Geste des alten Herrn dazu aufgefordert worden waren, nahmen die Notare Platz.

»Der Herr sind ohne Zweifel der Herr Baron di Piombo?« fragte der ältere der Notare.

Bartolomeo verneigte sich. Der Notar vollführte eine leichte Kopfbewegung, schaute das junge Mädchen mit dem tückischen Ausdruck eines Beamten des Handelsgerichts an, der einen Schuldner ertappt hat, zog seine Tabaksdose, klappte sie auf, nahm eine Fingerspitze voll Tabak heraus, schnupfte sie in kleinen Rucken und suchte dabei nach den ersten Sätzen seiner Rede; als er sie dann aufsagte, legte er beständig Pausen ein (ein rednerisches Verfahren, das die Gedankenstriche nur sehr unvollkommen wiedergeben).

»Monsieur«, sagte er, »ich bin Roguin, der Notar Ihres Fräulein Tochter, und wir kommen – mein Kollege und ich –, um den Willen des Gesetzes zu erfüllen und – einen Schlußstrich unter die Meinungsverschiedenheiten zu setzen, die – wie es scheinen könnte – sich eingestellt haben – zwischen Ihnen und Ihrem Fräulein Tochter –, hinsichtlich – ihrer – Eheschließung mit Monsieur Luigi Porta.«

Dieser ziemlich pedantisch vorgebrachte Satz dünkte dem Notar Roguin wahrscheinlich allzu schön, um auf einen Hieb verstanden zu werden; er hielt inne und sah Bartolomeo mit dem besonderen Ausdruck an, der Geschäftsleuten eigentümlich ist und der die Mitte hält zwischen Servilität und Vertraulichkeit. Die Notare sind es gewohnt, viel Interesse für diejenigen vorzutäuschen, zu denen sie sprechen, und so geschieht es, daß sie ihr Gesicht zu einer Grimasse zusammenziehen, die sie anlegen und ablegen wie ihr offizielles Pallium, ihre Robe. Diese Maske des Wohlwollens, deren Mechanik so leicht zu durchschauen ist, reizte Bartolomeo so sehr, daß er alle Vernunft zusammenraffen mußte, um nicht Roguin zum Fenster hinauszuwerfen; ein Zornesausdruck überglitt seine Falten, und als der Notar das sah, sagte er sich: »Ich mache Eindruck.«

»Aber«, fuhr er mit honigsüßer Stimme fort, »Herr Baron, bei solcherlei Gelegenheiten beginnt unser Amt stets sich seinem Wesen nach als Vermittler zu erweisen. – Geruhen Sie, die Güte zu haben, mir zuzuhören. – Es steht fest, daß Mademoiselle Ginevra Piombo – mit dem heutigen Tag – in das Alter gelangt ist, das sie befugt, die wichtigen juristischen Akte, die der feierlichen Begehung einer Eheschließung vorhergehen müssen, selber vorzunehmen – ungeachtet der mangelnden Einwilligung der Eltern. Nun jedoch – ist es üblich in Familien – die eine gewisse Hochachtung genießen – die zur guten Gesellschaft gehören – die einige Würde bewahren – denen, mit einem Wort, daran gelegen ist, daß der Öffentlichkeit ihre geheimen Meinungsverschiedenheiten verborgen bleiben – und sich überdies nicht selber schaden wollen, indem sie durch Mißbilligung die Zukunft eines jungen Paares schädigen (denn das bedeutet: sich selber schädigen!) –, ist es üblich – sage ich –, bei dergleichen achtenswerten Familien – nicht solcherlei Dinge fortbestehen zu lassen –, die bestehen bleiben, die – Denkmäler einer Zwietracht sind, die – endet – wenn sie endgültig beigelegt ist. – In dem Augenblick, Monsieur, da eine junge Dame zu den respektiven Akten schreiten will, tut sie eine allzu entschlossene Absicht kund, als daß ein Vater und – eine Mutter«, fügte er hinzu, an die Baronin gewandt, »hoffen könnten, es zu erleben, daß sie sich zu ihrer Auffassung bekennt. – Da der väterliche Widerstand – durch diese Tatsache – zunächst – nichtig ist, und alsdann durch das Gesetz unwirksam wird, geschieht es stets, daß ein vernünftiger Mann, nachdem er seinem Kind eine letzte Ermahnung hat zuteil werden lassen, ihm die Freiheit gibt, zu ...«

Monsieur Roguin hielt inne; er merkte, daß er zwei Stunden lang so weiterreden könne, ohne eine Antwort zu erhalten, und außerdem empfand er eine eigentümliche Regung beim Anblick des Mannes, den er zu bekehren versuchte. In Bartolomeos Gesicht vollzog sich eine außerordentliche Bewegung: alle seine Falten hatten sich zusammengezogen, er wirkte unbeschreiblich grausam und warf auf den Notar einen Tigerblick. Die Baronin verhielt sich stumm und passiv. Ginevra war ruhig und entschlossen; sie wartete; sie wußte, daß die Stimme des Notars mehr Macht besaß als die ihre, und also schien sie entschlossen, Schweigen zu bewahren. In dem Augenblick, da Roguin verstummte, wurde diese Szene so schrecklich, daß die fremden Zeugen zitterten: nie vielleicht zuvor hatte ein solches Schweigen sie betroffen gemacht. Die Notare schauten einander an, als müßten sie sich beraten; sie standen auf und traten zusammen in eine Fensternische.

»Bist du jemals Klienten begegnet, die geartet sind wie die da?« fragte Roguin seinen Kollegen.

»Mit dem ist nichts zu machen«, antwortete der Jüngere. »An deiner Stelle würde ich mich an die Verlesung meines Protokolls halten. Der Alte kommt mir vor, als sei nicht mit ihm zu spaßen, er scheint sehr jähzornig, und es käme nichts für dich dabei heraus, wenn du mit ihm ›diskutieren‹ wolltest ...«

Monsieur Roguin las ein auf Stempelpapier geschriebenes, im voraus abgefaßtes Protokoll vor und fragte Bartolomeo kalt, was er dazu zu sagen habe.

»Es gibt also in Frankreich Gesetze, die die väterliche Gewalt zunichte machen?« fragte der Korse.

»Monsieur ...«, sagte Roguin mit seiner honigsüßen Stimme.

»Die einem Vater die Tochter entreißen?«

»Monsieur ...«

»Die einen Greis seines letzten Trostes berauben?«

»Monsieur, Ihre Tochter gehört Ihnen nur ...«

»Die ihn morden?«

»Monsieur, gestatten Sie?«

Nichts ist abscheulicher als die Kaltblütigkeit und die exakten Vernunftschlüsse eines Notars bei leidenschaftlichen Szenen, bei denen sie für gewöhnlich eingreifen wollen. Die Gesichter, die Piombo vor sich sah, schienen ihm aus der Hölle zu stammen; seine kalte, konzentrierte Wut kannte keine Grenzen mehr, als die ruhige, fast flötenweiche Stimme seines kleinen Gegenspielers das fatale Wort: »Gestatten Sie?« ausgesprochen hatte. Er sprang auf einen langen Dolch zu, der über dem Kamin an einem Nagel hing, und stürzte sich auf seine Tochter. Der jüngere der beiden Notare und einer der Zeugen warfen sich zwischen ihn und Ginevra; aber Bartolomeo stieß die beiden Mittler brutal zurück, mit glühendem Gesicht und lodernden Augen, die weit schrecklicher wirkten als der blitzende Dolch. Als Ginevra sich ihrem Vater gegenübersah, sah sie ihn starr und triumphierend an, ging langsam auf ihn zu und kniete nieder.

»Nein! Nein! Ich könnte es nicht!« sagte er und warf die Waffe so heftig von sich, daß sie sich in die Holztäfelung bohrte.

»Dann also Gnade, Gnade!« sagte sie. »Du zögerst, mir den Tod zu geben, und du verweigerst mir das Leben. O Vater, nie habe ich dich so lieb gehabt, gewähre mir Luigi! Auf den Knien bitte ich um deine Einwilligung, vor seinem Vater kann ein Mädchen sich getrost demütigen: meinen Luigi, oder ich sterbe.«

Die heftige Erregung, die sie würgte, hinderte sie am Weiterreden; es verschlug ihr die Stimme; ihre krampfhaften Bemühungen sagten zur Genüge, daß sie zwischen Leben und Tod stand. Bartolomeo stieß die Tochter hart von sich.

»Flieh«, sagte er. »Eine Luigi Porta kann keine Piombo sein. Ich habe keine Tochter mehr! Ich bringe die Kraft nicht auf, dich zu verfluchen; aber ich löse mich von dir, und du hast keinen Vater mehr. Meine Ginevra Piombo ist hier begraben«, rief er; seine Stimme klang tief und düster, und er drückte fest die Hand auf sein Herz. – »Geh also, Unselige«, fügte er nach sekundenlangem Schweigen hinzu, »geh und erscheine nie wieder vor mir.« Dann packte er Ginevra am Arm und führte sie schweigend zum Haus hinaus.

»Luigi«, rief Ginevra, als sie die bescheidene Wohnung betrat, in der der Offizier war, »mein Luigi, das einzige, was wir besitzen, ist unsere Liebe.«

»Dann sind wir reicher als alle Könige der Erde«, antwortete er.

»Meine Eltern haben mich von sich gestoßen«, sagte sie tief bekümmert.

»Ich will dich für sie mitlieben.«

»Dann werden wir also sehr glücklich sein?« rief sie mit einer Fröhlichkeit, der etwas Erschreckendes innewohnte.

»Immer und ewig«, sagte er und drückte sie ans Herz.

Am Tag nach dem, da Ginevra ihr Vaterhaus verlassen hatte, ging sie zu Madame Servin und bat sie, ihr Unterkunft und Schutz zu gewähren bis zu dem vom Gesetz bestimmten Zeitpunkt ihrer Eheschließung mit Luigi Porta. Damit begann für sie die Lehrzeit der Leiden, die die Welt rings um alle sät, die ihren Bräuchen nicht folgen. Madame Servin war sehr verärgert über das Ungemach, das Ginevras Abenteuer ihrem Mann angetan hatte; sie empfing die Geflohene kühl und gab ihr mit höflich-bedächtigen Worten zu verstehen, daß sie auf ihre Unterstützung nicht rechnen könne. Die junge Korsin war viel zu stolz, um noch weiter zu bitten, aber sie war erstaunt über diesen ihr ungewohnten Egoismus; sie mietete sich in einem Hôtel garni ein, das ganz dicht bei dem Haus gelegen war, in dem Luigi wohnte. Der Sohn der Portas verbrachte alle seine Tage zu Füßen seiner Zukünftigen; seine junge Liebe, die Reinheit seiner Worte zerstreuten die Wolken, die die väterliche Mißbilligung auf der Stirn des verbannten Mädchens angehäuft hatten, und er malte ihr die Zukunft so schön aus, daß sie schließlich lächelte, ohne jedoch die Strenge der Eltern vergessen zu können.

Eines Morgens brachte die Hotelmagd Ginevra mehrere Koffer; sie enthielten Stoffe, Wäsche und eine Fülle von Dingen, wie eine junge Frau sie braucht, wenn sie einen Hausstand gründen will; in dieser Sendung erkannte Ginevra die vorausschauende Güte einer Mutter; denn als sie die Geschenke durchsah, fand sie eine Börse, in die die Baronin die der Tochter gehörende Summe gesteckt hatte, und dazu die Frucht ihrer eigenen Sparsamkeit. Das Geld war von einem Brief begleitet, in dem die Mutter die Tochter beschwor, von ihrem verhängnisvollen Heiratsplan abzustehen, wenn dazu noch Zeit sei; es habe für sie, so schrieb sie, unerhörter Vorsichtsmaßnahmen bedurft, um Ginevra diese schwache Hilfeleistung zukommen zu lassen; sie flehe sie an, sie nicht der Härte zu zeihen, wenn sie es in Zukunft an Unterstützung fehlen lasse; sie fürchte, sie könne ihr nicht mehr beistehen, sie segne sie und wünsche, die Tochter möge Glück in dieser fatalen Ehe finden, wenn sie darauf beharre, und sie versicherte, sie denke immer an ihre geliebte

Tochter. An dieser Stelle hatten Tränen mehrere Worte des Briefes ausgelöscht.

»O meine Mutter!« rief Ginevra tief gerührt. Sie empfand das Verlangen, sich vor ihr auf die Knie zu werfen, sie aufzusuchen und die wohltuende Luft des Vaterhauses zu atmen; sie schickte sich schon dazu an, als Luigi eintrat; sie schaute ihn an, und ihre kindliche Zärtlichkeit schwand hin, ihre Tränen trockneten, sie verspürte in sich nicht mehr die Kraft, diesen so unglücklichen, sie so sehr liebenden Jungen zu verlassen. Die einzige Hoffnung eines edlen Geschöpfes zu sein, es zu lieben und es zu verlassen . . . solch ein Opfer ist ein Verrat, dessen junge Seelen unfähig sind. Ginevra brachte die Großherzigkeit auf, ihren Schmerz im tiefsten Grund ihrer Seele zu begraben.

Endlich kam der Hochzeitstag heran. Ginevra sah niemanden um sich. Luigi hatte den Augenblick ausgenutzt, da sie sich ankleidete, um die notwendigen Zeugen bei der Unterzeichnung des Ehekontraktes zu holen. Jene Zeugen waren wackere Leute. Der eine, ein ehemaliger Husarenwachtmeister, hatte vom Heer her gegen Luigi Verpflichtungen, wie sie im Herzen eines anständigen Menschen nie auslöschen; er war jetzt Wagenvermieter und besaß ein paar Kutschen. Der andere, ein Bauunternehmer, war der Eigentümer des Hauses, in dem das junge Paar wohnen sollte. Beide brachten jeder einen Freund mit, und jetzt kamen sie alle vier mit Luigi und holten die Braut ab. Da sie wenig an gesellschaftliches Getue gewöhnt waren und in der Gefälligkeit, die sie Luigi erwiesen, nur etwas ganz Schlichtes und Selbstverständliches erblickten, hatten jene Männer sich zwar sauber, aber ohne allen Luxus angezogen, und nichts ließ darauf schließen, daß es sich um einen fröhlichen Hochzeitszug handelte. Ginevra selber hatte sich äußerst schlicht gekleidet, um sich ihren Vermögensumständen anzupassen; trotzdem hatte ihre Schönheit etwas so Adliges und Eindrucksvolles, daß bei ihrem Anblick den Zeugen das Wort auf den Lippen erstarb, und dabei hatten sie sich doch verpflichtet geglaubt, ihr Komplimente zu machen, sie grüßten sie respektvoll, sie nickte ihnen zu; sie schauten sie stumm an und konnten nichts mehr tun als sie bewundern. Diese Zurückhaltung schuf Kälte zwischen ihnen. Freude kann nur zwischen Menschen ausbrechen, die sich gleichgestellt fühlen. So wollte es denn also der Zufall, daß alles um die beiden Verlobten düster und ernst wirkte und nichts ihre Glückseligkeit spiegelte. Kirche und Rathaus lagen nicht allzu weit vom Hotel entfernt. Die beiden Korsen und hinter ihnen die vier vom Gesetz vorgeschriebenen Zeugen wollten zu Fuß hingehen, in einer Schlichtheit, die diesem großen Vorgang im sozialen Leben allen Glanz nahm. Im Hof der Mairie fanden sie eine große Zahl von Wagen vor; das ließ auf eine zahlreiche Gesellschaft schließen. Sie gingen hinauf und gelangten in einen weitläufigen Saal, wo die Brautpaare, deren Glück auf diesen Tag festgesetzt worden war, ziemlich ungeduldig auf den Maire des Bezirks warteten. Ginevra setzte sich neben Luigi an das Ende einer langen Bank, und ihre Zeugen blieben mangels Sitzgelegenheiten stehen. Zwei pompös in Weiß gekleidete Bräute, überladen mit Bändern, Spitzen, Perlen und Orangenblütenkränzen, deren seidige Knospen unter dem Schleier zitterten, waren von ihren fröhlichen Familien umgeben und von ihren Müttern begleitet, die sie mit zugleich befriedigter und ängstlicher Miene anschauten; in aller Augen spiegelte sich ihr Glück, und jedes Gesicht schien ihnen Segen zu spenden. Die Väter, die Zeugen, die Brüder, die Schwestern gingen und kamen, wie ein im Strahl der dem Verschwinden nahen Sonne spielender Mückenschwarm. Jeder schien um die Bedeutung dieses flüchtigen Augenblicks zu wissen, da im Leben das Herz zwischen zwei Hoffnungen steht: zwischen dem, was es sich in der Vergangenheit gewünscht hat, und dem, was die Zukunft verheißt. Bei diesem Anblick fühlte Ginevra ihr Herz schwellen; und sie drückte den Arm Luigis, der ihr einen Blick zuwarf. Eine Träne schimmerte im Auge des jungen Korsen; besser denn je zuvor verstand er, was alles seine Ginevra ihm opferte. Diese kostbare Träne ließ das junge Mädchen die Verlassenheit vergessen, in der sie sich befand. Die Liebe ergoß Schätze an Licht über die beiden Liebenden, die inmitten des Tumults einzig einander sahen: da saßen sie in dieser Menge, ganz allein, wie sie es im Leben sein sollten. Ihre Zeugen, denen die feierliche Handlung gleichgültig war, redeten in aller Ruhe von ihren Geschäften.

»Der Hafer ist recht teuer«, sagte der Wachtmeister zu dem Maurer.

»Er ist noch nicht so gestiegen wie der Kalk, im Verhältnis nämlich«, antwortete der Bauunternehmer.

Und sie unternahmen einen Rundgang durch den Saal.

»Wieviel Zeit man hier vertut!« rief der Maurer und steckte eine dicke silberne Uhr wieder in die Tasche.

Luigi und Ginevra saßen eng aneinandergeschmiegt und schienen nur *ein* Menschenwesen zu sein. Freilich, ein Dichter hätte seine Freude an den beiden im gleichen Gefühl vereinten Köpfen gehabt, beide Gesichter leicht gerötet, aber melancholisch und schweigsam angesichts zweier dumpf lärmender und murmelnder Hochzeitsgesellschaften, von vier durcheinanderwogenden Familien mit blitzenden Diamanten und Blumen; aber ihre Heiterkeit hatte etwas Vergängliches. Alles, was diese lauten, glänzenden Gruppen an Freude nach außen strömen ließen, begruben Luigi und Ginevra in den Tiefen ihres Innern. Auf der einen Seite der plumpe Lärm des Festes; auf der anderen die zarte Stille freudiger Seelen: Erde und Himmel. Aber die bebende Ginevra vermochte sich nicht völlig der weiblichen Schwächen zu entschlagen. Sie war als Italienerin abergläubisch, und so wollte sie in diesem Gegensatz ein Vorzeichen erblicken und bewahrte im Herzen ein banges Vorgefühl, das ebenso unbesiegbar war wie ihre Liebe. Plötzlich riß ein Bürodiener in der Uniform der Stadt eine Flügeltür auf; es entstand Schweigen, und seine wie Kötergekläff hallende Stimme rief Monsieur Luigi da Porta und Mademoiselle Ginevra di Piombo auf. Das machte die beiden Verlobten etwas verlegen. Der berühmte Name Piombo erregte Aufmerksamkeit, die Zuschauer hielten Ausschau nach einer Hochzeitsgesellschaft, die über die Maßen prächtig sein mußte. Ginevra stand auf, ihre vor Hochmut blitzenden Augen verfehlten ihren Eindruck auf die gesamte Menge nicht, sie reichte Luigi den Arm und ging festen Schrittes, gefolgt von ihren Zeugen. Ein Gemurmel des Erstaunens, das anschwoll, ein allgemeines Getuschel erinnerte Ginevra daran, daß die Welt Rechenschaft über die Abwesenheit ihrer Eltern von ihr verlangte: der väterliche Fluch schien sie zu verfolgen.

»Warten Sie auf die Angehörigen«, sagte der Maire zu dem Beamten, der sofort mit der Lesung der Formeln begann.

»Die Eltern erheben Einspruch«, antwortete phlegmatisch der Sekretär.

»Auf beiden Seiten?« fragte der Maire.

»Der Bräutigam ist Waise.«

»Wo sind die Zeugen?«

»Erschienen«, antwortete der Sekretär und zeigte auf die vier reglos und stumm dastehenden Männer, die die Arme untergeschlagen hatten und wie Statuen wirkten.

»Aber wenn Einspruch erhoben worden ist?« fragte der Maire.

»Die diesbezüglichen Protokolle sind vorschriftsmäßig ausgefertigt worden«, entgegnete der Beamte und stand auf, um seinem Vorgesetzten die der Heiratsurkunde beigefügten Aktenstücke zu überreichen.

Diese bürokratische Debatte hatte etwas Brandmarkendes an sich und enthielt in wenigen Worten eine ganze Geschichte. Der Haß der Portas und der Piombos, grausige Leidenschaften standen auf einer Seite des Zivilstandsregisters geschrieben, wie auf einem Grabstein in wenigen Zeilen die Annalen eines Volkes, und oftmals nur in einem einzigen Wort: Robespierre oder Napoleon. Ginevra durchschauerte es. Wie die Taube, die die Fluten überflog und nur die Arche hatte, um sich niederzulassen, besaß ihr Blick keine andere Zuflucht als die Augen Luigis; denn alles um sie her war traurig und kalt. Der Maire hatte eine unzufriedene, strenge Miene, und der Schreiber sah das junge Paar mit übelwollender Neugier an. Nichts hat je weniger festlich und freudig gewirkt. Wie alle Dinge im menschlichen Leben, wenn ihnen das schmückende Beiwerk fehlt, war dies ein an sich schlichter, aber durch das Nachdenken darüber unermeßlicher Vorgang. Nach ein paar Fragen, die das Brautpaar beantwortete, nach ein paar vom Maire brummig vorgebrachten Worten und nach der Eintragung ihrer Unterschriften in das Register wurden Luigi und Ginevra getraut. Die beiden jungen Korsen, deren Ehebund die ganze Poesie enthielt, die der Genius demjenigen von Romeo und Julia geweiht hat, durchschritten das Spalier der fröhlichen Verwandten, mit denen sie nichts zu tun hatten und die schon fast ungeduldig über die Verspätung waren, die ihnen diese dem Anschein nach so trübe Trauung verursacht hatte. Als das junge Mädchen im Hof der Mairie und unter freiem Himmel war, entrang sich ihrer Brust ein Seufzer.

»Ach! Wird ein ganzes Leben der Fürsorge und Liebe hinreichen, um den Mut und die Zärtlichkeit meiner Ginevra zu belohnen?« fragte Luigi sie.

Bei diesen Worten, die Tränen des Glücks begleiteten, vergaß die Braut alle ihre Leiden; sie hatte nämlich gelitten, als sie sich der Welt zur Schau gestellt und ein Glück verlangt hatte, das ihre Familie zu sanktionieren sich weigerte.

»Warum stellen die Menschen sich zwischen uns?« fragte sie mit einer Unschuld des Gefühls, die Luigi entzückte.

Die Freude machte den beiden Gatten alles leichter. Sie nahmen weder Himmel noch Erde, noch Häuser wahr und schwebten wie auf Flügeln der Kirche zu. Endlich langten sie in einer kleinen, dunklen Seitenkapelle und vor einem prunklosen Altar an, wo ein alter Priester ihre Ehe einsegnete. Dort, wie in der Mairie, wurden sie von den beiden Hochzeitszügen umringt, die sie mit ihrem Glanz verfolgten. Die von Bekannten und Verwandten erfüllte Kirche hallte wider vom Lärm und den Geräuschen, die die Wagen, die Kirchendiener, die Schweizer, die Priester vollführten. Altäre strahlten in kirchlicher Pracht, die Orangenblütenkränze, die die Madonnenstatuen schmückten, schienen neu zu sein. Es gab nichts als Blumen, Düfte, funkelnde Kerzen, goldbestickte Samtkissen. Gott schien ein Mitverschworener an dieser Eintagsfreude zu sein. Als über die Köpfe Luigis und Ginevras das Symbol der Vereinigung für alle Zeit gehalten werden sollte, das ›Joch‹[27] aus weißer Seide, das weich, schimmernd und leicht für die einen, aber bleischwer für die meisten ist, suchte der Priester, indessen vergeblich, nach den jungen Burschen, die dieses heitere Amt für gewöhnlich ausüben: zwei der Zeugen übernahmen es. In aller Hast erteilte der Geistliche den Eheleuten eine Belehrung über die Gefahren des Lebens, über die Pflichten, die sie eines Tages ihre Kinder lehren würden, und bei dieser Gelegenheit fügte er einen indirekten Vorwurf über die Abwesenheit von Ginevras Eltern ein; und nachdem er sie dann vor Gott zusammengegeben hatte wie der Maire vor dem Gesetz, beendete er seine Messe und ging weg.

»Möge Gott sie segnen«, sagte Vergniaud in der Vorhalle der Kirche zu dem Maurer. »Niemals sind zwei Menschen besser füreinander geschaffen gewesen. Die Eltern dieses Mädchens sind Dummköpfe. Ich kenne keinen tapferern Soldaten als den Oberst Louis! Wenn alle Welt gehandelt hätte wie er, dann wäre ›der andere‹ noch da.«

Der Segenswunsch des Soldaten, der einzige, der ihr an diesem Tag gespendet wurde, breitete sich wie Balsam über Ginevras Herz.

Sie verabschiedeten sich mit einem Händedruck, und Luigi dankte seinem Hausbesitzer herzlich.

»Adieu, alter Kamerad«, sagte Luigi zu dem Wachtmeister, »ich danke dir.«

»Immer zu Befehl, Herr Oberst. Seele, Leib, Pferde und Wagen; alles, was ich habe, gehört Ihnen.«

»Wie er an dir hängt!« sagte Ginevra.

Luigi zog die ihm Angetraute rasch nach dem Haus hin, in dem sie wohnen sollten; bald waren sie in ihrer bescheidenen Wohnung angelangt; und als die Tür geschlossen war, nahm Luigi seine Frau in die Arme und rief: »O meine Ginevra! Denn jetzt gehörst du wahrhaft mir, hier findet die wahre Hochzeitsfeier statt. Hier«, fuhr er fort, »soll uns alles anlächeln.«

Sie gingen gemeinsam durch die drei Zimmer, aus denen ihre Wohnung bestand. Der Eingangsraum diente als Wohn- und Eßzimmer.[28] Rechts lag ein Schlafzimmer, links ein großer Arbeitsraum, den Luigi für seine geliebte Frau hatte herrichten lassen: sie fand darin Staffeleien, Farbkästen, Gipsabgüsse, Modelle, Gliederpuppen, Bilder, Mappen für Zeichnungen, kurzum alles, was eine Künstlerin braucht.

»Dort werde ich also arbeiten«, sagte sie mit kindlichem Ausdruck. Lange besah sie die Tapeten, die Möbel, und immer wieder wandte sie sich Luigi zu, um ihm zu danken, denn in diesem Zufluchtsort hatte eine gewisse Großzügigkeit gewaltet: ein Büchergestell enthielt Ginevras Lieblingswerke, und hinten stand ein Klavier. Sie setzte sich auf ein Ruhebett, zog Luigi an sich und drückte ihm die Hand: »Du hast einen guten Geschmack«, sagte sie mit zärtlicher Stimme.

»Deine Worte machen mich sehr glücklich«, sagte er.

»Aber laß uns doch alles ansehen«, bat Ginevra; Luigi hatte vor ihr geheimgehalten, wie er diese Zufluchtsstätte ausstatten wolle.

Sie gingen jetzt auf ein Hochzeitsgemach zu; es war frisch und weiß wie eine Jungfrau.

»Oh, komm weiter«, sagte Luigi lachend.

»Aber ich will doch alles sehen.« Und Ginevra, die nicht abzuweisen war, besichtigte die ganze Wohnung mit der neugierigen Sorgfalt eines Antiquars, der eine Medaille untersucht; sie berührte die Seidenstoffe und schaute sich alles mit der naiven Billigung einer Jungvermählten an, die ihre reichen Brautgeschenke ausbreitet. »Wir fangen damit an, daß wir uns ruinieren«, sagte sie halb fröhlich, halb bekümmert.

»Da hast du recht! Der ganze Rückstand meines Soldes ist hineingesteckt worden. Ich habe ihn an einen wackeren Mann namens Gigonnet verkauft.«

»Warum?« fragte sie vorwurfsvollen Tons, in dem eine heimliche Genugtuung durchklang. »Glaubst du, ich wäre in einer Dachkammer weniger glücklich gewesen? Aber«, fuhr sie fort, »dies alles ist sehr hübsch, und es gehört uns.« Luigi schaute sie so hingerissen an, daß sie ihn auf die Augen küßte und zu ihm sagte: »Komm, laß uns das übrige ansehen.«

Über den drei Zimmern, unterm Dach, lagen ein Arbeitszimmer für Luigi, eine Küche und eine Dienstbotenkammer. Ginevra war mit ihrem kleinen Herrschaftsbereich zufrieden, obwohl die Aussicht durch die breite Mauer eines Nachbarhauses begrenzt wurde, und obwohl der Hof, von dem aus das Licht einfiel, düster war. Aber die beiden Liebenden waren so fröhlichen Herzens, und die Hoffnung verschönte für sie die Zukunft so sehr, daß sie in ihrem heimlichen Asyl nur reizende Bilder wahrnehmen wollten. Sie wohnten ganz hinten in diesem weitläufigen Haus und waren in der Unermeßlichkeit von Paris verloren wie zwei Perlen in ihrer Perlmuttermuschel im tiefen Meeresschoß: für alle anderen wäre es ein Gefängnis gewesen; für sie beide war es ein Paradies. Die ersten Tage ihrer Ehe gehörten der Liebe. Es fiel ihnen allzu schwer, sich plötzlich der Arbeit zu widmen; sie brachten es nicht fertig, dem Zauber ihrer Leidenschaft zu widerstehen. Luigi verweilte ganze

Stunden zu Füßen seiner Frau und bewunderte die Farbe ihres Haars, die Wölbung ihrer Stirn, die entzückende Umrahmung ihrer Augen, die Weiße der beiden Bogen, unter denen sie langsam hin und her glitten und das Glück befriedigter Liebe ausstrahlten. Ginevra steichelte das Haar ihres Luigi und wurde es nicht müde, die ›beltà folgorante‹[29] des jungen Mannes, wie sie sich ausdrückte, und die Feinheit seiner Züge zu betrachten; immer wieder schlug sie die Noblesse seiner Umgangsformen in Bann, wie sie ihn immer wieder durch die Anmut der ihrigen. Wie Kinder spielten sie mit Nichtigkeiten, jene Nichtigkeiten führten sie immer wieder zu ihrer Liebesleidenschaft zurück, und ihre Spiele endeten damit, daß sie in die Träumerei des ›far niente‹[30] versanken. Ein von Ginevra gesungenes Lied ließ noch einmal die köstlichen Nuancen ihrer Liebe vor ihnen erstehen. Dann vereinigten sie ihre Schritte, wie sie ihre Seelen vereint hatten, und durcheilten die Felder, wobei sie überall ihre Liebe wiederfanden, in den Blumen, im Himmel, inmitten der glühenden Tönungen der sinkenden Sonne; sie lasen sie auch in den launischen Wolkengebilden, die einander in den Lüften bekämpften. Kein Tag ähnelte dem vorhergegangenen, ihre Liebe wuchs und wuchs, weil sie echt war. Innerhalb weniger Tage hatten sie einander erprobt und instinktiv erkannt, daß ihre Seelen zu denen gehörten, deren unerschöpfliche Reichtümer für die Zukunft immer neue Genüsse zu verheißen scheinen. Es war die Liebe in all ihrer Unverbrauchtheit, mit ihren endlosen Plaudereien, ihren unvollendeten Sätzen, ihrem langen Schweigen, ihrer orientalischen Ruhe und ihrem Ungestüm. Luigi und Ginevra hatten alles erkannt, was die Liebe zu spenden vermag. Ist die Liebe nicht wie das Meer, das, oberflächlich oder zu hastig betrachtet, von vulgären Seelen der Monotonie bezichtigt wird, während gewisse bevorzugte Menschen ihr Leben damit hinbringen können, es anzustaunen und darin unaufhörlich wechselnde Phänomene zu erblicken, die sie entzücken?

Eines Tages indessen vertrieb die Vorsorge die jungen Gatten aus ihrem Eden; um leben zu können, war es notwendig geworden, zu arbeiten. Ginevra, die ein besonderes Talent zum Kopieren alter Bilder besaß, machte sich an diese Arbeit und schuf sich eine Kundschaft unter den Kunsthändlern. Luigi seinerseits suchte überaus eifrig nach einer Betätigung; aber für einen jungen Offizier, dessen Fähigkeiten sich darauf beschränkten, daß er sich in der Strategie gut auskannte, war es sehr schwierig, in Paris eine Stellung zu finden. Kurzum, eines Tages, als er der vergeblichen Bemühungen müde war, schlich sich Verzweiflung in seine Seele, weil ihm klar wurde, daß die ganze Bürde ihres Lebensunterhalts einzig und allein auf Ginevra lastete; er überlegte, ob er nicht Nutzen aus seiner Handschrift ziehen könne, die sehr schön war. Mit einer Beharrlichkeit, für die seine Frau ihm ein Beispiel gegeben hatte, suchte er die Pariser Sachwalter, Notare und Advokaten auf und bat um Arbeit. Sein freimütiges Auftreten, seine Lage sprachen sehr zu seinen Gunsten, und er erhielt so viele Aufträge, daß er genötigt war, sich von jungen Leuten helfen zu lassen. Die Erträgnisse dieses Büros, die Preise, die Ginevras Bilder erzielten, verhalfen dem jungen Paar schließlich zu einem Wohlstand, der sie stolz machte, denn er rührte von ihrer beider Fleiß her. Das war für sie die schönste Zeit ihres Lebens. Zwischen ihren Betätigungen und den Liebesfreuden flossen die Tage schnell dahin. Nachdem sie wacker gearbeitet hatten, fanden sie abends in Ginevras Zelle glücklich zueinander. Die Musik tröstete sie über ihre Erschöpfung hinweg. Nie verdunkelte ein Ausdruck der Melancholie die Züge der jungen Frau, und nie erging sie sich in einer Klage. Sie brachte es fertig, vor ihrem Luigi stets mit einem Lächeln auf den Lippen und strahlenden Auges zu erscheinen. Beide hätschelten sie einen Leitgedanken, und dieser ließ sie Freude auch in der härtesten Arbeit finden: Ginevra sagte sich, sie arbeite für Luigi, und Luigi, er arbeite für Ginevra. Manchmal, wenn ihr Mann nicht daheim war, mußte die junge Frau an das vollkommene Glück denken, das ihr zuteil geworden wäre, wenn dieses Leben in Liebe sich in Gegenwart ihrer Eltern vollzogen hätte; dann versank sie in tiefe Schwermut und empfand die Macht der Gewissensbisse; düstere Bilder glitten wie Schatten durch ihre Phantasie: sie sah ihren alten, einsamen Vater vor sich oder ihre am Abend weinende Mutter, wie sie ihre Tränen vor dem unerbittlichen Piombo verbarg; plötzlich erstanden die beiden weißhaarigen, ernsten Köpfe vor ihr, und ihr war, als dürfe sie sie nur noch im phantastischen Licht der Erinnerung betrachten. Dieser Gedanke verfolgte sie wie eine trübe Vorahnung. Den Jahrestag ihrer Hochzeit beging sie festlich, indem sie ihrem Mann ein Bildnis schenkte, das er sich oftmals gewünscht hatte, das seiner Ginevra. Nie zuvor hatte die junge Künstlerin etwas so Vortreffliches geschaffen. Abgesehen von der vollkommenen Ähnlichkeit waren der Glanz der Schönheit, die Reinheit des Gefühlslebens, das Glück der Liebe mit einer Art Magie wiedergegeben worden. Das Meisterstück wurde feierlich enthüllt. Noch ein weiteres Jahr verlebten sie in der Geborgenheit des Wohlstands. Die Geschichte ihres Lebens läßt sich in drei Worten erzählen: Sie waren glücklich. Es widerfuhr ihnen also nichts, was berichtet zu werden verdient.

Zu Beginn des Winters 1819 rieten die Bilderhändler Ginevra, ihnen anderes als Kopien zu bringen; sie konnten sie der Konkurrenz wegen nicht mehr vorteilhaft an den Mann bringen. Madame Porta erkannte, daß sie falsch gehandelt hatte; sie hätte sich im Malen von Genrebildern üben müssen, denn die hätten ihr einen Namen gemacht, und so ging sie daran, Porträts zu malen; aber sie mußte gegen eine große Zahl von Künstlern ankämpfen, die noch ärmer waren als sie. Da jedoch Luigi und Ginevra einiges Geld zurückgelegt hatten, verzweifelten sie nicht an der Zukunft. Gegen Winterende dieses Jahres arbeitete Luigi unablässig. Auch er hatte gegen Konkurrenten anzukämpfen: der Preis für Schreibarbeiten war so sehr abgesunken, daß er niemanden mehr beschäftigen konnte; er sah sich genötigt, mehr Zeit als bisher an seine Plackerei zu wenden, um die gleiche Summe damit zu verdienen. Seine Frau hatte mehrere Bilder vollendet, die gar nicht übel waren; aber die Händler kauften kaum noch welche von berühmten Künstlern. Ginevra bot sie zu schäbigen Preisen an, schlug sie aber nicht los. Die Situation des Haushalts hatte etwas Furchteinflößendes; die Seelen der beiden Gatten schwammen im Glück, die Liebe überschüttete sie mit ihren Schätzen, inmitten dieser Ernte an Lust erhob die Armut sich wie ein Skelett, und sie verhehlten einander ihre Besorgnisse. Wenn Ginevra sich beim Anblick ihres leidenden Luigi den Tränen nahe fühlte, überhäufte sie ihn mit Liebesbezeigungen. Genauso barg Luigi schwarzen Kummer im Herzensgrunde, wenn er Ginevra die zärtlichste Liebe bezeigte. Sie suchten einen Ausgleich für ihre Leiden in der Übersteigerung ihrer Gefühle, und ihre Worte, ihre Freuden, ihre Liebesspiele waren von einer Art Wahnwitz durchtränkt. Es bangte sie vor der Zukunft. Die Kraft welches Gefühls ließe sich mit derjenigen einer Leidenschaft vergleichen, die am nächsten Tag enden muß, umgebracht durch den Tod oder den Mangel? Wenn sie von ihrer Notlage sprachen, empfanden sie die Notwendigkeit, einander zu täuschen; mit gleichem Eifer klammerten sie sich an die leiseste Hoffnung. Eines Nachts tastete Ginevra vergebens neben sich nach Luigi und stand tief erschrocken auf. Ein schwacher Lichtschein an der dunklen Mauer des kleinen Hofes ließ sie ahnen, daß ihr Mann auch nachts arbeitete. Luigi wartete immer, bis seine Frau eingeschlafen war, ehe er hinauf in sein Arbeitszimmer ging. Es schlug vier Uhr, Ginevra ging wieder zu Bett und tat, als schlafe sie, Luigi kam, übermannt von Erschöpfung und Müdigkeit, und Ginevra betrachtete schmerzlich das schöne Antlitz, auf dem Arbeit und Sorgen schon ein paar Falten gekerbt hatten.

»Um meinetwillen schreibt er die Nächte hindurch«, sagte sie weinend.

Ein Einfall trocknete ihre Tränen. Sie gedachte zu tun wie Luigi. Noch am selben Tag ging sie zu einem reichen Händler, der Stiche verkaufte, und mittels eines Empfehlungsbriefes, den sie sich für jenen Händler von Elie Magus hatte geben lassen, einem ihrer Bilderhändler, erhielt sie einen Auftrag zum Kolorieren. Tagsüber malte sie und befaßte sich mit dem Haushalt; wenn es dunkelte, kolorierte sie Stiche. Die beiden Liebestrunkenen bestiegen also das Ehebett nur, um wieder aufzustehen. Beide taten, als schliefen sie, und aus Hingabe gingen sie gleich wieder auseinander, wenn einer den anderen getäuscht hatte. Eines Nachts öffnete Luigi, der einer Art Fieber erlag, der Folge einer Arbeit, deren Last ihn niederzubeugen begann, die Luke seines Arbeitszimmers, um die reine Morgenluft zu atmen und seine Schmerzen abzuschütteln; als sein Blick tiefer glitt, gewahrte er an der Mauer den Lichtschein der Lampe Ginevras. Da erriet der Unselige alles, er stieg hinunter, ging ganz leise und ertappte seine Frau dabei, wie sie im Atelier Stiche kolorierte.

»O Ginevra!« rief er.

Sie fuhr konvulsivisch vom Stuhl hoch und wurde rot.

»Könnte ich denn schlafen, wenn du dich abschindest?«

»Ich allein habe das Recht, so zu schuften.«

»Kann ich denn müßig bleiben«, antwortete die junge Frau, der die Tränen in die Augen stiegen, »wenn ich weiß, daß jedes Stück Brot uns fast einen Tropfen deines Bluts kostet? Ich würde sterben, wenn ich nicht meine Mühen den deinen zugesellte. Muß etwa nicht alles für uns gemeinsam sein, Freud und Leid?«

»Ihr ist kalt«, rief Luigi verzweifelt. »Zieh doch deinen Schal über deiner Brust besser zusammen, Ginevra, die Nacht ist feucht und kühl.«

Sie traten ans Fenster, die junge Frau lehnte den Kopf an die Brust des Geliebten, der ihr die Hand um die Taille legte, und beide schauten, in tiefes Schweigen versunken, den Himmel an, den das Morgengrauen langsam erhellte. Graugetönte Wolken folgten rasch eine der andern, und der Osten wurde immer lichter.

»Siehst du«, sagte Ginevra, »das ist ein Zeichen: wir werden glücklich.«

»Ja, im Himmel«, antwortete Luigi mit bitterem Lächeln. »O Ginevra, du, die du alle Schätze der Erde verdientest ...«

»Ich habe ja dein Herz«, sagte sie, und ihre Stimme klang freudig.

»Ach, ich will ja nicht klagen«, fuhr er fort und drückte sie fest an sich. Und er bedeckte mit seinen Küssen das zarte Gesicht, das die Frische der Jugend einzubüßen begann, aber dessen Ausdruck so zärtlich und so lieblich war, daß er es niemals anblicken konnte, ohne getröstet zu werden.

»Wie still es ist!« sagte Ginevra. »Lieber, ich finde großen Genuß darin zu wachen. Die Majestät der Nacht überträgt sich auf den Menschen, sie erlegt sich auf, sie inspiriert; es liegt irgend etwas Mächtiges in dem Gedanken: alles schläft, und ich wache.«

»Ach, Ginevra, nicht erst heute empfinde ich, von wie köstlicher Anmut deine Seele ist! Aber sieh, die Morgenröte, komm, laß uns schlafen.«

»Ja«, antwortete sie, »aber nur, wenn ich nicht allein schlafe. Ich habe sehr gelitten, als ich merkte, daß mein Luigi ohne mich wachte!«

Der Mut, mit dem die beiden jungen Menschen gegen das Unglück ankämpften, erhielt nach einiger Zeit seine Belohnung; aber das Ereignis, das fast immer den Gipfel der Glückseligkeit der Ehepaare bildet, sollte ihnen zum Unheil ausschlagen: Ginevra bekam einen Sohn, der, nach einem volkstümlichen Ausdruck, »schön war wie der Tag«. Das Gefühl, Mutter zu sein, verdoppelte die Kräfte der jungen Frau. Luigi nahm ein Darlehen auf, um die Kosten von Ginevras Niederkunft bestreiten zu können. In der ersten Zeit empfand sie also nicht das Unbehagen der Situation, und die beiden Gatten gaben sich dem Glück hin, ein Kind aufziehen zu können. Wie zwei Schwimmer, die mit vereinter Kraft eine Strömung bezwingen wollen, kämpften die beiden Korsen zunächst tapfer; aber zuweilen gaben sie einer Apathie nach; sie war dem Schlummer vergleichbar, der dem Sterben vorhergeht; bald sahen sie sich gezwungen, ihren Schmuck zu verkaufen. Plötzlich trat die Armut auf den Plan, noch nicht die häßliche, vielmehr schlicht gekleidet und beinahe sanft zu ertragen; ihre Stimme hatte nichts Erschreckendes, sie schleppte weder Verzweiflung noch Schreckbilder, noch Lumpen nach sich; aber sie ließ die Erinnerung an das behagliche Leben und dessen Gewohnheiten hinschwinden; sie nutzte die Triebfedern des Stolzes ab. Dann kam das Elend mit all seinen Schrecknissen, schritt unbekümmert um seinen Plunder einher und trat alle menschlichen Gefühle mit Füßen. Sieben oder acht Monate nach der Geburt des kleinen Bartolomeo hätte es Mühe gekostet, in der das schwächliche Kind nährenden Mutter das Original des herrlichen Porträts wiederzuerkennen, des einzigen Schmucks eines kahlen Zimmers. Ginevra saß in einem harten Winter ohne Heizung; sie sah die anmutigen Konturen ihres Gesichts langsam verfallen, ihre Wangen weiß werden wie Porzellan, ihre Augen erblassen, wie wenn die Lebensquellen in ihr versiegten. Wenn sie ihr abgemagertes graubleiches Kind ansah, litt sie nur an diesem jungen Elend, und Luigi brachte nicht mehr den Mut auf, seinem Sohn zuzulächeln.

»Ich bin durch ganz Paris gelaufen«, sagte er mit dumpfer Stimme, »ich kenne hier niemanden, und wie soll ich es wagen, Fremde um etwas zu bitten? Vergniaud, der Pferdezüchter, mein alter Kamerad aus dem ägyptischen Feldzug, ist in eine Verschwörung verwickelt und sitzt im Gefängnis, und überdies hat er mir schon alles geliehen, was er entbehren konnte. Und unser Hausbesitzer hat ohnehin schon seit einem Jahr keine Miete von uns verlangt.«

»Aber wir brauchen doch auch nichts«, antwortete Ginevra sanft und heuchelte eine ruhige Miene.

»Jeder neue Tag schafft eine weitere Schwierigkeit«, fuhr Luigi voller Entsetzen fort.

Luigi nahm alle Gemälde Ginevras, das Bildnis, einige Möbelstücke, die in der Wohnung noch entbehrlich waren, und verkaufte alles zu einem erbärmlichen Preis, und die dafür erhaltene Summe zögerte die Agonie des Haushalts noch eine Weile hinaus. In diesen Unglückstagen zeigte Ginevra die Größe ihres Charakters und die Weite ihrer Kraft zu entsagen; stoisch ertrug sie die Geißelhiebe des Schmerzes; ihre kraftvolle Seele hielt sie gegen alle Nöte aufrecht, sie arbeitete mit versagender Hand neben ihrem sterbenden Kind, bewältigte den Haushalt mit an ein Wunder grenzender Tatkraft. Sie war sogar glücklich, wenn sie auf Luigis Lippen ein Lächeln des Erstaunens beim Anblick der Sauberkeit gewahrte, die sie in dem einzigen Zimmer walten ließ, in das sie sich geflüchtet hatten.

»Liebster, ich habe dir dies Stück Brot aufgehoben«, sagte sie eines Abends zu ihm, als er erschöpft heimgekehrt war.

»Und du?«

»Ich habe gegessen, lieber Luigi, ich brauche nichts.«

Und der liebliche Ausdruck ihres Gesichtes drängte ihn noch mehr als ihre Worte, die Nahrung anzunehmen, deren sie sich beraubte; Luigi küßte sie mit einem der Verzweiflungsküsse, die 1793 Freunde einander gaben, wenn sie gemeinsam das Schafott bestiegen. In solcherlei erhabenen Augenblicken schauen zwei Menschen einander unmittelbar ins Herz. Als daher der unglückliche Luigi plötzlich erkannte, daß seine Frau nichts gegessen hatte, überkam ihn das gleiche Fieber, das sie verzehrte; er erschauerte, schützte einen dringenden Geschäftsweg vor und ging weg; er hätte lieber das schärfste Gift genommen als dem Hungertod dadurch zu entgehen, daß er das letzte Stück Brot aß, das sich im Haus befand. Er begann, durch Paris zu irren, mitten zwischen den glänzendsten Wagen hindurch, inmitten des beleidigenden Luxus, der überall strahlt; er ging rasch an den Läden der Wechsler vorbei, in denen Gold funkelt; er war, mit einem Wort, entschlossen, sich zu verkaufen, sich als Stellvertreter für den Militärdienst anzubieten, in der Hoffnung, dieses Opfer werde Ginevra retten, und während seines Fernseins könne sie in Gnaden zu Bartolomeo heimkehren. Er suchte also einen der Männer auf, die Sklavenhandel mit Weißen treiben, und empfand etwas wie Glück, in ihm einen ehemaligen Offizier der kaiserlichen Garde wiederzuerkennen.

»Seit zwei Tagen habe ich nichts gegessen«, sagte er mit langsamer, schwacher Stimme zu ihm, »meine Frau stirbt Hungers und läßt keine Klage laut werden, sie würde lächelnd sterben, glaube ich. Um Gottes willen, Herr Kamerad«, fügte er mit einem bitteren Lächeln hinzu, »kaufen Sie mich gegen Vorschuß, ich bin robust, ich bin nicht mehr im Dienst, und ich . . .«

Der Offizier gab Luigi einen Betrag als Anzahlung auf die Summe, die ihm zu verschaffen er sich verpflichtete. Der Unglückliche stieß ein konvulsivisches Gelächter aus, als er eine Handvoll Goldstücke hielt; er rannte, so schnell er konnte, nach Hause, keuchend, und schrie dabei dann und wann: »O Ginevra! Ginevra!« Es begann zu dunkeln, als er daheim anlangte. Leise ging er hinein, er hatte Angst, seine Frau, die er sehr schwach zurückgelassen hatte, allzu heftig zu erregen. Die letzten Strahlen der Sonne, die durch die Luke hereinfielen, waren gerade auf Ginevras Antlitz erstorben; sie saß schlafend auf einem Stuhl und hielt das Kind an der Brust.

»Wach auf, liebe Seele«, sagte er, ohne die Haltung seines Kindes wahrzunehmen, das in diesem Augenblick eine unnatürliche Farbe aufwies.

Als sie seine Stimme vernahm, öffnete die arme Mutter die Augen, begegnete Luigis Blick und lächelte; aber Luigi stieß einen Schreckensschrei aus; er erkannte seine fast wie eine Irre wirkende Frau kaum wieder und zeigte ihr mit einer energischen Geste das Gold.

Ginevra fing mechanisch an zu lachen, und plötzlich schrie sie mit grausiger Stimme auf: »Louis, das Kind ist ganz kalt!« Sie sah auf ihr Kind nieder und wurde ohnmächtig; der kleine Barthélemy war tot. Luigi hob seine Frau hoch, ohne ihr das Kind wegzunehmen, das sie mit unbegreiflicher Kraft an sich gepreßt hielt; er legte sie aufs Bett und ging dann fort, um Hilfe zu holen.

»O mein Gott!« sagte er zu dem Hausbesitzer, dem er auf der Treppe begegnete, »jetzt habe ich Geld, und mein Kind ist verhungert, und seine Mutter stirbt, helfen Sie uns!«

Wie außer sich ging er wieder zu seiner Frau und überließ es dem ehrenwerten Maurer und einigen Nachbarn, alles zusammenzuraffen, was eine Not zu lindern vermochte, von der bislang niemand etwas gewußt hatte, so sorglich hatten die beiden Korsen sie aus einer Regung des Stolzes heraus geheimgehalten. Luigi hatte sein Gold auf den Fußboden geworfen; er kniete am Kopfende des Bettes, auf dem seine Frau lag.

»Vater! Sorg für meinen Sohn, er trägt deinen Namen«, rief Ginevra in ihren Fieberphantasien.

»O mein Engel, beruhige dich!« sagte Luigi zu ihr und küßte sie, »unser warten schöne Tage.«

Seine Stimme und seine Zärtlichkeit beschwichtigten sie.

»O lieber Louis!« sprach sie weiter und schaute ihn mit ungemeiner Eindringlichkeit an, »hör mir gut zu. Ich fühle, daß ich sterbe. Mein Tod kann niemanden wundern, ich habe zuviel gelitten, und ein so großes Glück wie das meine muß bezahlt werden. Ja, Luigi, tröste dich. Ich bin so glücklich gewesen, daß ich, wenn ich noch einmal mit dem Leben beginnen könnte, noch einmal unser Los auf mich nähme. Ich bin eine schlechte Mutter: ich bedaure dich noch mehr als mein Kind. – Mein Kind«, fügte sie mit dunkel klingender Stimme hinzu. Zwei Tränen lösten sich von ihren sterbenden Augen, und plötzlich drückte sie die Leiche an sich, die sie nicht mehr erwärmen konnte. – »Bring mein Haar meinem Vater, zur Erinnerung an seine Ginevra«, begann sie wieder. »Sag ihm, ich hätte ihm nie etwas vorgeworfen...« Ihr Kopf fiel auf den Arm ihres Gatten.

»Nein, du darfst nicht sterben«, rief Luigi, »gleich kommt der Arzt. Wir haben Brot. Dein Vater wird dich in Gnaden aufnehmen. Uns wird Wohlstand zuteil. Bleib bei uns, Engel an Schönheit!«

Aber das treue, von Liebe erfüllte Herz erkaltete, instinktiv wandte Ginevra den Blick dem zu, der sie angebetet hatte, obwohl sie nichts mehr spürte: verworrene Bilder boten sich ihrem Geist dar, der kurz davor stand, alle Erinnerungen an Irdisches zu vergessen. Sie wußte, daß Luigi da sei, denn nach wie vor drückte sie immer stärker seine eiskalte Hand; sie schien sich über einem Abgrund festhalten zu wollen, in den sie zu stürzen glaubte.

»Liebster«, sagte sie endlich, »dir ist kalt, ich will dich wärmen.«

Sie wollte ihres Mannes Hand auf ihr Herz legen; aber sie gab den Geist auf. Zwei Ärzte, ein Priester, Nachbarn kamen in diesem Augenblick herein und brachten alles mit, was erforderlich war, um das Ehepaar zu retten und ihre Verzweiflung zu beschwichtigen. Anfangs machten diese Fremden viel Lärm; aber als sie hereingekommen waren, herrschte im Zimmer eine schreckliche Stille.

Während diese Szene sich abspielte, saßen Bartolomeo und seine Frau in ihren altertümlichen Sesseln, jeder an einer Ecke des breiten Kamins, dessen glosende Glut kaum den riesigen Salon ihres Stadtpalais wärmte. Die Stutzuhr zeigte auf Mitternacht. Seit langem schlief das alte Paar nur noch wenig. Jetzt saßen sie stumm da, zwei kindisch gewordene Greise, die alles anstarren und nichts wahrnehmen. Ihr öder, aber für sie von Erinnerungen erfüllter Salon wurde durch eine einzige, dem Erlöschen nahe Lampe schwach erhellt. Ohne die zuckenden Flämmchen des Kaminfeuers hätten sie in völliger Dunkelheit gesessen. Einer ihrer Bekannten hatte sich gerade verabschiedet, und der Stuhl, den er während seines Besuchs innegehabt hatte, stand zwischen den beiden Korsen. Piombo hatte bereits mehr als nur einen Blick auf jenen Stuhl geworfen, und diese gedankenschweren Blicke folgten einander wie Gewissensbisse; denn der leere Stuhl war der Ginevras. Elisa Piombo beobachtete den wechselnden Ausdruck, der über das weiße Gesicht ihres Mannes hinglitt. Obwohl sie es gewöhnt war, die Gefühle des Korsen aus den sich wandelnden Umschwüngen seiner Züge zu erraten, waren diese jetzt abwechselnd so drohend und so schwermütig, daß sie nicht mehr in dieser unbegreiflichen Seele zu lesen vermochte.

Erlag Bartolomeo den mächtigen Erinnerungen, die jener Stuhl erweckte? Hatte es ihm einen Stoß versetzt, daß er zum erstenmal seit der Verstoßung der Tochter einem Fremden gedient hatte? Hatte die Stunde der Milde, die bislang so vergebens erwartete Stunde, endlich geschlagen?

Diese Erwägungen durchwogten, eine nach der anderen, Elisa Piombos Herz. Für Sekundendauer wurde das Gesicht ihres Mannes so entsetzlich, daß sie erbebte, eine so einfache List zum Herbeiführen einer Gelegenheit gebraucht zu haben, von Ginevra zu sprechen. In diesem Augenblick jagte der Wind die Schneeflocken so heftig gegen die Fensterladen, daß die beiden alten Leute das leichte Rascheln hören konnten. Ginevras Mutter senkte den Kopf, damit ihr Mann ihre Tränen nicht sah. Da entrang sich der Brust des Greises ein Seufzer, seine Frau sah zu ihm hin, er war innerlich zusammengebrochen; zum zweitenmal seit drei Jahren wagte sie es, ihm gegenüber seine Tochter zu erwähnen.

»Wenn es Ginevra nun fröre«, sagte sie leise und langsam. Piombo zuckte zusammen. – »Vielleicht hat sie Hunger«, sprach sie weiter. Dem Korsen entrang sich eine Träne. – »Sie hat ein Kind und kann es nicht nähren; ihre Milch ist versiegt«, fuhr die Mutter lebhaft fort, und ihre Stimme klang verzweifelt.

»Sie soll kommen! Sie soll kommen!« rief Piombo. »O mein geliebtes Kind, du hast mich besiegt.«

Die Mutter stand auf, als wolle sie gleich jetzt die Tochter holen. Da wurde geräuschvoll die Tür aufgestoßen, und vor ihnen tauchte ein Mann auf, dessen Gesicht nichts Menschliches mehr hatte.

»Morte![31] Unsere beiden Familien mußten einander ausrotten, denn dies ist alles, was von ihr übrigbleibt«, sagte er und legte Ginevras langes, schweres Haar auf einen Tisch.

Die beiden Alten zuckten zusammen, als habe der Blitz sie erschlagen; aber sie sahen Luigi nicht mehr.

»Er erspart uns einen Schuß; er ist tot«, sagte Bartolomeo langsam und blickte zu Boden.

Anmerkungen

La Vendetta

1 Der Flügel am Seineufer, der den Pavillon de Flore mit der Galerie d'Apollon verbindet, war, zumindest im großen ganzen, bereits unter Ludwig XIV. vollendet worden. Hier handelt es sich also um den Nordflügel, denjenigen, der längs der Rue de Rivoli verläuft. Er war zwar bereits unter Ludwig XIV. begonnen, indessen waren die Bauarbeiten bald wieder eingestellt worden. Napoleon ließ nur ein paar Joche weiterbauen, die zu vollenden Ludwig XVIII. und Karl X. sich begnügten. Die Bauarbeiten wurden erst 1852 unter Napoleon III. durch Visconti und Lefuel weitergeführt und gingen rasch vonstatten, so daß der Louvre und die Tuilerien vereinigt wurden.

2 Bologneser Malerfamilie: Luigi (1555–1619), Agostino (1557–1602) und Annibale (1560–1609).

3 Joachim Murat (1767–1815), Marschall von Frankreich, glänzender Reiterführer, verheiratet mit Napoleons jüngster Schwester Caroline, zunächst Großherzog von Berg, seit 1808 König von Neapel, mußte sein Königreich verlassen, versuchte, es wiederzuerobern, wurde bei Pizzo gefangengenommen und erschossen.

4 Jean Lannes (1769–1809), Marschall von Frankreich, Herzog von Montebello, nahm am Ägypten-Feldzug teil, begünstigte den Staatsstreich vom 18. Brumaire, zeichnete sich bei Montebello und Marengo aus, nahm 1809 Saragossa und wurde in der Schlacht bei Eßling tödlich verwundet.

5 Jean Graf Rapp (1772–1821), geboren in Colmar, General, verteidigte sich ein Jahr lang in Danzig.

6 Pasquale Paoli (1725–1807), der Führer des letzten Freiheitskampfes der Korsen gegen die ausbeuterische genuesische Schirmherrschaft, war, als Genua die Insel 1768 an Frankreich verkauft hatte, nach England gegangen. Nach Ausbruch der Französischen Revolution kehrte er nach Korsika zurück und wollte die Insel den Engländern ausliefern, wobei er zunächst eine große Anzahl von Anhängern fand: es bildete sich eine ›englische Partei‹. Die Familie Bonaparte, deren 1785 gestorbenes Oberhaupt Carlo, der Vater Napoleons, ursprünglich von Paoli als sein Nachfolger ausersehen war, und die der französische Gouverneur de Marbeuf bevorzugt behandelt hatte, verblieb an der Spitze der ›französischen Partei‹. Zwölf- oder fünfzehntausend ihrer Gegner kamen aus dem Berg-

land nach Ajaccio, plünderten die ›Casa Bonaparte‹ und brannten sie nieder (die heutige Casa Bonaparte ist *nicht* das Geburtshaus Napoleons) und verwüsteten die Weinberge. Napoleons Mutter konnte mit Napoleons Schwestern und dem jüngsten Bruder Jérôme unter dem Schutz einiger Getreuer entfliehen; sie hielten sich im Gebirge verborgen, gelangten an die Küste und wurden von einem französischen Schiff, auf dem Napoleon den Seinen entgegengefahren war, aufgenommen, das sie nach Marseille brachte.

7 Mme Herbault (diese Schreibweise gibt der ›Almanach du Commerce‹ von 1819 an – Balzac nahm es mit der Schreibung von Eigennamen nicht allzu genau) hatte ihr Geschäft in der Rue Neuve-Saint-Augustin 8. Sie bezeichnete sich als Lieferantin für ausländische Höfe. – Es sei, was Balzacs Schreibweise der Namen betrifft, hier eingefügt, daß er, der des Italienischen nur unzulänglich kundig war, den Vornamen Bartolomeo stets in einem Gemisch von Französisch und Italienisch ›Bartholoméo‹ (statt Barthélemy) schreibt; es wurde die italienische Schreibung bevorzugt. Ebenso bezeichnet Balzac seine Gestalt bald italienisch als ›di Piombo‹, bald französisch als ›de Piombo‹. Darin ist ihm gefolgt worden, ohne daß bei ihm ein Grund für diesen Wechsel zu erkennen wäre.

8 L. H. Leroy war Hoflieferant des Königs; sein Geschäft lag in der Rue de Richelieu 89.

9 Chevet, Hoflieferant des Königs, des Grafen von Artois, des Herzogs von Orléans und des Prinzen Condé, hatte sein Geschäft im Palais-Royal, Galerie vitrée 220 B.

10 Schöner, junger bithynischer Sklave, Liebling des Kaisers Hadrian (76–138 n. Chr.), für den er sich durch Freitod im Nil opferte; Typus der plastischen Schönheit der Spätantike. Berühmtestes Beispiel: der ›Antinous von Belvedere‹ der Vatikanischen Sammlungen in Rom.

11 Pierre-Paul Prud'hon (1758–1823), einer der originellsten Maler seiner Zeit wegen der Anmut und duftigen Poesie seiner Bilder. Wegbereiter der Romantik in der französischen Malerei.

12 Charles-Angélique-François Huchet, Graf de La Bédoyère (1786 bis 1815), Oberst, hatte sich in den Kriegen des Kaiserreichs ausgezeichnet und dann der Restauration angeschlossen. Ludwig XVIII. hatte ihn zum Ritter des Ludwigsordens ernannt und ihm das Kommando des 7. Linienregiments in Grénoble übertragen. Als La Bédoyère 1815 vernahm, der von Elba entwichene Napoleon durchziehe die Dauphiné, marschierte er nach Vizille und übergab dem

Kaiser sein Regiment. Nach der ›Rückkehr von Gent‹ wurde La Bédoyère geächtet; er hätte fliehen können, kehrte indessen nach Paris zurück. Er wurde verhaftet und von einem Kriegsgericht zum Tode verurteilt; seine Verteidigung hatte Benjamin Constant geführt. Am 9. August wurde er auf der Plaine de Grenelle erschossen. – Die Schreibweise ›La Bédoyère‹ ist die richtige; Balzac schreibt stets ›Labédoyère‹; darin ist ihm im Text gefolgt worden.

13 Der ›Schlummernde Endymion‹ von Girodot-Trioson (1767–1824) war 1792 in Rom entstanden, wo der Maler als Pensionär der Académie de France weilte; 1818 wurde das Gemälde vom Staat angekauft; es hängt heute im Louvre. – Endymion war ein Hirt, der von Selene geliebt wurde; auf ihre Bitte versetzte Zeus ihn in ewigen Schlummer, damit seine Schönheit erhalten blieb. – Das Thema ist außer von Girodet auch von Guercino und Canova behandelt worden.

14 Salvatore Rosa (1615–1673), ungestümer italienischer Maler, nahm 1647 in Neapel an dem Aufstand des ›Fischerkönigs‹ Masaniello teil.

15 Henri-Jacques-Guillaume Clarke, Herzog von Feltre (1765–1818), war Anfang 1814 Kriegsminister. Als die Alliierten vor Paris standen, brachte er zunächst die Kaiserin Marie-Louise in Blois in Sicherheit und schloß sich dann Ludwig XVIII. an. Er folgte diesem nach Gent und übernahm in seiner Eigenschaft als Kriegsminister den Vorsitz über Prevotalgerichte (Sondergerichte mit summarischem Verfahren) und bei der Entlassung der bonapartistischen Offiziere, die auf Halbsold gesetzt wurden. Mitte September 1816 trat er zurück.

16 René-Aubert de Vertot (1655–1735), Abbé, schrieb verschiedene historische Werke, bei denen es ihm mehr auf den dramatischen Effekt als auf Tatsachentreue ankam. Als er an seiner ›Geschichte des Malteserordens‹ arbeitete, brachte ihm jemand interessante Dokumente über die Belagerung von Rhodos, aber Vertot antwortete: »Meine Belagerung ist fertig.«

17 La Bédoyère wurde am 15. August 1815 zum Tode verurteilt; das Urteil wurde am 19. im Wiederaufnahmeverfahren bestätigt.

18 Durch Zerzupfen von Leinwand hergestelltes Verbandmittel.

19 Auf welche drei Männer Balzac hier anspielt, ist ungewiß. Zwei davon scheinen Talleyrand und Fouché zu sein.

20 Pierre-Antoine-Noël Bruno, Graf de Daru (1767–1829), Staatsmann und Literat, Verwandter Stendhals.

21 Antoine Drouot (1774–1847), Napoleons Artilleriegeneral.

22 Lazare-Nicolas-Marguerite Carnot (1753–1823), Ingenieur und Politiker.

23 Im Schloß Fontainebleau unterzeichnete Napoleon am 11. April 1814 seine erste Abdankung.

24 Jean-Victor Schnetz (1787–1870), Schüler Davids, dann Gros' und Gérards, war um einen Kompromiß zwischen dem Klassizismus Davids und dem Romantizismus Delacroix' bemüht. Dies ›Juste-Milieu‹ trug ihm das Amt des Direktors der Académie de France in Rom ein, das er 1840–1847 und dann nochmals 1852 ausübte.

25 Gestalt der Mutter in Sternes Roman ›Tristram Shandy‹.

26 Mutter des regierenden Sultans.

27 Dieses ›Joch‹ oder, in anderen Gegenden, ›Heft‹, ein heute erloschener Brauch, wurde nach dem Sanctus über die Köpfe des Brautpaares gehalten, im Augenblick der Einsegnung durch den Priester. Im Mittelalter bestand das Gewebe aus Purpur; in der christlichen Frühzeit wurde es den Vermählten nicht über die Köpfe gehalten, sondern sie wurden, Seite an Seite, damit umschlungen; auf diese Weise war die symbolische Bedeutung spürbarer.

28 In den aus dem 18. Jahrhundert stammenden Wohnungen gab es keinen Flur.

29 Italienisch: blitzende Schönheit.

30 Italienisch: Nichtstun.

31 Italienisch: tot.

Biographische Notizen über die Romangestalten

La Vendetta

ROGUIN, Notar, geboren 1761, wurde von seiner Frau, der Tochter des Bankiers Chevrel, betrogen und hinterging sie seinerseits mit Geliebten wie Sarah van Gobseck, die ihn schröpften. Da er auch durch zweifelhafte Spekulationen in die Enge und dem Bankrott entgegengetrieben wurde, floh er und verursachte dadurch den Ruin César Birotteaus (im Roman gleichen Titels), Guillaume Grandets, des Onkels der Eugénie Grandet (im Roman gleichen Titels), sowie der Mme Descoings und der Mme Bridau (›Die Fischerin im Trüben‹).

ROGUIN, Mathilde, heiratete in den letzten Regierungsjahren Karls X. den Gerichtspräsidenten von Provins und wurde die Seele der reaktionären Salons jener Kleinstadt, die mit den liberalen

Rogrons rivalisierten; gegen diese verteidigte sie beider unglückliches Mündel Pierrette Lorrain (›Pierrette‹).

THIRION, Amélie, erschien 1818 auf dem berühmten Ball César Birotteaus (im Roman gleichen Titels) und heiratete Camusot de Marville (›Das Antiquitätenkabinett‹).

VERGNIAUD, Louis, ehemaliger Feldwebel, hatte mit dem Oberst Chabert (in der Novelle gleichen Titels) an dem Ägypten-Feldzug teilgenommen. Der alte Kriegskamerad half dem Obersten, als dieser von seiner Gräfin Féraud gewordenen Frau zurückgestoßen wurde. Unter Ludwig XVIII. kam Vergniaud politischer Delikte wegen ins Gefängnis.

Eine doppelte Familie

Übertragung von Ernst Sander

Von dem kleinen Roman oder der Novelle ›Une double Famille‹ erschien zunächst, am 5. April 1830, unter dem Titel ›La Grisette parvenue‹ ein Bruchstück in ›Le Voleur‹. Im gleichen Monat wurde das ganze Werk unter dem Titel ›La Femme vertueuse‹ im zweiten Band der ›Scènes de la Vie privée‹ abgedruckt. 1835 fügte Balzac es in die ›Scènes de la Vie parisienne‹ ein und datierte es ›Paris, Februar-März 1830‹. 1842 verwies Balzac es in die ›Szenen aus dem Privatleben‹ zurück; es trug jetzt den endgültigen Titel ›Eine doppelte Familie‹ und war bedeutsam umgearbeitet und dem System der Wiederkehr der gleichen Gestalten angepaßt worden. Als Entstehungszeit wurde jetzt ›Februar 1830 bis Januar 1842‹ angegeben.

Die Rue du Tourniquet-Saint-Jean[1] war unlängst noch eine der gewundensten und dunkelsten Gassen des alten Stadtteils, der das Hôtel-de-Ville[2] umgibt; sie schlängelte sich an den kleinen Gärten der Pariser Präfektur entlang und endete in der Rue du Martroi[3], genau an der Ecke einer alten, jetzt abgebrochenen Mauer. An dieser Stelle war das Drehkreuz zu sehen, dem jene Straße ihren Namen verdankte; es wurde erst 1823 beseitigt, als die Stadt Paris auf dem Gelände eines zum Hôtel-de-Ville gehörenden Gärtchens einen Ballsaal errichten ließ; dort wurde das Fest gefeiert, das dem Herzog von Angoulême bei seiner Rückkehr aus Spanien gegeben wurde.[4] Der breiteste Teil der Rue du Tourniquet war ihre Einmündung in die Rue de la Tixeranderie[5]; sie war dort ganze fünf Fuß breit. Daher bespülten an Regentagen sogleich schwärzliche Bäche den Fuß der alten Häuser, die die Straße säumten, und führten die von allen Haushalten in die Rinnsteine geworfenen Abfälle mit sich fort. Da keine Kippkarren hindurchfahren konnten, verließen sich die Anwohner auf die Gewitter, die dann ihre stets schmutzstarrende Gasse säuberten; und wie hätte sie auch sauber sein können? Wenn im Sommer die Sonne ihre Strahlendolche senkrecht auf Paris niederstößt, erleuchtete ein Goldstreif, der scharf wie eine Säbelklinge war, für einen Augenblick die Finsternis dieser Straße, ohne indessen die beständige Feuchtigkeit trocknen zu können, die dort vom Erdgeschoß bis zum ersten Stock in den dunklen, schweigenden Häusern herrschte. Die Bewohner mußten im Juni schon nachmittags um fünf ihre Lampen anstecken, und im Winter wurden sie überhaupt nicht ausgelöscht. Auch heute noch wird ein beherzter Fußgänger, der vom Marais[6] zu den Quais gehen will und am Ende der Rue du Chaume die Rue de l'Homme-Armé, die Rue des Billettes und die Rue des Deux-Portes einschlägt[7], die zur Rue du Tourniquet-Saint-Jean führen, glauben, er habe immer nur Kellergewölbe durchschritten. Nahezu alle Straßen des alten Paris, deren Pracht die Chroniken so sehr gerühmt haben, ähnelten diesem feuchten, düsteren Labyrinth, in dem Altertumsfreunde nach wie vor einige historische Merkwürdigkeiten bewundern können. So fielen den Schaulustigen, als das Haus, das die Ecke der Rue du Tourniquet und der Rue de la Tixeranderie bildete, noch stand, die Spuren zweier dicker, in die Mauer eingelassener Eisenringe auf; das waren Überbleibsel der Ketten, die der Nachtwächter des Stadtviertels allabendlich um der öffentlichen Sicherheit willen spannte. Jenes seiner Altertümlichkeit wegen bemerkenswerte Haus war unter Vorsichtsmaßregeln erbaut worden, die von der Ungesundheit dieser alten Wohnstätten zeugen, denn um das Erdgeschoß von der Feuchtigkeit zu befreien, waren die Gewölbebogen des Kellers etwa zwei Fuß über den Boden gehoben worden, wodurch der Eintretende gezwungen wurde, drei Stufen emporzusteigen. Der Oberteil der mittelgroßen Tür beschrieb einen Rundbogen, dessen Schlußstein mit einem Frauenkopf und zeitzernagten Arabesken geschmückt war. Drei Fenster, deren Brüstungen sich in Manneshöhe befanden, gehörten zu einer kleinen Wohnung, die in demjenigen Teil des Erdgeschosses lag, der auf die Rue du Tourniquet hinausging und von dort sein Licht empfing. Jene verkommenen Fenster wurden durch dicke, sehr weit auseinander stehende Eisenstäbe geschützt, die in einen runden Vorsprung ausliefen, ähnlich dem, mit dem die Gitter der Bäckerläden enden. Wenn bei Tag ein neugieriger Spaziergänger einen Blick in die beiden Räume warf, aus denen die Wohnung bestand, konnte er darin unmöglich etwas sehen; denn um in dem zweiten Zimmer zwei Betten mit grünen Sergedecken zu gewahren, die nebeneinander unter dem Holzwerk eines alten Alkovens standen, wäre die Julisonne erforderlich gewesen; wenn jedoch nachmittags gegen drei einmal die Kerze angesteckt wurde, konnte man durch das Fenster des ersten Zimmers eine alte Frau erblicken; sie saß auf einem Schemel am Kamin und fachte eine Wärmepfanne an, auf der eins jener Ragouts brutzelte, wie die Portiersfrauen sie zu bereiten verstehen. Ein paar spärliche Küchengeräte oder im Haushalt benötigte Dinge zeichneten sich hinten in diesem Raum im Halbdunkel ab. Zu dieser Stunde trug ein alter Tisch mit X-Beinen, aber ohne Tischtuch, ein paar Zinnbestecke und das von der Alten gekochte Gericht. Drei schäbige Stühle bildeten das Mobiliar dieses Raums; er diente zugleich als Küche und als Eßzimmer. Auf dem Kaminsims standen ein Spiegelscherben, ein Feuerzeug, drei Gläser, Streichhölzer und ein großer, weißer Topf mit lauter Sprüngen. Der Bodenbelag des Zimmers, die Gerätschaften, der Kamin wirkten dennoch ansprechend durch den Sinn für Ordnung und Sparsamkeit, den diese düstere, kalte Unterkunft atmete. Das blasse, faltige Gesicht der alten Frau harmonierte mit der Dunkelheit der Straße und dem Haus, das aussah, als sei es von Rostpilz befallen. Sah man sie ruhig auf ihrem Stuhl sitzen, so hätte man meinen können, sie hänge mit diesem Haus zusammen wie eine Schnecke mit ihrem braunen Gehäuse; ihr Gesicht, in dem ein unbestimmter Ausdruck von Bosheit eine zur Schau getragene Biederkeit durchbrach, war gekrönt von einer runden, flachen Tüllhaube, die ziemlich schlecht ihr weißes Haar verbarg; ihre großen, grauen Augen waren ebenso ruhig wie die Straße, und die zahlreichen Runzeln ihres Gesichts konnten mit den Rissen in den Wänden verglichen werden. Sei es, daß sie im Elend geboren worden, sei es, daß sie nach Tagen des Glanzes herabgekommen war, sie wirkte, als habe sie sich seit langem mit ihrem traurigen Dasein abgefunden. Von Sonnenaufgang bis zum Abend, ausgenommen die Zeit, in der sie das Essen bereitete, oder die, da sie, einen Korb am Arm, ausging und Lebensmittel einkaufte, saß die alte

Frau in dem anderen Zimmer, vor dem letzten Fenster, einem jungen Mädchen gegenüber. Zu jeder Tagesstunde konnten die Vorübergehenden diese junge Arbeiterin erblicken; sie saß in einem alten, rotsamtenen Lehnstuhl, den Hals über einen Stickrahmen geneigt, und arbeitete eifrig. Ihre Mutter hatte eine grüne Klöppeltrommel auf den Knien und war mit der Fertigung von Tüllspitze beschäftigt; aber ihre Finger bewegten die Spulen nur mühselig; ihre Sehkraft war geschwächt, denn ihre Nase, die einer Sechzigerin, trug einen der altertümlichen Klemmer, die auf den Nasenflügeln mittels der Federkraft gehalten werden, die sie zusammenpreßt. Bei Dunkelheit stellten die beiden fleißigen Geschöpfe zwischen sich eine Lampe, deren Licht durch zwei mit Wasser gefüllte Glaskugeln fiel und einen starken Schein auf ihr Werk warf, so daß die eine auch die dünnsten der von den Spulen an ihrer Trommel ablaufenden Fäden zu sehen vermochte, und die andere die zartesten der auf dem Stoff vorgezeichneten Muster, die es nachzusticken galt. Die Ausbuchtung der Gitterstäbe hatte es dem jungen Mädchen ermöglicht, auf die Fensterbank einen langen, mit Erde gefüllten Holzkasten zu stellen, in dem Wicken, Kapuzinerkresse, ein kümmerliches kleines Geißblatt und Winden vegetierten, deren schwächliche Ranken an den Gitterstäben emporklommen. Diese beinahe dahinsiechenden Pflanzen brachten blasse Blüten hervor, das war eine weitere Harmonie, die etwas unbestimmt Trauriges und Weiches in das Bild mischte, das jenes Fenster darbot; seine Öffnung schuf den beiden Gestalten einen guten Rahmen. Beim unvermuteten Erblicken dieses Wohnungsinnern mußte auch der selbstsüchtigste Vorübergehende ein vollkommenes Bild des Lebens mit sich forttragen, das in Paris die Arbeiterklasse führt; denn die Stickerin schien lediglich von ihrer Nadel zu leben. Schon viele Leute waren nicht bis zu dem Drehkreuz gelangt, ohne sich gefragt zu haben, wieso ein junges Mädchen seine Gesichtsfarbe habe bewahren können, das in diesem Kellerloch wohnte. Wenn ein Student auf dem Weg zum Quartier latin dort hindurchging, ließ seine lebhafte Phantasie ihn dieses dunkle, pflanzenhafte Leben mit dem des Efeus vergleichen, der kalte Mauern überkleidet, oder dem der der Arbeit geweihten Bauern, die geboren werden, sich abschuften und sterben, unbemerkt von der Welt, die sie ernährt haben. Ein Rentner hatte gemeint, nachdem er das Haus mit dem Blick des Grundeigentümers prüfend gemustert hatte: »Was soll aus diesen beiden Frauen werden, wenn die Stickerei zufällig einmal aus der Mode kommen sollte?« Unter den Leuten, die eine Anstellung im Hôtel-de-Ville oder im Justizpalast zwang, zu bestimmten Stunden durch diese Straße zu gehen, sei es, um sich an ihre Arbeitsplätze zu begeben, sei es, um zu ihren jeweiligen Wohnstätten heimzukehren, befand sich möglicherweise irgendein mildtätiges Herz. Vielleicht rechnete ein Witwer oder ein vierzigjähriger Adonis, wenn er sich in die Windungen dieses unglückseligen Lebens hineindachte, mit der Verzweiflung der Mutter und der Tochter und hoffte, wohlfeil in den Besitz der unschuldigen Arbeiterin zu gelangen, deren behende, mollige Hände, deren junger Hals und weiße Haut, die sicherlich eine Folge des Wohnens in dieser sonnenlosen Straße war, seine Bewunderung erregten. Vielleicht wollte auch irgendein anständiger Beamter mit zwölfhundert Francs Gehalt und täglicher Zeuge des Eifers, mit dem das junge Mädchen der Arbeit oblag, einer, der ihre reinen Sitten zu schätzen wußte, seine Beförderung abwarten, um ein Leben im Dunkel einem anderen, eine verbissene Arbeitskraft einer anderen zu vereinen und dabei zumindest einen Männerarm zur Stützung dieses Daseins beisteuern, sowie eine friedvolle Liebe, farblos wie die Blumen am Fenster. Vage Hoffnungen belebten die stumpfen grauen Augen der alten Mutter. Morgens, nach dem bescheidensten aller Frühstücke, nahm sie sich wieder ihre Klöppeltrommel vor, mehr um etwas in der Hand zu haben als aus Pflichtgefühl, denn sie legte ihren Klemmer auf ein Nähtischchen aus rotem Holz, das genauso alt wie sie war, und ließ etwa von halb neun bis zehn die Leute an sich vorübergehen, die regelmäßig durch die Straße kamen: sie fing ihre Blicke auf, stellte Beobachtungen über ihren Gang an, über ihre Kleidung, ihre Gesichter, und schien ihnen ihre Tochter zu verhökern, so sehr versuchten ihre geschwätzigen Augen Regungen der Sympathie zwischen ihnen anzubahnen; es waren Kniffe, wie sie der Bühne würdig gewesen wären. Es war unschwer zu erraten, daß diese Parade für sie ein Schauspiel bedeutete und vielleicht ihre einzige Freude. Das Mädchen hob nur selten den Kopf; Scham oder vielleicht das peinliche Bewußtsein ihrer Notlage schien ihr Gesicht an ihre Handarbeit zu heften; daher mußte die Mutter, damit die Tochter ihr beunruhigtes Gesicht den Vorübergehenden zeigte, immer irgendeinen überraschten Ruf ausstoßen. Der Beamte, mit einem neuen Gehrock, oder der für gewöhnlich allein Vorbeikommende, der sich jetzt mit einer Frau am Arm zeigte, konnten dann das Stupsnäschen der Arbeiterin erblicken, ihren kleinen, rosigen Mund und ihre grauen, trotz aller Arbeitsüberlastung stets lebensprühenden Augen; ihre dem Schlaf abgerungenen Arbeitsstunden zeigten sich nur durch einen mehr oder weniger hellen Schatten unter jedem ihrer Augen auf der frischen Haut der Wangen. Das arme Kind schien für Liebe und Frohsinn geboren zu sein, für die Liebe, die über ihre schmalen Lider zwei vollkommene Bogen gezeichnet und sie mit einem so dichten Wald von kastanienbraunem Haar beschert hatte, daß sie sich unter dem Schwall wie unter einem für das Auge eines Liebhabers undurchdringlichen Schutzdach vorkommen konnte; für den Frohsinn, der ihre beweglichen Nasenflügel nicht zur Ruhe kommen ließ, der zwei Grübchen in den frischen Wangen gebildet hatte und sie ihre Kümmernisse schnell vergessen ließ; für den Frohsinn, diese Blume der Hoffnung, die ihr die Kraft gab, sich ihren öden Lebensweg ohne Erschauern zu vergegenwärtigen. Der Kopf des jungen Mädchens war stets sorglich frisiert. Wie es die Gewohnheit aller Pariser Arbeiterinnen ist, schien ihr ihre Toilette beendet zu sein, wenn sie sich das Haar geglättet und an beiden Seiten der Schläfen die daran spielenden und sich von der weißen Haut abhebenden Löckchen zurückgestrichen hatte. Der Haaransatz war so anmutig, und die klar auf ihrem Hals sich abzeichnende braune Linie gab eine so bezaubernde Vorstellung von ihrer Jugend und ihren Reizen, daß derjenige, der sie über ihre Arbeit geneigt dasitzen sah, ohne daß ein Geräusch sie den Kopf heben ließ, sie der Koketterie zeihen mußte. So verführerische Verheißungen erregten die Neugier mehr als nur eines jungen Mannes; vergebens drehte er sich um in der Hoffnung, das bescheidene Gesicht zu erblicken.

»Caroline, wir haben einen neuen ›Stammgast‹, und an dem ist viel mehr dran als an den alten.«

Diese Worte, die die Mutter an einem Augustmorgen des Jahres 1815 leise sprach, hatten die Gleichgültigkeit der jungen Arbeiterin besiegt; aber vergeblich schaute sie auf die Straße: der Unbekannte war schon weit.

»Wohin mag er entschlüpft sein?« fragte sie.

»Sicher kommt er um vier wieder; wenn ich ihn kommen sehe, stoße ich dich mit dem Fuß an. Ich bin sicher, daß er vorbeikommt; seit drei Tagen geht er durch unsere Straße; aber mit seiner Zeit nimmt er es nicht genau: am ersten Tag ist er um sechs gekommen, vorgestern um vier, und gestern um drei. Ich erinnere mich, daß ich ihn früher schon dann und wann mal gesehen habe. Es muß irgendein Beamter von der Präfektur sein, der wohl seine Wohnung im Marais gewechselt hat. – Da, schau«, fügte sie hinzu, nachdem sie einen flüchtigen Blick auf die Straße geworfen hatte, »unser Herr im maronenbraunen Frack hat sich eine Perücke aufgesetzt: wie ihn das verändert!«

Der Herr im maronenbraunen Frack mußte derjenige unter den ›Stammgästen‹ sein, der die tägliche Prozession abschloß, denn die Alte setzte sich den Klemmer wieder auf, machte sich aufs neue an die Arbeit, stieß einen Seufzer aus und warf einen so sonderbaren Blick auf die Tochter, daß sogar Lavater[8] ihn schwerlich hätte analysieren können: Bewunderung, Dankbarkeit, eine Art Hoffnung auf eine bessere Zukunft mischten sich darin mit dem Stolz, eine so niedliche Tochter zu besitzen. Nachmittags gegen vier stieß die Alte Caroline mit dem Fuß an; sie hob rechtzeitig genug die Nase, um den neuen Schauspieler zu gewahren, dessen periodisches Auftreten fortan die Bühne beleben sollte. Er war hochgewachsen, schmal, blaß und schwarz gekleidet, etwa vierzig Jahre alt, und er hatte etwas Feierliches in Gang und Haltung; als sein durchdringender Raubtierblick dem matten der Alten begegnete, machte er sie erbeben; sie schrieb ihm die Gabe oder die Gewohnheit zu, in der Tiefe der Herzen zu lesen, und sein Wesen mußte ebenso kalt sein wie die Luft dieser Straße. War die erdige, grünliche Farbe dieses furchteinflößenden Gesichts das Ergebnis übertriebener Arbeit oder die Folge einer gefährdeten Gesundheit? Dieses Problem wurde von der alten Mutter auf zwanzig verschiedene Arten gelöst; Caroline jedoch ahnte sogleich auf dieser Stirn, die sich leicht in Falten zog, die Spuren eines langen, seelischen Leidens. Die ein wenig hohlen

Wangen des Unbekannten bewahrten den Abdruck des Stempels, mit dem das Unglück die von ihm Unterworfenen brandmarkt, wie um ihnen den Trost zu lassen, daß sie einander mit brüderlichem Auge erkennen und sich zusammenschließen, um ihm Widerstand zu leisten. Die Hitze war zu jener Stunde so stark und die Versunkenheit jenes Herrn so groß, daß er beim Durchschreiten dieser ungesunden Straße vergessen hatte, den Hut aufzusetzen, und so konnte Caroline wahrnehmen, welche Strenge das über der Stirn hochgebürstete Haar seinem Antlitz verlieh. Wenn der Blick des jungen Mädchens sich zunächst in einer völlig harmlosen Neugier belebt hatte, nahm er, je weiter der Vorübergehende sich entfernte wie ein letzter Verwandter, der einen Leichenzug abschließt, einen weichen Ausdruck an. Der starke, indessen reizlose Eindruck, den Caroline beim Anblick jenes Mannes empfunden hatte, ähnelte keinem der Gefühle, die angesichts der anderen ›Stammgäste‹ in ihr aufgestiegen waren: zum erstenmal wirkte ihr Mitgefühl sich auf jemand anders als auf sich selber und ihre Mutter aus; sie antwortete nichts auf die bizarren Vermutungen, die der stichelnden Geschwätzigkeit der Alten Nährstoff lieferten, und zog schweigend ihre lange Nadel über und unter dem gespannten Tüll hindurch; es tat ihr leid, daß sie den Fremden nur so kurz gesehen hatte, und sie wartete auf den folgenden Tag; dann wollte sie sich ein endgültiges Urteil über ihn bilden. Auch geschah es zum erstenmal, daß einer der ›Stammgäste‹ der Straße sie so sehr zum Nachdenken veranlaßte. Für gewöhnlich hatte sie den Unterstellungen der Mutter nur ein trauriges Lächeln entgegengesetzt; die Mutter hoffte nämlich, in jedem Vorübergehenden einen Gönner für die Tochter zu finden. Wenn solcherlei unklug ausgesprochene Vorstellungen nicht den leisesten schlechten Gedanken in Caroline erweckten, so muß ihre Sorglosigkeit der harten, leider notwendigen Arbeit zugeschrieben werden, die die Kräfte ihrer kostbaren Jugend verzehrte und eines Tages unfehlbar die Klarheit ihrer Augen verändern oder ihren hellhäutigen Wangen die zarten Farben nehmen mußte, die sie jetzt noch tönten. Ungefähr zwei lange Monate hindurch verhielt sich der ›schwarze Herr‹ – dieser Spitzname wurde ihm beigelegt – sehr launisch: er ging nicht immer durch die Rue du Tourniquet, häufig sah die Alte ihn abends, ohne daß sie ihn morgens erblickt hätte; er kam auch nicht zu bestimmten Stunden wie die anderen Beamten und Angestellten, die Madame Crochard als Stutzuhr dienten; kurzum, ausgenommen die erste Begegnung, als sein Blick der Mutter Furcht eingeflößt hatte, schienen seine Augen das pittoreske Bild unbeachtet zu lassen, das die beiden weiblichen Heinzelmännchen darboten. Abgesehen von zwei großen Toren und dem dunklen Laden eines Eisenhändlers, gab es zu jener Zeit in der Rue du Tourniquet nur vergitterte Fenster, die durch Notluken die Treppen einiger benachbarter Häuser erhellten; die geringe Neugier des Passanten konnte also nicht ihre Rechtfertigung in gefährlichen Rivalitäten finden; daher war Madame Crochard verärgert, wenn sie ihren ›schwarzen Herrn‹ immer in ernste Gedanken versunken und mit zu Boden gesenkten oder starr geradeaus gerichteten Augen vorübergehen sah, als wolle er die Zukunft in den Dünsten der Rue du Tourniquet lesen. Nichtsdestoweniger hob sich eines Morgens gegen Ende September Caroline Crochards eigenwilliger Kopf so schimmernd vor dem dunklen Hintergrund ihres Zimmers ab, und sie wirkte so jung und frisch inmitten der verspäteten Blumen und des welken, um die Gitterstäbe des Fensters sich rankenden Blattwerks; kurzum: die tägliche Szenerie bot solche Widerspiele von Dunkel und Licht, von Weiß und Rosa, die zudem zu dem Musselin paßten, auf dem die niedliche Arbeiterin Blumengewinde stickte, und überdies zu den braunen und roten Farbtönen der Sessel, daß der Unbekannte sehr aufmerksam die Effekte dieses lebenden Bildes betrachtete. Die alte Mutter war der Gleichgültigkeit ihres ›schwarzen Herrn‹ überdrüssig; sie hatte, um die Wahrheit zu sagen, den Entschluß gefaßt, mit ihren Klöppelspitzen einen solchen Lärm zu vollführen, daß der düstere, sorgenvolle Passant vielleicht durch dieses unvermutete Geräusch veranlaßt würde, zu ihr hereinzuschauen. Der Fremde tat nichts, als mit Caroline einen Blick zu wechseln, zwar einen raschen, aber einen, durch den ihrer beider Seelen in einen leichten Kontakt gerieten; beide hatten das ahnungsvolle Gefühl, daß sie fortan aneinander denken würden. Als nachmittags um vier der Unbekannte wiederkam, erkannte Caroline deutlich den Hall seiner Schritte auf dem knirschenden Pflaster, und als sie einander musterten, empfanden sie beide etwas wie eine Vorahnung: in den Augen des Passanten stieg ein Wohlwollen auf, das ihn lächeln ließ, und Caroline errötete: die alte Mutter beobachtete mit befriedigter Miene beide. Von diesem denkwürdigen Morgen an durchschritt der ›schwarze Herr‹ zweimal täglich die Rue du Tourniquet; aber es gab dabei ein paar Ausnahmen, die den beiden Frauen auffallen mußten; aus den unregelmäßigen Stunden seines Heimwegs folgerten sie, daß er nicht so frei und nicht so strikt pünktlich war wie ein Subalternbeamter. Während der ersten drei Wintermonate sahen auf diese Weise Caroline und der Vorübergehende einander jeden Tag zweimal während der Zeit, die er brauchte, um das Stückchen Weg zurückzulegen, das an der Tür und den drei Fenstern des Hauses vorbeiführte. Von Tag zu Tag bekam dieses flüchtige Erblicken mehr den Charakter einer wohlwollenden Vertraulichkeit, aus der sich schließlich etwas Geschwisterliches ergab. Anfangs schienen Caroline und der Unbekannte einander zu verstehen; als sie dann aber beide ihre Gesichter eingehender betrachteten, lernten sie sie tiefer kennen. Bald war es wie ein Besuch, den der Vorübergehende Caroline schuldete; wenn ihr schwarzer Herr zufällig einmal vorbeiging, ohne ihr das angedeutete Lächeln seines beredten Mundes oder den Freundesblick seiner braunen Augen zu schenken, fehlte ihr etwas in ihrem Tagesablauf. Sie ähnelte den alten Männern, für die die Lektüre ihrer Zeitung ein solcher Genuß geworden ist, daß sie nach einem festlichen Feiertag völlig verstört einhergehen und teils aus Unachtsamkeit, teils aus Ungeduld nach dem Blatt verlangen, mit dessen Hilfe sie sich eine Weile über die Leere ihres Daseins hinwegtäuschen. Aber dies flüchtige Erscheinen hatte für den Unbekannten wie für Caroline das gleiche Interesse wie eine vertraute Plauderei unter zwei Freunden. Das junge Mädchen konnte dem kundigen Auge ihres stummen Freundes nicht länger eine Traurigkeit, eine Unruhe, ein Unbehagen verbergen, und ebensowenig konnte er es Caroline verhehlen, wenn ihn irgend etwas bedrückte. – »Gestern hat er Kummer gehabt!« Das war ein Gedanke, der häufig im Herzen der Arbeiterin entstand, wenn sie das veränderte Gesicht des schwarzen Herrn betrachtete. – »Oh! Er hat viel gearbeitet!« war ein durch andere Nuancen ausgelöster Ausruf, den Caroline wahrzunehmen wußte. Auch der Unbekannte erriet, daß das junge Mädchen den Sonntag mit der Fertigstellung des Kleides hingebracht habe, für dessen Zeichnung er sich interessiert hatte; er sah beim Sichnähern des Tages der Mietzahlung, wie das hübsche Gesicht von Sorgen verdüstert wurde, und er erriet, wenn Caroline gewacht hatte; aber vor allem hatte er gemerkt, wie die traurigen Gedanken, die die frohen, zarten Züge dieses jungen Kopfes entstellten, in dem Maße hinschwanden, wie ihrer beider Bekanntschaft älter wurde. Als der Winter die Stengel, die Blätter des kleinen Gartens, der vor dem Fenster geblüht hatte, verdorren ließ, und als das Fenster sich schloß, stellte der Unbekannte nicht ohne ein gelinde boshaftes Lächeln fest, daß die Scheibe in Höhe von Carolines Kopf stets besonders sauber war. Das spärlich brennende Kaminfeuer, die Spuren der Röte, die die Gesichter der beiden Frauen kupfrig färbte, verkündeten ihm die Notlage des kleinen Haushalts; aber wenn sich dann in seinen Augen ein schmerzliches Mitgefühl abzeichnete, begegnete ihm Caroline stolz mit einer geheuchelten Fröhlichkeit. Indessen blieben die in ihren Herzen erblühten Gefühle dort begraben, ohne daß irgendein Geschehnis ihnen deren Kraft und Reichweite gezeigt hätte; sie kannten ja nicht mal den Klang ihrer Stimmen. Die beiden stummen Freunde scheuten sich wie vor einem Unglück, sich auf eine intimere Gemeinschaft einzulassen. Jeder der beiden schien zu fürchten, dem anderen ein Unheil zu bringen, das schwerer als jenes war, das zu teilen er sich verlockt fühlte. War es die Scham der Freundschaft, was ihnen solcherlei Hemmungen auferlegte? War es die Furcht der Ichsucht oder das wilde Mißtrauen, was beides die innerhalb der Mauern einer volkreichen Stadt lebenden Menschen voneinander trennt? Kündete die heimliche Stimme des Gewissens ihnen eine nahe Gefahr an? Es wäre unmöglich, das Gefühl erklären zu wollen, das sie ebenso zu Feinden wie zu Freunden machte, ebenso gleichgültig, wie sie aneinander gebunden waren, ebenso vereint durch den Instinkt wie getrennt durch ihr Verhalten. Vielleicht wollten sie sich beide ihre Illusionen bewahren. Manchmal hätte man meinen können, der schwarze Herr habe Angst, von diesen Lippen, die frisch und rein wie eine Blume waren, ein plumpes Wort zu vernehmen, und daß Caroline sich dieses geheimnisumwitterten Mannes nicht würdig glaubte, an dem alles von Macht und Reichtum zeugte. Was nun Madame Crochard betraf, diese zärtliche Mutter, die beinahe unzufrieden über die Unentschlossenheit war, in der die Tochter verharrte, so kehrte sie ihrem schwarzen Herrn, dem sie bislang ebenso willfährig wie servil zugelächelt hatte, eine schmollende Miene zu. Nie zuvor hatte sie sich so bitter bei der Tochter beschwert, daß sie in ihrem Alter noch gezwungen sei zu kochen; nie zuvor hatten ihr Rheuma und ihre Katarrhe ihr so viel Gestöhn entlockt; kurzum, sie brachte es nicht fertig, während dieses Winters die Ellenzahl an Spitze zu klöppeln, mit der Caroline bis jetzt immer gerechnet hatte. Unter diesen Umständen und gegen Ende Dezember, zu der Zeit, da das Brot am teuersten war und da man bereits den Beginn der Getreideteuerung spürte, durch die das Jahr 1816 so grausam für die Armen wurde, nahm der Vorübergehende auf dem Antlitz des jungen Mädchens, dessen Namen er nicht kannte, die schrecklichen Spuren eines geheimen Gedankens wahr, den sein wohlwollendes Lächeln nicht zu verscheuchen vermochte. Bald erkannte er in Carolines Augen die entstellenden Merkmale nächtlicher Arbeit. In einer der letzten Nächte jenes Monats kam der Unbekannte gegen seine Gewohnheit etwa um ein Uhr morgens durch die Rue du Tourniquet-Saint-Jean. Die Nachtstille ermöglichte es ihm, schon von weitem, noch ehe er vor Carolines Haus angelangt war, die weinerliche Stimme der alten Mutter und die schmerzlichere der jungen Arbeiterin zu vernehmen, deren klagender Hall sich in das Zischen eines Schneeregens mischte; er versuchte, langsamen Schrittes heranzutreten; dann aber, auf die Gefahr hin, ertappt zu werden, duckte er sich vor dem Fenster, weil er Mutter und Tochter belauschen und sie durch das größte der Löcher in den vergilbten Musselinvorhängen beobachten wollte; durch die Löcher glichen die Vorhänge großen, von Raupen angefressenen Kohlblättern. Der neugierige Passant gewahrte auf dem Tisch zwischen den beiden Stickrahmen, auf dem die Lampe zwischen den beiden mit Wasser gefüllten Glaskugeln stand, ein Formular. Ohne Mühe erkannte er darin eine gerichtliche Vorladung. Madame Crochard weinte, und Carolines Stimme hatte einen gutturalen Klang, der ihr sonst so weiches, schmeichlerisches Timbre veränderte.

»Warum bist du so untröstlich, Mutter? Monsieur Molineux wird nicht unsere Möbel verkaufen und uns nicht hinauswerfen, bevor ich dies Kleid hier fertig habe; noch zwei Nähte, dann bringe ich es Madame Roguin.«

»Und wenn sie dich warten läßt wie stets? Und kann von dem Geld für das Kleid auch der Bäcker bezahlt werden?«

Der Beobachter dieser Szene besaß eine so große Gewandtheit im Lesen von Gesichtern, daß er ebensoviel Falschheit im Schmerz der Mutter wie Wahrheit im Kummer der Tochter zu erblicken vermeinte; er zog sich sofort zurück und kam nach einer kleinen Weile wieder. Als er durch das Loch im Musselinvorhang schaute, lag die Mutter im Bett; über ihren Stickrahmen gebeugt, war die junge Arbeiterin unermüdlich tätig; auf dem Tisch lag neben der Vorladung ein dreieckig abgeschnittenes Stück Brot; sicherlich war es hingelegt worden, damit sie während der Nacht davon essen konnte, und zugleich, um ihr den Lohn ihrer Tapferkeit vor Augen zu führen. Der schwarze Herr erbebte vor Rührung und Schmerz, er warf seine Börse durch eine zerbrochene Fensterscheibe, und zwar so, daß sie dem jungen Mädchen vor die Füße fiel; dann lief er davon, ohne sich an ihrer Überraschung zu freuen, mit klopfendem Herzen und brennenden Wangen. Am folgenden Tag ging der traurige, menschenscheue Unbekannte vorbei und tat, als sei er tief in Gedanken versunken, konnte jedoch Carolines Dankbarkeit nicht entschlüpfen; sie hatte das Fenster geöffnet und stocherte mit einem Messer in dem rechteckigen, schneebedeckten Holzkasten herum; das war ein Vorwand, dessen sinnvolle Ungeschicklichkeit ihrem Wohltäter sagte, diesmal wolle sie ihn nicht durch die Glasscheibe sehen. Tränen in den Augen nickte die Stickerin ihrem Gönner zu, gleich als wolle sie ihm sagen: »Ich könnte es Ihnen nur mit meinem Herzen vergelten.« Aber dem schwarzen Herrn schien dieser Ausdruck echter Dankbarkeit unverständlich zu bleiben. Als er am Abend abermals vorbeiging, konnte Caroline, die sich damit beschäftigte, ein Blatt Papier über die zerbrochene Scheibe zu kleben, ihm zulächeln und ihm dabei wie ein Versprechen den Schmelz ihrer schimmernden Zähne zeigen. Fortan schlug der schwarze Herr einen anderen Weg ein und erschien nicht mehr in der Rue du Tourniquet.

In den ersten Tagen des nächsten Mai, an einem Samstagmorgen, gewahrte Caroline zwischen den beiden dunklen Häuserzeilen ein schwaches Stück wolkenlosen Himmels, und während sie mit einem Glas Wasser die Wurzeln ihres Geißblatts begoß, sagte sie zu ihrer Mutter: »Mama, morgen müssen wir nach Montmorency fahren!« Kaum hatte sie diesen Satz mit freudiger Miene gesagt, als der schwarze Herr vorüberging, trauriger und bedrückter denn je; der keusche, liebevolle Blick, den Caroline ihm zuwarf, konnte als eine Einladung gelten. Als daher am anderen Tag Madame Crochard in einem braunroten Merinokleid, einem Seidenhut und einem breitgestreiften imitierten Kaschmirschal sich an der Ecke des Faubourg-Saint-Denis und der Rue d'Enghien[9] einfand, um einen ›Coucou‹ zu wählen, fand sie dort ihren Unbekannten vor; er stand da wie ein Mann, der auf seine Frau wartet. Ein erfreutes Lächeln glättete die Falten im Gesicht des Fremden, als er Caroline erblickte; ihr kleiner Fuß steckte in flohfarbenen Gamaschen, ein für schlecht gewachsene Frauen perfider Windstoß schmiegte ihr Kleid um sie und zeichnete anziehende Formen ab, und ihr von einem mit rosa Seide gefütterten Reisstrohhut beschattetes Gesicht wirkte wie erleuchtet von einem himmlischen Widerschein; ihr breiter, gleichfalls flohfarbener Gürtel betonte eine Taille, die sich mit zwei Händen hätte umfassen lassen; ihr in zwei schwarzbraune Wellen geteiltes Haar lag über einer Stirn von schneeiger Weiße und lieh ihr eine Reinheit, die durch nichts Lügen gestraft wurde. Die Freude schien Caroline so leicht wie das Stroh ihres Hutes zu machen, aber als sie den schwarzen Herrn sah, erstand in ihr eine Hoffnung, die plötzlich ihr hübsches Kleid und ihre Schönheit überstrahlte. Er hatte zunächst unentschlossen dreingeschaut; aber die jähe Enthüllung des Glücks, das seine Gegenwart verursachte, brachte ihn wohl zu dem Entschluß, der Arbeiterin als Reisegenosse zu dienen. Er mietete für die Fahrt nach Saint-Leu-Taverny ein Kabriolett, dessen Pferd ziemlich vertrauenerweckend aussah, und lud Madame Crochard und ihre Tochter ein, darin Platz zu nehmen. Die Mutter nahm an, ohne sich lange bitten zu lassen; aber als der Wagen sich auf der Straße nach Saint-Denis befand, tat sie, als habe sie Bedenken, und wagte ein paar Höflichkeitsfloskeln über die Unbequemlichkeiten, die zwei Frauen ihrem Fahrtgenossen bereiten mußten.

»Vielleicht hat der Herr lieber allein nach Saint-Leu fahren wollen?« fragte sie mit geheuchelter Biederkeit. Und dann zögerte sie nicht, über die Hitze und besonders über ihren Katarrh zu jammern, der, wie sie sagte, sie daran gehindert habe, während der Nacht auch nur ein einziges Mal die Augen zu schließen; daher schien Madame Crochard, kaum, daß der Wagen in Saint-Denis angelangt war, eingeschlafen zu sein; ein paar ihrer Schnarchlaute kamen dem schwarzen Herrn verdächtig vor; er runzelte die Brauen und musterte die alte Frau mit seltsam argwöhnischer Miene.

»Oh, sie schläft!« sagte Caroline naiv. »Sie hat seit gestern abend in einem fort gehustet.«

Als einzige Antwort bedachte der Reisegefährte das junge Mädchen mit einem durchtriebenen Lächeln, gleich als wolle er ihr sagen: »Du Unschuldslamm, du kennst deine Mutter schlecht!« Allein trotz seines Mißtrauens glaubte der schwarze Herr, als der Wagen die lange Pappelallee nach Eaubonne entlangrollte, Madame Crochard sei tatsächlich eingeschlafen; vielleicht wollte er auch nicht weiter nachprüfen, bis zu welchem Grad dieser Schlaf geheuchelt oder echt war. Sei es, daß die Schönheit des Himmels, die reine Landluft und die berauschenden Düfte, die die ersten Pappeltriebe, die Weidenkätzchen und die Weißdornblüten ausströmten, sein Herz geneigt machten, sich zu erschließen, wie die Natur sich erschlossen hatte; sei es, daß noch längere Zurückhaltung ihm lästig geworden wäre oder daß Carolines sprühende Augen der Unruhe der seinen geantwortet hatten: jedenfalls begann der schwarze Herr mit ihr eine Unterhaltung, die ebenso vage war wie das Schwanken der Bäume im Wind, ebenso unstet wie das Gaukeln des Schmetterlings in der blauen Luft, genauso unvernünftig wie die sanft melodische Stimme der Felder, aber, wie die Natur, durchdrungen von einer geheimnisvollen Liebe. Bebt zu dieser Jahreszeit das Land nicht wie eine Braut, die ihr Hochzeitskleid angezogen hat, lädt sie nicht die kältesten Seelen zur Lust ein? Die düsteren Straßen des Marais zum erstenmal seit dem letzten Herbst verlassen und sich inmitten des harmonischen, pittoresken Tals von Montmorency zu finden; es am Morgen durchfahren, die Unendlichkeit seiner Weiten vor Augen zu haben, und von dort aus den Blick auf Augen zu richten, die gleichfalls dadurch, daß sie Liebe ausdrücken, das Unendliche malen: welches Herz würde da eisig bleiben, welche Lippe ein Geheimnis verschweigen? Der Unbekannte fand Caroline eher heiter als geistvoll, eher liebenswert als gebildet; aber mochte ihr Lachen auch Mutwillen verraten: ihre Worte verhießen ein echtes Gefühl. Als das Mädchen auf die scharfsinnigen Fragen des Reisegefährten durch ein Überströmen des Herzens antwortete, das die niederen Klassen verschwenden, ohne sich Zurückhaltung aufzuerlegen wie die Menschen der großen Welt, belebte sich das Gesicht des schwarzen Herrn und schien neu geboren zu werden; aus seinem Antlitz wich nach und nach die Trauer, die es verzerrt hatte; dann wirkte es Zug um Zug jugendlicher und schöner, und das machte Caroline stolz und glücklich. Die hübsche Stickerin erriet, daß ihr seit langem der Zärtlichkeit und der Liebe entwöhnter Gönner nicht mehr an die Aufopferungsfähigkeit einer Frau glaubte. Schließlich wehte eine unerwartete witzige Wendung in Carolines leichtem Geplauder den letzten Schleier hinweg, der das Gesicht des Unbekannnten seiner wahren Jugend und seines ursprünglichen Charakters beraubt hatte; er schien eine ewige Scheidung von allen lästigen Gedanken zu vollziehen und entfaltete eine Lebendigkeit der Seele, die die Feierlichkeit seines Gesichts bisher verborgen gehalten hatte. Unmerklich wurde das Geplauder so vertraut, daß, als der Wagen bei den ersten Häusern des langgestreckten Dorfes Saint-Leu hielt, Caroline zu dem Unbekannten Monsieur Roger sagte. Jetzt wachte die alte Mutter zum erstenmal auf.

»Caroline, sie muß alles gehört haben«, flüsterte Roger dem Mädchen mit argwöhnischer Stimme zu.

Caroline antwortete mit einem entzückenden und ungläubigen Lächeln; es vertrieb die düstere Wolke, die die Furcht vor einer Berechnung seitens der Mutter über die Stirn des mißtrauischen Mannes gebreitet hatte. Ohne sich über irgend etwas zu wundern, war Madame Crochard mit allem einverstanden; sie folgte der Tochter und Monsieur Roger in den Park von Saint-Leu, wohin zu gehen die beiden jungen Leute verabredet hatten; sie wollten die lachenden Rasenflächen und die balsamisch duftenden Gebüsche aufsuchen, die der Geschmack der Königin Hortense so berühmt gemacht hat.[10]

»Mein Gott, wie ist das schön!« rief Caroline aus, als sie auf die grüne Kuppe gestiegen war, an der der Wald von Montmorency beginnt, und zu ihren Füßen das riesige Tal erblickte, das seine mit Dörfern übersäten Ausbuchtungen entbreitete, die blauen Weiten seiner Hügel, seine Kirchtürme, seine Wiesen und Felder; das daraus aufsteigende Gesumm verhallte im Ohr des Mädchens wie das Brausen des Meeres. Die drei Wanderer schritten am Ufer eines künstlichen Baches entlang und gelangten in das Schweizer Tal, dessen Chalet mehr als einmal die Königin Hortense und Napoleon beherbergt hat. Als Caroline sich mit heiligem Respekt auf die bemooste Holzbank gesetzt hatte, auf der Königinnen, Prinzessinnen und der Kaiser gerastet, bekundete Madame Crochard den Wunsch, sich aus größerer Nähe eine Hängebrücke zwischen zwei Felsen anzuschauen, die in der Ferne zu sehen war; sie begab sich zu dieser ländlichen Sehenswürdigkeit und ließ ihr Kind in der Hut Monsieur Rogers, sagte ihr jedoch, sie werde sie nicht aus den Augen verlieren.

»Ja, aber, Sie arme Kleine«, rief Roger, »haben Sie sich denn nie viel Geld und die Genüsse des Luxus gewünscht? Hat es Sie nicht manchmal danach verlangt, die schönen Kleider zu tragen, die Sie sticken?«

»Ich würde lügen, Monsieur Roger, wenn ich Ihnen sagte, ich dächte nicht an das Glück, dessen die Reichen sich erfreuen. Ach ja, ich muß oft, vor allem vor dem Einschlafen, daran denken, was für Freude es mir machen würde, wenn ich es erlebte, daß meine arme Mutter nicht mehr bei schlechtem Wetter und bei ihrem Alter unsere kleinen Einkäufe erledigen müßte. Ich möchte, daß ihr morgens eine Haushälterin den Kaffee ans Bett brächte, schön gesüßt, und zwar mit weißem Zucker. Sie liest so gern Romane, die arme gute Frau; und wirklich, ich sähe es lieber, wenn sie sich die Augen bei ihrer Lieblingslektüre verdürbe als beim Bewegen der Klöppelspulen von morgens früh bis abends spät. Auch ein bißchen guter Wein täte ihr wohl. Kurzum, ich möchte sie glücklich wissen; sie ist so gut!«

»Dann hat sie Ihnen wohl viel Güte bezeigt?«

»Oh, ja!« antwortete das Mädchen aus tiefster Seele. Dann folgte ein kurzer Augenblick des Schweigens, währenddessen die beiden jungen Menschen zu Madame Crochard hinsahen, die auf der Mitte der ländlichen Brücke angelangt war und ihnen mit dem Finger drohte. Caroline fuhr fort: »Oh, ja, das hat sie getan. Wie hat sie für mich gesorgt, als ich klein war! Sie hat ihre letzten Silberbestecke verkauft, damit ich bei der alten Jungfer in die Lehre gehen konnte, bei der ich Sticken gelernt habe. Und mein armer Vater! Wieviel Schweres hat sie auf sich genommen, damit er seine letzten Augenblicke leichter überstehen konnte!« Bei diesem Gedanken erzitterte das Mädchen und hielt sich die Hände vor die Augen. – »Ach was, man soll nie an Unglück denken, das man überstanden hat«, sagte sie und versuchte, wieder fröhlich dreinzuschauen. Sie wurde rot, als sie merkte, daß Roger vor Rührung übermannt war; aber sie wagte nicht, ihn anzuschauen.

»Was war denn Ihr Vater von Beruf?« fragte er.

»Mein Vater war vor der Revolution Tänzer an der Oper«, sagte sie mit der natürlichsten Miene von der Welt, »und meine Mutter war Choristin. Mein Vater, der auf der Bühne immer die wechselnden Stellungen leitete, war zufällig beim Sturm auf die Bastille dabei. Er wurde von einigen der Angreifer erkannt; sie fragten ihn, ob er nicht auch einen wirklichen Angriff leiten könne, da er doch auf der Bühne gespielte kommandiert habe. Mein Vater war tapfer, erklärte sich dazu bereit, führte die Aufständischen und wurde dafür mit dem Rang eines Hauptmanns in der Sambre-et-Meuse-Armee belohnt; dort hat er sich so hervorgetan, daß er rasch befördert wurde, bis zum Oberst; aber bei Lützen[11] wurde er so schwer verwundet, daß er nur nach Paris zurückgebracht worden ist, um nach einem Jahr des Leidens zu sterben. Die Bourbonen sind gekommen, meine Mutter hat keine Pension erhalten können, und wir sind in so großes Elend gesunken, daß wir arbeiten mußten, um zu leben. Seit einiger Zeit kränkelt die gute Frau; daher fügt sie sich nicht mehr in alles; sie klagt und jammert; und ich verstehe sie, sie hat ja doch alle Annehmlichkeiten eines Lebens im Glück ausgekostet. Ich nun aber vermag mich nicht nach Genüssen zu sehnen, die ich nie kennengelernt habe; ich erbitte vom Himmel nur eines ...«

»Was denn?« fragte Roger lebhaft; er wirkte nachdenklich.

»Daß die Frauen immer bestickten Tüll tragen möchten, damit es mir nie an Arbeit fehlt.«

Die Unverhohlenheit dieser Geständnisse hatte die Anteilnahme des jungen Mannes erweckt; er bedachte die langsam zu ihnen zurückkehrende Madame Crochard mit weniger feindseligen Blicken.

»Na, Kinder, habt ihr nett geplaudert?« fragte sie, und ihre Stimme klang zugleich nachsichtig und spöttisch. »Wenn man bedenkt, Monsieur Roger, daß der ›kleine Korporal‹[12] da gesessen hat, wo Sie jetzt sitzen!« fuhr sie nach kurzem Schweigen fort. – »Der Ärmste!« fügte sie hinzu, »mein Mann hat sehr an ihm gehangen! Ach, mein Mann hat gut daran getan, zu sterben; er hätte es nicht ertragen, ihn dort zu wissen, wo ›sie‹ ihn hingesteckt haben.«

Roger legte einen Finger auf die Lippen, und die gute Alte nickte und sagte ernst: »Genug, es kommt noch so weit, daß man den Mund zukneift und daß einem die Zunge abstirbt. Aber«, sagte sie noch, nestelte den Saum ihres Mieders auf und ließ ein Kreuz mit rotem Ordensband sehen, das ihr an einem schwarzen Seidenband um den Hals hing, »›sie‹ können es mir nicht verwehren, daß ich das trage, was der ›andere‹ meinem armen Mann verliehen hat, und ich lasse mich ganz bestimmt damit begraben . . .«

Als Roger diese Worte vernahm, die damals als aufrührerisch galten, unterbrach er die alte Mutter, indem er unvermittelt aufstand, und sie gingen auf den Parkwegen zum Dorf zurück. Der junge Mann entfernte sich für eine kurze Weile und bestellte beim besten Wirt von Taverny ein Mahl; dann holte er die beiden Frauen und führte sie über die Waldwege hin. Das Abendessen verlief heiter. Roger war schon nicht mehr die düstere Schattengestalt, die vor kurzem noch durch die Rue du Tourniquet geschritten war; er glich weniger dem ›schwarzen Herrn‹ als einem vertrauensvollen jungen Menschen, der willig ist, sich dem Strömen des Lebens zu überlassen wie diese beiden sorglosen, fleißigen Frauen, denen es vielleicht morgen an Brot mangeln würde; er schien unter der Einwirkung der Freuden der Jugend zu stehen, sein Lächeln hatte etwas Liebkosendes und Kindliches. Als gegen fünf das fröhliche Mahl mit ein paar Gläsern Champagner beendet worden war, schlug Roger als erster vor, man solle doch zum Dorftanz unter den Kastanienbäumen gehen; und dort tanzten Caroline und er miteinander: ihre Hände drückten einander verständnisvoll, ihre von derselben Hoffnung belebten Herzen pochten; und unter dem blauen Himmel, bei den schrägen, roten Strahlen des Sonnenuntergangs erlangten ihre Blicke einen Glanz, der für sie den des Himmels erblassen ließ. Seltsame Macht eines Gedankens und eines Verlangens! Nichts dünkte diese beiden Menschenwesen unmöglich. In solcherlei magischen Augenblicken, da die Freude ihren Widerschein bis in die Zukunft wirft, sieht die Seele nichts als Glück voraus. Dieser angenehme Tag hatte bereits für sie beide Erinnerungen geschaffen, die sie mit nichts in ihrem bisherigen Dasein vergleichen konnten. Sollte die Quelle reizender sein als der Strom, das Begehren entzückender als der Genuß und das Erhoffte verlockender als alles, was man besitzt?

»Ist dieser Tag wirklich schon vorbei?« Dieser Ausruf entschlüpfte dem Unbekannten in dem Augenblick, da der Tanz endete; Caroline blickte ihn mitleidig an, als sie auf seinem Gesicht einen leichten Hauch der Kümmernis gewahrte.

»Warum können Sie in Paris nicht ebenso zufrieden sein wie hier?« fragte sie. »Wohnt das Glück nur in Saint-Leu? Mir scheint jetzt, als könne ich nirgendwo mehr unglücklich sein.«

Roger erbebte bei diesen Worten; sie waren der süßen Ergebung entsprungen, die die Frauen stets weiter fortreißt, als sie hatten gehen wollen, gerade wie die Prüderie sie oft grausamer macht als sie sind. Zum erstenmal seit jenem Blick, mit dem gewissermaßen ihrer beider Freundschaft begonnen hatte, hegten Caroline und Roger denselben Gedanken; zwar gaben sie ihm nicht Ausdruck, aber sie verspürten ihn im gleichen Augenblick, und zwar durch einen beiderseitigen Eindruck, der wie der eines wohltuenden Kaminfeuers war, das sie über das Nahen des Winters hinweggetröstet hätte; doch als habe ihr Schweigen ihnen Furcht eingeflößt, gingen sie dann zurück zu dem Platz, wo der Wagen ihrer wartete; aber ehe sie einstiegen, nahmen sie einander geschwisterlich an der Hand und liefen vor Madame Crochard her in einen dunklen Gartenweg. Als sie die weiße Tüllhaube nicht mehr sahen, die wie ein Punkt durch das Laubwerk schimmerte und ihnen andeutete, wo die alte Mutter sich befand, sagte Roger mit belegter Stimme und zitterndem Herzen: »Caroline!« Das verwirrte Mädchen wich ein paar Schritte zurück; sie durchschaute die Wünsche, die dieser fragende Ruf enthüllte; aber dennoch streckte sie die Hand aus; sie wurde glühend geküßt und sogleich lebhaft zurückgezogen; denn als Caroline sich auf den Zehenspitzen hochgereckt, hatte sie ihre Mutter gewahrt. Madame Crochard tat, als habe sie nichts gesehen, als habe sie in Erinnerung an ihre alten Bühnenrollen abermals als Statistin abseits stehen müssen.

Das Abenteuer der beiden jungen Menschen fand seine Fortsetzung nicht in der Rue du Tourniquet. Wenn wir Caroline und Roger wiederfinden wollen, müssen wir uns mitten in das moderne Paris versetzen; dort stehen neuerbaute Häuser mit Wohnungen, die eigens dazu geschaffen scheinen, daß Jungvermählte darin ihre Flitterwochen verleben: Anstrich und Tapeten sind jung wie die Gatten, und alles Schmuckwerk wirkt blühend wie ihre Liebe; alles steht im Einklang mit jugendlichen Gedanken, mit brodelnden Begierden. Mitten in der Rue Taitbout, in einem Haus, dessen Sandstein noch weiß war, dessen Säulen am Vestibül und am Tor noch keine Beschmutzung aufwiesen und dessen Mauern in der koketten Bemalung leuchteten, die unsere ersten Beziehungen zu England in Mode gebracht haben, befand sich im zweiten Stock eine kleine Wohnung, die vom Architekten so gegliedert worden war, als habe er ihre Bestimmung erraten. Ein schlichter, kühler, bis zur halben Höhe mit Stuck versehener Flur führte in einen Wohnraum und ein kleines Eßzimmer. Der Wohnraum stieß an ein hübsches Schlafzimmer, an dem ein Badezimmer gelegen war. Über allen Kaminen waren hohe, erlesen gerahmte Spiegel angebracht. Den Türen dienten geschmackvolle Arabesken als Zierwerk, und die Simse waren stilrein gehalten. Ein Kenner hätte dort besser als anderswo das Wissen um die Kunst der Verteilung und des Ausschmückens wahrgenommen, die die Werke unserer modernen Architekten auszeichnet. Seit etwa einem Monat hatte Caroline diese Wohnung inne; sie war von einem der Tapezierer möbliert worden, die sich von den Künstlern beraten lassen. Die kurzgefaßte Schilderung des wichtigsten Zimmers dürfte genügen, um eine Vorstellung von den Wundern dieser Wohnung zu vermitteln, die sich Carolines Augen bot, als Roger sie hineinführte. Bespannungen aus grauem Stoff, den Muster aus grüner Seide aufheiterten, schmückten die Wände des Schlafzimmers. Die mit hellem Kaschmir überzogenen Möbel wiesen die anmutigen, leichten Formen auf, wie die letzte Laune der

Mode sie befiehlt: eine Kommode aus einheimischem Holz mit eingelegten braunen Streifen barg die Schätze an Schmuck; ein ebensolcher Sekretär diente zum Schreiben zärtlicher Briefe auf parfümiertem Papier; das auf antike Weise drapierte Bett konnte vermöge der Weichheit seiner elegant darüber gebreiteten Musselinspreite nur wollüstige Gedanken erregen; die Vorhänge aus grauer Seide mit grünen Fransen waren stets so gezogen, daß sie dem Tageslicht wehrten; eine bronzene Stutzuhr stellte Amor dar, wie er Psyche krönt; und schließlich hob ein Teppich, auf dessen rötlichem Grund gotische Muster gedruckt waren, die Einzelheiten dieser entzückenden Stätte noch mehr hervor. Gegenüber einem Frisierspiegel befand sich ein kleiner Toilettentisch, vor dem die ehemalige Stickerin über der Kunst des berühmten Friseurs Plaisir[13] die Geduld verlor.

»Besteht Hoffnung, daß Sie heute noch mit meiner Frisur fertig werden?« fragte sie.

»Madame haben so langes und so dichtes Haar«, antwortete Plaisir.

Caroline konnte nicht umhin zu lächeln. Sicherlich hatte die Schmeichelei des Haarkünstlers in ihrem Herzen die Erinnerung an die leidenschaftlichen Lobeserhebungen erweckt, mit denen ihr Freund sie zu überschütten pflegte; er vergötterte ihr schönes Haar. Als der Friseur gegangen war, kam die Zofe und beriet sich mit ihr über die Toilette, die Roger am meisten gefallen würde. Es war gegen Beginn des Septembers 1816, es war kalt: man wählte ein Kleid aus grünem Seidenbarège mit Chinchillabesatz. Sobald Carolines Toilette beendet war, eilte sie ins Wohnzimmer und öffnete eine Fenstertür, durch die man auf einen eleganten Balkon hinaustreten konnte, den Schmuck der Fassade; dort kreuzte sie in einer bezaubernden Haltung die Arme, nicht, um sich der Bewunderung der Passanten darzubieten und zu sehen, wie sie die Köpfe nach ihr wandten, sondern um zum Boulevard am Ende der Rue Taitbout hinzuschauen. Diese schmale Durchsicht, die man ohne weiteres mit dem für die Schauspieler in einem Theatervorhang angebrachten Loch vergleichen könnte, ließ sie eine große Zahl eleganter Wagen und eine Menge Menschen wahrnehmen, die mit der Schnelligkeit chinesischer Schattenspiele dahinglitten. Sie wußte nicht, ob Roger zu Fuß oder im Wagen kommen werde, und so musterte denn die ehemalige Arbeiterin aus der Rue du Tourniquet abwechselnd die Fußgänger und die Tilburys, leichte, erst unlängst von den Engländern in Frankreich eingeführte Wagen. Ausdrücke des Unmuts und der Liebe glitten über ihr junges Gesicht, als nach einer Viertelstunde des Wartens ihr scharfer Blick oder ihr Herz noch immer nicht den gezeigt hatte, von dem sie wußte, daß er kommen müsse. Welche Verachtung, welche Gleichgültigkeit gegenüber all den Menschenwesen, die zu ihren Füßen wie Ameisen wimmelten, malte sich auf ihrem schönen Gesicht! Ihre vor Bosheit flackernden grauen Augen funkelten. Sie war ganz im Bann ihrer Leidenschaft und wich den Huldigungen mit derselben Sorgfalt aus, die die Stolzesten entfalten, um sie auf ihren Spazierfahrten durch Paris entgegenzunehmen, und kümmerte sich schwerlich darum, ob die Erinnerung an ihr weißes, geneigtes Gesicht oder ihren kleinen, über den Balkon hinausragenden Fuß, ob das pikante Bild ihrer lebhaften Augen und ihrer wollüstigen Stupsnase am anderen Tag im Herzen der Vorübergehenden, die bewundernd zu ihr aufschauten, verblichen sein würde oder nicht: sie hielt nur nach *einem* Gesicht Ausschau und hatte nur *einen* Gedanken. Als der gesenkte Kopf eines bestimmten rotbraunen Pferdes die hohe, von den Häusern in den Himmelsraum gezogene Linie überglitt, durchrann Caroline ein Zittern, und sie stellte sich auf die Zehenspitzen und versuchte, die weißen Zügel und die Farbe des Tilbury zu erkennen. ›Er‹ war es! Roger biegt in die Straße ein, erblickt den Balkon, peitscht sein Pferd, das schneller läuft und vor dem Tor mit dem bronzierten Gitter anlangt, das ihm ebenso vertraut ist wie seinem Herrn. Die Wohnungstür war schon im voraus von der Zofe geöffnet worden; sie hatte den von ihrer Herrin ausgestoßenen Freudenschrei gehört. Roger stürzt ins Wohnzimmer, drückt Caroline in die Arme und küßt sie in dem Gefühlsüberschwang, der sich stets aus den spärlichen Zusammenkünften zweier Liebender ergibt; er zieht sie, oder vielmehr: sie gehen beide einmütigen Willens, wenngleich einander umschlungen haltend, in das verschwiegene, von Wohlgerüchen erfüllte Schlafzimmer; vor dem Kamin empfängt sie ein kleines, zweisitziges Sofa, und einen Augenblick lang schauen sie einander schweigend an, geben ihrem Glück nur durch den innigen Druck ihrer Hände Ausdruck und teilen sich ihre Gedanken durch einen langen Blick mit.

»Ja, er ist es«, sagte sie endlich; »ja, du bist es. Weißt du, daß ich dich seit drei langen Tagen nicht gesehen habe, seit einem Jahrhundert? Aber was ist dir? Du hast Kummer.«

»Meine arme Caroline...«

»Da haben wir's: meine arme Caroline...«

»Nein, lach nicht, mein Engel; wir können heute abend nicht ins Feydeau[14] gehen.«

Caroline zog ein Schmollmündchen, das indessen schnell wieder wich.

»Ich bin dumm! Wie kann ich ans Theater denken, wenn ich dich vor mir sehe? Dich zu sehen, ist das nicht etwa das einzige Schauspiel, das ich wahrhaft mag?« rief sie und ließ die Finger durch Rogers Haar gleiten.

»Ich muß zum Generalstaatsanwalt; wir haben augenblicklich einen heiklen Prozeß. Er hat mich im großen Saal getroffen; und da ich die Sache verhandle, hat er mich zum Abendessen gebeten; aber, Liebstes, du kannst mit deiner Mutter ins Feydeau gehen, ich komme nach, wenn die Besprechung beizeiten zu Ende ist.«

»Ohne dich ins Theater gehen?« rief sie verwundert aus. »Ein Vergnügen genießen, das du nicht teilst...? O Roger, Sie verdienen gar nicht, daß ich Sie küsse«, fügte sie hinzu und fiel ihm mit einer ebenso naiven wie wollüstigen Bewegung um den Hals.

»Caroline, ich muß heim und mich umziehen. Es ist weit bis zum Marais, und ich muß noch einige Fälle abschließen.«

»Monsieur«, unterbrach ihn Caroline, »geben Sie acht auf das, was Sie reden! Meine Mutter hat mir gesagt, wenn die Männer anfangen, zu uns von Berufsdingen zu sprechen, dann liebten sie uns nicht mehr.«

»Caroline, bin ich denn nicht gekommen? Habe ich mich diese Stunde nicht frei gemacht von meinen unerbitterlichen...«

»Still«, sagte sie und legte den Finger auf Rogers Mund. »Merkst du denn nicht, daß ich nur scherze?«

Sie waren beide wieder ins Wohnzimmer zurückgegangen; Roger sah darin ein Möbelstück, das erst an diesem Morgen vom Kunstschreiner gebracht worden war: den alten Stickrahmen aus Rosenholz, dessen Erzeugnisse Caroline und ihre Mutter ernährt, solange sie in der Rue du Tourniquet gewohnt hatten; er war aufpoliert, und es war bereits ein Tüllkleid mit prunkvollem Muster darauf gespannt worden.

»Ja, mein Lieber, dann arbeite ich eben heute abend. Wenn ich sticke, glaube ich mich noch in den ersten Tagen, als du an mir vorübergingst, ohne ein Wort zu sprechen, aber nicht, ohne mich anzuschauen; in jenen Tagen, da das Rückdenken an deine Blicke mich die Nacht über wachhielt. O mein lieber Stickrahmen, er ist das schönste Stück in meinem Wohnzimmer, obgleich er nicht von dir herrührt! – Du weißt es nicht«, sagte sie und setzte sich auf Rogers Knie; er hatte seiner inneren Bewegtheit nicht Widerstand leisten können und war in einen Sessel gesunken ... »Hörst du mir wohl zu? Ich will alles, was ich mit meiner Stickerei verdiene, den Armen schenken. Du hast mich so reich gemacht! Wie gern habe ich das reizende Landhaus Bellefeuille, weniger um dessentwillen, was es ist, als weil du es mir geschenkt hast. Aber sag mal, Roger, ich möchte mich Caroline de Bellefeuille nennen, könnte ich das wohl? Du mußt das wissen: wäre das gesetzlich oder gestattet?«

Als Caroline sah, daß Roger eine kleine, zustimmende Mundbewegung tat, die ihm sein Haß gegen den Namen Crochard eingab, hüpfte sie behend herab und klatschte in die Hände.

»Mir scheint«, rief sie, »daß ich dir dadurch noch mehr angehöre. Für gewöhnlich verzichtet ein Mädchen auf seinen Namen und nimmt den ihres Mannes an . . .« Ein unbehaglicher Gedanke, den sie sogleich von sich wies, ließ sie erröten; sie nahm Roger bei der Hand und zog ihn vor einen aufgeklappten Flügel: »Hör«, sagte sie. »Ich kann jetzt meine Sonate wie ein Engel.« Und schon eilten ihre Finger über die Elfenbeintasten; da fühlte sie sich um die Taille gefaßt und hochgehoben.

»Caroline, ich müßte längst fort sein.«

»Du willst gehen? Nun, dann geh«, sagte sie schmollend; doch dann warf sie einen Blick auf die Stutzuhr und lächelte froh: – »Immerhin habe ich dich eine Viertelstunde länger hierbehalten.«

»Adieu, Mademoiselle de Bellefeuille«, sagte er mit der sanften Ironie der Liebe.

Sie nahm sich einen Kuß und geleitete ihren Roger bis an die Tür: als das Geräusch der Schritte im Treppenhaus nicht mehr vernehmlich war, lief sie auf den Balkon, um zu sehen, wie er in den Tilbury stieg, wie er die Zügel ergriff; um einen letzten Blick zu empfangen, um das Rollen der Räder auf dem Straßenpflaster zu hören und um mit glänzenden Augen dem Pferd nachzuschauen, dem Hut ihres Herrn und Meisters, der Goldborte an der Mütze des Reitknechts, kurzum, um noch schauernd dazustehen, als die dunkle Straßenecke ihr schon längst diesen Anblick entzogen hatte.

Fünf Jahre nach dem Einzug der Mademoiselle de Bellefeuille in das hübsche Haus an der Rue Taitbout geschah dort zum zweitenmal eine der häuslichen Szenen, die die Bande der Zuneigung zwischen zwei liebenden Menschen noch enger knüpfen. In dem blauen Wohnzimmer, dessen Fenstertür auf den Balkon hinausführte, vollführte ein kleiner, viereinhalbjähriger Junge einen höllischen Lärm; er peitschte auf sein Schaukelpferd ein, weil die beiden Bogen, die dessen Füße trugen, sich für ihn nicht schnell genug bewegten; sein hübsches Köpfchen mit dem in tausend Locken auf den gestickten Kragen niederfallenden Blondhaar lächelte, ein Engelsantlitz, seiner Mutter zu, die in einem Lehnstuhl saß und zu ihm sagte: – »Mach nicht solchen Krach, Charles, sonst weckst du deine kleine Schwester auf.« Der neugierige Junge sprang sofort von seinem Pferd, kam auf den Zehenspitzen heran, als fürchte er, seine Schritte möchten auf dem Teppich zu laut sein, steckte einen Finger zwischen die Milchzähne und blieb in einer der kindlichen Posen stehen, die nur so voller Anmut sind, weil alles daran natürlich ist, und hob den weißen Musselinschleier, der das frische Gesicht eines auf den Knien der Mutter schlafenden kleinen Mädchens verhüllte.

»Schläft Eugénie denn?« fragte er verwundert. »Warum schläft sie denn, wenn wir wach sind?« fügte er hinzu und sperrte seine großen schwarzen Augen auf, die in einem Übermaß von Flüssigem schwammen.

»Das weiß Gott allein«, antwortete Caroline lächelnd.

Mutter und Sohn schauten das kleine Mädchen an, das an ebenjenem Morgen getauft worden war. Die damals etwa vierundzwanzigjährige Caroline bot alle Vollkommenheiten einer Schönheit dar, die ein wolkenloses Glück und beständige Liebesfreuden hatten erblühen lassen. Voller Entzücken, ihrem geliebten Roger gehorsam zu sein, hatte sie sich die ihr mangelnden Kenntnisse angeeignet; sie spielte recht gut Klavier und sang angenehm. Sie kannte sich nicht in den Gepflogenheiten einer Gesellschaft aus, die sie zurückgestoßen und in der sie nicht verkehrt hätte, wenn sie dort empfangen worden wäre; denn eine glückliche Frau geht nicht in die Gesellschaft; auf diese Weise hatte sie sich weder die Eleganz der Umgangsformen angeeignet noch Konversation gelernt, die, reich an Worten und arm an Gedanken, in den Salons gang und gäbe ist; aber dafür hatte sie sich fleißig alle Kenntnisse erworben, die einer Mutter unentbehrlich sind, wenn ihr Ehrgeiz sich darauf richtet, ihre Kinder gut großzuziehen. Nicht von ihrem Sohn zu weichen, ihm von der Wiege an die Lehren zu erteilen, wie der Augenblick es gebietet, die in junge Seelen den Hang zum Schönen und Guten einprägen, ihn vor allen schlechten Einflüssen bewahren, gleichzeitig die lästigen und die köstlichen Verpflichtungen einer Mutter zu erfüllen: das waren ihre einzigen Freuden. Vom ersten Tag an hatte dieses taktvolle, sanfte Geschöpf sich beschieden, keinen Schritt über die verzauberte Sphäre hinaus zu tun, in der sich alles fand, was sie beglückte, und so kannte sie nach sechs Jahren der zärtlichsten Gemeinschaft ihren Freund nur unter dem Namen Roger. In ihrem Schlafzimmer hing ein Stich nach dem Gemälde, auf dem Psyche mit ihrer Lampe naht, um ungeachtet seines Verbots Amor zu sehen, und mahnte sie an die Bedingungen ihres Glücks. Während jener sechs Jahre hatten ihre bescheidenen Vergnügungen nie durch einen falsch angebrachten Ehrgeiz Rogers Herz ermüdet, das ein wahrer Hort der Güte war. Nie hatte sie Diamanten oder Schmuckstücke begehrt und stets den Luxus eines Wagens abgelehnt, der ihrer Eitelkeit zwanzigmal angeboten worden war. Auf dem Balkon Rogers Wagen zu erwarten, mit Roger ins Theater zu gehen oder an schönen Tagen mit ihm gemeinsam in der Umgebung von Paris umherzustreifen, auf ihn zu hoffen, ihn zu sehen, abermals auf ihn zu hoffen, das war die Geschichte ihres Lebens; es war arm an Ereignissen, aber erfüllt von Liebe. Sie wiegte auf ihrem Schoß mit einem Lied die Tochter ein, die ihr einige Monate vor diesem Tag beschert worden war; sie gefiel sich darin, den Erinnerungen an das Vergangene nachzuhängen. Besonders gern verweilte sie beim September, die Zeit, da Roger sie jedes Jahr mit nach Bellefeuille nahm und dort mit ihr die schönen Tage verlebte, die allen Jahreszeiten anzugehören scheinen. Dann ist die Natur genauso verschwenderisch mit Blumen wie mit Früchten, die Abende sind lau, die Morgen köstlich, und der Glanz des Sommers löst häufig die Schwermut des Herbstes ab. Während der ersten Zeit ihrer Liebe hatte Caroline das seelische Gleichmaß und die Sanftmut des Charakters, wovon ihr durch Roger so viele Beweise gegeben wurden, der Seltenheit der von ihnen beiden stets begehrten Zusammenkünfte und ihrer beider Lebensform zugeschrieben, die ihnen nicht unaufhörlich die Nähe des andern aufdrängte, wie es bei zwei Ehegatten der Fall ist. Jetzt mußte sie voller Entzücken daran denken, wie sie in der Qual falscher Befürchtungen bei ihrem ersten Verweilen auf dem kleinen Landbesitz im Gâtinais[15] Roger zitternd belauert hatte: unnötige Liebesspitzelei! Jeder dieser Glücksmonate war vorübergeglitten wie ein Traum, in einer Seligkeit, die sich nicht leugnen ließ. Sie hatte auf den Lippen dieses guten Menschen immer nur ein Lächeln gesehen, ein Lächeln, das das Echo des ihren zu sein schien. Bei diesen allzu inständig erweckten Bildern feuchteten ihre Augen Tränen, sie glaubte nicht genug zu lieben und war versucht, im Unglück ihrer zweideutigen Stellung eine Art Steuerbelastung zu erblicken, die das Schicksal ihrer Liebe auferlegt hatte. Schließlich ließ eine unbezwingliche Neugier sie zum tausendstenmal nach den Geschehnissen forschen, die einen so liebevollen Mann wie Roger dazu hatten bringen können, lediglich ein heimliches, illegales Glück zu genießen. Sie klitterte zahllose Romane zusammen, und zwar einzig und allein, um sich nicht den wahren Grund eingestehen zu müssen, den sie seit langem ahnte, aber an den nicht zu glauben sie versuchte. Sie stand auf und behielt dabei das eingeschlafene Kind in den Armen; sie ging ins Eßzimmer, um alle Vorbereitungen für das Abendessen zu leiten. Heute war der 6. Mai 1822, der Jahrestag des Spaziergangs im Park von Saint-Leu, während dessen die Entscheidung über ihr Leben gefallen war; daher wurde, wie jedes Jahr, dieser Tag zu einem Fest des Herzens. Caroline gab an, welche Tischwäsche für die Mahlzeit benutzt werden, und bestimmte, wie das Dessert aufgestellt werden sollte. Als sie beglückt alle Fürsorglichkeiten erledigt hatte, die Roger stets mit Rührung erfüllten, legte sie das kleine Mädchen in seine hübsche Hängewiege, setzte sich auf den Balkon und sah bald darauf das Kabriolett erscheinen, durch das ihr zum reifen Mann gewordener Freund den eleganten Tilbury der ersten Zeit ersetzt hatte. Nachdem Roger das erste Feuer der Liebesbezeigungen Carolines und des kleinen Eulenspiegels, der ihn Papa nannte, gelöscht hatte, trat er an die Wiege heran, betrachtete seine schlummernde Tochter, küßte sie auf die Stirn und zog dann ein langes, mit schwarzen Zeilen bedecktes Dokument aus der Tasche.

»Caroline«, sagte er, »hier hast du die Mitgift der Mademoiselle Eugénie de Bellefeuille.«

Dankbar nahm die Mutter die Überschreibung entgegen, eine Eintragung ins Staatsschuldbuch.

»Warum bekommt Eugénie dreitausend Francs Renten, wo du doch Charles nur fünfzehnhundert geschenkt hast?«

»Charles, mein Engel, wird einmal ein Mann«, antwortete er. »Für ihn sind fünfzehnhundert Francs genug. Mit einem solchen Einkommen ist ein tapferer Mann der Not enthoben. Wenn aber aus deinem Sohn zufällig ein nichtiger Mensch werden sollte, will ich nicht, daß er Dummheiten begehen könnte. Hat er Ehrgeiz, so wird sein bescheidenes Einkommen ihm Geschmack an der Arbeit einflößen. Eugénie ist ein Mädchen, sie bedarf einer Mitgift.«

Der Vater fing an, mit Charles zu spielen, dessen Äußerungen der Zärtlichkeit bezeugten, wie er zu Unabhängigkeit und Freiheit erzogen worden war. Keine zwischen Vater und Sohn obwaltende Furcht zerstörte den Zauber, der den Vater seine Pflichterfüllung belohnt, und der Frohsinn dieser kleinen Familie war ebenso köstlich wie ungeheuchelt. Am Abend warf eine Laterna magica ihre Tricks und ihre geheimnisvollen Bilder zu Charles' größter Überraschung auf eine weiße Leinwand. Mehr als einmal riefen die himmlischen Freudebekundungen dieses unschuldigen Geschöpfs ausgelassenes Gelächter auf Carolines und Rogers Lippen hervor. Als dann später der kleine Junge zu Bett gebracht wurde, wachte das kleine Mädchen auf und verlangte nach seiner flüssigen Nahrung. Beim Schein einer Lampe, am Kamin, überließ sich Roger in diesem Schlafzimmer des Friedens und der Liebeslust dem Glück der Betrachtung des lieblichen Bildes, das ihm das Kind an Carolines weißer, wie eine eben erblühte Lilie wirkenden Brust darbot; ihr Haar fiel in Tausenden von braunen Locken nieder und ließ kaum ihren Hals sehen. Das Licht hob alle Schönheitsmerkmale der jungen Mutter hervor und vermannigfachte auf ihr, um sie, auf ihrem Kleid und auf dem Kind die malerischen Effekte, die die Verbindung von Schatten und Licht bewirkt. Das Antlitz dieser stillen, schweigsamen Frau dünkte Roger tausendmal lieblicher denn je; zärtlich blickte er auf die gekräuselten, purpurroten Lippen, aus denen bislang noch kein Wort der Zwietracht entschlüpft war. Derselbe Gedanke glänzte in Carolines Blick; sie musterte Roger aus dem Augenwinkel, teils um die Wirkung zu genießen, die sie auf ihn ausübte, teils um zu erraten, wie der Abend sich weiterhin gestalten werde.

Der Unbekannte, der die Koketterie dieses klugen Blicks durchschaute, sagte mit gespielter Traurigkeit: »Ich kann nicht hierbleiben. Ich habe einen sehr ernsten Fall zu Ende zu führen und werde daheim erwartet. Die Pflicht geht allem vor, nicht wahr, Liebes?«

Caroline sah ihn forschend mit einem zugleich bekümmerten und sanften Blick an, aber mit der Resignation, die keine der Schmerzen eines Opfers verschweigt: – »Adieu«, sagte sie. »Geh nur! Wenn du noch eine Stunde länger bliebest, würde ich dir nicht so ohne weiteres deine Freiheit geben.«

»Mein Engel«, antwortete er da lächelnd, »ich habe drei Tage Urlaub, und man glaubt mich zwanzig Meilen weit von Paris entfernt.«

Einige Tage nach der Wiederkehr des 6. Mai fuhr Mademoiselle de Bellefeuille eines Morgens nach der Rue Saint-Louis im Marais; es verlangte sie, nicht zu spät in ein Haus zu gelangen, in das sie sich für gewöhnlich alle acht Tage begab. Unmittelbar zuvor hatte ein Bote ihr die Nachricht überbracht, ihre Mutter, Madame Crochard, erliege einer Komplikation von Schmerzen, die von ihren Katarrhen und ihrem Rheuma herrührten. Nach einer dringenden Aufforderung dazu, die Caroline durch die Verheißung eines ausgiebigen Trinkgelds verstärkte, peitschte der Kutscher auf seine Pferde ein; unterdessen führten die ängstlichen alten Frauen, die die Witwe Crochard während ihrer letzten Tage um sich gehabt hatte, um nicht allein zu sein, einen Priester in die behagliche, saubere Wohnung, die die ehemalige Statistin im zweiten Stock des Hauses innehatte. Die Aufwärterin der Madame Crochard wußte nicht, daß die hübsche junge Dame, zu der ihre Herrin oftmals zum Abendessen ging, deren Tochter war; und sie war eine der ersten gewesen, die dringlich das Kommen eines Priesters verlangt hatte, in der Hoffnung, der Geistliche werde ihr selbst zumindest ebenso nützlich sein wie der Kranken. Zwischen zwei Partien Boston oder beim Spazierengehen im Türkischen Garten[16] hatten die alten Frauen, mit denen die Witwe Crochard täglich ein Schwätzchen abhielt, es fertiggebracht, in dem vereisten Herzen ihrer Freundin einige Skrupel über ihr vergangenes Leben zu erwecken, einige Gedanken an das Künftige, einige Ängste vor der Hölle und gewisse Hoffnungen auf Gnade, die sich auf eine vorbehaltlose Rückkehr zur Religion gründe. An diesem feierlichen Morgen waren also drei alte Frauen aus der Rue Saint-François und der Vieille-Rue-du-Temple in dem Wohnzimmer zusammengekommen, in dem Madame Crochard sie jeden Dienstag zu empfangen pflegte. Abwechselnd stand bald die eine, bald die andere von ihrem Sessel auf und trat an das Bett der armen Alten, um ihr Gesellschaft zu leisten und ihr die falschen Hoffnungen zu machen, mit denen man die Sterbenden einwiegt. Da sie nun aber die Krise nahe glaubten, weil der tags zuvor gerufene Arzt nicht mehr für die Witwe einstand, berieten sich die drei Damen, um sich darüber klarzuwerden, ob Mademoiselle de Bellefeuille benachrichtigt werden müsse. Nachdem zuvor Françoise angehört worden war, kamen sie überein, daß ein Bote nach der Rue Taitbout geschickt werden solle, um die junge Verwandte ins Bild zu setzen, deren Einfluß die vier Frauen so bedeutsam dünkte; aber sie hofften, daß der Auvergnat jene Persönlichkeit zu spät herbringen werde, der ein so großer Teil der Zuneigung der Madame Crochard galt. Die Witwe, die augenscheinlich über gut und gern tausend Taler Einkünfte verfügte, wurde nur deshalb von dem weiblichen Trio so verhätschelt, weil keine einzige dieser guten Freundinnen, und nicht einmal Françoise, wußte, wer sie beerben würde. Der Reichtum der Mademoiselle de Bellefeuille, der die vertrauliche Bezeichnung ›Tochter‹ zu geben Madame Crochard sich versagte, wie es an der alten Oper üblich gewesen war, legitimierte fast den Plan, den jene vier Frauen geschmiedet hatten: nämlich die Erbschaft der Sterbenden untereinander zu teilen.

Bald kam diejenige der drei Sibyllen, die die Kranke hingehalten hatte, kopfschüttelnd zu dem beunruhigten Paar und sagte: – »Es wird Zeit, den Herrn Abbé Fontanon holen zu lassen. Noch zwei Stunden, und sie hat weder die Geistesklarheit noch die Kraft, ein Wort zu schreiben.«

Also zog die alte, zahnlose Aufwärterin los und kam mit einem Mann wieder, der einen schwarzen Rock trug. Die niedrige Stirn verriet, welch kleiner Geist dieser Priester war; ohnehin besaß er ein vulgäres Gesicht; seine breiten Hängebacken, sein Doppelkinn zeugten von einem selbstsüchtigen Wohlbehagen; sein gepudertes Haar lieh ihm ein süßliches Aussehen, solange er nicht die kleinen, braunen Augen erhob; sie lagen flach im Kopf und wären unter den Brauen eines Tataren nicht fehl am Platz gewesen.

»Herr Abbé«, sagte Françoise zu ihm, »ich danke Ihnen vielmals für Ihren Rat; aber Sie können sich darauf verlassen, daß ich gut für die liebe Frau gesorgt habe.«

Die Haushälterin mit dem schleppenden Schritt und dem Trauergesicht verstummte, als sie sah, daß die Wohnungstür offen war und daß die schmeichlerischste der drei Witwen auf dem Treppenabsatz stand, um als erste mit dem Beichtiger zu sprechen. Als der Geistliche selbstgefällig die dreifache Breitseite der honigsüßen, frömmlerischen Reden der Freundinnen der Witwe über sich hatte ergehen lassen, setzte er sich an Madame Crochards Bett. Der Anstand und eine gewisse Zurückhaltung zwangen die drei Damen und die alte Françoise, alle vier im Wohnzimmer zu bleiben und schmerzliche Mienen aufzusetzen, wie nur ohnehin schon faltige Gesichter es mit soviel Vollkommenheit fertigbringen.

»Ach, ist das ein Elend!« rief Françoise und stieß einen Seufzer aus. »Das ist nun die vierte Herrin, die zu begraben ich den Kummer habe. Die erste hat mir hundert Francs Leibrente hinterlassen, die zweite fünfzig Taler, und die dritte tausend Taler in bar. Nach dreißig Jahren des Dienens ist das alles, was ich besitze!«

Die Haushälterin machte von ihrem Recht Gebrauch, zu gehen und zu kommen; sie ging in ein kleines Nebenzimmer, von wo aus sie den Priester belauschen konnte.

»Ich sehe erfreut, liebe Tochter«, sagte Fontanon, »daß Sie fromme Empfindungen hegen; Sie tragen auf der Brust eine heilige Reliquie ...«

Madame Crochard vollführte eine unbestimmte Bewegung, aus der nicht hervorging, ob sie bei klaren Sinnen war; denn sie entblößte das kaiserliche Kreuz der Ehrenlegion. Der Geistliche wich einen Schritt zurück, als er das Bildnis des Kaisers erblickte; dann näherte er sich rasch wieder seinem Beichtkind; sie unterhielt sich so leise mit ihm, daß Françoise eine Zeitlang nichts verstand.

»Fluch über mich!« rief die Alte plötzlich aus. »Verlassen Sie mich nicht. Glauben Sie wirklich, Herr Abbé, daß ich für die Seele meiner Tochter werde Rechenschaft ablegen müssen?«

Der Geistliche sprach leise, und die Trennwand war zu dick, als daß Françoise etwas hätte hören können.

»Ach!« rief die Witwe weinend, »der Schuft hat mir nichts gelassen, worüber ich verfügen könnte. Als er meine arme Caroline nahm, hat er mich von ihr getrennt und mir nur dreitausend Francs Rente ausgesetzt; das Kapital gehört meiner Tochter.«

»Madame hat eine Tochter und bloß eine Leibrente«, rief Françoise, als sie ins Wohnzimmer hastete.

Tief erstaunt schauten die drei Alten einander an. Diejenige unter ihnen, deren Nase und Kinn sich beinahe berührten, was auf Höchstmaß an Heuchelei und Verschlagenheit schließen ließ, zwinkerte mit den Augen, und sobald Françoise den Rücken gewandt hatte, gab sie ihren beiden Freundinnen ein Zeichen, das besagen sollte: – »Dies Weibstück ist eine ganz Raffinierte, sie hat schon auf drei Testamenten geschlafen.« Die drei alten Frauen blieben also sitzen; aber bald erschien der Abbé wieder, und als er ihnen kurz alles gesagt hatte, polterten die Hexen alle drei ihm nach die Treppe hinunter und ließen Françoise mit ihrer Herrin allein. Madame Crochard, deren Schmerzen sich grausam steigerten, mochte jetzt nach ihrer Aufwärterin schellen, soviel sie wollte; Françoise begnügte sich damit, zu rufen: »Ja, ja, ich komme schon! Gleich!« Die Schranktüren und die Kommodenfächer gingen auf und zu, als suche Françoise nach einem abhanden gekommenen Lotterielos. Als diese kritische Situation in ihr letztes Stadium gelangt war, erschien Mademoiselle de Bellefeuille am Bett der Mutter und überschüttete sie mit liebevollen Worten.

»O meine arme Mutter, wie schlecht bin ich! Du hast Schmerzen, und ich habe es nicht gewußt, mein Herz hat es mir nicht gesagt! Aber jetzt bin ich hier . . .«

»Caroline . . .«

»Ja?«

»Sie haben mir einen Priester hergeschleppt.«

»Und keinen Arzt?« rief Mademoiselle de Bellefeuille. »Françoise, einen Arzt! Warum haben die Damen nicht den Doktor holen lassen?«

»Einen Priester haben sie mir hergeschleppt«, sagte die Alte nochmals und stöhnte.

»Wie sie leidet! Und kein schmerzstillendes Mittel, nichts auf dem Tisch.«

Die Mutter machte ein undeutliches Zeichen, aber Carolines durchdringender Blick erriet es, denn sie schwieg, um die Mutter reden zu lassen.

»Sie haben mir einen Priester hergeschleppt . . . angeblich, damit ich beichte. – Nimm dich in acht, Caroline«, rief ihr die alte Statistin mühsam mit einer letzten Anstrengung zu, »er hat mir den Namen deines Wohltäters erpreßt.«

»Und wer hat ihn dir wohl gesagt, arme Mutter?«

Die Alte verschied, als sie versuchte, eine boshafte Miene aufzusetzen. Wenn Mademoiselle de Bellefeuille das Gesicht ihrer Mutter hätte beobachten können, dann hätte sie gesehen, was nie jemand sehen wird: den Tod lachen.

Zum Verständnis der Verwicklungen, die hinter der Einleitung dieser Geschichte verborgen sind, muß man für eine Weile deren Gestalten vergessen und sich der Erzählung zurückliegender Geschehnisse widmen, deren letztes jedoch wieder an den Tod der Madame Crochard anknüpft. Die beiden Teilstücke werden dann eine einzige Geschichte bilden, die auf Grund einer dem Pariser Leben eigentümlichen Gesetzlichkeit zwei getrennt verlaufende Handlungen hervorgerufen hatte.

Gegen Ende November 1805 stieg gegen drei Uhr morgens ein junger, etwa sechsundzwanzigjähriger Anwalt die große Treppe des Stadtpalais hinab, in dem der Erzkanzler[17] des Kaiserreichs wohnte. Er war im Gesellschaftsanzug. Als er, bei leichtem Frost, im Hof angelangt war, konnte er nicht umhin, einen schmerzlichen Ausruf auszustoßen, in dem dennoch die Heiterkeit mitschwang, die einen Franzosen nur selten verläßt; denn er gewahrte durch das Gittertor des Palais hindurch keine Droschke und vernahm in der Ferne keines der Geräusche, wie sie Pferdehufe oder die eingerosteten Stimmen der Pariser Kutscher hervorbringen. Dann und wann durchhallten ein paar Huftritte der Pferde des Groß-Richters[18], den der junge Herr soeben bei Cambacérès' Bouillotte-Spiel verlassen hatte, den nur schwach von den Wagenlaternen erhellten Hof. Plötzlich bekam der junge Herr einen freundschaftlichen Klaps auf die Schulter, fuhr herum, erkannte den Groß-Richter und verneigte sich. Als der Lakai den Wagentritt der Karosse herunterklappte, erriet der ehemalige Gesetzgeber des Konvents die peinliche Lage des Advokaten. – »Bei Nacht sind alle Katzen grau«, sagte er aufgeräumt zu ihm. »Der Groß-Richter wird sich schwerlich kompromittieren, wenn er einem Advokaten auf den Weg hilft! Vor allem«, fügte er hinzu, »wenn dieser Advokat der Neffe eines alten Kollegen ist, eine der Leuchten des großen Staatsrats, der Frankreich den Code Napoléon beschert hat.« Auf einen Wink des höchsten Beamten des kaiserlichen Justizwesens hin stieg der Fußgänger in den Wagen. »Wo wohnen Sie?« fragte der Minister den Advokaten, ehe die Tür von dem auf die Weisung wartenden Lakai geschlossen worden war. – »Quai des Augustins, Monseigneur.« Die Pferde zogen an, und der junge Mann sah sich unter vier Augen mit einem Minister, an den er vor und nach Cambacérès' pompösem Diner vergeblich das Wort zu richten versucht hatte; denn der Groß-Richter war ihm offensichtlich während des ganzen Abends aus dem Wege gegangen. – »Na, Monsieur *de* Granville, Sie sind ja nun auf recht gutem Wege!« – »Freilich, solange ich neben Eurer Exzellenz fahren kann ...« – »Ich scherze nicht«, sagte der Minister. »Ihre Vorbereitungszeit liegt seit zwei Jahren hinter Ihnen, und Ihre Verteidigung im Prozeß Simeuse und Hauteserre[19] hat Sie ziemlich weit nach vorn gerückt.« – »Ich hatte bis heute gemeint, mein Eintreten für diese unglücklichen Emigranten habe mir geschadet.« – »Sie sind recht jung«, sagte der Minister ernst. »Aber«, fuhr er nach einer Pause fort, »Sie haben heute abend dem Erzkanzler sehr gefallen. Schlagen Sie die Staatsanwaltslaufbahn ein, es fehlt uns an Anwärtern. Der Neffe eines Mannes, an dem Cambacérès und ich lebhaften Anteil nehmen, darf nicht aus Mangel an Protektion einfach Anwalt bleiben. Ihr Onkel hat uns geholfen, recht stürmische Zeiten zu überdauern, und dergleichen Dienste vergißt man nicht.« Der Minister verstummte für einen Augenblick. – »Binnen kurzem«, fuhr er dann fort, »habe ich drei freie Stellen am Gericht Erster Instanz und am Kaiserlichen Gericht in Paris. Besuchen Sie mich dann und suchen Sie sich die aus, die Ihnen am meisten zusagt. Bis dahin arbeiten Sie, aber finden Sie sich keinesfalls zu meinen Audienzen ein. Erstens bin ich mit Arbeit überhäuft, und zweitens könnten Ihre Mitbewerber Ihre Absichten wittern und Ihnen beim Chef schaden. Cambacérès und ich haben heute abend kein Wort mit Ihnen gesprochen, weil wir Sie vor den Gefahren der Gunst bewahren wollten.«

Gerade als der Minister diese letzten Worte gesprochen hatte, hielt der Wagen am Quai des Augustins, der junge Advokat dankte seinem hochherzigen Gönner mit einem ziemlich lebhaften Herzenserguß für die beiden Plätze, die er ihm gewährt hatte, und klopfte dann nachdrücklich an die Haustür, weil der Wind ihm tüchtig um die Waden pfiff. Endlich zog ein alter Portier den Strick, und als der Advokat an seiner Loge vorüberging, rief er ihm mit heiserer Stimme zu: – »Monsieur Granville, ein Brief für Sie.« Der junge Herr nahm den Brief und versuchte trotz der Kälte beim Licht der matten Straßenlaterne, mit deren Docht es zu Ende ging[20], die Schrift zu erkennen. – »Von meinem Vater!« rief er und nahm seinen Leuchter, den der Portier endlich angezündet hatte. Und rasch stieg er in seine Wohnung hinauf, um dort folgenden Brief zu lesen:

»Nimm die Eilpost, und wenn Du schnellstens hier sein kannst, ist Dein Glück gemacht. Mademoiselle Angélique Bontems hat ihre Schwester verloren, ist jetzt die einzige Tochter, und wir wissen, daß sie Dich nicht gerade haßt. Jetzt kann Madame Bontems ihr ungefähr vierzigtausend Francs Rente hinterlassen, hinzukommt, was sie ihr als Mitgift gibt. Ich habe Dir die Wege geebnet. Unsere Freunde werden sich wundern, wenn ehemalige Adlige in die Familie Bontems einheiraten. Der alte Bontems ist ein Erzjakobiner gewesen und hat einen Haufen Nationalgüter[21] zu Schleuderpreisen aufgekauft. Aber erstens hat er nur ›Mönchswiesen‹ an sich gebracht, und die Mönche kommen nie wieder; und zweitens, wenn Du schon etwas Standeswidriges tatest, indem Du Advokat wurdest, sehe ich nicht ein, warum wir vor einem weiteren Zugeständnis an die Ideen der Gegenwart zurückschrecken sollten. Die Kleine kriegt dreihunderttausend Francs mit, ich gebe Dir hunderttausend, das Vermögen Deiner Mutter muß fünfzigtausend Taler betragen, oder beinahe, ich sehe Dich also vollauf in der Lage, lieber Sohn, wenn Du die Richterlaufbahn einschlagen willst, Senator zu werden wie jeder andere. Mein Schwager, der Staatsrat, wird Dir dabei nicht zur Hand gehen, verlaß Dich drauf; aber da er nicht verheiratet ist, wird Dir eines Tages sein Erbe zufallen: wenn Du also nicht von Dir aus Senator wirst, hast Du wenigstens, was er hinterläßt. Dann sitzt Du hoch genug, um die Dinge an Dich herankommen zu lassen. Adieu.«

Der junge Granville ging zu Bett und schmiedete tausend Pläne, von denen einer schöner als der andere war. Durch die nachdrückliche Protektion des Erzkanzlers, des Groß-Richters und seines Onkels mütterlicherseits, eines der Mitverfasser des Code, würde er auf einem beneideten Posten debütieren, vor dem Ersten Gerichtshof des Kaiserreichs, und er sah sich bereits als Mitglied der Körperschaft, aus der Napoleon die hohen Beamten seines Reichs auswählte. Überdies malte er sich ein Vermögen aus, das glänzend genug war, um ihm bei der Aufrechterhaltung seines Ranges zu helfen; dazu hätte das dürftige Einkommen von fünftausend Francs, das ihm aus einem ihm aus der Hinterlassenschaft seiner Mutter zugefallenen kleinen Gut erwuchs, nicht hingereicht. Zur Vervollständigung seiner ehrgeizigen Träume durch das Glück rief er sich das naive Gesicht der Mademoiselle Angélique Bontems vor Augen, seiner Kindheitsgespielin. Solange er noch nicht ins ›vernünftige Alter‹ eingetreten war, hatten sein Vater und seine Mutter sich seinem Umgang mit der niedlichen Tochter ihres bäuerlichen Nachbarn nicht widersetzt; als aber bei seinen kurzen Besuchen in Bayeux, die er während seiner Ferien machte, die adelsstolzen Eltern sich seiner Freundschaft für das junge Mädchen gewahr wurden, hatten sie ihm verboten, an Angélique zu denken. Somit hatte Granville seit zehn Jahren die, die er seine ›kleine Frau‹ nannte, nur für Augenblicke zu sehen bekommen. In diesen der fordernden Aufmerksamkeit ihrer Familien abgerungenen Augenblicken hatten sie kaum ein paar belanglose Worte wechseln können, wenn sie einander in der Kirche oder auf der Straße begegnet waren. Ihre schönsten Tage waren die gewesen, an denen eins der ländlichen Feste, die in der Normandie ›Gesellschaften‹ genannt werden, sie zusammengeführt hatte; dann hatten sie einander verstohlen und aus der Ferne angeschaut. Während seiner letzten Ferien hatte Granville Angélique zweimal gesehen, und der gesenkte Blick, die bekümmerte Haltung seiner ›kleinen Frau‹ hatten ihn meinen lassen, sie stehe unter dem Joch eines unbekannten Despotismus. Der junge Advokat fand sich um sieben Uhr morgens im Büro der Postanstalten in der Rue Notre-Dame-des-Victoires ein und bekam glücklicherweise einen Platz in dem Wagen, der zu dieser Stunde nach Caen abfuhr.

Nicht ohne tiefe Rührung erblickte der Advokat, der seine Probezeit hinter sich hatte, die Türme der Kathedrale von Bayeux. Bislang war keine seiner Lebenshoffnungen getäuscht worden, und so tat sein Herz sich den schönen Empfindungen auf, die sich in jungen Seelen regen. Nach dem allzu lang ausgedehnten Freudenmahl, mit dem sein Vater und einige Freunde ihm aufwarteten, wurde der ungeduldige junge Herr nach einem gewissen Haus in der Rue Teinture geführt; er kannte es gut. Sein Herz pochte stark, als sein Vater, der in Bayeux nach wie vor der Graf de Granville genannt wurde, kräftig an ein Einfahrtstor klopfte, dessen grüner Anstrich in Schuppen abblätterte. Es war etwa vier Uhr nachmittags. Eine junge Magd mit Baumwollhaube begrüßte die beiden Herren mit einem kurzen Knicks und antwortete, die beiden Damen würden bald vom Nachmittagsgottesdienst heimkehren. Der Graf und sein Sohn wurden in einen niedrigen Raum geführt, der als Wohnzimmer diente und dem Sprechzimmer eines Klosters ähnelte. Durch das Wandgetäfel aus poliertem Nußbaumholz wirkte der Raum düster; an den Wänden entlang waren ein paar Stühle mit Gobelinbezügen und altertümliche Sessel symmetrisch aufgestellt. Der steinerne Kamin hatte als einzigen Schmuck einen grünlichen Spiegel, an dessen beiden Seiten die gewundenen Arme jener antiken Kandelaber sich reckten, die in den Zeiten des Utrechter Friedens[22] gefertigt worden waren. Auf der Wandtäfelung dem Kamin gegenüber erblickte der junge Granville ein riesiges Kruzifix aus Ebenholz und Elfenbein, und darum herum geweihte Buchsbaumzweige. Obwohl das Zimmer durch drei Fenster erhellt wurde – sie gingen auf einen jener Provinzgärten hinaus, deren regelmäßig angelegte Beete lange Buchsbaumeinfassungen aufwiesen –, bekam es von dorther so wenig Licht, daß man an der parallel den Fenstern verlaufenden Wand kaum drei Kirchenbilder zu erkennen vermochte; sie waren von kundiger Hand geschaffen und sicherlich von dem alten Bontems während der Revolution gekauft worden; er hatte in seiner Eigenschaft als Oberhaupt des Distrikts nie seine Interessen außer acht gelassen. Vom sorgfältig gebohnerten Fußboden bis zu den grünkarierten Leinenvorhängen glänzte alles in klösterlicher Sauberkeit. Unwillkürlich zog sich das Herz des jungen Mannes angesichts dieser schweigenden Zurückgezogenheit, in der Angélique lebte, zusammen. Die ständige Gewöhnung an die strahlenden Pariser Salons und den Wirbel der Feste hatten in Granvilles Erinnerungen die düsteren, friedlichen Lebensformen der Provinz ohne weiteres verblassen lassen; daher war der Gegensatz für ihn so unvermittelt, daß er eine Art innerlichen Erschauerns verspürte. Aus einer Gesellschaft bei Cambacérès zu kommen, wo das Leben sich in seiner Fülle zeigte, wo die Geister Spannweite besaßen, wo der kaiserliche Ruhm sich lebendig spiegelte, und dann plötzlich in einen Zirkel mit kleinlichen Gedanken zu geraten: war das nicht wie eine Versetzung von Italien nach Grönland? – »Hier leben heißt nicht leben«, sagte er sich, als er in diesem Methodistenzimmer Umschau hielt. Der alte Graf, der das Erstaunen des Sohns merkte, nahm ihn bei der Hand und zog ihn zu einem der Fenster, durch das noch ein wenig Tageslicht hereinfiel, und während die Magd die alten Kerzen der Leuchter anzündete, versuchte er, die Wolken zu vertreiben, die dieser Anblick auf der Stirn des jungen Granville angehäuft hatte.

»Hör mal, mein Junge«, sagte er, »die Witwe des alten Bontems ist sehr fromm. Wenn der Teufel alt wird ... du weißt es ja! Ich merke: die Stickluft läßt dich Grimassen schneiden. Na, kurz und gut, die Wahrheit sieht folgendermaßen aus. Die alte

Frau wird von den Priestern belagert, sie haben sie zu der Überzeugung gebracht, daß es noch immer Zeit ist, sich den Himmel zu verdienen, und um Sankt Petrus und seiner Schlüssel ganz sicher zu sein, erkauft sie sie sich. Täglich geht sie zur Messe, nimmt an jedem Gottesdienst teil, beichtet an jedem Sonntag, den Gott werden läßt, und amüsiert sich damit, die Kapellen wieder in Ordnung zu bringen. Sie hat der Kathedrale soviel Schmuckwerk, Meßhemden und Chorröcke geschenkt; sie hat den Baldachin mit soviel Federn ausstaffiert, daß bei der letzten Fronleichnamsprozession sich eine solche Menschenmenge eingefunden hat, um die prunkvoll gekleideten Priester und deren neu vergoldete Gerätschaften anzustaunen, daß man hätte meinen können, es finde ein Hängen statt. Deshalb ist dieses Haus gewissermaßen geweihte Erde. Ich selber habe die verrückte Alte daran gehindert, die drei Bilder da der Kirche zu schenken; es sind ein Domenichino, ein Correggio und ein Andrea del Sarto.«

»Aber Angélique?« fragte lebhaft der junge Mann.

»Wenn du sie nicht heiratest, ist Angélique erledigt«, sagte der Graf. »Unsere guten Apostel haben ihr geraten, als Jungfrau und Märtyrerin zu leben. Es hat mich die größte Mühe der Welt gekostet, ihr Herzchen dadurch aufzuwecken, daß ich ihr von dir erzählte, als sie die einzige Tochter geworden war; aber du bist dir wohl ohne weiteres darüber klar, daß du sie, wenn ihr verheiratet seid, schleunigst mit nach Paris nehmen mußt. Dort werden die Feste, die Ehe, das Theater und der Schwung des Pariser Lebens sie leicht die Beichtstühle, die Fasten, die Büßerhemden und die Messen vergessen lassen, von denen dergleichen Geschöpfe sich ausschließlich nähren.«

»Aber die fünfzigtausend Francs Einkünfte aus Kirchengütern, kommen die nicht in Fortfall ...?«

»Das ist es ja gerade!« rief der Graf mit durchtriebener Miene. »In Anbetracht der Heirat – denn die Eitelkeit der Madame Bontems ist in nicht geringem Maß durch den Gedanken angestachelt worden, daß die Bontems dem Stammbaum der Granville aufgepropft werden – tritt besagte Mutter ihr Vermögen uneingeschränkt an die Kleine ab und behält sich lediglich die Nutznießung vor. Deswegen ist der Klerus gegen deine Heirat; aber ich habe das Aufgebot anschlagen lassen, alles ist bereit, und innerhalb von acht Tagen bist du aus der Reichweite der Klauen der Mutter oder ihrer Abbés heraus. Du kommst in den Besitz des hübschesten Mädchens von Bayeux, einer kleinen Hausfrau, die dir keinen Kummer machen wird, denn so was dürfte Grundsätze haben. Sie ist kasteit worden, wie sie in ihrem Jargon sagen, und zwar durch Fasten, durch Beten und«, fügte er leise hinzu, »durch ihre Mutter.«

Ein diskretes Klopfen an der Tür gebot dem Grafen Schweigen; er glaubte, die beiden Damen kämen herein. Aber es kam nur ein kleiner Diener mit geschäftiger Miene; der Anblick der beiden Herren schüchterte ihn ein, er gab dem hinter ihm herkommenden Hausmädchen ein Zeichen. Er trug eine blaue Tuchweste mit kleinen Schößen, die sich auf seinen Hüften bauschten, und eine blau und weiß gestreifte Hose; sein Haar war rund geschnitten; sein Gesicht ähnelte dem eines Chorknaben, so sehr zeichnete sich darauf die erzwungene Zerknirschung ab, die alle Bewohner eines bigotten Hauses annehmen.

»Mademoiselle Gattienne, wissen Sie, wo die Gebetbücher für die Marienandacht sind? Die Damen von der Kongregation zum Heiligen Herzen[23] veranstalten heute abend in der Kirche eine Prozession.«

Gattienne holte die Bücher.

»Dauert es noch lange, du kleiner Bürgergardist?« fragte der Graf.

»Oh, höchstens eine halbe Stunde.«

»Komm, laß uns das ansehen, es sind hübsche Frauen darunter«, sagte der Vater zum Sohn. »Außerdem kann ein Besuch der Kathedrale uns nicht schaden.«

Der junge Advokat folgte dem Vater mit unentschlossener Miene.

»Was ist dir denn?« fragte ihn der Graf.

»Mir ist, Vater, mir ist ... als hätte ich recht.«

»Du hast ja noch gar nichts gesagt.«

»Ja, aber ich habe überlegt, daß du von deinem ehemaligen Vermögen zehntausend Francs Einkünfte übrigbehalten hast; die wirst du mir, das ist mein Wunsch, so spät wie möglich hinterlassen; aber wenn du mir schon hunderttausend Francs geben willst, damit ich eine dumme Heirat schließe, erlaubst du mir doch gewiß, dich um nur fünfzigtausend zu bitten, damit ich einem Unglück ausweiche, Junggeselle bleibe und dennoch in den Genuß eines Vermögens gelange, das dem gleichkommt, das mir deine Demoiselle Bontems einbringen könnte.«

»Bist du verrückt?«

»Nein, Vater. Die Sache ist die. Vorgestern hat der Groß-Richter mir eine Anstellung in der Pariser Staatsanwaltschaft versprochen. Wenn fünfzigtausend Francs zu dem hinzukommen, was ich schon besitze, und zu dem mit meinem Amt verbundenen Gehalt, so erwachsen mir Einkünfte in Höhe von zwölftausend Francs. Ich hätte dann also ganz bestimmt Vermögensaussichten, die tausendmal einer Ehe vorzuziehen sind, die ebenso arm an Glück wie reich an Geld und Gut wäre.«

»Da sieht man mal wieder«, antwortete der Vater lächelnd, »daß du nicht im Ancien Régime gelebt hast. Haben wir uns damals je um einer Frau willen Gedanken gemacht ...?«

»Ja, Vater, aber heute ist die Ehe ganz was anderes geworden ...«

»So so!« unterbrach der Graf den Sohn, »dann ist es also wahr, was meine alten Gefährten aus den Zeiten der Emigration mir erzählen? Dann hat uns die Revolution also Sitten ohne Fröhlichkeit hinterlassen, dann hat sie die jungen Leute mit zweideutigen Grundsätzen angesteckt? Genau wie mein Schwager, der Jakobiner, wirst du mir jetzt gleich was von der Nation, der öffentlichen Moral und der Uneigennützigkeit vorreden. O mein Gott! Was würde aus uns ohne die Schwestern des Kaisers werden!«

Der noch recht jugendliche alte Herr, den die Bauern auf seinen Gütern nach wie vor den ›Seigneur de Granville‹ nannten, hatte das gerade gesagt, als sie in die Gewölbe der Kathedrale eintraten. Ungeachtet der Heiligkeit der Stätte trällerte er, als er das Weihwasser nahm, eine Weise aus der Oper ›Rose et Colas‹[24] und führte seinen Sohn an den Seitengalerien des Schiffs entlang; an jedem Pfeiler blieb er stehen und beschaute in der Kirche prüfend die Reihen der Köpfe, die aneinandergereiht waren wie die von Soldaten bei der Parade. Der besondere Gottesdienst der Kongregation vom Heiligen Herzen sollte beginnen. Die ihr angehörenden Damen saßen nahe dem Chor; der Graf und sein

Sohn begaben sich in jenen Teil des Kirchenschiffs und lehnten sich an einen der dunkelsten Pfeiler, von wo aus sie die ganze Masse der Köpfe überblicken konnten; sie ähnelte einer mit Blumen übersäten Wiese. Plötzlich erklang zwei Schritt von dem jungen Granville entfernt eine so süße Stimme, daß es unmöglich schien, ein menschliches Geschöpf könne sie besitzen, wie die erste Nachtigall, die nach dem Winter singt. Obwohl jene Stimme von tausend Frauenstimmen und den Tönen der Orgel begleitet wurde, erregte sie seine Nerven, als stürmten die allzu üppigen und lebhaften Klänge der Harmonika[25] auf sie ein. Der Pariser wandte sich um, sah eine junge Dame, deren Gesicht durch die Neigung des Kopfes gänzlich von einem breiten Hut aus weißem Stoff verdeckt wurde, und meinte, daß nur ihr diese klare Melodie entströmen könne; er glaubte Angélique wiederzuerkennen, obwohl ein brauner Merinopelz sie gänzlich verhüllte, und stieß seinen Vater an den Arm.

»Ja, sie ist es«, sagte der Graf, nachdem er in die Richtung geschaut, die der Sohn ihm gewiesen hatte. Der alte Herr machte ihn durch einen Wink auf das blasse Gesicht einer alten Frau aufmerksam, deren von schwarzen Ringen umsäumte Augen die Fremden bereits erspäht hatten, ohne sich von dem Gebetbuch, das sie hielt, abgewendet zu haben. Angélique hob den Kopf dem Altar entgegen, als wolle sie den durchdringenden Duft des Weihrauchs einatmen, dessen Wolken bis zu den beiden Frauen hinquollen. Bei dem mystischen Licht, das den düsteren Raum durch die Kerzen, die Lampe im Schiff und einige Kerzen an den Pfeilern erfüllte, gewahrte der junge Herr jetzt ein Antlitz, das seine Entschlüsse umwarf. Ein weißer Moiréhut umschloß knapp Züge von bewundernswerter Regelmäßigkeit, und zwar durch das Oval, das das unter einem kleinen Kinn mit einem Grübchen zu einer Schleife gebundene Seidenband bildete. Über einer schmalen, aber sehr niedlichen Stirn teilte sich blaßgoldenes Haar in zwei Wellen; sie fielen über die Wangen, wie der Schatten vom Laubwerk über einen Tuff Blumen fällt. Die beiden Brauenbögen waren mit der Korrektheit gezeichnet, die wir an den schönen chinesischen Gesichtern bewundern. Die Nase, die beinahe gebogen war wie ein Adlerschnabel, besaß in den Konturen eine seltene Festigkeit, und die Lippen ähnelten zwei rosa Linien, die liebevoll mit einem zarten Pinsel gezogen worden sind. Die hellblauen Augen zeugten von Reinheit. Wenn Granville in diesem Antlitz eine gewisse schweigsame Starrheit auffiel, so konnte er sie den frommen Empfindungen zuschreiben, die Angélique gegenwärtig bewegten. Die heiligen Worte des Gebets glitten zwischen zwei Perlenreihen hindurch, und der Kälte wegen war es, als ströme eine Wolke von Düften daraus hervor. Unwillkürlich versuchte der junge Herr sich vorzubeugen, um diesen himmlischen Hauch einzuatmen. Diese Bewegung erregte die Aufmerksamkeit des Mädchens, und ihr starr dem Altar zugewandter Blick richtete sich auf Granville, den die Dunkelheit sie nur undeutlich erkennen ließ, aber in dem sie ihren Kindheitsgespielen wiedererkannte: eine Erinnerung, die mächtiger war als das Gebet, lieh ihrem Gesicht einen übernatürlichen Glanz, sie errötete. Der Advokat erbebte vor Freude, als er gewahrte, daß die Hoffnungen auf das jenseitige Leben von den Hoffnungen auf Liebe besiegt wurden und die Erhabenheit des Heiligtums durch irdische Erinnerungen verdunkelt; aber sein Triumph dauerte nur kurz: Angélique senkte den Schleier nieder, nahm eine ruhige Haltung ein und begann wiederum zu singen, ohne daß der Klang ihrer Stimme auch nur die leiseste Erregung verriet. Granville war unter die Tyrannei eines einzigen Begehrens geraten, und alle seine zur Vorsicht mahnenden Gedanken schwanden hin. Als der Gottesdienst zu Ende war, war seine Ungeduld bereits so groß geworden, daß er die beiden Damen nicht allein den Heimweg antreten ließ, sondern sogleich ›seine kleine Frau‹ begrüßte. Ein schüchternes beiderseitiges Wiedererkennen fand in der Vorhalle der Kathedrale statt, in Gegenwart der Kirchenbesucher. Madame Bontems zitterte vor Stolz, als sie den Arm des Grafen de Granville nahm, der sich gezwungen sah, ihn ihr angesichts so vieler Menschen zu bieten, und seinem Sohn ob einer so wenig taktvollen Ungeduld wenig Dank wußte. Während der etwa vierzehn Tage, die zwischen dem offiziellen Antrittsbesuch des jungen Vicomte de Granville als Verlobten der Mademoiselle Bontems und dem feierlichen Tag seiner Hochzeit hingingen, suchte er geflissentlich die Freundin in dem düsteren Sprechzimmer auf, an das er sich gewöhnt hatte. Seine langen Besuche verfolgten das Ziel, Angéliques Charakter zu erkunden; denn am Tag nach der

Wiederbegegnung war glücklicherweise seine kluge Vorsicht wieder erwacht. Fast stets überraschte er seine Zukünftige an einem Tischchen aus Antillenholz und damit beschäftigt, selber die Wäsche zu zeichnen, die zu ihrer Aussteuer gehören sollte. Nie sprach Angélique als erste über religiöse Dinge. Wenn der junge Advokat sich damit vergnügte, mit dem kostbaren Rosenkranz zu spielen, den ein grüner Samtbeutel barg, wenn er lachend die Reliquie betrachtete, von der dieses Instrument der Frömmigkeit stets begleitet ist, nahm Angélique ihm den Rosenkranz behutsam aus der Hand, warf ihm einen flehenden Blick zu und legte ihn, ohne ein Wort zu sagen, wieder in den Beutel, den sie sogleich fest zuzog. Wenn Granville gelegentlich darauf verfiel, boshafte Äußerungen über gewisse Praktiken der Religion zu machen, hörte die hübsche Normannin ihm zu und setzte ihm das Lächeln der Überzeugung entgegen. – »Man muß von dem, was die Kirche lehrt, nichts oder alles glauben«, antwortete sie. »Willst du zur Mutter deiner Kinder ein Mädchen ohne Religion? Nein, nicht wahr? Welcher Mensch würde sich vermessen, Richter zu sein zwischen den Ungläubigen und Gott? Wie könnte ich also tadeln, was die Kirche zuläßt?« Angélique schien von einem so salbungsvollen Mitleid durchdrungen; der junge Advokat mußte es so oft erleben, daß sie Blicke auf ihn richtete, die ihm durch und durch gingen, daß er manchmal versucht wurde, sich zu der Gläubigkeit seiner Verlobten zu bekehren; die tiefe Überzeugung, die sie hegte, auf dem richtigen Pfad zu sein, erweckte im Herzen des künftigen Justizbeamten Zweifel, die auszubeuten sie versuchte. Nun jedoch beging Granville den schweren Fehler, das Blendwerk des Begehrens für die Zauber der Liebe zu halten. Angélique war so glücklich, die Stimme ihres Herzens mit derjenigen der Pflicht zu versöhnen, indem sie sich einer in ihrer Kindheit gefaßten Neigung überließ, daß der getäuschte Advokat nicht wissen konnte, welche von diesen beiden Stimmen die stärkere sei. Sind junge Leute nicht immer geneigt, auf die Verheißungen eines hübschen Gesichts zu vertrauen, aus der Schönheit der Züge auf die der Seele zu schließen? Ein unerklärliches Gefühl treibt sie zu dem Glauben, daß die geistig-seelische Vollkommenheit stets der physischen entspreche. Wenn die Religion Angélique nicht erlaubt hätte, sich ihren Gefühlen hinzugeben, wären sie in ihrem Herzen bald verdorrt wie eine mit einer todbringenden Säure begossene Pflanze. Konnte ein geliebter Liebender einen so gut getarnten Fanatismus argwöhnen? Das war die Geschichte der Empfindungen des jungen Granville während jener vierzehn Tage, die er verschlang wie ein Buch, dessen Lösung gespannt erwartet wird. Die aufmerksam ausgeforschte Angélique schien ihm die sanfteste unter allen Frauen zu sein, und zu seiner Überraschung ließ er sogar Madame Bontems Gnade widerfahren, die dadurch, daß sie ihr so stark fromme Grundsätze eingeimpft, sie irgendwie gegen die Nöte des Lebens gefeit hatte. An dem für die Unterzeichnung des verhängnisvollen Ehekontrakts festgesetzten Tag ließ Madame Bontems ihren Schwiegersohn feierlich schwören, daß er die religiösen Übungen ihrer Tochter stets respektieren und ihr völlige Gewissensfreiheit lassen wolle; daß sie zur Kommunion, zum Gottesdienst, zur Beichte gehen dürfe, wann immer sie wolle, und daß er ihr bei der Wahl ihrer geistlichen Berater nie etwas in den Weg legen werde. In diesem feierlichen Augenblick schaute Angélique ihren Zukünftigen mit so reiner und so unbefangener Miene an, daß Granville nicht zögerte, den geforderten Eid abzulegen. Ein Lächeln kräuselte die Lippen des Abbé Fontanon, eines bleichen Mannes, der die Gewissen der Familie leitete. Mit einer leichten Kopfbewegung versprach Mademoiselle Bontems ihrem Freund, daß sie diese Gewissensfreiheit nie mißbrauchen wolle. Was den alten Grafen betraf, so pfiff er ganz leise die Melodie von ›Geh, schau nach, ob sie auch kommen‹[26] vor sich hin.

Nach einigen Tagen der in der Provinz so berühmten ›Festessen‹ fuhren Granville und seine Frau zurück nach Paris, wohin der junge Advokat durch seine Ernennung zum Generalanwalt am kaiserlichen Gerichtshof des Départements Seine beordert worden war. Als die Gatten dort eine Wohnung suchten, setzte Angélique den Einfluß ein, den die Flitterwochen allen Frauen leihen; sie bestimmte Granville, daß er eine große Wohnung im Erdgeschoß eines Stadtpalais nahm, das an der Ecke der Vieille-Rue-du-Temple und der Rue Neuve-Saint-François gelegen war. Der Hauptgrund für ihre Wahl war, daß jenes Haus zwei Schritt von der Rue d'Orléans entfernt stand, wo eine Kirche war, und ganz in der Nähe einer kleinen Kapelle in der Rue Saint-Louis[27].

– »Es gehört zu einer guten Hausfrau, daß sie für Vorräte sorgt«, meinte ihr Mann lachend.

Angélique wies ihn mit Recht darauf hin, daß der Stadtteil Marais an den Justizpalast stößt und daß die Justizbeamten, denen sie gerade Besuche abgestattet hatten, dort wohnten. Ein ziemlich großer Garten machte für ein junges Paar die Wohnung besonders wertvoll: die Kinder, ›sofern der Himmel ihnen welche schickte‹, konnten darin frische Luft schöpfen; der Hof war geräumig, die Pferdeställe waren schön. Der Generalanwalt wäre lieber in ein Palais an der Chaussee-d'Antin gezogen, wo alles jung und lebendig ist, wo die neuesten Moden getragen werden, wo die Leute auf den Boulevards elegant sind, von wo aus man weniger lange Wege zurückzulegen hat, wenn man ins Theater gehen und sich Zerstreuungen schaffen will; aber er mußte den Schmeichelworten einer jungen Frau nachgeben, die eine erste Gunst verlangte; um ihr einen Gefallen zu tun, vergrub er sich im Marais. Granvilles Tätigkeit erforderte um so mehr ausdauernde Arbeit, als sie für ihn neu war; deswegen befaßte er sich vor allem mit der Einrichtung seines Arbeitszimmers und der Unterbringung seiner Bibliothek; er bezog sogleich einen Raum, der nur zu bald mit Aktenbündeln angefüllt war, und überließ seiner jungen Frau die Möblierung des Hauses. Er belud Angélique um so lieber mit der Last der ersten Anschaffungen, eines Quells vieler Freuden und Erinnerungen für die jungen Frauen, als es ihn beschämte, sie häufiger seiner Gegenwart berauben zu müssen, als die Gesetze der Flitterwochen es zulassen. Als der Generalanwalt sich eingearbeitet hatte, erlaubte er seiner Frau, ihn aus seinem Arbeitszimmer herauszulocken, ihn durch die Wohnung zu führen und ihm die Einrichtung und die Drapierungen zu zeigen, die er bislang nur flüchtig oder teilweise gesehen hatte.

Wenn es stimmt, was ein Sprichwort behauptet, nämlich daß man eine Frau nach ihrer Haustür beurteilen könne, so müssen die Zimmer mit noch größerer Treue ihr Wesen spiegeln. Sei es, daß Madame de Granville ihr Vertrauen Tapezierern ohne Geschmack gewährt hatte, sei es, daß ihr eigener Charakter sich in der Fülle der von ihr bestellten Dinge ausprägte: der junge Justizbeamte war überrascht über die Trockenheit und die kalte Feierlichkeit, die in seinen Räumen herrschten; er gewahrte darin nicht die mindeste Anmut, alles stand in Widerspruch zueinander, nichts bot dem Blick eine Erholung. Der Geist der Selbstgerechtigkeit und Kleinlichkeit, der für das Sprechzimmer in Bayeux bezeichnend gewesen war, hatte in seiner Wohnung Auferstehung gefeiert unter der breiten Täfelung mit den wie mit dem Zirkel eingeschnittenen Verzierungen und den Arabesken, deren langes, sich windendes Netzwerk von so schlechtem Geschmack zeugt. Im Verlangen, seine Frau zu entschuldigen, machte der junge Mann kehrt und sah sich nochmals den stockwerkhohen Flur an, durch den man die Wohnung betrat. Die durch seine Frau von dem Maler verlangte Farbe war zu düster, und der tief dunkelgrüne Samt, der die Bänkchen bedeckte, steigerte noch den Ernst dieses zwar an sich nicht sehr wichtigen Raums, der indessen stets eine Vorstellung vom Gesamt des Hauses vermittelt, gerade wie man den Geist eines Menschen nach seinem ersten Satz beurteilt. Ein Flur ist eine Art Vorrede, die alles ankündigen, aber nichts versprechen darf. Der junge Staatsanwaltsstellvertreter überlegte, ob seine Frau tatsächlich die Deckenbeleuchtung im Stil einer antiken Lampe habe auswählen können, die mitten in diesem kahlen Raum hing; er war mit schwarzen und weißen Marmorfliesen belegt; die Tapete täuschte Steinschichten vor, die hier und dort mit grünem Moos durchstreift waren. Ein prunkvolles, aber altes Barometer hing an einer der Wände, wie um deren Kahlheit noch spürbarer zu machen. Bei diesem Anblick schaute der junge Herr seine Frau an; er sah sie so zufrieden mit der roten Borte, die die Perkalvorhänge säumten, so zufrieden mit dem Barometer und der keusch verhüllten Statue, die den großen, gotischen Eisenofen schmückte, daß er nicht den barbarischen Mut aufbrachte, eine so starke Selbsttäuschung zu zerstören. Anstatt seine Frau zu verurteilen, verurteilte Granville sich selber; er beschuldigte sich, seine erste Pflicht vernachlässigt zu haben; sie hätte ihm geboten, in Paris die ersten Schritte eines in Bayeux aufgewachsenen Mädchens zu leiten. Wer vermöchte sich nach dieser ersten Probe nicht die Einrichtung der übrigen Zimmer vorzustellen? Was hätte man von einer jungen Frau erwarten können, die sich durch den Anblick der nackten Beine einer Karyatide in Schrecken setzen ließ, die auf der Stelle einen Kandelaber, einen Leuchter, ein Möbelstück verwarf, sobald sie darauf die Nacktheit eines ägyptischen Torsos gewahrt hatte? Zu jener Zeit war die David-Schule[28] auf den Höhepunkt ihres Ruhms gelangt; alles in Frankreich stand unter der Nachwirkung der Korrektheit seiner Zeichnung und seiner Liebe für die Formen der Antike, die irgendwie aus seiner Malerei eine farbige Bildhauerkunst machte. Keine einzige der Erfindungen des kaiserlichen Luxus gewann Hausrecht bei Madame de Granville. Der riesige quadratische Salon ihres Palais behielt das Weiß und das verblichene Gold bei, die es in den Zeiten Ludwigs XIV. geschmückt hatten; der Architekt hatte ihn verschwenderisch mit rautenförmigem Gitterwerk und den unerträglichen Festons ausgestattet, die der sterilen Fruchtbarkeit der Zeichenstifte jener Epoche zu verdanken sind. Hätte wenigstens Harmonie geherrscht, hätten die modernen Mahagonimöbel sich in den gewundenen Formen ergangen, die durch Bouchers[29] verderbten Geschmack in Mode gekommen sind, so hätte Angéliques Haus lediglich den amüsanten Kontrast dargeboten, den junge Leute bilden, die im neunzehnten Jahrhundert leben, als gehörten sie dem achtzehnten an; so aber rief darin eine Fülle von Dingen lächerliche Antithesen hervor. Die Konsolen, die Stutzuhren, die Wandleuchter wiesen die kriegerischen Attribute auf, die die Triumphe des Kaiserreichs in Paris so beliebt gemacht hatten. Die griechischen Helme, die gekreuzten römischen Schwerter, die Schilde, sämtlich Produkte der militärischen Begeisterung, die damals die friedlichsten Möbelstücke zierten, paßten schlecht zu den zarten, weitschweifigen Arabesken, an denen Madame de Pompadour sich entzückt hätte. Frömmigkeit führt irgendwie zu ermüdender Demut, die den Hochmut nicht ausschließt. Sei es aus Bescheidenheit, sei es aus Neigung: Madame de Granville schien Abscheu gegen alle zarten und hellen Farben zu hegen. Vielleicht meinte sie auch, Purpur und Braun entsprächen der Würde des Justizbeamten. Aber wie hätte sich auch ein an ein düster-strenges Leben gewöhntes junges Mädchen mit den wollüstigen Ruhebetten befreunden können, die schlechte Gedanken einflößen, mit den eleganten, perfiden Boudoirs, wo die Sündenfälle angebahnt werden? Der arme Justizbeamte war völlig verzweifelt. An dem Ton, mit dem er seine Billigung ausdrückte und die Lobeserhebungen unterstrich, die seine Frau sich selber zollte, merkte sie, daß ihrem Mann nichts gefiel; sie bezeigte einen solchen Kummer, daß es ihr mißlungen sei, daß der verliebte Granville in diesem tiefen Schmerz einen Beweis der Liebe erblickte, anstatt darin eine ihrer Eigenliebe zugefügte Verletzung zu sehen. Hätte sie, ein jäh aus dem Mittelmaß provinziellen Denkens herausgerissenes, der Koketterie und der Eleganz des Pariser Lebens ungewohntes Mädchen, es denn besser machen können? Der Justizbeamte glaubte lieber, die Wahl seiner Frau sei von den Lieferanten bestimmt worden, als daß er sich die Wahrheit eingestanden hätte. Wäre er weniger verliebt gewesen, so hätte er gewittert, daß die Händler, die so rasch erraten, wes Geistes Kind ihre Kunden sind, den Himmel dafür gesegnet hatten, daß er ihnen diese junge Betschwester ohne jeden Geschmack geschickt und ihnen geholfen habe, sich der aus der Mode gekomenen Dinge zu entledigen. Also tröstete er seine hübsche Normannin.

»Das Glück, liebe Angélique, geht nicht von einem mehr oder weniger eleganten Möbelstück aus; es hängt von der Sanftmut, dem Entgegenkommen und der Liebe einer Frau ab.«

»Aber es ist doch meine Pflicht, dich zu lieben, und niemals wird die Erfüllung einer Pflicht mir so sehr gefallen wie diese«, erwiderte Angélique sanft.

Die Natur hat in das Herz der Frau ein solches Verlangen, Wohlgefallen zu finden, ein solches Bedürfnis nach Liebe gelegt, daß sogar bei einer jungen Betschwester die Gedanken an das künftige Leben und das Seelenheil den ersten Freuden der Ehe unterliegen müssen. So kam es, daß vom April an – in diesem Monat hatten sie geheiratet – bis zum Winterbeginn die beiden Gatten in vollkommener Eintracht lebten. Liebe und Arbeit haben die Tugend, daß sie den Menschen ziemlich gleichgültig gegen die Außendinge machen. Granville war gezwungen, den halben Tag im Justizpalast zu verbringen und um das Leben oder das Vermögen schwere Kämpfe durchzuführen, und so konnte er weniger als ein anderer gewisser Dinge im Innern seines Haushalts gewahr werden. Wenn freitags Fastenspeise auf seinem Tisch erschien, wenn er einmal ein Fleichgericht erbat, ohne es zu bekommen, wußte seine Frau, der das Evangelium jede Lüge untersagte, dennoch mittels kleiner, im Interesse der Religion erlaubter Schliche das, was bei ihr ein vorbedachter Plan gewesen war, auf ihre Vergeßlichkeit oder darauf zu schieben, daß auf dem Markt nichts vorhanden gewesen sei; oftmals rechtfertigte sie sich auf Kosten des Kochs und ging manchmal so weit, daß sie ihn ausschalt. Zu jener Zeit beobachteten die jungen Juristen noch nicht, wie heutzutage, die Fasten, die Quatembertage und die Vorabende der Kirchenfeste; deswegen fiel Granville zunächst die regelmäßige Wiederkehr der Fastenkost nicht auf, zumal da seine Frau perfiderweise Sorge trug, sie mittels Knäkenten, Wasserhühnern, Fischpasteten äußerst schmackhaft zu machen; das amphibische Fleisch oder die Art des Würzens täuschten den Geschmack. Der Jurist lebte also überaus orthodox, ohne es zu wissen, und sorgte inkognito für sein Seelenheil. Alltags wußte er nicht, ob seine Frau zur Messe ging oder nicht; sonntags begleitete er sie aus einer recht natürlichen Nachgiebigkeit heraus zur Kirche, wie um sie dafür zu entschädigen, daß sie ihm gelegentlich die Nachmittagsgottesdienste opferte; anfangs vermochte er die Starrheit der religiösen Gepflogenheiten seiner Frau nicht zu durchschauen. Da im Sommer der Theaterbesuch der Hitze wegen etwas Unerträgliches war, hatte Granville nicht mal Gelegenheit, bei einem erfolgreichen Stück seiner Frau vorzuschlagen, er wolle sie in die Komödie führen; und so wurde die gewichtige Frage des Theaterbesuchs gar nicht aufgeworfen. Schließlich ist es in den ersten Zeiten einer Ehe, zu der ein Mann durch die Schönheit des jungen Mädchens bestimmt worden ist, schwierig, sich in seinen Liebesfreuden anspruchsvoll zu bezeigen. Die Jugend ist eher gefräßig als leckermäulig, und überdies ist allein schon der Besitz etwas Zauberhaftes. Wie könnte man die Kälte, die Würde oder die Zurückhaltung einer Frau erkennen, wenn man ihr den Überschwang beilegt, den man selber empfindet, wenn sie an dem Feuer erglüht, das in einem lodert? Man muß zu einer gewissen ehelichen Ruhe gelangen, um es zu erleben, daß eine Betschwester dem Liebesvollzug mit gekreuzten Armen entgegensieht. Granville glaubte sich also recht glücklich bis zu dem Augenblick, da ein verhängnisvolles Geschehnis das weitere Schicksal seiner Ehe beeinflußte. Im November 1808 kam der Kanonikus der Kathedrale zu Bayeux, der ehemals die Gewissen der Madame Bontems und ihrer Tochter geleitet hatte, nach Paris; der Ehrgeiz, eine der Pfarrstellen der Hauptstadt zu bekommen, hatte ihn hergeführt; vielleicht erblickte er in einem solchen Posten das Sprungbrett zu einem Bischofssitz. Er übernahm aufs neue seine alte Macht über sein Beichtkind und erschauerte, als er herausbekam, wie sehr die Pariser Luft Angélique bereits verändert hatte; er wollte sie in den kalten Schoß der Kirche zurückführen. Der Exkanonikus, ein Mann von etwa achtunddreißig Jahren, trug in den so duldsamen und so aufgeklärten Pariser Klerus die ganze Herbheit des Provinzkatholizismus hinein, die unbeugsame Bigotterie, deren mannigfache Forderungen ebenso viele Fesseln für die eingeschüchterten Seelen sind; seine Vorstellungen erschreckten Madame de Granville; sie tat Buße und kehrte zu ihrem Jansenismus[30] zurück. Es würde ermüdend wirken, wenn alle Zwischenfälle peinlich genau gemalt würden, die unmerklich das Unglück in diese Ehe brachten; es wird vielleicht genügen, die Haupttatsachen zu erzählen, ohne sie gewissenhaft der Zeit und der Reihenfolge nach anzuordnen. Dabei war das erste Zerwürfnis der jungen Gatten ziemlich heftig. Als Granville seine Frau in das gesellschaftliche Leben einführte, lehnte sie es nicht ab, zu ernsten Gesellschaften zu gehen, zu Diners, Konzerten, den Zusammenkünften der in der Hierarchie des Justizwesens über ihrem Mann stehenden Beamten; aber eine ganze Weile hindurch verstand sie sich darauf, jedesmal, wenn es sich um einen Ball handelte, Migräneanfälle vorzuschützen. Granville machten diese wie auf Kommando auftretenden Unpäßlichkeiten ungeduldig; eines Tages unterschlug er den Brief, der zu einem Ball bei einem Staatsrat einlud, führte seine Frau hinters Licht durch die Behauptung, es sei eine mündliche Einladung, und an einem Abend, da ihre Gesundheit zu keinerlei Zweifeln Anlaß bot, führte er sie mitten hinein in ein prächtiges Fest.

»Meine Liebe«, sagte er ihr auf der Heimfahrt, als sie eine bekümmerte Miene schnitt, die ihn kränkte, »deine Stellung als Frau, der Rang, den du in der Gesellschaft einnimmst, und das Vermögen, das du besitzt, legen dir Verpflichtungen auf, von denen kein göttliches Gebot entbinden kann. Bist du nicht der Stolz deines Mannes? Also mußt du zum Ball mitkommen, wenn ich hingehe, und dabei entsprechend auftreten.«

»Aber was war denn an meiner Toilette so verfehlt?«

»Es handelt sich um deine Miene, Liebste. Wenn ein junger Herr mit dir spricht und an dich herantritt, wirst du so ernst, daß ein Witzbold glauben könnte, deine Tugend stehe auf schwachen Füßen. Du scheinst zu befürchten, ein Lächeln kompromittiere dich. Wirklich, du erweckst den Eindruck, als bätest du Gott um Verzeihung für Sünden, die in deiner Umgebung begangen werden könnten. Die Welt, mein lieber Engel, ist kein Kloster. Aber da du deine Toilette erwähntest, möchte ich dich darauf hinweisen, daß es auch deine Pflicht ist, der Mode und den Gepflogenheiten der großen Welt zu folgen.«

»Möchtest du denn, daß ich meine Formen zur Schau stelle wie die schamlosen Frauen, die sich so tief dekolletieren, daß sie unkeusche Blicke über ihre nackten Schultern gleiten lassen, über ...«

»Es besteht ein Unterschied, Liebste«, unterbrach sie der Staatsanwaltsstellvertreter, »zwischen der Entblößung der ganzen Büste und der anmutigen Hervorhebung des Wuchses. Du trägst eine dreifache Tüllrüsche, die dich vom Hals bis zum Kinn einhüllt. Es scheint, daß du deiner Schneiderin nahegelegt hast, sie solle deinen Schultern und der Kontur deiner Brust jede graziöse Form nehmen, mit derselben Besorgtheit, die eine Kokette daran wendet, von ihrer Schneiderin Kleider geliefert zu bekommen, die die geheimsten Formen betonen. Deine Büste ist unter so vielen Falten begraben, daß alle Welt sich über deine affektierte Zurückhaltung mokiert hat. Es würde dir weh tun, wenn ich dir die abgeschmackten Bemerkungen wiederholte, die über dich gemacht worden sind.«

»Die, denen solche Unanständigkeiten gefallen, sind nicht mit der Bürde unserer Sünden belastet«, antwortete die junge Frau trocken.

»Du hast nicht getanzt?« fragte Granville.

»Ich werde niemals tanzen«, entgegnete sie.

»Und wenn ich dir sagte, daß du tanzen mußt?« erwiderte lebhaft der Justizbeamte. »Ja, du mußt der Mode folgen, mußt Blumen im Haar tragen, Diamanten anlegen. Bedenk doch, liebes Kind, daß reiche Leute, und zu denen gehören wir, verpflichtet sind, in einem Staat Luxus zu treiben! Ist es nicht besser, zum Gedeihen der Fabriken beizutragen, als sein Geld durch die Hände der Geistlichkeit in Almosen zu vertun?«

»Du sprichst wie ein Staatsmann«, sagte Angélique.

»Und du wie ein Kirchenmann«, antwortete er heftig.

Die Diskussion wurde sehr scharf. Madame de Granville bekundete in ihren Antworten, die immer sanft waren und mit einem Stimmklang gesprochen wurden, der hell wie ein Meßglöckchen war, eine Hartnäckigkeit, die auf priesterlichen Einfluß schließen ließ. Als sie sich auf die Rechte berief, die Granvilles Gelöbnis ihr eingeräumt habe, und damit herausrückte, ihr Beichtvater habe ihr vor allem den Besuch von Bällen verboten, versuchte der Justizbeamte ihr zu beweisen, daß jener Priester die Vorschriften der Kirche überschreite. Dieser abscheuliche theologische Streit wiederholte sich mit noch sehr viel mehr Heftigkeit und Schärfe, als Granville seine Frau mit ins Theater nehmen wollte. Schließlich führte der Beamte mit dem einzigen Ziel, eine Bresche in den gefährlichen Einfluß zu schlagen, den der Exkanonikus auf seine Frau ausübte, den Streit so weit, daß Madame de Granville eine Wette einging und an den Hof in Rom einen Brief über die Frage schrieb; sie wollte wissen, ob eine Frau, ohne ihr Seelenheil aufs Spiel zu setzen, sich dekolletieren, zum Ball oder ins Theater gehen dürfe, um ihrem Mann zu willfahren. Die Antwort des ehrwürdigen Pius VII. ließ nicht auf sich warten, sie verdammte vernehmlich das Widerstreben der Frau und tadelte den Beichtvater. Dieser Brief, ein wahrer Ehekatechismus, schien von der sanften Stimme Fénélons[31] diktiert worden zu sein; er atmete dessen Anmut und Milde. »Eine Frau ist überall, wohin ihr Mann sie führt, am rechten Ort. Wenn sie auf seine Weisung hin Sünden begeht, wird nicht sie eines Tages dafür einzustehen haben.« Diese beiden Sätze aus der Homilie des Papstes führten dazu, daß er von Madame de Granville und deren Beichtvater der Irreligiosität bezichtigt wurde. Aber noch bevor das Breve eingetroffen war, hatte der Staatsanwaltsstellvertreter die strikte Befolgung der kirchlichen Gesetze herausbekommen, die seine Frau ihm an Fastentagen auferlegte, und er befahl seinen Leuten, ihn das ganze Jahr hindurch mit Fleischspeisen zu bedienen. Obwohl diese Weisung das Mißfallen seiner Frau fand, erhielt Granville, dem es im Grunde völlig gleich war, ob er Fleisch oder Fastenspeisen aß, sie mit männlicher Festigkeit aufrecht. Wird nicht auch die mit dem schwächsten Denkvermögen ausgestattete Kreatur in dem verletzt, was ihr das Teuerste ist, wenn sie auf Anordnung eines anderns Willens als des ihren etwas erfüllt, das sie auch von sich aus getan hätte? Die schlimmste unter allen Tyranneien ist die, die der Seele beständig das Verdienstliche an ihren Handlungen und Gedanken entzieht: man dankt dann ab, ohne regiert zu haben. Das sanfteste Wort, das sich aussprechen, das lieblichste Gefühl, das sich ausdrücken läßt, ersterben, wenn wir glauben, sie seien uns befohlen worden. Nur zu bald gelangte der junge Justizbeamte dahin, darauf zu verzichten, daß er seine Freunde und Bekannten einlud, ein Fest oder ein Abendessen gab: sein Haus schien sich mit einem Trauerflor bedeckt zu haben. Ein Haus, dessen Herrin eine Betschwester ist, nimmt ein ganz besonderes Aussehen an. Die Dienerschaft, die ja stets der Überwachung durch die Frau untersteht, wird nur unter sogenannten frommen Leuten ausgewählt; man erkennt sie an den Gesichtern. Gerade wie der treuherzigste Bursche, der bei der Gendarmerie eintritt, ein Gendarmengesicht bekommt, nehmen die Menschen, die sich den Praktiken der Frömmigkeit widmen, eine uniforme Physiognomie an; die Gewohnheit, die Augen niederzuschlagen, eine zerknirschte Haltung einzunehmen, bekleidet sie mit einer Livree der Heuchelei, die die Arglistigen wunderbar anzulegen wissen. Ferner bilden die Frömmler eine Art Republik, sie kennen einander alle; die Diener, die solche Frauen sich gegenwärtig empfehlen, sind wie eine Rasse für sich und ihnen allein vorbehalten nach dem Beispiel der Pferdeliebhaber, die in ihren Ställen kein Pferd dulden, dessen Stammbaum nicht in Ordnung ist. Je mehr die vorgeblich Unfrommen ein frommes Haus einer Prüfung unterziehen, desto mehr erkennen sie dann, daß alles darin irgendwie anmutlos wirkt: plötzlich entdecken sie darin den Anschein von Geiz oder Geheimniskrämerei wie unter Wucherern; sie wittern die von Weihrauch durchduftete Feuchtigkeit, die die Atmosphäre der Kapellen so kalt macht. Diese armselige Geregeltheit, diese Gedankenarmut, die alles ausströmt, kann nur durch ein einziges Wort ausgedrückt werden, und jenes Wort lautet ›Bigotterie‹. In diesen düsteren, unversöhnlichen Häusern findet die Bigotterie Ausdruck in den Möbeln, den Kupferstichen, den Bildern: das Sprechen ist bigott, das Schweigen ist bigott, und die Gesichter sind bigott. Die Umwandlung der Dinge und Menschen in Bigotterie ist ein unerklärliches Geheimnis, aber eine Tatsache. Vielleicht hat jeder schon beobachtet, daß die Bigotten anders gehen, dasitzen und reden als Weltkinder; bei ihnen fühlt man sich beklommen, bei ihnen wird nicht gelacht, bei ihnen herrschen in allem Steifheit und Symmetrie, von der Haube der Hausherrin bis zu ihrem Nadelkissen; dort ist der Blick nicht frei und offen, die Menschen wirken wie Schatten, und die Dame des Hauses scheint auf einem Eisthron zu sitzen. Eines Morgens stellte der arme Granville in seinem Haus alle Symptome der Bigotterie fest. Man trifft in der Welt gewisse Gesellschaften an, in denen dieselben Wirkungen festzustellen sind, ohne von denselben Ursachen hervorgerufen zu sein. Die Langeweile zieht um diese Unglückshäuser einen ehernen Reif, und der umschließt das Grauen der Wüste und die Unendlichkeit der Leere. Ein Haushalt ist dann nicht ein Grab, sondern etwas noch Schlimmeres, nämlich ein Kloster. In dieser Eissphäre betrachtete der Beamte seine Frau ohne Leidenschaft: nicht ohne lebhaften Schmerz nahm er die Enge ihrer Ideenwelt wahr; sie sprach allein schon aus der Art, wie ihr das Haar über der niedrigen, leicht zerquälten Stirn wuchs; er nahm in der vollkommenen Regelmäßigkeit ihrer Gesichtszüge etwas Stehengebliebenes und Starres wahr, das ihm bald die vorgetäuschte Sanftmut, durch die er verführt worden war, verhaßt machte. Er ahnte, daß eines Tages, falls ihm ein Unglück widerfuhr, diese schmalen Lippen zu ihm sagen könnten: »Es ist zu deinem Besten, mein Freund.« Madame de Granvilles Gesicht nahm eine fahle Tönung an, einen ernsten Ausdruck, der in allen, die ihr nähertraten, die Freude tötete. Wurde dieser Wandel durch die asketischen Gewohnheiten einer Frömmelei hervorgebracht, die genausowenig Gläubigkeit ist wie Geiz, Sparsamkeit? Oder entsprang er der für bigotte Seelen charakteristischen Dürrheit? Das wäre schwer zu sagen; Schönheit ohne Ausdruck ist vielleicht Betrug. Das unerschütterliche Lächeln, zu dem die junge Frau ihr Gesicht zusammenzog, wenn sie Granville anblickte, wirkte bei ihr wie eine jesuitische Formel vorgetäuschten Glücks, durch die sie allen Anforderungen der Ehe genugzutun glaubte; ihre Wohltätigkeit verletzte, ihre Schönheit ohne Leidenschaft dünkte alle, die sie kannten, eine Ungeheuerlichkeit, und noch das sanfteste ihrer Worte reizte zur Ungeduld; sie gehorchte nicht Gefühlen, sondern Pflichten. Es gibt Fehler bei einer Frau, die kräftigen Lehren weichen können, wie die Erfahrung oder ein Ehemann sie geben; aber nichts vermag die Tyrannei falscher religiöser Ideen zu besiegen. Wenn eine zu erobernde ewige Glückseligkeit und eine weltliche Freude gegeneinander abgewogen werden, so triumphiert die erstere über alles und läßt alles ertragen. Ist das nicht vergöttlichter Egoismus, das ›Ich‹ jenseits des Grabes? So kam es, daß der Papst durch das Tribunal des unfehlbaren Kanonikus und der jungen Frömmlerin verdammt wurde. Nicht unrecht zu haben ist eines der Gefühle, die bei solchen despotischen Seelen alle anderen ersetzen. Seit einiger Zeit hatte sich ein geheimer Kampf zwischen den Ideen der beiden Gatten angebahnt, und der junge Justizbeamte erschöpfte sich bald in einem Ringen, das nie enden sollte. Welcher Mann, welcher Charakter widersteht dem Anblick eines Gesichts voll heuchlerischer Verliebtheit und einer kategorischen Ermahnung, die sich der geringsten Willensäußerung entgegenstemmt? Wie soll er sich gegenüber einer Frau verhalten, die sich seiner Leidenschaft bedient, um ihre Fühllosigkeit zu schirmen; die entschlossen zu sein scheint, auf sanfte Weise unerbittlich zu bleiben; die sich darauf vorbereitet, voller Entzücken die Rolle des Opfers zu spielen; die einen Ehemann als eine Zuchtrute Gottes betrachtet, als ein Übel, dessen Geißelungen ihr die des Fegefeuers ersparen? Durch welche Bilder ließe sich eine Vorstellung von jenen Frauen vermitteln, die die Tugend dadurch zu etwas Hassenswertem machen, daß sie die gelindesten Vorschriften einer Religion übertreiben, die Sankt Johannes in dem Wort zusammenfaßte: »Liebet einander.« War in einem Modegeschäft ein einziger Hut, dessen Schicksal es war, im Schaufenster liegenzubleiben oder in die Kolonien versandt zu werden, so konnte Granville sicher sein, daß seine Frau ihn sich aufsetzte; wenn irgendwo ein Stoff von mißlungener Farbe oder verunglücktem Muster hergestellt wurde, so hüllte sie sich hinein. Solche armen Betschwestern sind, was ihre Toilette betrifft, zum Haarausraufen. Mangel an Geschmack ist eine der Sünden, die unfehlbar mit der Frömmelei verbunden sind. Auf diese Weise blieb Granville in dem intimen Beieinander, das nach einem Übermaß an Mitteilsamkeit verlangt, ohne Gefährtin: er ging allein zu gesellschaftlichen Veranstaltungen, zu Festen, ins Theater. Nichts in seinem Haus sympathisierte mit ihm. Ein großes Kruzifix zwischen dem Bett seiner Frau und dem seinen war wie das Symbol seines Geschicks. Stellte es nicht eine dem Tod überantwortete Gottheit dar, einen in aller Schönheit des Lebens und der Jugend getöteten Gottmenschen? Das Elfenbein dieses Kruzifixus besaß weniger Kälte als Angélique, die ihren Mann im Namen der Tugend ans Kreuz schlug. Gerade zwischen ihren beiden Betten wurde das Unglück geboren: dort sah die junge Frau in den Freuden der Ehe lediglich Pflichten. Dort erstand an einem Aschermittwoch die genaue Befolgung der Fasten, ein blasses, bleifahles Gesicht, das mit kurzer Stimme völlige Enthaltsamkeit befahl, ohne daß Granville es diesmal für angebracht hielt, an den heiligen Vater zu schreiben, um die Meinung des päpstlichen Konsistoriums über die Art und Weise der Innehaltung der Fastenzeit, der Quatembertage und der Tage vor den Kirchenfesten zu erfahren. Das Unglück des jungen Beamten war übergroß, er konnte nicht mal Klage erheben, denn was hätte er vorzubringen gehabt? Er besaß eine junge, hübsche, ihren Pflichten ergebene, tugendhafte Frau, das Musterbild aller Tugenden! Sie kam jedes Jahr mit einem Kind nieder, nährte sie alle selber und zog sie in den besten Grundsätzen auf. Es hieß von der des Wohltuns beflissenen Angélique, sie sei ein Engel. Die alten Frauen, die die Gesellschaft bildeten, in der sie lebte (denn zu jener Zeit hatten die jungen Frauen es sich noch nicht angelegen sein lassen, sich um des guten Tons willen in übertriebene Frömmigkeit zu stürzen), zollten samt und sonders der Aufopferungsfähigkeit der Madame de Granville Bewunderung und betrachteten sie, wenn schon nicht als eine Jungfrau, so doch als eine Märtyrerin. Sie tadelten nicht die Skrupel der Frau, sondern die Barbarei des Ehemanns, die an allem die Schuld trage. Unmerklich verfiel Granville, der mit Arbeit überhäuft, der Liebesfreuden entwöhnt und vom Gesellschaftsleben, in dem er einsam umherirrte, erschöpft war, um sein zweiunddreißigstes Lebensjahr einem grausigen Lebensüberdruß. Das Dasein wurde ihm verhaßt. Da er eine zu hohe Vorstellung von den Pflichten besaß, die seine Stellung ihm auferlegte, als daß er das Beispiel eines ungeregelten Lebens hätte geben können, versuchte er, sich durch Arbeit zu betäuben, und begann zu jener Zeit ein großes Werk über das Recht. Doch er genoß nicht lange die mönchische Ruhe, auf die er gerechnet hatte. Als die himmlische Angélique merkte, daß er Feste dieser Welt mied und regelmäßig daheim arbeitete, versuchte sie, ihn zu bekehren. Das Wissen, daß ihr Mann nicht eben christlichen Meinungen anhing, machte ihr echten Kummer; manchmal weinte sie bei dem Gedanken, daß, wenn ihr Mann plötzlich vom Tod ereilt werde, er unbußfertig sterben würde, ohne daß sie je darauf hoffen könne, ihn den ewigen Flammen der Hölle zu entreißen. Also wurde Granville die Zielscheibe der kleinen Vorstellungen, der leeren Begründungen, der engen Gedanken, mittels deren seine Frau im Glauben, sie habe einen ersten Sieg davongetragen, versuchte, auch einen zweiten dadurch zu erlangen, daß sie ihn in den Schoß der Kirche zurückführte. Das war der letzte Schlag. Gibt es Niederdrückenderes als diese dumpfen Kämpfe, bei denen die Verbohrtheit der Frömmlerinnen über die Dialektik eines Juristen triumphieren wollte? Gibt es Schrecklicheres darzustellen als die scharfen Sticheleien, denen Leute voller Leidenschaft Dolchstiche vorziehen? Granville mied sein Haus, wo ihm alles unerträglich geworden war: seine Kinder duckten sich unter dem kalten Despotismus ihrer Mutter und wagten nicht, dem Vater ins Theater zu folgen, und Granville konnte ihnen keine Freude zuteil werden lassen, ohne sie Bestrafungen seitens ihrer entsetzlichen Mutter auszusetzen. Der Mann mit dem liebenden Herzen glitt in eine Gleichgültigkeit, in einen Egoismus hinein, die schlimmer waren als der Tod. Wenigstens seine Söhne rettete er aus dieser Hölle; er brachte sie rechtzeitig in ein Internat und behielt sich das Recht vor, sie zu leiten. Nur selten trat er zwischen die Mutter und die Töchter; aber er beschloß, sie unter die Haube zu bringen, sobald sie das heiratsfähige Alter erreicht hätten. Hätte er sich gewaltsam durchsetzen wollen, würde nichts ihn gerechtfertigt haben: seine Frau hätte sich auf ein fürchterliches Gefolge von alten Witwen gestützt und ihn vom ganzen Erdenrund verurteilen lassen. Es blieb somit Granville nichts übrig, als völlig zurückgezogen zu leben; aber die Tyrannei des Unglücks zwang ihn nieder, seine vom Kummer und von der Arbeit entstellten Züge mißfielen sogar ihm selbst. Kurzum, was seine Liebschaften, seinen Umgang mit Damen der Gesellschaft betraf, bei denen Tröstungen zu finden er längst aufgegeben hatte, so fürchtete er dergleichen jetzt.

Die lehrreiche Geschichte dieser traurigen Ehe bot während der fünfzehn Jahre zwischen 1806 und 1821 keine Szene dar, die des

Berichtens wert wäre. Madame de Granville blieb von dem Augenblick an, da sie das Herz ihres Mannes verlor, ganz dieselbe, die sie in den Tagen gewesen war, da sie sich eingeredet hatte, sie sei glücklich. Sie vollzog neuntägige Andachten und bat dabei Gott und die Heiligen, sie über ihre Fehler aufzuklären, die ihrem Mann mißfielen und sie die Mittel und Wege zum Heimführen des verirrten Schäfleins zu lehren; aber je inbrünstiger ihre Gebete wurden, desto seltener erschien Granville in der Wohnung. Seit etwa fünf Jahren hatte sich der Generalanwalt, dem die Restauration hohe Funktionen im Justizwesen verliehen hatte, im Zwischenstock seines Stadtpalais einquartiert, um dem Zusammenleben mit der Gräfin de Granville auszuweichen. Jeden Morgen vollzog sich eine Szene, die sich, wenn man den Gehässigkeiten der Gesellschaft Glauben schenken darf, in mehr als einem Haushalt wiederholt; sie wird durch gewisse Unvereinbarkeiten der Laune, durch seelische oder physische Krankheiten oder Mißhelligkeiten hervorgerufen, die viele Ehen zu dem Unglückszustand hinführen, der in dieser Geschichte skizziert worden ist. Um acht Uhr morgens schellte eine Zofe, die so ziemlich das Aussehen einer Nonne hatte, an der Wohnungstür des Grafen de Granville. Sie wurde in den Salon geführt, der vor dem Arbeitszimmer des Beamten lag, und richtete dem Diener, und zwar stets im gleichen Tonfall, die Botschaft vom Vortage aus. »Madame läßt den Herrn Grafen fragen, ob er die Nacht gut verbracht habe und ob sie das Vergnügen haben wird, mit ihm zu Mittag zu essen.« – »Monsieur«, antwortete der Diener, nachdem er bei seinem Herrn nachgefragt hatte, »läßt sich der Frau Gräfin empfehlen und bittet sie um Entschuldigung; ein wichtiger Fall zwingt ihn, sich zum Justizpalast zu begeben.« Einen Augenblick danach stellte die Zofe sich abermals ein und fragte, ob Madame wohl das Glück habe, Monsieur zu sehen, ehe er fortgehe. »Er ist schon weg«, antwortete der Diener, und dabei stand das Kabriolett oftmals noch im Hof. Dieser Dialog durch Sendboten wurde zu einem täglichen Zeremoniell. Granvilles Diener als in der Gunst des Herrn stehend, verursachte mehr als einen Ehestreit durch seine Irreligiosität und die Lockerheit seiner Sitten; er ging sogar einigemal in das Arbeitszimmer, wenn sein Herr gar nicht darin war, und kam mit den üblichen Antworten wieder heraus. Die bekümmerte Gattin spähte nach der Rückkehr ihres Mannes aus, sie stellte sich auf die Freitreppe, damit er sie beim Hinaufgehen treffe und damit sie vor ihm dastehe wie ein Gewissensbiß. Kleinliche Quengelsucht, die nonnenhafte Charaktere anstachelt, bildete den Grundzug dessen der Madame de Granville; sie war damals fünfunddreißig, wirkte jedoch wie vierzig. Wenn Granville, um das Dekorum zu wahren, das Wort an seine Frau richtete oder zum Abendessen daheim blieb, war sie nur zu froh, ihm ihre Gegenwart, ihre süßsauren Redensarten und die unerträgliche Langweiligkeit ihrer bigotten Gesellschaft aufdrängen zu können; sie versuchte dann immer, ihn vor ihrer Bedienung und vor ihren mildtätigen Freunden ins Unrecht zu setzen. Es wurde dem Grafen de Granville, der zu jener Zeit bei Hofe sehr gut angeschrieben stand, die Präsidentschaft eines königlichen Gerichtshofs angeboten; aber er bat den Minister, ihn in Paris bleiben zu lassen. Diese Weigerung, deren Gründe einzig dem Großsiegelbewahrer bekannt waren, gab Anlaß zu den bizarrsten Vermutungen seitens der intimen Freundinnen und des Beichtvaters der Gräfin. Granville, der ein Einkommen von hunderttausend Francs hatte, gehörte einer der ersten Familien der Normandie an; seine Ernennung zum Gerichtspräsidenten war eine Stufe auf der Leiter zur Pairschaft; woher rührte dieser geringe Ehrgeiz? Wie kam es, daß er sein großes rechtswissenschaftliches Werk hatte liegenlassen? Wie war es zu dieser Ablenkung gekommen, die ihn seit beinahe sechs Jahren seinem Heim, seiner Familie, seinen Arbeiten, allem, was ihm hätte teuer sein müssen, entfremdet hatte? Der Beichtvater der Gräfin, der in seinem Bestreben, ein Bistum zu bekommen, ebenso auf die Unterstützung der Familien baute, die er beherrschte, wie auf die einer Kongregation – von deren eifrigsten Propagandisten er einer war – erwiesenen Dienste, war enttäuscht über Granvilles Weigerung und versuchte, ihn durch Unterstellungen zu verleumden: wenn der Herr Graf einen solchen Widerwillen gegen die Provinz empfand, so schreckte er vielleicht vor der Notwendigkeit zurück, dort ein geregeltes Leben führen zu müssen? Um ein Beispiel guter Sitten zu geben, würde er gezwungen sein, mit der Gräfin zusammenzuleben, von der ihn nur eine unerlaubte Leidenschaft fernhalten konnte. Würde eine so reine Frau wie Madame de Granville jemals die Abirrungen durchschauen, die sich in die Lebensführung ihres Mannes eingeschlichen hatten ...? Die guten Freundinnen transponierten diese Worte, die leider keine Hypothesen waren, in Wahrheiten, und Madame de Granville wurde davon getroffen wie von einem Blitzschlag. Angélique hatte keine Ahnung von den Gepflogenheiten der großen Welt, sie kannte sich in der Liebe und deren Unbesonnenheiten nicht aus; sie kam gar nicht auf den Einfall, es könne in der Ehe andere Zwischenfälle geben als die, die ihr Granvilles Herz entfremdet hatten; sie hielt ihn für außerstande, Fehltritte zu begehen, die für alle Frauen Verbrechen darstellen. Als der Graf nichts mehr von ihr verlangte, hatte sie sich eingebildet, die Ruhe, die er dem Anschein nach genoß, liege in der Natur begründet; kurzum, da sie ihm alles gegeben hatte, was ihr Herz an Zuneigung für einen Mann aufzubringen vermochte, und da die Vermutungen ihres Beichtvaters völlig die Illusionen zunichte gemacht, die sie bis zu diesem Augenblick gehegt hatte, übernahm sie die Verteidigung ihres Mannes, indessen ohne einen Argwohn ausmerzen zu können, der ihr so geschickt in die Seele geträufelt worden war. Diese Befürchtungen verursachten in ihrem schwachen Kopf solche Verheerungen, daß sie darüber krank wurde und einem schleichenden Fieber anheimfiel. Dies alles vollzog sich während der Fastenzeit des Jahres 1822; sie wollte sich nicht entschließen, von ihren strengen Auffassungen abzuweichen, und so verfiel sie nach und nach in einen Zustand der Aufzehrung, der für ihr Leben zittern ließ. Granvilles gleichgültige Blicke brachten sie um. Die Fürsorglichkeit und die Aufmerksamkeiten des Beamten glichen denen, die einem alten Onkel zu bezeigen ein Neffe sich müht. Obwohl die Gräfin auf ihre Methode der Sticheleien und Ermahnungen verzichtet hatte und jetzt versuchte, ihrem Mann mit sanften Redensarten entgegenzukommen, drang die Säuerlichkeit der Bigotten immer wieder durch und machte oft durch ein Wort das Werk einer Woche zunichte. Gegen Ende Mai ließen der warme Hauch des Frühlings und nahrhaftere Kost als die der Fastenzeit Madame de Granville wieder ein wenig zu Kräften kommen. Eines Morgens, als sie von der Messe heimgekommen war, hatte sie sich gerade in ihrem Gärtchen auf eine Steinbank gesetzt, wo die Liebkosungen der Sonne sie an ihre ersten Ehetage erinnerten; sie überschaute ihr Leben mit einem einzigen Blick; sie wollte erkennen, woran sie es wohl in ihren Pflichten als Mutter und Gattin habe fehlen lassen. Da erschien der Abbé Fontanon in einer schwer zu schildernden Erregung.

»Ist Ihnen etwa ein Unglück zugestoßen, ehrwürdiger Vater?« fragte sie ihn mit töchterlicher Besorgtheit.

»Ach, ich wollte«, antwortete der normannische Priester, »daß alles Unglück, mit dem Gottes Hand Sie schlägt, mir zuteil würde; aber, verehrungswürdige Freundin, es gibt Prüfungen, denen sich zu unterwerfen man auf sich nehmen muß.«

»Gibt es denn noch größere Züchtigungen denn die, die die Vorsehung mir auferlegte, als sie sich meines Mannes als des Werkzeugs ihres Zorns bediente?«

»Liebe Tochter, bereiten Sie sich auf Schlimmeres vor, als wir es bislang mit Ihren frommen Freundinnen mutmaßten.«

»Dann muß ich also Gott danken«, antwortete die Gräfin, »daß er geruht hat, sich Ihrer zu bedienen, um mir seinen Willen kundzutun, und auf diese Weise, wie stets, die Schätze seiner Barmherzigkeit neben die Geißel seines Zorns zu legen, wie er ehemals, als er Hagar verbannte, ihr einen Quell in der Wüste wies.«

»Er hat Ihre Schmerzen an der Stärke Ihrer Entsagung und an der Last Ihrer Sünden gemessen.«

»Sprechen Sie; ich bin bereit, alles anzuhören.« Bei diesen Worten hob die Gräfin die Augen zum Himmel auf und fügte hinzu: »Sprechen Sie, Monsieur Fontanon.«

»Seit sieben Jahren begeht Monsieur de Granville die Sünde des Ehebruchs mit einer Konkubine; er hat von ihr zwei Kinder, und er hat für diesen ehebrecherischen Haushalt mehr als fünfhunderttausend Francs vergeudet, die seiner legitimen Familie hätten zukommen müssen.«

»Das müßte ich mit meinen eigenen Augen sehen«, sagte die Gräfin.

»Hüten Sie sich davor«, rief der Abbé. »Sie müssen verzeihen, liebe Tochter, und unter Gebeten warten, daß Gott Ihren Gemahl erleuchte, sofern Sie nicht gegen ihn die Mittel einsetzen wollen, die Ihnen die Gesetze der Menschen darbieten.«

Das lange Gespräch, das der Abbé Fontanon daraufhin mit seinem Beichtkind führte, bewirkte einen jähen Wandel in der Gräfin; sie verabschiedete ihn und erschien mit beinahe hochrotem Gesicht vor ihren Leuten, die ihr wahnwitziger Tätigkeitsdrang erschreckte: sie ließ ihre Pferde anspannen, dann wieder ausspannen, änderte innerhalb einer Stunde zwanzigmal ihre Meinungen; aber schließlich, als habe sie einen großen Entschluß gefaßt, fuhr sie um drei Uhr weg und ließ ihr Haus voller Staunen über einen so jähen Umschwung zurück.

»Kommt Monsieur zum Abendessen heim?« hatte sie den Diener gefragt, mit dem sie sonst nie zu sprechen pflegte.

»Nein, Madame.«

»Haben Sie ihn heute morgen zum Justizpalast gefahren?«

»Ja, Madame.«

»Ist heute nicht Montag?«

»Ja, Madame.«

»Dann geht man also neuerdings montags in den Justizpalast.«

»Daß dich der Teufel hole!« rief der Diener, als er seine Herrin wegfahren sah; sie hatte zum Kutscher gesagt: »Rue Taitbout.«

Mademoiselle de Bellefeuille weinte; der neben ihr stehende Roger hielt die eine Hand der Freundin in den seinen; er schwieg und schaute abwechselnd zu dem kleinen Charles hin, der nichts von der Kümmernis seiner Mutter begriff und stumm blieb, als er sie weinen sah, und zu der Wiege, in der Eugénie schlief, und dann wieder auf Carolines Gesicht, dessen Traurigkeit einem Regen glich, der durch die Strahlen einer freudigen Sonne fällt.

»Ja, mein Engel«, sagte Roger nach einem langen Schweigen, »das ist das große Geheimnis: ich bin verheiratet. Aber eines Tages, das hoffe ich, bilden wir eine einzige Familie. Meine Frau ist seit März in einem verzweifelten Zustand; ich wünsche ihren Tod nicht; aber wenn es Gott gefällt, sie zu sich zu rufen, wird sie, wie ich glaube, im Paradies glücklicher sein als in einer Welt, an deren Leiden und Freuden sie keinen Anteil nimmt.«

»Wie hasse ich diese Frau! Wie hat sie es fertiggebracht, dich unglücklich zu machen? Dabei verdanke ich diesem Unglück mein Glück.«

Unvermittelt versiegten ihre Tränen.

»Caroline, laß uns hoffen«, rief Roger und küßte sie. »Erschrick nicht über das, was dieser Abbé dir etwa gesagt hat. Obwohl dieser Beichtvater durch seinen Einfluß in der Kongregation ein furchtbarer Mann ist: wenn er versuchen sollte, unser Glück zu stören, wüßte ich, was ich zu tun hätte . . .«

»Was würdest du denn tun?«

»Wir würden nach Italien reisen, ich würde fliehen . . .«

Ein Aufschrei nebenan im Wohnzimmer ließ gleichzeitig Roger zusammenzucken und Mademoiselle de Bellefeuille erzittern; sie stürzten beide ins Wohnzimmer und fanden dort die in Ohnmacht gefallene Gräfin. Als Madame de Granville wieder zu sich kam, stöhnte sie tief auf; sie sah sich zwischen dem Grafen und ihrer Nebenbuhlerin, der sie mit einer unwillkürlichen Geste der Verachtung wehrte.

Mademoiselle de Bellefeuille stand auf; sie wollte sich zurückziehen.

»Du bist in deinem eigenen Heim, bleib«, sagte Granville und hielt Caroline am Arm fest.

Der Beamte hob seine dem Tode nahe Frau hoch, trug sie bis zu ihrem Wagen, stieg ein und setzte sich neben sie.

»Wer hat dich nur dahin bringen können, daß du meinen Tod wünschtest, daß du mich fliehen wolltest?« fragte die Gräfin mit schwacher Stimme und musterte ihren Mann mit ebensoviel Entrüstung wie Schmerz. »Bin ich nicht einmal jung gewesen, hast du mich nicht schön gefunden? Was hast du mir vorzuwerfen? Habe ich dich je betrogen? Bin ich nicht eine tugendhafte, treue Gattin gewesen? Mein Herz hat nichts enthalten als dein Bild, meine Ohren haben nichts gehört als deine Stimme. An welcher Pflicht habe ich es fehlen lassen? Was habe ich dir verweigert?«

»Das Glück«, antwortete der Graf mit fester Stimme. »Du weißt, es gibt zwei Arten, Gott zu dienen. Manche Christen bilden sich ein, wenn sie zu festgesetzten Stunden in die Kirche gingen und dort ein Paternoster nach dem andern sagten, wenn sie regelmäßig die Messe hörten und sich jeder Sünde enthielten, würden sie den Himmel gewinnen; aber sie kommen in die Hölle, weil sie Gott nicht um seiner selbst willen geliebt, weil sie ihn nicht angebetet haben, wie er angebetet werden will, weil sie ihm kein Opfer gebracht haben. Obwohl dem Augenschein nach sanft, sind sie hart gegen ihren Nächsten; sie sehen die Regel, den Buchstaben, und nicht den Geist. So bist du mit mir, deinem irdischen Gatten, verfahren. Du hast mein Glück deinem Seelenheil geopfert, du warst in Gebete versunken, wenn ich fröhlichen Herzens zu dir kam, du hast geweint, wenn du mir meine Arbeiten hättest aufheitern sollen, du hast dich nicht dazu verstanden, auch nur einen einzigen meiner Wünsche nach Liebesfreuden zu erfüllen.«

»Und wenn sie nun verbrecherisch gewesen wären«, rief die Gräfin glühend, »hätte ich meine Seele dem Verderben preisgeben sollen, nur um dir zu gefallen?«

»Es wäre ein Opfer gewesen, das eine andere, mehr von Liebe Erfüllte den Mut aufgebracht hat, mir zu bringen«, sagte Granville kalt.

»O mein Gott«, rief sie schluchzend, »da hörst du es! War er der Gebete, war er der Kasteiungen würdig, in denen ich mich verzehrt habe, um seine Sünden und die meinen loszukaufen? Wozu dient denn die Tugend?«

»Zum Gewinnen des Himmels, meine Liebe. Man kann nicht gleichzeitig die Gattin eines Mannes und die Jesu-Christi sein; das wäre Bigamie. Man muß zwischen einem Ehemann und einem Kloster zu wählen wissen. Du hast deine Seele um des künftigen Lebens willen aller Liebe, aller Hingabe beraubt, die für mich zu haben Gott dir befohlen hat, und der Welt bist du nur mit Haßgefühlen begegnet ...«

»Habe ich dich etwa nicht geliebt?« fragte sie.

»Nein.«

»Was ist denn Liebe?« fragte die Gräfin unwillkürlich.

»Liebe«, antwortete Granville mit einem Anflug von ironischer Überraschung, »das zu begreifen bist du nicht imstande. Der kalte Himmel der Normandie kann nicht der Spaniens sein. Die Klimafrage bildet wohl das Geheimnis unseres Unglücks. Sich unseren Launen beugen, sie erraten, Lust im Schmerz finden, uns die Meinung der Welt opfern, die Selbstachtung, sogar die Religion, und alle diese Opfer nur als Weihrauchkörner betrachten, die zu Ehren des Idols verbrannt werden, das ist Liebe ...«

»Die Liebe der Opernmädchen«, sagte die Gräfin voller Abscheu. »Ein solches Feuer kann nicht von Dauer sein und hinterläßt einem nur zu bald nichts als Asche oder Kohle, Reue oder

Verzweiflung. Meiner Auffassung nach muß eine Gattin wahre Freundschaft darbringen, eine gleichmäßige Wärme, und . . .«

»Du sprichst von Wärme wie die Neger vom Eis«, antwortete der Graf mit sardonischem Lächeln. »Bedenk, daß das demütigste aller Gänseblümchen verführerischer ist als die stolzeste und glänzendste Dornrose, die uns im Frühling mit ihren durchdringenden Düften und ihren lebhaften Farben verlockt. Übrigens«, fügte er hinzu, »will ich dir Gerechtigkeit widerfahren lassen. Du hast dich so gut innerhalb der vom Gesetz vorgeschriebenen angeblichen Pflicht gehalten, daß ich, um dir zu beweisen, woran du es in bezug auf mich hast fehlen lassen, auf gewisse Einzelheiten eingehen müßte, die deine Würde nicht zu ertragen vermöchte, und dich über Dinge unterrichten, die dir als der Umsturz aller Moral erscheinen würden.«

»Du wagst es, von Moral zu sprechen, wenn du aus dem Hause kommst, in dem du das Vermögen deiner Kinder vergeudet hast, an einer Stätte des Lasters?« rief die Gräfin, die die unausgesprochenen Andeutungen ihres Mannes wütend gemacht hatten.

»Hier wollen wir Schluß machen«, unterbrach der Graf kaltblütig seine Frau. »Wenn Mademoiselle de Bellefeuille reich ist, so ist sie es auf niemandes Kosten. Mein Onkel war Herr seines Vermögens, er hatte mehrere Erben; schon zu seinen Lebzeiten und aus purer Freundschaft zu ihr, die er wie eine Nichte betrachtete, hat er ihr sein Gut Bellefeuille geschenkt. Und was das übrige betrifft, so danke ich es seiner Freigebigkeit . . .«

»Diese Einstellung ist eines Jakobiners würdig«, rief die fromme Angélique.

»Du vergißt, daß dein Vater einer der Jakobiner war, die du, eine Frau, so mitleidlos verdammst«, sagte der Graf streng. »Der Citoyen Bontems hat zu der Zeit, da mein Onkel lediglich Frankreich gedient hat, Todesurteile unterzeichnet.«

Madame de Granville verstummte. Aber nach einem kurzen Schweigen erweckte die Erinnerung an das, was sie kurz zuvor gesehen hatte, in ihrem Innern eine Eifersucht, die nichts im Herzen einer Frau zum Erlöschen bringen könnte, und sie sagte leise, wie wenn sie mit sich selbst spräche: – »Kann man so seine Seele und die der anderen dem Verderben überantworten?«

»Vielleicht«, sagte der dieses Gesprächs müde Graf, »mußt du eines Tages für all dieses einstehen.« Diese Bemerkung ließ die Gräfin erbeben. »Wahrscheinlich wirst du in den Augen des nachsichtigen Richters, der unsere Verfehlungen abwägt, schuldlos dastehen«, sagte er, »weil du mich in gutem Glauben unglücklich gemacht hast. Ich hasse dich nicht, ich hasse die Menschen, die dein Herz und deine Vernunft verfälscht haben. Du hast für mich gebetet, wie Mademoiselle de Bellefeuille mir ihr Herz geschenkt und mich mit Liebe überschüttet hat. Du hättest abwechselnd meine Geliebte und die am Fuß der Altäre betende Heilige sein sollen. Laß mir Gerechtigkeit widerfahren und gestehe, daß ich weder pervers noch lasterhaft bin. Mein Lebenswandel ist rein Leider hat mich nach sieben Jahren des Leidens das Verlangen nach Glück unmerklich auf einen Hang abwärts und dazu geführt, eine andere Frau als dich zu lieben, mir eine andere Familie als die meinige zu schaffen. Glaub übrigens nicht, daß ich in dieser Hinsicht der einzige bin: in dieser Stadt gibt es Tausende von verheirateten Männern, die aus unterschiedlichen Gründen dazu gebracht worden sind, ein Doppeldasein zu führen.«

»Großer Gott!« rief die Gräfin, »wie schwer ist jetzt das Kreuz geworden, das ich tragen muß! Wenn der Gatte, den du mir in deinem Zorn auferlegt hast, hienieden nur durch meinen Tod die Glückseligkeit zu finden vermag, dann ruf mich doch zurück in deinen Schoß.«

»Hättest du von je solcherlei wundervolle Empfindungen und eine solche Aufopferung bezeigt, dann wären wir noch glücklich«, sagte der Graf kalt.

»Nun«, erwiderte Angélique und vergoß einen Strom von Tränen, »dann verzeih mir, wenn ich etwas falsch gemacht haben sollte! Ja, ich bin bereit, dir in allem zu gehorchen, in der Gewißheit, daß du immer nur etwas Gerechtes und Natürliches verlangen wirst: ich will hinfort alles sein, was, deinem Willen gemäß eine Gattin sein muß.«

»Sollte es deine Absicht sein, mich zu dem Eingeständnis zu zwingen, daß ich dich nicht mehr liebe, so bringe ich den abscheulichen Mut auf, es dir rundheraus zu sagen. Kann ich meinem Herzen befehlen? Kann ich im Nu die Erinnerungen an fünfzehn Schmerzensjahre auslöschen? Ich liebe nicht mehr. Diese Worte umschließen ein ebenso tiefes Mysterium, wie es in den Worten

›Ich liebe‹ enthalten ist. Achtung, Rücksichtnahme, Anpassung bestehen, schwinden hin und kehren wieder; aber Liebe könnte ich mir tausend Jahre lang predigen, und sie erstände nicht von neuem, vor allem nicht Liebe zu einer Frau, die sich aus purem Vergnügen alt gemacht hat.«

»Ich wünsche in voller Aufrichtigkeit, daß diese Worte nicht eines Tages gegen dich von der ausgesprochen werden, die du liebst, mit dem gleichen Tonfall und dem gleichen Ausdruck, dessen du dich bedienst . . .«

»Willst du heute abend ein Kleid im griechischen Stil anziehen und in die Oper gehen?«

Das Erstaunen, das die Gräfin bei dieser Frage jäh durchrüttelte, war eine stumme Antwort.

In den ersten Dezembertagen 1833 ging ein Mann, dessen völlig weißes Haar und dessen Gesichtszüge kundtaten, daß er eher durch Kummer als durch die Jahre gealtert war, denn er schien an die Sechzig zu sein, um Mitternacht durch die Rue Grillon. Als er vor einem wenig ansehnlichen, zweistöckigen Haus angelangt war, blieb er stehen und sah zu einem der Mansardenfenster hinauf, die sich in gleichmäßigen Abständen mitten im Dach erhoben. Kaum erhellte ein schwacher Lichtschein jenes armselige Fenster; einige seiner Scheiben waren durch Papier ersetzt worden. Der nächtliche Wanderer stand da und schaute mit der unerklärlichen Neugier des Pariser Flaneurs zu jener schwankenden Helle hinauf, als unvermutet ein junger Mann aus dem Haus trat. Da die matten Strahlen einer Straßenlaterne das Gesicht des Spähenden trafen, dürfte es nicht überraschen, daß der junge Mann auf den Passanten zutrat und dabei die Vorsicht beobachtete, die man in Paris walten läßt, wenn man glaubt, einen Bekannten getroffen, und fürchtet, sich geirrt zu haben.

»Das ist denn doch!« rief er. »Sie sind es tatsächlich, Herr Präsident, allein, zu Fuß, zu dieser Stunde, und so weit von der Rue Saint-Lazare entfernt! Gestatten Sie mir die Ehre, Ihnen meinen Arm zu bieten. Das Pflaster ist heute früh so glitschig, daß wir, wenn wir einander nicht stützten«, sagte er, um die Selbstachtung des alten Mannes zu schonen, »schwerlich ein Hinfallen vermeiden würden.«

»Aber bester Herr, ich bin doch erst fünfzig, leider, leider«, antwortete der Graf de Granville. »Ein so berühmter Arzt wie Sie müßte doch wissen, daß ein Mann dieses Alters über seine volle Kraft verfügt.«

»Dann geht es Ihnen also gut«, fuhr Horace Bianchon fort. »Ich meine, es gehört nicht zu Ihren Gewohnheiten, zu Fuß in Paris umherzulaufen. Wenn man so schöne Pferde wie Sie hat...«

»Meist«, antwortete der Graf de Granville, »wenn ich nicht gerade noch eine Gesellschaft besuche, gehe ich zu Fuß vom Palais-Royal oder vom Ausländerklub heim.«

»Und Sie tragen dabei doch sicher beträchtliche Summen bei sich«, rief der Doktor. »Heißt das nicht: die Mörderklinge herausfordern?«

»Davor habe ich keine Angst«, antwortete der Graf mit bekümmerter, sorgloser Miene.

»Aber zumindest bleibt man doch nicht stehen«, antwortete der Arzt und zog den Beamten mit sich, nach dem Boulevard zu. »Es fehlt nicht viel, und ich würde glauben, Sie wollten mir Ihre letzte Krankheit stehlen und von einer anderen Hand als der meinen sterben.«

»Ach, Sie haben mich dabei überrascht, als ich ein bißchen spionierte«, antwortete der Graf. »Ob ich zu Fuß gehe oder im Wagen vorbeifahre, zu jeder Nachtstunde sehe ich seit einiger Zeit im obersten Stock des Hauses, aus dem Sie gerade gekommen sind, an einem Fenster den Schatten einer Frau, die heldenmütig zu arbeiten scheint.« Nach diesen Worten machte der Graf eine Pause, als habe er einen plötzlichen Schmerz verspürt. »Ich nehme an diesem Dachbodenfenster«, sprach er weiter, »genausoviel Anteil wie ein Pariser Bürger an der Vollendung des Palais-Royal[32].«

»Oh«, unterbrach Horace lebhaft den Grafen, »da könnte ich Ihnen...«

»Sagen Sie mir nichts«, fiel Granville seinem Arzt ins Wort. »Ich gäbe keinen Centime darum, zu erfahren, ob der Schatten, der sich auf den durchlöcherten Vorhängen hin und her bewegt, der eines Mannes oder der einer Frau, und ob, wer in jener Bodenkammer wohnt, glücklich oder unglücklich ist! Wenn es mich überrascht hat, heute abend dort niemanden arbeiten zu sehen, wenn ich stehengeblieben bin, so ist das lediglich aus Freude daran geschehen, Mutmaßungen anzustellen, die ebenso zahlreich und nichtig sind wie diejenigen der Vorübergehenden, wenn sie einen plötzlich unterbrochenen Neubau sehen. Seit neun Jahren, mein junger ...« Der Graf schien zu zögern, einen bestimmten Ausdruck zu gebrauchen; aber er machte eine Handbewegung und rief: – »Nein, ich möchte Sie nicht als meinen Freund bezeichnen, mich ekelt alles, was einem Gefühl ähneln könnte. Seit neun Jahren wundert es mich nicht mehr, daß es alten Männern soviel Freude macht, Blumen zu züchten oder Bäume zu pflanzen; was ihnen im Leben widerfahren ist, hat sie gelehrt, nicht mehr an menschliche Zuneigungen zu glauben; und ich bin innerhalb weniger Tage zu einem alten Mann geworden. Ich will mein Herz nur noch an Tiere hängen; diese denken wenigstens nicht; oder an Pflanzen, an alles, was Außenwelt ist. Ich mache mehr Aufhebens von den Bewegungen der Taglioni[33] als von allen menschlichen Gefühlen. Ich verabscheue das Leben und eine Welt, darin ich allein bin. Nichts, nichts«, fügte der Graf mit einem Gesichtsausdruck hinzu, bei dem es den jungen Mann durchschauerte, »nein, nichts geht mir nahe, nichts interessiert mich.«

»Haben Sie denn keine Kinder?«

»Meine Kinder!« entgegnete er mit befremdlicher Bitterkeit. »Na ja, ist meine älteste Tochter nicht etwa Gräfin de Vandenesse? Und die andere: die Hochzeit ihrer älteren Schwester bahnt für sie eine schöne Eheschließung an. Sind meine beiden Söhne etwa nicht tadellos eingeschlagen? Der Vicomte ist vom Generalstaatsanwalt in Limoges zum Ersten Präsidenten in Orléans aufgestiegen, und der jüngere ist hier als königlicher Staatsanwalt. Meine Kinder haben ihre Sorgen, ihre Beunruhigungen, ihre Tätigkeiten. Hätte ein einziges dieser Herzen sich gänzlich mir gewidmet, hätte es versucht, durch seine Zuneigung die Leere auszufüllen, die ich hier empfinde«, sagte er und schlug sich auf die Brust, »ja, dann hätte es sein Leben verfehlt, es hätte es mir aufgeopfert. Und warum denn letztlich? Wäre es ihm gelungen, mir die paar Jahre zu verschönern, die mir noch bleiben, hätte ich dann nicht seine edelherzige Fürsorge als eine Schuldverpflichtung empfunden? Aber ...« Hier setzte der alte Herr ein tief ironisches Lächeln auf. »Tja, Herr Doktor, wir lehren sie nicht umsonst die Arithmetik; sie wissen zu rechnen. In dieser Minute warten sie vielleicht auf meine Erbschaft.«

»Aber Herr Graf, wie kann gerade Ihnen solch ein Gedanke kommen, der Sie doch so gütig, so hilfsbereit, so menschlich sind? Wirklich, bin ich nicht selber ein lebendiger Beweis der Wohltätigkeit, von der Sie eine so schöne, großzügige Auffassung haben . . .«

»Weil es mir Spaß macht«, entgegnete der Graf rasch. »Ich bezahle eine aufregende Empfindung, wie ich morgen die kindischste aller Illusionen, die mir das Herz bewegen könnte, mit einem Haufen Gold bezahlen würde. Ich helfe meinesgleichen um meinetwillen, aus dem gleichen Grund, aus dem ich in die Spielsäle gehe; daher rechne ich mit niemandes Dankbarkeit. Sogar Sie würde ich sterben sehen, ohne mit der Wimper zu zukken, und ich verlange dieselbe Einstellung von Ihnen. Ach, Sie Jüngling, die Ereignisse des Lebens sind über mein Herz hinweggegangen wie die Lava des Vesuv über Herkulaneum[34]: die Stadt existiert nach wie vor, aber tot.«

»Diejenigen, die ein so warmherziges und lebendiges Innere wie das Ihre in einen solchen Grad der Fühllosigkeit versetzten, haben eine schwere Schuld auf sich geladen.«

»Bitte kein Wort weiter«, erwiderte der Graf aus einem Gefühl des Abscheus heraus.

»Sie leiden an einer Krankheit, die zu heilen Sie mir erlauben sollten«, sagte Bianchon, und seine Stimme klang bewegt.

»Kennen Sie etwa eine Medizin gegen den Tod?« rief der Graf ungeduldig.

»Freilich, Herr Graf; ich wette, ich kann Ihr Herz, das Sie so kalt glauben, mit neuem Leben erfüllen.«

»Können Sie, was Talma[35] kann?« fragte der Erste Präsident ironisch.

»Nein, Herr Graf. Aber die Natur ist Talma genauso überlegen wie Talma etwa mir. Ich will Ihnen etwas sagen: in der Dachkammer, die Sie interessiert, wohnt eine etwa dreißigjährige Frau, und bei ihr geht die Liebe bis zum Fanatismus; Gegenstand ihres Kults ist ein junger Mensch mit einem hübschen Gesicht, den jedoch eine böse Fee mit jedem erdenklichen Laster begabt hat. Der Kerl ist Spieler, und ich weiß nicht, ob er mehr auf die Frauen oder auf den Wein erpicht ist; soviel ich weiß, hat er Niedrigkeiten begangen, die ihn der Polizei preisgeben müßten. Ja, und dabei hat jene unselige Frau ihm eine sehr schöne Existenz geopfert, einen Mann, der sie vergötterte und von dem sie Kinder hat. Aber was ist Ihnen, Herr Graf?«

»Nichts, nur weiter.«

»Sie hat jenen jungen Kerl ein ganzes Vermögen vertun lassen, und sie würde ihm, glaube ich, die Welt schenken, wenn sie sie besäße; sie arbeitet Tag und Nacht; und oftmals hat sie es erlebt, ohne zu murren, daß dies Scheusal, das sie liebt, ihr sogar noch das Geld entrissen hat, das zur Bezahlung der Kleider hatte dienen sollen, die ihren Kindern ermangelten, oder des Lebensunterhalts für den nächsten Tag. Vor drei Tagen hat sie ihr Haar verkauft, das schönste, das ich je gesehen habe: da ist er gekommen, sie hatte das Goldstück nicht schnell genug wegstecken können, er hat es ihr abverlangt; gegen ein Lächeln, gegen eine Liebesbezeigung hat sie ihm den Preis für vierzehn Tage des Lebens und der Ruhe ausgeliefert. Ist das nicht zugleich grauenhaft und erhaben? Aber die Arbeit höhlt ihr allmählich die Wangen aus. Das Weinen ihrer Kinder hat ihr die Seele zerrissen, sie ist krank geworden, und augenblicklich liegt sie auf einem jämmerlichen Lager und stöhnt. Heute abend hat sie nichts zu essen gehabt, und ihre Kinder hatten nicht mal mehr die Kraft zum Weinen; als ich kam, waren sie ganz still.«

Horace Bianchon hielt inne. Der Graf de Granville hatte unwillkürlich die Hand in die Westentasche gesteckt.

»Ich kann mir denken, mein junger Freund«, sagte der alte Mann, »wieso sie noch am Leben ist, wenn Sie sie behandeln.«

»Ach, das arme Geschöpf«, rief der Arzt, »wer würde ihr nicht helfen? Ich wollte, ich wäre reicher; ich hoffe nämlich, ich kann sie von ihrer Liebe heilen.«

»Aber«, fuhr der Graf fort und zog die Hand wieder aus der Tasche, in die er sie hineingesteckt hatte, ohne daß der Arzt sie voll der Banknoten gesehen hätte, die sein Gönner dem Anschein nach darin gesucht hatte, »wie könnte mich ein Elend jammern, dessen Liebesfreuden meiner Meinung nach mit meinem ganzen Vermögen nicht teuer genug bezahlt werden könnten? Diese Frau fühlt doch, lebt doch. Hätte Ludwig XV. nicht sein ganzes Königreich gegeben, wenn er sich aus seinem Sarg hätte erheben und noch drei Tage des Lebens und der Jugend hätte haben können? Geht es nicht ebenso einer Milliarde Toter, einer Milliarde Kranker, einer Milliarde alter Männer?«

»Arme Caroline!« rief der Arzt.

Als er diesen Namen hörte, durchzuckte es den Grafen von Granville, und er packte den Arm des Arztes, daß dieser glaubte, er sei in die Zangen eines Schraubstocks geklemmt worden.

»Heißt sie etwa Caroline Crochard?« fragte der Präsident, und seine Stimme klang merklich anders.

»Kennen Sie sie denn?« fragte der Doktor erstaunt.

»Und der schuftige Kerl heißt Solvet . . . Ach, Sie haben Wort gehalten«, rief der Erste Präsident, »Sie haben mein Herz mit der furchtbarsten Empfindung durchrüttelt, die es verspüren wird, bis es wieder zu Staub geworden ist. Diese Erschütterung ist abermals ein Geschenk der Hölle, und ich weiß nach wie vor, wie ich es zu vergelten habe.«

Der Graf und der Arzt waren jetzt gerade an die Ecke der Rue de la Chaussée d'Antin gelangt. Einer der Söhne der Nacht, die mit einer Weidenkiepe auf dem Rücken und einem Haken in der Hand während der Revolution im Scherz als Mitglieder des Untersuchungsausschusses bezeichnet wurden, stand in der Nähe des Prellsteins, bei dem der Präsident stehengeblieben war. Der Lumpensammler hatte ein altes Gesicht, das derjenigen würdig gewesen wäre, die Charlet[36] in seinen Karikaturen von der Sekte der Straßenfeger unsterblich gemacht hat.

»Findest du häufig Tausendfrancsscheine?« fragte ihn der Graf.

»Dann und wann mal, Bürger.«

»Und gibst du sie ab?«

»Das kommt auf die ausgesetzte Belohnung an . . .«

»Du bist mir der Rechte«, rief der Graf und reichte dem Lumpensammler einen Tausendfrancsschein. »Nimm das hier«, sagte er, »aber bedenk, daß ich es dir nur unter der Bedingung schenke, daß du es in der Kneipe vertust, daß du dich damit besäufst, dich darum prügelst, deine Frau verhaust, deinen Freunden die Augen ausschlägst. Das setzt die Wache, die Wundärzte, die Apotheker in Bewegung; vielleicht auch die Gendarmen, die Staatsanwälte, die Richter und Kerkermeister. Ändere dies Programm nicht ab, oder der Teufel bringt es zuwege, sich früher oder später an dir zu rächen.«

Es müßte jemand gleichzeitig die Zeichenstifte Charlets und die Griffel Callots[37], die Pinsel Teniers'[38] und Rembrandts besitzen, um eine unverfälschte Vorstellung von dieser nächtlichen Szene vermitteln zu können.

»Jetzt ist meine Rechnung mit der Hölle beglichen, und ich habe für mein Geld ein Späßchen gehabt«, sagte der Graf mit tiefklingender Stimme und zeigte dem verdutzten Arzt das unbeschreibliche Gesicht des Mund und Nase aufsperrenden Lumpensammlers. »Was nun aber Caroline Crochard betrifft«, fuhr er fort, »so möge sie in den Schrecknissen des Hungers und des Durstes sterben und dabei die herzzerreißenden Schreie ihrer sterbenden Kinder hören und sich der Niedrigkeit dessen bewußt werden, den sie liebt: ich würde ihr keinen Deut geben, um ihr Leid zu lindern, und Sie, Sie will ich nicht mehr sehen, und zwar einzig, weil Sie ihr geholfen haben . . .«

Der Graf ließ Bianchon stehen, der starrer als eine Statue war, und verschwand; mit der Überstürzung eines Jünglings ging er in Richtung Rue Saint-Lazare davon, wo er alsbald zu dem kleinen Stadtpalais gelangte, das er bewohnte; lediglich erstaunt sah er vor der Tür einen Wagen halten.

»Der Herr Königliche Staatsanwalt«, sagte der Diener zu seinem Herrn, »ist vor einer Stunde gekommen und hat Monsieur sprechen wollen; er wartet im Schlafzimmer.«

Granville bedeutete dem Diener durch einen Wink, sich zurückzuziehen.

»Welch ein Grund wäre wichtig genug, daß du den Befehl durchbrichst, den ich meinen Kindern gegeben habe und nach dem sie nicht zu mir kommen dürfen, ohne gerufen worden zu sein?« fragte der alte Mann beim Eintreten seinen Sohn.

»Lieber Vater«, antwortete der Beamte mit zitternder Stimme und respektvoller Miene, »ich wage zu hoffen, daß du mir verzeihst, wenn du mich angehört hast.«

»Deine Antwort ist annehmbar«, sagte der Graf. »Setz dich.« Er wies dem jungen Herrn einen Sessel an. »Und«, fuhr er fort, »ob ich auf und ab gehe oder sitzen bleibe: kümmere dich nicht um mich.«

»Vater«, fuhr der Baron fort, »heute nachmittag um vier hat sich ein noch ganz junger Mensch, der in der Wohnung eines meiner Freunde, bei dem er ziemlich viel gestohlen hat, verhaftet worden ist, auf dich berufen; er behauptet, er sei dein Sohn.«

»Wie heißt er?« fragte der Graf zitternd.

»Charles Crochard.«

»Genug«, sagte der Vater mit einer herrischen Geste. Granville ging im Zimmer auf und ab; es herrschte tiefe Stille, die zu unterbrechen der Sohn sich sorglich hütete. – »Mein Sohn ...« Diese Worte wurden in einem so sanften und väterlichen Tonfall gesprochen, daß es den jungen Beamten durchschauerte. »Charles Crochard hat die Wahrheit gesagt. Mich freut, daß du heute abend zu mir gekommen bist, mein guter Eugène«, fügte der alte Herr hinzu. »Hier hast du eine recht beträchtliche Geldsumme«, sagte er und reichte ihm einen Stapel Banknoten, »tu damit, was du in dieser Sache für erforderlich hältst. Ich vertraue auf dich, und ich billige im voraus alle deine Maßnahmen, die gegenwärtigen wie die künftigen. Eugène, mein lieber Junge, komm und küß mich; wir sehen einander vielleicht zum letztenmal. Morgen bitte ich den König um Urlaub, ich reise nach Italien. Zwar schuldet ein Vater seinen Kindern keine Rechenschaft über sein Leben, aber er muß ihnen die Erfahrung vermachen, die das Schicksal ihm verkauft hat; ist das nicht ein Teil ihres Erbes? Wenn du dich verheiraten solltest«, fuhr der Graf fort, und es durchschauerte ihn unwillkürlich, »dann vollzieh diese Handlung nicht leichtfertig; sie ist die wichtigste unter allen, zu denen die Gesellschaft uns zwingt. Sei darauf bedacht, den Charakter der Frau, mit der du dich verheiraten willst, lange zu studieren; aber frag auch mich um Rat, ich selber möchte sie beurteilen. Die Disharmonie in der Ehe, aus welchem Grund sie auch entstanden sei, führt zu furchtbarem Unglück: früher oder später werden wir dafür bestraft, daß wir den sozialen Gesetzen nicht gehorcht haben. Ich will dir aus Florenz über dies Thema schreiben: ein Vater, vor allem, wenn er die Ehre hat, den Vorsitz eines höchsten Gerichtes zu führen, darf nicht in Anwesenheit seines Sohnes erröten. Leb wohl.«

Anmerkungen

Eine doppelte Familie

1 Diesen Namen (›Drehkreuz-Straße‹) erhielt 1815 die Rue Pet-au-Diable des Drehkreuzes wegen, das in jenem Jahr an der Ecke der Rue du Martroi angebracht wurde. Die Straße verschwand, als zwischen 1836 und 1838 die breite Rue de Lobau durchgebrochen wurde.

2 Das alte Hôtel-de-Ville, das Pariser Stadthaus oder Rathaus, 1533 wahrscheinlich nach Plänen italienischer Architekten im Renaissancestil errichtet, wurde 1871 beim Aufstand der Commune niedergebrannt. Das jetzige Hôtel-de-Ville ist ein um das Vierfache erweiterter, 1874–1882 gleichfalls im Renaissancestil aufgeführter Neubau.

3 Die Rue du Martroi verlief parallel der Seine auf der Stätte des heutigen Hôtel-de-Ville.

4 Der Herzog von Angoulême (1775–1844), der älteste Sohn Karls X., befehligte im Interventionskrieg von 1823 das gegen die spanischen liberalen Aufständischen eingesetzte französische Expeditionsheer.

5 Die Rue de la Tixeranderie hat gleichfalls dem Durchbruch der Rue de Lobau und der Erweiterung des Hôtel-de-Ville weichen müssen.

6 Pariser Stadtviertel (III. und IV. Arrondissement) mit zahlreichen alten Adelspalästen.

7 Diese vier Straßen bilden heute die Rue des Archives.

8 Johann Kaspar Lavater (1741–1801), Schweizer Theologe und Schriftsteller, Freund Goethes, berühmt durch seine ›Physiognomischen Fragmente‹ (1775–1778), die versuchten, aus der Gesichtsbildung, zumal der Nase, auf Gemütsart und Charakter zu schließen. Die Physiognomik wurde im ausgehenden 18. Jahrhundert als eine Art Gesellschaftsspiel betrieben.

9 An jener Ecke lag 1822 das Hôtel du Lion-d'Argent. Vgl. Balzac, ›Ein Lebensbeginn‹; im gleichen Roman spricht er ausführlich über die ›Coucous‹ genannten Kutschwagen, mit denen die Pariser aufs Land fuhren. Die ›Coucous‹ verschwanden um die Mitte der Regierungszeit Louis-Philippes.

10 Nach der ersten Abdankung Napoleons hatten die verbündeten Monarchen der Königin Hortense (1783–1837), der Tochter erster

Ehe der Kaiserin Josephine und Gemahlin von Napoleons Bruder Louis, König von Holland, der Mutter des späteren Napoleon III., eine Pension von 400 000 Francs ausgesetzt und ihr mit den Gütern rings um den Besitzt Saint-Leu ein Herzogtum geschaffen; die Königin verblieb dort während der ersten Restauration. Nach der zweiten Abdankung Napoleons wurde sie exiliert und lebte bis zu ihrem Tode in dem Schlößchen Arenenberg am Schweizer Ufer des Bodensees, unweit von Konstanz.

11 Lützen, Dorf im Sächsischen, Schauplatz zweier Schlachten: 1632 fiel dort Gustaf-Adolf; 1813 schlug Napoleon dort die Russen und Preußen; die letztere Schlacht wird in der preußisch-deutschen Geschichtsschreibung meist als die Schlacht bei Großgörschen bezeichnet.

12 Spitzname Napoleons.

13 Der Laden des Friseurs Plaisir befand sich Place de Bourse 9.

14 Mit diesem Namen wurde gemeinhin die Opéra-Comique bezeichnet, die damals in der Rue Feydeau lag. Das Gebäude war 1789 für eine aus Italien gekommene Truppe errichtet worden. Es wurden dort italienische Buffo-Opern gespielt, ferner französische Komödien, komische Opern und Vaudevilles. 1830 wurde das Bauwerk zerstört; der Name ›Feydeau‹ verblieb jedoch der Komischen Oper noch für geraume Zeit. Die heutige Opéra-Comique liegt an der Place Boieldieu.

15 Landschaft, die große Teile der Départements Seine-et-Marne und Loiret umfaßt und vom Loing durchflossen wird.

16 Der Jardin Turc befand sich am Boulevard du Temple zwischen der Rue Charlot und der Passage de Vendôme, ganz in der Nähe der heutigen Place de la République.

17 Das Amt des Erzkanzlers, des höchsten Würdenträgers im Staat nächst dem Kaiser, hatte während des ganzen Kaiserreichs der ehemalige Zweite Konsul inne: Jean-Jacques, Herzog von Cambacérès (1753–1824). Er saß dem Hohen Kaiserlichen Gericht und dem Staatsrat vor. Cambacérès hatte bedeutsamen Anteil an der Abfassung des Code civil.

18 Der Groß-Richter hatte die allgemeine Leitung des Justiz- und des Polizeiwesens. Bei feierlichen Gelegenheiten führte er den Vorsitz des Kassationsgerichts. Das Amt war 1802 für Claude-Ambroise Régnier (1746–1814), dem späteren Herzog von Massa, geschaffen worden, der es bis 1813 innehatte.

19 Siehe Balzac, ›Eine dunkle Begebenheit‹.

20 Obwohl der Gedanke, die Straßen mit Gaslampen zu beleuchten, von dem französischen Ingenieur Philippe Lebon stammt und während der ersten Jahre der Revolution praktisch erprobt worden ist, fand diese Erfindung erstmals 1810 in London im großen Verwendung, in Paris dagegen erst 1818. Bis dahin wurden einfache Öllampen benutzt.

21 Die vom Staat beschlagnahmten Güter der Emigranten und der Kirche.

22 Der Friede zu Utrecht von 1713 wurde zwischen Frankreich, England und Holland geschlossen und beendete den Spanischen Erbfolgekrieg.

23 Die Verehrung des Heiligen Herzens, die im 17. Jahrhundert von der seligen Marie Alacoque gepredigt worden war, wurde erst 1765 durch ein Breve Clemens XIII. gebilligt. In Frankreich wurde sie durch die Vendée-Kriege populär, weil die Chouans ein rotes ›Herz Jesu‹ auf der Brust trugen; unter der Restauration wurde sie durch die Jesuiten und die ›Kongregation‹ befestigt. – Die Kongregation, für die Liberalen der Restauration ein Gegenstand des Hasses, war ursprünglich nur eine Vereinigung von Männern jedes Alters, die sich unter dem Jesuitenpater Ronsin in der Rue du Bac zu Andachtsübungen zusammenfanden. Mit ihr gemeinsam arbeiteten andere fromme Gemeinschaften; sie setzten sich in der Hauptsache aus Royalisten zusammen, betrieben indessen keine Politik. Aber bald bildete sich, anfangs geheim, später öffentlich, eine politische Dachorganisation, deren Haupt der Graf von Artois, der spätere Karl X., war: sie stellte ein Überbleibsel einer Geheimgesellschaft aus der Zeit des Kaiserreichs dar, deren Absicht es war, die Verbindungen zwischen dem von Napoleon gefangengehaltenen Papst Pius VII. und den dem Heiligen Stuhl treu gebliebenen Katholiken aufrechtzuerhalten. Unter Ludwig XVIII. war der Einfluß der Kongregation gering; mit der Thronbesteigung Karls X. wurde er sehr stark.

24 Komische Oper in einem Akt, Prosadialoge und eingestreute Arietten, Text von Jean-Michel Sedaine (1719–1797), Musik von Pierre-Alexandre Monsigny (1729–1817). Uraufführung in der Italienischen Oper am 8. März 1764. Das anmutige, melodiöse Werk hatte großen Erfolg und hielt sich jahrzehntelang auf dem Spielplan.

25 Gemeint ist sicherlich die Glasharmonika, ein Instrument, dessen Töne durch verschieden abgestimmte, durch Streichen oder Anschlagen in Schwingungen versetzte Glasstäbe, Glasglocken oder Glasröhren erzeugt werden. Das Instrument war im 18. Jahrhundert

sehr beliebt; auch Mozart hat Kompositionen dafür geschrieben. Ein berühmter Virtuose auf der Glasharmonika war Franz Duszek oder Dušek (1760–1812).

26 »Va-t'en voir s'ils viennent, Jean! Va-t'en voir s'ils viennent!« ist der Refrain des einzigen Liedes, das Lamothe-Houdart (andere Schreibweise: La Motte-Houdar) um 1720 geschrieben hat. Es war ›Raretés‹ (›Seltenheiten‹) betitelt, ein satirisches Gedicht, das die Mitglieder aller Berufe und Klassen ironisch vorüberziehen ließ, unter Kennzeichnung der Tugenden und Pflichten ihres Standes. Antoine de La Motte-Houdar (1672–1731), Dichter und Theoretiker, von Voltaire bekämpft, trat für die Prosa als Dichtungsform ein, schrieb aber seine berühmteste Tragödie ›Inès de Castro‹ in Versen. Er hat auch die ›Ilias‹ übersetzt (1714), ließ aber die Stellen weg, die ›der Vernunft und dem guten Geschmack‹ nicht entsprachen.

27 Die Rue Neuve-Saint-François bildet einen Teil der heutigen Rue Debelleyme, die Rue d'Orléans-au-Marais einen Teil der heutigen Rue Charlot. Die erwähnte Kirche ist Saint-François-d'Assise; die erwähnte kleine Kapelle wurde 1684 von Benediktinerinnen auf dem Gelände des Stadtpalais des Marschalls Turenne errichtet; der Bauplatz war ihnen von dessen Neffen, dem Kardinal de Rouillon, geschenkt worden. Die Kapelle wurde 1826 abgebrochen; an ihrer Stelle steht jetzt die Kirche Saint Denis du Saint-Sacrement.

28 Louis David (1748–1825), französischer Maler, Begründer und Hauptmeister des französischen Klassizismus, brach mit dem dekorativen Kunststil des 18. Jahrhunderts und erstrebte klassische Formenstrenge. Während der Revolution Kunstdiktator, dann Hofmaler Napoleons. Er starb im Exil, in Brüssel.

29 François Boucher (1703–1770), von Balzac ungerecht beurteilter Maler von graziös-dekorativen Gemälden, die echtester Ausdruck des vorrevolutionären Frankreichs sind. Hauptvertreter des französischen Rokoko.

30 Lehre des holländischen Theologen Cornelis Jansen (1585–1638), der sich zu der strengen Augustinischen Lehre von der Gnadenwahl bekannte. Mittelpunkt des Jansenismus war in Frankreich das Kloster Port-Royal; Anhänger der Lehre waren Arnauld und Pascal, später auch Racine. Clemens XI. verdammte sie 1713 als ketzerisch; Port-Royal wurde aufgehoben und zerstört.

31 François de Salignac de La Mothe-Fénélon (1651–1715), berühmter Theologe und Schriftsteller, Erzbischof von Cambrai, Mitglied der Akademie. Autor von ›Les Aventures de Télémaque‹ (1699).

32 Bekanntlich konnte der Arkadenumgang, der den Garten des Palais-Royal umschließt und den natürlichen Abschluß des prächtigen, schon von Richelieu begonnenen Bauwerks bildet, nicht mehr von Philippe-Egalité vollendet werden, der seine Erbauung befohlen hatte. Sein Sohn Louis-Philippe, damals noch Herzog von Orléans, kaufte während der Restauration das Palais zurück und vertraute die Vollendung dem Architekten Pierre-François-Léonard Fontaine (1762–1853) an, dem Erbauer des Arc du Triomphe du Carrousel. Die Cour de Nemours entstand 1829; die Galerie d'Orléans trat endlich an die Stelle der von Balzac mehrmals geschilderten Holzgalerien, die seit mehr als vierzig Jahren dem noblen Bauwerk zur Schande gereichten.

33 Marie Taglioni (1804–1884), berühmte Tänzerin an der Pariser Oper, ausgezeichnet durch erlesenen Geschmack und vollkommene Anmut. Ihre letzten Lebensjahre verbrachte sie in Italien.

34 Römische Stadt in Campanien, zusammen mit Pompeji und Stabiae im Jahre 79 durch einen Vesuvausbruch verschüttet und 1719 wiederentdeckt.

35 François-Joseph Talma (1763–1826), großer Tragöde, Lieblingsschauspieler Napoleons, bedacht auf historische Wahrheit in Kostümen und Bühnenbild, vereinte tragische Emphase und natürlichen Ton.

36 Nicolas-Toussaint Charlet (1792–1845) lernte in Gros' Atelier zeichnen, brachte es jedoch trotz Géricaults Freundschaft nicht fertig, sich jemals die Technik der Malerei völlig anzueignen. Daher widmete er sein Talent der Lithographie, die er sehr bald meisterte. Seine glänzende nuancenreiche, dem akademischen Geschmack der David-Schule entgegengesetzte Technik und die patriotischen, bonapartistischen Themen seiner Blätter machten sie populär wie die Lieder Bérangers.

37 Jacques Callot (1592–1635), franz.-lothring. Zeichner, Kupferstecher und Radierer. Mit seinen Darstellungen aus dem Volksleben hat er seinen Ruhm begründet.

38 David Teniers d. J. (1610–1690), niederländischer Maler. Hauptmeister des niederländischen Genrebildes.

Biographische Notizen über die Romangestalten

Eine doppelte Familie

BIANCHON, Horace, geboren in den letzten Jahren des 18. Jahrhunderts. Professor der Medizin an der Sorbonne, Mitglied des Instituts usw., ebenso gelehrter wie wohltätiger Arzt, pflegte arm und reich mit gleicher Hingabe. Es ist unmöglich, alle Kranken der ›Menschlichen Komödie‹ aufzuzählen, die er behandelt hat, vom ›Vater Goriot‹ 1819 bis zu Mme Graslin 1844 (›Der Landpfarrer‹).

CROCHARD, Charles. Bei seinem Diebstahl handelt es sich um denjenigen des Diamantenhalsbandes der Schauspielerin Beaumesnil (›Die Kleinbürger‹).

GRANVILLE, Graf de, war als Sekretär des Notars Bordin 1809 der Verteidiger Michus gewesen, der unter der Anklage der Entführung des Senators Malin gestanden hatte (›Eine dunkle Begebenheit‹). Als Granville Generalstaatsanwalt am Kassationsgericht geworden war, wurde auf seinen Antrag hin 1821 César Birotteau (im Roman gleichen Titels) rehabilitiert. 1829 versuchte er nach Kräften, für Lucien de Rubempré einzutreten, der im Verdacht stand, Esther Gobseck ermordet zu haben (›Glanz und Elend der Kurtisanen‹). Durch seine Zuneigung half er Freunden, die an dem gleichen Kummer wie er litten: dem Grafen de Sérisy (›Glanz und Elend der Kurtisanen‹) und dem Oberst Philippe de Sucy (›Lebwohl‹).

GRANVILLE, Angélique, Gräfin de, geborene Bontems. Durch ihre Prüderie war Mme de Granville empört über das Aufsehen gewesen, das die Herzogin von Langeais (im Roman gleichen Titels) erregt hatte, als sie den General de Montriveau hatte rühren wollen. Sie starb 1822, als sie ihre zweite Tochter an Ferdinand du Tillet verheiratet hatte (›Eine Evastochter‹).

GRANVILLE, Eugène, Vicomte de, war 1828 stellvertretender Staatsanwalt, danach Generaladvokat in Limoges. Als solcher mußte er Strafantrag gegen den Mörder François Tascheron stellen, den Liebhaber der Véronique Graslin, in die er selber verliebt war. Gegen Ende der Juli-Monarchie war er Generalstaatsanwalt; in der Nähe von Limoges nahm er an Véroniques öffentlicher Beichte teil (›Der Landpfarrer‹).

VANDENESSE, Angélique-Marie, Gräfin de, geborene de Granville, hatte angesichts der Traurigkeit ihres Familienlebens nur in der Musik und den Theoriestunden bei ihrem Lehrer Wilhelm

Schmucke Trost gefunden. Als sie den geistvollen, klugen und warmherzigen Félix de Vandenesse geheiratet hatte, wäre sie beinahe in eine romantische Liebeskrisis verfallen, als falsche Freundinnen wie Lady Dudley und die Damen Charles de Vandenesse und de Manerville sie dem Dichter Raoul Nathan in die Arme treiben wollten, was durch den Takt und die Erfahrung ihres Mannes verhindert wurde (›Eine Evastochter‹).

Ehefrieden

Übertragung von Ernst Sander

Abgesehen von ›Die Königstreuen‹ (›Les Chouans‹) und der ›Physiologie der Ehe‹ ist die Novelle ›Ehefrieden‹ eine von Balzacs ältesten, in die ›Menschliche Komödie‹ aufgenommenen Arbeiten. Nach Balzacs Notiz ist sie im Juli 1829 entstanden. Der Erstdruck (ohne Feuilleton-Vorabdruck) erfolgte in der ersten Ausgabe der ›Szenen aus dem Privatleben‹ von 1830, und sie verblieb auch in den nachfolgenden Ausgaben dieser Reihe. 1842 wurde sie der ›Menschlichen Komödie‹ eingegliedert und Balzacs Nichte Valentine Surville, der jüngsten Tochter seiner Schwester Laure, gewidmet. Diese heiratete später den Advokaten Louis Du Hamel, der Sekretär des dritten Präsidenten der Republik, Jules Grévy (1807–1891), wurde.

Das in dieser Szene geschilderte Begebnis hat sich gegen Ende November 1809 ereignet, um die Zeit, da Napoleons vergängliches Kaisertum die höchste Höhe seines Glanzes erreicht hatte. Die Siegesfanfaren von Wagram hallten noch im Herzen der österreichischen Monarchie wider. Der Frieden zwischen Frankreich und der Koalition war unterzeichnet worden. Damals kamen die Könige und Fürsten, um wie Gestirne ihre Bahnen um Napoleon zu ziehen, der sich ein Vergnügen daraus machte, in seinem Gefolge ganz Europa mit sich zu schleppen: das war ein glänzender Versuch zu der Machtentfaltung, die er später in Dresden durchführte. Niemals, so sagen die Zeitgenossen aus, hat Paris schönere Feste erlebt als die, die der Hochzeit des Herrschers mit einer Erzherzogin österreichischen Geblüts vorhergingen oder folgten. Niemals hatten sich in den größten Tagen der ehemaligen Monarchie so viele gekrönte Häupter an den Gestaden der Seine zusammengeschart, und nie ist die französische Aristokratie so reich und so glänzend gewesen wie damals. Die im Übermaß an jedem Schmuck angebrachten Diamanten, die Gold- und Silberstickereien der Uniformen hoben sich so vorteilhaft von der republikanischen Dürftigkeit ab, daß man zu sehen vermeinte, wie die Reichtümer des Erdballs durch die Pariser Salons rollten. Es war, als habe ein allgemeiner Rausch dieses Eintagskaiserreich ergriffen. Alle Offiziere, ihr Oberbefehlshaber nicht ausgenommen, genossen als Emporkömmlinge die Schätze, die eine Million Männer mit Wollachselklappen[1] erobert hatten: deren Ansprüche wurden mit ein paar Ellen roten Seidenbandes[2] befriedigt. Die meisten trugen zu jener Zeit die Unbeschwertheit der Sitten und die lockere Moral zur Schau, die die Regierungszeit Ludwigs XV. gekennzeichnet hatten. Sei es, um den Ton der gestürzten Monarchie nachzuahmen, sei es, daß gewisse Mitglieder der kaiserlichen Familie das Beispiel dazu gegeben hätten, wie die Frondeurs des Faubourg Saint-Germain[3] es behaupteten – fest steht, daß sich Männer und Frauen samt und sonders mit einer Kühnheit in die Freuden der Liebe stürzten, die das Ende der Welt anzukündigen schien. Doch es bestand noch ein anderer Grund für diese Ungebundenheit. Die übertriebene Vorliebe der Frauen für Offiziere wurde zu etwas wie einer Besessenheit und entsprach viel zu sehr den Ansichten des Kaisers, als daß er ihr einen Zügel angelegt hätte. Das häufige Ergreifen der Waffen, das alle zwischen Napoleon und Europa geschlossenen Friedensverträge lediglich als Waffenstillstände erscheinen ließ, setzte die Liebesleidenschaften Trennungen aus, die ebenso jäh waren wie die Entschlüsse des obersten Befehlshabers dieser Kolpaks[4], dieser Dolmans[5] und Achselschnüre, die dem schönen Geschlecht so sehr gefallen. Die Herzen wurden damals also zu Nomaden wie die Regimenter. Zwischen dem ersten und dem fünften Bulletin[6] der Großen Armee konnte eine Frau nacheinander Geliebte, Gattin, Mutter und Witwe sein. War es die Aussicht auf eine nahe bevorstehende Witwenschaft, auf eine Dotation oder die Hoffnung, einen Namen zu tragen, der in die Weltgeschichte einzugehen versprach, was die Offiziere so verführerisch machte? Wurden die Frauen durch die Gewißheit zu ihnen hingezogen, daß das Geheimnis ihrer Liebschaft auf den Schlachtfeldern begraben werde, oder darf man die Ursache dieses süßen Fanatismus in der noblen Anziehungskraft erblicken, die die Tapferkeit auf sie ausübt? Vielleicht trugen alle diese Gründe, die der künftige Historiker der

Sitten des Kaiserreichs belustigt gegeneinander abwägen wird, alle zusammen irgendwie dazu bei, daß die Frauen sich so rasch der Liebe preisgaben. Wie dem auch sei, wir wollen hier eingestehen: damals deckten Lorbeeren viele Fehltritte zu, die Frauen waren mit glühender Begeisterung hinter jenen kühnen Abenteurern her, die sie die wahren Quellen der Ehren, des Reichtums oder der Liebesgenüsse dünkten, und in den Augen der jungen Mädchen bedeutete eine Epaulette[7], diese Hieroglyphe der Zukunft, Glück und Freiheit. Ein Zug jener in unseren Annalen einzigartigen Epoche, und zwar ein charakteristischer, war die hemmungslose Leidenschaft für alles Glänzende. Nie sind so viele Feuerwerke veranstaltet worden, nie hat der Diamant einen so hohen Wert besessen. Die Männer waren auf diese weißen Kieselsteine ebenso versessen wie die Frauen und schmückten sich wie sie damit. Vielleicht hat der Zwang, die Beute in der am leichtesten zu befördernden Gestalt mitzunehmen, die Edelsteine bei der Armee zu Ehren gebracht. Ein Mann wirkte nicht so lächerlich, wie er es heute wäre, wenn er auf seinem Hemdjabot oder an seinen Fingern dem Blick dicke Diamanten darböte. Murat[8], durch und durch Orientale, gab den Offizieren neuerer Zeit das Beispiel eines absurden Luxus.

Der Graf de Gondreville, der sich früher ›Bürger Malin‹ genannt hatte und der durch seine Entführung berühmt geworden ist[9], einer der Lukullusse[10] des Erhaltungs-Senats, der nichts erhalten hat, hatte sein Fest zu Ehren des Friedens nur so lange hinausgezögert, um Napoleon desto besser den Hof machen zu können: er ließ es sich dabei angelegen sein, alle Schmeichler, die ihm zuvorgekommen waren, in den Schatten zu stellen. Die Gesandten aller mit Frankreich unter der Rechtswohltat des Inventars befreundeten Nationen, die wichtigsten Persönlichkeiten des Kaiserreichs, sogar einige Fürsten waren in diesem Augenblick in den Salons des über die Maßen reichen Senators versammelt. Es wurde noch kaum getanzt, alle warteten auf den Kaiser, dessen Kommen dem Grafen zugesagt worden war. Ohne die Szene, die an jenem Abend zwischen Joséphine und ihm sich ereignet hatte und die das Bevorstehen der Scheidung des erlauchten Paars enthüllte[11], hätte Napoleon auch Wort gehalten. Die Nachricht von diesem Geschehnis, das damals streng geheimgehalten wurde, das aber dennoch in die Weltgeschichte eingegangen ist, war noch nicht an die Ohren der Höflinge gedrungen und wirkte sich auf die Fröhlichkeit des Festes beim Grafen de Gondreville nur durch die Abwesenheit Napoleons aus. Die schönsten Frauen von Paris, die sich nur auf Verlautbarungen hin zu diesem Fest gedrängt hatten, wetteiferten in dieser Stunde miteinander an Luxus, Koketterie, Schmuck und Schönheit. Im Stolz auf ihren Reichtum forderte die Hochfinanz die glänzenden Generale und die Großoffiziere des Kaiserreichs heraus, die erst unlängst mit Ordenskreuzen, Titeln und anderen Auszeichnungen überschüttet worden waren. Jene großen Bälle waren stets Gelegenheiten, die die reichen Familien wahrnahmen, um den Prätorianern[12] Napoleons ihre Erbinnen vorzuführen, in der törichten Hoffnung, deren großartige Mitgiften gegen eine ungewisse Gunst einzutauschen. Die Frauen, die sich um ihrer Schönheit willen stark glaubten, waren gekommen, um deren Macht zu erproben. Hier wie überall war das Vergnügen nur Maske. Hinter den heiteren, lachenden Gesichtern, den ruhigen Stirnen verbargen sich abscheuliche Berechnungen; die Freundschaftsbezeigungen waren Lüge, und mehr als eine Persönlichkeit mißtraute mehr ihren Freunden als ihren Feinden. Diese Bemerkungen waren notwendig, um das kleine Imbroglio[13] zu erklären, von dem diese Szene handelt, sowie den Umgangston, möge er noch so sehr gemildert sein, der damals in den Pariser Salons herrschte.

»Schauen Sie mal nach der abgebrochenen Säule hinüber, jener Säule, die einen Kandelaber trägt; sehen Sie da eine junge Frau mit chinesischer Frisur? Da, in der Ecke, links? Sie trägt blaue Glockenblumen im kastanienbraunen Tuff; das Haar fällt ihr in Strähnen über den Kopf. Sehen Sie es nicht? Sie ist so blaß, daß man sie für leidend halten könnte, sie ist sehr niedlich und ganz klein; jetzt wendet sie uns den Kopf zu; ihre blauen, mandelförmig geschnittenen Augen sind entzückend sanft und sehen aus, als seien sie zum Weinen geschaffen. Aber sehen Sie nur, sie schlägt sie nieder und schaut durch das Gewirr von Köpfen, die immerfort in Bewegung sind und ihr der hohen Frisuren wegen den Blick versperren, zu Madame de Vaudremont hinüber.«

»Ach ja, jetzt sehe ich sie, mein Lieber. Du hättest mich auf sie als die bleichste aller Frauen hinweisen sollen, die hier sind; dann hätte ich eher gemerkt, wen du meinst; sie ist mir schon aufgefallen; sie hat die schönste Gesichtsfarbe, die ich je bewundert habe. Du wirst von hier aus schwerlich die Perlen zwischen jedem der Saphire ihres Halsschmucks erkennen können. Aber sie muß entweder sehr sittsam oder sehr kokett sein, denn die Rüschen oben an ihrem Kleid erlauben kaum, daß man die Schönheiten ihrer Konturen auch nur ahnt. Diese Schultern! Diese Lilienweiße!«

»Wer ist sie eigentlich?« fragte der, der als erster gesprochen hatte.

»Keine Ahnung.«

»Sie Aristokrat! Wollen Sie sie denn alle für sich selber behalten, Montcornet?«

»Paßt vortrefflich zu dir, mich aufzuziehen!« entgegnete Montcornet lächelnd. »Glaubst du, das Recht zu haben, einen armen General wie mich zu verspotten, weil du als glücklicher Nebenbuhler Soulanges' dich nicht mal um dich selber drehen kannst, ohne daß Madame de Vaudremont aus dem Häuschen gerät? Oder weil ich erst vor einem Monat ins Land der Verheißung gelangt bin? Was seid ihr unverschämt, ihr Verwaltungsbeamten, die ihr auf euren Stühlen klebenbleibt, während wir im Kugelregen stehen! Nur zu, Herr Sachbearbeiter der Bittschriften, lassen Sie uns auf dem Felde Ähren lesen, dessen unwiderruflicher Besitz erst von dem Augenblick an euer ist, da wir es verlassen. Zum Teufel auch, wir alle wollen und müssen leben! Lieber Freund, wenn du die deutschen Frauen kenntest, würdest du mir, glaube ich, Hilfestellung bei der Pariserin leisten, die dir teuer ist.«

»Herr General, da Sie diese Frau, die ich zum erstenmal hier sehe, mit Ihrer Aufmerksamkeit beehrt haben, bitte ich Sie um die Barmherzigkeit, mir zu sagen, ob Sie sie haben tanzen sehen?«

»Na, mein lieber Martial, woher stammst du eigentlich? Wenn man dich mit einer Gesandtschaft betraute, sähe ich schlechte Vorzeichen für deine Erfolge. Gewahrst du denn nicht eine dreifache Reihe der unerschrockensten Pariser Koketten zwischen ihr und dem Schwarm der Tänzer, der unter der Deckenkrone umhersummt, und hast du nicht dein Lorgnon zu Hilfe nehmen müssen, um sie überhaupt im Winkel neben der Säule zu entdecken, wo sie wirkt wie von Dunkelheit begraben, trotz der Kerzen, die über ihrem Kopf schimmern? Zwischen ihr und uns blitzen so viel Diamanten und Blicke, wogen so viel Federn, schwanken so viel Spitzen, Blumen und Tressen, daß es ein wahres Wunder wäre, wenn ein Tänzer sie inmitten all dieser Gestirne zu bemerken vermöchte. Wieso, Martial, hast du in ihr noch nicht die Frau eines Unterpräfekten von der Lippe[14] oder der Dyde[15] vermutet, die hierhergekommen ist, weil sie versuchen will, aus ihrem Mann einen Präfekten zu machen?«

»Oh, das wird er ganz bestimmt«, sagte der Bearbeiter der Bittschriften lebhaft.

»Ich bezweifle es«, sagte der Kürassieroberst[16] lachend, »ihr scheint die Intrige etwas genauso Neues zu sein wie dir die Diplomatie. Ich wette, Martial, du weißt nicht mal, wie sie dort hingekommen ist.«

Der Bearbeiter der Bittschriften sah den Gardekürassier mit einer Miene an, die im gleichen Maß Verachtung und Neugier verriet.

»Na, schön«, fuhr Montcornet fort, »wahrscheinlich ist sie Punkt neun gekommen, vielleicht sogar als erste und hat möglicherweise die Gräfin de Gondreville, die außerstande ist, zwei Gedanken miteinander zu verknüpfen, gehörig in Verlegenheit gebracht. Die Dame des Hauses hat sie links liegenlassen, von jeder neu Ankommenden ist sie von Stuhl zu Stuhl bis in die Finsternisse jenes Winkelchens gedrängt worden, und da hat sie sich einschließen lassen, als Opfer der Eifersucht jener Damen, die sich nichts Besseres gewünscht haben dürften, als dieses gefährliche Gesicht auf solcherlei Weise zu vergraben. Sicher hat sie keinen Freund gehabt, der sie zur Verteidigung des Platzes hätte ermutigen können, den sie wohl zunächst ganz vorn innegehabt hat; jede dieser perfiden Tänzerinnen muß den Herren ihrer Clique gebieterisch eingebleut haben, unter Androhung schrecklicher Strafen, keinesfalls unsere arme Freundin aufzufordern. Auf diese Weise, mein Lieber, haben all diese so zärtlich, so unbefangen anmutenden Frätzchen ihre Koalition gegen die Unbekannte gebildet, und zwar ohne daß eine einzige dieser Frauen etwas anderes gesagt hätte als: ›Kennen Sie die kleine blaue Dame da,

Liebste?‹ Tja, Martial, wenn du binnen einer Viertelstunde mit mehr schmeichelnden Blicken und herausfordernden Fragen als in deinem ganzen Leben überschüttet werden willst, dann versuche, den dreifachen Wall zu durchdringen, der die Königin von der Dyle, der Lippe oder der Charente schützt. Du wirst es erleben, daß die blödeste dieser Damen auf der Stelle eine List erfindet, die auch den entschlossensten Mann daran hindert, unsere trübselig dreinschauende Unbekannte ins rechte Licht zu setzen. Findest du nicht, daß sie ein bißchen elegisch aussieht?«

»Glauben Sie wirklich, Montcornet? Dann wäre sie also verheiratet?«

»Warum nicht Witwe?«

»Dann wäre sie aktiver«, sagte lachend der Bearbeiter der Bittschriften.

»Vielleicht ist sie eine Witwe, deren Mann beim Bouillotte-Spiel[17] sitzt«, entgegnete der schöne Kürassier.

»Tatsächlich, seit dem Friedensschluß gibt es viele solcher Witwen!« antwortete Martial. »Aber wir sind zwei Halbidioten, mein lieber Montcornet. Dies Köpfchen drückt noch allzuviel Harmlosigkeit aus, es liegt ihm noch allzuviel Jugend und Frische auf der Stirn und um die Schläfen, als daß es sich um eine Frau handeln könnte. Welch schöne Hautfarbe! Nichts an den Nasenflügeln ist welk. Die Lippen, das Kinn, alles in diesem Gesicht ist frisch wie eine weiße Rosenknospe, obwohl die Züge wie verschleiert von den Wolken der Traurigkeit wirken. Wer mag dies junge Geschöpf zum Weinen gebracht haben?«

»Frauen weinen wegen jeder Kleinigkeit«, sagte der Offizier.

»Ich weiß nicht recht«, entgegnete Martial, »aber sie weint ganz sicher nicht, weil sie dasitzt, anstatt zu tanzen; ihr Kummer datiert nicht von heute; es ist ihr anzusehen, daß sie sich in voller Absicht für diesen Abend schön gemacht hat. Jede Wette: sie liebt schon.«

»Pah! Vielleicht ist sie die Tochter irgendeines deutschen Duodezfürsten; keiner spricht mit ihr«, sagte Montcornet.

»Ach, wie unglücklich ist ein armes Mädchen dran«, erwiderte Martial. »Kann man anmutiger und feiner sein als unsere kleine Unbekannte? Na, und keine der Megären, die um sie herumsitzen und von sich behaupten, sie seien sensibel, richtet das Wort an sie.

Wenn sie spräche, könnten wir sehen, ob sie schöne Zähne hat.«

»Hör sich das einer an! Kochst du denn wie die Milch bei der leisesten Temperaturerhöhung über?« rief der Oberst; er war ein wenig gekränkt, in seinem Freunde so rasch auf einen Nebenbuhler zu stoßen.

»Das wäre denn doch!« sagte der Bearbeiter der Bittschriften, ohne sich der Frage des Generals bewußt zu sein; er richtete sein Lorgnon auf alle, die sie umstanden, »das wäre denn doch! Kann uns denn wirklich niemand hier den Namen dieser exotischen Blume sagen?«

»Ach, sie ist wohl irgendeine Gesellschaftsdame«, sagte Montcornet.

»Sie sind gut! Eine Gesellschaftsdame mit einem Saphirschmuck, der einer Königin würdig wäre, und einem Kleid aus Mechelner Spitzen? Machen Sie das anderen weis, Herr General! Auch Sie sind kein großer Diplomat, wenn Sie beim Einschätzen im Handumdrehen von einer deutschen Prinzessin zu einer Gesellschaftsdame überwechseln.«

General Montcornet hielt ein dickes Männlein am Arm fest, dessen ergrauendes Haar und geistvolle Augen in allen Türwinkeln zu sehen waren, und der sich zwanglos den verschiedenen Gruppen zugesellte, wo er respektvoll bewillkommnet wurde.

»Gondreville, lieber Freund«, sagte Montcornet zu ihm, »wer ist eigentlich die reizende kleine Frau, die da unter dem riesengroßen Kandelaber sitzt?«

»Der Kandelaber? Der ist von Ravrio[18], mein Lieber, und der Entwurf dazu stammt von Isabey[19].«

»Oh, deinen Geschmack und dein Prunkverlangen habe ich an dem Ding schon wahrgenommen; aber wer ist die Dame?«

»Die kenne ich nicht. Sicher eine Freundin meiner Frau.«

»Oder deine Geliebte, alter Heimtücker.«

»Nein, Ehrenwort! Meine Frau ist die einzige, die es fertigbringt, Leute einzuladen, die kein Mensch kennt.«

Trotz der Gehässigkeit dieser Bemerkung hatte das dicke Männlein auf den Lippen ein Lächeln innerlicher Genugtuung über die Vermutung des Kürassierobersts. Dieser trat wieder zu dem Bearbeiter der Bittschriften, der sich einer in der Nähe stehenden Gruppe zugesellt hatte und Auskünfte über die Unbekannte zu erlangen suchte, indessen vergeblich. Er nahm ihn beim Arm und flüsterte ihm zu: – »Mein lieber Martial, sei auf der Hut! Madame de Vaudremont sieht seit ein paar Minuten mit verzweifelter Aufmerksamkeit zu dir hin; eine Frau wie sie kann allein schon aus der Bewegung deiner Lippen erraten, was du zu mir sagst; unsere Augen haben bereits allzu vielsagend dreingeschaut; sie hat ihre Richtung wahrgenommen und verfolgt, und ich glaube, sie ist in dieser Minute noch mehr mit der kleinen blauen Dame beschäftigt als wir.«

»Alte Kriegslist, lieber Montcornet! Was geht das überdies mich an? Ich bin wie der Kaiser, wenn ich Eroberungen mache, dann behalte ich sie auch.«

»Martial, deine Geckenhaftigkeit bedarf einer Lehre. Wie, du Zivilist, du hast das Glück, der erklärte Ehemann der Madame de Vaudremont zu sein, einer zweiundzwanzigjährigen Witwe, die mit Zinsen in Höhe von viertausend Napoleons trauert, einer Frau, die einen Diamantring von der Schönheit dessen, den du da trägst, an den Finger steckt«, fügte er hinzu und nahm die linke Hand des Bearbeiters der Bittschriften, die dieser ihm bereitwillig überließ, »und du bringst noch die Anmaßung auf, den Lovelace[20] zu spielen, wie wenn du Offizier wärst und verpflichtet, den guten Ruf des Militärs in der Garnison aufrechtzuerhalten? Pfui! Überleg bitte mal, was alles du verlieren könntest.«

»Wenigstens verlöre ich dann meine Freiheit nicht«, entgegnete Martial und lachte gezwungen.

Er warf Madame de Vaudremont einen leidenschaftlichen Blick zu; sie beantwortete ihn nur durch ein Lächeln voller Unruhe; sie hatte nämlich gesehen, daß der Offizier den Ring des Bearbeiters der Bittschriften prüfend angeschaut hatte.

»Paß mal auf, Martial«, fuhr der Oberst fort, »wenn du um meine junge Unbekannte herumschwänzelst, nehme ich die Eroberung Madame de Vaudremonts in Angriff.«

»Das sei Ihnen gestattet, lieber Kürassier; aber sie wird Ihnen nicht gelingen«, sagte der junge Bearbeiter der Bittschriften, legte den polierten Daumennagel unter einen der Vorderzähne des Oberkiefers und schnellte ihn mit einem spöttischen Geräusch zurück.

»Bedenk, daß ich Junggeselle bin«, entgegnete der Offizier, »daß mein Säbel mein ganzer Reichtum ist, und daß mich so herausfordern heißt, Tantalus vor ein Festmahl setzen: er wird es verschlingen.«

»Prrrr!«

Diese spöttische Konsonantenhäufung diente als Antwort auf die provokatorische Bemerkung des Generals; sein Freund maß ihn belustigt von oben bis unten, ehe er sich von ihm abwandte. Die Mode jener Zeit schrieb den Herren vor, beim Ball eine weiße Kniehose aus Kaschmir und Seidenstrümpfe zu tragen. Diese hübsche Tracht brachte die Vollkommenheit von Montcornets Formen gut zur Geltung; er war damals fünfunddreißig Jahre alt und zog durch seine hohe Gestalt, wie sie von den Kürassieren der kaiserlichen Garde verlangt wurde, die Blicke auf sich; die schöne Uniform steigerte noch seine Stattlichkeit; sie wirkte noch jugendlich, trotz einer gewissen Fülle, die er dem Reiten verdankte. Sein schwarzer Schnurrbart erhöhte den freimütigen Ausdruck seines wahrhaft militärischen Gesichts mit der breiten, offenen Stirn, der Adlernase und dem hochroten Mund. Montcornets Auftreten trug das Gepräge einer gewissen Noblesse dank der Gewohnheit zu befehligen; es konnte einer Frau behagen, die klug genug war, aus ihrem Mann keinen Sklaven zu machen. Der Offizier lächelte, als er den Bearbeiter der Bittschriften ansah, einen seiner besten Schulfreunde, dessen kleine, schlanke Gestalt den General zwang, seinen freundschaftlichen Blick, die Antwort auf den Spott des anderen, ein wenig nach unten zu richten.

Der Baron Martial de la Roche-Hugon war ein junger Provenzale, den Napoleon protegierte und der zu irgendeinem glänzenden Gesandtenposten ausersehen zu sein schien; er hatte es dem Kaiser durch seine italienische Liebenswürdigkeit angetan, durch seine hohe Begabung für Intrigen, durch seine Salonberedsamkeit und sein gewandtes Auftreten, was alles leicht die bedeutenden Gaben eines rechtschaffenen Mannes zu ersetzen vermag. Obwohl sein Gesicht lebhaft und jung war, besaß es bereits den starren Weißblechglanz und damit eine der den Diplomaten unentbehrlichen Eigenheiten; sie ermöglicht es ihnen, ihre Erregungen zu verbergen, ihre Gefühle zu tarnen, sofern dieser Gleichmut bei ihnen nicht überhaupt das Fehlen jeder Fähigkeit zur Erregung und das Erstorbensein des Gefühlslebens bedeutet. Man kann das Herz der Diplomaten als ein unlösbares Problem betrachten, denn die drei berühmtesten Botschafter[21] jener Zeit haben sich durch ihre Ausdauer im Haß und durch romanhafte Liebesbindungen ausgezeichnet. Nichtsdestoweniger gehörte Martial zu jener Menschenklasse, die befähigt ist, mitten in ihren glühendsten Genüssen ihre Zukunft zu berechnen; er hatte bereits die Gesellschaft durchschaut und verbarg seinen Ehrgeiz unter der Gekkenhaftigkeit eines Frauenlieblings; seine Begabung tarnte er mit der Livree der Mittelmäßigkeit; er hatte nämlich wahrgenommen, mit welcher Schnelligkeit die Leute vorankamen, die den Herrn und Meister am wenigsten in den Schatten stellten.

Die beiden Freunde mußten sich trennen; sie drückten einander herzlich die Hand. Das Ritornell, das die Damen aufforderte, die Quadrillen zu einem neuen Kontertanz zu bilden, vertrieb die Herren von dem weiten Raum, auf dem sie mitten im Salon geplaudert hatten. Jene hastige, in der Pause, die stets zwischen Kontertänzen eintritt, geführte Unterhaltung hatte vor dem Kamin des großen Salons im Stadtpalais Gondreville stattgefunden. Die Fragen und Antworten dieses bei einem Ball nicht ungewöhnlichen Geplauders waren von jedem der Sprechenden dem Partner ins Ohr geflüstert worden. Doch die Armleuchter und Herzen auf dem Kaminsims hatten eine solche Fülle von Licht auf die beiden Freunde geworfen, daß ihre allzu kräftig beleuchteten Gesichter trotz ihrer Diplomatendiskretion den unmerklichen Ausdruck dessen, was sie fühlten, weder vor der intelligenten Gräfin noch vor der arglosen Unbekannten hatten verbergen können. Das Ausspionieren der Gedanken ist vielleicht für die müßig Dabeistehenden eine der Belustigungen, die sie in der Gesellschaft finden, wohingegen sich so viele nichtige Dummköpfe dort langweilen, ohne daß sie es einzugestehen wagen.

Zum Verständnis dessen, worum es bei dieser Unterhaltung ging, muß ein Geschehnis erzählt werden, das durch unsichtbare Bande die einzelnen Gestalten dieses kleinen Dramas, die vorerst noch sich über die Salons verteilten, miteinander verknüpfen sollte. Ungefähr gegen elf Uhr abends, als gerade die Tänzerinnen ihre Plätze einnahmen, hatte die Gesellschaft im Palais Gondreville die schönste Frau von Paris erscheinen sehen, die Königin der Mode, die einzige, die in dieser glänzenden Versammlung noch gefehlt hatte. Sie hatte es sich zur Regel gemacht, immer erst in dem Augenblick zu kommen, da die Salons die lebhafte Bewegtheit zeigen, die es den Frauen nicht gestattet, die Frische ihrer Gesichter und ihrer Toiletten lange zu bewahren. Dieser rasch vorübergehende Augenblick ist wie der Frühling eines Balles. Eine Stunde später, wenn die Freude vorüber ist, wenn die Ermüdung eintritt, ist alles welk. Madame de Vaudremont beging nie den Fehler, so lange auf einem Fest zu verweilen, bis ihre Blumen herabhingen, ihre Locken in Unordnung geraten, ihre Spitzenbesätze zerknittert waren, bis ihr Gesicht dem aller derjenigen glich, die, vom Schlummer bedrängt, ihn nicht immer täuschen können. Sie hütete sich sorglich, sich, wie ihre Rivalinnen, mit eingeschlafener Schönheit sehen zu lassen; sie verstand sich darauf, den Ruf ihrer Koketterie geschickt dadurch aufrechtzuerhalten, daß sie einen Ball stets genauso strahlend verließ, wie sie gekommen war. Mit einem Gefühl des Neids flüsterten die Damen einander zu, sie bereite ebensoviel Schmuck vor und lege ihn an, wie sie an einem Abend Bälle besuche. Diesmal nun aber sollte Madame de Vaudremont nicht nach eigenem Ermessen den Salon verlassen dürfen, den sie triumphierend betreten hatte. Sie blieb eine kurze Weile in der Tür stehen, sie warf scharf beobachtende, wenngleich rasche Blicke auf die Damen und studierte deren Toiletten, bis sie sich überzeugt hatte, daß die ihrige alle übrigen in den Schatten stellte. Die berühmte Kokette bot sich der Bewunderung aller am Arm eines der tapfersten Obersten der Garde-Artillerie dar, eines Günstlings des Kaisers, des Grafen de Soulanges. Dem vorübergehenden, unvermuteten Beisammensein dieser beiden Persönlichkeiten wohnte zweifellos etwas Geheimnisvolles inne. Als Monsieur de Soulanges und die Gräfin de Vaudremont gemeldet wurden, standen einige Damen, die bis jetzt als Mauerblümchen dagesessen hatten, auf, und ein paar Herren, die aus den anstoßenden Salons herbeigeeilt kamen, drängten sich an den Türen des Hauptraums. Einer der Witzbolde, die bei dergleichen von vielen Menschen besuchten Veranstaltungen nie fehlen, sagte, als er die Gräfin und ihren Kavalier eintreten sah, die Damen brächten ebensoviel Neugier auf, einen Mann anzuschauen, der seiner Leidenschaft treu bleibe, wie die Männer, eine hübsche Frau zu mustern, die zu fesseln schwierig sei. Obwohl der Graf de Soulanges, ein junger Herr von etwa zweiunddreißig Jahren, jenes kraftvolle Temperament besaß, das den Mann zu großen Leistungen befähigt, sprachen sein hagerer Körperbau und seine bleiche Gesichtsfarbe wenig zu seinen Gunsten; seine schwarzen Augen vermeldeten viel Lebhaftigkeit, aber in der Gesellschaft verhielt er sich schweigsam, und nichts an ihm ließ eins der Rednertalente ahnen, die später, in den gesetzgebenden Versammlungen der Restauration, unter den Rechtsgerichteten glänzen sollten. Die Gräfin de Vaudremont, eine hochgewachsene, etwas üppige Dame mit blendend weißer Haut, die ihren kleinen Kopf gut trug und über den gewaltigen Vorteil verfügte, durch die Anmut ihrer Umgangsformen Liebe einzuflößen, war eines der Frauenwesen, die alle Versprechungen halten, die ihre Schönheit macht. Dieses für ein paar Augenblicke zum Gegenstand allgemeiner Verwunderung gewordene Paar ließ der Neugier nicht lange Zeit, sich auf seine Kosten auszuwirken. Der Oberst und die Gräfin schienen vollauf zu verstehen, daß der Zufall sie soeben in eine peinliche Lage gebracht hatte. Als Martial sie weitergehen sah, schlüpfte er in die Herrengruppe, die am Kamin Posten bezogen hatte, und beobachtete zwischen den Köpfen hindurch, die um ihn eine Art Schutzwall bildeten, Madame de Vaudremont mit der eifersüchtigen Aufmerksamkeit, die das erste Feuer der Leidenschaft einflößt: eine geheime Stimme schien ihm zu sagen, daß der Erfolg, mit dem er sich brüstete, vielleicht eine unsichere Sache sei; aber das Lächeln kalter Höflichkeit, mit dem die Gräfin Monsieur de Soulanges dankte, und die Geste, mit der sie ihn verabschiedete, als sie sich neben Madame de Gondreville setzte, entspannten alle Muskeln, die die Eifersucht in seinem Gesicht zusammengekrampft hatte. Aber als er dann zwei Schritt vor dem Sofa, auf dem Madame de Vaudremont Platz genommen hatte, Soulanges stehen sah, der den Blick nicht verstanden zu haben schien, mit dem die junge Kokette ihm gesagt hatte, sie spielten beide eine lächerliche Rolle, runzelte der Provenzale mit dem Feuerkopf abermals die schwarzen Brauen, die seine blauen Augen überschatteten, strich sich haltungsvoll über die braunen Locken, und ohne sich die Erregung anmerken zu lassen, die sein Herz pochen machte, überwachte er das Verhalten der Gräfin und Soulanges', während er mit seinem Nachbarn plauderte; dann ergriff er die Hand des Kürassierobersts, der gerade seine alte Bekanntschaft mit ihm erneuert hatte, aber er hörte ihm zu, ohne ihn zu verstehen, so sehr war er innerlich beschäftigt. Soulanges warf unruhige Blicke über die vierfache Reihe der Damen, die den weitläufigen Salon des Senators umrahmte, bewunderte diese Bordüre aus Diamanten, Rubinen, Goldgefunkel und geschmückten Köpfen, deren Glanz beinahe die Kerzen, das Kristall der Deckenkronen und die Vergoldungen bleicher schimmern ließ. Die sorglose Ruhe seines Nebenbuhlers ließ den Bearbeiter der Bittschriften die Haltung verlieren. Martial war außerstande, die geheime Ungeduld zu meistern, die ihn erfüllte, und so trat er auf Madame de Vaudremont zu, um sie zu begrüßen. Als der Provenzale erschien, warf Soulanges ihm einen glanzlosen Blick zu und wandte impertinent den Kopf ab. Eine ernste Stille herrschte in dem Salon; die Neugier war auf den Höhepunkt gelangt. Alle vorgestreckten Köpfe zeigten die absonderlichsten Mienen; jeder fürchtete und erwartete einen der Auftritte, die wohlerzogene Leute zu machen sich stets hüten. Plötzlich wurde das bleiche Gesicht des Grafen so rot wie seine scharlachfarbenen Aufschläge, und sein Blick senkte sich sogleich zu Boden, damit die Ursache seiner Verwirrung nicht erraten werden konnte. Er hatte die bescheiden am Fuß des Kandelabers sitzende Unbekannte gesehen, ging mit beklommener Miene an dem Bearbeiter der Bittschriften vorüber und flüchtete sich in einen der Salons, in denen gespielt wurde. Martial und die Anwesenden glaubten, Soulanges räume ihm öffentlich das Feld, aus Furcht vor der Lächerlichkeit, die sich einem entthronten Liebhaber stets anheftet. Der Bearbeiter der Bittschriften hob stolz den Kopf und musterte die Unbekannte; dann nahm er wohlgefällig neben Madame de Vaudremont Platz und lauschte ihr mit so geistesabwesender Miene, daß er gar nicht verstand, was die Kokette ihm hinter dem Fächer zuflüsterte: – »Martial, Sie tun mir den Gefallen und tragen heute abend nicht den Ring, den Sie mir entrissen haben. Ich habe meine Gründe und werde sie Ihnen binnen kurzem darlegen, wenn wir uns zurückziehen. Jetzt reichen Sie mir den Arm und führen mich zur Fürstin von Wagram[22].«

»Warum haben Sie sich eigentlich von dem Oberst führen lassen?« fragte der Baron.

»Ich habe ihn in der Säulenhalle getroffen«, antwortete sie; »aber gehen Sie jetzt, alle beobachten uns.«

Martial trat wieder zu dem Kürassieroberst. Die kleine blaue Dame war jetzt zu der gemeinsamen Ursache der Unruhe geworden, die gleichzeitig und auf so verschiedene Weise dem Kürassier, Soulanges, Martial und der Gräfin de Vaudremont zu schaffen machte. Als die beiden Freunde, nachdem sie ihre Unterhaltung mit jener Herausforderung beendet hatten, auseinandergingen, eilte der Bearbeiter der Bittschriften auf Madame de Vaudremont zu und brachte es fertig, ihr einen Platz in der glänzendsten Quadrille zu verschaffen. Martial kam die Art Rausch zustatten, in den der Tanz und das Wogen eines Balls die Frauen stets versetzt; die Männer zeigen sich dabei in den Schnurrpfeifereien ihrer Kleidung, und die lassen sie genauso anziehend wirken wie die Frauen; deswegen glaubte er sich ungestraft dem Zauber hinzugeben, der ihn zu der Unbekannten hinlockte. Zwar war es ihm gelungen, die ersten Blicke, mit denen er die blaue Dame bedachte, vor den unruhig-tätigen Augen der Gräfin zu verheimlichen; doch bald wurde er in flagranti ertappt; seine erste Zerstreutheit war entschuldbar; aber das ungehörige Schweigen, mit dem er die verführerischste aller Fragen, die eine Frau an einen Mann richten kann, nämlich: Liebst du mich heute abend?, beantwortete, ließ sich nicht rechtfertigen. Je mehr er in Träumerei versank, desto dringlicher und necksüchtiger wurde die Gräfin. Während Martial tanzte, ging der Kürassieroberst von Gruppe zu Gruppe und forschte nach Auskünften über die junge Unbekannte. Nachdem er das Entgegenkommen aller und sogar das der Gleichgültigen erschöpft hatte, war er entschlossen, einen Augenblick wahrzunehmen, da die Gräfin de Gondreville frei zu sein schien, um sie selber nach dem Namen jener geheimnisvollen Dame zu fragen, als er plötzlich einen kleinen leeren Raum zwischen der abgebrochenen Säule, die den Kandelaber trug, und den beiden Ruhebetten wahrnahm, die daran stießen. Der Oberst nutzte die Zeit, da der Tanz einen großen Teil der Stühle freiließ – sie bildeten mehrere Reihen von Festungswerken, die von Müttern oder Damen eines gewissen Alters verteidigt wurden –, und unternahm es, diese mit Schals und Taschentüchern bedeckte Palisade zu übersteigen. Er begann damit, den Witwen Liebenswürdigkeiten zu sagen; dann gelangte er von Frau zu Frau und von Höflichkeit zu Höflichkeit auf den leeren Platz neben der Unbekannten. Auf die Gefahr hin, sich an den Greifen und Schimären des riesigen Leuchters festzuhaken, blieb er dort unter den Flammen und dem Wachs der Kerzen stehen, zur großen Unzufriedenheit Martials. Der Oberst war allzu geschickt und erfahren, als daß er die kleine blaue Dame, die rechts von ihm saß, unvermittelt angesprochen hätte; also sagte er zunächst einmal zu einer ziemlich häßlichen Dame, die links von ihm saß: – »Das ist aber mal ein recht schöner Ball, Madame! Welch ein Luxus! Welch ein Schwung! Ehrenwort, die Frauen hier sind samt und sonders hübsch! Wenn Sie nicht tanzen, so gewiß doch, weil Sie keine Lust hatten?«

Diese abgeschmackte Unterhaltung, die der Oberst angeknüpft hatte, verfolgte den Zweck, seine Nachbarin zur Rechten zum Sprechen zu bringen; aber diese saß stumm und gedankenversunken da und schenkte ihm nicht die mindeste Aufmerksamkeit. Der Offizier verfügte über eine Menge von Redensarten, die mit einem: »Und Sie, Madame« endigen mußten; davon versprach er sich viel. Aber er war auf seltsame Weise überrascht, als er einige Tränen in den Augen der Unbekannten wahrnahm; sie schien völlig von Madame de Vaudremount gefangengenommen zu sein.

»Madame sind gewiß verheiratet?« fragte Oberst Montcornet schließlich mit unsicherer Stimme.

»Ja«, antwortete die Unbekannte.

»Sicher ist Ihr Herr Gemahl ebenfalls hier?«

»Ja.«

»Und warum bleiben Sie hier sitzen, Madame? Etwa aus Koketterie?«

Die Bekümmerte lächelte traurig.

»Erweisen Sie mir die Ehre, beim nächsten Kontertanz Ihr Kavalier zu sein; dann führe ich Sie bestimmt nicht hierher zurück! Neben dem Kamin sehe ich ein leeres Sofa, lassen Sie uns hingehen. Wenn so viele Leute thronen wollen und wenn heute die Ausgelassenheit Herrscherin ist, bleibt mir unbegreiflich, daß Sie es ablehnen könnten, den Titel der Ballkönigin anzunehmen, der Ihrer Schönheit verheißen zu sein scheint.«

»Ich möchte nicht tanzen.«

Der kurze Ton der Antworten dieser Frau war so niederschmetternd, daß der Oberst eigentlich hätte weggehen müssen. Martial, der die letzte Frage des Obersts und die Weigerung, die er hatte einstecken müssen, erraten hatte, fing an zu lachen, streichelte sich das Kinn und ließ den Ring an seinem Finger blitzen.

»Worüber lachen Sie?« fragte ihn die Gräfin de Vaudremont.

»Über den Mißerfolg des armen Montcornet; er hat gerade eben einen Bock geschossen ...«

»Ich hatte Sie gebeten, Ihren Ring abzuziehen«, unterbrach ihn die Gräfin.

»Das habe ich nicht gehört.«

»Sie hören zwar heute abend nichts, Baron, aber Sie sehen schlechthin alles«, antwortete Madame de Vaudemont mit pikierter Miene.

»Da steht ein junger Herr, der einen sehr schönen Brillantring trägt«, sagte da die Unbekannte zu dem Oberst.

»Herrlich«, antwortete er. »Jener junge Herr ist der Baron Martial de la Roche-Hugon, einer meiner intimsten Freunde.«

»Vielen Dank, daß Sie mir seinen Namen gesagt haben«, entgegnete sie; »er scheint sehr liebenswürdig zu sein.«

»Freilich, aber er ist ein bißchen leichtsinnig.«

»Man könnte meinen, er stehe auf gutem Fuß mit der Gräfin de Vaudremont«, sagte die junge Dame und blickte den Oberst fragend an.

»Auf dem allerbesten!«

Die Unbekannte erbleichte.

»Nanu?« dachte der Offizier, »liebt sie etwa diesen verdammten Martial?«

»Ich hatte geglaubt, Madame de Vaudremont sei seit langem mit Monsieur de Soulanges liiert«, fuhr die junge Frau fort; sie hatte sich ein wenig von dem inneren Schmerz erholt, der den Glanz ihres Gesichts verändert hatte.

»Seit acht Tagen hintergeht die Gräfin ihn«, antwortete der Oberst. »Aber Sie müssen doch den armen Soulanges gesehen haben, als er hereinkam; er versucht noch immer, nicht an sein Pech zu glauben.«

»Ich habe ihn gesehen«, sagte die blaue Dame. Dann fügte sie hinzu: »Monsieur, ich danke Ihnen«; der Tonfall kam einer Verabschiedung gleich.

Der Kontertanz war jetzt beinah zu Ende; dem enttäuschten Oberst blieb gerade noch Zeit, sich zurückzuziehen; dabei sagte er sich, als sei das ein Trost: »Sie ist verheiratet.«

»Na, tapferer Kürassier«, rief der Baron und zog den Oberst in eine Fensternische, von wo aus die reine Luft der Gärten geatmet werden konnte, »wie weit sind Sie mit ihr gekommen?«

»Sie ist verheiratet, mein Lieber.«

»Macht das was aus?«

»Zum Teufel, ich habe Lebensart«, antwortete der Oberst, »ich will mich fortan nur noch an Frauen heranmachen, die ich heiraten kann. Überdies hat sie mir in aller Form ihren Willen bekundet, nicht zu tanzen.«

»Lieber Oberst, lassen Sie uns Ihren Apfelschimmel gegen hundert Napoleons wetten, daß sie heute abend noch mit mir tanzt.«

»Einverstanden«, sagte der Oberst und schlug in die Hand des jungen Gecken ein. »Inzwischen will ich mal zu Soulanges gehen; vielleicht kennt er die Dame; sie schien sich für ihn zu interessieren.«

»Alter Freund, Sie haben verloren«, sagte Martial lachend. »Meine Augen sind den ihren begegnet, und in so etwas kenne ich mich aus. Lieber Oberst, Sie sind mir doch nicht böse, wenn ich mit ihr tanze, nachdem sie Ihnen einen Korb gegeben hat?«

»Nein, nein, wer zuletzt lacht, lacht am besten. Übrigens, Martial, ich bin kein Spielverderber und ein guter Verlierer; ich weise dich darauf hin, daß sie eine Schwäche für Diamanten hat.«

Nach diesen Worten trennten die beiden Freunde sich. General Montcornet ging in das Spielzimmer; er sah dort den Grafen de Soulanges an einem Bouillotte-Tisch sitzen. Obwohl zwischen den beiden Obersten nur jene banale Freundschaft bestand, wie sie sich in den Gefahren des Krieges und den Pflichten des Dienstes anbahnt, berührte es den Kürassieroberst schmerzlich, als er den Artillerieoberst, den er als einen vernünftigen Mann kannte, in eine Partie verstrickt sah, bei der er sich ruinieren konnte. Die auf dem unheilvollen Spielteppich liegenden Goldstücke und Banknoten zeugten von der Heftigkeit des Spiels. Ein Kreis schweigender Herren umstand die am Tisch sitzenden Spieler.

Zwar erklangen dann und wann ein paar Worte wie: »Passe, abheben, tausend Louis, gehalten«; aber wenn man die fünf reglos Dasitzenden betrachtete, sah es aus, als sprächen sie nur mit den Augen miteinander. Als der Oberst, den Soulanges' Blässe erschreckte, zu ihm hintrat, hatte der Graf gewonnen. Der Marschall Herzog von Isemberg und Keller, ein berühmter Bankier, standen auf; sie waren beträchtliche Summen losgeworden. Soulanges wurde noch düsterer, als er einen Haufen Gold und Banknoten einsteckte; er zählte sie nicht mal; bittere Verachtung kräuselte seine Lippen; er schien Fortuna zu bedrohen, anstatt ihr für ihre Gunst zu danken.

»Kopf hoch«, sagte der Oberst zu ihm, »Kopf hoch, Soulanges!« Der Meinung, ihm einen wahren Dienst zu erweisen, wenn er ihn dem Spiel entriß, sagte er dann noch: »Kommen Sie, ich habe eine gute Nachricht für Sie, aber unter einer Bedingung.«

»Die wäre?« fragte Soulanges.

»Daß Sie mir auf das antworten, was ich Sie fragen möchte.«

Der Graf de Soulanges stand mit einem Ruck auf, barg seinen Gewinn in einem Taschentuch, das er krampfhaft zerknüllt hatte, und sein Gesichtsausdruck war so wild, daß keiner der Spieler es sich einfallen ließ, zu beanstanden, daß er den Spielgewinn einsteckte, ohne Revanche zu geben. Die Gesichter schienen sich sogar zu erhellen, als dieser übelgelaunte, vergrämte Kopf sich nicht mehr in dem Lichtkreis befand, den die über dem Tisch hängende Bouillotte-Lampe beschrieb.

»Diese verdammten Militärs stecken unter einer Decke wie die Jahrmarkttaschendiebe!« sagte leise ein Diplomat aus dem Kreis der Zuschauer und nahm den Platz des Obersts ein.

Ein einziges fahles, übermüdetes Gesicht wandte sich dem neuen Spieler zu und sagte zu ihm, wobei er ihm einen Blick zuwarf, der wie das Feuer eines Diamanten aufglänzte und erlosch: – »Wer Militärs sagt, sagt nicht Zivil, Herr Minister, und drückt sich nicht gerade höflich aus.«

»Mein Lieber«, sagte Montcornet zu Soulanges und zog ihn in eine Ecke, »der Kaiser hat heute morgen Lobendes über Sie geäußert; an Ihrer Beförderung zum Marschall ist nicht mehr zu zweifeln.«

»Der Chef mag die Artillerie nicht.«

»Ja, aber er hat viel für den Adel übrig, und Sie sind ein Cidevant[23]! Der Chef«, fuhr Montcornet fort, »hat gesagt, die, die während des Feldzugs in Paris geheiratet hätten, sollten nicht als in Ungnade gefallen betrachtet werden. Na, was sagen Sie nun?«

Der Graf de Soulanges schien von diesen Worten nichts verstanden zu haben.

»Ja, und jetzt hoffe ich«, fuhr der Kürassieroberst fort, »daß Sie mir sagen, ob Sie eine reizende kleine Frau kennen, die am Fuß eines Kandelabers sitzt . . .«

Bei diesen Worten belebten sich die Augen des Grafen; mit unerhörter Heftigkeit ergriff er Montcornets Hand: – »Lieber Herr General«, sagte er mit spürbar veränderter Stimme, »wenn ein anderer als Sie mir diese Frage stellte, würde ich ihm mit diesem Haufen Gold den Schädel zertrümmern. Ich bitte Sie inständig: lassen Sie mich allein. Weit lieber möchte ich mir heute abend eine Kugel in den Schädel jagen, als . . . Ich hasse alles, was ich sehe. Deswegen will ich gehen. Diese Freude, diese Musik, diese stupiden, lachenden Gesichter bringen mich um.«

»Armer Freund«, entgegnete Montcornet tröstend und schlug herzlich in Soulanges' Hand ein, »Sie sind in eine Leidenschaft verstrickt! Was würden Sie sagen, wenn ich Ihnen verkündete, daß Martial kaum noch an Madame de Vaudremont denkt, daß er bis über beide Ohren in jene kleine Dame verliebt ist!«

»Wenn er mit ihr spricht«, rief Soulanges und stotterte dabei vor Wut, »schlage ich ihn platt wie seine Brieftasche, und wenn er dem Kaiser auf den Knien säße!«

Und wie vernichtet sank der Graf auf das kleine Sofa, zu dem der Kürassieroberst ihn geführt hatte. Letzterer zog sich langsam zurück; er wurde sich bewußt, daß Soulanges von einem zu heftigen Zorn erfüllt war, als daß Scherzworte oder die Bemühungen oberflächlicher Freundschaft ihn hätten beruhigen können. Als Montcornet wieder in den großen Salon trat, wo getanzt wurde, war die erste, die sich seinen Blicken bot, Madame de Vaudremont; auf ihrem sonst so ruhigen Gesicht nahm er einige Spuren schlecht verhehlter Aufregung wahr. Ein Sessel neben ihr war frei; der Oberst setzte sich zu ihr.

»Jede Wette: Sie quält etwas!« sagte er.

»Eine Bagatelle, Herr General. Ich wollte, ich wäre längst weg, ich habe versprochen, auf den Ball der Großherzogin von Berg[24] zu kommen, und vorher muß ich noch zur Fürstin von Wagram. Monsieur de la Roche-Hugon weiß das, und dabei amüsiert er sich damit, alten Damen den Hof zu machen.«

»Das ist nicht der ganze Grund Ihrer Unruhe, und ich wette um hundert Louis: Sie bleiben heute abend hier.«

»Sie Unverschämter!«

»Dann habe ich also recht gehabt?«

»Ja, was habe ich denn sonst im Kopf gehabt?« sprach die Gräfin weiter und schlug Montcornet mit dem Fächer auf die Finger. »Ich wäre imstande, Sie zu belohnen, wenn Sie es erraten.«

»Darauf gehe ich nicht ein, ich bin zu sehr im Vorteil.«

»Sie eingebildeter Mensch!«

»Sie haben Angst, Martial zu Füßen . . .«

»Wessen?« fragte die Gräfin und tat überrascht.

»Des Kandelabers zu sehen«, antwortete der Oberst, zeigte auf die schöne Unbekannte und musterte die Gräfin mit belästigender Aufmerksamkeit.

»Sie haben es erraten«, antwortete die Kokette und barg das Gesicht hinter dem Fächer, mit dem sie zu spielen anfing. »Die greise Madame de Lansac, die, wie Sie wissen, boshaft wie ein alter Affe ist«, fuhr sie nach einer kurzen Schweigepause fort, »hat mir vorhin gesagt, Monsieur de la Roche-Hugon laufe einige Gefahr, wenn er der Unbekannten, die sich heute hier wie ein Störenfried eingefunden hat, den Hof mache. Ich sähe lieber den Tod als dieses grausam schöne, geisterblasse Antlitz. Sie ist mein böser Dämon. Madame de Lansac«, fuhr sie nach einem unwillkürlichen Zeichen der Mißachtung fort, »die nur zum Ball geht, um alles zu sehen, während sie tut, als schlafe sie, hat mich tief beunruhigt. Martial soll den Streich, den er mir spielt, teuer bezahlen. Indessen, Herr General, da er Ihr Freund ist, veranlassen Sie ihn bitte, mir nicht weh zu tun.«

»Ich habe gerade mit jemandem gesprochen, der nichts Geringeres im Sinne hat, als ihm eine Kugel durch den Kopf zu schießen, wenn er die kleine Dame anredet. Jener Mann, Madame, steht zu seinem Wort. Aber ich kenne Martial, solche Gefahren fachen bloß seinen Mut an. Hinzu kommt, daß wir gewettet haben.« Hier senkte der Offizier die Stimme.

»Tatsächlich?«

»Ehrenwort.«

»Danke, Herr General«, antwortete Madame de Vaudremont und warf ihm einen koketten Blick zu.

»Erweisen Sie mir die Ehre, mit mir zu tanzen?«

»Ja, aber erst den zweiten Kontertanz. Während des nächsten will ich herausbekommen, was womöglich aus dieser Intrige wird und wer die kleine blaue Dame ist: sie sieht intelligent aus.«

Der Oberst merkte, daß Madame de Vaudremont allein sein wolle, und ging befriedigt darüber weg, daß er seinen Angriff so gut eingeleitet habe.

Auf Festen begegnet man stets einigen Damen, die, wie Madame de Lansac, dort wirken wie alte Seeleute, die vom Meeresgestade aus die jungen Matrosen beobachten, wenn sie mit den Stürmen kämpfen. In diesem Augenblick konnte Madame de Lansac, die sich für die Gestalten dieser Szene zu interessieren schien, sich ohne weiteres vorstellen, in welchen Kampf die Gräfin verstrickt war. Die junge Kokette mochte sich noch so anmutig fächeln, den jungen Herrn zulächeln, die sich vor ihr verneigten, und alle Listen anwenden, deren eine Frau sich bedient, wenn sie ihre Erregung verbergen will; die alte Witwe, eine der durchtriebensten Herzoginnen, die das achtzehnte Jahrhundert dem neunzehnten hinterlassen hat, verstand sich dennoch darauf, in ihrem Herzen und ihren Gedanken zu lesen. Die alte Dame schien die unmerklichen Regungen zu erkennen, die verraten, was in der Seele vor sich geht. Die leichteste Falte, die eine reine, weiße Stirn flüchtig furcht, das unmerklichste Zittern der Backenknochen, das Spiel der Brauen, das kaum noch sichtbare Verziehen der Lippen, deren sich bewegendes Korallenrot ihr nichts verbergen konnte, waren für die Herzogin wie die Lettern eines Buches. Von ihrem bequemen Lehnstuhl aus, den ihr Kleid gänzlich ausfüllte, bewunderte die emeritierte Kokette, während sie mit einem Diplomaten plauderte, der gern mit ihr beisammen war und ihre gut erzählten Anekdoten sammelte, sich selber in der jungen Koketten; die mochte sie, als sie merkte, wie gut sie ihren Kummer und die Zerrissenheit ihres Herzens zu verhüllen verstand. Madame de Vaudremont empfand tatsächlich genausoviel Schmerz, wie sie Heiterkeit heuchelte: sie hatte gehofft, sie sei in Martial einem Mann von Talent begegnet, mit dessen Unterstützung sie ihr Leben durch allen Zauber der Macht zu verschönern rechnete; jetzt aber hatte sie einen Irrtum erkannt, der ebenso grausam für ihren Ruf wie für ihr Selbstgefühl war. Bei ihr wie bei allen anderen Frauen jener Zeit erhöhte die Plötzlichkeit der Leidenschaften deren Heftigkeit. Seelen, die viel und rasch erleben, leiden nicht weniger als die, die von einer einzigen Liebe verzehrt werden. Die Vorliebe der Gräfin für Martial war freilich erst jüngsten Datums; aber auch der ungeschickte Chirurg weiß, daß die Amputation eines gesunden Glieds schmerzhafter ist als die eines kranken. In der Neigung der Madame de Vaudremont für Martial waren Aussichten für die Zukunft gewesen, während ihre vorhergegangene Leidenschaft hoffnungslos gewesen war und überdies vergällt durch Soulanges' Gewissensbisse. Die alte Herzogin, die nach einem geeigneten Augenblick, mit der Gräfin zu sprechen, Ausschau hielt, beeilte sich, ihren Gesandten loszuwerden; denn angesichts eines entzweiten Liebespaares verblaßt jedes andere Interesse, sogar bei einer alten Frau. Um den Kampf zu eröffnen, hatte Madame de Lansac Madame de Vaudremont einen sardonischen Blick zugeworfen; er hatte die junge Kokette fürchten lassen, ihr Schicksal liege in den Händen der alten Witwe. Es gibt Blicke von Frau zu Frau, die wie die Feuerbrände sind, wie sie in die Tragödienausgänge eingeführt werden. Man muß jene Herzogin gekannt haben, um den Schrecken ermessen zu können, den das Spiel ihrer Physiognomie der Gräfin einflößte. Madame de Lansac war hochgewachsen, ihre Züge schienen zu sagen: »Diese Frau muß einmal hübsch gewesen sein!« Sie bedeckte ihre Wangen mit so viel Rouge, daß die Falten fast nicht mehr zum Vorschein kamen; aber ihre Augen bekamen durch dies Dunkelkarmin mitnichten Glanz; sie wurden dadurch nur desto stumpfer. Sie trug eine große Menge Diamanten und kleidete sich geschmackvoll genug, um nicht lächerlich zu wirken. Ihre spitzige Nase ließ auf Boshaftigkeiten schließen. Ein gut eingesetztes Gebiß bewahrte ihrem Mund eine Grimasse der Ironie, die an Voltaire gemahnte. Dabei milderte die erlesene Höflichkeit ihrer Umgangsformen die maliziöse Haltung ihres Denkens so gut, daß sie keiner Gehässigkeit hätte beschuldigt werden können. Die grauen Augen der alten Dame wurden lebhafter; ein triumphierender

Blick, begleitet von einem Lächeln, das zu besagen schien: »Ich hatte es Ihnen ja versprochen!« durchquerte den Salon und verbreitete das Inkarnat der Hoffnung auf den bleichen Wangen der jungen Frau, die tief bekümmert am Fuß des Kandelabers saß. Dies Einvernehmen zwischen Madame de Lansac und der Unbekannten hatte dem geübten Auge der Gräfin de Vaudremont nicht entgehen können; sie witterte ein Geheimnis und wollte es ergründen. Gerade eben war der Baron de la Roche-Hugon mit seinen Fragen an die Matronen zu Ende gekommen, ohne daß er den Namen der blauen Dame erfahren hätte; in seiner Verzweiflung wandte er sich jetzt an die Gräfin de Gondreville und empfing die wenig befriedigende Antwort: »Die Dame ist mir von der ›früheren‹ Herzogin von Lansac vorgestellt worden.« Als er sich zufällig nach dem Sessel umwandte, in dem die alte Dame saß, fing der Bearbeiter der Bittschriften den der Unbekannten zugeworfenen Blick des Einverständnisses auf, und obwohl er sich seit einiger Zeit schlecht mit Madame de Lansac stand, beschloß er, sie anzusprechen. Als sie den Baron lebhaften Schrittes um ihren Sessel streunen sah, lächelte die alte Herzogin mit sardonischer Bösartigkeit und blickte Madame de Vaudremont mit einer Miene an, die den Oberst Montcornet zum Lachen reizte.

»Wenn dieses alte Zigeunerweib ein freundliches Gesicht macht«, dachte der Baron, »will sie mir sicherlich einen bösen Streich spielen.« – »Madame«, sagte er zu ihr, »es heißt, Sie seien damit beauftragt, einen recht kostbaren Schatz zu bewachen!«

»Halten Sie mich für einen Drachen?« fragte die alte Dame. »Aber wen meinen Sie?« fügte sie honigsüß hinzu, was Martial Hoffnung gab.

»Die kleine, von niemandem gekannte Dame, die die Eifersucht all dieser Koketten nach dahinten hin verbannt hat. Sie kennen doch gewiß ihre Familie?«

»Freilich«, sagte die Herzogin; »aber was wollen Sie mit einer Erbin aus der Provinz anfangen, die seit einiger Zeit verheiratet ist, ein Mädchen aus gutem Haus, das ihr alle nicht kennt, weil sie nirgendwo hingeht.«

»Warum tanzt sie eigentlich nicht? Sie ist doch so schön! Ist es Ihnen recht, wenn wir einen Friedensvertrag miteinander schließen? Wenn Sie geruhen, mich über alles zu unterrichten, was zu erfahren mich interessiert, schwöre ich Ihnen, daß eine Bitte um Rückgabe der Wälder von Navarreins durch die Außerordentliche Domänenkammer beim Kaiser wärmstens unterstützt werden wird.«

Die jüngere Linie des Hauses Navarreins führt das Wappen der Lansacs, blaues Feld mit glatten Silberbalken, flankiert von oben nach unten von sechs ebenfalls silbernen Lanzenspitzen, und die Liaison der alten Dame mit Ludwig XV. hat ihr durch Bestallungsbrief den Titel einer Herzogin eingetragen; und da die Navarreins noch nicht aus der Emigration zurückgekehrt waren, hatte der junge Bearbeiter der Bittschriften der alten Dame ganz einfach eine Gemeinheit vorgeschlagen, indem er ihr nahelegte, einen Besitz zurückzuerbitten, der der älteren Linie gehörte.

»Monsieur«, antwortete die alte Dame mit trügerischer Gewichtigkeit, »führen Sie mich zur Gräfin de Vaudremont. Ich verspreche Ihnen, ihr das Geheimnis zu enthüllen, das unsere Unbekannte so interessant macht. Sie müssen nämlich wissen: alle Herren hier auf dem Ball sind von derselben Neugier, wie Sie sie empfinden, hergetrieben worden. Alle Blicke richten sich unwillkürlich auf den Kandelaber, an den mein Schützling sich bescheiden gesetzt hat; sie empfängt alle Huldigungen, die man ihr hatte vorenthalten wollen. Glücklich der, den sie sich zum Tänzer erwählt!« Hier unterbrach sie sich und schaute die Gräfin de Vaudremont mit einem der Blicke an, die so unmißverständlich besagen: »Es ist von Ihnen die Rede.« Dann sagte sie noch: »Ich könnte mir denken, daß Sie den Namen der Unbekannten lieber aus dem Mund Ihrer schönen Gräfin als aus dem meinen vernähmen?«

Das Verhalten der Herzogin war so herausfordernd, daß Madame de Vaudremont aufstand, zu ihr hinging und sich auf den Stuhl setzte, den Martial ihr hinschob; ohne den Baron zu beachten, sagte sie lachend: »Ich errate, Madame, daß Sie von mir sprechen; aber ich gestehe meine Unzulänglichkeit ein: ich weiß nicht, ob gut oder schlecht.«

Madame de Lansac drückte mit ihrer alten, dürren, faltigen Hand die hübsche Hand der jungen Frau, und mitleidigen Tones antwortete sie ihr leise: »Sie armes Kind!«

Die beiden Frauen blickten einander an. Madame de Vaudremont durchschaute, daß Martial überflüssig war; sie verabschiedete ihn, indem sie mit gebieterischer Miene zu ihm sagte: »Lassen Sie uns allein.«

Der Bearbeiter der Bittschriften war nicht eben froh, die Gräfin den Zauberkräften der gefährlichen Sibylle zu überlassen; sie hatte sie nahe an sich herangezogen, und er warf ihr einen der Männerblicke zu, die auf ein blindes Herz eine mächtige Wirkung ausüben, aber einer Frau lächerlich vorkommen, wenn sie den, in den sie verliebt ist, mit kritischen Augen abzuschätzen beginnt.

»Sollten Sie anmaßend genug sein, den Kaiser nachzuäffen?« fragte Madame de Vaudremont, wandte den Kopf zu drei Vierteln zur Seite und sah den Bearbeiter der Bittschriften mit ironischer Miene an.

Martial besaß zuviel Lebensart, er verfügte über zuviel Scharfsinn und Berechnung, um sich der Gefahr auszusetzen, es zum Bruch mit einer Frau kommen zu lassen, die bei Hofe so gut angeschrieben stand und die der Kaiser einmal hatte heiraten wollen; überdies verließ er sich auf die Eifersucht, die in ihr zu entfachen er sich vornahm, als auf das beste Mittel, hinter das Geheimnis ihrer Kälte zu kommen; und er entfernte sich um so lieber, als in diesem Augenblick ein neuer Kontertanz alle Welt in Bewegung setzte. Der Baron tat, als wolle er den Quadrillen Platz machen; er stützte sich auf die Marmorplatte einer Konsole, kreuzte die Arme über der Brust und beschäftigte sich völlig damit, was die beiden Damen einander wohl sagten. Dann und wann folgte er den Blicken, die sie beide mehrmals auf die Unbekannte warfen. Wenn der Baron jetzt die Gräfin mit jener neuen Schönheit verglich, die das Geheimnisvolle so anziehend machte, verfiel er den häßlichen Berechnungen, wie sie bei Frauenhelden nichts Ungewöhnliches sind: er schwankte zwischen einem Glück, das mit Händen zu greifen, und einer Laune, die es zu befriedigen galt. Der Widerschein der Lichter ließ sein sorgenvolles, düsteres Gesicht so gut auf den weißen Moirédraperien hervortreten, die sein dunkles Haar leicht berührte, daß man ihn mit einem Dämon hätte vergleichen können. Aus der Ferne mußte sicherlich mehr als ein Beobachter sich sagen: »Noch ein armer Teufel, der sich tüchtig zu amüsieren scheint!« Die rechte Schulter leicht an die Füllung der Tür zwischen dem Salon, in dem getanzt, und dem, in dem gespielt wurde, gelehnt, konnte der Kürassieroberst unbemerkt unter seinem dicken Schnurrbart lachen; er genoß es, sich das Gewoge des Balls anzuschauen; er sah hundert hübsche Köpfe sich drehen und wiegen, wie der Tanz es mit sich brachte; er las auf manchen Gesichtern, so auf denen der Gräfin und seines Freundes Martial, daß in ihnen eine heimliche Erregung wogte; als er dann den Kopf wandte, überlegte er, ob etwa eine Beziehung zwischen der düsteren Miene des Grafen de Soulanges, der noch immer auf dem kleinen Sofa saß, und dem bekümmerten Gesicht der unbekannten Dame bestehe, in deren Zügen abwechselnd die Freuden der Hoffnung und die Ängste eines unwillkürlichen Erschreckens sichtbar wurden. Montcornet stand da wie der König des Festes; für ihn war dies bewegte Bild ein vollkommenes Abbild von Welt und Gesellschaft, und er lachte, während er die interessierten Lächelblicke von hundert lächelnden, geschmückten Frauen einheimste: ein Oberst der Kaiserlichen Garde, welcher Dienstgrad dem eines Brigadegenerals gleichkam, war unzweifelhaft eine der besten Partien in der Armee. Es ging auf Mitternacht. Die Gespräche, das Spiel, der Tanz, die Koketterie, der Eigennutz und die Anteilnahme, die Bosheiten und die Pläne: all das hatte jenen Grad von Erhitzung erreicht, der einem jungen Menschen den Ausruf: »Welch schöner Ball!« entlockt.

»Mein lieber kleiner Engel«, sagte Madame de Lansac zur Gräfin, »Sie stehen in einem Alter, in dem ich vielerlei falsch gemacht habe. Als ich Sie eben tausend Tode habe erleiden sehen, bin ich auf den Gedanken gekommen, Ihnen ein paar wohltuende Hinweise zu geben. Mit zweiundzwanzig Jahren etwas grundfalsch zu machen, bedeutet das nicht, sich die Zukunft zu zerstören, das Kleid zu zerreißen, das man anziehen soll? Liebes Kind, wir lernen immer erst recht spät, es anzulegen, ohne es zu zerknittern. Machen Sie nur so weiter, mein Herz; verschaffen Sie sich geschickte Feinde und unkluge Freunde, und dann passen Sie mal auf, was für ein hübsches Leben Sie eines Tages führen müssen.«

»Ach, Madame, es kostet eine Frau viel Mühe, glücklich zu sein, nicht wahr?« rief die Gräfin naiv.

»Mein Kleines, in Ihrem Alter muß man zu wählen wissen zwischen den Liebesfreuden und dem Glück. Sie wollen Martial heiraten; er ist nicht dumm genug, um einen guten Ehemann abzugeben, und nicht leidenschaftlich genug, um ein Liebhaber zu sein. Er hat Schulden, Liebste, und er ist ganz der Mann danach, Ihr Vermögen durchzubringen; aber das wäre nichts, wenn er Sie glücklich machte. Sehen Sie nicht, wie alt er wirkt? Der Mann muß oft krank gewesen sein; er kostet seine letzten Kräfte aus. In drei Jahren ist er als Mann erledigt. Dann kommt bei ihm der Ehrgeiz zum Durchbruch; vielleicht hat er Erfolg. Ich glaube es nicht. Was ist er denn? Ein Intrigant, der möglicherweise über einen wunderbaren Geschäftssinn verfügt und angenehm plaudern kann; aber er ist zu sehr Abenteurer, um mit wahren Leistungen aufwarten zu können; er wird es nicht weit bringen. Nebenbei gesagt: sehen Sie sich ihn doch mal an! Kann man es ihm in diesem Augenblick nicht von der Stirn ablesen, daß er in Ihnen nicht eine junge, hübsche Frau erblickt, sondern die zwei Millionen, die Sie Ihr eigen nennen? Er liebt Sie nicht, Liebste, er kalkuliert Sie ein, als handele es sich um ein Geschäft. Wenn Sie heiraten wollen, dann nehmen Sie einen älteren Mann, der angesehen dasteht und schon die Hälfte seines Lebensweges hinter sich hat. Eine Witwe darf aus ihrer Eheschließung keine Liebelei machen. Geht eine Maus zweimal in dieselbe Falle? Ein neuer Ehekontrakt muß jetzt für Sie eine Spekulation sein, und wenn Sie sich wiederverheiraten, dann muß es mindestens in der Hoffnung geschehen, eines Tages mit ›Frau Marschallin‹ angeredet zu werden.«

In diesem Augenblick richteten sich die Augen der beiden Frauen, wie es nicht anders sein konnte, auf das schöne Gesicht des Obersts Montcornet.

»Wenn Sie jedoch die schwierige Rolle einer Koketten spielen und nicht heiraten wollen«, fuhr die Herzogin gutmütig fort, »ach, dann, arme Kleine, verstehen Sie es sicher besser als jede andere, Gewitterwolken anzuhäufen und sie wieder zu zerstreuen. Aber, ich beschwöre Sie, machen Sie sich nie einen Spaß daraus, den Ehefrieden zu stören, die Eintracht der Familien und das Glück von Frauen zugrunde zu richten, die glücklich sind. Ich, meine Liebe, habe sie gespielt, diese gefährliche Rolle. Mein Gott, ja, um eines Triumphs der Eigenliebe willen mordet man zuweilen arme, tugendhafte Geschöpfe; denn, Liebste, es gibt tatsächlich tugendhafte Frauen, und man zieht sich tödlichen Haß zu. Ein bißchen zu spät habe ich die Erfahrung gemacht, daß, nach dem Ausspruch des Herzogs von Alba[25], ein Lachs besser ist als tausend Frösche! Selbstverständlich spendet eine wahre Liebe tausendmal mehr Genüsse als die Eintagsleidenschaften, die man entfacht. Ja, ja, ich bin hierhergekommen, um Ihnen eine Predigt zu halten. Jawohl, Sie sind die Ursache, daß ich in diesem Salon erschienen bin, in dem es nach Pöbel stinkt. Habe ich vorhin nicht sogar Schauspieler gesehen? Früher, Liebste, empfing man die in seinem Boudoir; aber im Salon? Pfui Teufel! Warum sehen Sie mich so erstaunt an? Passen Sie mal auf! Wenn Sie die Männer zum besten haben wollen«, fuhr die alte Dame fort, »dann richten Sie nur in den Herzen derjenigen Verwirrungen an, deren Leben noch nicht ins reine gekommen ist, die noch keine Pflichten zu erfüllen haben; die anderen verzeihen uns die Verwirrungen nicht, die sie glücklich gemacht haben. Ziehen Sie Nutzen aus diesem Grundsatz; ich verdanke ihn meiner alten Erfahrung. Der arme Soulanges zum Beispiel, dem Sie den Kopf verdreht und den Sie seit fünf Vierteljahren berauscht haben, und Gott weiß, in welchem Maße!, ja, und wissen Sie, auf was Ihre Hiebe sich auswirken ...? Auf sein ganzes Leben. Er ist seit dreißig Monaten verheiratet, wird von einem bezaubernden Geschöpf vergöttert, das ihn liebt und das er hintergeht; sie lebt unter Tränen und im bittersten Schweigen. Soulanges hat manchmal Gewissensbisse gehabt, die grausamer waren als seine Liebensfreuden köstlich. Und Sie, Sie kleine Durchtriebene, Sie haben ihn betrogen. Na, gut und schön, jetzt sehen Sie sich mal an, was dabei herausgekommen ist.« Die alte Herzogin nahm Madame de Vaudremont bei der Hand, und sie standen auf. – »Da!« sagte Madame de Lansac zu ihr und deutete mit den Augen auf die blasse, zitternde Unbekannte unter den Kerzenflammen des Kandelabers, »da sitzt meine kleine Nichte, die Gräfin de Soulanges; endlich hat sie heute meinem Drängen nachgegeben; sie hat sich bereit gefunden, ihr schmerzerfülltes Schlafzimmer zu verlassen, wo der Anblick ihres Kindes ihr noch recht schwache Tröstungen spendete; sehen Sie sie? Sicherlich finden Sie sie ganz reizend. Ja, liebe Schöne, nun beurteilen Sie mal, wie sie ausgesehen haben muß, als Glück und Liebe ihren Glanz über dieses jetzt arg mitgenommene Gesicht ergossen hatten.« Die Gräfin wandte schweigend den Kopf ab und schien von ernstem Nachdenken heimgesucht zu werden. Die Herzogin führte sie bis an die Tür des Salons, in dem gespielt wurde; dann sagte sie mit tiefer Stimme zu der jungen Koketten, nachdem sie darin Umschau gehalten hatte, als suche sie jemanden: – »Und dort sitzt Soulanges.«

Die Gräfin durchschauerte es, als sie im dunkelsten Winkel des Salons das bleiche, verzerrte Gesicht des auf dem kleinen Sofa sitzenden Soulanges erblickte: die Kraftlosigkeit seiner Glieder und die Unbeweglichkeit seiner Stirn sprachen seinen ganzen Schmerz aus; die Spieler kamen und gingen an ihm vorbei und beachteten ihn genausowenig, als sei er tot gewesen. Dem Bild, das die junge, weinende Frau und der trübsinnige, düstere Mann darboten, beide inmitten dieses Festes voneinander getrennt wie die beiden Hälften eines vom Blitz zerspaltenen Baumes, wohnte für die Gräfin vielleicht etwas Prophetisches inne. Sie fürchtete, sie erblicke darin ein Sinnbild der Vergeltungen, die die Zukunft für sie bereithielt. Ihr Herz war noch nicht verhärtet genug, als daß Feinfühligkeit und Nachsicht gänzlich daraus verbannt gewesen wären; sie drückte der Herzogin die Hand und dankte ihr durch ein Lächeln, in dem eine gewisse kindliche Anmut lag.

»Mein liebes Kind«, flüsterte die alte Dame ihr zu, »bedenken Sie fortan immer, daß wir uns ebensogut darauf verstehen müssen, die Männer abzuweisen wie sie an uns zu locken.«

»Sie gehört Ihnen, wenn Sie kein Tropf sind.«

Diese letzten Worte wurden von Madame de Lansac leise zu dem Oberst Montcornet gesagt, während die schöne Gräfin sich dem Mitleid hingab, das Soulanges' Anblick ihr einflößte, denn sie liebte ihn noch immer so aufrichtig, daß sie ihn glücklich machen wollte, und gelobte sich innerlich, die unwiderstehliche Macht, die ihre Verführungskünste nach wie vor auf ihn ausübten, einzusetzen, um ihn zu seiner Frau zurückzuführen.

»Oh, wie werde ich ihn ins Gebet nehmen«, sagte sie zu Madame de Lansac.

»Tun Sie nichts dergleichen, Liebste!« rief die Herzogin auf dem Rückweg zu ihrem Sessel, »suchen Sie sich einen guten Ehemann und verschließen Sie meinem Neffen Ihre Tür. Bieten Sie ihm nicht mal Ihre Freundschaft an. Glauben Sie mir, mein Kind, keine Frau nimmt von einer anderen das Herz ihres Mannes entgegen; sie ist hundertmal glücklicher im Glauben, sie selber habe es zurückerobert. Dadurch, daß ich meine Nichte hierhergebracht habe, glaube ich ihr ein vortreffliches Mittel in die Hand gegeben zu haben, die Neigung ihres Mannes wiederzugewinnen. Ich bitte Sie: lassen Sie Ihre ganze Mitwirkung darin bestehen, daß Sie den General reizen.«

Und als die Herzogin dabei auf den Freund des Bearbeiters der Bittschriften zeigte, mußte die Gräfin lächeln.

»Nun, Madame, wissen Sie jetzt endlich den Namen der Unbekannten?« fragte der Baron mit leicht gereizter Miene die Gräfin, als sie allein war.

»Ja«, sagte Madame de Vaudremont und blickte den Bearbeiter der Bittschriften an.

Ihr Gesicht drückte ebensoviel Durchtriebenheit wie Heiterkeit aus. Das Lächeln, das ihren Lippen und Wangen Leben spendete, der feuchte Schimmer ihrer Augen waren wie Irrlichter, die den Wanderer täuschen. Martial, der sich noch immer geliebt glaubte, nahm jetzt die kokette Haltung ein, in der ein Mann sich gegenüber der, die er liebt, so wohlgefällig wiegt, und sagte geckenhaft: – »Und zürnen Sie mir nicht, wenn ich allzu großen Wert darauf zu legen scheine, jenen Namen zu erfahren?«

»Und zürnen Sie mir nicht«, entgegnete Madame de Vaudremont, »wenn ein Rest von Liebe mich veranlaßt, ihn Ihnen nicht zu sagen, und wenn ich Ihnen verbiete, sich jener jungen Dame auch nur im mindesten zu nähern? Sie würden vielleicht Ihr Leben aufs Spiel setzen.«

»Madame, Ihre Gunst verlieren heißt mehr, als das Leben verlieren.«

»Martial«, sagte die Gräfin streng, »es ist Madame de Soulanges. Der Mann schießt Ihnen eine Kugel durch den Kopf, sofern Sie einen haben.«

»Haha!« lachte der Geck, »der Oberst sollte den in Frieden leben lassen, der ihm Ihr Herz geraubt hat, und sich um seiner Frau willen duellieren? Das stellte ja alle Spielregeln auf den Kopf! Bitte erlauben Sie mir, mit der kleinen Dame zu tanzen. Dann bekommen Sie den Beweis dafür, wie wenig Liebe für Sie dies Schneeherz birgt; denn wenn der Oberst etwas daran auszusetzen hat, daß ich mit seiner Frau tanze, nachdem er geduldet hat, daß ich Sie . . .«

»Aber sie liebt ihren Mann.«

»Ein Hindernis mehr, das zu überwinden ich die Freude haben werde.«

»Aber sie ist verheiratet.«

»Amüsante Entgegnung!«

»Ach so«, sagte die Gräfin mit einem bitteren Lächeln, »Sie bestrafen auf gleiche Weise unsere Fehltritte und unsere Reue.«

»Seien Sie mir nicht böse«, sagte Martial lebhaft. »Oh, ich flehe Sie an: verzeihen Sie mir. Merken Sie denn nicht: ich denke schon gar nicht mehr an Madame de Soulanges.«

»Sie verdienten, daß ich Sie zu ihr schickte.«

»Ich gehe zu ihr hin«, sagte der Baron lachend, »und dann komme ich wieder und bin verliebter in Sie denn je. Sie sollen es erleben, daß nicht mal die hübscheste Frau der Welt sich eines Herzens bemächtigen kann, das Ihnen gehört.«

»Das heißt also, daß Sie das Pferd des Kürassieroberststs gewinnen wollen.«

»Haha, der Verräter«, antwortete er lachend und drohte mit dem Finger zu seinem Freund hin, der lächelte.

Der Oberst trat herzu, der Baron räumte ihm den Platz neben der Gräfin ein und sagte zu ihr mit sardonischer Miene: – »Madame, hier kommt ein Mann, der sich gerühmt hat, er könne an einem einzigen Abend Ihre Gunst erringen.«

Im Weggehen zollte er sich Beifall, die Selbstachtung der Gräfin empört und Montcornet abserviert zu haben; aber trotz seiner gewöhnlichen Gewitztheit war ihm die Ironie entgangen, von der Madame de Vaudremonts Bemerkungen durchtränkt gewesen waren, und er hatte nicht gemerkt, daß sie seinem Freund um ebensoviel Schritte entgegengekommen war wie er ihr, ohne daß beide es gewußt hätten. In dem Augenblick, da der Bearbeiter der Bittschriften an den Kandelaber herantänzelte, unter dem die Gräfin de Soulanges bleich und furchtsam saß und nur in den Augen Leben zu haben schien, kam ihr Mann an die Salontür, und seine Augen funkelten vor Leidenschaft. Die alte Herzogin, die auf alles ein Auge hatte, eilte auf ihren Neffen zu, bat ihn um seinen Arm und darum, daß er sie zu ihrem Wagen führe; sie wolle heimfahren; sie schützte vor, sie langweile sich gräßlich und schmeichelte sich dabei, einen ärgerlichen Auftritt zu verhindern. Bevor sie ging, machte sie ihrer Nichte ein eigentümliches Zeichen des Einverständnisses: sie wies nämlich auf den unternehmungslustigen Kavalier hin, der im Begriff stand, sie anzureden; und jenes Zeichen schien ihr zu sagen: »Da ist er, räche dich.«

Madame de Vaudremont war der Blickwechsel zwischen Tante und Nichte nicht entgangen; eine jähe Erleuchtung erhellte ihre Seele; sie fürchtete, der in der Intrige so bewanderten, abgefeimten alten Dame auf den Leim gegangen zu sein. – »Diese durchtriebene Herzogin«, sagte sie sich, »hat sich vielleicht einen Spaß daraus gemacht, mir Moral zu predigen und mir gleichzeitig auf ihre Art einen üblen Streich zu spielen.«

An diesen Gedanken war das Selbstgefühl der Madame de Vaudremont vielleicht noch mehr beteiligt als ihre Begierde, diese verschlungene Intrige zu entwirren. Ihr inneres Beteiligtsein raubte ihr die Fassung. Der Kürassieroberst, der sich die Befangenheit in den Worten und dem Verhalten der Gräfin zu seinen Gunsten auslegte, wurde nur um so eifriger und dringlicher. Die alten, blasierten Diplomaten, die sich damit amüsierten, das Mienenspiel zu beobachten, hatten nie zuvor eine solche Fülle von Intrigen zu verfolgen oder zu erraten gehabt. Die Leidenschaften, die sich in den beiden Paaren auswirkten, wechselten bei jedem Schritt durch diese belebten Salons miteinander ab und bekundeten sich in anderen Abschattungen auf anderen Gesichtern. Das Schauspiel so vieler Leidenschaften, all dieser Liebesstreite, dieser köstlichen Vergeltungen, dieser grausamen Begünstigungen, dieser lodernden Blicke, dieses glühenden Lebens, das sie umflutete, ließ sie ihre Impotenz nur desto stärker empfinden. Endlich hatte der Baron sich neben die Gräfin de Soulanges setzen können. Seine Blicke schweiften verstohlen über einen taufrischen Hals, der wie eine Wiesenblume duftete. Er bewunderte aus der Nähe Schönheiten, die ihn aus der Ferne erstaunt hatten. Er konnte einen kleinen, hübsch beschuhten Fuß sehen, mit dem Blick eine geschmeidige, anmutige Taille messen. Zu jener Zeit trugen die Damen den Gürtel ihrer Kleider unmittelbar unter den Brüsten; das war eine Nachahmung griechischer Statuen, und es war eine unbarmherzige Mode für Frauen, deren Oberkörper nicht ganz einwandfrei war. Martial warf flüchtige Blicke auf jene Brust und war entzückt über die Vollkommenheit der Formen der Gräfin.

»Sie haben heute abend kein einziges Mal getanzt, Madame«, sagte er mit weicher, schmeichelnder Stimme; »ich könnte mir vorstellen, daß es nicht Schuld der Tänzer ist?«

»Ich verkehre nicht in der Gesellschaft, keiner kennt mich«, antwortete Madame de Soulanges kühl; sie hatte den Blick ihrer Tante nicht verstanden, die sie aufgefordert hatte, nett zu dem Baron zu sein.

Da ließ Martial absichtlich den schönen Diamanten spielen, der seine linke Hand schmückte; das Feuer, das der Stein sprühte, schien ein jähes Licht in die Seele der jungen Gräfin zu werfen; sie errötete und blickte den Baron mit einem unerklärlichen Ausdruck an.

»Tanzen Sie gern?« fragte der Provenzale im Versuch, die Unterhaltung wieder anzuknüpfen.

»O ja, sehr gern, Monsieur.«

Bei dieser befremdlichen Antwort begegneten ihre Blicke einander. Den jungen Mann machte der energische Tonfall betroffen, der in seinem Herzen eine unbestimmte Hoffnung erweckte; er hatte sogleich fragend in die Augen der jungen Frau geblickt.

»Nun, dann ist es wohl meinerseits keine Kühnheit, wenn ich mich Ihnen als Partner für den nächsten Kontertanz anbiete.«

Eine naive Verwirrung rötete die weißen Wangen der Gräfin.

»Aber ich habe schon einen Tänzer abgewiesen, einen Offizier ...«

»Etwa den großen Kavallerieoberst da drüben?«

»Eben den.«

»Der ist mein Freund, Sie brauchen nichts zu befürchten. Gewähren Sie mir die Gunst, die ich zu erhoffen wage?«

»Ja.«

Jene Stimme verriet eine so junge und tiefe innere Bewegtheit, daß die blasierte Seele des Bearbeiters der Bittschriften davon erschüttert wurde. Es überkam ihn eine schuljungenhafte Schüchternheit, er verlor seine Selbstsicherheit, sein Südländerkopf erglühte, er wollte sprechen, seine Ausdrücke kamen ihm ungelenk vor, wenn er sie mit den geistvollen, feinen Entgegnungen der

Madame de Soulanges verglich. Zu seinem Glück begann gerade der Kontertanz. Nun er sich neben seiner schönen Tänzerin bewegte, fühlte er sich erleichtert. Für viele Männer ist der Tanz eine Daseinsform; sie meinen, durch die Entfaltung der Geschmeidigkeit ihres Körpers könnten sie auf das Herz der Frauen kräftiger wirken als durch den Geist. Sicherlich wollte der Provenzale in diesen Minuten alle seine Verführungskünste einsetzen; die Anmaßung seiner Bewegungen und seiner Gesten ließen darauf schließen. Er hatte seine Eroberung in die Quadrille geführt, in der die glänzendsten Frauen des Salons eine rätselhafte Wichtigkeit darein gelegt hatten, besser zu tanzen als alle anderen. Während das Orchester das Präludium für die erste Figur anstimmte, empfand der Stolz des Barons eine unglaubliche Genugtuung, als er den Blick über die Tänzerinnen, die auf den Linien dieses gefürchteten Quadrats standen, schweifen ließ und feststellte, daß die Toilette der Madame de Soulanges sogar die der Madame de Vaudremont übertraf; die Gräfin bildete durch einen vielleicht absichtlich herbeigeführten Zufall mit dem Oberst das Partnerpaar des Barons und der blauen Dame. Für einen Augenblick hefteten die Blicke sich an Madame de Soulanges: ein schmeichelhaftes Gemurmel verkündete, daß sie der Gesprächsgegenstand jedes Partners mit seiner Tänzerin war. Ein neidisches und bewunderndes Geäugel brach so lebhaft über die junge Frau herein, daß sie, beschämt ob eines Triumphs, dem sie sich dem Anschein nach hatte entziehen wollen, bescheiden die Augen niederschlug, errötete und deswegen nur um so zauberhafter wirkte. Wenn sie die weißen Lider wieder aufschlug, so geschah es nur, um ihren berauschten Tänzer anzuschauen, als wolle sie ihm den Ruhm dieser Huldigungen zurückerstatten und ihm sagen, daß sie den seinen allen anderen vorziehe; sie gesellte ihrer Koketterie Unschuld zu, oder vielmehr: sie schien sich der naiven Bewunderung hinzugeben, durch die die Liebe mit einer Gutgläubigkeit einsetzt, wie sie sich nur in jungen Herzen findet. Als sie tanzte konnten die Zuschauenden ohne weiteres glauben, sie entfalte ihre Anmut einzig für Martial; und obgleich sie zurückhaltend und neu in der Reitbahn der Salons war, verstand sie sich genausogut wie die erfahrenste Kokette darauf, zur rechten Zeit den Blick auf ihn zu richten und ihn mit geheuchelter Bescheidenheit wieder zu senken. Als die neuen Regeln eines von dem Tänzer Trénis[26] erfundenen und nach ihm benannten Kontertanzes Martial vor den Oberst führten, sagte er lachend zu ihm: – »Ich habe dein Pferd gewonnen.«

»Ja, aber du hast achtzigtausend Francs Einkünfte verloren«, entgegnete ihm der Oberst und deutete auf Madame de Vaudremont.

»Was macht mir das aus!« antwortete Martial, »Madame de Soulanges ist Millionen wert.«

Am Schluß dieses Kontertanzes gab es mehr als ein Getuschel in mehr als ein Ohr. Die am wenigsten hübschen Frauen entrüsteten sich ihren Tänzern gegenüber über die sich anbahnende Liaison zwischen Martial und der Gräfin de Soulanges. Die schönsten wunderten sich über eine solche Leichtfertigkeit. Die Männer waren verständnislos über das Glück des kleinen Bearbeiters der Bittschriften, an dem sie eigentlich nichts Verführerisches fanden. Ein paar nachsichtige Damen sagten, man dürfe es nicht eilig haben, über die Gräfin den Stab zu brechen: junge Damen seien recht unglücklich dran, wenn ein ausdrucksvoller Blick oder ein paar graziös ausgeführte Tanzschritte hinreichten, eine Frau zu kompromittieren. Einzig Martial wußte um die volle Tragweite seines Glücks. Bei der letzten Figur, als die Damen der Quadrille das Moulinet zu bilden hatten, drückten seine Finger die der Gräfin, und er glaubte, durch das dünne, parfümierte Leder seiner Handschuhe hindurch zu fühlen, daß die Finger der jungen Frau seinem Liebesruf antworteten.

»Madame«, sagte er zu ihr, als der Kontertanz endete, »gehen Sie nicht wieder in jenen abscheulichen Winkel zurück, in dem Sie bisher Ihr Gesicht und Ihre Toilette vergraben hatten. Ist Bewunderung der einzige Lohn, den Sie den Diamanten abgewinnen könnten, die Ihren weißen Hals und Ihre so schön geknüpften Flechten schmücken? Kommen Sie, wir wollen einen Rundgang durch die Salons machen, damit Sie das Fest und sich selber genießen.«

Madame de Soulanges folgte ihrem Verführer; er glaubte, sie werde ihm um so sicherer gehören, wenn es ihm gelinge, sie öffentlich zur Schau zu stellen. Beide unternahmen also einige Gänge zwischen den Gruppen hindurch, die die Salons des Palais erfüllten. Die Gräfin de Soulanges war ängstlich, blieb einen Augenblick an der Tür jedes Salons stehen, ehe sie hineinging, und trat erst ein, nachdem sie den Hals vorgereckt und einen Blick auf alle darin befindlichen Männer geworfen hatte. Diese Angst, die die Freude des kleinen Bearbeiters der Bittschriften nur noch steigerte, schien sich erst zu beschwichtigen, als er seiner bebenden Gefährtin gesagt hatte: »Seien Sie ganz unbesorgt; ›er‹ ist nicht da.« So gelangten sie in eine riesige Gemäldegalerie, die in einem Flügel des Palais untergebracht war und wo man schon im voraus den prächtigen Anblick eines für dreihundert Personen hergerichteten kalten Büfetts genoß. Da gleich mit dem Essen begonnen werden sollte, führte Martial die Gräfin in ein ovales Boudoir an der Gartenseite, wo die seltensten Blumen und ein paar Sträucher ein duftendes Gebüsch unter schimmernden blauen Draperien bildeten. Hier war das Gebrodel des Festes kaum noch zu vernehmen. Die Gräfin erzitterte beim Hineingehen und weigerte sich hartnäckig, dem jungen Herrn zu folgen; doch nachdem sie einen Blick in einen Spiegel geworfen, in dem sie sicherlich Zeugen erblickt hatte, setzte sie sich ziemlich willig auf ein Ruhebett.

»Dieser Raum ist entzückend«, sagte sie und bewunderte eine himmelblaue, mit Perlenschnüren geraffte Draperie.

»Hier ist alles Liebe und Wollust«, sagte der junge Herr ergriffen.

Bei der geheimnisvollen Helle, die hier herrschte, betrachtete er die Gräfin und gewahrte in ihrem sanft geröteten Gesicht einen Ausdruck der Verwirrung, der Scham, des Verlangens, der ihn entzückte. Die junge Frau lächelte, und dieses Lächeln schien dem Kampf der Gefühle, die in ihrem Herzen wider einander brandeten, ein Ende zu machen; auf die verführerischste Weise ergriff sie die linke Hand ihres Anbeters und zog ihm den Ring vom Finger, auf dem ihre Blicke gehaftet hatten.

»Solch ein schöner Diamant!« rief sie mit dem naiven Ausdruck eines jungen Mädchens, das den Kitzel einer ersten Versuchung offenbar werden läßt.

Martial war erschüttert von der unwillkürlichen, aber berauschenden Liebesbezeigung, die die Gräfin ihm hatte zuteil werden lassen, als sie ihm den Brillantring abstreifte; er heftete auf sie Augen, die ebenso funkelten wie der Ring.

»Tragen Sie ihn«, sagte er, »als Erinnerung an diese himmlische Stunde und aus Liebe zu ...«

Sie schaute ihn so ekstatisch an, daß er nicht zu Ende sprach, sondern ihr die Hand küßte.

»Schenken Sie ihn mir denn?« fragte sie mit erstaunter Miene.

»Die ganze Welt möchte ich Ihnen darbieten.«

»Sie scherzen doch nicht etwa?« fuhr sie mit einer durch allzu lebhafte Genugtuung veränderten Stimme fort.

»Wollen Sie meinen Diamanten denn nicht annehmen?«

»Fordern Sie ihn auch nie wieder zurück?«

»Nie im Leben.«

Sie steckte den Ring an den Finger. Martial, der mit einem nahe bevorstehenden Glück rechnete, tat eine Geste, um seine Hand der Gräfin um die Taille zu legen; da stand sie unvermittelt auf und sagte mit klarer Stimme ohne jede Erregung: – »Monsieur, ich nehme diesen Ring mit um so weniger Gewissensbissen an, als er mir gehört.«

Der Bearbeiter der Bittschriften stand völlig verdattert da.

»Mein Mann hat ihn kürzlich von meinem Toilettentisch genommen und mir dann gesagt, er habe ihn verloren.«

»Sie irren sich, Madame«, sagte Martial mit gereizter Miene, »ich habe ihn von Madame de Vaudremont.«

»Ganz recht«, entgegnete sie lächelnd. »Mein Mann hat sich den Ring von mir entliehen, er hat ihn ihr geschenkt, und sie hat Sie damit bedacht, mein Ring hat eine Rundreise gemacht, und weiter gar nichts. Dieser Ring wird mir vielleicht alles sagen, was ich nicht weiß, und er wird mich das Geheimnis lehren, immer zu gefallen. Monsieur«, fuhr sie fort, »wenn er nicht mir gehört hätte, können Sie sicher sein, daß ich mich schwerlich erkühnt hätte, ihn so teuer zu bezahlen; es heißt nämlich, Sie seien jungen Frauen gefährlich. Aber da, sehen Sie«, fügte sie hinzu und drückte auf eine unter dem Stein verborgene Feder, »die Locke meines Mannes ist noch darin.«

Sie durcheilte so hurtig die Salons, daß der Versuch, sie einzuholen, vergeblich schien; und überdies war der verdutzte Martial nicht dazu aufgelegt, sich auf dies Abenteuer einzulassen. Das Lachen der Madame de Soulanges hatte in dem Boudoir ein Echo gefunden; zwischen zwei Sträuchern erblickte der junge Geck den

Kürassieroberst und Madame de Vaudremont, die aus ganzem Herzen lachten.

»Willst du mein Pferd, um deiner Eroberung nachzureiten?« fragte ihn der Oberst.

Die gute Miene, mit der der Baron die Scherzreden ertrug, mit denen Madame de Vaudremont und Montcornet ihn überhäuften, trug ihm ihr Stillschweigen über die Geschehnisse dieses Abends ein, an dem der Freund sein Schlachtroß gegen eine junge, reiche, hübsche Frau eingetauscht hatte.

Während die Gräfin de Soulanges die Wegstrecke hinter sich brachte, die zwischen der Chaussée-d'Antin und dem Faubourg Saint-Germain liegt, wo sie wohnte, wurde ihre Seele von heftigen Besorgnissen gepeinigt. Vor dem Verlassen des Palais Gondreville war sie durch die Salons geeilt, hatte aber weder ihre Tante noch ihren Mann angetroffen; sie waren ohne sie fortgegangen. Schreckliche Vorahnungen marterten ihre arglose Seele. Als taktvolle Zeugin all der Leiden, die ihr Mann hatte durchmachen müssen seit dem Tage, da Madame de Vaudremont ihn vor ihren Wagen gespannt, hatte sie vertrauensvoll darauf gehofft, daß bald eine Reueanwandlung ihren Mann zu ihr zurückführen werde. Daher hatte sie nur mit unglaublichem Widerstreben in den von ihrer Tante Madame de Lansac ausgeheckten Plan eingewilligt, und nun fürchtete sie, etwas falsch gemacht zu haben. Dieser Abend hatte ihre reine Seele betrübt. Hatte zunächst die düstere Leidensmiene ihres Mannes sie erschreckt, so noch mehr die Schönheit ihrer Rivalin, und die Verderbtheit der Welt hatte ihr das Herz schwer gemacht. Als sie über den Pont-Royal fuhr, warf sie die entweihte Locke fort, die unter dem Diamanten gelegen hatte und die ihr als Unterpfand einer reinen Liebe geschenkt worden war. Sie weinte, als sie all der Leiden gedachte, die sie seit so langer Zeit hatte auf sich nehmen müssen, und mehr als einmal durchschauerte es sie bei dem Gedanken, daß die Frauen, die den ehelichen Frieden erlangen wollen, verpflichtet sind, in der Herzenstiefe und ohne zu jammern ebenso grausame Ängste zu begraben wie die ihren. – »Ach!« sagte sie sich, »wie mögen es nur die Frauen halten, die nicht lieben? Wo ist der Quell ihrer Nachsicht? Ich vermag es nicht zu glauben, daß, wie meine Tante sagt, die Vernunft dazu genügt, um sie in einer solchen Schicksalsergebenheit zu erhalten.« Sie seufzte noch, als ihr Leibjäger den eleganten Wagentritt herunterklappte, von dem aus sie in das Vestibül ihres Palais hüpfte. Eilig stieg sie die Treppe hinauf, und als sie in ihr Schlafzimmer trat, durchfuhr sie ein Schreck, als sie darin am Kamin ihren Mann sitzen sah.

»Seit wann, meine Liebe, gehst du ohne mich zum Ball, und ohne es mir vorher zu sagen?« fragte er mit benommener Stimme. »Du solltest wissen, daß eine Frau ohne ihren Mann immer fehl am Platz ist. Du hast dich merkwürdig kompromittiert in der dunklen Ecke, in der du dich eingenistet hattest.«

»Ach, lieber Léon«, sagte sie mit liebkosender Stimme, »ich habe dem Glück nicht widerstehen können, dich zu sehen, ohne daß du mich sähest. Meine Tante hat mich mit auf den Ball genommen, und ich bin dort recht glücklich gewesen.«

Dieser Stimmklang entwaffnete die Blicke des Grafen von ihrer gekünstelten Strenge; er hatte sich unmittelbar zuvor heftige Vorwürfe gemacht, als er ängstlich der Heimkehr seiner Frau entgegensah; sicherlich hatte sie auf dem Ball von seinem Seitensprung erfahren, den ihr zu verbergen er gehofft hatte, und dem Brauch Liebender entsprechend, die sich einer Schuld bewußt sind, hatte er dadurch, daß er als erster der Gräfin Vorwürfe machte, versucht, ihrem allzu gerechten Zorn zu entgehen. Schweigend betrachtete er seine Frau; in ihrem glänzenden Schmuck erschien sie ihm schöner denn je. Die Gräfin war glücklich, daß ihr Mann lächelte und daß sie ihn zu dieser Stunde in einem Zimmer vorfand, in das er seit einiger Zeit immer seltener gekommen war; sie sah ihn so zärtlich an, daß sie errötete und die Augen niederschlug. Diese Milde berauschte Soulanges um so mehr, als diese Szene all den Qualen nachfolgte, die er während des Balls erlitten hatte; er ergriff die Hand seiner Frau und küßte sie dankbar: ist Dankbarkeit nicht oftmals der Liebe beigemischt?

»Hortense, was hast du denn da am Finger? Es hat meinen Lippen arg weh getan!« fragte er lachend.

»Meinen Diamantring; du hattest gesagt, du habest ihn verloren, und ich habe ihn wiedergefunden.«

Der General Montcornet hat Madame de Vaudremont nicht geheiratet, trotz des guten Einvernehmens, in dem sie beide eine kurze Weile hindurch lebten, denn sie wurde eines der Opfer der furchtbaren Brandkatastrophe[27], die für alle Zeit den Ball berühmt gemacht hat, den der österreichische Gesandte bei Gelegenheit der Vermählung des Kaisers Napoleon mit der Tochter des Kaisers Joseph II. gab.

Anmerkungen

Ehefrieden

1 Rangabzeichen der Dienstgrade der Mannschaften und Unteroffiziere.

2 Das Kreuz der Ehrenlegion wurde und wird an einem roten Seidenband getragen.

3 Die in jenem Pariser Adelsviertel wohnenden Royalisten.

4 Bärenfellmützen der napoleonischen Grenadiere, zumal der der kaiserlichen Garde angehörenden Grenadiere.

5 Mit Schnüren und Knöpfen besetzte Jacke oder Ärmelweste der Husaren.

6 Die berühmten, zumeist von Napoleon selbst redigierten kurzen Schlachtberichte, die in der Staatszeitung ›Le Moniteur‹ erschienen.

7 Schulterstücke der Offiziere, früher mit Messing eingefaßt und mit Fransen versehen, auch aus Goldschnüren gewirkt.

8 Joachim Murat (1767–1815), Marschall von Frankreich, Gemahl von Napoleons jüngster Schwester Caroline, Großherzog von Berg, später König von Neapel, hervorragender, aber nicht sonderlich intelligenter Reiterführer. Beim Versuch, sein verlorenes Königreich wiederzuerobern, bei Pizzo erschossen. Der Gastwirtssohn aus der Gascogne starb ›stolz wie ein Stuart‹. Wenn Balzac ihn als ›Orientalen‹ bezeichnet, dann vor allem Murats Prunksucht wegen.

9 Diese Entführung behandelt Balzac in dem Roman ›Eine dunkle Begebenheit‹.

10 Römischer Feldherr des 1. Jahrhunderts v. Chr., Legat des Sulla im 1. Krieg gegen Mithridates, 74 v. Chr. Konsul, schlug Mithridates und Tigranes, 66 v. Chr. abberufen, hielt sich danach den Staatsangelegenheiten fern und lebte in verschwenderischem Luxus; seine Gastmähler sind sprichwörtlich geworden. Er soll aus Pontos den Kirschbaum nach Europa gebracht haben.

11 Am 30. November 1809 befahl Napoleon beim Abendessen, daß man ihn mit Joséphine allein lassen solle. Unmittelbar danach wurden im Nebenzimmer die von ihr ausgestoßenen Schreie gehört. Der Kaiser rief den Präfekten Bausset herein. Joséphine wälzte sich auf dem Teppich und weinte herzzerreißend. Der Kaiser klärte den Präfekten auf und bat ihn, die Kaiserin über die Geheimtreppe in ihre Gemächer zu tragen. Aber die Treppe war zu schmal. Joséphine lag ohnmächtig da, wie tot.

12 Leibwache der römischen Kaiser; sie unterstand dem Praefectus

praetorio und war oft von großem Einfluß auf die Politik und die Einsetzung der Kaiser.

13 Italienisch: Verwirrung, Verquickung von Begebenheiten.

14 Rechter Nebenfluß des Rheins, 285 km lang, mündet bei Wesel.

15 Fluß in Belgien, vereinigt sich beim Rumpst mit der Nethe und heißt dann Rupel.

16 In der napoleonischen Armee stand ein Oberst der Garde im Rang eines Brigadegenerals und genoß die Besoldung eines solchen; deshalb bezeichnet Balzac Montcornet bald als ›Oberst‹, bald als ›General‹, was auf den deutschen Leser natürlich verwirrend wirkt, aber beibehalten werden mußte, als den französischen Gewohnheiten jener Zeit entsprechend. Die Erklärung gibt Balzac erst später.

17 Kartenspiel.

18 Antoine-André Ravrio (1754–1814), Goldschmied und Ziseleur von origineller Phantasie.

19 Jean-Baptiste Isabey (1767–1855), Zeichner und Maler von Porträt-Miniaturen, genoß von 1785 bis zu seinem Tode die Gunst aller Regierungen. Er war ein Schüler Davids und mit Percier und Fontaine, den Architekten und Innenarchitekten Napoleons, befreundet; der Kaiser beauftragte ihn mit den Entwürfen für die Kostüme der hochgestellten Persönlichkeiten bei der Krönung und mit der Regelung der Zeremonie. Er wurde mit dem Titel ›Dessinateur du Cabinet des Cérémonies‹ ausgezeichnet. – Sein Sohn Eugène-Louis-Gabriel Isabey (1804–1886) war ein bedeutender Landschafts- und Marinemaler.

20 Gestalt des gewissenlosen Verführers in Richardsons Roman ›Clarissa Harlowe‹.

21 Es handelt sich um Metternich, der mit der Fürstin Lieven, der Frau des russischen Gesandten, liiert war; um Chateaubriand und seine Liebschaften mit den Damen de Beaumont, de Custine und Récamier; und um Talleyrand, der auf Befehl Napoleons seine Geliebte Mme Grand heiraten mußte; die Restauration zwang ihn später, sich von ihr zu trennen.

22 Gattin des Marschalls Berthier.

23 Ein ›Ehemaliger‹: mit Ci-devant bezeichnete die Revolution den Adel.

24 Mme Murat, Napoleons jüngste Schwester Caroline.

25 Ferdinand Alvarez von Toledo, Herzog von Alba (1508–1582), Feldherr Karls V. und Philipps II., unnachsichtiger, grausamer

Gegner der Reformation. Sein Lieblingsausspruch wird von Balzac mehrmals zitiert.

26 Berühmter Tänzer unter dem Kaiserreich; er erfand die vierte Figur der alten Quadrille.

27 Jener Brand fand am 2. Juli 1810 im Palais des Gesandten Fürsten Schwarzenberg statt, dessen Schwägerin in den Flammen umkam. Karl August Varnhagen von Ense (1785–1858) gibt in seinen ›Biographischen Denkmalen‹ (1824–1830) eine glänzende Schilderung der Katastrophe.

Biographische Notizen über die Romangestalten

Ehefrieden

GONDREVILLE, Malin de. – Malin wurde 1763 als Sohn eines Maurers in Arcis-sur-Aube geboren, war also ein Landsmann Dantons, der ihn erst in seiner juristischen, dann in seiner politischen Laufbahn förderte. Er schloß sich an Fouché und Talleyrand an. Er wurde nacheinander Tribun, Staatsrat, Senator und Graf de Gondreville. Unter dem Kaiserreich brachte die Gewichtigkeit gewisser politischer Geheimakten, die Gondreville bei sich aufbewahrte, Fouché dazu, ein Attentat auf ihn zu simulieren, eine Freiheitsberaubung, die die Polizei durchführte, um die Schuld auf die Simeuses und Hauteserres abwälzen zu können, Adelsfamilien, die durch Malin ausgeplündert worden waren. Unter der Restauration wurde Gondreville zum Pair von Frankreich erhoben; er genoß die Gunst des Königs und hatte großen politischen Einfluß (›Eine dunkle Begebenheit‹). Unter Louis-Philippe war Gondreville in Arcis allmächtig (›Der Abgeordnete von Arcis‹).

LA ROCHE-HUGON, Martial de, blieb mit Montcornet befreundet, ermöglichte dem General die Erwerbung des Gutes Les Aigues in dem burgundischen Département, dessen Präfekt er war (›Die Bauern‹). Enttäuscht über seine Entlassung, schloß La Roche-Hugon sich für kurze Zeit der liberalen Opposition an, erhielt dann aber einen Gesandtenposten. Er heiratete daraufhin eine der Schwestern des Ministers Rastignac. 1840 stand er in ständigen Beziehungen zu dem Polizeichef Corentin (›Die Kleinbürger‹). Im nächsten Jahr wurde er Abgeordneter; er scheint Nachfolger Hulots d'Evry auf dem freigewordenen Posten eines Direktors im Kriegsministerium geworden zu sein (›Tante Bette‹).

MONTCORNET, General Graf de, kaufte 1815 das schöne Gut Les Aigues in Burgund, wo er nach seiner Heirat mit Virginie de Troisville im Sommer zu wohnen pflegte. Aber seine persönliche Unbeliebtheit und die Habgier und Erpressungen seiner Bauern machten ihm den Aufenthalt auf Les Aigues unerträglich; er wäre dort fast ums Leben gebracht worden und mußte sich zum Verkauf entschließen (›Die Bauern‹). Montcornet, der unter Louis-Philippe Marschall geworden war, besuchte häufig das Vaudeville (›Ein Geschäftsmann‹); er starb 1837 und hinterließ von seiner Maitresse Mlle Fortin eine Tochter, Valérie Marneffe, die dem Baron Hulot und Célestin Crevel den Kopf verdrehte und die er in seinem Testament völlig vergaß (›Tante Bette‹).

SOULANGES, Oberst Graf Léon de, hatte mehrere Kinder, darunter eine Tochter, die an Montcornet zu verheiraten er sich weigerte, was Montcornet ihm nachtrug. Daher hatte er in Soulanges, seinem Gutsnachbarn, keinen Helfer bei seinem Kampf gegen die Bauern. Während des Spanienkrieges wurde er vom Herzog von Angoulême ausgezeichnet und stieg zu den höchsten militärischen Würden auf (›Die Bauern‹).

SOULANGES, Hortense, Gräfin de, erbte von ihrer Tante, der Herzogin von Marigny, das Gut Guébriant (›Die Herzogin von Langeais‹) und folgte ihrem Mann im Krieg 1823 nach Spanien (›Die Bauern‹).

Madame Firmiani

Übertragung von Irma Schauber

Balzac hat die Erzählung ›Madame Firmiani‹, seiner Angabe nach, im Februar 1832 in Paris niedergeschrieben. Gedruckt wurde sie zum erstenmal im gleichen Monat des gleichen Jahres in der ›Revue de Paris‹. Im Oktober 1832 erschien sie in dem Band ›Nouveaux Contes philosophiques‹. 1835 fügte Balzac sie in die ›Szenen aus dem Pariser Leben‹ ein, 1842 wurde sie in den ersten Band der ›Menschlichen Komödie‹ aufgenommen, und zwar in die ›Szenen aus dem Privatleben‹. – Gewidmet wurde das kleine Werk Alexandre de Berny (1809–1882), dem sechsten Kind von Balzacs ›Dilecta‹. Als 1828 die Schriftgießerei liquidiert wurde, die Balzac mittels eines Darlehens der Mme de Berny erworben hatte, wurde Alexandre de Berny als sein Nachfolger eingesetzt. Er hat nicht nur das Kapital seiner Mutter gerettet, sondern das Unternehmen einer gedeihlichen Entwicklung entgegengeführt. Balzac gegenüber ist er stets ein geduldiger Gläubiger und ein treuer, nachsichtiger Freund gewesen.

Viele Erzählungen, die durch unzählige Eingriffe des Zufalls reich an Begebenheiten oder dramatischen Verknüpfungen sind, tragen ihre Antriebe in sich und können von allen Lippen kunstvoll oder schlicht erzählt werden, ohne daß der Stoff auch nur die geringste seiner Schönheiten verlöre; aber es gibt auch ein paar Abenteuer im menschlichen Dasein, denen einzig die Sprache des Herzens Leben leiht; es gibt gewisse, sozusagen anatomische Einzelheiten, deren Zartheit nur dann in Erscheinung tritt, wenn das Denken auf die geschickteste Weise in sie einströmt; alsdann gibt es Bildnisse, die Seelisches wollen und ohne die feinsten Züge ihrer beweglichen Physiognomie nichts sind; kurzum, es gibt Dinge, die wir nicht sagen oder tun können ohne irgendwelche unbekannten Harmonien, die von einem Tag, einer Stunde, einer glücklichen Konstellation der Himmelszeichen oder der geheimen innerlichen Anlagen bestimmt werden. Diese irgendwie mysteriösen Enthüllungen waren unbedingt notwendig, damit diese schlichte Geschichte erzählt werden kann, der sich die Anteilnahme einiger von Natur aus schwermütiger und träumerischer Seelen zuwenden möge, Seelen, die sich von sanften Gefühlsregungen nähren. Wenn der Autor, gleich einem Chirurgen bei einem sterbenden Freund, sich von einer Art Hochachtung für das Objekt, mit dem er umgeht, durchdrungen fühlt, warum sollte dann der Leser nicht diese unerklärliche Empfindung teilen? Ist es denn so schwierig, sich in die vage, nervöse Traurigkeit einzufühlen, die lauter graue Farbtöne um uns breitet, in diesen halbkranken Zustand, dessen weiche Leiden einem bisweilen gefallen? Wenn man etwa an geliebte Menschen denkt, die man verloren hat; wenn man allein ist, im Dunkel, oder wenn der Tag sich neigt, möge man mit der Lektüre dieser Geschichte fortfahren; andernfalls jedoch sollte das Buch an dieser Stelle beiseite gelegt werden. Wer nicht schon eine gute, kränkliche oder vermögenslose Tante begraben hat, versteht schwerlich die jetzt folgenden Seiten. Den einen dürften sie vorkommen, als seien sie mit Moschus parfümiert; anderen wieder dürften sie so farblos und tugendsam erscheinen, daß sie von Florian[1] stammen könnten. Um alles zu sagen: der Leser muß die Wollust der Tränen erlebt und den stummen Schmerz einer Erinnerung gefühlt haben, der schwerelos vorüberzieht und einen geliebten Schatten mit sich trägt, aber einen fernen, entrückten Schatten; er muß über einige der Erinnerungen verfügen, die zugleich Sehnsucht nach dem erwecken, was die Erde einem verschlungen hat, und ein Lächeln über ein hingeschwundenes Glück. Jetzt jedoch möge man glauben, daß der Autor nicht um alle Reichtümer Englands der Poesie auch nur eine einzige ihrer Lügen abnötigen möchte, um damit seine Erzählung zu verschönen. Dies ist eine wahre Geschichte, und man kann daran seine Schätze an Empfindsamkeit verschwenden, sofern man sie hat.

Heutzutage hat unsere Sprache ebenso viele Idiome, wie es in der großen französischen Familie Menschenvarietäten gibt. Daher ist es etwas wahrhaft Kurioses und Angenehmes, den unterschiedlichen Auffassungen oder Auslegungen zu lauschen, die über ein und dieselbe Sache oder über ein und dasselbe Begebnis in jeder der Spezien gegeben werden, aus denen die Monographie des

Parisers sich zusammenfügt, wobei der Pariser zur Verallgemeinerung der These eingesetzt worden ist.

Wenn also einer, der der Gattung der Positivisten angehört, gefragt worden wäre: »Kennen Sie Madame Firmiani?«, so würde der Betreffende Madame Firmiani durch folgende Inventaraufstellung definiert haben: »Großes Stadtpalais in der Rue du Bac, gut möblierte Räume, schöne Gemälde, gute hunderttausend Francs Einkünfte und ein Mann, der ehemals Obersteuereinnehmer im Département Montenotte gewesen ist.« Hat er das gesagt, so macht der Positivist, ein dicker, fast immer schwarz gekleideter Rundkopf, eine kleine Grimasse der Genugtuung, hebt die Unterlippe und zieht sie dabei so zusammen, daß sie die Oberlippe bedeckt, und nickt, als habe er hinzugefügt: »Solide Leute, über die nichts zu sagen ist.« Man frage ihn weiter nichts! Die Positivisten erklären alles durch Ziffern, durch Einkünfte und Grundbesitz, was ein Ausdruck aus ihrem Wörterbuch ist.

Jetzt wende man sich zur Rechten und befrage einen anderen, der Gattung der müßigen Spaziergänger Angehörenden; man wiederhole ihm die Frage. – »Madame Firmiani?« sagt er, »ja, ja, die kenne ich gut, ich gehe zu ihren Abendgesellschaften. Sie empfängt mittwochs; ein sehr angesehenes Haus.« Schon verwandelt Madame Firmiani sich in ein Haus. Dies Haus ist nicht mehr ein Haufen nach architektonischen Regeln übereinander geschichteter Steine; nein, in der Sprache der müßigen Spaziergänger, der Flaneure, ist dieses Wort ein unübersetzbarer Idiotismus. Hier neigt sich der Flaneur, ein trockener Mensch mit einem angenehmen Lächeln, der hübsche Nichtigkeiten sagt und stets mehr erworbenen als angeborenen Geist besitzt, zu einem nieder und sagt mit gewitzter Miene: »Monsieur Firmiani habe ich nie zu sehen bekommen. Seine soziale Stellung besteht im Verwalten von Gütern in Italien; aber Madame Firmiani ist Französin, sie bringt ihre Einkünfte als Pariserin unter die Leute. Es gibt bei ihr einen vorzüglichen Tee! Sie führt eines der heute so selten gewordenen Häuser, wo man sich amüsiert und wo, was einem vorgesetzt wird, erlesen ist. Überdies ist es recht schwierig, bei ihr Einlaß zu finden. Daher findet sich in ihren Salons die beste Gesellschaft!« Danach kommentiert dann der Flaneur dieses letzte Wort durch eine gravitätisch genommene Prise Schnupftabak; er zieht ihn in kleinen Zügen durch die Nase ein und scheint einem zu sagen: »Ich verkehre zwar in jenem Haus, aber rechnen Sie nicht damit, daß ich Sie dort einführe.«

Madame Firmiani gilt für die Flaneure als eine Art Hotel ohne Wirtshausschild.

»Was willst du eigentlich bei Madame Firmiani? Da langweilt man sich doch genauso wie bei Hofe. Wozu hat man Geist, wenn nicht, um nie Salons zu betreten, wo, da Dichtkunst nun mal im Schwange ist, das kleinste, frisch geborene Gedicht vorgelesen wird?«

Man hat sich bei einem seiner Freunde erkundigt, der zur Gattung der Individualisten gehört, und das sind Menschen, die am liebsten das ganze Universum unter Verschluß hielten und darin nichts ohne ihre Erlaubnis geschehen lassen möchten. Sie sind unglücklich über jedes Glück der anderen, verzeihen nur Laster, Durchfälle und Gebrechen und wollen nur Leute, die sie protegieren können. Sie sind Aristokraten aus Neigung und werden zu Republikanern aus Verdruß, einzig, um viele Minderwertige unter ihresgleichen zu finden.

»Oh, Madame Firmiani, mein Lieber, das ist eine der anbetungswürdigen Frauen, die der Natur als Entschuldigung für all die Häßlichen dienen, die sie aus Versehen erschaffen hat; sie ist entzückend, sie ist gütig! Ich möchte nur deswegen an die Macht kommen, König werden, Millionen besitzen, um (hier folgen drei ins Ohr geflüsterte Worte). Willst du, daß ich dich ihr vorstelle ...?«

Dieser junge Mann gehört zur Gattung der ewigen Primaner und ist bekannt seiner großen Kühnheit und seiner großen Schüchternheit bei Ausschluß der Öffentlichkeit wegen.

»Madame Firmiani?« ruft ein anderer und läßt seinen Spazierstock kreisen, »ich will dir mal sagen, was ich von der halte: eine Frau zwischen dreißig und fünfunddreißig, Gesicht verblüht, schöne Augen, Figur platt, verbrauchte Kontraaltstimme, ausgiebige Toilette, etwas Rouge, bezaubernde Manieren; kurz und gut, mein Lieber, die Überbleibsel einer hübschen Frau, aber nichtsdestoweniger noch die Mühe einer Leidenschaft wert.«

Dieses Urteil stammt von einem Vertreter der Gattung Geck; er kommt gerade vom Mittagessen, wägt seine Worte nicht mehr und will gerade zu Pferde steigen. In solchen Augenblicken sind die Gecken unerbittlich.

»Sie hat eine prachtvolle Gemäldegalerie, die müssen Sie sich mal ansehen!« antwortet einem ein anderer. »Das schönste, was es gibt!«

Man hat sich an einen aus der Gattung Kunstliebhaber gewandt. Der Betreffende verabschiedet sich, weil er zu Pérignon[2] oder zu Tripet[3] gehen will. Für ihn ist Madame Firmiani eine Sammlung bemalter Leinwände.

EINE FRAU: – »Madame Firmiani? Ich will nicht, daß Sie zu ihr gehen.«

Dieser Satz hat die reichsten Auslegungsmöglichkeiten. Madame Firmiani! Eine Gefährliche! Eine Sirene! Zieht sich gut an, hat Geschmack, macht allen Frauen schlaflose Nächte. Die Sprecherin gehört zur Gattung der Bösen Zungen.

EIN GESANDTSCHAFTSATTACHE: – »Madame Firmiani? Stammt sie nicht aus Antwerpen? Ich habe die Dame vor gut und gern zehn Jahren kennengelernt. Damals war sie in Rom.« Die der Klasse der Attachés Angehörenden haben die Manie, Aussprüche à la Talleyrand[4] zu tun; ihr Geist ist oft so fein, daß ihre Bemerkungen unverständlich werden; sie ähneln den Billardspielern, die ihre Bälle mit unendlicher Geschicklichkeit verfehlen. Diese Individuen sind im allgemeinen wenig zum Reden aufgelegt; aber wenn sie den Mund auftun, beschäftigen sie sich nur mit Spanien, Wien, Italien oder Petersburg[5]. Die Ländernamen sind bei ihnen wie Spieluhrfedern; man drücke auf den Knopf, und die Walze spielt einem alle ihre Weisen.

»Verkehrt diese Madame Firmiani nicht viel im Faubourg Saint-Germain?« Das wird von einer Dame gesagt, die zur Gattung der ›Vornehmen‹ gehören möchte. Sie gibt aller Welt die Adelspartikel, Monsieur Dupin[6], Monsieur Lafayette[7]; sie teilt sie kreuz und quer aus, sie entehrt damit alle Leute. Sie verbringt ihr Leben damit, sich Gedanken über alles, was ›vornehm‹ ist, zu machen; aber zu ihrer Qual wohnt sie im Marais[8], und ihr Mann ist Anwalt gewesen, freilich Anwalt am Königlichen Gericht.

»Madame Firmiani, Monsieur? Die kenne ich nicht.« Dieser Herr gehört zur Gattung der Herzöge. Er läßt nur die bei Hofe vorgestellten Frauen gelten. Man möge ihn entschuldigen: er ist von Napoleon zum Herzog gemacht worden.

»Madame Firmiani? Ist das nicht eine ehemalige Schauspielerin vom Théâtre Italien?« Einer aus der Gattung der Nullen. Diese Leute wollen auf alles eine Antwort haben. Sie verleumden eher, als daß sie den Mund halten.

ZWEI ALTE DAMEN (Frauen ehemaliger Richter). DIE ERSTE. (Sie trägt eine Flügelhaube; ihr Gesicht ist faltig, ihre Nase spitzig, sie hat ein Meßbuch in der Hand, Stimme hart.) – »Was für eine Geborene ist sie eigentlich, diese Madame Firmiani?« DIE ZWEITE. (Kleines rotes Gesicht, ähnlich einem alten Borsdorfer Apfel, sanfte Stimme.) – »Eine Cadignan, Liebste, eine Nichte des alten Fürsten von Cadignan und folglich eine Kusine der Herzogin von Maufrigneuse.«

Madame Firmiani ist tatsächlich eine Cadignan. Auch wenn sie keine Tugenden und kein Vermögen besäße und nicht jung wäre, wäre sie stets eine Cadignan. Eine Cadignan, das ist wie ein Vorurteil, immer ergiebig und lebensfrisch.

EIN ORIGINAL. – »Mein Lieber, ich habe in ihrem Flur nie Überschuhe stehen sehen, du kannst zu ihr gehen, ohne dich zu kompromittieren und unbesorgt bei ihr spielen, weil die Gauner, wenn überhaupt welche da sind, Leute von Rang und Namen sind; also kommt es bei ihr nicht zu Kabbeleien.«

ALTER HERR AUS DER GATTUNG DER BEOBACHTER. – »Man geht zu Madame Firmiani, und dann, mein Lieber, findet man eine schöne Frau vor, die lässig an ihrem Kamin sitzt. Sie erhebt sich kaum von ihrem Sessel; aufstehen tut sie nur für Damen oder Gesandte, für Herzöge, für Leute, die besondere Beachtung verdienen. Sie ist sehr liebenswürdig, sie weiß für sich einzunehmen, sie plaudert gut und will über alles plaudern. Es finden sich bei ihr sämtliche Hinweise auf Leidenschaftlichkeit, aber es werden ihr zu viele Anbeter zugeschrieben, als daß sie einen besonders begünstigt haben könnte. Schwebte der Verdacht nur über zwei oder drei ihrer Intimen, so wüßten wir, wer ihr Kavalier ist; aber sie ist eine von Geheimnissen umhüllte Frau: sie ist verheiratet, aber nie haben wir ihren Mann zu Gesicht bekommen; Monsieur Firmiani wirkt völlig wie ein Phantasieprodukt; er ähnelt dem dritten Postpferd, das zu bezahlen üblich ist und das nie vorgespannt wird; Madame hat, wie die Künstler behaupten, die erste Kontraaltstimme Europas, und dabei hat sie, seit sie in Paris ist, keine dreimal gesungen; sie empfängt bei sich viele Leute und geht zu niemandem.«

Der Beobachter spricht als Prophet. Man muß seine Worte, seine Anekdoten, seine Anführungen wie Wahrheiten hinnehmen, sofern man nicht als ein Mann ohne Bildung und Talent gelten will. Er wird einen fröhlich in zwanzig Salons verleumden, wo er ebenso von Wichtigkeit ist wie das Ankündigungsplakat der Erstaufführung eines Theaterstücks, eines der Stücke, die so oft vor leerem Haus gespielt werden und die früher einmal Erfolg gehabt hatten. Der Beobachter ist vierzig Jahre alt, ißt nie daheim zu Abend und sagt, er sei den Frauen ziemlich ungefährlich; er ist gepudert, trägt einen maronenbraunen Frack und hat stets einen Platz in mehreren Logen der Italienischen Oper; manchmal wird er den Schmarotzern beigezählt, aber er hat zu hohe Funktionen ausgeübt, um in den Verdacht zu geraten, ein Schnorrer zu sein; außerdem hat er ein Gut in einem Département, dessen Namen er noch nie hat verlauten lassen.

»Madame Firmiani? Aber, mein Lieber, das ist doch eine ehemalige Geliebte Murats[9]!« Der das äußert, gehört der Klasse der Widersprecher an. Das sind Leute, die alle errata[10] in allen Memoirenwerken herausfinden, die alle Tatsachen berichtigen, immer hundert gegen eins wetten, stets ihrer Sache sicher sind. Man kann sie im Verlauf von ein und derselben Abendgesellschaft in flagranti[11] dabei ertappen, daß sie allgegenwärtig sein müssen: sie behaupten, sie seien in Paris bei Gelegenheit der Verschwörung Malets[12] verhaftet worden, und vergessen, daß sie vor einer halben Stunde gesagt haben, sie hätten den Übergang über die Beresina mitgemacht. Fast alle Widersprecher sind Ritter der Ehrenlegion, sprechen sehr laut, haben eine fliehende Stirn und spielen sehr hoch.

»Madame Firmiani, und hunderttausend Francs Zinsen ...? Sind Sie verrückt? Tatsächlich, es gibt Menschen, die einer ein Einkommen von hunderttausend Francs mit der Freigebigkeit von Schriftstellern geben, die es nichts kostet, wenn sie ihre Heldinnen mit einer Mitgift ausstatten. Dabei ist Madame Firmiani eine Kokette, die unlängst einen jungen Herrn ruiniert und ihn daran gehindert hat, eine sehr gute Heirat zu machen. Wäre sie nicht schön, so besäße sie keinen Sou.«

Oh, den, den kennt man; er gehört der Gattung der Neider an, und wir wollen keinen einzigen seiner Züge zeichnen. Diese Rasse ist ebenso bekannt wie etwa die der Hauskatzen. Wie läßt sich das ewige Fortdauern des Neides erklären? Er ist doch ein Laster, das nichts einbringt!

Die Leute von Welt, die Literaten, die anständigen Leute und die wie auch immer beschaffenen haben im Januar 1824 so viele verschiedene Meinungen über Madame Firmiani verbreitet, daß es langweilig wäre, sie sämtlich hier aufzuzählen. Wir haben lediglich feststellen wollen, daß ein Mann, der daran interessiert gewesen wäre, sie kennenzulernen, ohne zu ihr gehen zu wollen oder zu können, recht gehabt haben würde, wenn er sie gleichzeitig für verwitwet und verheiratet gehalten hätte, für dumm und geistvoll, tugendhaft und sittenlos, reich und arm, gefühlvoll und seelenlos, schön und häßlich; kurzum: es hätte genausoviel Madames Firmiani gegeben wie Gesellschaftsklassen, wie Sekten im Katholizismus. Erschreckender Gedanke! Wir alle sind wie lithographische Steine, von denen die üble Nachrede eine Unendlichkeit von Abzügen herzustellen vermag. Diese Abzüge gleichen dem Original oder unterscheiden sich davon durch so unmerkliche Nuancen, daß der gute Ruf, abgesehen von den Verleumdungen unserer Freunde und den geistreichen Äußerungen der Presse von dem Abwägen abhängt, das jeder zwischen der Wahrheit, die hinkt, und der Lüge anstellt, die der Pariser Geist beflügelt.

Wie viele Frauen voller Noblesse und Stolz, die aus ihrem Herzen ein Sanktuarium machen und Welt und Gesellschaft verachten, hätte Madame Firmiani sehr schlecht durch Monsieur de Bourbonne beurteilt werden können, einen alten Grundbesitzer, der sich im Winter dieses Jahres mit ihr befaßte. Zufällig gehörte jener Grundbesitzer der Klasse der provinziellen Pflanzer an; das sind Leute, die es gewohnt sind, sich über alles und jedes Rechenschaft zu geben und Geschäfte mit den Bauern zu machen. Bei diesem Gewerbe wird ein Mann, möge er wollen oder nicht, so scharfsichtig, gerade wie bei einem Soldaten auf die Dauer der Mut zur Routine wird. Dieser Neugierige, der aus der Touraine gekommen war und dem die Pariser Idiome ganz und gar nicht gefielen, war ein durchaus ehrenwerter Edelmann und besaß als einzigen und alleinigen Erben einen Neffen; für ihn pflanzte er seine Pappeln. Diese ultranatürliche Freundschaft gab Anlaß zu mancherlei boshaften Bemerkungen; sie wurden von Leuten, die zu den verschiedenen Gattungen der Touraine-Bewohner gehörten, überaus geistvoll formuliert; aber es ist unnütz, sie hier wiederzugeben, sie würden gegenüber den Pariser boshaften Bemerkungen verblassen. Wenn ein Mann ohne Mißvergnügen beim täglichen Anblick schöner Pappelreihen, die immer prächtiger gediehen, an seinen Erben denken kann, wächst die Zuneigung bei jedem Spatenstich, den er am Fuß seiner Bäume vollführt. Dieses Phänomen des Empfindungsvermögens möge wenig verbreitet sein; aber in der Touraine findet es sich nach wie vor.

Dieser geliebte Neffe, der Octave de Camps hieß, stammte aus der Familie des den Bücherfreunden und Gelehrten – was nicht dasselbe ist – so wohlbekannten Abbé de Camps[13]. Die Provinzler haben die schlechte Gewohnheit, junge Leute, die ihr Erbteil verkaufen, mit einer gewissen dezenten Mißbilligung zu bedenken. Dieses gotische Vorurteil schadet der Börsenspekulation, zu der die Regierung bis jetzt gezwungenermaßen ermutigt. Ohne den Rat seines Onkels einzuholen, hatte Octave unvermutet über ein Gut zugunsten der schwarzen Bande[14] verfügt. Das Schloß Villaines wäre ohne die Vorschläge, die der alte Onkel den Vertretern der Gesellschaft vom Hammer[15] gemacht hatte, abgebrochen worden. Der Zorn des Erblassers war noch dadurch gesteigert worden, daß ein Freund Octaves, ein entfernter Verwandter, einer jener Vettern mit geringen Geldmitteln und großer Geschicklichkeit, von denen die Verständigen ihrer Provinz sagen: »Gegen den möchte ich keinen Prozeß führen!«, zufällig zu Monsieur de Bourbonne gekommen war und ihn von dem Ruin seines Neffen unterrichtet hatte. Monsieur Octave de Camps habe sein Vermögen für eine gewisse Madame Firmiani vergeudet und sich darein schicken müssen, Repetitor für Mathematik zu werden und auf die Erbschaft des Onkels zu warten, dem seine Fahrlässigkeit einzugestehen er nicht wage. Dieser entfernte Vetter, eine Art Karl Moor[16], hatte sich nicht geschämt, dem alten Landmann diese fatalen Neuigkeiten gerade in dem Augenblick zu übermitteln, da er vor seinem breiten Kamin ein ausgiebiges Provinz-Abendessen verdaute. Aber die Erben werden mit einem Onkel nicht so leicht fertig, wie sie möchten. Dank seiner Dickköpfigkeit gelang es diesem Onkel, der sich weigerte, dem entfernten Vetter Glauben zu schenken, die Magenverstimmung zu überwinden, die ihm die Biographie seines Neffen verursacht hatte. Manche Schicksalsschläge treffen das Herz, andere den Kopf: der Schicksalsschlag, den der entfernte Vetter ins Werk setzte, traf die Eingeweide und zeitigte nur geringe Wirkung, weil der Biedermann einen vortrefflichen Magen hatte. Als echter Schüler des heiligen Thomas[17] kam Monsieur de Bourbonne ohne Octaves Wissen nach Paris; er wollte Erkundigungen über die Zahlungsunfähigkeit seines Erben einziehen. Der alte Edelmann, der durch die Listomères, die Lenoncourts und die Vandenesses Beziehungen im Faubourg Saint-Germain besaß, hörte über Madame Firmiani so viel übles Geschwätz, Wahres und Falsches, daß er beschloß, sich unter dem Namen eines Monsieur de Rouxellay – so hieß sein Gut – bei ihr einführen zu lassen. Um sich die angebliche Geliebte seines Neffen genau anzusehen, wählte der kluge alte Herr einen Abend, an dem er ihn mit der Vollendung einer hochbezahlten Arbeit beschäftigt wußte; denn sonst wurde der Freund der Madame Firmiani immer von ihr empfangen, welchen Umstand niemand sich zu erklären vermochte. Was Octaves Ruin betraf, so war er unglückseligerweise keine Fabel.

Monsieur de Rouxellay sah ganz und gar nicht aus wie ein Onkel im ›Gymnase‹[18]. Als ehemaliger Infanterieoffizier, als ein Mann mit Verbindungen in der hohen Gesellschaft, der ehemals viel Glück bei den Frauen gehabt hatte, wußte er sich auf höfliche Weise einzuführen, verfügte über die gepflegten Umgangsformen früherer Zeiten, sagte anmutig formulierte Dinge und verstand fast die ganze Verfassung[19]. Obgleich er mit noblem Freimut die Bourbonen liebte, obgleich er an Gott glaubte, wie eben Edelleute an ihn glauben, und obgleich er nur die ›Quotidienne‹[20] las, wirkte er nicht so lächerlich, wie die Liberalen seines Départements es gern gesehen hätten. Er konnte sich ohne weiteres neben den Hofleuten behaupten, vorausgesetzt, daß ihm nicht von ›Mosè‹[21], dem Drama, der Romantik, der Lokalfarbe und der Eisenbahn gesprochen wurde. Er war bei Monsieur de Voltaire[22] stehengeblieben, beim Grafen de Buffon[23], bei Peyronnet[24] und dem Ritter Gluck[25], dem Lieblingsmusiker der Königin.

»Madame«, sagte er zur Marquise de Listomère, der er beim Betreten des Palais der Madame Firmiani den Arm gereicht hatte, »wenn diese Frau die Geliebte meines Neffen ist, dann tut er mir leid. Wie kann sie im Luxus leben, wenn sie weiß, daß er in einer Dachkammer haust? Hat sie denn keine Seele? Octave ist ein Narr, daß er den Preis für das Gut Villaines im Herzen einer ... angelegt hat.«

Monsieur de Bourbonne gehörte der Gattung der Fossilien an und kannte sich nur in der Ausdrucksweise der alten Zeit aus.

»Aber wenn er nun Spielverluste gehabt hätte?«

»Dann, Madame, hätte er wenigstens die Freude gehabt zu spielen.«

»Glauben Sie etwa, er habe keine Freuden gehabt? Da, schauen Sie sich mal Madame Firmiani an.«

Die schönsten Erinnerungen des alten Onkels verblaßten beim Erblicken der angeblichen Geliebten seines Neffen. Sein Zorn verrauchte in einer anmutigen Phrase, die der Anblick der Madame Firmiani ihm entriß. Durch einen der Zufälle, wie sie einzig hübschen Frauen widerfahren, strahlte in diesem Augenblick alles, was an ihr schön war, in einem ganz besonderen Glanz; vielleicht war er dem Licht der Kerzen zu verdanken, vielleicht ihrer wunderbar schlichten Toilette, irgendeinem Widerschein der Eleganz, in der sie lebte. Man muß sich eingehend mit den kleinen Revolutionen befaßt haben, die sich im Verlauf einer Abendgesellschaft in einem Pariser Salon vollziehen, um die kaum spürbaren Nuancen würdigen zu können, die das Gesicht einer Frau zu färben und zu wandeln vermögen. Es gibt einen Augenblick, da sie mit ihrem Schmuck zufrieden ist oder sich geistreich vorkommt, da sie glücklich ist, bewundert zu werden und die Königin eines Salons voller bemerkenswerter Männer zu sein; dann nämlich ist die Pariserin sich ihrer Schönheit, ihrer Anmut bewußt; dann wird sie noch schöner durch die Blicke, die sie empfängt und die sie beleben; dabei übersendet sie alle diese stummen Huldigungen in Gestalt feiner Blicke dem Geliebten. In einem solchen Augenblick wirkt eine Frau, als sei sie mit übernatürlicher Macht bekleidet; sie wird zu einer Zauberin, wird ohne ihr Wissen kokett; unwillkürlich flößt sie Liebe ein, Liebe, die sie insgeheim berauscht; sie bringt ein Lächeln, bringt Blicke zuwege, die faszinieren. Wenn dieser Zustand, eine Auswirkung der Seele, sogar Häßlichen Anziehungskraft verleiht, mit welchem Glanz stattet er dann erst eine von Natur aus elegante Frau aus, eine Frau von vornehmer Gestalt, hellhäutig, frisch, mit lebendigen Augen, und vor allem mit einem Geschmack gekleidet, der die Anerkennung der Künstler und ihrer grausamsten Rivalinnen findet!

Hat man das Glück gehabt, einem Frauenwesen zu begegnen, dessen harmonische Stimme den Worten den gleichen Zauber leiht, der in den Umgangsformen waltet, einem Frauenwesen, das zu reden und zu schweigen weiß, das sich voller Zartgefühl mit einem beschäftigt, dessen Worte glückhaft gewählt sind oder dessen Ausdrucksweise makellos ist? Sein Spott schmeichelt, und seine Kritik verletzt nicht; eine solche Frau wartet so wenig mit weitschweifenden Abhandlungen auf, wie sie streitet; aber es macht ihr Freude, ein Gespräch zu leiten, und sie macht ihm im rechten Augenblick ein Ende. Ihre Miene ist freundlich und neigt zum Lachen, ihre Höflichkeit hat nichts Erzwungenes, ihr Eifer ist nicht liebedienerisch; sie dämmt den Respekt so weit zurück, daß er nur noch ein sanfter Schatten ist; man wird ihrer nie müde, und sie hinterläßt einem den Eindruck, als sei man von ihr wie von sich selbst befriedigt. Ihre Anmut, so stellt man fest, prägt sich in allem aus, was um sie ist. In ihrem Haus schmeichelt alles dem Auge, und man atmet darin etwas wie Heimatluft. Eine solche Frau ist natürlich. Nie ist bei ihr etwas bemüht, sie prahlt mit nichts; was sie fühlt, wird schlicht ausgedrückt, weil es wahr ist. Obwohl sie freimütig ist, versteht sie sich darauf, nie ein Selbstgefühl zu verletzen; sie nimmt die Männer hin, wie Gott sie geschaffen hat, bedauert die Lasterhaften, hat Nachsicht mit Fehlern und Lächerlichkeiten, kann sich in jedes Alter hineindenken und gerät über nichts in Zorn, weil sie den Takt besitzt, alles vorauszusehen. Da sie zugleich zärtlich und heiter ist, verpflichtet sie, ehe sie tröstet. Man hat sie so gern, daß man, wenn dieser Engel einen Fehltritt begeht, nur zu bereit ist, ihn als gerechtfertigt zu empfinden. Jetzt kennt man also Madame Firmiani.

Als der alte Bourbonne eine Viertelstunde neben dieser Frau

gesessen und mit ihr geplaudert hatte, erteilte er seinem Neffen Absolution. Er durchschaute, daß die Liebschaft Octaves und der Madame Firmiani, gleichgültig, ob sie falsch oder wahr war, ein Geheimnis barg. Der alte Edelmann fühlte die Illusionen wiederkehren, die die ersten Tage unserer Jugend übergolden; er schloß von der Schönheit der Madame Firmiani auf ihr Herz; er meinte, daß eine Frau, die so von ihrer Würde durchdrungen zu sein schien wie sie, einer schlechten Handlung unfähig sein müsse. Ihre schwarzen Augen kündeten von so viel innerer Ruhe, ihre Gesichtszüge waren so nobel, die Konturen so rein, und die Leidenschaftlichkeit, deren man sie beschuldigte, schien so wenig auf ihrem Herzen zu lasten, daß der alte Herr alle der Liebe und der Tugend durch dieses anbetungswürdige Antlitz gemachten Verheißungen bewunderte und sich sagte: »Mein Neffe muß irgendeine Dummheit begangen haben.«

Madame Firmiani gestand ein Alter von fünfundzwanzig Jahren ein. Aber die Positivisten hatten bewiesen, daß sie, da sie 1813 als Sechzehnjährige geheiratet habe, 1825 mindestens achtundzwanzig sein müsse. Nichtsdestoweniger versicherten die gleichen Leute aber auch, daß sie in keinem Abschnitt ihres Lebens so begehrenswert, so ganz und gar Frau gewesen sei. Sie hatte keine Kinder, und sie hatte nie welche gehabt; der problematische Firmiani, der 1813 ein recht ansehnlicher Vierziger gewesen war, hatte ihr, wie es hieß, nichts als seinen Namen und sein Vermögen bieten können. Madame Firmiani war somit dem Alter nahe, in dem die Pariserin das beste Verständnis für eine Leidenschaft aufbringt und sie vielleicht in aller Harmlosigkeit in ihren leeren Stunden herbeisehnt; sie hatte alles erworben, was die Welt feilbietet, alles, was sie leiht, alles, was sie schenkt; die Gesandtschaftsattachés behaupteten, es sei ihr nichts unbekannt geblieben; die Widersprecher behaupteten, sie könne noch vieles lernen; die Beobachter fanden, daß sie sehr weiße Hände habe, einen recht niedlichen Fuß, ein wenig zu wellige Bewegungen; aber die Einzelangehörigen aller Gattungen beneideten Octave um sein Glück oder machten es ihm streitig, gaben indessen zu, daß sie die am aristokratischsten schöne Frau von ganz Paris sei. Sie war noch jung, reich, hochmusikalisch, geistvoll, taktvoll, wurde in Erinnerung an die Cadignans, zu denen sie durch ihre Mutter gehörte, bei der Prinzessin de Blamont-Chauvry empfangen, dem Orakel des adligen Faubourg, wurde von den Rivalinnen ihrer Kusine, der Herzogin von Maufrigneuse, geliebt, nämlich von der Marquise d'Espard und Madame de Macumer; sie schmeichelte allen Eitelkeiten, die die Liebe nähren oder erregen. Daher wurde sie von allzu vielen begehrt, um nicht ein Opfer der eleganten Pariser üblen Nachrede zu sein, der entzückenden Verleumdungen, die sich hinter den Fächern oder in stillen Winkeln so geistvoll entfalten. Die Bemerkungen, mit denen diese Geschichte beginnt, waren also notwendig, um die wahre Firmiani der Firmiani entgegenzustellen, als die sie für Welt und Gesellschaft galt. Zwar verziehen einige Frauen ihr ihr Glück, vor anderen jedoch fand ihr dezentes Verhalten keine Gnade; nun aber ist nichts schrecklicher, zumal in Paris, als ein grundloser Verdacht: er läßt sich unmöglich zunichte machen. Diese Skizze einer Gestalt von wunderbarem Naturell kann von ihr höchstens eine schwache Vorstellung vermitteln; es bedürfte des Pinsels eines Ingres[26], um den Stolz der Stirn, die Üppigkeit des Haars, die Majestät des Blicks, alle Gedanken wiederzugeben, die ihren Ausdruck in den besonderen Färbungen der Haut fanden. In dieser Frau war schlechthin alles: die Dichter konnten in ihr zugleich Jeanne d'Arc oder Agnès Sorel[27] sehen; aber es fanden sich in ihr auch die unbekannte Frau, die unter dieser täuschenden Hülle verborgene Seele, die Eva-Seele, die Reichtümer des Bösen und die Schätze des Guten, Sünde und Verzicht, Verbrechen und Opferwille, die Donna Julia und die Haydee aus Lord Byrons ›Don Juan‹[28].

Der alte Infanterieoffizier blieb höchst unverfroren als letzter im Salon der Madame Firmiani; sie fand ihn geruhsam in einem Sessel sitzend, und er verharrte vor ihr mit der Zudringlichkeit einer Fliege, die man totschlagen muß, um sie loszuwerden. Die Stutzuhr zeigte zwei Stunden nach Mitternacht.

»Madame«, sagte der alte Edelmann, als Madame Firmiani sich erhob, in der Hoffnung, dadurch ihrem Gast deutlich zu machen, daß es ihr angenehm sei, wenn er gehe, »Madame, ich bin der Onkel Octaves de Camps.«

Madame Firmiani setzte sich sofort wieder und ließ sich ihre Betroffenheit anmerken. Trotz seines Scharfsinns bekam der Pappelpflanzer nicht heraus, ob sie vor Scham oder Freude erblaßte und errötete. Es gibt Freuden, die undenkbar ohne ein wenig verhaltene Scham sind, köstliche Erregungen, die das keuscheste Herz immer verhüllen möchte. Je feinfühliger eine Frau ist, desto mehr möchte sie die Freuden ihrer Seele verbergen. Viele Frauen in der Unbegreiflichkeit ihrer göttlichen Launen wünschen bisweilen, von aller Welt einen Namen ausgesprochen zu hören, den sie in anderen Augenblicken in ihrem Herzen begraben möchten. Der alte Bourbonne interpretierte die Verwirrung der Madame Firmiani nicht ganz in diesem Sinne; aber man lasse Nachsicht walten: der Landjunker war mißtrauisch.

»Na, und?« fragte sie und warf ihm einen der lichten, klaren Blicke zu, denen wir Männer nichts entnehmen können, weil sie uns ein wenig gar zuviel fragen.

»Ja, und«, antwortete der Edelmann, »wissen Sie, was mir neulich jemand da hinten in meiner Provinz erzählt hat? Mein Neffe habe sich um Ihretwillen ruiniert, und der Unglückskerl hause in einer Dachkammer, während Sie hier in Gold und Seide leben. Bitte verzeihen Sie mir meine bäurische Offenheit; es ist nämlich vielleicht nicht zum Schaden, wenn Sie über diese Verleumdungen im Bilde sind . . .«

»Halt!« unterbrach Madame Firmiani den Edelmann und vollführte dabei eine gebieterische Geste, »das alles weiß ich. Sie sind viel zu wohlerzogen, um auf einer Erörterung dieses Themas zu beharren, wenn ich Sie bitte, es zu wechseln. Sie sind viel zu galant (im alten Sinn dieses Worts«, fügte sie hinzu und legte in das, was sie sagte, einen leisen ironischen Unterton), »um nicht anzuerkennen, daß Sie kein Recht haben, mich zur Rede zu stellen. Kurz und gut: es wäre lächerlich, wenn ich mich rechtfertigen wollte. Ich hoffe, Sie haben eine hinlänglich gute Meinung von meinem Charakter und glauben an die tiefe Abscheu, die Geld mir einflößt, obwohl ich ohne das mindeste wie auch immer geartete Vermögen an einen Mann verheiratet worden bin, der ein unermeßliches Vermögen besaß. Ich weiß nicht, ob Ihr Neffe reich oder arm ist; wenn ich ihn empfangen habe, wenn ich ihn weiterhin empfange, so nur, weil ich ihn für würdig halte, dem Kreis meiner Freunde anzugehören. Alle meine Freunde, Monsieur, haben voreinander Respekt: sie wissen, daß es nicht zu meinen Grundsätzen gehört, Leute bei mir zu sehen, die ich nicht achte; vielleicht ist das ein Mangel an Mitgefühl; aber mein Schutzengel hat mich bis heute mit einer tiefen Abneigung gegen Geschwätz und gegen Unredlichkeit begabt.«

Obwohl der Klang ihrer Stimme während der ersten Sätze dieser Antwort eine leichte Veränderung erfahren hatte, wurden die letzten von Madame Firmiani mit dem Nachdruck gesprochen, mit dem Célimène den Menschenfeind verspottet[29].

»Madame«, entgegnete der Graf mit bewegter Stimme, »ich bin ein alter Mann, ich könnte fast Octaves Vater sein, ich bitte Sie also schon im voraus auf das demütigste um Verzeihung für die einzige Frage, die an Sie zu richten ich die Kühnheit haben werde, und ich gebe Ihnen mein Wort als loyaler Edelmann, daß Ihre Antwort hier sterben wird«, sagte er und legte mit einer wahrhaft religiösen Geste die Hand auf sein Herz. »Hat das Geschwätz recht, lieben Sie Octave?«

»Monsieur«, sagte sie, »jedem anderen würde ich nur mit einem Blick antworten; aber Sie, und zwar, weil Sie fast der Vater von Monsieur de Camps sind, möchte ich fragen, was Sie von einer Frau denken würden, die auf Ihre Frage antwortete: ›Ja.‹ Unsere Liebe dem gestehen, den wir lieben, wenn er uns liebt ... das ... gut; wenn wir gewiß sind, immer geliebt zu werden, dann, glauben Sie mir, Monsieur, ist es für uns eine Überwindung wie für ihn eine Belohnung; aber einem anderen ...?«

Madame Firmiani vollendete den Satz nicht; sie stand auf, grüßte den Biedermann und verschwand in ihre Gemächer, deren sämtliche, nacheinander geöffnete und geschlossene Türen für die Ohren des Pappelpflanzers deutlich genug sprachen.

»Donnerwetter noch mal«, sagte sich der alte Herr, »ist *das* eine Frau! Entweder ist sie eine ganz Durchtriebene oder ein Engel.« Und er ging zu seinem Mietwagen, dessen Pferde in dem stillen Hof dann und wann Huftritte auf das Pflaster vollführten. Der Kutscher war eingeschlafen, nachdem er hundertmal sein Gewerbe verflucht hatte.

Am anderen Morgen gegen acht stieg der alte Edelmann die Treppe eines in der Rue de l'Observance[30] gelegenen Hauses hinauf, in dem Octave de Camps wohnte. Wenn es je auf Erden einen erstaunten Menschen gegeben hat, dann war es der junge Mathematiklehrer beim Erblicken seines Onkels: der Schlüssel hatte in der Tür gesteckt, Octaves Lampe brannte noch, er hatte die Nacht durchwacht.

»Na, du komischer Kauz«, sagte Monsieur de Bourbonne und setzte sich in einen Sessel, »seit wann macht man sich lustig (milde ausgedrückt) über Onkels, die sechsundzwanzigtausend Francs Einkünfte aus ertragreichen Gütern in der Touraine beziehen, wenn man ihr einziger Erbe ist? Weißt du nicht, daß man in früherer Zeit dergleichen Verwandten Hochachtung zollte? Heraus mit der Sprache: hast du mir irgend etwas vorzuwerfen? Bin ich etwa ein schlechter Onkel gewesen? Habe ich Respekt von dir verlangt? Habe ich dir Geld verweigert? Habe ich dir die Tür vor der Nase zugeschlagen und dabei behauptet, du kämest ja doch bloß, um mal zu sehen, wie es mit meiner Gesundheit stehe? Hast du nicht den bequemsten, den am wenigsten auf dein Ducken erpichten Onkel gehabt, den es in Frankreich gibt? Ich sage nicht: in Europa; das wäre zu überheblich. Ob du mir nun schreibst oder nicht schreibst, ich verhalte mich der beschworenen Zuneigung entsprechend und richte dir das hübscheste Gut der ganzen Landschaft her, ein Gut, das den Neid des ganzen Départements erregt; aber dennoch will ich es dir so spät wie möglich hinterlassen. Ist diese sentimentale Anwandlung nicht in dem Maße entschuldbar? Und der Herr verkauft, was er besitzt, quartiert sich ein wie ein Lakai, hat weder Bedienung, noch treibt er irgendwelchen Aufwand...«

»Lieber Onkel...«

»Es handelt sich nicht um den Onkel, sondern um den Neffen. Ich habe ein Anrecht auf dein Vertrauen: also beichte schleunigst, das ist leichter, ich weiß es aus Erfahrung. Hast du gespielt, hast du Börsenverluste gehabt? Los, dann sag mir: ›Onkel, ich bin ein verächtlicher Mensch!‹, und ich gebe dir einen Kuß. Aber wenn du mir mit einer Lüge kommst, die noch größer als die ist, mit denen ich in deinem Alter aufgewartet habe, dann verkaufe ich mein Gut, lege den Erlös in Leibrenten an und verfalle wieder in die schlechten Gewohnheiten meiner Jugend, sofern das noch möglich ist.«

»Lieber Onkel...«

»Ich bin gestern bei deiner Madame Firmiani gewesen«, sagte der Onkel und küßte seine zusammengelegten Fingerspitzen. »Sie ist hinreißend«, fügte er hinzu. »Du hast die Billigung und das Privilegium des Königs und die Zustimmung deines Onkels, wenn dir das Freude machen kann. Was den Segen der Kirche betrifft, so erübrigt er sich meiner Meinung nach, die Sakramente sind sicher viel zu teuer! Also heraus mit der Sprache: hast du dich um ihretwillen ruiniert?«

»Ja, Onkel.«

»Aha! Dies Frauenzimmer! Ich hätte darauf wetten mögen! Zu meiner Zeit waren die Damen bei Hofe, wenn es einen Mann zu ruinieren galt, geschickter als eure Kurtisanen von heutzutage. Ich habe in ihr das letzte Jahrhundert wiedererkannt, natürlich verjüngt.«

»Lieber Onkel«, entgegnete Octave zugleich bekümmert und weich, »du irrst dich: Madame Firmiani ist deiner Achtung und den Huldigungen ihrer Bewunderer würdig.«

»Ihr armen jungen Leute seid also stets die gleichen«, sagte Monsieur de Bourbonne. »Meinetwegen, leg los, rede mir abgedroschenes Zeug vor. Aber du mußt wissen, daß ich, was Liebeshändel betrifft, nicht von gestern bin.«

»Bester Onkel, der Brief hier wird dir alles sagen«, antwortete Octave und zog eine elegante Brieftasche hervor, sicherlich ein Geschenk von ›ihr‹; »wenn du ihn gelesen hast, kläre ich dich vollends auf, und dann lernst du eine Madame Firmiani kennen, die der Welt unbekannt ist.«

»Ich habe meine Brille nicht bei mir«, sagte der Onkel, »lies ihn mir vor.«

Octave begann: »Mein geliebter Freund . . .«

»Dann bist du also mit dieser Frau eng liiert?«

»Allerdings, Onkel.«

»Und ihr seid nicht verkracht?«

»Verkracht . . .?« wiederholte Octave ganz erstaunt. »Wir sind in Gretna-Green[31] getraut worden.«

»Na, schön«, antwortete Monsieur de Bourbonne; »aber warum ißt du eigentlich für vierzig Sous zu Abend?«

»Laß mich weiterlesen.«

»In Ordnung; ich bin ganz Ohr.«

Octave nahm den Brief wieder zur Hand und las gewisse Stellen daraus mit tiefer Bewegung:

»Mein geliebter Gatte, Du hast mich nach dem Grund meiner Betrübnis gefragt; so ist sie also über mein Gesicht hinweggeglitten, oder hast Du sie nur erraten? Und warum sollte denn nicht so sein? Unsere Herzen sind doch so innig vereint! Überdies kann ich nicht lügen, und ist das nicht vielleicht ein Unglück? Eine der Pflichten einer geliebten Frau ist es, immer zärtlich und fröhlich zu sein. Vielleicht sollte ich Dich täuschen; aber das möchte ich nicht, auch nicht, wenn es darum ginge, das Glück zu steigern oder zu bewahren, das Du mir schenkst, das Du an mich verschwendest, mit dem Du mich überschüttest. O Geliebter, wieviel Dankbarkeit schließt meine Liebe ein! Darum will ich Dich immer lieben, grenzenlos. Ja, immer will ich stolz auf Dich sein. Unser Ruhm, und er gehört einzig uns, ist, in dem aufzugehen, den wir lieben. Achtung, Ansehen, Ehre, gebührt das alles nicht dem, der alles genommen hat? Ja, und nun hat mein Engel geirrt. Ja, Geliebter, Dein letztes Geständnis hat meine frühere Glückseligkeit glanzlos gemacht. Seit jenem Augenblick komme ich mir in Dir gedemütigt vor; in Dir, den ich für den reinsten aller Menschen gehalten habe, gerade wie Du von allen der liebevollste und zärtlichste bist. Ich muß großes Vertrauen zu Deinem noch kindlichen Herzen haben, damit ich Dir ein Geständnis mache, das mir grausig schwerfällt. Wie, armer Engel? Dein Vater hat sein Vermögen unrechtmäßig erworben, und Du behältst es? Und du hast mir diesen schwerwiegenden Fall, der den Staatsanwalt angeht, in einem Zimmer erzählt, das voll der stummen Zeugen unserer Liebe war, und Du bist ein Edelmann, Du hältst Dich für nobel, und Du besitzt mich, und Du bist zweiundzwanzig Jahre alt! Welch eine Fülle von Ungeheuerlichkeiten! Ich habe nach Entschuldigungen für Dich gesucht, ich habe Deine Sorglosigkeit Deiner unbedachten Jugend zugeschrieben. Ich weiß: es ist viel Kindliches in Dir. Vielleicht hast Du noch nicht ernstlicher darüber nachgedacht, was Vermögen und Rechtschaffenheit sind. Wie weh hat mir Dein Lachen getan! Bedenke doch: es lebt eine ruinierte Familie, die noch immer Tränen weint, es leben junge Mädchen, die Dir vielleicht täglich fluchen, es lebt ein alter Mann, der sich jeden Abend sagt: – ›Ich wäre nicht ohne Brot, wenn Monsieur de Camps' Vater ein ehrlicher Mensch gewesen wäre!‹«

»Was?« rief Monsieur de Bourbonne dazwischen, »Du bist so blöd gewesen, dieser Frau von der Affaire deines Vaters mit den Bourgneufs zu erzählen ...? Frauen verstehen sich weit besser darauf, ein Vermögen zu vernaschen, als es zu schaffen ...«

»Sie verstehen sich auf Rechtschaffenheit. Laß mich weiterlesen, Onkel.«

»Octave, keine Macht der Erde ist befugt, die Sprache der Ehre abzuändern. Zieh Dich in Dein Gewissen zurück und frage es, mit welchem Wort die Tat zu bezeichnen ist, der Du Dein Gold verdankst.«

Und der Neffe schaute den Onkel an; dieser senkte den Kopf.

»Ich möchte Dir nicht alle Gedanken sagen, die mich bedrängen; sie lassen sich sämtlich in einem einzigen zusammenfassen, in diesem: Ich kann keinen Mann achten, der sich wissentlich um einer Summe Geldes willen beschmutzt, gleichgültig, wie hoch sie ist. Hundert beim Spiel ergaunerte Sous oder sechshunderttausend Francs auf Grund eines unter dem Deckmantel des Gesetzes begangenen Betrugs entehren einen Mann gleichermaßen. Ich will Dir alles sagen: ich betrachte mich als befleckt durch eine Liebe, die bislang all mein Glück ausgemacht hat. Im Grunde meiner Seele erhebt sich eine Stimme, die durch meine Zärtlichkeit nicht erstickt werden kann. Ach, ich habe geweint, daß mehr an Gewissen denn an Liebe in mir ist. Du könntest ein Verbrechen begehen, und ich würde Dich vor der menschlichen Gerechtigkeit an meiner Brust verbergen, wenn ich es könnte; aber meine Aufopferung ginge nur bis dahin. Liebe, mein Engel, ist bei einer Frau das grenzenloseste Vertrauen, vereint mit einem unbestimmten Verlangen, das Wesen, dem sie gehört, zu verehren und anzubeten. Ich habe die Liebe nie anders als ein Feuer angesehen, in dem sich sogar noch die edelsten Gefühle läutern, ein Feuer, das sie alle erst zur Entwicklung bringt. Nur noch eins habe ich Dir zu sagen: komm arm zu mir, dann wird meine Liebe sich verdoppeln, falls das möglich ist; andernfalls verzichte auf mich. Wenn ich Dich nicht mehr sehe, weiß ich, was zu tun mir übrigbleibt. Jetzt will ich nicht, versteh mich recht, daß Du das Geld zurückerstattest, weil ich es Dir rate. Befrag genau Dein Gewissen. Dieser Akt der

Gerechtigkeit darf kein der Liebe gebrachtes Opfer sein. Ich bin Deine Frau und nicht Deine Geliebte; es handelt sich weniger darum, mir zu gefallen, als mir die tiefste Hochachtung vor Dir einzuflößen. Wenn ich mich täusche, wenn Du mir die Handlungsweise Deines Vaters ungeschickt erklärt hast; kurzum: wenn Du nur im geringsten an die Rechtmäßigkeit Deines Vermögens glaubst (ach, ich wäre so gern überzeugt davon, daß Du keinen Tadel verdienst!), dann entscheide Dich, indem Du auf die Stimme Deines Gewissens hörst; handele ganz nach Deinem Ermessen. Ein Mann, der aufrichtig liebt, so, wie Du mich liebst, achtet viel zu sehr alles, was seine Frau ihm an Makellosigkeit beimißt, um je unredlich zu sein. Jetzt mache ich mir Vorwürfe über alles, was ich Dir hier geschrieben habe. Vielleicht hätte ein Wort genügt, und dabei habe ich mich von meinem Instinkt, immer Moral zu predigen, hinreißen lassen. Deswegen möchte ich gescholten werden, nicht allzu heftig, aber ein wenig. Geliebter, bist Du von uns beiden nicht der Mächtigere? Du mußt, was falsch ist, ganz allein wahrnehmen. Wirst Du jetzt sagen, mein Herr und Gebieter, ich verstände nichts von politischen Diskussionen?«

»Nun, Onkel?« fragte Octave mit Tränen in den Augen.

»Aber ich sehe: es geht noch weiter; lies doch zu Ende.«

»Oh, jetzt kommen nur noch Dinge, die einzig von einem Liebenden gelesen werden dürfen.«

»Gut«, sagte der alte Herr, »gut, mein Junge. Ich habe viel Glück bei den Frauen gehabt; aber bitte glaub mir, daß ich auch geliebt habe, et ego in Arcadia[32]. Die Sache ist nur die, daß ich nicht begreife, warum du Mathematikstunden gibst.«

»Lieber Onkel, ich bin dein Neffe; also darf ich dir wohl kurz und bündig sagen, daß ich das mir von meinem Vater überlassene Kapital ein bißchen angegriffen hatte. Als ich diesen Brief gelesen hatte, vollzog sich in mir etwas wie eine Revolution, und ich habe innerhalb einer Minute die aufgeschobene Zahlung meiner Gewissensbisse beglichen. Nie könnte ich dir den Zustand schildern, in dem ich mich befand. Wenn ich in meinem Kabriolett in den Bois fuhr, rief eine Stimme mir zu: ›Gehört dies Pferd dir?‹ Beim Essen sagte ich mir: ›Ist dies nicht eine gestohlene Mahlzeit?‹ Ich schämte mich vor mir selbst. Je jünger meine Rechtschaffenheit war, desto glühender war sie. Das erste, was ich tat, war, schleunigst zu Madame Firmiani zu gehen. O mein Gott, lieber Onkel, an jenem Tag habe ich Überschwänge des Herzens, Wollüste der Seele durchlebt, die Millionen wert waren. Ich habe mit ihr eine Aufstellung dessen gemacht, was ich der Familie Bourgneuf schuldete, und ich habe mich dazu verurteilt, ihr drei Prozent Zinsen zu zahlen, obwohl Madame Firmiani anderer Ansicht war; aber mein ganzes Vermögen hätte zur Begleichung der Summe nicht ausgereicht. Schon damals waren wir, sie wie ich, genugsam Liebende, genugsam Eheleute, daß sie mir ihre Ersparnisse anbot, daß ich sie annahm ...«

»Nanu? Diese anbetungswerte Frau hat nicht nur Tugenden, sondern versteht sich auch noch aufs Sparen?« rief der Onkel.

»Spotte nicht über sie, Onkel. Ihre Lage verpflichtet sie zu Einschränkungen. Ihr Mann ist 1820 nach Griechenland gegangen; dort ist er vor drei Jahren gestorben; bis heute hat es sich als unmöglich erwiesen, einen gesetzlichen Beweis für seinen Tod zu erhalten oder in den Besitz des Testaments zu gelangen, das er doch sicherlich zugunsten seiner Frau aufgesetzt hat; dies bedeutsame Schriftstück ist verlorengegangen, gestohlen oder verlegt worden; in jenem Land werden die Zivilstandsakten nicht wie bei uns in Frankreich geführt, wir haben ja dort nicht mal einen Konsul. Da sie nicht weiß, ob sie nicht eines Tages gezwungen sein wird, sich mit böswilligen Erben auseinanderzusetzen, muß sie äußerst haushälterisch wirtschaften; sie möchte nämlich ihren Wohlstand genauso intakt hinterlassen wie Chateaubriand das Ministerium, aus dem er unlängst ausgeschieden ist[33]. Ich nun aber will mir ein Vermögen erwerben, das ganz und gar mein ist, um meiner Frau den gewohnten Überfluß gewähren zu können, falls sie einmal mittellos dastände.«

»Und das hast du mir nicht gesagt, und du bist nicht zu mir gekommen ...? Lieber Neffe, du solltest doch wissen, daß du mir lieb genug bist, um dir anständige Schulden, Edelmannsschulden zu bezahlen. Ich bin ein Onkel, der Knoten zu lösen pflegt; ich werde mich rächen.«

»Lieber Onkel, deine Art Rache kenne ich; aber laß mich durch eigenen Fleiß reich werden. Wenn du mich dir verpflichten willst, dann setz mir nur eine Pension von tausend Talern aus, bis ich

Kapitalien für irgendein Unternehmen brauche. Siehst du, in diesem Augenblick bin ich dermaßen glücklich, daß meine einzige Beschäftigung darin besteht, zu leben. Ich gebe Stunden, damit ich niemandem zur Last falle. Wüßtest du, wie freudig ich die Rückerstattung durchgeführt habe! Es galt, ein paar Schritte zu unternehmen, aber schließlich habe ich die Bourgneufs ausfindig gemacht; sie waren elend dran, und es fehlte ihnen schlechthin an allem. Die Familie wohnte in Saint-Germain in einem schäbigen Haus. Der alte Vater leitete ein Lotterie-Büro[34], seine beiden Töchter führten den Haushalt und erledigten die Buchführung. Die Mutter war fast immer krank. Die beiden Töchter sind ganz reizend, aber es ist ihnen die bittere Lehre zuteil geworden, daß die Welt der vermögenslosen Schönheit nur geringen Wert beimißt. Welch ein Bild hat sich mir dort geboten! Ich bin als der Mitschuldige an einem Verbrechen bei ihnen eingetreten, aber gegangen bin ich als ein anständiger Mensch, und ich habe das Andenken meines Vaters reingewaschen. Lieber Onkel, ich will über ihn nicht richten, es gibt im Prozeßwesen Verlockungen und Leidenschaften, die gelegentlich den anständigsten Menschen von der Welt verführen können. Die Advokaten verstehen sich darauf, den absurdesten Ansprüchen einen Schein des Rechts zu leihen, in den Gesetzen sind Syllogismen enthalten, die den Irrungen des Gewissens willfährig entgegenkommen, und den Richtern steht das Recht zu, sich zu irren. Mein Abenteuer war ein richtiges Drama. Die Vorsehung gewesen zu sein, einen der nutzlosen Wünsche erfüllt zu haben: ›Wenn uns doch zwanzigtausend Francs Zinsen vom Himmel fielen!‹, diesen Wunsch, den wir alle einmal lachend tun; einen Blick der Verwünschung durch einen kostbaren Blick der Dankbarkeit, des Staunens, der Bewunderung abgelöst zu sehen; einer Familie Reichtum zu bescheren, die bislang abends beim Schein einer schlechten Lampe um ein Torffeuer gesessen hat ... Nein, das Wort vermag eine solche Szene nicht zu schildern. Mein Übermaß an Gerechtigkeit dünkte sie ungerecht. Kurzum: wenn es ein Paradies gibt, so muß mein Vater jetzt darin glücklich sein. Ich nun aber werde geliebt, wie nie ein Mann geliebt worden ist. Madame Firmiani hat mir mehr als Glück gegeben, sie hat mir ein Zartgefühl beschert, an dem es mir vielleicht gemangelt hat. Deswegen nenne ich sie ›mein liebes Gewissen‹; das ist eines der Liebesworte, die die Antwort auf gewisse geheime Harmonien des Herzens sind. Rechtschaffenheit bringt Nutzen; und so hoffe ich, bald aus eigener Kraft reich zu sein; ich suche augenblicklich ein Fabrikationsproblem zu lösen, und wenn es mir gelingt, verdiene ich Millionen.«

»Lieber Junge, du hast die Seele deiner Mutter«, sagte der alte Herr und vermochte kaum die Tränen zurückzuhalten, die seine Augen feuchteten, als er seiner Schwester gedachte.

Trotz der Entfernung zwischen dem Erdboden und der Wohnung Octaves de Camps hörten der junge Herr und sein Onkel in diesem Augenblick das Geräusch eines Wagens, der vor dem Haus anlangte.

»Das ist sie«, sagte Octave, »ich erkenne ihre Pferde an der Art und Weise, wie sie anhalten.«

Tatsächlich trat Madame Firmiani gleich danach herein.

»Oh!« sagte sie und vollführte beim Erblicken Bourbonnes eine Geste des Unwillens. – »Aber unser Onkel kann getrost dabeisein«, fuhr sie mit einem Lächeln fort. »Ich wollte nichts, als demütig vor meinem Mann niederknien und ihn flehentlich bitten, mein Vermögen entgegenzunehmen. Die österreichische Gesandtschaft hat mir vorhin ein Aktenstück zukommen lassen, das Firmianis Hingang bestätigt. Die Bescheinigung ist durch den Stellvertreter des österreichischen Gesandten in Konstantinopel ausgefertigt worden und in Ordnung, und das Testament, das der Diener an sich genommen hatte, um es mir zu überbringen, ist beigefügt. Octave, du kannst alles übernehmen. – Glaub nur, du bist reicher als ich, du hast dort«, und damit deutete sie auf das Herz ihres Mannes, »Schätze, die Gott allein mehren könnte.« Dann konnte sie ihr Glück nicht länger ertragen; sie barg den Kopf an Octaves Brust.

»Liebe Nichte, früher frönten wir der Liebe; ihr Heutigen liebt«, sagte der Onkel. »Sie verkörpern alles, was es in der Menschheit an Gutem und Schönem gibt; denn ihr Frauen seid niemals schuld an dem, was ihr falsch macht: es liegt immer an uns Männern.«

Anmerkungen

Madame Firmiani

1 Jean-Pierre Claris de Florian (1755–1794), Dichter von Versfabeln in der Nachfolge La Fontaines, beeinflußt durch Gedanken Rousseaus. Er schrieb auch Hirtenromane, Komödien und Lieder und übersetzte den ›Don Quijote‹.

2 Alexis-Nicolas Pérignon (1785–1864), Historienmaler, Schüler Girodets, Expert des Louvre.

3 Wahrscheinlich Gemäldehändler; nicht zu identifizieren.

4 Charles-Maurice de Talleyrand-Périgord, Fürst von Benevent (1754–1838), bedeutender Staatsmann, geistvoll, aber ohne Moral, unter dem Ancien Régime Bischof von Autun, 1790 Präsident der Nationalversammlung, Außenminister des Direktoriums, dann des Konsulats, schließlich des Kaiserreichs, schloß sich der Restauration an und spielte eine glänzende Rolle auf dem Wiener Kongreß, wo er Bedeutendes für Frankreich leistete, und später in London, wohin er als Gesandter Louis-Philippes ging.

5 Das heutige Leningrad, damals die Hauptstadt Rußlands.

6 André-Marie-Jean-Jacques Dupin (1783–1855), der älteste der ›drei Dupins‹, politischer Advokat unter der Restauration, 1827 Abgeordneter, einer der ›Zweihunderteinundzwanzig‹, einer der Drahtzieher der Juli-Revolution. Unter Louis-Philippe Generalstaatsanwalt am Kassationsgericht und Präsident der Kammer. Von barscher, schneidender Redeweise, in der Haltung bäurisch und verletzend. Als Beamter pünktlich, im Urteil sicher und unparteiisch. Als Politiker ziemlich charakterlos: 1830 konstitutioneller Royalist; 1848 Republikaner und als Kammerpräsident Mitwirkender beim Staatsstreich vom 2. Dezember 1851, durch den der spätere Napoleon III. zum lebenslänglichen Präsidenten gewählt wurde.

7 Marie-Joseph, Marquis de La Fayette (1757–1834), General und Politiker, nahm am amerikanischen Unabhängigkeitskrieg teil sowie als liberaler Royalist an den Revolutionen von 1789 und 1830.

8 Ehemaliges Pariser Stadtviertel (III. und IV. Arrondissement) mit vielen alten Adelspalästen, später weniger angesehene Wohngegend.

9 Siehe Anmerkung 8 zu ›Ehefrieden‹.

10 Lateinisch: Irrtümer.

11 Lateinisch: auf frischer Tat.

12 Claude-Françoise de Malet, nicht ›Mallet‹, wie Balzac schreibt,

(1754–1812), französischer General, zettelte, während Napoleon in Rußland kämpfte, eine Verschwörung gegen ihn an, die mißlang. Er wurde erschossen.

13 François de Camps (1643–1723), Gelehrter und Numismatiker. Seine schöne Sammlung von Münzen und Medaillen befindet sich heute in der Pariser Bibliothèque Nationale.

14 Gesellschaft von ausbeutenden Spekulanten.

15 Auktionatoren.

16 Hauptgestalt in Schillers ›Die Räuber‹. Balzac verwechselt ihn mit Karls Bruder Franz. Schillers Tragödie war in Frankreich in mehreren Übersetzungen und Bearbeitungen verbreitet.

17 Derjenige der Apostel, den sein Unglaube an die Auferstehung Christi berühmt gemacht hat; sprichwörtlich für den Typus dessen, der mit gutem Vorbedacht erst dann an etwas glaubt, wenn er selber sich von dessen Tatsächlichkeit überzeugt hat.

18 Das Theater ›Gymnase Dramatique‹, 1820 gegründet, nahm bald unter der Schirmherrschaft der Herzogin von Berry die Bezeichnung ›Théâtre de Madame‹ an. Es pflegte das Vaudeville und das Singspiel.

19 Die 1814 Ludwig XVIII. aufgedrungene ›Charte‹.

20 Die Zeitung ›La Quotidienne‹ war 1792 zur Bekämpfung der Revolution gegründet worden und mußte zwischen 1793 und 1815 oftmals den Titel ändern oder gar das Erscheinen einstellen. Während der Restauration vertrat sie ultraroyalistische Meinungen und ebenso unter der Juli-Regierung; sie hatte damals noch heute berühmte Autoren als Mitarbeiter.

21 ›Mosè in Egitto‹ (›Moses in Ägypten‹), Oper von Rossini, Uraufführung 1818 im Teatro San Carlo zu Neapel, war für die französische Bühne musikalisch und textlich umgearbeitet worden und gelangte am 26. März 1827 in Paris zur vielbesprochenen Erstaufführung.

22 François-Marie Arouet, genannt de Voltaire (1694–1778).

23 Georges-Louis Leclerc de Buffon (1707–1788), Naturforscher und Schriftsteller, Autor einer ›Histoire naturelle‹. Seines prunkvollen Stils wegen hieß es von ihm, er arbeite nur mit Jabot und Spitzenmanschetten. Berühmt ist sein Ausspruch in einer Akademie-Rede: »Le style est l'homme même«, was nicht bedeutet, daß im Stil sich der Charakter des Autors spiegelt, sondern daß, wenngleich das Grundsätzliche wissenschaftlicher Entdeckungen gemeinsames Eigentum der Menschheit sei, die Art, es auszudrücken, nämlich der Stil, ein persönliches Kennzeichen des Schriftstellers sei.

24 Pierre Denis, Graf de Peyronnet (1778–1854), Minister während der Restauration, ursprünglich Jurist. Er gehörte einem Kreis literarisch gebildeter, lebensfroher Royalisten an. Die tollen Streiche, die Peyronnet und sein Freund, der berühmte Chodruc-Duclos, während des Kaiserreichs in Bordeaux vollführten, fanden großen Widerhall.

25 Christoph Willibald Gluck (1714–1787), Reformator der Oper, lebte mehrere Jahre in Paris und erfreute sich der Protektion der Königin Marie-Antoinette, die nicht zuletzt zu Glucks Sieg über seinen Rivalen Niccolo Piccini (1728–1800) beitrug.

26 Jean-Auguste-Dominique Ingres (1780–1867), Schüler Davids, ausgezeichnet durch Genauigkeit der Beobachtung, Vollkommenheit der Zeichnung und Reinheit der Linienführung.

27 Geliebte König Karls VII. (1422–1450).

28 George Gordon Noël Lord Byron lebte von 1788 bis 1824; sein Epos ›Don Juan‹ erschien 1819–1824.

29 In Molières Komödie ›Le Misanthrope‹.

30 Die heutige Rue Antoine-Dubois; sie führt von der Rue de l'Ecole-de-Médecine zur Rue de Monsieur-le-Prince.

31 Dorf in der schottischen Grafschaft Dumfries, wo der Friedensrichter, ein Hufschmied, gegen Entgelt Verlobte traute, denen die Zustimmung der Eltern (die in Schottland nicht Gesetz war) zur Eheschließung fehlte. Der Brauch wurde 1857 abgeschafft.

32 Lateinisch: Auch ich bin in Arkadien gewesen! Inschrift auf Poussins berühmtem Gemälde ›Die arkadischen Hirten‹. Sprichwörtlich für die kurze Dauer des Glücks und die Sehnsucht nach etwas unwiederbringlich Verlorenem.

33 Chateaubriand war 1822 als Außenminister in das Ministerium Villèle berufen worden und hatte es sich angelegen sein lassen, den spanischen Interventionskrieg diplomatisch vorzubereiten. Der Krieg war ein voller Erfolg. Aber Chateaubriands hochmütiger, abenteuerlicher Charakter machte ihn dem Ministerpräsidenten unerträglich, und so wurde er 1824 durch ein königliches Dekret plötzlich verabschiedet.

34 Die National-Lotterie war 1762 nach italienischem Muster gegründet worden und sollte ursprünglich nur zur Bestreitung der Kosten der Ecole militaire dienen. Bald jedoch bildeten die Einnahmen daraus einen festen Posten im Staatshaushalt. Revolution, Kaiserreich und Restauration ließen sie bestehen; abgeschafft wurde sie, wie jede andere Lotterie, erst 1836.

Biographische Notizen über die Romangestalten

Madame Firmiani

BOURBONNE, Monsieur de, gab dem Vikar François Birotteau, der das Opfer der Intrigen seines Amtsbruders, des Abbés Troubert geworden war, einige nützliche Ratschläge (›Der Pfarrer von Tours‹).

CAMPS, Madame Octave de, protegierte Xavier Rabourdin (›Die Beamten‹), gab 1824 einen Ball, auf dem Charles de Vandenesse Mme d'Aiglemont kennenlernte (›Die Frau von dreißig Jahren‹), und war 1834 ungefähr die einzige der Freundinnen der Mme Félix de Vandenesse, die versuchte, die unbedachte junge Frau daran zu hindern, sich Raoul Nathan in die Arme zu werfen (›Eine Evastochter‹).

Eine Frauenstudie

Übertragung von Irma Schauber

Die Erzählung ›Etude de Femme‹ entstand, nach Balzacs Angabe, im Februar 1830 in Paris. Der Erstdruck erfolgte am 12. März 1830 in ›La Mode‹. Im Oktober des folgenden Jahres erschien sie in der dreibändigen Reihe ›Romans et Contes philosophiques‹, 1835 unter dem Titel ›Portrait de Marquise‹ im vierten Band der ›Scènes de la Vie parisienne‹; 1842 ging sie unter ihrem ursprünglichen Titel in die ›Szenen aus dem Privatleben‹ der ›Menschlichen Komödie‹ ein.

In der Ausgabe von 1831 erscheint die Marquise de Listomère lediglich als ›Comtesse de ***‹, und Rastignac als ›Ernest de ***‹. Im Bemühen, die kurze Skizze der ›Komödie‹ einzugliedern, ließ Balzac in der Ausgabe von 1835 Rastignac erscheinen, in der von 1842 die Marquise de Listomère.

Die Marquise de Listomère ist eine der jungen Frauen, die im Geist der Restauration erzogen worden sind. Sie hat Grundsätze, sie fastet, sie geht zur Kommunion und besucht, reich geschmückt, Bälle, die Italienische Oper, die Oper[1]; ihr Beichtvater gestattet es ihr, das Profane und das Heilige zu vereinen. Nie blieb sie der Kirche oder Welt und Gesellschaft etwas schuldig, und so bietet sie ein Abbild der Gegenwart dar, die sich das Wort ›Legalität‹ als Epigraph erkoren zu haben scheint. Die Lebensführung der Marquise birgt genausoviel an Religiosität, daß sie unter einer neuen Maintenon[2] zu der düsteren Frömmigkeit der letzten Tage Ludwigs XIV. gelangen könnte, und genausoviel Weltlichkeit, um ohne weiteres die galanten Gepflogenheiten der ersten Tage jener Regierungszeit übernehmen zu können, wenn sie je wiederkämen. Gegenwärtig ist sie tugendhaft aus Berechnung oder vielleicht auch aus Gefallen daran. Seit sieben Jahren ist sie mit dem Marquis de Listomère verheiratet, einem der Abgeordneten, die auf die Erhebung zum Pair warten; und so glaubt sie vielleicht auch, durch ihr Verhalten dem Ehrgeiz der Familie zu dienen. Einige Frauen warten mit dem endgültigen Urteil über sie, bis Monsieur de Listomère Pair von Frankreich geworden und sie sechsunddreißig ist; denn das ist das Alter, in dem die meisten Frauen sich gewahr werden, daß sie Opfer der gesellschaftlichen Spielregeln sind. Der Marquis ist ein ziemlich unbedeutender Mann: er ist bei Hofe gern gesehen, seine guten Eigenschaften sind ebenso negativ wie seine Fehler; die einen können ihm genausowenig den Ruf der Tugend verschaffen wie die anderen ihm den Glanz verleihen, den das Laster ausstrahlt. Er ist zwar Abgeordneter, ergreift jedoch nie das Wort; aber er stimmt ›richtig‹ ab; daheim verhält er sich wie in der Kammer. Daher gilt er als der beste Ehemann in ganz Frankreich. Zwar steht er nicht im Verdacht, je in Begeisterung zu geraten; dafür schimpft er auch nie, ausgenommen, man läßt ihn warten. Seine Freunde nennen ihn ›den bedeckten Himmel‹. Es finden sich bei ihm in der Tat weder zu grelles Licht noch völlige Dunkelheit. Er ähnelt sämtlichen Ministerien, die in Frankreich seit dem Erlaß der Verfassung einander abgelöst haben. Für eine Frau mit Grundsätzen wäre es schwierig gewesen, in bessere Hände zu geraten. Ist es nicht schon viel für eine tugendhafte Frau, einen Mann geheiratet zu haben, der zu Seitensprüngen außerstande ist? Es hat Dandys gegeben, die die Impertinenz besaßen, der Marquise leicht die Hand zu drücken, wenn sie mit ihr tanzten; aber sie haben nur Blicke der Verachtung geerntet, und alle haben die beleidigende Gleichgültigkeit empfunden, die, wie Frost im Frühling, den Keim der schönsten Hoffnungen vernichtet. Die Schönlinge, die Geistreichen, die Gecken, die Gefühlvollen, die davon leben, daß sie mit Spazierstöcken umherlaufen, die mit großen Namen oder pompösem Ruf, die Männer hoher oder geringerer Abkunft: vor ihr verblaßten alle. Sie hat sich das Recht erobert, solange und so oft sie will mit den Männern zu plaudern, die sie für geistreich hält, ohne dadurch ins Stammbuch der Lästerungen eingetragen zu werden. Gewisse kokette Frauen sind befähigt, diese Taktik sieben Jahre lang zu verfolgen, um dann später ihren Launen willfahren zu können; aber bei der Marquise de Listomère diesen Hintergedanken vermuten, das hieße: sie verleumden. Ich habe das Glück gehabt, von diesem Phönix unter den Marquisen empfangen zu werden: sie plaudert gut, ich verstehe mich aufs Zuhören, ich habe ihr gefallen, ich gehe zu ihren Abendgesellschaften. Das nämlich war das Ziel meines Ehrgeizes gewesen. Madame de Listomère ist weder häßlich noch hübsch; sie hat weiße Zähne, eine blendende Gesichtsfarbe und sehr rote Lippen; sie ist groß und gut gewachsen; sie hat einen kleinen, schmächtigen Fuß, den sie nicht vorstreckt; ihre Augen sind durchaus nicht erloschen wie fast alle Pariser Augen, sondern haben einen milden Glanz, der förmlich magisch wirkt, wenn sie zufällig etwas aus sich herausgeht. Hinter dieser unbestimmten äußeren Erscheinung läßt sich eine Seele ahnen. Wenn sie sich für ein Gespräch interessiert, entfaltet sie eine Anmut, die sie vorsichtigerweise unter einer kühlen Haltung verbirgt, und dann ist sie bezaubernd. Sie will keine Erfolge und erlangt sie. Man findet stets, was man nicht sucht. Dieser Satz bewahrheitet sich zu häufig, als daß er sich nicht eines Tages in ein Sprichwort verwandeln sollte. Das wäre dann die Moral dieses Abenteuers, das zu erzählen ich mir schwerlich erlauben würde, wenn es gegenwärtig nicht in allen Pariser Salons widerhallte.

Vor etwa einem Monat hat die Marquise de Listomère mit einem jungen Herrn getanzt, der ebenso bescheiden wie leichtsinnig ist, eine Fülle guter Eigenschaften besitzt und nur seine Fehler durchblicken läßt; er ist leidenschaftlich und macht sich über die Leidenschaften lustig; er hat Talent und hält damit hinterm Berg; bei Aristokraten spielt er den Gelehrten, und bei den Gelehrten den Aristokraten. Eugène de Rastignac ist einer der sehr gescheiten jungen Herrn, die alles versuchen und die die Menschen abzutasten scheinen, um herauszubekommen, was die Zukunft bringt. Er ist noch nicht alt genug, um ehrgeizig zu sein, und so spottet er über alles; er hat Grazie und Originalität, zwei seltene Eigenschaften, weil sie einander ausschließen. Ohne auf Erfolg erpicht zu sein, hat er mit der Marquise de Listomère geplaudert, etwa eine halbe Stunde lang. Während des launisch-spielerischen Hinundhers einer Unterhaltung, die mit der Oper ›Wilhelm Tell‹[3] begonnen und sich dann den Pflichten der Frauen zugewandt hatte, hatte er die Marquise mehrmals auf eine Weise angeschaut, die sie verlegen machte; dann verabschiedete er sich von ihr und wechselte mit ihr den ganzen Abend kein Wort mehr; setzte sich zum Ecarté[4], verlor einiges Geld und ging dann fort, um sich schlafen zu legen. Ich habe die Ehre, zu versichern, daß alles sich so zugetragen hat. Ich füge nichts hinzu, ich lasse nichts aus.

Am folgenden Morgen wachte Rastignac spät auf, blieb im Bett und überlieferte sich dort sicherlich einer der Morgenträumereien, während welcher ein junger Mann wie ein Sylphe[5] unter mehr als einen Bettvorhang aus Seide, Kaschmir oder Baumwolle schlüpft. Je mehr in solchen Minuten der Körper schlummerschwer ist, desto behender ist der Geist. Schließlich stand Rastignac auf, ohne allzusehr zu gähnen, wie so viele schlecht erzogene Leute es tun, schellte nach seinem Diener, ließ sich Tee aufgießen, trank davon maßlose Mengen, was allen, die Tee zu schätzen wissen, nicht ungewöhnlich vorkommen dürfte; aber um diesen Umstand Leuten zu erklären, die den Tee bloß als ein Heilmittel gegen Magenverstimmungen ansehen, möchte ich hinzufügen, daß Eugène dabei geschrieben hat: er saß behaglich da und hatte die Füße häufiger auf dem Feuerbock als im Fußsack. Oh, die Füße auf die polierte Stange zu stellen, die die beiden Greifenköpfe eines Kaminvorsetzers verbindet, und an seine Liebschaften zu denken, wenn man gerade aufgestanden und noch im Schlafrock ist, das ist etwas so Köstliches, daß ich unendlich bedaure, weder eine Geliebte noch Kaminböcke, noch einen Schlafrock zu besitzen. Wenn ich all das erst habe, dann brauche ich meine Beobachtungen nicht mehr zu erzählen, sondern kann es mir zunutze machen.

Der erste Brief, den Eugène schrieb, wurde binnen einer Viertelstunde fertig; er faltete ihn zusammen, siegelte ihn und ließ ihn vor sich liegen, ohne die Adresse daraufzuschreiben. Der zweite Brief, den er um elf begann, wurde erst um mittag fertig. Die vier Seiten waren eng beschrieben.

»Die Frau spukt mir im Kopf herum«, sagte er, als er die zweite Epistel zusammenfaltete; er ließ sie vor sich liegen; er wollte die Adresse daraufschreiben, wenn er mit der Träumerei zu Ende gekommen war, der er sich unwillkürlich überließ. Er schlug die beiden Schöße seines geblümten Schlafrocks übereinander, setzte die Füße auf einen Hocker, steckte die Hände in die Taschen seiner roten Kaschmirhose und lehnte sich in einen entzückenden Ohrensessel zurück, dessen Sitz und Lehne den behaglichen Winkel von hundertzwanzig Grad bildeten. Er trank jetzt keinen Tee mehr; sondern saß ruhig da, die Augen auf die vergoldete

Hand gerichtet, in die seine Kaminschaufel auslief, wenngleich ohne Hand, Schaufel oder Vergoldung wahrzunehmen. Nicht einmal das Feuer schürte er. Das war ein sehr großer Fehler. Bereitet es nicht eine Art Lustgefühl, das Feuer zu schikanieren, wenn man an die Frauen denkt? Unser Geist leiht den kleinen blauen Flammenzungen die Gabe der Rede, wenn sie sich plötzlich lösen und im Kamin Laut geben. Man denkt an die mächtige, barsche Ausdrucksweise eines ›Burgunders‹.

Bei diesem Wort wollen wir innehalten und hier für die Ahnungslosen eine Erklärung einschieben; wir danken sie einem hervorragenden Etymologen, der gewünscht hat, nicht genannt zu werden. ›Burgunder‹ ist seit der Regierungszeit Karls VI. die volkstümliche und symbolische Bezeichnung der lauten Knalle, als deren Folgeerscheinung ein Stückchen Kohle auf einen Teppich oder ein Kleid fliegt, was leicht zu einem Brand führen kann. Das Feuer macht, wie es heißt, eine Luftblase frei, die ein nagender Wurm im Holz hinterlassen hat. Inde amor, inde Burgundus. Man zuckt zusammen, wenn man die Kohle, die man so behutsam zwischen zwei flammende Scheite gelegt hat, wie eine Lawine herausrollen sieht. Ach, im Feuer stochern, wenn man liebt, heißt das nicht, seine Gedanken stofflich entwickeln?

Just um diese Zeit trat ich bei Eugène ein; er fuhr hoch und sagte zu mir: – »Ach, Horace, du bist es, mein Lieber. Seit wann bist du da?«

»Ich komme gerade.«

»So so!«

Er nahm die beiden Briefe, schrieb die Adressen darauf und schellte nach seinem Diener.

»Trag das in die Stadt.«

Und Joseph ging ohne die leiseste Bemerkung; ein vortrefflicher Diener!

Wir begannen über die Expedition nach Morca zu plaudern[6], bei der ich gern als Arzt Verwendung gefunden hätte. Eugène gab mir zu bedenken, daß ich viel verlieren würde, wenn ich Paris verließe, und wir sprachen von gleichgültigen Dingen. Ich glaube nicht, daß man es mir nachtragen wird, wenn ich unsere Unterhaltung weglasse . . . .
. . . .

Als die Marquise de Listomère gegen zwei Uhr nachmittags aufstand, übergab ihre Zofe Caroline ihr einen Brief; sie las ihn, während Caroline sie frisierte. (Eine Unklugheit, die viele junge Frauen begehen.)

»O geliebter Engel der Liebe, Schatz meines Lebens und Glücks!« Als sie das las, wollte die Marquise den Brief ins Feuer werfen; aber es schoß ihr ein launischer Gedanke durch den Kopf, den jede tugendhafte Frau wunderbar verstehen wird; er bestand darin, zu sehen, wie ein Mann, der so begann, wohl enden mochte. Sie las. Als sie die vierte Seite umgeblättert hatte, ließ sie die Arme sinken, als sei sie tief erschöpft.

»Caroline, fragen Sie nach, wer diesen Brief bei mir abgegeben hat.«

»Madame, ich selber habe ihn dem Diener des Herrn Barons de Rastignac abgenommen.«

Es entstand ein langes Schweigen.

»Möchte Madame angekleidet werden?«

»Nein.«

»Muß das ein unverschämter Kerl sein!« dachte die Marquise.

. . . .

Ich bitte alle Damen, sich den Kommentar selber auszumalen.

Madame de Listomère beendete den ihren mit dem formellen Entschluß, Monsieur Eugène nicht mehr zu empfangen und ihm mehr als Verachtung zu bezeigen, wenn sie ihm in der Gesellschaft begegnete; denn seine Unverschämtheit ließ sich mit keiner derjenigen vergleichen, die die Marquise schließlich verziehen hatte. Zunächst wollte sie den Brief aufheben; aber nach genauem Überlegen warf sie ihn ins Feuer.

»Madame hat heute eine großartige Liebeserklärung bekommen, und sie hat sie sogar gelesen!« sagte Caroline der Haushälterin.

»Das hätte ich von Madame nie geglaubt«, antwortete die Alte ganz erstaunt.

Abends ging die Gräfin zum Marquis de Beauséant, wo Rastignac höchstwahrscheinlich sein würde. Es war ein Samstag. Da der Marquis de Beauséant weitläufig mit Monsieur de Rastignac verwandt war, konnte es nicht ausbleiben, daß der junge Herr im Lauf des Abends erschien. Um zwei Uhr morgens hatte Madame de Listomère, die einzig dageblieben war, um Eugène mit ihrer Kälte niederzuschmettern, ihn vergebens erwartet. Ein geistvoller Mann, Stendhal, ist auf den bizarren Gedanken verfallen, den Vorgang, der sich im Kopf der Marquise vor diesem Abend, während seiner und nach ihm abspielte, als ›Kristallisation‹ zu bezeichnen[7].

Vier Tage danach schalt Eugène seinen Diener aus.

»Das ist denn doch, Joseph; ich glaube, ich werde dich entlassen müssen, mein Junge!«

»Wie meinen Monsieur?«

»Nichts als Dummheiten machst du. Wo hast du die beiden Briefe hingebracht, die ich dir am Freitag gegeben habe?«

Joseph machte ein blödes Gesicht. Wie eine Statue am Eingang einer Kathedrale stand er starr da, in Gedanken versunken. Plötzlich lächelte er dümmlich und sagte:

»Der eine war für die Frau Marquise de Listomère, Rue Saint-Dominique, und der andere für Monsieurs Anwalt ...«

»Bist du dessen sicher, was du da sagst?«

Joseph verschlug es die Sprache. Ich merkte, daß ich mich einmischen müsse; ich war nämlich zufällig abermals dabei.

»Joseph hat recht«, sagte ich. Eugène wandte sich nach mir um. – »Ich habe die Adressen ganz unwillkürlich gelesen, und ...«

»Und«, unterbrach Eugène mich, »keiner der Briefe war an Madame de Nucingen gerichtet?«

»Nein, bei allen Teufeln! Daher hatte ich ja geglaubt, mein Lieber, dein Herz sei von der Rue Saint-Lazare nach der Rue Saint-Dominique pirouettiert.«

Eugène schlug sich mit der flachen Hand an die Stirn und begann zu lächeln. Joseph merkte, daß nicht er den Fehler begangen hatte.

Jetzt kommt die moralische Nutzanwendung, über die alle jungen Leute mal ein bißchen nachdenken sollten. Erster Fehler: Eugène fand es amüsant, Madame de Listomère über das Versehen zum Lachen zu bringen, das sie zur Geliebten eines nicht für sie bestimmten Liebesbriefes gemacht hatte. Zweiter Fehler: er ging erst vier Tage nach dem Geschehnis zu Madame de Listomère und ließ somit den Gedanken einer tugendhaften jungen Frau Zeit, sich zu ›kristallisieren‹. Es fand sich noch ein Dutzend weiterer

Fehler, die mit Stillschweigen übergangen werden müssen, damit den Damen die Freude verbleibt, sie ex professo denen zu deduzieren, die sie nicht zu erraten vermögen. Eugène langt also an der Tür der Marquise an; aber als er hineingehen will, hält der Türhüter ihn an und sagt ihm, die Frau Marquise sei nicht daheim. Als er gerade wieder in den Wagen stieg, kam der Marquis nach Hause.

»Kommen Sie doch, Eugène! Meine Frau ist oben.«

Man möge Nachsicht mit dem Marquis haben. So gut auch ein Ehemann sei, bis zur Vollkommenheit bringt er es schwerlich. Beim Ersteigen der Treppe wurde Rastignac sich der zehn Verstöße gegen die gesellschaftliche Logik bewußt, die sich in diesem Abschnitt des schönen Buches seines Lebens fanden. Als Madame de Listomère ihren Mann mit Eugène hereinkommen sah, konnte sie nicht umhin zu erröten. Dem jungen Baron entging diese jähe Röte nicht. Auch der bescheidenste Mann birgt noch einen kleinen Rest von Geckenhaftigkeit in sich, dessen er sich genausowenig entäußert wie die Frau ihrer fatalen Koketterie; also kann Eugène nicht dafür getadelt werden, daß er sich in diesem Augenblick sagte: »Nanu, auch diese Festung?« Und er warf sich in die Brust. Junge Leute pflegen zwar nicht sehr habgierig zu sein; aber sie schätzen es alle, ein Köpfchen mehr ihrer Medaillensammlung einzuverleiben.

Monsieur de Listomère ergriff die ›Gazette de France‹, die er auf einer Ecke des Kaminsimses liegen sah, und trat in eine Fensternische, um sich, von dem betreffenden Journalisten unterstützt, eine Meinung über den Stand der Dinge in Frankreich zu bilden. Keine Frau, und nicht einmal eine prüde, bleibt lange verlegen, auch nicht in der heikelsten Lage: anscheinend hat sie stets das Feigenblatt zur Hand, das ihr unsere Mutter Eva beschert hat. Als daher Eugène, der die an der Tür erteilte Weisung zugunsten seiner Eitelkeit deutete, sich vor Madame de Listomère mit leidlich unbefangener Miene verbeugte, wußte sie alles, was sie dachte, hinter jenem weiblichen Lächeln zu verbergen, das undurchdringlicher als ein Königswort ist.

»Sind Sie etwas unpäßlich, Madame? Sie hatten Ihre Tür sperren lassen.«

»Nein.«

»Vielleicht hatten Sie ausfahren wollen?«

»Ebensowenig.«

»Oder erwarteten Sie jemanden?«

»Niemanden.«

»Wenn mein Besuch unangebracht ist, halten Sie sich bitte an Ihren Mann. Ich hatte Ihrer mysteriösen Weisung gehorcht, als er selber mich ins Sanktuarium geführt hat.«

»Mein Man war von mir nicht eingeweiht worden. Es ist nicht immer klug, einen Ehemann über gewisse Geheimnisse auf dem laufenden zu halten . . .«

Der feste, zugleich aber freundliche Nachdruck, mit dem die Marquise diese Worte sprach, und der Abstand heischende Blick, mit dem sie ihn bedachte, ließen Rastignac nur zu sehr erkennen, daß er sich zu voreilig in die Brust geworfen hatte.

»Madame, ich verstehe Sie«, sagte er lachend; »ich muß mich also doppelt beglückwünschen, daß ich dem Marquis begegnet bin; er verschafft mir die Gelegenheit, Ihnen eine Rechtfertigung darzubringen, die gefahrvoll sein würde, wenn Sie nicht die Güte in Person wären.«

Die Marquise blickte den jungen Baron ziemlich erstaunt an; doch sie antwortete voller Würde: – »Monsieur, Ihr Schweigen wird Ihre beste Entschuldigung sein. Was mich betrifft, so gelobe ich völliges Vergessen, und das ist eine Verzeihung, die Sie kaum verdienen.«

»Madame«, sagte Eugène lebhaft, »Verzeihung erübrigt sich da, wo keine Kränkung stattgefunden hat. Der Brief«, fügte er leise hinzu, »den Sie empfangen haben und der Ihnen so ungehörig vorkommen mußte, war nicht an Sie gerichtet.«

Die Marquise mußte lächeln; sie wollte gekränkt worden sein.

»Warum lügen?« entgegnete sie herablassend belustigt, aber mit ziemlich sanftem Stimmklang. »Nun ich Sie ausgescholten habe, möchte ich lieber über eine Kriegslist lachen, die nicht frei von Bosheit ist. Ich kenne bedauernswerte Frauen, die darauf hereinfallen würden. ›Mein Gott! Wie muß er lieben!‹ würden sie sagen.« Die Marquise lachte gezwungen auf und fügte nachsichtig hinzu: – »Wenn wir Freunde bleiben wollen, darf nie wieder von einem Versehen die Rede sein, dessen Opfer ich nicht sein möchte.«

»Mein Ehrenwort, Madame, Sie sind es sehr viel mehr, als Sie meinen«, erwiderte Eugène hastig.

»Wovon redet ihr da eigentlich?« fragte Monsieur de Listomère, der seit ein paar Sekunden der Unterhaltung gelauscht hatte, ohne der Rede dunklen Sinn durchdringen zu können.

»Ach, das ist für dich ganz uninteressant«, antwortete die Marquise.

Monsieur de Listomère nahm ruhig die Lektüre seiner Zeitung wieder auf und sagte: – »Siehe da! Madame de Mortsauf ist gestorben; da ist dein armer Bruder sicherlich nach Clochegourde gefahren.«

»Wissen Sie«, wandte die Marquise sich wieder Eugène zu, »daß Sie da eben eine Unverschämtheit gesagt haben?«

»Wüßte ich nicht um die Strenge Ihrer Grundsätze«, antwortete er naiv, »so würde ich glauben, Sie wollten mir entweder Gedanken einflößen, gegen die ich mich sträube, oder aber mir mein Geheimnis entlocken. Aber vielleicht wollen Sie sich auch bloß über mich amüsieren.«

Die Marquise lächelte. Dieses Lächeln machte Eugène ungeduldig.

»Möchten Sie doch«, sagte er, »noch immer an eine Kränkung glauben, die ich wirklich nicht begangen habe! Und ich wünsche heiß und innig, daß der Zufall Sie nicht in der Gesellschaft diejenige entdecken lasse, die jenen Brief hatte lesen sollen ...«

»Nanu, sollte es nach wie vor Madame de Nucingen sein?« rief Madame de Listomère, die begieriger war, ein Geheimnis zu ergründen, als willens, sich für die Spötteleien des jungen Herrn zu rächen.

Eugène wurde rot. Man muß älter als fünfundzwanzig sein, um nicht zu erröten, wenn man es erlebt, daß einem die Dummheit einer Treue vorgeworfen wird, über die die Frauen spotten, um nicht zu zeigen, wie neidisch sie darauf sind. Dennoch sagte er ziemlich kaltblütig: »Und warum nicht, Madame?«

Solcherlei Fehler begeht man mit fünfundzwanzig. Dieses vertrauensvolle Eingeständnis löste in Madame de Listomère eine heftige Gemütsbewegung aus; aber Eugène verstand sich noch nicht auf die Analyse eines Frauengesichts, wenn er es hastig oder von der Seite musterte. Nur die Lippen der Marquise waren erblaßt. Madame de Listomère schellte und verlangte Feuerholz; auf diese Weise zwang sie Rastignac aufzustehen, um sich zu verabschieden.

»Wenn die Dinge so liegen«, sagte da die Marquise und gebot Eugène durch eine kalte, zurückhaltende Miene stehenzubleiben, »dürfte es Ihnen schwerfallen, Monsieur, mir zu erklären, durch welchen Zufall mein Name Ihnen unter die Feder geraten könnte. Eine Adresse, die man auf einen Brief schreibt, ist doch wohl etwas anderes als der Klappzylinder eines Nachbarn, den man aus Gedankenlosigkeit statt des seinen nehmen kann, wenn man einen Ball verläßt.«

Der aus der Fassung gebrachte Eugène schaute die Marquise mit einer zugleich geckenhaften und dummen Miene an; er spürte, daß er lächerlich wurde, stotterte eine Schuljungenphrase und ging. Ein paar Tage später erhielt die Marquise untrügliche Beweise für Eugènes Wahrheitsliebe. Seit Wochen läßt sie sich nicht mehr in der Gesellschaft sehen.

Der Marquis sagt zu allen, die ihn nach dem Grund dieses verwandelten Verhaltens fragen: »Meine Frau hat eine Gastritis.«

Ich, der ich sie behandle und um ihr Geheimnis weiß, weiß auch, daß sie bloß eine kleine Nervenkrise hat, die sie ausnutzt, um für sich allein bleiben zu können.

Anmerkungen

Eine Frauenstudie

1 Die Oper war zwischen 1794 und 1820 in der Salle Montansier, Rue de Richelieu, gegenüber der Bibliothek untergebracht. Nach der Ermordung des Herzogs von Berry wurde das Gebäude abgerissen, und die Oper siedelte provisorisch in die Rue Lepelletier über, wo sie bis 1874 spielte, bis zur Einweihung des 1861 begonnenen Prunkbaus der heutigen Oper, des prächtigsten und größten Theaters der Welt. Allein der Bauplatz hat 10 500 000 Francs gekostet; die Baukosten betrugen 36 500 000 Francs.

2 Françoise d'Aubigné, Marquise de Maintenon (1655–1719), katholisch getauft, kalvinistisch erzogen, zum Katholizismus bekehrt, heiratete gezwungenermaßen den an allen Gliedern gelähmten Dichter Scarron (1652), wurde 1660 Witwe, mit der Erziehung der Kinder Ludwigs XIV. und der Mme de Montespan betraut, stach diese aus und heiratete 1684 den König zur linken Hand. Ihr großer Einfluß auf den König war nicht immer segensreich; sie trieb ihn beispielsweise zur Aufhebung des Edikts von Nantes. Nach Ludwigs Tod 1715 zog sie sich nach Saint-Cyr zurück, in die von ihr gegründete Erziehungsanstalt armer, adliger Mädchen, für die Racine seine beiden letzten Tragödien schrieb.

3 Rossinis ›Wilhelm Tell‹ entstand 1829 in Paris und ist sein Hauptwerk auf dem Gebiet der großen Oper und zugleich sein letztes Bühnenwerk. Während der ihm noch verbleibenden 38 Lebensjahre schrieb er außer kleineren Arbeiten nur noch sein berühmtes ›Stabat mater‹ und lebte teils in Paris, teils in Italien genießerisch als einer der ersten Feinschmecker und Köche seiner Zeit und allgemein verehrt.

4 Französisches Kartenspiel für zwei Personen.

5 Luftgeist in der mittelalterlichen Magie.

6 Während des griechischen Freiheitskampfes 1821–1830.

7 In ›De l'Amour‹ (1822).

Biographische Notizen über die Romangestalten

Eine Frauenstudie

BIANCHON, Horace (siehe die ihn betreffende Notiz zu ›Eine doppelte Familie‹).

LISTOMERE, Marquise de, Schwester von Charles und Félix Vandenesse (›Die Lilie im Tal‹). Sie war nichtsdestoweniger eifrig daran beteiligt, Félix' Frau Raoul Nathan in die Arme zu treiben (›Eine Evastochter‹).

MORTSAUF, Blanche-Henriette de Lenoncourt, Gräfin de, hatte in der glühenden und keuschen Leidenschaft Félix' de Vandenesse Trost über den Schmerz einer unglücklichen Ehe gefunden. Als Félix ihr durch Lady Arabelle Dudley entrissen wurde, erlag Mme de Mortsauf einer Magenkrankheit, deren Ursache ihr Kummer war (›Die Lilie im Tal‹).

RASTIGNAC, Eugène, Baron, später Graf de, geboren 1797 auf Rastignac, studierte Jura, wohnte 1819 in der Pension Vauquer, wo er Vater Goriot kennenlernte, den er tröstete, ferner Bianchon und alsdann Vautrin, dessen Gönnerschaft er ablehnte. Um diese Zeit tat er seine ersten Schritte in die Gesellschaft und wurde der Geliebte der Mme de Nucingen (›Vater Goriot‹). 1821 wurde er der Kamerad Luciens de Rubempré, dessen Geschick er bis 1830 verfolgte, wobei er ihn bald für seinen Rivalen und Feind hielt (›Verlorene Illusionen‹), bald gezwungen war, ihm auf Grund der Überlegenheit und der Drohungen Jacques Collins, der sich mit der Soutane des Abbés Carlos Herrera getarnt hatte, zu helfen (›Glanz und Elend der Kurtisanen‹). 1828 wurde Rastignac durch seinen Freund Bianchon davon abgehalten, der Liebhaber der Mme d'Espard zu werden (›Die Entmündigung‹). Er kannte Raphaël de Valentin (›Das Chagrinleder‹), war mit Raoul Nathan befreundet (›Eine Evastochter‹), bereicherte sich durch den fingierten ›Krach‹ der Bergwerke von Wortschin, der das Vermögen Nucingens sicherstellte (›Das Bankhaus Nucingen‹) und heiratete schließlich Augusta, die Tochter seiner alten Geliebten Delphine Nucingen (›Tante Bette‹). 1845 wurde er Pair von Frankreich, nachdem er zuvor Minister gewesen war (›Die Komödianten wider ihr Wissen‹).

Die falsche Geliebte

Übertragung von Ernst Sander

Die Novelle ›La fausse Maîtresse‹ ist nach Balzacs Angabe im Januar 1842 in Paris entstanden. Das trifft nicht zu, denn sie erschien bereits vom 24. bis 28. Dezember 1841 als Vorabdruck in ›Le Siècle‹. Einige Wochen später erschien die Buchausgabe im ersten Band der ›Szenen aus dem Privatleben‹ der ›Menschlichen Komödie‹. Die Novelle war zunächst in fünf und wurde für die zweite Buchausgabe in zehn Kapitel gegliedert. Auf jene Einteilung hat Balzac in der endgültigen Ausgabe verzichtet.

Zu der Gestalt des Rittmeisters Tadeusz Paz soll Balzac durch einen armen Verwandten der Mme Hanska, der die Gräfin zaghaft liebte, angeregt worden sein. In Balzacs Korrespondenz wird indessen jener Herr nie erwähnt.

Gewidmet wurde das kleine Werk der Contessa Clara Maffei (1814–1886), die Balzac 1837 in deren Mailänder Salon kennengelernt hatte. Es heißt, sie sei vor dem berühmten Autor niedergekniet, als er bei ihr erschien. Clara Maffei, die ›Muse des Risorgimento‹, führte einen zugleich literarischen und politischen Salon, der zwischen 1848 und 1859 eines der Zentren liberalistischer Agitation war.

Im September 1835 heiratete eine der reichsten Erbinnen des Faubourg Saint-Germain, Mademoiselle du Rouvre, die einzige Tochter des Marquis du Rouvre, den Grafen Adam Mitgislas Laginski, einen jungen polnischen Verbannten. Es sei gestattet, die Namen so niederzuschreiben, wie sie ausgesprochen werden, um dem Leser den Anblick der Festungswerke an Konsonanten zu ersparen, mit denen die slawische Sprache ihre Vokale schützt, sicherlich, damit sie nicht verlorengehen, in Anbetracht ihrer geringen Zahl. Der Marquis du Rouvre hatte eines der schönsten Adelsvermögen nahezu gänzlich vergeudet; er hatte es ehedem seiner Eheschließung mit einer Demoiselle de Ronquerolles verdankt. Auf diese Weise hatte Clémentine du Rouvre mütterlicherseits den Marquis de Ronquerolles zum Onkel und Madame de Sérisy zur Tante. Väterlicherseits erfreute sie sich eines weiteren Onkels in der bizarren Gestalt des Chevalier du Rouvre, des jüngeren Sohnes der Familie; dieser war ein alter, durch den Handel mit Gütern und Häusern reich gewordener Junggeselle. Dem Marquis de Ronquerolles war das Unglück widerfahren, seine beiden Kinder bei der Cholera-Epidemie[1] zu verlieren. Der einzige Sohn der Madame de Sérisy, ein junger, zu den höchsten Hoffnungen berechtigter Offizier, fiel in Afrika in der Schlacht an der Macta[2]. Heutzutage schweben die reichen Familien zwischen der Gefahr, ihre Kinder zugrunde zu richten, wenn sie zu viele haben, und derjenigen, auszusterben, wenn sie sich auf eins oder zwei beschränken; das ist eine seltsame Auswirkung des Code civil, an die Napoleon nicht gedacht hat. Durch eine Laune des Zufalls und trotz der unsinnigen Verschwendungen, die der Marquis du Rouvre um Florines willen auf sich genommen hatte, einer der liebreizendsten Pariser Schauspielerinnen, war Clémentine also zu einer Erbin geworden. Der Marquis de Ronquerolles, einer der geschicktesten Diplomaten der neuen Dynastie[3], seine Schwester Madame de Sérisy und der Chevalier du Rouvre waren nämlich übereingekommen, um ihre Vermögen aus den Klauen des Marquis zu retten, darüber zugunsten ihrer Nichte zu verfügen; sie hatten ihr versprochen, sie wollten ihr an ihrem Hochzeitstag jeder zehntausend Francs Rente aussetzen.

Es erübrigt sich, zu sagen, daß der Pole, obwohl Flüchtling[4], die französische Regierung nicht das mindeste kostete. Graf Adam gehört einer der ältesten und erlauchtesten Familien Polens an, die mit den meisten deutschen Fürstenhäusern verwandt ist und ferner mit den Sapieha, den Radziwill, den Rzewuski, den Czartorisky, den Leczinski, den Jablonski, den Lubomirski, mit all den großen sarmatischen Kis. Aber Kenntnisse auf dem Gebiet der Heraldik sind nicht eben das, was das Frankreich Louis-Philippes auszeichnet, und jener Adel konnte bei der damals auf dem Thron sitzenden Bourgeoisie nicht als Empfehlung dienen. Als Adam 1833 auf dem Boulevard des Italiens, bei Frascati[5] und im Jockey-Club[6] erschien, führte er im übrigen das Leben eines jungen Herrn, der nach dem Scheitern seiner politischen Hoffnungen sich wieder auf seine Laster und seinen Hang zum

Vergnügen besonnen hat. Er wurde für einen Studenten gehalten. Das Polentum war damals durch eine hassenswerte Reaktion der Regierung so tief gesunken, wie die Republikaner es hatten erhöhen wollen. Der seltsame Kampf zwischen der ›Bewegung‹ und dem ›Widerstand‹[7], zwei Wörtern, die in einem Menschenalter unverständlich sein dürften, machte aus etwas, das hätte hochgeachtet werden müssen, ein Spielzeug: nämlich dem Namen einer niedergeworfenen Nation, der Frankreich Gastfreundschaft gewährte, für die Feste veranstaltet wurden, für die auf Subskription gesungen und getanzt wurde; kurzum, einer Nation, die 1796 in dem Kampf zwischen Europa und Frankreich diesem sechstausend Mann gestellt hatte, und was für Männer! Hieraus möge nicht gefolgert werden, daß Zar Nikolaus gegen Polen ins Unrecht gesetzt werden solle oder Polen gegen den Zaren Nikolaus[8]. Erstens wäre es etwas Törichtes, politische Erörterungen einer Erzählung einzugliedern, die erfreuen oder interessieren soll. Zweitens hatten Rußland und Polen beide recht: das eine, weil es seine Reichseinheit, das andere, weil es frei sein wollte. Nebenbei sei gesagt, daß Polen Rußland durch den Einfluß seiner Sitten hätte erobern können, anstatt es mit Waffen zu bekämpfen; dann hätte es gehandelt wie die Chinesen, die schließlich die Tataren zu Chinesen gemacht haben und, wie zu hoffen steht, auch die Engländer zu Chinesen machen werden. Polen hätte Rußland polonisieren müssen: Poniatowski hatte es in der am wenigsten gemäßigten Region des Reiches versucht; aber dieser Edelmann war ein König, der um so mehr unverstanden blieb, als er vielleicht sich selber nicht allzu gut verstand. Wie hätte man nicht arme Menschen hassen sollen, die die Ursache der schrecklichen Lüge waren, der Lüge, die während der Parade begangen wurde, als ganz Paris wünschte, daß den Polen zu Hilfe geeilt werde?[9] Man tat, als betrachte man die Polen als die Verbündeten der republikanischen Partei, ohne zu bedenken, daß Polen eine aristokratische Republik sei. Fortan überschüttete die Bourgeoisie die vor ein paar Tagen noch vergötterten Polen mit ihrer schäbigen Verachtung. Der Wind eines Aufstands hat die Pariser von je, unter allen Regierungen, von Norden nach Süden umschlagen lassen. Dieses Wechsels der Pariser öffentlichen Meinung muß man sich erinnern, wenn man sich darüber klarwerden will, wieso das Wort ›Pole‹ 1835 zu einer lächerlichen Bezeichnung geworden war, und das bei einem Volk, das sich für das geistreichste und höflichste der Welt hält, und das im Mittelpunkt der Erleuchtung, in einer Stadt, die heute das Zepter der Kunst und der Literatur schwingt. Leider gibt es zwei Arten von Polenflüchtlingen, die republikanischen Polen, die Söhne Lelewels[10], und die adligen Polen der Partei, an deren Spitze Fürst Czartorisky[11] steht. Diese beiden Arten sind wie Feuer und Wasser; aber warum soll man ihnen das verübeln? Sind solcherlei Spaltungen nicht stets bei Flüchtlingen aufgetreten, welcher Nation sie auch angehören, in welche Weltgegend sie sich auch begeben haben mochten? Man trägt seine Heimat und seinen Haß mit sich. In Brüssel bekundeten zwei emigrierte Priester einen tiefen Haß widereinander, und als einer der beiden nach dessen Ursache gefragt wurde, antwortete er: »Das ist ein Jansenist.« Dante hätte im Exil gern einen Gegner der ›Weißen‹[12] erdolcht. Hier liegt auch der Grund für die Angriffe, die französische Radikale gegen den ehrwürdigen Fürsten Adam Czartorisky richteten, und auch derjenige für die Mißgunst, die von den Cäsaren der Kramläden und den Alexandern der Gewerbescheine gegen einen Teil der polnischen Emigranten gefördert wurde. 1834 hatte Adam Mitgislas Laginski also den Hohn und Spott der Pariser gegen sich. – »Er ist nett, wenngleich Pole«, pflegte Rastignac von ihm zu sagen. – »Alle diese Polen behaupten, sie seien große Herren«, sagte Maxime de Trailles, »aber dieser bezahlt seine Spielschulden; ich glaube so langsam, er hat Güter besessen.« Ohne Verbannte beleidigen zu wollen, darf man wohl zu bedenken geben, daß die Unbeschwertheit, die Sorglosigkeit, die Unbeständigkeit des sarmatischen Charakters die boshaften Bemerkungen der Pariser rechtfertigten, die übrigens unter den gleichen Umständen den Polen völlig ähneln würden. Die französische Aristokratie, die während der Revolution von der polnischen Aristokratie so bewundernswert unterstützt worden ist, hat gewiß 1832 den zwanghaft Ausgewanderten nicht Gleiches mit Gleichem vergolten. Bringen wir doch den traurigen Mut auf, es zu sagen: in dieser Beziehung ist das Faubourg Saint-Germain noch immer der Schuldner Polens. War Graf Adam reich, war er arm, war er ein Abenteurer? Dies Problem blieb lange

Zeit hindurch unentschieden. Die Salons der Diplomatie blieben den erhaltenen Weisungen treu und ahmten das Schweigen des Kaisers Nikolaus nach, der damals jeden emigrierten Polen als tot ansah. Die Tuilerien und die meisten derer, die von dort aus ihr Stichwort erhalten, gaben einen erschreckenden Beweis für die politische Haltung, die wie mit einem Ordensstern durch die Bezeichnung ›Weisheit‹ geehrt wird. Man erkannte dort einen russischen Fürsten, mit dem man während der Emigration Zigarren geraucht hatte, nicht wieder, weil es den Anschein hatte, als habe er sich die Ungnade des Kaisers Nikolaus zugezogen. So standen die vornehmen Polen zwischen der Zurückhaltung des Hofes und derjenigen der Diplomatie; sie lebten in der biblischen Abgeschiedenheit des ›Super flumina Babylonis‹[13], oder besuchten gewisse, als neutrales Gebiet für alle Meinungen dienende Salons. In einer lebenslustigen Stadt wie Paris, die in allen Stockwerken ein Übermaß an Vergnügungen bereit hält, fand der polnische Leichtsinn doppelt soviel Anlässe, als ihm nötig gewesen wären, um ein ungebundenes Junggesellenleben zu führen. Kurz und gut, sagen wir es offen: Adam hatte in erster Linie sein Äußeres und seine Umgangsformen gegen sich. Es gibt zwei Arten Polen, wie es zwei Arten Engländerinnen gibt. Wenn eine Engländerin nicht sehr schön ist, dann ist sie grauenhaft häßlich, und Graf Adam gehört der zweiten Kategorie an. Sein kleines, verkniffenes Gesicht sieht aus, als sei es in einem Schraubstock zusammengepreßt worden. Seine Stupsnase, sein blondes Haar, sein rostroter Schnurr- und Kinnbart geben ihm um so eher das Aussehen einer Ziege, als er klein und mager ist und als seine schmutziggelben Augen einem durch den schrägen Blick auffallen, der durch Vergils Vers so berühmt geworden ist[14]. Wie kommt es, daß er bei so vielen körperlichen Nachteilen über erlesene Umgangsformen und einen ebensolchen Ton verfügt? Die Lösung dieses Problems ergibt sich sowohl durch seine dandyhafte Kleidung als durch die Erziehung, die er seiner Mutter dankte, einer Radziwill. Zwar versteigt sich sein Mut bis zur Tollkühnheit, aber sein Geist reicht nicht über die landläufigen Eintagswitze der Pariser Konversation hinaus; indessen begegnet er unter den jungen Herren à la mode nicht eben häufig einem, der ihm überlegen wäre. Die Leute von Welt reden heutzutage viel zuviel von Pferden, Einkünften, Steuern, Abgeordneten, als daß die französische Konversation geblieben wäre, was sie war. Der Geist will Muße und gewisse gesellschaftliche Abstufungen. Vielleicht wird in Petersburg[15] und Wien besser geplaudert als in Paris. Steht man von gleich zu gleich, so bedarf man keiner Finessen mehr; dann sagt man einander dümmlich alles so, wie es ist. Die Pariser Spötter gewahrten also schwerlich in dieser Art unbedeutendem Studenten einen großen Herrn; denn Adam sprang im Gespräch sorglos von einem Thema zum anderen über, lief den Vergnügungen um so wütiger nach, als er großen Gefahren entronnen war; und da er sich nicht mehr in seiner Heimat befand, wo seine Familie bekannt war, glaubte er die Freiheit zum Führen eines ungeregelten Lebens zu besitzen, ohne daß er sich dabei der Gefahr der Mißachtung aussetzte. 1834 kaufte Adam eines schönen Tages in der Rue de la Pépinière ein Stadtpalais. Sechs Monate nach dieser Erwerbung glich seine Lebensführung derjenigen der reichsten Häuser von Paris. In dem Augenblick, da Laginski begann, sich ernst nehmen zu lassen, erblickte er Clémentine im Théâtre des Italiens und verliebte sich in sie. Ein Jahr später fand die Hochzeit statt. Der Salon der Madame d'Espard gab das Signal zu Lobreden. Die Mütter heiratsfähiger Töchter erfuhren zu spät, daß die Laginski seit dem Jahre 900 zu den erlauchten Familien des Nordens zählen. Durch eine völlig unpolnische Vorsichtsmaßnahme hatte die Mutter des jungen Grafen beim Ausbruch des polnischen Aufstands eine riesige Summe als Hypothek auf ihre Güter aufgenommen, die zwei jüdische Firmen ihr liehen, und sie in französischen Wertpapieren angelegt. Graf Adam Laginski besaß Einkünfte in Höhe von achtzigtausend Francs. Jetzt wunderte sich niemand mehr über die Unbesonnenheit, mit der, wie es in vielen Salons hieß, Madame de Sérisy, der alte Diplomat Ronquerolles und der Chevalier du Rouvre der tollen Leidenschaft ihrer Nichte nachgegeben hatten. Während des Winters 1836 kam Graf Adam in Mode, und Clémentine Laginska wurde eine der Königinnen von Paris. Madame de Laginska gehört heute zu der bezaubernden Gruppe junger Frauen, in der die Damen de l'Estorade, de Portenduère, Marie de Vandenesse, du Guénic und Maufrigneuse, die Blüten des gegenwärtigen Paris, glänzen; sie leben in großem Abstand von den Emporkömmlingen, den Bourgeois und den Drahtziehern der neuen Politik.

Diese einleitenden Bemerkungen waren zur Festlegung der Sphäre erforderlich, in der eine jener sublimen Handlungen sich abgespielt hat, die weniger selten sind, als die Verächter der heutigen Zeit es glauben; jene Handlungen sind, wie die schönen Perlen, die Frucht einer Krankheit oder eines Schmerzes, und gleich den Perlen sind sie in rauhen Muschelschalen verborgen, mit einem Wort: verloren auf dem Grund jenes Schlundes, jenes Meeres, jener unablässig bewegten Wogen, die als Welt und Gesellschaft bezeichnet werden, als das Jahrhundert, als Paris, London oder Petersburg, ganz nach Belieben!

Wenn das Zutreffen des Satzes, die Baukunst sei Ausdruck der Sitten, bewiesen worden ist, dann seit dem Aufstand von 1830, unter der Regierung des Hauses Orléans. Da in Frankreich alle Vermögen zusammenschmelzen, werden die majestätischen Stadtpalais unserer Väter in einem fort abgerissen und durch eine Art Gemeinschaftshäuser ersetzt, in denen der Pair des Juli-Frankreich im dritten Stock über einem reich gewordenen Kurpfuscher wohnt. Die Baustile werden in wirrem Durcheinander angewandt. Da es keinen Hof, keinen Adel mehr gibt, die den Ton angeben könnten, gewahrt man in dem, was die Kunst hervorbringt, keine Einheitlichkeit mehr. Nie zuvor hat die Architektur mehr an Ersatzmitteln ausfindig gemacht, um das Wahre, das Verläßliche nachzuäffen; nie hat sie mehr an Eselsbrücken, an Sinn für Ausnützung des zur Verfügung stehenden Raumes aufgebracht. Man stelle einem Baukünstler die Gartengrenze eines alten, abgebrochenen Stadtpalais zur Verfügung – er baut einem einen kleinen Louvre mit überladenem Schmuckwerk hin; er schafft einen Hofplatz, Ställe, und, wenn man Wert darauf legt, einen Garten; im Innern häuft er soviel kleine Zimmer und Nebengelasse zusammen, er weiß das Auge so gut zu täuschen, daß man sich darin behaglich zu fühlen vermeint; kurzum: es findet sich darin ein solches Gewucher von Wohnmöglichkeiten, daß eine Herzogsfamilie sich im ehemaligen Backhaus eines Parlamentsgerichtspräsidenten voll zu entfalten vermag. Das Stadtpalais der Gräfin Laginska in der Rue de la Pépinière, eine dieser modernen Schöpfungen, ist zwischen Hof und Garten gelegen. Zur Rechten, im Hof, erstrecken sich die Wirtschaftsgebäude, denen zur Linken die Wagenschuppen und Pferdeställe entsprechen. Die Pförtnerloge befindet sich zwischen zwei reizenden Einfahrtstoren. Der größte Luxus des Hauses besteht in einem hübschen Treibhaus; es schließt sich an ein Boudoir im Erdgeschoß an, von wo aus man in prächtige Empfangsräume gelangt. Ein aus England vertriebener Philanthrop hatte dieses architektonische Kleinod errichtet, das Treibhaus gebaut, den Garten entworfen, die Türen lackiert, die Wirtschaftsgebäude anmalen lassen, als beständen sie aus Ziegelsteinen, die Fenster grün getüncht, und somit einen jener Träume in die Wirklichkeit umgesetzt, wie, unter Wahrung der Maßverhältnisse, Georg IV. es in Brighton getan hatte. Die einfallsreichen, fleißigen, behenden Pariser Arbeiter hatten ihm seine Tür- und Fensterumrahmungen gemeißelt. Es waren für ihn die Decken des Mittelalters oder der venezianischen Paläste nachgebildet, und Marmorplatten waren im Übermaß zu Mustern zusammengefügt worden. Elshoëcht[16] und Klagmann[17] hatten die Supraporten und die Kamine geschaffen, Schinner[18] die meisterlichen Deckengemälde. Die Wunder der Treppe, die weiß wie ein Frauenarm war, wetteiferten mit denen des Palais Rothschild[19]. Der Aufstände wegen betrugen die Kosten für diesen Wahnwitz nicht mehr als elfhunderttausend Francs. Für einen Engländer war das ein reines Geschenk. All dieser Luxus wurde von Leuten, die nicht mehr wußten, was ein echter Fürst ist, als fürstlich bezeichnet; er füllte den ehemaligen Garten des Stadtpalais eines Heerlieferanten aus, eines der Krösusse der Revolution, der nach einem Börsenkrach völlig bankrott in Brüssel gestorben war. Der Engländer starb in Paris an Paris; denn für viele Menschen ist Paris eine Krankheit, und bisweilen ist es eine Mehrzahl von Krankheiten. Seine Witwe, eine Methodistin, bekundete den größten Abscheu vor dem kleinen Haus des Nabobs. Jener Philanthrop war nämlich Opiumhändler gewesen. Die tugendsame Wittib befahl den Verkauf des skandalösen Grundstücks, und zwar in dem Augenblick, da die Aufstände den Frieden um jeden Preis in Frage stellten. Diese Gelegenheit nahm Graf Adam wahr; wie, das wird man noch erfahren; denn nichts entsprach weniger seinen Gepflogenheiten als großer Herr.

Hinter dem aus melonenartig geriffelten Steinen erbauten Haus entbreitet sich der grüne Samt eines englischen Rasens; hinten wird er beschattet durch eine elegante Gruppe exotischer Bäume; daraus erhebt sich ein chinesischer Pavillon mit seinen stummen Glöckchen und seinen starren vergoldeten Eierstäben. Das Treibhaus und seine phantastische Eisenkonstruktion verdeckt im Süden die Umfassungsmauer. Die andere Mauer gegenüber dem Treibhaus ist von Kletterpflanzen überzogen; mittels grüngetünchter, durch Querbalken verbundener Pfosten bilden sie eine Art Säulengang. Jenes Rasenstück, jene Welt von Blumen, jene sandbestreuten Gartenwege, jener imitierte Wald, jene luftige Pergola nehmen einen Raum von fünfundzwanzig Quadratruten[20] ein; sie besitzen heute einen Wert von vierhunderttausend Francs, also den eines wahren Waldes. Inmitten dieser Paris abgerungenen Stille singen die Vögel: Amseln, Nachtigallen, Buchfinken, Grasmücken und viele Sperlinge. Das Treibhaus ist eine riesige Blumenkrippe; die Luft darin ist von Düften geschwängert; man ergeht sich dort im Winter, als leuchte der Sommer in all seinem Sonnenglanz. Die Einrichtungen, durch die man sich eine beliebige Atmosphäre schafft, die der Tropen, Chinas oder Italiens, sind den Blicken geschickt verborgen. Die Röhren, in denen kochendes Wasser, Dampf oder irgendein anderes Wärme erzeugendes Mittel zirkulieren, sind mit Erde bedeckt und erscheinen dem Auge als Girlanden blühender Blumen. Das Boudoir ist geräumig. Das Wunderwesen, die Pariser Fee, Architektur genannt, versteht sich darauf, auf beschränktem Raum alles groß erscheinen zu lassen. Das Boudoir der jungen Gräfin war die kokketteste Leistung des Künstlers, dem Graf Adam das kleine Palais zur Neueinrichtung überantwortet hatte. Ein Sündenfall ist hier unmöglich: es stehen gar zuviel hübsche Nichtigkeiten herum. Die Liebe wüßte nicht, wo sie sich zwischen den in China gefertigten Tischchen niederlassen sollte, auf denen das Auge Tausende in Elfenbein geritzter, bizarrer Figürchen wahrnimmt, über deren Erschaffung zwei chinesische Familien hingegangen sind; zwischen den Schälchen aus Rauchtopas auf Filigranfüßen; zwischen Cloisonnéarbeiten, die man am liebsten stehlen möchte; zwischen holländischen Gemälden, wie Schinner sie nachschafft, zwischen Engeln, die konzipiert sind wie die von

Steinbock konzipierten – bekanntlich führt er die seinen nicht immer aus; zwischen Statuetten von der Hand von Geistern, hinter denen ihre Gläubiger her sind (das ist die wahre Deutung der arabischen Mythen); zwischen bezaubernden Skizzen unserer ersten Künstler; zwischen Vorderseiten antiker Truhen, die als Wandverkleidungen dienen und deren Platten mit phantastischen indischen Seidenstickereien abwechseln; zwischen Portieren, die in goldenen Fluten hinter einem Gardinenbrett aus schwarzem Eichenholz hervorquellen, auf dem ein ganzer Jagdzug sich tummelt; zwischen Möbeln, die der Madame de Pompadour würdig gewesen wären; einem Perserteppich usw. Schließlich werden, als letzter Reiz, alle diese Reichtümer durch ein Halbdunkel beleuchtet, das durch zwei Spitzenvorhänge hindurchfiltert, wodurch sie noch zauberhafter wirken. Auf einer Konsole zwischen Antiquitäten verriet eine Reitpeitsche, deren Knauf Mademoiselle de Fauveau[21] ziseliert hat, daß die Gräfin gern zu Pferde stieg. So sieht 1837 ein Boudoir aus, eine Schaustellung von Waren, die die Blicke unterhalten, als wenn je Langeweile die unruhigste und beunruhigendste Gesellschaft der Welt bedrohen könnte. Warum nichts Intimes, nichts, was zu träumerischen Gedanken anregt, zur Stille? Warum? Niemand ist sich des nächsten Tages sicher, und jeder genießt das Leben als ein verschwenderischer Nutznießer.

Eines Morgens lag Clémentine mit einer zur Schau getragenen nachdenklichen Miene auf einem jener wunderbaren Ruhebetten, von denen man nicht aufstehen kann, so sehr hat der Tapezierer, der sie erfand, sich auf das Ungezwungene der Faulheit und die Behaglichkeit des far niente[22] verstanden. Die offenen Türen des Treibhauses ließen die Aushauchungen der Pflanzen und die Düfte der Tropen hereinströmen. Die junge Frau schaute zu Adam hinüber, der vor ihr ein elegantes Nargileh[23] rauchte, die einzige Art des Rauchens, die sie in diesem Raum erlaubt hatte. Die von eleganten Klammern gerafften Portieren gaben den Blick auf zwei prächtige Salons frei, der eine war in Weiß und Gold wie die Salons im Palais Forbin-Janson[24], der andere im Renaissancestil gehalten. Das Eßzimmer, mit dem in Paris nur dasjenige des Barons Nucingen wetteifern kann, befindet sich am Ende einer kleinen Galerie mit verschalter Decke und mittelalterlichem Zierwerk. Der Galerie vorgelagert ist nach der Hofseite hin ein großer Flur, von dem aus man durch Spiegelglastüren die Wunder der Treppe gewahrt.

Graf und Gräfin hatten gerade gefrühstückt; der Himmel bot eine azurne Fläche ohne ein Wölkchen dar, der April ging zu Ende. Das Ehepaar hatte zwei glückliche Jahre hinter sich, und erst seit zwei Tagen hatte Clémentine in ihrem Haus etwas entdeckt, das wie ein Geheimnis, wie ein Mysterium war. Der Pole, sagen wir es noch einmal zu seinem Ruhm, ist im allgemeinen den Frauen gegenüber schwach; er ist so sehr von Zärtlichkeit für sie erfüllt, daß er sich ihr in Polen unterordnet; und obwohl die Polinnen wunderbare Frauen sind, wird der Pole von einer Pariserin noch rascher aus der Fassung gebracht. Daher verfiel der mit Fragen bedrängte Graf Adam nicht einmal auf den harmlosen Kniff, seiner Frau das Geheimnis zu verkaufen. Bei einer Frau muß man aus einem Geheimnis stets seinen Vorteil ziehen; dafür weiß sie einem Dank, wie ein Spitzbube einem ehrlichen Mann, den er nicht hat begaunern können, Hochachtung bezeigt. Der Graf war mehr tapfer als redegewandt, und so hatte er lediglich die Bedingung gestellt, erst zu antworten, wenn er sein mit Tabak vollgestopftes Nargileh zu Ende geraucht habe.

»Wenn wir auf Reisen sind«, hatte sie gesagt, »antwortest du mir bei jeder auftauchenden Schwierigkeit: ›Das bringt Paz schon in Ordnung!‹ Nur an Paz hast du geschrieben! Seit wir wieder hier sind, sagt mir jeder: ›Der Rittmeister!‹ Will ich ausgehen, heißt es: ›Der Rittmeister!‹ Soll eine angemahnte Rechnung bezahlt werden: ›Der Rittmeister!‹ Lahmt mein Pferd, wendet man sich an den Rittmeister Paz. Kurz und gut, es ergeht mir hier wie beim Dominospiel: überall Paz. Nur von Paz höre ich reden, aber ich bekomme Paz nicht zu Gesicht. Was ist eigentlich los mit Paz? Unser Paz soll mir vorgeführt werden.«

»Geht denn nicht alles wie am Schnürchen?« sagte der Graf und legte den bocchettino[25] seines Nargileh nieder.

»Alles geht so gut wie am Schnürchen, daß man sich mit zweihunderttausend Francs Einkünften zugrunde richten würde, wenn man in dem Stil lebte, den wir mit hunderttausend aufrechterhalten«, sagte sie. Sie zog an der prunkvollen Klingelschnur aus Petit-point-Stickerei, einem Wunderwerk. Sogleich erschien ein Diener, der wie ein evangelischer Geistlicher gekleidet war.

»Sagen Sie dem Herrn Rittmeister Paz, ich wolle ihn sprechen.«

»Wenn du glaubst, auf diese Art etwas zu erfahren ...!« sagte Graf Adam lächelnd.

Es ist angebracht, zu erwähnen, daß Adam und Clémentine, die im Dezember 1835 geheiratet, den Winter in Paris verbracht hatten und dann während des Jahres 1836 Italien, die Schweiz und Deutschland bereist hatten. Im November waren sie heimgekehrt, die Gräfin hatte im endenden Winter ihren ersten Empfang gegeben und war sich alsbald der gewissermaßen stummen, ausgelöschten, aber wohltätigen Existenz eines Faktotums bewußt geworden, dessen Person unsichtbar zu sein schien, jenes Rittmeisters Paz (Paç), dessen Name so ausgesprochen, wie er geschrieben wird.

»Der Herr Rittmeister Paz bittet die Frau Gräfin um Entschuldigung, er ist im Pferdestall und in einem Anzug, der es ihm nicht gestattet, sich in diesem Augenblick zu zeigen; ist er umgekleidet, so wird Graf Paz sich einfinden«, sagte der Diener.

»Was tut er denn?«

»Er war gerade dabei, zu zeigen, wie das Pferd der Frau Gräfin gestriegelt werden soll, weil Constantin es nicht so geputzt hat, wie er wollte«, antwortete der Diener.

Die Gräfin schaute den Livrierten an: er war todernst und hütete sich, das Gesagte durch das Lächeln zu kommentieren, das Untergebene sich herauszunehmen pflegen, wenn sie von einem Höhergestellten sprechen, der sich dem Anschein nach bis zu ihnen herabgelassen hat.

»Ach so, er hat Cora gestriegelt!«

»Reiten Frau Gräfin heute nicht aus?« fragte der Diener und ging, als er keine Antwort erhielt.

»Ist er Pole?« fragte Clémentine ihren Mann, der zustimmend den Kopf neigte.

Clémentine Laginska sagte nichts weiter und musterte Adam. Ihre Füße waren auf einem Kissen fast ausgestreckt; den Kopf hielt sie wie ein Vogel, der am Nestrand den Geräuschen im Gehölz lauscht; auch einem blasierten Mann wäre sie entzückend vorgekommen. Sie war blond und schmal, das Haar trug sie auf englische Art, und so ähnelte sie den sozusagen märchenhaften Gestalten der Keepsakes[26], zumal in ihrem seidenen Morgenmantel im Perserschnitt, dessen wallende Falten die Köstlichkeiten ihres Körpers und die Schmalheit ihrer Taille nicht so sehr verhüllten, als daß sie sich nicht durch die dichten Schleier mit ihren Blumen und Stickereien hätten bewundern lassen. Der Stoff mit den leuchtenden Farben war auf der Brust übereinander geschlagen und ließ den unteren Teil des Halses frei, dessen weiße Tönung sich von dem reichen, an den Schultern angebrachten Besatz aus seidenübersponnener Spitze abhob. Die von schwarzen Wimpern gesäumten Augen steigerten noch den Ausdruck der Neugier, der ihren hübschen Mund kräuselte. Auf der wohlgeformten Stirn waren die charakteristischen Rundungen der eigenwilligen, lachlustigen, wissenden, aber der vulgären Verführung unzugänglichen Pariserin wahrzunehmen. Ihre Hände hingen zu beiden Seiten der Armlehnen ihres Ruhelagers herab; sie waren fast durchsichtig. Ihre spindelförmigen, an den Spitzen hochgebogenen Finger hatten Nägel wie rosige Mandeln; das Licht verharrte auf ihnen. Adam belächelte die Ungeduld seiner Frau und schaute sie mit einem Blick an, den noch keine eheliche Übersättigung hatte erkalten lassen. Die kleine, schmächtige Gräfin hatte es bereits verstanden, sich zur Herrin im Hause aufzuwerfen, denn sie reagierte kaum auf Adams Bewunderung. In den Blicken, die sie ihm von ungefähr zuwarf, bekundete sich vielleicht schon die bewußte Überlegenheit einer Pariserin über diesen gezierten, mageren, rothaarigen Polen.

»Da kommt Paz«, sagte der Graf, als er Schritte in der Galerie hallen hörte.

Die Gräfin sah einen hochgewachsenen, gutaussehenden, stattlichen Mann eintreten, dessen Züge Spuren von Sanftheit trugen, der Frucht der Kraft und des Unglücks. Paz hatte in aller Hast einen jener enganliegenden Gehröcke mit durch olivenförmige Knöpfe zusammengehaltenen Verschnürungen angezogen, die früher Polenröcke genannt wurden. Ein Schwall ziemlich schlecht gekämmten schwarzen Haars umgab seinen viereckigen Kopf, und Clémentine vermochte eine wie ein Marmorblock schimmernde breite Stirn zu sehen, denn Paz trug seine Schirmmütze in der Hand. Jene Hand ähnelte der des ›Herakles mit dem Kinde‹[27]. Kräftige Gesundheit blühte aus seinem Antlitz; es wurde durch eine große römische Nase in zwei gleiche Teile geteilt; sie ließ Clémentine an die schönen Bewohner von Trastevere[28] denken. Eine Halsbinde aus schwarzem Taft trug vollends dazu bei, diesem fünf Fuß sieben Zoll großen Mirakel mit den jettschwarzen, feurigen Italieneraugen ein martialisches Aussehen zu verleihen. Die weite, faltige Hose ließ nur die Stiefelspitzen sehen; sie zeugte von Paz' Verehrung für das in Polen Modische. Wirklich, für eine schwärmerische Frau hätte in dem klaffenden Gegensatz zwischen dem Rittmeister und ihrem Mann etwas Burleskes gelegen, zwischen dem kleinen Polen mit dem verkniffenen Gesicht und diesem schönen Offizier, zwischen einem Paladin und einem Woiwoden.

»Tag, Adam«, sagte er ohne weiteres zu dem Grafen.

Dann verneigte er sich anmutig und fragte Clémentine, womit er ihr dienen könne.

»Sie sind also der Freund meines Mannes?« fragte die junge Frau.

»Auf Leben und Tod«, antwortete Paz, und der junge Graf bedachte ihn mit einem Lächeln voll herzlichster Zuneigung und stieß dabei seine letzte Wolke duftenden Tabakrauchs aus.

»Ja, warum essen Sie dann nicht mit uns? Warum haben Sie uns nicht nach Italien und in die Schweiz begleitet? Warum halten Sie sich hier so versteckt, daß Sie sich dem Dank entziehen, den ich Ihnen für die unablässigen Gefälligkeiten schulde, die Sie uns erweisen?« fragte die junge Gräfin lebhaft, aber ohne die mindeste innere Beteiligung.

Sie hatte nämlich an Paz eine Art freiwilliger Unterwürfigkeit wahrgenommen. Dieser Gedanke war damals untrennbar verbunden mit einer Mißachtung gegenüber einem sozialen Zwitterwesen, einem Menschen, der zugleich Sekretär und Verwalter, aber weder gänzlich Verwalter noch gänzlich Sekretär ist, irgendeinen armen Verwandten, einen lästigen Freund.

»Das geschieht, Gräfin«, sagte er ziemlich offen heraus, »weil mir keinerlei Dank geschuldet wird. Ich bin Adams Freund, und es macht mir Freude, mich für seine Interessen einzusetzen.«

»Es scheint dir auch Freude zu machen, stehen zu bleiben«, sagte Graf Adam.

Paz nahm auf einem Sessel in der Nähe der Portière Platz.

»Ich erinnere mich, Sie bei meiner Hochzeit gesehen zu haben, und dann und wann einmal im Hofe«, sagte die junge Frau. »Aber warum haben Sie eine untergeordnete Stellung inne, da Sie doch Adams Freund sind?«

»Wie die Pariser darüber denken, ist mir völlig gleichgültig«, sagte er. »Ich lebe für mich, oder, wenn Sie wollen, für Sie beide.«

»Aber mir kann die Meinung der Gesellschaft über einen Freund meines Mannes nicht gleichgültig sein ...«

»Oh, Gräfin, die gibt sich schnell zufrieden, wenn ihr gesagt wird: ›Er ist ein Sonderling!‹ Sagen Sie das. – Wollen Sie ausreiten?« fragte er nach einem kurzen Schweigen.

»Kommen Sie mit ins Bois?« antwortete die Gräfin.

»Gern.«

Damit verbeugte sich Paz und ging.

»Was für ein guter Mensch! Von der Einfalt eines Kindes«, sagte Adam.

»Erzähl mir jetzt von deinen Beziehungen zu ihm«, bat Clémentine.

»Paz, liebes Herz«, sagte Laginski, »ist von ebenso altem und erlauchtem Adel wie wir. Als das Unglück über die Pazzi[29] hereinbrach, ist einer von ihnen aus Florenz nach Polen geflüchtet; er besaß einiges Vermögen, ließ sich dort nieder und gründete die Familie Paz, der der Grafentitel verliehen wurde. Jene Familie hat sich in den schönen Tagen unserer königlichen Republik ausgezeichnet und ist reich geworden. Das Reis des in Italien gefällten Baumes hat so kräftig Wurzel geschlagen, daß es in Polen mehrere Zweige des gräflichen Hauses Paz gibt. Ich sage dir also nichts Ungewöhnliches, wenn ich dich darauf hinweise, daß es reiche Paz und arme Paz gibt. Unser Paz ist der Sproß eines armen Zweigs. Er war Waise, besaß als einziges Vermögen seinen Degen und diente während unserer Revolution im Regiment des Großfürsten Konstantin. Er trat zur polnischen Partei über und hat sich geschlagen wie ein Pole, wie ein Patriot, wie einer, der nichts sein eigen nennt: das sind drei Gründe, um sich gut zu schlagen. Beim letzten Gefecht glaubte er, seine Soldaten folgten ihm, er attackierte eine russische Batterie und wurde gefangen. Ich war in der Nähe. Seine Tapferkeit feuert mich an. ›Den hauen wir 'raus!‹ sage ich zu meinen Reitern. Wir greifen die Batterie ausgeschwärmt an, und ich befreie Paz, als siebenter. Zu zwanzig waren wir losgeritten, zu acht kamen wir zurück, Paz eingeschlossen. Als dann Warschau verkauft worden war[30], mußten wir darauf bedacht sein, den Russen zu entkommen. Durch einen seltsamen Zufall fanden Paz und ich einander zur selben Stunde und am selben Fleck am anderen Weichselufer wieder. Ich sah, wie der arme Rittmeister in die Hände der Preußen fiel, die sich damals zu den Jagdhunden der Russen gemacht hatten. Hat man einen Menschen aus dem Styx herausgefischt, so ist er einem wert. Paz' neue Gefahr ging mir so nahe, daß ich mich mit ihm zusammen gefangennehmen ließ, in der Absicht, ihm zu helfen. Zwei Männer können sich in einer Situation retten, in der einer allein zugrunde geht. Dank meinem Namen und ein paar verwandtschaftlichen Beziehungen zu denen, von denen unser Schicksal abhing, denn wir waren ja in den Händen der Preußen, wurde ein Auge zugedrückt, als ich mich auf und davon machte. Meinen lieben Rittmeister gab ich als einen unbedeutenden Gemeinen aus, als einen meiner Bedienten, und so haben wir nach Danzig gelangen können. Dort versteckten wir uns in einem holländischen Schiff, das nach London in See ging, wo wir nach zwei Monaten anlangten. Meine Mutter war in England erkrankt und erwartete mich dort. Paz und ich haben sie bis zu ihrem Tode gepflegt; er wurde durch das Fehlschlagen unseres Unternehmens beschleunigt. Dann haben wir London verlassen; ich habe Paz mit nach Frankreich genommen. Unter solcherlei Schicksalsschlägen werden zwei Männer zu Brüdern. Als ich in Paris war, zweiundzwanzig Jahre alt, im Besitz eines Einkommens von sechzig und einigen tausend Francs, den Rest einer Summe, die meine Mutter durch den Verkauf von Diamanten und Bildern aus Familienbesitz gewonnen hatte, gar nicht gerechnet, wollte ich Paz' Zukunft sicherstellen, ehe ich mich dem Pariser Freudenleben hingab. Ich hatte gelegentlich in den Augen des Rittmeisters eine leise Trauer wahrgenommen, manchmal hielt er die Tränen zurück. Es war mir Gelegenheit geworden, seine Seele schätzen zu lernen; sie ist von Grund auf nobel, groß und hochgemut. Vielleicht war es ihm peinlich, durch Wohltaten an einen Mann gebunden zu sein, der sechs Jahre jünger war als er, ohne sich dankbar bezeigen zu können. Ich war sorglos und leichtherzig, wie man es eben als junger Mensch ist, ich konnte mich am Spieltisch ruinieren, mich von irgendeiner Pariserin umgarnen lassen, Paz und ich konnten uns eines Tages veruneinigen. Obwohl ich mir vorgenommen hatte, in allem und jedem für Paz zu sorgen, gewahrte ich vielerlei Möglichkeiten, die Bezahlung seiner Pension zu vergessen oder dazu außerstande zu sein. Mit einem Wort, mein Engel, ich wollte ihm den Schmerz, die Scham, die Schande ersparen, mich um Geld zu bitten oder an einem Tag der Bedrängnis vergebens nach seinem Gefährten zu suchen. Dunque[31], eines Morgens, nach dem Frühstück, saßen wir, die Füße auf den Feuerböcken, und rauchten unsere Pfeifen. Ich wurde rot, überlegte hin und her, sah, wie er mich beunruhigt anschaute, und da habe ich ihm eine Rentenverschreibung, auf den Überbringer lautend, über zweitausendvierhundert Francs überreicht ...«

Clémentine stand auf, setzte sich auf Adams Knie, schlang ihm den Arm um den Hals, küßte ihn auf die Stirn und sagte: – »Liebster, wie schön war das von dir! – Und was hat Paz getan?«

»Tadeusz«, fuhr der Graf fort, »ist blaß geworden und hat kein Wort gesagt ...«

»Ach! Tadeusz heißt er?«

»Ja, Tadeusz hat die Verschreibung zusammengefaltet, sie mir zurückgegeben und gesagt: ›Ich hatte geglaubt, Adam, wir gehörten auf Leben und Tod zueinander und würden immer beisammen bleiben; du willst also nichts mehr von mir wissen?‹ – ›Oh!‹ habe ich geantwortet, ›wenn du es *so* ansiehst, Tadeusz, dann soll nicht mehr die Rede davon sein. Richte ich mich zugrunde, so bist auch du zugrunde gerichtet.‹ – ›Du bist nicht reich genug‹, hat er mir geantwortet, ›um im Laginski-Stil zu leben; brauchst du also nicht einen Freund, der sich deiner geschäftlichen Angelegenheiten annimmt, der dir Vater und Bruder ist, ein verläßlicher Vertrauensmann?‹ Mein liebes Kind, als Paz mir das sagte, war in seinem Blick und seiner Stimme eine Ruhe, hinter der sich eine mütterliche Regung verbarg, die jedoch die Dankbarkeit eines Arabers offenbarte, eine Pudeltreue, die

Freundschaft eines Wilden, ohne große Worte und stets bereit. Mein Gott, ich habe ihn genommen, wie wir Polen einander eben nehmen: ich habe ihm die Hand auf die Schulter gelegt und ihn auf den Mund geküßt: – ›Also auf Leben und Tod! Alles, was ich habe, gehört dir; mach damit, was du willst.‹ Er hat dies kleine Palais für mich ausfindig gemacht und es für so gut wie nichts gekauft. Er hat meine Wertpapiere bei Hausse verkauft und bei Baisse zurückgekauft: mit dem Gewinn haben wir die Baracke hier bezahlt. Er ist Pferdekenner; er treibt damit so gut Handel, daß mein Stall mich nur sehr wenig kostet und ich die schönsten Pferde habe, die schmucksten Wagen von ganz Paris. Unsere Bedienten, wackere, von ihm ausgesuchte polnische Soldaten, würden für uns durchs Feuer gehen. Es hat so ausgesehen, als richtete ich mich zugrunde, und dabei hat Paz meinen Haushalt mit einer solchen Ordnung und Sparsamkeit geführt, daß er dadurch ein paar unbedachte Spielverluste, ein paar Dummheiten, wie junge Menschen sie begehen, hat ausgleichen können. Mein Tadeusz ist abgefeimt wie zwei Genueser, gewinngierig wie ein polnischer Jude und vorbedacht wie eine gute Hausfrau. Nie habe ich ihn dahin bringen können, daß er lebte wie ich, als ich noch unverheiratet war. Bisweilen mußte ich den sanften Zwang der Freundschaft walten lassen, um ihn ins Theater zu schleppen, wenn ich allein hinging, oder zu den Abendessen, die ich lustigen Brüdern im Wirtshaus gab. Für das Salonleben hat er nichts übrig.«

»Was liebt er denn?« fragte Clémentine.

»Polen; das beweint er. Seine einzigen Freuden sind die Hilfsgelder gewesen, die er mehr in meinem als in seinem Namen einigen unserer armen Flüchtlinge hat zukommen lassen.«

»Ich will ihn gernhaben, den braven Kerl«, sagte die Gräfin, »er scheint mir schlicht zu sein wie alles wahrhaft Große.«

»All die schönen Dinge, die du hier vorgefunden hast«, fuhr Adam fort und bezeigte beim Loben seines Freundes die edelste Selbstsicherheit, »hat Paz aufgestöbert und sie bei Versteigerungen oder als Gelegenheitskäufe erworben. Wenn du ihn im Hof sich die Hände reiben siehst, dann kannst du dir sagen, daß er ein gutes Pferd gegen ein besseres eingetauscht hat. Er lebt durch mich, sein Glück ist es, mich elegant zu sehen, in einem blitzblanken Wagen. Die Pflichten, die er sich auferlegt, erfüllt er geräuschlos und ohne Aufhebens. Eines Abends hatte ich zwanzigtausend Francs beim Whist verloren. ›Was wird Paz dazu sagen?‹ habe ich mir auf dem Heimweg zugerufen. Paz hat sie mir wiedergegeben, freilich mit einem Seufzer; aber nicht einmal einen tadelnden Blick hat er mir zugeworfen. Jener Seufzer nun aber hat mir mehr Zurückhaltung auferlegt als alle Vorhaltungen von Onkeln, Frauen und Müttern in einem solchen Fall. ›Tut dir das Geld leid?‹ habe ich ihn gefragt. – ›Oh, weder um deinet- noch um meinetwillen; nein, ich habe bloß daran denken müssen, daß zwanzig arme Paz davon ein Jahr lang hätten leben können.‹ Du verstehst, daß die Pazzi ebenso wertvoll sind wie die Laginski. Daher habe ich in meinem guten Paz nie den Untergebenen sehen wollen. Ich habe versucht, in meiner Art so großzügig zu sein, wie er es in der seinen ist. Ich habe mein Haus nie verlassen noch bin ich heimgekehrt, ohne Paz aufzusuchen, wie ich zu meinem Vater gegangen wäre. Was ich besitze, gehört auch ihm. Kurzum: Tadeusz kann überzeugt sein, daß ich mich auch heute noch in eine Gefahr stürzen würde, um ihn herauszuholen, wie ich es schon zweimal getan habe.«

»Damit sagst du nicht eben wenig, mein Lieber«, sagte die Gräfin. »Aufopferung vollzieht sich blitzschnell. Man opfert sich im Krieg auf, aber nicht mehr hier in Paris.«

»Doch!« fuhr Adam fort. »Für Paz bin ich stets im Krieg. Unsere beiden Charaktere haben ihre Unebenheiten und Fehler beibehalten, aber die gegenseitige Kenntnis unserer Seelen hat die ohnehin schon engen Bande unserer Freundschaft noch enger geknüpft. Man kann einem Menschen das Leben retten und ihn danach umbringen, wenn man in ihm einen schlechten Gefährten entdeckt; aber was Freundschaften unauflösbar macht, das haben wir empfunden: bei uns beiden waltet ein beständiger Austausch glücklicher Empfindungen, und der kann unter diesem Aspekt vielleicht die Freundschaft zu etwas Reicherem machen, als die Liebe es ist.«

Eine hübsche Hand schloß dem Grafen so rasch den Mund, daß diese Gebärde einem Backenstreich ähnelte.

»Doch, doch«, sagte er. »Die Freundschaft, mein Engel, kennt nicht die Bankrotte des Gefühls und die Konkurse der Lust.

Nachdem sie mehr gab, als sie hatte, schenkt sie schließlich weniger, als sie empfängt.«

»Das betrifft beide Seiten«, sagte Clémentine lächelnd.

»Ja«, entgegnete Adam, »aber die Freundschaft kann sich immer nur steigern. Du brauchst kein Schmollmündchen zu machen; du und ich, mein Engel, sind gleichermaßen Freunde wie Liebende; wir haben, wenigstens hoffe ich das, in unserer glücklichen Ehe beide Gefühle vereinigt.«

»Ich will dir erklären, wodurch ihr so gute Freunde geworden seid«, sagte Clémentine. »Der Unterschied von eurer beider Daseinsführung entspringt euern Neigungen und nicht aus einer zwanghaften Wahl, aus euern Willkürlichkeiten und nicht aus euern gesellschaftlichen Stellungen. Soweit man einen Menschen, den man flüchtig gesehen hat, beurteilen kann, und nach dem, was du mir gesagt hast, könnte hier der Untergeordnete in gewissen Augenblicken zum Höhergestellten werden.«

»Oh, im Grunde steht Paz höher als ich«, antwortete Adam naiv. »Was ich vor ihm voraus habe, danke ich dem Zufall.«

Um der Noblesse dieses Eingeständnisses willen küßte ihn seine Frau.

»Die ungemeine Geschicklichkeit, mit der er die Größe dessen, was er fühlt, verbirgt, verleiht ihm eine ungeheure Überlegenheit«, fuhr der Graf fort. »Ich habe zu ihm gesagt: ›Du bist ein Heimlichtuer, du verfügst in deinem Herzen über weite Bereiche, in die du dich zurückziehst.‹ Er hat Anrecht auf den Titel Graf Paz, aber in Paris läßt er sich immer nur mit ›Herr Rittmeister‹ anreden.«

»Dann ist also der mittelalterliche Florentiner nach dreihundert Jahren abermals erschienen«, sagte die Gräfin. »Er trägt etwas von Dante und Michelangelo in sich.«

»Ja, da hast du recht; durch seine Seele ist er ein Dichter«, antwortete Adam.

»Da bin ich nun also mit zwei Polen verheiratet«, sagte die junge Gräfin mit einer Geste, die nur denen vergleichbar ist, die große Begabungen auf der Bühne finden.

»Du liebes Kind!« sagte Adam und zog Clémentine an sich, »du hättest mir großen Kummer bereitet, wenn mein Freund dir nicht gefallen hätte: er wie ich hatten Angst davor gehabt, wenngleich meine Heirat ihn herzlich erfreut hat. Du würdest ihn überglücklich machen, wenn du ihm sagtest, du habest ihn gern ... nun: wie einen alten Freund.«

»Ich will mich jetzt umziehen, es ist schönes Wetter, wir reiten zu dritt aus«, sagte Clémentine und schellte ihrer Zofe.

Paz hatte bislang ein so unterirdisches Leben geführt, daß das ganze elegante Paris sich fragte, wer Clémentine Laginskas Begleiter sei, als sie gesehen wurde, wie sie zwischen Tadeusz und ihrem Mann nach dem Bois de Boulogne ritt und dann wieder zurückkehrte. Während des Rittes hatte Clémentine verlangt, daß Tadeusz mit ihr zu Abend esse. Diese Laune einer absoluten Souveränin zwang den Rittmeister zu einem ungewohnten Toilettenaufwand. Nach der Heimkehr vom Bois kleidete Clémentine sich mit einer gewissen koketten Raffinesse an, und so machte sie sogar auf Adam Eindruck, als sie in den Salon eintrat, in dem die beiden Freunde auf sie gewartet hatten.

»Graf Paz«, sagte sie, »wir wollen zusammen in die Oper[32] fahren.«

Das wurde in dem Tonfall gesagt, der bei den Frauen besagt: »Wenn Sie nein sagen, überwerfen wir uns.«

»Gern, Madame«, antwortete der Rittmeister. »Aber da ich nicht das Vermögen eines Grafen besitze, nennen Sie mich doch einfach Rittmeister.«

»Wie Sie wollen, Herr Rittmeister, geben Sie mir Ihren Arm«, sagte sie, nahm den Arm ohne weiteres und führte ihn mit jener Geste betonter Vertraulichkeit, die Liebende entzückt, ins Eßzimmer.

Die Gräfin ließ den Rittmeister neben sich Platz nehmen; sein Verhalten war das eines armen Leutnants, der bei einem reichen General zu Abend ißt. Paz überließ Clémentine das Wort und lauschte ihr mit der Ehrerbietung, die man einem Vorgesetzten gegenüber empfindet; er widersprach ihr bei keiner Gelegenheit und wartete eine unmißverständliche Frage ab, ehe er antwortete. Kurzum: er kam der Gräfin nahezu stumpfsinnig vor; ihre Koketterien scheiterten an seinem eisigen Ernst, seinem diplomatischen Respekt. Vergebens sagte Adam zu ihm: »Geh doch ein bißchen aus dir heraus, Tadeusz! Man sollte meinen, du seiest nicht bei dir! Sicherlich hast du gewettet, du wollest Clémentine aus dem Konzept bringen!« Dennoch blieb Tadeusz schwerfällig und schläfrig. Als der Nachtisch serviert worden war und die Herrschaften allein waren, setzte der Rittmeister auseinander, wieso sein Leben dem der Weltleute entgegengesetzt sei: er gehe um acht zu Bett und stehe am frühen Morgen auf; so schob er also sein Verhalten auf ein großes Verlangen nach Schlaf.

»Als ich Sie aufforderte, mit in die Oper zu kommen, Herr Rittmeister, hatte ich beabsichtigt, Ihnen eine Freude zu machen; aber tun Sie, was Sie wollen«, sagte Clémentine leicht pikiert.

»Ich gehe mit«, sagte Paz.

»Duprez[33] singt in ›Wilhelm Tell‹«, ergänzte Adam; »aber vielleicht gingest du lieber in Les Variétés[34]?«

Der Rittmeister lächelte und schellte; der Diener kam. – »Constantin«, sagte er zu ihm, »soll die Kutsche anspannen, nicht das Coupé. – Darin würden wir zu eng sitzen«, fügte er hinzu und sah den Grafen an.

»Ein Franzose hätte das vergessen«, sagte Clémentine lächelnd.

»Aber wir sind doch nach dem Norden verpflanzte Florentiner«, antwortete Tadeusz mit raffinierter Betonung und einem Blick, was beides sein Verhalten bei Tisch als wohlüberlegte Absicht erkennen ließ.

Durch eine halbwegs begreifliche Unbedachtheit bestand ein allzu großer Gegensatz zwischen der unwillkürlichen Art und Weise dieses Satzes und der Haltung, die Paz während des Abendessens eingenommen hatte. Clémentine musterte den Rittmeister mit einem jener heimlichen Seitenblicke, die bei Frauen zugleich von Erstaunen und Beobachtungsgabe künden. So kam es denn, daß, während die drei im Salon den Kaffee tranken, ein für Adam ziemlich peinliches Schweigen herrschte, dessen Grund er nicht zu enträtseln vermochte. Clémentine bedachte Tadeusz nicht länger mit Sticheleien. Der Rittmeister seinerseits verfiel wieder in seine Offizierssteifheit und legte sie nicht mehr ab, weder während der Fahrt noch in der Loge; dort tat er, als schlafe er.

»Sie sehen, Madame, ich bin ein recht langweiliger Bursche«, sagte er im letzten Akt von ›Wilhelm Tell‹ während des Balletts. »Wäre es nicht besser gewesen, ich wäre, wie man sagt, bei meinen Leisten geblieben?«

»Mein lieber Herr Rittmeister, Sie sind weder ein Angeber noch ein Causeur; Sie sind nur sehr wenig Pole.«

»Also lassen Sie mich«, fuhr er fort, »über Ihre Vergnügungen, Ihr Vermögen und Ihr Haus wachen; zu anderem bin ich untauglich.«

»Du Tartüff!« sagte lächelnd Graf Adam. »Liebste, er hat sehr viel Herz, er ist ein gebildeter Mensch; er könnte, wenn er nur wollte, sich im Salon gut behaupten. Clémentine, du darfst seine Bescheidenheit nicht wörtlich nehmen.«

»Guten Abend, Gräfin, ich habe meinen guten Willen bezeigt; ich nehme Ihren Wagen, um desto schneller zu Bett gehen zu können; ich schicke ihn Ihnen dann gleich zurück.«

Clémentine neigte den Kopf und ließ ihn gehen, ohne zu antworten.

»Welch ein Bär!« sagte sie zum Grafen. »Du bist sehr viel netter!«

Adam drückte seiner Frau unauffällig die Hand.

»Der arme, gute Tadeusz, er hat sich bemüht, da abstoßend zu wirken, wo viele Männer versucht hätten, weit liebenswerter zu erscheinen, als ich es bin.«

»Ach!« sagte sie. »Ich weiß nicht, ob sein Verhalten der Berechnung entsprang: eine gewöhnliche Frau hätte er beunruhigt.«

Eine halbe Stunde später, als der Leibjäger Boleslas »Tür auf!« rief und der Kutscher mit zur Einfahrt eingebogenem Wagen wartete, daß die beiden Torflügel geöffnet wurden, fragte Clémentine den Grafen: – »Wo haust der Rittmeister eigentlich?«

»Da drüben«, antwortete Adam und deutete auf ein kleines Attikageschoß, das elegant an beiden Seiten des Einfahrtstors errichtet war und dessen eines Fenster auf die Straße ging. »Seine Wohnung erstreckt sich bis über die Wagenschuppen.«

»Und wer wohnt auf der anderen Seite?«

»Noch niemand«, antwortete Adam. »Die andere kleine Wohnung über den Ställen ist unseren Kindern und deren Lehrer zugedacht.«

»Er hat sich noch nicht schlafen gelegt«, sagte die Gräfin, die bei Tadeusz Licht gewahrte, als der Wagen unter dem Säulenportikus hindurchfuhr; er war dem der Tuilerien nachgebildet und ersetzte die vulgäre Zinkmarkise mit der Barchentbemalung.

Der Rittmeister stand im Schlafrock da, in der Hand eine Tabakpfeife, und sah Clémentine in die Vorhalle treten. Er hatte einen harten Tag hinter sich. Und zwar aus folgendem Grunde. An dem Tage, da Adam ihn mit ins Théâtre des Italiens genommen hatte, damit er Mademoiselle du Rouvre sähe und sein Urteil über sie abgebe, hatte Tadeusz eine schreckliche Aufwallung im Herzen verspürt; als er sie dann in der Mairie und der Kirche Saint-Thomas-d'Aquin wiedergesehen, hatte er in ihr die Frau erkannt, die jeder Mann ausschließlich lieben muß; denn selbst Don Juan hat einer unter den mille e tre[35] den Vorzug gegeben! Deshalb hatte Paz nachdrücklich zu der klassischen Hochzeitsreise geraten. Während Clémentines Abwesenheit war er gewissermaßen ruhig gewesen; aber seit der Rückkehr des jungen Paares hatten seine Leiden von neuem eingesetzt. Folgendes dachte er, als er aus seiner sechs Fuß langen Kirschholzpfeife, einem Geschenk Adams, Latakia-Tabak[36] rauchte: – »Ich allein und Gott, der mich dafür belohnen wird, daß ich stumm gelitten habe, dürfen als einzige wissen, in welchem Maß ich sie liebe! Aber was soll ich tun, damit ich mir weder ihren Haß noch ihre Liebe zuziehe?« Und er grübelte bis ins Uferlose über dieses Theorem der Liebesstrategie nach. Man möge nicht glauben, Tadeusz habe in all seinem Schmerz freudlos dahingelebt. Die sublimen Täuschungsmanöver dieses Tages waren für ihn ein Quell innerer Beglückung gewesen. Seit Clémentines und Adams Heimkehr hatte er Tag für Tag unsägliche Genugtuungen genossen in der Erkenntnis, daß er in diesem Haushalt notwendig sei, der ohne seine Aufopferung sicherlich dem Ruin entgegengetrieben wäre. Welches Vermögen hält denn der Verschwendungssucht des Pariser Lebens stand? Clémentine war bei einem Vergeuder von Vater aufgewachsen; sie verstand nichts von der Führung eines Hausstands, den heutzutage auch die reichsten, die vornehmsten Frauen mit eigenen Augen überwachen müssen. Wer kann sich heute einen Haushofmeister leisten? Adam nun aber, der Sohn eines jener polnischen Grandseigneurs, die sich von den jüdischen Wucherern aussaugen lassen, war außerstande zur Verwaltung der Reste eines der größten Vermögen Polens, wo es nach wie vor ungeheure Vermögen gibt; sein Charakter war nicht dazu geschaffen, seine eigenen Launen und die seiner Frau zu zügeln. Wäre er allein geblieben, so hätte er sich vielleicht schon vor der Eheschließung ruiniert. Paz hatte ihn daran gehindert, Börsenspekulationen zu machen: ist damit nicht schon alles gesagt? Auf diese Weise stand Paz, als er spürte, daß er wider sein Wollen Clémentine liebte, nicht einmal das Hilfsmittel zur Verfügung, dem Haus den Rücken zu kehren und auf Reisen zu gehen, um über seine Leidenschaft hinwegzukommen. Die Dankbarkeit, diese Lösung des Rätsels, das sein Leben bildete, bannte ihn in dies Stadtpalais, wo er allein die geschäftlichen Angelegenheiten dieser sorglosen Familie zu regeln vermochte. Adams und Clémentines Reise hatte ihn Ruhe erhoffen lassen; aber die Gräfin, die schöner denn je heimgekommen war, genoß die Freiheit, die die Ehe den Pariserinnen darbietet; sie entfaltete alle Reize einer jungen Frau und jene unsagbare Anziehungskraft, die dem Glücklichsein entspringt oder der Unabhängigkeit, wie sie ihr durch einen so vertrauensvollen, so wahrhaft ritterlichen, so verliebten Mann wie Adam zuteil wurde. Die Gewißheit, die Haupttriebfeder für den Glanz dieses Hauses zu sein, Clémentine zu sehen, wenn sie bei der Rückkehr von einem Fest aus dem Wagen stieg oder wenn sie vormittags ins Bois ritt, ihr auf den Boulevards in ihrem hübschen Wagen zu begegnen wie einer Blume in ihren Kelchblättern – das alles flößte dem armen Tadeusz geheime, üppige Wollüste ein, die sich in seiner Herzenstiefe entfalteten, ohne daß sich auf seinem Gesicht je die geringste Spur davon zeigte. Wie hätte die Gräfin innerhalb jener fünf Monate das Vorhandensein des Rittmeisters wahrnehmen können? Er verbarg sich vor ihr, hielt aber die Sorgfalt geheim, die er daran wandte, ihr aus dem Wege zu gehen. Nichts ähnelt der himmlischen Liebe mehr als Liebe ohne Hoffnung. Muß ein Mann nicht über eine gewisse Herzenstiefe verfügen, wenn er sich schweigend und im Dunkel aufopfert? Jene Tiefe, in der der Stolz eines Vaters und Gottes sich birgt, enthält den Kult der Liebe um der Liebe willen, wie Macht um der Macht willen der Lebensgrundsatz der Jesuiten war; ein erhabener Geiz in beständiger Großherzigkeit, und letztlich nach dem geheimnisvollen Beispiel der Grundprinzipien der Welt gestaltet. *Wirkung* – ist das nicht die Natur? Und Natur ist eine verführerische Zauberin, sie ist ein Zubehör des Mannes, des Dichters, des Malers, des Liebenden; aber ist nicht die *Ursache* in den Augen einiger bevorzugter Seelen oder für gewisse gigantische Denker der Natur überlegen? Die Ursache ist Gott. In dieser Sphäre der Ursachen leben die Newton, die Laplace, die Kepler, die Descartes, die Malebranche, die Spinoza, die Buffon, die wahren Dichter und Einsiedler des zweiten christlichen Zeitalters, Frauen wie Spaniens heilige Therese und die erhabenen Ekstatikerinnen. Jedes menschliche Gefühl schließt Analogien mit jenem Zustand in sich ein, in dem der Geist sich von der Wirkung um der Ursache willen abwendet, und Tadeusz hatte die Gipfelhöhe erreicht, wo alles ein anderes Aussehen annimmt. Im Bann unsäglicher Schöpferfreuden war er in der Liebe das, was wir an Allergrößtem in den prächtigen Entfaltungen des Genies kennen. – »Nein, sie ist nicht völlig hinters Licht geführt worden«, sagte er sich und blickte dem Rauch seiner Pfeife nach. »Sie könnte mich unwiderruflich mit Adam verfeinden, wenn sie gegen mich eingenommen wäre; und wenn sie mit mir kokettierte, um mich zu quälen, was sollte dann aus mir werden?« Das Dünkelhafte der letzteren Unterstellung war dem bescheidenen Charakter und der nahezu deutschen Schüchternheit des Rittmeisters so entgegengesetzt, daß er sich schalt, überhaupt auf so etwas verfallen zu sein und zu Bett ging, entschlossen, den weiteren Verlauf der Dinge abzuwarten, ehe er einen Entschluß faßte. Am anderen Tag aß Clémentine vergnügt ohne Tadeusz zu Mittag; seine Unfolgsamkeit bemerkte sie nicht einmal. Zufällig war es ihr Empfangstag, und dabei entfaltete sie stets einen königlichen Glanz. Sie beachtete das Fernbleiben des Rittmeisters gar nicht; ihm lag die Durchführung aller Einzelheiten dieser Galatage ob. – »Gut!« sagte sich Paz, als er um zwei Uhr morgens die Wagen von dannen rollen hörte. »Die Gräfin ist nur einer Laune oder der Neugier einer Pariserin gefolgt.« Also verfiel der Rittmeister wieder in seine übliche Haltung, die durch jenen Zwischenfall auf eine kurze Weile beeinträchtigt worden war. Durch alles, was das Pariser Leben erforderte, schien Clémentine abgelenkt worden zu sein und Paz vergessen zu haben. Meint man etwa, es sei etwas Geringes, über das wandelsüchtige Paris zu herrschen? Glaubt man etwa, man setze bei diesem hohen Spiel lediglich sein Vermögen ein? Die Winter sind für die Damen à la mode dasselbe, was ehedem für die Offiziere des Kaiserreichs ein Feldzug gewesen ist. Was für ein Werk der Kunst und der hohen Begabung stellen ein Abendkleid oder eine Frisur dar, die dazu dienen sollen, Sensation zu machen! Eine zerbrechliche, zarte Frau trägt ihren harten, glänzenden Harnisch aus Blumen und Diamanten, aus Seide und Stahl von neun Uhr abends bis zwei und häufig bis drei Uhr morgens. Sie ißt wenig, um den Blick auf ihre Schlankheit zu lenken; dem Hunger, der sie während der Abendgesellschaft überkommt, begegnet sie mit Tassen Tee, die schwächen, mit gezuckertem Backwerk, Eis, das einen erhitzt, oder schwer bekömmlichen Tortenstücken. Der Magen muß sich den Befehlen der Gefallsucht fügen. Das Erwachen erfolgt sehr spät. Alles steht dann in Gegensatz zu den Naturgesetzen, und die Natur ist unerbittlich. Kaum ist eine Dame à la mode aufgestanden, da beginnt sie schon wieder mit der Morgentoilette, da überlegt sie sich ihre Nachmittagstoilette. Muß sie nicht Besuche empfangen, Besuche machen, zu Pferd oder zu Wagen sich ins Bois begeben? Muß sie sich nicht in einem fort in der Kunst des Lächelns üben, ihren Geist anspannen, um Komplimente zu schmieden, die weder banal noch gekünstelt wirken dürfen? Und das gelingt nicht allen Frauen. Man wundere sich also nicht, wenn man eine junge Frau erblickt, die bei ihrem Eintritt in die Gesellschaft frisch und blühend war und nun, beim Wiedersehen nach drei Jahren, welk und verbraucht ist! Genügen knappe sechs Monate Landaufenthalt zur Heilung der Wunden, die der Winter schlug? Man hört heutzutage nur noch von Magenerkrankungen reden, von seltsamen Leiden; Frauen, die sich um ihren Haushalt kümmern, sind sie übrigens unbekannt. Früher zeigte die Frau sich dann und wann; heute beherrscht sie in einem fort die Bühne. Clémentine hatte zu kämpfen: man begann, sie zu erwähnen, und in den Sorgen, die der Kampf zwischen ihr und ihren Rivalinnen forderte, war kaum Raum für die Liebe zu ihrem Manne. Tadeusz mochte vergessen sein. Einen Monat später jedoch, im Mai, ein paar Tage vor dem Aufbruch nach dem Gut Ronquerolles in Burgund, erblickte sie bei der Heimfahrt vom Bois in der Seitenallee der Champs-Elysées Tadeusz; er war sorgfältig gekleidet und schien sehr davon angetan, seine schöne Gräfin in ihrem Wagen mit den munteren Pferden, den funkelnden Livreen, sein geliebtes, bewundertes Ehepaar zu erblicken.

»Sieh mal, der Rittmeister!« sagte sie zu ihrem Mann.

»Wie glücklich er ist!« antwortete Adam. »Darin bestehen seine Feste: kein Wagen ist besser gepflegt als unserer, und er genießt es, daß alle Welt uns um unser Glück beneidet. Du siehst ihn zum erstenmal, aber er steht fast jeden Tag dort.«

»Woran mag er denken?« fragte Clémentine.

»In diesem Augenblick denkt er daran, daß der Winter viel Geld verschlungen hat und daß wir bei deinem alten Onkel Ronquerolles sparen werden«, antwortete Adam.

Die Gräfin befahl, bei Paz anzuhalten, und ließ ihn sich neben sie in den Wagen setzen. Tadeusz wurde rot wie eine Kirsche.

»Mein Geruch wird Ihnen lästig sein«, sagte er, »ich habe gerade geraucht.«

»Adams Geruch ist mir auch nicht lästig!« antwortete sie lebhaft.

»Ja, aber da handelt es sich um Adam«, entgegnete der Rittmeister.

»Und warum sollten Sie nicht das gleiche Vorrecht genießen?« fragte die Gräfin lächelnd.

Dieses göttliche Lächeln besaß eine Macht, die über Paz' heroische Entschlüsse triumphierte; als er Clémentine anschaute, war in seinen Augen das ganze Feuer seiner Seele, aber gedämpft durch die engelhafte Bezeigung seiner Dankbarkeit; er lebte ja nur durch diese Empfindung. Die Gräfin kreuzte in ihrem Schal die Arme, lehnte sich nachdenklich in die Kissen, so daß die Federn ihres hübschen Hutes zerdrückt wurden, und sah zu den Vorübergehenden hin. Dieses Aufblitzen einer großen, bislang entsagenden Seele reizte ihre Sinnlichkeit. Welche Vorzüge besaß denn schließlich Adam in ihren Augen? War es nicht etwas Selbstverständliches, tapfer und hochherzig zu sein? Aber der Rittmeister...! Tadeusz besaß eine ungeheure Überlegenheit über Adam oder schien sie zu besitzen. Was für verhängnisvolle Gedanken überkamen die Gräfin, als sie sich von neuem des Gegensatzes zwischen der vollkommen schönen Körperbeschaffenheit, die Tadeusz auszeichnete, und der armseligen bewußt wurde, die bei Adam ein

Merkmal der notgedrungenen Degeneration war, wie sie allen Aristokratenfamilien eigentümlich ist, die so töricht sind, stets untereinander zu heiraten. Von diesen Gedanken erfuhr nur der Teufel; denn die junge Frau saß mit versonnenen, aber nichts Bestimmtes aussagenden Augen da und sagte bis zum Hause nichts.

»Sie essen mit uns zu Abend, sonst werde ich böse, daß Sie mir nicht gehorcht haben«, sagte sie beim Heimkommen. »Für mich sind Sie Tadeusz, wie Sie es für Adam sind. Ich weiß, wie Sie ihm verpflichtet sind, aber ich weiß auch um die Verpflichtungen, die wir Ihnen gegenüber haben. Für zwei selbstverständliche Regungen der Hochherzigkeit sind Sie täglich und stündlich hochherzig. Mein Vater kommt zum Essen zu uns, und ebenso mein Onkel Ronquerolles und meine Tante Sérisy; kleiden Sie sich also um«, sagte sie und nahm die Hand, die er ihr reichte, um ihr beim Aussteigen zu helfen.

Tadeusz ging in seine Wohnung hinauf, um sich umzukleiden; sein Herz war glücklich und krampfte sich zugleich in einem grausigen Zittern zusammen. Er kam erst im letzten Augenblick herunter und spielte während des Essens abermals seine Offiziersrolle, die einzig zur Erfüllung der Funktionen eines Haushofmeisters taugte. Diesmal jedoch ließ sich Clémentine von Paz nicht hinters Licht führen; sein Blick hatte sie aufgeklärt. Ronquerolles, der befähigteste Botschafter nächst dem Fürsten Talleyrand, und zudem der beste Helfer de Marsays während dessen kurzen Ministeriums, wurde von seiner Nichte über Rang und Bedeutung des Grafen Paz unterrichtet, der sich so bescheiden als den Haushofmeister seines Freundes Mitgislas hinstellte.

»Und wie kommt es, daß ich dem Grafen Paz zum erstenmal begegne?« fragte der Marquis de Ronquerolles.

»Ach, er ist ein Duckmäuser und Heimlichtuer«, antwortete Clémentine und warf Paz einen Blick zu; sie wollte ihm sagen, er solle sein Benehmen ändern.

Leider muß gestanden werden, auch auf die Gefahr hin, den Rittmeister weniger interessant erscheinen zu lassen, daß Paz zwar seinem Freunde Adam überlegen, aber kein bedeutender Mensch war. Den Anschein der Überlegenleit dankte er dem Unglück. In den Tagen des Elends und der Vereinsamung in Warschau hatte er gelesen, sich weitergebildet, verglichen und nachgedacht; aber die Schöpfergabe, die den großen Mann ausmacht, besaß er keineswegs, und läßt die sich je erwerben? Paz war einzig und allein durch sein Herz groß und streifte damit das Erhabene; aber in der Sphäre der Affekte behielt er, der mehr ein Mann der Tat als des Gedankens war, seine Gedanken für sich. Sein Denken diente in jener Stunde nur dazu, ihm das Herz zu zernagen. Und was ist überdies ein unausgedrückter Gedanke? Auf Clémentines Bemerkung hin tauschten der Marquis de Ronquerolles und seine Schwester einen befremdlichen Blick und wiesen einander ihre Nichte, den Grafen Adam und Paz. Es war eine der raschen Szenen, die nur in Italien und in Paris stattfinden. An diesen beiden Stätten der Welt, sämtliche Fürstenhöfe ausgenommen, vermögen Blicke alles zu sagen. Um dem Auge die ganze Macht der Seele mitzuteilen, ihm den gleichen Wert wie den des gesprochenen Wortes zu leihen, mit einem Schlag ein Gedicht oder ein Drama hinzulegen, dazu bedarf es entweder eines Übermaßes an Knechtschaft oder eines Übermaßes an Freiheit. Adam, der Marquis du Rouvre und die Gräfin übersahen die lichtvolle Beobachtung einer alten Koketten und eines alten Diplomaten: aber Paz, der treue Hund, begriff das ihr innewohnende Prophetische. Das Ganze, man beachte das, vollzog sich innerhalb zweier Sekunden. Den Orkan schildern zu wollen, der das Innere des Rittmeisters durchtobte, wäre in Anbetracht der eilenden Zeit zu umständlich. – »Nanu? Glauben etwa die Tante und der Onkel bereits, ich würde geliebt?« sagte er sich. »Sollte jetzt mein Glück nur noch von meiner Kühnheit abhängen? Und Adam . . .?« Ideale Liebe und Begehren, die beide genauso mächtig sind wie Dankbarkeit und Freundschaft, stießen aufeinander, und für einen Augenblick trug die Liebe den Sieg davon. Der arme, bewundernswerte Liebhaber wollte sich in gutem Licht zeigen! Paz wurde geistreich, er wollte gefallen, und als der Diplomat ihn um eine Aufklärung bat, erzählte er in großen Zügen von dem polnischen Aufstand. Beim Nachtisch merkte Paz, daß Clémentine an seinen Lippen hing, ihn für einen Helden hielt und vergaß, daß Adam ein Drittel seines riesigen Vermögens geopfert und die Wechselfälle des Exils auf sich genommen hatte. Um neun, als der Kaffee getrunken worden war, küßte Madame de Sérisy ihre Nichte auf die Stirn, drückte ihr die Hand und nötigte den Grafen Adam gebieterisch, sie zu begleiten; die Marquis du Rouvre und de Ronquerolles blieben, aber nach zehn Minuten gingen auch sie. Paz und Clémentine waren allein.

»Ich muß mich verabschieden, Madame«, sagte Tadeusz, »Sie fahren doch jetzt den anderen nach in die Oper.«

»Nein«, antwortete sie, »ich mache mir nichts aus der Tanzerei, und außerdem wird heute ein gräßliches Ballett gegeben, ›Der Aufruhr im Serail‹[37].«

Kurzes Schweigen.

»Vor zwei Jahren wäre Adam nicht ohne mich hingegangen«, fuhr sie fort, ohne Paz anzusehen.

»Er liebt Sie wahnsinnig ...«, antwortete Paz.

»Ja, gerade weil er mich wahnsinnig liebt, wird er mich vielleicht morgen nicht mehr lieben«, rief die Gräfin.

»Die Pariserinnen sind undurchschaubar«, sagte Tadeusz. »Wenn sie wahnsinnig geliebt werden, dann soll es vernünftig geschehen, und wenn sie vernünftig geliebt werden, dann werfen sie einem vor, man verstehe nichts von der Liebe.«

»Und dabei haben sie stets recht, Tadeusz«, entgegnete sie lächelnd. »Ich kenne Adam gut; ich zürne ihm durchaus nicht: er ist leichtsinnig, und vor allem ist er ein Grandseigneur; er wird stets zufrieden sein, mich zur Frau zu haben, und mich in keiner meiner Neigungen hindern; aber ...«

»In welcher Ehe gäbe es kein *Aber?*« fragte Tadeusz freundlich; er versuchte, den Gedankengang der Gräfin in andere Bahnen zu lenken.

Auch der zaghafteste Mann hätte jetzt vielleicht das gedacht, was den Verliebten fast den Kopf verlieren ließ: »Wenn ich ihr nicht sage, daß ich sie liebe, bin ich ein Trottel!« sagte sich der Rittmeister. Zwischen den beiden trat eine der entsetzlichen Schweigepausen ein, die von Gedanken bersten. Die Gräfin schaute Paz von unten herauf prüfend an, und ebenso musterte Paz sie im Spiegel. Er lehnte sich in seiner Bergère zurück, ein satter Mann, der verdaut; es war die Gebärde eines Ehemanns oder eines gleichgültigen alten Herrn. Paz verschränkte die Hände über dem Bauch, drehte rasch und mechanisch beide Daumen umeinander und schaute diesem Spiel dümmlich zu.

»Aber sagen Sie mir doch ein bißchen was Nettes über Adam!«

rief Clémentine aus. »Sagen Sie doch, er sei nicht leichtsinnig; Sie kennen ihn doch!«

Dieser Ausruf war wunderbar.

»Jetzt ist der Augenblick gekommen, in dem ich unübersteigbare Schranken zwischen uns aufrichten muß«, dachte der arme Paz und dachte sich eine heroische Lüge aus. – »Etwas Nettes ...?« fuhr er laut fort. »Ich habe ihn viel zu gern; Sie würden mir kein Wort glauben. Ich bin außerstande, Schlechtes über ihn zu äußern. Auf diese Weise ... ist meine Rolle zwischen Ihnen beiden recht schwierig.«

Clémentine senkte den Kopf und betrachtete die Spitzen von Paz' Lackschuhen.

»Ihr Nordländer habt nur physischen Mut; aber in euern Entschlüssen laßt ihr es an Folgerichtigkeit fehlen«, flüsterte sie.

»Was wollen Sie so allein tun, Madame?« fragte Paz mit der Miene vollkommener Harmlosigkeit.

»Leisten Sie mir denn nicht Gesellschaft?«

»Verzeihen Sie; aber ich möchte mich verabschieden ...«

»Wieso? Wohin wollen Sie?«

»In den Zirkus; heute abend ist auf den Champs-Elysées Eröffnungsvorstellung, und da darf ich nicht fehlen ...«

»Und warum nicht?« fragte Clémentine mit einem beinahe wütenden Blick.

»Muß ich Ihnen mein Herz öffnen«, fuhr er errötend fort, »und Ihnen anvertrauen, was ich dem guten Adam verberge? Er glaubt, ich liebte nichts als Polen.«

»Siehe da! Unser nobler Rittmeister hat ein Geheimnis?«

»Eine Niedrigkeit, die Sie verstehen und deretwegen Sie mich trösten müssen.«

»Sie, und etwas Niedriges begehen ...?«

»Ja, ich, der Graf Paz, bin wie irr verliebt in ein Mädchen, das mit der Familie Bouthor[38] durch ganz Frankreich gezogen ist, Leuten, die einen Zirkus wie Franconi[39] haben, aber immer auf Jahrmärkten ihre Schaustellungen geben! Ich habe dafür gesorgt, daß die Kleine vom Direktor des Cirque-Olympique engagiert worden ist.«

»Ist sie schön?« fragte die Gräfin.

»Ja, für mich wenigstens«, antwortete er melancholisch. »Malaga, das ist ihr Künstlername, ist stark, behend und geschmeidig. Warum sie mir lieber ist als alle Damen der Gesellschaft . . .? Wirklich, das könnte ich nicht sagen. Wenn ich sie sehe, wie ihr schwarzes, durch ein blaues Seidenband zusammengehaltenes Haar über ihren nackten, olivenfarbenen Schultern wogt, wie sie mit einer weißen Tunika mit goldener Borte und einem seidenen Trikot, das sie zu einer lebenden griechischen Plastik macht, die Füße in Flauschseidenschuhen, wie sie dann mit Fähnchen in der Hand bei den Klängen von Militärmusik durch einen großen Reifen springt, dessen Papier in der Luft zerreißt, während das Pferd in vollem Galopp weiterläuft und sie anmutsvoll wieder darauf zu stehen kommt, und wenn ihr dann ein ganzes Volk ohne Claque Beifall klatscht . . . ja, das packt mich dann!«

»Mehr als eine schöne Frau im Ballsaal . . .?« fragte Clémentine mit herausfordernder Überraschung.

»Ja«, antwortete Paz mit gedrosselter Stimme. »Diese wundervolle Geschmeidigkeit, diese beständige Anmut unter beständiger Gefahr dünken mich der schönste Triumph einer Frau . . . Ja, Madame, die Cinti[40] und die Malibran[41], die Grisi[42] und die Taglioni[43], die Pasta[44] und die Elßler[45], alles, was auf den Brettern herrscht oder geherrscht hat, scheint mir nicht würdig zu sein, Malaga das Schuhband zu lösen; sie weiß im schärfsten Galopp vom Pferd zu springen und wieder aufzusitzen, sie gleitet links herunter und springt rechts wieder hinauf, sie voltigiert wie ein weißes Irrlicht um das wildeste Pferd herum, sie kann sich auf einer Fußspitze aufrecht halten, während das Pferd immer weitergaloppiert, und sich dann niederfallen lassen, daß sie mit hängenden Füßen auf seinem Rücken sitzt, und schließlich steht sie dann auf einem ungezäumten Renner, strickt Strümpfe, zerschlägt Eier oder brät sich eine Omelette, zur tiefsten Bewunderung des Volkes, des wahren Volkes, der Bauern und Soldaten! Früher hat diese köstliche Colombine bei der Schaustellung Stühle auf der Nasenspitze balanciert, der hübschesten griechischen Nase, die ich je gesehen habe. Malaga ist die Geschicklichkeit in Person. Sie ist von herkulischen Kräften; sie kann sich einzig mit ihrer niedlichen Faust oder ihrem kleinen Fuß dreier oder vierer Männer erwehren. Mit einem Wort: sie ist die Göttin der Gymnastik.«

»Sie muß recht dumm sein . . .«

»Oh!« entgegnete Paz, »amüsant wie die Heldin von ›Peveril of the Pick‹[46]! Unbekümmert wie ein verbummeltes Genie, sagt alles, was ihr durch den Kopf geht, kümmert sich um die Zukunft, wie Sie sich um die Soustücke kümmern, die Sie einem Bettler zuwerfen, und dabei entschlüpfen ihr wunderbare Einfälle. Nie ließe sie sich beweisen, ein alter Diplomat sei ein schöner junger Mann, und nicht einmal eine Million würde sie anderer Meinung machen. Ihre Liebe ist für einen Mann eine beständige Schmeichelei. Sie ist von einer wahrhaft unverschämten Gesundheit; ihre Zähne sind zweiunddreißig Perlen von köstlichem Schimmer, eingelassen in eine Koralle. Ihr Schnäuzchen, so nennt sie nämlich den unteren Teil ihres Gesichts, hat, wie Shakespeare es ausdrückt, den Saft und die Frische eines Färsenmauls. Und sie verursacht einem grausame Schmerzen! Sie hat eine Schwäche für schöne Männer wie Gustav Adolf, Augustus, Alexander, für Gaukler und Hanswurste. Ihr Lehrer, ein abscheulicher Cassandre[47], hat sie mörderisch verprügelt, und zwar Tausende von Malen, bis sie ihre Geschmeidigkeit, ihre Anmut, ihre Unerschrokkenheit gewonnen hatte.«

»Sie sind ja völlig berauscht von Malaga!« sagte die Gräfin.

»Nur auf den Plakaten heißt sie Malaga«, sagte Paz mit leicht gekränkter Miene. »Sie wohnt Rue Saint-Lazare in einer kleinen Wohnung im dritten Stock, in Samt und Seide, und dort lebt sie wie eine Prinzessin. Sie führt ein Doppeldasein, als Zirkusmädchen und als hübsche Frau.«

»Und sie liebt Sie?«

»Sie liebt mich . . . Sie werden lachen . . . bloß weil ich Pole bin! Sie sieht die Polen stets nach dem Kupferstich, der Poniatowski darstellt, wie er in die Elster springt[48]; denn für ganz Frankreich ist die Elster, in der mit dem besten Willen niemand ertrinken kann, ein reißender Strom, der Poniatowski verschlungen hat . . . Bei alledem bin ich sehr unglücklich, Madame . . .«

Eine Zornesträne, die aus Tadeusz' Augen rann, rührte Clémentine.

»Ihr Männer liebt immer das Ungewöhnliche!«

»Und ihr Frauen etwa nicht?«

»Ich kenne Adam so gut, daß ich überzeugt bin, er würde mich über einer Zirkushüpferin wie Ihre Malaga vergessen. Aber wo haben Sie sie kennengelernt?«

»In Saint-Cloud, im letzten September, als dort Jahrmarkt war. Sie stand an der Ecke der mit Segelleinen bedeckten Estrade, auf der die Vorführungen stattfanden. Ihre Kameradinnen trugen sämtlich polnische Tracht und vollführten eine schauerliche Katzenmusik. Ich merkte, daß sie stumm und still dastand, und mir war, als hänge sie schwermütigen Gedanken nach. Hatte sie für ein zwanzigjähriges Mädchen dazu nicht Grund genug? Das ist mir nahegegangen.«

Die Gräfin saß in einer köstlichen, nachdenklichen, beinahe bekümmerten Haltung da.

»Armer, armer Tadeusz!« rief sie aus. Und mit der Gutartigkeit einer wahrhaft großen Dame fügte sie mit einem feinen Lächeln hinzu: »Los, weg mit Ihnen! In den Zirkus!«

Tadeusz nahm ihre Hand, küßte sie, ließ eine heiße Träne darauf zurück und ging. Nachdem er mit einer erfundenen Leidenschaft für eine Kunstreiterin aufgewartet hatte, mußte er ihr einige Wirklichkeit leihen. An seiner Erzählung war kein wahres Wort gewesen, bis auf den kurzen Augenblick, da ihm die berühmte Malaga, die Kunstreiterin der Familie Bouthor, in Saint-Cloud aufgefallen war; er hatte am Morgen ihren Namen auf den Plakaten des Cirque-Olympique gelesen. Der durch ein einziges Hundertsousstück gewonnene Clown hatte Paz erzählt, die Kunstreiterin sei ein Findelkind, vielleicht sogar gestohlen. Tadeusz ging also in den Zirkus und sah die schöne Reiterin wieder. Gegen zehn Francs sagte ihm ein Stallknecht, der dort die Garderobieren beim Theater ersetzt, daß Malaga Marguerite Turquet heiße und in der Rue des Fossés-du-Temple[49] in einem fünften Stock wohne.

Am anderen Morgen begab sich Paz, den Tod im Herzen, zum Faubourg du Temple und fragte nach Mademoiselle Turquet, die während des Sommers die Stellvertreterin der berühmtesten Kunstreiterin des Zirkus und im Winter Statistin an einem Boulevardtheater war.

»Malaga!« rief die Portiersfrau und stürzte nach der Dachkammer hinauf, »ein schöner Herr möchte Sie sprechen! Er erkundigt sich gerade bei meinem Mann, der ihn aufhält, damit ich Zeit habe, Ihnen Bescheid zu sagen.«

»Danke, Madame Chapuzot; aber was wird er von mir denken, wenn er sieht, daß ich meinen Rock aufbügle?«

»Ach, Unsinn! Wenn man liebt, dann liebt man am Gegenstand seiner Liebe alles und jedes.«

»Etwa ein Engländer? Die mögen Pferde.«

»Nein; eher sieht er mir wie ein Spanier aus.«

»Um so schlimmer! Es heißt, die Spanier seien in Geldnöten... Bleiben Sie doch bei mir, Madame Chapuzot, dann hat es nicht den Anschein, als stehe ich ganz allein da...«

»Was wünschen der Herr?« fragte die Portiersfrau Tadeusz, als sie ihm die Tür öffnete.

»Ich möchte Mademoiselle Turquet sprechen.«

»Töchterchen«, sagte die Portiersfrau und warf sich in die Brust, »es will dich jemand sprechen.«

Eine Leine, an der Wäsche zum Trocknen hing, riß dem Rittmeister den Hut vom Kopf.

»Was wünschen Sie?« fragte Malaga und hob Paz' Hut auf.

»Ich habe Sie im Zirkus gesehen, Sie haben mich an eine Tochter erinnert, die ich verloren habe, Mademoiselle; und aus Liebe zu meiner Héloïse, mit der Sie eine frappierende Ähnlichkeit haben, möchte ich Ihnen Gutes tun, sofern Sie es gestatten.«

»Na, aber! Setzen Sie sich doch, Herr General«, sagte Madame Chapuzot. »Wohlerzogener... und galanter kann man schlechterdings nicht sein.«

»Ich komme nicht als Galan, liebe Dame«, entgegnete Paz, »ich bin ein verzweifelter Vater, der sich durch eine Ähnlichkeit täuschen lassen will.«

»Dann soll ich also als Ihre Tochter gelten?« fragte Malaga durchtrieben und ohne zu ahnen, welch tiefe Wahrheit in diesem Vorschlag lag.

»Ja«, sagte Paz, »ich werde Sie dann und wann besuchen, und damit die Täuschung vollkommen sei, will ich Sie in einer schönen, reich möblierten Wohnung unterbringen...«

»Eigene Möbel soll ich haben?« fragte Malaga und warf der Chapuzot einen Blick zu.

»Und Bedienung«, fuhr Paz fort, »und jede erdenkliche Behaglichkeit.«

Malaga musterte den Fremden von oben bis unten.

»In welchem Land sind Sie gebürtig?«

»Ich bin Pole.«

»Dann bin ich einverstanden«, sagte sie.

Paz versprach wiederzukommen und ging.

»Das ist ja eine tolle Geschichte!« sagte Marguerite Turquet und sah Madame Chapuzot an. »Aber ich fürchte, dieser Mensch will mich bloß ködern, um irgendeine Laune zu befriedigen. Pah! Ich lasse es darauf ankommen.«

Einen Monat nach diesem absonderlichen kurzen Besuch hatte die schöne Kunstreiterin eine köstlich möblierte Wohnung inne; der Tapezierer des Grafen Adam hatte sie ausgestattet, denn Paz wollte, daß im Palais Laginski von seiner Narrheit geredet werde. Für Malaga war dies Abenteuer ein Traum aus Tausendundeiner Nacht; sie wurde von dem Ehepaar Chapuzot bedient; die beiden waren gleichzeitig ihre Vertrauten und ihre Domestiken. Die Chapuzots und Marguerite Turquet warteten gespannt auf irgendeine Lösung; aber nach einem Vierteljahr wußten weder Malaga noch die Chapuzots, wie sie sich die Laune des polnischen Grafen erklären sollten. Paz hatte wöchentlich für etwa eine Stunde vorgesprochen, und während dieser Stunde hatte er immer nur im Wohnzimmer gesessen und nie Malagas Boudoir oder gar ihr Schlafzimmer betreten wollen; nie ging er hinein, trotz der geschicktesten Manöver der Kunstreiterin und der Eheleute Chapuzot. Der Graf ließ sich von den kleinen Geschehnissen berichten, die einige Abwechslung in das Leben der Zirkusdame brachten, und jedesmal legte er beim Fortgehen zwei Vierzigfrancsstücke auf den Kaminsims.

»Er sieht recht verdrossen aus«, sagte Madame Chapuzot.

»Ja«, antwortete Malaga, »dieser Mensch ist kalt wie Glatteis ...«

»Aber trotzdem ist er ein guter Kerl«, rief Chapuzot; ihn freute es, daß er in blaues Tuch aus Elbeuf gekleidet war und wirkte wie ein Ministeriumsbürodiener.

Durch seine periodisch wiederkehrenden Spenden gewährte Paz der Marguerite Turquet ein monatliches Einkommen von dreihundertzwanzig Francs. Diese Summe, zusammen mit ihrem kärglichen Zirkusgehalt, gestattete ihr, verglichen mit ihrem früheren Zustand, ein glänzendes Dasein. Im Zirkus liefen unter den Künstlern seltsame Gerüchte über Malagas Glück um. Die Eitelkeit der Kunstreiterin ließ die sechstausend Francs, die ihre Wohnung den vorsichtigen Rittmeister kostete, zu sechzigtausend Francs anschwellen. Wollte man den Clowns und den Komparsen glauben, so schwamm Malaga im Geld; übrigens erschien sie im Zirkus in entzückenden Burnussen, Kaschmirschals, köstlichen Schärpen. Kurzum: der Pole war das beste Mannsbild, dem eine Kunstreiterin hätte begegnen können: er machte ihr keine Scherereien, war nicht eifersüchtig, ließ Malaga jede Freiheit.

»Manche Frauen haben es eben gut!« sagte Malagas Rivalin. »Mir, die ich zu einem Drittel an den Einnahmen beteiligt bin, würde so was nie passieren.«

Malaga trug niedliche Hütchen, zeigte bisweilen ihren Kopf (ein wunderbarer Ausdruck aus dem Wörterbuch der Nutten) im Wagen im Bois de Boulogne, wo sie der eleganten männlichen Jugend aufzufallen begann. Schließlich war auch in der verdächtigen Welt der zweideutigen Frauen von Malaga die Rede, und dort wurde mit Verleumdungen über ihr Glück hergefallen. Es wurde ihr nachgesagt, sie sei ein Medium, und der Pole galt als ein Hypnotiseur, der nach dem Stein der Weisen suche. Ein paar noch giftigere Bemerkungen machten Malaga neugieriger als Psyche; schluchzend gab sie sie an Paz weiter.

»Wenn ich was gegen eine Frau habe«, sagte sie abschließend, »dann rede ich ihr nichts Schlechtes nach, dann behaupte ich nicht, sie werde magnetisiert, damit dadurch Steine gefunden werden; ich sage einfach, sie sei bucklig, und ich beweise es. Warum kompromittieren Sie mich?«

Paz bewahrte grausamstes Schweigen. Die Chapuzot bekam schließlich Tadeusz' Namen und Titel heraus; dann erfuhr sie im Palais Laginski Positives: Paz war Junggeselle; weder in Polen noch in Frankreich wußte man etwas von einer gestorbenen Tochter. Jetzt konnte Malaga sich eines Furchtgefühls nicht länger erwehren.

»Mein Kind«, sagte die Chapuzot, »dies Scheusal ...«

Ein Mann, der sich damit begnügte, ein so schönes Geschöpf

wie Malaga verstohlen – von unten herauf – anzuschauen, ohne daß er es wagte, auf irgend etwas zu sprechen zu kommen, ohne Selbstvertrauen zu haben, mußte nach der Auffassung der Chapuzot ein Scheusal sein.

»Dies Scheusal ködert Sie bloß, um Sie zu etwas Gesetzwidrigem oder Verbrecherischem zu treiben. Herrgott noch mal, wenn Sie vors Schwurgericht kämen, oder, und das läßt mich von Kopf bis Fuß erschaudern, wohl gar vor die Sittenpolizei, so daß Sie in die Zeitung kämen . . . Wissen Sie, was ich an Ihrer Stelle tun würde? Na, an Ihrer Stelle würde ich zu meiner Sicherheit die Polizei ins Bild setzen.«

Eines Tages, als in Malagas Kopf die tollsten Gedanken goren, nahm sie, als Paz seine Geldstücke auf die Samtdecke des Kaminsimses gelegt hatte, die Münzen, warf sie ihm vor die Nase und sagte: – »Ich will kein gestohlenes Geld.«

Der Rittmeister gab die Geldstücke Chapuzot und kam nicht wieder. Clémentine verbrachte zu jener Zeit den Sommer in Burgund auf dem Gut ihres Onkels, des Marquis de Ronquerolles. Als die Zirkustruppe Tadeusz nicht mehr auf seinem Stammplatz sah, entstand unter den Künstlern Gerede. Malagas Seelengröße wurde von den einen als Dummheit, von den anderen als Raffinesse hingestellt. Auch die gewitzigtsten Frauen, denen das Verhalten des Polen dargelegt wurde, fanden es unerklärlich. Innerhalb einer einzigen Woche bekam Tadeusz siebenunddreißig Briefe von leichten Mädchen. Zu seinem Glück erregte seine erstaunliche Zurückhaltung in der großen Welt keinerlei Neugier, sondern blieb der Klatschstoff der Halbwelt.

Zwei Monate später steckte die schöne Kunstreiterin bis über beide Ohren in Schulden; da schrieb sie an den Grafen Paz folgenden Brief, den die Dandys jener Zeit als ein Meisterstück erachteten:

»Sie, den nach wie vor meinen Freund zu nennen ich wage, haben Sie nach dem Vorgefallenen, das Sie so schlecht ausgedeutet haben, wohl noch Mitleid mit mir? Alles, was Sie etwa verletzt hat, leugnet mein Herz ab. Wenn ich das Glück gehabt habe, daß Sie es reizvoll fanden, so bei mir zu sein, wie Sie zu tun pflegten, dann kommen Sie wieder . . . andernfalls falle ich der Verzweiflung anheim. Schon ist die Not hereingebrochen, und Sie wissen ja gar nicht, was für dumme Sachen sie mit sich bringt. Gestern habe ich von einem Hering zu zwei Sous und von Brot für einen Sou gelebt. Ist das ein Essen für Ihre Geliebte? Die Chapuzots, die so an mir zu hängen schienen, habe ich nicht mehr! Daß Sie nicht mehr kommen, hat für mich bewirkt, daß ich den menschlichen Zuneigungen jetzt auf den Grund schauen kann . . . Ein Hund, dem man was zu fressen gegeben hat, weicht einem nicht mehr von der Seite, und die Chapuzots sind abgehauen. Ein Gerichtsvollzieher, der den Tauben spielte, hat im Namen des Hausbesitzers, der kein Herz hat, und des Juweliers, der nicht einmal zehn Tage hat warten wollen, alles gepfändet; denn mit euerem Vertrauen, ihr Mannsleute, schwindet auch der Kredit! Was für eine Lage für Frauen, die sich nichts vorzuwerfen haben als ein bißchen Freude! Lieber Freund, ich habe alles, was Wert hatte, ›zu meiner Tante‹ gebracht; ich besitze nichts mehr als die Erinnerung an Sie, und jetzt steht der Winter bevor. Dann sitze ich ohne Feuer da, denn am Boulevard werden nur noch Mimodramen gespielt, und in denen habe ich nichts als Fetzen von Rollen zu spielen, und die stellen keine Frau ins rechte Licht. Wie haben Sie nur die Noblesse meiner Gefühle mißverstehen können; wir haben doch schließlich nur *eine* Art, unsere Dankbarkeit auszudrücken! Sie schienen doch so erfreut zu sein, daß es mir gut ging; wie haben Sie mich nur im Elend sitzenlassen können? Ach, mein einziger Freund auf dieser Erde, ehe ich wieder anfange, mit dem Zirkus Bouthor von Jahrmarkt zu Jahrmarkt zu ziehen, denn dadurch verdiente ich mir wenigstens mein Brot: verzeihen Sie mir, daß ich hatte wissen wollen, ob ich Sie tatsächlich für alle Zeit verloren hätte. Wenn ich zufällig an Sie dächte, wenn ich durch den Reifen springe, könnte ich mir ohne weiteres die Beine brechen, wenn ich einen Takt verpasse! Wie dem auch sei, Ihnen gehört fürs Leben

Marguerite Turquet.«

»Dieser Brief«, sagte sich Tadeusz und lachte schallend, »ist meine zehntausend Francs wert!«

Tags darauf kehrte Clémentine zurück, und als Paz sie an eben jenem Tage wiedersah, war sie schöner und anmutiger denn je. Nach dem Abendessen, bei dem die Gräfin sich Tadeusz gegenüber völlig gleichgültig verhalten hatte, spielte sich nach dem Weggehen des Rittmeisters eine Szene zwischen dem Grafen und der Gräfin ab. Tadeusz hatte nämlich so getan, als wolle er Adam um Rat fragen, und ihm, gleichsam aus Versehen, Malagas Brief dagelassen.

»Der arme Tadeusz!« sagte Adam zu seiner Frau, als er Paz hatte verschwinden sehen. »Welch ein Unglück für jemanden von seiner Vornehmheit, das Spielzeug einer Komödiantin niederster Sorte geworden zu sein! Er wird dabei alles einbüßen, sich erniedrigen und nach einiger Zeit nicht wiederzuerkennen sein. Da, Liebste, lies das«, sagte der Graf und hielt seiner Frau Malagas Brief hin.

Clémentine las ihn; er roch nach Tabak; mit einer Geste des Ekels warf sie ihn weg.

»Wie dicht auch die Binde sein möge, die er vor den Augen hat, irgendwas muß er gemerkt haben«, sagte Adam. »Malaga dürfte ihm Streiche gespielt haben.«

»Und er geht wieder zu ihr!« sagte Clémentine, »und er verzeiht ihr. Nur für dergleichen abscheuliche Weiber habt ihr Nachsicht!«

»Sie haben sie ja auch so sehr nötig«, sagte Adam.

»Tadeusz war wieder er selber geworden ... als er bei sich daheim blieb«, fuhr sie fort.

»Ach, mein Engel, du gehst sehr weit«, sagte der Graf; er war anfangs entzückt davon gewesen, seinen Freund in den Augen seiner Frau herabzusetzen; den Tod des Sünders wollte er jedoch nicht.

Tadeusz, der Adam gut kannte, hatte ihn um tiefste Geheimhaltung gebeten: er hatte so getan, als rücke er mit der Sprache heraus, um Nachsicht für seine großen Geldausgaben zu finden und den Freund um die Erlaubnis zu bitten, tausend Taler für Malaga nehmen zu dürfen.

»Er hat einen stolzen Charakter«, fuhr Adam fort.

»Wie das?«

»Aber er hat doch nicht mehr als zehntausend Francs für sie verschwendet und läßt sich durch einen solchen Brief übel behandeln, ehe er ihr das Geld zur Bezahlung ihrer Schulden bringt! Und dabei ist er doch Pole, weiß Gott ...!«

»Aber er könnte dich doch ruinieren«, sagte Clémentine in dem scharfen Ton, den die Pariserin anschlägt, wenn sie ihrem katzenhaften Mißtrauen Ausdruck geben will.

»Ach was, ich kenne ihn«, antwortete Adam, »eher würde er Malaga uns opfern.«

»Das werden wir ja sehen«, entgegnete die Gräfin.

»Wenn sein Glück es erforderte, würde ich ihn ohne Zögern bitten, ihr den Laufpaß zu geben. Constantin hat mir berichtet, während der Zeit ihrer Liaison sei der bislang so nüchterne Paz ein paarmal recht angesäuselt heimgekommen ... Wenn er es bis zum Trunkenbold brächte, wäre das für mich derselbe Schmerz, wie wenn es sich um meinen Sohn handelte.«

»Mehr möchte ich darüber nicht hören«, rief die Gräfin aus und vollführte eine weitere Geste des Ekels.

Zwei Tage danach nahm der Rittmeister im Verhalten, im Stimmklang und in den Blicken der Gräfin die schrecklichen Wirkungen von Adams Taktlosigkeit wahr. Die Verachtung hatte Abgründe zwischen dieser zauberhaften Frau und ihm aufklaffen lassen. Daher versank er fortan in eine tiefe Melancholie, und es nagte an ihm der Gedanke: »Du selber hast dich ihrer unwürdig gemacht!« Das Leben wurde ihm zur Last, die schönste Sonne schien seinen Augen grau. Nichtsdestoweniger fand er unter diesen Sturzfluten bitterer Schmerzen Augenblicke der Freude: dann konnte er sich gefahrlos seiner Bewunderung für die Gräfin preisgeben; sie jedoch würdigte ihn nicht der geringsten Beachtung mehr, wenn er bei Festen stumm, aber ganz Auge und ganz Herz, in eine Ecke gedrängt dastand und sich keine ihrer Posen, keines ihrer Lieder entgehen ließ, wenn sie sang. Endlich lebte er wieder ein schönes Leben, er konnte mit eigener Hand das Pferd striegeln, das sie besteigen wollte, konnte sich der Wirtschaftsführung dieses glänzenden Haushalts widmen, zu dessen Nutzen er seine Aufopferung verdoppelte. Diese stummen Freuden blieben in seinem Innern begraben wie die einer Mutter, deren Kind nie etwas vom Herzen der Mutter ahnt; denn ist es Ahnen, wenn man nichts weiß? War dies alles nicht schöner als Petrarcas keusche Liebe zu Laura, der schließlich und endlich als Lohn ein Schatz an Ruhm und der Triumph der Dichtkunst zuteil wurde, die sie ausgelöst hatte? Ist das Gefühl, das der sterbende d'Assas[50] wohl empfunden hat, nicht ein ganzes Leben wert? Dieses Gefühl kostete Paz täglich aus, ohne zu sterben, aber auch ohne den Lohn der Unsterblichkeit. Was wohnt eigentlich der Liebe inne, daß ungeachtet dieser heimlichen Wonne Paz von Kummer verzehrt wurde? Der Katholizismus hat die Liebe zu etwas so Großem gemacht, daß er in ihr Achtung und Edelsinn sozusagen unlöslich verbunden hat. Liebe kann nicht ohne die Überlegenheit bestehen, auf die der Mensch stolz ist, und man wird so selten geliebt, wenn man geringgeschätzt wird, daß Tadeusz fast an den Wunden gestorben wäre, die er selber sich geschlagen hatte. Sich sagen zu hören, sie habe ihn geliebt, und zu sterben . . .? Dann hätte der arme Liebende gemeint, er habe sein Leben hinlänglich bezahlt. Das Ungewisse seiner früheren Lage dünkte ihn erträglicher als das Leben in ihrer Nähe, nun er sie mit Guttaten überschüttete, ohne geschätzt und verstanden zu werden. Kurzum: ihn verlangte nach dem Lohn für seine Tugend. Er magerte ab und wurde gelb; er wurde prompt krank, ein leichter Fieberanfall suchte ihn heim, und so mußte er den ganzen Januar über das Bett hüten, wollte indessen keinen Arzt zu Rate ziehen. Graf Adam machte sich große Sorge um seinen armen Tadeusz. Die Gräfin war so grausam, in kleinem Kreis zu sagen: – »Laßt ihn doch, seht ihr denn nicht, daß er irgendwie an olympischen Gewissensnöten leidet?« Dieser Ausspruch gab Tadeusz den Mut der Verzweiflung; er stand auf, ging aus, versuchte es mit ein paar Zerstreuungen und wurde wieder gesund. Im Februar verlor Adam im Jockey-Club eine ziemlich ansehnliche Summe, und da er Angst vor seiner Frau hatte, bat er Tadeusz, jenen Betrag auf das Konto seiner Ausgaben für Malaga zu buchen.

»Was ist denn weiter dabei, wenn diese Kunstreiterin dich zwanzigtausend Francs gekostet hat? Das geht nur mich etwas an: wenn dagegen meine Frau erführe, daß ich sie im Spiel verloren habe, dann würde ich in ihrer Achtung sinken; sie würde sich dann Sorgen um die Zukunft machen.«

»Auch das noch!« rief Tadeusz, und es entrang sich ihm ein tiefer Seufzer.

»Ach, Tadeusz, dieser kleine Gefallen würde uns quitt machen, wenn ich nicht ohnehin schon in deiner Schuld stände.«

»Adam, du wirst einmal Kinder haben, hör auf mit dem Spiel«, sagte der Rittmeister.

»Malaga hat uns schon wieder zwanzigtausend Francs gekostet!« rief die Gräfin ein paar Tage danach, als sie von Adams Großzügigkeit gegenüber Paz erfahren hatte. »Schon vorher zehntausend, im ganzen also dreißigtausend! Die hätten fünfzehnhundert Francs Zinsen gegeben, die Kosten meiner Loge im Théâtre des Italiens, das Vermögen vieler Bürgersleute ... O ihr Polen«, sagte sie und pflückte dabei in ihrem schönen Treibhaus Blumen, »ihr seid unglaublich. Macht dich dies denn nicht wütend?«

»Der arme Paz ...«

»Der arme Paz, der arme Paz«, unterbrach sie ihn, »wozu ist er uns denn nütze? Ich stelle mich jetzt selber an die Spitze des Haushalts! Du gibst ihm einfach die hundert Louis Rente, die er ausgeschlagen hat, und dann mag er sich mit dem Cirque-Olympique einigen, wie er will.«

»Er ist uns sogar *sehr* nützlich; innerhalb eines Jahres hat er uns bestimmt mehr als vierzigtausend Francs eingespart. Bedenk doch, lieber Engel, er hat für uns hunderttausend Francs bei Rothschild angelegt; ein gewöhnlicher Verwalter hätte uns darum begaunert ...«

Clémentine beruhigte sich, zeigte sich indessen nicht minder hart gegen Tadeusz. Ein paar Tage danach bat sie Paz in das Boudoir, in dem sie vor einem Jahr so sehr überrascht worden war, als sie ihn mit dem Grafen verglichen hatte; diesmal empfing sie ihn unter vier Augen, ohne darin die mindeste Gefahr zu erblicken.

»Mein lieber Paz«, sagte sie mit der Vertraulichkeit der Großen gegenüber ihren Untergebenen, aus der nichts gefolgert werden kann, »wenn Sie Adam so gern haben, wie Sie sagen, dann müssen Sie etwas tun, um das er Sie nie bitten würde, das jedoch ich als seine Frau von Ihnen zu verlangen nicht zögere ...«

»Es handelt sich um Malaga«, sagte Tadeusz mit tiefer Ironie.

»Freilich, ja«, antwortete sie. »Wenn Sie Ihre Lebenstage mit uns beenden wollen, wenn Ihnen daran gelegen ist, daß wir gute Freunde bleiben, dann lösen Sie sich von ihr. Wie kann ein alter Soldat ...«

»Ich bin erst fünfunddreißig und habe kein weißes Haar.«

»Aber Sie sehen so aus, als hätten Sie welche«, sagte sie; »es läuft auf das gleiche hinaus. Wie kann ein Mann, der ein so guter Rechner, der so vornehm ist . . .«

Es war grauenhaft für ihn, daß dieses Wort mit der offenbaren Absicht von ihr gesagt worden war, den Seelenadel zu erwecken, den sie in ihm erloschen wähnte.

»So vornehm ist wie Sie«, fuhr sie nach einer unmerklichen Pause fort, die eine Geste Paz' sie hatte machen lassen, »sich hereinlegen lassen wie ein kleiner Junge! Ihr Abenteuer hat Malaga berühmt gemacht . . . Kurz und gut, mein Onkel hat sie besuchen wollen, und er hat sie besucht. Mein Onkel ist nicht der einzige; Malaga empfängt alle diese Herren . . . Ich habe geglaubt, Sie hätten eine noble Seele . . . Pfui! Wäre es wirklich ein so großer Verlust für Sie, daß sich kein Ausgleich dafür finden ließe?«

»Madame, wenn ich ein Opfer wüßte, durch das ich Ihre Achtung wiedergewinnen könnte, dann wäre es bald vollzogen; aber Malaga zu verlassen, das wäre kein Opfer . . .«

»In Ihrer Lage würde ich das ebenfalls sagen, wenn ich ein Mann wäre«, entgegnete Clémentine. »Gut denn, wenn ich es als ein großes Opfer betrachte, besteht kein Grund, sich zu verfeinden.«

Paz ging; er befürchtete, irgendeine Dummheit zu begehen; er spürte, wie er von tollen Einfällen überwältigt wurde. Er unternahm einen Spaziergang in der frischen Luft, leicht gekleidet trotz der Kälte; aber es gelang ihm nicht, das Brennen seines Gesichts und seiner Stirn zu löschen. »Ich habe geglaubt, Sie hätten eine noble Seele!« In einem fort klangen diese Worte ihm ins Ohr. – »Und vor nicht ganz einem Jahr«, sagte er sich, »konnte man meinen, wenn man Clémentine lauschte, ich ganz allein hätte die Russen geschlagen!« Er erwog, dem Palais Laginski den Rücken zu kehren, um eine Offiziersstelle bei den Spahis[51] einzukommen und in Afrika zu fallen; doch eine schreckliche Befürchtung hielt ihn davon ab. – »Was soll ohne mich aus ihnen werden? Sie wären bald zugrunde gerichtet. Die arme Gräfin! Welch hartes Dasein für sie, nur mit dreißigtausend Francs Zinsen auskommen zu müssen! Nur Mut«, sagte er sich, »da sie für mich verloren ist, will ich mein Werk vollenden.«

Bekanntlich hat seit 1830 der Karneval in Paris einen an ein Wunder grenzenden Aufschwung genommen. Dadurch ist er zu einer europäischen Berühmtheit und auf eine ganz andere Weise burlesk und lebensvoll geworden als weiland der Karneval von Venedig. Ist dem so, weil die Pariser angesichts der maßlosen Verminderung der Vermögen auf den Einfall gekommen wären, sich kollektiv zu amüsieren, wie sie sich in ihren Clubs Salons ohne Hausherrin, ohne gute Umgangsformen und mit geringen Kosten geschaffen haben? Möge dem sein, wie ihm wolle: im März gab es einen Überfluß an jenen Bällen, bei denen der Tanz, die Posse, die ungeschlachte Freude, der Taumel, die grotesken Verkleidungen und die vom Pariser Witz geschärften Spöttereien zu gigantischen Auswirkungen anwuchsen. Jene Tollheit hatte damals in der Rue Saint-Honoré ihr Pandämonium[52], und in Musard[53] ihren Napoleon; er war ein kleiner Mann, eigens dazu geschaffen, eine Musik zu leiten, die ebenso wirbelnd war wie die zügellose Masse, und um den Galopp zu dirigieren; diesen Hexensabbat, der eine der Ruhmestaten Aubers ist; denn der Galopp hat seine Form und sein Poetisches erst durch den großen Galopp in ›Gustav‹[54] erhalten. Könnte dieses riesige Finale nicht als Symbol für eine Epoche dienen, in der seit fünfzig Jahren alles mit Traumgeschwindigkeit vorüberzieht? Nun aber hatte der ernste Tadeusz, der ein göttliches, makelloses Bild im Herzen trug, Malaga, der Königin der Karnevalsbälle, vorgeschlagen, sie solle eine Nacht beim Ball Musard verleben, als er erfahren hatte, daß die Gräfin, bis zur Unkenntlichkeit verkleidet, mit zwei anderen jungen Frauen in Begleitung ihrer Männer ebenfalls hinkommen werde, um sich das kuriose Schauspiel eines dieser monströsen Bälle einmal anzusehen. Am Fastnachtsdienstag des Jahres 1838 saß die Gräfin um vier Uhr morgens, in einen schwarzen Domino gehüllt, auf den Stufen eines der Amphitheater dieses babylonischen Saals, in dem seither Valentino seine Konzerte gibt, und sah den als ›Robert Macaire‹[55] verkleideten Tadeusz mit seiner Kunstreiterin im Galopp vorbeitoben; sie trug das Kostüm einer Wilden und hatte auf dem Kopf einen Federschmuck wie ein Pferd beim Krönungsumzug; sie hüpfte zwischen den Gruppen umher wie ein wahres Irrlicht.

»Ach!« sagte Clémentine zu ihrem Mann. »Ihr Polen seid charakterlose Leute. Wer hätte Tadeusz nicht blind vertraut? Er hat mir sein Wort gegeben, ohne zu wissen, daß ich hier sein und alles sehen würde, ohne gesehen zu werden.«

Ein paar Tage danach hatte sie Paz zum Essen bei sich. Nach der Mahlzeit ließ Adam die beiden allein, und Clémentine fuhr Tadeusz an, um ihm deutlich zu machen, daß sie ihn nicht länger im Haus haben wolle.

»Ja, Madame«, sagte Tadeusz demütig, »Sie haben recht, ich bin ein Verworfener, ich hatte mein Wort gegeben. Aber es hilft nun mal nichts. Ich hatte Malagas Verabschiedung bis nach dem Karneval aufgeschoben . . . Ich möchte übrigens offen sein: diese Frau besitzt eine solche Macht über mich . . .«

»Eine Frau, die bei Musard von der Polizei an die Luft gesetzt werden muß, und zwar um was für eines Tanzes willen!«

»Zugegeben, ich nehme das Urteil an, ich werde *Ihr* Haus verlassen; aber Sie kennen ja Adam. Wenn ich die Verwaltung Ihres Vermögens in Ihre Hände lege, müssen Sie große Energie entfalten. Zwar habe ich diese lasterhafte Schwäche für Malaga, aber ich weiß auch ein Auge auf Ihre geschäftlichen Angelegenheiten zu haben, Ihre Dienerschaft im Zaum zu halten und über die geringsten Kleinigkeiten zu wachen. Lassen Sie mich also erst gehen, wenn ich gesehen habe, daß Sie imstande sind, meine Verwaltungsarbeit weiterzuführen. Sie sind jetzt drei Jahre verheiratet; die ersten Tollheiten der Flitterwochen liegen hinter Ihnen. Die Pariserinnen, auch die mit den höchsten Adelstiteln, verstehen sich heutzutage trefflich darauf, ein Vermögen zu verwalten und einen Hausstand zu leiten . . . Gut also, wenn ich weniger Ihrer Fähigkeit als Ihrer Beharrlichkeit sicher bin, verlasse ich Paris.«

»Das hat der Tadeusz aus Warschau und nicht der Zirkus-Tadeusz gesagt«, antwortete sie. »Kehren Sie geheilt zu uns zurück.«

»Geheilt . . .? Nie im Leben«, sagte Paz; er betrachtete mit gesenktem Blick Clémentines niedliche Füße. »Sie wissen nicht, Gräfin, wieviel Pikantes und Unerwartetes die Frau besitzt.« Da er seinen Mut schwinden fühlte, fügte er noch hinzu: – »Keine Dame der Gesellschaft mit ihrem gezierten Gehabe wiegt die freie Natürlichkeit dieses jungen Tiers auf . . .«

»Fest steht jedenfalls, daß ich nichts Tierisches an mir haben möchte«, sagte die Gräfin und warf ihm den Blick einer zornigen Viper zu.

Von diesem Vormittag an weihte Graf Paz Clémentine in seine Geschäftsführung ein, er warf sich zu ihrem Lehrer auf, lehrte sie die Schwierigkeiten bei der Verwaltung ihrer Güter, den wahren Preis der Dinge und die Art und Weise, sich nicht allzu sehr von den Bedienten begaunern zu lassen. Auf Constantin könne sie sich verlassen und ihn zu ihrem Majordomus machen. Denn Constantin sei von Tadeusz ausgebildet worden. Im Mai schien ihm die Gräfin vollauf imstande zu sein, ihr Vermögen selber zu betreuen; denn Clémentine gehörte zu den Frauen mit richtigem Blick und sicherem Instinkt, denen die Begabung zur Hausherrin angeboren ist.

Diese von Tadeusz so zwanglos herbeigeführte Situation hatte einen schrecklichen, jähen Umschwung für ihn zur Folge; denn seine Leiden sollten nicht so sanft sein, wie er es sich vorgaukelte. Der arme Liebende hatte den Zufall nicht einkalkuliert. Denn Adam erkrankte sehr schwer. Anstatt wegzugehen, diente Tadeusz dem Freund als Krankenpfleger. Unermüdlich opferte der Rittmeister sich auf. Eine Frau, der es darum zu tun gewesen wäre, den Weitblick des Scharfsinns zu entfalten, hätte im Heroismus des Rittmeisters eine Art Selbstbestrafung gesehen, wie edle Seelen sie sich auferlegen, um unwillkürliche schlechte Gedanken zu unterdrücken; aber Frauen sehen nun mal alles oder nichts, je nach ihrem Seelenzustand: ihr einziges Leitlicht ist die Liebe.

Fünfundvierzig Tage lang wachte Paz und pflegte Mitgislas, ohne daß es den Anschein erweckte, er denke an Malaga, und zwar aus dem einfachen Grund, weil er nie an sie gedacht hatte. Als Clémentine Adam dem Tode nahe, aber nicht sterben sah, rief sie die berühmtesten Ärzte zusammen.

»Wenn er dies übersteht«, sagte der gelehrteste der Ärzte, »dann geschieht es nur durch eine Kraftanstrengung der Natur. Denen, die ihn pflegen, liegt es ob, diesen Moment abzupassen und der Natur zu Hilfe zu kommen. Das Leben des Grafen liegt in den Händen seiner Pfleger.«

Tadeusz teilte diesen Ausspruch Clémentine mit; sie saß in diesem Augenblick gerade im chinesischen Pavillon, teils, um sich von ihren Anstrengungen auszuruhen, teils um den Ärzten freie Bahn zu lassen und sie nicht zu behindern. Als Clémentines Liebhaber dem gewundenen Kiesweg folgte, der aus dem Boudoir zu dem Felsen führte, auf dem der chinesische Pavillon sich erhob, fühlte er sich wie in den Tiefen eines der Höllenschlünde, die Alighieri schildert. Die Möglichkeit, Clémentines Mann zu werden, hatte der Unglückliche nicht vorausgesehen und sich selber in einem Schlammgraben eingeschlossen. Mit verstörtem Gesicht langte er an, wundervoll in seinem Schmerz. Sein Kopf drückte Verzweiflung aus wie der der Meduse.

»Ist er tot . . .?« fragte Clémentine.

»Die Ärzte haben ihn aufgegeben; wenigstens überlassen sie ihn der Natur. Gehen Sie nicht zu ihm; sie sind noch da, und Bianchon persönlich will die Pflaster abnehmen.«

»Der arme Mann! Ich muß daran denken, ob ich ihn nicht manchmal gequält habe«, sagte sie.

»Sie haben ihn sehr glücklich gemacht, seien Sie in dieser Hinsicht unbesorgt«, sagte Tadeusz, »und Sie sind ihm gegenüber sehr nachsichtig gewesen . . .«

»Mein Verlust wäre unersetzlich.«

»Aber, Liebe, wenn Sie annehmen, der Graf sterbe: haben Sie sich da kein Urteil über ihn gebildet?«

»Ich habe ihn zwar nicht blind geliebt«, sagte sie, »aber doch so, wie eine Frau ihren Mann lieben muß.«

»Dann müssen Sie also«, fuhr Tadeusz mit einer Stimme fort, die Clémentine bei ihm nicht kannte, »weniger Trauer empfinden, als wenn Sie einen der Männer verlören, die für euch Frauen der Stolz, die Liebe und das ganze Leben bedeuten! Einem Freund gegenüber, wie ich es bin, können Sie aufrichtig sein . . . *Ich* werde ihm nachtrauern . . .! Lange vor Ihrer Heirat hatte ich ihn zu meinem Sohn gemacht, und ich habe ihm mein Leben geopfert. Ich werde also auf Erden ganz einsam dastehen. Aber für eine vierundzwanzigjährige Witwe ist das Leben noch schön.«

»Sie wissen doch wohl, daß ich niemanden liebe«, sagte sie mit der Schroffheit des Schmerzes.

»Sie wissen ja noch gar nicht, was Lieben heißt«, sagte Tadeusz.

»Ach, Mann hin, Mann her, ich bin vernünftig genug, einen

Jungen wie meinen guten Adam einem höhergearteten Menschen vorzuziehen. Seit bald dreißig Tagen fragen wir uns jetzt: ›Bleibt er am Leben?‹ Diese Alternative hat mich auf den Verlust ebensogut vorbereitet, wie Sie es sind. Mit Ihnen kann ich offen sprechen. Wirklich, ich würde mein Leben hingeben, um das Adams zu erhalten. Bedeutet die Unabhängigkeit einer Frau in Paris nicht die Erlaubnis, sich von der Scheinliebe Ruinierter oder der von Verschwendern umgarnen zu lassen? Ich habe Gott gebeten, mir diesen nachgiebigen, gutartigen, allen Zänkereien abholden Mann zu lassen, der gerade anfing, Angst vor mir zu haben.«

»Sie sind ehrlich, und ich schätze Sie deswegen nur um so mehr«, sagte Tadeusz, nahm Clémentines Hand und küßte sie; sie ließ es geschehen. »In solcherlei feierlichen Augenblicken befriedigt es tief, eine Frau vor sich zu sehen, die frei von Heuchelei ist. Mit Ihnen kann man reden. Wir wollen die Zukunft betrachten; nehmen wir einmal an, Gott erhörte Sie nicht, und ich bin einer von denen, die am ehesten geneigt sind, ihn anzurufen: ›Laß mir meinen Freund!‹ Ja, diese fünfzig Nächte haben meine Augen nicht geschwächt; und müßte er noch dreißig Tage und dreißig Nächte gepflegt werden: Sie können schlafen, während ich wache. Ich werde ihn dem Tod entreißen, wenn er, wie die Ärzte sagen, durch sorgsamste Pflege gerettet zu werden vermag. Wenn nun aber, trotz Ihrer und trotz meiner, Ihr Mann stirbt? Ja, wenn dann ein Mann von Herz und mit einem Ihrer würdigen Charakter Sie liebte ...«

»Ich habe mir vielleicht wahnsinnig gewünscht, geliebt zu werden; aber ich bin niemandem begegnet ...«

»Wenn Sie nun getäuscht worden wären ...«

Clémentine blickte Tadeusz starr an; sie vermutete in ihm weniger Liebe als einen begehrlichen Gedanken; sie überhäufte ihn mit ihrer Verachtung, indem sie ihn von Kopf bis Füßen musterte und mit den Worten: »Die arme Malaga!« niederschmetterte; sie sprach sie in drei Tonhöhen, wie einzig große Damen sie auf dem Register ihrer Geringschätzung zu finden wissen. Sie stand auf und ließ Tadeusz bestürzt zurück; sie wandte sich nämlich nicht um, sondern ging mit noblen Bewegungen auf ihr Boudoir zu und stieg in Adams Schlafzimmer hinauf.

Eine Stunde später kam Paz wieder ins Krankenzimmer; und

als habe er den Todesstreich nicht erhalten, widmete er seine Sorgfalt dem Grafen. Seit jenem verhängnisvollen Augenblick wurde er schweigsam; zudem hatte er einen Zweikampf mit der Krankheit auszufechten, und er bekämpfte sie auf eine Weise, daß die Ärzte ihn bewunderten. Zu jeder Stunde leuchteten seine Augen wie zwei Lampen. Ohne Clémentine im geringsten etwas nachzutragen, hörte er ihre Dankesworte an, nahm sie jedoch nicht in sich auf; er schien taub zu sein. Er hatte sich gesagt: »Sie soll mir Adams Leben verdanken!«, und dieses Wort schrieb er mit feurigen Zügen ins Zimmer des Kranken. Am fünfzehnten Tage mußte Clémentine ihre Pflege einschränken, sofern sie nicht der Überanstrengung erliegen wollte. Paz war unermüdlich. Endlich, gegen Ende August, verbürgte Bianchon, der Hausarzt, sich Clémentine gegenüber für das Leben des Grafen.

»Ach, Madame, Sie sind mir nicht den mindesten Dank schuldig«, sagte er. »Ohne seinen Freund hätten wir ihn nicht durchgebracht.«

Am Tag nach der schrecklichen Szene im chinesischen Pavillon hatte der Marquis de Ronquerolles seinen Neffen besucht; er mußte nämlich in geheimer Mission nach Rußland reisen, und der vom Vortage her noch niedergeschmetterte Paz hatte mit dem Diplomaten ein paar Worte gesprochen. An dem Tag nun aber, da Graf Adam und seine Frau zum erstenmal ausfahren wollten, und zwar in dem Augenblick, da der Wagen vor der Freitreppe anfahren sollte, erschien ein Gendarm im Hof des Palais und fragte nach dem Grafen Paz. Tadeusz, der auf dem Vordersitz der Kutsche saß, wandte sich um, nahm einen Brief mit dem Siegel des Außenministeriums entgegen und steckte ihn mit einer Bewegung in die Seitentasche seines Fracks, die Clémentine und Adam daran hinderten, mit ihm darüber zu sprechen. Man kann Leuten aus guter Gesellschaft die Beherrschung der Sprache, die nicht gesprochen wird, schwerlich abstreiten. Trotzdem machte Adam bei der Ankunft an der Porte Maillot sich die Vorrechte eines Genesenden zunutze, dessen Launen befriedigt werden müssen, und sagte zu Tadeusz: – »Unter zwei Brüdern, die einander so gern haben wie wir beide, gibt es keine Taktlosigkeiten; du weißt, was in dem Eilbrief steht, sag es mir, ich platze vor Neugier.«

Clémentine, als gekränkte Frau, blickte Tadeusz an und sagte zu ihrem Mann: »Seit zwei Tagen schmollt er so sehr mit mir, daß ich mich hüten werde, in ihn zu dringen.«

»Ach, mein Gott!« antwortete Tadeusz, »da ich die Presse nicht daran hindern kann, es zu veröffentlichen, will ich das Geheimnis verraten: Kaiser Nikolaus erweist mir die Gnade, mich zum Rittmeister in einem Regiment zu ernennen, das an der Expedition nach Chiwa[56] teilnehmen soll.«

»Und du gehst hin?« rief Adam.

»Ich gehe, mein Lieber. Als Rittmeister bin ich hergekommen, als Rittmeister gehe ich wieder zurück ... Malaga könnte mich zu Dummheiten verleiten. Morgen essen wir zum letztenmal zusammen. Wenn ich nicht im September nach Sankt Petersburg abreise, müßte ich auf dem Landweg hinfahren, und ich bin nicht reich, ich muß doch Malaga ihr kleines Auskommen lassen. Wie sollte ich nicht für die Zukunft der einzigen Frau sorgen, die es fertiggebracht hat, mich zu verstehen? Malaga findet mich groß! Malaga findet mich schön! Vielleicht ist Malaga mir untreu, aber sie spränge ...«

»... für Sie durch den Reifen und fiele tadellos wieder auf ihr Pferd«, sagte Clémentine lebhaft.

»Ach, Sie kennen Malaga nicht«, antwortete der Rittmeister mit tiefer Bitterkeit und einem Blick voller Ironie; beides machte Clémentine nachdenklich und besorgt.

»Lebt wohl, ihr jungen Bäume des schönen Bois de Boulogne, in denen die Pariserinnen lustwandeln, in denen Verbannte lustwandeln, die dort eine neue Heimat finden. Ich bin sicher: meine Augen werden die grünen Bäume der Allée de Mademoiselle und die der Route des Dames nie wiedersehen, und ebensowenig die Akazien und die Zedern der Wegsterne ... In den Randgebieten Asiens werde ich den Plänen des großen Kaisers dienen, den ich mir zum Herrn erkoren habe; und wenn ich es vielleicht durch Tapferkeit, und weil ich mein Leben aufs Spiel gesetzt habe, zum Armeekommandeur bringe, sehne ich mich vielleicht nach den Champs-Elysées zurück, wo ihr mich einmal zu euch in den Wagen habt steigen lassen. Kurz und gut: ich werde mich stets nach der Härte Malagas zurücksehnen, Malagas, von der ich in diesem Augenblick spreche.«

Das wurde auf eine Weise gesagt, daß es Clémentine durchschauerte.

»Lieben Sie denn Malaga so sehr?« fragte sie.

»Ich habe ihr die Ehre geopfert, die wir nie opfern ...«

»Und welche ist das?«

»Die, die wir um jeden Preis in den Augen unseres Idols behalten wollen.«

Nach dieser Antwort bewahrte Tadeusz das undurchdringlichste Schweigen; und er brach es nur auf der Fahrt über die Champs-Elysées, wo er ihnen ein Brettergebäude zeigte: »Da ist der Zirkus!«

Kurz vor dem Essen ging er zur russischen Botschaft, von dort zum Außenministerium, und am anderen Morgen reiste er nach Le Havre ab, ehe die Gräfin und Adam aufgestanden waren.

»Ich verliere einen Freund«, sagte Adam mit Tränen in den Augen, als er von der Abreise des Grafen Paz erfuhr, »einen Freund im wahrsten Sinn des Wortes, und ich weiß nicht, was ihn mein Haus wie die Pest hat fliehen lassen. Wir sind keine Freunde, die sich um einer Frau willen hätten überwerfen können«, sagte er und blickte Clémentine fest in die Augen, »und dennoch: alles, was er gestern über Malaga gesagt hat ... Dabei hat er nicht mal die Fingerspitze dieses Mädchens angerührt ...«

»Wieso weißt du das?« fragte Clémentine.

»Aber selbstverständlich hat die Neugier mich getrieben, Mademoiselle Turquet aufzusuchen, und das arme Mädchen kann sich noch immer nicht Tadeusz' absolute Zurückhaltung erklären ...«

»Genug«, sagte die Gräfin; sie zog sich in ihre Gemächer zurück und sagte sich: – »Bin ich nicht vielleicht das Opfer einer sublimen Mystifikation geworden?«

Kaum hatte sie diesen Satz zu Ende gedacht, als Constantin ihr folgenden Brief überbrachte; Tadeusz hatte ihn während der Nacht hingekritzelt:

»Gräfin, sich in den Kaukasus zu begeben, um sich totschießen zu lassen und Ihre Verachtung mitzunehmen, das ist zuviel: wenn man schon sterben muß, dann ganz und gar. Ich habe Sie liebgewonnen, als ich Sie zum erstenmal erblickte, wie man eine Frau liebgewinnt, die man immer liebt, auch noch nach der Untreue, ich, der ich in der Schuld Adams stand, der Sie erwählt hatte und den Sie heirateten, ich, der Arme, ich, der freiwillige, Ihrem Haus ergebene Verwalter. In diesem schrecklichen Unglück habe ich das köstlichste Leben gefunden. In Ihrem Haus ein unentbehrliches Rad zu sein, mich für Ihren Luxus, Ihr Wohlsein nützlich zu wissen, war für mich ein Quell des Genusses; und wenn dieser Genuß in meiner Seele schon heftig war, als es sich nur um Adam handelte, dann ermessen Sie, wie er erst wurde, als eine angebetete Frau seine Ursache und seine Wirkung bildete! Ich habe in der Liebe die Freuden der Mutterschaft erlebt: auf diese Weise habe ich das Leben willkommen geheißen. Ich habe mir, wie die Bettler der Landstraßen, eine Hütte aus Feldsteinen an den Rand Ihres schönen Besitzes erbaut, ohne die Hand nach Ihnen auszustrecken. Ich war arm und unglücklich, geblendet durch Adams Glück, und dennoch war ich der Gebende. Ach, Sie waren von einer Liebe umgeben, die rein war wie die eines Schutzengels; sie wachte, wenn Sie schliefen, sie liebkoste Sie mit einem Blick, wenn Sie vorübergingen, sie war glücklich, am Leben zu sein; mit einem Wort, Sie waren die Heimatsonne des armen Verbannten, der Ihnen hier mit Tränen in den Augen schreibt und an das Glück der ersten Tage zurückdenkt. Mit achtzehn Jahren, von niemandem geliebt, hatte ich mir als platonische Geliebte eine bezaubernde Warschauer Dame erkoren; ihr galten meine Gedanken, meine Wünsche; sie war die Königin meiner Tage und Nächte! Jene Dame hat nichts davon gewußt; aber warum hätte ich sie aufklären sollen ...? Ich habe meine Liebe geliebt. Ermessen Sie an diesem Abenteuer meiner Jugend, wie glücklich es mich machte, in der Sphäre Ihres Daseins zu leben, Ihr Pferd zu striegeln, ganz neue Geldstücke für Ihre Börse auszusuchen, über den Glanz Ihrer Tafel und Ihrer Abendgesellschaft zu wachen und es zu erleben, daß Sie größere Vermögen als das Ihre durch meine Gewandtheit überstrahlten. Mit welchem Eifer bin ich nicht in die Stadt Paris gestürzt, wenn Adam mir gesagt hatte: – ›Tadeusz, *sie* will dies und das!‹ Das ist eine der Glückseligkeiten, die in Worte zu kleiden unmöglich ist. Sie haben innerhalb einer bestimmten Frist Kleinigkeiten verlangt, die mich zu Gewaltanstrengungen zwangen, zu sieben

Stunden langen Wagenfahrten; und welche Wonne war es, für Sie unterwegs zu sein! Sie inmitten Ihrer Blumen lächeln zu sehen, ohne von Ihnen gesehen zu werden: dabei vergaß ich, daß niemand mich liebte ... Wirklich, ich war damals wieder ein Achtzehnjähriger geworden. An manchen Tagen, da mein Glück mir den Kopf verdrehte, bin ich nachts hingegangen und habe die Stelle geküßt, wo, für mich, Ihre Füße Lichtspuren hinterlassen hatten, wie ich in früheren Zeiten Wunder an Diebeskünsten vollbracht habe, um den Schlüssel zu küssen, den die Gräfin Ladislas mit ihren Händen berührt hatte, als sie eine Tür aufschloß. Die Luft, die Sie atmeten, war balsamisch; ich verspürte mehr Leben in mir, wenn ich sie atmete, und ich fühlte mich darin, wie es, sagt man, in den Tropen sein soll, von einer an schöpferischen Kräften schweren Dunstwolke umgeben. Ich muß Ihnen diese Dinge sagen, um Ihnen den seltsamen Dünkel meiner unwillkürlichen Gedanken zu erklären. Eher wäre ich gestorben, als daß ich Ihnen mein Geheimnis gestanden hätte! Sie dürften sich der wenigen Tage der Neugier erinnern, an denen Sie den Urheber der Wunder hatten sehen wollen, die Ihnen endlich aufgefallen waren. Ich habe geglaubt, verzeihen Sie, Madame, ich habe geglaubt, Sie könnten mich lieben. Ihr Wohlwollen, Ihre von einem Liebenden ausgedeuteten Blicke sind mir als so gefährlich für mich erschienen, daß ich mir Malaga angeschafft habe, im Wissen, daß das eine der Liebschaften sei, die die Frauen niemals verzeihen: ich habe sie mir in dem Augenblick zugelegt, da ich sah, daß meine Liebe sich unglücklicherweise mitteilte. Überschütten Sie mich jetzt mit der Verachtung, die Sie mit vollen Händen über mich ergossen haben, ohne daß ich sie verdient hätte; aber ich glaube sicher zu sein: wenn ich an dem Abend, da Ihre Tante Ihren Mann mit sich nahm, Ihnen das gesagt hätte, was ich hier niedergeschrieben habe, wenn es einmal ausgesprochen worden wäre, dann wäre ich wie der gezähmte Tiger gewesen, der seine Zähne wieder einmal in lebendiges Fleisch geschlagen hätte, der die Wärme des Bluts spürt, und ...

Mitternacht

Ich habe nicht weiterschreiben können, die Erinnerung an jene Stunde ist noch allzu lebendig! Ja, damals bin ich wahnbefangen gewesen. In Ihren Augen war Hoffnung, der Sieg und seine roten Flaggen hätten in den meinen geleuchtet und die Ihren gebannt. Mein Verbrechen hat darin bestanden, daß ich das alles dachte, vielleicht zu Unrecht. Sie allein sind zum Richten über jene schreckliche Szene befugt, in der ich Liebe, Begehren, die unbezwinglichsten Manneskräfte mit der eisigen Hand einer Dankbarkeit habe zurückwerfen können, die bis in alle Ewigkeit fortbestehen soll. Ihre entsetzliche Verachtung hat mich bestraft. Sie haben mir bewiesen, daß man sich weder vom Ekel noch von der Verachtung je erholt. Ich liebe Sie wie ein Wahnwitziger. Ich wäre auf und davon gegangen, wenn Adam gestorben wäre; nun Adam genesen ist, habe ich um so gewichtigere Gründe zum Verschwinden. Man entreißt seinen Freund nicht den Armen des Todes, um ihn zu hintergehen. Überdies ist mein Fortgehen die Strafe für den Gedanken, den ich hatte: nämlich ihn sterben zu lassen, als die Ärzte mir sagten, sein Leben hänge von seinen Pflegern ab. Leben Sie wohl, Madame; ich verliere alles, indem ich Paris verlasse, und Sie verlieren nichts, wenn Sie nicht mehr bei sich haben

Ihren ergebenen Tadeusz Paç.«

»Wenn mein armer Adam sagt, er habe einen Freund verloren, was habe ich dann verloren?« fragte sich Clémentine niedergeschlagen; ihre Augen hefteten sich an eine Teppichblume.

Folgenden Brief übergab Constantin heimlich dem Grafen:

»Mein lieber Mitgislas, Malaga hat mir alles gesagt. Im Namen Deines Glückes: laß Dir nie Clémentine gegenüber ein Wort über Deine Besuche bei der Kunstreiterin entschlüpfen, und laß sie immer glauben, Malaga habe mich hunderttausend Francs gekostet. Bei ihrem Charakter würde Deine Frau Dir niemals Deine Spielverluste und Deine Besuche bei Malaga verzeihen. Ich begebe mich nicht nach Chiwa, sondern in den Kaukasus. Ich habe den Spleen, und so, wie es zu treiben ich gewillt bin, bin ich in drei Jahren Fürst Paz oder tot. Leb wohl; obwohl ich bei Rothschild sechzigtausend Francs abgehoben habe, sind wir quitt.

Tadeusz.«

»Ich Schwachkopf, fast hätte ich mich vorhin verraten«, sagte sich Adam.

Jetzt sind drei Jahre seit Tadeusz' Verschwinden vergangen, und die Zeitungen berichten noch immer nichts von einem Fürsten Paz. Die Gräfin Laginska interessiert sich enorm für die Expedition des Kaisers Nikolaus; sie ist im Herzen Russin und verschlingt förmlich alle Nachrichten, die aus jenem Land kommen. Ein- oder zweimal im Winter fragt sie mit gleichgültiger Miene den Botschafter: »Wissen Sie eigentlich, was aus unserem armen Grafen Paz geworden ist?«

Ach, die Mehrzahl der Pariserinnen, dieser angeblich so scharfsinnigen und geistreichen Geschöpfe, geht stets neben einem Paz einher und wird neben ihm hergehen, ohne ihn wahrzunehmen. Ja, mehr als ein Paz wird verkannt; aber es ist ein erschreckender Gedanke, daß viele davon verkannt bleiben, auch wenn sie geliebt werden! Selbst die unkomplizierteste Frau der Welt verlangt auch beim größten Mann etwas Schaumschlägerei; und die schönste Liebe gilt nichts, wenn sie ein roher Edelstein ist: sie bedarf der Aufmachung durch den Schliff und die Fassung.

Im Januar 1842 flößte die Gräfin Laginska im Schmuck ihrer sanften Schwermut dem Grafen La Palférine, einem der unternehmungslustigsten ›Löwen‹ des gegenwärtigen Paris, eine heftige Leidenschaft ein. La Palférine war sich darüber klar, wie schwierig die Eroberung einer Frau ist, die von einer Chimäre bewacht wird; um diese bezaubernde Frau hinzureißen, rechnete er auf eine Überraschung und auf die Verläßlichkeit einer Dame, die ein bißchen eifersüchtig auf Clémentine war und bei jener Überraschung die Rolle des Zufalls übernehmen sollte.

Da die Gräfin Laginska ungeachtet ihrer Klugheit außerstande war, einen solchen Verrat zu argwöhnen, beging sie die Unklugheit, zusammen mit jener Dame auf den Opernmaskenball zu gehen. Gegen drei Uhr morgens willigte die vom Rausch des Tanzes hingerissene Clémentine, für die La Palférine alle seine Verführungskünste entfaltet hatte, ein, mit ihm zu soupieren, und wollte gerade in den Wagen der falschen Freundin steigen. In diesem kritischen Augenblick wurde sie von kräftigen Armen gepackt und trotz ihrer Schreie in ihren eigenen Wagen getragen, dessen Tür offenstand und von dem sie nicht wußte, daß er da sei.

»Er hat Paris nicht verlassen«, rief sie, als sie Tadeusz erkannte, der wegeilte, als er sah, daß der Wagen die Gräfin von dannen führte.

Hat je eine Frau einen solchen Roman erlebt? Zu jeder Stunde hofft Clémentine, Paz wiederzusehen.

Anmerkungen

Die falsche Geliebte

1 Die Cholera war in Indien 1817 ausgebrochen, erreichte Europa erst 1823 und Paris am 20. März 1832. Die Epidemie dauerte sechs Monate; auf den Höhepunkt gelangte sie im April. Von 645 000 Einwohnern erlagen 18 500 der Seuche, also 23 Prozent. An manchen Tagen stieg die Zahl der Todesfälle auf nahezu 900. Eines der letzten Opfer war der Minister Casimir Périer.

2 Die Macta ist ein Fluß in Algerien; sie mündet zwischen Arzew und Mostaganem ins Meer. Am 28. Juni 1835 brachte Abd-el-Kader dort durch einen Überfall dem General Trézel eine schwere Niederlage bei, die die französische Öffentlichkeit arg betroffen machte und die sich auch auf die Innenpolitik auswirkte.

3 Des Hauses Orléans, das 1830 mit Louis-Philippe zur Regierung gelangt war.

4 Trotz der Amnestie, die Zar Nikolaus am 6. November 1831 den aufständischen Polen gewährt hatte (die Verfügung enthielt eine große Zahl von Ausnahmebestimmungen), wurden durch die Konfiskation von Gütern, zumal Adelsgütern, durch die Massenexportation von Armen, Studenten und Professoren nach Sibirien zahlreiche Patrioten zur Auswanderung gezwungen; die einen gingen nach England, andere nach Belgien, die meisten jedoch nach Frankreich. Dort versahen mehrere Vereinigungen, darunter das ›Comité franco-polonais‹, sie mit Existenzmitteln. In Les Batignolles wurde für ihre Kinder eine polnische Schule gegründet. Dennoch war das Los der unglücklichen Flüchtlinge traurig. Eine Ausnahme bildete der Dichter Adam Mickiewicz (1798–1855), der eine Professur für slawische Literatur am Collège de France erhielt.

5 Das Café Frascati war unter dem Direktorium durch einen neapolitanischen Speiseeishändler an der Ecke der Rue de Richelieu und des Boulevard gegründet worden und hatte sich bald zu einem Restaurant und einem Spielsaal entwickelt, und zwar zum aristokratischsten von ganz Paris. Frascati war von 4 Uhr nachmittags bis 2 Uhr morgens geöffnet. Es gab beim Kommen keine Nummern wie im Palais-Royal, und auch Damen waren zugelassen. Dafür war eleganteste Garderobe Zwang. Gespielt wurde Roulette, Trente-et-quarante und Krebs. Auch konnten Empfänge, Soupers und Bälle gegeben werden. Mit der Abschaffung aller Spielsäle verschwand Frascati am 31. Dezember 1837.

6 Der Jockey-Club, der sich die Veredelung der französischen Pferderassen zur Aufgabe gemacht hatte, wurde erst 1833 vom Herzog von Orléans, dem Herzog von Nemours, dem Fürsten von der Moskwa usw. gegründet. Die ersten Pariser Rennen fanden im Mai 1834 auf dem Champ-de-Mars statt, die ersten Rennen zu Chantilly im folgenden Jahr; die Rennbahn zu Longchamps wurde erst 1837 eingeweiht. Die Statuten waren vom englischen Jockey-Club übernommen worden. Die Club-Räume befanden sich zunächst an der Ecke der Rue du Helder und des Boulevard, später in der Rue Grange-Batelière.

7 Unter den Drahtziehern der Juli-Revolution wollten die einen, die Liberalen, die sich den Republikanern angeschlossen hatten, also Laffitte, La Fayette, Odilon Barrot, die Abschaffung der Erblichkeit der Pairswürde und die Erweiterung des Wahlrechts; sie verlangten zudem das Eingreifen Frankreichs zugunsten aller liberalen oder nationalen Erhebungen. Die anderen, darunter Guizot, Broglie und Casimir Périer, erblickten in der Regierung Louis-Philippes die endgültige und unverletzliche Sanktionierung der Charte von 1814, deren uneingeschränkte Durchführung sie verlangten. Die ersteren verkörperten unter der neuen Regierung die Politik der ›Bewegung‹, die zweiten die des ›Widerstands‹. Das erste durch den König eingesetzte Ministerium bestand aus Mitgliedern beider Parteien; es stand, wie es nicht anders sein konnte, auf unsicheren Füßen, war nur von kurzer Dauer und trat bereits am 2. November 1830 zurück. Louis-Philippe, dessen Ziel es war, so schnell wie möglich Leute matt zu setzen, die er nicht mochte, gab jenem Kabinett als Nachfolger eins, das sich aus Angehörigen der ›Bewegung‹ zusammensetzte; an seiner Spitze standen Laffitte und La Fayette. Die nächsten vier Monate verliefen unter beständigen Aufständen und Unruhen, bei denen Laffitte sein politisches Ansehen und sein Vermögen einbüßte. Am 13. März 1831 bildeten Casimir Périer, Montalivet und der Baron Louis ihrerseits das erste ›Widerstands‹-Ministerium.

8 Nachdem das von Napoleon geschaffene Großherzogtum Warschau mit dem französischen Kaiserreich zugrunde gegangen war, hatte Zar Alexander auf den Rat des Fürsten Czartorisky hin sich mit seinen polnischen Untertanen aussöhnen wollen. Am 20. Juni 1815 proklamierte er die Errichtung eines konstitutionellen polnischen Königreichs, dessen Krone er sich vorbehielt und dem er einen repräsentativen Reichstag und eine Nationalarmee zugestand, an deren Spitze er seinen Bruder, den Großfürsten Konstantin, stellte.

Dieser hatte eine adlige Polin geheiratet und wurde bald im Herzen polnisch, aber sein ungestümer, unruhiger Charakter verhinderte, daß er volkstümlich wurde. Alexander I. starb 1825, und als sein Bruder, Zar Nikolaus I., den polnischen Thron bestieg, ließ sich die Unzufriedenheit der exaltierten Patrioten nicht länger beschwichtigen. Die Polen teilten sich damals in zwei Parteien: die ›Weißen‹, deren gemäßigter Flügel unter der Führung des Fürsten Czartorisky sich mit dem Zaren verständigen wollte, um auf friedlichem Wege soviel Autonomie wie nur möglich zu erlangen; und die ›Roten‹, die sich aus den ›Akademikern‹, den Studenten und Professoren, wie Lelewel, und den ›Offizieren‹ zusammensetzten; es wurden Geheimgesellschaften gegründet, die eine Erhebung vorbereiteten. Großfürst Konstantin sah die Revolte wachsen und sich dem Ausbruch nähern, schloß indessen die Augen. Die französische Juli-Revolution von 1830 rüttelte die Polen auf (in Warschau wurde die Trikolore gehißt); der Aufstand in Belgien gegen Holland führte zur Erhebung: es hieß, daß die polnische Nationalarmee von Rußland zur Unterdrückung des Aufstands der katholischen Niederlande eingesetzt werden solle. Am 29. November 1830 meuterten die polnischen Truppen; der Großfürst, der mit dem Tode bedroht wurde, verschwand, weigerte sich aber, mit der russischen Armee gegen seine polnischen Untertanen zu marschieren, gegen von ihm selber ausgebildete Soldaten. Als nun Warschau frei war, erhob sich ganz Polen. Am 21. März 1831 proklamierte der Reichstag die Absetzung Nikolaus' I. als Königs von Polen, und es kam zwischen Polen und Rußland zum offenen Krieg, einem grausamen Krieg. Nach einer Reihe von Niederlagen mußten die Polen Warschau am 16. September 1831 übergeben.

9 Am 9. März 1831 war es zu Unruhen vor der russischen Botschaft gekommen, deren Fensterscheiben eingeworfen wurden; am 11. und 12. verlangten weitere Kundgebungen den Krieg gegen Rußland zugunsten Polens. Im folgenden September, als es mit Warschau zu Ende ging, wurde abermals agitiert und nach Krieg geschrien. Am 16. September, dem Tag der offiziellen Übergabe der Stadt an die Russen, erklärte der Außenminister Marschall Graf Sébastiani (1772–1851) auf eine Anfrage in der Abgeordnetenkammer, in Warschau herrsche Ruhe – das war die Lüge, auf die Balzac anspielt. In Wirklichkeit waren die Russen bereits am 9. in die Stadt eingedrungen und plünderten und erschossen.

10 Joachim Lelewel (1786–1861) begann als Professor für Geschichte in Wilna; als seine Vorlesungen ihm die Verfolgung durch die russische Regierung eintrugen, wandte er sich der Politik zu und wurde Mitglied der polnischen Nationalregierung. Das Scheitern der Revolution von 1831 zwang ihn zur Emigration; er ging nach Frankreich und übernahm den Vorsitz des Komitees der polnischen Emigranten. Als er sich bald darauf etwas zu breit machte, bat Louis-Philippe ihn, Frankreich zu verlassen. Er ließ sich daraufhin in Belgien nieder und veröffentlichte zahlreiche historische und geographische Werke.

11 Fürst Adam Georg Czartorisky (1770–1861) hatte vor 1830 keinerlei Anteil an den politischen Bewegungen seines Vaterlands genommen, nicht einmal in der Zeit, da Napoleon von der Wiederherstellung Polens sprach; er war vielmehr, aus persönlicher Freundschaft zu Alexander I., russischer Außenminister gewesen. Dennoch trugen ihm bei der polnischen Erhebung von 1831 seine Landsleute die Präsidentschaft der provisorischen Regierung an. Der Fürst wurde in der Folgezeit gezwungen, gewisse Verfügungen zu unterzeichnen, die er für politische Ungeschicklichkeiten hielt, wie etwa die Thronentsetzung Nikolaus' I. Letztlich bestand sein Irrtum darin, daß er die gewaltsame Lösung einer revolutionären Situation ablehnte und auf eine Lösung durch die europäische Diplomatie wartete. Seine Erziehung als Grandseigneur und Diplomat schadete ihm, als er in Paris war: er war an die Spitze der polnischen Emigration gestellt worden und wurde, trotz seines opferwilligen Eintretens für seine Landsleute, diesen verdächtig durch sein Hinneigen zu Geduld und Mäßigung. Er lehnte es ab, die polnischen Flüchtlinge in Frankreich politisch zu organisieren, und wurde deswegen von ihnen und den französischen Radikalen verleugnet, die sich aus den polnischen Emigranten eine Waffe gegen die Regierung hatten schmieden wollen.

12 Zu Beginn des 14. Jahrhunderts waren in Florenz die ›Weißen‹ und die ›Schwarzen‹ die beiden feindlichen Fraktionen derselben Partei, der Guelfen. Durch seine Familie und seine Eheschließung gehörte Dante den ›Schwarzen‹ an, aber seine geistigen Freundschaften brachten ihn den ›Weißen‹ nahe, zu denen auch sein Freund Guido Cavalcanti gehörte. Als die ›Weißen‹ verbannt und geächtet wurden, weil sie gemeinsame Sache mit den Ghibellinen gemacht hatten, wurde Dante als Anhänger der ›Weißen‹ ebenfalls verbannt.

13 Lateinisch: ›An den Wassern Babylons‹.

14 Wahrscheinlich Aeneis IV, 362: »Talia dicentem iam dudum aversa tuetur . . .« In Thassilo von Scheffers Übersetzung: »Längst schon, während er sprach, betrachtete seitlich gewendet / Sie mit rollenden Augen Aeneas . . «

15 Das heutige Leningrad.

16 Karl Elshoëcht, nicht Elschoët, wie Balzac schreibt (1791–1856), ein Schüler von François-Joseph Bosio (1768–1845), Bildhauer. Von ihm stammen u. a. die Tritonen und Nereïden der Brunnen auf der Place de la Concorde.

17 Jean-Baptiste-Jules Klagmann (1810–1867), Schüler von Claude Ramey (1754–1838), Bildhauer, ging nach einigen Erfolgen zum Kunstgewerbe über. Von ihm stammen die Bronzestatuen der Fontaine Louvois in Paris.

18 Von Balzac erfundene Malergestalt.

19 James de Rothschild (1792–1868), Chef des Pariser Zweigs der berühmten Frankfurter Bankiersfamilie, erbaute das Stadtpalais in der Rue Laffitte und das Schloß zu Ferrières.

20 Altes Längenmaß; die Rute mißt 18 bis 22 Fuß.

21 Félice de Fauveau (1803–1860), aus adliger bretonischer Familie, liebenswürdige, bildhauernde Dilettantin, die sich vom florentinischen Quattrocento inspirieren ließ und der Liebling der guten Gesellschaft der Restauration war. Sie stand der Herzogin von Berry in deren Glanztagen nahe, nahm 1832 an deren Aufstand in der Vendée teil, an ihrer Seite bis zum letzten Augenblick schießend, entkam, im Gegensatz zur Herzogin, der Polizei und lebte fortan in Florenz.

22 Italienisch: Nichtstun.

23 Persisch: Wasserpfeife.

24 Charles-Auguste-Marie-Joseph Forbin-Janson (1785–1844), Bischof von Nancy und Missionar.

25 Italienisch: Mundstück

26 Englisch: eine Art von Almanach mit Vignetten und Kupferstichen, kleine Freundschaftsgabe.

27 Wahrscheinlich ist die antike Gruppe ›Herakles und Telephos mit der Hirschkuh‹ (Louvre, im Vestibül der ›Salle des Caryatides‹) gemeint.

28 Stadtteil Roms (Regio Transtiberina), heute von der Arbeiterklasse bewohnt, ausgezeichnet durch besonders schöne, gutgewachsene Menschen beider Geschlechter. Sie behaupten, unmittelbar von den alten Römern abzustammen, und unterscheiden sich durch

Charakter und Dialekt von den Bewohnern der anderen Stadtviertel Roms.

29 Ghibellinische Florentiner Familie, an die noch die Kirche S. Maria dei Pazzi in der Via Colonna erinnert. Sie war mit den Medici verfeindet und zettelte gegen diese eine Verschwörung an, als deren Opfer Giuliano Medici, der Bruder Lorenzos des Prächtigen, fiel: er wurde am 26. April 1478 während der Messe im Dom erstochen, während Lorenzo fliehen konnte. Das Volk nahm an den Verschwörern blutige Rache.

30 Der polnische Aufstand brach am 29. November 1830 aus; die Russen wurden aus Warschau verjagt. Erst im August des folgenden Jahres begann Marschall Graf Paskewitsch (1782–1856) die Belagerung der Stadt, die kurz und blutig war. General Krukowiecki, der Präsident des polnischen Reichstags, meinte, alles sei verloren, und bot den Russen die bedingungslose Übergabe der Stadt an, im Vertrauen auf die Milde des Großfürsten Michael. Er wurde bitter enttäuscht, da die Russen Warschau plünderten. Krukowiecki galt fortan als Verräter.

31 Italienisch: also.

32 Seit der Ermordung des Herzogs von Berry im Jahre 1820 spielte die Oper im Palais Choiseul in der Rue Le Pelletier, bis zur Einweihung der heutigen, von Charles Garnier erbauten Großen Oper im Jahre 1874.

33 Gilbert-Louis Duprez (1806–1896), Tenor und Komponist, debütierte 1825 ziemlich matt am Odéon. Damals besaß dieser große Opernsänger, der durch die Kunst seiner Deklamation und seine Gesangstechnik der mächtigste und erstaunlichste Tenor seines Jahrhunderts werden sollte, nur eine kleine, wenngleich reizvolle, weiche, leicht verschleierte Stimme. Er brauchte drei Jahre angestrengten Gesangstudiums, um sich seine Stimme zu erschaffen. Endlich debütierte er am 17. April 1837 in der Rolle des Arnold in Rossinis ›Wilhelm Tell‹ (Uraufführung 1829, Hauptwerk des Komponisten auf dem Gebiet der ›großen Oper‹ und sein letztes Bühnenwerk) mit nachhaltigem Erfolg. Schon zehn Jahre danach zog er sich zurück und gab Gesangunterricht. Neben Gesangschulen und Lebenserinnerungen schrieb er Opern, Lieder und Kirchenmusik, ohne damit Erfolg zu haben.

34 Das Théâtre des Variétés am Boulevard Montmartre wurde 1807 erbaut. Es widmete sich von Anfang an dem Vaudeville und auch der Farce; da es vielfach recht ›freie‹ Stücke spielte, wurde es mehrmals vom Polizeiministerium verwarnt.

35 Italienisch: tausendunddrei; Anspielung auf Leporellos Arie in Mozarts ›Don Giovanni‹.

36 Latakia oder Ladikîek (im Altertum Laodicea), Hafen- und Handelsstadt in Syrien, berühmt durch Tabakbau.

37 ›La Révolte au Sérail‹, Ballett in drei Akten, Musik von Théodore Labarre (1805–1870), inszeniert von Salvatore Taglioni, dem Ballettmeister der ›Académie Royale de Musique‹. Uraufführung 1833.

38 Jene Zirkusunternehmerfamilie hat tatsächlich existiert.

39 Adolfo Franconi (1738–1836), der Begründer der Zirkus-Dynastie Franconi, kam 1783 nach Paris und schloß sich mit dem englischen Reitschulenbesitzer Astley zusammen, um eine Manege für seine Kunstreitervorstellungen zu haben. Bei Ausbruch der Revolution ging Astley nach England zurück, und Franconi organisierte große militärische Reiterpantomimen. 1801 setzte er sich zur Ruhe; seine Kinder Laurent und Minette traten seine Nachfolge an und gründeten den ›Cirque-Olympique‹. Sie glänzten durch Darbietungen auf ungesattelten Pferden und mancherlei noch heute von ihren Nachahmern vollführte Kunststücke. Bald traten ›Mimodramen‹, von mehreren Personen gespielte, dialogisierte Pantomimen, hinzu; auch ›kluge Tiere‹ traten auf, darunter der von Balzac mehrfach erwähnte Affe Jocko; schließlich wurde die väterliche Tradition durch Schlachtenschauspiele wieder aufgenommen, die die Kriege der Revolution und des Kaiserreichs feierten. Zunächst lag der ›Cirque-Olympique‹ am Boulevard du Temple. Unter Louis-Philippe setzte sein Niedergang ein; das Gebäude wurde dem dritten ›Théâtre Lyrique‹ unter der Leitung des Komponisten Adolphe Adam (1803–1856) eingeräumt. 1840 wurde der ›Cirque-Olympique‹ unter Dejean neu eröffnet.

40 Cinthie Montalant, genannt Cinti (1801–1863), berühmte französische Sängerin, besonders Rossini-Interpretin.

41 Maria-Felicia Malibran, geborene Garcia (1808–1836), berühmte, von Balzac häufig erwähnte Sängerin.

42 Giuditta Grisi (1805–1840), Sängerin.

43 Marie Taglioni (1804–1884), Tänzerin.

44 Giuditta Pasta (1798–1865), Sängerin.

45 Fanny Elßler, nicht ›Essler‹, wie Balzac schreibt (1810–1844), Tänzerin wie ihre Schwester Therese, die der Prinz Adalbert von Preußen heiratete. Fanny war die Geliebte des Fürsten Metternich.

46 Ein 1823 erschienener Roman von Walter Scott, dessen Heldin Alice Bridgenorth gewissermaßen den Einsatz in den Bürger- und Religionskämpfen der Regierung Karls II. bildete.

47 Gestalt aus der italienischen Komödie, Greisentypus.

48 Fürst Joseph Poniatowski (1762–1813), polnischer General, Marschall von Frankreich, deckte bei Leipzig den Rückzug des französischen Heeres und ertrank am 19. Oktober 1813, als er, schwer verwundet, zu Pferde die vom Hochwasser geschwellte Elster durchschwimmen wollte. Seine Tapferkeit und Ritterlichkeit hatten den ›polnischen Bayard‹ sehr beliebt gemacht; es erschienen in großer Zahl Kupferstiche und Lithographien über seinen Tod.

49 Jene Straße verlief parallel zum Boulevard du Temple und verband die Rue de Ménilmontant mit der Place du Château-d'Eau. Heute bildet sie die zweite Hälfte der Rue Amelot.

50 Louis, Chevalier d'Assas (1733–1760), Hauptmann im Regiment Auvergne, erkundete in der Nacht vor dem Gefecht bei Klosterkamp am 15. Oktober 1760 ein in der Nähe des französischen Lagers befindliches Gehölz, da er eine Überrumpelung fürchtete. Plötzlich sah er sich von feindlichen Soldaten umringt, die ihn mit dem Tode bedrohten, falls er Laut gebe. Dennoch rief er: »Hierher, Auvergne! Der Feind!« und wurde niedergehauen.

51 Die Spahis waren ein türkisches Reiterkorps im Dienst des Großherrn, von dem noch 1830 in Algerien einige Reste weiterbestanden; die französische Regierung wußte sich ihrer zu bedienen. Sie wurden 1831 zu einer regulären Miliz organisiert; ihre Garnison war Algier, Rekruten waren arabische Renegaten. 1839 wurden sie mit den ›Chasseurs d'Afrique‹ vereinigt, 1841 von diesen wieder getrennt und 1845 als ein selbständiges Regiment neu aufgestellt.

52 Das Pandämonium in der Rue Saint-Honoré ist der Valentino-Ball, der Ende 1841 eröffnet wurde, und zwar in demselben Saal (heute steht an seiner Stelle der ›Nouveau-Cirque‹), in dem Henri-Justin-Armand-Joseph Valentino (1785–1856), der ehemalige Dirigent der Großen Oper, seit 1837 die ersten populären Konzerte mit klassischer Musik gegeben hatte. Er mußte sie jedoch schon 1841 einstellen, da die Tanzmusik die Symphonien übertrumpfte. Es wurde im Valentino-Saal mittwochs, donnerstags und sonntags getanzt, und während des Karnevals sogar nachts.

53 Philippe Musard (1793–1859; nach anderen Angaben 1789–1853), der ›Quadrillenkönig‹, der Dirigent der Opernbälle, Begründer

der ›Concerts Musard‹ in der Rue Vivienne, später in den Champs-Elysées. Er schrieb seine Quadrillen zumeist nach bekannten Opernmelodien und hatte damit ungeheure Erfolge.

54 ›Gustav III. oder Der Maskenball‹, Oper in 5 Akten, Text von Scribe, Musik von Auber, Uraufführung am 27. Februar 1833. Der Ball mit dem berühmten Galopp nimmt den fünften Akt ein. – Den gleichen Stoff benutzte Verdi 1858/59 für seine Oper ›Un ballo in maschera‹.

55 Hauptgestalt der gleichnamigen Komödie von Benjamin Antier und Frédérick Lemaître, 1834 in den ›Folies Dramatiques‹ aufgeführt und von Balzac verschiedentlich erwähnt.

56 Stadt in Zentralasien (Usbekistan), früher Hauptstadt eines mächtigen Khanats. Sie wurde im Verlauf der Kämpfe gegen die kaukasischen Bergvölker von den Russen besetzt; die endgültige Einverleibung des Khanats erfolgte erst 1873.

Biographische Notizen über die Romangestalten

Die falsche Geliebte

DU ROUVRE, Marquis, Vater der Clémentine Laginska, wohnte 1829 in Nemours; er war ruiniert und verkaufte für ein Butterbrot ein Schloß, das er in der Nähe jener Stadt besaß, an Minoret-Levrault (›Ursule Mirouët‹).

LAGINSKI, Adam Mitgislas, Graf, verkehrte vor seiner Heirat am Vorabend der Juli-Revolution bei Mlle des Touches (›Zweite Frauenstudie‹) und unterhielt wenig lobenswerte Beziehungen. 1838 nahm er in der Rue de la Ville-l'Evêque an dem Einweihungsschmaus der Josépha Mirah teil, die die Geliebte des Herzogs von Hérouville geworden war. Im gleichen Jahr wohnte er der Hochzeit seines Landsmanns Steinbock mit Hortense Hulot d'Evry bei (›Tante Bette‹).

LA PALFERINE, Charles-Edouard Rusticoli, Graf de, geboren 1802 als Sproß einer ruinierten italienischen Adelsfamilie, indirekter Nachkomme der Stuarts durch die Gräfin d'Albany. Er wurde trotz seiner Armut der Fürst der eleganten Bohème unter Louis-Philippe. Als ein sehr großer Herr, wenngleich ein wenig Raufbold und ein bißchen Schriftsteller, gelang es ihm ohne weiteres, Mme du Bruel zu verführen und mit ihrem Herzen und ihrem Vermögen zu spielen (›Ein Fürst der Bohème‹). Mit der gleichen Leichtigkeit wurde er der Liebhaber der Béatrix de Rochefide, wodurch er Calyste du Guénic veranlaßte, zu seiner Frau Sabine zurückzukehren (›Béatrix‹).

SERISY, Léontine de Ronquerolles, Gräfin de, geboren um 1784, war bereits mit dem republikanischen General Gaubert vermählt gewesen, ehe sie den Grafen de Sérisy heiratete, den sie nie geliebt hat (›Ein Lebensbeginn‹). Als Rivalin der größten Damen der Restauration gehörte sie zu denen, die die außerehelichen Freiheiten des Ancien Régime beibehielten; sie hatte mehrere Liebhaber, die ihr Mann, teils aus Liebe, teils aus Schwäche, ihr zugestand: unter anderen Victor d'Aiglemont (›Die Frau von dreißig Jahren‹) und zumal Lucien de Rubempré, der sich ihrer bediente, um sich an der Marquise d'Espard zu rächen, der sie um Esther Gobsecks und Clotildes de Grandlieu willen verriet und den sie nicht retten konnte, als er sich in der Conciergerie erhängte (›Glanz und Elend der Kurtisanen‹, III. Teil).

Eine Evastochter

Übertragung von Ernst Sander

Der Roman ›Une Fille d'Eve‹ erschien als Feuilleton-Abdruck vom 31. Dezember 1838 bis zum 14. Januar 1839 in ›Le Siècle‹. Die erste Buchausgabe war in neun Kapitel eingeteilt und trug das Entstehungsdatum ›Les Jardies, Dezember 1838‹; jene zweibändige Ausgabe enthielt auch die Novelle ›Massimilla Doni‹. 1842 wurde der Roman in die ›Szenen aus dem Privatleben‹ der ›Menschlichen Komödie‹ eingegliedert.

Der Roman ist einer der wenigstbekannten, dabei schönsten und wichtigsten unter allen, die Balzac geschrieben hat. Das freilich wird dem Leser nur aufgehen, wenn er bereits eine Reihe von Romanen der ›Komödie‹, vor allem ›Eine doppelte Familie‹, ›Die Lilie im Tal‹, ›Verlorene Illusionen‹ und ›Der Ehekontrakt‹ kennt. Er stellt einen der Angelpunkte der ›Menschlichen Komödie‹ dar, da nahezu alle Schlüsselfiguren des Gesamtwerks darin auftreten. Balzacs Kunstgriff, die gleichen Gestalten immer wieder in neuen Zusammenhängen erscheinen zu lassen, ist in diesem Buch auf geniale Weise durchgeführt worden.

In einem der schönsten Stadtpalais an der Rue Neuve-des-Mathurins[1] saßen abends um halb zwölf zwei Frauen vor dem Kamin eines Boudoirs mit einer Wandbespannung aus dem blauen Samt mit den zarten, schillernden Reflexen, den die französische Industrie erst in den letzten Jahren hat herstellen können. An den Türen und an den Fenstern hatte einer der Tapezierer, die wahre Künstler sind, weiche Kaschmirvorhänge drapiert; ihr Blau entsprach dem der Wandbespannung. Eine silberne, mit Türkisen geschmückte Lampe hängt an drei schön gearbeiteten Ketten aus einer hübschen, an der Zimmerdeckenmitte angebrachten Rosette herab. Das System dieser Inneneinrichtung ist bis in die kleinsten Einzelheiten durchgeführt und erstreckt sich auch auf die Zimmerdecke aus blauer Seide mit weißen Kaschmirsternen; ihre langen, gefältelten Streifen werden von Perlenschnüren gerafft und fallen in gleichmäßigen Abständen auf die Wandbespannung nieder. Die Füße begegnen dem warmen Gewebe eines belgischen Teppichs; er ist dicht wie ein Rasen, und auf leinengrauem Grund mit blauen Blumensträußen besät. Die nach den schönsten Vorbildern aus alter Zeit geschnitzten Möbel aus massivem Palisanderholz beleben durch ihre warme Tönung die Blässe der Gesamtausstattung; sie wirkt ein wenig flau, wie ein Maler sagen würde. Die Rücklehnen der Stühle und Sessel bieten dem Auge kleine, schöne Stoffflächen aus weißer, mit blauen Blumen durchwirkter Seide dar; sie werden breit durch zierlich in das Holz geschnitztes Blätterwerk umrahmt. An jeder Seite des Fensters steht eine Etagere und bietet tausenderlei kostbare kleine Nichtigkeiten dar, die im Feuer des Gedankens erschlossenen Blüten des Kunstgewerbes. Auf dem Kamin aus türkisblauem Marmor umgeben die tollsten Altmeißener Porzellanfigürchen, Hirten, die zu ewigwährenden Hochzeitsfesten gehen und zarte Sträuße in der Hand halten, eine Art deutscher Chinoiserien, eine Platinuhr mit eingelegten Arabesken. Darüber funkeln die gerippten Einzelstücke eines venezianischen Spiegels in einem mit plastischen Figuren überladenen Ebenholzrahmen, der wohl aus irgendeinem alten Königsschloß stammt. Zwei Blumenständer entbreiteten an jenem Abend den kranken Treibhausluxus blasser, göttlicher Blumen, Perlen der Botanik. In diesem kalten, wohlgeordneten Boudoir, das so sauber war, als stehe es zum Verkauf, war nichts von der launischmutwilligen Unordnung zu verspüren, die vom Glück zeugt. Eins entsprach dort an jenem Abend dem anderen, denn die beiden darin sitzenden Frauen weinten. Alles im Raum schien zu leiden. Ferdinand du Tillet, der Name des Besitzers, eines der reichsten Pariser Bankiers, rechtfertigt den wahnsinnigen Luxus, mit dem das Stadtpalais ausgestattet ist; das Boudoir vermag eine Probe davon abzulegen. Obwohl ohne Herkunft, obwohl ein Emporkömmling, Gott weiß, auf welche Weise!, hatte du Tillet 1831 die letzte Tochter des Grafen de Granville geheiratet, einer der Berühmtheiten der Pariser Juristenwelt, und war nach der Juli-Revolution Pair von Frankreich geworden. Diese Heirat aus Ehrgeiz war dadurch erkauft worden, daß im Ehekontrakt eine nicht erhaltene Mitgift quittiert worden war, eine von der gleichen ansehnlichen Höhe wie die der älteren Schwester, die mit dem Grafen Félix de Vandenesse verheiratet war. Die Granvilles ihrerseits hatten die Verbindung mit den Vandenesses nur durch eine sehr hohe Mitgift erlangt. Auf diese Weise hatte die Bank die Bresche ausgefüllt, die der Adel in den Juristenstand geschlagen hatte. Wenn der Graf de Vandenesse hätte voraussehen können, daß er innerhalb von drei Jahren der Schwager eines Sieur Ferdinand, genannt *du* Tillet, werden würde, dann hätte er vielleicht seine Frau nicht geheiratet; aber wer hätte denn gegen Ende 1828 die befremdlichen Umwälzungen ahnen können, die das Jahr 1830 in den politischen Zuständen, der Vermögenslage und der Moral Frankreichs herbeiführen sollte? Wer dem Grafen Félix de Vandenesse gesagt hätte, er werde bei diesem ›Wechselt-das-Bäumchen‹-Spiel seine Pairskrone verlieren und sie auf dem Kopf seines Schwagers wiederfinden, wäre für verrückt erklärt worden.

Madame du Tillet saß auf einem jener niedrigen Lehnstühle, die ›Chauffeuses‹ genannt werden, und zwar in der Haltung einer eifrig Zuhörenden; mit mütterlicher Zärtlichkeit drückte sie die Hand der Schwester, der Madame Félix de Vandenesse, an die Brust und küßte sie dann und wann. In der Gesellschaft wurde dem Familiennamen der Gräfin der Vorname ihres Mannes hinzugefügt, um sie von ihrer Schwägerin, der Marquise, zu unterscheiden, der Frau des ehemaligen Gesandten Charles de Vandenesse, der die reiche Witwe des Grafen de Kergarouët geheiratet hatte, eine geborene de Fontaine. Die Gräfin saß halb liegend auf einer Causeuse, in der anderen Hand ein Taschentuch; ihr Atem wurde durch ein unterdrücktes Schluchzen behindert, ihre Augen waren feucht; sie hatte gerade eines der vertraulichen Geständnisse gemacht, wie sie nur unter Schwestern möglich sind, wenn jene Schwestern einander sehr lieb haben; und diese beiden Schwestern hatten einander zärtlich lieb. Wir leben in einer Zeit, da zwei so sonderbar verheiratete Schwestern einander sehr wohl nicht gemocht haben könnten, und so ist der Historiker verpflichtet, die Ursachen dieser Zärtlichkeit zu berichten, die sich trotz aller wechselseitigen Geringschätzung ihrer Ehemänner und gesellschaftlichen Gegensätze makellos rein erhalten hatte. Ein rascher Überblick über ihre Kindheit dürfte ihrer beider Verhältnis zueinander erklären.

Sie waren in einem düsteren Stadtpalais im Marais[2] aufgewachsen und von einer bigotten, beschränkten Frau erzogen worden, die ›von ihren Pflichten durchdrungen‹ war (wie der klassische Ausdruck lautet) und auf diese Weise die erste Aufgabe einer Mutter gegenüber ihren Töchtern erfüllt hatte. So gelangten Marie-Angélique und Marie-Eugénie in das Alter, da sie heirateten, die erste mit zwanzig, die zweite mit siebzehn Jahren, ohne je den häuslichen Kreis verlassen zu haben, über dem der Blick der Mutter schwebte. Bis dahin waren sie nie in einem Theater gewesen: ihre Theater waren die Pariser Kirchen. Mit einem Wort: ihre Erziehung im Haus der Mutter war ebenso streng gewesen, wie sie es in einem Kloster hätte sein können. Seit der Jugendzeit hatten sie stets in einem Zimmer geschlafen, das neben dem der Gräfin de Granville gelegen war; die Tür blieb während der Nacht offen. Die Zeit, die nicht vom Ankleiden und der Körperpflege, von den religiösen Pflichten oder dem für Mädchen aus gutem Haus unerläßlichen Unterricht beansprucht wurde, ging mit Handarbeiten für die Armen hin, oder mit Spaziergängen; diese wurden nach der Art derjenigen durchgeführt, die die Engländer sich sonntags gestatten; es hieß dabei: »Wir wollen nicht so schnell gehen, sonst sieht es aus, als mache es uns Spaß.« Ihre Bildung ging keinesfalls über die Grenzen hinaus, die von den Beichtvätern bestimmt worden waren, und die waren unter den am wenigsten toleranten und am meisten jansenistischen Geistlichen ausgesucht worden. Nie sind Mädchen reiner und jungfräulicher ihren Ehegatten überliefert worden: ihre Mutter schien in diesem, übrigens recht wesentlichen, Punkt die Erfüllung aller ihrer Pflichten gegenüber Gott und den Menschen erblickt zu haben. Die beiden armen Geschöpfe hatten vor ihrer Heirat weder Romane gelesen noch etwas anderes als Figuren gezeichnet, deren Anatomie Cuvier[3] als das Meisterstück des Unmöglichen erschienen wäre; sie waren so in Kupfer gestochen, daß sogar der Herkules Farnese[4] verweiblicht wirkte. Eine alte Jungfer hatte sie Zeichnen gelehrt. Ein ehrwürdiger Priester hatte sie in Grammatik, Französisch, Geschichte, Geographie und dem bißchen Rechnen unterrichtet, das Frauen brauchen. Ihre Lektüre, die unter den von der Kirche gutgeheißenen Büchern, wie etwa den ›Erbaulichen Briefen‹[5] und den ›Literaturstunden‹ von Noël[6] ausgewählt worden war, bestand in abendlichem, lautem Vorlesen, aber in Anwesenheit des Beichtvaters der Mutter; denn es konnten ja Stellen vorkommen, die ohne weise Kommentare ihre Phantasie geweckt hätten. Fénélons ›Telemach‹[7] dünkte bereits gefährlich. Die Gräfin de Granville hatte ihre Töchter so lieb, daß sie aus ihnen nur zu gern Engel nach Art der Marie Alacoque[8] gemacht hätte; den Töchtern indessen wäre eine weniger tugendhafte und liebenswürdigere Mutter lieber gewesen. Diese Erziehung trug ihre Früchte. Die ihnen wie ein Joch auferlegte und in strengen Formen dargebotene Religion ermüdete mit ihren Praktiken die jungen, unschuldigen Herzen, die behandelt wurden, als wohne ihnen Verbrecherisches inne; die Religion unterdrückte ihr Gefühlsleben, und obwohl sie in den Herzen tiefe Wurzeln schlug, wurde sie nicht geliebt. Die beiden Marien mußten entweder verblöden oder nach Unabhängigkeit streben: sie wünschten zu heiraten, sobald sie eine Ahnung von der Welt gewonnen hatten und ein paar Ideen miteinander vergleichen konnten; von ihrer beider rührender Anmut und ihrem Wert wußten sie freilich nichts. Sie ahnten nichts von ihrer Reinheit: wie hätten sie da das Leben kennen können? Sie standen dem Unglück wehrlos gegenüber, es fehlte ihnen an Erfahrung, um das Glück schätzen zu können; und so fanden sie in dem mütterlichen Kerker einzig Trost in sich selber. Was sie einander abends mit leiser Stimme anvertrauten, oder die paar Sätze, die sie austauschten, wenn die Mutter sie für einen Augenblick allein ließ: all das enthielt bisweilen mehr Gedanken, als Worte auszudrücken vermögen. Oft war ein von allen Augen unbemerkter Blick, durch den sie einander ihre Empfindungen mitteilten, wie ein Gedicht von bitterer Melancholie. Der Anblick des unbewölkten Himmels, der Duft der Blumen, ein Gang Arm in Arm durch den Garten bereiteten ihnen unerhörte Genüsse. Die Vollendung einer Stickerei schuf ihnen unschuldige Freuden. Der Umgang ihrer Mutter war indessen weit davon entfernt, ihr Herz zu bereichern oder ihren Geist anzuregen; er vermochte nur, ihre Gedankenwelt zu verdüstern und sie traurig zu stimmen; denn er bestand nur aus alten, steifen, dürren, anmutlosen Damen, deren Gespräche sich um die Unterschiede drehten, die dem Prediger oder den Beichtvätern zum

Vorzug gereichten, um ihre kleinen Unpäßlichkeiten und die nichtigen religiösen Ereignisse, die nicht einmal von der ›Quotidienne‹[9] oder dem ›Ami de la Religion‹[10] vermerkt wurden. Was nun aber die Herren betraf, so hätten sie die Fackeln der Liebe zum Erlöschen gebracht, so kalt und auf jämmerliche Weise resigniert waren ihre Gesichter; sie standen alle in dem Alter, in dem die Männer verdrossen und grämlich werden, in dem ihre Sinnlichkeit sich nur noch bei Tisch bestätigt und sich nur auf Dinge erstreckt, die das leibliche Wohl betreffen. Die religiöse Selbstsucht hatte diese Herzen ausgedörrt, die sich der Pflicht geweiht und sich hinter frommen Übungen verschanzt hatten. Stummes Dasitzen beim Kartenspiel beschäftigte sie fast den ganzen Abend. Die beiden Kleinen waren von diesem Synedrium, das die mütterliche Strenge unterstützte, gewissermaßen in Acht und Bann getan; sie merkten bald, daß sie diese trostlosen Leute mit den hohlen Augen, den sauertöpfischen Gesichtern haßten. Auf den Düsternissen dieses Lebens zeichnete sich kräftig nur eine einzige Männergestalt ab, die eines Musiklehrers. Die Beichtväter hatten entschieden, daß die Musik eine christliche, in der katholischen Kirche entstandene und von ihr weiterentwickelte Kunst sei. Es wurde also den beiden kleinen Mädchen erlaubt, Musikunterricht zu nehmen. Ein bebrilltes Fräulein, das in einem nahegelegenen Kloster Gesang- und Klavierunterricht gab, quälte sie mit Übungen. Aber als die älteste seiner Töchter zehn Jahre alt geworden war, legte der Graf de Granville die Notwendigkeit zur Verpflichtung eines Musiklehrers dar. Madame de Granville bezeigte bei diesem unumgänglichen Zugeständnis einen nachdrücklich zur Schau getragenen ehelichen Gehorsam: es entspricht vollauf der Art der Bigotten, sich erfüllte Pflichten als Verdienst anzurechnen. Der Lehrer war ein deutscher Katholik, einer der alt zur Welt gekommenen Männer, die zeitlebens aussehen, als seien sie fünfzig, sogar noch mit achtzig. Sein hohlwangiges, faltiges, braunes Gesicht hatte in seinen dunklen Gründen etwas Kindliches und Naives bewahrt. Das Blau der Unschuld belebte seine Augen, und auf seinen Lippen war das heitere Lächeln des Frühlings heimisch. Sein graues Altmännerhaar fiel von Natur so wie das Jesu Christi und fügte seiner ekstatischen Miene irgend etwas Feierliches hinzu, das über seinen Charakter täuschte: er hätte mit der exemplarischsten Würde eine Dummheit begehen können. Seine Kleidung war eine notwendige Hülle, der er keine Aufmerksamkeit lieh, denn seine Blicke schweiften allzu hoch in den Wolken, als daß er sich je mit irdischen Dingen befaßt hätte. Auch gehörte denn dieser große, unbekannte Künstler zu der liebenswerten Gattung der Vergeßlichen, die ihre Zeit und ihr Inneres andern schenken, wie sie ihre Handschuhe auf allen Tischen liegen- und ihre Regenschirme an allen Türen stehenlassen. Seine Hände gehörten zu denen, die auch nach dem Waschen schmutzig aussehen. Und schließlich gehörte sein alter Körper, der schlecht auf seinen gichtigen Beinen saß und demonstrierte, bis zu welchem Grad ihn der Mensch zu einem bloßen Zubehör seiner Seele machen kann, zu den seltsamen Geschöpfen, die nur von einem Deutschen, Hoffmann, richtig abkonterfeit worden sind, dem Dichter dessen, was dem Anschein nach gar nicht existiert und was nichtsdestoweniger Leben hat. Das war Schmucke, der ehemalige Kapellmeister des Markgrafen von Ansbach, ein vielbewanderter Mann; er wurde von einem Rat von Bigotten verhört und gefragt, ob er auch faste. Am liebsten hätte der Meister geantwortet: »Ihr braucht mich doch bloß anzusehen!«, aber wie soll man mit Betschwestern und jansenistischen Beichtvätern Scherze treiben? Dieser apokryphe Greis nahm im Leben der beiden Marien so viel Ruhm ein, sie faßten eine so große Freundschaft für diesen treuherzigen, großen Künstler, der sich damit begnügte, etwas von Kunst zu verstehen, daß jede von ihnen ihm nach ihrer Heirat eine Leibrente von dreihundert Francs schenkte, welche Summe für seine Behausung, sein Bier, seine Pfeife und seine Kleidung ausreichte. Sechshundert Francs Einkommen und seine Unterrichtsstunden schufen ihm ein Eden. Schmucke hatte seine Notlage und seine Wünsche nur den beiden anbetungswürdigen jungen Mädchen anzuvertrauen gewagt, diesen unter dem Schnee der mütterlichen Strenge und dem Eis der Frömmelei erblühten Herzen. Damit sind der ganze Schmucke und die Kindheit der beiden Marien geschildert. Später wußte niemand zu sagen, welcher Abbé, welche Betschwester diesen nach Paris verschlagenen Deutschen eigentlich entdeckt habe. Sobald die Mütter erfuhren, die Gräfin de Granville habe für ihre Töchter einen Musiklehrer ausfindig gemacht, baten sie samt und sonders um seinen Namen und seine Adresse. Schmucke unterrichtete in dreißig Häusern des Marais. Sein später Erfolg fand seinen Ausdruck in Schuhen mit bronzierten Stahlschnallen und Einlegesohlen aus Roßhaar und in häufiger gewechselter Wäsche. Seine harmlose Fröhlichkeit, die durch ein nobel und dezent ertragenes Elend lange unterdrückt gewesen war, trat aufs neue hervor. Er ließ sich kleine, geistvolle Sätze entschlüpfen, wie etwa: »Meine jungen Damen, heute nacht haben die Katzen den ganzen Pariser Schmutz aufgefressen«, wenn etwa während der Nacht der Frost die Straßen getrocknet hatte, die am Abend zuvor noch kotig gewesen waren; aber das sagte er mit einem teutonischen gallischen Akzent: »Montemisselle, lé chas honte manché lâ grôtenne tan Bâri sti nouitte!« In seiner Befriedigung, daß er den beiden Engeln diese Art Vergißmeinnicht[11] unter seinen Geistesblüten darbieten könne, nahm er bei der Überraschung eine pfiffige, geistvolle Miene an, die den Spott entwaffnete. Er war so glücklich, auf den Lippen seiner beiden Schülerinnen, deren unglückliches Leben er durchschaut hatte, das Lachen zum Erblühen gebracht zu haben, daß er sich aus freien Stücken lächerlich gemacht hätte, wäre er es nicht schon von Natur gewesen. Aber sein Herz hätte auch den populärsten Banalitäten den Anschein von etwas Neuem geliehen; er hätte, nach einem schönen Ausspruch des seligen Saint-Martin[12] mit seinem himmlischen Lächeln den Schmutz vergoldet. Gemäß einem der nobelsten Gedanken der religiösen Erziehung geleiteten die beiden Marien ihren Lehrer achtungsvoll bis zur Wohnungstür. Dort sagten ihm die beiden Mädchen ein paar freundliche Worte, glücklich, daß sie diesen Mann glücklich machen konnten: nur ihm gegenüber konnten sie sich als Frauenwesen bezeigen! Bis zu ihrer Ehe wurde ihnen die Musik zu einem zweiten Leben innerhalb des Lebens, gerade wie der russische Bauer, so heißt es, seine Träume für die Wirklichkeit und sein Leben für einen schlechten Traum hält. In ihrem Bestreben, sich der Kleinigkeiten zu erwehren, die sie zu überwuchern drohten, der aufreibenden asketischen Ideen, stürzten sie sich kopfüber in die Schwierigkeiten der Musiktheorie. Melodie, Harmonie und Form, diese drei Himmelstöchter, deren Chor von dem alten, musiktrunkenen katholischen Faun geleitet wurde, belohnten sie für ihre Mühen und schufen ihnen durch ihren luftigen Reigen einen Schutzwall. Mozart, Beethoven, Haydn, Paësiello[13], Cimarosa[14], Hummel[15] und die kleineren Begabungen entwickelten in ihnen tausend Gefühle, die zwar die keusche Einfriedigung ihrer verhüllten Herzen nicht überschritten, aber die in die Schöpfung eindrangen, wo sie ihre Fittiche voll entfalteten. Wenn es ihnen gelungen war, ein paar Stücke nahezu vollkommen zu spielen, drückten sie einander die Hände und küßten sich hingerissen auf die Wangen, und ihr alter Lehrer nannte sie seine heiligen Cäcilien.

Die beiden Marien gingen erst als Sechzehnjährige zum Ball in ein paar ausgesuchte Häuser, und zwar jährlich nur viermal. Sie lösten sich erst von der Seite der Mutter, nachdem sie mit Verhaltungsmaßregeln über ihr Benehmen gegenüber den Tänzern versehen worden waren, so strengen, daß sie ihren Partnern nur mit einem Ja oder Nein antworten konnten. Die Gräfin ließ kein Auge von ihren Töchtern und schien, was sie sagten, einzig aus der Bewegung von deren Lippen zu erraten. Die armen Kleinen trugen übertrieben schickliche Balltoiletten, bis zum Kinn geschlossene Musselinkleider, die mit einer Unzahl von Rüschen überladen waren, und lange Ärmel. Da diese Art von Gewandung ihre Anmut unterdrückte und ihre Schönheit verhüllte, gab sie ihnen eine entfernte Ähnlichkeit mit eingewickelten ägyptischen Mumien; dennoch schauten aus diesen Baumwollmassen zwei in ihrer Melancholie entzückende Gesichter hervor. Es ärgerte sie, daß sie zum Gegenstand eines sanften Mitleids wurden. Welche Frau, so rein sie auch sein möge, möchte nicht Begehren erregen? Keine gefährliche, ungesunde oder auch nur zweideutige Vorstellung befleckte also das weiße Fruchtfleisch ihres Gehirns: ihre Herzen waren rein, ihre Hände schrecklich rot, sie platzten vor Gesundheit. Eva ist nicht unschuldiger aus Gottes Händen hervorgegangen denn diese beiden Mädchen beim Verlassen der mütterlichen Wohnung, als sie zur Mairie und zur Kirche fuhren, mit der schlichten, aber furchtbaren Weisung, ihren Männern, bei denen sie in der Nacht schlafen oder wachen sollten, in allem und jedem gehorsam zu sein. Ihrer Meinung nach konnten sie es in dem fremden Haus, in das sie gebracht werden würden, nicht schlechter haben als in dem mütterlichen Kloster. Warum hatte der Vater der beiden Mädchen, der Graf de Granville, dieser große, gelehrte und integre, wenn auch bisweilen von der Politik fortgerissene Justizbeamte, die beiden kleinen Geschöpfe nicht gegen diesen zermalmenden Despotismus geschützt? Ach! Auf Grund einer denkwürdigen Vereinbarung, die nach zehnjähriger Ehe geschlossen worden war, lebten die beiden Gatten im eigenen Haus getrennt. Der Vater hatte sich die Erziehung seiner Söhne vorbehalten und seiner Frau die der Töchter überlassen. Er erblickte in der Anwendung jenes bedrückenden Systems weit weniger Gefahr für Frauen als für Männer. Die beiden Marien waren ja ohnehin dazu bestimmt, eine Tyrannei zu erleiden, die der Liebe oder die der Ehe, sie würden dabei weniger verlieren als die Knaben, deren Verstand frei bleiben mußte und deren gute Eigenschaften unter dem grausamen Druck von bis in alle ihre Folgerungen hinein vorgetriebenen religiösen Ideen hätten Schaden leiden müssen. Von vier Opfern hatte der Graf zwei gerettet. Die Gräfin erachtete ihre beiden Söhne, von denen der eine Richter, der andere Staatsanwalt werden sollte, als viel zu schlecht erzogen, um ihnen auch nur den flüchtigsten Umgang mit den Schwestern zu erlauben. Die Beziehungen zwischen den armen Kindern wurden streng überwacht. Übrigens hütete sich der Graf, als er seine Söhne von der Schule hatte abgehen lassen, sie ans Haus zu fesseln. Die beiden Jungen kamen, aßen mit ihrer Mutter und ihren Schwestern, und dann unternahm der Beamte etwas mit ihnen außerhalb des Hauses, das sie unterhielt: Restaurants, Theater, Museen, sommers ein Landausflug, darin bestanden ihre Freuden. Nur an feierlichen Tagen im Familienleben, den Namenstagen der Eltern, den Neujahrstagen, den Tagen, an denen die Schulpreise verteilt wurden, blieben die beiden Jungen im Vaterhaus und schliefen auch dort, fühlten sich beklommen und wagten nicht, ihre von der Gräfin überwachten Schwestern auf die Wange zu küssen; keinen Augenblick ließ die Mutter sie mit ihnen beisammen, und die armen Mädchen sahen ihre Brüder so selten, daß keine Bindung zwischen ihnen statthaben konnte. An solcherlei Tagen war bei jedem Anlaß die Frage zu hören: – »Wo ist Angélique? – Was treibt Eugénie? – Wo sind meine Kinder?« Kam die Rede auf ihre beiden Söhne, so hob die Gräfin ihre kalten, durch Kasteiung abgetöteten Augen zum Himmel auf, als wolle sie

Gott um Verzeihung bitten, daß sie sie nicht der Gottlosigkeit entrissen habe. Ihre Ausrufe, ihr absichtliches, schweigendes Übergehen der Söhne kamen den kläglichsten Bibelversen des Jeremias gleich und täuschten die beiden Schwestern, die ihre Brüder für verderbt und in alle Ewigkeit verloren hielten. Als die Söhne achtzehn waren, gab der Graf ihnen zwei Zimmer in seiner Wohnung und ließ sie unter der Obhut eines Advokaten, seines Sekretärs, Jura studieren; jener Advokat sollte sie in die Geheimnisse ihres künftigen Berufs einweihen. Die beiden Marien hatten ihre Brüder also nur abstrakt kennengelernt. Als die Schwestern heirateten, war der eine Generalanwalt an einem fernen Gerichtshof, der andere stand in der Provinz in seinen Anfängen; in beiden Fällen hielten wichtige Prozesse sie fern. Bei vielen Familien, von denen man meinen könnte, es herrsche in ihnen ein inniges, einträchtiges Verbundensein, geht es so zu: die Brüder sind fern und im Dienst des Landes auf ihr Weiterkommen, ihren Aufstieg bedacht; die Schwestern sind von einem Wirbel von Familieninteressen umgeben, die nicht die ihren sind. Alle Familienmitglieder leben also ohne Zusammenhalt, vergessen einander und werden lediglich durch die schwachen Bande der Erinnerung vereinigt, bis zu dem Augenblick, da der Stolz sie wieder zusammenruft, oder der Eigennutz, der sie dann bisweilen innerlich voneinander trennt, wie sie es äußerlich schon gewesen waren. Eine Familie, die leiblich und geistig vereint ist, gehört zu den seltenen Ausnahmen. Die moderne Gesetzgebung, die die Familie durch die Familie vervielfacht, hat das grausigste aller Übel geschaffen: die zu große Hervorhebung des eigenen Ich.

In der tiefen Einsamkeit, in der ihre Jugend verflossen war, hatten Angélique und Eugénie ihren Vater nur selten zu sehen bekommen, der übrigens in der großen Wohnung, die seine Frau im Erdgeschoß innehatte, stets mit verschlossenem Gesicht erschien. Auch im eigenen Haus behielt er die ernste, feierliche Miene eines auf dem Richterstuhl sitzenden Justizbeamten bei. Als die beiden kleinen Mädchen das Alter des Spielzeugs und der Puppen hinter sich hatten, als sie anfingen, ihren Verstand zu gebrauchen, also etwa mit zwölf Jahren, zu der Zeit, da sie nicht mehr über den alten Schmucke lachten, errieten sie die geheime

Ursache der Sorgen, die das Gesicht des Grafen furchten, und erkannten unter seiner strengen Maske die Spuren eines gütigen Naturells und eines liebenswerten Charakters. Sie erkannten, daß er in seiner Ehe der Religion das Feld geräumt habe, daß er in seinen Hoffnungen als Ehemann getäuscht, wie er in den zartesten Regungen seines Vatergefühls, der Liebe des Vaters zu seinen Töchtern, verletzt worden war. Dergleichen Schmerzen gehen jungen Mädchen, die der Zärtlichkeit entwöhnt sind, sehr nahe. Manchmal, wenn er sich zwischen ihnen im Garten erging, je einen Arm um je eine schmale Taille geschlungen, und sich ihren Kinderschritten anpaßte, hieß er sie in einem Gebüsch stehenbleiben und küßte eine nach der anderen auf die Stirn. Seine Augen, sein Mund und sein Gesicht drückten dann tiefstes Mitgefühl aus. »Ihr seid nicht sehr glücklich, ihr lieben Kleinen«, sagte er zu ihnen, »aber ich werde euch frühzeitig verheiraten und froh sein, wenn ihr das Haus verlaßt.« – »Papa«, sagte Eugénie, »wir sind entschlossen, den ersten besten Mann zu nehmen.« – »Da haben wir's!« rief er aus, »das kommt bei einem solchen System heraus! Man will Heilige schaffen, und dann werden es ...« Er sprach den Satz nicht zu Ende. Oftmals verspürten die beiden Mädchen in den Abschiedsworten des Vaters oder in seinen Blicken, wenn er zufällig daheim zu Abend aß, eine lebhafte Zärtlichkeit. Sie bedauerten den Vater, den sie so selten sahen, und die man bedauert, hat man lieb.

Die strenge religiöse Erziehung wurde zur Ursache der Eheschließungen der beiden Schwestern, die durch das Unglück zusammengeschweißt waren wie Rita-Christina[16] von der Natur. Viele Männer, die es drängt zu heiraten, ziehen ja ein Mädchen, das aus dem Kloster kommt und mit Frömmigkeit übersättigt ist, einem Mädchen vor, das in den Doktrinen der Weltlichkeit aufwuchs. Ein Mittelding gibt es nicht. Ein Mann muß entweder ein sehr erfahrenes Mädchen heiraten, das die Zeitungsanzeigen gelesen und sich Gedanken darüber gemacht, das mit tausend jungen Männern Walzer oder Galopp getanzt hat, das in sämtliche Theater gegangen ist, Romane verschlungen, dem ein Tanzmeister die Knie dadurch geschmeidig gemacht hat, daß er sie an die seinen drückte, das sich nicht das mindeste aus der Religion macht und sich selber seine Moral geschaffen hat; oder aber ein ahnungsloses, reines Mädchen, wie Marie-Angélique und Marie-Eugénie es waren. Vielleicht läuft man bei beiden die gleiche Gefahr. Indessen hat die überwältigende Mehrzahl der Männer, die noch nicht im Alter Arnolphes[17] stehen, lieber eine fromme Agnès[18] als eine angehende Célimène[19].

Die beiden Marien waren klein und zart, hatten den gleichen Wuchs, die gleichen Füße und Hände. Eugénie, die jüngere, war blond wie ihre Mutter. Angélique war brünett wie der Vater. Aber sie hatten beide die gleiche Gesichtsfarbe: jenes Perlmutterweiß, das auf Reichtum und Reinheit des Blutes schließen läßt, marmoriert mit lebhaften Farben, die sich von einem Gewebe abheben, das dünnfleischig wie dasjenige von Jasminblütenblättern ist und wie diese fein, glatt und zart anzufühlen. Eugénies blaue, Angéliques braune Augen hatten einen Ausdruck naiver Sorglosigkeit und unvorbedachten Erstauntseins, was sich vor allem in der unbestimmten Art und Weise kundtat, mit der ihre Pupillen auf dem flüssigen Weiß des Augapfels schwammen. Sie waren von gutem Wuchs: ihre ein wenig mageren Schultern sollten sich erst später formen. Ihre so lange verhüllten Brüste erstaunten den Blick durch ihre Vollkommenheit, wenn ihre Männer sie baten, sich für einen Ball zu dekolletieren: dann genossen sie beide jene reizende Scham, die diese beiden ahnungslosen Geschöpfe erst daheim und dann einen ganzen Abend lang erröten ließ. In dem Augenblick, da diese Geschichte einsetzt, da die ältere weinte und sich von der jüngeren trösten ließ, waren ihre Hände und ihre Arme milchweiß geworden. Beide hatten sie genährt: die eine einen Jungen, die andere ein Mädchen. Eugénie war ihrer Mutter sehr durchtrieben vorgekommen, weshalb sie ihr gegenüber ihre Wachsamkeit und Strenge verdoppelt hatte. In den Augen dieser gefürchteten Mutter schien die noble, stolze Angélique eine von erhabenen Überschwenglichkeiten erfüllte Seele zu haben, die sich ganz allein schützen würde, während die mutwillige Eugénie es anscheinend nötig hatte, kurz gehalten zu werden. Es gibt liebreizende Geschöpfe, die vom Schicksal verkannt werden, denen alles im Leben gelingen müßte, die indessen unglücklich leben und sterben, gequält von einem bösen Geist, Opfer unvorhergesehener Umstände. Auf diese Weise war die harmlose, fröhliche Eugénie unter den boshaften Despotismus eines Emporkömmlings geraten, als sie dem mütterlichen Gefängnis entronnen war. Angélique jedoch, die zu großen Herzenskämpfen Gerüstete, war in die höchsten Sphären der Pariser Gesellschaft verschlagen worden, den Zügel am Hals.

Madame de Vandenesse war augenscheinlich unter der Last von Schmerzen zusammengebrochen, die für ihre nach sechs Ehejahren noch immer naive Seele zu schwer gewesen waren; sie lag mit halb angezogenen Beinen und eingeknicktem Körper auf der Causeuse, den Kopf wie geistesabwesend an deren Rücklehne geschmiegt. Nach einem kurzen Erscheinen im Théâtre des Italiens war sie zu ihrer Schwester geeilt; sie trug noch ein paar Blumen in den Flechten, andere jedoch lagen verstreut auf dem Teppich neben ihren Handschuhen, ihrem seidenen, mit Pelzwerk besetzten Umhang, ihrem Muff und ihrer Hutkappe. Auf ihrer weißen Brust schimmerten zwischen den Perlen Tränen; ihre feuchten Augen kündeten von befremdlichen Geständnissen. War das inmitten all dieses Luxus nicht furchtbar? Die Gräfin brachte nicht den Mut auf, sich auszusprechen.

»Armes Liebes«, sagte Madame du Tillet, »was für falsche Vorstellungen hast du von meiner Ehe, daß du dir eingebildet hast, du könnest mich um Hilfe bitten!«

Als die Gräfin diesen Satz vernahm, den die Heftigkeit des Gewittersturms, von dem sie das Herz der Schwester hatte durchwehen lassen, diesem entrissen hatte, wie die Schneeschmelze die am festesten dem Bett der Gießbäche eingelagerten Steine hochhebt, sah sie die Bankiersfrau mit stumpfer Miene an; die Flamme des Schreckens trocknete ihre Tränen, und ihre Augen blickten starr.

»Bist denn auch du in einem Abgrund, mein Engel?« fragte sie leise.

»Mein Leid vermag deine Schmerzen nicht zu lindern.«

»Sag es mir, liebes Kind! Ich bin noch nicht selbstsüchtig genug, um dir nicht zu lauschen! Leiden wir also abermals gemeinsam wie in unserer Jugend?«

»Aber wir leiden getrennt«, antwortete melancholisch die Bankiersfrau. »Wir leben in zwei einander feindlichen Gesellschaftsklassen. Ich gehe in die Tuilerien, während du nicht mehr hingehst. Unsere Männer gehören zwei einander widerstrebenden

Parteien an. Ich bin die Frau eines ehrgeizigen Bankiers, eines schlechten Menschen, mein Schatz! Du dagegen bist die eines guten, noblen, großherzigen Mannes...«

»Oh, bitte keine Vorwürfe«, sagte die Gräfin. »Die Frau, die mir welche machen dürfte, müßte die Langweiligkeit eines stumpfen, farblosen Daseins ausgekostet haben und ihr entronnen sein, um in das Paradies der Liebe einzugehen; sie müßte das Glück kennen, das man empfindet, wenn man sein ganzes Leben in einem anderen Menschen verspürt; sie müßte an den unendlichen Gefühlsregungen einer Dichterseele teilnehmen und ein Doppelleben führen: mit ihm zusammen, im Gehen und Kommen, durch die Raumesweiten stürmen, und durch die Welt des Hochstrebens; seinen Kummer miterleiden, auf den Flügeln seiner unermeßlichen Freude emporgetragen werden, sich auf einer riesigen Bühne entfalten, und all das, während man vor den Augen der Beobachtenden gefaßt, kühl und heiter ist. Ja, Liebe, man muß oft einen ganzen Ozean in seinem Innern bergen und dabei, wie wir hier, daheim vor dem Kamin auf einer Causeuse liegen. Und dennoch, welch ein Glück, in jeder Minute einen ungeheuren Anteil zu nehmen, der die Fibern des Herzens vervielfacht und sie ausdehnt, gegen nichts kalt zu sein, sein Leben mit einem Spaziergang verknüpft zu sehen, auf dem man in der Menge ein Auge aufleuchten sieht, das die Sonne erbleichen macht, sich eine Verspätung zu Herzen zu nehmen, sich gedrängt zu fühlen, einen Lästigen umzubringen, der uns einen der seltenen Augenblicke raubt, in denen das Glück in den kleinsten Adern pocht! Welch ein Rausch, endlich zu leben! Ach, Liebste, zu leben, wenn so viele Frauen auf den Knien um Gefühle flehen, die sich ihnen entziehen! Bedenke, mein Kind, daß es für solcherlei Gedichte nur *eine* Zeit gibt, die Jugend. In ein paar Jahren kommt der Winter, die Kälte. Ach, wenn du diese lebendigen Reichtümer des Herzens besäßest, und es drohte dir ihr Verlust...«

Die erschrockene Madame du Tillet hatte ihr Gesicht mit den Händen verhüllt, als sie diese schreckliche Litanei anhören mußte.

»Es ist mir nicht eingefallen, dir den leisesten Vorwurf zu machen, mein Liebes«, sagte sie schließlich, als sie das Gesicht der

Schwester von heißen Tränen überströmt sah. »Du hast innerhalb eines Augenblicks in meine Seele mehr Feuerbrände geworfen, als meine Tränen auszulöschen vermöchten. Ja, das Leben, das ich führe, könnte mein Herz zu einer Liebe ermächtigen, wie du sie mir eben ausgemalt hast. Laß mich glauben, daß, wenn wir einander öfter gesehen hätten, wir nicht dort ständen, wo wir jetzt stehen. Hättest du um meine Leiden gewußt, so würdest du mein Glück richtig gewertet haben; vielleicht hättest du mich zum Widerstand ermutigt, und ich wäre glücklich gewesen. Dein Unglück ist ein unseliger Zufall, dem ein anderer Zufall abhelfen wird, während das meine von Dauer und in jedem Augenblick spürbar ist. Für meinen Mann bin ich der Garderobenständer seines Luxus, das Aushängeschild seines Ehrgeizes, eine seiner lächerlichen Genugtuungen. Er bringt mir weder wahre Zuneigung noch Vertrauen entgegen. Ferdinand ist trokken und glatt wie dieser Marmor«, sagte sie und schlug auf den Kaminmantel. »Er mißtraut mir. Alles, was ich etwa für mich erbitte, wird von vornherein abgeschlagen: aber alles, was ihm schmeichelt und von seinem Reichtum kündet, brauche ich mir nicht einmal zu wünschen: er stattet meine Räumlichkeiten aus, er vergeudet exorbitante Summen für meine Tafel. Meine Dienerschaft, meine Theaterlogen, alles Äußere ist vom letzten Geschmack. Seine Eitelkeit spart an nichts, er würde echte Spitzen an die Windeln seiner Kinder nähen lassen, aber ihr Weinen hört er nicht, was sie brauchen, wird er nie erraten. Verstehst du mich? Ich bin mit Diamanten überladen, wenn ich zu Hofe gehe; in der Stadt trage ich die kostbarsten Kinkerlitzchen; aber ich verfüge über keinen Liard. Madame du Tillet, die vielleicht Neid erregt, die im Geld zu schwimmen scheint, hat keine hundert Francs für sich selber. Wenn der Vater sich nicht um seine Kinder kümmert, dann womöglich noch weniger um deren Mutter. Ach, er hat es mich gröblich fühlen lassen, daß er mich bezahlt hat, und daß meine Mitgift, über die ich doch nicht verfüge, ihm entrissen worden ist. Wenn es darum ginge, nichts als seine Geliebte zu werden, dann würde ich ihn vielleicht verführen können; aber ich unterliege einem fremden Einfluß, dem einer fünfzigjährigen Frau, die Ansprüche macht und herrscht, der Witwe eines Notars. Ich fühle es: erst nach deren Tod bin ich frei. Mein Leben hier ist geregelt wie das einer Königin: es wird zu meinem Mittag- und Abendessen geschellt wie in deinem Schloß. Unfehlbar verlasse ich zu einer bestimmten Stunde das Haus und fahre ins Bois. Stets werde ich von zwei Lakaien in großer Livree begleitet und muß zur gleichen Stunde heimgekehrt sein. Anstatt Befehle zu geben, empfange ich welche. Beim Ball, im Theater tritt ein Diener zu mir und sagt: ›Madames Wagen ist vorgefahren‹, und oft muß ich dann weggehen, wenn es gerade am schönsten ist. Ferdinand würde böse werden, wenn ich der für seine Frau aufgestellten Etikette nicht gehorchte, und davor habe ich Angst. Inmitten all dieses verfluchten Luxus überkommt mich Sehnsucht nach früheren Zeiten, und ich finde, daß unsere Mutter eine gute Mutter gewesen ist: sie hat uns doch wenigstens die Nächte gelassen, und ich habe mit dir plaudern können. Kurzum: ich habe mit einem Menschenwesen gelebt, das mich lieb hatte und mit mir litt, während ich mir hier in diesem prunkvollen Haus wie inmitten einer Wüste vorkomme.«

Auf dieses schreckliche Geständnis hin ergriff die Gräfin ihrerseits die Hand der Schwester und küßte sie weinend.

»Wie könnte ich dir helfen?« fragte Eugénie leise Angélique. »Wenn er uns überraschte, würde er Mißtrauen schöpfen und wissen wollen, was du mir seit einer Stunde gesagt hast; dann müßte ihm etwas vorgelogen werden, und das ist bei einem so schlauen und durchtriebenen Mann schwierig: er würde mir Fallen stellen. Wir wollen mein Unglück auf sich beruhen lassen und an dich denken. Deine vierzigtausend Francs, Liebe, würden Ferdinand nichts ausmachen; er setzt mit einem anderen großen Bankier, dem Baron Nucingen, Millionen um. Manchmal nehme ich an Diners teil, wo sie Dinge besprechen, bei denen es einen kalt überläuft. Mein Mann weiß, daß ich diskret bin, und so wird in meiner Gegenwart rückhaltlos gesprochen: sie sind meines Schweigens sicher. Wirklich, die Raubmorde auf der Landstraße kommen mir im Vergleich mit gewissen Finanztransaktionen wie Handlungen der Barmherzigkeit vor. Nucingen und er machen sich so wenig draus, Leute zu ruinieren, wie ich mir aus ihrer Verschwendungssucht etwas mache. Manchmal kommen arme Übertölpelte zu mir, von denen ich am Abend zuvor gehört habe, was ihnen droht, und stürzen sich in Geschäfte, bei denen sie ihr

Vermögen lassen müssen: dann würde ich ihnen am liebsten sagen wie Léonarde[20] in der Räuberhöhle: ›Seid auf der Hut!‹ Aber was sollte dann aus mir werden? Ich schweige also. Dieses prunkvolle Stadtpalais ist eine Mördergrube. Und mein Mann und Nucingen werfen mit vollen Händen die Tausendfrancsscheine für ihre Launen zum Fenster hinaus. Ferdinand kauft in Le Tillet die Stätte des alten Schlosses auf, weil er es neu erbauen will; er will einen Wald und herrliche Güter dazu erwerben. Er trachtet danach, daß sein Sohn Graf wird und daß er in der dritten Generation den erblichen Adel besitzt. Nucingen hat sein Haus in der Rue Saint-Lazare satt und baut sich ein Palais. Seine Frau ist mit mir befreundet . . . Oh!« rief sie, »sie könnte uns nützlich sein, sie bietet ihrem Mann die Stirn und kann über ihr Vermögen frei verfügen; sie wird dir aus der Verlegenheit helfen.«

»Liebes Kätzchen, ich habe nur noch ein paar Stunden Frist, laß uns heute abend hingehen, gleich jetzt«, sagte Madame de Vandenesse, warf sich Madame du Tillet in die Arme und zerschmolz in Tränen.

»Kann ich denn abends um elf noch ausfahren?«

»Ich habe meinen Wagen.«

»Was für ein Komplott heckt ihr da aus?« fragte du Tillet und machte die Tür des Boudoirs auf.

Er zeigte den beiden Schwestern ein harmloses Gesicht, das eine geheuchelte Liebenswürdigkeit durchstrahlte. Die Teppiche hatten seine Schritte gedämpft, und die Unruhe, in der die beiden Frauen befangen waren, hatte sie daran gehindert, das Geräusch zu hören, das du Tillets Wagen beim Einfahren gemacht hatte. Bei der Gräfin hatten die Gewohnheit des Umgangs in der Gesellschaft und die Freiheit, die Félix ihr ließ, den Geist und den Scharfsinn entwickelt, wogegen beides bei ihrer Schwester durch die Tyrannei des Gatten, der Fortsetzung derjenigen der Mutter, noch immer unterdrückt waren; sie gewahrte bei Eugénie ein Erschrecken, durch das sie sich fast verraten hätte, und sie rettete sie durch eine freimütige Antwort.

»Ich habe meine Schwester für reicher gehalten, als sie ist«, antwortete die Gräfin und blickte ihren Schwager an. »Frauen befinden sich manchmal in Verlegenheiten, die sie ihren Männern nicht sagen wollen, wie es Joséphine mit Napoleon ging, und ich hatte sie gerade um einen kleinen Gefallen gebeten.«

»Den kann sie Ihnen mit Leichtigkeit erweisen, Schwägerin. Eugénie ist sehr reich«, antwortete du Tillet mit honigsüßer Schärfe.

»Das ist sie nur für Sie, Schwager«, antwortete die Gräfin und lächelte bitter.

»Was brauchen Sie?« fragte du Tillet; es war ihm nicht unlieb, daß er seine Schwägerin umgarnen konnte.

»Sie Nichtsnutz, hatte ich Ihnen nicht gesagt, wir wollten uns unseren Männern gegenüber nicht bloßstellen?« antwortete Madame de Vandenesse bedachtsam; sie hatte sogleich durchschaut, daß sie sich auf Gnade und Ungnade dem Mann auslieferte, dessen Porträt ihr die Schwester glücklicherweise gerade eben erst entworfen hatte. »Ich hole Eugénie morgen ab.«

»Morgen?« entgegnete der Bankier kalt. »Nein. Morgen ißt meine Frau bei einem künftigen Pair von Frankreich zu Abend, dem Baron Nucingen; er überläßt mir seinen Platz in der Abgeordnetenkammer.«

»Erlauben Sie ihr wohl, meine Loge in der Oper anzunehmen?« fragte die Gräfin, ohne einen Blick mit der Schwester zu wechseln, so sehr fürchtete sie, Eugénie könne ihrer beider Geheimnis verraten.

»Sie hat ihre eigene«, sagte du Tillet pikiert.

»Nun, dann besuche ich sie eben dort«, antwortete die Gräfin.

»Es wäre das erstemal, daß Sie uns diese Ehre erweisen«, sagte du Tillet.

Die Gräfin spürte den Vorwurf und begann zu lachen.

»Seien Sie unbesorgt, diesmal brauchen Sie nichts zu zahlen«, sagte sie. »Adieu, Liebste.«

»Unverschämtheit!« rief du Tillet und sammelte die Blumen auf, die aus der Frisur der Gräfin gefallen waren. »Du solltest dich genauer mit Madame de Vandenesse befassen«, sagte er zu seiner Frau. »Ich wollte, du trätest in der Gesellschaft so großspurig auf wie sie eben hier. Du wirkst so bürgerlich und nichtig, daß es mir leid tut.«

Statt zu antworten, blickte Eugénie zum Himmel auf.

»Und jetzt heraus mit der Sprache. Was habt ihr beiden hier

getrieben?« fragte der Bankier nach einer Pause und hielt ihr die Blumen hin. »Was ist passiert, daß deine Schwester morgen in deine Loge kommt?«

Die arme Helotin schützte vor, sie sei sehr müde, und aus Furcht vor einem Verhör wandte sie sich zum Gehen, um sich auskleiden zu lassen. Da packte du Tillet seine Frau am Arm, stellte sie so vor sich hin, daß das Licht der Kerzen, die in einem feuervergoldeten Armleuchter zwischen zwei köstlich gebundenen Blumensträußen brannten, auf sie fiel, und bohrte seinen hellen Blick in ihre Augen.

»Deine Schwester ist zu dir gekommen, um sich vierzigtausend Francs zu leihen; die ist ein Mann schuldig, für den sie sich interessiert und der innerhalb von drei Tagen wie ein Wertgegenstand in der Rue de Clichy[21] eingeschlossen sein wird«, sagte er kalt.

Die arme Frau überkam ein nervöses Zittern, das sie indessen niederrang.

»Du hast mich erschreckt«, sagte sie. »Aber meine Schwester ist zu wohlerzogen und hat ihren Mann viel zu lieb, um sich derartig für einen Mann zu interessieren.«

»Im Gegenteil«, antwortete er trocken. »Mädchen, die erzogen worden sind wie ihr, im Zwang und in religiösen Praktiken, dürsten nach Freiheit, begehren nach Glück, und das Glück, das sie genießen, ist nie so groß und so schön wie das, von dem sie geträumt haben. Aus solchen Mädchen werden schlechte Frauen.«

»Mach lieber mich schlecht«, sagte die arme Eugénie mit einem Stimmklang von bitterem Spott, »aber respektiere meine Schwester. Die Gräfin de Vandenesse ist viel zu glücklich, ihr Mann läßt ihr viel zuviel Freiheit, als daß sie ihm nicht innig zugetan wäre. Wenn übrigens deine Vermutung zuträfe, so hätte sie mir nichts gesagt.«

»Es ist so«, sagte du Tillet. »Ich verbiete dir, irgend etwas in dieser Angelegenheit zu unternehmen. Ich bin daran interessiert, daß dieser Mann ins Gefängnis kommt. Laß dir das gesagt sein.«

Madame du Tillet ging hinaus.

»Ganz sicher gehorcht sie mir nicht, und ich werde alles herausbekommen, was die beiden anstellen, wenn ich sie überwachen lasse«, sagte sich du Tillet, als er allein im Boudoir war. »Die armen Närrinnen wollen den Kampf mit unsereinem aufnehmen.«

Er zuckte die Achseln und ging zu seiner Frau, oder, um die Wahrheit zu sagen, zu seiner Sklavin.

Was Madame Félix de Vandenesse Madame du Tillet anvertraut hatte, hing in so vielen Punkten mit ihrer Geschichte während der letzten sechs Jahre zusammen, daß es ohne eine kurze Darlegung der Hauptereignisse ihres Lebens unverständlich bleiben würde.

Unter den hervorragenden Männern, die ihr Schicksal der Restauration verdankten und die diese zu ihrem eigenen Unglück zusammen mit Martignac[22] von den Regierungsgeheimnissen ausschloß, gehörte auch Félix de Vandenesse; er wurde, wie mehrere andere, in den letzten Regierungstagen Karls X. in die Pairskammer abgeschoben. Diese Ungnade war zwar in seinen Augen nur vorübergehend, ließ ihn indessen an eine Heirat denken; wie bei vielen Männern geschah das aus Überdruß an galanten Abenteuern, diesen wildwuchernden Blumen der Jugend. Es gibt einen hochbedeutsamen Augenblick, da das Leben in der Gemeinschaft in seinem ganzen Ernst erscheint. Félix de Vandenesse war abwechselnd glücklich und unglücklich gewesen, wenngleich häufiger unglücklich als glücklich, wie eben Männer, die von ihrem ersten Auftreten in der Gesellschaft an der Liebe in ihrer schönsten Form begegnet sind. Diese Bevorzugten werden schwierig. Haben sie dann ihre Erfahrungen im Leben gemacht und die Charaktere verglichen, so gelangen sie dazu, sich mit einem Ungefähr zu begnügen, und flüchten sich in absolute Duldsamkeit. Man kann sie nicht mehr täuschen, denn sie lassen sich nicht mehr eines Besseren belehren; freilich hüllen sie ihre Resignation in Anmut; da sie auf alles gefaßt sind, leiden sie weniger. Immerhin konnte Félix als einer der hübschesten und angenehmsten Männer von Paris gelten. Zur Empfehlung bei den Frauen gereichte ihm vor allem eins der nobelsten Geschöpfe dieses Jahrhunderts, das, wie es hieß, aus schmerzvoller Liebe zu ihm gestorben war; aber in besonderem Maß geformt worden war er durch die schöne Lady Dudley. In den Augen vieler Pariserinnen hatte Félix, eine Art Romanheld, mehrere Eroberungen lediglich all dem Üblen zu verdanken, das ihm nachgesagt wurde. Madame de Manerville hatte den Abschluß der Laufbahn seiner Abenteuer gebildet. Ohne ein Don Juan zu sein, nahm er aus der Welt der Liebe die gleiche Ernüchterung mit sich wie aus der Welt der Politik. Er hatte die Hoffnung aufgegeben, dem Ideal der Frau und der Leidenschaft, dessen Verkörperung in seinem Unglück seine Jugend überstrahlt und beherrscht hatte, je wieder zu begegnen. Um sein dreißigstes Lebensjahr beschloß Graf Félix, den Kümmernissen seiner Liebeserlebnisse durch eine Heirat ein Ende zu machen. Was das betraf, so stand bei ihm fest: er wollte ein junges Mädchen, das nach den strengsten Regeln des Katholizismus erzogen worden war. Es genügte ihm, davon zu hören, wie die Gräfin de Granville mit ihren Töchtern verfuhr, um um die Hand der älteren anzuhalten. Auch er hatte den Despotismus einer Mutter erlitten; er erinnerte sich noch immer zur Genüge seiner grausamen Jugend, um durch die Verstellungskünste der weiblichen Schamhaftigkeit hindurch zu erkennen, in welchen Zustand das Joch ein Jungmädchenherz versetzt haben mochte: ob jenes Herz verbittert, verhärmt, rebellisch, oder ob es friedsam und liebenswürdig geblieben war, bereit, sich schönen Gefühlen aufzutun. Die Tyrannei ruft zwei entgegengesetzte Wirkungen hervor, deren Symbole in zwei großen Gestalten des antiken Sklaventums fortbestehen: in Epiktet[23] und Spartakus[24], dem Haß und dessen bösartigen Empfindungen einerseits, der Resignation und deren christlichen Liebesregungen andererseits. Der Graf de Vandenesse erkannte sich in Marie-Angélique de Granville wieder. Als er ein naives, unschuldiges, reines junges Mädchen zur Frau nahm, hatte er, ein jugendlicher Greis, von vornherein beschlossen, den Gefühlen des Ehemanns ein väterliches Gefühl beizumischen. Er spürte, daß sein Herz vom Gesellschaftsleben, von der Politik ausgedörrt war, und er wußte, daß er im Austausch gegen ein junges Leben die Reste eines verbrauchten Lebens geben werde. Den Frühlingsblumen würde er das Eis des Winters zugesellen, der entblätterten Erfahrung die zierliche, sorglose Unerfahrenheit. Nachdem er sich so vernünftigerweise ein Urteil über seine Stellung gebildet hatte, bezog er die Winterquartiere seiner Ehe mit ausgiebigen Vorräten. Nachsicht und Vertrauen waren die beiden Anker, vor die er ging. Solche Männer sollten die Mütter sich für ihre Töchter aussuchen: der Geist ist ein Schirmherr wie die Gottheit, die Ernüchterung ist scharfsichtig wie ein Chirurg, die Erfahrung hat die Voraussicht einer Mutter. Diese drei Einstellungen sind die Kardinaltugenden der Ehe. Der geschulte Geschmack und die erlesenen Lüste, die seine Gewohnheiten als vermögender und eleganter Mann Félix de Vandenesse gelehrt hatten, die Erfahrungen in der hohen Politik, die Beobachtungen, die er in einem abwechselnd der Arbeit, dem Denken, der Literatur geweihten Leben gemacht hatte, alle seine Kräfte wurden eingesetzt, um seine Frau glücklich zu machen; was er an Geist besaß, wandte er daran. Aus dem mütterlichen Fegefeuer war Marie-Angélique plötzlich in das eheliche Paradies aufgestiegen, das Félix ihr in der Rue du Rocher bereitet hatte, in einem Stadtpalais, wo die geringsten Dinge einen aristokratischen Duft besaßen, wo indessen der Firnis, mit dem die gute Gesellschaft überzogen ist, nicht das harmonische Sichgehenlassen behinderte, das liebende, junge Herzen sich wünschen. Anfangs hatte Marie-Angélique die Freuden des Lebens im Wohlstand abzuglos ausgekostet; zwei Jahre lang hatte ihr Mann sich zu ihrem Haushofmeister gemacht. Langsam und mit viel Geschick hatte Félix seiner Frau die Gegebenheiten des Lebens erklärt, sie nach und nach in die Mysterien der hohen Gesellschaft eingeweiht, sie die Genealogie aller Adelshäuser gelehrt, sie über die Welt unterrichtet, sie in die Kunst der Toilette und der Konversation eingeführt, sie in ein Theater nach dem anderen begleitet, sie an Vorlesungen über Literatur und Geschichte teilnehmen lassen. Er hatte diese Ausbildung mit der Sorgfalt eines Liebhabers, eines Vaters, eines Lehrers und Gatten durchgeführt; aber mit selbstverständlicher Besonnenheit hatte er Genüsse und Lehren so bemessen, daß die religiösen Ideen dadurch nicht beeinträchtigt wurden. Kurzum, er hatte sich seines Unterfangens mit großer Meisterschaft entledigt. Nach Ablauf von vier Jahren hatte er das Glück, die Gräfin de Vandenesse zu einer der liebenswertesten und bedeutendsten Frauen der Gegenwart geformt zu haben. Marie-Angélique empfand für Félix genau das Gefühl, das ihr einzuflößen er gewünscht hatte: wahre Freundschaft, eine voll bewußte Dankbarkeit, eine geschwisterliche Liebe, die sich zur rechten Zeit mit edler, würdiger Zärtlichkeit mischte, wie sie zwischen Mann und Frau walten soll. Sie war Mutter, und zwar eine gute Mutter. Somit hatte Félix seine Frau durch alle möglichen Bande an sich gefesselt, ohne dabei den Anschein erweckt zu haben, er knebele sie; von den Reizen der Gewohnheit hatte er sich ein wolkenloses Glück versprochen. Nur Männer, die sich in der Reitbahn des Lebens etwas gebrochen, die den Zirkel der Enttäuschungen in Politik und Liebe durchlaufen haben, verfügen über eine solche Weisheit und verfahren so. Übrigens erlebte Félix in seinem Tun die gleichen Freuden, wie sie den Malern, den Schriftstellern, den Architekten zuteil werden, die Großes schaffen; er genoß doppelt, indem er sich mit dem Werk befaßte und dessen Erfolg sah, indem er seine gebildete und naive, geistvolle und natürliche, zur Liebe befähigte und keusche Frau bewunderte, die Mädchen und Mutter war, vollkommen frei und dennoch in Fesseln. Die Geschichte der guten Ehen ist wie die der glücklichen Völker; sie läßt sich in zwei Zeilen schreiben und hat nichts von Literatur an sich. Da sich das Glück nur durch sich selber erklären läßt, können somit jene vier Jahre nichts liefern, das nicht zart wäre wie die Flachsfarbe ewiger Liebe, fade wie Manna und amüsant wie der Roman ›L'Astrée‹[25].

Im Jahre 1833 war das von Félix errichtete Glücksgebäude dem Einsturz nahe; ohne daß er es ahnte, waren die Fundamente unterminiert. Das Herz einer Frau von fünfundzwanzig Jahren ist so wenig noch das Herz eines achtzehnjährigen Mädchens wie das Herz einer Frau von vierzig das einer Frau von dreißig ist. Im Leben der Frauen gibt es vier Altersstufen. Jedes Alter erschafft eine neue Frau. Vandenesse wußte sicherlich um die Gesetze dieser Veränderungen, die auf unseren modernen Sitten beruhen; aber er vergaß sie, wenn es sich um ihn selber handelte, wie der beste Grammatiker die Regeln zu vergessen vermag, wenn er ein Buch schreibt; wie auf dem Schlachtfeld, mitten im Feuer, durch das Zufällige einer Lage auch der größte General eine unumstößliche Regel der Kriegskunst vergißt. Ein Mann, der ununterbrochen den Gedanken in die Tat umsetzen kann, ist ein genialer Mensch; aber auch der genialste Mensch entfaltet sein Genie nicht bei allen Gelegenheiten; er würde sonst zu sehr Gott ähneln. Nach vier Jahren dieses Lebens ohne seelische Erschütterungen, ohne ein Wort, das in diesem lieblichen Gefühlskonzert den leisesten Mißton hervorgebracht hätte, als die Gräfin sich völlig entwickelt fühlte wie eine schöne Pflanze in gutem Boden, unter den Liebkosungen einer warmen Sonne, die aus einem beständig azurnen Äther niederstrahlte, erlebte sie etwas wie eine Rückkehr zu sich selbst. Jene Lebenskrise, das Thema dieser Erzählung, würde unverständlich bleiben ohne Erklärungen, die vielleicht in den Augen der Frauen das Unrecht der jungen Gräfin mindern werden, jener glücklichen Gattin und glücklichen Mutter; ein Unrecht, das auf den ersten Blick als unentschuldbar anmutet. Das Leben ist ein Ergebnis zweier entgegengesetzter Prinzipien: wenn eines davon fehlt, leidet der Mensch. Vandenesse hatte zwar alle Wünsche befriedigt, aber das Begehren unterdrückt, das beherrschende Element der Schöpfung, das eine riesige Summe von Seelenkräften auslöst. Die äußerste Glut, das äußerste Unglück, das vollkommene Glück, alle absoluten Prinzipien thronen über Räumen, in denen nichts hervorgebracht wird: sie wollen allein sein, sie ersticken alles, was nicht sie selber sind. Vandenesse war keine Frau, und nur Frauen verstehen sich auf die Kunst, die Liebesseligkeit zu variieren: daraus entspringen ihre Koketterie, ihr Neinsagen, ihre Angst, ihre Streitsucht und die klugen, geistvollen Albernheiten, mit denen sie morgen etwas in Frage stellen, das gestern keinerlei Schwierigkeiten geboten hatte. Männer können durch ihre Beständigkeit ermüden, Frauen niemals. Vandenesse war eine viel zu vollkommen gütige Natur, um eine geliebte Frau mit Vorbedacht zu quälen; er trug sie lieber in die blaueste, die am wenigsten bewölkte Unendlichkeit der Liebe. Das Problem der ewigen Seligkeit ist eines derjenigen, deren Lösung nur Gott im jenseitigen Leben bekannt ist. Hienieden haben erhabene Dichter ihre Leser immer und ewig durch Versuche der Schilderung des Paradieses gelangweilt. Dantes Klippe war auch die Klippe Vandenesses: Ehre dem erfolglosen Mut! Seiner Frau kam schließlich ein so trefflich geordnetes Eden ein wenig monoton vor; das vollkommene Glück, das die erste Frau im irdischen Paradies empfunden hatte, rief bei ihr das Ekelgefühl hervor, das auf die Dauer der Genuß von Süßem erzeugt, und ließ die Gräfin wünschen, wie Rivarol[26], als er Florian[27] las, es möge ihr irgendein Wolf im Schafstall begegnen. Das hat wohl von je als der Sinn der symbolischen Schlange gegolten, an die Eva sich wahrscheinlich aus Langeweile gewendet hat. Diese Moral könnte in den Augen von Protestanten als gewagt erscheinen, denn sie nehmen die Genesis ernster als sogar die Juden. Aber die Lage der Madame de Vandenesse läßt sich auch ohne Bibelgestalten erklären: sie verspürte in ihrer Seele eine gewaltige Kraft, die unausgenutzt blieb; ihr Glück ließ sie nicht leiden, es verlief ohne Sorgen und Bangen, sie zitterte nicht davor, es zu verlieren, es kehrte allmorgendlich mit der gleichen Bläue wieder, dem gleichen Lächeln, den gleichen reizenden Worten. Dieser reine See war nie durch einen Windhauch aufgerauht worden, nicht einmal durch den Zephyr: sie hätte seinen Spiegel nur zu gern gewellt gesehen. Ihrem Verlangen wohnte etwas Kindliches inne, das ihr als Entschuldigung zu dienen vermöchte; aber die Gesellschaft ist genauso unnachsichtig wie der Gott der Genesis. Da sie klug geworden war, sah sie vollauf ein, daß dieses Gefühl verletzend wirken mußte, und sie fand es gräßlich, es ihrem ›lieben Männlein‹ anzuvertrauen. In ihrer Einfalt hatte sie kein anderes Kosewort erfunden, denn die köstliche Sprache der Übertreibung, die die Liebe ihre Opfer inmitten von Gluten lehrt, läßt sich nicht kalt schmieden. Vandenesse war glücklich über diese anbetungswürdige Zurückhaltung; er ließ durch seine klugen Bedenken seine Frau in den gemäßigten Zonen der ehelichen Liebe verbleiben. Zudem hielt dieser Mustergatte das Sichaufspielen, das vielleicht ihm Herzensbelohnungen eingetragen hätte, für ein einer edlen Seele unwürdiges Hilfsmittel; er wollte um seiner selbst willen gefallen, und nichts den Kniffen und Pfiffen verdanken, die der Reichtum ihm ermöglichte. Die Gräfin Marie lächelte, wenn sie im Bois einen unvollkommen oder schlecht bespannten Wagen sah; ihr Blick richtete sich dann immer wohlgefällig auf den ihren, dessen englisch angeschirrte Pferde trotz des Zaumzeugs nahezu frei liefen und den rechten Abstand voneinander wahrten. Félix ließ sich nicht dazu herab, den Lohn für die Mühe einzuheimsen, die er sich gab; seiner Frau kamen sein Luxus und sein guter Geschmack ganz natürlich vor; sie wußte ihm keinen Dank dafür, daß ihre Selbstachtung nicht zu leiden brauchte. So war es in allem und jedem. Die Güte hat ihre Klippen: man schreibt sie dem Charakter zu und will darin nur selten die geheimen Bemühungen einer schönen Seele erblikken, während man schlechte Menschen ohne weiteres für das Böse belohnt, das sie nicht begehen. Zu jener Zeit hatte Madame Félix de Vandenesse einen Grad von Weltkenntnis erreicht, der es ihr gestattete, die ziemlich unbedeutende Rolle einer schüchternen, sich aufs Beobachten und Zuhören beschränkenden Statistin aufzugeben, wie sie, so heißt es, Giulia Grisi[28] eine Zeitlang im Chor der Scala[29] gespielt hatte. Die junge Gräfin fühlte sich imstande, ihren Einsatz als Primadonna anzustreben, und wagte sich mehrmals an diese Rolle. Zu Félix' großer Befriedigung mischte sie sich in die Unterhaltung. Geistvolle Entgegnungen und kluge Bemerkungen, die der Umgang mit ihrem Gatten in ihren Geist gesät hatte, trugen ihr Beachtung ein, und der Erfolg machte sie kühner. Vandenesse, dem zugestanden worden war, seine Frau sei hübsch, war hingerissen, als sie für geistreich galt. Bei der Rückkehr vom Ball, vom Konzert, vom Rout, wo Marie geglänzt hatte, setzte sie, nachdem sie ihren Putz abgelegt hatte, eine fröhliche, ungezwungene Miene auf und fragte Félix: – »Bist du heute abend mit mir zufrieden gewesen?« Die Gräfin erregte ein paarmal Eifersucht, so diejenige der Schwester ihres Mannes, der Marquise de Listomère, von der sie bislang begönnert worden war, im Glauben, es handele sich bei der jungen Frau um einen Schatten, der sie selber um so mehr hervortreten lasse. Eine Gräfin mit dem Namen Marie, schön, geistvoll und tugendhaft, musikalisch und ein bißchen kokett: welch ein Beutestück für die Gesellschaft! Félix de Vandenesse kannte in der großen Welt mehrere Damen, mit denen er gebrochen hatte oder die mit ihm gebrochen hatten, denen es jedoch nicht gleichgültig gewesen war, daß er heiratete. Als jene Damen nun in Madame de Vandenesse eine kleine Frau mit roten Händen erblickten, die ziemlich verlegen war, wenig sagte und nicht danach aussah, als mache sie sich allzu viel Gedanken, hielten sie sich für hinreichend gerächt. Dann kam die Katastrophe vom Juli 1830, die Gesellschaft geriet für zwei Jahre aus den Fugen, die reichen Leute gingen während des Aufruhrs auf ihre Güter oder durchreisten Europa, und die Salons taten sich erst 1833 wieder auf. Das Faubourg Saint-Germain schmollte, erachtete jedoch einzelne Häuser, unter anderem das des österreichischen Botschafters, als neutralen Boden: die legitimistische Gesellschaft und die neue trafen sich dort und wurden durch ihre elegantesten Spitzen vertreten. Vandenesse war durch tausend Bande des Herzens und der Dankbarkeit mit der exilierten Königsfamilie verknüpft, war aber in seinen Überzeugungen so gefestigt, daß er sich nicht verpflichtet glaubte, die albernen Übertreibungen seiner Partei mitzumachen. In den Tagen der Gefahr hatte er unter Einsatz seines Lebens seine Pflicht getan, sich unter die Volksmassen gemischt und Unterhandlungen vorgeschlagen; also führte er seine Frau in eine Gesellschaft, in der seine Treue keinesfalls kompromittiert werden konnte. Vandenesses alte Freundinnen hatten Mühe, die junge Braut in der eleganten, geistvollen, sanften Gräfin wiederzuerkennen, die sich mit den erlesensten Umgangsformen der weiblichen Aristokratie zur Geltung brachte. Die Damen d'Espard, de Manerville, Lady Dudley und einige andere, weniger bekannte, fühlten, wie in ihrer Herzenstiefe Schlangen erwachten; sie vernahmen das flötende Gezisch des wütenden Stolzes, sie waren eifersüchtig auf Félix' Glück; nur zu gern hätten sie ihre hübschesten Pantöffelchen hingegeben, damit ihm ein Unglück zustieße. Anstatt der Gräfin Feindschaft zu bezeigen, umringten sie diese guten, schlechten Frauen, bezeigten ihr übertriebene Freundschaft und rühmten sie den Herrn. Félix durchschaute halbwegs ihre Absichten, überwachte ihre Beziehungen zu Marie und sagte ihr, sie solle ihnen mißtrauen. Alle konnten sich denken, daß ihr Verhalten den Grafen in Unruhe versetzte; sie verziehen ihm sein Mißtrauen nicht und verdoppelten ihre Aufmerksamkeiten und Zuvorkommenheiten für ihre Rivalin; sie verhalfen ihr zu einem riesigen Erfolg, zum größten Ärger der Marquise de Listomère, die nicht das mindeste von alledem begriff. Die Gräfin Félix de Vandenesse wurde als die bezauberndste, die geistreichste Frau von Paris gerühmt. Maries andere Schwägerin, die Marquise Charles de Vandenesse, geriet tausendmal in peinliche Situationen um der Konfusionen willen, die die Namensgleichheit hervorrief, und der Vergleiche wegen, die sie veranlaßte. Obwohl auch die Marquise eine sehr schöne und überaus geistvolle Frau war, stellten ihr ihre Rivalinnen die Schwägerin um so lieber entgegen, als die Gräfin ein Dutzend Jahre jünger war. Jene Frauen wußten, wieviel Bitterkeit der Erfolg der Gräfin in ihrem Umgang mit den beiden Schwägerinnen bringen mußte; sie wurde alsbald kühl und unfreundlich gegen die triumphierende Marie-Angélique. Es waren gefährliche Verwandte, intime Feindinnen. Bekanntlich wehrte sich die Literatur damals gegen die allgemeine Gleichgültigkeit, die das politische Drama erzeugt hatte, indem sie mehr oder weniger byroneske Werke hervorbrachte, in denen von nichts die Rede war als von Verfehlungen in der Ehe. Zu jener Zeit gaben Verstöße gegen den Heiratskontrakt den bevorzugten Stoff für Zeitschriften, Bücher und Bühnen ab. Dieses ewige Thema war mehr denn je zuvor in Mode. Der Liebhaber, dieser Alpdruck der Ehemänner, war überall, ausgenommen vielleicht die Ehen, wo es ihrer in jener bürgerlichen Epoche weniger denn zu anderen Zeiten gab. Wenn alles an die Fenster rennt, »Obacht!« schreit und die Straßen erleuchtet: lustwandeln darin dann die Diebe? Wenn es in jenen Jahren, die so reich an städtischen, politischen und moralischen Aufregungen waren, Ehekatastrophen gab, so bildeten sie Ausnahmen, und die erregten weniger Aufsehen als unter der Restauration. Dennoch schwatzten die Frauen untereinander viel über das, was damals die beiden Erscheinungsformen der Dichtung, das Buch und die Bühne, beherrschte. Es war oft die Rede vom Liebhaber, diesem so seltenen und so erwünschten Lebewesen. Bekanntgewordene Abenteuer boten Stoff zu Gesprächen, und eben jene Gespräche wurden, wie immer, von makellosen Frauen geführt. Eine des Hinweises würdige Tatsache ist die Abneigung gegen dergleichen Gespräche von seiten der Frauen, die ein illegales Glück genießen; sie bezeigen sich in der Gesellschaft prüde, zurückhaltend und fast schüchtern; sie wirken, als bäten sie jedermann um Schweigen oder alle Welt um Verzeihung für ihre Liebesfreuden. Wenn dagegen eine Frau gern von Katastrophen reden hört, sich die Wollüste erklären läßt, die die Schuldigen rechtfertigen, so möge man glauben, daß sie am Kreuzweg der Unentschlossenheit steht und nicht weiß, wohin sie sich wenden soll. Während jenes Winters hörte die Gräfin de Vandenesse die ungefüge Stimme der Welt in ihre Ohren dröhnen, der Gewitterwind umpfiff sie. Ihre vorgeblichen Freundinnen, deren Ruf durch ihre großen Namen und ihre gesellschaftliche Stellung unangreifbar war, malten ihr wiederholt die verführerische Gestalt des Liebhabers aus und warfen ihr glühende Worte über die Liebe in die Seele, die Lösung des Rätsels, das das Leben den Frauen aufgibt, die große Leidenschaft; sie folgten darin der Madame de Staël[30], die mit gutem Beispiel vorangegangen war. Als die Gräfin im kleinen Kreis naiv fragte, welches denn der Unterschied zwischen einem Gatten und einem Liebhaber sei, verfehlte kaum je eine der Frauen, die Vandenesse irgendein Unglück wünschten, ihr auf eine Weise zu antworten, die ihre Neugier anstachelte, ihre Phantasie aufreizte, ihr Herz betroffen machte und in ihrer Seele Interesse erweckte. – »Mit seinem Gatten fristet man das Dasein, Liebste, nur mit seinem Liebhaber lebt man wahrhaft«, sagte ihr die Schwägerin, die Marquise de Vandenesse. – »Die Ehe, mein Kind, ist unser Fegefeuer; die Liebe ist das Paradies«, sagte Lady Dudley. – »Glauben Sie ihr nicht!« rief Mademoiselle des Touches, »sie ist die Hölle.« – »Aber eine Hölle, in der man liebt«, gab die Marquise de Rochefide zu bedenken. »Oft empfindet man mehr Lust im Leiden als im Glück: siehe die Märtyrer!« – »Mit einem Gatten, Sie Dummchen, leben wir sozusagen von unserem eigenen Leben; aber Lieben heißt: vom Leben eines anderen leben«, sagte ihr die Marquise d'Espard. – »Ein Liebhaber ist die verbotene Frucht, und dieser Ausdruck faßt für mich alles zusammen!« sagte lachend die hübsche Moïna de Saint-Héréen.

Wenn die Gräfin nicht zu einem diplomatischen Rout oder zu einem Ball bei irgendwelchen reichen Ausländern ging wie Lady Dudley oder die Fürstin Galathionne, fuhr sie nahezu allabendlich zunächst ins Théâtre-Italien oder in die Oper und danach in eine Gesellschaft, zur Marquise d'Espard, zu Madame de Listomère, Mademoiselle des Touches, der Gräfin de Montcornet oder der Vicomtesse de Grandlieu; denn das waren die einzigen Aristokratenhäuser, in denen empfangen wurde; nie verließ sie sie, ohne daß Unkrautsamen in ihr Herz gesät worden wäre. Es wurde ihr eingeredet, sie müsse sich für ihr Leben einen Ausgleich schaffen, wie ein Modeausdruck jener Zeit lautete; sie müsse verstanden werden, ein weiterer Ausdruck, dem die Frauen merkwürdige Ausdeutungen unterschieben. Beunruhigt, bewegt, neugierig, nachdenklich kehrte sie heim. Sie nahm wahr, daß in ihrem Leben irgend etwas fehlte; aber sie ging nicht so weit, darin eine Wüste zu erblicken.

Die amüsanteste, aber auch die gemischteste Gesellschaft der Salons, die Madame Félix de Vandenesse besuchte, fand sich bei der Gräfin de Montcornet, einer reizenden kleinen Dame, die berühmte Künstler, die Spitzen der Finanz, distinguierte Schriftsteller empfing, freilich erst, nachdem sie sie einer strengen Prüfung unterworfen hatte, damit auch die schwierigsten unter den der guten Gesellschaft Angehörenden nicht zu fürchten brauchten, dort irgend jemand Zweitklassigem zu begegnen. Auch die Anspruchsvollsten konnten hier ganz beruhigt sein. Während des Winters, in dem die Gesellschaft sich wieder zusammengefunden hatte, hatten einige Salons, darunter diejenigen der Damen d'Espard und de Listomère, der Mademoiselle des Touches und der Herzogin von Grandlieu, unter den neuen Berühmtheiten der Kunst, der Wissenschaft, der Literatur und der Politik geworben. Die Gesellschaft büßt ihre Rechte nie ein; sie will in einem fort amüsiert werden. Bei einem Konzert, das die Gräfin gegen Wintersende gab, erschien bei ihr eine der zeitgenössischen Größen der Literatur und der Politik, Raoul Nathan; er war von einem der geistreichsten, aber faulsten Schriftsteller jener Zeit eingeführt worden, von Emile Blondet, ebenfalls einer Berühmtheit, aber unter Ausschluß der Öffentlichkeit; er wurde von den Journalisten gerühmt, war jedoch außerhalb der Fachkreise unbekannt: Blondet wußte das; überdies machte er sich keine Illusionen, und unter anderen Ausdrücken der Verachtung hat er gesagt, der Ruhm sei ein Gift, das nur in kleinen Dosen eingenommen werden dürfe.

Seit dem Augenblick, da Raoul Nathan sich nach langem Ringen durchgesetzt, hatte er sich die plötzliche übertriebene Vorliebe zunutze gemacht, die die eleganten Sektierer des Mittelalters, die spaßigerweise als ›Junges Frankreich‹ bezeichnet werden, für die ›Form‹ bekundeten. Er hatte sich das eigenartige Gebaren eines Genies zugelegt, indem er sich in den Kreis der Kunstvergötterer aufnehmen ließ, dessen Absichten, nebenbei gesagt, vortrefflich waren; da nichts lächerlicher ist als die Tracht der Franzosen des neunzehnten Jahrhunderts, bedurfte es des Mutes, um sie zu erneuern. Raoul, das müssen wir ihm zugute halten, stellt, was seine äußere Erscheinung betrifft, etwas Großes, Phantastisches und Ungemeines dar, das nach einem Rahmen verlangt. Seine Freunde oder seine Feinde, beide sind einander wert, stimmen darin überein, daß nichts auf Erden seinem Innern besser entspreche als sein Äußeres. Raoul Nathan wäre vielleicht im Naturzustand noch eigenartiger gewesen, als er es mit seinem Zubehör ist. Sein verwüstetes, zerstörtes Gesicht leiht ihm das Aussehen eines, der mit Engeln oder Teufeln gekämpft hat; es ähnelt jenem Antlitz, das die deutschen Maler dem toten Christus zuerkennen: es erscheinen darin tausend Merkmale eines unaufhörlichen Ringens zwischen der schwachen Menschennatur und den höheren Mächten. Aber die Falten, die sich in seine Wangen graben, die Ausbuchtungen seines zerklüfteten, durchfurchten Schädels, seine tiefliegenden Augen mit den Tränensäcken und eingefallenen Schläfen geben keinen Hinweis darauf, daß sein Körper schwächlich sei. Seine straffen Sehnen, die hervorstehenden Knochen sind von bemerkenswerter Festigkeit; und obwohl seine von Ausschweifungen gegerbte Haut sich darüber spannt, als hätten innere Gluten sie ausgedörrt, bedeckt sie nichtsdestoweniger ein mächtiges Knochengerüst. Er ist mager und hochgewachsen. Sein langes Haar befindet sich stets in einer effektvollen Wirrnis. Dieser schlecht gekämmte, schlecht gewachsene Byron hat Reiherbeine, knotige Knie, übertrieben geschweifte Hüften, Hände mit Muskeln wie Stricke; sie sind fest wie Krabbenfüße und haben magere, nervöse Finger. Raoul hat napoleonische Augen, blaue Augen, deren Blick einem durch und durch geht; eine feine, gekrümmte Nase, einen bezaubernden Mund; es verschönen ihn die weißesten Zähne, die eine Frau sich wünschen könnte. In diesem Kopf ist etwas Schwunghaftes und Feuriges, und auf seiner Stirn etwas Geniales. Raoul gehört zu der kleinen Schar von Menschen, die einen betroffen machen, wenn man ihnen begegnet, die in einem Salon sofort einen Brennpunkt bilden, auf den alle Blicke sich richten. Er fällt durch seine Saloppheit auf, wenn man Molière dieses Wort entlehnen darf, dessen er sich Eliante[31] zur Bezeichnung der ›Unsauberkeit an sich‹ bedienen läßt. Seine Kleidung sieht immer aus, als sei sie eigens zerknittert, zerknüllt und zerknautscht worden, um mit seinem Gesicht zu harmonieren. Für gewöhnlich hat er die eine Hand in seiner offenen Weste stecken, in einer Pose, die Girodets[32] Chateaubriand-Porträt berühmt gemacht hat; aber er nimmt sie weniger ein, um jenem zu ähneln, er will nämlich niemandem ähneln, als um die regelmäßigen Falten seines Hemds nicht als frisch gebügelt erscheinen zu lassen. Seine Halsbinde wird bei seinen krampfhaft zuckenden Kopfbewegungen im Handumdrehen wulstig; jene Bewegungen sind auffallend jäh und heftig, wie die der Rassepferde, die im Geschirr voller Ungeduld beständig den Kopf hochwerfen, um sich der Gebißstange und der Kinnkette zu entledigen. Sein langer Spitzbart ist weder gekämmt noch parfümiert, noch gebürstet, noch geglättet wie bei den Elegants, die den Bart fächerförmig oder spitz zulaufend tragen; er läßt ihn, wie er ist. Sein Haar, das sich zwischen Rockkragen und Halsbinde schiebt, fällt üppig auf die Schultern herab und macht die Stellen fettig, mit denen es in Berührung kommt. Seine trockenen, sehnigen Hände haben die Pflege durch die Nagelbürste und den Luxus der Zitrone nie kennengelernt. Mehrere Feuilletonisten behaupten, daß das reinigende Naß ihre verdorrte Haut nicht eben häufig erfrische. Kurzum: der schreckliche Raoul ist grotesk. Seine Bewegungen sind abrupt, als würden sie von einem unvollkommenen Mechanismus hervorgebracht. Sein Gang spricht durch sein enthusiasmiertes Zickzack, durch unerwartetes Stehenbleiben, wodurch es zu Anrempelungen friedlicher, auf den Pariser Boulevards sich ergehender Bürger kommt, jedem Ordnungssinn Hohn. Seine Konversation ist erfüllt von kaustischem Humor, von bitter boshaften Bemerkungen und ahmt seine Körperhaltung nach: plötzlich gibt sie den Ton der Rache auf und wird ohne Grund schmeichlerisch, poetisch, tröstlich, sanft; es gibt darin unerklärliche Pausen und Geistessprünge, die gelegentlich ermüden. Er bringt eine gewagte Unbeholfenheit in die Gesellschaft, eine Verachtung der Konventionen, ein kritisches Mundverziehen für alles, was dort geachtet wird, und das verübeln ihm die kleinen Geister, und ebenso alle, die bemüht sind, die Regeln der alten Höflichkeit zu erhalten; aber es liegt darin etwas Originelles, wie in den chinesischen Kunstschöpfungen, etwas, das den Frauen nicht unlieb ist. Ihnen gegenüber bezeigt er sich, nebenbei gesagt, häufig gesucht liebenswürdig; er scheint sich darin zu gefallen, sein wunderliches Gehaben in Vergessenheit geraten zu lassen, über die Antipathien einen Sieg davonzutragen, der seiner Eitelkeit, seiner Selbstachtung oder seinem Hochmut schmeichelt. »Warum sind Sie eigentlich so?« hat ihn eines Tages die Marquise de Vandenesse gefragt. – »Liegen Perlen nicht in rauhen Muschelschalen?« hat er pompös geantwortet. Einem anderen, der ihm die gleiche Frage stellte, hat er erwidert: – »Wenn ich für jedermann gut und richtig wäre, wie könnte ich dann für eine unter allen anderen Auserwählte als etwas Besseres erscheinen?« In sein geistiges Leben trägt Raoul Nathan die gleiche Unordentlichkeit hinein, die ihm als Aushängeschild dient. Es lügt nicht: sein Talent ähnelt dem jener armen Geschöpfe, die sich in bürgerlichen Haushalten als ›Mädchen für alles‹ verdingen: anfangs war er Kritiker gewesen, und zwar ein großer Kritiker; aber er fand, bei diesem Handwerk walte Schwindel ob. Seine Artikel seien soviel wert wie ganze Bücher, pflegte er zu sagen. Die Tantiemen, die man für Theaterstücke bekommt, hatten ihn verlockt; aber da er zu der langsamen, ausdauernden Arbeit unfähig war, die die Ausführung eines Bühnenstücks verlangt, hatte er sich mit einem Vaudeville-Schreiber, mit Du Bruel, zusammentun müssen, der seine Ideen zu Papier brachte und sie stets in einträgliche, geistvolle kleine Stücke umsetzte, die ausnahmslos für Schauspieler oder Schauspielerinnen geschrieben worden waren. Zu zweit hatten sie sich Florines angenommen, einer Schauspielerin ohne festes Engagement. Nathan hatte sich durch diese Verbindung, die der der siamesischen Zwillinge ähnelte, gedemütigt gefühlt und ohne Beihilfe für das Théâtre-Français ein großes Drama geschrieben, das mit Pauken und Trompeten, unter den Salven niederschmetternder Kritiken, durchgefallen war. Schon in seiner Jugend hatte er es mit dem großen, noblen Théâtre-Français versucht, und zwar mit einem prächtigen romantischen Stück nach der Art des ›Pinto‹[33], zu einer Zeit, da der Klassizismus noch an der Macht war: im ›Odéon‹ hatte drei Abende lang ein so wüstes Getobe geherrscht, daß das Stück verboten worden war. In den Augen vieler Leute galt dieses zweite Stück genau wie das erste als ein Meisterwerk und trug ihm mehr Ruhm ein als sämtliche ertragreichen Stücke, die er mit seinem Mitarbeiter verfaßt hatte, freilich nur in einer Welt ohne großen Widerhall, der der Kenner und wahren Leute von Geschmack. – »Noch ein solcher Durchfall«, hatte Emile Blondet zu ihm gesagt, »und du wirst unsterblich.« Aber anstatt auf diesem schwierigen Weg weiterzuschreiten, war Nathan, von der Not gezwungen, wieder in den Puder und die Schönheitspflästerchen des im achtzehnten Jahrhundert spielenden Vaudeville zurückgefallen, in das Kostümstück und den szenischen Neudruck erfolgreicher Bücher. Dennoch galt er als ein großer Geist, der sein letztes Wort noch nicht gesprochen habe. Übrigens hatte er die hohe Literatur angesteuert und drei Romane veröffentlicht, ganz abgesehen von denen, die er als im Druck befindlich bezeichnete und zurückhielt wie Fische im Fischkasten. Eines dieser drei Bücher, das erste, hatte, wie es manchen Schriftstellern geschieht, die nur ein Erstlingswerk schaffen können, den glänzendsten Erfolg gehabt. Dies Werk, das damals unvernünftigerweise in die vorderste Linie gerückt worden war, dies Werk eines Artisten, ließ er bei jeder Gelegenheit als das schönste Buch der Epoche bezeichnen, als den einzigen Roman des Jahrhunderts. Übrigens jammerte er viel über die Forderungen, die die Kunst stelle; er war einer derjenigen, die alle Kunstwerke, Gemälde, Statuen, Bücher, Bauten, unter dem Banner der Kunst als dem einzig gültigen einreihten. In seinen Anfängen hatte er einen Gedichtband verbrochen, der ihm einen Platz in der Plejade[34] der Dichter dieser Zeit eintrug; es fand sich darin ein nebuloses Gedicht, das mancherlei Bewunderung fand. Da er aus Geldmangel immer weiter produzieren mußte, wechselte er vom Theater zur Presse und von der Presse zum Theater über, verzettelte und verausgabte sich und glaubte nach wie vor an seinen Glücksstern. Sein Ruhm war also nicht ungedruckt und unverlegt wie der mehrerer im Sterben liegender Berühmtheiten, der auf den Titeln von noch zu schreibenden Büchern beruht, die dann nicht soviel Auflagen erleben, wie sie Verlegerverhandlungen erforderten. Nathan sah aus wie ein Mann von Genie, und hätte er zum Schafott schreiten müssen, wie er es sich bisweilen wünschte, so hätte er sich an die Stirn schlagen können wie weiland André de Chénier[35]. Es packte ihn politischer Ehrgeiz, als er den Einbruch eines Dutzends Autoren, Professoren, Metaphysiker und Historiker in die Macht erlebte; sie hatten sich der Staatsmaschine während der Unruhen von 1830 bis 1833 eingefügt; er bedauerte, daß er nicht politische Artikel statt literarischer geschrieben hatte. Er glaubte sich jenen Emporkömmlingen überlegen, deren Glück ihm damals eine verzehrende Eifersucht eingeflößt hatte. Er war einer derjenigen, die auf alles und jedes eifersüchtig, denen alle Erfolge vor der Nase weggeschnappt worden sind und die tausend Brennpunkte streifen, ohne sich auf einen einzigen einzustellen, und dabei stets die Gutwilligkeit des Nachbarn schwächen. Gegenwärtig war er vom Saint-Simonismus zum Republikanertum umgeschwenkt, um dann vielleicht zum Materialismus zurückzukehren. In allen Ecken und Winkeln spähte er nach einem Knochen, an dem er nagen konnte, und suchte nach einem sicheren Plätzchen, von wo aus er, vor Schlägen sicher, bellen und als bedrohlich gelten konnte; aber zu seiner Beschämung mußte er feststellen, daß er von dem berühmten de Marsay nicht ernst genommen wurde, der damals an der Spitze der Regierung stand und den Autoren keinerlei Beachtung zollte, bei denen er nicht fand, was Richelieu Beharrlichkeit genannt hat, oder vielmehr: Folgerichtigkeit der Gedanken. Überdies hätte jedes Ministerium mit beständiger Unordnung in Raouls Ressort rechnen müssen. Früher oder später mußte die Not ihn zwingen, in Bedingungen einzuwilligen, anstatt sie zu stellen. Raouls wahrer und sorgfältig verborgen gehaltener Charakter stimmt mit seinem zur Schau getragenen überein. Er ist ein gutgläubiger Komödiant, selbstsüchtig, als sei er selber der Staat, und ein sehr geschickter Deklamator. Niemand versteht sich besser darauf, Gefühle zu spielen, sich mit falscher Größe zu brüsten, sich mit moralischer Schönheit zu schmücken, in Worten etwas auf sich zu halten, sich zu gebärden wie ein Alceste[36] und zu handeln wie Philinte[37]. Sein Egoismus trottet in einer Rüstung aus bemalter Pappe einher und gelangt oft an das geheime Ziel, das er sich setzt. Da er faul bis zum Übermaß ist, hat er immer nur gearbeitet, wenn die Hellebarden der Notwendigkeit ihn stachen. Von der Beständigkeit der Arbeit, die das Schaffen eines großen Werks erfordert, weiß er nichts; aber im Paroxysmus der Wut, der durch seine verletzte Eitelkeit ausgelöst wird oder in einem kritischen Augenblick den Gläubiger herbeiführen, überspringt er den Eurotas[38] und triumphiert über die schwierigsten intellektuellen Diskonte. Danach ist er dann erschöpft, erstaunt, etwas geschaffen zu haben, und verfällt wieder der geistigen Entkräftung, die die Pariser Genüsse mit sich bringen. Die Not stellt sich bedrohlich ein: er hat keine Kraft, also würdigt er sich herab und kompromittiert sich. Erschüttert durch eine falsche Vorstellung von seiner Größe und seiner Zukunft, für die er sich als Maß die hohe Stellung eines seiner ehemaligen Kameraden nimmt, eines der seltenen Ministertalente, die die Juli-Revolution ans Licht gebracht hat, erlaubt er sich, um aus der Verlegenheit zu kommen, bei denen, die ihn gern haben, Gewissensbarbareien, die in den Geheimnissen des Privatlebens begraben liegen, aber von denen niemand spricht und über die niemand sich beschwert. Die Banalität seines Herzens, die Schamlosigkeit, mit der er jedem Laster, jedem Unglück, jedem Verrat, jeder Meinung die Hand drückt, haben ihn unverletzlich gemacht wie einen konstitutionellen König. Die läßliche Sünde, die bei einem Mann von großem Charakter ein Zetergeschrei auslösen würde, ist für ihn ein Nichts; eine undelikate Handlung ist etwas nahezu Bedeutungsloses, jedermann entschuldigt sich selber, indem er ihn entschuldigt. Auch wer versucht wäre, ihn zu verachten, reicht ihm die Hand, weil er befürchtet, er könne ihn einmal nötig haben. Er hat soviel Freunde, wie er sich Feinde wünscht. Diese zur Schau getragene Gutmütigkeit, die neue Bekanntschaften verführt und keine Treulosigkeit hindert, die sich alles erlaubt und alles rechtfertigt, die bei einer Kränkung lautes Geschrei ausstößt und sie verzeiht, ist eine der Hauptkennzeichen des Journalisten. Diese Kameraderie, ein von einem geistreichen Mann erfundenes Wort, frißt die schönsten Seelen an: sie macht ihren Stolz rosten, vernichtet die Grundlage großer Werke und heiligt die geistige Feigheit. Dadurch, daß gewisse Leute bei jedermann eine solche Schlaffheit des Gewissens fordern, sichern sie sich die Absolution für ihre Verrätereien, für ihren Wechsel von einer Partei zur anderen. So geschieht es, daß der aufgeklärteste Teil einer Nation zum am wenigsten achtbaren wird. Vom literarischen Standpunkt aus betrachtet, fehlt es Nathan an Stil und Bildung. Wie die meisten jungen Ehrgeizlinge in der Literatur, würgt er heute ab, was er gestern gelernt hat. Er hat weder Zeit noch Geduld zum Schreiben; er hat nicht beobachtet, aber er versteht sich aufs Zuhören. Da er außerstande ist, einen kräftig gezimmerten Plan zu konstruieren, rettet er sich vielleicht durch den Schwung seiner Zeichnung. Er ›machte in Leidenschaft‹, wie es im Literaturjargon heißt, weil, wenn es um Leidenschaft geht, alles wahr ist; während es doch dem Genie obliegt, in den Zufällen des Wahren nach dem zu suchen, was allen als wahrscheinlich erscheinen muß. Anstatt Ideen zu erwecken, sind seine Helden vergrößerte Individualitäten, die nur flüchtige Sympathien erwecken; sie sind ohne Verbindung mit den großen Lebensinteressen und stellen somit nichts dar; aber er behauptet sich durch die Raschheit seines Geistes, durch die glücklichen Würfe, die die Billardspieler ›Füchse‹, nicht beabsichtigte Treffer, nennen. Er ist der geschickteste Schütze, der die Ideen, die sich auf Paris niederlassen oder die Paris aufsteigen läßt, im Flug erlegt. Seine Fruchtbarkeit gehört nicht ihm an, sondern der Epoche: er lebt von den Umständen, und um diese zu beherrschen, übertreibt er ihre Reichweite. Kurzum: er ist unwahrhaftig; was er äußert, ist verlogen; in ihm steckt, wie Graf Félix gesagt hat, etwas von einem Taschenspieler. Seine Feder nimmt die Tinte aus dem Abtritt einer Schauspielerin; man riecht es. Nathan stellt ein Bild der literarischen Jugend von heute dar, von ihrem falschen Großtun und ihrer tatsächlichen Notlage; er repräsentiert sie mitsamt ihren regellosen Schönheiten und ihren tiefen Abstürzen, ihrem Leben voll schäumender Kaskaden, jäher Rückschläge, unterhoffter Triumphe. Er ist ein echtes Kind dieses von Neid und Eifersucht verzehrten Jahrhunderts, wo tausend durch Systeme gesicherte Rivalitäten die Hydra der Anarchie zum eigenen Nutzen mit ihren sämtlichen getäuschten Hoffnungen nähren, dieses Jahrhunderts, das Reichtum ohne Arbeit will, Ruhm ohne Talent und Erfolg ohne Mühe; aber das schließlich nach vielen Rebellionen, nach vielen Scharmützeln durch seine Laster dahin geführt wird, daß es sein Budget der Willkür der Macht unterstellt. Wenn so viele junge Ehrgeizlinge zu Fuß aufgebrochen sind und sich samt und sonders am selben Punkt ein Stelldichein geben, so ergibt sich ein Sammelsurium von unterschiedlichem Wollen, unerhörtem Elend und erbitterten Kämpfen. In dieser grausigen Schlacht erringt der wildeste oder gewandteste Egoismus den Sieg. Das Beispiel wird beneidet, gerechtfertigt trotz des Gezänks, würde Molière sagen: man befolgt es. Als Raoul um seiner Feindschaft gegen die neue Dynastie willen in den Salon der Madame de Montcornet eingeführt worden war, schoß seine Scheingröße üppig ins Kraut. Er hatte Zulaß als der politische Kritiker der Marsay, Rastignac und La Roche-Hugon gefunden, die zur Macht gelangt waren. Emile

Blondet, das Opfer seines verhängnisvollen Zögerns, seines Widerwillens gegen alle Tätigkeit, die nur ihn selber betraf, derjenige, der Nathan eingeführt hatte, spielte seine Rolle als Spötter weiter, ergriff für niemanden Partei und hielt es mit allen und jedem. Er war der Freund Raouls, der Freund Rastignacs, der Freund Montcornets. – »Du bist ein politisches Dreieck«, sagte Marsay lachend zu ihm, als er ihm in der Oper begegnete, »diese geometrische Form kommt nur Gott zu, denn der hat nichts zu tun; die Ehrgeizigen dagegen müssen Kurven einschlagen, das ist in der Politik der kürzeste Weg.« Aus der Entfernung betrachtet, war Nathan ein sehr schönes Meteor. Die Mode rechtfertigte seine Art und Weise und sein Auftreten. Sein erborgtes Republikanertum lieh ihm augenblicklich die jansenistische Strenge, in die die Verteidiger der Sache des Volkes sich hüllen, über die er sich innerlich lustig machte; aber jene Strenge ist für die Augen der Frauen nicht ohne Reiz. Frauen haben eine Vorliebe dafür, Wunder zu vollbringen, Felsen zu zertrümmern und Charaktere zum Schmelzen zu bringen, die anmuten, als seien sie aus Erz. Damals stand also Raouls moralische Toilette im Einklang zu seiner Kleidung. Für die Eva, die sich in ihrem Paradies in der Rue du Rocher langweilte, mußte er die schillernde, bunte, schönrednerische Schlange mit den hypnotischen Augen, den geschmeidigen Bewegungen werden, die die erste Frau ins Verderben stürzte, und er wurde es auch. Kaum hatte Gräfin Marie Raoul erblickt, als sie auch schon jenes innerliche Aufwallen verspürte, dessen Heftigkeit eine Art Erschrecken hervorruft. Jener angeblich große Mann übte auf sie durch seinen Blick einen physischen Einfluß aus, der bis in ihr Herz hinein strahlte und es verwirrte. Diese Verwirrung war für sie ein Lustgefühl. Der Purpurmantel, den die Berühmtheit für einen Augenblick um Nathans Schultern geschlagen hatte, blendete die naive Frau. Zur Teestunde verließ Marie den Platz, wo sie zwischen ein paar mit Geschwätz beschäftigten Frauen gesessen hatte und verstummt war, als sie jenen außergewöhnlichen Menschen erblickte. Jenes Schweigen war ihren falschen Freundinnen aufgefallen. Die Gräfin ging auf den quadratischen Diwan in der Mitte des Salons zu, auf dem Nathan geschwollen einherredete. Sie stand da und hakte Madame Octave de Camps unter, eine vortreffliche Dame, die das unwillkürliche Beben, durch das Maries heftige innere Bewegung offenbar wurde, als Geheimnis für sich behielt. Obwohl das Auge einer verliebten oder überrumpelten Frau eine unglaubhafte Süße bekundet, war Raoul, der in diesem Augenblick ein wahres Feuerwerk abbrannte, viel zu sehr mit seinen boshaften Bemerkungen beschäftigt, die wie Raketen hochschossen, mit seinen Anklagen, die sich wie Feuerräder zusammen- und auseinanderrollten, mit seinen flammenden Porträts, die er mit feurigen Strichen entwarf, um die naive Bewunderung einer armen kleinen Eva zu bemerken, die halb versteckt in der Gruppe der ihn umgebenden Frauen stand. Eine solche Neugier, die derjenigen zu vergleichen ist, mit der ganz Paris in den Jardin des Plantes gestürzt wäre, hätte es dort ein Einhorn zu sehen gegeben, sofern eins in den berühmten Mondgebirgen aufgetrieben worden wäre, die noch von keinem Europäer betreten worden sind, berauscht zweitrangige Geister im gleichen Maß, wie es wahrhaft höhergeartete Seelen betrübt; Raoul nun aber entzückte es: er gehörte nämlich viel zu sehr allen Frauen, als daß er einer einzigen hätte gehören können.

»Vorsicht, Liebste«, wurde Marie von ihrer anmutigen, liebenswerten Gefährtin zugeflüstert, »gehen Sie lieber.«

Die Gräfin sah zu ihrem Gatten hin, um ihn um seinen Arm zu bitten; es war einer jener Blicke, die Ehemänner nicht immer verstehen: Félix indessen führte sie weg.

»Mein Lieber«, sagte Madame d'Espard leise zu Raoul, »Sie haben mal wieder Glück, Sie schlechter Mensch. Sie haben heute abend mehr als eine Eroberung gemacht, und unter anderen die reizende Frau, die so plötzlich von uns fortgegangen ist.«

»Weißt du, was die Marquise d'Espard mir hat sagen wollen?« fragte Raoul Blondet; er erinnerte ihn, als sie zwischen ein und zwei Uhr morgens nahezu allein waren, an die Bemerkung der großen Dame.

»Ja, ich habe gerade gehört, die Gräfin de Vandenesse habe sich toll in dich verliebt. Man braucht dir nicht gerade sein Beileid auszusprechen.«

»Ich habe sie gar nicht gesehen«, sagte Raoul.

»Oh, du wirst sie schon noch zu sehen bekommen, du Gauner«, sagte Emile Blondet und lachte schallend. »Lady Dudley hat dich eigens, damit du sie wiedertriffst, zu ihrem großen Ball eingeladen.«

Raoul und Blondet gingen mit Rastignac zusammen weg; er bot ihnen seinen Wagen an. Alle drei mußten über das Beisammensein eines eklektischen Unterstaatssekretärs, eines wilden Republikaners und eines politischen Atheisten lachen.

»Wenn wir nun auf Kosten der gegenwärtigen Ordnung der Dinge soupierten?« fragte Blondet, der die Soupers wieder zu Ehren bringen wollte.

Rastignac fuhr sie zu Véry[39], schickte seinen Wagen heim, und die drei setzten sich zu Tisch, analysierten die gegenwärtige Gesellschaft und lachten ein rabelaisisches Lachen. Im Verlauf des Soupers rieten Rastignac und Blondet ihrem unechten Feind, ein so kapitales Glück wie das sich ihm bietende nicht auszuschlagen. Die beiden durchtriebenen Lebemänner erzählten in spottgewürztem Stil die Lebensgeschichte der Gräfin Marie de Vandenesse; sie gingen dieser unschuldigen Kindheit und dieser glücklichen Ehe mit dem Skalpell der treffend formulierten Bosheit und der scharfen Spitze des Witzworts zu Leibe. Blondet beglückwünschte Raoul zu einer Frau, die noch nichts auf dem Gewissen habe als schlechte Rötelzeichnungen, dürftige Aquarelllandschaften, für den Ehemann gestickte Pantoffeln, in der keuschesten Absicht vorgetragene Sonaten; sie habe achtzehn Jahre lang am mütterlichen Rock gehangen, sei mit religiösen Praktiken durchtränkt, von Vandenesse weiterbehandelt und durch die Ehe so gargekocht worden, daß sie jetzt von der Liebe verspeist werden könne. Bei der dritten Flasche Champagner ging Raoul Nathan mehr aus sich heraus, als er es je anderen Menschen gegenüber getan hatte.

»Ihr Freunde«, sagte er zu ihnen, »ihr wißt um meine Beziehungen zu Florine, ihr kennt mein Leben, und so wird es euch nicht wundern, wenn ich euch gestehe, daß die Farbe der Liebe einer Gräfin mir völlig unbekannt ist. Ich habe mich oftmals tief gedemütigt gefühlt bei dem Gedanken, daß ich mich, außer in der Poesie, mit keiner Beatrice[40], keiner Laura[41] habe beschenken können! Eine adlige, reine Frau ist wie ein Gewissen ohne Flekken, das uns uns selber in schöner Gestalt vorführt. Anderswo können wir uns beschmutzen; dort jedoch bleiben wir groß, stolz und makellos. Anderswo führen wir ein wildes, wüstes Leben; dort jedoch können wir die Ruhe, die Kühle, das Grün einer Oase atmen.«

»Na, na, alter Freund«, sagte Rastignac zu ihm, »du fiedelst auf der G-Saite das Gebet des Moses, wie Paganini[42].«

Raoul saß stumm, mit starren, stumpfen Augen da.

»Dieser vulgäre Ministerlehrling versteht mich nicht«, sagte er nach kurzem Schweigen.

Während die arme Eva der Rue du Rocher verschämt zu Bett ging, sich über das Lustgefühl entsetzte, mit dem sie dem angeblich großen Dichter gelauscht hatte und zwischen der strengen Stimme ihrer Dankbarkeit gegenüber Vandenesse und den vergoldeten Worten der Schlange schwankte, traten die drei Frechlinge die zarten, weißen Blüten von Maries anhebender Liebe mit Füßen. Ach, wenn die Frauen um das zynische Gehabe wüßten, das die Männer, die in ihrer Gegenwart so geduldig, so schmeichlerisch tun, bekunden, wenn sie fern von ihnen sind! Wie sie sich lustig machen über das, was sie anbeten! Wie entkleidete und analysierte der burleske Witz das junge, anmutige, keusche Geschöpf! Aber auch welch ein Triumph für Marie! Je mehr Hüllen von ihr abfielen, desto mehr Schönheiten zeigte sie.

In dieser Minute verglich Marie Raoul und Félix, ohne sich der Gefahr bewußt zu werden, die ein Herz läuft, wenn es solcherlei Parallelen zieht. Nichts auf Erden bildete einen größeren Gegensatz als der liederliche, kraftvolle Raoul und Félix de Vandenesse, der gepflegt war wie eine Zierpuppe, dessen Anzüge eng anlagen, der mit einer reizenden disinvoltura[43] begabt war, ein erklärter Parteigänger der englischen Eleganz, an die ihn einstmals Lady Dudley gewöhnt hatte. Solch ein Gegensatz gefällt der weiblichen Phantasie, die nur zu geneigt ist, von einem Extrem zum anderen überzuspringen. Als eine fromme Frau, die auf sich hielt, verbot die Gräfin es sich, an Raoul zu denken; am anderen Morgen, inmitten ihres Paradieses, kam sie sich schändlich undankbar vor.

»Was hältst du von Raoul Nathan?« fragte sie beim Mittagessen ihren Mann.

»Der? Ein Taschenspieler«, antwortete der Graf, »einer der Vulkane, die sich durch ein bißchen Goldstaub beruhigen lassen.

Es war falsch von der Gräfin de Montcornet, ihn bei sich zuzulassen.« Diese Antwort kränkte Marie um so mehr, als Félix, der sich in der Literatenwelt auskannte, sein Urteil durch Beweise erhärtete: er erzählte, was er von Raoul Nathans Leben wußte, einem prekären Dasein, das er mit Florine, einer bekannten Schauspielerin, teile. – »Der Mann mag Genie haben«, schloß er, »aber er besitzt weder die Beharrlichkeit noch die Geduld, die das Genie weihen und zu etwas Göttlichem machen. Er will damit Welt und Gesellschaft imponieren, indem er sich zu einem Rang hochsteigert, in dem er sich nicht behaupten kann. Wahre Talente, fleißige, anständige Leute, handeln nicht so: sie gehen beherzt ihren Weg, sie nehmen ihre Nöte auf sich und behängen sich nicht mit Flitter.«

Das Denken einer Frau ist mit unglaublicher Geschmeidigkeit begabt: wenn sie einen Schlag mit dem Totschläger empfängt, knickt sie zusammen, scheint zerschmettert und richtet sich nach einer gewissen Zeit wieder auf, als sei nichts gewesen. – »Félix hat sicherlich recht«, sagte die Gräfin sich anfangs. Aber nach drei Tagen dachte sie bereits wieder an die Schlange; dazu brachte sie die zugleich süße und grausame Aufwallung, die Raoul in ihr ausgelöst und die Vandenesse ihr leider nicht gedeutet hatte. Graf und Gräfin gingen zu Lady Dudleys großem Ball, bei dem de Marsay zum letztenmal in der Gesellschaft erschien; denn er starb zwei Monate danach und hinterließ den Ruf eines sehr großen Staatsmannes, einen Ruf, dessen Größe, wie Blondet sagte, unverständlich war. Vandenesse und seine Frau begegneten Raoul Nathan zum zweitenmal in dieser Gesellschaft, die merkwürdig durch das Zusammentreffen mehrerer Mitspieler des politischen Dramas war; sie waren sehr erstaunt über diese Begegnung. Es war eine der ersten Festlichkeiten, die die große Welt wieder zusammenführte. Die Salons boten dem Auge einen zauberhaften Anblick dar: Blumen, Diamanten, schimmernde Frisuren, alle Schmuckkästen geleert, alle Hilfsmittel der Toilettenkünste gebrandschatzt. Der Salon konnte mit einem der koketten Treibhäuser verglichen werden, in denen reiche Blumenliebhaber die prächtigsten Seltenheiten zusammenzustellen pflegen. Derselbe Glanz, dieselbe Feinheit der Materie. Der menschliche Gewerbefleiß schien mit den organischen Schöpfungen wetteifern zu wollen. Überall weiße oder wie die Flügel der hübschesten Libellen getönte Gaze, Krepp, Spitzen, Seidenspitzen, Tüll in mannigfachen Abschattungen wie die von den Launen der Natur in der Insektenwelt geschaffenen, durchbrochen, gewellt, gezackt; goldene, silberne Spinnwebfäden, Nebelwolken aus Seide, von Feen gestickte oder von eingefangenen Geistern zum Erblühen gebrachte Blumen; von der Glut der Tropensonne gefärbte Federn wie Trauerweiden über stolzen Köpfen; gewundene Perlenschnüre, glatte, gerippte, durchbrochene Stoffe, als habe arabischer Kunstgeist die französische Industrie beraten. Dieser Luxus stand im Einklang mit all den Schönheiten, die dort versammelt waren, als solle ein Keepsake[44] zusammengestellt werden. Der Blick umfaßte die weißesten Schultern, solche von der Farbe des Bernsteins und solche von einem so weichen Glanz, daß man hätte meinen können, sie seien satiniert worden, diese seidig, jene matt und gepolstert, als wenn Rubens die Materie dazu bereitet hätte, kurzum: alle Nuancen, die der Mensch dem Farbton Weiß hat zuteil werden lassen. Es gab Augen, die wie Onyx oder Türkis schimmerten; sie waren von schwarzem Samt oder blonden Fransen umsäumt; Gesichter von unterschiedlichem Schnitt, die an die anmutigsten Typen sämtlicher Länder gemahnten; erhabene oder majestätische Stirnen, oder sanft gewölbte, als woge dahinter ein Übermaß von Gedanken, oder flache, als weile dahinter nie besiegtes Widerstreben; und dann das, was diesen für das Auge bereiteten Festen einen so hohen Reiz verleiht, Brüste, zusammengedrängt, wie Georg IV.[45] sie liebte, oder getrennt nach der Mode des achtzehnten Jahrhunderts, oder bestrebt, sich einander zu nähern, wie Ludwig XV. es wollte; aber stets kühn vorgezeigt, hüllenlos, oder unter den hübschen, gefältelten Busentüchern wie auf Raffaels Bildnissen, der triumphalen Leistung seiner geduldigen Schüler. Die niedlichsten zum Tanzen ausgestreckten Füße, die sich in den Armen des Walzers bogen, reizten die Blicke auch der Gleichgültigsten. Das Gemurmel der weichsten Stimmen, das Rauschen und Scheuern der Kleider, das Schleifen der Tanzschritte, die heftigen Schwünge des Walzers bildeten eine phantastische Begleitung der Musik. Der Zauberstab einer Fee schien dieses betäubende Hexenwerk befohlen zu haben, diese Melodie von Parfüms, diese irisierenden Lichter der Kristallüster mit den flackernden Kerzen, diese von den Spiegeln vervielfachten Bilder. Dies Miteinander der hübschesten Frauen und der hübschesten Toiletten hob sich von der schwarzen Masse der Herren ab; darin fielen die eleganten, feinen, korrekten Profile der Adligen auf, die rötlichen Schnurrbärte und die ernsten Augen der Engländer, die anmutigen Züge der französischen Aristokratie. Alle Orden Europas funkelten auf der Brust, am Band um den Hals oder an der Hüfte niederhängende Orden. Betrachtete man prüfenden Blickes diese Gesellschaft, so bot sie nicht nur die glänzenden Farben des Geschmücktseins dar, sondern sie hatte eine Seele, sie lebte, dachte, fühlte. Verborgene Leidenschaften gaben ihr ein Antlitz: man hätte boshafte Blickwechsel auffangen können, die Begehrlichkeit wahrnehmen, die weißgekleidete, berauschte und neugierige junge Mädchen bezeigten, eifersüchtige Frauen, die einander hinter dem Fächer Bosheiten anvertrauten oder die sich gegenseitig übertriebene Komplimente machten. Die geschmückte, frisierte, nach Moschus duftende Gesellschaft ließ sich in einem Festtaumel gehen, der zu Kopf stieg wie ein benebelnder Dunst. Es war, als entströmten allen Stirnen wie allen Herzen Gefühle und Gedanken, die sich verdichteten und deren Zusammenballung sich auch auf die kältesten Menschen auswirkte und sie außer sich brachte. Im zügellosesten Augenblick dieses berauschenden Abends drängte es Madame Félix de Vandenesse unwiderstehlich, mit Nathan zu plaudern; das geschah in einer Ecke des vergoldeten Salons, in dem ein oder zwei Bankiers, Gesandte, ehemalige Minister und der alte, unmoralische Lord Dudley, den der Zufall hierhergeführt hatte, beim Spiel saßen. Vielleicht gab sie dem Rausch des Balls nach, der schon oftmals auch den Verschwiegensten Geständnisse entrissen hat.

Beim Anblick dieses Festes und des Glanzes einer Gesellschaft, in die er bis jetzt noch nicht hineingelangt war, wurde Nathans Herz von verdoppeltem Ehrgeiz zernagt. Er sah Rastignac, dessen jüngerer Bruder unlängst mit siebenundzwanzig Jahren Bischof geworden war, Rastignac, dessen Schwager Martial de Roche-Hugon Minister, der selber Unterstaatssekretär war und, wie es hieß, die einzige Tochter des Barons Nucingen heiraten würde; er erblickte im diplomatischen Korps einen unbekannten

Schriftsteller, der ausländische Zeitungen für ein seit 1830 dynastisch gewordenes Blatt übersetzte; er sah Artikelschreiber, die jetzt im Staatsrat saßen, Professoren, die zu Pairs von Frankreich ernannt worden waren, und erkannte schmerzlich, daß er auf falschem Wege sei, wenn er die Abschaffung dieser Aristokratie predigte, in der Talente glänzten, die Glück gehabt hatten, in der Können durch Erfolg gekrönt, in der Überlegenheit als etwas Wirkliches anerkannt wurde. Blondet, der so übel dran war, der im Journalismus ausgebeutet wurde, hier jedoch gern gesehen war, konnte noch immer, wenn er nur wollte, vermöge seiner Liaison mit Madame de Montcornet den Pfad zu Glück und Reichtum beschreiten; er wurde in Nathans Augen zu einem frappierenden Beispiel für die Macht der gesellschaftlichen Beziehungen. Im tiefsten Herzensgrund war er entschlossen, auf alle Überzeugungen zu pfeifen, wie de Marsay, Rastignac, Blondet und Talleyrand, das Haupt dieser Sekte, sich lediglich an Tatsachen zu halten, sie zum eigenen Vorteil zu wenden, in jedem System eine Waffe zu sehen und keinesfalls eine so gut konstituierte, so schöne, so natürliche Gesellschaft zu stören. – »Meine Zukunft«, sagte er sich, »hängt von einer Frau ab, die dieser Gesellschaft angehört.« Mit diesem im Feuer eines frenetischen Verlangens empfangenen Gedanken stürzte er sich auf die Gräfin de Vandenesse wie ein Milan auf seine Beute. Das liebreizende Geschöpf, das so hübsch war in seinem Schmuck aus Marabufedern, der die köstliche Weichheit der Porträts von Lawrence[46] bewirkt hat und der mit der Sanftheit ihres Charakters harmonierte, wurde von der kochenden Energie dieses vor Ehrgeiz rasenden Dichters durchdrungen. Lady Dudley, der nichts entging, begünstigte dieses Beieinander dadurch, daß sie den Grafen de Vandenesse der Madame de Manerville zuschob. Kraft eines alten Einflusses verstrickte diese Dame Félix in die Schlingen eines Streits voller Neckereien und vertraulicher Bekenntnisse, die sie durch Erröten verschönte, voller sehnsüchtiger Anspielungen, die sie, klug wie sie war, ihm wie Blumen vor die Füße warf, voller Beschuldigungen, bei denen sie sich ins Recht setzte, um sich sagen zu lassen, sie habe unrecht. Die beiden auseinandergekommenen Liebesleute sprachen miteinander zum erstenmal ohne Zeugen. Während die frühere Geliebte ihres Mannes in der Asche der erloschenen Liebeslüste wühlte und darin nach ein paar glühenden Kohlestückchen suchte, empfand Madame Félix de Vandenesse das heftige Herzklopfen, das bei einer Frau die Gewißheit auslöst, sie tue etwas Falsches und wandele auf verbotenen Wegen: dergleichen Regungen sind recht reizvoll und wecken mancherlei schlummernde Kräfte. Wie im Märchen von Blaubart bedienen sich auch heute noch alle Frauen nur zu gern des blutbefleckten Schlüssels; das ist eine herrliche mythologische Idee, eines der Ruhmesblätter Perraults[47].

Der Dramatiker, der seinen Shakespeare kannte, schilderte seine Nöte, erzählte von seinem Ringen mit Menschen und Dingen, wies andeutend auf seine Größe hin, der die Basis fehle, auf sein unbekanntes politisches Talent, auf sein einer edlen Neigung bares Leben. Ohne ein Wort davon zu sagen, legte er der liebenswürdigen Frau nahe, sie solle für ihn die sublime Rolle spielen, die Rebecca in ›Ivanhoe‹[48] innehat: ihn lieben, ihn schützen und fördern. Das alles vollzog sich in den ätherischen Gefilden des Gefühls. Vergißmeinnichte sind nicht blauer, Lilien nicht reiner, die Stirnen der Seraphim nicht weißer als die Bilder, die Ausführungen und die aufgehellte, strahlende Stirn dieses Künstlers, der sein Gespräch seinem Verleger hätte einsenden können. Er spielte seine Reptilrolle vortrefflich, er ließ vor den Augen der Gräfin die leuchtenden Farben des schicksalsträchtigen Apfels erglänzen. Marie verließ diesen Ball mit Gewissensbissen, die Hoffnungen ähnelten; sie war angenehm berührt durch Komplimente, die ihrer Eitelkeit geschmeichelt hatten; sie fühlte sich bis in die kleinsten Herzensfalten ergriffen, von seinen guten Eigenschaften eingenommen, durch ihr Mitleid für das Unglück verführt.

Vielleicht hatte Madame de Manerville Vandenesse zu dem Salon hingeführt, in dem seine Frau mit Nathan plauderte; vielleicht war er von sich aus hingegangen, auf der Suche nach Marie, weil er heimfahren wollte; vielleicht hatte die geführte Unterhaltung längst beschwichtigten Liebeskummer aufgestört. Wie dem auch sei: als sie zu ihm trat und um seinen Arm bat, sah sie, daß seine Stirn verdüstert, seine Miene versonnen war. Sobald sie mit Félix allein im Wagen saß, bedachte sie ihn mit ihrem feinsten Lächeln und fragte: – »Hattest du dich nicht mit Madame de Manerville unterhalten?« Als der Wagen in die Einfahrt des Palais einbog, war Félix immer noch in das Buschwerk verstrickt, in das seine Frau ihn mittels eines reizenden kleinen Streites geführt hatte. Das war die erste List, die die Liebe ihr diktierte. Marie war selig, über einen Mann triumphiert zu haben, der ihr bislang als so überlegen erschienen war. Sie kostete die erste Freude aus, die ein notwendiger Erfolg bereitet.

Zwischen der Rue Basse-du-Rempart und der Rue Neuve-des-Mathurins hatte Raoul in einem an einem Durchgang gelegenen schmalen, häßlichen Haus eine öde, kahle, kalte Wohnung inne; dort hauste er für die Gleichgültigen, die Neulinge in der Literatur, seine Gläubiger, für lästige Menschen und die mannigfachen Langweiler, die die Schwelle seines Privatlebens nicht übertreten sollten. Sein wirkliches Domizil, wo er in großem Stil lebte und repräsentierte, war die Wohnung der Mademoiselle Florine, einer zweitrangigen Schauspielerin, die indessen seit zehn Jahren von Nathans Freunden, den Zeitungen und einigen Autoren unter die berühmten Bühnenkünstlerinnen eingereiht worden war. Seit zehn Jahren hatte Raoul sich so eng an diese Frau angeschlossen, daß er sein halbes Leben bei ihr verbrachte; er aß bei ihr, wenn er nicht gerade einen Freund zu traktieren hatte oder zu einem Diner in die Stadt gehen mußte. Florine verband mit einer absoluten Verderbtheit einen erlesenen Geist; der Umgang mit Künstlern hatte ihn entwickelt, und die stete Anwendung schliff ihn täglich schärfer. Geist gilt im allgemeinen für eine bei Schauspielern seltene Eigenschaft. Es ist etwas so Natürliches, zu glauben, daß Leute, die ihr Leben damit hinbringen, alles aus sich herauszustellen, nichts in sich haben! Aber wenn man an die kleine Zahl von Schauspielern und Schauspielerinnen denkt, die in jedem Jahrhundert leben, und an die große Zahl der Dramatiker und der verführerischen Frauen, die die Bevölkerung jener Zeitspanne hervorgebracht hat, dann darf man wohl jene Meinung widerlegen; sie beruht auf einer ewig an den Künstlern geübten Kritik: es wird ihnen samt und sonders vorgeworfen, sie verlören im plastischen Ausdruck der Leidenschaften ihre persönlichen Gefühle, während sie doch dabei lediglich die Kräfte des Geistes, des Gedächtnisses und der Einbildungskraft einsetzen. Die großen Künstler sind Wesen, die, wie Napoleon einmal gesagt hat, willkürlich die Verbindung aufheben, die die Natur zwischen den Sinnen und dem Denken geschaffen hat. Molière und Talma waren im Alter verliebter, als gewöhnliche Menschen es sind. Florine war gezwungen, Journalisten zuzuhören, die alles erraten und berechnen, Schriftstellern, die alles voraussehen und aussprechen; sie mußte verschiedene Politiker beobachten, die sich bei ihr jedermanns gute Einfälle zunutze machten; und so stellte sie eine Mischung von Teufelin und Engel dar, die sie würdig machte, all diese gewitzten Lebemänner zu empfangen; sie entzückte sie durch ihre Kaltblütigkeit. Ihre Mißbildung von Geist und Herz gefiel ihnen unendlich. Ihr durch galante Spenden verschöntes Haus wies den übertriebenen Luxus von Frauen auf, die sich kaum um den Preis der Dinge kümmern, sondern nur um Dinge selber, und ihnen den Wert ihrer Launen beilegen; die in einem Wutanfall einen Fächer, ein Räuchergefäß zerbrechen, die einer Königin würdig gewesen wären, und die in lautes Geschrei ausbrechen, wenn man einen Porzellannapf zu zehn Francs zerschlägt, aus dem ihre Hundchen saufen. Ihr Eßzimmer, das voll von kostbarsten Geschenken stand, kann einen Begriff von dem Durcheinander des königlichen und nicht gewürdigten Luxus vermitteln. Überall, sogar an der Zimmerdecke, fanden sich Täfelungen aus naturfarbenem, geschnitztem Eichenholz, die durch schmale, mattgoldene Leisten hervorgehoben wurden; die Wandfelder wurden von mit Fabeltieren spielenden Putten umrahmt; das flirrende Licht fiel hier auf eine Skizze von Decamps[49], dort auf einen ein Weihwasserbecken haltenden Gipsengel, ein Geschenk von Antoine Moine[50]; des weiteren auf irgendein kokettes Bild von Eugène Devéria[51], eine düstere spanische Alchimistengestalt von Louis Boulanger[52], einen Brief Lord Byrons an Caroline[53] in einem von Elshoëcht[54] geschnitzten Ebenholzrahmen; gegenüber ein Brief Napoleons an Joséphine. All das ohne jede Symmetrie, aber mit unauffälliger Kunst gehängt. Man fühlte sich gewissermaßen überrascht. Es walteten Koketterie und Lässigkeit, zwei Eigenschaften, die sich vereint nur bei Künstlern finden. Auf dem Kaminsims, einer köstlichen Holzschnitzerei, stand lediglich eine seltsame Florentiner Elfenbeinstatue, die Michelangelo zugeschrieben wurde; sie stellte Pan dar, der unter der Fellbekleidung eines jungen Hirten eine Frau findet; das Original befindet sich in der Wiener Schatzkammer;

daneben an beiden Seiten Wandleuchter von der Hand irgendeines Renaissancekünstlers. Eine Boulle-Uhr auf einem Schildpattpiedestal mit eingelegten Messingarabesken schimmerte mitten vor einer Wandfläche zwischen zwei kleinen Statuen, die wohl einer zerstörten Abtei entstammten. In den Ecken funkelten auf ihren Füßen Lampen von königlicher Pracht, mit denen ein Fabrikant ein paar hochtönende Reklametexte über die Notwendigkeit, Lampen mit japanischen Schirmen zu besitzen, bezahlt hatte. Auf einer bewundernswürdigen Etagère prunkten kostbare Silberbestecke; sie waren wohl in einem Kampf gewonnen worden, in dem irgendein Lord die Überlegenheit der französischen Nation anerkannt hatte; ferner Porzellan mit plastischem Schmuck; kurzum: der erlesene Luxus des Künstlers, der kein anderes Kapital als sein Mobiliar besitzt. Das in Violett gehaltene Schlafzimmer war der Traum einer debütierenden Tänzerin: mit weißer Seide gefütterte Samtvorhänge waren über einen Tüllschleier drapiert; die Zimmerdecke war mit weißem, durch violetten Satin gehobenem Kaschmir bespannt; vor dem Bett ein Hermelinteppich; im Bett, dessen Vorhänge einer auf den Kopf gestellten Lilie glichen, hing eine Laterne, damit darin die Zeitungen gelesen werden konnten, ehe sie erschienen. Ein gelber Salon, belebt durch Ornamente in der Farbe von Florentiner Bronze, harmonierte mit all dieser Pracht; aber eine exakte Beschreibung würde diese Seiten dem Plakat einer Zwangsversteigerung ähnlich machen. Um Vergleichsmöglichkeiten zu all den schönen Dingen zu finden, hätte man ein paar Schritte weiter gehen müssen, zu Rothschild.

Sophie Grignoult, die sich, wie es beim Theater vielfach Brauch ist, in Florine umgetauft hatte, war anfangs, trotz ihrer Schönheit, auf kleineren Bühnen aufgetreten. Ihren Erfolg und ihre Glücksumstände verdankte sie Raoul Nathan. Die Vereinigung der Geschichte der beiden war in der Theater-Literatenwelt nichts Ungewöhnliches, und sie tat Raoul keinerlei Abbruch; als berühmter Mann wahrte er den Anstand. Dennoch stand Florines Glück nicht auf festen Füßen. Ihre unsicheren Einkünfte hingen von ihren Engagements und Kündigungen ab; sie konnte damit kaum die Kosten ihrer Toiletten und ihres Hausstands bestreiten. Nathan schenkte ihr die Kontributionen, die er neuen

Industrieunternehmungen auferlegte; aber obgleich er zu ihr stets galant war und die Hand über sie hielt, war seine Protektion weder regelmäßig noch verläßlich. Diese Unsicherheit, dies Leben in den Tag hinein, hatte für Florine nichts Beängstigendes. Sie glaubte an ihr Talent; sie glaubte an ihre Schönheit. Ihr fester Glaube besaß etwas Komisches für alle, die mit anhörten, wie sie ihre Zukunft damit hypothekarisch belastete, wenn ihr Vorhaltungen gemacht wurden. – »Ich werde Renten haben, wenn es mir paßt, welche zu haben«, sagte sie. »Ich habe schon fünfzig Francs im Staatsschuldbuch.« Niemand begriff, daß sie, schön wie sie war, sieben Jahre unentdeckt hatte bleiben können; aber in Wahrheit war Florine schon mit dreizehn Jahren als Statistin aufgetreten, und zwei Jahre später hatte sie an einem obskuren Boulevard-Theater debütiert. Mit fünfzehn existieren weder Schönheit noch Talent: eine Frau ist dann ganz und gar Versprechen. Jetzt war sie achtundzwanzig, in dem Alter, da die Schönheit der Französinnen in ihrem vollen Glanz steht. Die Maler sahen an Florine vor allem den mattweißen Glanz ihrer Schultern mit den olivenen Tönungen in der Nackengegend; sie waren zugleich fest und glatt; das Licht glitt darüber hin wie über Moiréstoff. Wenn sie den Kopf wandte, so entstanden an ihrem Hals köstliche Falten, die die Bewunderung der Bildhauer fanden. Sie trug auf diesem triumphierenden Hals das Köpfchen einer römischen Kaiserin, den eleganten, feinen, runden, eigenwilligen Kopf der Poppäa[55] mit Zügen von geistvoller Korrektheit und der Stirn der Frauen, die Sorgen und Grübeleien verscheuchen, die leicht nachgeben, aber auch störrisch sein können wie die Maulesel und dann auf nichts mehr hören. Die wie mit einem einzigen Meißelhieb herausgehauene Stirn krönte schönes, aschblondes Haar, das nach römischer Art stets vorn in zwei gleichen Massen hochgekämmt und am Hinterkopf zu einem Knoten gerafft war, der den Kopf verlängerte und durch seine Farbe dem Weiß des Halses zu besserer Wirkung verhalf. Schwarze, feine Brauen, wie von einem chinesischen Maler hingetuscht, umrahmten weiche Lider, auf denen ein Netzwerk rosiger Äderchen schimmerte. Ihre in einem lebhaften Schein leuchtenden, aber durch braune Streifen getigerten Augäpfel liehen ihrem Blick die grausame Starrheit desjenigen der Raubtiere und offenbarten die kalte Bosheit der Kurtisane. Ihre anbetungswürdigen Gazellenaugen waren von einem schönen Grau und von langen, schwarzen Wimpern gesäumt; das war ein zauberhafter Gegensatz, der ihren Ausdruck achtsamer, stiller Wollust noch spürbarer machte; sie waren von Tönungen umgeben, die von Müdigkeit zeugten; aber die kunstvolle Art und Weise, mit der sie die Augäpfel in den Winkel oder nach oben zu rollen verstand, um zu beobachten oder zu tun, als denke sie nach; die Art, wie sie sie starr stillhielt und dabei ihren vollen Glanz aufleuchten ließ, ohne die Kopfhaltung zu verändern, ohne eine Miene zu verziehen, was alles sie auf der Bühne gelernt hatte; und die Lebhaftigkeit ihrer Blicke, wenn sie einen ganzen Zuschauerraum überschaute und irgend jemanden darin suchte, machte ihre Augen zu den schrecklichsten, den sanftesten, den ungewöhnlichsten der ganzen Welt. Das Rouge hatte die köstlichen, durchsichtigen Farbtöne ihrer Wangen zerstört, deren Fleisch sehr zart war; sie konnte zwar nicht mehr erröten oder erblassen, hatte jedoch ein winziges Näschen mit zwei rosigen, leidenschaftlichen Flügeln, dazu geschaffen, die Ironie, die Spottlust der Zofen Molières auszudrücken. Ihr sinnlicher, verschwenderischer Mund war gleichermaßen für Sarkasmen und für die Liebe geeignet und wurde durch die beiden Erhebungen neben der Furche verschönt, die die Oberlippe mit der Nase verband. Ihr weißes, ein wenig starkes Kinn ließ auf eine gewisse Gewalttätigkeit in der Liebe schließen. Ihre Hände und Arme hätten verdient, die einer Königin zu sein. Aber sie hatte breite, kurze Füße, untilgbare Merkmale ihrer niederen Herkunft. Nie hat eine Erbschaft mehr Sorgen verursacht. Außer der Amputation hatte Florine alles versucht, sie zu verändern. Ihre Füße waren hartnäckig wie die Bretonen, von denen sie abstammte; sie leisteten allen Fachleuten und Behandlungen Widerstand. Florine trug hohe, mit Wattelagen ausgefütterte Schnürstiefel, um vorzutäuschen, ihr Fuß sei schön gewölbt. Sie war mittelgroß, neigte zum Dickwerden, hatte jedoch eine schön eingebogene, gut wirkende Taille. Was nun ihren Charakter anbetraf, so verfügte sie bis ins Letzte über die Ziererereien und die Händelsucht, die Würzmittel und Schmeichelkünste ihres Gewerbes: sie lieh ihnen einen besonderen Reiz dadurch, daß sie die Kindliche spielte und aus philosophischen Bosheiten unvermittelt in ein harmloses Lachen hinüberwechselte. Dem Anschein nach war sie unwissend und unbesonnen; dabei war sie in Wirklichkeit sehr erfahren in Diskontfragen und in allen handelsrechtlichen Dingen. Sie hatte allzu viel Elend durchgemacht, bis sie zu dem Glanz ihres zweifelhaften Erfolgs gelangt war! Durch wieviel Abenteuer war sie von Stockwerk zu Stockwerk bis zum ersten hinabgestiegen! Sie kannte das Leben, von dem an, das mit Brie-Käse beginnt, bis zu dem, wo man verächtlich Ananasbeignets lutscht; von dem an, wo man im Kaminwinkel einer Dachkammer an einem Backsteinherd kocht und sich wäscht, bis zu dem, wo man den ganzen Troß der dickbäuchigen Küchenchefs und der unverschämten Saucenverderber zusammentrommelt. Sie hatte Kredit aufgenommen, ohne ihn zu überspannen. Sie wußte alles, was anständige Frauen nicht wissen, sie konnte sich in allen Sprachen ausdrücken; sie war ›Volk‹ durch ihre Erfahrung und ›Adel‹ durch ihre erlesene Schönheit. Sie zu überrumpeln war schwierig; stets witterte sie alles voraus wie ein Spitzel, wie ein Richter oder wie ein alter Staatsmann, und so konnte sie alles durchschauen. Sie kannte sich in den Schlichen aus, die gegenüber den Lieferanten und deren Kniffen angewendet werden müssen; sie wußte um den Preis der Dinge wie ein Taxator. Wenn sie auf ihrer Chaiselongue lag, weiß und frisch wie eine Jungvermählte, in der Hand ein Rollenheft und lernend, hätte man sie für ein achtzehnjähriges Mädchen halten können, das naiv, ahnungslos und schwach war und als einzigen Kunstgriff ihre Unschuld besaß. Kam dann ein lästiger Gläubiger, so sprang sie auf wie ein überraschtes Rehkitz und stieß einen unverblümten Fluch aus. – »Hören Sie mal, mein Lieber, Ihre Unverschämtheiten sind ziemlich hohe Zinsen für das Geld, das ich Ihnen schulde«, sagte sie zu ihm, »ich habe es satt, Sie vor Augen zu haben, schicken Sie mir den Gerichtsvollzieher, den sehe ich lieber als Ihr dummes Gesicht!« Florine gab reizende Abendessen, Konzerte und vielbesuchte Abendgesellschaften: dabei wurde höllisch gespielt. Ihre Freundinnen waren ausnahmslos schön. Nie hatte sich bei ihr eine alte Frau blicken lassen: Eifersucht war ihr fremd, sie erblickte darin, nebenbei gesagt, das Eingeständnis einer Unterlegenheit. Sie hatte Coralie gekannt, die Torpille, sie kannte Tullia, Euphrasie, Aquilina, Madame du

Val-Noble, Mariette, all die Frauen, die durch Paris ziehen wie Sommerfäden durch die Luft, ohne daß man wüßte, wohin sie gehen noch woher sie kommen; heute sind sie Königinnen, morgen Sklavinnen; sie kannte überdies die Schauspielerinnen, ihre Rivalinnen, die Sängerinnen, kurzum, die gesamte weibliche Halbwelt, die etwas so Wohltätiges, in ihrer Sorglosigkeit so Anmutiges ist, und deren Bohèmeleben alle aufsaugt, die sich in den wilden Tanz seiner Ausgelassenheit, seines Schwunges, seiner Zukunftsverachtung verstricken lassen. Obgleich das Bohèmeleben sich in ihrem Heim in all seiner Unordnung entfaltete, lachte zwar die Künstlerin, aber die Beherrscherin des Hauses besaß zehn Finger und verstand sich aufs Rechnen wie keiner ihrer Gäste. Hier wurden die geheimen Saturnalien der Literatur und der Kunst veranstaltet und der Politik und der Finanz untermischt. Hier herrschte uneingeschränkt das Begehren; hier galten Spleen und Laune als ebenso heilig wie bei einer Bourgeoise Ehre und Tugend. Hier verkehrten Blondet, Finot, Etienne Lousteau, ihr siebenter Liebhaber, der für den ersten gehalten wurde, der Feuilletonist Félicien Vernou, Couture, Bixiou, früher auch Rastignac, der Kritiker Claude Vignon, der Bankier Nucingen, du Tillet, der Komponist Conti, kurzum: die ganze verteufelte Horde der wüstesten Rechner auf allen Gebieten; ferner die Freunde der Sängerinnen, der Tänzerinnen und Schauspielerinnen, die Florine kannten. Alle diese Leute haßten oder liebten einander, je nach den Umständen. Dies banale Haus, wo Berühmtheit genügte, um empfangen zu werden, war so etwas wie ein Bordell des Geistes und wie das Zuchthaus der Intelligenz: man kam nur hinein, wenn man auf rechtmäßige Weise sein Vermögen erworben, zehn Jahre lang im Elend gelebt, zwei oder drei Leidenschaften erdrosselt und auf irgendeine Weise einen berühmten Namen erworben hatte, ob nun durch Bücher oder durch Westen, durch ein Drama oder einen schönen Kutschwagen; hier wurden alle schlechten Streiche ausgeheckt, die gespielt werden sollten; man ergründete die Mittel und Wege, wie man zu Vermögen kommen konnte, man machte sich über Aufstände lustig, die man am Vortage angezettelt hatte, man wog Hausse und Baisse gegeneinander ab. Beim Fortgehen zog jeder wieder die Livree seiner Meinung an; ohne sich zu kompromittieren, konnte er die eigene Partei kritisieren, das Wissen und das gute Spiel seiner Gegner eingestehen, Gedanken formulieren, wie niemand sie eingesteht, kurzum: als Leute, die alles tun konnten, alles offen aussprechen. Paris ist auf Erden der einzige Ort, wo dergleichen eklektische Häuser existieren, Häuser, in denen alle Geschmacksrichtungen, alle Laster, alle Meinungen auf dezente Weise willkommen geheißen werden. Daher ist es durchaus noch nicht gesagt, daß Florine eine Schauspielerin zweiten Ranges bleibt. Im übrigen ist Florines Leben weder müßig noch beneidenswert. Viele Leute werden durch das glänzende Piedestal hinters Licht geführt, das die Bühne für eine Frau darstellt, und sie meinen dann, sie führe das Freudenleben eines beständigen Karnevals. In vielen Pförtnerlogen, unter dem Ziegeldach mehr als einer Dachstube träumen arme Geschöpfe, wenn sie aus dem Theater kommen, von Perlen und Diamanten, Kleidern aus Goldlamé und prunkvollen Gürteln, sehen sich mit lichtüberflutetem Haar, wähnen sich mit Beifall überschüttet, gekauft, vergöttert, entführt; aber sie alle haben keine Ahnung von diesem Zirkuspferdleben, bei dem die Schauspielerin zu Proben erscheinen muß, bei Geldbuße, bei dem sie sich Vorlesungen von Stücken anhören, in einem fort neue Rollen studieren muß; denn heutzutage werden in Paris alljährlich zwei- oder dreihundert Stücke gespielt. Während jeder Aufführung wechselt Florine zwei- oder dreimal das Kostüm und kehrt oft erschöpft und halb tot in ihre Garderobe zurück. Dann muß sie sich mit Hilfe von kosmetischen Mitteln abschminken und sich den Puder entfernen, wenn sie eine Rolle aus dem achtzehnten Jahrhundert gespielt hat. Sie hat kaum zu Abend essen können. Wenn eine Schauspielerin spielt, darf sie sich weder schnüren noch essen, noch reden. Wenn sie nach dergleichen Aufführungen, die heutzutage erst in den Morgenstunden des nächsten Tages enden, heimkommt, muß sie dann nicht noch ihre Nachttoilette machen und ihre Weisungen erteilen? Um ein oder zwei Uhr morgens kommt sie ins Bett; aber dann muß sie beizeiten wieder aufstehen, um ihre Rolle nochmals durchzugehen, die Kostüme in Auftrag zu geben, sie zu erklären, sie anzuprobieren; dann zu Mittag essen, Liebesbriefe lesen, sie beantworten, mit den Chefs der Claque arbeiten, damit ihre Auftritte und Abgänge herausgehoben werden, die Triumphe des vergangenen Monats damit bezahlen, daß sie die des laufenden Monats en gros aufkauft. Zur Zeit des heiligen Genest[56], eines kanonisierten Komödianten, der seine religiösen Pflichten erfüllte und ein härenes Hemd trug, hat das Theater schwerlich eine so wilde Aktivität verlangt. Wenn Florine einmal auf gutbürgerliche Weise draußen in der freien Natur Blumen pflücken will, muß sie sich krank melden. Diese rein mechanischen Beschäftigungen nun aber sind nichts im Vergleich zu den Intrigen, die durchgeführt werden müssen, zu den Schmerzen verletzter Eitelkeit, den Bevorzugungen, die die Autoren gewähren, den weggenommenen oder anderen vor der Nase wegzuschnappenden Rollen, den Forderungen der Schauspieler, den Bosheiten einer Nebenbuhlerin, den Reibungen mit den Direktoren, den Journalisten; das alles erfordert innerhalb der Tagesleistung eine weitere Tagesleistung. Bislang hat es sich noch keineswegs um die Kunst gehandelt, um den Ausdruck der Leidenschaften, die Einzelheiten der Mimik, die Anforderungen der Bühne, wo tausend Operngläser auf jedem Glanz die Flecken entdecken: all das hat das Leben, das Denken der Talma[57], Lekain[58], Baron[59], Contat[60], Clairon[61], Champmeslé[62] beansprucht. In diesen infernalischen Kulissen ist die Eigenliebe geschlechtslos: der triumphierende Künstler, ob nun Mann oder Frau, hat Männer und Frauen gegen sich. Was nun die Geldumstände betrifft, so deckten die Einkünfte, so beträchtlich sie sein mochten, aus Florines Engagements nicht die Kosten ihrer Theatergarderobe, die, von den Kostümen ganz abgesehen, eine Riesenmenge von langen Handschuhen, von Schuhen erfordert und die Abend- und Straßentoilette keineswegs ausschließt. Ein Drittel dieses Lebens vergeht mit Betteleien, das zweite Drittel mit der Selbstbehauptung, das dritte mit der Verteidigung: alles darin ist Arbeit. Wenn das Glück darin begierig genossen wird, so nur, weil es gewissermaßen geraubt wird, weil es selten ist, seit langem erhofft, und nur zufällig inmitten abscheulicher, zwanghafter Liebesfreuden und Lächelblicke ins Parkett hinein gefunden wird. Für Florine war Raouls Macht wie ein schützendes Zepter: er ersparte ihr viele Mißlichkeiten, viele Sorgen, wie ehedem die großen Herren dies alles ihren Maîtressen ersparten, wie es heutzutage ein paar alte Herren tun, die zu den Journalisten laufen und sie anflehen, wenn eine Zeile in einem kleinen Blatt ihr Idol erschreckt hat; sie legte darauf mehr Wert als auf einen Liebhaber; er diente ihr als Stütze; sie sorgte für ihn wie für einen Vater, sie betrog ihn wie einen Ehemann; aber sie hätte ihm ohne weiteres alles geopfert. Raoul war imstande, alles für ihre Künstlereitelkeit, für die Ungestörtheit ihrer Selbstachtung, für ihre Bühnenzukunft zu tun. Ohne das Eingreifen eines großen Autors gibt es keine große Schauspielerin: die Champmeslé ist Racine[63] zu verdanken, die Mars[64] Monvel[65] und Andrieux[66]. Florine indessen konnte für Raoul nichts tun; nur zu gern wäre sie ihm nützlich oder notwendig gewesen. Sie verließ sich auf das Verlockende der Gewohnheit; sie war stets bereit, ihre Salons aufzutun, den Luxus ihrer Tafel für seine Pläne, für seine Freunde zu entfalten. Kurzum: sie erstrebte, für ihn zu sein, was Madame Pompadour für Ludwig XV. gewesen war. Die Schauspielerinnen beneideten Florine um ihre Stellung, wie einige Journalisten Raoul um die seinige beneideten. Jetzt werden alle, denen die Neigung des menschlichen Geistes zum Gegensatz und zum Widerspruch vertraut ist, begreifen, daß es Raoul nach zehn Jahren eines solchen zügellosen Bohèmelebens mit all seinen Höhen und Tiefen, seinen Festen und Pfändungen, seinen Tagen der Knappheit und seinen Orgien, nach einer keuschen und reinen Liebe verlangte, nach dem ausgeglichenen, harmonischen Haus einer großen Dame, gerade wie die Gräfin Félix sich wünschte, den Stürmen der Leidenschaft in ihr des Glücks wegen eintöniges Leben Einlaß zu gewähren. Dieses Lebensgesetz ist das aller Künste; sie leben einzig durch Kontraste. Ein ohne dieses Hilfsmittel geschaffenes Werk ist der höchste Ausdruck des Genies, wie das Kloster die größte Kraftleistung des Christen ist.

Als Raoul heimkam, fand er ein paar Zeilen von Florine vor; eine Zofe hatte sie gebracht; aber ein unbezwinglicher Schlafdrang erlaubte ihm nicht, sie zu lesen; er ging im Gefühl der frischen Entzückungen jener köstlichen Liebe zu Bett, die bislang seinem Leben gemangelt hatte. Ein paar Stunden danach las er den Brief; er enthielt wichtige Nachrichten, die weder Rastignac noch de Marsay hatten durchblicken lassen. Durch eine Indiskretion hatte die Schauspielerin erfahren, nach der Sitzungsperiode solle die Kammer aufgelöst werden[67]. Raoul ging sogleich wieder zu Florine und ließ Blondet holen. Im Boudoir der Schauspielerin analysierten Emile und Raoul, die Füße auf den Kaminböcken, die politische Situation Frankreichs im Jahre 1834. Auf welcher Seite waren die besten Möglichkeiten zum Vorwärtskommen zu finden? Sie ließen sie alle Revue passieren, die reinen Republikaner, die Präsidentschaftsrepublikaner, die Republikaner ohne Republik, die Konstitutionellen ohne Dynastie, die dynastisch eingestellten Konstitutionellen, die konservativen Regierungstreuen, die absolutistisch Regierungstreuen; alsdann die zu Konzessionen bereite Rechte, die aristokratisch eingestellte Rechte, die legitimistisch eingestellte Rechte, die für Heinrich V.[68] eintretende Rechte, die karlistische[69] Rechte. Was die Partei der ›Widerständler‹ und die der ›Bewegung‹[70] betraf, so gab es kein Schwanken: man hätte ebensogut über Leben und Tod streiten können.

Zu jener Zeit lieferte eine Fülle von für jede Nuance geschaffenen Zeitungen den Beweis für das furchtbare politische Durcheinander, das ein Soldat als ›Schmutzmasse‹ bezeichnet hat. Blondet, der urteilsfähigste Kopf der Epoche, wenngleich urteilsfähig nur, was die anderen, nie was ihn selber betraf, den Advokaten vergleichbar, die ihre eigenen Angelegenheiten schlecht führen, war in solcherlei privaten Diskussionen großartig. Dementsprechend riet er Nathan, nicht jäh umzuschwenken.

»Napoleon hat gesagt, man mache keine jungen Republiken aus alten Monarchien. Also, mein Lieber, werde du der Held, die Stütze, der Schöpfer der linken Mitte der künftigen Kammer; dann wirst du es in der Politik zu etwas bringen. Ist man erst mal drin, sitzt man erst mal in der Regierung, dann kann man sich nach Belieben einstellen: dann geht man mit jeder Richtung, die triumphiert.«

Nathan beschloß, eine politische Tageszeitung zu gründen, deren absoluter Herr und Meister zu sein, jene Zeitung mit einem der kleinen Blätter zu verschmelzen, die es haufenweise gab, und die Verbindung zu einer Zeitschrift anzubahnen. Die Presse war das Mittel zur Entstehung von so vielen Vermögen in Nathans Bekanntenkreis gewesen, daß er Blondets Meinung in den Wind schlug; denn Blondet sagte ihm, er solle sich darauf nicht verlassen. Er stellte ihm diese Spekulation als verkehrt hin; denn damals war die Zahl der Zeitungen, die einander ihre Abonnenten streitig machten, übergroß; das ganze Pressewesen hielt er für verbraucht. Raoul verließ sich auf seine vorgeblichen Freundschaften und seinen Mut und drängte wagemutig vorwärts; stolz sprang er auf und sagte: – »Ich schaffe es!«

»Du hast kein bißchen Geld!«

»Ich schreibe ein Drama!«

»Das fällt durch.«

»Gut, dann soll es durchfallen«, sagte Nathan.

Er hastete durch Florines Wohnung; Blondet, der ihn für verrückt hielt, lief hinter ihm her; dann musterte er gierigen Auges die darin aufgehängten Schätze: jetzt ging Blondet ein Licht auf.

»Darin stecken hundert und einige tausend Francs«, meinte Emile.

»Ja«, sagte Raoul mit einem Seufzer angesichts von Florines Prunkbett. »Aber lieber will ich für den Rest meines Lebens auf dem Boulevard mit Sicherheitsketten handeln und von Bratkartoffeln leben, als auch nur einen Gardinenhalter aus dieser Wohnung verkaufen.«

»Keinen Gardinenhalter«, sagte Blondet, »sondern alles! Der Ehrgeiz ist wie der Tod, er muß die Hand auf alles legen, er weiß, daß das Leben ihm auf den Hacken ist.«

»Nein! Hundertmal nein! Von der Gräfin von gestern würde ich alles annehmen, aber Florine ihres Schneckenhauses berauben . . .?«

»Ihre Münzstätte umstürzen«, sagte Blondet mit tragischer Miene, »die Waage kaputtmachen, den Münzstempel zerbrechen, das ist eine ernste Sache.«

»Soweit ich verstanden habe, willst du jetzt Politik machen anstatt Theater zu spielen?« fragte die plötzlich zum Vorschein kommende Florine.

»Ja, mein Kind, ja«, sagte Raoul in gutmütigem Tonfall, faßte sie am Hals und küßte sie auf die Stirn. »Du verziehst das Gesicht? Verlierst du dabei? Kann der Minister der Königin der Bretter kein besseres Engagement verschaffen als der Journalist? Bekommst du etwa keine Rollen und Gastspiele?«

»Wo nimmst du das Geld her?« fragte sie.

»Von meinem Onkel«, antwortete Raoul.

Florine kannte Raouls ›Onkel‹. Dieser Ausdruck symbolisierte den Wucherer, wie in der Volkssprache ›meine Tante‹ das Leihhaus bedeutet.

»Keine Sorge, mein Kleinod«, sagte Blondet zu Florine und tätschelte ihr die Schultern, »ich verschaffe ihm die Unterstützung Massols; das ist ein Advokat, der, wie alle Advokaten, gern mal für einen Tag Justizminister werden würde; ferner die Unterstützung du Tillets, der Abgeordneter werden möchte, die Finots, der nach wie vor hinter einer kleinen Zeitung steht, die Plantins, der Beisitzer im Staatsrat werden möchte, Bearbeiter der Bittschriften und der Teilhaber einer Zeitschrift ist. Ja, ich will ihn vor sich selbst retten: wir laden Etienne Lousteau nach hier ein; der soll die Leitung des Feuilletons übernehmen; ferner Claude Vignon, der bekommt die gehobene Kritik; Félicien Vernou wird die Putzfrau der Zeitung, der Advokat wird das Seine tun, du Tillet befaßt sich mit der Börse und der Industrie, und dann werden wir ja sehen, wie weit es all diese vereinten Willenskräfte und Sklaven bringen.«

»Bis ins Krankenhaus oder bis ins Ministerium; dahin kommen alle körperlich oder geistig ruinierten Leute.«

»Wann wollt ihr sie bearbeiten?«

»Hier«, sagte Raoul, »in fünf Tagen.«

»Du sagst mir, welche Summe du brauchst«, sagte Florine einfach.

»Aber der Advokat, du Tillet und Raoul können die Sache unmöglich starten, wenn nicht jeder so an die hunderttausend Francs beisteuert«, sagte Blondet. »Dann hält die Zeitung sich gut und gern achtzehn Monate, und die genügen in Paris, um hochzukommen oder einzugehen.«

Florine zog ein billigendes Mäulchen. Die beiden Freunde stiegen in einen Wagen, um die Gäste, die Schreibfedern, die Ideen und die Geldinteressen unter einen Hut zu bringen. Die schöne Schauspielerin ihrerseits ließ vier reiche Kaufleute kommen, die mit Möbeln, Antiquitäten, Gemälden und Schmuck handelten. Diese Leute betraten das Sanktuarium und machten eine Aufstellung des gesamten Inventars, wie wenn Florine gestorben sei. Sie drohte ihnen mit einer öffentlichen Versteigerung für den Fall, daß sie knausern und auf eine bessere Gelegenheit warten wollten. Sie habe unlängst, so sagte sie, einem englischen Lord in einer mittelalterlichen Rolle gefallen, und nun wolle sie ihr gesamtes Mobiliar zu Geld machen, damit es aussehe, als sei sie arm, und sich ein prächtiges Haus schenken zu lassen, das sie so einrichten wolle, daß sie es mit den Rothschilds aufnehmen könne. Aber was sie auch versuchte, sie einzuwickeln: sie gaben nur siebzigtausend Francs für den ganzen Trödel, und dabei war er seine hundertfünfzigtausend wert. Florine, der an alledem so gut wie nichts lag, versprach, nach einer Woche alles für achtzigtausend Francs herauszurücken. – »Entweder, oder«, sagte sie. Der Handel wurde abgeschlossen. Als die Kaufleute das Feld geräumt hatten, hüpfte die Schauspielerin vor Freude wie die Hügel König Davids[71]. Sie erging sich in tausend Tollheiten; so reich hatte sie sich nicht geglaubt. Als Raoul kam, tat sie, als sei sie ihm böse. Sie sagte, er habe sie im Stich gelassen, sie habe es sich überlegt: nicht ohne Grund wechselten die Männer von einer Partei zur anderen über, vom Theater zur Abgeordnetenkammer; sie habe eine Rivalin! Da sieht man mal wieder, was Instinkt ist! Sie ließ sich ewige Liebe schwören. Fünf Tage danach gab sie das glänzendste Gastmahl der Welt. In ihrem Heim wurde die Zeitung mit Fluten von Wein und Scherzen, unter Schwüren der Treue, der guten Gemeinschaft und der ernstlichen Kameradschaft getauft. Ihr Name, der heute vergessen ist wie der ›Libéral‹, der ›Communal‹, der ›Départemental‹, der ›Garde National‹, der ›Fédéral‹, der ›Impartial‹, war ebenfalls irgend etwas auf ›al‹, und sie sollte sehr schlecht gehen. Nach den zahlreichen Schilderungen von Orgien, die für diese Literaturphase bezeichnend sind, eine Phase, in der sehr wenige Orgien in den Dachstuben stattfanden, in denen sie geschildert wurden, ist es schwierig, die Florines zu beschreiben. Nur ein Wort. Drei Stunden nach Mitternacht konnte Florine sich ausziehen und zu Bett gehen, als sei sie allein gewesen, obwohl noch niemand weggegangen war. Die Leuchten des Zeitalters schliefen wie das liebe Vieh. Als im Lauf des Vormittags die Packer, die Bevollmächtigten und die Träger kamen und den ganzen Luxus der berühmten Schauspielerin wegholten, fing sie an zu lachen, als sie sah, wie diese Leute all die Berühmtheiten packten wie schwere Möbelstücke und sie einfach auf die Fußböden legten. So verschwanden denn all die schönen Dinge. Florine überlieferte alle ihre Erinnerungsstücke den Kaufleuten, bei denen kein Vorübergehender aus ihrem Anblick schließen konnte, wo oder wie diese Blüte des Luxus erstanden worden war. Wie vereinbart, wurden Florine bis zum Abend die Dinge belassen, die sie sich vorbehalten hatte: ihr Bett, ihr Tisch und ihr Geschirr, damit sie ihren Gästen zu essen geben konnte. Die Schöngeister hatten unter den eleganten Vorhängen des Reichtums geschlafen; jetzt wachten sie zwischen den kahlen, entblößten Wänden des Elends voller Nagelspuren auf; sie wirkten schmählich durch die unharmonischen Wunderlichkeiten, die sich unter den Wandbespannungen finden wie die Stricke hinter den Operndekorationen.

»Sieh mal einer an, Florine, das arme Mädchen, ist gepfändet worden«, rief Bixiou, einer der Geladenen. »Knöpft die Taschen auf! Wir veranstalten eine Subskription!«

Als die Anwesenden diese Worte vernahmen, sprangen sie auf. Alle Taschen wurden geleert; dabei kamen siebenunddreißig Francs heraus; Raoul händigte sie lachend der Lachenden aus. Die glückliche Kurtisane hob den Kopf vom Kissen und zeigte auf das Bettlaken; dort lag ein Stapel Banknoten, so dick wie in den Zeiten, da die Kopfkissen der Kurtisanen jahraus, jahrein ebensoviel einbringen konnten. Raoul rief Blondet.

»Mir ist alles klar«, sagte Blondet. »Dieses Frauenzimmerchen hat alles verscheuert, ohne uns etwas davon zu sagen. Bravo, mein Engelchen!«

Diese Bemerkung bewirkte, daß die Schauspielerin im Triumph und im Nachtgewand von den paar Freunden, die dageblieben waren, ins Eßzimmer getragen wurde. Der Advokat und die Bankiers waren gegangen. Abends hatte Florine im Theater einen schwindelerregenden Erfolg. Das Gerücht von ihrem Opfer hatte sich im Zuschauerraum verbreitet.

»Ich wäre lieber meiner Begabung wegen beklatscht worden«, sagte ihre Rivalin im Foyer zu ihr.

»Das ist ein begreiflicher Wunsch bei einer Künstlerin, die bislang immer nur ihrer Gefälligkeiten wegen beklatscht worden ist«, entgegnete sie.

Im Verlauf des Nachmittags hatte Florines Zofe ihr in der Passage Sandrié, in Raouls Wohnung, eine Unterkunft bereitet.

Der Journalist mußte in dem Haus kampieren, in dem die Redaktionsräume der Zeitung untergebracht waren.

So war die Nebenbuhlerin der makellosen Madame de Vandenesse beschaffen. Raouls Phantasie vereinte die Komödiantin und die Gräfin wie mit einem Ring; das war ein furchtbarer Knoten, wie der, den unter Ludwig XV. eine Herzogin dadurch durchhieb, daß sie die Lecouvreur[72] vergiften ließ, eine verständliche Rache, wenn man die Größe der Kränkung bedenkt.

Florine störte die Anfänge von Raouls Leidenschaft nicht. Sie sah geldliche Rechenfehler bei dem schwierigen Unternehmen voraus, in das er sich gestürzt hatte, und wollte sechs Monate Urlaub haben. Raoul führte nachdrücklich die Unterhandlungen und brachte sie zu einem so guten Gelingen, daß Florine ihn nur noch lieber gewann. Mit dem gesunden Menschenverstand des Bauern in La Fontaines Fabel[73], der für das Essen sorgt, während die Hochmögenden einander etwas erzählen, machte die Schauspielerin in der Provinz und im Ausland Geld, um den berühmten Mann auszuhalten, während er der Jagd nach der Macht nachging.

Bislang haben nur wenige Maler das Bild der Liebe in Angriff genommen, wie sie in den hohen Sphären der Gesellschaft ist: voller Größe und geheimer Nöte, furchtbar in der Unterdrükkung des Begehrens, durch die dümmsten, alltäglichsten Zufälle, oft durch Lässigkeit abgebrochen. Vielleicht erhält man hier durch ein paar Andeutungen einen Begriff davon. Seit dem Tag nach dem von Lady Dudley gegebenen Ball glaubte Marie, ohne die schüchternste Erklärung gemacht oder empfangen zu haben, sich von Raoul geliebt, wie es dem Programm ihrer Träume entsprach, und Raoul wußte sich von Marie als deren Liebhaber auserkoren. Obwohl keiner von beiden schon an dem Punkt angelangt war, von dem aus es abwärts geht und an dem Männer und Frauen die Präliminarien abzukürzen pflegen, gingen beide rasch aufs Ziel los. Der der Liebesfreuden überdrüssige Raoul strebte nach der Welt des Idealen, wogegen Marie, die weit entfernt von dem Gedanken an einen Fehltritt war, sich nicht einmal vorzustellen vermochte, daß sie aus jener Welt heraustreten könne. Auf diese Weise war im Grunde keine Liebe unschuldiger und reiner als die Maries und Raouls; aber es war auch keine in den Gedanken leidenschaftlicher und köstlicher. Die Gräfin war in Vorstellungen befangen, die der Zeiten des Rittertums würdig gewesen wären; freilich waren sie völlig modernisiert. Im Sinn ihrer Rolle war die Abneigung ihres Mannes gegen Raoul für ihre Liebe nicht länger ein Hindernis. Je weniger Achtung Raoul verdient hätte, desto größer wäre ihre Liebe gewesen. Die lodernde Beredsamkeit des Dichters hatte mehr Widerhall in ihrem Busen als in ihrem Herzen gefunden. Durch die Stimme des Begehrens war das Mitleid erweckt worden. Diese Königin unter den Tugenden heiligte in den Augen der Gräfin beinahe die Wallungen, die Lüste und die heftigen Auswirkungen der Liebe. Sie fand es schön, für Raoul eine Vorsehung in Menschengestalt zu sein. Welch köstlicher Gedanke! Mit ihrer weißen, schwachen Hand diesen Koloß zu stützen, dessen tönerne Füße sie nicht sehen wollte, dort Leben zu spenden, wo es daran mangelte, im Geheimen die Schöpferin einer großen Lebensstellung zu sein, einem genialen Menschen zu helfen, das Schicksal zu bekämpfen und es zu zähmen, ihm die Schärpe für das Turnier zu sticken, ihm Waffen zu schaffen, ihm das Amulett gegen bösen Zauber zu schenken und Balsam für die Wunden zu spenden! Bei einer Frau, die erzogen worden war wie Marie, die religiös und nobel war, mußte die Liebe zu einem wollüstigen Mitleid werden. Darin liegt der Grund ihrer Bedenkenlosigkeit. Reine Gefühle kompromittieren sich mit einer prächtigen Verachtung, die der Unkeuschheit der Kurtisanen ähnelt. Seit sie durch eine verfängliche Erkenntnis sicher war, sie verletze die eheliche Treue nicht, stürzte die Gräfin sich also rückhaltlos in das Lustgefühl, Raoul zu lieben. Jetzt dünkten die geringsten Kleinigkeiten des Lebens sie zauberhaft. Aus ihrem Boudoir, wo sie an ihn denken wollte, machte sie ein Heiligtum. Allein schon ihr hübsches Schreibzeug erweckte in ihrer Seele die tausend Freuden des Briefwechsels; sie würde Briefe zu lesen, zu verstecken haben und sie beantworten müssen. Die Toilette, dies köstliche Gedicht des Frauenlebens, das von ihr erschöpft oder verkannt worden war, gewann wieder Wert für sie und schien mit einer ihr bislang unbekannten Magie begabt. Die Toilette wurde plötzlich für sie, was sie für alle Frauen ist: ein beständiges Zurschautragen der geheimsten Gedanken, eine Sprache, ein Symbol. Wie viele Genüsse lagen in einem Schmuck, der mit Vorbedacht angelegt worden war, um *ihm* zu gefallen, um *ihm* Ehre zu machen! Ganz naiv überließ sie sich den anbetenswerten Niedlichkeiten, die das Leben der Pariserinnen ausfüllen und die allem, was man bei ihnen, in ihnen, an ihnen sieht, eine so ausgiebige Bedeutung leihen. Nur wenige Frauen eilen nur um ihrer selbst willen zu den Seidenhändlern, den Modistinnen, den ersten Schneidern. Wenn sie alt sind, lassen sie es sich nicht mehr einfallen, sich zu schmücken. Sieht man beim Spazierengehen ein Gesicht vor der Spiegelscheibe eines Schaufensters haltmachen, so schaue man es sich genau an! – »Ob er mich so schöner finden würde?« Dieser Satz steht auf den leuchtenden Stirnen, in den hoffnungsvoll strahlenden Augen geschrieben, im Lächeln, das die Lippen umspielt.

Der Ball der Lady Dudley hatte an einem Samstagabend stattgefunden; am Montag fuhr die Gräfin in die Oper, von der Gewißheit getrieben, dort Raoul zu treffen. Tatsächlich hatte Raoul auf einer der Treppen Aufstellung genommen, die zum Sperrsitz und den Proszeniumslogen hinunterführen. Er schlug die Augen nieder, als die Gräfin in ihre Loge ging. Mit welchem Entzücken nahm Madame de Vandenesse die Sorgfalt wahr, die ihr Geliebter seiner Kleidung hatte zuteil werden lassen! Dieser Verächter der Regeln der Eleganz hatte jetzt gepflegtes Haar, in dessen tausend Locken Parfüms schimmerten; seine Weste hatte der Mode gehorcht, sein Kragen saß richtig, sein Hemd zeigte Falten, an denen nichts auszusetzen war. Unter den gelben Handschuhen, wie sie der in Kraft befindlichen Vorschrift entsprachen, kamen seine Hände ihr sehr weiß vor. Raoul hielt die Arme über der Brust verschränkt, als stehe er Modell für sein Porträt; er bezeigte eine großartige Gleichgültigkeit für den ganzen Zuschauerraum und war erfüllt von kaum gedämpfter Ungeduld. Obwohl seine Augen niedergeschlagen waren, schienen sie auf die rotsamtene Logenbrüstung gerichtet zu sein, auf der Maries Arm lag. Der in der anderen Ecke der Loge sitzende Félix wandte in dieser Minute Raoul den Rücken zu. Die intelligente Gräfin hatte sich so gesetzt, daß sie zu der Säule hinschauen konnte, an der Raoul lehnte. Im Handumdrehen hatte also Marie diesen Geistesmenschen dahin gebracht, daß er seinem Zynismus in Kleidungsdingen abgeschworen hatte. Die gewöhnlichste wie die vornehmste Frau sind gleichermaßen berauscht, wenn sie die erste Bekundung ihrer Macht in einer solchen Metamorphose wahrnehmen. Jede Wandlung ist ein Geständnis der Dienstbarkeit. – »Sie hatten recht, es liegt viel Glück darin, verstanden zu werden«, sagte sie sich und dachte dabei an ihre abscheulichen Lehrmeisterinnen. Als die beiden Liebenden den Zuschauerraum mit jenem raschen Blick überflogen hatten, der alles sieht, tauschten sie einen Blick des Einverständnisses. Das war für sie beide, als habe ein himmlischer Tau ihre vor Erwartung glühenden Herzen erquickt. »Seit einer Stunde weile ich in der Hölle, und jetzt tut der Himmel sich spaltbreit auf«, sagten Raouls Augen. – »Ich habe dich darin gewußt, aber bin ich denn frei?« sagten die Augen der Gräfin. Nur Diebe, Spitzel, Liebende, Diplomaten, kurz, alle unter einem Joch Stehenden kennen die Möglichkeiten und die Freuden des Blicks. Einzig sie wissen, was alles an Verständnis, an Sanftheit, an Geist, Zorn und Ruchlosigkeit in den Wandlungen dieses beseelten Lichts liegt. Raoul fühlte, wie seine Liebe sich unter den Sporen des Zwanges aufbäumte, aber angesichts der Hindernisse wuchs. Von der Treppenstufe, auf der er stand, bis zur Loge der Gräfin Félix de Vandenesse waren es kaum dreißig Schritte, und es war nicht in seine Macht gegeben, diesen Abstand aus der Welt zu schaffen. Einem feurigen Mann wie ihm, der bislang nur wenig Abstand zwischen Begierde und Lust begegnet war, flößte dieser geringe, aber unüberschreitbare Abstand das Verlangen ein, mit einem Tigersatz zu der Gräfin hinzuspringen. In einem Paroxysmus von Wut versuchte er, das Gelände abzutasten. Er verbeugte sich auffällig vor der Gräfin, die mit einem leichten, verächtlichen Neigen des Kopfes antwortete, mit dem die Frauen ihren Anbetern die Lust zu einer Wiederholung zu nehmen pflegen. Graf Félix wandte sich um; er wollte sehen, wer seine Frau gegrüßt hatte; er erblickte Nathan, grüßte ihn nicht, schien von ihm Rechenschaft über seine Dreistigkeit zu verlangen und nahm langsam seine vorige Haltung wieder ein, wobei er seiner Frau irgend etwas sagte, durch das er offenbar die geheuchelte Verachtung der Gräfin billigte. Offenbar war die Logentür für Nathan verschlossen; er warf Félix einen furchtbaren Blick zu. Diesen Blick hätte jeder mit einem Ausspruch Florines ausgedeutet: »Du trägst demnächst den Kopf so hoch, daß du dir nicht mehr den Hut aufsetzen kannst!« Madame d'Espard, eine der impertinentesten Frauen jener Zeit, hatte von ihrer Loge aus alles beobachtet; sie äußerte mit erhobener Stimme ein nichtssagendes Bravo. Sie saß oberhalb von Raoul; er wandte sich um, grüßte sie und empfing von ihr ein anmutiges Lächeln, das ihm so deutlich zu sagen schien: »Wenn Sie von dort vertrieben werden, dann kommen Sie doch hierher!«, daß Raoul seine Säule verließ und Madame d'Espard einen Besuch abstattete. Ihn verlangte danach, sich bei ihr zu zeigen, um jenem kleinen Monsieur de Vandenesse beizubringen, daß Berühmtheit soviel gelte wie Adel und daß sich vor Nathan alle wappengeschmückten Türen in den Angeln drehten. Die Marquise forderte ihn auf, ihr gegenüber Platz zu nehmen, ganz vorn. Sie wollte ihn zum Reden bringen.

»Madame Félix de Vandenesse ist heute abend entzückend«, sagte sie zu ihm und beglückwünschte ihn zu der Toilette der Gräfin wie zu einem Buch, das er tags zuvor veröffentlicht hatte.

»Ja«, sagte Raoul gleichgültig, »die Marabufedern stehen ihr gut; aber sie ist ihnen sehr treu, auch vorgestern hat sie sie schon getragen«, fügte er beiläufig hinzu, um durch diese Kritik die reizende Mitschuld zu entkräften, deren die Marquise ihn beschuldigt hatte.

»Kennen Sie das Sprichwort?« antwortete sie. »Es gibt kein gutes Fest ohne den Morgen danach.«

Im Spiel der schnellen, treffenden Entgegnungen sind die literarischen Berühmtheiten nicht immer so geschickt wie die Marquisen. Raoul beschloß, sich dumm zu stellen; das ist das letzte Hilfsmittel geistreicher Leute.

»Das Sprichwort trifft auf mich zu«, sagte er und bedachte die Marquise mit einem galanten Blick.

»Mein Lieber, Ihre Antwort kommt zu spät, als daß ich sie gelten lassen könnte«, entgegnete sie lachend. »Tun Sie nicht so scheinheilig; Sie wissen doch ganz genau: gestern morgen, beim Ball, haben Sie Madame de Vandenesse in ihren Marabufedern reizend gefunden; sie weiß es, um Ihretwillen hat sie sie heute noch einmal angelegt. Sie liebt Sie, und Sie beten sie an; es geht ein bißchen rasch, aber darin erblicke ich etwas ganz Natürliches. Irrte ich mich, so würden Sie nicht einen Ihrer Handschuhe zerknautschen wie jemand, der wütend ist, daß er neben mir sitzt statt in der Loge seines Idols, die ihm eben durch eine offen bekundete Verachtung verboten worden ist, und der sich nun leise sagen läßt, was er weit lieber laut sagen hörte.« Raoul hatte tatsächlich einen seiner Handschuhe zusammengedreht, und seine eine Hand war erstaunlich weiß. – »Sie hat von Ihnen«, sagte sie und starrte mit der erdenklichsten Impertinenz auf jene Hand, »Opfer erhalten, die Sie der Gesellschaft nicht gebracht hätten. Sie muß von diesem ihren Erfolg hingerissen sein, und sie ist sicherlich ein bißchen eitel darauf; ich nun aber würde an ihrer Stelle noch eitler sein. Bislang war sie nur eine geistvolle Frau; jetzt will sie als eine geniale Frau gelten. Sie werden sie uns in einem köstlichen Buch abkonterfeien, wie nur Sie es zu schreiben vermögen. Mein Lieber, vergessen Sie darin Vandenesse nicht: das müssen Sie für mich tun. Wirklich, er ist zu selbstsicher. Diese strahlende Miene ließe ich nicht mal dem olympischen Zeus hingehen, dem einzigen Gott der Mythologie, der, wie es heißt, nie Pech gehabt hat.«

»Madame«, rief Raoul, »Sie bedenken mich mit einer recht niedrigen Seele, wenn Sie vermuten, ich sei imstande, mit meinen Gefühlen, mit meiner Seele Handel zu treiben. Ich zöge dieser literarischen Feigheit den englischen Brauch vor, einer Frau einen Strick um den Hals zu legen und sie auf den Markt zu führen.«

»Ich kenne Marie; sie wird Sie darum bitten.«

»Dazu ist sie außerstande«, sagte Raoul mit Wärme.

»Kennen Sie sie denn so gut?«

Nathan mußte über sich selber lachen: er, der Komödienschreiber, hatte sich in ein Komödienspiel verstricken lassen.

»Es wird nicht dort Komödie gespielt«, sagte er und deutete auf die Bühne, »sondern hier in Ihrer Loge.«

Er nahm sein Opernglas und begann, um sich Haltung zu geben, im Zuschauerraum Umschau zu halten.

»Sind Sie mir böse?« fragte die Marquise und sah ihn von der Seite her an. »Würde ich Ihr Geheimnis nicht stets erfahren haben? Wir können leicht Frieden schließen. Kommen Sie zu mir, ich empfange jeden Mittwoch, die liebe Gräfin wird sich keine Soiree entgehen lassen, sobald sie Ihnen dort begegnet. Ich gewinne dabei. Manchmal kommt sie zwischen vier und fünf Uhr zu mir, ich will nett sein und Sie zu der kleinen Zahl von Bevorzugten zählen, die zu jener Stunde zu mir kommen dürfen.«

»Da können Sie sehen«, sagte Raoul, »wie die Menschen sind: es wird von Ihnen behauptet, Sie seien boshaft.«

»Bei Gelegenheit bin ich es«, sagte sie. »Muß man sich nicht wehren? Aber Ihre Gräfin, die habe ich mehr als gern; Sie werden mit ihr zufrieden sein; sie ist reizend. Sie sind der erste, dessen Name in ihr Herz eingeritzt wird, und zwar mit der gleichen kindlichen Freude, die alle Verliebten, sogar die Unteroffiziere, dahin bringt, daß sie ihre Initialen in die Rinde der Bäume einritzen. Die erste Liebe einer Frau ist eine köstliche Frucht. Sehen Sie: später wohnt unseren Zärtlichkeiten, unserer liebenden Fürsorge etwas Wissendes inne. Eine alte Frau wie ich kann alles sagen, sie hat vor nichts mehr Angst, nicht mal vor einem Journalisten. Nun, in der Nachsaison verstehen wir uns darauf, euch Männer glücklich zu machen; aber wenn für uns die Liebe beginnt, dann sind *wir* glücklich, und auf diese Weise beschenken wir euch mit tausend Wonnen des Stolzes. Bei uns ist dann alles von einer entzückenden Unverhofftheit, unser Herz ist eitel Unbefangenheit. Sie sind zu sehr Dichter, um nicht die Blüten der Frucht vorzuziehen. In einem halben Jahr sprechen wir uns wieder.«

Wie alle Verbrecher, begann Raoul systematisch zu leugnen; aber damit lieferte er dieser zähen Gegnerin Waffen. Nur zu bald war er in die gleitenden Schürzungen der geistvollsten, der gefährlichsten jener Unterhaltungen verstrickt, in denen die Pariserinnen sich auszeichnen; er fürchtete, sich Geständnisse entlocken zu lassen, die die Marquise dann in ihren Spöttereien sogleich ausgebeutet haben würde; klugerweise zog er sich zurück, als er Lady Dudley hereinkommen sah.

»Nun?« fragte die Engländerin die Marquise, »wie weit sind sie?«

»Sie lieben einander bis zum Wahnsinn. Nathan hat es mir eben gesagt.«

»Ich wollte, er wäre häßlicher«, antwortete Lady Dudley und warf dem Grafen Félix einen Vipernblick zu. »Übrigens ist er ganz das, was ich wollte, daß er es sei; er ist der Sohn eines Trödeljuden, der in den ersten Tagen seiner Ehe als Bankrotteur gestorben ist; aber seine Mutter war Katholikin und hat leider aus ihm einen Christen gemacht.«

Die Abkunft, die Nathan sorglich geheimhält, hatte Lady Dudley gerade erst erfahren; sie genoß schon im voraus die Lust, daraus irgendeine schreckliche Bosheit gegen Vandenesse abzuleiten.

»Und ich habe ihn eben aufgefordert, in mein Haus zu kommen!« sagte die Marquise.

»Habe ich ihn nicht gestern ebenfalls empfangen?« antwortete Lady Dudley. »Es gibt Freuden, mein Engel, die uns recht teuer zu stehen kommen.«

Das Gerücht von der wechselseitigen Leidenschaft Raouls und der Madame de Vandenesse machte an jenem Abend die Runde in der großen Welt, freilich nicht ohne Proteste und Unglauben auszulösen; indessen wurde die Gräfin von ihren Freundinnen, von Lady Dudley und den Damen d'Espard und de Manerville, mit einer ungeschickten Wärme verteidigt, die dem Gerücht einige Glaubwürdigkeit zu verleihen vermochte. Der durch die Notwendigkeit besiegte Raoul ging am Mittwochabend zur Marquise d'Espard und traf die dort verkehrende gute Gesellschaft an. Da Félix seine Gattin nie dorthin begleitete, konnte Raoul mit Marie ein paar Worte wechseln, die ausdrucksvoller durch ihren Tonfall als durch ihren Gedankenreichtum waren. Die Gräfin war durch Madame Octave de Camps vor der üblen Nachrede gewarnt worden; sie hatte die Bedeutung ihrer Lage gegenüber der Gesellschaft erkannt und wies Raoul darauf hin.

Beide hatten also inmitten dieser schönen Gesellschaft keine andere Freude als die jetzt so tief genossenen Eindrücke, die die Gedanken, die Stimme, die Gesten, die Haltung eines geliebten Menschen vermitteln. Die Seele klammert sich begierig an Nichtigkeiten. Manchmal heften sich die Blicke beider Partner an denselben Gegenstand und prägen ihm sozusagen einen Gedanken ein, den sie beide gefaßt, erwidert und verstanden haben. Man bewundert im Lauf eines Gesprächs den leicht vorgestreckten Fuß, die bebende Hand, die Finger, die damit beschäftigt sind, nach einem Schmuckstück zu greifen, es loszulassen, es auf bedeutungsvolle Weise hin und her zu drehen. Nicht die Gedanken, nicht die Sprache sprechen jetzt mehr, sondern die Dinge;

sie sprechen so viel, daß häufig ein Verliebter es anderen überläßt, eine Tasse, die Zuckerdose für den Tee, irgend etwas, wonach die Frau, die er liebt, verlangt, herbeizuholen, aus Furcht, seine Verwirrung Augen zu verraten, die nichts zu sehen scheinen und dabei alles sehen. Myriaden von Sehnsüchten, von unsinnigen Wünschen, von jähen Gedanken gehen unterdrückt in die Blicke über. Dann gewinnen die Händedrücke, die vor tausend Argusaugen verborgen bleiben, die Beredsamkeit eines langen Briefes und die Wollust eines Kusses. Dann nährt sich die Liebe durch alles, was sie sich versagt; sie stützt sich auf alle Hindernisse, um größer zu werden. Schließlich werden die häufiger verfluchten als überschrittenen Schranken in Stücke gehackt und ins Feuer geworfen, um es zu unterhalten. Dann können die Frauen die Reichweite ihrer Macht an der Kleinheit ermessen, zu der eine übergroße, in sich selbst zurückgezogene Liebe gelangt, sich in einem beunruhigten Blick verbirgt, einem nervösen Zucken, hinter einer banalen Höflichkeitsformel. Wie oft werden auf der letzten Stufe einer Treppe mit einem einzigen Wort die unbekannten Qualen, das bedeutungslose Gerede eines ganzen Abends belohnt! Raoul als ein Mann, der sich wenig um die Gesellschaft kümmerte, ließ seinem Zorn in Worten freie Bahn und sprühte Geist. Jeder vernahm das Wüten, das der Zwang ausgelöst hatte, den die Künstler so schwer ertragen können. Dieses Toben à la Orlando[74], dieser Geist, der alles zerschlug und zerbrach, wobei er sich der boshaften Formulierung wie einer Keule bediente, berauschte Marie und amüsierte die Anwesenden, als hätten sie in einer spanischen Arena einem wütenden, mit Banderillen besteckten Stier zugeschaut.

»Schlag getrost alles kurz und klein, du schaffst dennoch keine Einsamkeit um dich her«, sagte Blondet zu ihm.

Dieser Ausspruch brachte Raoul wieder zur Besinnung; er hörte auf, aus seiner Gereiztheit eine Schaustellung zu machen. Die Marquise trat zu ihm, reichte ihm eine Tasse Tee und sagte ziemlich laut, damit Madame de Vandenesse es hören konnte: – »Sie sind wirklich recht amüsant, kommen Sie doch dann und wann um vier zu mir.«

Raoul nahm das Wort ›amüsant‹ übel, obwohl er es als einen Paß für die Einladung hätte betrachten sollen. Er fing an, nach rechts und links zu horchen, wie die Schauspieler, die in den Zuschauerraum blicken, anstatt mit ihren Gedanken auf der Bühne zu sein. Blondet hatte Mitleid mit ihm.

»Mein Lieber«, sagte er zu ihm und zog ihn dabei in eine Ecke, »du benimmst dich in der großen Welt, wie wenn du bei Florine wärst. Hier läßt man sich nie gehen, man läßt keine langen Artikel vom Stapel, man sagt von Zeit zu Zeit etwas Geistreiches, man setzt in dem Augenblick, da man die allergrößte Lust hätte, die Leute zum Fenster hinauszuwerfen, eine ruhige Miene auf, man spottet auf sanfte Weise, man tut, als sage man der Frau, die man anbetet, eine kleine Liebenswürdigkeit, und wälzt sich nicht herum wie ein Esel mitten auf der Landstraße. Hier, mein Lieber, wird den gesellschaftlichen Formeln entsprechend geliebt. Entweder entführe Madame de Vandenesse oder benimm dich wie ein Gentleman. Du bist viel zu sehr der Liebhaber aus einem deiner Bücher.«

Nathan hörte ihm mit gesenktem Kopf zu; er war wie ein Löwe, der sich im Jagdnetz verfangen hat.

»Nie wieder setze ich den Fuß in dies Haus«, sagte er. »Diese Marquise aus Papiermaché verkauft mir ihren Tee zu teuer. Amüsant findet sie mich! Ich verstehe jetzt, warum Saint-Just[75] diese ganze Bande hat guillotinieren lassen!«

»Morgen kommst du dennoch wieder.«

Blondet behielt recht. Leidenschaften sind ebenso feige wie grausam. Am folgenden Tag, nach einem langen Schwanken zwischen ›Ich gehe hin‹ und ›Ich gehe nicht hin‹, verließ Raoul seine Teilhaber mitten in einer wichtigen Besprechung und eilte nach dem Faubourg Saint-Honoré zu Madame d'Espard. Als Nathan Rastignacs funkelndes Coupé in die Einfahrt einbiegen sah, während er draußen am Torgitter seinen Kutscher bezahlte, fühlte er sich in seiner Eitelkeit gekränkt; er beschloß, sich ein elegantes Kabriolett und den obligaten Groom anzuschaffen. Der Wagen der Gräfin stand im Hof. Bei diesem Anblick schwoll Raouls Herz vor Freude. Marie folgte dem Drang ihres Verlangens mit der Regelmäßigkeit eines von der Feder angetriebenen Uhrzeigers. Sie saß im kleinen Salon in der Kaminecke lässig in einem Lehnsessel. Anstatt Nathan anzusehen, als er gemeldet wurde, musterte sie ihn im Spiegel, im Wissen, daß die Dame des Hauses sich ihm zuwenden werde. Da in der Gesellschaft auf die Liebe eine Treibjagd veranstaltet wird, muß sie ihre Zuflucht zu dergleichen kleinen Listen nehmen: sie verleiht den Spiegeln, den Muffen, den Fächern, einer Fülle von Dingen Leben, deren Nutzen nicht von vornherein als gegeben zu betrachten ist und die viele Frauen benutzen, ohne sich ihrer zu bedienen.

»Der Herr Minister«, sagte Madame d'Espard zu Nathan und wies ihn mit einem Blick auf de Marsay hin, »behauptete gerade im Augenblick Ihres Kommens, die Royalisten und die Republikaner seien im Begriff, sich zu einigen; *Sie* müßten doch etwas davon wissen?«

»Wenn das der Fall wäre«, sagte Raoul, »was könnte es dann schaden? Wir hassen das gleiche, wir sind uns einig im Haß und weichen in unserer Liebe voneinander ab. Weiter läßt sich darüber nichts sagen.«

»Zumindest ist dies Bündnis grotesk«, sagte de Marsay und umfaßte die Gräfin Félix und Raoul mit einem Blick.

»Es wird nicht von Dauer sein«, sagte Rastignac; wie alle Neulinge, dachte er ein wenig gar zu sehr an die Politik.

»Was halten *Sie* davon, liebste Freundin?« fragte Madame d'Espard die Gräfin.

»Ich verstehe nichts von Politik.«

»Sie werden sich schon noch damit befassen, Madame«, sagte de Marsay, »und dann sind Sie zweifach unsere Feindin.«

Nathan und Marie verstanden diese Bemerkung erst, als de Marsay gegangen war. Rastignac folgte ihm, und Madame d'Espard geleitete beide bis an die Tür ihres ersten Salons. Die beiden Liebenden dachten nicht mehr an die boshaften Äußerungen des Ministers; sie hatten ein paar Minuten für sich und kamen sich reich vor. Marie streifte hastig den Handschuh ab und reichte Raoul ihre Hand; er nahm und küßte sie wie ein Achtzehnjähriger. Die Augen der Gräfin drückten eine so noble, rückhaltlose Zärtlichkeit aus, daß Raoul jene Tränen in die Augen traten, die allen Männern von nervösem Temperament stets zur Verfügung stehen.

»Wo kann ich mit Ihnen beisammen sein, wo mich mit Ihnen aussprechen?« fragte er. »Ich würde sterben, wenn ich stets meine Stimme, meinen Blick, mein Herz, meine Liebe tarnen müßte.«

Die durch diese Tränen gerührte Marie versprach, jedesmal ins Bois zu fahren, wenn das Wetter nicht gar zu abscheulich sei. Diese Zusage bedeutete für Raoul mehr Glück, als Florine ihm innerhalb von fünf Jahren geschenkt hatte.

»Ich habe Ihnen so vielerlei zu sagen! Ich leide so sehr an dem Schweigen, zu dem wir verdammt sind!«

Die Gräfin blickte ihn berauscht an, ohne antworten zu können, als die Marquise wieder hereinkam.

»Aber, aber!« sagte sie dabei, »Sie haben nicht gewußt, was Sie de Marsay antworten sollten?«

»Den Toten muß man Achtung bezeigen«, antwortete Raoul. »Haben Sie denn nicht gemerkt, daß er in den letzten Zügen liegt? Rastignac ist sein Krankenpfleger; er hofft, im Testament bedacht zu werden.«

Die Gräfin gab vor, sie müsse Besuche machen und wollte gehen, um sich nicht zu kompromittieren. Für diese Viertelstunde hatte Raoul seine kostbarste Zeit und seine dringlichsten Interessen geopfert. Marie wußte noch nichts von den Einzelheiten dieses Daseins, das wie das eines von Ast zu Ast hüpfenden Vogels war, ein Gemisch aus den kompliziertesten Geschäften und der anstrengendsten Arbeit. Wenn zwei durch eine ewige Liebe vereinte Menschenwesen ein Leben führen, das sie mit jedem Tag durch die Knoten der Vertrauensbekundungen, durch gemeinsame Prüfung der sich plötzlich erhebenden Schwierigkeiten fester miteinander verknüpft; wenn zwei Herzen abends oder morgens ihr Ungemach austauschen, wie der Mund die Seufzer austauscht, wenn sie der gleichen Ängste gewärtig sind, gemeinsam beim Erblicken eines Hindernisses zusammenzucken, dann zählt alles: eine Frau weiß, wieviel Liebe aus einer vermiedenen Verzögerung spricht, wieviel Bemühen in einem raschen Kommen; sie beschäftigt sich mit dem beschäftigten, gehetzten Mann, sie geht, sie kommt, sie hofft, sie teilt seine Erregung; ihre gemurrten Klagen richtet sie an die Dinge; sie zweifelt nicht mehr, sie kennt und wertet die Einzelheiten des Lebens. Zu Beginn einer Leidenschaft jedoch, wo soviel Glut, Mißtrauen und Ansprüche auf den Plan treten, wo keiner sich im anderen richtig auskennt; bei den müßigen Frauen jedoch, vor deren Tür die Liebe stets als Schildwache stehen muß; bei denen jedoch, die übertriebene Vorstellungen von ihrer Würde haben und fordern, daß ihnen in allem und jedem gehorcht wird, sogar wenn sie etwas so Falsches befehlen, daß ein Mann dadurch ruiniert werden könnte, bringt die Liebe in Paris heutzutage unmögliche Mühen mit sich. Die Damen der Gesellschaft verharren noch unter der Herrschaft der Traditionen des achtzehnten Jahrhunderts, wo jeder eine sichere, ganz bestimmte Stellung innehatte. Nur wenige Frauen kennen sich in den Mißlichkeiten des Daseins der meisten Männer aus, die sich alle eine Stellung schaffen, ihren Ruhm aufrechterhalten, ihr Vermögen auf eine solide Basis stellen müssen. Heutzutage sind die Leute mit gesichertem Vermögen zu zählen; nur alte Herren haben Zeit für die Liebe, die Jungen rudern auf den Galeeren des Ehrgeizes, wie auch Nathan darauf ruderte. Die Frauen haben sich noch nicht in diesen Wandel der Sitten geschickt; sie widmen ihre Zeit – und sie haben viel zuviel Zeit – denen, die nicht genug Zeit haben; sie können sich keine andere Beschäftigung, kein anderes Ziel als die eigenen vorstellen. Hätte ihr Liebhaber die lernäische Hydra[76] besiegen müssen, um zu ihnen zu gelangen, so liegt darin nicht das geringste Verdienst; alles schwindet hin vor dem Glück, ihn zu sehen; sie wissen ihm nur für die eigenen Gefühlswallungen Dank und fragen nicht danach, um welchen Preis sie ihnen zuteil geworden sind. Haben sie in ihren Mußestunden eine der Kriegslisten erfunden, die ihnen jederzeit zu Gebote stehen, so lassen sie sie funkeln wie ein Kleinod. Man hat die Eisenstangen eines Zwanges auseinandergebogen, während sie die Handschuhe, den Mantel einer List anzogen: ihnen gebührt die Palme, man mache sie ihnen nicht streitig. Übrigens haben sie recht; warum nicht alles um einer Frau willen zertrümmern, die ihrerseits alles um unsertwillen zertrümmert? Die Frauen fordern genausoviel wie sie schenken. Auf dem Heimweg wurde Raoul sich bewußt, wie schwierig es für ihn sein würde, eine Liebe in der großen Welt, den zehnspännigen Karren des Journalismus, seine Bühnenstücke und seine verfahrenen geschäftlichen Angelegenheiten zu dirigieren.

»Die Zeitung fällt heute abend scheußlich aus«, sagte er sich beim Weggehen, »es steht kein Artikel von mir drin, und dabei handelt es sich um die zweite Nummer!«

Madame Félix de Vandenesse fuhr dreimal ins Bois de Boulogne, ohne dort Raoul zu begegnen, und kehrte verzweifelt und beunruhigt heim. Nathan wollte sich dort nicht anders als im Glanz eines Fürsten der Presse zeigen. Er brachte die ganze Woche damit hin, zwei Pferde, ein Kabriolett und einen Groom, alles halbwegs anständig, ausfindig zu machen, seine Teilhaber davon zu überzeugen, daß er mit seiner kostbaren Zeit sparsam umgehen müsse, und dafür zu sorgen, daß sein Wagen auf die Gesamtunkosten der Zeitung verbucht wurde. Seine Teilhaber Massol und du Tillet fügten sich seiner Forderung so willfährig, daß er sie für die besten Menschen auf Gottes Erdboden hielt. Ohne diese Hilfe hätte Raoul das Leben nicht bewältigen können; es wurde übrigens so beschwerlich, wenngleich durchsetzt mit den delikatesten Lustgefühlen idealer Liebe, daß viele Menschen, sogar solche von bester Konstitution, dergleichen Anforderungen nicht hätten auf sich nehmen können. Eine heftige und glückliche Leidenschaft nimmt bereits in einem gewöhnlichen Leben viel Raum ein; aber wenn sie sich auf eine Dame in der Stellung der Madame de Vandenesse bezog, mußte sie das Leben eines Mannes, der so beschäftigt war wie Raoul, völlig aufzehren. Folgendes waren die Obliegenheiten, die seine Leidenschaft ihm vor allen anderen vorschrieb. Nahezu jeden Tag mußte er sich zu Pferde im Bois de Boulogne einfinden, und zwar zwischen zwei und drei Uhr, in der Gewandung eines Gentleman, der nicht das mindeste zu tun hat. Dort erfuhr er, in welchem Haus, in welchem Theater er am Abend Madame de Vandenesse wiedersehen werde. Erst um Mitternacht verließ er die Salons, nachdem er ein paar seit langem erwartete Sätze, ein paar Fetzen verstohlener Zärtlichkeit unter dem Tisch, zwischen zwei Türen oder beim Einsteigen in den Wagen erhascht hatte. In der Mehrzahl der Fälle sorgte Marie, die ihn in die große Welt eingeführt hatte, dafür, daß er in gewissen Häusern, in denen sie verkehrte, zum Abendessen geladen wurde. War das nicht ganz einfach? Aus Hochmut und im Bann seiner Leidenschaft wagte Raoul nicht, von seinen Arbeiten zu sprechen. Er mußte den launischsten Wünschen dieser ahnungslosen Gebieterin gehorchen und dabei die Parlamentsdebatten, den reißenden Strom der Politik verfolgen, wachäugig die Zeitung leiten und zwei Stücke zur Aufführung bringen, deren Tantiemen ihm unentbehrlich waren. Es genügte, daß Madame de Vandenesse leise schmollend den Mund verzog, wenn er einem Ball, einem Konzert, einer Spazierfahrt fernbleiben wollte; dann opferte er seine Interessen seinem Vergnügen auf. Wenn er zwischen ein und zwei Uhr morgens der Gesellschaft den Rücken kehrte und heimfuhr, arbeitete er bis acht oder neun; er schlief kaum, er erwachte, um die Einstellung der Zeitung auf die einflußreichen Leute abzustimmen, von denen sie abhing, um die tausendundein inneren Geschäftsangelegenheiten durchzusprechen. Heutzutage hängt der Journalismus mit allem und jedem zusammen, mit der Industrie, mit den öffentlichen und privaten Interessen, mit neuen Unternehmungen, mit allen Ehrgeizen der Literatur und ihrer Erzeugnisse. Wenn Nathan dann abgehetzt und erschöpft von seiner Redaktion zum Theater gehastet war, vom Theater zur Abgeordnetenkammer, von der Kammer zu ein paar Gläubigern, dann mußte er glücklich und ruhig vor Marie erscheinen, neben ihrer Wagentür mit der Lässigkeit eines Sorglosen einhergaloppieren, der keine Ermüdungen als die durch das Glück kennt. Wenn er als Lohn für so viele unbekannt gebliebene Opfer nichts als die süßesten Worte, die lieblichsten Versicherungen einer ewigen zärtlichen Bindung erhielt, glühende Händedrücke in ein paar Sekunden der Zweisamkeit, leidenschaftliche Worte als Gegengabe für die seinen, so fühlte er sich hinters Licht geführt, daß sie nichts von dem ungeheuren Preis erfuhr, den er für diese ›winzigen Huldbeweise‹ zahlte, wie unsere Vorfahren gesagt haben würden. Die Gelegenheit zu einer Aussprache ließ nicht auf sich warten. An einem schönen Apriltag nahm die Gräfin an einer abgelegenen Stelle des Bois de Boulogne Nathans Arm; sie hatte mit ihm eine jener niedlichen Streitereien um Nichtigkeiten auszufechten, auf denen die Frauen ganze Gebirge zu errichten verstehen. Anstatt ihn mit einem Lächeln auf den Lippen, einer vor Glück strahlenden Stirn und mit durch einen klugen, heiteren Gedanken belebten Augen zu bewillkommnen, gab sie sich ernst und haltungsvoll.

»Was haben Sie denn?« fragte Nathan.

»Kümmern Sie sich nicht um dergleichen Nichtigkeiten«, sagte sie; »Sie müssen doch wissen, daß wir Frauen Kinder sind.«

»Habe ich etwa Ihr Mißfallen erregt?«

»Wäre ich dann hier?«

»Aber Sie lächeln mir nicht zu, Sie scheinen sich gar nicht zu freuen, daß ich bei Ihnen bin.«

»Ich schmolle mit Ihnen, nicht wahr?« fragte sie und schaute ihn mit der unterwürfigen Miene an, durch die die Frauen so tun, als seien sie Opfer.

Nathan machte einige Schritte; in ihm war eine ahnende Befürchtung, die ihm das Herz abdrückte und ihn traurig stimmte.

»Es dürfte sich«, sagte er nach einem Augenblick des Schweigens, »um eine der gehaltlosen Ängste, einen der unklaren Verdachte handeln, die Sie wichtiger nehmen als die großen Dinge des Lebens; Sie verstehen sich darauf, die Welt zum Sichneigen zu bringen, indem Sie ihr einen Strohhalm hinwerfen, einen Pfifferling!«

»Ironie . . .? Darauf war ich gefaßt«, sagte sie und senkte den Kopf.

»Marie, siehst du denn nicht ein, mein Engel, daß ich das bloß gesagt habe, um dir dein Geheimnis zu entreißen?«

»Mein Geheimnis ist und bleibt ein Geheimnis, auch wenn es anvertraut worden ist.«

»Dann sprich doch . . .«

»Ich werde nicht geliebt«, fuhr sie mit dem durchtriebenen Seitenblick fort, mit dem die Frauen auf so boshafte Weise den Mann befragen, den sie quälen wollen.

»Nicht geliebt . . .?« rief Nathan.

»Ja, Sie beschäftigen sich mit allzu viel Dingen. Was bedeute denn ich inmitten all dieses Durcheinanders? Ich werde bei jeder Gelegenheit vergessen. Gestern bin ich im Bois gewesen, ich habe auf Sie gewartet . . .«

»Aber . . .«

»Ihretwegen hatte ich ein neues Kleid angezogen, und Sie sind nicht gekommen; wo waren Sie?«

»Aber . . .«

»Ich habe es nicht gewußt. Ich ging zu Madame d'Espard; auch dort waren Sie nicht.«

»Aber . . .«

»Abends, in der Oper, sind meine Augen nicht vom Balkon

gewichen. Jedesmal, wenn die Tür aufging, hat mein Herz bis zum Zerspringen geklopft.«

»Aber . . .«

»Was für ein Abend ist das gewesen! Von solchen Stürmen des Herzens ahnen Sie nichts.«

»Aber . . .«

»Bei solchen Gefühlswallungen ermattet das Leben . . .«

»Aber . . .«

»Ja, so ist es«, sagte sie.

»Freilich, das Leben ermattet«, sagte Nathan, »und in ein paar Monaten werden Sie das meine aufgezehrt haben. Ihre sinnlosen Vorwürfe entreißen auch mir mein Geheimnis«, sagte er. »Sie, und nicht geliebt werden . . .? Sie werden es nur allzu sehr.«

Mit lebhaften Worten schilderte er seine Lage, erzählte von seiner nächtlichen Arbeit, legte ihr seine Verpflichtungen zu festgesetzten Terminen dar, die Notwendigkeit, vorwärtszukommen und sich durchzusetzen, die unersättlichen Anforderungen einer Zeitung, bei der es darauf ankomme, vor aller Öffentlichkeit die Geschehnisse richtig einzuschätzen, sofern man nicht seine Macht einbüßen wolle; kurz und gut: wie vieler rascher Auseinandersetzungen mit Fragen es bedürfe, die in dieser aufreibenden Zeit so rasch vorüberglitten wie Wolken.

Im Handumdrehen setzte Raoul sich ins Unrecht. Die Marquise d'Espard hatte ihm gesagt: nichts ist naiver als eine erste Liebe. Es ergab sich bald, daß die Gräfin sich beschuldigt fühlte, allzu sehr zu lieben. Eine liebende Frau reagiert auf alles durch einen Genuß, ein Geständnis oder ein Erfreutsein. Als die Gräfin dieses unermeßliche Leben sich vor ihr entrollen sah, überkam sie Bewunderung. Nathan war ihr von je als sehr groß erschienen; jetzt kam er ihr erhaben vor. Sie warf sich vor, sie liebe allzu sehr, sie bat ihn, nur zu kommen, wenn seine Zeit es erlaube; sie schwächte die Arbeit des Ehrgeizlings durch einen Blick gen Himmel ab. Sie wolle warten! Fortan wolle sie ihre Genüsse opfern. Dadurch, daß sie ein Sprungbrett habe sein wollen, sei sie zum Hindernis geworden . . .! Sie weinte verzweifelt.

»Frauen«, sagte sie mit Tränen in den Augen, »können also nichts als lieben, wogegen die Männer tausend Möglichkeiten zum Handeln besitzen; wir Frauen können nur denken, beten und anbeten.«

Soviel Liebe verlangte es nach einer Belohnung. Sie blickte um sich wie eine Nachtigall, die von ihrem Zweig zu einer Quelle hinabflattern will, ob sie auch in der Einsamkeit ganz allein sei, ob die Stille keinen Zeugen verberge; dann hob sie Raoul den Kopf entgegen, er neigte den seinen; sie ließ ihn sich einen Kuß nehmen, den ersten, den einzigen, den sie als Schmuggelware geben durfte, und fühlte sich in diesem Augenblick glücklicher, als sie es in den letzten fünf Jahren gewesen war. Raoul fühlte sich für all seine Mühen bezahlt. Beide gingen, ohne recht zu wissen, wohin, den Weg von Auteuil nach Boulogne entlang; sie mußten umkehren, um wieder zu ihren Wagen zu gelangen, und sie gingen in dem gemessenen Gleichschritt, der allen Liebenden bekannt ist. Raoul glaubte diesem Kuß, den sie mit der sittsamen Leichtigkeit gegeben hatte, die die Heiligkeit des Gefühls spendet. Alles Übel kam von Welt und Gesellschaft und nicht von dieser Frau, die so gänzlich ihm gehörte. Raoul bereute nicht länger die Qualen seines gehetzten Lebens, und Marie mußte sie in der Glut ihres ersten Begehrens vergessen; es ging ihr dabei wie allen Frauen, die nicht jederzeit die schrecklichen Kämpfe dieser Ausnahmeexistenzen vor Augen haben. Im Bann der dankbaren Bewunderung, die die Leidenschaft der Frau auszeichnet, eilte Marie freien, hurtigen Schrittes über den feinen Sand eines Querwegs und sprach, wie Raoul, nur wenige, aber gefühlte, zu Herzen gehende Worte. Der Himmel war rein, die dicken Bäume standen in Knospen, und ein paar grüne Punkte belebten bereits ihre tausend braunen Zweigbüschel. Die Sträucher, die Birken, die Weiden und Pappeln zeigten ihr erstes, zartes, noch durchsichtiges Blattwerk. Solchen Harmonien vermag keine Seele zu widerstehen. Die Liebe deutete der Gräfin die Natur, wie sie ihr die Gesellschaft gedeutet hatte.

»Ich wollte, Sie hätten immer nur mich geliebt!« sagte sie.

»Ihr Wunsch ist erfüllt«, antwortete Raoul. »Wir haben einander die wahre Liebe enthüllt.«

Er hatte die Wahrheit gesprochen. Indem Raoul sich vor diesem jungen Herzen als ein reiner Mann hinstellte, hatte er sich in seinen mit schönen Gefühlen bunt verzierten Phrasen verfangen.

Seine zunächst gänzlich auf Berechnung und Eitelkeit gegründete Leidenschaft war aufrichtig geworden. Er hatte mit Lügen begonnen, und er endete mit dem Aussprechen der Wahrheit. Übrigens lebt in jedem Schriftsteller ein schwer zu unterdrückendes Gefühl, das ihn zur Bewunderung seelischer Schönheit treibt. Kurzum, dadurch, daß er Opfer bringt, nimmt er Anteil an dem Wesen, das sie verlangt. Die Damen der Gesellschaft fühlen diese Wahrheit instinktiv, und ebenso ergeht es den Kurtisanen; vielleicht setzen sie sie unbewußt in die Praxis um. Daher war die Gräfin nach ihrer ersten Aufwallung der Dankbarkeit und der Überraschung hingerissen davon, daß sie der Beweggrund zu so vielen Opfern geworden war und so viele Schwierigkeiten hatte überwinden lassen. Sie wurde von einem ihrer würdigen Mann geliebt. Raoul wußte nicht, wozu ihn seine unechte Größe noch verpflichten sollte; denn die Frauen gestatten es ihrem Liebhaber nicht, von seinem Piedestal herabzusteigen. Einem Gott wird auch die geringste Schwäche nicht verziehen. Marie kannte die Lösung des Rätsels nicht, die Raoul seinen Freunden gelegentlich des Soupers bei Véry kundgetan hatte. Das Ringen dieses den unteren Schichten entstammenden Schriftstellers hatte die ersten zehn Jahre seiner Jugend beansprucht; jetzt wollte er von einer der Königinnen der großen Welt geliebt werden. Die Eitelkeit, ohne die die Liebe recht schwach ist, wie Chamfort[77] gesagt hat, förderte seine Leidenschaft und mußte sie von Tag zu Tag größer werden lassen.

»Können Sie mir schwören«, fragte Marie, »daß Sie keiner anderen Frau angehören und nie einer anderen angehören werden?«

»In meinem Leben hätte ich nicht Zeit mehr für eine andere, und in meinem Herzen keinen Raum«, entgegnete er, ohne zu glauben, daß er damit eine Lüge ausspreche, als so gering schätzte er Florine ein.

»Ich glaube Ihnen«, sagte sie.

Als sie auf dem Waldweg angelangt waren, in dem die Wagen hielten, ließ Marie Nathans Arm los; er nahm eine respektvolle Haltung an, als sei er ihr gerade eben erst begegnet; mit dem Hut in der Hand geleitete er sie zu ihrem Wagen; dann fuhr er ihr durch die Avenue Charles X nach und atmete den Staub ein, den die Kutsche aufwirbelte, und sah zu den wie Trauerweidenzweige herabhängenden Federn ihres Hutes hin, die im Wind flatterten. Trotz Maries nobler Verzichtleistung fand der von seiner Leidenschaft gehetzte Raoul sich überall dort ein, wo sie war; er vergötterte die zugleich unzufriedene und glückliche Miene, die die Gräfin aufsetzte, um ihn zu tadeln, ohne es fertig zu bringen, wenn sie sah, daß er die ihm so notwendige Zeit vergeudete. Marie übernahm die Leitung von Raouls Arbeiten; sie gab ihm formelle Weisungen über den Gebrauch seiner Stunden; sie blieb daheim, um ihm jeden Vorwand zu Zerstreuungen zu nehmen. Sie las jeden Morgen die Zeitung und wurde der Herold des Ruhms des Journalisten Etienne Lousteau, den sie entzückend fand, und des Ruhms von Félicien Vernou, von Claude Vignon und allen Redakteuren. Sie riet Raoul, de Marsay Gerechtigkeit widerfahren zu lassen, als dieser starb, und las geradezu berauscht die lange, schöne Lobeshymne, die Raoul auf den toten Minister geschrieben hatte, obwohl er zugleich seinen Machiavellismus und seinen Haß gegen die Massen tadelte. Selbstverständlich nahm sie im Proszenium des Gymnase[78] an der Uraufführung des Stückes teil, auf das Nathan zur Fundierung seines Unternehmens gerechnet hatte und das einen gewaltigen Erfolg zu haben schien. Sie war auf den bezahlten Beifall hereingefallen.

»Sind Sie nicht in der letzten Vorstellung des Théâtre-Italien gewesen?« fragte Lady Dudley sie, zu der sie sich nach jener Aufführung begab.

»Nein, ich war im Gymnase. Es war eine Premiere.«

»Ich kann das Vaudeville nicht leiden. Mir geht es dabei wie Ludwig XIV. mit Teniers[79]«, sagte Lady Dudley.

»Ich jedoch«, antwortete Madame d'Espard, »finde, daß die Autoren Fortschritte gemacht haben. Die Vaudevilles sind heute reizende, geistvolle Komödien, die zu schreiben viel Talent erfordert, und ich habe großen Spaß daran.«

»Übrigens sind die Schauspieler vortrefflich«, sagte Marie. »Die vom Gymnase haben heute abend ganz ausgezeichnet gespielt; das Stück hat ihnen gelegen, der Dialog ist klug und geistreich.«

»Wie der von Beaumarchais[80]«, sagte Lady Dudley.

»Monsieur Nathan ist zwar noch kein Molière; aber ...«, sagte Madame d'Espard und blickte die Gräfin an.

»Er schreibt Vaudevilles«, sagte Madame Charles de Vandenesse.

»Und stürzt Minister«, sagte Madame de Manerville.

Die Gräfin bewahrte Schweigen; sie suchte nach einer scharfen, boshaften Antwort; sie spürte, wie ihr das Herz vor Wut kochte; aber es fiel ihr nichts Besseres ein als: »Vielleicht wird er nochmal Minister machen.«

Alle Damen tauschten einen Blick geheimnisvollen Einvernehmens. Als Marie de Vandenesse gegangen war, rief Moïna de Saint-Héréen: – »Aber sie betet ja Nathan an!«

»Sie hält damit nicht hinterm Berge«, sagte Madame d'Espard.

Es wurde Mai, und Vandenesse nahm seine Frau mit auf sein Gut, wo sie einzig in Raouls leidenschaftlichen Briefen Trost fand; sie selber schrieb ihm jeden Tag.

Das Fernsein der Gräfin hätte Raoul vor dem Abgrund bewahren können, in den er bereits mit einem Fuß geraten war, wenn Florine bei ihm gewesen wäre; aber er war allein und von Freunden umgeben, die zu seinen heimlichen Feinden geworden waren, seit er die Absicht bekundet hatte, sie zu beherrschen. Gegenwärtig haßten ihn seine Mitarbeiter, obwohl sie geneigt waren, ihm im Fall eines Zusammenbruchs die Hand zu reichen und ihn zu trösten, und ebenso geneigt, ihn im Fall des Erfolgs zu lobpreisen. So geht es nun mal in der Welt der Literaten zu. Man mag dort nur Leute, die einem unterlegen sind. Jeder ist der Feind jedes, der emporzusteigen versucht. Dieser allgemeine Neid vervielfacht die Aussichten der Mittelmäßigen, die an sich weder Neid noch Argwohn erregen, sich ihren Weg nach Art der Maulwürfe bahnen und, so beschränkt sie auch sein mögen, drei bis vier Stellen im ›Moniteur‹[81] erhalten, wenn die Leute von Talent sich noch vor der Tür prügeln, um einander am Hineingehen zu hindern. Die dumpfe Feindschaft von Raouls angeblichen Freunden, der Florine mit dem angeborenen Instinkt der Kurtisanen, das Wahre unter tausend Hypothesen herauszufinden, ohne weiteres auf die Spur gekommen wäre, bildete nicht die größte Gefahr, die er lief. Seine beiden Teilhaber, der Advokat Massol und der Bankier du Tillet, hatten beabsichtigt, seinen Eifer als Vorspann für den Karren zu benutzen, in dem sie sich breitmachten, und ihn zu verdrängen, sobald er außerstande war, die Zeitung mit Existenzmitteln zu versehen, oder ihn seiner großen Macht in dem Augenblick zu berauben, da sie selber sie ausnutzen wollten. Für sie stellte Nathan eine bestimmte Summe dar, die aufzuzehren es galt, eine literarische Kraft mit der Leistungsfähigkeit von zehn Federn, die ausgenutzt werden mußte. Massol, einer der Advokaten, die die Fähigkeit, endlos lange zu reden, für Beredsamkeit halten, die im Besitz des Geheimnisses sind, alles zu sagen und dadurch zu langweilen, die Pest der Versammlungen, in denen sie alles und jedes heruntermachen; einer von denen, die um jeden Preis große Persönlichkeiten werden wollen, legte keinen Wert mehr darauf, Justizminister werden zu wollen; er hatte innerhalb von vier Jahren[82] fünf oder sechs erlebt, und es ekelte ihn vor dem Talar. Ihn verlangte nach einem einträglichen Posten im Ministerium für öffentliches Unterrichtswesen, nach einem Sitz im Staatsrat, und als Würze von allem auch noch nach dem Kreuz der Ehrenlegion. Du Tillet und der Baron Nucingen hatten ihm das Kreuz und seine Ernennung zum Bearbeiter der Bittschriften garantiert, wenn er für ihre Absichten eintrete; er glaubte sie in einer günstigeren Lage zum Erfüllen ihrer Versprechungen als Nathan, und er gehorchte ihnen blindlings. Um Raoul besser zu hintergehen, ließen diese Leute ihn die Macht ohne jede Kontrolle ausüben. Du Tillet benutzte die Zeitung lediglich für seine Börsengeschäfte; davon verstand Raoul nichts; aber er hatte, durch den Baron Nucingen, Rastignac bereits wissen lassen, daß das Blatt unter der Hand der Regierung gefällig sein wolle, unter der einzigen Bedingung, daß seine Kandidatur als Ersatzmann für Monsieur de Nucingen, den künftigen Pair von Frankreich, gestützt werde. Nucingen war in einer Art verkommenem Nest gewählt worden, einem Kollegium mit wenig Wählern, wohin eine Fülle von Freiexemplaren der Zeitung gesandt worden war. Auf diese Weise wurde Raoul von den Advokaten und dem Bankier an der Nase herumgeführt; mit unendlichem Vergnügen sahen sie ihn über der Zeitung thronen, deren Vorteile ausnutzen und alle Früchte des Ehrgeizes und die sonstigen einheimsen. Nathan war von ihnen begeistert; er hielt sie, wie damals bei seiner Bitte um Wagen und Pferde, für die besten Kerle der Welt und vermeinte sie seinerseits an der Nase herumzuführen. Phantasiebegabte Menschen, für die die Hoffnung die

Grundlage des Daseins bildet, wollen nie eingestehen, daß im Geschäftsleben der gefährlichste Augenblick der ist, in dem alles nach ihren Wünschen geht. Es war für Nathan eine kurze Zeitspanne des Triumphs, und er nutzte sie übrigens weidlich aus; er zeigte sich in der Welt der Politiker und der Finanzleute; du Tillet stellte ihn Nucingen vor. Madame de Nucingen bewillkommnete Raoul herzlich, freilich weniger um seinet- als um Madame de Vandenesses willen; doch als sie mit ein paar Worten auf die Gräfin anspielte, glaubte er etwas sehr Kluges zu tun, indem er sich hinter Florine verschanzte; er verbreitete sich mit ausgiebiger Dünkelhaftigkeit über seine Beziehungen zu der Schauspielerin, die abzubrechen unmöglich sei. Verzichtet man auf ein verläßliches Glück um der Koketterien des Faubourg Saint-Germain willen? Der von Nucingen und Rastignac, von du Tillet und Blondet hinters Licht geführte Nathan lieh pompös seinen Beistand den Doktrinären für die Bildung eines ihrer kurzlebigen Kabinette[83]. Um aber mit reiner Weste an die Macht zu kommen, schlug er es ostentativ aus, Vorteile aus den paar Unternehmungen zu ziehen, die mit Hilfe seines Blattes zustande gekommen waren; dabei hatte er bislang keine Bedenken gehabt, seine Freunde zu kompromittieren und in gewissen kritischen Augenblicken gegenüber ein paar Industriellen nicht eben Skrupel bezeigt. Solcherlei Gegensätze, Ergebnisse seiner Eitelkeit und seines Ehrgeizes, sind bei vielen Existenzen dieser Art festzustellen. Für die Öffentlichkeit muß der Mantel prunkvoll sein; um seine Löcher zu stopfen, holt man sich das Tuch bei seinen Freunden. Dennoch durchlebte Raoul zwei Monate nach der Abreise der Gräfin eine gewisse Viertelstunde des Rabelais[84], die ihm inmitten seines Triumphes einige Unruhe bereitete. Du Tillet hatte ihm hunderttausend Francs als Vorschuß gegeben. Florines Geld, ein Drittel des Grundkapitals, war vom Fiskus und durch die sehr hohen Kosten des Starts verschlungen worden. Es mußte an die Zukunft gedacht werden. Der Bankier kam dem Schriftsteller dadurch entgegen, daß er für fünfzigtausend Francs Viermonatsakzepte übernahm. Auf diese Weise hielt du Tillet Raoul durch Wechsel am Halfter. Durch diesen Zuschuß waren die Grundlagen der Zeitung für sechs Monate gesichert. In den Augen einiger Schriftsteller bedeuten sechs Monate eine Ewigkeit. Überdies waren durch Anzeigen, durch Reisevertreter, die den Abonnenten illusorische Vorteile anboten, zweitausend Bezieher zusammengebracht worden. Dieser halbe Erfolg ermutigte dazu, Banknoten in dieses Kohlenbecken zu werfen. Noch ein bißchen Talent, ein möglicherweise stattfindender politischer Prozeß, der Anschein einer Verfolgung, und Raoul wurde zu einem der modernen Condottieri, deren Tinte heute soviel wert ist wie ehedem das Schießpulver für die Kanonen. Unglücklicherweise war diese Vereinbarung schon getroffen, als Florine mit ungefähr fünfzigtausend Francs heimkehrte. Anstatt sich einen Reservefonds zu schaffen, täuschte Raoul Florine über seine Lage; er war des Erfolgs sicher, da er ihn als notwendig erkannte; er war ohnehin schon gedemütigt, daß er von der Schauspielerin Geld angenommen hatte; er fühlte sich durch seine Liebe innerlich gewachsen; die berauschenden Lobreden seiner Höflinge blendeten ihn; und so zwang er die Schauspielerin, sich mittels jener Summe neu einzurichten. Unter den gegenwärtigen Umständen war eine aufwendige Lebensführung das einzig Gebotene. Die Schauspielerin, die dazu nicht erst angestachelt zu werden brauchte, belud sich mit dreißigtausend Francs Schulden. Florine hatte ganz für sich allein ein entzückendes Haus in der Rue Pigalle, in das ihr ehemaliger Freundeskreis zurückkehrte. Das Haus eines Mädchens, das so gestellt war wie Florine, bildete neutralen Boden, und so etwas war sehr vorteilhaft für ehrgeizige Politiker, die, wie Ludwig XIV. bei den Holländern, bei Raoul ohne Raoul unterhandelten. Raoul hatte für das Wiederauftreten der Schauspielerin ein Stück zurückgehalten, dessen Hauptrolle ihr bewundernswert lag. Diese Mischung von Drama und Vaudeville sollte Raouls Abschied von der Bühne sein. Die Zeitungen, die diese Freundlichkeit gegenüber Raoul nichts kostete, brachten Florine schon im voraus eine solche Ovation dar, daß in der Comédie-Française von einem Engagement gesprochen wurde. Feuilletons wiesen auf Florine als die Erbin der Mademoiselle Mars[85] hin. Dieser Triumph betäubte die Schauspielerin so sehr, daß sie vergaß, das Terrain zu sondieren, auf dem Nathan wandelte; sie lebte in einer Welt der Feste und Gastereien. Als die Königin dieses Hofs, dessen Schranzen Bittsteller waren, die sie umdrängten, der eine seines Buchs, der andere seines Bühnenstücks, der dritte seiner Tänzerin, der vierte seines Theaters, der fünfte seines Unternehmens, der sechste einer Reklame wegen, gab sie sich allen Freuden hin, die die Macht der Presse zu verschaffen vermag, und erblickte darin die Morgenröte des Ansehens eines Ministers. Wenn es nach denen ging, die zu ihr kamen, war Nathan ein großer Politiker. Nathan habe mit seinem Unternehmen recht getan, er werde Abgeordneter werden, ganz bestimmt Minister, zumindest für eine Weile, wie so viele andere. Schauspielerinnen sagen selten nein zu dem, was ihnen schmeichelt. Florine wurde im Feuilleton zuviel Talent zugesprochen, als daß sie der Zeitung und denen, die sie machten, hätte mißtrauen können. Sie kannte das Getriebe der Presse viel zu gut, um sich über die Mittel Sorgen zu machen. Mädchen von Florines Schlag sehen immer nur die Ergebnisse. Was nun Nathan betraf, so glaubte er von jetzt an, er werde mit der nächsten Sitzungsperiode in die Regierung kommen, und zwar zusammen mit zwei ehemaligen Journalisten, von denen der eine damals Minister war und sich bemühte, seine Kollegen auszubooten, um seine eigene Stellung zu festigen. Nun er sie ein halbes Jahr lang nicht gesehen hatte, kam Nathan voller Freude aufs neue mit Florine zusammen und verfiel mit schöner Selbstverständlichkeit wieder seinen alten Gewohnheiten. Das schwere Grundgewebe seines Lebens durchwirkte er heimlich mit den schönsten Blüten seiner idealen Leidenschaft und mit denen der Körperfreuden, die Florine hineinwob. Seine Briefe an Marie waren Meisterschöpfungen der Liebe, der Anmut und des Stils. Nathan machte aus ihr das Licht seines Lebens; er unternahm nichts, ohne seinen guten Geist um Rat zu fragen. In seiner Untröstlichkeit darüber, daß er aus dem Volk stammte, wollte er zeitweilig die Sache der Aristokratie verfechten; aber obwohl er an Gewaltstreiche gewöhnt war, war er sich über die absolute Unmöglichkeit klar, von der Linken zur Rechten überzuspringen; es war leichter, Minister zu werden. Maries kostbare Briefe wurden in einer der Briefmappen mit Geheimschloß aufbewahrt, wie Huret[86] oder Fichet[87] sie anbieten, die beiden Mechaniker, die in Paris einander durch knallige Anzeigen und Plakate befehden, wer von ihnen die am schwersten zu öffnenden und unauffälligsten Sicherheitsschlösser herstelle. Diese Briefmappe verblieb in Florines neuem Boudoir, wo Raoul zu arbeiten pflegte. Niemand ist leichter zu täuschen als eine Frau, die es gewohnt ist, daß man ihr alles sagt; sie ist frei von Mißtrauen und glaubt, alles zu sehen und alles zu wissen. Überdies teilte die Schauspielerin seit ihrer Rückkehr Nathans Leben und gewahrte darin keine Unregelmäßigkeiten. Nie wäre sie auf den Gedanken gekommen, jene Mappe, die sie nur flüchtig gesehen und die er unauffällig eingeschlossen hatte, berge Schätze der Liebe, nämlich die Briefe einer Rivalin; sie wurden, auf Raouls Bitte hin, von der Gräfin nach der Redaktion gesandt. Nathan schien also über die Maßen glänzend dazustehen. Er hatte viele Freunde. Mit zwei Stücken, Gemeinschaftsarbeiten, die unlängst Erfolg gehabt hatten, konnte er seinen Luxus bestreiten und sich aller Zukunftssorgen entschlagen. Nebenbei gesagt: über seine Schulden bei seinem Freund du Tillet machte er sich nicht die leisesten Sorgen.

»Wieso einem Freund mißtrauen?« fragte er, wenn Blondet sich gelegentlich in Zweifeln erging, entsprechend seiner Gewohnheit, alles zu analysieren.

»Unseren Feinden zu mißtrauen erübrigt sich«, sagte Florine.

Nathan legte sich für du Tillet ins Zeug. Du Tillet sei der beste, der entgegenkommendste, der redlichste Mensch. Diese Existenz eines Seiltänzers ohne Balancierstange hätte jeden, sogar einen Unbeteiligten, erschreckt, wenn er in das Geheimnis eingedrungen wäre; aber du Tillet betrachtete es mit dem Stoizismus und dem kalten Blick eines Emporkömmlings. In der freundschaftlichen Gutmütigkeit seines Verhaltens gegenüber Nathan kam es zu wüsten Spöttereien. Eines Tages, beim Verlassen von Florines Haus, drückte er ihm die Hand und sah ihm zu, wie er in sein Kabriolett stieg.

»So was fährt in großartiger Aufmachung ins Bois de Boulogne«, sagte er zu Lousteau, einem ausgemachten Neidhammel, »und dabei kann dieser Mensch in sechs Monaten in Clichy[88] sitzen.«

»Der? Niemals!« rief Lousteau. »Der hat doch Florine.«

»Wer sagt dir, mein Junge, daß er sie behält? Du nämlich, der tausendmal mehr wert ist als er, bist sicher in einem halben Jahr unser Chefredakteur.«

Im Oktober waren die Wechsel fällig; du Tillet verlängerte sie gnädig, aber nur auf zwei Monate; hinzu kamen die Diskontspesen und ein neues Darlehen. Seines Sieges gewiß, lebte Raoul auch weiterhin aus dem vollen. Madame Félix de Vandenesse sollte in ein paar Tagen wiederkommen, einen Monat früher als üblich; ein wahnsinniges Verlangen, mit Raoul beisammen zu sein, trieb sie heim; und er wollte sich nicht in dem Augenblick in Geldverlegenheiten befinden, da er seinen Lebenskampf wieder aufnahm. Der Briefwechsel, bei dem die Feder immer kühner ist als das gesprochene Wort, bei dem der in Blumen gehüllte Gedanke sich an alles heranwagt und alles sagen kann, hatte die Gräfin in den höchsten Grad der Überschwenglichkeit geraten lassen; sie erblickte in Raoul einen der schönsten Genien der Zeit, ein erlesenes, verkanntes, unbeflecktes, der Anbetung würdiges Herz; sie sah, wie er kühn die Hand nach der Festtafel der Macht ausstreckte. Bald würde sein Wort, das der Liebe so schönen Ausdruck verlieh, von der Rednertribüne herniederdonnern. Marie lebte nur noch ein Leben, dessen Kreise einander durchdrangen wie die einer körperlich dargestellten Himmelskugel, und ihre Mitte bildete die Gesellschaft. An den ruhigen Beglükkungen häuslichen Lebens war ihr nichts gelegen; sie nahm die Wallungen dieses wirbelnden Lebens in sich auf, die eine gewandte, verliebte Feder ihr vermittelte; sie küßte diese Briefe, die inmitten der Pressefehden geschrieben und den Stunden der Arbeit abgerungen worden waren; sie spürte ihren vollen Wert; sie war sicher, als einzige geliebt zu werden und als Rivalen nur den Ruhm und den Ehrgeiz zu haben; sie merkte, daß sie in der Tiefe ihrer Einsamkeit alle seine Kräfte entfalten konnte; sie war selig, so gut gewählt zu haben: Nathan war ein Engel. Glücklicherweise hatten ihre Zurückgezogenheit auf dem Lande und die zwischen ihr und Raoul bestehenden Schranken das üble Gerede der Gesellschaft aufhören lassen. Während der letzten Herbsttage nahmen Marie und Raoul ihre Spaziergänge im Bois de Boulogne wieder auf; nur dort konnten sie beisammen sein, bis die Salons sich wieder auftaten. Raoul konnte mit etwas mehr Ruhe die reinen, erlesenen Freuden seines idealen Lebens genießen und sie vor Florine geheimhalten: er arbeitete weniger, die Zeitung hatte sich eingespielt, jeder Redakteur wußte, was ihm oblag. Unwillkürlich stellte er Vergleiche an, und alle fielen zugunsten der Schauspielerin aus, ohne daß indessen die Gräfin dabei verlor. Abermals erlag er fast den Manövern, zu denen seine gleichermaßen von Herz und Kopf angefachte Leidenschaft zu einer Dame der großen Welt ihn verdammte; Raoul brachte übermenschliche Kräfte auf, um gleichzeitig auf drei Bühnen aufzutreten: denen der Gesellschaft, der Presse und der Kulissen. Während Florine, die ihm für alles Dank wußte, die nahezu alle seine Plackereien und Sorgen teilte, stets im rechten Augenblick erschien und wieder verschwand und ihn mit den Wogen eines wahren Glücks überflutete, ohne Phrasen, ohne die Begleitmusik der Gewissensbisse, vergaß die Gräfin mit den unersättlichen Augen, dem keuschen Leibe seine gigantische Arbeitsleistung und die Mühen, die er häufig auf sich nahm, um sie einen Augenblick lang zu sehen. Anstatt zu herrschen, ließ Florine sich nehmen, sich verlassen und sich abermals nehmen, und das alles mit der Nachgiebigkeit einer Katze, die immer wieder auf die Pfoten fällt und mit den Ohren zuckt. Diese Unbeschwertheit des Verhaltens paßt vortrefflich zu dem Gehaben der Geistesarbeiter; und jeder Künstler hätte, wie Nathan, es ausgenützt, ohne vom Verfolgen der schönen idealen Liebe, der herrlichen Leidenschaft abzulassen, die seinem Dichterinstinkt, seinem geheimen Verlangen nach Größe, seiner gesellschaftlichen Eitelkeit schmeichelte. Da er nur zu gut wußte, welche Katastrophe die Folge einer Indiskretion sein würde, sagte er sich: »Weder die Gräfin noch Florine dürfen etwas wissen!« Sie waren ja einander so fern! Zu Winterbeginn erschien Raoul, jetzt auf dem Gipfel der Berühmtheit, wieder in der Gesellschaft: er war fast eine Persönlichkeit. Rastignac, der zusammen mit dem nach de Marsays Tod gestürzten Ministerium hatte gehen müssen, stützte sich auf Raoul und stützte diesen durch seine Lobeserhebungen. Madame de Vandenesse wollte damals wissen, ob ihr Mann über Nathan anderen Sinnes geworden sei. Ein Jahr war seither vergangen; sie fragte ihn abermals, im Glauben, sie könne eine glänzende Rache nehmen, wie sie das Wohlgefallen aller Frauen bildet, selbst der edelsten und am weitesten der Erde entrückten; denn man kann unbedenklich eine hohe Wette eingehen, daß auch die Engel noch Ehrgeiz haben, wenn sie sich rings um den Allerhöchsten aufstellen.

»Es hat ihm gerade noch gefehlt, daß er auf ein paar Intriganten hereinfiel«, antwortete der Graf.

Félix, dem sein Umgang in der Gesellschaft und der Welt der Politik gestattete, klar zu sehen, hatte Raouls Lage durchschaut. In aller Ruhe setzte er seiner Frau auseinander, das Ergebnis von Fieschis Attentatsversuch[89] sei, daß viele Laue jetzt für die in der Person des Königs Louis-Philippe bedrohten Interessen gewonnen worden seien. Die Zeitungen ohne ausgesprochene Parteirichtung würden ihre Abonnenten verlieren, denn zusammen mit der Politik würde der Journalismus sich vereinfachen. Wenn Nathan sein Vermögen in seine Zeitung gesteckt habe, werde es bald mit ihm aus sein. Dieser gerecht würdigende, unumwundene Hinweis, obwohl in knappe Worte gefaßt und lediglich gegeben, um eine gleichgültige Frage zu vertiefen, und noch dazu von einem Mann, der die Möglichkeiten aller Parteien richtig zu berechnen wußte, erschreckte Madame de Vandenesse.

»Interessierst du dich denn so sehr für ihn?« fragte Félix seine Frau.

»Nur wie für einen Mann, dessen Geist mich amüsiert und mit dem ich mich gern unterhalte.«

Diese Antwort wurde mit so natürlicher Miene gegeben, daß der Graf keinen Argwohn schöpfte.

Am nächsten Tag um vier hatten Marie und Raoul bei Madame d'Espard eine lange, leise Unterhaltung. Die Gräfin äußerte Befürchtungen: Raoul zerstreute sie, nur zu froh, durch seine boshaften Bemerkungen Félix' Größe als Ehemann zu erschüttern. Nathan hatte sich an ihm zu rächen. Er stellte den Grafen als einen kleinen Geist hin, als einen rückständigen Menschen, der die Juli-Revolution mit den Maßstäben der Restauration messen wolle, der sich weigerte, den Triumph der Mittelklasse wahrzunehmen, die neue soziale Macht, die, gleichgültig, ob vorübergehend oder von Dauer, auf jeden Fall etwas wirklich Vorhandenes sei. Es gebe jetzt keine großen Herren mehr, die Herrschaft der wahrhaft Überlegenen breche an. Anstatt sich näher mit den indirekt geäußerten, unparteiischen Ansichten eines leidenschaftslos befragten Politikers zu befassen, warf Raoul sich in die Brust, bediente sich schwülstiger Worte und drapierte sich mit dem Purpur seiner Erfolge. Welche Frau schenkt ihrem Liebhaber nicht mehr Glauben als ihrem Mann? Madame de Vandenesse war beruhigt und begann aufs neue das Leben der unterdrückten Reizungen, der kleinen, geheimen Genüsse, der verstohlenen Händedrücke; von alledem hatte sie sich während des letzten Winters genährt, aber eine Frau wird schließlich über alle Grenzen hinweggerissen, wenn der geliebte Mann einige Entschlußkraft besitzt und der Hindernisse überdrüssig wird. Zu ihrem Glück wurde Raoul durch Florine geschwächt und war ungefährlich. Überdies wurde er in Interessen verstrickt, die ihm nicht gestatteten, sein Glück wahrzunehmen. Dennoch hätten ein Nathan plötzlich zugestoßenes Unglück, neu sich erhebende Hindernisse, ein Reißen des Geduldsfadens die Gräfin in einen Abgrund stürzen können. Raoul nahm Maries Geneigtheit dazu wahr, als gegen Ende Dezember du Tillet bezahlt werden wollte. Der reiche Bankier behauptete, er sei in Schwierigkeiten, und riet Raoul, die Summe auf vierzehn Tage bei einem Wucherer namens Gigonnet zu leihen: der war eine ›Vorsehung‹ zu fünfundzwanzig Prozent für junge Leute in Geldverlegenheiten. In ein paar Tagen, zu Januarbeginn, führe die Zeitung ihre große Abonnementserneuerung durch, dann ströme Geld in die Kasse, du Tillet werde schon sehen. Warum übrigens könne Nathan nicht ein Stück schreiben? Aus Überheblichkeit wollte Nathan unter allen Umständen zahlen. Du Tillet gab Raoul ein Empfehlungsschreiben an den Wucherer mit, auf das hin Gigonnet ihm die betreffende Summe gegen Wechsel auf zwanzig Tage auszahlte. Anstatt nach den Gründen für diese scheinbare Gefälligkeit zu forschen, ärgerte Raoul sich, daß er nicht mehr verlangt habe. So handeln die durch die Kraft ihrer Ideen bemerkenswertesten Männer; sie sehen in einer ernsten Angelegenheit einen Anlaß zu Scherzen; sie scheinen ihre Intelligenz für ihre Werke aufzusparen und wenden sie aus Angst, sie könne dadurch gemindert werden, keinesfalls auf Dinge des täglichen Lebens an. Raoul erzählte Florine und Blondet, was er am Morgen getan habe; er schilderte ihnen Gigonnet von oben bis unten, seinen ungeheizten Kamin, seine schäbige Réveillon-Tapete[90], seine Treppe, seine asthmatische Türschelle, seinen Fußkratzer, seine kleine, abgetretene Strohmatte, seinen Herd, der so kalt war wie sein Blick: er brachte sie über diesen neuen ›Onkel‹ zum Lachen; sie machten sich weder über du Tillet Gedanken, der behauptete, kein Geld zu haben, noch über einen Wucherer, der so ohne weiteres welches herausrückte. Wie komisch war das alles!

»Er hat von dir nur fünfzehn Prozent verlangt«, sagte Blondet, »du schuldest ihm eigentlich Dank. Wenn sie fünfundzwanzig Prozent nehmen, grüßt man sie nicht mehr; der Wucher beginnt mit fünfzehn Prozent; nehmen sie die, dann verachtet man sie.«

»Verachten!« sagte Florine. »Welcher von eueren Freunden liehe euch was zu diesem Zinsfuß, ohne sich als euren Wohltäter aufzuspielen?«

»Sie hat recht; ich bin froh, daß ich du Tillet nichts mehr schulde«, sagte Raoul.

Woher rührt dieser Mangel an Scharfblick in ihren persönlichen Geschäftsdingen bei Leuten, die für gewöhnlich alles durchschauen? Vielleicht kann der Geist nicht in bezug auf alles und jedes vollkommen sein; vielleicht leben die Künstler zu sehr im gegenwärtigen Augenblick, als daß sie sich mit der Zukunft befassen könnten; vielleicht beobachten sie allzu sehr die Lächerlichkeiten, sehen auf diese Weise keine Falle und glauben, man wage es nicht, sie hinters Licht zu führen. Die Zukunft ließ nicht auf sich warten. Zwanzig Tage später waren die Wechsel zu Protest gegangen; aber Florine erbat und erhielt beim Handelsgericht einen Zahlungsaufschub von fünfundzwanzig Tagen. Raoul befaßte sich mit seiner Lage, er verlangte Rechnungsablegung: es ergab sich, daß die Einnahmen der Zeitung nur zwei Drittel der Unkosten deckten und daß die Zahl der Abonnenten zurückging. Der große Mann wurde unruhig und düster, aber nur Florine gegenüber; ihr vertraute er sich an. Florine riet ihm, auf noch zu schreibende Theaterstücke Geld aufzunehmen, indem er sie en bloc verkaufte und die Tantiemen der auf dem Spielplan stehenden verpfändete. Auf diese Weise kam Nathan zu zwanzigtausend Francs, und seine Schulden betrugen nur noch vierzigtausend. Am 10. Februar waren die fünfundzwanzig Tage um. Du Tillet, der Nathan nicht als Rivalen in dem Wahlkollegium haben wollte, dem er sich vorzustellen gedachte (Massol wollte er ein anderes, regierungstreues Wahlkollegium überlassen), hetzte Gigonnet zu Zwangsmaßnahmen gegen Raoul auf.

Ein Mann in Schuldhaft konnte sich nicht als Wahlkandidat stellen. Das Haus in der Rue de Clichy konnte dem künftigen Minister den Garaus machen. Florine selber stand in dauernden Unterhandlungen mit den Gerichtsvollziehern, ihrer persönlichen Schulden wegen; ihr blieb in dieser Krise nichts als das ›Ich!‹ der Medea[91], denn ihre Möbel wurden gepfändet. Der Ehrgeizling hörte in allen Teilen seines jungen, ohne Fundamente errichteten Gebäudes das Krachen des bevorstehenden Zusammenbruchs. Er besaß schon nicht mehr die Kraft, ein so weitläufiges Unternehmen zu stützen; es von vorn zu beginnen, fühlte er sich außerstande; also würde er unter den Trümmern seines Luftschlosses begraben werden. Seine Liebe zu der Gräfin gab seinem Leben noch einige Helle; er trug eine heitere Maske zur Schau, aber in seinem Innern war alle Hoffnung erstorben. Du Tillet beargwöhnte er nicht; einzig den Wucherer hatte er vor Augen. Rastignac, Blondet, Lousteau, Vernou, Finot und Massol hüteten sich, diesem Mann, der von einem so gefährlichen Betätigungsdrang besessen war, reinen Wein einzuschenken. Rastignac, der wieder in die Regierung gelangen wollte, machte gemeinsame Sache mit Nucingen und du Tillet. Den anderen bereitete es unendlichen Genuß, der Agonie von einem ihresgleichen zuzusehen, der des Versuchs schuldig war, sich zu ihrem Herrn und Meister aufzuschwingen. Keiner von ihnen hätte sich bereit gefunden, Florine ein Wort zu sagen; im Gegenteil, sie rühmten Raoul ihr gegenüber. »Nathan hat Schultern, um die ganze Welt zu tragen; wenn er sich herauswinden kann, klappt alles großartig!«

»Gestern haben wir zwei neue Abonnenten bekommen«, sagte Blondet mit ernster Miene, »Raoul wird Abgeordneter. Wenn das Budget bewilligt ist, kommt die Verfügung, die die Kammer auflöst.«

Der verfolgte Nathan konnte auf keinen Wucherer mehr rechnen. Die gepfändete Florine konnte nur noch mit dem Zufall einer Liebschaft mit irgendeinem Gimpel rechnen, und so etwas stellt sich nie im richtigen Augenblick ein. Nathan hatte nur Leute ohne Geld und Kredit zu Freunden. Eine Verhaftung hätte alle seine Hoffnungen auf eine politische Laufbahn vernichtet. Um das Unglück vollzumachen, hatte er sich zu gewaltiger Arbeit verpflichtet, die ihm vorausbezahlt worden war; wie tief der

Abgrund an Not und Elend war, in den er rollen mußte, ließ sich nicht ermessen. Angesichts dieser Fülle von Bedrohungen verließ ihn der Mut. Würde die Gräfin de Vandenesse an ihm festhalten, mit ihm in die Ferne fliehen? Frauen lassen sich nur durch eine bedingungslose Liebe mit in solch einen Abgrund reißen, und ihrer beider Leidenschaft hatte sie nicht durch geheime Glücksbande miteinander verknüpft. Wenn nun aber die Gräfin ihm ins Ausland folgte, dann käme sie ohne Vermögen, nackt und von allem entblößt, und wäre nur noch eine Last mehr. Ein Geist zweiten Ranges, ein überheblicher Mensch wie Nathan, mußte jetzt im Selbstmord das Schwert erblicken (und er tat es), das diesen gordischen Knoten zu durchhauen vermochte. Der Gedanke, vor den Augen der Gesellschaft zu Fall zu kommen, in die er eingedrungen war, die er hatte beherrschen wollen; die Gräfin triumphierend darin zurückzulassen und wieder ein schmutzbedeckter, gemeiner Fußsoldat zu werden, war unerträglich. Der Irrsinn tanzte und ließ seine Schellen am Tor des Luftschlosses klingeln, das der Dichter bewohnte. In dieser letzten Not wartete Nathan auf einen Zufall; erst im letzten Augenblick wollte er sich das Leben nehmen.

Während der letzten Tage, die über der Verkündung des Urteils, dem Erlaß und der Veröffentlichung des Haftbefehls hingingen, trug Raoul überall ungewollt die kalte, finstere Miene zur Schau, die die Beobachter an allen feststellen können, die dem Selbstmord bestimmt sind oder ihn planen. Die düsteren Gedanken, denen sie nachhängen, drücken ihrer Stirn graue, verschwommene Töne auf; ihr Lächeln hat etwas Fatalistisches, ihre Bewegungen sind gespreizt. Diese Unglücklichen scheinen die goldenen Früchte des Lebens bis zur Schale aussaugen zu wollen; ihre Blicke richten sich bei jeder Gelegenheit aufs Herz; sie hören in den Lüften ihr Grabgeläut; sie sind geistesabwesend. Diese erschreckenden Symptome bemerkte Marie eines Abends, als sie bei Lady Dudley war: Raoul war allein im Boudoir auf einem Diwan sitzen geblieben, während alle übrigen im Salon plauderten; die Gräfin kam an die Tür, er hob nicht den Kopf, er vernahm weder Maries Atem noch das Rascheln ihres Seidenkleids; mit starren, vor Schmerz stumpfen Augen blickte er auf eine Teppichblume; er wollte lieber sterben als abdanken. Nicht jeder hat ein Sankt-Helena als Piedestal. Überdies war der Selbstmord damals in Paris epidemisch; sollte er nicht vielleicht das letzte Wort glaubensloser Gesellschaften sein? Raoul hatte gerade beschlossen zu sterben. Verzweiflung ist stärker als alle Hoffnungen, und die Raouls besaß keinen Ausweg als das Grab.

»Was ist dir?« fragte Marie und flog zu ihm.

»Nichts«, antwortete er.

Es gibt unter Liebenden eine Art und Weise, »nichts« zu sagen, die das genaue Gegenteil bedeutet. Marie zuckte die Achseln.

»Sie sind ein Kind«, sagte sie, »Ihnen steht ein Unglück bevor.«

»Nein, mir nicht«, sagte er. »Übrigens werden Sie es immer noch früh genug erfahren, Marie«, fuhr er liebevoll fort.

»Woran hast du gerade gedacht, als ich hereinkam?« fragte sie gebieterisch.

»Willst du die Wahrheit wissen?« Sie neigte das Haupt. – »Ich hatte an dich gedacht und mir gesagt, daß viele Männer an meiner Stelle verlangt hätten, rückhaltlos geliebt zu werden: ich werde es, nicht wahr?«

»Ja«, sagte sie.

»Und«, fuhr er fort, legte ihr den Arm um die Taille, zog sie an sich und küßte sie auf die Stirn auf die Gefahr hin, überrascht zu werden, »ich lasse dich rein und ohne Gewissensbisse zurück. Ich könnte dich mit in den Abgrund reißen, aber du bleibst in all deinem Glanz am Rand stehen, makellos. Einzig ein Gedanke bekümmert mich ...«

»Welcher?«

»Daß du mich verachten wirst.« Sie lächelte stolz. – »Ja, du wirst nie glauben, daß du heilig geliebt worden bist; dann wird man mich brandmarken, ich weiß es. Frauen können sich nicht vorstellen, daß wir in der Tiefe unseres Schlamms die Augen zum Himmel aufheben, um dort einzig und allein eine Maria anzubeten. Sie durchsetzen diese heilige Liebe mit erbärmlichen Fragen; es ist ihnen unbegreiflich, daß Männer von hoher Intelligenz und weitem dichterischem Vermögen ihre Seele vom sinnlichen Genuß freimachen und sie einem geliebten Altar vorbehalten können. Und dennoch, Marie, ist der Kult des Ideals bei uns glühender als bei euch Frauen: wir finden es in der Frau, die es in uns nicht einmal sucht.«

»Was soll dieser Feuilletonartikel?« fragte sie spöttisch als ihrer selbst sichere Frau.

»Ich verlasse Frankreich; morgen sollst du durch einen Brief, den mein Diener dir überbringen wird, erfahren, warum und wie. Leb wohl, Marie.«

Raoul drückte die Gräfin in einer grauenerregenden Umarmung ans Herz, ging und ließ sie betäubt vor Schmerz zurück.

»Was ist Ihnen denn, Liebste?« fragte sie die Marquise d'Espard, die sie hatte holen wollen. »Was hat Ihnen Monsieur Nathan gesagt? Er ist eben mit melodramatischer Miene weggegangen. Vielleicht sind Sie zu vernünftig oder zu unvernünftig.«

Die Gräfin nahm Madame d'Espards Arm und ging mit ihr zurück in den Salon; ein paar Minuten später verabschiedete sie sich.

»Vielleicht geht sie zu ihrem ersten Stelldichein«, sagte Lady Dudley zur Marquise.

»Das werde ich schon herausbekommen«, sagte Madame d'Espard, verließ gleichfalls das Haus und sah dem Wagen der Gräfin nach.

Aber Madame de Vandenesses Kutsche schlug den Weg zum Faubourg Saint-Honoré ein. Als Madame d'Espard die Gräfin Félix den Faubourg entlangfahren sah, von wo aus sie nach der Rue du Rocher gelangen mußte, trat sie ins Haus zurück. Marie ging zu Bett, konnte jedoch nicht schlafen; sie verbrachte die Nacht mit der Lektüre der Beschreibung einer Nordpol-Expedition, ohne das mindeste zu verstehen. Morgens um halb neun erhielt sie einen Brief von Raoul und öffnete ihn hastig. Der Brief begann mit den klassischen Worten:

»Meine Inniggeliebte, wenn du dies Blatt in Händen hältst, bin ich nicht mehr ...«

Sie las nicht weiter, zerknüllte den Brief in einer nervösen Verkrampfung, schellte nach ihrer Zofe, zog hastig einen Morgenrock an, fuhr in die erstbesten Schuhe, band sich einen Schal um und setzte sich einen Hut auf; dann wies sie ihre Zofe an, dem Grafen zu sagen, sie sei zu ihrer Schwester, Madame du Tillet, gegangen, und verließ das Haus.

»Wo sind Sie von Ihrem Herrn weggegangen?« fragte sie Raouls Diener.

»In der Redaktion.«

»Wir wollen hin«, sagte sie.

Zum größten Erstaunen ihrer Hausangestellten ging sie zu Fuß aus, noch ehe es neun war; offenbar hatte sie völlig den Kopf verloren. Zu Maries Glück sagte die Zofe dem Grafen, Madame habe gerade eben einen Brief von Madame du Tillet erhalten, der sie außer sich gebracht habe, und sie sei in Begleitung des Dieners, der ihr den Brief übergeben, zu ihrer Schwester geeilt. Vandenesse wartete die Rückkehr seiner Frau ab, damit er Näheres erfuhr. Die Gräfin stieg in eine Droschke und wurde rasch zum Geschäftsgebäude der Zeitung gefahren. Zu dieser Stunde waren die weitläufigen Räume, die das Blatt in einem alten Adelspalast in der Rue Feydeau innehatte, leer und verlassen; nur ein Bürodiener war da, und dieser war sehr erstaunt, als er eine junge, hübsche verstörte Frau durch die Zimmer laufen sah; sie fragte ihn, wo Monsieur Nathan sei.

»Höchstwahrscheinlich bei Mademoiselle Florine«, antwortete er; er hielt die Gräfin für eine Rivalin, die eine Eifersuchtsszene machen wollte.

»Wo arbeitet er hier?«

»Im Arbeitszimmer; den Schlüssel dazu hat er immer in der Tasche.«

»Ich will hin.«

Der Diener führte sie in ein dunkles Stübchen, dessen Fenster auf einen Hinterhof hinausging; es war ehemals ein Ankleidekabinett gewesen und stieß an ein großes Schlafzimmer, dessen Alkoven erhalten geblieben war. Das Stübchen bildete dazu einen Winkel. Die Gräfin riß das Fenster der kleinen Kammer auf und konnte durch das des Arbeitszimmers sehen, was darin vorging: Nathan saß röchelnd in seinem Chefredakteursessel.

»Brechen Sie die Tür da auf und halten Sie den Mund; ich bezahle Ihr Stillschweigen. Sehen Sie nicht, daß Monsieur Nathan dem Tode nahe ist?«

Der Diener holte aus der Druckerei einen eisernen Formrahmen, damit sprengte er die Tür auf. Raoul hatte den Tod durch

Einatmen von Kohlenoxyd gesucht, wie ein einfaches Nähmädchen. Er hatte gerade einen Brief an Blondet beendet und ihn darin gebeten, seinen Selbstmord als einen Gehirnschlag zu tarnen. Die Gräfin war noch zur rechten Zeit gekommen: sie ließ Raoul in die Droschke tragen, und da sie nicht wußte, wo sie sich seiner annehmen sollte, fuhr sie in ein Hotel, nahm dort ein Zimmer und ließ durch den Bürodiener einen Arzt holen. Raoul war nach ein paar Stunden außer Gefahr; aber die Gräfin wich erst von seinem Lager, nachdem sie eine Generalbeichte empfangen hatte. Der zusammengebrochene Ehrgeizling hatte ihr die furchtbaren Elegien seines Schmerzes ins Herz gegossen; danach war sie heimgefahren, nunmehr von allen Qualen heimgesucht, von allen Gedanken, die am Abend zuvor Nathans Stirn umlagert hatten.

»Ich bringe alles in Ordnung«, hatte sie zu ihm gesagt, um ihn dem Leben wiederzugeben.

»Na, was ist denn mit deiner Schwester los?« fragte Félix seine Frau, als er sie hereinkommen sah. »Du siehst ja völlig verändert aus.«

»Es ist eine gräßliche Geschichte; ich muß darüber tiefstes Schweigen bewahren«, sagte sie; ihre Kraft war wiedergekehrt; sie konnte tun, als sei sie ganz ruhig.

Um allein zu sein und ungestört nachdenken zu können, war sie abends ins Théâtre-Italien gegangen; dann hatte sie sich bei Madame du Tillet das Herz erleichtert, ihr das schreckliche Geschehnis dieses Morgens erzählt und sie um Rat und Hilfe gebeten. Keine von beiden hatte in jener Stunde wissen können, daß du Tillet sozusagen die gemeine Kohlenpfanne angezündet, deren Anblick die Gräfin Félix de Vandenesse so erschreckt hatte.

»Er hat nur mich auf Erden«, hatte Marie zu ihrer Schwester gesagt, »und ich lasse ihn nicht im Stich.«

Dieser Ausspruch enthält das Geheimnis aller Frauen: sie werden heroisch, wenn sie die Gewißheit haben, sie seien für einen großen, fehlerlosen Mann alles.

Du Tillet hatte von der mehr oder minder wahrscheinlichen Leidenschaft seiner Schwägerin für Nathan reden hören; aber er gehörte zu denen, die sie abstritten oder für unvereinbar mit der Liaison Raouls und Florines hielten. Die Schauspielerin hätte die

Gräfin längst aus dem Felde geschlagen oder umgekehrt. Doch als er an jenem Abend nach Hause gekommen war und dort die Schwägerin vorgefunden, deren Gesicht ihn schon im Theater ganz verstört angemutet hatte, war ihm klargeworden, daß Raoul die Gräfin in seine Notlage eingeweiht haben müsse: die Gräfin liebte ihn also und war gekommen, um Marie-Eugénie um die Summe zu bitten, die Nathan dem alten Gigonnet schuldig war. Seine Frau, die nichts von den geheimen Hintergründen dieses dem Anschein nach übernatürlichen Scharfblicks wußte, hatte eine solche Verdutztheit bezeigt, daß du Tillets Argwohn sich in Gewißheit wandelte. Der Bankier glaubte, den Draht der Intrigen Nathans in Händen zu haben. Niemand ahnte, daß der Unglückliche in einem Hôtel garni in der Rue du Mail im Bett lag, und zwar unter dem Namen des Bürodieners, dem die Gräfin fünfhundert Francs dafür versprochen hatte, daß er Stillschweigen über die Geschehnisse der Nacht und des Morgens bewahre. Deswegen hatte François Quillet Sorge getragen, der Portiersfrau zu sagen, Nathan habe sich infolge von Überarbeitung unwohl befunden. Du Tillet wunderte sich nicht, daß Nathan unsichtbar blieb. Es war selbstverständlich, daß der Journalist sich versteckt hielt, um nicht mit den Leuten zusammenzutreffen, die ihn festnehmen sollten. Als die Spürhunde kamen und Erkundigungen einzogen, erfuhren sie, daß am Morgen eine Dame gekommen sei und den Chefredakteur weggefahren habe. Es vergingen zwei Tage, bis sie die Nummer der Droschke herausbekommen, den Kutscher verhört und das Hotel wiedergefunden und durchsucht hatten, in dem der Schuldner ins Leben zurückkehrte. Auf diese Weise hatten Maries kluge Maßnahmen Nathan einen Aufschub von drei Tagen verschafft.

Beide Schwestern durchlebten also eine grausame Nacht. Eine solche Katastrophe wirft den Glutschein ihrer Steinkohlenpfanne über das ganze Leben; es beleuchtet dessen Hintergründe und Klippen mehr als seine Gipfel, die bislang den Blick auf sich gelenkt hatten. Die arme Madame du Tillet war erschüttert von der furchtbaren Vorstellung eines in seinem Sessel vor seinem Zeitungsblatt dem Tode nahen jungen Mannes, der wie ein Römer seine letzten Gedanken niedergeschrieben hatte; sie konnte an nichts denken, als ihm zu helfen, als die Seele dem Leben wiederzugeben, durch die ihre Schwester lebte. Es liegt in der Natur unserer Geistesbeschaffenheit, daß wir die Wirkungen betrachten, ehe wir die Ursachen analysieren. Von neuem hieß Eugénie ihren Gedanken gut, sich an die Baronin Delphine de Nucingen zu wenden, bei der sie zu Abend gegessen hatte; und sie zweifelte nicht am Erfolg. Madame du Tillet war großherzig wie alle, die noch nicht durch das blanke, stählerne Räderwerk der modernen Gesellschaft gedreht worden sind; sie beschloß, alles auf sich zu nehmen.

Die Gräfin ihrerseits war glücklich, daß sie bereits Nathan das Leben gerettet hatte; sie verwandte die Nacht dazu, Listen zu ersinnen, durch die sie sich vierzigtausend Francs verschaffen könne. Bei dergleichen Krisen sind die Frauen wundervoll. Dadurch, daß sie sich vom Gefühl leiten lassen, gelangen sie zu Kombinationen, die Diebe, Geschäftsleute und Wucherer überraschen würden, wenn diese drei Klassen von mehr oder minder anerkannten Gewerbetreibenden sich überhaupt über etwas zu wundern vermöchten. Die Gräfin wollte ihre Diamanten verkaufen und an ihrer Statt falsche tragen. Sie erwog, ihren Mann um die Summe als für ihre Schwester bestimmt zu bitten, die sie ja schon ins Vertrauen gezogen hatte; aber sie empfand zu nobel, um nicht vor solcherlei entehrenden Mitteln zurückzuschrecken; sie ließ sie sich einfallen und wies sie dann von sich. Das Geld ihres Mannes für Nathan! Erschreckt über diese Ruchlosigkeit bäumte sie sich im Bett auf. Mit falschen Diamanten auftreten? Das würde ihr Mann schließlich merken. Sie wollte zu den Rothschilds gehen und sie um die Summe bitten; die hatten ja soviel Geld; oder zu dem Erzbischof von Paris, der doch den Armen helfen mußte; so lief sie von einer Religion zur anderen und flehte beide an. Sie bedauerte tief, daß sie nicht mehr zu den Regierungskreisen gehörte; früher hätte sie in der Umgebung des Throns irgendwie und irgendwo Geld leihen können. Es fiel ihr ein, ihren Vater um Hilfe zu bitten. Aber der alte Jurist verabscheute alles Ungesetzliche; seine Kinder hatten es schließlich zu spüren bekommen, wie wenig Sympathien er für Unglück in der Liebe aufbrachte; er wollte von so etwas nichts hören, er war zum Menschenfeind geworden, alles, was mit Liebesdingen zusammenhing, war ihm widerwärtig. Was nun aber die Gräfin de

Granville betraf, so lebte sie zurückgezogen auf einem ihrer normannischen Güter, sparte und betete und beschloß ihre Lebenstage zwischen Priestern und Säcken voller Talern, herzenskalt bis zum letzten Augenblick. Auch wenn Marie Zeit zu einer Reise nach Bayeux gehabt hätte: würde ihre Mutter ihr dann soviel Geld gegeben haben, ohne zu wissen, zu welchem Zweck? Schuld vorschützen? Ja, vielleicht würde sie sich durch ihre Lieblingstochter erweichen lassen. Gut also, wenn alles andere fehlschlug, wollte die Gräfin nach der Normandie reisen. Ihr Vater würde es nicht ablehnen, ihr einen Vorwand für die Reise zu liefern, etwa indem er ihr die falsche Nachricht zukommen ließe, seine Frau sei schwer erkrankt. Der trostlose Anblick, der sie am Morgen erschreckt hatte, die an Nathan verschwendete Fürsorge, die an seinem Bett verbrachten Stunden, seine oftmals unterbrochenen Erzählungen, die Todesnöte eines großen Geistes, der Geniusflug, den ein vulgäres, unedles Hindernis gestoppt hatte: all das fiel ihr wieder ein und fachte ihre Liebe an. Sie kostete, was sie empfunden hatte, noch einmal aus und fühlte sich durch die Notlage noch mehr innerlich gepackt als durch die Größe. Hätte sie seine Stirn geküßt, wenn der Erfolg sie gekrönt hätte? Nein. Sie fand etwas unendlich Nobles in den letzten Worten, die Nathan in Lady Dudleys Boudoir zu ihr gesprochen hatte. Welch eine Weihe lag in diesem Lebewohl! Welch ein Adel in der Opferung eines Glücks, das ihr zur Qual geworden wäre! Die Gräfin hatte sich in ihrem Leben Gefühlsüberschwänge gewünscht; jetzt hatte sie davon ein Übermaß, und sie waren schrecklich, grausam, aber sie liebte sie. Sie lebte mehr durch den Schmerz als durch die Lust der Liebe. Mit welchem Entzücken sagte sie sich: »Ich habe ihn schon gerettet; ich will ihn auch weiterhin retten!« Sie hörte ihn abermals aufschreien: »Nur Unglückliche wissen, bis wohin die Liebe geht!«, als er die Lippen seiner Marie auf seiner Stirn verspürt hatte.

»Bist du krank?« fragte ihr Mann sie, als er in ihr Zimmer kam, um sie zum Frühstück zu holen.

»Ich leide grauenhaft unter dem Drama, das sich bei meiner Schwester abspielt«, sagte sie und log dabei nicht einmal.

»Sie ist in schlechte Hände geraten; es gereicht einer Familie zur Schmach, wenn sie mit jemandem wie du Tillet verwandt ist, einem Mann ohne Ritterlichkeit; wenn deiner Schwester ein Unglück zustieße, fände sie bei ihm schwerlich Mitleid.«

»Welche Frau nimmt mit Mitleid fürlieb?« fragte die Gräfin mit einer krampfhaften Bewegung. »Ihr Unbarmherzigen, eure Strenge ist für uns eine Gnade.«

»Ich weiß nicht erst seit heute, daß du ein edles Herz hast«, sagte Félix und küßte seiner Frau die Hand; ihr Stolz ging ihm nahe. »Eine Frau, die so denkt, bedarf nicht der Hut.«

»Der Hut?« entgegnete sie, »das ist eine weitere Schmach, die auf euch fällt.«

Félix lächelte, aber Marie errötete. Wenn eine Frau sich heimlich einer Schuld bewußt ist, bezeigt sie nachdrücklich ein Höchstmaß an weiblichem Stolz. Das ist eine seelische Vorstellung, für die man ihr Dank wissen muß. Dann nämlich wohnt der Täuschung Würde, wenn nicht gar Größe inne. Marie schrieb an Nathan, unter der Deckadresse ›Monsieur Quillet‹, ein paar Zeilen, um ihn wissen zu lassen, daß alles gut gehe, und ließ sie durch einen Dienstmann im Hôtel du Mail abgeben. Abends in der Oper kamen der Gräfin ihre Lügen zugute, denn ihr Mann fand nichts dabei, daß sie ihre Loge verließ und zu ihrer Schwester ging. Félix wartete damit, ihr den Arm zu reichen, bis du Tillet seine Frau allein gelassen hatte. Von welchen Empfindungen wurde Marie durchtobt, als sie den Korridor durchschritt, die Loge ihrer Schwester betrat und darin mit ruhiger, heiterer Stirn Platz nahm, angesichts all der Leute, die sich wunderten, die beiden beisammen zu sehen!

»Nun?« fragte sie.

Marie-Eugénies Gesicht war an sich schon die Antwort: es strahlte darin eine naive Freude, die viele der Befriedigung der Eitelkeit zuschrieben.

»Er wird gerettet, Liebste, aber nur für drei Monate; innerhalb dieser Zeitspanne müssen wir darauf bedacht sein, ihm wirksam zu helfen. Madame de Nucingen will vier Wechsel zu je zehntausend Francs; irgend jemand muß sie unterschreiben, damit du nicht kompromittiert wirst. Sie hat mir auseinandergesetzt, wie sie ausgefertigt werden müssen; ich habe nichts davon verstanden, aber Monsieur Nathan wird sie dir schon ausstellen. Aber mir ist eingefallen, daß unser alter Lehrer Schmucke uns bei dieser Gelegenheit sehr nützlich sein könnte: er müßte sie unterzeichnen. Wenn du den vier Wechseln einen Brief an Madame de Nucingen beifügst, in dem du dich ihr für die Einlösung verbürgst, händigt sie dir morgen das Geld ein. Erledige alles selber, und vertrau dich niemandem an. Ich meine, Schmucke wird keinerlei Einwände erheben. Um jeden Argwohn zu zerstreuen, habe ich gesagt, du wolltest unserem alten Musiklehrer, einem in Not befindlichen Deutschen, eine Gefälligkeit erweisen. Auf diese Weise habe ich um tiefstes Stillschweigen bitten können.«

»Du bist klug wie ein Engel! Hoffentlich schwatzt die Baronin Nucingen nicht, nachdem sie das Geld herausgerückt hat«, sagte die Gräfin und hob die Augen auf, als wolle sie Gott anflehen, obwohl sie sich in der Oper befand.

»Schmucke wohnt in der kleinen Rue de Nevers, am Quai Conti; vergiß das nicht, geh selber hin.«

»Danke«, sagte die Gräfin und drückte der Schwester die Hand. »Ach! Ich würde zehn Jahre meines Lebens hingeben . . .«

»Natürlich nur Altersjahre . . .«

»Wenn ich damit für alle Zeit solche Ängste ausschalten könnte«, sagte die Gräfin und mußte über den Einwurf lächeln.

Alle, die in diesem Augenblick ihre Operngläser auf die beiden Schwestern richteten, mußten glauben, sie befaßten sich mit Leichtfertigkeiten, und bewunderten ihr harmloses Lachen; einer der Müßiggänger jedoch, die mehr zum Ausspionieren der Toiletten und der Gesichter als zum Vergnügen in die Oper kommen, hätte das Geheimnis der Gräfin erraten können, wenn er die heftige Erregung wahrgenommen hätte, die die Freude auf den beiden liebreizenden Gesichtern zum Erlöschen brachte. Raoul, der während der Nacht die Büttel des Gerichtsvollziehers nicht mehr fürchtete, war bleich und fahl, mit unruhigem Blick und bewölkter Stirn auf der Treppenstufe erschienen, wo er stets stand. Er suchte die Gräfin in ihrer Loge, sah, daß sie leer war, nahm daraufhin die Stirn in die Hände und stützte die Ellbogen auf die Brüstung.

»Wie könnte sie auch in der Oper sein!« dachte er.

»Schau uns doch an, armer großer Mann«, sagte leise Madame du Tillet.

Marie jedoch richtete, auch auf die Gefahr hin, sich zu kompromittieren, jenen heftigen, starren Blick auf ihn, durch den der Wille aus dem Auge hervorschießt wie Lichtwogen aus der Sonne, jenen Blick, der, wie die Hypnotiseure behaupten, denjenigen völlig durchdringt, auf den er gerichtet wird. Raoul schien von einem Zauberstab berührt zu werden; er hob den Kopf, und sein Auge begegnete unvermittelt den Augen der beiden Schwestern. Mit der anbetungswürdigen Geistesgegenwart, die die Frauen nie verläßt, ergriff Madame de Vandenesse das Kreuz, das auf ihrer Brust funkelte, und zeigte es ihm mit einem raschen, bedeutungsvollen Lächeln. Das Schmuckstück blinkte bis zu Raouls Stirn hin; er antwortete mit einer freudigen Miene: er hatte verstanden.

»Ist das etwa nichts, Eugénie«, sagte die Gräfin zu ihrer Schwester, »wenn man auf diese Weise die Toten zum Leben erweckt?«

»Du kannst Mitglied der Gesellschaft zur Rettung Schiffbrüchiger werden«, antwortete Eugénie lächelnd.

»Wie traurig, wie niedergeschlagen ist er hergekommen; und wie zufrieden wird er weggehen!«

»Na, mein Lieber, wie geht's?« fragte du Tillet, gab Raoul die Hand und redete mit ihm betont freundschaftlich.

»Natürlich wie jemandem, der gerade die besten Nachrichten über die Wahlen bekommen hat. Ich werde gewählt«, entgegnete der strahlende Raoul.

»Großartig«, antwortete du Tillet. »Aber dann brauchen wir Geld für die Zeitung.«

»Das werden wir schon auftreiben«, sagte Raoul.

»Den Frauen steht der Teufel bei«, sagte du Tillet, ohne vorerst auf Raouls Worte einzugehen; er hatte ihm den Spitznamen ›Scharnathan‹ beigelegt.

»In welchem Zusammenhang?«

»Meine Schwägerin ist bei meiner Frau«, sagte der Bankier; »da wird unter der Hand eine Intrige gesponnen. Anscheinend schwärmt die Gräfin für dich, sie grüßt dich durch den ganzen Zuschauerraum hindurch.«

»Sieh nur«, sagte Madame du Tillet zu ihrer Schwester, »und da heißt es, wir Frauen seien falsch. Da tut mein Mann schön mit

Monsieur Nathan, und dabei will er ihn doch ins Gefängnis bringen.«

»Und die Männer machen uns Vorwürfe!« rief die Gräfin. »Ich will ihn aufklären.«

Sie stand auf, nahm abermals den Arm Vandenesses, der im Korridor auf sie gewartet hatte, und kehrte strahlend in ihre Loge zurück; dann verließ sie die Oper, bestellte ihren Wagen für den anderen Morgen um acht, und war um halb neun am Quai Conti, nachdem sie kurz in der Rue du Mail vorgesprochen hatte.

Der Wagen hätte nicht in die kleine Rue de Nevers hineinfahren können; aber da Schmucke in einem Haus an der Ecke des Quais wohnte, brauchte die Gräfin nicht durch den Schmutz zu gehen; sie sprang fast vom Wagentritt in den unsauberen, verkommenen Eingang des alten, schwarzen Hauses; es wurde durch Eisenklammern zusammengehalten wie das Fayencegeschirr eines Portiers, und es hing auf eine Weise über, daß es die Vorübergehenden mit der Angst bekamen. Der alte Kapellmeister wohnte im vierten Stock und konnte sich an einem schönen Ausblick auf die Seine erfreuen, vom Pont-Neuf bis zum Hügel von Chaillot. Der gute Mensch war so überrascht, als der Lakai ihm den Besuch seiner ehemaligen Schülerin meldete, daß er sie in seiner Verdutztheit ohne weiteres hereinkommen ließ. Nie hatte die Gräfin sich das Dasein ausgemalt oder geahnt, das sich jetzt plötzlich ihren Blicken darbot, obwohl sie seit langem um Schmuckes tiefe Verachtung für alles, was mit Kleidung zusammenhing, und um sein geringes Interesse an den Dingen dieser Welt wußte. Wer hätte sich auch den Schlendrian eines solchen Lebens und eine so völlige Sorglosigkeit vorstellen können? Schmucke war ein Diogenes unter den Musikern; er schämte sich der bei ihm herrschenden Unordnung kein bißchen: er hätte sie abgestritten, so sehr war er daran gewöhnt. Der unablässige Gebrauch einer guten, dicken deutschen Pfeife hatte an der Zimmerdecke und auf der schäbigen, überall von einem Kater zerkratzten Tapete einen gelblichen Farbton hervorgebracht, der allen Dingen den Anblick der goldenen Ernten der Ceres[92] lieh. Die Katze hatte ein prächtiges Fellkleid aus langen, gesträubten Seidenfäden, das den Neid einer Portiersfrau hätte erregen können; sie saß ernsthaft und bebartet da und wirkte wie die Hausherrin.

Herrscherlich thronte sie auf einem vortrefflichen Wiener Flügel und warf der eintretenden Gräfin den honigsüßen, kalten Blick zu, mit dem jede über ihre Schönheit erstaunte Frau sie begrüßt hätte. Sie rührte sich nicht vom Fleck, sie bewegte lediglich die Silberfäden ihres starren Schnurrbarts und richtete ihre beiden Goldaugen auf Schmucke. Der Flügel war altersschwach, aus gutem, schwarz und golden lackiertem Holz, aber schmutzig, verschossen, abgeblättert; seine abgenützten Tasten sahen aus wie die Zähne alter Pferde und waren vergilbt durch die rußenden Wolken des Pfeifenrauchs, der sich darauf niedergelassen hatte. Aschenhäufchen auf dem Deckel kündigten an, daß Schmucke tags zuvor auf dem alten Instrument zu irgendeinem musikalischen Hexensabbat geritten war. Der Fliesenboden war mit angetrocknetem Straßenschmutz bedeckt, mit Papierfetzen, Pfeifenasche, undefinierbaren Überbleibseln; er sah aus wie der Fußboden eines Pensionats, wenn er acht Tage lang nicht gefegt worden ist und von dem die Dienstboten einen Haufen von Dingen wegkehren, die die Mitte zwischen Mist und Lumpen halten. Ein geübteres Auge als das der Gräfin hätte daraus Schlüsse auf Schmuckes Leben ziehen können, aus ein paar Maronenschalen, Kartoffelpellen, Ostereierschalen in aus Unachtsamkeit zerbrochenen Tellern, an denen Sauerkrautreste hafteten. Diese deutschen Überreste bildeten einen Teppich verstaubten Kehrichts, der unter den Schritten knackte und krachte und sich mit einem Aschenhaufen vermischte, der majestätisch aus einem Kamin aus bemaltem Stein herabquoll; oben darauf lag ein dickes Stück Steinkohle, vor dem zwei Holzscheite zu verschwelen schienen. Über dem Kamin hing ein Wandspiegel, in dessen Scheibe die Gestalten eine Sarabande tanzten; an der einen Seite hing daneben die berühmte Pfeife, an der anderen stand ein Porzellantopf, in dem der Lehrer seinen Tabak aufbewahrte. Zwei Sessel, Gelegenheitskäufe wie eine schmale, flache Bettlade, wie die wurmstichige Kommode ohne Marmorplatte, wie der lahmbeinige Tisch, auf dem die Reste eines frugalen Frühstücks standen, bildeten das gesamte Mobiliar; es war karg wie das eines Mohikaner-Wigwams. Ein am Riegel des gardinenlosen Fensters hängender Rasierspiegel und darüber ein vom Abwischen des Rasiermessers streifiger Lappen wiesen auf das einzige Opfer hin, das

Schmucke den Grazien und der Außenwelt brachte. Die Katze als ein schwaches, schutzbedürftiges Wesen hatte es am besten; sie erfreute sich eines alten Sofakissens, neben dem eine Tasse und ein weißer Porzellanteller standen. Was indessen keine Feder zu schildern vermag, das ist der Zustand, in den Schmucke, die Katze und die Pfeife, eine lebendige Dreieinigkeit, die Möbel versetzt hatten. Die Pfeife hatte da und dort Löcher in die Tischplatte gebrannt. Die Katze und Schmuckes Kopf hatten den grünen Utrechter Plüsch der beiden Lehnsessel so fettig gemacht, daß er ganz glatt geworden war. Ohne den prächtigen Schwanz der Katze, der zum guten Teil das Ausfegen besorgte, wären die freien Stellen auf der Kommode oder dem Flügel nie gereinigt worden. In einer Ecke stand das Schuhzeug; es hätte eine epische Aufzählung erfordert. Auf der Kommode und dem Flügel lagen Stapel von Notenbüchern mit zerfetzten, abgeplatzten Rücken, verschossenen, abgeschabten Ecken, aus denen die tausend Schichten der Pappe hervorlugten. An den Wänden waren mit Oblaten die Adressen der Schülerinnen angeklebt. Die Zahl der Oblaten ohne Papierzettel ließ auf mittlerweile ungültig gewordene Adressen schließen. Auf der Tapete waren mit Kreide angeschriebene Berechnungen zu lesen. Die Kommode zierten Bierkrüge, die am Vorabend ausgetrunken worden waren; inmitten des alten Krams und des Papierwusts wirkten sie neu und glänzend. Die Hygiene war durch einen Wasserkrug vertreten, über dem ein Handtuch lag, und durch ein Stück weißer, blau gemaserter billiger Seife, die das Rosenholz an mehreren Stellen feucht gefleckt hatte. Zwei gleichermaßen alte Hüte hingen an einem Kleiderständer, an dem auch der blaue Garrickmantel mit den drei Kragen aufgehängt worden war, den die Gräfin von je an Schmucke gesehen hatte. Auf dem Fensterbrett standen drei Blumentöpfe, es waren wohl deutsche Blumen, und daneben stand ein Spazierstock aus Ilexholz. Obgleich Auge und Nase der Gräfin unangenehm berührt wurden, verhüllten Schmuckes Lächeln und Blick ihr dieses Elend mit himmlischen Strahlen, die die gelblichen Farbtöne aufschimmern ließen und diesem Chaos Leben liehen. Die Seele dieses himmlischen Menschen, der um so viele göttliche Dinge wußte und sie offenbarte, erglänzte wie eine Sonne. Sein freies, unbefangenes Lachen beim Erblicken einer seiner heiligen Cäcilien verbreitete den Glanz der Jugend, des Frohsinns und der Unschuld. Er verschwendete die dem Menschen teuersten Schätze und schuf sie sich zu einem Mantel um, der seine Armut verbarg. Dem aufgeblasensten Emporkömmling wäre es vielleicht unvornehm vorgekommen, an den Rahmen zu denken, innerhalb dessen dieser prächtige Apostel der musikalischen Religion sich bewegte.

»Nein, welcher Zufall führt Sie hierher, liebe Frau Gräfin?[93] Soll ich in meinem Alter das Lied Simeons singen[94]?« Bei diesem Einfall mußte er nochmals über die Maßen lachen. – »Sollte ich einmal Glück haben?« fuhr er mit schalkhafter Miene fort. Dann lachte er abermals wie ein Kind. – »Sie kommen der Musik und nicht eines armen Mannes wegen. Ich weiß es«, sagte er mit melancholischer Miene, »aber gleichgültig, weswegen Sie kommen; Sie wissen ja, hier steht Ihnen alles, Leib und Seele, zur Verfügung, nicht wahr?«

Er nahm die Hand der Gräfin, küßte sie und ließ eine Träne darauf fallen, denn für den Biedermann waren alle Wohltaten etwas erst am Vortag Erwiesenes. Seine Freude hatte ihn für Sekundendauer des Erinnerungsvermögens beraubt, erstattete es ihm indessen mit voller Stärke zurück. Sogleich langte er nach der Kreide und sprang auf den vor dem Flügel stehenden Sessel; dann schrieb er mit der Behendigkeit eines Jünglings in großen Lettern auf die Tapete: 17. Februar 1835. Dies hübsche, naive Tun wurde mit einer so ungestümen Dankbarkeit durchgeführt, daß die Gräfin darob ganz erschüttert war.

»Meine Schwester kommt auch noch«, sagte sie.

»Die andere auch? Wann denn? Wann denn? Hoffentlich doch, ehe ich tot bin!« entgegnete er.

»Sie will herkommen und Ihnen für eine große Gefälligkeit danken, um die ich Sie jetzt in ihrem Namen bitten möchte«, fuhr sie fort.

»Rasch, rasch, rasch, rasch«, rief Schmucke, »was soll ich tun? Den Teufel aus der Hölle holen?«

»Nichts, als auf jedes dieser Formulare zu schreiben: ›Akzeptiert für die Summe von zehntausend Francs‹«, sagte sie und zog die vier Wechsel aus dem Muff, die vorschriftsmäßig von Nathan ausgestellt worden waren.

»Na, das ist bald getan«, antwortete der Deutsche sanft wie ein Lamm. »Ich weiß bloß nicht, wo ich meine Federn und mein Tintenfaß habe. – Mach, daß du wegkommt, Herr Murr«, rief er der Katze zu, die ihn ungerührt ansah. »Das ist mein Kater«, sagte er und zeigte ihn der Gräfin. »Das arme Tier haust mit dem armen Schmucke zusammen. Schön ist es!«

»Ja«, sagte die Gräfin.

»Wollen Sie ihn haben?« fragte er.

»Wo denken Sie hin?« entgegnete sie. »Er ist doch Ihr Freund.«

Der Kater, hinter dem das Tintenfaß stand, merkte, daß Schmucke es haben wollte, und sprang auf das Bett.

»Boshaft wie ein Affe ist er!« fuhr er fort und wies auf das Bett. »Ich habe ihn ›Murr‹ genannt, zu Ehren unseres großen Hoffmann[95] in Berlin; den habe ich gut gekannt.«

Der wackere Mann unterschrieb mit der Arglosigkeit eines Kindes, das ohne zu begreifen tut, was zu tun seine Mutter es heißt, aber davon überzeugt ist, das Rechte zu tun. Er beschäftigte sich weit mehr damit, den Kater mit der Gräfin bekannt zu machen, als mit den Papieren, durch die er, gemäß den Gesetzen für Ausländer, für alle Zeit seiner Freiheit verlustig gehen konnte.

»Sie versichern mir doch, daß diese Stempelpapierchen . . .«

»Sie brauchen nicht die leiseste Sorge zu haben«, sagte die Gräfin.

»Ich habe auch keine Sorge«, sagte er beinahe grob. »Ich wollte nur fragen, ob diese Stempelpapierchen Madame du Tillet tatsächlich Freude machen.«

»Freilich tun sie das«, sagte sie, »Sie erweisen ihr damit eine Gefälligkeit, wie wenn Sie Ihr Vater wären.«

»Ich bin nur zu froh, daß ich ihr zu etwas dienlich sein kann. Jetzt sollen Sie ein bißchen Musik hören!« sagte er, ließ die Wechsel auf dem Tisch liegen und sprang an seinen Flügel.

Schon trabten die Finger dieses engelhaften Mannes über die alten Tasten, schon drang sein Blick durch die Bücher hindurch in Himmelshöhen, schon erblühte in der Luft die köstlichste aller Melodien; aber die Gräfin ließ den naiven Interpreten himmlischer Dinge nur so lange das Holz und die Saiten zum Klingen bringen, wie Raffaels heilige Cäcilie es für die lauschenden Engel tut, als die Unterschriften zum Trocknen brauchten: dann schob sie die Wechsel in den Muff und rief ihren strahlenden Lehrer aus den ätherischen Räumen, in denen er weilte, zurück, indem sie ihm auf die Schulter klopfte.

»Mein guter Schmucke«, sagte sie.

»Schon!« sagte er mit kläglicher Unterwürfigkeit. »Warum sind Sie denn hergekommen?«

Er murrte nicht: er richtete sich auf wie ein treuer Hund, um der Gräfin zuzuhören.

»Mein guter Schmucke«, fuhr sie fort, »es handelt sich um eine Sache auf Leben und Tod, jede Minute spart Blut und Tränen.«

»Sie bleiben sich immer gleich«, sagte er. »Gehen Sie, Sie Engel, trocknen Sie die Tränen anderer Leute! Sie müssen doch wissen: für den armen Schmucke zählt Ihr Besuch weit mehr als Ihre Rente!«

»Wir sehen uns wieder«, sagte sie, »Sie sollen zu mir kommen und musizieren und bei mir zu Abend essen, jeden Sonntag, sonst werde ich Ihnen böse. Ich erwarte Sie nächsten Sonntag.«

»Wirklich?«

»Bitte tun Sie es; meine Schwester wird Ihnen sicher ebenfalls einen Tag angeben.«

»Dann wird mein Glück vollkommen sein«, sagte er, »ich habe Sie nämlich immer nur auf den Champs-Elysées gesehen, wenn Sie im Wagen vorüberfuhren, und noch dazu ganz selten!«

Dieser Gedanke trocknete die Tränen, die ihm in die Augen gestiegen waren, und er bot seiner schönen Schülerin den Arm; sie spürte, wie heftig das Herz des alten Mannes klopfte.

»Also haben Sie an uns gedacht?« fragte sie ihn.

»Immer, wenn ich mein Brot aß!« antwortete er. »Erstens, weil Sie meine Wohltäterinnen sind, und zweitens, weil Sie die beiden ersten der Liebe würdigen jungen Mädchen sind, die ich je gesehen habe.«

Die Gräfin wagte nicht, dem noch etwas hinzuzufügen: in diesem Satz hatte eine unglaubwürdige, respektvolle, treue und fromme Feierlichkeit gelegen. Dieses verräucherte Zimmer mit all dem Gerümpel war ein Tempel, in dem zwei Gottheiten wohnten. Mit jeder Stunde wuchs darin das Gefühl, ohne daß die, die es einflößten, davon wußten.

»Hier also werden wir geliebt, sehr geliebt«, dachte sie.

Die tiefe innere Bewegung, mit der der alte Schmucke die Gräfin in den Wagen steigen sah, wurde von ihr geteilt; mit den Fingerspitzen warf sie ihm einen jener zarten Küsse zu, die die Frauen einander aus der Entfernung geben, um sich zu begrüßen. Bei diesem Anblick stand Schmucke lange wie angewurzelt da, auch als der Wagen schon verschwunden war. Kurze Zeit danach fuhr die Gräfin in den Hof des Stadtpalais der Madame de Nucingen ein. Die Baronin war noch nicht aufgestanden; um jedoch eine Dame von hohem Rang nicht warten zu lassen, hüllte sie sich in einen Schal und einen Morgenrock.

»Es handelt sich um ein gutes Werk, Madame«, sagte die Gräfin, »und also ist schnelles Handeln eine Gnade; sonst hätte ich Sie schwerlich zu so früher Stunde gestört.«

»Aber wieso denn? Ich bin ja nur zu glücklich«, sagte die Bankiersfrau und nahm die vier Wechsel und die Bürgschaft der Gräfin. Sie schellte nach ihrer Zofe. – »Thérèse, sagen Sie dem Kassierer, er solle mir sofort persönlich vierzigtausend Francs bringen.«

Dann siegelte sie die Bürgschaft der Madame de Vandenesse ein und schob sie in ein Geheimfach ihres Tisches.

»Was für ein reizendes Zimmer Sie haben«, sagte die Gräfin.

»Mein Mann will es mir nehmen; er läßt ein neues Haus bauen.«

»Dann geben Sie dieses sicherlich Ihrem Fräulein Tochter? Es heißt, sie werde Monsieur de Rastignac heiraten.«

Als Madame de Nucingen gerade antworten wollte, erschien der Kassierer; sie nahm die Banknoten und übergab die vier Wechsel.

»Das dürfte sich ausgleichen«, sagte die Baronin zu dem Kassierer.

»Bis auf den Diskont«, antwortete er. »Dieser Schmucke, das ist ein Musiker aus Ansbach«, fügte er hinzu, als er die Unterschrift sah; die Gräfin überkam ein Zittern.

»Mache ich etwa Geschäfte?« fragte Madame de Nucingen und tadelte den Kassierer mit einem hochmütigen Blick. »Das geht nur mich an.«

Der Kassierer mochte abwechselnd die Gräfin und die Baronin

anschielen, soviel er wollte: er sah in ihren Gesichtern keinerlei Bewegung.

»Gehen Sie, lassen Sie uns allein. – Haben Sie die Güte und bleiben Sie noch ein paar Minuten, damit nicht geglaubt wird, Sie hätten etwas mit diesem Handel zu tun«, sagte die Baronin zu Madame de Vandenesse.

»Ich bitte Sie, so vielen Freundlichkeiten noch die hinzuzufügen, über die Sache nichts verlautbaren zu lassen«, entgegnete die Gräfin.

»Da es sich um eine gute Tat handelt, ist das selbstverständlich«, antwortete die Baronin lächelnd. »Ich lasse Ihren Wagen bis ans Ende des Gartens schicken, er fährt dann ohne Sie ab; dann gehen wir zusammen hindurch, auf diese Weise sieht Sie niemand von hier weggehen: alles bleibt dann völlig im dunkeln.«

»Sie haben die Güte einer Frau, die gelitten hat«, antwortete die Gräfin.

»Ob ich gütig bin, weiß ich nicht; aber gelitten habe ich viel«, sagte die Baronin; »Sie haben Ihre Güte hoffentlich wohlfeiler erworben.«

Als der Befehl erteilt worden war, zog die Baronin ihre pelzgefütterten Hausschuhe an, warf einen Pelz über und geleitete die Gräfin zu der kleinen Pforte ihres Gartens.

Wenn ein Mann einen Plan ausheckt wie du Tillet gegen Nathan, so vertraut er ihn niemandem an. Nucingen wußte etwas davon, aber seine Frau stand völlig außerhalb dieser machiavellistischen Berechnungen. Die Sache war nur die, daß die Baronin im Wissen, daß Raoul in der Klemme sitze, sich von den beiden Schwestern nicht hatte hinters Licht führen lassen; sie hatte sehr wohl erraten, in welche Hände jenes Geld gelangen sollte; sie war hingerissen davon, sich die Gräfin zu verpflichten, und überdies hatte sie mitfühlendes Verständnis für dergleichen Verlegenheiten. Rastignac, der vollauf der Mann danach war, die Machenschaften der beiden Bankiers zu durchschauen, kam zum Mittagessen zu Madame de Nucingen. Delphine und Rastignac hatten keine Geheimnisse voreinander, und so erzählte sie ihm die Szene mit der Gräfin. Rastignac, der sich nicht hatte vorstellen können, daß die Baronin je in diese Sache verstrickt werden würde, die übrigens in seinen Augen etwas Beiläufiges war, ein Mittel unter allen, über die er verfügte, klärte sie auf. Delphine hatte vielleicht soeben du Tillets Wahlhoffnungen zerstört und die Täuschungen und Opfer eines ganzen Jahres zunichte gemacht. Rastignac setzte also die Baronin ins Bild und empfahl ihr Stillschweigen über den Fehler, den sie begangen hatte.

»Vorausgesetzt«, sagte sie, »daß der Kassierer nicht mit meinem Mann darüber spricht.«

Ein paar Minuten vor zwölf, während du Tillet beim Essen saß, wurde ihm Monsieur Gigonnet gemeldet.

»Soll hereinkommen«, sagte der Bankier, obwohl seine Frau mit bei Tisch saß. »Na, alter Shylock, sitzt unser Mann hinter Schloß und Riegel?«

»Nein.«

»Nanu? Hatte ich Ihnen nicht gesagt: Rue du Mail, Hôtel...«

»Er hat berappt«, sagte Gigonnet und zog vierzig Banknoten aus der Brieftasche. Du Tillet schnitt ein verzweifeltes Gesicht. – »Man darf die Taler nie unfreundlich empfangen«, sagte du Tillets ungerührter Helfershelfer, »das kann Unglück bringen.«

»Woher hast du das Geld?« fragte der Bankier seine Frau und warf ihr einen Blick zu, der sie bis an die Haarwurzeln erröten ließ.

»Ich weiß nicht, was deine Frage bedeuten soll«, sagte sie.

»Ich werde das Geheimnis schon lüften«, antwortete er und stand wütend auf, »du hast meine Lieblingspläne über den Haufen geworfen.«

»Und Sie werfen Ihr Essen über den Haufen«, sagte Gigonnet und hielt das Tischtuch fest, das sich in den Zipfel von du Tillets Schlafrock verfangen hatte.

Madame du Tillet stand mit eisiger Miene auf; was ihr Mann gesagt, hatte sie erschreckt. Sie schellte, und ein Diener kam.

»Meine Pferde«, sagte sie zu ihm. »Rufen Sie Virginie, ich will mich ankleiden.«

»Wohin fährst du?« fragte du Tillet.

»Wohlerzogene Ehemänner kommen ihren Frauen nicht mit Fragen«, antwortete sie, »und du hast doch den Ehrgeiz, dich wie ein Gentleman zu benehmen.«

»Seit zwei Tagen, seit du deine impertinente Schwester zweimal gesehen hast, erkenne ich dich nicht wieder.«

»Du hast mir befohlen, impertinent zu sein«, sagte sie, »ich richte mich nach dir.«

»Ihr Diener, Madame«, sagte Gigonnet; er war nicht eben erpicht auf eine Eheszene.

Du Tillet starrte seine Frau an; sie tat dasselbe, ohne die Augen niederzuschlagen.

»Was soll das bedeuten?« fragte er.

»Daß ich kein kleines Mädchen mehr bin, dem du Angst einjagen kannst«, entgegnete sie. »Ich bin für dich eine loyale, gute Frau und werde es mein Leben lang sein; du kannst mein Gebieter sein, wenn du willst; aber ein Tyrann – nein.«

Du Tillet verließ das Zimmer. Nach dieser Kraftprobe ging Marie-Eugénie niedergeschlagen in ihre Gemächer zurück. – »Ohne die Gefahr, in der meine Schwester sich befindet, hätte ich nie gewagt, so aufzutrumpfen; aber, wie das Sprichwort sagt, zu irgend etwas ist jedes Unglück gut.« Während der Nacht hatte Madame du Tillet sich noch einmal alles vergegenwärtigt, was ihre Schwester ihr anvertraut hatte. Nun sie sicher war, daß Raoul nichts geschehen werde, wurde ihre Vernunft nicht mehr durch den Gedanken an diese unmittelbare Gefahr beherrscht. Sie mußte an die furchtbare Energie denken, mit der die Gräfin davon gesprochen hatte, daß sie mit Nathan entfliehen wolle, um ihn über seine Katastrophe hinwegzutrösten, wenn sie sie nicht verhindern konnte. Sie verstand, daß dieser Mann durch ein Übermaß an Dankbarkeit und Liebe ihre Schwester zu etwas bestimmen könne, das die vernünftige Eugénie für eine Wahnsinnstat hielt. Es hatte jüngst in der hohen Gesellschaft Beispiele genug für solcherlei Fluchten gegeben[96], bei denen ungewisse Liebesfreuden mit Reue vergolten worden waren, mit der Mißachtung, die eine schiefe gesellschaftliche Stellung mit sich bringt, und an diese schrecklichen Folgen mußte Eugénie denken. Du Tillets Äußerung hatte ihren Schrecken bis zum Gipfel gesteigert; sie fürchtete, daß jetzt alles entdeckt werde; sie sah die Unterschrift der Gräfin de Vandenesse in den Unterlagen des Bankhauses Nucingen; sie wollte ihre Schwester anflehen, Félix alles zu gestehen. Madame du Tillet traf die Schwester nicht zu

Haus an. Félix war daheim. Eine innere Stimme rief Eugénie zu, sie müsse ihre Schwester retten. Vielleicht würde es morgen zu spät sein. Sie nahm viel auf sich, aber sie entschloß sich, dem Grafen alles zu sagen. Würde er nicht nachsichtig sein, wenn er erkannte, daß seine Ehre noch unversehrt war? Die Gräfin hatte sich mehr verirrt, als daß sie verdorben gewesen wäre. Eugénie fürchtete, sie sei feige und eine Verräterin, wenn sie Geheimnisse preisgab, die die ganze, in dieser Hinsicht einmütige Gesellschaft bewahrt; aber letztlich sah sie die Zukunft der Schwester vor sich; sie erbebte bei dem Gedanken, Marie könne eines Tages ganz allein dastehen, von Nathan ruiniert, arm, krank, unglücklich, der Verzweiflung preisgegeben; sie zögerte nicht länger und ließ den Grafen bitten, sie zu empfangen. Félix war erstaunt über diesen Besuch; er hatte mit seiner Schwägerin eine lange Unterredung, bei der er sich so ruhig und so sehr als Herrn seiner selbst bezeigte, daß sie zitterte, er möge irgendeinen furchtbaren Entschluß fassen.

»Sei unbesorgt«, sagte Vandenesse zu ihr, »ich werde mich so verhalten, daß meine Frau dich eines Tages segnet. Es mag dir widerstreben, ihr gegenüber zu schweigen, nachdem du mich unterrichtet hast; aber schenk mir für ein paar Tage Glauben. Ich brauche nämlich ein paar Tage, um hinter Geheimnisse zu kommen, die du nicht wahrnimmst, und vor allem, um klug und vorsichtig zu handeln. Vielleicht erfahre ich alles im Handumdrehen! Der einzig Schuldige bin ich selber, liebe Schwägerin. Alle Liebenden treiben ihr Spiel; aber nicht alle Frauen sind in der glücklichen Lage, das Leben so zu sehen, wie es ist.«

Beruhigt ging Madame du Tillet weg. Félix de Vandenesse hob sofort bei der Banque de France vierzigtausend Francs ab und eilte zu Madame de Nucingen: er traf sie daheim an, dankte ihr für das Vertrauen, das sie seiner Frau bezeigt habe, und zahlte ihr das Geld zurück. Der Graf erklärte das geheimnisvolle Darlehen mit den Narrheiten einer Wohltätigkeit, der er habe Schranken setzen wollen.

»Ich bedarf keiner Erklärungen, da Ihre Frau Ihnen ja alles gestanden hat«, sagte die Baronin Nucingen.

»Sie weiß alles«, dachte Vandenesse.

Die Baronin händigte ihm die schriftliche Bürgschaft aus und ließ die vier Wechsel holen. Inzwischen musterte Vandenesse die Baronin mit dem gewitzten Blick der Staatsmänner; er machte ihr beinahe Angst und meinte, die Stunde sei für Verhandlungen günstig.

»Wir leben in einer Zeit, Madame, in der nichts sicher ist«, sagte er zu ihr. »In Frankreich werden mit erschreckender Schnelle Throne errichtet und verschwinden wieder. Fünfzehn Jahre haben für ein großes Kaiserreich, eine Monarchie und auch für eine Revolution genügt. Keiner würde es auf sich zu nehmen wagen, für die Zukunft zu bürgen. Sie wissen um meine Hinneigung zur Legitimität. Diese Worte sind in meinem Munde nichts Besonderes. Nehmen Sie mal an, es käme zu einer Katastrophe: wären Sie dann nicht froh, einen Freund in der triumphierenden Partei zu besitzen?«

»Freilich«, sagte sie lächelnd.

»Gut. Wollen Sie ganz im geheimen in mir jemanden haben, der Ihnen verpflichtet ist und der Ihrem Mann im Falle des Falles die Pairswürde verschaffen könnte, die er anstrebt?«

»Was wollen Sie von mir?« rief sie.

»Nur ganz wenig«, entgegnete er. »Alles, was Sie über Nathan wissen.«

Die Baronin wiederholte ihm das Gespräch, das sie am Morgen mit Rastignac geführt hatte; und als sie dem Ex-Pair von Frankreich die vier Wechsel zurückgab, die sie dem Kassierer abgenommen hatte, sagte sie zu ihm: »Vergessen Sie Ihr Versprechen nicht.«

Vandenesse vergaß dies blendende Versprechen so wenig, daß er es vor den Augen des Barons de Rastignac funkeln ließ, um von ihm noch ein paar weitere Auskünfte zu erhalten.

Nachdem er sich von dem Baron verabschiedet hatte, diktierte er einem öffentlichen Schreiber[97] nachstehenden Brief an Florine: »Wenn Mademoiselle Florine wissen will, welche Rolle sie als die nächste spielen soll, wird sie gebeten, auf den nächsten Opernball zu kommen und sich dabei durch Monsieur Nathan begleiten zu lassen.«

Als er diesen Brief zur Post gegeben hatte, ging er zu seinem Sachwalter, einem geschickten, gewitzten, aber verläßlichen Mann; er bat ihn, die Rolle eines Freundes zu spielen, dem

Schmucke den Besuch der Madame de Vandenesse anvertraut habe, weil er sich ein bißchen spät Gedanken über die Bedeutung der Worte: »Akzeptiert für die Summe von zehntausend Francs« gemacht, die er viermal geschrieben habe; er solle Monsieur Nathan um einen Wechsel auf vierzigtausend Francs als Gegenwert bitten. Das war ein gewagtes Spiel. Nathan konnte bereits erfahren haben, auf welche Weise alles geregelt worden war; aber es mußte einiges gewagt werden, um viel zu gewinnen. In ihrer Verwirrung konnte Marie sehr wohl vergessen haben, ihren Raoul um einen Gegenwert für Schmucke zu bitten. Der Sachwalter ging spornstreichs zur Zeitung und erschien um fünf triumphierend mit einem Wechsel auf vierzigtausend Francs bei dem Grafen: schon bei den ersten mit Nathan gewechselten Worten hatte er sich als von der Gräfin geschickt hinstellen können.

Dieser Erfolg zwang Félix, seine Frau daran zu hindern, daß sie vor dem Opernball mit Raoul zusammenkam; er beabsichtigte, mit ihr hinzugehen und sie sich dort von sich aus über die Natur der Beziehungen Nathans und Florines klarwerden zu lassen. Er kannte ja den eifersüchtigen Stolz der Gräfin; er wollte sie dahin bringen, daß sie von sich aus auf ihre Liebe verzichtete, und es ihr ersparen, vor ihm zu erröten; zur gegebenen Zeit wollte er ihr ihre Briefe an Nathan zeigen, die Florine abkaufen zu können er rechnete. Dieser kluge, rasch gefaßte und zum Teil ausgeführte Plan sollte durch ein Spiel des Zufalls fehlschlagen, des Zufalls, der hienieden alles ändert. Nach dem Abendessen brachte Félix das Gespräch auf den Opernball und flocht die Bemerkung ein, daß Marie niemals hingegangen sei; er schlug ihr diese Ablenkung für den nächsten Tag vor.

»Ich möchte dir jemanden geben, den du necken kannst«, sagte er.

»Oh, das würde mir Spaß machen.«

»Damit der Spaß wirklich gut wird, muß eine Frau sich ein schönes Beutestück aussuchen, eine Berühmtheit, einen Mann von Geist, und ihn dem Teufel überantworten. Soll ich dir Nathan ausliefern? Ich gelange durch jemanden, der Florine kennt, in den Besitz von Geheimnissen, die ihn außer sich bringen könnten.«

»Florine?« fragte die Gräfin, »die Schauspielerin?«

Marie hatte den Namen bereits von Quillet vernommen, dem Bürodiener der Zeitung: er fuhr ihr wie ein Blitz in die Seele.

»Na ja, seine Geliebte«, antwortete der Graf. »Ist das denn so erstaunlich?«

»Ich glaubte, Monsieur Nathan sei viel zu beschäftigt, um sich eine Geliebte zu halten. Haben Autoren überhaupt Zeit zur Liebe?«

»Ich behaupte ja nicht, sie liebten, Liebste; aber schließlich müssen sie doch irgendwo logieren, wie alle übrigen Menschen auch; und wenn sie kein Zuhause haben, wenn die Büttel des Handelsgerichts hinter ihnen her sind, dann logieren sie bei ihren Geliebten; das mag dir als locker erscheinen, aber es ist unendlich viel angenehmer, als im Gefängnis zu logieren.«

Die Kaminglut war weniger rot als die Wangen der Gräfin.

»Willst du ihn als Opfer? Du wirst ihm einen Schrecken einjagen«, fuhr der Graf fort, ohne das Gesicht seiner Frau zu beachten. »Ich werde es dir möglich machen, ihm zu beweisen, daß er sich durch deinen Schwager du Tillet hat hinters Licht führen lassen wie ein kleiner Junge. Der Schuft will ihn ins Gefängnis bringen, damit er nicht als sein Konkurrent bei dem Wahlkollegium auftreten kann, von dem Nucingen aufgestellt worden ist. Durch einen Freund Florines weiß ich, welcher Betrag beim Verkauf ihrer Wohnungseinrichtung herausgekommen ist; dieses Geld hat sie Nathan für die Gründung seiner Zeitung gegeben; ich weiß auch, was sie ihm von den Einnahmen überwiesen hat, die sie dieses Jahr in den Départements und in Belgien hatte; den Nutzen von diesem Geld haben letztlich du Tillet, Nucingen und Massol. Alle drei haben schon im voraus die Zeitung an das Ministerium verkauft, so sicher sind sie, daß sie den großen Mann hinausdrängen.«

»Monsieur Nathan ist nicht fähig, von einer Schauspielerin Geld anzunehmen.«

»Du kennst dergleichen Leute nicht, Liebste«, sagte der Graf, »er wird dir gegenüber die Tatsache nicht ableugnen.«

»Ich gehe ganz bestimmt zum Ball«, sagte die Gräfin.

»Du wirst deinen Spaß haben«, fuhr der Graf fort. »Mit solchen Waffen wirst du Nathans Eitelkeit einen harten Schlag versetzen und ihm dadurch einen Dienst erweisen. Du wirst sehen, wie er in Wut gerät, sich wieder beruhigt, sich unter deinen boshaften, spitzen Bemerkungen aufbäumt! Ganz im Scherz wirst du einen geistvollen Menschen über die Gefahr aufklären, in der er schwebt, und die Freude haben, die Pferde der goldenen Mittelstraße[98] in ihrem Stall zum Auskeilen zu bringen ... Aber du hörst mir ja gar nicht mehr zu, liebes Kind.«

»Im Gegenteil, ich höre dir viel zu sehr zu«, antwortete sie. »Später werde ich dir sagen, warum ich so großen Wert darauf lege, über dies alles Gewißheit zu erhalten.«

»Gewißheit«, entgegnete Vandenesse. »Leg die Maske nicht ab; ich richte es so ein, daß du mit Nathan und Florine soupierst: es muß für eine Dame deines Ranges recht amüsant sein, eine Schauspielerin in Verlegenheit zu setzen, nachdem du zuvor den Geist eines berühmten Mannes um so wichtige Geheimnisse hast herumtanzen lassen; du spannst sie beide vor die gleiche Mystifikation. Ich will die Spur von Nathans Treulosigkeit verfolgen. Wenn ich Einzelheiten über ein unlängst stattgehabtes Abenteuer herausbekomme, wirst du deine Freude an der Wut einer Kurtisane haben, das ist etwas Prächtiges; Florines Wut wird schäumen wie ein Alpenbach: sie betet Nathan an, er ist ihr ein und alles; sie hängt an ihm wie das Fleisch an den Knochen, wie die Löwin an ihren Jungen. Ich erinnere mich, daß ich es in meiner Jugend mit angesehen habe, wie eine berühmte Schauspielerin, die wie eine Köchin schrieb, von einem meiner Freunde ihre Briefe zurückverlangte; nie wieder habe ich ein solches Schauspiel erlebt, eine solche bewegungslose Wut, eine solche impertinente Majestät, eine solche Haltung einer Wilden ... Ist dir nicht wohl, Marie?«

»Nein: es ist zu stark geheizt worden.«

Die Gräfin hatte sich auf ein kleines Sofa geworfen. Plötzlich überkam sie eine jener Wallungen, die sich nicht voraussehen lassen; die verzehrenden Schmerzen der Eifersucht hatten sie ausgelöst; auf zitternden Beinen richtete sie sich auf, kreuzte die Arme und trat langsam vor ihren Mann hin.

»Was weißt du?« fragte sie ihn. »Du bist nicht geartet, mich zu quälen, du würdest mich auslöschen, ohne mich leiden zu lassen, falls ich schuldig wäre.«

»Was soll ich denn wissen, Marie?«

»Ja, Nathan?«

»Du glaubst, du liebst ihn«, entgegnete er, »aber du liebst ein aus Phrasen bestehendes Phantom.«

»Dann weißt du also?«

»Alles«, sagte er.

Dies Wort traf Maries Kopf wie ein Keulenschlag.

»Wenn du willst, weiß ich nicht das mindeste«, fuhr er fort. »Du bist in einem Abgrund, mein Kind, du mußt herausgezogen werden: ich habe schon dafür gesorgt. Da.«

Er zog aus der Seitentasche die Bürgschaft und Schmuckes vier Wechsel; die Gräfin erkannte sie sofort wieder; er warf sie ins Feuer.

»Was wäre in drei Monaten aus dir geworden, arme Marie? Du hättest es erlebt, daß die Gerichtsvollzieher dich vors Tribunal schleppten. Senk nicht den Kopf, demütige dich nicht: du hast dich von den schönsten Gefühlen täuschen lassen, du hast mit der Poesie kokettiert, und nicht mit einem Mann. Alle Frauen, alle, hörst du, Marie? wären an deiner Stelle verlockt worden. Wären wir Männer, die wir zwanzig Jahre lang tausend Dummheiten begangen haben, nicht albern, wenn wir verlangten, daß ihr Frauen kein einziges Mal in euerem Leben etwas Unvernünftiges tätet? Gott bewahre mich davor, daß ich mich über dich erhaben fühlte oder dich mit einem Mitleid überschüttete, das du neulich so heftig zurückgewiesen hast. Vielleicht hat der Unglücksmensch es ehrlich gemeint, als er dir schrieb, ehrlich, als er den Selbstmordversuch unternahm, ehrlich, als er am selben Abend noch wieder zu Florine ging. Wir Männer sind weniger wert als ihr. Ich spreche in dieser Minute nicht für mich, sondern für dich. Ich bin nachsichtig; aber die Gesellschaft ist es nicht, sie meidet die Frau, die einen Eklat erregt, sie duldet es nicht, daß man ein vollkommenes Glück und Geachtetwerden gleichzeitig besitzt. Ob das richtig ist, kann ich nicht sagen. Welt und Gesellschaft sind grausam, das ist es. Vielleicht ist sie als Gesamtheit neidischer als im einzelnen. Wenn ein Dieb im Parkett sitzt, klatscht er beim Triumph der Unschuld Beifall und stiehlt ihr beim Hinausgehen den Schmuck. Die Gesellschaft lehnt es ab, die Übel zu mildern, die sie erzeugt; sie erweist den geschickten Betrügern Ehren und hat keinerlei Lohn für eine Aufopferung, die unbekannt bleibt. Ich weiß und sehe das alles; aber wenn ich schon die Welt nicht verbessern kann, so liegt es wenigstens in meiner Macht, dich vor dir selbst zu schützen. Es handelt sich hier um einen Mann, der dir nichts als Ungelegenheiten bringt, nicht aber eine der heiligen, geweihten Lieben, die uns bisweilen Entsagung auferlegen und die ihre Entschuldigung in sich tragen. Vielleicht besteht mein Unrecht darin, daß ich dein Glück nicht abwechslungsreicher gestaltete, daß ich nicht ruhigen Liebesfreuden überschäumende entgegenstellte, Reisen, Abwechslungen. Überdies kann ich mir das Verlangen, das dich zu einem berühmten Mann hingetrieben hat, durch den Neid erklären, den du bei gewissen Damen erregt hast. Lady Dudley, Madame d'Espard, Madame de Manerville und meine Schwägerin Emilie haben irgendwie bei alledem mitgewirkt. Diese Damen, vor denen ich dich gewarnt hatte, haben dich in deiner Neugier mehr bestärkt, um mir Kummer zu machen, als dich in Gewitter hineinzustoßen, die, wie ich hoffe, über dir gegrollt haben, ohne dich zu treffen.«

Als die Gräfin diese das Gepräge der Güte tragenden Worte vernahm, wurde sie von tausend einander widersprechenden Gefühlen heimgesucht; aber dieser Sturm wurde von einer lebhaften Bewunderung für Félix beherrscht. Edle und stolze Seelen nehmen sogleich das Zartgefühl wahr, mit dem sie behandelt werden. Dieser Takt ist im Gefühlsleben das gleiche, was Anmut im Körperlichen ist. Marie würdigte diese menschliche Größe, die sich gedrängt fühlte, sich einer schuldig gewordenen Frau zu Füßen zu werfen, um nicht sehen zu müssen, daß sie errötet. Sie lief davon wie eine Irre und kehrte wieder um, weil sie an die Besorgnis denken mußte, die ihr Tun in ihrem Mann auslösen könnte.

»Warte«, sagte sie zu ihm, ehe sie verschwand.

Félix hatte ihr die Entschuldigung geschickt vorbereitet; er wurde sogleich dafür belohnt; denn seine Frau kam wieder; sie hatte sämtliche Briefe Nathans in der Hand und lieferte sie ihm aus.

»Richte mich«, sagte sie und warf sich auf die Knie.

»Kann man ein guter Richter sein, wenn man liebt?« antwortete er. Er nahm die Briefe und warf sie ins Feuer; denn später hätte seine Frau es ihm möglicherweise nicht verziehen, wenn er sie gelesen hätte. Marie lehnte den Kopf auf die Knie des Grafen und zerschmolz in Tränen. – »Wo sind die deinen, mein Kind?« fragte er und richtete ihren Kopf hoch.

Bei dieser Frage verspürte die Gräfin nicht mehr die unerträgliche Hitze, die ihr auf den Wangen brannte; es fröstelte sie.

»Damit du deinen Mann nicht beargwöhnst, er verleumde den Mann, den du als deiner würdig erachtet hast, will ich dafür sorgen, daß Florine selber dir deine Briefe zurückgibt.«

»Oh! Warum sollte *er* sie mir nicht zurückgeben, wenn ich ihn darum bitte?«

»Und wenn er sich weigert?«

Die Gräfin senkte den Kopf.

»Die Gesellschaft ekelt mich an«, entgegnete sie; »ich will nicht mehr darin verkehren; ich will ganz allein mit dir zusammen leben, wenn du mir verzeihst.«

»Dann könntest du dich abermals langweilen. Überdies: was würde die Gesellschaft sagen, wenn du ihr urplötzlich den Rükken kehrtest? Im Frühling wollen wir verreisen, wir fahren nach Italien, wir durchstreifen Europa, bis du mehr als ein Kind großzuziehen hast. Wir können es uns nicht ersparen, morgen zum Opernball zu gehen, denn anders kommen wir nicht wieder zu deinen Briefen, ohne uns zu kompromittieren; und bekundet Florine nicht gerade dadurch, daß sie sie dir bringt, ihre Macht?«

»Und das soll ich mit ansehen?« fragte die Gräfin erschrocken.

»Übermorgen früh.«

Am anderen Tage, gegen Mitternacht, beim Opernball, ging Nathan im Foyer auf und ab; am Arm führte er eine Maske, die sehr ehelich wirkte. Nach zwei oder drei Rundgängen redeten zwei maskierte Damen die beiden an.

»Armer Narr, du spielst ein gefährliches Spiel! Marie ist hier und sieht dich«, sagte Vandenesse, der sich als Frau verkleidet hatte, zu Nathan.

»Wenn du mir zuhören willst, sollst du Geheimnisse erfahren, die Nathan dir verborgen hat und die dir die Augen über die Gefahren öffnen, die deine Liebe zu ihm läuft«, sagte die Gräfin zitternd zu Florine.

Nathan hatte jäh Florines Arm losgelassen und ging dem Grafen nach, der sich in der Menge seinen Blicken entzogen hatte. Florine setzte sich neben die Gräfin; sie hatte sie zu einer kleinen Bank gezogen, auf der bereits Vandenesse saß; er war zurückgekommen, um seiner Frau beizustehen.

»Jetzt sprich dich aus, Liebste«, sagte Florine, »und glaube ja nicht, daß du mir lange was vormachen kannst. Niemand auf dieser Welt wird mir Raoul entreißen, siehst du: den halte ich fest durch die Gewohnheit, und die ist soviel wert wie die Liebe.«

»Sag erst mal: bist du Florine?« fragte Félix und bediente sich dabei seiner natürlichen Stimme.

»Schöne Frage! Wenn du es nicht weißt, wie soll ich dir dann glauben, du Witzbold?«

»Frag Nathan, der eben drauf und dran ist, die Geliebte zu suchen, von der ich rede, wo er vor drei Tagen die Nacht verbracht hat! Er hat sich mit Kohlenoxyd vergiften wollen, Kleine, ohne daß du es gewußt hast, und zwar aus Geldmangel. So gut bist du im Bilde über die geschäftlichen Angelegenheiten eines Mannes, von dem du behauptest, du liebst ihn: du läßt ihn ohne einen Sou sitzen und er bringt sich um; oder vielmehr: er bringt sich nicht um, es mißlingt ihm. Ein mißlungener Selbstmord ist genauso lächerlich wie ein Duell ohne Schramme.«

»Du lügst«, sagte Florine. »An jenem Tag hat er bei mir zu Abend gegessen, die Sonne war schon untergegangen. Der arme Kerl wurde verfolgt. Er hat sich versteckt, und weiter gar nichts.«

»Frag doch in der Rue du Mail nach, im Hôtel du Mail, ob er nicht wie ein Sterbender von einer schönen Dame hingebracht worden ist; mit der unterhält er nämlich seit einem Jahr Beziehungen, und die Briefe deiner Nebenbuhlerin liegen in deiner Wohnung vor deiner Nase versteckt. Wenn du Nathan eine Lehre erteilen willst, dann laß uns alle drei zu dir fahren; da beweise ich dir dann dokumentarisch, daß du ihn davor bewahren kannst, binnen kurzem in die Rue de Clichy zu wandern, wenn du ein braves Mädchen sein willst.«

»Versuch, das anderen als mir aufzubinden, mein Junge. Ich bin fest davon überzeugt, daß Nathan in niemanden verliebt sein kann.«

»Du möchtest mich glauben machen, er habe seit einiger Zeit

seine Aufmerksamkeiten für dich verdoppelt; aber gerade das beweist doch, daß er bis über beide Ohren verliebt ist . . .«

»In eine Dame der Gesellschaft . . .?« fragte Florine. »Wegen einer solchen Belanglosigkeit mache ich mir keine Sorgen.«

»Na, gut. Willst du es erleben, daß er dir sagt, er werde dich heute morgen nicht nach Hause bringen?«

»Wenn du es fertigbringst, daß er mir das sagt«, entgegnete Florine, »dann nehme ich dich mit zu mir, und wir suchen nach den Briefen; an die glaube ich nämlich erst, wenn ich sie sehe; schreibt er sie etwa, während ich schlafe?«

»Bleib hier«, sagte Félix, »und paß auf.«

Er nahm den Arm seiner Frau und stellte sich zwei Schritte entfernt von Florine auf. Bald kam Nathan, der im Foyer hin- und hergelaufen war und nach allen Richtungen hin seine Maske gesucht hatte wie ein Hund seinen Herrn, wieder an die Stelle, wo er die vertrauliche Mitteilung erhalten hatte. Als Florine auf seiner Stirn eine unschwer wahrnehmbare Besorgnis las, pflanzte sie sich wie eine Hermensäule vor dem Schriftsteller auf und sagte befehlshaberisch zu ihm: – »Ich will nicht, daß du immerzu von mir weggehst; ich habe meine Gründe dafür.«

Da flüsterte die Gräfin auf den Rat ihres Mannes Raoul zu: »Marie . . .! Wer ist diese Frau? Lassen Sie sie sofort stehen, gehen Sie hinaus und warten Sie auf mich unten an der Treppe.«

In dieser gräßlichen Notlage schüttelte Raoul heftig Florines Arm ab; darauf war sie nicht gefaßt gewesen; und obgleich sie ihn kräftig festhielt, mußte sie ihn loslassen. Sogleich verlor sich Nathan in der Menge.

»Was habe ich dir gesagt?« rief Félix der verblüfften Florine zu und gab ihr den Arm.

»Los«, sagte sie. »Wer du auch sein magst, komm. Hast du einen Wagen?«

Statt einer Antwort führte Vandenesse Florine hastig weg und eilte zu seiner Frau, die, wie verabredet, in der Vorhalle wartete. Innerhalb weniger Minuten, in raschem Tempo von Vandenesses Kutscher gefahren, langten die drei Masken beim Haus der Schauspielerin an; sie nahm die Maske ab. Madame de Vandenesse konnte einem überraschten Zusammenzucken nicht wehren, als sie Florine sah, wie sie vor Wut fast erstickte; sie wirkte in Zorn und Eifersucht großartig.

»Es befindet sich hier«, sagte Vandenesse, »eine gewisse Briefmappe, deren Schlüssel dir niemals anvertraut worden ist; darin dürften die Briefe sein.«

»Donnerwetter, das ärgert mich; du weißt etwas, das mich seit ein paar Tagen beunruhigt hat«, sagte Florine und stürzte in das Arbeitszimmer, um die Mappe zu holen.

Vandenesse sah, daß seine Frau unter der Maske erbleichte. Florines Schlafzimmer sagte mehr über die Intimität der Schauspielerin und Nathans aus, als eine ideale Geliebte hätte wissen mögen. Das Auge einer Frau vermag die Wahrheit von solcherlei Dingen im Nu zu durchdringen, und die Gräfin erkannte in der Gemeinsamkeit der Haushaltsgegenstände eine Bestätigung dessen, was ihr Mann ihr gesagt hatte. Florine kam mit der Briefmappe.

»Wie bringen wir sie auf?« fragte sie.

Die Schauspielerin ließ sich aus ihrer Küche das große Messer holen; und als die Zofe es brachte, fuchtelte Florine damit herum und sagte mit spöttischer Miene: – »Damit schlachtet man Poulets[99]!«

Dieser Ausdruck, der die Gräfin erbeben ließ, machte ihr noch besser, als ihr Mann es am Abend zuvor getan hatte, die Tiefe des Abgrunds deutlich, in den sie fast hineingestürzt wäre.

»Wie dumm ich doch bin!« sagte Florine. »Mit seinem Rasiermesser geht es besser.«

Sie nahm das Messer, mit dem Nathan sich unlängst erst rasiert hatte, und schlitzte die Kanten des Maroquinleders auf; durch den Spalt konnten Maries Briefe herausgenommen werden. Florine langte sich einen.

»Ja, es ist tatsächlich eine Vornehme! Es sieht so aus, als sei kein einziger Rechtschreibungsfehler drin.«

Vandenesse nahm die Briefe und gab sie seiner Frau; sie überzeugte sich an einem Tisch davon, daß es auch alle seien.

»Willst du sie im Austausch gegen dieses hier abtreten?« fragte Vandenesse und hielt Florine den Wechsel über vierzigtausend Francs hin.

»Ist es nicht blöd, so was zu unterschreiben . . .? Gut für Banknoten[100]«, sagte Florine, als sie den Wechsel überlas. »Ha, die werde ich dir ankreiden, deine Gräfinnen! Und ich habe mir in der Provinz Leib und Seele zerschunden, um Geld für ihn zusammenzuraffen, ich, die ich mich wie ein Börsenmakler abgequält hätte, um ihn zu retten! So sind die Männer: wenn man sich für sie um die ewige Seligkeit bringt, trampeln sie auf einem herum! Das soll er mir büßen.«

Madame de Vandenesse war mit den Briefen hastig beiseite getreten.

»He, sag mal, schöne Maske, willst du mir nicht wenigstens *einen* dalassen, damit ich ihn überführen kann?«

»Das geht jetzt nicht mehr«, sagte Vandenesse.

»Und warum nicht?«

»Die Maske ist deine Ex-Rivalin.«

»Siehe da! Aber sie hätte sich recht gut bei mir bedanken können«, rief Florine.

»Wofür hältst du eigentlich die vierzigtausend Francs?« sagte Vandenesse und verabschiedete sich.

Es geschieht äußerst selten, daß junge Leute nach einem Selbstmordversuch einen zweiten unternehmen, wenn sie die damit verbundenen Schmerzen durchlitten haben. Wenn ein mißlungener Selbstmord auch nicht vom Leben heilt, so heilt er doch vom Freitod. Daher hatte Raoul keine Lust mehr, sich umzubringen, als er sich in einer noch furchtbareren Lage sah als der, der er hatte entrinnen wollen: er sah seinen Wechsel an Schmucke in Florines Händen; sie hatte ihn offenbar vom Grafen de Vandenesse erhalten. Er versuchte, die Gräfin wiederzusehen, um ihr darzulegen, wie seine Liebe beschaffen sei; sie leuchtete in seinem Herzen lebhafter denn je. Aber beim erstenmal, als die Gräfin Raoul in der Gesellschaft sah, warf sie ihm den starren, verächtlichen Blick zu, der einen unüberschreitbaren Abgrund zwischen einer Frau und einem Mann aufklaffen läßt. Trotz seiner Selbstsicherheit wagte Nathan während des Rests des Winters nie wieder, mit der Gräfin zu sprechen oder sich an sie heranzumachen.

Einzig Blondet schüttete er sein Herz aus: er wollte ihm im Zusammenhang mit Madame de Vandenesse etwas von Laura und Beatrice vorreden. Er sprach des langen und breiten über die schöne Stelle, die wir der Feder eines der bedeutendsten Dichter dieser Zeit[101] verdanken: »Ideal, blaue Blume mit dem goldenen Herzen, deren Wurzelfasern – sie sind tausendmal feiner als die seidigen Haarsträhnen der Feen – sich in die Tiefen unserer Seele senken und deren reinsten Gehalt trinken; süße und bittere Blume! Du läßt dich nicht pflücken, ohne daß dabei das Herz zu bluten beginnt, ohne daß deinem zerbrochenen Stempel rote Tropfen entquellen! Ach, verfluchte Blume, wie bist du meiner Seele entsprossen!«

»Du redest Unsinn, mein Lieber«, sagte Blondet zu ihm; »zugegeben, die Blume war hübsch, aber sie war alles andere als ideal, und anstatt wie ein Blinder von einer Nische zu singen, in der kein Heiligenbild steht, solltest du lieber darauf bedacht sein, dir die Hände zu waschen, um dich der Regierung zu unterwerfen und wieder in geordnete Verhältnisse zu kommen. Du bist ein zu großer Künstler, um Politiker zu sein; dir ist von Leuten mitgespielt worden, die deiner nicht wert waren. Sei darauf bedacht, daß du auch weiterhin gespielt wirst, aber anderswo.«

»Marie kann mich nicht daran hindern, daß ich sie liebe«, sagte Nathan. »Ich mache aus ihr meine Beatrice.«

»Mein Lieber, Beatrice war ein kleines, zwölfjähriges Mädchen, und Dante hat sie nie wieder gesehen; wäre sie sonst Beatrice geworden? Um aus einer Frau eine Gottheit zu machen, dürfen wir sie nicht heute in einem Mäntelchen, morgen in einem dekolletierten Abendkleid und übermorgen auf dem Boulevard beim Einkaufen von Spielzeug für ihren Jüngsten sehen. Wenn man Florine hat, die abwechselnd Vaudeville-Herzogin, Bürgersfrau im Drama, Negerin, Marquise, Oberst, Schweizer Bäuerin und peruanische Sonnenjungfrau ist, übrigens ihre einzige Art, Jungfrau zu sein, weiß ich nicht, wie man sich auf Abenteuer mit Damen der Gesellschaft einlassen kann.«

Du Tillet bootete, um einen Börsenausdruck zu gebrauchen, Nathan aus; aus Geldmangel mußte Raoul seinen Anteil an der Zeitung aufgeben. Der berühmte Mann bekam in der Wahlversammlung, in der der Bankier gewählt wurde, nur fünf Stimmen.

Als nach einer langen, glücklichen Italienreise die Gräfin de Vandenesse im folgenden Winter nach Paris zurückkehrte, hatte

Nathan alle Vorhersagen Félix' erfüllt: auf Blondets Rat hin unterhandelte er mit der Regierung. Was die persönlichen Angelegenheiten dieses Schriftstellers betrifft, so befanden sie sich in einer solchen Unordnung, daß Gräfin Marie eines Tages auf den Champs-Elysées ihren alten Anbeter zu Fuß, im jämmerlichsten Aufzug, erblickte; Florine hatte ihn untergehakt. Ein gleichgültiger Mann ist in den Augen einer Frau schon leidlich häßlich; aber wenn sie ihn nicht mehr liebt, kommt er ihr abstoßend vor, vor allem, wenn er aussieht wie Nathan. Madame de Vandenesse empfand eine Aufwallung der Scham, wenn sie bedachte, daß sie sich einmal für Raoul interessiert hatte. Wäre sie nicht von jeder außerehelichen Liebesleidenschaft geheilt gewesen, so hätte der Gegensatz, den jetzt der Graf im Vergleich zu jenem bereits der Gunst der Öffentlichkeit weniger würdigen Mann bildete, genügt, um sie ihren Mann sogar einem Engel vorziehen zu lassen. Heute hat dieser Ehrgeizling, der so reich an Tinte und so arm an Wollen ist, schließlich kapituliert und sich wie jeder Durchschnittsmensch eine Sinekure verschafft. Nachdem er zerstörerische Tendenzen unterstützt hat, lebt er friedlich im Schatten eines regierungstreuen Blattes. Das Kreuz der Ehrenlegion, ehedem die fruchtbare Veranlassung seiner Spöttereien, schmückt sein Knopfloch. Der ›Friede um jeden Preis‹[102], von dessen Bekämpfung er eine revolutionäre Zeitung hat leben lassen, ist jetzt der Gegenstand seiner Lobesartikel. Das Erbrecht, das er mit seinen saint-simonistischen Phrasen angegriffen hat, verteidigt er heute mit der Autorität der Vernunft. Dieses unlogische Verhalten hat seinen Ursprung und sein Gewicht in dem Frontwechsel einiger Leute, die während unserer letzten politischen Entwicklungen gehandelt haben wie Raoul.

Anmerkungen

Eine Evastochter

1 Die heutige Rue des Mathurins.

2 Altes Pariser Stadtviertel (III. und IV. Arrondissement) mit vielen alten Adelspalästen.

3 Georges Cuvier (1769–1832), berühmter, von Balzac sehr verehrter und häufig erwähnter Naturwissenschaftler.

4 Antike Statue von Glykon im Museum zu Neapel.

5 Die ›Erbaulichen Briefe‹ (›Lettres édifiantes écrites des Missions étrangères‹), erschienen 1781 in 43, 1820 in 14 Bänden, boten religiöses und wissenschaftliches Interesse. Es handelt sich um die Annalen der französischen Missionare in allen Ländern der Welt; sie enthielten wichtige Angaben über Klima, Produkte und Sitten der betreffenden Länder. Es erschienen in der Folgezeit mehrere Auswahl-Nachdrucke.

6 Jean-François-Michel Noël (1755–1841), Humanist, legte die Soutane ab, wurde Gesandter der Republik, dann Generalinspekteur des Öffentlichen Unterrichtswesens von 1802 bis zu seinem Tode. Er schrieb ›Gradus ad Parnassum‹, ein französisch-lateinisches und lateinisch-französisches Wörterbuch, sowie, mit Chapsal, eine noch immer im Gebrauch befindliche französische Grammatik. Seine ›Leçons de Littérature et de Morale‹ erschienen 1804.

7 François de Salignac de la Mothe-Fénélon (1651–1715), Erzbischof von Cambrai, schrieb zahlreiche religiöse und pädagogische Werke, darunter den berühmten Erziehungsroman ›Télémaque‹.

8 Nonne vom Orden der Heimsuchung Mariä (Visitandinerin) (1647 bis 1690), verbreitete den Kult des Heiligen Herzens. 1920 kanonisiert.

9 Die 1792 begründete Zeitung ›La Quotidienne‹ sollte der Bekämpfung der Revolution dienen; zwischen 1793 und 1815 mußte sie sich mehrfach tarnen oder ihr Erscheinen einstellen. Während der Restauration vertrat sie ultra-royalistische Anschauungen. Ab 1822 gehörte sie zur Rechts-Opposition und bekämpfte das Ministerium Villèle. Die Artikel der Redakteure, mondäner, fröhlicher Lebemänner und ehemaliger Vaudeville-Autoren des Kaiserreichs, hatten in der Provinz großen Erfolg, sogar in kirchlichen Kreisen. Nach der Juli-Revolution übernahm eine neue Schriftstellergeneration die ›Quotidienne‹, eine überzeugtere und mehr doktrinär

eingestellte, die die Rückkehr der Legitimität durch einen Gewaltstreich predigte. Die Zeitung hatte damals hervorragende Mitarbeiter.

10 ›L'Ami de la Religion et du Roi‹ wurde 1814 gegründet und erschien zunächst halbwöchentlich. Sie ging zum liberalen Katholizismus über und strich in ihrem Titel den König: so wird sie von Balzac erwähnt. Sie bekämpfte heftig ›L'Univers‹ und ›Le Monde‹, an denen Balzac mitarbeitete. 1862 verschmolz sie mit dem ›Journal des Villes et des Campagnes‹.

11 Von Balzac deutsch geschrieben.

12 Louis-Claude de Saint-Martin (1743–1803), mystisch-spekulativer Philosoph von sehr großem Einfluß auf Balzacs philosophisches Denken, wie es sich zumal in ›Louis Lambert‹ und ›Séraphita‹ bekundet.

13 Giovanni Paësiello (1740–1816), einer der großen neapolitanischen Meister der Buffo-Oper; er schrieb über 100 Opern, aber auch Kirchenmusik, 12 Symphonien, 6 Klavierkonzerte und Kammermusik, darunter wohllautende Streichquartette. Napoleon liebte seine Musik.

14 Domenico Cimarosa (1749–1801). Er schrieb 75 Opern, darunter als die berühmteste, noch heute gespielte ›Il matrimonio segreto‹ (›Die heimliche Ehe‹), die Stendhal besonders liebte, Kirchenmusik und Klaviersonaten.

15 Johann Nepomuk Hummel (1778–1837), Schüler Mozarts, Klaviervirtuose, in dessen 7 Klavierkonzerten das figurative Element und die Brillanz zur Hauptsache geworden sind. Er schrieb auch zahlreiche Klavierwerke, die zu seiner Zeit sehr beliebt waren, Kammermusik, Kirchenmusik und 9 Opern sowie eine Klavierschule.

16 Nicht nachweisbar; wahrscheinlich ein ›siamesisches‹ Zwillingspaar der Restaurationszeit.

17/18 Arnolphe und Agnès, Gestalten aus Molières ›L'Ecole des Femmes‹.

19 Gestalt aus Molières ›Le Misanthrope‹.

20 Die Edition Conard und die Edition de la Pléiade geben irrigerweise an, bei jener Léonarde handele es sich um eine Gestalt aus Schillers ›Räubern‹. – Sie hat nicht nachgewiesen werden können.

21 Das Schuldgefängnis, das früher in Saint-Pélagie, Rue de la Clef, untergebracht war, wurde 1827 nach der Rue de Clichy Nr. 70

verlegt. Der Pensionspreis für einen verhafteten Schuldner mußte vom Gläubiger im voraus entrichtet werden und betrug monatlich fünfundvierzig Francs. Das Gefängnis enthielt zweihundert Männer- und zwanzig Frauenzellen. Die Zahl der Gefangenen betrug durchschnittlich hundertfünfzig. Sie durften sich innerhalb des Gefängnisses frei bewegen. Im Gegensatz zu der bekannten Legende waren darunter nur wenige Söhne aus guter Familie; die meisten waren kleine, erfolglose Kaufleute.

22 Jean-Baptiste Gay, Vicomte de Martignac (1778–1832), seit 1828 Ministerpräsident unter Karl X., dem Martignacs liberale Politik unerträglich war, weshalb er ihn am 8. August 1829 zum Rücktritt zwang und durch den Fürsten Polignac ersetzte, dessen Maßnahmen im nächsten Jahr zur Juli-Revolution führten.

23 Römischer Stoiker des 1. Jahrhunderts n. Chr. Sein Lehrsatz war: »Ertrage und entbehre!«

24 Spartakus, ein Thraker, war Anführer der aufständischen römischen Sklaven; er entfloh 73 v. Chr. mit 70 Gladiatoren aus der Fechterschule zu Capua; entlaufene Sklaven schlossen sich ihm an – sein Heer war schließlich 70 000 Mann stark. Der ›Sklavenkrieg‹ wurde von beiden Seiten mit unerhörter Grausamkeit geführt. 71 v. Chr. unterlag Spartakus im Kampf gegen Crassus und fiel; 60 000 Sklaven wurden niedergemetzelt.

25 Schäferroman von Honoré d'Urfé (1567–1625), erschienen 1610 bis 1627, eine Nachahmung spanischer und italienischer Vorbilder, in der gallischen Frühzeit spielend.

26 Antoine, Graf de Rivarol (1753–1801), Publizist und Literat, geistvoller, kaustischer Gegenrevolutionär.

27 Jean-Pierre Claris de Florian (1755–1794), Neffe Voltaires, nächst La Fontaine der bedeutendste französische Fabeldichter. Er schrieb auch Novellen und Bühnenstücke.

28 Giulia Grisi (1812–1869) debütierte 1828 in Bologna und 1832 im Théâtre-Italien zu Paris in ›Semiramide‹ von Rossini. Ihr Erfolg war so groß, daß sie in Paris blieb. Ihr Gesicht war von klassischer Schönheit, ihr Spiel dramatisch, ihr Gesangsstil von grandioser Einfachheit. Sie errang als Norina in Donizettis ›Don Pasquale‹, als Rosina in Rossinis ›Barbiere‹ und zumal in der Titelrolle von Bellinis ›Norma‹ Triumphe. Die letzten zwanzig Jahre ihres Lebens waren ein grausamer Kampf gegen den Verlust ihrer Stimme.

29 Das berühmte Mailänder Opernhaus.

30 Es sind rund zwanzig Liebhaber der Mme de Staël nachweisbar, jedoch dürfte ihre Zahl weit höher gewesen sein.

31 Gestalt in ›Le Misanthrope‹.

32 Anne-Louis Girodet de Roussy, genannt Girodet-Trioson (1767 bis 1824), von Balzac häufig erwähnter Maler, David-Schüler.

33 ›Pinto, ou la Journée d'une Conspiration‹ (1800, deutsch 1810 von Vogel unter dem Titel: ›Pinto, oder die Verschwörung in Portugal‹) ist eine fünfaktige historische Komödie von Louis-Jean-Népomucène Lemercier (1771–1840), geschrieben im klassischen Stil, zugleich aber Prototyp des romantischen Dramas. Pinto, eine Art portugiesischer Figaro, ist nicht ohne Einfluß auf Scribe geblieben, als dieser ›Bertrand et Raton‹ schrieb, die ins damals Moderne transponierte Abwandlung des Grundmotivs einer Fabel von La Fontaine gleichen Titels.

34 Plejaden: nach den sieben Töchtern des Atlas benanntes Sternbild. Nach ihm wurde eine unter Ptolemaios Philadelphos (König von Ägypten, 283–246 v. Chr., Schirmherr der Künste und Wissenschaften; Erbauer des Leuchtturms von Alexandria) schaffende Gruppe von sieben Dichtern benannt. Unter Heinrich II. (1519 bis 1559, Förderer der Künste und Wissenschaften, Liebhaber der Diane de Poitiers) bildete sich die berühmte französische Plejade, der Ronsard, Du Bellay, Remi Belleau, Jodelle, Dorat, Baïf und Pontus de Thiard angehörten. Der Sammelname ist seither bis in die Moderne von anderen Dichtergruppen übernommen worden.

35 Der Dichter André Chénier (1762–1794), als eines der letzten Opfer der Schreckensherrschaft hingerichtet, schlug sich auf dem Weg zur Guillotine an den Kopf und rief: »Immerhin habe ich etwas da drinnen gehabt!«

36/37 Gestalten in Molières ›Le Misanthrope‹.

38 Im Mai 431 v. Chr. überschritt der Spartanerkönig Archidamos den Fluß Eurotas, die attische Grenze, womit der Peloponnesische Krieg begann.

39 Das 1805 gegründete Café Véry lag ursprünglich in den Tuilerien, Terrasse des Feuillants, und siedelte 1808 ins Palais-Royal über. Das in den Annalen der Pariser Gastronomie berühmte Restaurant blieb bis 1843 im Besitz der Familie Véry.

40 Beatrice Portinari (1266–1290), von Dante geliebt und durch ›Das neue Leben‹ und ›Die Göttliche Komödie‹ unsterblich gemacht.

41 Laure de Noves oder de Sade (1308–1348), von Petrarca geliebt und besungen.

42 Eines der Virtuosenstücke Paganinis bestand darin, daß er auf der G-Saite (der tiefsten) seiner Guarnerius-Violine blendende Variationen über die berühmte Melodie des Gebets des Moses aus Rossinis Oper ›Mosè in Egitto‹ (›Moses in Ägypten‹) vollführte, zuweilen, nachdem er mittels seiner scharfen Fingernägel die drei übrigen Saiten zum Platzen gebracht hatte.

43 Italienisch: Unbefangenheit.

44 Siehe ›Die falsche Geliebte‹, Anmerkung 26.

45 Welche der zahlreichen Geliebten Georgs IV. von England (1820 bis 1830) sich dieses Reizes erfreute, ist schwerlich feststellbar.

46 Thomas Lawrence (1769–1830), englischer Porträtmaler.

47 Charles Perrault (1628–1703), veröffentlichte u. a. unter dem Namen seines Sohnes 1697 die ›Contes de ma Mère l'Oye‹, ironisch nacherzählte Volksmärchen, von denen viele sich in Deutschland einbürgerten; das Buch erweckte das Interesse am Volksmärchen und bildete die Anregung zu zahlreichen Kunstmärchen.

48 Roman von Walter Scott (1820).

49 Alexandre-Gabriel Decamps (1803–1860).

50 Antoine Moine (1797–1849), Schüler von Gros und Girodet, war anfangs Landschaftsmaler und wandte sich dann der Bildhauerei zu; ab 1843 widmete er sich nur noch dem Pastell. Er hatte Geschmack, war aber ungeduldig und unentschlossen. Die Najaden und Tritonen an den Brunnen der Place de la Concorde sind von ihm geschaffen worden. Seine Kleinplastiken, im Thema und im Stil romantisch, waren zu seinen Lebzeiten sehr gesucht.

51 Der Historienmaler Eugène Devéria (1805–1865) hatte als Zweiundzwanzigjähriger großen Erfolg mit seiner ›Geburt Heinrichs IV.‹. Aber die in ihn gesetzten Hoffnungen erfüllten sich nicht; er bekehrte sich schließlich zum Protestantismus und ergab sich der religiösen Malerei.

52 Louis Boulanger (1806–1864), Freund Balzacs, dessen berühmtes Porträt in der Mönchskutte er malte (Replik im Museum in Tours), von den Zeitgenossen gerühmt, heute nahezu vergessen.

53 Caroline Lamb (1785–1828), Tochter Lord Ponsombys, Gattin Sir William Lambs, Geliebte Byrons.

54 Siehe ›Die falsche Geliebte‹, Anmerkung 16.

55 Gemahlin Neros (gestorben 65 n. Chr.).

56 Genest oder Genes, römischer Mime, der unter Diokletian 286 oder 303 n. Chr. den Märtyrertod erlitt, Held einer Tragödie von Jean de Rotrou (1609–1650).

57 François-Joseph Talma (1763–1826), Tragöde, Lieblingsschauspieler Napoleons.

58 Henri-Louis Cain, genannt Lekain (1728–1778), Schauspieler, hinterließ interessante Memoiren.

59 Michel Boyron, genannt Baron (1653–1729), Darsteller komischer Rollen in Molières Schauspielertruppe.

60 Louise Contat (1760–1813), Schauspielerin an der Comédie-Française, vortreffliche Interpretin der Frauenrollen in den Stücken von Molière, Marivaux und Beaumarchais.

61 Claire-Joseph Léris de Latude, genannt La Clairon (1723–1803). Tragödin, Rivalin der Dumesnil.

62 Maries Desmares, genannt La Champmeslé (1644–1698), Schauspielerin, Geliebte Racines.

63 Siehe Anmerkung 62.

64 Anne Boutet, genannt La Mars (1779–1847), hervorragende Darstellerin der Frauenrollen in den Komödien Molières und Marivaux'.

65 Jacques-Marie Boutet de Monvel (1745–1811), Darsteller tragischer Rollen an der Comédie-Française, war der Vater der Mars.

66 François Andrieux (1759–1833), Professor am Collège de France, Mitglied der Akademie, Autor einiger Komödien und Novellen, einer der letzten ›Klassiker‹. Er lehnte nach der Lektüre Balzacs Jugendtragödie ›Cromwell‹ ab und verneinte des jungen Autors literarische Fähigkeiten.

67 Die am 4. Juli 1831 gewählte Kammer übte ihre Funktionen bis zum Frühjahr 1834 aus. Neue allgemeine Wahlen fanden am 21. Juni jenes Jahres statt; sie hatten eine Umbesetzung des Ministeriums zur Folge, aus dem Broglie ausschied und in das der in seinen Anfängen stehende Thiers eintrat; die größte Rolle spielte fortan Guizot.

68 So wurde von seinen Anhängern der Thronprätendent Graf von Chambord oder Herzog von Bordeaux genannt (1820–1883), der Sohn des 1820 ermordeten Herzogs von Berry und Enkel Karls X.

69 Anhänger Karls X., der durch die Juli-Revolution von 1830 vertrieben worden war; der König ging erst nach England, dann nach Prag und schließlich nach Görz (Gorizia), wo er 1836 starb.

70 Siehe ›Die falsche Geliebte‹, Anmerkung 7.

71 Psalm 18,8.

72 Adrienne Lecouvreur (1690–1730), berühmte Schauspielerin am Théâtre-Français, hatte zahlreiche Liebschaften, die von gutem Geschmack zeugten, u. a. mit dem Chevalier de Rohan, Voltaire, Lord Peterborough und dem Marschall Moritz von Sachsen; dieser war der letzte und der geliebteste. Der Legende nach wurde die Lecouvreur von der eifersüchtigen Herzogin von Bouillon vergiftet. Scribe und Legouvé machten sie zum Thema eines Dramas (1848).

73 Fabeln, Buch X, Nr. 15.

74 Hauptgestalt des ›Orlando furioso‹ (1516) von Lodovico Ariosto.

75 Louis de Saint-Just (1767–1794), Mitglied des Konvents und des Wohlfahrtsausschusses, einer der eifrigsten Parteigänger Robespierres, mit dem zusammen er hingerichtet wurde.

76 Die lernäische Hydra: schlangenartiges Ungeheuer mit sieben Köpfen, deren jeder nach dem Abschlagen wieder nachwuchs. Die Besiegung der Hydra war eine der zwölf Arbeiten des Herkules.

77 Sébastien-Roch Nicolas, genannt Chamfort, nicht ›Champfort‹, wie Balzac schreibt (1741–1794), Literat und Schöngeist, wurde während der Schreckensherrschaft verfolgt und beging Selbstmord.

78 Das Théâtre du Gymnase, Boulevard Bonne-Nouvelle 38, wurde 1820 gegründet und hieß 1824–1830 zu Ehren der Herzogin von Berry, der Schwiegertochter Karls X., ›Théâtre de Madame‹. Es pflegte vor allem das Vaudeville und das Lustspiel.

79 Ludwig XIV. empfand Widerwillen gegen die holländische und flämische Malerei und vor allem gegen den derben Realismus des David Teniers d. J. (1610–1694), dessen Bilder Szenen aus dem Volksleben, Jahrmärkte, Interieurs von Dorfschenken usw. darstellen.

80 Pierre-Augustin Caron de Beaumarchais (1732–1799), Autor von ›Der Barbier von Sevilla‹ und ›Figaros Hochzeit‹ sowie geistvoller Memoiren; überdies Veranstalter der ersten Gesamtausgabe der Werke Voltaires (Kehler Ausgabe, 1784–1789).

81 ›La Gazette nationale ou le Moniteur universel‹ wurde 1789 gegründet und war anfangs eine opportunistische Zeitung, die jedermanns Ansichten teilte, ein offiziöses Organ und Freund aller Regierungen, zudem ein Informationsblatt. Einer der Gründe für den Erfolg des Blattes waren seine Berichte über die politischen

Versammlungen der Revolution. Es hatte vortreffliche, nicht nur zu ihrer Zeit berühmte Mitarbeiter. Nach dem Staatsstreich des 18. Brumaire machte Bonaparte den ›Moniteur‹ zum offiziellen Regierungsorgan, für das er gelegentlich selber die Leitartikel schrieb und in dem er seine berühmten ›Schlachtenbulletins‹ veröffentlichte. Der ›Moniteur‹ wurde so geschmeidig geleitet, daß die Restauration, Louis-Philippe und Napoleon III. ihm ihr Vertrauen bewahrten. Die von Balzac erwähnten ›Mittelmäßigen‹ redigierten den offiziellen und politischen Teil der Zeitung und sind mit Recht vergessen. Der literarische und wissenschaftliche Teil dagegen war in der ersten Hälfte des neunzehnten Jahrhunderts das Werk von Autoren wie Ampère, Théophile Gautier, Sainte-Beuve, Alexandre Dumas, Feuillet, Arsène Houssaye, About usw.

82 In der Zeit vom 22. Februar 1836 bis 1840 lösten nicht weniger als neun Justizminister einander ab.

83 Die Partei der doktrinären Royalisten hatte sich unter der Restauration gebildet; ihr Ziel war es, »das Königtum zu nationalisieren und Frankreich zu royalisieren«. Sie bekämpften die revolutionären Ideen, nahmen jedoch die Revolution als eine Gegebenheit der ›historischen Evolution‹ hin. Trotz ihrer Berufung auf die Überlegenheit der Vernunft und die Lehren der Geschichte ist ihre politische Philosophie lediglich ein plumper, wirrer, halbgebildeter evolutionistischer Fetischismus. Ihre Vertreter in der Regierung waren Decazes unter der Restauration, Casimir Périer und Guizot unter dem Juli-Regime. Ihre Zeitungen waren ›Le Constitutionnel‹ und ›Les Débats‹. Sie stellten die Partei der ›Widerständler‹ dar. Die inneren Kämpfe der ›Doktrinären‹ und die Rivalität zwischen Guizot und Thiers verursachten zwischen 1832 und 1840 die unaufhörlichen Regierungswechsel, auf die Balzac anspielt.

84 Nicht nachweisbare Anspielung.

85 Siehe Anmerkung 64.

86 Léopold Huret, Kunstschlosser, der Geldschränke mit kombinierten Sicherheitsschlössern herstellte; seine Werkstatt befand sich in der Rue de Castiglione 3. Balzac erwähnt ihn mehrfach.

87 Fichet, Hurets Konkurrent in der Herstellung von Sicherheitsschlössern, hatte seine Werkstatt Rue Rameau 5. Auch ihn erwähnt Balzac mehrmals.

88 Das ehemalige, in der Rue de Clichy gelegene Pariser Schuldgefängnis.

89 Als am 28. Juli 1835 Louis-Philippe, umgeben von seinen Söhnen und Marschällen, die Parade der Garnison und der Nationalgarde abnahm und auf dem Boulevard du Temple vor dem ›Jardin Turc‹ angelangt war, erfolgte eine heftige Detonation. Fünfzig Personen, darunter Marschall Mortier und andere Offiziere, lagen tot oder sterbend auf dem Straßenpflaster, aber der König und die Prinzen waren unverletzt. Die sogleich entdeckte Höllenmaschine bestand aus vierundzwanzig gekoppelten Gewehrläufen und ist das Urbild der ›Mitrailleuse‹, die im Krieg 1870/71 eingesetzt und aus der später das moderne Maschinengewehr entwickelt wurde. Der Attentäter, ein Korse namens Joseph Fieschi, war durch die Explosion ebenfalls verwundet worden; er wurde verhaftet und am 19. Februar 1836 geköpft. Die Höllenmaschine wird in den ›Archives Nationales‹ aufbewahrt.

90 Der reiche Tapetenfabrikant Réveillon hatte sein Haus in der Rue de Montreuil 39. Es wurde 1789 geplündert, weil es hieß, sein Besitzer sei gegen die neuen Ideen eingenommen. Eine von Réveillon hergestellte Tapete konnte zur Zeit Louis-Philippes nur noch aus Fetzen bestehen.

91 Es gibt mehrere Medea-Tragödien: von Euripides, Pierre Corneille und Thomas Corneille. Wahrscheinlich bezieht sich Balzacs Anspielung auf die Pierre Corneilles.

92 Römische Erntegöttin, Mutter der Proserpina (Persephone).

93 Balzac läßt Schmucke einen abscheulichen, parodierten Akzent sprechen, den anzudeuten der Übersetzer Abstand genommen hat, da er sich phonetisch schwerlich durch etwa ein mit französischem Akzent gesprochenes Deutsch wiedergeben läßt.

94 Ev. Luc. II, 29–32.

95 E. T. A. Hoffmann (1776–1822), Musiker, Maler und Dichter, dessen phantastische Geschichten damals europäischen Ruhm genossen und dessen Bücher mehrmals ins Französische übersetzt wurden, hatte 1821 die ›Lebensansichten des Katers Murr nebst fragmentarischer Biographie des Kapellmeisters Johannes Kreisler in zufälligen Makulaturblättern‹ veröffentlicht, auf die Schmucke hier anspielt.

96 Unter anderem die der Gräfin d'Agoult, die ihren Mann verlassen hatte und mit Liszt durch Europa reiste. Dieses vielbesprochene Abenteuer hat Balzac zu dem Roman ›Béatrix‹ inspiriert, in dem er die Liebe der Béatrix de Rochefide zu dem Musiker Conti erzählt.

97 Die öffentlichen Schreiber saßen an Straßenkreuzungen und in

Nischen von Bauwerken in wackligen kleinen Buden, ähnlich denen der Maronenverkäufer. Ihr Ladenschild trug die Inschrift: ›Grab der Geheimnisse‹. Sie übernahmen die Korrespondenz der Analphabeten (ein Brief von Zivilpersonen kostete zehn Sous; Soldaten und stellungslose Dienstmädchen bezahlten die Hälfte). Sie schrieben aber auch Liebesbriefe, anonyme Briefe, Bittschriften und sogar gelegentlich Versepisteln, Gelegenheitsgedichte und dergleichen.

98 Der Ausdruck ›goldene Mittelstraße‹ (juste-milieu) im politischen Sinn ist zum erstenmal von Montesquieu gebraucht worden; er wurde in Frankreich durch eine Rede Louis-Philippes populär. Die ›goldene Mitte‹ war die Partei des wohlhabenden Bürgertums, der Finanzleute, der Beamten des Regimes, die sich vom Budget nährten.

99 Poulet = Hühnchen, aber auch Liebesbriefe.

100 Billet = Banknote, aber auch Liebesbrief.

101 Es handelt sich um Théophile Gautier; die Stelle findet sich im zehnten Kapitel seines Romans ›Mademoiselle de Maupin‹.

102 ›Friede um jeden Preis‹ war die Formel, mit der die Opposition Guizots außenpolitisches Programm brandmarkte. Jene Politik, die allgemeines Mißfallen fand, führte einige Male zu einem für Frankreich nicht eben ruhmvollen Nachgeben, zumal England gegenüber.

Biographische Notizen über die Romangestalten

Eine Evastochter

BLONDET, Emile, geboren um 1800 in Alençon, studierte 1818 in Paris Jura, fern von seinem gesetzlichen Vater, der ihn sich selbst überlassen hatte (›Die alte Jungfer‹; ›Das Antiquitätenkabinett‹). Er übernahm schnell Lebensgewohnheiten und Geist der Pariser literarischen Bohème und debütierte als Journalist 1821 erfolgreich in ›Les Débats‹ (›Verlorene Illusionen‹, II. Teil). 1824 redigierte er eine Zeitschrift, an der auch Lucien de Rubempré mitarbeitete; an diesen schloß er sich noch mehr an, als Lucien 1829 der Liebhaber Esther Gobsecks war (›Glanz und Elend der Kurtisanen‹, I. Teil). Zu Beginn der Juli-Monarchie verkehrte er eifrig bei Mlle des

Touches (›Zweite Frauenstudie‹), der Marquise d'Espard (›Die Geheimnisse der Fürstin von Cadignan‹), der Gräfin de Montcornet, seiner Kindheitsfreundin, auf deren Schloß er einen Sommer verlebte und die ihm 1838, nach dem Tod ihres Mannes, des Marschalls, ihre Hand bot (›Die Bauern‹).

CAMPS, Madame Octave de. Diese reizende, gütige Frau, die in weiblicher Linie von den Cadignans abstammte, wurde 1797 geboren und heiratete 1815 M. Firmiani, der 1822 in Griechenland starb. 1824 verheiratete sie sich zum zweitenmal mit Octave de Camps, der ihrer würdig war (›Madame Firmiani‹). Ihre Rivalinnen in der hohen Gesellschaft hatten sie gern: die Marquise d'Aiglemont, die zu Beginn des Jahres 1821 bei ihr Charles de Vandenesse begegnete (›Die Frau von dreißig Jahren‹), die Herzogin von Maufrigneuse, die Baronin de Macumer, die Marquise d'Espard; aber sie war nicht minder auf die Gesellschaft der interessanten Mme Rabourdin erpicht, obwohl diese nicht ihren Kreisen angehörte (›Die Beamten‹).

DES TOUCHES, Félicité, geboren 1791 in Guérande, mit einem Jahr verwaist, von ihrem Onkel, einem alten Archäologen, als Knabe erzogen. Er ließ sie ihre literarischen Neigungen entwickeln. Sie rivalisierte unter dem Pseudonym Camille Maupin mit George Sand und gab ihr, was die Freiheit der Sitten betraf, nichts nach: ihre Liebhaber waren u. a. Gennaro Conti, den ihr ihre Freundin Béatrix de Rochefide wegschnappte, alsdann Claude Vignon (›Béatrix‹). Félicité war in der Pariser künstlerischen und literarischen Gesellschaft große Mode; sie war die Gönnerin von Joseph Bridau (›Die Fischerin im Trüben‹) und Lucien de Rubempré, den sie beinahe geheiratet hätte und den sie, als es ihm schlecht ging, geldlich unterstützte (›Verlorene Illusionen‹, II. Teil). Unter Louis-Philippe blieb ihr Salon geöffnet (›Zweite Frauenstudie‹). 1836 reiste sie mit Claude Vignon nach Italien und hörte in Genua aus dem Munde Maurices de Hostal die traurige Geschichte Honorines (im Roman gleichen Titels). Im folgenden Jahr war sie von Claude Vignon enttäuscht und ließ sich durch die Leidenschaft Calystes du Guénic rühren, widerstand ihr jedoch und verheiratete ihn mit Sabine du Guénic, um ihn von der Liebe der Béatrix de Rochefide freizumachen; sie setzte ihn zu ihrem Universalerben ein; dann nahm sie im Orden der Franziskanerinnen den Schleier (›Béatrix‹).

DUDLEY, Lady Arabelle, war die Geliebte Henrys de Marsay gewesen, des natürlichen Sohnes ihres Mannes. In ihrer Eifersucht auf jede überlegene Frau suchte sie in den ersten Regierungsjahren

Louis-Philippes Félix de Vandenesse der keuschen Zuneigung zu entreißen, die ihn mit Mme de Mortsauf verband (›Die Lilie im Tal‹); sie war die Ursache, daß Lady Brandon vor Kummer starb (›Memoiren zweier Jungvermählter‹; ›Die Grenadière‹). 1832 versuchte sie, Daniel d'Arthez von seiner Leidenschaft für die Fürstin von Cadignan zu heilen (›Die Geheimnisse der Fürstin von Cadignan‹).

DU TILLET, Ferdinand, geboren 1793, ein uneheliches Kind. 1814 war er Angestellter bei dem Parfümhändler César Birotteau, dessen Frau er zu verführen versuchte und dem er dreitausend Francs stahl. Birotteau verzieh ihm, was ihn kränkte: er verließ ihn und schwor, sich zu rächen. Er freundete sich mit den Bankiers Keller und Nucingen an, eröffnete selber ein Bankgeschäft, betrieb Grundstücksspekulationen und trug heimtückischerweise 1819 zum Konkurs Birotteaus bei (›César Birotteau‹). Er wurde schnell zu einem der habgierigsten und härtesten unter den Geldleuten seiner Zeit (›Melmoth‹; ›Das Bankhaus Nucingen‹; ›Die Kleinbürger‹). Gegen Ende der Juli-Monarchie war er Abgeordneter der linken Mitte (›Die Komödianten wider ihr Wissen‹).

ESPARD, Jeanne-Clémentine-Athénaïs de Blamont-Chauvry, Marquise d', geboren 1795, verheiratet mit dem Marquis d'Espard, der sie 1816 verließ, um mit seinen Söhnen von ihr getrennt zu leben; der egoistische, zänkische und tyrannische Charakter seiner Frau hatte ihn abgestoßen. Die Marquise versuchte, sich zu rächen, indem sie um 1828 die Entmündigung ihres Mannes beantragte (›Die Entmündigung‹), was ihr indessen nicht gelang (›Glanz und Elend der Kurtisanen‹). Obwohl sie eine große Rolle in der Gesellschaft spielte, war sie prüde und streng. 1821 gelang es ihr, Mme de Bargeton von Lucien de Rubempré zu trennen (›Verlorene Illusionen‹, I. Teil); Lucien rächte sich, indem er sie 1824 mit Spottartikeln überschüttete (›Glanz und Elend der Kurtisanen‹). Sie machte die Fürstin von Cadignan, ihre ›beste Freundin‹, bei David d'Arthez schlecht, der in die Fürstin verliebt war (›Die Geheimnisse der Fürstin von Cadignan‹). 1840 beleidigte sie in aller Öffentlichkeit Mme de Rochefide, die die Geliebte Calystes du Guénic geworden war (›Béatrix‹).

FLORINE, Sophie Grignoult, genannt Florine, geboren 1805, begann als Fünfzehnjährige ihre Laufbahn als Schauspielerin und Kurtisane; sie trat erst in der ›Gaîté‹ auf, dann im ›Panorama Dramatique‹, dann im ›Gymnase‹. Schon ehe sie 1821 die Geliebte Etienne Lousteaus wurde, hatte sie sechs Liebhaber gehabt. Ihm folgten Nathan, der Drogist Matifat, Lord Dudley, Désiré Mincret, M. des Grassins und M. du Rouvre. Ihr Hang zum Intrigieren und ihre Herrschsucht (sie zettelte eine Kabale gegen ihre Rivalin Coralie an, die Geliebte Luciens de Rubempré) und die Originalität ihres Witzes hatten ihr Haus zum Treffpunkt einer sehr gemischten, aber pittoresken Gesellschaft von Schauspielerinnen, Schriftstellern, Künstlern und Geschäftsleuten gemacht. Sie heiratete schließlich Raoul Nathan (›Die Muse des Départements‹; ›Verlorene Illusionen‹, II. Teil; ›Glanz und Elend der Kurtisanen‹; ›Die Beamten‹; ›Die Fischerin im Trüben‹; ›Ursule Mirouët‹; ›Eugénie Grandet‹; ›Die falsche Geliebte‹; ›Ein Fürst der Bohème‹; ›Die Komödianten wider ihr Wissen‹).

GIGONNET, Bidault, genannt Gigonnet. Geboren 1755, ehemaliger Papierhändler, der sich im Jahre II zur Ruhe gesetzt hatte; er betätigte sich als Wechseldiskontierer und Wucherer. Luigi Porta (›La Vendetta‹), Marc Madou und Birotteau (›César Birotteau‹) hatten 1818–1819 mit ihm zu tun; Chardin des Lupeaulx 1824 (›Die Beamten‹). 1826 zog er Nutzen aus dem vorgeblichen Bankrott Nucingens (›Das Bankhaus Nucingen‹).

GRANVILLE, Graf de, geboren um 1779, von Cambacérès protegiert, Sekretär des Notars Bordin, unter dessen Leitung er 1805 für Michu plädierte (›Eine dunkle Begebenheit‹), heiratete unter dem Kaiserreich Angélique Bontems, deren Bigotterie ihn jeden ehelichen Glücks beraubte, so daß er gezwungen war, sie mit Caroline Crochard zu hintergehen, die ihn ihrerseits betrog (›Eine doppelte Familie‹). Daraufhin widmete er sich völlig seinen Arbeiten als Richter; 1821 wurde durch sein Eingreifen Birotteau rehabilitiert (›César Birotteau‹); er unterhielt des weiteren freundschaftliche Beziehungen zu Männern, die ein ähnliches Schicksal wie er erlitten hatten: zu Philippe de Sucy (›Lebwohl‹), dem Grafen de Bauvan (›Honorine‹), dem Grafen de Sérisy, um dessentwillen er Lucien de Rubempré zu retten versuchte, der der Liebhaber der Mme de Sérisy gewesen war (›Glanz und Elend der Kurtisanen‹).

GRANVILLE, Angélique, Gräfin de, geborene Bontems, 1787 in Bayeux geboren, Tochter eines durch den Ankauf von Nationalgütern reich gewordenen Jakobiners. Sie wurde trotzdem im beschränktesten religiösen Rigorismus erzogen und geriet unmittelbar nach ihrer Heirat unter die Herrschaft des Abbés Fontanon, der sie ihrem Mann entfremdete (›Eine doppelte Familie‹). 1822 entrüstete sie sich über die Liebschaft des Generals de Montriveau und der Herzogin von Langeais (›Die Herzogin von Langeais‹).

MANERVILLE, Nathalie Evangéliste, Gräfin de, hatte 1822 in Bordeaux Paul de Manerville geheiratet, den sie sehr schnell ruiniert hatte, ohne dabei selber in Armut zu geraten. Sie zwang ihn, ins Ausland zu gehen, um dort wieder zu Vermögen zu gelangen (›Der Ehekontrakt‹). Sie war die Geliebte Félix' de Vandenesse (›Die Lilie im Tal‹).

MARSAY, Henry de, geboren 1794 als natürlicher Sohn Lord Dudleys und der Marquise de Vordac, konnte Liebe und Politik nicht immer in Einklang bringen. Unter der Restauration widmete er sich gänzlich den Frauen: 1815 wurde er der Liebhaber der Lesbierin Paquita Valdès, der Favoritin seiner natürlichen Schwester, der Marquise de Saint-Réal (›Das Mädchen mit den Goldaugen‹); ferner der Herzogin Charlotte, seiner Stiefmutter Lady Dudley (›Die Lilie im Tal‹), der Delphine de Nucingen (›Vater Goriot‹), der Diane de Maufrigneuse (›Die Geheimnisse der Fürstin von Cadignan‹.) Andererseits war er der treue, hilfreiche Freund Montriveaus (›Die Herzogin von Langeais‹), Saviniens de Portenduère (›Ursule Mirouët‹), Victurniens d'Esgrignon (›Das Antiquitätenkabinett‹), Pauls de Manerville (›Der Ehekontrakt‹), Luciens de Rubempré (›Verlorene Illusionen‹). Als er unter der Juli-Monarchie Minister geworden war, erzählte er im Salon der Mlle des Touches von seiner ersten Liebe (›Zweite Frauenstudie‹).

MASSOL war Redakteur der ›Gazette des Tribunaux‹ und konnte sich in dieser Eigenschaft im Mai 1830 dem Generalstaatsanwalt Grafen de Granville nützlich erweisen (›Glanz und Elend der Kurtisanen‹, III. Teil). 1846 war er Staatsrat (›Die Komödianten wider ihr Wissen‹).

NATHAN, Raoul, hatte 1821 mit einem Roman debütiert, den Lucien de Rubempré nacheinander verriß und lobte (›Verlorene Illusionen‹, II. Teil; ›Glanz und Elend der Kurtisanen‹). Später war er Mitarbeiter von M. und Mme Marie Gaston an einem Drama, das großen Erfolg hatte (›Memoiren zweier Jungvermählter‹). Nathan war der Freund von Philippe Bridau und sein Trauzeuge, als er die ›Fischerin im Trüben‹ (im Roman gleichen Titels) heiratete. Er war auch mit Florentine Cabirolle befreundet (›Ein Lebensbeginn‹), mit Etienne Lousteau und Madame de la Baudraye (›Die Muse des Départements‹). Schließlich heiratete er seine alte Geliebte Florine (›Die Komödianten wider ihr Wissen‹).

NUCINGEN, Frédéric, Baron de, um 1767 in Straßburg geboren. Begründete sein Vermögen durch eine Spekulation über den Ausgang der Schlacht bei Waterloo und befestigte es endgültig durch einen vorgeblichen Konkurs im Zusammenhang mit der Affäre der Bergwerke von Wortschin (›Das Bankhaus Nucingen‹). Er stand 1819 in geschäftlichen Beziehungen zu den Bankiers Keller und du Tillet, ferner zu Birotteau (›César Birotteau‹), später auch zu dem Baron Hulot (›Tante Bette‹) und Maxime de Trailles, den er beriet (›Ein Geschäftsmann›). Sein Liebesleben war weniger glücklich; zu Beginn der Restauration hatte er Delphine Goriot geheiratet, die Tochter des alten Nudelfabrikanten, die von ihm jede Freiheit verlangte (›Vater Goriot‹) und ihm dafür durch ironische Ratschläge dankte, als der Baron sich wahnsinnig in Esther Gobseck verliebt hatte und 1829–1830 von Vautrin ausgebeutet wurde (›Glanz und Elend der Kurtisanen‹). Trotz seines üblen Rufes als Wucherer und Halsabschneider wurde Nucingen unter Louis-Philippe in einigen Salons empfangen: bei Mlle des Touches (›Zweite Frauenstudie‹) und sogar bei der Marquise d'Espard (›Die Geheimnisse der Fürstin von Cadignan‹).

NUCINGEN, Delphine, Baronin de, geboren 1792 als Tochter des Nudelfabrikanten Goriot, den sie zusammen mit ihrer Schwester ausbeutete und arm und einsam sterben ließ, hatte als Liebhaber zunächst Henry de Marsay und dann 1819 Rastignac (›Vater Goriot‹), den sie fünfzehn Jahre lang behielt und der 1838 ihre Tochter Augusta heiratete (›Tante Bette‹). 1829 lernte sie Birotteau (›César Birotteau‹) und Rodolphe Castanier (›Melmoth‹) kennen; ihrem Mann, der durch Esther Gobseck und Vautrin ausgebeutet wurde, bezeigte sie ironische Nachsicht (›Glanz und Elend der Kurtisanen‹).

RASTIGNAC, Eugène, Baron de, später Graf de, geboren 1797 auf Rastignac, lebte 1819 als Jurastudent in der Pension Vauquer, wo er den Vater Goriot kennenlernte und ihn tröstete, und ferner Bianchon und Vautrin, deren Gönnerschaft er ablehnte. Zu dieser Zeit tat er seine ersten Schritte in die Gesellschaft und wurde der Liebhaber der Mme de Nucingen (›Vater Goriot‹). 1821 begegnete er in der Oper dem gerade aus Angoulême angelangten Lucien de Rubempré, verspottete ihn, schloß sich ihm aber später an (›Verlorene Illusionen‹). 1824 begegnete er ihm abermals, wurde der Tischgenosse der Esther Gobseck, der Geliebten Luciens, und folgte im Mai 1830 dessen Leichenzug (›Glanz und Elend der Kurtisanen‹, IV. Teil). 1828 versuchte er, der Marquise d'Espard zu gefallen (›Die Entmündigung‹) und vielleicht auch der Mme de Listomère (›Eine Frauenstudie‹); um 1831 gedachte er sich mit einer Elsässerin zu verheiraten

(›Das Chagrinleder‹), heiratete jedoch erst 1838 Augusta de Nucingen, die Tochter seiner ehemaligen Geliebten (›Tante Bette‹). 1832 bis 1834 war er Staatssekretär unter de Marsay, der Minister geworden war (›Die Geheimnisse der Fürstin von Cadignan‹; ›Eine dunkle Begebenheit‹). 1836 bereicherte er sich beträchtlich durch den vorgeblichen ›Krach‹ der Bergwerke von Wortschin (›Das Bankhaus Nucingen‹). Nachdem er Minister geworden war, wurde er 1845 zum Pair von Frankreich ernannt und besaß 300000 Francs Einkünfte (›Die Komödianten wider ihr Wissen‹).

SAINT-HEREEN, Moïna d'Aiglemont, Gräfin de, egoistisches, von der Mutter verwöhntes Mädchen, verursachte deren Tod, als sie darauf anspielte, daß die Mutter die Geliebte Charles' de Vandenesse gewesen sei, von dem sie selber während der Abwesenheit ihres Mannes einen Sohn Alfred empfing (›Die Frau von dreißig Jahren‹).

SCHMUCKE, Wilhelm, gab den Töchtern des Grafen de Granville und gleichzeitig Lydie Peyrade (›Glanz und Elend der Kurtisanen‹) und Ursule Mirouët (im Roman gleichen Titels) Musikunterricht; die letztere setzte ihm eine lebenslängliche Rente aus. 1834 befreundete er sich mit Vetter Pons (im Roman gleichen Titels), zog zu ihm, leistete ihm in seinen letzten Augenblicken Beistand und starb 1845 kurz nach seinem Freunde an einem Schlaganfall.

VANDENESSE, Emilie, Marquise de. Geboren um 1802 als jüngste und verwöhnteste Tochter des Grafen de Fontaine, des Sekretärs Ludwigs XVIII. Sie wies sämtliche Bewerber zurück, die ihr vorgeschlagen wurden, verliebte sich in Maximilien Longueville, den sie aus Hochmut ebenfalls zurückwies, und heiratete 1829 den alten Admiral Grafen de Kergarouët (›Die Börse‹), ihren Großonkel mütterlicherseits (›Der Ball zu Sceaux‹). Als sie noch Gräfin de Kergarouët war, gab sie ihrem Vetter Savinien de Portenduère, der sich in sie verliebt hatte, einen Korb (›Ursule Mirouët‹). 1818 trat ihre hochmütige Impertinenz bei dem berühmten Ball zutage, den César Birotteau (im Roman gleichen Titels) gab. Im August 1836 heiratete sie den Marquis Charles de Vandenesse.

VANDENESSE, Félix, Graf de, geboren während der Revolution, wuchs ohne Liebe auf, verliebte sich in Mme de Mortsauf, die ihm eine keusche, aber leidenschaftliche Zuneigung zuwandte und 1820 vor Kummer starb, als er der Geliebte der Lady Dudley wurde; von 1827 an war er derjenige der Nathalie de Manerville (›Die Lilie im Tal‹; ›Der Ehekontrakt‹). Er hatte das Vertrauen Ludwigs XVIII. genossen und hatte deswegen unter der Restauration einigen Einfluß

(›César Birotteau‹; ›Verlorene Illusionen‹). Unter der Juli-Monarchie zog er sich aus dem politischen Leben zurück, begnügte sich mit seinen gesellschaftlichen Beziehungen und widmete sich völlig seiner Frau (›Die Geheimnisse der Fürstin von Cadignan‹; ›Zweite Frauenstudie‹; ›Eine dunkle Begebenheit‹).

VANDENESSE, Angélique-Marie, geboren 1808 als Tochter des Grafen de Granville, wurde bis zu ihrer Eheschließung von ihrer Mutter in erstickender Bigotterie erzogen (›Eine doppelte Familie‹).

Die Botschaft

Übertragung von Ernst Sander

Die Novelle ›Le Message‹, nach Balzacs Angabe im Januar 1832 in Paris entstanden, erschien zum erstenmal in der ›Revue des deux Mondes‹ am 15. Februar 1832. Im Mai jenes Jahres wurde sie in den III. Band der zweiten Ausgabe der ›Szenen aus dem Privatleben‹ eingefügt, und zwar unter dem Titel ›Le Conseil‹. In dieser Version bildet die Novelle zusammen mit ›La grande Bretèche‹ (in dieser Ausgabe der Schluß der ›Zweiten Frauenstudie‹; siehe die Vornotiz zu diesem Werk) eine Gruppe von zwei Geschichten, die in einem Salon erzählt werden und durch einen Zwischentext verbunden sind. Im Dezember 1833 erschien die Novelle unter ihrem ursprünglichen Titel im II. Band der ›Szenen aus dem Provinzleben‹, vordatiert auf 1834. In der Ausgabe von 1839 verblieb sie in dieser Serie. 1842 jedoch fügte Balzac sie abermals den ›Szenen aus dem Privatleben‹ ein, und zwar in den II. Band der ›Comédie Humaine‹, versehen mit dem Datum der Entstehung. – Die Novelle ist gleichzeitig mit ›Madame Firmiani‹ entstanden und sollte den geplanten ›Frauenstudien‹ eingegliedert werden. Gewidmet wurde das kleine Werk einem Genueser Freund Balzacs, dem Marchese Damaso Pareto, den er, wie auch Gian Carlo di Negro, in ›Honorine‹ auftreten läßt. Pareto, ein Freund Mazzinis, hat u. a. Shelley ins Italienische übersetzt.

Ich habe von je den Wunsch gehegt, eine schlichte, wahre Geschichte zu erzählen, bei deren Anhören ein junger Mann und seine Geliebte von Schrecken gepackt werden und einander ans Herz flüchten müßten, wie zwei Kinder sich eng umschlingen, wenn sie am Waldrand eine Schlange erblicken. Auf die Gefahr hin, die Anteilnahme an meiner Erzählung zu mindern oder als ein Laffe zu gelten, fange ich damit an, Zweck und Ziel meiner Geschichte bekanntzugeben. Ich habe in diesem nahezu alltäglichen Drama eine Rolle gespielt; wenn es nicht zu fesseln vermag, so liegt die Schuld daran im gleichen Maß bei mir wie an dem tatsächlich Geschehenen. Vieles, was sich wirklich zugetragen hat, ist über die Maßen langweilig. Daher beruht die Hälfte des Talents darin, aus dem Wirklichen das auszuwählen, was poetisch zu werden vermag.

Im Jahre 1819 mußte ich von Paris nach Moulins[1]. Der Zustand meines Geldbeutels zwang mich, auf dem Verdeck der Postkutsche zu reisen. Die Engländer halten bekanntlich die Plätze auf diesem luftigen Teil des Wagens für die besten. Während der ersten Meilen der Fahrstrecke habe ich tausend vortreffliche Gründe für die Rechtfertigung der Ansicht unserer Nachbarn gefunden. Ein junger Mann, der mir etwas reicher als ich zu sein schien, stieg, da es ihm so gefiel, zu mir hinauf und setzte sich zu mir auf das Bänkchen. Er ließ meine Argumente mit einem harmlosen Lächeln über sich ergehen. Bald ließen eine gewisse Gleichheit des Alters und der Denkart, unser beider Vorliebe für frische Luft, für die Schönheiten des Landschaftsbildes, deren wir immer mehr innewurden, je weiter der schwere Wagen vorankam, und alsdann irgendeine magnetische Anziehungskraft zwischen uns eine Art spontaner Vertrautheit entstehen, der Reisegefährten sich um so willfähriger überlassen, als diese vorübergehende Empfindung rasch wieder hinzuschwinden und keine Verpflichtung für die Zukunft einzubeziehen scheint. Wir hatten noch keine dreißig Meilen hinter uns gebracht, als wir von den Frauen und der Liebe plauderten. Und natürlich kamen wir bei aller oratorischen Zurückhaltung, wie sie bei solcherlei Gelegenheit angebracht ist, auf unsere Geliebten zu sprechen. Jung, wie wir beiden waren, waren er wie ich erst bei der ›Frau in einem gewissen Alter‹ angelangt, das heißt bei der Frau zwischen fünfunddreißig und vierzig. Oh, ein Dichter, der uns von Montargis bis ich weiß nicht mehr zu welcher Poststation belauscht hätte, würde recht lodernde Ausdrücke, entzückende Porträtschilderungen und sehr zärtliche Bekenntnisse haben einheimsen können! Unsere schamhaften Ängste, unsere verschweigenden Zwischenbemerkungen und unsere Blicke, bei denen wir noch rot wurden, waren von einer Beredsamkeit geprägt, deren naiven Zauber ich nie wieder erlebt habe. Sicherlich muß man innerlich jung bleiben, um die Jugend zu verstehen. Auf diese Weise waren wir uns wunderbar einig über alle wesentlichen Punkte der Liebesleidenschaft. Und zudem hatten wir mit der Feststellung begonnen, daß es auf Erden nichts Dümmeres gebe als den Geburtsschein; daß gewisse vierzigjährige Frauen jünger seien als gewisse zwanzigjährige und daß letztlich die Frauen tatsächlich nur das Alter hätten, das sie dem Anschein nach haben. Dieses System erlegte der Liebe keine Beschränkungen auf, und wir schwammen gutgläubig in einem grenzenlosen Ozean. Kurz und gut: nachdem wir unsere Geliebten als jung, zauberhaft, hingebungsvoll, als Gräfinnen, als von erlesenem Geschmack, als geistreich und klug hingestellt, nachdem wir ihnen hübsche Füße, eine seidige und sogar zart parfümierte Haut geliehen hatten, gestanden wir einander ein, er, daß ›Madame Soundso‹ achtunddreißig sei, und ich, daß ich eine Vierzigerin vergötterte. Daraufhin waren wir beide einer unbestimmten Furcht ledig und nahmen unsere vertraulichen Bekenntnisse von neuem wieder auf, da wir uns als brüderliche Gefährten in der Liebe erkannt hatten. Dann ging es darum, wer von uns beiden die stärkeren Gefühle hege. Der eine hatte einmal zweihundert Meilen zurückgelegt, um eine Stunde lang bei seiner Geliebten zu sein. Der andere hatte es auf sich genommen, für einen Wolf gehalten und in einem Park erschossen zu werden, um sich zu einem nächtlichen Stelldichein einzufinden. Kurzum: wir bekannten einander alle unsere Torheiten! Wenn es Freude macht, an überstandene Gefahren zurückzudenken, liegt dann nicht auch etwas Berückendes darin, sich hingeschwundener Liebesfreuden zu erinnern: heißt das nicht, zwiefach genießen? Gefahren, große und kleine Beglückungen, alles vertrauten wir einander an, sogar das Scherzhafte. Die Gräfin meines Freundes hatte ihm zuliebe eine Zigarre geraucht, die meine hatte mir die Schokolade bereitet und keinen Tag hingehen lassen, ohne mir zu schreiben oder zu mir zu kommen; die seine hatte drei Tage lang bei ihm gewohnt, auf die Gefahr hin, ihren guten Ruf einzubüßen; die meine hatte noch Besseres getan oder, wenn man will, noch Schlimmeres. Unsere Ehemänner beteten übrigens unsere Gräfinnen an; sie lebten als Sklaven unter dem Zauber, den alle liebenden Frauen besitzen; und da sie noch einfältiger waren, als die Vorschrift es befiehlt, bedeuteten sie uns gerade soviel Gefahr, als zur Steigerung unserer Lust erforderlich war. Ach, wie rasch trug der Wind unsere Worte und unser leises Auflachen davon!

Bei der Ankunft in Pouilly[2] musterte ich aufmerksam das Äußere meines neuen Freundes. Wirklich, ich glaubte ohne weiteres, daß er ernsthaft geliebt werden müsse. Man stelle sich einen jungen Menschen von mittlerem Wuchs vor, aber sehr gut proportioniert, mit einem glücklichen, ausdrucksvollen Gesicht. Er hatte dunkles Haar und blaue Augen; seine Lippen waren schwach gerötet; seine Zähne weiß und regelmäßig; eine anmutige Blässe betonte noch die Feinheit seiner Züge; ein leicht bräunlicher Schatten umgab seine Augen, wie wenn er ein Genesender wäre. Fügt man dem hinzu, daß er weiße, wohlgeformte Hände hatte, die gepflegt waren, wie die einer hübschen Frau es sein müssen, daß er sehr gebildet schien und geistreich war, so wird man mir ohne weiteres beipflichten, daß mein Reisegefährte einer Gräfin Ehre machen konnte. Mit einem Wort: mehr als ein junges Mädchen hätte ihn nur zu gern zum Mann genommen, denn er war Vicomte und besaß zwölf- bis fünfzehntausend Francs Einkünfte, ganz abgesehen von dem, was er noch zu ›erhoffen‹ hatte.

Eine Meile hinter Pouilly stürzte die Postkutsche um. Mein unglücklicher Kamerad glaubte, er müsse, um sich in Sicherheit zu bringen, auf den Rain eines frisch gepflügten Feldes hinüberspringen, anstatt sich an das Bänkchen zu klammern, wie ich es tat, um die Bewegung des Postwagens mitzumachen. Entweder berechnete er seinen Sprung falsch oder er rutschte aus – ich weiß es nicht, wie der Unfall zustande gekommen ist; aber der Wagen fiel auf ihn, und er wurde zerquetscht. Wir trugen ihn in ein Bauernhaus. Inmitten des Ächzens und Stöhnens, das ihm heftige Schmerzen entpreßten, konnte er mir noch die Erfüllung eines der Aufträge ans Herz legen, die der letzte Wunsch eines Sterbenden zu etwas Heiligem macht. In seinem Todeskampf stand der arme Junge mit all der Treuherzigkeit, der man in seinem Alter unterworfen ist, Qualen über den Schmerz aus, den seine Geliebte empfinden mußte, wenn sie seinen Tod jäh durch eine Zeitungsnotiz erführe. Er bat mich, zu ihr zu gehen und ihn ihr selber mitzuteilen. Dann ließ er mich einen Schlüssel suchen, den er an einem Seidenband wie einen Orden auf der Brust trug. Er war halb ins Fleisch eingebohrt. Der Sterbende stieß nicht den leisesten Klagelaut aus, als ich ihn, so behutsam ich es vermochte, aus der Wunde zog, die er verursacht hatte. Als er gerade damit fertig war, mir die Hinweise zu geben, die notwendig waren, damit ich bei ihm daheim in La Charité-sur-Loire[3] die Liebesbriefe an mich nehmen konnte, die seine Geliebte ihm geschrieben hatte und die ihr zurückzugeben er mich beschwor, verlor er mitten in einem Satz die Sprache; aber mit seiner letzten Geste gab er mir zu verstehen, daß der verhängnisvolle Schlüssel mir bei seiner Mutter als Ausweis für meine Mission dienen werde. In seiner Betrübnis, kein einziges Dankeswort mehr hervorbringen zu können, denn er zweifelte nicht an meiner Hilfsbereitschaft, sah er mich sekundenlang mit einem flehenden Blick an, sagte mir durch ein Senken der Lider Lebwohl, neigte dann den Kopf und starb. Sein Tod war der einzige Unglücksfall, den der umstürzende Wagen verursacht hatte. – »Und dabei hat er selber ein bißchen Schuld daran gehabt«, sagte mir der Kutscher.

In La Charité vollstreckte ich das Testament des armen Reisegefährten. Seine Mutter war nicht anwesend; das war eine Art Glück für mich. Nichtsdestoweniger mußte ich den Schmerz einer alten Magd besänftigen; sie schwankte, als ich ihr erzählte, daß ihr junger Herr tot sei; halbtot sank sie auf einen Stuhl, als sie den noch blutbefleckten Schlüssel sah: aber da meine Gedanken völlig einem tieferen Schmerz galten, dem einer Frau, der das Schicksal ihre letzte Liebe entrissen hatte, ließ ich die alte Haushälterin sich in ihren Klagen und Vergegenwärtigungen des Toten ergehen und nahm den kostbaren Briefwechsel an mich; mein Freund für einen Tag hatte ihn sorgsam versiegelt.

Das Schloß, in dem die Gräfin wohnte, lag acht Meilen von Moulins entfernt, und um dort hinzugelangen, mußte man überdies noch ein paar Meilen über Land fahren. Es war also ziemlich schwierig für mich, mich meiner Botschaft zu entledigen. Durch ein Zusammenwirken von Umständen, die darzulegen unnütz ist, verfügte ich nur über soviel Geld, als erforderlich war, nach Moulins zu gelangen. Indessen beschloß ich in jugendlicher Begeisterung, die Strecke zu Fuß zurückzulegen und wakker auszuschreiten, um allem zuvorzukommen, denn schlechte

Nachrichten stehen in dem Ruf, sich schnell zu verbreiten. Ich erkundigte mich nach dem kürzesten Weg und schlug die Seitenwege des Bourbonnais[4] ein, wobei ich gewissermaßen einen Toten auf den Schultern trug. Je mehr ich mich dem Schloß Montpersan näherte, desto mehr erschreckte mich die sonderbare Pilgerfahrt, die ich unternommen hatte. Meine Einbildungskraft erfand Tausende von romanhaften Phantasiebildern. Ich stellte mir alle Situationen vor, in denen ich die Frau Gräfin de Montpersan, oder um der Poetik der Romane zu genügen, die so sehr geliebte ›Juliette‹ des jungen Reisenden antreffen konnte. Ich schmiedete geistvolle Antworten auf Fragen, die mir vermutlich gestellt werden würden. An jeder Waldecke, in jedem Hohlweg fand eine Probe der Szene des Sosias und seiner Laterne statt, der er den Schlachtbericht erstattet[5]. Zu meiner Schande muß ich gestehen, daß ich zunächst nur an meine Haltung dachte, an meinen Geist, an die Gewandtheit, die ich entfalten wollte: aber als ich im Dorf war, durchzuckte ein unheimlicher Gedanke mein Inneres, wie ein Blitzstrahl, der einen Schleier grauer Wolken durchquert und zerreißt. Welch entsetzliche Nachricht für eine Frau, die in jener Minute ganz mit ihrem jungen Freund beschäftigt war, die sich von Stunde zu Stunde namenlose Freuden erhoffte, nachdem sie sich tausendfacher Mühewaltung unterzogen hatte, um ihn, ohne Verdacht zu erregen, in ihrem Haus empfangen zu können! Wirklich, es war eine grausame Barmherzigkeit, ein Todesbote zu sein. Daher beschleunigte ich meinen Schritt und wurde dabei auf den schlammigen Wegen des Bourbonnais schmutzig. Ich gelangte bald an eine lange Kastanienallee, an deren Ende die Massen des Schlosses Montpersan sich vor dem Himmel abzeichneten wie braune Wolken mit hellen, phantastischen Umrissen. Als ich am Schloßtor ankam, stand es weit offen. Dieser unvorhergesehene Umstand machte meine Pläne und Annahmen zunichte. Trotzdem trat ich beherzt ein, und sogleich hatte ich zwei bellende Hunde neben mir, richtige Dorfköter. Auf diesen Lärm hin kam eine dicke Magd herbeigelaufen, und als ich ihr gesagt hatte, ich wolle die Frau Gräfin sprechen, zeigte sie mir durch eine Handbewegung die Baumgruppen eines Parks im englischen Stil, der sich um das Schloß hinzog, und antwortete mir: »Madame ist da drüben . . .«

»Danke«, sagte ich mit ironischer Miene. Ihr »da drüben« konnte mich zwei Stunden lang im Park umherirren lassen.

Ein hübsches kleines Mädchen mit gelocktem Haar, rosa Gürtel, weißem Kleid mit gefälteltem Umhang war inzwischen dazugekommen und hatte Frage und Antwort gehört oder begriffen. Bei meinem Anblick lief sie davon und rief mit einem kleinen, feinen Akzent in der Stimme: »Mutter, ein Herr möchte dich sprechen.« Und es war an mir, auf den gewundenen Gartenwegen den Sprüngen und Hopsern des weißen Umhangs zu folgen, der, gleich einem Irrlicht, mir den Weg zeigte, den das kleine Mädchen eingeschlagen hatte.

Ich will nichts auslassen. Beim letzten Busch der großen Allee hatte ich meinen Kragen hochgeschoben, meinen schäbigen Hut und meine Hose mit den Schößen meines Fracks, meinen Frack mit den Ärmeln und die Ärmel einen mit dem anderen abgebürstet; dann hatte ich ihn sorgfältig zugeknöpft, damit der Stoff der Aufschläge zu sehen war, der stets etwas neuer wirkt als der übrige; und schließlich hatte ich meine Hose über die kunstvoll im Gras gereinigten Schuhe gestreift. Dank dieser Gaskogner-Toilette hoffte ich, nicht für einen von dienstwegen umherziehenden Beamten der Unterpräfektur gehalten zu werden; aber wenn ich mich heute in Gedanken in diese Stunde meiner Jugend zurückversetze, lache ich manchmal über mich.

Plötzlich, in dem Augenblick, da ich mit meiner Herrichtung fertiggeworden war, gewahrte ich auf dem Weg, der um eine gewölbte Grünfläche herumlief, inmitten Tausender von einem warmen Sonnenstrahl beleuchteter Blumen Juliette und ihren Mann. Das hübsche kleine Mädchen hielt die Mutter an der Hand, und es war unschwer zu begreifen, daß die Gräfin den Schritt beschleunigt, als sie den mehrfach zu deutenden Satz des Kindes vernommen hatte. Beim Erblicken eines Unbekannten, der sich ziemlich linkisch vor ihr verbeugte, blieb sie erstaunt stehen und bedachte mich mit einer Miene von kalter Höflichkeit und einem reizenden Schmollmund, der, zumindest mir, alle ihre getäuschten Hoffnungen enthüllte. Ich suchte, wenngleich vergeblich, nach einigen meiner schönen Phrasen, die ich so fleißig vorbereitet hatte. Während dieser Minute beiderseitigen Zögerns konnte also der Ehemann auf dem Schauplatz erscheinen. Myriaden von Gedanken durchglitten mein Hirn. Um etwas wie Haltung zu gewinnen, brachte ich ein paar recht nichtssagende Worte hervor; ich fragte nämlich, ob die Anwesenden tatsächlich der Herr Graf und die Frau Gräfin de Montpersan seien. Diese Nichtigkeiten erlaubten es mir, mit einem einzigen, flüchtigen Blick, mit einer für mein Alter seltenen Hellsicht die beiden Gatten zu beurteilen, deren zurückgezogenes Leben so jäh gestört werden sollte. Der Mann schien der Typus der Edelleute zu sein, die gegenwärtig die schönste Zierde der Provinz bilden. Er trug plumpe Schuhe mit dicken Sohlen: ich erwähne sie an erster Stelle, weil sie mich noch betroffener machten als sein schwarzer, verschossener Frack, seine abgenutzte Hose, seine schlecht sitzende Halsbinde und sein zerknitterter Hemdkragen. Es haftete diesem Mann etwas von einem Richter an, vielmehr von einem Präfekturrat, die ganze Wichtigkeit eines Kantonalbürgermeisters, dem nichts Widerstand leistet, und die Verbitterung eines Wahlkandidaten, der seit 1816 regelmäßig durchgefallen war; eine unglaubwürdige Mischung bäuerlicher Lebensklugheit und Dummheit; keine Manieren, aber der Dünkel des Reichtums; viel Unterwürfigkeit seiner Frau gegenüber, aber der Glaube, er sei der Herr, bei kleinen Dingen bockig zu werden, ohne sich um wichtige Angelegenheiten auch nur im mindesten zu kümmern; im übrigen ein schlaffes, faltiges, sonnengebräuntes Gesicht; ein paar graue, lange, flach anliegende Haare: so sah der Mann aus. Aber die Gräfin! Welch einen lebhaften, schroffen Gegensatz bildete sie zu ihrem Mann! Sie war eine kleine Dame von schlanker, anmutiger Gestalt und einer reizenden Haltung; lieblich und so zart, daß man Angst haben mußte, ihr die Knochen zu zerbrechen, wenn man sie nur anrührte. Sie hatte ein weißes Musselinkleid an und trug auf dem Kopf eine hübsche Haube mit rosa Seidenbändern, dazu einen rosa Gürtel und ein Brusttuch, das ihre Schultern und die schönsten Konturen auf eine so köstliche Weise ausfüllten, daß bei ihrem Anblick im Herzensgrunde ein unwiderstehliches Verlangen aufkeimte, sie zu besitzen. Ihre Augen waren lebendig, dunkel, ausdrucksvoll, ihre Bewegungen weich, ihr Fuß liebreizend. Ein alter Frauenkenner hätte sie auf höchstens dreißig Jahre geschätzt, soviel

Jugend sprach aus ihrer Stirn und den zerbrechlichsten Einzelheiten ihre Kopfes. Was nun aber ihren Charakter betrifft, so schien sie mir gleichzeitig nach der Gräfin de Lignolles und der Marquise de B. geraten zu sein, zwei Frauentypen, die stets frisch im Gedächtnis eines jungen Menschen verharren, wenn er Louvets Roman[6] gelesen hat. Ich durchschaute sofort alle Geheimnisse dieser Ehe und faßte einen diplomatischen Entschluß, der eines alten Gesandten würdig gewesen wäre. Es war vielleicht das einzige Mal in meinem Leben, daß ich Takt bezeigte und daß ich mir darüber klar wurde, worin die Gewandtheit der Höflinge oder der Weltleute bestand.

Seit jenen sorglosen Tagen habe ich allzu viele Schlachten liefern müssen, als daß ich die geringfügigsten Handlungen im Leben hätte destillieren und die kunstvollen Anordnungen der Etikette und des guten Tons hätte durchführen können, die die edelmütigsten Regungen verdorren lassen.

»Herr Graf, ich möchte mit Ihnen allein sprechen«, sagte ich mit geheimnisvoller Miene und trat ein paar Schritte zurück.

Er folgte mir. Juliette ließ uns allein und entfernte sich lässig, wie eine Frau, die überzeugt davon ist, daß sie die Geheimnisse ihres Mannes in dem Augenblick erfährt, da sie sie wissen will. Ich berichtete dem Grafen kurz vom Tod meines Reisegefährten. Die Wirkung, die diese Nachricht auf ihn ausübte, bewies mir, daß er für seinen jungen Mitarbeiter eine ziemlich herzliche Zuneigung empfunden hatte, und diese Wahrnehmung machte mir Mut zu der Antwort in dem Dialog, der sich zwischen uns beiden entspann.

»Das wird meiner Frau sehr nahegehen«, rief er, »ich muß sehr behutsam verfahren, wenn ich sie von diesem unglückseligen Ereignis unterrichte.«

»Herr Graf, wenn ich mich zuerst an Sie gewandt habe«, sagte ich zu ihm, »so habe ich eine Pflicht erfüllt. Ich hatte mich der Mission an die Frau Gräfin, mit der ein Unbekannter mich beauftragt hatte, nicht entledigen wollen, ohne zuvor Sie ins Bild gesetzt zu haben; aber er hat mir eine Art ehrenvolles Fideikommiß anvertraut, ein Geheimnis, über das zu verfügen nicht in meiner Macht steht. Nach der hohen Meinung, die er mir über Ihren Charakter vermittelt hat, habe ich gemeint, Sie würden nicht widerstreben, daß ich seinen letzten Wunsch erfülle. Der Frau Gräfin steht es frei, das Schweigen zu brechen, das mir auferlegt worden ist.«

Als er sein Lob vernahm, wiegte der Edelmann angenehm überrascht den Kopf. Er antwortete mir durch ein sehr gewundenes Kompliment; es lief darauf hinaus, daß er mir freie Hand ließ. Wir gingen zurück. In diesem Augenblick rief die Glocke zum Essen; ich wurde aufgefordert, daran teilzunehmen. Als Juliette uns ernst und schweigend auf sich zukommen sah, musterte sie uns mit einem hastigen Blick. Es befremdete sie, daß ihr Mann sich eines nichtigen Vorwands bediente, um uns ein Beisammensein unter vier Augen zu ermöglichen; sie blieb stehen und warf mir einen der Blicke zu, die zu werfen nur den Frauen gegeben ist. Es lag in diesem Blick die ganze Neugier, zu der eine Dame berechtigt ist, wenn sie wie aus den Wolken in ihr Haus gefallene Fremde empfängt; es lagen darin alle Fragen, die meine Kleidung, meine Jugend und mein Gesicht – seltsame Gegensätze! – verdienten; und ferner die ganze Verachtung einer vergötterten Geliebten, vor deren Augen alle Männer bis auf einen einzigen nichts sind; es lagen darin unwillkürliche Ängste, Furcht, Verstimmung, einen unerwarteten Gast zu haben, während sie sicherlich für ihre Liebe alle Beglückungen der Einsamkeit hatte aufsparen wollen. Ich verstand diese stumme Beredsamkeit, und ich beantwortete sie durch ein trauriges Lächeln voller Mitgefühl und Teilnahme. Dann schaute ich sie einen Augenblick lang an, wie sie im vollen Glanz ihrer Schönheit dastand, im heiteren Tageslicht, auf einem schmalen, von Blumen gesäumten Parkweg. Als ich dieses wundervolle Bild erblickte, konnte ich einen Seufzer nicht unterdrücken.

»Ach, Madame, ich habe eine sehr mühselige Reise hinter mir; sie ist unternommen worden . . . einzig Ihretwegen.«

»Monsieur!« sagte sie.

»Oh!« fuhr ich fort, »ich komme im Namen dessen, der Sie Juliette nennt.« Sie erbleichte. – »Sie werden ihn heute nicht sehen.«

»Ist er krank?« fragte sie leise.

»Ja«, antwortete ich. »Aber um Gottes willen, halten Sie an sich. Ich bin von ihm beauftragt worden, Ihnen einige Sie betreffende Geheimnisse anzuvertrauen; bitte glauben Sie mir, daß es nie einen diskreteren und selbstloseren Boten geben wird.«

»Um was handelt es sich?«

»Wenn er Sie nun nicht mehr lieben sollte?«

»Oh! Das ist unmöglich!« rief sie und ließ sich ein leichtes Lächeln entschlüpfen, das nichts weniger als ungezwungen war. Plötzlich überrann sie etwas wie ein Erschauern; sie warf mir einen fahlen, raschen Blick zu, errötete und fragte: »Lebt er?«

Großer Gott! Welch schreckliche Frage! Ich war zu jung, um ihren Tonfall ertragen zu können, ich gab keine Antwort und starrte die unglückselige Frau stumpfsinnig an.

»Monsieur! Monsieur! Antworten Sie!« rief sie.

»Ja, Madame.«

»Ist es auch wahr? Oh, sagen Sie mir die Wahrheit, ich kann sie anhören. Sprechen Sie! Aller Schmerz wird mich nicht so peinigen wie die Ungewißheit.«

Ich antwortete durch zwei Tränen, die mir die seltsamen Laute entpreßten, von denen diese Sätze begleitet wurden.

Sie lehnte sich an einen Baum und stieß einen schwachen Schrei aus.

»Madame«, sagte ich, »Ihr Herr Gemahl kommt.«

»Habe ich denn einen Mann?«

Mit diesem Wort lief sie davon und verschwand.

»Heda, das Essen wird kalt«, rief der Graf. »Kommen Sie, Monsieur.«

Daraufhin folgte ich dem Hausherrn; er führte mich in ein Eßzimmer, wo ich eine Mahlzeit mit all dem Luxus aufgetragen sah, an den die Pariser Tafeln uns gewöhnt haben. Es lagen fünf Gedecke auf: die des Ehepaars und das des kleinen Mädchens; das *meine,* das das *seine* hatte sein sollen; das letzte war für einen Kanonikus von Saint-Denis bestimmt, der, nachdem das Tischgebet gesprochen worden war, fragte: »Wo ist denn unsere liebe Gräfin?«

»Oh, sie wird schon kommen«, sagte der Graf; er bediente uns eifrig mit der Suppe, versorgte sich selber mit einer überreichlichen Portion und vertilgte sie bewundernswürdig schnell.

»Lieber Neffe«, rief der Kanonikus, »wenn deine Frau hier wäre, würdest du weniger unvernünftig sein.«

»Papa ißt sich noch mal krank«, sagte das kleine Mädchen mit schalkhafter Miene.

Unmittelbar nach dieser seltsamen gastronomischen Episode, und als der Graf gerade eifrig irgendein Wildbret tranchierte, kam eine Zofe herein und sagte: »Herr Graf, wir können Madame nicht finden!«

Auf diesen Satz hin sprang ich auf; ich fürchtete, es sei ein Unglück geschehen, und mein Gesicht drückte meine Angst so deutlich aus, daß der alte Kanonikus mir in den Park folgte. Aus Anstand kam der Mann bis an die Tür mit.

»Bleiben Sie doch hier, bleiben Sie doch hier! Sie brauchen sich wirklich nicht zu beunruhigen«, rief er uns zu.

Aber er begleitete uns keineswegs. Der Kanonikus, die Zofe und ich durcheilten die Wege und Rasenflächen des Parks; wir riefen, wir lauschten und gerieten in noch größere Sorge, als ich vom Tod des jungen Vicomte berichtet hatte. Im Hinundherlaufen erzählte ich die näheren Umstände des unseligen Geschehnisses und merkte dabei, daß die Zofe außerordentlich an ihrer Herrin hing; denn sie durchschaute besser als der Kanonikus den geheimen Grund meiner Befürchtungen. Wir gingen zu dem Wasserbecken, wir durchsuchten alles, ohne die Gräfin zu finden, ohne die mindeste Spur zu entdecken, daß sie hier oder dort gegangen sei. Endlich, als wir an einer Mauer entlangkamen, hörte ich ein dumpfes, gewaltsam unterdrücktes Stöhnen; es schien aus einer Art Scheune zu kommen. Aufs Geratewohl ging ich hinein. Dort entdeckten wir Juliette; vom Instinkt der Verzweiflung getrieben, hatte sie sich ins Heu eingewühlt. Sie hatte den Kopf hineingegraben, um ihre schrecklichen Schreie zu dämpfen, und dabei einem unüberwindlichen Schamgefühl gehorcht: es waren Schluchzer, ein Kinderweinen, aber durchdringender, jämmerlicher. Es schien für sie nichts auf Erden mehr zu existieren. Die Zofe machte ihre Herrin frei; sie ließ alles mit der schlaffen Gefügigkeit eines sterbenden Tieres geschehen. Das Mädchen wußte nichts anderes zu sagen als: »Aber Madame, aber ...«

Der alte Kanonikus fragte: »Ja, was hat sie denn? Was hast du denn, mein Nichtchen?«

Unterstützt von der Zofe trug ich Juliette schließlich in ihr Schlafzimmer; ich empfahl, sorglich über sie zu wachen und allen anderen zu sagen, die Gräfin habe einen Migräneanfall. Dann gingen der Kanonikus und ich wieder hinunter ins Eßzimmer. Es war bereits geraume Zeit vergangen, seit wir den Grafen verlassen hatten; ich dachte erst wieder an ihn, als ich in der Säulenhalle stand; seine Gleichgültigkeit überraschte mich; aber mein Erstaunen wuchs noch, als ich ihn mit philosophischer Ruhe am Tisch sitzen sah: er hatte fast das ganze Essen verspeist, zum größten Vergnügen seiner Tochter, die lächelte, daß der Vater sich ohne weiteres über die Weisungen der Gräfin hinwegsetzte. Das befremdliche Unbeteiligtsein dieses Ehemanns wurde mir begreiflich durch die leichte Auseinandersetzung, die sich plötzlich zwischen dem Kanonikus und ihm ergab. Der Graf mußte eine strenge Diät befolgen, die ihm von den Ärzten verordnet worden war, um ihn von einer schweren Krankheit zu heilen, deren Name mir entfallen ist; die wilde Gefräßigkeit, die bei Genesenden nichts Ungewöhnliches ist, hatte ihn fortgerissen; der tierische Hunger hatte den Sieg über alle menschlichen Gefühle davongetragen. Fast gleichzeitig hatte ich die Natur unverhüllt unter zwei recht verschiedenen Aspekten zu sehen bekommen, die das Komische dem grausigsten Schmerz einfügten. Der Abend verlief traurig. Ich war müde. Der Kanonikus setzte all seine Intelligenz ein, um die Ursache der Tränen seiner Nichte herauszubekommen. Der Mann gab sich stumm der Verdauung hin, nachdem er sich mit einer ziemlich vagen Erklärung begnügt hatte, die die Gräfin ihm über ihr Mißbefinden durch die Zofe zukommen ließ; ich glaube, es wurde dem natürlichen Unwohlsein der Frauen zugeschrieben. Wir gingen beizeiten schlafen. Als ich an dem Zimmer der Gräfin vorüberkam, um, von einem Diener geführt, mein Nachtlager aufzusuchen, fragte ich schüchtern, wie es ihr gehe. Als sie meine Stimme erkannte, ließ sie mich hereinkommen und wollte mit mir sprechen; aber da sie kein Wort hervorbringen konnte, nickte sie mir zu, und ich zog mich zurück. Trotz der grausamen Aufregungen, an denen ich mit der Redlichkeit eines jungen Menschen teilgenommen hatte, schlief ich, überwältigt von der Erschöpfung nach einem Gewaltmarsch, ein. Zu später Nachtstunde wurde ich durch das scharfe Scharren der Ringe meiner heftig zurückgezogenen Bettvorhänge an den Eisenstangen geweckt. Ich sah am Fußende meines Bettes die

Gräfin sitzen. Ihr Gesicht empfing den vollen Lichtschein einer auf meinen Tisch gestellten Lampe.

»Ist es denn wirklich wahr?« fragte sie. »Ich weiß nicht, wie ich nach dem furchtbaren Schlag, der mich getroffen hat, weiterleben soll; aber im Augenblick bin ich ganz ruhig. Ich will alles wissen.«

»Eine schöne Ruhe!« sagte ich mir, als ich die erschreckende Blässe ihres Gesichtes bemerkte, die sich von der braunen Farbe ihres Haares abhob; als ich den kehligen Klang ihrer Stimme vernahm, als ich verdutzt die Verheerungen sah, die ihre veränderten Züge bezeigten. Sie wirkte verkümmert wie ein Blatt, das die letzten Farbtöne eingebüßt hat, die der Herbst ihm verleiht. Ihre roten, verquollenen Augen waren aller Schönheit bar und spiegelten nichts als bitteren, tiefen Schmerz: man hätte sagen können, daß an die Stelle, wo vor kurzem noch die Sonne gestrahlt hatte, eine graue Wolke getreten sei.

Ich schilderte ihr in schlichten Worten, ohne bei gewissen Umständen zu verweilen, die allzu schmerzlich für sie gewesen wären, das schnelle Geschehen, das sie ihres Freundes beraubt hatte. Ich erzählte ihr von unserem ersten Reisetag, der so erfüllt von den Erinnerungen an ihrer beider Liebe gewesen war. Sie weinte nicht mehr; sie lauschte begierig, den Kopf zu mir hingeneigt, wie ein eifriger Arzt, der einer Krankheit nachspürt. Ich nahm einen Augenblick wahr, da mir schien, als habe sie ihr Herz gänzlich dem Leiden geöffnet und wolle sich mit der ganzen Glut in ihr Unglück versenken, die das erste Fieber der Verzweiflung entfacht, und erzählte ihr von den Ängsten, die den armen Sterbenden gequält hatten; ich sagte ihr auch, wie und warum er mir diese unselige Botschaft aufgetragen habe. Da wurden ihre Augen von dem düsteren Feuer getrocknet, das den tiefsten Bereichen der Seele entloderte. Sie wurde noch bleicher. Als ich ihr die Briefe reichte, die ich unter meinem Kopfkissen versteckt hatte, nahm sie sie mechanisch hin; dann durchfuhr sie ein heftiges Zittern, und sie sagte mit hohler Stimme: »Und ich habe die seinen verbrannt! Ich habe nichts von ihm! Nichts! Nichts!«

Sie schlug sich heftig an die Stirn.

»Madame«, sagte ich. Mit einer verkrampften Bewegung sah

sie mich an. »Ich habe ihm eine Strähne seines Haares abgeschnitten«, fuhr ich fort, »hier ist sie.«

Und ich bot ihr das letzte, unvergängliche bißchen dessen dar, den sie geliebt hatte. Ach, hättet ihr wie ich die brennend heißen Tränen gespürt, die jetzt auf meine Hände fielen, dann wüßtet ihr, was Dankbarkeit heißt, wenn sie der Wohltat so nahe ist! Sie drückte mir die Hände und sagte mit erstickter Stimme, mit einem fieberglänzenden Blick, darin ihr schwaches Glück grausige Schmerzen durchstrahlte: »Ach, auch Sie lieben! Seien Sie stets glücklich und verlieren Sie nicht die, die Ihnen teuer ist!«

Weiter sagte sie nichts; sie entfloh mit ihrem Schatze.

Am Morgen erschien mir diese nächtliche Szene, die sich mit meinen Träumen vermischt hatte, als eine Erdichtung. Es bedurfte, um mich von der schmerzlichen Wahrheit zu überzeugen, der vergeblichen Suche nach den Briefen unter meinem Kopfkissen. Von dem zu erzählen, was am folgenden Tag geschah, erübrigt sich. Ich blieb noch mehrere Stunden bei Juliette, die mein armer Reisegenosse mir so sehr gerühmt hatte. Die geringsten Worte, Gesten und Handlungen dieser Frau bewiesen mir den Adel ihrer Seele, die Zartheit ihrer Empfindungen; sie wurde dadurch zu einem der liebenswerten Geschöpfe voller Liebe und Hingabe, die auf dieser Erde so selten sind. Am Abend fuhr der Graf de Montpersan mich persönlich nach Moulins. Als wir ankamen, sagte er mit einer gewissen Verlegenheit zu mir: »Monsieur, wenn ich dadurch nicht Ihre Freundlichkeit mißbrauche und nicht zuviel von einem Unbekannten verlange, dem wir ohnehin schon so sehr verpflichtet sind, möchte ich Sie bitten, doch die Güte zu haben, in Paris, da Sie ja nach dort reisen, bei Monsieur de … (ich habe den Namen vergessen), Rue du Sentier, eine Summe abzugeben, die ich ihm schulde und die ihm baldmöglichst zukommen zu lassen er mich gebeten hat.«

»Gern«, sagte ich.

Und in aller Harmlosigkeit meiner Seele nahm ich eine Rolle mit fünfundzwanzig Louis entgegen, die mir zur Rückkehr nach Paris verhalfen und die ich dem Geschäftsfreund des Grafen de Montpersan getreulich ablieferte.

Erst in Paris, als ich jene Summe in das mir bezeichnete Haus brachte, wurde ich mir über die erfinderische Geschicklichkeit klar, mit der Juliette mir einen Gefallen getan hatte. Die Art und Weise, mit der mir jenes Geld geliehen, der Takt, mit dem über eine leicht erkennbare Armut hinweggegangen wurde: enthüllen sie nicht das ganze Genie einer liebenden Frau?

Wie beseligte es mich, daß ich dies Abenteuer einer Frau habe erzählen können, die mich angstvoll an sich gedrückt und mir gesagt hat: »Oh, Liebster, nicht wahr, du stirbst doch nicht?«

Anmerkungen

Die Botschaft

1 Hauptstadt des Départements Allier, Bischofsstadt. Geburtsort des Marschalls Herzog von Villars (1653–1734) und des Dichters Théodore de Banville (1823–1891) sowie des Sängers und Komponisten Jean-Baptiste Faure (1830–1914).

2 Kleine Stadt an der Loire, Arrondissement Cosne, berühmt ihres Weißweins wegen.

3 Kleinstadt an der Loire, Arrondissement Cosne, mit schöner Kirche aus dem 12. Jahrhundert.

4 Ehemalige französische Provinz, durch die Beschlagnahme der Güter des Connétable de Bourbon (der zu Karl V. übergegangen war) unter Franz I. mit der Krone vereinigt (1527), Hauptstadt Moulins. Heute das Département Allier.

5 In Molières ›Amphitryon‹, Erster Akt, 1. Szene.

6 Jean-Baptiste Louvet de Couvray (1760–1797), während der Revolution Mitglied des Konvents, später des Rats der Fünfhundert, während des Direktoriums Konsul in Palermo. Zu seiner Zeit wurde sein Roman ›Les Amours du Chevalier Faublas‹ (1787–1790) viel gelesen, der stellenweise recht gewagt, aber elegant die Pariser Gesellschaft vor der Revolution schildert. Die liebende, mütterliche Marquise de B. weiht Faublas in die Liebe ein, der seine neu erworbenen Kenntnisse sogleich an der Gräfin de Lignolles erproben will; sie ist von ihrem Graubart von Mann völlig vernachlässigt worden und nichts als ein tolles, eigenwilliges Kind.

Biographische Notizen über die Romangestalten

Die Botschaft

Die Gestalten dieser Novelle treten in der ›Menschlichen Komödie‹ nicht wieder auf.

Die Grenadière

Übertragung von Ernst Sander

Balzac schrieb die Novelle ›La Grenadière‹ im August 1832 in La Poudrerie d'Angoulême, als er bei Mme Zulma Carraud, seiner platonischen Freundin, zu Besuch war, und zwar an einem einzigen Tage, in den Pausen während des Billardspiels. Der Erstdruck erfolgte am 28. Oktober 1832 in der ›Revue de Paris‹; 1833 (vordatiert auf 1834) erschien sie im II. Band der ›Szenen aus dem Provinzleben‹, in denen sie auch bei der Neuausgabe von 1839 verblieb. 1842 gliederte Balzac sie in die ›Szenen aus dem Privatleben‹ der ›Menschlichen Komödie‹ ein, und zwar mit der Widmung ›A Caroline, à la poésie du voyage, le voyageur reconnaissant‹. Die Widmungsempfängerin war jene Caroline Marbauty, die unter dem Pseudonym Claire Brunne schrieb (1803–1890). Sie hatte Balzac in Männerkleidung 1836 nach Turin begleitet, wohin er zur Regelung eines Erbstreites im Auftrag des gräflichen Paares Guidoboni-Visconti gereist war, und sich ›Marcel‹ genannt, wohl nach dem Pagen in Meyerbeers ›Hugenotten‹. Sie sah George Sand ähnlich und wurde auf jener Reise häufig für die berühmte Romanautorin gehalten. Später, 1844, veröffentlichte sie den Schlüsselroman ›Une fausse Position‹, in dem sie ein recht unangenehmes Porträt von Balzac gab; er tritt darin unter dem Namen ›Ulric‹ auf. Das war wohl der Grund, daß Balzac die Widmung mit Rotstift tilgte und durch D. W. ersetzte; freilich steht nicht fest, daß die Änderung von seiner Hand stammt. D. W. bedeutet Denise Wylezynska, eine arme Verwandte und Gesellschaftsdame der Mme Hanska und Schwester jenes Tadeusz Wylezynski, der das Urbild des Tadeusz Paz in ›Die falsche Geliebte‹ gewesen sein soll.

Der Schauplatz der Novelle war Balzac seit früher Jugend vertraut. Die Grenadière liegt tatsächlich gegenüber von Tours, bei Saint-Cyr-sur-Loire, wie Balzac sie schildert. Dicht daneben liegt der Hof Saint-Lazare, der Balzacs Vater gehörte. 1830 verbrachte Balzac einen Teil des Sommers in der Grenadière, und zwar zusammen mit Mme de Berny, die vielleicht das Urbild der Lady Brandon ist. Es war einer von Balzacs Lieblingsgedanken, jenes Haus zu kaufen.

Die Novelle bildet gewissermaßen das Vorspiel zu den ›Memoiren zweier Jungvermählter‹, in denen die weiteren Schicksale des Marie Gaston, des jüngeren Sohnes der Lady Brandon, erzählt werden.

Das kleine Werk sollte ursprünglich einer nicht zur Ausführung gelangten Serie ›Frauenstudien‹ angehören.

Die Grenadière ist ein kleiner Landsitz, der am rechten Ufer der Loire gelegen ist, stromabwärts etwa eine Meile von der Brücke von Tours entfernt. Der Fluß ist an dieser Stelle breit wie ein See und mit grünen Inseln übersät; das Ufer säumt ein Felshang, auf dem mehrere Landhäuser liegen, sämtlich aus weißem Stein gebaut, umgeben von Weinbergen und Gärten, in denen, in der Südsonne, die schönsten Früchte der Welt reifen. Mehrere Generationen haben mühselig den Hang terrassiert; die Mulden der Felsen werfen die Sonnenstrahlen zurück und ermöglichen es dank der auf diese Weise entstehenden, sozusagen künstlichen Temperatur, im Freiland Dinge zu züchten, die sonst nur im wärmsten Klima gedeihen. In einer der wenigen tiefen Unebenheiten, die jenen Hügel kerben, erhebt sich der spitze Kirchturm von Saint-Cyr, einem Dörfchen, zu dem alle diese verstreut liegenden Häuser gehören. In einiger Entfernung ergießt sich die Choisille in die Loire, und zwar durch ein fruchtbares Tal, das den langen Hügelzug unterbricht. Die Grenadière liegt auf halber Höhe des felsigen Hanges; etwa hundert Schritte von der Kirche entfernt; sie ist eines der zwei oder drei Jahrhunderte alten Häuser, wie sie sich in der Touraine in jeder hübschen Lage finden. Ein Querriß im Felsen hat die Anlage einer Rampe begünstigt, die in sanfter Senkung bis zum ›Damm‹ führt: so nennt man dortzulande den unten am Ufer aufgeworfenen Deich, der die Loire in ihrem Bett festhalten soll und über den die große Landstraße von Paris nach Nantes führt. Oben auf der Rampe ist ein Tor; dort beginnt ein schmaler, steiniger Weg, der zwischen zwei Terrassen ausgespart worden ist: sie wirken wie Festungswerke, auf denen Rebgeländer und Spaliere stehen; sie dienen dazu, das Abrutschen des Erdreichs zu verhindern. Dieser am Fuß der oberen Terrasse gebahnte Weg – er wird fast gänzlich von den Bäumen derjenigen verdeckt, über der er sich hinzieht –, führt in steilem Anstieg zum Hause hin; man kann dabei den Fluß sehen, der mit jedem Schritt immer breiter wird. Dieser Hohlweg wird durch ein zweites Bogentor in gotischem Stil abgeschlossen; es weist ein paar schlichte, aber verwitterte Ornamente auf, die mit wilden Nelken, Efeu, Moos und Mauerpfeffer überwachsen sind. Diese unverwüstlichen Pflanzen schmücken die Mauern sämtlicher Terrassen; sie wachsen aus den Ritzen der Steinlagen heraus und bilden zu jeder neuen Jahreszeit neue Blumengewinde.

Durchschreitet man die wurmstichige Tür, so bietet ein den Felsen durch eine letzte Terrasse, deren alte, schwarze Balustrade alle anderen überragt, abgerungenes Gärtchen dem Blick seine mit ein paar grünen Bäumen und einer Fülle von Rosenstöcken und Blumen geschmückte Rasenfläche dar. Ferner steht gegenüber dem Portal am anderen Ende der Terrasse ein Holzpavillon, der sich an die benachbarte Mauer anlehnt; seine Bretterwände sind von rankendem Jasmin, Geißblatt, Reben und Klematis überdeckt. In der Mitte des Gartens erhebt sich das Haus über einer geschwungenen Freitreppe, die ebenfalls mit Reben berankt ist; in ihr befindet sich die Tür eines geräumigen, in den Fels gehöhlten Kellers. Das Haus ist von Rebzäunen und im Freiland wachsenden Granatbäumen umgeben; von ihnen hat dieser Meierhof seinen Namen erhalten. Die Fassade wird durch zwei breite, durch eine mittelgroße, sehr bäurische Tür getrennte Fenster und drei Mansardenfenster gegliedert; sie befinden sich in einem Dach, das im Verhältnis zu der geringen Höhe des Erdgeschosses über die Maßen hoch ansteigt. Dieses zweigieblige Dach ist mit Schiefer gedeckt. Die Mauern des Hauptgebäudes sind gelb getüncht, und die Tür, die Fensterladen unten und die Jalousien der Mansarden grün.

Beim Hineingehen sieht man einen kleinen Flur; dort beginnt eine Wendeltreppe, deren Gestaltung sich bei jeder Wendung ändert; sie besteht aus nahezu morschem Holz; ihr schraubenförmig geschnitztes Geländer ist durch langen Gebrauch gebräunt worden. Zur Rechten liegt ein geräumiges, auf alte Art getäfeltes Eßzimmer mit einem Fußboden aus weißen, in Château-Renault[1] hergestellten Fliesen; zur Linken ein Wohnzimmer von denselben Ausmaßen, ohne Holzverkleidung, vielmehr mit einer hochorangefarbenen Tapete und grüner Bordüre beklebt. Keines der beiden Zimmer hat eine verschalte Decke; die Deckenbalken sind aus Nußbaumholz, und die Zwischenräume sind mit weißem Kleiberlehm aus Wollabfällen ausgefüllt. Im ersten Stock befinden sich zwei große Schlafzimmer mit weiß gekalkten Wänden; die steinernen Kamine dort sind mit weniger reichem plastischem Schmuck versehen als die des Erdgeschosses. Alle Fenster gehen nach Süden. An der Nordseite ist nur eine einzige Tür; sie führt in die Rebberge und ist hinter der Treppe angebracht. Links an das Haus lehnt sich ein Gebäude aus Ständerwerk, dessen Holzlatten an der Außenseite vor Regen und Sonne geschützt sind; sie zeichnen auf den Wänden lange blaue, gerade oder quer verlaufende Linien ab. In dieser Art Scheune liegt die Küche; sie steht zwar innen mit dem Haus in Verbindung, hat jedoch auch noch einen besonderen Eingang; er liegt um einige Stufen höher, unterhalb ihrer befindet sich ein tiefer Brunnen, der von einem ländlichen Pumpenschwengel überragt wird; um ihn herum stehen Sevenbäume[2], wasserliebende Pflanzen und hohes Gras. Dieser erst in jüngster Zeit errichtete Anbau beweist, daß die Grenadière ehemals ein einfaches Winzerhaus gewesen ist. Die Besitzer kamen aus der Stadt, von der die Grenadière nur durch das breite Bett der Loire getrennt ist, nur zur Weinlese hin, oder zu einer Lustpartie. Morgens schickten sie ihre Eßvorräte hinaus; abgesehen von der Zeit der Weinlese übernachteten sie dort nie. Aber dann fielen die Engländer wie ein Heuschrekkenschwarm über die Touraine her, und die Grenadière hatte wohl oder übel etwas besser hergerichtet werden müssen, damit sie ihnen vermietet werden konnte. Zum Glück wird dieser moderne Anbau von den ersten Linden einer Allee verhüllt, die an einer Schlucht unterhalb der Reben gepflanzt worden ist. Der Rebberg, der zwei Morgen groß sein mag, steigt hinter dem Haus auf und überragt es gänzlich durch einen Hang von solcher Steilheit, daß es sehr schwierig ist, ihn zu ersteigen. Zwischen dem Haus und jenem von den rankenden Reben übergrünten Hügel bleibt kaum ein Zwischenraum von fünf Fuß Breite; er ist stets feucht und kühl, eine Art Graben voll üppigem Pflanzenwuchs, in den, wenn es regnet, der Dünger des Rebberges hineingeschwemmt wird; auf diese Weise wird der Boden des von der Terrasse mit der Balustrade gestützten Gartens ebenfalls damit versorgt. Das Haus des Rebberghüters, der mit der Betreuung der Reben betraut ist, lehnt sich an den linken Giebel an; es ist strohgedeckt und bildet gewissermaßen das Gegenstück zur

Küche. Der Besitz ist von Mauern und Spalieren umgeben; der Rebberg ist mit Obstbäumen jeder Art bepflanzt; kurzum, keine Daumenbreite des kostbaren Bodens ist ungenutzt geblieben. Wenn der Mensch ein Stückchen dürren Felsbodens unbeachtet läßt, pflanzt die Natur dort flugs einen Feigenbaum hin, oder Feldblumen, oder ein paar durch Steine geschützte wilde Erdbeerpflanzen.

An keinem Ort der Welt dürfte eine so bescheidene und so großartige, an Fruchterträgen, Düften und Aussichtspunkten so reiche Wohnstatt anzutreffen sein. Sie bildet im Herzen der Touraine eine kleine Touraine für sich, in der alle Blumen, alle Früchte, alle Schönheiten dieser Landschaft auf das vollkommenste vertreten sind: Trauben aus jeder Gegend, Feigen, Pfirsiche, Birnen aller Arten und Freilandmelonen genauso gut wie Süßholz[3], spanischer Ginster, italienischer Oleander und Jasmin von den Azoren[4]. Die Loire fließt einem zu Füßen. Man überblickt sie von einer dreißig Klafter[5] über ihren launischen Wassern sich erhebenden Terrasse aus; abends atmet man die kühl vom Meer hergewehte Brise, die unterwegs von den Blumen der langgestreckten Hänge durchduftet worden ist. Eine schweifende Wolke, die bei jedem Schritt im Raum unter einem völlig blauen Himmel Farbe und Form ändert, leiht jeder Einzelheit der prächtigen Landschaftsbilder, die sich den Blicken darbieten, wo auch immer man sich befinden mag, immerfort ein neues Aussehen. Von dort aus umfaßt das Auge zunächst das linke Ufer der Loire von Amboise an; die fruchtbare Ebene, aus der Tours, seine Vorstädte, seine Fabriken und Le Plessis aufragen; alsdann einen Teil des linken Ufers, das von Vouvray bis Saint-Symphorien einen Halbkreis aus Felshängen mit lachenden Rebbergen beschreibt. Nur durch die üppigen Hügel des Cher[6] wird der Blick begrenzt, eine bläuliche Weite, die mit Farbe und Schlössern überladen ist. Im Westen schließlich verliert sich der Blick in den riesigen Strom, auf dem zu jeder Stunde Boote mit windgeschwellten Segeln kreuzen; denn windig ist es fast immer auf dieser weiten Wasserfläche. Ein Fürst könnte aus der Grenadière seinen Landsitz machen, und ein Dichter möchte dort immer wohnen; zwei Liebende würden sie als die entzückendste Zufluchtsstätte betrachten, und dabei ist sie die Wohnung eines wackeren Bürgers aus Tours; sie hat für jede Art von Phantasie, für die demütigste und die kälteste, für die erhabenste und leidenschaftlichste, etwas Poetisches: niemand verweilt dort, ohne eine Atmosphäre von Glück zu verspüren, ohne sich in ein ganzes Leben voller Ruhe hineindenken zu können, ein Leben, das frei von Ehrgeiz und von Sorgen ist. In der Luft und im Gemurmel der Wellen liegt etwas Träumerisches; die Sandbänke sprechen, sie sind traurig oder heiter, übergoldet oder stumpf; alles rings um den Besitzer dieses Weinguts ist in Bewegung, während er selber sich inmitten seiner ausdauernden Blumen und leckeren Früchte nicht vom Fleck rührt. Ein Engländer zahlt tausend Francs, um ein halbes Jahr lang in diesem bescheidenen Haus wohnen zu können, verpflichtet sich indessen, die Ernte unangetastet zu lassen: will er die Früchte, so verdoppelt er den Mietpreis; wenn ihm der Sinn nach dem Wein steht, verdoppelt er die Summe abermals. Wieviel ist also die Grenadière mit ihrem Abhang, ihrem Hohlweg, ihrer dreifachen Terrasse, ihren zwei Morgen Rebberg, ihren Balustraden mit den blühenden Rosensträuchern, ihrer alten Freitreppe, ihrer Pumpe, ihrer struppigen Klematis und ihren Bäumen aus allen Ländern der Welt wert? Es hat keinen Zweck, einen Preis zu bieten! Die Grenadière ist unverkäuflich. Nachdem sie einmal im Jahre 1690 gekauft und ungern für vierzigtausend Francs überlassen worden ist wie ein von einem Araber der Wüste preisgegebenes Lieblingspferd, ist sie im Besitz derselben Familie verblieben, ist sie deren Stolz, deren erbliches Kleinod, deren ›Regent‹[7]. Heißt Sehen nicht auch: Besitzen? hat ein Dichter gesagt. Man sieht von dort aus drei Täler der Touraine und ihre Kathedrale, die frei in den Lüften zu hängen scheint wie eine Filigranarbeit. Kann man solcherlei Schätze bezahlen? Könnte man je die Gesundheit bezahlen, die man dort unter den Linden wiedererlangt?

Im Frühling eines der schönsten Jahre der Restaurationszeit kam eine Dame in Begleitung einer Wirtschafterin und zweier Knaben, von denen der jüngere acht Jahre alt zu sein schien und der andere etwa dreizehn, nach Tours, wo sie sich eine Wohnung suchen wollte. Sie sah die Grenadière und mietete sie. Vielleicht bestimmte die Entfernung des Hauses von der Stadt sie, dort einzuziehen. Das Wohnzimmer diente ihr als Schlafzimmer; sie wies jedem der Jungen eines der Zimmer des ersten Stockes zu, und die Wirtschafterin schlief in einem kleinen Raum über der Küche. Das Eßzimmer wurde der Wohnraum der kleinen Familie und das Empfangszimmer. Das Haus wurde sehr schlicht, aber geschmackvoll möbliert; es gab darin nichts Unnützes und nichts, das nach Luxus schmeckte. Die Möbel, die die Unbekannte ausgesucht hatte, waren aus Nußbaumholz und ohne jede Verzierung. Die Sauberkeit und die Harmonie zwischen dem Innern und dem Äußeren der Wohnung bildeten deren ganzen Reiz.

Es war also ziemlich schwierig, sich darüber klar zu werden, ob Madame Willemsens (welchen Namen die Fremde annahm) dem reichen Bürgertum angehörte, dem hohen Adel oder gewissen zweifelhaften Klassen des weiblichen Geschlechts. Ihre Schlichtheit gab Anlaß zu den entgegengesetztesten Vermutungen, aber ihr Gehaben vermochte denen zur Stütze zu dienen, die ihr günstig waren. Daher erregte ihre Zurückhaltung schon bald nach ihrer Ankunft in Saint-Cyr das Interesse derer, die nichts zu tun hatten und die in der Provinz gewohnt sind, ein Auge auf alles zu werfen, was die enge Sphäre, in der sie leben, anzuregen geeignet ist. Madame Willemsens war eine ziemlich große, schmale und magere, aber entzückend gewachsene Dame. Sie hatte hübsche Füße, die mehr durch die Schmalheit des Gelenks als durch ihre Kleinheit auffielen, die ja ein ziemlich vulgärer Vorzug ist; ihre behandschuhten Hände schienen schön zu sein. Manchmal färbte eine dunkle, fliegende Röte ihren weißen, ehemals frischen und lebhaften Teint kupferfarben. Vorzeitige Falten entstellten eine elegant geformte Stirn, die von schönem, kastanienbraunem Haar mit gutem Ansatz gekrönt wurde; es war stets in zwei Flechten um den Kopf gewunden; diese jungfräuliche Frisur paßte gut zu ihrem melancholischen Gesicht. Ihre dunklen, von breiten, tiefen Ringen umgebenen Augen von fieberhafter Glut bekundeten eine unechte Ruhe; und dann und wann, wenn sie den Ausdruck vergaß, den sie sich auferlegt hatte, zeichneten sich darin geheime Ängste ab. Ihr ovales Gesicht war etwas lang geraten; aber vielleicht hatten Glück und Gesundheit ihm ehemals die richtigen Proportionen geliehen. Ein gekünsteltes Lächeln mit einem Gepräge von sanfter Trauer irrte gewöhnlich über ihre blassen Lippen; dennoch belebte sich ihr Mund,

und ihr Lächeln gab der Seligkeit mütterlichen Empfindens Ausdruck, wenn die beiden Knaben, von denen sie stets begleitet wurde, sie anschauten oder eine der unversieglichen müßigen Fragen an sie richteten, die für eine Mutter sämtlich einen Sinn haben. Ihr Gang war langsam und vornehm. Sie trug stets dieselbe Kleidung, und zwar mit einer Beständigkeit, die von der deutlichen Absicht zeugte, sich nicht mehr mit ihrer Toilette zu befassen und Welt und Gesellschaft zu vergessen, von denen sie sicherlich ebenfalls vergessen werden wollte. Sie trug ein schwarzes, sehr langes Kleid mit einem Moirégürtel und darüber als Schal ein Battistfichu mit breitem Saum, dessen beide Zipfel nachlässig in den Gürtel gesteckt waren. Ihre sorgfältig gewählten Schuhe ließen auf elegante Lebensgewohnheiten schließen; sie trug graue Seidenstrümpfe, die den Anschein der Trauer vervollständigten, der dieser konventionellen Kleidung anhaftete. Ihr Hut schließlich, von englischer Form und immer der gleiche, war aus grauem Stoff und mit einem schwarzen Schleier geschmückt. Sie wirkte ungemein schwach und sehr leidend. Sie unternahm nur einen einzigen Spaziergang, und zwar den von der Grenadière zur Brücke von Tours; dorthin ging sie mit den beiden Kindern, um die frische Luft der Loire zu atmen und sich an den malerischen Wirkungen zu erfreuen, die der Sonnenuntergang in dieser Landschaft hervorrief; sie ist genauso großräumig wie die des Golfs von Neapel oder des Genfer Sees. Während der Zeit ihres Verweilens in der Grenadière begab sie sich nur zweimal nach Tours: das erste Mal, um den Leiter des Gymnasiums zu bitten, ihr die besten Lehrer für Latein, Mathematik und Zeichnen zu nennen, und das zweite Mal, um mit den ihr bezeichneten Persönlichkeiten sowohl den Preis der Unterrichtsstunden als auch die Zeiten zu vereinbaren, zu denen sie ihren Kindern gegeben werden könnten. Aber es genügte, daß sie sich wöchentlich ein- oder zweimal abends auf der Brücke zeigte: allein schon dadurch erregte sie das Interesse nahezu aller Bewohner der Stadt, die sich dort zu ergehen pflegten. Allein trotz der unschuldigen Spionage, zu der in der Provinz der Müßiggang und die unruhige Neugier der oberen Gesellschaftsschichten führen, konnte niemand verläßliche Auskünfte über den Rang, den die Unbekannte in der Gesellschaft innehatte, noch über ihr

Vermögen, noch sogar über ihren Familienstand erhalten. Einzig der Besitzer der Grenadière teilte einigen seiner Bekannten den Namen mit, und der stimmte sicherlich, mit dem die Unbekannte ihren Mietvertrag unterzeichnet hatte. Er lautete Augusta Willemsens, Gräfin de Brandon. Dieser Name müsse der ihres Mannes sein. Später bestätigten die letzten Geschehnisse dieser Geschichte die Wahrheit dieser Enthüllung; aber sie sprach sich nur in den Kaufmannskreisen herum, in denen der Eigentümer verkehrte. Daher blieb Madame Willemsens ständig ein Geheimnis für die Leute der guten Gesellschaft, und alles, was sie ihnen an sich zu enträtseln gestattete, war, daß sie ein vornehmer Charakter mit schlichten, entzückend natürlichen Umgangsformen war und einen Stimmklang von engelhafter Süße besaß. Ihre tiefe Einsamkeit, ihre Schwermut und ihre so leidenschaftlich verhüllte, halb und halb sogar verwelkte Schönheit besaßen einen solchen Zauber, daß mehrere junge Leute sich in sie verliebten; aber je aufrichtiger deren Liebe war, desto mehr gebrach es ihr an Kühnheit: außerdem flößte sie so hohe Achtung ein, daß es ein schwieriges Unterfangen war, sie anzureden. Und schließlich, wenn einige beherzte Männer ihr dennoch geschrieben hätten, so mußten ihre Briefe ungelesen verbrannt worden sein. Madame Willemsens warf alles ins Feuer, was sie empfing, gleich als wolle sie die Zeit ihres Aufenthalts in der Touraine ohne die leiseste Beeinträchtigung verbringen. Sie schien an die reizende Zufluchtsstätte gekommen zu sein, um sich gänzlich dem Glück, zu leben, hinzugeben. Die drei Lehrer, denen der Zutritt zur Grenadière gestattet worden war, sprachen mit einer Art respektvoller Bewunderung von dem rührenden Bild, das das innige, wolkenlose Zusammenleben dieser Kinder und dieser Frau darbot.

Die beiden Kinder erregten gleichfalls viel Interesse, und die Mütter konnten sie nicht ohne Neid anschauen. Beide sahen Madame Willemsens ähnlich, und sie war ja auch tatsächlich ihre Mutter. Beide besaßen den durchsichtigen Teint und die lebhaften Farben, die reinen, feuchten Augen, die langen Wimpern und die jugendlichen Formen, die der kindlichen Schönheit soviel Glanz zuteil werden lassen. Der ältere hieß Louis-Gaston; er hatte dunkles Haar und im Blick etwas Kühnes. Alles an ihm kündete von robuster Gesundheit, gerade wie seine breite, hohe, schön gewölbte Stirn auf einen energischen Charakter hinzuweisen schien. Er war flink, gewandt in seinen Bewegungen, schlank und kräftig, hatte nichts Unechtes an sich, wunderte sich über nichts und schien über alles nachzudenken, was er sah und erlebte. Der andere hieß Marie-Gaston; er war beinahe blond, wenngleich einige seiner Haarsträhnen schon dunkler waren und die Haarfarbe der Mutter annahmen. Marie war von schmaler Gestalt und besaß die zarten Züge, die anmutige Feinheit, die bei Madame Willemsens so bezauberten. Er wirkte kränklich: der Blick seiner grauen Augen war sanft, seine Gesichtsfarbe blaß. Er hatte in seinem Wesen etwas Weibliches. Die Mutter ließ ihn noch gestickte Kragen, lang herabfallende Locken und eine kurze, mit Verschnürungen und olivenförmigen Knöpfen geschmückte Jacke tragen, die einem Knaben eine unerklärliche Anmut verleiht und von einer weiblichen Lust am Sichschmücken zeugt, an der die Mutter genausoviel Freude hat wie vielleicht das Kind. Diese hübsche Kleidung stach von der schlichten Jacke des Älteren ab, über die der glatte Hemdkragen geschlagen war. Die Hosen, das Schuhzeug, die Farben der Kleidungsstücke waren bei beiden fast die gleichen und ließen, gerade wie ihre Ähnlichkeit, darauf schließen, daß sie Brüder seien. Wenn man die beiden sah, war es unmöglich, nicht über die Fürsorglichkeit gerührt zu sein, die Louis Marie bezeigte. Im Blick des Älteren lag für den Jüngeren etwas Väterliches; und ungeachtet der Sorglosigkeit junger Jahre schien Marie von Dankbarkeit gegen Louis durchdrungen zu sein: sie waren zwar kleine, kaum von ihrem Stengel gelöste Blumen, im selben Wind schwankend, vom selben Sonnenstrahl beschienen, die eine bunt, die andere bläßlich. Ein Wort, ein Blick, der veränderte Tonfall der Mutter genügten, um sie aufmerken, sie den Kopf wenden, lauschen, einen Befehl vernehmen zu lassen, eine Bitte, eine Weisung, und zu gehorchen. Madame Willemsens machte ihnen stets ihre Wünsche, ihren Willen deutlich, als walte zwischen ihnen gemeinsames Denken ob. Wenn sie bei dem Spaziergang damit beschäftigt waren, im Spiel vor ihr herzulaufen, eine Blume zu pflücken, sich eingehend ein Insekt anzuschauen, betrachtete sie sie mit so tiefer Rührung, daß auch der gleichgültigste Vorübergehende davon ergriffen wurde, stehenblieb und sich die Kinder anschaute, ihnen zulächelte und die Mutter mit einem freundschaftlichen Blick grüßte. Wer hätte auch nicht die peinliche Sauberkeit ihrer Kleidung bewundert, ihren hübschen Stimmklang, die Anmut ihrer Bewegungen, ihren glücklichen Gesichtsausdruck und die instinktive Vornehmheit, die bewies, daß ihnen von der Wiege an eine vortreffliche Erziehung zuteilgeworden war! Diese Kinder schienen nie geschrien oder geweint zu haben. Ihre Mutter hatte etwas wie ein magnetisches Ahnungsvermögen für ihre Wünsche, ihre Schmerzen; sie kam ihnen unaufhörlich zuvor und besänftigte sie. Sie schien einen Klagelaut von ihnen mehr zu fürchten als die ewige Verdammnis. Alles an diesen Kindern war ein Lob für ihre Mutter; und das Bild ihres dreifachen Lebens, das ein einziges zu sein schien, erweckte halbklare, verschwommene, zärtliche Gedanken, Sinnbilder des Glükkes, das in einer besseren Welt zu genießen wir uns erträumen. Das häusliche Dasein dieser drei aufeinander abgestimmten Geschöpfe entsprach den Gedanken, die bei ihrem Anblick in einem aufstiegen: dies war das Leben in der Ordnung, das regelmäßige, schlichte Leben, wie es der Kindererziehung gemäß ist. Beide standen eine Stunde nach Tagesanbruch auf und sprachen als erstes ein kurzes Gebet, eine Gewohnheit von Kindertagen her, wahre Worte, die sieben Jahre lang am Bett der Mutter gesagt worden waren; sie hatten mit je einem Kuß begonnen und geendet. Dann machten die beiden Brüder, die sicherlich an die peinliche Sorgsamkeit in bezug auf die eigene Person gewöhnt worden waren, die so notwendig für die Gesundheit des Körpers und die Reinheit der Seele ist und die irgendwie das Bewußtsein des Wohlbehagens erzeugt, so gewissenhaft Toilette wie etwa eine hübsche Frau. An nichts ließen sie es fehlen, so sehr scheuten sie beide einen Vorwurf, einen zärtlichen Verweis von seiten der Mutter, der ihnen, wenn sie sie küßte, zuteil wurde, etwa beim Frühstück, je nach den Umständen: »Ihr lieben Engel, wobei habt ihr nur schon so schmutzige Fingernägel bekommen?« Danach gingen dann beide in den Garten und schüttelten dort in Tau und Morgenkühle die Eindrücke der Nacht ab, während die Wirtschafterin das gemeinsame Wohnzimmer herrichtete, wo sie dann, bis die Mutter aufgestanden war, an ihren Aufgaben arbeiteten. Aber von Zeit zu Zeit lauschten sie, ob sie schon erwacht sei; denn das Schlafzimmer der Mutter durften sie erst zu einer vereinbarten Stunde betreten. Dieser morgendliche Einbruch, der stets im Widerspruch zu der ursprünglichen Vereinbarung durchgeführt wurde, ergab immer eine köstliche Szene für sie wie für Madame Willemsens. Marie sprang auf das Bett, um die Arme um sein Idol zu schlingen, während Louis am Kopfende kniete und die Hand der Mutter nahm. Dann begann ein unruhiges Fragen, wie ein Liebender seine Geliebte ausfragt; dann ein engelhaftes Lachen, zugleich leidenschaftliche und reine Liebkosungen, beredtes Schweigen, Gestammel, von Küssen unterbrochene und wieder aufgenommene kindliche Geschichten, die selten zu Ende gebracht, aber immer angehört wurden . . .

»Habt ihr fleißig gearbeitet?« fragte die Mutter, aber mit sanfter, freundlicher Stimme, als beklage sie das Nichtstun als ein Unglück, stets bereit, dem, der mit sich zufrieden war, einen tränenfeuchten Blick zuzuwerfen. Sie wußte, daß ihre Kinder von dem Wunsch beseelt waren, ihr zu gefallen; sie wußten, daß ihre Mutter nur für sie lebte, sie mit aller Klugheit der Liebe ins Leben einführte; daß ihnen all ihre Gedanken, all ihre Zeit galt. Ein wundervoller Sinn, der vorerst weder Egoismus noch Vernunft und vielleicht das Liebesgefühl in seiner ersten Reinheit ist, lehrt die Kinder, ob sie Gegenstand einer ausschließlichen Fürsorglichkeit sind und ob man sich mit ihnen gern abgibt. Liebt man sie auch wirklich? Diese lieben Geschöpfe, bei denen alles Aufrichtigkeit und Gerechtigkeit ist, sind dann auf bewundernswerte Weise dankbar. Sie lieben mit Leidenschaft, mit Eifersucht, sie bezeigen die anmutigsten Zärtlichkeiten, sie finden die zartesten Worte; sie haben Vertrauen, sie glauben einem alles. Daher gibt es vielleicht keine bösen Kinder ohne schlechte Mütter: denn die Zuneigung, die sie empfinden, entspricht immer der, die ihnen zuteil geworden ist, der ersten Fürsorglichkeit, die sie empfangen, den ersten Worten, die sie gehört haben, den ersten Blicken, in denen sie Liebe und Leben suchten. Alles wird dann entweder zu etwas Anziehendem oder zu etwas Abstoßendem. Gott hat die Kinder an die Brust der Mutter gelegt, um ihr verständlich zu machen, daß sie dort lange bleiben müßten. Dabei gibt es grausam mißverstandene Mütter, beständig verletzte zarte und erhabene Gefühle: erschreckende Fälle von Undankbarkeit, die beweisen, wie schwierig es ist, für das Gefühlsleben absolute Grundsätze aufzustellen. In den Herzen dieser Mutter und ihrer Söhne fehlte keines der tausend Bande, deren Bestimmung es ist, sie miteinander zu verknüpfen. Sie standen auf Erden allein da, lebten das gleiche Leben und verstanden sich gut. Wenn Madame Willemsens am Morgen schweigsam war, verhielten Louis und Marie sich still; sie respektierten alles an ihr, sogar die Gedanken, an denen sie keinen Anteil hatten. Aber der Ältere, dessen Denkvermögen bereits stärker ausgeprägt war, begnügte sich nie mit der Zusicherung der Mutter, es gehe ihr gut: er musterte ihr Gesicht mit einer düsteren Unruhe, die um die Gefahr noch nicht wußte, sie jedoch ahnte, wenn er ihre Augen mit violettgetönten Ringen umgeben sah, wenn er wahrnahm, daß sie tiefer in ihren Höhlen lagen und daß die Röte ihres Gesichts flammender war. Ihn erfüllte eine echte Sensibilität, und so merkte er, wenn Maries Spiele sie zu ermüden begannen; dann sagte er zu seinem Bruder: »Komm frühstücken, Marie, ich habe Hunger.«

Aber an der Tür wandte er sich um und hielt nach dem Gesichtsausdruck der Mutter Ausschau; sie brachte für ihn noch ein Lächeln zustande; und oft traten ihr sogar die Tränen in die Augen, wenn eine Geste ihres Jungen ihr dessen erlesenes Empfinden und frühreifes Verständnis für das Leiden enthüllte.

Die für das erste Frühstück der Kinder und als Arbeitspause festgesetzte Zeit verwandte Madame Willemsens für ihre Toilette; denn sie bezeigte für ihre lieben Kleinen Koketterie, sie wollte ihnen gefallen, ihnen in jeder Hinsicht angenehm und ein reizvoller Anblick sein, anziehend wie ein zarter Duft, auf den man immer wieder zurückkommt. Sie hielt sich stets bereit, ihnen die Aufgaben abzuhören, was zwischen zehn und drei Uhr geschah, aber durch das Mittagessen unterbrochen wurde, das um zwölf gemeinsam im Gartenpavillon verzehrt wurde. Nach dieser Mahlzeit durfte eine Stunde lang gespielt werden, und während dieser Zeit lag die glückliche Mutter, die arme Frau auf einem Ruhebett, das in den Pavillon gestellt worden war; von dort aus hatte sie die unablässig sich wandelnde, liebliche Touraine vor Augen, die sich beständig durch das tausendfache Geschehen des Tages, am Himmel und im Verlauf der Jahreszeiten verjüngte. Ihre beiden Jungen trotteten durch den Weinberg, kletterten an den Terrassenmauern hinauf, liefen den Eidechsen nach und verhielten sich dabei so behend wie die Eidechsen; sie sahen sich Samenkörner an, Blumen; sie beobachteten Insekten; dann kamen sie herbeigelaufen und ließen sich von der Mutter über alles Erklärungen geben. Um jene Stunde herrschte im Pavillon ein ständiges Kommen und Gehen. Auf dem Lande brauchen die Kinder kein Spielzeug; dort dient ihnen alles und jedes zur Beschäftigung. Madame Willemsens wohnte den Unterrichtsstunden bei; sie pflegte dann zu sticken. Stumm saß sie da; sie schaute weder die Lehrer noch die Kinder an, lauschte aber aufmerksam, als wolle sie den Sinn der Worte erfassen und irgendwie erfahren, ob Louis sich als tüchtig erweise: wenn er seinen Lehrer durch eine Frage in Verlegenheit setzte und auf diese Weise einen Fortschritt bezeigte, dann belebten sich die Augen der Mutter, sie lächelte, sie warf ihm einen Blick voller Hoffnung zu. Von Marie verlangte sie wenig. Ihre Wünsche galten dem Älteren, dem sie einen gewissen Respekt zollte; sie wandte all ihren Takt als Frau und Mutter auf, damit seine Seele sich emporschwinge und damit er eine hohe Vorstellung von sich selbst gewinne. Dieses Verhalten barg einen heimlichen Gedanken, den der Junge eines Tages verstehen sollte und den er auch tatsächlich verstand. Nach jeder Stunde geleitete sie die Lehrer bis zur ersten Tür, und dort ließ sie sich gewissenhaft Bericht über Louis' Arbeiten geben. Dabei war sie so freundlich und zuvorkommend, daß die Repetitoren ihr die Wahrheit sagten; damit halfen sie ihr, Louis zur Arbeit in Fächern anzuhalten, in denen er ihnen schwach zu sein schien. Dann kam die Zeit zum Abendessen heran; danach wurde gespielt, wurde spazierengegangen; und wenn es dann Abend geworden war, wurden die Aufgaben gelernt.

So verlief ihr Leben, ein einförmiges, aber erfülltes Leben, bei dem das glückliche Gemisch von Arbeit und Zerstreuung keinen Raum für Langeweile ließ. Kleinmut und Zank gab es nicht. Die grenzenlose Liebe der Mutter machte alles leicht. Sie hatte den Söhnen Zurückhaltung beigebracht, indem sie ihnen nie etwas abschlug, Mut, indem sie sie im rechten Augenblick lobte, Entsagung, indem sie sie das Notwendige in allen seinen Formen wahrnehmen ließ; so hatte sie mit der Behutsamkeit einer Fee das Gutartige ihrer Natur entwickelt und gestärkt. Manchmal, wenn sie sie spielen sah, mußte sie daran denken, daß sie ihr nie den geringsten Kummer bereitet hatten, und dann feuchteten ihre heißen Augen ein paar Tränen. Ein weitgespanntes, vollkommenes Glück läßt uns nur deshalb so weinen, weil es ein Abbild des Himmels ist, von dem wir alle wirre Vorstellungen haben. Auf ihrem bäuerlichen Sofa verbrachte sie köstliche Stunden, sah schöne Tageshelle vor sich, eine malerische Landschaft, hörte die Stimmen ihrer Kinder, ihr Lachen, das dem Lachen an sich zu entstammen schien, und ihre kleinen Streitereien, bei denen ihre Eintracht deutlich wurde, Louis' väterliches Gefühl für sie, und beider Liebe zu ihr. Sie hatten beide in der frühesten Kindheit ein englisches Kindermädchen gehabt und sprachen deshalb gleich gut Französisch und Englisch; deswegen bediente die Mutter sich bei der Unterhaltung abwechselnd beider Sprachen. Sie leitete ihre jungen Seelen vortrefflich; sie ließ keine falschen Gedanken hineingelangen und keinen schlechten Grundsatz in ihr Herz. Sie beherrschte sie durch Güte, verbarg ihnen nichts, erklärte ihnen alles. Als Louis nach Lektüre verlangte, trug sie Sorge, ihm interessante, aber wahrheitsgetreue Bücher zu geben. Es waren Lebensbeschreibungen berühmter Seehelden, Biographien berühmter Männer, erlauchter Heerführer, und im Eingehen auf die geringsten Einzelheiten von Büchern dieser Art fand sie tausend Gelegenheiten, ihm schon früh Welt und Leben zu erklären; sie wies ihn zumal auf die Mittel hin, deren Leute geringer Herkunft, aber von echter Größe sich bedient hatten, solche, die ohne Gönner aus den untersten Gesellschaftsklassen sich erhoben hatten und zu edlen Schicksalen gelangt waren. Diese Lehrstunden waren nicht die am wenigsten nutzbringenden; sie wurden abends erteilt, wenn der kleine Marie auf den Knien der Mutter eingeschlafen war, in der Stille einer schönen Nacht, wenn die Loire den Himmel widerspiegelte; aber sie steigerten stets die Schwermut dieser anbetungswürdigen Frau, die am Ende immer verstummte und reglos dasaß, grübelnd, die Augen voller Tränen.

»Mutter, warum weinst du?« fragte Louis sie an einem köstlichen Juniabend, als die Dämmerschatten einer sanft durchhellten Nacht einem heißen Tag folgten.

»Lieber Junge«, antwortete sie und zog das Kind am Hals zu sich; seine verhohlene innere Erregung ging ihr sehr nahe, »weil das anfangs so armselige Los des Jamaray Duval[8], der es ohne Hilfe zu etwas gebracht hat, dasjenige ist, das ich dir und deinem Bruder bereitet habe. Bald, liebes Kind, seid ihr allein auf dieser Erde, ohne Stütze, ohne Beschützer. Ich lasse euch hier zurück, und ihr seid noch klein, und dabei möchte ich so gern, daß du kräftig und gebildet genug wärst, um Marie als Führer zu dienen. Und es bleibt mir nicht mehr die Zeit dazu. Ich habe euch zu lieb, um bei solcherlei Gedanken nicht tief unglücklich zu sein. Liebe Kinder, wenn ihr mir nur nicht eines Tages fluchen werdet . . .«

»Und warum sollte ich dir eines Tages fluchen, Mutter?«

»Eines Tages, du armer Junge«, sagte sie und küßte ihn auf die Stirn, »wirst du erkennen, daß ich unrecht an euch gehandelt habe. Ich lasse euch hier allein, ohne Vermögen, ohne . . .« Sie zögerte. »Ohne Vater«, fuhr sie fort.

Bei diesem Wort zerschmolz sie in Tränen, schob sanft den Sohn von sich, der intuitiv erriet, daß seine Mutter allein sein wolle, und den schlaftrunkenen Marie mit sich nahm. Eine Stunde danach, als der Bruder zu Bett gebracht worden war, ging Louis wieder leisen Schrittes nach dem Pavillon, wo die Mutter war. Da hörte er von einer Stimme, die sein Herz köstlich dünkte, die Worte: »Komm, Louis!«

Das Kind warf sich der Mutter in die Arme, und sie hielten einander beinahe krampfhaft umschlungen.

»Liebste«, sagte er schließlich; denn so nannte er sie häufig, da er sogar die Worte herzlicher Neigung zu schwach fand, um seine Gefühle auszudrücken, »warum hast du denn Angst, daß du sterben mußt?«

»Ich bin krank, mein armer, geliebter Engel; jeden Tag nehmen meine Kräfte ab, und für mein Leiden gibt es kein Heilmittel: ich weiß es.«

»Woran leidest du denn?«

»Ich muß es vergessen; und du darfst meine Todesursache nie erfahren.«

Eine Weile saß das Kind schweigend da und sah verstohlen zu der Mutter hin, die die Augen zum Himmel erhoben hatte und die Wolken anschaute. Es war ein Augenblick von weicher Schwermut! Louis glaubte nicht an den nahen Tod der Mutter; allein er empfand ihren Kummer mit, ohne ihn sich deuten zu können.

Während dieser langen Träumerei verhielt er sich still. Wäre er weniger jung gewesen, so hätte er auf diesem entrückten Gesicht ein Gemisch von ein paar Reuegedanken und glücklichen Erinnerungen gelesen, ein ganzes Frauenleben: sorglose Kindheit, lieblose Ehe, eine schreckliche Leidenschaft, im Gewittersturm erschlossene Blüten, die durch den Blitz in einen Abgrund geschleudert worden waren, aus dem es kein Emporsteigen gibt.

»Meine geliebte Mutter«, sagte Louis endlich, »warum verbirgst du mir deine Leiden?«

»Mein Sohn«, antwortete sie, »wir müssen unsere Schmerzen einsargen, damit die Augen Fremder sie nicht sehen; denen müssen wir ein lachendes Gesicht zeigen, vor ihnen niemals von uns selbst sprechen, uns mit ihnen beschäftigen: wenn diese Lebensregeln im Familienkreis angewandt werden, so sind sie dort eine der Ursachen des Glücks. Eines Tages wirst du viel zu leiden haben! Ja, dann gedenke deiner armen Mutter, die in deiner Gegenwart gestorben ist und dir dabei stets zugelächelt und ihre Schmerzen vor dir verborgen hat: dann wirst du den Mut aufbringen, die Übel des Lebens zu ertragen.«

Sie rang ihre Tränen nieder und versuchte, in dieser Stunde dem Sohn den Mechanismus des Daseins klarzumachen, den Wert, die Grundlage, die Dauerhaftigkeit von Vermögen, die sozialen Zusammenhänge, die ehrenhaften Mittel und Wege, das zur Bestreitung des Lebensnotwendigen erforderliche Geld zusammenzuhäufen, und die Notwendigkeit der Bildung. Dann eröffnete sie ihm einen der Gründe ihrer ständigen Traurigkeit und ihrer Tränen; sie sagte ihm nämlich, am Tage nach ihrem Tode würden er und Marie sich in der größten Bedürftigkeit befinden; sie beide würden nur eine geringe Summe besitzen und keinen anderen Schützer haben als Gott.

»Wie muß ich mich da beeilen zu lernen!« rief das Kind und warf einen klagenden, tiefen Blick auf die Mutter.

»Ach, wie bin ich glücklich«, sagte sie und überschüttete den Sohn mit Küssen und Tränen. »Er versteht mich! – Louis«, fügte sie hinzu, »du wirst der Schützer, der Vormund deines Bruders sein, nicht wahr? Versprichst du mir das? Du bist kein Kind mehr!«

»Ja«, antwortete er, »aber du stirbst noch nicht, sag doch!«

»Ihr armen Kleinen«, antwortete sie, »meine Liebe zu euch hält mich aufrecht! Außerdem ist die Gegend hier so schön, die Luft tut so wohl, vielleicht . . .«

»Du bringst mich dazu, die Touraine noch mehr liebzuhaben«, sagte das Kind gerührt.

Seit dem Tag, da Madame Willemsens in der Voraussicht ihres nahen Todes mit ihrem ältesten Sohn über dessen künftiges Schicksal gesprochen hatte, war der nun vierzehnjährige Louis weniger zerstreut, fleißiger und weniger zum Spielen aufgelegt als bisher. Sei es, daß er Marie zu überreden gewußt hatte, er solle lieber lesen als sich lärmenden Spielen hingeben: jedenfalls tobten die beiden Jungen nicht mehr so laut durch die Hohlwege, die Gärten, die gestaffelten Terrassen der Grenadière. Sie glichen ihr Leben den schwermütigen Gedanken der Mutter an, deren Gesichtsfarbe von Tag zu Tag bleicher wurde und gelbliche Töne annahm; deren Stirn an den Schläfen sich immer tiefer höhlte, und deren Falten sich von Nacht zu Nacht mehr einkerbten.

Im August, fünf Monate nach dem Eintreffen der kleinen Familie in der Grenadière, war alles ganz anders geworden. Die alte Wirtschafterin, die die zunächst noch leichten Merkmale des langsamen Siechtums beobachtet hatte, das den Körper ihrer nur noch durch eine leidenschaftliche Seele und die innige Liebe zu ihren Kindern aufrechterhaltenen Herrin aushöhlte, war düster und traurig geworden: sie schien um das Geheimnis dieses vorzeitigen Sterbens zu wissen. Oftmals, wenn ihre noch schöne Herrin, koketter als sie es je gewesen, ihren verfallenden Körper schmückte, Rouge auflegte und von ihren beiden Kindern begleitet auf der oberen Terrasse spazierenging, steckte die alte Annette den Kopf zwischen den beiden Sevenbäumen am Brunnen hindurch, vergaß die begonnene Arbeit, behielt das Wäschestück in der Hand und dämmte nur mit Mühe die Tränen zurück, wenn sie Madame Willemsens sah, die kaum noch der entzückenden Frau glich, als die sie sie vormals gekannt hatte.

Das hübsche, zu Anfang so heitere, so lebendige Haus schien traurig geworden zu sein; stumm lag es da, die Bewohner verließen es selten, Madame Willemsens konnte nur noch unter großer Mühewaltung zur Brücke von Tours gehen. Louis, dessen Einbildungskraft sich plötzlich entwickelt und der sich sozusagen mit der Mutter identifiziert hatte – er ahnte unter dem Rouge Erschöpfung und Schmerzen –, erfand stets tausend Vorwände, um von einem Spaziergang abzulenken, der für die Mutter zu weit geworden wäre. Die fröhlichen Liebespaare, die damals nach Saint-Cyr gingen, dem kleinen La Courtille von Tours[9], und die Gruppen der Spaziergänger sahen abends oberhalb des Uferdamms die bleiche, magere Frau in Trauerkleidung, schon halb hingeschwunden, aber immer noch strahlend, wie eine Geistererscheinung sich an den Terrassen entlang bewegen. Große Leiden ahnt man. Daher hatte sich auch die Familie des Weinbergbetreuers in Schweigen gehüllt. Manchmal saßen der Bauer, seine Frau und seine beiden Kinder vor ihrer Hütte: Annette wusch am Brunnen; Madame und ihre Söhne waren im Pavillon; aber in den hinteren Gärten war nicht das leiseste Geräusch vernehmlich; und ohne daß Madame Willemsens es merkte, betrachteten alle Augen sie voller Rührung. Sie war so gütig, so zuvorkommend gegen diejenigen, die sich ihr näherten, und flößte dabei soviel Ehrfurcht ein! Sie selber jedoch sah seit dem Beginn des Herbstes, der so schön, so glanzvoll in der Touraine ist, des Herbstes, dessen wohltätige Einflüsse, dessen Trauben, dessen gute Früchte das Leben dieser Mutter über die von den Verheerungen durch ein unbekanntes Leiden gesetzte Frist hinaus verlängern sollten – sie selber sah nur noch ihre Kinder und kostete jede Stunde aus, als sei es ihre letzte.

Vom Juni an bis Ende September arbeitete Louis ohne Wissen seiner Mutter die Nächte hindurch und machte gewaltige Fortschritte; er war in der Mathematik bis zu den Gleichungen zweiten Grades gelangt, er hatte die darstellende Geometrie gelernt, er zeichnete trefflich; kurzum, er hätte erfolgreich das Examen bestehen können, dem die jungen Leute sich unterziehen müssen, wenn sie die Ecole Polytechnique[10] beziehen wollen. Abends ging er bisweilen auf der Brücke von Tours spazieren, wo er einen auf Halbsold gesetzten Leutnant zur See kennengelernt hatte: das männliche Gesicht, die Ordensauszeichnung, die Haltung dieses Marineoffiziers des Kaisers hatten ihn beeindruckt. Der Offizier seinerseits hatte sich freundschaftlich des jungen Menschen angenommen, dessen Augen vor Energie blitzten. Louis war begierig auf Berichte aus dem Soldatenleben und auf Auskünfte; er trieb sich im Kielwasser des Seemanns herum, um mit ihm zu plaudern. Der Leutnant auf Halbsold hatte als Freund und Gefährten einen Infanterie-Obersten, der gleich ihm aus den Reihen der Armee verbannt worden war; auf diese Weise konnte der junge Gaston abwechselnd etwas über das Lagerleben und das Leben an Bord erfahren. Daher überschüttete er die beiden Offiziere mit Fragen. Als er sich dann schon im voraus mit ihrem Unglück und ihrem harten Dasein vertraut gemacht hatte, bat er seine Mutter, zu seiner Zerstreuung Ausflüge in der Umgegend machen zu dürfen. Nun aber hatten die erstaunten Lehrer zu Madame Willemsens gesagt, ihr Sohn arbeite zuviel, und so willfahrte sie dieser Bitte mit unendlicher Freude. So unternahm der Junge nun riesige Wanderungen. Da er sich gegen Ermüdungserscheinungen abhärten wollte, kletterte er mit unglaublicher Behendigkeit auf die höchsten Bäume; er lernte schwimmen; er durchwachte die Nächte. Er war nicht mehr, wie bislang, ein kleiner Junge, sondern ein junger Mann, dessen Gesicht die Sonne braungebrannt hatte; es kündigte sich darin bereits ein tiefer Gedanke an.

Der Oktober kam; Madame Willemsens konnte nur noch mittags aufstehen, wenn die Sonnenstrahlen, die von den Wassern der Loire zurückgeworfen und durch die Terrassenmauern konzentriert wurden, in der Grenadière jene Temperatur erzeugten, die derjenigen der warmen, milden Tage am Golf von Neapel glich; deswegen wird von den einheimischen Ärzten empfohlen, dort zu wohnen. Dann setzte sie sich unter einen der grünen Bäume, und die beiden Söhne wichen nicht mehr von ihrer Seite. Mit dem Unterricht war Schluß gemacht, die Lehrer waren verabschiedet worden. Söhne und Mutter wollten gänzlich eines im Herzen des anderen leben, ohne Sorgen, ohne Ablenkungen. Es gab jetzt weder Tränen noch Freudenschreie mehr. Der Ältere lag neben der Mutter im Gras, ließ sich von ihr anschauen wie ein Liebhaber und küßte ihr die Füße. Der ruhelose Marie pflückte Blumen für sie, brachte sie ihr mit trauriger Miene, stellte sich auf die Fußspitzen und raubte ihr von den Lippen einen Jungmädchenkuß. Die bleiche Frau mit den großen schwarzen Augen war jetzt ganz hinfällig, ihre Bewegungen waren langsam geworden; sie klagte nie; sie lächelte ihren beiden lebhaften, kerngesunden Kindern zu und bot mit ihnen ein wundervolles Bild dar, zu dem noch das schwermütige Gepränge des Herbstes mit seinen gilbenden Blättern und seinen halbentlaubten Bäumen und der mildere Schein der Sonne und die weißen Wolken am Himmel der Touraine hinzutraten.

Schließlich wurde Madame Willemsens von einem Arzt dazu verurteilt, ihr Schlafzimmer nicht mehr zu verlassen. Es wurde jeden Tag mit den Blumen geschmückt, die sie besonders gern hatte, und ihre Kinder blieben immer bei ihr. In den ersten Novembertagen spielte sie zum letztenmal Klavier. Über dem Instrument hing eine Schweizer Landschaft. Neben dem Fenster hockten die beiden Kinder; sie sah ihre aneinanderlehnenden Köpfe. Ihre Blicke wanderten jetzt von den Kindern zu der Landschaft und von der Landschaft zu den Kindern. Ihr Gesicht rötete sich; leidenschaftlich eilten ihre Finger über die Elfenbeintasten. Das war ihr letzter Festtag, ein Fest, von dem niemand etwas merkte, ein Fest, das in den Tiefen ihres Innern vom guten Geist der Erinnerungen begangen wurde. Der Arzt kam und wies sie an, im Bett zu bleiben. Dieser erschreckende Urteilsspruch wurde von der Mutter und den beiden Söhnen mit einem fast stumpfsinnigen Schweigen aufgenommen.

Als der Arzt gegangen war, sagte sie: »Louis, führe mich auf die Terrasse, ich möchte noch einmal mein Land sehen.«

Auf dieses schlicht hingesprochene Wort hin reichte der Junge der Mutter den Arm und führte sie bis zur Mitte der Terrasse. Von dort aus richteten ihre Augen sich, vielleicht unwillkürlich, mehr auf den Himmel als auf die Erde; aber es wäre in dieser Minute schwer zu entscheiden gewesen, wo das schönere Landschaftsbild zu finden war, denn die Wolken stellten von ungefähr die majestätischsten Alpengletscher dar. Ihre Stirn zog sich krampfhaft zusammen, ihre Augen drückten Schmerzen und Gewissensbisse aus; sie ergriff die beiden Hände ihrer Kinder und legte sie sich auf das heftig pochende Herz: »Vater und Mutter unbekannt!« und warf ihnen einen tiefen Blick zu. »Ihr armen Engel! Was soll aus euch werden? Und wenn ihr zwanzig seid: welch strenge Rechenschaft werdet ihr dann über mein Leben und das eure verlangen?«

Sie stieß die Kinder von sich, stützte sich mit beiden Ellbogen auf die Balustrade, verbarg das Antlitz in den Händen und blieb für eine Weile mit sich selbst allein, wie aus Furcht, gesehen zu werden. Als sie aus ihrer Schmerzversunkenheit erwachte, sah sie, daß Louis und Marie rechts und links von ihr knieten wie zwei Engel; beide lächelten sanft zu ihr auf.

»Daß ich doch dieses Lächeln mit mir nehmen könnte!« sagte sie und trocknete ihre Tränen.

Sie ging hinein und legte sich zu Bett; sie sollte es erst wieder verlassen, als sie in den Sarg gebettet wurde.

Acht Tage vergingen, acht Tage, von denen einer wie der andere war. Die alte Annette und Louis blieben die Nacht über abwechselnd bei Madame Willemsens; ihre Augen hingen an denen der Kranken. In jeder Stunde vollzog sich das tief tragische Drama, das sich in jeder Familie ereignet, wenn befürchtet wird, jeder allzu starke Atemzug einer geliebten Kranken könne der letzte sein. Am fünften Tag dieser Woche tat der Arzt die Blumen in Acht und Bann. Die Illusionen des Lebens schwanden eine nach der anderen hin.

Seit jenem Tag brannten Marie und seinem Bruder die Lippen, wenn sie die Mutter auf die Stirn geküßt hatten. Am Samstagabend schließlich konnte Madame Willemsens kein Geräusch mehr ertragen; ihr Schlafzimmer mußte unaufgeräumt bleiben. Dieses Ausfallen der Betreuung war der Beginn der Agonie für diese elegante, in alles Anmutige verliebte Frau. Louis wollte nicht mehr von der Seite seiner Mutter weichen. Während der Nacht zum Sonntag, beim Schein einer Lampe und inmitten der tiefsten Stille, sah Louis, der die Mutter eingeschlummert glaubte, wie sie mit weißer, feuchter Hand den Bettvorhang zurückschob.

»Mein Junge«, sagte sie.

Dem Tonfall der Sterbenden wohnte etwas so Feierliches inne, daß seine aus einer tief erregten Seele kommende Macht sich auf das Kind geradezu gewalttätig auswirkte; Louis verspürte im Knochenmark eine maßlose Hitze.

»Was möchtest du, liebe Mutter?«

»Hör mich an. Morgen ist für mich alles zu Ende. Dann sehen wir uns nicht mehr. Morgen bist du ein Mann, mein Kind. Ich bin also gezwungen, einige Anordnungen zu treffen, die zwischen uns beiden ein Geheimnis bleiben müssen. Gut denn! Mach das Schubfach auf. Du findest darin auf der linken Seite zwei versiegelte Umschläge. Auf dem einen steht ›Louis‹, auf dem anderen ›Marie‹.«

»Hier sind sie, Mutter.«

»Mein geliebter Sohn, dies sind eure beiden Geburtsurkunden: ihr werdet sie brauchen. Du gibst sie meiner armen alten Annette zur Aufbewahrung; sie händigt sie euch ein, wenn ihr sie nötig habt. – Und jetzt«, fuhr sie fort, »liegt dort nicht auch noch ein Blatt, auf das ich ein paar Zeilen geschrieben habe?«

»Ja, Mutter.«

Und Louis begann vorzulesen: »Marie Willemsens, geboren in ...«

»Genug«, sagte sie rasch. »Lies nicht weiter. Wenn ich tot bin, mein Sohn, übergibst du auch dieses Blatt Annette, und du sagst ihr, sie solle es im Bürgermeisteramt von Saint-Cyr abgeben; dort soll es zur richtigen Abfassung meiner Sterbeurkunde dienen. Und jetzt nimm alles zur Hand, was zum Schreiben eines Briefes erforderlich ist; ich will ihn dir diktieren.«

Als sie sah, daß ihr Sohn bereit war, und als er sich lauschend zu ihr hinwandte, sagte sie mit ruhiger Stimme:

»Herr Graf, Ihre Frau, Lady Brandon, ist in Saint-Cyr bei Tours, Département Indre-et-Loire, gestorben. Sie hat Ihnen verziehen. – Unterschreib ...«

Sie hielt inne, unentschlossen, erregt.

»Hast du stärkere Schmerzen?« fragte Louis.

»Unterschreib: Louis-Gaston!«

Sie seufzte; dann sprach sie weiter: »Versiegle den Brief, und schreib darauf folgende Adresse: ›An Lord Brandon, Brandon-Square, Hyde Park. London. England.‹«

»Gut«, fuhr sie fort. »An meinem Todestag gibst du diesen Brief in Tours zur Post.«

»Jetzt«, sagte sie nach einer Pause, »nimm die kleine Brieftasche, du kennst sie ja, und setz dich zu mir, liebes Kind.«

»Es sind darin«, sagte sie, als Louis sich wieder gesetzt hatte, »zwölftausend Francs. Ja, sie gehören euch, leider! Ihr könntet sehr viel reicher sein, wenn nicht euer Vater ...«

»Mein Vater?« rief der Junge. »Wo ist er denn?«

»Tot«, sagte sie und legte einen Finger auf die Lippen, »gestorben, um mir die Ehre und das Leben zu retten.«

Sie hob die Augen zum Himmel auf. Sie hätte geweint, wenn sie für das, was sie gelitten, noch Tränen gehabt hätte.

»Louis«, fuhr sie fort, »schwör mir hier, an meinem Sterbelager, daß du alles, was du geschrieben hast und was ich dir gesagt habe, vergessen wirst.«

»Ja, Mutter.«

»Küß mich, lieber Engel.«

Sie machte eine lange Pause, als wolle sie aus Gott Mut schöpfen und ihre Worte nach den Kräften bemessen, die ihr verblieben waren.

»Hör zu. Jene zwölftausend Francs sind euer ganzes Vermögen; du mußt sie an dich nehmen; denn wenn ich tot bin, kommen Leute vom Gericht und schließen hier alles zu. Nichts gehört euch hier dann mehr, nicht mal eure Mutter! Und es bleibt euch nichts übrig, ihr armen Waisen, als auf und davon zu gehen, Gott weiß, wohin. Für Annettes Zukunft habe ich gesorgt. Sie bekommt jährlich hundert Taler und wird wahrscheinlich in Tours bleiben. Aber was fangen du und dein Bruder an?«

Sie richtete sich auf und blickte ihren furchtlosen Sohn an, der, Schweißtropfen auf der Stirn, blaß vor Erregung, die Augen halb von Tränen verschleiert, vor ihrem Bett stand.

»Mutter«, sagte er, und seine Stimme klang tief, »ich habe darüber nachgedacht. Ich bringe Marie aufs Gymnasium in Tours. Ich gebe der alten Annette zehntausend Francs und sage ihr, sie solle sie sicher anlegen und über meinen Bruder wachen. Mit den hundert Louis, die dann noch bleiben, reise ich nach Brest und schiffe mich als Seekadett ein. Während Marie zur Schule geht, bringe ich es bis zum Leutnant zur See. Kurzum: du kannst beruhigt sterben, liebe Mutter: ich werde reich, ich lasse unseren Kleinen die Ecole Polytechnique beziehen, oder ich lasse ihn werden, was er will.«

Ein Freudenstrahl leuchtete in den halb erloschenen Augen der Mutter auf, zwei Tränen entrannen ihnen und rollten über ihre glühenden Wangen; dann entrang sich ihren Lippen ein tiefer Seufzer, und sie wäre fast am Übermaß der Freude gestorben, in dem unvermittelt zum Mann gereiften Sohn die Seele des Vaters wiederzufinden.

»Himmlischer Engel«, sagte sie weinend, »du hast durch das, was du sagtest, alle meine Schmerzen ausgelöscht. Oh, ich kann leiden! – Dies ist mein Sohn«, fuhr sie fort, »ich habe ihn geboren, ich habe ihn großgezogen, diesen Mann!«

Und sie hob die Hände in die Luft und schlang sie ineinander, gleich als wolle sie einer grenzenlosen Freude Ausdruck geben; dann legte sie sich wieder nieder.

»Mutter, du wirst ja ganz bleich!« rief der Junge.

»Es soll ein Priester geholt werden«, antwortete sie mit ersterbender Stimme.

Louis weckte die alte Annette; ganz erschrocken eilte sie zum Pfarrhaus von Saint-Cyr.

Im Lauf des Vormittags empfing Madame Willemsens die Sterbesakramente unter den rührendsten Zurüstungen. Ihre Kinder, Annette und die Familie des Rebbergbetreuers, schlichte Menschen, die schon der Familie beigezählt wurden, waren niedergekniet. Das silberne Kreuz, das ein bescheidener Chorknabe, ein Chorknabe aus dem Dorf, hergetragen hatte, ragte vor dem Bett auf, und ein alter Priester reichte der sterbenden Mutter das Viatikum. Viatikum, Wegzehrung! Ein erhabenes Wort, und eine Vorstellung, die noch erhabener ist als das Wort; einzig die apostolische Religion der römischen Kirche kennt sie.

»Diese Frau hat viel gelitten!« sagte der Pfarrer in seiner schlichten Ausdrucksweise.

Marie Willemsens vernahm nichts mehr; aber ihre Augen blieben auf ihren beiden Kindern haften. Alle waren im Bann des Schreckens und horchten in tiefster Stille auf die Atemzüge der Sterbenden, die schon langsamer wurden. Dann verkündete in Abständen ein tiefer Seufzer, daß noch Leben in ihr sei; er zeugte von einem inneren Kampf. Endlich atmete die Mutter nicht mehr. Alle zerschmolzen in Tränen, nur Marie nicht. Der arme Junge war noch zu klein; er begriff nicht, was der Tod ist. Annette und die Frau des Rebbergbetreuers schlossen dem anbetungswürdigen Geschöpf die Augen; seine Schönheit war jetzt in all ihrem Glanz wiedergekehrt. Sie schickten alle hinaus, trugen die Möbelstücke aus dem Schlafzimmer, hüllten die Tote ins Leichentuch, betteten sie, steckten rings um das Bett Kerzen an, stellten das Weihwasserbecken, den Buchsbaumzweig und das Kruzifix auf, wie es in der Gegend Brauch war, stießen die Fensterläden, zogen die Bettvorhänge auf; später kam dann der Vikar und verbrachte mit Louis, der keinesfalls die Mutter verlassen wollte, die Nacht in Gebeten. Am Dienstagmorgen fand das Begräbnis statt. Die alte Frau und die beiden Söhne, begleitet von der Frau des Rebbergbetreuers, folgten als einzige der Leiche einer Frau, deren Geist, Schönheit und Güte einen europäischen Ruf gehabt hatten und über deren Leichenzug in London pompös in den Zeitungen berichtet worden wäre, als über eine Art aristokratischer Feierlichkeit, wenn sie nicht das holdeste aller Verbrechen begangen hätte, ein Verbrechen, das auf dieser Erde immer bestraft wird, damit alle diese Engel, denen vergeben worden ist, in den Himmel eingehen. Als die Erde auf den Sarg seiner Mutter geworfen wurde, weinte Marie; jetzt hatte er begriffen, daß er sie nie wiedersehen werde.

Ein schlichtes Holzkreuz auf dem Grab trug folgende, von dem Pfarrer von Saint-Cyr verfaßte Inschrift:

HIER RUHT
EINE UNGLÜCKLICHE,
GESTORBEN IM ALTER
VON SECHSUNDDREISSIG JAHREN.
IM HIMMELREICH HEISST SIE AUGUSTA.
BETET FÜR SIE!

Als alles vorüber war, gingen die beiden Knaben nach der Grenadière und warfen einen letzten Blick auf die Wohnstatt; dann nahmen sie einander an der Hand und schickten sich an, sie zusammen mit Annette zu verlassen; alles wurde dem Rebberghüter anvertraut; er erhielt auch den Auftrag, der Justiz Auskünfte zu erteilen.

Dann erst rief die alte Wirtschafterin Louis nach den Stufen des Brunnens, zog ihn beiseite und sagte zu ihm: »Monsieur Louis, hier ist Madames Ring!«

Der Junge weinte; es ging ihm nahe, ein lebendiges Andenken an seine tote Mutter zu erhalten. In seiner jungen Kraft hatte er nicht an diesen letzten Liebesdienst gedacht. Er küßte die alte

Frau auf beide Wangen. Dann schlugen alle drei den Hohlweg ein, stiegen den Hang hinab und gingen nach Tours, ohne sich noch einmal umzuwenden.

»Hierher ist Mama immer gegangen«, sagte Marie, als sie zur Brücke gelangten.

Annette hatte eine alte Kusine, eine ehemalige Näherin, die sich in Tours, in der Rue de la Guerche, zur Ruhe gesetzt hatte. Sie brachte die beiden Jungen in das Haus dieser Verwandten, mit der sie fortan zusammen zu leben gedachte. Aber Louis legte ihr seine Pläne dar und übergab ihr Maries Geburtsurkunde und die zehntausend Francs; dann brachte er, begleitet von der alten Wirtschafterin, den Bruder am anderen Tag zum Collège. Er setzte dem Schulleiter in knappen Worten die Lage auseinander, verabschiedete sich dann und ließ sich von dem Bruder bis zur Tür geleiten. Dort erteilte er ihm feierlich die liebevollsten Ratschläge und wies ihn darauf hin, daß er künftig ganz allein in der Welt dastehe; und nachdem er ihn eine Weile betrachtet hatte, küßte er ihn, schaute ihn noch einmal an, wischte sich eine Träne ab, ging und wandte sich mehrmals um, weil er den Bruder, der in der Tür der Schule stehen geblieben war, bis zum letzten Augenblick sehen wollte.

Einen Monat später war Louis-Gaston Kadett an Bord eines Kriegsschiffs und verließ die Reede von Rochefort. Er stützte sich auf das Schanzwerk der Korvette ›Iris‹ und sah nach der Küste Frankreichs hinüber, die schnell zurückwich und sich in der bläulichen Linie des Horizontes auflöste. Bald war er allein und verloren mitten im Ozean, wie er es auch in Welt und Leben war.

»Nicht weinen, junger Mann! Es gibt für jedermann einen Gott«, sagte mit seiner bärbeißigen, zugleich rauhen und gutmütigen Stimme ein alter Matrose zu ihm.

Der Junge dankte dem Mann mit einem Blick voller Stolz. Dann senkte er den Kopf und schickte sich in das Leben auf See. Er trug die Verantwortung eines Vaters.

Anmerkungen

Die Grenadière

1 Kleine Stadt von 9000 Einwohnern an der Brenne, Département Indre-et-Loire, in der Nähe von Tours.

2 Juniperus sabina.

3 Glycyrrhiza (Lakritzenwurzel).

4 Jasminum azoricum, eine weiß blühende, stark duftende, rankende Jasminart.

5 Altes Längenmaß, 1,95 m.

6 Mit der Loire, ehe er in sie einmündet, parallel strömender Fluß, nach dem das gleichnamige Département benannt worden ist. Hauptstadt Bourges.

7 Berühmter Diamant der französischen Krone, 136 Karat schwer, 1717 von dem Regenten Philipp von Orléans gekauft.

8 Valentin Jamaray Duval (1695–1775), Gelehrter, Autodidakt, hütete als Zehnjähriger Truthähne bei einem Pächter, der ihn wegen eines Schelmenstreichs mitten in dem strengen Winter von 1709 hinauswarf. Er lebte von Almosen bis zu dem Tage, da der englische Rechtsgelehrte Forster und dann Herzog Leopold von Lothringen sich für ihn interessierten und auf seine Bildung bedacht waren. Seine Neigungen trieben ihn zur Archäologie, und er widmete sich der Numismatik. Er folgte dem Herzog Leopold zunächst nach Florenz, dann nach Wien, als Leopold Kaiser geworden war. Er starb als Konservator des kaiserlichen Antikenkabinetts.

9 La Courtille ist ein Pariser Stadtteil, der zu der ehemaligen Gemeinde Belleville gehört. Seine Beliebtheit geht bis ins 18. Jahrhundert zurück; sie beruhte auf den Schenken mit kleinen Gärten und Lauben, in denen die Pariser es sich wohl sein ließen, vor allem in der Nacht vom Fastnachtsdienstag zum Aschermittwoch. Der Rückmarsch der maskierten und verkleideten Zecher auf der Straße nach Paris, der sechs Stunden dauerte, war zwischen 1840 und 1845 berühmt; er hieß ›La descente de la Courtille‹.

10 Höhere Bildungsanstalt für Artillerieoffiziere und Ingenieure.

Biographische Notizen über die Romangestalten

Die Grenadière

BRANDON, Marie-Augusta Willemsens, Lady, wurde während ihres Aufenthalts in der Grenadière 1820 um die Zeit, da Mme de Mortsauf starb, von Félix de Vandenesse besucht; sie beauftragte ihn mit einer Botschaft an Lady Dudley (›Die Lilie im Tal‹).

GASTON, Louis, geboren 1805, wurde Schiffskapitän in Diensten einer amerikanischen Republik, gelangte zu Reichtum, heiratete in Westindien eine Engländerin und starb dort zu Beginn der Regierungszeit Louis-Philippes (›Memoiren zweier Jungvermählter‹).

GASTON, Marie, geboren 1810, verließ 1827 das Collège zu Tours; in seinen literarischen Anfängen wurde er von Daniel d'Arthez protegiert. Seine Schönheit und seine Begabung machten 1831 großen Eindruck auf Louise de Chaulieu, die Witwe des Barons de Macumer; sie heiratete ihn 1833 und zog sich mit ihm nach Ville-d'Avray zurück. Sie waren glücklich, bis seine Frau auf Grund unzutreffender Indizien seine Treue anzweifelte und aus Kummer in den Tod ging.

Die Verlassene

Übertragung von Ernst Sander

Die Novelle ›La Femme abandonnée‹ entstand in Angoulême, aber nicht, wie Balzac angibt, im September 1832 (denn in jenem Monat weilte er bereits in Aix-les-Bains, wo er sich mit Mme de Castries traf), sondern höchstwahrscheinlich schon im August. Der Erstabdruck erfolgte am 9. und 16. September 1832 in der ›Revue de Paris‹. 1833 wurde sie in den II. Band der ›Szenen aus dem Privatleben‹ eingefügt, der, vordatiert auf 1834, im Dezember erschien. 1843 gliederte Balzac sie den ›Szenen aus dem Privatleben‹ der ›Menschlichen Komödie‹ ein. Das kleine Werk ist der Herzogin von Abrantès gewidmet; die Widmungsformel ist datiert ›August 1835‹.

Die Herzogin von Abrantès, geborene Laure Permon (1784–1838), war die Witwe des Generals Junot, Herzogs von Abrantès (1771–1813; er war während des ersten Italienfeldzugs Napoleons Adjutant gewesen, hatte den Ägyptenfeldzug mitgemacht, 1807 Lissabon erobert und später in einem Wahnsinnsanfall Selbstmord begangen). Die Herzogin hatte sich nach Napoleons Sturz den Bourbonen angeschlossen und ansehnliche Unterstützungen erhalten, die sie vergeudete, so daß sie schließlich, in Versailles, in ärmlichen Bohèmeverhältnissen starb. Sie behauptete, in mütterlicher Linie von der byzantinischen Kaiserfamilie der Komnenen abzustammen. Da sie zur engsten Umgebung Napoleons gehört hat, sind ihre vielbändigen, lebendig schildernden Memoiren von Wert. Zu ihnen hat Balzac sie angeregt; er hat sie auch überarbeitet. Balzac hatte die Herzogin 1825 in Versailles kennengelernt; daraus entwickelte sich eine stürmische, an Zerwürfnissen und Versöhnungen reiche Liebschaft. Die gesellschaftlichen Beziehungen der Herzogin sind ihm zugute gekommen. Er vertrat ihre Rechte bei den Verlegern; sie scheint ihm diesen und jenen Stoff erzählt zu haben, vermutlich auch den von ›Eine dunkle Begebenheit‹.

Im Jahre 1822, zu Frühlingsbeginn, schickten die Pariser Ärzte einen jungen Mann in die Nieder-Normandie, der sich damals auf dem Weg der Genesung von einer Fiebererkrankung befand; er hatte sie sich wohl durch übertriebene geistige Arbeit oder durch ausschweifende Lebensweise zugezogen. Seine Wiederherstellung erforderte völlige Ruhe, leichte Nahrung, kühle Luft und die absolute Ausschaltung von Aufregungen. Die fruchtbaren Landstriche des Bessin[1] und das farblose Provinzdasein schienen seiner Gesundung günstig. Er kam nach Bayeux, einer hübschen, zwei Meilen von der See entfernt gelegenen Stadt, und zwar zu einer seiner Kusinen; sie empfing ihn mit der Herzlichkeit, die zurückgezogen lebenden Menschen eigentümlich ist, Menschen, für die das Eintreffen eines Verwandten oder Bekannten ein Glück bedeutet.

Abgesehen von einigen Gebräuchen sind alle Kleinstädte einander ähnlich. Nachdem der junge Pariser, der Baron Gaston de Nueil, mehrere Abende bei seiner Kusine Madame de Saint-Sévère oder bei den Leuten verbracht hatte, die ihren Umgang bildeten, hatte er bald diejenigen Menschen kennengelernt, die für jene exklusive Gesellschaft die ganze Stadt repräsentierten. Gaston de Nueil erblickte in ihnen das unveränderliche Personal, das mit Beobachtungskraft Begabte in den zahlreichen Hauptorten jener alten Staaten zu finden vermögen, aus denen das einstige Frankreich sich zusammensetzte.

Da war zunächst die Familie, von deren Adel fünfzig Meilen weiter niemand wußte; im Département jedoch galt er als unbestreitbar von höchster Altertümlichkeit. Diese Art »königlicher Familie« im Miniaturformat hängt, ohne daß man es vermuten sollte, durch Versippung mit den Navarrein, den Grandlieu zusammen, reicht bis zu den Cadignan und hält an den Blamont-Chauvry fest. Das Haupt dieses illustren Geschlechts ist stets ein gewaltiger Jäger. Als ein Mensch ohne Lebensart erdrückt er alle Welt durch die Überlegenheit seines Namens; er duldet den Unterpräfekten, wie er sich den Steuern fügt; er erkennt keine einzige der neuen Gewalten an, die das neunzehnte Jahrhundert geschaffen hat, und weist darauf hin, es sei eine politische Monstruosität, daß der Premierminister nicht von Adel sei. Seine Frau hat eine schneidende Stimme, spricht laut, hat Verehrer gehabt, entledigt sich regelmäßig ihrer österlichen Pflichten; ihre Töchter erzieht sie schlicht, da sie meint, ihr Name bedeute genug an innerem und äußerem Reichtum. Beide Ehepartner haben keine Ahnung vom heutigen Luxus: sie behalten die Theaterlivreen bei, sie legen Wert auf die alten Formen von

Tafelsilber, Möbeln und Wagen, und ebenso von Gepflogenheiten und Ausdrucksweise. Dieses alte Gepränge paßt übrigens recht gut zu der in der Provinz herrschenden Sparsamkeit. Kurzum: es handelt sich um Edelleute alten Stils, nur daß sie keine Verkaufsgebühren an den Territorialherrn zu zahlen brauchen und keine Meute und keine mit Borten besetzten Fräcke mehr haben; untereinander erweisen sie sich die Ehre, und sie hängen an Fürstlichkeiten, die sie nur aus der Ferne zu sehen bekommen. Eine solche historische Familie incognito bewahrt die Originalität eines antiken Wandteppichs mit eingewirkten Figuren. Unfehlbar vegetiert in der Familie noch ein Onkel oder ein Bruder, ein Generalleutnant mit rotem Ordensband, ein Hofmann, der mit dem Marschall de Richelieu nach Hannover[2] gegangen ist und der wie ein herausgerissenes Blatt aus einem alten Pamphlet der Zeit Ludwigs XV. wirkt.

Dieser fossilen Familie steht eine andere, reichere gegenüber, die indessen von jüngerem Adel ist. Mann und Frau verleben zwei Wintermonate in Paris und bringen von dort den oberflächlichen Ton und die schnell vorübergehenden Liebeshändel mit heim. Madame ist elegant, aber ein bißchen aufgeblasen und stets hinter der Mode zurück. Immerhin mokiert sie sich über die von ihren Nachbarn zur Schau getragene Rückständigkeit; ihr Tafelsilber ist modern; sie hat Grooms, Neger und einen Kammerdiener. Ihr ältester Sohn hat ein Tilbury und tut nichts; er hat ja ein Majorat; der jüngere ist Beisitzer im Staatsrat. Der Vater ist sehr auf dem laufenden über Ränke im Ministerium und erzählt Anekdoten über Ludwig XVIII. und Madame du Cayla[3]; er legt sein Geld in fünfprozentigen Staatspapieren an, vermeidet Gespräche über die Cidresorten[4], verfällt jedoch manchmal der Manie, sich kritisch über die im Département angesammelten Vermögen zu äußern; er ist Mitglied des Generalrats, läßt bei einem Pariser Schneider arbeiten und trägt das Kreuz der Ehrenlegion. Kurzum: dieser Edelmann hat die Restauration begriffen und schlägt bare Münze aus der Abgeordnetenkammer; aber sein Royalismus ist weniger vollkarätig als der der Familie, mit der er rivalisiert. Er hält die ›Gazette‹[5] und die ›Débats‹[6]. Die andere Familie liest ausschließlich die ›Quotidienne‹[7].

Monseigneur der Bischof, ein ehemaliger Generalvikar, pendelt zwischen diesen beiden Machtgruppen hin und her; sie erweisen ihm die Ehren, die der Religion gebühren, aber lassen ihn dabei manchmal die Moral spüren, mit der der gute La Fontaine seine Fabel vom ›Reliquienbeladenen Esel‹[8] abschließt. Der wackere Mann ist nämlich ein Bürgerlicher.

Dann kommen die Sterne zweiter Ordnung, die Edelleute, die zehn- bis zwölftausend Francs Zinsen zu verzehren haben und Kapitäne zur See, Rittmeister oder überhaupt nichts gewesen sind. Wenn sie zu Pferde unterwegs sind, halten sie die Mitte zwischen einem Pfarrer, der die Sakramente mit sich führt, und einem Steuerkontrolleur auf der Rundreise. Fast alle sind im Pagenkorps oder bei den Musketieren gewesen, und nun vollenden sie friedlich ihre Lebenstage mit der Bewirtschaftung ihrer Güter und kümmern sich mehr um einen Holzschlag oder ihren Zider als um die Monarchie. Indessen reden sie zwischen zwei Whistrubbern oder während einer Tricktrack-Partie über die Verfassung und die Liberalen, nachdem sie zuvor Mitgiften berechnet und im Zusammenhang mit den Stammbäumen, die sie auswendig wissen, Ehen in die Wege geleitet haben. Ihre Frauen spielen die Stolzen und machen in ihren Korbwägelchen Gesichter, als gehörten sie dem Hof an; sie glauben, glänzend gekleidet zu sein, wenn sie sich mit einem Schal und einer Haube ausstaffiert haben; sie kaufen sich jährlich zwei Hüte, aber erst nach reiflicher Überlegung, und lassen sie sich, wenn die Gelegenheit sich bietet, aus Paris mitbringen; im allgemeinen sind sie tugendhaft und geschwätzig.

Um diese Hauptbestandteile der Aristokratie gruppieren sich ein paar alte, adlige Jungfern, die das Problem, den Menschen zu etwas Unbeweglichem zu machen, gelöst haben. Sie scheinen in den Häusern, in denen man sie trifft, gerichtlich versiegelt worden zu sein: ihre Gesichter, ihre Toiletten scheinen ein Teil des Gebäudes, der Stadt, der Provinz zu sein; sie bilden deren Tradition, Gedächtnis und Geist. Alle haben etwas Steifes und Monumentales; sie wissen im rechten Augenblick zu lächeln und den Kopf zu schütteln, und dann und wann äußern sie etwas, das als geistreich gilt.

Ein paar reiche Bürger haben sich in dieses kleine Faubourg

Saint-Germain eingeschlichen, und zwar dank ihrer aristokratischen Anschauungen und ihres Vermögens. Aber ungeachtet ihrer vierzig Jahre heißt es dort von ihnen: »Dieser kleine Soundso denkt anständig!« Und aus denen werden dann Abgeordnete gemacht. Im allgemeinen werden sie von den alten Jungfern protegiert; aber darüber wird geredet.

Schließlich haben noch zwei oder drei Geistliche zu dieser Elitegesellschaft Zutritt, entweder ihrer Stola wegen oder weil sie Geist besitzen und die Adligen, die sich unter sich langweilen, das bürgerliche Element in ihre Salons einführen, wie ein Bäcker in seinen Teig Hefe mischt.

Die Summe der in diesen Köpfen angesammelten Intelligenz besteht aus einem gewissen Quantum alter Ideen, in die sich einige neue Gedanken mischen; das wird dann allabendlich durcheinandergerührt. Wie das Wasser in einer kleinen Bucht haben diese Ideen jeden Tag ihre Ebbe und Flut, ihre immergleichen, andauernden Gegenströmungen: wer heute das leere Geplätscher hört, der wird es morgen, in einem Jahr, immer und ewig hören. Ihre Urteile über die Dinge dieser Welt bilden ein traditionelles Wissen, dem auch nur einen Tropfen Geist hinzuzufügen in niemandes Macht steht. Das Leben dieser Gewohnheitsmenschen kreist in einer Sphäre von Gepflogenheiten, die ebenso unwandelbar sind wie ihre politischen, religiösen, moralischen und literarischen Anschauungen.

Wird einem Fremden der Zutritt zu diesem Kreis gestattet, so sagt jeder ihm nicht ohne eine gewisse Ironie: »Hier finden Sie bestimmt nicht den Glanz Ihrer Pariser Gesellschaft!«, und jeder zieht über das Dasein seiner lieben Nächsten her und sucht dadurch den Glauben zu erwecken, er bilde eine Ausnahme innerhalb dieser Menschen und er habe erfolglos versucht, sie zu renovieren. Aber wenn unseligerweise der Fremde durch irgendeine Bemerkung die Meinung bekräftigt, die diese Leute voneinander haben, gilt er sogleich für einen schlechten Kerl ohne Treu und Glauben, für einen verderbten Pariser, »wie das ja im Grunde alle Pariser sind«.

Als Gaston de Nueil in dieser kleinen Welt auftauchte, in der die Etikette auf das vollkommenste beobachtet wurde, in der alle Lebensdinge im Einklang standen, in der alles klar zutage lag, in der die Werte adliger Abkunft und adligen Territorialbesitzes notiert wurden wie die Börsenpapiere auf den letzten Seiten der Zeitungen, war er schon im voraus auf den unfehlbaren Waagschalen der öffentlichen Meinung von Bayeux abgewogen worden. Seine Kusine Madame de Saint-Sévère hatte die Höhe seines Vermögens und seine Erbschaftsaussichten mitgeteilt, seinen Stammbaum vorgelegt, seine Kenntnisse, seine Höflichkeit und Bescheidenheit gerühmt. Er wurde so aufgenommen, wie er es im strengsten Sinn beanspruchen konnte, als ein guter Edelmann, ganz zwanglos, da er ja erst dreiundzwanzig Jahre alt war; aber gewisse junge Damen und ein paar Mütter machten ihm schöne Augen. Er besaß im Auge-Tal[9] ein Gut, das achtzehntausend Francs Einkünfte abwarf; und sein Vater mußte ihm über kurz oder lang Schloß Manerville mit allem, was damit zusammenhing, hinterlassen. Was seine Bildung, seine politische Zukunft, seinen persönlichen Wert, seine Talente betraf, so war davon nicht einmal die Rede. Sein Landbesitz war in gutem Zustand, die Pachtgelder stellten sichere Einnahmen dar; vorzügliche Plantagen waren angelegt worden; Reparaturen und Steuern gingen zu Lasten der Pächter, die Apfelbäume waren achtunddreißig Jahre alt; überdies war sein Vater drauf und dran, zweihundert Morgen Waldbestand zu kaufen, die an seinen Park grenzten; er wollte ihn mit Mauern umgeben: keine Hoffnung auf einen Ministersessel, keine menschliche Berühmtheit konnten gegen solche Vorzüge ankämpfen. Entweder aus Bosheit oder aus Berechnung hatte Madame de Saint-Sévère Gastons älteren Bruder unerwähnt gelassen, und auch Gaston hatte über ihn kein Wort verloren. Denn jener Bruder war schwindsüchtig, und es hatte den Anschein, als würde er bald begraben, beweint und vergessen sein. Gaston de Nueil hatte sich anfangs über diese Leute amüsiert; er hatte sich sozusagen all diese Gesichter in der würzigen Wahrheit ihrer eckigen, krummen, faltigen Züge, in der spaßhaften Eigenart ihrer Gewandung, ihrer Marotten in sein Skizzenbuch gezeichnet; er hatte sich an den ›Normanismen‹ ihres Idioms ergötzt, an der Abgegriffenheit ihrer Ideen und Charaktere. Aber nachdem er eine Weile dieses Dasein zu seinem eigenen gemacht hatte – es glich dem der Eichhörnchen, die ihren Käfig drehen –, verspürte er das Fehlen der Widerstände in diesem von vornherein stehengebliebenen Leben, das wie das der in einem Kloster vergrabenen Mönche war, und verfiel in eine Krisis, die vorerst noch weder Langeweile noch Ekel ist, aber deren Auswirkungen nahezu sämtlich in sich beschließt. Nach den leichten Leiden dieses Übergangsstadiums vollzieht sich für das Individuum das Phänomen der Verpflanzung in ein Gelände, für das es nicht geschaffen ist, wo es verkümmern und ein rachitisches Leben führen muß. Wirklich, wenn es nichts aus dieser Welt herauszieht, übernimmt es unmerklich deren Gewohnheiten, gewöhnt sich an ihre Leere, und sie bemächtigt sich seiner und löscht es aus. Schon hatten sich Gastons Lungen an diese Atmosphäre gewöhnt. Er war geneigt, den sorglos und gedankenlos hingebrachten Tagen eine Art pflanzlichen Glücks zuzuerkennen; er begann die Erinnerung an das Kreisen der Säfte, an die ständige Befruchtung der Geister zu verlieren, der er sich in der Pariser Sphäre so eifrig hingegeben hatte; er war drauf und dran, unter Versteinerungen zu versteinern, immer dort zu bleiben, wie die Gefährten des Odysseus, zufrieden mit einem wohlgefüllten Magen. Eines Abends saß Gaston de Nueil zwischen einer alten Dame und einem der Generalvikare der Diözese in einem Salon mit grau getünchtem Getäfel und großen, weißen, quadratischen Fliesen; er war mit ein paar Familienbildnissen geschmückt, und es standen vier Spieltische darin, um die herum sechzehn Leute saßen und beim Whistspiel schwatzten. Als er so dasaß, an nichts dachte, sondern eins der erlesenen Abendessen verdaute, die in der Provinz den Höhepunkt des Tages bilden, ertappte er sich dabei, daß er die hier herrschenden Gepflogenheiten billigte. Er verstand, warum diese Leute sich immerfort der Karten bedienten, mit denen sie bereits am Vortage gespielt hatten, um sie auf abgenutzte Spielteppiche zu klopfen, und wieso sie dahin gelangten, sich weder für sich selber noch für andere gut anzuziehen. Er ahnte irgendeine Weisheit im einförmigen Schlendergang dieses Lebenskreislaufs, in der Ruhe dieser logischen Gewohnheiten und in der Ahnungslosigkeit von eleganten Dingen. Schließlich begriff er sogar beinahe die Nutzlosigkeit des Luxus. Die Stadt Paris mit ihren Leidenschaften, ihren Stürmen und Liebeslüsten dünkte ihn nur noch eine Kindheitserinnerung. Er bewunderte gutgläubig die roten Hände, die bescheidene, schüchterne Miene eines jungen Mädchens, dessen Gesicht ihm beim ersten Anblick dümmlich und dessen Bewegungen ihm anmutlos vorgekommen waren, als Gesamt abstoßend, und die Miene über die Maßen lächerlich. Das also war aus ihm geworden. Er war aus der Provinz nach Paris gekommen, und jetzt wäre er aus dem fiebererregenden Pariser Dasein in das kalte Provinzleben zurückgefallen, wäre nicht ein Satz an sein Ohr gedrungen und hätte jäh eine Erregung in ihm ausgelöst wie ein originelles Motiv im Orchesterpart einer langweiligen Oper.

»Haben Sie gestern nicht Madame de Beauséant besucht?« fragte eine alte Dame den Chef des sozusagen fürstlichen Hauses der Gegend.

»Heute morgen bin ich bei ihr gewesen«, antwortete er. »Sie war recht trübsinnig und so leidend, daß ich sie nicht dazu habe bringen können, morgen zum Abendessen zu uns zu kommen.«

»Mit Ihrer Frau?« rief die Witwe und bezeigte eine gewisse Überraschung.

»Mit meiner Frau«, sagte Monsieur de Champignelles ruhig. »Madame de Beauséant gehört schließlich dem Hause Burgund an. Freilich nur in weiblicher Linie; aber schließlich macht dieser Name alles weiß und rein. Meine Frau hat die Vicomtesse sehr gern, und die arme Dame ist schon so lange allein, daß ...«

Bei diesen letzten Worten sah der Marquis de Champignelles die ihm Zuhörenden und ihn prüfend Anschauenden ruhig und kühl an; aber es war nahezu unmöglich, sich darüber klar zu werden, ob er dem Unglück eine Konzession mache oder dem Adel der Madame de Beauséant, ob es ihm schmeichle, sie bei sich zu empfangen, oder ob er aus Stolz die Edelleute des Landes und ihre Frauen zwingen wolle, sie zu besuchen.

Sämtliche Damen schienen einander zu befragen, indem sie sich alle denselben Blick zuwarfen; und als dann im Salon urplötzlich die tiefste Stille eingetreten war, wurde ihre Haltung als ein Indiz der Mißbilligung betrachtet.

»Ist jene Madame de Beauséant zufällig die, deren Abenteuer mit Monsieur d'Ajuda-Pinto so viel Staub aufgewirbelt hat?« fragte Gaston die neben ihm sitzende Dame.

»Ja, eben die«, wurde ihm geantwortet. »Sie hat sich nach der Hochzeit des Marquis d'Ajuda in Courcelles niedergelassen; niemand empfängt sie hier. Übrigens ist sie intelligent genug, um das Schiefe ihrer Lage zu empfinden: daher hat sie gar nicht erst versucht, Kontakte aufzunehmen. Monsieur de Champignelles und ein paar andere Herren haben ihr einen Antrittsbesuch gemacht, aber sie hat einzig Monsieur de Champignelles empfangen, vielleicht, weil sie miteinander verwandt sind: sie sind durch die Beauséants verschwägert. Der alte Marquis de Beauséant hat eine Champignelles aus der älteren Linie geheiratet. Obwohl es heißt, die Vicomtesse de Beauséant entstamme dem Hause Burgund, werden Sie verstehen, daß wir hier eine von ihrem Mann geschiedene Frau nicht zulassen konnten. Das sind veraltete Vorurteile, an denen wir törichterweise noch festhalten. Die Vicomtesse hat mit ihren Eskapaden um so mehr unrecht gehabt, als Monsieur de Beauséant ein galanter Mann, ein Kavalier ist: er hätte sicherlich mit sich reden lassen. Aber seine Frau ist ein Tollkopf ...«

Monsieur de Nueil vernahm zwar die Stimme seiner Gesprächspartnerin, hörte ihr jedoch nicht mehr zu. Er stand im Bann von tausend phantastischen Vorstellungen. Gibt es einen anderen Ausdruck für die Anziehungskraft eines Abenteuers in dem Augenblick, da es der Einbildungskraft zulächelt, in dem Augenblick, da die Seele vage Hoffnungen empfängt, unerklärliche Glückseligkeiten vorausahnt, Befürchtungen, Geschehnisse, ohne daß vorerst etwas den Launen dieser Gaukelbilder Nahrung und Halt gäbe? Dann vollführt der Geist wilde Sprünge, plant Unmögliches und läßt die Beglückungen einer Leidenschaft aufkeimen. Aber vielleicht enthält der Keim der Leidenschaft sie bereits vollständig, gerade wie ein Samenkorn eine schöne Blume mit ihren Düften und reichen Farben enthält. Monsieur de Nueil hatte nicht gewußt, daß Madame de Beauséant sich nach einem Skandal in die Normandie zurückgezogen hatte, den die meisten Frauen ersehnen und verdammen, vor allem, wenn das Verführerische der Jugend und der Schönheit beinahe den Fehltritt rechtfertigen, der jenen Skandal ausgelöst hat. Es ist ein unbegreiflicher Zauber mit jeder Art von Berühmtheit verbunden, worauf auch immer sie beruhen möge. Anscheinend löscht für die Frauen, wie früher für die Adelsfamilien, der Ruhm eines Verbrechens dessen Schande aus. Gerade wie solch ein Geschlecht auf seine abgehauenen Köpfe stolz war, wird eine hübsche junge Frau, wenn sie in dem fragwürdigen Ruf einer glücklichen Liebschaft oder einer abscheulichen Treulosigkeit steht, nur desto anziehender. Je mehr ihr vorzuwerfen ist, desto mehr Sympathien erweckt sie. Erbarmungslos sind wir nur gegenüber vulgären Dingen, Gefühlen und Abenteuern. Was die Blicke auf sich lenkt, erscheint als groß. Tatsächlich, muß man sich nicht über andere erheben, um von ihnen gesehen zu werden? Die Masse empfindet unwillkürlich Hochachtung für alles, was groß geworden ist, ohne sich allzu sehr die Mittel und Wege zu vergegenwärtigen. In diesem Augenblick fühlte sich Gaston de Nueil zu Madame de Beauséant durch den geheimen Einfluß aller dieser Gründe hingezogen, oder vielleicht durch die Neugier, durch das Verlangen, seinem augenblicklichen Dasein einen Reiz hinzuzufügen, kurzum: durch eine Fülle von Beweggründen, die sich nicht ins Wort umsetzen lassen und für die häufig der Ausdruck ›Schicksal‹ herhalten muß. Urplötzlich war die Vicomtesse de Beauséant vor ihm aufgetaucht, und mit ihr eine Unzahl anmutiger Bildvorstellungen: sie war eine neue Welt; sicherlich gab es bei ihr vielerlei zu befürchten, zu erhoffen, zu bekämpfen, zu besiegen. Sie mußte etwas ganz anderes sein als die Leute, die Gaston in diesem schäbigen Salon beisammen sah; und zudem war sie eine Frau, und er war in dieser kalten Welt, in der die Berechnung an die Stelle der Gefühle getreten war, in der die Höflichkeit nur noch aus Pflichten bestand und in der die einfachsten Gedanken etwas allzu Verletzendes waren, um hingenommen oder geäußert zu werden, noch keiner wahren Frau begegnet. Madame de Beauséant erweckte in seiner Seele die Erinnerung an seine Jungmännerträume und seine glühendsten Leidenschaften, die für eine Weile eingeschlafen waren. Den Rest des Abends über war Gaston de Nueil zerstreut. Er überlegte Mittel und Wege, wie er sich bei Madame de Beauséant einführen lassen könne, und war sich gewiß, daß es keine gebe. Sie galt für überaus geistreich. Aber wenn Frauen von Geist sich durch besondere und kluge Dinge verlocken lassen können, dann sind sie anspruchsvoll und wissen alles zu erraten; und somit gibt es bei ihnen in dem schwierigen Unterfangen, ihr Wohlgefallen zu erregen, ebensoviel Möglichkeiten, den Kürzeren zu ziehen, wie Erfolg zu haben. Außerdem mußte die Vicomtesse mit der Zurückhaltung, die ihre Lage ihr auferlegte, die Würde verbinden, die ihr Name ihr anbefahl. Die tiefe Einsamkeit, in der sie lebte, schien die geringste der Schranken zu sein, die zwischen ihr und Welt und Gesellschaft bestanden. Für einen Unbekannten, und mochte er aus noch so guter Familie stammen, war es also nahezu unmöglich, Zutritt zu ihr zu erlangen. Dennoch lenkte Monsieur de Nueil am nächsten Morgen seine Schritte nach dem Schlößchen Courcelles und umwanderte mehrmals dessen Einfriedigung. Getäuscht von Illusionen, an die zu glauben in seinem Alter so natürlich ist, lugte er durch die Breschen oder über die Mauern hinweg, blickte gedankenvoll auf die geschlossenen Jalousien oder spähte zu denen hin, die offen waren. Er hoffte, um zu der Unbekannten zu gelangen, auf einen romanhaften Zufall, er erwog dessen Auswirkungen, ohne sich ihrer Unmöglichkeit bewußt zu werden. An mehreren Vormittagen unternahm er diesen Spazierweg; er blieb stets völlig fruchtlos; aber bei jedem Gang wurde diese Frau, die außerhalb von Welt und Gesellschaft stand, dies Opfer der Liebe, dies in der Einsamkeit begrabene Wesen, in seinen Gedanken immer größer und nistete sich in seiner Seele ein. So kam es, daß Gastons Herz vor Hoffnung und Freude höher schlug, wenn er beim Schreiten längs der Mauern von Courcelles zufällig den schweren Schritt eines Gärtners vernahm.

Er erwog zwar den Gedanken, an Madame de Beauséant zu schreiben; aber was soll man einer Frau sagen, die man nie gesehen hat und die einen nicht kennt? Überdies mißtraute Gaston sich selbst; ferner fürchtete er, wie alle jungen, noch von Illusionen erfüllten Menschen, mehr als den Tod die entsetzliche Verachtung, die im Schweigen liegt, und es durchschauerte ihn beim Überdenken der Aussicht, daß seine erste verliebte Prosa ins Feuer geworfen werden könne. Er war in tausend einander bekämpfende, gegensätzliche Gedanken verstrickt. Aber schließlich entdeckte er dadurch, daß er Chimären ersann, sich Romane ausdachte und sich den Kopf zerbrach, eine der Gelingen versprechenden Kriegslisten, die sich in der großen Menge der erträumten vorfinden und die auch der unschuldigsten Frau die Größe der Leidenschaft offenbaren, die ein Mann ihr entgegenbringt. Oftmals erschaffen die bizarren gesellschaftlichen Verhältnisse ebenso viele wirkliche Hindernisse zwischen einer Frau und deren Liebhaber, wie die orientalischen Dichter sie in den entzückenden Erfindungen ihrer Geschichten errichten, und ihre phantastischsten Bilder sind nur selten übertrieben. Daher in der Wirklichkeit wie in der Welt der Feen die Frau stets dem gehört, der zu ihr vorzudringen und sie aus der Lage zu befreien weiß, in der sie schmachtet. Der ärmste Bettler, der sich in eine Kalifentochter verliebte, war schwerlich durch einen größeren Abstand von ihr getrennt als den, der zwischen Gaston und Madame de Beauséant bestand. Die Vicomtesse lebte in völliger Unkenntnis der Umwallungen, die Monsieur de Nueil rings um sie gezogen hatte; seine Liebe wuchs mit der Größe der Hindernisse, die zu überschreiten es galt; sie gaben seiner unvorhergesehenen Geliebten den Reiz, den alles Ferne besitzt.

Eines Tages vertraute er seiner Inspiration; er erhoffte sich alles von der Liebe, die aus seinen Augen sprühen mußte. In dem Glauben, daß das Wort beredter sei als der leidenschaftlichste Brief, und im Rechnen auf die natürliche Neugier der Frau ging er zu Monsieur de Champignelles; er hatte sich vorgenommen, sich seiner zu bedienen, damit sein Unterfangen gelinge. Er sagte dem Edelmann, er müsse sich eines wichtigen und heiklen Auftrags an Madame de Beauséant entledigen; aber da er nicht wisse, ob sie Briefe in einer ihr unbekannten Handschrift überhaupt lese oder ob sie einem Fremden ihr Vertrauen gewähre, bitte er ihn, doch bei seinem nächsten Besuch die Vicomtesse zu fragen, ob sie geruhe, ihn, Gaston, zu empfangen. Gerade dadurch, daß er den Marquis bat, im Fall einer Weigerung Stillschweigen zu bewahren, brachte er ihn auf sehr intelligente Weise dahin, Madame de Beauséant gegenüber alles geltend zu machen, was dafür sprach, ihn bei sich zu empfangen. Schließlich war er doch ein Ehrenmann, loyal und außerstande, sich für eine geschmacklose oder gar ungehörige Sache herzugeben! Der stolze Edelmann, dessen kleinen Eitelkeiten geschmeichelt worden war, ließ sich durch diese Liebesdiplomatie, die einem jungen Menschen die Sicherheit und die hohe Verstellungskunst eines alten Gesandten verleiht, vollkommen hinters Licht führen. Zwar versuchte er, in Gastons Geheimnisse einzudringen; aber dieser, arg verlegen, was er vorbringen solle, begegnete den geschickten Fragen des Marquis mit normannischen Phrasen, und Monsieur de Champignelles als französischer Kavalier machte ihm Komplimente seines Taktes wegen.

Mit dem Eifer, den Herren eines gewissen Alters bezeigen, wenn es gilt, hübschen Frauen einen Gefallen zu tun, eilte der Marquis sogleich nach Courcelles. In der Lage, in der die Vicomtesse de Beauséant sich befand, war eine solche Botschaft ganz danach beschaffen, sie neugierig zu machen. Obgleich sie beim Durchstöbern ihrer Erinnerungen keinen Grund fand, der Monsieur de Nueil zu ihr hätte führen können, erblickte sie daher nichts Ungehöriges darin, ihn zu empfangen; zuvor freilich erkundigte sie sich vorsichtigerweise nach seiner gesellschaftlichen Stellung. Dennoch hatte sie zunächst ablehnend geantwortet; dann hatte sie mit Monsieur de Champignelles die Schicklichkeitsfrage erörtert und dabei herauszubekommen versucht, ob er den Anlaß zu diesem Besuch wisse; dann hatte sie von ihrer Weigerung Abstand genommen. Das Gespräch mit dem Marquis und dessen erzwungene Verschwiegenheit hatten ihre Neugier gereizt.

Monsieur de Champignelles, der nicht wünschte, lächerlich zu wirken, schützte vor als vorgeblich eingeweihter, aber diskreter Mann, die Vicomtesse müsse über die Ursache jenes Besuchs vollauf im Bilde sein, wenn sie auch tue, als suche sie danach, ohne sie zu finden. Madame de Beauséant schuf Beziehungen zwischen Gaston und Leuten, die er gar nicht kannte, verlor sich in absonderlichen Vermutungen und fragte sich gar, ob sie Monsieur de Nueil je begegnet sei. Der echteste oder geschickteste Liebesbrief hätte schwerlich die gleiche Wirkung hervorgerufen wie diese Art Rätsel ohne Lösungswort, mit dem Madame de Beauséant sich wiederholt beschäftigte.

Als Gaston erfuhr, er könne die Vicomtesse aufsuchen, war er gleichzeitig entzückt, so rasch ein glühend begehrtes Glück zu erlangen, und in beträchtlicher Verlegenheit, wie er seine List erklären solle. – »Pah! Sie sehen«, rief er beim Ankleiden mehrmals aus, »Sie sehen, darauf kommt es an!« Zudem hoffte er, beim Überschreiten der Schwelle von Courcelles ein Mittel zum Lösen des gordischen Knotens zu entdecken, den er selber geknüpft hatte. Gaston gehörte zu den Menschen, die im Glauben an die Allmacht der Notwendigkeit immer weitergehen und im letzten Augenblick, angesichts der Gefahr, sich durch diese inspirieren lassen und die Kraft finden, sie zu besiegen. Er wandte besondere Sorgfalt an seine Toilette. Wie alle jungen Leute bildete er sich ein, daß sein Erfolg von einer mehr oder weniger gut gelegten Locke abhänge, ohne zu bedenken, daß in der Jugend alles reizend und anziehend ist. Übrigens lassen sich erlesene Frauen von der Art der Madame de Beauséant nur durch Anmut des Geistes und Überlegenheit des Charakters verführen. Ein großer Charakter schmeichelt ihrer Eitelkeit, verheißt ihnen eine große Leidenschaft und scheint den Ansprüchen ihres Herzens Genüge zu tun. Geist amüsiert sie, entspricht den Feinheiten ihrer Natur, und sie glauben sich verstanden. Und was wollen die Frauen denn anderes, als amüsiert, verstanden und angebetet zu werden? Aber man muß reiflich über die Dinge des Lebens nachgedacht haben, um die hohe Koketterie zu ahnen, die bei einer ersten Zusammenkunft in der Nachlässigkeit der Kleidung und der Zurückhaltung in der Bekundung von Geist liegen kann. Wenn wir zur Genüge gewitzt sind, um geschickte Politiker zu sein, sind wir bereits zu alt, um Nutzen aus unserer Erfahrung ziehen zu können. Während Gaston seinen geistigen Fähigkeiten einigermaßen mißtraute und seiner Kleidung verführerische Kräfte beimaß, machte Madame de Beauséant instinktiv auf das raffinierteste Toilette und sagte sich beim Frisieren: »Ich will doch nicht wie eine Vogelscheuche aussehen.«

Monsieur de Nueil hatte in seiner Denkweise, seiner äußeren Erscheinung und seinem Gehaben jene naive Originalität, die auch gewöhnlichen Gesten und Ideen eine Art Würze verleiht und alles zu sagen erlaubt und einem alles durchgehen läßt. Er war gebildet, dachte scharf und besaß ein ansprechendes Gesicht, das beweglich war wie seine für Eindrücke empfängliche Seele. In seinen lebhaften Augen waren Leidenschaft und Zärtlichkeit; und sein im Kern gutes Herz strafte beides nicht Lügen. Der Entschluß, den er beim Betreten des Schlößchens Courcelles faßte, entsprach also vollauf seinem freimütigen Charakter und seiner glühenden Phantasie. Obwohl Liebe stets unerschrocken ist, konnte er sich indessen nicht eines heftigen Herzklopfens erwehren, als er nach dem Durchschreiten eines großen, im englischen Stil angelegten Gartens in einen Saal gelangte, wo ein Diener ihn nach seinem Namen fragte, damit verschwand und wiederkam, um ihn anzumelden.

»Herr Baron de Nueil.«

Gaston trat langsam, aber in leidlich guter Haltung ein, was bei einem Salon, in dem sich nur eine einzige Dame befindet, noch schwieriger ist als bei einem, in dem zwanzig sitzen. In der Ecke, wo der Kamin war – es brannte darin trotz der Jahreszeit ein großes Feuer, und es standen darauf zwei Armleuchter, deren angezündete Kerzen einen weichen Lichtschein verbreiteten –, gewahrte er eine junge Frau; sie saß in einem der modernen Sessel mit überhoher Rückenlehne, deren niedriger Sitz es ihr ermöglichte, ihrem Kopf verschiedene Haltungen voller Anmut und Eleganz zu geben, ihn zu neigen, zu beugen, ihn schmachtend zu erheben, als stelle er eine schwere Last dar: und ferner, die Füße übereinander zu legen, sie zu zeigen oder sie unter die langen Falten eines schwarzen Kleides zurückzuziehen. Die Vicomtesse wollte das Buch, in dem sie gelesen hatte, auf ein rundes Tischchen legen; aber da sie gleichzeitig den Kopf Monsieur de Nueil zugewandt hatte, verfehlte das Buch die Tischplatte und fiel in den Zwischenraum, der Tisch und Sessel trennte. Ohne durch dieses kleine Mißgeschick überrascht zu wirken, richtete sie sich auf und neigte als Antwort auf die Verbeugung des jungen Herrn den Kopf, aber nahezu unmerklich und ohne sich aus ihrem Sessel zu erheben, in den ihr Körper versenkt blieb. Sie beugte sich vor, um etwas weiter nach vorn zu rücken, und stocherte eifrig im Feuer herum; dann bückte sie sich, hob einen Handschuh auf, streifte sich ihn nachlässig über die linke Hand, suchte dabei nach dem anderen, gab dem Blick aber rasch eine neue Richtung; denn mit ihrer Rechten, einer weißen, fast durchsichtigen, schmächtigen Hand mit überschlanken Fingern, deren rosige Nägel ein vollkommenes Oval bildeten, deutete sie auf einen Stuhl, um Gaston zu sagen, er möge sich setzen. Als ihr unbekannter Gast Platz genommen hatte, wandte sie ihm mit einer fragenden, koketten Bewegung, deren kluge Erlesenheit nicht geschildert zu werden vermag, den Kopf zu; jene Bewegung gehörte zu den Bezeigungen des Wohlwollens, den anmutigen, wenngleich streng abgemessenen Gesten, die sich aus einer erstklassigen Erziehung und dem ständigen Umgang mit Dingen von gutem Geschmack ergeben. Bewegungen dieser Art folgten einander mehrfach und rasch innerhalb eines Augenblicks, fließend und ohne Hast, und sie bezauberten Gaston durch jenes Gemisch von Sorgfalt und Sichgehenlassen, das eine hübsche Frau den aristokratischen Gepflogenheiten der guten Gesellschaft noch hinzufügt. Madame de Beauséant hob sich allzu sehr von den Automatenpuppen ab, unter denen er während der zwei Monate seines Exils in der tiefsten Normandie gelebt hatte, als daß sie nicht die Verkörperung seiner poetischen Träume gebildet hätte; ebensowenig konnte er ihre Vollkommenheiten mit denen irgendeiner vergleichen, die er ehedem bewundert hatte. Angesichts dieser Frau und in diesem Salon, der möbliert war wie einer des Faubourg Saint-Germain, der mit all den kostbaren Nichtigkeiten, die auf den Tischen herumzuliegen pflegen, ausgestattet war, im Erblicken von Büchern und Blumen glaubte er sich wieder in Paris. Seine Füße streiften einen wirklichen Pariser Teppich; er sah den vornehmen Typus, die zarten Formen der Pariserin wieder, ihre erlesene Anmut und ihre Gleichgültigkeit gegen gesuchte Effekte, wie sie den Provinzdamen so sehr schaden.

Die Vicomtesse de Beauséant war blond, hellhäutig wie alle Blondinen, und sie hatte braune Augen. Sie trug auf noble Weise ihre Stirn zur Schau, die Stirn eines gefallenen Engels, der auf seine Sünde stolz ist und keinesfalls Vergebung will. Ihr üppiges Haar war oberhalb von zwei Bändern, die auf der Stirn breite Bogen bildeten, geflochten und steigerte noch die Majestät ihres Kopfes. Die Phantasie vermochte sich in den Spiralen dieses goldblonden Haares die Herzogskrone von Burgund vorzustellen und in den glänzenden Augen dieser großen Dame alle Tapferkeit ihrer Familie; die Tapferkeit einer Frau, die nur stark ist, um Verachtung oder Zudringlichkeit zurückzuweisen, aber voller Zärtlichkeit, wenn ihr Liebe entgegengebracht wird. Die Umrisse ihres kleinen Kopfes, der bewundernswert von einem langen, weißen Hals getragen wurde, die Züge des feinen Gesichts, die schmalen Lippen und ihr bewegtes Mienenspiel bewahrten einen Ausdruck von erlesener Klugheit, einen Anhauch von gewollter Ironie, der der List und der Impertinenz ähnelte. Es war schwierig, ihr diese beiden weiblichen Sünden nicht zu verzeihen, wenn man an ihr Unglück dachte, an die Leidenschaft, die sie fast das Leben gekostet hätte und von der teils die Falten zeugten, die bei der geringsten Bewegung ihre Stirn furchten, teils die schmerzliche Beredsamkeit ihrer schönen Augen, die sie oft zum Himmel aufschlug. War es nicht ein Ehrfurcht heischendes Schauspiel, eines, das noch erhabener wurde, wenn man darüber nachdachte, in diesem großen, schweigenden Salon diese von der ganzen Welt abgeschiedene Frau zu erblicken, die seit drei Jahren in der Einsamkeit eines kleinen Tals gewohnt hatte, fern der Stadt, allein mit den Erinnerungen an eine glänzende, glückliche, leidenschaftliche Jugend, die von Festen erfüllt gewesen war, von beständigen Huldigungen, und jetzt den Schrecken des Nichts preisgegeben? Das Lächeln dieser Frau kündete von einem hohen Bewußtsein des eigenen Wertes. Da sie weder Mutter noch Gattin war, von der Gesellschaft verstoßen, des einzigen Herzens beraubt, das das ihre ohne Scham hätte klopfen lassen können, da sie keinem Gefühl die ihrer schwankenden Seele notwendige Hilfe entnahm, mußte sie aus sich selbst ihre Kraft schöpfen, von ihrer eigenen Lebenssubstanz leben und durfte keine Hoffnung hegen als die der Verlassenen: den Tod erwarten, sein langsames Nahen trotz der schönen Tage beschleunigen, die ihr noch verblieben. Sich dem Glück bestimmt fühlen, und sterben müssen, ohne es zu empfangen, ohne es zu spenden . . .? Eine Frau! Welche Qualen! Monsieur de Nueil schossen diese Erwägungen blitzschnell durch den Kopf, und er schämte sich seiner selbst angesichts des größten poetischen Zaubers, in den eine Frau sich zu hüllen vermag. Geblendet durch den dreifachen Glanz der Schönheit, des Unglücks und des Adels, sperrte er gewissermaßen Mund und Nase auf, war in sie versunken, staunte die Marquise an, aber wußte nicht, was er ihr sagen sollte.

Madame de Beauséant, der diese Überraschung zweifellos keineswegs mißfiel, streckte ihm mit einer freundlichen, aber bestimmten Bewegung die Hand entgegen; dann rief sie auf ihren blassen Lippen ein Lächeln hervor, als wolle sie noch einmal den Ansprüchen ihres Geschlechts gehorchen, und sagte zu ihm: »Monsieur de Champignelles hat mir von der Botschaft berichtet, Monsieur, die mir zu überbringen Sie liebenswürdigerweise auf sich genommen haben. Ist sie etwa von . . .?«

Als er diesen furchtbaren Satz vernahm, durchschaute Gaston noch besser das Lächerliche seiner Situation, die Geschmacklosigkeit, das Unredliche seines Eindringens bei einer so noblen und so unglücklichen Frau. Er wurde rot. Sein von tausend Gedanken zeugender Blick verwirrte sich; aber plötzlich riß er sich mit der Kraft zusammen, die junge Herzen aus dem Bewußtsein schöpfen, etwas falsch gemacht zu haben; er unterbrach Madame de Beauséant mit einer Gebärde der Ergebenheit und antwortete ihr mit bewegter Stimme: »Madame, ich verdiene nicht das Glück Ihrer Gegenwart; ich habe Sie auf unwürdige Weise getäuscht. Das Gefühl, dem ich gefolgt bin, möge noch so mächtig sein; es kann der erbärmlichen Ausflucht nicht zur Entschuldigung dienen, mittels derer ich bis zu Ihnen vorgedrungen bin. Aber, Madame, wenn Sie die Güte hätten, mir zu gestatten, daß ich Ihnen sage . . .«

Die Vicomtesse warf Monsieur de Nueil einen Blick voll Hoheit und Verachtung zu; sie hob die Hand, langte nach dem Klingelzug und schellte; der Diener kam; sie sagte zu ihm und blickte dabei voller Würde auf den jungen Herrn: »Jacques, leuchten Sie Monsieur.«

Stolz erhob sie sich, grüßte Gaston und bückte sich, um das heruntergefallene Buch aufzuheben. Ihre Bewegungen waren jetzt ebenso trocken und frostig, wie die, mit denen sie ihn empfangen hatte, von weicher Eleganz und graziös gewesen waren. Monsieur de Nueil war aufgestanden, blieb indessen stehen. Madame de Beauséant warf ihm abermals einen Blick zu, als wolle sie ihm sagen: »Nein? Gehen Sie nicht?«

In diesem Blick lag so viel beißender Spott, daß Gaston blaß wurde wie jemand, der einer Ohnmacht nahe ist. Tränen traten ihm in die Augen; aber er hielt sie zurück, trocknete sie in der Glut seiner Scham und Verzweiflung und sah Madame de Beauséant mit einem gewissen Stolz an, der Resignation und etwas wie das Bewußtsein des eigenen Werts ausdrückte: die Vicomtesse hatte das Recht, ihn zu bestrafen, aber durfte sie es? Dann ging er hinaus. Als er den Flur durchschritt, ließen sein kluger Geist und seine durch die Leidenschaft geschärfte Intelligenz ihn die ganze Gefährlichkeit seiner Lage erkennen. – »Wenn ich dies Haus verlasse«, sagte er sich, »kann ich nie wiederkommen; für die Vicomtesse bin ich dann immer ein Esel. Für eine Frau, und sie ist eine Frau, und was für eine! ist es unmöglich, nicht die Liebe zu erspüren, die sie einflößt; sie empfindet vielleicht ein vages, unwillkürliches Bedauern, daß sie mich so brüsk hinausgewiesen hat, aber sie darf, sie kann ihren Entschluß nicht widerrufen: an mir ist es, sie zu verstehen.«

Bei dieser Überlegung bleibt Gaston auf der Freitreppe stehen, läßt sich einen Ausruf entschlüpfen, dreht sich hastig um und sagt: »Ich habe etwas vergessen!« Und er ging zum Salon zurück, hinter ihm her ging der Diener, der, voller Respekt vor einem Baron und den geheiligten Rechten des Eigentums, sich durch den naiven Ton, in dem der letzte Satz gesagt worden war, vollkommen hatte täuschen lassen. Unangemeldet trat Gaston leise ein. Als die Vicomtesse, die vielleicht meinte, der Eindringling sei ihr Diener, den Kopf hob, sah sie Monsieur de Nueil vor sich.

»Jacques hat mir geleuchtet«, sagte er lächelnd. Sein Lächeln war halb anmutig, halb traurig; es nahm diesem Wort alles, was es vielleicht an Scherzhaftem barg, und der Tonfall, in dem es ausgesprochen worden war, mußte zu Herzen gehen.

Madame de Beauséant war entwaffnet.

»Nun, dann setzen Sie sich«, sagte sie.

Gaston bemächtigte sich des Stuhls mit einer gierigen Bewegung. Seine vom Glück belebten Augen strahlten einen so lebhaften Glanz aus, daß die Vicomtesse diesen jungen Blick nicht zu ertragen vermochte, auf ihr Buch niederschaute und das immer neue Lustgefühl genoß, für einen Mann das Ziel seiner Wünsche zu sein, welches Gefühl bei der Frau nie versiegt. Dann fühlte Madame de Beauséant sich durchschaut. Die Frauen sind stets dankbar, wenn sie einem Mann begegnen, der Verständnis für die logischen Launen ihrer Herzen besitzt und die dem Anschein nach widerspruchsvollen Wege ihres Geistes begreift, die flüchtigen Schamanwandlungen ihrer bald ängstlichen, bald kühnen Aufwallungen, das erstaunliche Gemisch von Koketterie und Naivität!

»Madame«, rief Gaston weich, »Sie kennen meine Verfehlung, aber nicht ihren vollen Umfang. Wenn Sie wüßten, mit welchem Glück ich ...«

»Oh, seien Sie auf der Hut!« sagte sie und hob mit undurchschaubarer Miene einen ihrer Finger bis zur Nase, die sie leicht berührte; dann vollführte sie mit der anderen Hand eine Bewegung, als wolle sie den Klingelzug ergreifen.

Diese hübsche Geste, diese anmutige Drohung hatten sicherlich einen traurigen Gedanken in ihr wachgerufen, eine Erinnerung an ihr Leben im Glück, an die Zeit, da sie ganz Zauber und Liebenswürdigkeit hatte sein können, da das Glück ihre launischen Einfälle rechtfertigte, gerade wie es ihren geringsten körperlichen Bewegungen einen zusätzlichen Reiz verlieh. Auf der Stirn zogen sich zwischen den Brauen Falten zusammen; ihr weich vom Kerzenschein beleuchtetes Gesicht nahm einen düsteren Ausdruck an; sie musterte Monsieur de Nueil mit einem Ernst, der aller Kälte bar war, und sagte zu ihm als eine Frau, die tief von der Bedeutung ihrer Worte durchdrungen ist: »Dies alles ist recht lächerlich! Es hat eine Zeit gegeben, da ich das Recht zu einer tollen Lustigkeit besaß, da ich mit Ihnen hätte lachen und Sie ohne Furcht empfangen können; heute jedoch ist mein Leben ganz anders geworden, ich bin nicht mehr Herrin meiner Handlungen, ich muß mir darüber Gedanken machen. Welcher Empfindung verdanke ich Ihren Besuch? Etwa der Neugier? Dann bezahle ich einen zerbrechlichen Augenblick des Glücks sehr teuer. Sollten Sie wirklich schon in eine hoffnungslos verleumdete Frau, die Sie überdies noch nie gesehen haben, leidenschaftlich verliebt sein? Dann würden Ihre Gefühle auf der Mißachtung beruhen, auf einem Fehltritt, dem der Zufall Berühmtheit verliehen hat.« Unwillig warf sie ihr Buch auf den Tisch. – »Ja, was denn«, fuhr sie nach einem vernichtenden Blick auf Gaston fort, »will denn die Welt, weil ich schwach gewesen bin, daß ich es immer sein soll? Das ist häßlich, ist erniedrigend. Kommen Sie zu mir, um mich zu bemitleiden? Sie sind recht jung, um mit Herzeleid sympathisieren zu können.

Merken Sie sich, ich möchte lieber verachtet als bemitleidet werden; ich will niemandes Mitgefühl erdulden.« Es entstand eine kurze Stille. – »Sie sehen also«, fuhr sie fort und hob mit einem bekümmerten, sanften Ausdruck den Kopf zu ihm hin, »welches Gefühl Sie auch so unbesonnen in meine Zurückgezogenheit getrieben haben möge: Sie verletzen mich. Sie sind zu jung, als daß Sie gänzlich ohne Güte sein könnten; Sie werden also das Unziemliche Ihres Schrittes fühlen; ich verzeihe ihn Ihnen, und ich spreche jetzt ohne Bitterkeit darüber. Sie kommen nie wieder hierher, nicht wahr? Ich bitte Sie, wo ich doch befehlen könnte. Wenn Sie mich abermals besuchten, stände es weder in Ihrer noch in meiner Macht, zu verhindern, daß die ganze Stadt glaubte, Sie seien mein Geliebter, und Sie würden dadurch meinen Kümmernissen einen weiteren, sehr großen Kummer hinzufügen. Das ist doch nicht Ihr Wille, sollte ich meinen.«

Sie verstummte und blickte ihn mit so echter Würde an, daß er verwirrt wurde.

»Ich habe falsch gehandelt«, antwortete er bewegt; »aber die Glut, die Unüberlegtheit, ein heftiges Verlangen nach Glück sind in meinem Alter gute Eigenschaften und Fehler zugleich. Jetzt«, sprach er weiter, »sehe ich ein, daß ich nicht hätte versuchen dürfen, zu Ihnen zu gelangen, und dabei war mein Verlangen danach doch so natürlich . . .«

Er bemühte sich, mit mehr Empfindung als Geist von den Leiden zu berichten, zu denen sein notgedrungenes Exil ihn verdammt hatte. Er schilderte den Zustand eines jungen Mannes, dessen Glut ohne Nahrung gloste, und er deutete an, er verdiene es, zärtlich geliebt zu werden, habe jedoch niemals die Seligkeiten einer Liebe kennengelernt, die von einer jungen, schönen, geschmackvollen Frau voller Zartgefühl eingeflößt wird. Er erklärte seine Taktlosigkeit, ohne sie entschuldigen zu wollen. Er schmeichelte Madame de Beauséant, indem er ihr bewies, sie stelle für ihn den Inbegriff der Geliebten dar, nach dem die meisten jungen Menschen sich unablässig, aber vergebens sehnen. Dann sprach er von seinen morgendlichen Spaziergängen um Courcelles herum und von den abenteuerlichen Ideen, die ihn beim Anblick des Schlößchens überkommen hatten, in das er nun endlich Einlaß gefunden habe; er reizte die unerklärliche Nachsicht, die die Frauen für die Tollheiten aufbringen, die um ihretwillen begangen werden. Er ließ eine leidenschaftliche Stimme in dieser kalten Einsamkeit erklingen, in die er die heißen Begeisterungen der Jugend und den geistigen Zauber hineintrug, der von einer sorgfältigen Erziehung zeugt. Madame de Beauséant hatte allzu lange die Erregungen entbehrt, die wahre, gepflegt ausgedrückte Empfindungen vermitteln, um nicht ausgiebig deren Beglückungen auszukosten. Sie konnte nicht umhin, Monsieur de Nueils ausdrucksvolles Gesicht zu betrachten und an ihm das schöne Zutrauen einer Seele zu bewundern, die noch nicht von den grausamen Lehren des Gesellschaftslebens zerfetzt worden ist, noch verheert von den ständigen Berechnungen des Ehrgeizes oder der Eitelkeit. Gaston war der Jüngling in seiner Blütezeit, und er zeigte sich als ein Mann von Charakter, der seine hohe Bestimmung noch nicht kennt. Auf diese Weise stellten beide, jeder ohne Wissen des anderen, die für ihre Ruhe gefährlichsten Überlegungen an und versuchten, sie einander zu verheimlichen. Monsieur de Nueil erkannte in der Vicomtesse eine jener seltenen Frauen, die immer die Opfer ihrer Vollkommenheit und ihres unauslöschlichen Liebesverlangens sind, der Frauen, deren anmutige Schönheit ihr geringster Reiz ist, wenn sie einmal jemandem den Zutritt zu ihrem Innern gewährt haben, in dem die Gefühle unendlich sind, in dem alles gut ist, in dem der Drang zum Schönen sich mit den mannigfachsten Ausdrucksmöglichkeiten der Liebe vereint, um die Wollust zu reinigen und sie fast zu etwas Heiligem zu machen: das ist das wundervolle Geheimnis der Frauen, ein erlesenes Geschenk, das so selten von der Natur gewährt wird. Die Vicomtesse nun aber hörte aus dem aufrichtigen Ton, mit dem Gaston ihr von seinen jungen Leiden berichtete, die Qualen der Schüchternheit heraus, die die großen, fünfundzwanzigjährigen Kinder zu erdulden haben, wenn die Schulzeit sie vor der Verderbtheit und vor der Berührung mit Weltleuten bewahrt hat, deren klügelnde Erfahrung die schönen Eigenschaften der Jugend zersetzt. Sie fand in ihm den Traum aller Frauen: einen Mann, der noch frei ist von dem Egoismus, den Familie und Vermögen mit sich bringen, und von dem Selbstgefühl, was alles schließlich die Hingebung, die Ehre, die Uneigennützigkeit, die Selbstachtung in ihrem ersten Erblühen knickt – lauter schnell welkende Blumen der Seele, die vor allem das Leben mit zarten, wenngleich starken Erregungen beschenken und im Menschen die Redlichkeit des Herzens immer aufs neue beleben. Da die beiden sich nun einmal in die weiten Gefilde des Gefühls vorgewagt hatten, kamen sie in der Theorie sehr weit, loteten sie die Tiefen ihrer Seelen aus, erkundeten sie die Ehrlichkeit ihrer Worte. Dieses Examen nahm Gaston ungewollt vor; Madame de Beauséant indessen mit Vorbedacht. Mit ihrer angeborenen oder erworbenen Gewitztheit gab sie, ohne sich selbst dabei zu schaden, Meinungen Ausdruck, die den seinen entgegengesetzt waren, um diejenigen Monsieur de Nueils kennenzulernen. Sie war so geistvoll, so anmutig, sie wurde so sehr sie selber im Umgang mit einem jungen Herrn, der ihr Mißtrauen um so weniger erweckte, als sie ihn nicht wiederzusehen glaubte, daß Gaston bei einer entzückenden Formulierung, die sie äußerte, naiv ausrief: »O Madame, wie hat ein Mann Sie verlassen können!«

Die Vicomtesse antwortete darauf nichts. Gaston wurde rot; er glaubte, sie beleidigt zu haben. Aber diese Frau war von der ersten, tiefen, lustvollen Freude erfüllt worden, die ihr seit dem Tag ihres Unglücks zuteil geworden war. Der gewandteste Frauenheld hätte mit allen Kunstgriffen nicht den Erfolg erzielt, den Monsieur de Nueil mit diesem von Herzen kommenden Ausruf erzielte. Dieses einem reinen Jüngling entrissene Urteil gab ihr in ihren Augen ihre Unschuld zurück, verdammte die Welt, klagte den an, der sie verlassen hatte, und rechtfertigte die Einsamkeit, in der sie schmachtete. Der Freispruch durch die Gesellschaft, die rührenden Sympathien, die soziale Achtung, alles, was sie so sehr gewünscht, was ihr so grausam verweigert worden war, kurzum: ihre geheimsten Sehnsüchte waren durch diesen Ausruf erfüllt worden, und noch verschönt durch die zarten Schmeicheleien des Herzens und die Bewunderung, die alle Frauen stets so begierig genießen. Sie war also erhört und verstanden worden; Monsieur de Nueil hatte ihr auf ganz natürliche Weise Gelegenheit gegeben, sich von ihrem Fall zu erheben. Sie blickte nach der Stutzuhr.

»O Madame!« rief Gaston, »bestrafen Sie mich nicht für meine Unbesonnenheit. Wenn Sie mir schon nur einen Abend gewähren, dann haben Sie die Güte, ihn nicht auch noch abzukürzen.«

Sie lächelte über dieses Kompliment.

»Aber«, sagte sie, »da wir einander nicht wiedersehen dürfen, was kommt es da auf einen Augenblick mehr oder weniger an? Wenn ich Ihnen gefiele, dann wäre das ein Unglück.«

»Ein Unglück, das bereits eingetreten ist«, antwortete er traurig.

»Sagen Sie mir nicht so etwas«, entgegnete sie ernst. »In jeder anderen Lage würde ich Sie mit Freuden empfangen. Ich will unumwunden mit Ihnen sprechen, dann werden Sie verstehen, warum ich Sie nicht wiedersehen will und darf. Ich halte Ihre Seele für zu groß, als daß Sie nicht fühlten, daß, wenn ich auch nur in den Verdacht eines zweiten Fehltritts geriete, ich für jedermann zu einer verächtlichen, vulgären Frau würde; ich ähnelte dann den anderen Frauen. Ein reines, makelloses Leben wird meinem Charakter Relief geben. Ich bin zu stolz, als daß ich nicht versuchen möchte, inmitten der Gesellschaft als ein Wesen eigener Art zu verbleiben, als ein Opfer der Gesetze durch meine Eheschließung, als ein Opfer der Männer durch meine Liebe. Bliebe ich meiner Stellung nicht treu, so verdiente ich allen Tadel, mit dem ich überschüttet werde, und büßte meine Selbstachtung ein. Ich habe nicht die hohe gesellschaftliche Tugend aufgebracht, einem Mann anzugehören, den ich nicht liebte. Den Gesetzen zum Trotz habe ich die Bande der Ehe gebrochen: das war ein Unrecht, ein Vergehen, es ist alles, was immer Sie wollen; aber für mich kam jener Zustand dem Tode gleich. Ich habe leben wollen. Wenn ich Mutter gewesen wäre, hätte ich vielleicht die Kraft aufgebracht, die Marter einer mir durch die Konvention aufgezwungenen Ehe zu ertragen. Mit achtzehn Jahren wissen wir armen jungen Mädchen kaum, was man uns zu tun heißt. Ich habe gegen die Gesetze der Gesellschaft verstoßen, die Gesellschaft hat mich bestraft; wir waren quitt miteinander. Ich habe nach dem Glück getrachtet. Ist es nicht ein Gebot unserer Natur, daß wir glücklich sein wollen? Ich war jung, war schön . . . Ich habe geglaubt, einem Mann zu begegnen, der ebenso zu wahrer Liebe befähigt wäre, wie er leidenschaftlich schien. Ich bin einen Augenblick lang sehr geliebt worden . . . !«

Sie machte eine Pause.

»Ich hatte gemeint«, fuhr sie fort, »ein Mann dürfe niemals eine Frau in der Lage verlassen, in der ich mich befand. Ich bin aber verlassen worden; ich habe ihm wohl mißfallen. Ja, ich habe sicherlich gegen ein Naturgesetz verstoßen: ich habe wohl zu sehr geliebt, ich bin zu hingebungsvoll oder zu anspruchsvoll gewesen; ich weiß es nicht. Das Unglück hat mich aufgeklärt. Lange Zeit hindurch bin ich die Anklägerin gewesen; jetzt habe ich mich dazu beschieden, die einzig Schuldige zu sein. Ich habe also auf meine Kosten den freigesprochen, den ich glaubte anklagen zu müssen. Ich bin nicht geschickt genug gewesen, ihn mir zu bewahren: das Schicksal hat mich für meine Ungeschicklichkeit schwer bestraft. Ich kann nur lieben: denkt man denn an sich selber, wenn man liebt? Ich war also Sklavin, als ich mich zur Tyrannin hätte aufwerfen müssen. Die mich kennen, mögen mich verdammen; aber sie sollen mich achten. Meine Leiden haben mich gelehrt, mich nie wieder dem Verlassenwerden auszusetzen. Es ist mir unbegreiflich, daß ich nach den Schmerzen der ersten acht Tage, die jener Katastrophe gefolgt sind, der schrecklichsten im Dasein einer Frau, noch am Leben bin. Man muß wohl drei Jahre lang für sich allein gelebt haben, um die Kraft zu gewinnen, von jenem Schmerz so zu sprechen, wie ich es jetzt tue. Für gewöhnlich endet die Agonie mit dem Tode; aber dies ist eine Agonie ohne das Grab als Erlösung gewesen. Ja, ich habe sehr gelitten!«

Die Vicomtesse hob ihre schönen Augen zum Kranzgesims auf; ihm vertraute sie sicherlich an, was ein Unbekannter nicht vernehmen durfte. Ein Kranzgesims ist wohl der sanfteste, unterwürfigste, willfährigste Vertraute, den Frauen in den Fällen zu finden vermögen, in denen sie nicht wagen, ihren Gesprächspartner anzuschauen. Das Kranzgesims eines Boudoirs ist eine Institution. Ist es nicht ein Beichtstuhl ohne Priester? In diesem Augenblick war Madame de Beauséant redegewandt und schön; man könnte auch sagen: kokett, wenn dieser Ausdruck nicht allzu stark wäre. Dadurch, daß sie sich Gerechtigkeit widerfahren ließ, daß sie zwischen sich und der Liebe die höchsten Schranken errichtete, stachelte sie alle Gefühle des Mannes an: und je höher sie das Ziel steckte, desto besser bot sie es den

Blicken dar. Endlich senkte sie die Augen auf Gaston, als der allzu bewegte Ausdruck, den die Erinnerung an ihre Qualen in ihnen hatte entstehen lassen, hingeschwunden war.

»Geben Sie zu, daß ich kalt und einsam bleiben muß?« fragte sie ihn mit ruhiger Stimme.

Monsieur de Nueil verspürte ein unbändiges Verlangen, dieser in diesem Augenblick in Vernunft und Liebeswahnsinn wundervollen Frau zu Füßen zu fallen; doch er fürchtete, ihr lächerlich vorzukommen; also unterdrückte er seinen Überschwang und seine Gedanken: er empfand gleichzeitig Angst, es möge ihm nicht gelingen, sie richtig auszudrücken, und Furcht vor einer entsetzlichen Ablehnung oder einem Spott, dessen Vorahnung auch die glühendsten Seelen vereist. Die Rückwirkung der Gefühle, die er in dem Augenblick, da sie aus seinem Herzen aufloderten, zurückdämmte, erzeugte in seinem Herzen den tiefen Schmerz, den die Schüchternen und die Ehrgeizigen kennen: sie sind oft genug gezwungen, ihre Wünsche hinunterzuschlucken. Dennoch konnte er sich nicht enthalten, das Schweigen zu brechen und mit bebender Stimme zu sagen: »Erlauben Sie mir, Madame, mich einer der größten Gemütsbewegungen meines Lebens hinzugeben, indem ich Ihnen sage, was Sie mich empfinden lassen. Sie erheben mir das Herz! Ich verspüre in mir das Verlangen, mein Leben daranzusetzen, Sie Ihre Kümmernisse vergessen zu machen, Sie zu lieben anstatt aller derer, die Sie gehaßt oder gekränkt haben. Aber das wäre eine recht jähe Herzensergießung, die heute durch nichts gerechtfertigt würde, und ich müßte sie ...«

»Genug«, sagte Madame de Beauséant. »Wir sind beide allzu weit gegangen. Ich habe die Ablehnung, zu der ich gezwungen bin, aller Härte entkleiden und Ihnen deren traurige Gründe darlegen, nicht aber mir Huldigungen provozieren wollen. Koketterie steht nur glücklichen Frauen. Glauben Sie mir, und bleiben wir einander fremd. Später werden Sie einsehen, daß man keine Bande knüpfen soll, wenn sie eines Tages notwendigerweise brechen müssen.«

Sie stieß einen leichten Seufzer aus und zog die Stirn in Falten; doch diese gewann sogleich die Reinheit ihrer Form wieder.

»Welch ein Weh bedeutet es für eine Frau«, fuhr sie fort,

»wenn sie dem Mann, den sie liebt, nicht in allen Phasen seines Lebens folgen kann! Muß dieser tiefe Schmerz nicht furchtbar im Herzen jenes Mannes widerhallen, wenn sie von ihm wahrhaft geliebt wird? Ist das nicht ein zweifaches Unglück?«

Es entstand ein Augenblick des Schweigens; dann sagte sie lächelnd, wobei sie aufstand, um auch ihren Gast zum Aufstehen zu bewegen: »Sie waren, als Sie nach Courcelles kamen, wohl nicht darauf gefaßt, dort eine Predigt anhören zu müssen?«

Gaston war in dieser Minute weiter von dieser außerordentlichen Frau entfernt als in dem Augenblick, da er die ersten Worte mit ihr getauscht hatte. Er schrieb das Reizvolle dieser köstlichen Stunde der Koketterie einer großen Dame zu, die eifersüchtig darauf bedacht ist, ihren Geist zu entfalten; er verbeugte sich kalt vor der Vicomtesse und ging. Unterwegs suchte der Baron sich über den wahren Charakter dieses Geschöpfes klar zu werden, das geschmeidig und hart wie eine Uhrwerkfeder war; aber er hatte sie so viele Nuancen bezeigen sehen, daß es ihm unmöglich war, sich ein endgültiges Urteil über sie zu bilden. Die Klangfarben ihrer Stimme schwangen ihm noch in den Ohren, und die Erinnerung lieh ihren Gesten, ihrer Mimik, dem Spiel ihrer Augen soviel Reize, daß er sich bei dieser Prüfung noch mehr verliebte. Für ihn leuchtete die Schönheit der Vicomtesse auch noch in den Finsternissen; die von ihr empfangenen Eindrücke verstärkten sich dadurch, daß einer den anderen anzog; sie verführten ihn aufs neue und enthüllten ihm Züge von fraulicher Anmut und von Geist, die er zuvor nicht bemerkt hatte. Er verfiel in eine der unsteten Betrachtungen, in denen die lichtesten Gedanken einander bekämpfen, sich gegenseitig zerbrechen und die Seele in einen kurzen Wahnsinnstaumel reißen. Man muß jung sein, um die Geheimnisse von solcherlei Dithyramben zu enträtseln und zu verstehen, in denen das von den richtigsten und törichtesten Gedanken bestürmte Herz nach dem Gefallen einer unbekannten Macht immer dem letzten weicht, der es trifft, sei es nun ein Gedanke der Hoffnung oder der Verzweiflung. Mit dreiundzwanzig Jahren wird der Mann nahezu stets von einem Gefühl der Bescheidenheit beherrscht: Schüchternheit, Verwirrtheit wie die eines jungen Mädchens machen ihm zu schaffen; er befürchtet, seiner Liebe in ungeschickter Form Ausdruck zu geben; er sieht nichts als Schwierigkeiten und erschrickt davor; er zittert, daß er etwa nicht gefallen könne; wenn er nicht so sehr liebte, würde er kühn sein; je mehr er den Wert der Beglückung empfindet, desto weniger glaubt er, seine Geliebte könne sie ihm ohne weiteres gewähren; außerdem gibt er sich vielleicht allzu sehr der eigenen Lust hin und fürchtet dabei, nicht genug zu spenden; wenn er das Pech hat, daß sein Idol Ehrfurcht einflößt, betet er es heimlich und aus der Ferne an; wenn seine Liebe nicht erraten wird, dann stirbt sie. Oft bleibt diese hastige, in einem jungen Herzen erstorbene Leidenschaft darin als funkelnde Illusion zurück. Welcher Mann hegte nicht mehrere solcher jungfräulichen Erinnerungen, die später wieder erwachen, immer reizender, und das Bild eines vollkommenen Glücks in sich bergen? Erinnerungen wie die an Kinder, die im zarten Alter dahingeschieden sind und deren Eltern nur ihr Lächeln gekannt haben. Monsieur de Nueil kam also im Bann eines Gefühls von Courcelles zurück, das trächtig war von extremen Entschlüssen. Madame de Beauséant war für ihn bereits zur Grundbedingung seines Daseins geworden: er wäre lieber gestorben, als daß er ohne sie gelebt hätte. Er war noch jung genug, um die grausamen Bezauberungen zu empfinden, die die vollkommene Frau auf unverbrauchte, leidenschaftliche Seelen ausübt; er mußte eine der gewitterschweren Nächte überstehen, in denen junge Menschen vom Glück zum Selbstmord taumeln und vom Selbstmord zum Glück, ein ganzes glückliches Leben in sich hineinschlingen und entkräftet einschlafen. Das sind verhängnisvolle Nächte; das größte Unglück, das einem darin zustoßen kann, ist, hinterher als Philosoph zu erwachen. Monsieur de Nueil war zu ehrlich verliebt, um schlafen zu können; also stand er auf und fing an, Briefe zu schreiben; aber kein einziger befriedigte ihn, und er verbrannte sie sämtlich.

Am nächsten Tag unternahm er wiederum einen Rundgang um die Einfriedung von Courcelles, aber erst bei einbrechender Dunkelheit, denn er befürchtete, von der Vicomtesse bemerkt zu werden. Das Gefühl, dem er dabei gehorchte, gehört einer so geheimnisvollen seelischen Beschaffenheit an, daß man noch sehr jung sein oder sich in einer ähnlichen Lage befinden muß, um seine stummen Glückseligkeiten und Bizarrerien zu verstehen;

lauter Dinge, über die all die Glücklichen, die immer nur das Positive im Leben sehen, die Achseln zucken würden. Nach grausamem Zögern und Schwanken schrieb Gaston an Madame de Beauséant nachfolgenden Brief; er kann als ein Musterbeispiel der eigenartigen Phraseologie Liebender gelten und ist den Zeichnungen vergleichbar, die Kinder heimlich für die Geburtstage ihrer Eltern anfertigen – scheußliche Geschenke für jedermann, nur nicht für die, die sie empfangen.

»Madame,

Sie üben eine so große Herrschaft über mein Herz aus, über meine Seele und mein ganzes Ich, daß jetzt mein Schicksal völlig von Ihnen abhängt. Werfen Sie meinen Brief nicht ins Feuer. Seien Sie so wohlwollend, ihn zu lesen. Vielleicht verzeihen Sie mir seinen ersten Satz, wenn Sie sich bewußt werden, daß er keine vulgäre oder mit einer bestimmten Absicht verbundene Liebeserklärung ist, sondern der Ausdruck einer natürlichen Gegebenheit. Vielleicht sind Sie dann gerührt ob der Bescheidenheit meiner Bitten, über die Resignation, die mir das Gefühl meines geringen Wertes einflößt, über die Bedeutung Ihrer Entschließung für mein Leben. In meinem Alter, Madame, kann ich nur lieben, ich bin völlig ahnungslos, was einer Frau gefallen könnte und was sie besticht; aber ich verspüre für Sie in meinem Herzen eine berauschende Anbetung. Ich fühle mich unwiderstehlich zu ihnen hingezogen durch die unendliche Wonne, die Sie mich empfinden lassen, und ich denke Ihrer mit aller Selbstsucht, die uns nach dorthin fortreißt, wo für uns Lebenswärme ist. Ich halte mich für Ihrer nicht würdig. Nein, es dünkt mich, der ich jung, unerfahren und schüchtern bin, unmöglich, Ihnen auch nur den tausendsten Teil des Glücks zu verschaffen, das ich atmete, als ich Ihnen lauschte, als ich Sie sah. Für mich sind Sie die einzige Frau auf der Welt. Da für mich ein Leben ohne Sie unfaßlich ist, habe ich beschlossen, Frankreich zu verlassen und mein Dasein bei irgendeiner unmöglichen Unternehmung so lange aufs Spiel zu setzen, bis ich es einbüße, in Indien, in Afrika, was weiß ich? Muß ich eine Liebe ohne Grenzen nicht durch etwas Unendliches bekämpfen? Aber wenn Sie mir die Hoffnung lassen wollen, nicht Ihnen anzugehören, sondern Ihre Freundschaft zu erringen, so bleibe ich. Erlauben Sie mir, sogar selten, wenn Sie es verlangen, ein paar Stunden bei Ihnen zu verbringen, ähnlich denen, die ich mir erlistet habe. Dies zerbrechliche Glück, dessen Genüsse mir beim geringsten allzu glühenden Wort verboten werden können, wird genügen, mich das Brodeln meines Blutes ertragen zu lassen. Habe ich Ihrer Großherzigkeit zuviel zugemutet, wenn ich Sie anflehte, in einen Handel einzuwilligen, bei dem aller Profit auf meiner Seite wäre? Sie können der Welt, der Sie so viel geopfert haben, sehr wohl zeigen, daß ich Ihnen nichts bedeute. Sie sind so geistvoll und so stolz! Was haben Sie zu befürchten? Jetzt möchte ich Ihnen mein Herz auftun können, um Sie zu überzeugen, daß meine demütige Bitte keinen Hintergedanken birgt. Ich hätte Ihnen nicht gesagt, meine Liebe sei grenzenlos, und Sie zugleich um die Gewährung Ihrer Freundschaft gebeten, wenn ich die Hoffnung hätte, Sie könnten das tiefe Gefühl teilen, das in meiner Seele eingesargt liegt. Nein, ich werde in Ihrer Nähe das sein, was Sie möchten, daß ich es sei. Wenn Sie mich zurückweisen, und das können Sie, so werde ich nicht murren, sondern abreisen. Sollte später eine andere Frau als Sie auf irgendeine Weise in mein Leben treten, so hätten Sie recht gehabt; aber wenn ich meiner Liebe treu sterbe, werden Sie vielleicht ein leises, sehnendes Bedauern verspüren! Die Hoffnung, in Ihnen ein Bedauern wachzurufen, wird meine Todesängste versüßen und die ganze Rache meines verkannten Herzens sein . . .«

Man muß alle die reizenden Leiden junger Jahre gründlich kennen, man muß auf alle Chimären mit dem weißen Flügelpaar gestiegen sein, die ihren weiblichen Rücken der lodernden Phantasie darbieten, um sich in die Marter hineindenken zu können, die Gaston de Nueil erlitt, als er sein erstes Ultimatum in den Händen der Madame de Beauséant vermutete. Er sah die Vicomtesse vor sich, wie sie kalt, lachlustig über die Liebe spottete wie die Frauen, die nicht mehr daran glauben. Am liebsten hätte er seinen Brief rückgängig gemacht, er fand ihn absurd, es fielen ihm tausendundeine weit bessere Ideen ein oder solche, die rührender gewesen wären als seine kalten Phrasen, seine verfluchten spitzfindigen, sophistischen, anmaßenden Phrasen; zum

Glück waren sie schlecht interpungiert und kreuz und quer geschrieben. Er versuchte, nicht zu denken, nicht zu fühlen; aber er dachte dennoch, er fühlte und litt. Wäre er dreißig gewesen, so hätte er sich betrunken; aber dieser junge, noch naive Mensch kannte weder die Wirkungen des Opiums noch die Hilfsmittel einer überfeinerten Kultur. Hier hatte er keinen der guten Pariser Freunde bei sich, die einem so schön zu sagen wissen: »Paete, non dolet!«[10] und einem dabei eine Flasche Champagner hinhalten, oder die einen zu einer Orgie schleppen, um einem die Leiden der Ungewißheit zu versüßen. Vortreffliche Freunde, immer ruiniert, wenn man reich ist, immer in einem Badeort, wenn man sie sucht; immer haben sie ihren letzten Louis beim Spiel verloren, wenn man sie um einen bittet, aber immer wollen sie einem ein schlechtes Pferd andrehen; im übrigen sind sie die besten Kerle der Welt und immer bereit, mit einem in die Gondel zu steigen, um eine der Rutschbahnen hinabzugleiten, auf denen man Zeit, Seele und Leben vergeudet!

Endlich wurde Monsieur de Nueil durch Jacques ein Brief eingehändigt, der ein Siegel aus parfümiertem Wachs mit dem Wappen des Hauses Burgund trug; er war auf ein Stück Velinpapier geschrieben und sah ganz nach hübscher Frau aus.

Er eilte ins Haus, schloß sich ein und las ›seinen‹ Brief wieder und wieder.

»Sie bestrafen mich recht hart, Monsieur, und zwar sowohl für die Milde, die ich bezeigt habe, um Ihnen eine harte Abweisung zu ersparen, als auch für die Verführungskraft, die der Geist stets auf mich ausübt. Ich habe der edlen Gesinnung der Jugend vertraut, und Sie haben mich getäuscht. Dabei habe ich zu Ihnen, wenn auch nicht mit offenem Herzen, was vollkommen lächerlich gewesen wäre, so doch zumindest mit Freimut gesprochen und Ihnen meine Situation klargelegt, damit einer jungen Seele meine Kälte begreiflich war. Je mehr Sie mich interessiert haben, desto inständiger war der Schmerz, den Sie mir zufügten. Ich bin von Natur zärtlich und gütig; aber die Umstände machen mich schlecht. Jede andere Frau hätte Ihren Brief ungelesen verbrannt; ich jedoch habe ihn gelesen, und ich antworte darauf. Meine Darlegungen dürften Ihnen beweisen, daß ich zwar gegenüber dem Ausdruck eines Gefühls, das ich, wenngleich unwillentlich, erweckt habe, nicht fühllos bin, aber daß mir nichts ferner liegt, als es zu teilen, und mein Verhalten wird Ihnen noch besser die Aufrichtigkeit meiner Seele zeigen. Überdies möchte ich, zu Ihrem Besten, die Autorität gebrauchen, die Sie mir über Ihr Leben einräumen, und ich wünsche, sie ein einziges Mal auszuüben, um den Schleier fallen zu lassen, der Ihre Augen bedeckt.

Ich bin bald dreißig, und Sie sind kaum zweiundzwanzig. Sie wissen selber nicht, wie Sie denken werden, wenn Sie mein Alter erreicht haben. Die Eide, die Sie heute so leichthin schwören, könnten Ihnen dann als sehr drückend erscheinen. Heute, das will ich gern glauben, würden Sie mir ohne Bedauern Ihr ganzes Leben weihen, Sie würden sogar für eine flüchtige Lust zu sterben wissen; aber mit dreißig Jahren würde die Erfahrung Sie der Kraft berauben, mir jeden Tag Opfer zu bringen, und für mich würde es eine tiefe Demütigung sein, sie anzunehmen. Eines Tages wird Ihnen alles, wird sogar die Natur Ihnen befehlen, mich zu verlassen; aber wie ich Ihnen gesagt habe: ich ziehe den Tod dem Verlassenwerden vor. Sie sehen: das Unglück hat mich gelehrt, zu rechnen. Ich stelle Überlegungen an; ich bin frei von Leidenschaft. Sie zwingen mich, Ihnen zu sagen, daß ich Sie nicht liebe, daß ich Sie weder lieben darf noch kann, noch will. Ich bin über das Alter hinaus, in dem die Frauen unüberlegten Herzensregungen nachgeben, und ich könnte nicht mehr die Geliebte sein, nach der Sie suchen. Meine Tröstungen kommen von Gott, nicht von den Menschen. Übrigens lese ich beim trübseligen Licht betrogener Liebe zu klar in den Herzen, um in die Freundschaft einzuwilligen, um die Sie mich bitten, die Sie darbieten. Sie werden von Ihrem Herzen getäuscht, und Sie setzen Ihre Hoffnung mehr auf meine Schwäche als auf Ihre Stärke. All das ist eine Auswirkung des Instinkts. Jene kindliche List verzeihe ich Ihnen; Ihr wahres Ich ist daran noch unbeteiligt. Im Namen dieser flüchtigen Liebe, im Namen Ihres Lebens, im Namen meiner Ruhe befehle ich Ihnen, in Ihrem Heimatland zu bleiben und nicht ein ehrenvolles, schönes Leben um einer Illusion willen zu verpfuschen, die notwendigerweise hinschwinden muß. Später, wenn Sie Ihre wahre Bestimmung erfüllt und alle Gefühle entwickelt haben, die den Mann ausmachen, werden Sie meine Antwort zu würdigen wissen, die Sie vielleicht heute der Dürrheit zeihen. Dann werden Sie mit Freuden eine alte Frau wiedersehen, deren Freundschaft Ihnen sicherlich lieb und kostbar sein wird: sie ist dann weder den Wechselfällen der Leidenschaft noch den Enttäuschungen des Lebens unterworfen; edle Gedanken, fromme Gedanken erhalten sie rein und heilig. Leben Sie wohl; gehorchen Sie mir und bedenken Sie, daß Ihre Erfolge ein wenig Freude in meine Einsamkeit bringen werden, und denken Sie an mich nur, wie man an jemanden denkt, der in weiter Ferne weilt.«

Als Gaston de Nueil diesen Brief gelesen hatte, schrieb er folgende Zeilen:

»Madame, wenn ich aufhörte, Sie zu lieben und auf die mir von Ihnen eröffneten Möglichkeiten, ein gewöhnlicher Mensch zu werden, einginge, dann hätte ich mein Schicksal verdient, geben Sie das zu? Nein, ich gehorche Ihnen nicht, und ich schwöre Ihnen eine Treue, die erst mit meinem Tode enden wird. Oh, nehmen Sie mein Leben, sofern Sie nicht fürchten, dadurch das Ihrige mit Gewissensbissen zu belasten . . .«

Als der Diener Monsieur de Nueils aus Courcelles zurückkam, fragte sein Herr ihn: »Wem hast du meinen Brief übergeben?«

»Der Frau Vicomtesse persönlich; sie saß im Wagen und fuhr weg . . .«

»In die Stadt?«

»Monsieur, ich glaube nicht. Die Berline[11] der Frau Vicomtesse war mit Postpferden bespannt.«

»Ach so, dann reist sie also ab!« sagte der Baron.

»Ja«, antwortete der Diener.

Sogleich traf Gaston Vorbereitungen, um Madame de Beauséant zu folgen, und sie führte ihn bis Genf, ohne zu ahnen, daß er sie begleitete. Unter den tausend Erwägungen, die ihn während dieser Reise bestürmten, beschäftigte ihn besonders diese: »Warum ist sie auf und davon gegangen?« Dieser Satz bildete den Ansatzpunkt zu einer Fülle von Vermutungen, unter denen er natürlich die schmeichelhafteste auswählte, nämlich die folgende:

»Wenn die Vicomtesse mich lieben will, so gibt sie sicherlich als intelligente Frau der Schweiz den Vorzug, wo niemand uns kennt, anstatt in Frankreich zu bleiben, wo sie Sittenrichtern begegnen könnte.«

Gewisse von einer Leidenschaft besessene Männer würden keine Frau lieben, die geschickt genug wäre, sich ihre Gefilde selber auszusuchen; das wären dann die Kenner. Übrigens beweist nichts, daß Gastons Annahme richtig war.

Die Vicomtesse nahm ein kleines Haus mit Aussicht auf den See. Als sie sich dort eingerichtet hatte, fand Gaston sich eines schönen Abends bei Anbruch der Dämmerung ein. Jacques, ein über die Maßen aristokratischer Diener, wunderte sich nicht die Spur, als er Monsieur de Nueil erblickte, und als ein Diener, der alles zu verstehen gewohnt ist, meldete er ihn an. Als Madame de Beauséant diesen Namen hörte, als sie den jungen Herrn vor sich sah, ließ sie das Buch fallen, das sie in der Hand hielt; ihr Überraschtsein ließ Gaston Zeit, auf sie zuzutreten und ihr mit einer Stimme, die sie köstlich dünkte, zu sagen: »Welch ein Genuß war es, die Pferde zu nehmen, die Sie hergefahren hatten!«

So gut in seinen geheimen Wünschen verstanden zu werden! Welche Frau hätte einem solchen Glück widerstehen können? Eine Italienerin, eines der göttlichen Geschöpfe, deren Seelen die Antipoden der der Pariserinnen sind, und die man auf unserer Seite der Alpen tief unmoralisch finden würde, hat beim Lesen französischer Romane gesagt: »Ich begreife nicht, daß diese armen Liebespaare soviel Zeit damit hinbringen, das in die Wege zu leiten, was die Sache eines Vormittags sein muß.« Warum könnte der Erzähler nicht dem Beispiel dieser guten Italienerin folgen und seine Leser und seine Gestalten weniger lange schmachten lassen? Er hätte sehr wohl ein paar bezaubernde Liebesszenen entwerfen können, ein süßes Verzögern, durch das Madame de Beauséant Gastons Glück noch gesteigert hätte, um dann voller Anmut zu fallen wie die Jungfrauen des klassischen Altertums; vielleicht auch, um die keuschen Wollüste einer ersten Liebe zu genießen und sie dann zum höchsten Ausdruck ihrer

Kraft und Macht gelangen zu lassen. Monsieur de Nueil stand noch in dem Alter, da ein Mann sich von solcherlei Launen betören läßt, von solcherlei Spielen, die so vielen Frauen als verlokkend erscheinen und die sie verlängern, sei es, um ihre Bedingungen festzusetzen, sei es, um ihre Macht, deren bevorstehende Minderung sie instinktiv erraten, desto länger zu genießen. Aber solche kleinen Boudoirprotokolle, die weniger zahlreich sind als die über die Londoner Konferenz[12], nehmen in der Geschichte einer wahren Leidenschaft zu wenig Raum ein, um erwähnt werden zu müssen.

Madame de Beauséant und Monsieur de Nueil blieben drei Jahre lang in der am Genfer See gelegenen Villa, die die Vicomtesse gemietet hatte. Sie blieben dort allein, ohne jemanden bei sich zu sehen, ohne von sich reden zu machen; sie unternahmen Bootsfahrten, standen spät auf, kurzum: sie waren so glücklich, wie zu sein wir alle uns erträumen. Das kleine Haus war schlicht; es hatte grüne Jalousien und breite Balkons mit Markisen; ein Haus wie geschaffen für Liebende, mit weißen Sofas, die Schritte dämpfenden Teppichen, neuen Wandbespannungen; alles darin spiegelte Freude wider. Von jedem Fenster aus hatte der See ein anderes Aussehen; in der Ferne die Berge mit ihren wolkigen Wechselbildern, bunt, sich immerfort wandelnd; über ihnen ein schöner Himmel; und vor ihnen eine gedehnte, launische, sich verändernde Wasserfläche! Die Dinge schienen für die beiden zu träumen, und alles lächelte ihnen zu.

Wichtige Angelegenheiten riefen Monsieur de Nueil nach Frankreich zurück: sein Bruder und sein Vater waren gestorben; es galt, Genf zu verlassen. Die Liebenden kauften jenes Haus; am liebsten hätten sie die Berge gesprengt und das Wasser des Sees durch das Öffnen einer Schleuse ablaufen lassen, um alles mitzunehmen. Madame de Beauséant folgte Monsieur de Nueil. Sie machte ihr Vermögen flüssig und kaufte in der Nähe von Manerville eine ansehnliche Besitzung, die an Gastons Ländereien stieß: dort wohnten sie zusammen. Monsieur de Nueil überließ großzügig die Nutznießung seiner Güter bei Manerville seiner Mutter, als Gegenleistung für die Freiheit, als Junggeselle zu leben, die sie ihm ließ. Das Gut der Madame de Beauséant war nahe einer kleinen Stadt an einer der hübschesten Stellen des Auge-Tals gelegen. Dort errichteten die beiden Liebenden zwischen sich und der Welt Schranken, die weder gesellschaftliche Vorurteile noch Menschen übersteigen konnten, und so fanden sie ihre guten Schweizer Tage wieder. Neun ganze Jahre lang genossen sie ein Glück, das zu schildern sich erübrigt; die Lösung dieses Abenteuers wird sicherlich diejenigen seine Seligkeiten ahnen lassen, für deren Seele die Poesie und das Gebet in der Unendlichkeit ihrer Formen verständlich sind.

Währenddessen erfreute der Marquis de Beauséant (sein Vater und sein älterer Bruder waren gestorben), der Mann der Madame de Beauséant, sich einer vollkommenen Gesundheit. Nichts hilft uns besser, am Leben zu bleiben, als die Gewißheit, durch unseren Tod das Glück anderer anzubahnen. Monsieur de Beauséant war einer der ironischen, eigensinnigen Menschen, die, wie die Empfänger von Leibrenten, sich desto mehr darüber freuen, jeden Morgen gesund und munter aufzustehen, weil andere Leute sich darüber ärgern. Im übrigen war er ein Ehrenmann, ein bißchen pedantisch, zeremoniell und so berechnend, daß er einer Frau mit der gleichen Ruhe eine Liebeserklärung hätte machen können, wie ein Lakai sagt: »Madame, es ist angerichtet.«

Diese kleine biographische Notiz über den Marquis de Beauséant hat den Zweck, deutlich zu machen, warum es der Marquise unmöglich war, Monsieur de Nueil zu heiraten.

Nun aber, nach jenen neun Jahren des Glücks, des köstlichsten Pakts, den eine Frau je hat schließen können, befanden Monsieur de Nueil und Madame de Beauséant sich in einer Lage, die ebenso natürlich und ebenso schief war wie die, in der sie seit dem Beginn dieses Abenteuers verblieben waren; es war trotz alledem eine fatale, kritische Situation, von der sich keine Vorstellung vermitteln läßt, aber deren Grenzen mit mathematischer Genauigkeit angegeben werden können.

Die Gräfin de Nueil, Gastons Mutter, hatte Madame de Beauséant nie bei sich empfangen wollen. Sie war eine starre, tugendversessene Frau, die dem alten Nueil nur sehr legitime Freuden gespendet hatte. Madame de Beauséant sah ein, daß diese ehrpusselige Witwe ihre Feindin sein und versuchen mußte, Gaston seinem unmoralischen, antireligiösen Leben zu entreißen. Nur zu gern hätte die Marquise ihr Gut verkauft und wäre nach Genf zurückgekehrt. Aber das wäre gleichbedeutend mit einem Mißtrauen gegen Monsieur de Nueil gewesen, und dazu war sie außerstande. Zudem hatte er ausgerechnet für das Gut Valleroy eine besondere Vorliebe gefaßt, wo er große Pflanzungen angelegt und Bodenbewegungen durchgeführt hatte. Hätte ihn das nicht einem Glück in der Betätigung entrissen, der Betätigung, die die Frauen stets ihren Männern und sogar ihren Liebhabern wünschen? Es war in der Gegend eine Demoiselle de La Rodière angekommen, zweiundzwanzig Jahre alt und im Besitz von Einkünften in Höhe von vierzigtausend Francs. Gaston begegnete dieser Erbin jedesmal auf Manerville, wenn die Pflicht ihn nach dort führte. Die Personen waren also gegeben wie die Ziffern einer arithmetischen Proportion; der folgende Brief, der eines Morgens geschrieben und Gaston überbracht wurde, möge jetzt das schreckliche Problem darlegen, das Madame de Beauséant seit einem Monat zu lösen versuchte.

»Mein geliebter Engel,
Dir zu schreiben, wenn wir Herz an Herz leben, wenn nichts uns trennt, wenn unsere Liebesbezeigungen uns so oft als Sprache dienen, und wenn auch die Worte Liebesbezeigungen sind: ist das nicht widersinnig? Nein, mein Geliebter. Es gibt gewisse Dinge, die eine Frau in Gegenwart ihres Geliebten nicht sagen kann; allein schon der Gedanke an diese Dinge raubt ihr die Stimme und läßt all ihr Blut ins Herz zurückströmen; sie ist ohne Kraft und ohne Geist. So bei dir zu sein, läßt mich leiden; und ich bin oftmals so bei dir. Ich fühle, daß mein Herz Dir gegenüber nichts als Wahrheit sein muß, daß es Dir keinen seiner Gedanken verheimlichen darf, auch nicht die flüchtigsten; und ich mag das wohlige Sichgehenlassen, das so gut zu mir paßt, viel zu sehr, um längere Zeit hindurch beklommen, gehemmt zu sein. Daher möchte ich Dir meine Angst anvertrauen: ja, es ist ein Angstgefühl. Hör mich an! Mach nicht Dein kleines ›Ta-ta-ta ...‹, mit dem Du mich mit einer Impertinenz zum Schweigen bringst, die ich gern habe, weil mir eben alles an Dir gefällt. Lieber Gatte vor Gott, laß mich Dir sagen, daß Du alle Erinnerungen an die Schmerzen ausgelöscht hast, unter deren Last mein Leben früher zu erliegen drohte. Erst durch Dich habe ich die

Liebe kennengelernt. Es hat der Lauterkeit Deiner schönen Jugend bedurft, der Reinheit Deiner großen Seele, um den Forderungen eines anspruchsvollen Frauenherzens genugzutun. Lieber Freund, ich habe oft vor Freude gezittert bei dem Gedanken, daß während dieser neun so schnellen und so langen Jahre meine Eifersucht niemals geweckt worden ist. Mir sind alle Blüten Deiner Seele zuteil geworden, alle Deine Gedanken. Nicht die leichteste Wolke ist über unseren Himmel hinweggezogen, wir haben nicht gewußt, was Opfer ist, wir haben immer den Eingebungen unserer Herzen gehorcht. Ich habe, als Frau, ein Glück ohne Grenzen genossen. Ob die Tränen, die dieses Blatt befeuchten, Dir wohl meine ganze Dankbarkeit verkünden? Am liebsten hätte ich auf den Knien geschrieben. Aber diese Glückseligkeit hat mich eine Marter kennenlernen lassen, die schauerlicher ist, als die der Verlassenheit es war. Liebster, ein Frauenherz hat tiefe, verborgene Falten: ich habe bis heute nicht gewußt, wie groß mein Herz ist, gerade wie ich nichts von der Größe der Liebe gewußt habe. Das schmerzlichste Elend, das über uns hereinbrechen könnte, ist leicht zu ertragen im Vergleich zu dem bloßen Gedanken, der, den wir lieben, könne unglücklich sein. Und wenn wir die Ursache eben jenes Unglücks wären: hieße das nicht, daran sterben . . .? Das ist der Gedanke, der mich bedrückt. Aber er zieht einen anderen, noch drückenderen nach sich; und dieser entwürdigt die Glorie der Liebe, er mordet sie, er macht sie zu etwas Demütigendem, das das Leben auf ewig verdunkelt. Du bist dreißig, und ich bin vierzig. Welche Schrecken flößt dieser Altersunterschied einer liebenden Frau ein! Vielleicht hast Du zunächst unwissentlich, dann bewußt das Opfer empfunden, das Du mir brachtest, indem Du um meinetwillen auf Welt und Gesellschaft verzichtetest. Vielleicht hast Du an Deine gesellschaftliche Bestimmung gedacht, an jene Heirat, die, das kann nicht anders sein, Dein Vermögen vergrößern und Dir gestatten würde, Dich zu Deinem Glück, zu Deinen Kindern zu bekennen, über Dein Hab und Gut zu verfügen, wieder in der Gesellschaft zu erscheinen und Deinen Platz darin ehrenvoll auszufüllen. Aber Du hast wohl diese Gedanken unterdrückt, glücklich darüber, daß Du mir ohne mein Wissen eine Erbin, ein Vermögen und eine schöne Zukunft aufopfertest. In Deiner Großherzigkeit als junger Mensch hast Du den Schwüren treubleiben wollen, die uns nur vor Gottes Antlitz binden. Du hast wohl meiner früheren Schmerzen gedacht, so daß ich durch das Unglück beschützt worden wäre, dem Du mich entrissen hast. Deine Liebe Deinem Mitleid zu verdanken! Dieser Gedanke ist mir noch furchtbarer als die Angst, Du lebtest um meinetwillen an Deinem Leben vorbei. Die ihre Geliebten erdolchen, sind mildtätig, wenn sie sie im Glück ermorden, in der Schuldlosigkeit, im Glanz ihrer Illusionen ... Ja, der Tod ist den beiden Gedanken vorzuziehen, die seit ein paar Tagen meine Stunden heimlich verdüstern. Als Du mich gestern so liebevoll fragtest: ›Was ist dir?‹, da hat Deine Stimme mich erschauern lassen. Ich habe geglaubt, Du läsest, wie es Deine Gewohnheit ist, in meiner Seele, und ich war auf Deine vertraulichen Geständnisse gefaßt; ich bildete mir ein, ich hätte ein richtiges Vorgefühl gehabt und die Berechnungen Deiner Vernunft erraten. Dann habe ich an ein paar Aufmerksamkeiten denken müssen, die Du mir erwiesest wie von je, aber in denen ich etwas Gekünsteltes wahrzunehmen glaubte, wodurch die Männer verraten, daß das Wahren der Treue ihnen schwerfällt. In diesem Augenblick habe ich mein Glück recht teuer bezahlt; ich habe gefühlt, daß die Natur uns die Schätze der Liebe stets um einen hohen Preis verkauft. Wirklich: hat das Schicksal uns nicht schon getrennt? Du wirst Dir gesagt haben: ›Früher oder später muß ich die arme Claire ja doch sitzenlassen; warum soll ich mich nicht beizeiten von ihr trennen?‹ Dieser Satz stand in der Tiefe Deiner Augen geschrieben. Ich bin von Dir weggegangen, um fern von Dir zu weinen. Dir Tränen vorenthalten! Es waren die ersten, die seit zehn Jahren ein Kummer mich hat vergießen lassen, und ich bin zu stolz, sie Dir zu zeigen; aber Vorwürfe habe ich Dir nicht gemacht. Ja, Du hast recht, ich darf nicht so selbstsüchtig sein, Dein glänzendes, langes Leben dem meinen, das bald verbraucht ist, zu unterwerfen ... Aber wenn ich mich täuschte ...? Wenn ich eine Deiner Liebesmelancholien für ein Sichregen der Vernunft gehalten hätte ...? Ach, mein Engel überlaß mich nicht der Ungewißheit, bestraf Deine eifersüchtige Frau; aber gib ihr das Bewußtsein ihrer Liebe und der Deinen zurück: die ganze Frau ist in diesem Gefühl; es heiligt alles. Seit der Ankunft Deiner Mutter und seit Du bei ihr Mademoiselle de La Rodière getroffen hast, bin ich Zweifeln anheimgefallen, die uns entehren. Laß mich leiden, aber täusche mich nicht: ich will alles wissen, alles, was Deine Mutter Dir sagt und was Du denkst! Wenn Du zwischen irgend etwas und mir geschwankt hast, gebe ich Dir Deine Freiheit wieder ... Was dann aus mir wird, halte ich Dir verborgen; ich könnte nicht vor Dir weinen; nur will ich Dich nie wiedersehen ... Oh! Ich muß innehalten, mir bricht das Herz ...

– – – – –

Ein paar Augenblicke lang habe ich trübsinnig und stumpf dagesessen. Freund, ich stehe Dir nicht voller Stolz gegenüber; Du bist so gütig, so offenherzig! Du könntest mir nicht weh tun noch mich hintergehen; aber Du sollst mir die Wahrheit sagen, so grausam sie auch sein möge. Willst Du, daß ich Dir zu Deinen Geständnissen Mut mache? Gut, Du Herz, das mir gehört, ich werde in einem frauenhaften Gedanken Trost finden. Habe ich von Dir nicht das besessen, was jung und keusch war, ganz Anmut, ganz Schönheit, ganz Zartsinn, einen Gaston, den keine Frau mehr erleben kann und den ich köstlich genossen habe ... Nein, Du wirst nie wieder lieben, wie Du mich geliebt hast; nein, ich kann keine Rivalin haben. Meine Erinnerungen werden frei von Bitterkeit sein, wenn ich unserer Liebe gedenke: sie nimmt mein ganzes Denken ein. Liegt es nicht außerhalb Deiner Macht, fortan eine Frau durch kindliche Neckereien zu bezaubern, durch die jungen Artigkeiten eines jungen Herzens, durch Koketterien der Seele, durch die Gunstbeweise des Körpers und die raschen Einverständnisse der Wollust, kurzum: durch das anbetungswürdige Gefolge der jugendlichen Liebe? Ach, jetzt bist Du zum Mann geworden, jetzt mußt Du Deiner Bestimmung gehorchen und alles berechnen. Du wirst Sorgen haben, Unruhe, Ehrgeiz, Kümmernisse, die ›sie‹ des ständigen, unwandelbaren Lächelns wegen bezaubern werden, das Deine Lippen immer für mich verschönte. Deine Stimme, die für mich immer so hold war, wird manchmal schmerzlich klingen. Deine Augen, aus denen immer ein himmlisches Aufglänzen leuchtete, wenn sie mich erblickten, werden für ›sie‹ oftmals getrübt sein. Und ferner: Da es unmöglich ist, daß Du geliebt wirst, wie ich Dich liebe, wird jene Frau Dir niemals so gefallen, wie ich Dir gefallen habe. Sie wird nicht die beständige Fürsorge aufbringen, die ich mir habe angedeihen lassen, und nicht das ständige Bemühtsein um Dein Glück, für das es mir nie an Verständnis gemangelt hat. Ja, der Mann, das Herz, die Seele, die ich erlebt habe, werden nicht mehr existieren; ich werde sie in meiner Erinnerung bestatten, um mich auch weiterhin daran zu erfreuen, und glücklich von diesem schönen, vergangenen Dasein leben, das allem, das nicht ›wir‹ war, unbekannt geblieben ist.

Mein Geliebter, wenn Du jedoch, nachdem Du diesen Brief gelesen, nicht den leisesten Gedanken an Freiheit gefaßt hast, wenn meine Liebe Dich nicht belastet, wenn meine Ängste Chimären sind, wenn ich nach wie vor Deine Eva bin, die einzige Frau, die es auf Erden für Dich gibt, dann komm! Eile zu mir! Ach, dann will ich Dich in einem Augenblick mehr lieben, als ich Dich, wie ich glaube, während jener neun Jahre geliebt habe. Nun ich die unnütze Marter der Verdächtigungen, deren ich mich anklage, durchlitten habe, wird jeder Tag, der unserer Liebe hinzugefügt wird, ja, wird ein einziger Tag ein ganzes Leben im Glück sein. Also sprich! Sei offen: täusche mich nicht, das wäre ein Verbrechen. Sag: willst Du Deine Freiheit? Hast Du über Dein Leben als Mann nachgedacht? Verspürst Du ein Bedauern? Ich, und in Dir ein Bedauern wachrufen! Ich habe es Dir gesagt: in mir ist genug an Liebe, um Dein Glück dem meinen, Dein Leben dem meinen vorzuziehen. Vergiß, wenn Du kannst, die reichen Erinnerungen an unsere neun Jahre des Glücks, damit Du bei Deinem Entschluß unbeeinflußt bist; aber sprich! Ich bin Dir unterworfen wie Gott, dem einzigen Tröster, der mir bleibt, wenn Du mich verläßt.«

Als Madame de Beauséant den Brief in Monsieur de Nueils Händen wußte, verfiel sie durch den allzu großen Andrang ihrer Gedanken in eine so tiefe Niedergeschlagenheit und ein so betäubendes Grübeln, daß sie wie schlafend dasaß. Gewiß litt sie Schmerzen, deren Intensität nicht immer den Kräften der Frauen entspricht und die dennoch nur Frauen kennen. Während die unglückliche Marquise ihres Schicksals harrte, geriet Monsieur de Nueil, als er ihren Brief las, sehr ›in die Klemme‹, welchen Ausdrucks sich junge Leute bedienen, die sich in Krisen dieser Art befinden. Er hatte zu dieser Zeit fast schon den Einflüsterungen seiner Mutter und den Reizen der Mademoiselle de La Rodière nachgegeben, eines ziemlich nichtigen jungen Mädchens, gerade wie eine Pappel, weiß und rosig, halb stumm, wie das Programm es allen heiratsfähigen Mädchen vorschreibt; aber ihre vierzigtausend Francs Einkünfte aus Grundbesitz sprachen hinlänglich zu ihren Gunsten. Die von ehrlicher Mutterliebe geleitete Madame de Nueil suchte ihren Sohn für die Tugend zu dingen. Sie gab ihm zu bedenken, wie schmeichelhaft es für ihn sei, daß Mademoiselle de La Rodière ihm den Vorzug gebe, wo ihr doch so viele reiche Partien vorgeschlagen worden seien: es sei hohe Zeit, daß er an seine Zukunft denke, eine so schöne Gelegenheit werde sich schwerlich wiederfinden; eines Tages werde er achtzigtausend Francs Einkünfte aus Grundbesitz haben; Vermögen tröste über alles hinweg; wenn Madame de Beauséant ihn um seinetwillen liebe, werde sie die erste sein, die ihn zum Heiraten veranlasse. Kurzum: diese gute Mutter ließ keines der Mittel aus, durch die eine Frau auf die Vernunft eines Mannes einzuwirken vermag. Auf diese Weise hatte sie den Sohn schwankend gemacht. Madame de Beauséants Brief langte in einem Augenblick an, da Gastons Liebe noch gegen das Verführerische eines geordneten, den Vorstellungen von Welt und Gesellschaft entsprechenden Lebens ankämpfte; aber dieser Brief entschied den Kampf. Er beschloß, die Marquise zu verlassen und zu heiraten. »Man muß im Leben als Mann handeln!« sagte er sich. Dann kam ihm in den Sinn, welche Schmerzen sein Entschluß seiner Geliebten bereiten würde. Seine Eitelkeit als Mann im gleichen Maß wie sein Gewissen als Liebender vergrößerte für ihn jene Schmerzen noch; es überkam ihn aufrichtiges Mitleid. Plötzlich empfand er das Ungeheuerliche dieses Unglücks und hielt es für notwendig und mildtätig, diese tödliche Wunde zu lindern. Er hoffte, er könne Madame de Beauséant zu ruhiger Betrachtung hinleiten und sich von ihr diese grausame Heirat befehlen lassen, wenn er sie schrittweise an den Gedanken an die Notwendigkeit einer Trennung gewöhne, wobei er stets Mademoiselle de La Rodière zwischen sich und ihr stehen lassen, sie ihr zunächst opfern und sich dann von ihr aufdrängen lassen wollte. Um dieses mitleidige Unterfangen zum Gelingen zu bringen, ging er sogar so weit, die Noblesse, den Stolz der Marquise und die edlen Eigenschaften ihrer Seele einzukalkulieren. Er antwortete ihr also, um ihren Argwohn einzuschläfern. Antworten! Für eine Frau, die mit der Intuition der Liebe die feinsten Wahrnehmungsfähigkeiten des weiblichen Geistes verband, war dieser Brief ein Urteil. Als daher Jacques eintrat, als er sich auf Madame de Beauséant zubewegte, um ihr ein dreieckig gefaltetes Briefchen zu übergeben, zitterte die arme Frau wie eine gefangene Schwalbe. Ein nie gekannter Frostschauer durchrann sie von Kopf bis Fuß und hüllte sie in ein Leichentuch von Eis. Wenn er nicht herbeieilte und sich ihr zu Füßen warf, wenn er nicht weinend, blaß und verliebt zu ihr kam, war alles gesagt. Dabei leben im Herzen liebender Frauen so viele Hoffnungen! Es bedarf, um sie umzubringen, vieler Dolchstöße, und sie lieben und verströmen ihr Blut bis zum letzten.

»Wünscht Madame etwas?« fragte Jacques leise, als er sich zurückzog.

»Nein«, sagte sie.

Der arme Mann! dachte sie und trocknete sich eine Träne, er durchschaut mich, und dabei ist er ein Diener!

Sie las: »Meine Vielgeliebte, Du erschaffst Dir Chimären ...« Als die Marquise diese Worte wahrnahm, legte sich ihr ein dichter Schleier vor die Augen. Die geheime Stimme ihres Herzens schrie ihr zu: »Er lügt.« Dann übersprang ihr Blick mit der hellsichtigen Gier, die die Leidenschaft verleiht, die ganze erste Seite; sie hatte unten die Worte gelesen: »Nichts ist entschieden ...« Mit krampfhafter Heftigkeit wandte sie die Seite um und erkannte deutlich den Geist, der die gewundenen Sätze dieses Briefes diktiert hatte; sie fand darin keinen der ungestümen Liebesergüsse mehr wieder; sie knüllte ihn zusammen, zerriß ihn, zerknitterte, zerbiß ihn, schleuderte ihn ins Feuer und rief: »Oh, der Erbärmliche! Er hat mich besessen und mich nicht mehr geliebt ...!« Dann ließ sie sich halbtot auf ihr Sofa fallen.

Als Monsieur de Nueil seinen Brief geschrieben hatte, war er fortgegangen. Beim Heimkommen sah er Jacques vor seiner Tür stehen, und Jacques übergab ihm einen Brief und sagte dabei: »Die Frau Marquise ist nicht mehr im Schloß.«

Verwundert riß Monsieur de Nueil den Umschlag auf und las:

»Madame, wenn ich aufhörte, Sie zu lieben und auf die mir von Ihnen eröffneten Möglichkeiten, ein gewöhnlicher Mensch zu werden, einginge, dann hätte ich mein Schicksal verdient, geben Sie das zu? Nein, ich gehorche Ihnen nicht, und ich schwöre Ihnen eine Treue, die erst mit meinem Tode enden wird. Oh, nehmen Sie mein Leben, sofern Sie nicht fürchten, dadurch das Ihrige mit Gewissensbissen zu belasten ...« Es war der Brief, den er an die Marquise geschrieben hatte, als sie im Begriff stand, nach Genf abzureisen. Darunter hatte Claire de Bourgogne geschrieben: »Monsieur, Sie sind frei.«

Monsieur de Nueil kehrte zu seiner Mutter nach Manerville zurück. Drei Wochen später heiratete er Mademoiselle Stéphanie de La Rodière.

Wenn diese Geschichte in ihrer vulgären Wahrheit hier endete, dann wäre sie beinahe eine Mystifikation. Haben nicht fast alle Männer einander eine interessantere zu erzählen? Aber die Berühmtheit des leider wahren Ausgangs und alles, was Erinnerungen im Herzen derer erwecken könnte, die die himmlischen Wonnen einer unendlichen Leidenschaft durchlebt und sie selber zunichte gemacht und vielleicht durch eine grausame Schicksalsfügung eingebüßt haben, wird diese Erzählung vielleicht vor kritischen Bemerkungen schützen. Die Frau Marquise de Beauséant hatte ihr Schloß Valleroy nach der Trennung von Monsieur de Nueil keineswegs verlassen. Aus einer Vielzahl von Gründen, die im Herzen der Frauen begraben bleiben müssen und von denen überdies jede Frau diejenigen erraten wird, die ihr gemäß sind, blieb Claire nach Monsieur de Nueils Eheschließung dort wohnen. Sie lebte in so tiefer Zurückgezogenheit, daß ihre Dienerschaft, die Zofe und Jacques ausgenommen, sie kaum je zu sehen bekam. Sie verlangte absolute Stille rings um sich her und verließ ihr Haus nur, um zur Kapelle von Valleroy zu gehen, wo ein Priester aus der Nachbarschaft ihr jeden Morgen die Messe las. Einige Tage nach seiner Hochzeit verfiel der Graf de Nueil einer Art ehelicher Apathie, die ebenso auf Glück wie auf Unglück schließen ließ. Seine Mutter sagte zu allen Leuten: »Mein Sohn ist glücklich.«

Madame Gaston de Nueil war, wie viele junge Frauen, ein bißchen glanzlos, sanft und geduldig; nach dem ersten Ehemonat war sie in anderen Umständen. All das stand im Einklang mit den Vorstellungen, in denen sie aufgewachsen war. Monsieur de Nueil war sehr nett zu ihr, nur war er zwei Monate nach seiner Trennung von der Marquise außerordentlich träumerisch und nachdenklich geworden. Aber er sei doch immer ein ernster Mensch gewesen, sagte seine Mutter.

Nach sieben Monaten dieses lauen Glücks geschahen ein paar dem Anschein nach leicht wiegende Begebenheiten; allein sie führten zu allzu weitläufigen Gedankengängen und zeugten von zu großen seelischen Verwirrungen, als daß sie nicht schlicht berichtet und der willkürlichen Auslegung eines jeden überlassen werden müßten. Als Monsieur de Nueil eines Tages im Revier von Manerville und Valleroy gejagt hatte, ging er durch den Park der Madame de Beauséant heim, ließ Jacques rufen und wartete auf ihn; und als der Diener gekommen war, fragte er ihn: »Ißt die Marquise noch immer so gern Wildbret?« Auf Jacques' bestätigende Antwort bot Gaston ihm eine ziemlich hohe Summe, und zwar unter ganz besonderen Begründungen; er wollte ihn dadurch zu der kleinen Gefälligkeit verpflichten, seine Jagdbeute für die Marquise in Empfang zu nehmen. Jacques schien es ziemlich bedeutungslos zu sein, ob seine Herrin ein Rebhuhn esse, das von ihrem Jagdhüter oder von Monsieur de Nueil geschossen worden sei, zumal da dieser wünschte, die Marquise dürfe von der Herkunft des Wildbrets nichts erfahren. – »Es ist auf ihrem Grund und Boden erlegt worden«, sagte der Graf. Mehrere Tage lang gab Jacques sich zu diesem harmlosen Betrug her. Monsieur de Nueil brach am Morgen zur Jagd auf, kam erst zum Abendessen wieder heim und hatte nie etwas geschossen. Auf diese Weise verging eine ganze Woche. Gaston erkühnte sich, der Marquise einen langen Brief zu schreiben und ihn ihr zukommen zu lassen. Jener Brief wurde ihm ungeöffnet zurückgeschickt. Es war schon beinahe dunkel, als der Diener der Marquise ihn ihm überbrachte. Plötzlich stürzte der Graf aus dem Salon hinaus, wo er anscheinend einem Capriccio von Hérold[13] gelauscht hatte, das seine Frau auf dem Klavier mißhandelte, und lief mit der Schnelligkeit eines Mannes, der zu einem Stelldichein will, zur Marquise. Er sprang durch eine ihm bekannte Mauerbresche in den Park, schritt langsam auf den

Wegen einher und blieb dann und wann stehen; er versuchte, das dröhnende Pochen seines Herzens zu unterdrücken; als er dicht an das Schloß herangelangt war, vernahm er darin dumpfe Geräusche und schloß daraus, daß die gesamte Dienerschaft bei Tisch sei. Er ging bis zu den Gemächern der Madame de Beauséant. Die Marquise verließ ihr Schlafzimmer nie; ohne das mindeste Geräusch gemacht zu haben, konnte Monsieur de Nueil die Tür erreichen. Darin sah er im Schein zweier Kerzen die Marquise mager und bleich in einem großen Sessel sitzen, mit geneigter Stirn, niederhängenden Händen, die Augen auf etwas gerichtet, das sie nicht zu sehen schien. Das war der Schmerz in seinem vollendetsten Ausdruck. Es lag in dieser Haltung eine leise Hoffnung, aber es ließ sich nicht sagen, ob Claire de Bourgogne dem Grab entgegenblicke oder zurück in die Vergangenheit. Vielleicht blinkten Monsieur de Nueils Tränen in der Dunkelheit, vielleicht war sein Atem leise vernehmlich, vielleicht war er unwillkürlich zusammengezuckt, oder vielleicht erzeugte seine Gegenwart das Phänomen der inneren Wahrnehmung, dessen stetes Vorhandensein zugleich die Glorie, das Glück und der Beweis wahrer Liebe ist. Madame de Beauséant wandte langsam das Gesicht der Tür zu und sah ihren einstigen Liebhaber. Da tat der Graf ein paar Schritte.

»Wenn Sie weitergehen«, rief die Marquise erbleichend, »stürze ich mich aus dem Fenster!«

Sie sprang zum Riegel, machte ihn auf; sie stand mit einem Fuß auf der äußeren Fensterbank, die Hand am Fenstergeländer, den Kopf Gaston zugekehrt.

»Gehen Sie! Gehen Sie!« rief sie, »oder ich stürze mich hinab!«

Auf diesen schrecklichen Schrei hin hörte Monsieur de Nueil die aufgeregten Diener nahen und lief davon wie ein Missetäter.

Als er wieder daheim war, schrieb der Graf einen sehr kurzen Brief, beauftragte seinen Diener damit, ihn Madame de Beauséant zu überbringen, und schärfte ihm ein, er solle der Marquise zu verstehen geben, es handele sich für ihn um Leben oder Tod. Nach dem Weggehen des Boten ging Monsieur de Nueil wieder in den Salon und traf seine Frau dabei, daß sie immer noch das Capriccio entzifferte. Er setzte sich und wartete auf die Antwort. Eine Stunde später war das Capriccio bewältigt, und die beiden Gatten saßen einander gegenüber, stumm, jeder an einer Seite des Kamins, als der nach Valleroy geschickte Diener wiederkam und seinem Herrn den Brief wieder einhändigte; er war nicht geöffnet worden. Monsieur de Nueil ging in ein kleines, an den Salon stoßendes Zimmer, wo er bei der Heimkehr sein Jagdgewehr hatte stehen lassen, und erschoß sich.

Diese rasche, verhängnisvolle Lösung, die allen Gepflogenheiten des jungen Frankreichs widerspricht, ist nichts Unnatürliches.

Denjenigen, die die Phänomene gut beobachtet oder auf köstliche Weise empfunden haben, auf denen die vollkommene Vereinigung zweier Menschenwesen beruht, wird dieser Selbstmord vollauf begreiflich sein. Eine Frau formt sich nicht innerhalb eines Tages nach den Launen der Leidenschaft und beugt sich ihnen nicht. Die Wollust verlangt, wie eine seltene Blume, die liebevollste Pflege; nur die Zeit und der Einklang der Seelen können alle ihre Quellen enthüllen, können die zarten, delikaten Lustgefühle entstehen lassen, um derentwillen wir von tausend abergläubischen Vorstellungen durchtränkt sind und von denen wir meinen, sie wohnten dem Wesen inne, dessen Herz sie uns spendet. Dieses wundervolle Einverständnis, dieser fromme Glaube und die fruchtbare Gewißheit, ein besonderes oder übermäßiges Glück bei dem geliebten Wesen zu empfinden, sind zum Teil das Geheimnis der dauerhaften Liebesbindungen und der lange währenden Leidenschaften. Bei einer Frau, die das Genie ihres Geschlechts besitzt, ist die Liebe nie eine Gewohnheit: ihre anbetungswürdige Zärtlichkeit weiß so mannigfache Formen anzunehmen; sic ist so geistvoll und zugleich so von Liebe erfüllt; sie leiht ihrer Natur so viel Künstliches oder ihren Kunstgriffen eine solche Natürlichkeit, daß sie sich genauso mächtig durch die Erinnerung macht, wie sie es durch ihre Gegenwart ist. Ihr gegenüber verblassen alle Frauen. Man muß die Angst erlebt haben, eine so weitgespannte, so strahlende Liebe zu verlieren, oder man muß sie verloren haben, um ihren vollen Wert zu kennen. Aber wenn ein Mann, der solch eine Liebe gekannt, sich ihrer beraubt hat und in irgendeine Vernunftehe geraten ist; wenn die Frau, durch einige der Tatsachen, die in den Dunkelheiten des Ehelebens begraben liegen, beweist, daß jene Glückseligkeiten für ihn nicht wiedererstehen werden; wenn er noch immer den Geschmack der himmlischen Liebe auf den Lippen und wenn er seine wahre Lebensgefährtin um eines gesellschaftlichen Trugbildes willen tödlich verletzt hat, dann muß er sterben, sofern er nicht ein Anhänger der materialistischen, selbstsüchtigen, kalten Philosophie ist, die leidenschaftlichen Seelen ein Greuel ist.

Was nun Madame de Beauséant betrifft, so hat sie schwerlich geglaubt, die Verzweiflung ihres Freundes werde ihn zum Selbstmord treiben, nachdem sie ihn neun Jahre lang ausgiebig mit Liebe getränkt hatte. Vielleicht hat sie auch gemeint, sie allein müsse leiden. Sie war übrigens völlig im Recht, die erniedrigendste Teilung abzulehnen, die es gibt, und der eine Ehefrau nur aus wichtigen gesellschaftlichen Rücksichtnahmen zustimmen kann, die indessen eine Geliebte stets hassen muß, weil in der Reinheit ihrer Liebe deren ganze Rechtfertigung besteht.

Anmerkungen

Die Verlassene

1 Landschaft der Basse-Normandie, im Département Calvados, Hauptstadt Caën.

2 Louis-François-Armand du Plessis, Herzog von Richelieu, Marschall von Frankreich (1696–1788; Großneffe des berühmten Ministers Ludwigs XIII.), eine der glänzendsten Gestalten des 18. Jahrhunderts, Lebemann, Politiker und Feldherr. Als Gesandter in Österreich schloß er dessen Bündnis mit Frankreich, kämpfte ruhmreich im polnischen Erbfolgekrieg, trug wesentlich zum Sieg bei Fontenoy bei (11. Mai 1745), befreite Genua, besetzte Port-Mahon und 1757 Hannover durch die Konvention von Kloster Zeven am 8. September; die Besetzung dauerte nur bis 1758.

3 Zoé Talon, Gräfin du Cayla (1784–1850), gefiel Ludwig XVIII. ihrer Schönheit und ihres anmutigen Geistes wegen und stand in höchster Gunst; das Alter des Königs bedingte, daß das Verhältnis platonisch blieb.

4 Cidre: moussierendes, alkoholisches Getränk aus gegorenem Apfelsaft, zumal in der Normandie und der Bretagne beliebt.

5 Die 1631 gegründete ›Gazette de France‹ hatte während der Revolution ihre royalistische Tradition aufgegeben und war während des Kaiserreichs nicht aufgefallen. Die Restauration schob sie in die vorderste Linie der royalistischen Presse, aber obwohl sie ausgezeichnete Mitarbeiter hatte und offizielles Regierungsorgan war, mußte sie den Blättern der Ultras, der ›Quotidienne‹ und dem ›Drapeau blanc‹, weichen. Unter der Juli-Monarchie spielte sie nur noch eine untergeordnete Rolle. Sie überstand den Staatsstreich von 1851 und widmete sich wahrend des zweiten Kaiserreichs nur noch der Verfechtung religiöser Interessen.

6 Das ›Journal des Débats et Décrets‹ wurde 1792 gegründet, ein kleines Blatt ohne Einfluß, heute nur von dokumentarischem Interesse, da es die getreuesten Berichte über alle Revolutionsversammlungen brachte. Erst ab 1799 wurde es unter dem Titel ›Journal des Débats‹ eine der wichtigsten politischen und literarischen Zeitungen Frankreichs. 1805 beschlagnahmte Napoleon sie und verlieh ihr einen amtlichen Charakter; 1811 konfiszierte er sie gänzlich. Erst 1814 gelangte sie wieder in die Hände ihrer früheren Besitzer, die zunächst einen gemäßigt oppositionellen Kurs einschlugen, sich dann aber unter dem Einfluß Chateaubriands den Ultras anschlossen. Später schwenkte

die Zeitung zur liberalen Opposition über. Nach der Juli-Revolution wurde sie das Organ der Minister; ihre Redakteure standen in steter Verbindung zu den königlichen Prinzen. Seit 1848 kehrte die Zeitung der militanten Politik den Rücken und hielt sich während des zweiten Kaiserreichs im Hintergrund.

7 Die ›Quotidienne‹ wurde 1792 als Kampforgan gegen die Revolution gegründet; sie war zwischen 1793 und 1815 verboten. Nach ihrer Neugründung unter der Restauration vertrat sie ultraroyalistische Anschauungen. Seit 1822 war sie das Kampforgan der extremen Rechten und hatte dank der Witzigkeit ihrer Artikel großen Erfolg, zumal in der Provinz. Auch während der Juli-Revolution bestand sie als Organ der Reaktion weiter.

8 ›L'Ane portant des Reliques‹, Fabeln V, 14. Der Esel meinte, nicht seine heilige Last, sondern er selber werde angebetet. Die ›Moral‹ lautet:

D'un magistrat ignorant
C'est la robe qu'on salue.

9 Landschaft in der Normandie, Département Calvados, von der Touques durchflossen, mit reichen Weideflächen.

10 Lateinisch: »Paetus, es tut nicht weh!« Ausspruch der Römerin Arria; sie wollte ihrem Manne Paetus, der als Verschwörer gegen Claudius zum Tode verurteilt worden war, Mut machen und erstach sich als erste.

11 Eine Berline ist ein viersitziger Wagen mit zurückgeschlagenem Verdeck.

12 Wahrscheinlich im Zusammenhang mit der französischen Intervention in Spanien von 1822; im August wurde Canning englischer Außenminister; England bekannte sich zum Prinzip der Nichtintervention.

13 Louis-Joseph-Ferdinand Hérold (1791–1883), Schüler von Méhul und Adam, Professor am Conservatoire, schrieb zahlreiche Opern, deren berühmteste ›Zampa‹ (1831) ist.

Biographische Notizen über die Romangestalten

Die Verlassene

AJUDA-PINTO, Miguel, Marquis d', brach 1819 mit Mme de Beauséant, gab ihr ihre Briefe durch die Vermittlung Eugènes de Rastignac zurück und heiratete Berthe de Rochefide (›Vater Goriot‹). Nach Berthes Tod heiratete er um 1840 Joséphine de Grandlieu und nahm teil an der Intrige, durch die Calyste du Guénic zu seiner Frau Sabine de Grandlieu zurückgeführt wurde (›Béatrix‹).

BEAUSEANT, Marquis de, duldete heimlich die Liaison seiner Frau mit dem Marquis d'Ajuda-Pinto und versuchte höflich, sie zurückzugewinnen, was ihm nicht gelang (›Vater Goriot‹).

BEAUSEANT, Claire de Bourgogne, Marquise de, nahm den ersten Platz in der hohen Gesellschaft der Restauration ein. Als ihr Liebhaber, der Marquis d'Ajuda-Pinto, der Berthe de Rochefide heiraten wollte, sie 1819 verlassen hatte, gab sie einen großen Ball, bei dem sie sich im vollen Glanz ihrer Schönheit und ihrer seelischen Kraft zeigte, und verließ am nächsten Morgen Paris (›Vater Goriot‹).

Honorine

Übertragung von Ernst Sander

Der kleine Roman ›Honorine‹ ist rund zehn Jahre später entstanden als die Novellen, die diesen Band einleiten. Balzac schreibt an Mme Hanska, er habe ihn in Paris in drei Tagen niedergeschrieben, und zwar im Januar 1843. Der Erstdruck erfolgte in ›La Presse‹ vom 17.–29. März 1843; die erste Buchausgabe erschien zweibändig im Dezember 1844, auf 1845 vordatiert. Diese Ausgabe enthält das Entstehungsdatum und die Widmung an Achille Devéria. 1845 wurde der Roman den ›Szenen aus dem Privatleben‹ der ›Menschlichen Komödie‹ eingegliedert.

Der Widmungsempfänger, der Maler und Lithograph Achille Devéria (1800–1857), war Balzac seit langem bekannt. Eine ansprechende, oftmals reproduzierte Sepia-Zeichnung, den jungen Balzac darstellend (um 1822) und im Besitz der Mme de Berny, gilt als ein Werk von seiner Hand. Devéria war der Illustrator der einbändigen Ausgaben der Werke La Fontaines und Molières, die Balzac 1825 und 1826 verlegte. Er war einer der berühmtesten Illustratoren der Romantik.

Wenn die Franzosen genausoviel Abneigung gegen das Reisen hegen wie die Engländer Neigung, so haben vielleicht Franzosen wie Engländer, beide auf ihre Art, damit recht. Besseres als England läßt sich überall finden, während es außerordentlich schwierig ist, fern von Frankreich Frankreichs Zauber wiederzufinden. Andere Länder bieten wundervolle Landschaften dar; sie besitzen häufig einen Komfort, der dem Frankreichs überlegen ist; denn Frankreich macht in dieser Hinsicht die langsamsten Fortschritte. Bisweilen entfalten sie eine Pracht, eine Großartigkeit, einen Luxus, die Schwindel erregen; es mangelt ihnen weder an Anmut noch an noblen Gepflogenheiten; aber das geistige Leben, die Tatkraft der Ideen, das Talent zu Gesprächen und die Reinheit der Sprache, was alles in Paris anzutreffen ist; und das plötzliche Einvernehmen über das, was man denkt, jedoch nicht sagt, das Genie des Andeutens, das die Hälfte der französischen Sprache ausmacht, das findet sich nirgendwo sonst. Deswegen welkt der Franzose, dessen Spottsucht ohnehin schon auf so wenig Verständnis stößt, im Ausland hin wie ein verpflanzter Baum. Die Emigration ist für die französische Nation etwas Widersinniges. Viele Franzosen von der Art, von der hier die Rede ist, gestehen, daß sie sogar die Zollbeamten ihres Heimatlandes voller Freude wiedergesehen haben, und das ist wohl die gewagteste Übersteigerung des Patriotismus.

Diese kleine Einleitung bezweckt, die Franzosen, die Reisen unternommen haben, an die unermeßliche Freude zu erinnern, die sie gelegentlich empfunden haben, wenn sie im Salon eines Diplomaten sozusagen ihr ganzes Vaterland, eine Oase, wiederfanden; eine Freude, die allen nur schwer begreiflich sein wird, die niemals den Asphalt des Boulevard des Italiens verlassen haben und für die die Zeile der Quais, das linke Ufer, schon nicht mehr Paris bedeutet. Paris wiedergefunden! Wißt ihr, was das heißt, ihr Pariser? Zwar heißt es nicht, die Küche des Rocher-de-Cancale[1] wiederfinden, wie Borel sie für die Feinschmecker, die sie zu würdigen wissen, so gepflegt bereitet; denn die gibt es nur in der Rue Montorgueil; sondern eine Bedienung, die daran erinnert! Es bedeutet, die Weine Frankreichs wiederzufinden, die außerhalb Frankreichs etwas Mythologisches sind und selten wie die Frau, von der hier die Rede sein soll! Es bedeutet nicht, die Modewitzworte wiederzufinden, denn die werden von Paris bis zur Grenze schal; sondern das geistreiche, verständnisvolle, kritische Milieu, in dem die Franzosen vom Dichter bis zum Arbeiter, von der Herzogin bis zum Gassenbuben leben.

Im Jahre 1836, während des Aufenthalts des sardinischen Hofs in Genua, konnten zwei mehr oder minder berühmte Pariser sich noch in Paris glauben, als sie in einem Palazzo[2] weilten, den der französische Generalkonsul gemietet hatte; er lag auf einem Hügel, dem letzten Ausläufer des Apennin zwischen der Porta San Tommaso und dem berühmten Leuchtturm, der in den Keepsakes[3] alle Ansichten von Genua schmückt. Dieser Palazzo ist eine der berühmten Villen, an die die vornehmen Genueser in den Zeiten der Machtfülle dieser aristokratischen Republik Millionen verschwendet haben. Wenn irgendwo die Dämmerung schön ist, dann ganz sicher in Genua, wenn es den ganzen Morgen geregnet hat, in Strömen, wie es dort zu regnen pflegt; wenn die Reinheit des Meers mit der Reinheit des Himmels wetteifert; wenn am Quai und in den Bosketten jener Villa mit den Marmorplastiken, aus deren offenen Mäulern geheimnisvoll Wasser rinnt, Stille herrscht; wenn die Sterne funkeln, wenn die Wellen des Mittelmeers einander folgen wie die Geständnisse einer Frau, die man ihr Wort für Wort entreißt. Gestehen wir es uns: dieser Augenblick, in dem die balsamische Luft Lungen und Träumerei mit Düften erfüllt, in dem die Wollust, sichtbar und beweglich wie die Atmosphäre, einen überkommt, wenn man im Sessel lehnt, den Löffel in der Hand, und Eis ißt oder Sorbet trinkt, eine Stadt sich zu Füßen hat, schöne Frauen vor sich: solcherlei Stunden à la Boccaccio[4] kann man nur in Italien und an den Ufern des Mittelmeeres erleben. Man stelle sich vor, daß um den Tisch der Marchese di Negro[5], der gastfreundliche Bruder aller reisenden Talente, und der Marchese Damaso Pareto[6] saßen, zwei als Genueser verkleidete Franzosen; ferner ein Generalkonsul mit seiner Frau, die schön war wie eine Madonna, und ihre beiden Kinder, die sich still verhielten, weil schon schlafbefangen, der französische Botschafter und seine Gattin, ein Erster Gesandtschaftssekretär, der meinte, er sei auf dem toten Gleis und boshaft, und schließlich zwei Pariser, die sich bei einem glänzenden Diner von der Gattin des Konsuls verabschieden wollten: dann hat man das Bild, das die Terrasse der Villa um Mitte Mai darbot; und eben jenes Bild wurde beherrscht von einer Persönlichkeit, einer berühmten Frau, an der für Augenblicke alle Augen hingen; sie war die Heldin dieses improvisierten Festes. Der eine der beiden Franzosen war der berühmte Landschaftsmaler Léon de Lora, der andere ein Kritiker von Rang und Ruf, Claude Vignon. Alle beide begleiteten jene Frau, eine der Zierden des weiblichen Geschlechts unserer Zeit, nämlich Mademoiselle des Touches, in der Welt der Literatur unter dem Namen Camille Maupin bekannt. Mademoiselle des Touches war in geschäftlichen Angelegenheiten nach Florenz gereist. Eine der reizenden Gefälligkeiten, die sie verschwendet, hatte sie dazu geführt, Léon de Lora mitzunehmen; sie hatte ihm Italien zeigen wollen und war bis Rom vorgestoßen, damit er die römische Campagna sähe. Die Hinreise war über den Simplon erfolgt; jetzt sollte es über die Corniche[7] und Marseille heimwärts gehen. Abermals dem Landschaftsmaler zuliebe hatte sie einen Zwischenaufenthalt in Genua eingelegt. Natürlich hatte der Generalkonsul, ehe der Hof eintraf, einer Persönlichkeit, deren Vermögen, Name und Stellung soviel gelten wie ihr Talent, die Aufwartung Genuas machen wollen. Camille Maupin, die Genua bis in seine letzten Kapellen hinein kannte, überließ ihren Landschaftsmaler der Fürsorge des Diplomaten und der beiden Genueser Marchesi und geizte mit ihrer Zeit. Obwohl der Botschafter ein überaus schätzenswerter Schriftsteller war, lehnte die berühmte Frau es ab, seinen geflissentlichen Einladungen Folge zu leisten; sie befürchtete das, was die Engländer als eine ›exhibition‹[8] bezeichnen; aber sie zog die Krallen ein, als von einem Abschiedstag in der Villa des Konsuls die Rede war. Léon de Lora sagte zu Camille, ihre Anwesenheit in der Villa sei das einzige Mittel, über das er verfüge, um dem Botschafter und seiner Gattin, den beiden Genueser Marchesi und dem Konsul und seiner Gattin zu danken. Da brachte denn Mademoiselle des Touches das Opfer eines ihrer völlig freien Tage; sie finden sich in Paris nur selten für die, auf die aller Augen sich richten.

Nun die Zusammensetzung der Runde dargelegt ist, dürfte unschwer einzusehen sein, daß die Etikette daraus verbannt worden war, gerade wie viele und noch dazu hochgestellte Damen, die neugierig waren, festzustellen, ob die Virilität der Begabung Camille Maupins der Anmut der hübschen Frau zum Schaden gereiche, ob also, mit einem Wort, die Kniehosen unter dem Unterrock hervorlugten. Vom Abendessen bis neun Uhr, als Erfrischungen gereicht wurden, war die Unterhaltung abwechselnd fröhlich und ernst gewesen und immerfort aufgeheitert durch die lustigen Einfälle Léons de Lora, der als der boshafteste Mensch des heutigen Paris gilt; des guten Geschmacks wegen, der bei der Auswahl der Gäste nicht überraschen dürfte, war einzig über Literatur gesprochen worden; aber schließlich mußte die Flatterhaftigkeit dieses französischen Turniers sich dennoch ihr zuwenden, und sei es nur, um dieses vollauf nationale Thema wenigstens zu streifen. Aber bevor wir zu der Wendung des Gesprächs gelangen, die den Generalkonsul das Wort ergreifen ließ, ist es angebracht, ein Wort über ihn und seine Familie zu sagen.

Dieser Diplomat, ein Herr von etwa vierunddreißig Jahren und seit sechs Jahren verheiratet, war das lebende Porträt Lord Byrons. Die Berühmtheit jener Züge befreit davon, die des Konsuls zu schildern. Allein es möge darauf hingewiesen werden, daß in seiner träumerischen Miene auch nicht die Spur von Affektiertheit lag. Lord Byron war Dichter, und der Diplomat hatte etwas von einem Dichter; die Frauen verstehen sich auf diesen Unterschied, der einige ihrer Liebesbindungen erklärt, ohne sie zu rechtfertigen. Seine Schönheit, die durch einen liebenswerten Charakter und die Gewohnheiten eines einsamen, der Arbeit unterstellten Lebens noch mehr hervorgehoben wurde, hatte eine Genueser Erbtochter verlockt. Eine Genueser Erbtochter? Dieser Ausdruck könnte in Genua ein Lächeln auslösen; denn dort sind die Töchter von der Erbfolge ausgeschlossen, und also ist dort eine Frau nur selten reich; aber Onorina Pedrotti, das einzige Kind eines Bankiers ohne männliche Nachkommenschaft, bildet eine Ausnahme. Trotz des Schmeichelhaften, das eine eingeflößte Leidenschaft mit sich bringt, schien der Generalkonsul nicht heiraten zu wollen. Nichtsdestoweniger kam es, nachdem der Konsul zwei Jahre geamtet hatte, und nach einigen Schritten des Botschafters während der Aufenthalte des Hofs in Genua, zur Eheschließung. Der junge Herr nahm seine anfänglichen Weigerungen zurück, und zwar weniger um der rührenden Zuneigung Onorina Pedrottis, als um eines unbekannt gebliebenen Geschehnisses willen, einer der Krisen im Innenleben, die so schnell unter täglichen Strömen der Interessen begraben werden, daß später die natürlichsten Handlungen als unerklärlich erscheinen. Diese Verhüllung der Ursachen ruft nur zu häufig die ernstesten Ereignisse der Weltgeschichte hervor. Das wenigstens war die Auffassung der Stadt Genua, wo für einige Damen die übergroße Zurückhaltung des französischen Konsuls nur durch das Wort ›Liebesleidenschaft‹ erklärbar war. Wir wollen beiläufig bemerken, daß die Frauen niemals darüber klagen, sie seien die Opfer einer Bevorzugung; sie opfern sich nur zu gern dem allgemeinen Wohl. Onorina Pedrotti, die vielleicht den Konsul gehaßt, wenn er sie absolut verschmäht hätte, liebte ›suo sposo‹[9] deswegen nicht minder, und vielleicht sogar mehr, als sie erfuhr, er sei verliebt. In Herzensangelegenheiten gestehen die Frauen einem den Vorrang zu. Alles ist gerettet, sobald es sich um das weibliche Geschlecht handelt. Ein Mann ist nie ungestraft Diplomat; der ›sposo‹ war verschwiegen wie das Grab, und zwar so verschwiegen, daß die Genueser Handelsherren im Verhalten des jungen Konsuls etwas wie Vorbedacht erblicken wollten; denn die Erbtochter wäre ihm vielleicht entgangen, hätte er nicht die Rolle des ›Eingebildeten Kranken‹[10] der Liebe gespielt. Wenn das stimmte, fanden die Frauen es allzu erniedrigend, um daran zu glauben. Die Pedrotti-Tochter machte aus ihrer Liebe ein Trostmittel, sie wiegte jene ihr unbekannten Schmerzen in einem Bett von italienischen Zärtlichkeiten und Liebesbezeigungen ein. Il signor Pedrotti hatte übrigens keinen Grund zur Klage über die Wahl, zu der seine geliebte Tochter ihn gezwungen hatte. Mächtige Gönner wachten in Paris über das Glück des jungen Diplomaten. Wie der Botschafter dem Schwiegervater zugesagt hatte, wurde der Generalkonsul zum Baron und zum Kommandeur der Ehrenlegion[11] ernannt. Schließlich wurde il signor Pedrotti vom König von Sardinien sogar zum Grafen ernannt. Die Mitgift hatte eine Million betragen. Was nun das Vermögen der casa[12] Pedrotti betrifft, das auf etwa zwei Millionen geschätzt wurde, die im Getreidehandel erworben worden waren, so fiel es den jungen Eheleuten ein halbes Jahr nach ihrer Hochzeit zu; denn der erste und letzte der Grafen Pedrotti starb im Januar 1831. Onorina Pedrotti ist eine der schönen Genueserinnen, der herrlichsten Geschöpfe Italiens, wenn sie tatsächlich schön sind. Für das Grabmal Giulianos[13] hat Michelangelo sich seine Modelle aus Genua geholt. Von dort stammt die Üppigkeit, die merkwürdige Gestaltung der Brust bei den Gestalten der ›Nacht‹ und des ›Tages‹, die so viele Kritiker übertrieben finden, die jedoch den Frauen Liguriens eigentümlich sind. Heute existiert in Genua die Schönheit nur noch unter den mezzari[14], gerade wie sie sich in Venedig nur noch unter den fazzioli[15] findet. Dieses Phänomen läßt sich bei allen abgesunkenen Völkern beobachten. Der edle Typus findet sich nur noch im Volk, wie nach der Niederbrennung der

Städte sich die Münzen in der Asche verbergen. Aber wie Onorina schon hinsichtlich des Vermögens als etwas Besonderes dasteht, bildet sie auch als patrizische Schönheit eine Ausnahme. Man denke an die ›Nacht‹, die Michelangelo unter dem ›Pensieroso‹[16] angebracht hat, hülle sie in moderne Kleidung, winde das schöne lange Haar um den wundervollen, etwas bräunlich getönten Kopf, füge eine funkelnde Paillette in die träumerischen Augen ein, wickele einen Schal um die mächtige Brust, stelle sich das lange, weiße, blumenbestickte Kleid vor, nehme an, daß die Statue erst aufgestanden sei und sich dann gesetzt und Arme gekreuzt habe, die denen der Mademoiselle George[17] ähnlich sind, und man hat die Konsulsgattin vor Augen; sie hatte einen sechsjährigen Knaben bei sich, so schön, wie eine Mutter es sich nur wünschen konnte, und auf dem Schoß ein kleines, vierjähriges Mädchen, das schön war wie der Kindertyp, den der Bildhauer David[18] so mühselig für den Schmuck eines Grabmals gesucht hat. Diese schönen Menschen waren Gegenstand von Camilles heimlicher Aufmerksamkeit. Mademoiselle des Touches meinte nämlich, für einen vollkommen glücklichen Menschen wirke der Konsul etwas gar zu zerstreut. Obwohl während dieses ganzen Tages das Ehepaar den wundervollen Anblick vollkommenen Glücks geboten hatte, überlegte Camille, warum einer der vornehmsten Männer, denen sie je begegnet war und die sie in den Pariser Salons kennengelernt hatte, nach wie vor Generalkonsul in Genua blieb, wenn er ein Vermögen besaß, das hundertundeinige tausend Francs Zinsen abwarf! Aber sie hatte auch mittels zahlreicher Kleinigkeiten, die die Frauen mit der Klugheit des weisen Arabers in ›Zadig‹[19] erfassen, bei dem Mann die getreueste aller Zuneigungen erkannt. Gewiß würden diese beiden schönen Menschen einander ohne abgetäuschte Hoffnungen bis an das Ende ihrer Tage lieben. Abwechselnd sagte Camille sich: »Was geht nur vor? – Gar nichts geht vor!«, entsprechend dem täuschenden Augenschein in der Haltung des Generalkonsuls, der, so können wir sagen, die absolute Ruhe der Engländer, der Wilden, der Orientalen und der ausgekochten Diplomaten besaß.

Als die Rede auf die Literatur kam, wurde auch von dem ewigen Ladenhüter im Reich der Literatur gesprochen: vom Fehltritt der Frau! Und bald standen zwei Auffassungen einander gegenüber: wer, die Frau oder der Mann, habe schuld am Fehltritt der Frau? Die drei anwesenden Damen, die Gattin des Botschafters, die des Konsuls und Mademoiselle des Touches, Frauen, die natürlich als über jeden Vorwurf erhaben galten, waren erbarmungslos gegen die Frauen. Die Herren versuchten, den drei schönen Blüten des weiblichen Geschlechts zu beweisen, daß einer Frau auch nach ihrem Fehltritt noch Tugenden verbleiben könnten.

»Wie lange wollen wir hier noch auf diese Weise Verstecken spielen?« fragte Léon de Lora.

»Cara vita (geliebtes Leben), bring die Kinder zu Bett und schick mir durch Gina die kleine schwarze Brieftasche, die auf meiner Boulle[20]-Schatulle liegt«, sagte der Konsul zu seiner Frau.

Die Konsulsgattin erhob sich wortlos, was beweist, daß sie ihren Mann sehr lieb hatte; sie konnte nämlich schon zur Genüge Französisch und wußte, daß der Konsul sie hinausschicke.

»Ich will Ihnen eine Geschichte erzählen, in der ich eine Rolle spiele, und danach können wir dann diskutieren; es kommt mir nämlich kindisch vor, wenn das Skalpell an einem imaginären Toten angesetzt wird. Zum Sezieren gehört vor allem eine Leiche.«

Alle setzten sich bequemer hin, um mit desto größerem Wohlgefallen zuzuhören; da jeder schon genug gesprochen hatte, drohte die Unterhaltung zu ermüden, und dieser Augenblick ist derjenige, den Erzähler beim Schopf greifen sollten. Folgendes erzählte der Generalkonsul.

»Als ich zweiundzwanzig und Doctor iuris geworden war, hielt mein alter Onkel, der Abbé Loraux – er war damals zweiundsiebzig – es für unumgänglich, mir einen Gönner zu verschaffen und mir irgendeine Laufbahn zu eröffnen. Dieser treffliche Mann, sofern er nicht sogar ein Heiliger war, sah jedes neue Jahr als ein neues Gottesgeschenk an. Ich brauche Ihnen wohl nicht zu sagen, wie leicht es dem Beichtvater einer königlichen Hoheit fiel, einen von ihm erzogenen jungen Menschen, das einzige Kind seiner Schwester, unterzubringen. Eines Tages, gegen Ende des Jahres 1824, stieg also der ehrwürdige Greis, er war seit fünf Jahren Pfarrer an Notre-Dame-des-Blancs-Manteaux[21] in Paris, zu der Kammer hinauf, die ich in seinem Pfarrhaus innehatte, und sagte zu mir: ›Zieh dich gut an, mein Junge, ich will dich einer Persönlichkeit vorstellen, die dich als Sekretär zu sich nehmen möchte. Wenn ich mich nicht täusche, kann jene Persönlichkeit mich ersetzen, falls Gott mich zu sich rufen sollte. Um neun habe ich meine Messe gelesen; du hast dreiviertel Stunden Zeit, dann sei fertig.‹ – ›Ach, lieber Onkel, so muß ich also dieser Kammer Lebewohl sagen, in der ich vier Jahre lang so glücklich gewesen bin ...?‹ – ›Ich kann dir kein Vermögen vermachen‹, antwortete er. – ›Hinterläßt du mir nicht als Protektion deinen Namen, die Erinnerung an deine guten Werke, und ...?‹ – ›Von dieser Erbschaft wollen wir nicht reden‹, sagte er. ›Du kennst die Welt noch nicht zur Genüge und weißt also nicht, daß sie ein Vermächtnis dieser Art schwerlich anerkennen würde, wogegen dadurch, daß ich dich heute morgen zum Herrn Grafen ...‹«

(»Gestatten Sie«, sagte der Konsul, »daß ich Ihnen gegenüber meinen Gönner lediglich mit seinem Taufnamen bezeichne und ihn Graf Octave nenne.«)

»›Wogegen dadurch, daß ich dich heute morgen zum Herrn Grafen Octave bringe, ich dir eine Protektion zu geben glaube, die, wenn du diesem tugendhaften Staatsmann gefällst, was ich nicht bezweifle, sicherlich das Vermögen wettmachen wird, das ich für dich angehäuft haben würde, wenn nicht der Ruin meines Schwagers und der Tod meiner Schwester mich wie ein Blitz aus heiterem Himmel getroffen hätten.‹ – ›Bist du der Beichtvater des Herrn Grafen?‹ – ›Wenn ich es wäre, könnte ich dich dann bei ihm unterbringen? Welcher Priester brächte es fertig, Nutzen aus den Geheimnissen zu ziehen, die ihm im Beichtstuhl anvertraut worden sind? Nein, du dankst diese Protektion Seiner Gnaden dem Herrn Justizminister. Mein lieber Maurice, du bist dort untergebracht wie bei einem Vater. Der Herr Graf gibt dir zweitausendvierhundert Francs festes Gehalt, eine Wohnung in seinem Stadtpalais und zwölfhundert Francs Verpflegungsgeld: er zieht dich nicht zu seiner Tafel hinzu und will dich nicht gesondert bedienen lassen, damit du nicht der Betreuung durch Subalterne preisgegeben bist. Ich habe das mir gemachte Anerbieten erst angenommen, als ich die Gewißheit gewonnen hatte, daß der Sekretär des Grafen Octave keinesfalls sein erster Diener sein wird. Du wirst mit Arbeit überhäuft werden, der Graf ist nämlich ein großer Arbeiter; aber wenn du aus seinen Diensten ausscheidest, bist du befähigt, die höchsten Posten auszufüllen. Ich brauche dir nicht Verschwiegenheit nahezulegen, die Kardinaltugend aller Männer, die sich öffentlichen Funktionen widmen.‹ Ermessen Sie, wie groß meine Neugier war! Der Graf Octave hatte damals eine der höchsten Stellungen im Justizwesen inne; er besaß das Vertrauen der Frau Dauphine; sie hatte ihn unlängst zum Staatsminister[22] ernennen lassen; er führte ein ähnliches Leben wie der Graf de Sérisy, den Sie, wie ich glaube, alle kennen; nur mehr im Verborgenen, denn er wohnte im Marais[23], Rue Payenne, und gab fast nie Empfänge. Sein Privatleben entzog sich der Kontrolle der Öffentlichkeit durch eine mönchische Zurückgezogenheit und beständige Arbeit. Lassen Sie mich Ihnen mit ein paar Worten schildern, wie es um mich bestellt war. Mein Onkel hatte seine Befugnisse dem strengen Leiter des Collège Saint-Louis übertragen; er hat mich während meiner Schulzeit betreut; ich schloß sie mit achtzehn Jahren ab. Ich hatte das Collège so rein verlassen wie ein gläubiger Seminarist Saint-Sulpice[24]. Auf ihrem Sterbebett hatte meine Mutter bei meinem Onkel durchgesetzt, daß ich nicht Priester zu werden brauchte; aber ich war so fromm, als hätte ich die Weihen nehmen sollen. Als ich das Collège hinter mir hatte und flügge geworden war, um diesen alten, pittoresken Ausdruck zu gebrauchen, nahm der Abbé Loraux mich in sein Pfarrhaus auf und ließ mich Jura studieren. Während der vier Studienjahre, die zur Erwerbung aller Grade erforderlich sind, habe ich tüchtig gearbeitet, und vor allem außerhalb der dürren Gefilde der Jurisprudenz. Im Collège war ich der Literatur ferngehalten worden; ich wohnte ja beim Schulleiter; und jetzt hatte ich danach einen förmlichen Heißhunger. Als ich einige der modernen Meisterwerke gelesen hatte, nahm ich mir alle Werke der vorhergegangenen Jahrhunderte vor. Ich wurde ein Theaternarr, lange Zeit hindurch bin ich jeden Tag hingegangen, obgleich mein Onkel mir monatlich nur hundert Francs gab. Diese Knausrigkeit, zu der der gute alte Herr durch seine Fürsorge für die Armen gezwungen wurde, bewirkte, daß die Gelüste, wie ein junger Mann sie hat, in vernünftigen Grenzen gehalten wurden. Zu der Zeit, da ich meine Stellung beim Grafen Octave antrat, war ich zwar nicht mehr unschuldig, sah aber meine paar Eskapaden als Verbrechen an. Mein Onkel war ein so engelhafter Mensch, ich scheute so sehr davor zurück, ihm Kummer zu machen, daß ich während jener vier Jahre keine Nacht außerhalb des Hauses verbracht habe. Der wackere Alte wartete mit dem Zubettgehen, bis ich wieder da war. Diese gewissermaßen mütterliche Besorgnis erlegte mir stärkere Zurückhaltung auf als alle Predigten und Vorwürfe, mit denen man in puritanischen Familien das Leben junger Männer emailliert. Da ich den unterschiedlichen Schichten, aus denen die Pariser Gesellschaft besteht, fremd war, kannte ich an Damen und Bürgerfrauen nur, was ich bei meinen Spaziergängen sah, oder in den Theaterlogen, und noch dazu vom Sperrsitz aus, wo ich immer saß. Wenn mir zu jener Zeit gesagt worden wäre: ›Du wirst einmal Canalis oder Camille Maupin kennenlernen‹, so hätte ich Glutherde in Kopf und Eingeweiden gehabt. Berühmte Leute waren für mich wie Götter, die nicht redeten, gingen und aßen wie andere Menschen. Wieviel Märchen aus Tausendundeiner Nacht birgt eine Jugend …? Wie viele Wunderlampen muß man erprobt haben, bevor man erkennt, daß die wahre Wunderlampe entweder der Zufall oder die Arbeit oder geniale Begabung ist? Für manche Menschen dauert dieser Traum des gerade erwachten Geistes nicht lange; der meine dauert auch heute noch an! Zu jener Zeit erträumte ich mir stets, Großherzog von Toskana zu sein – Millionär – der Geliebte einer Prinzessin – oder berühmt! Auf diese Weise bedeuteten der Antritt der Stellung beim Grafen Octave und das freie Verfügungsrecht über jährlich hundert Louis für mich den Beginn eines unabhängigen Lebens. Ich gewahrte Möglichkeiten, in die Gesellschaft zu gelangen, dort zu suchen, wonach mein Herz am meisten verlangte, nämlich eine Gönnerin, die mich von dem gefährlichen Wege ablenken sollte, dem, wie es nicht anders möglich ist, in Paris die Zweiundzwanzigjährigen verfallen, so vernünftig und wohlerzogen sie auch sein mögen. Ich fing an, vor mir selbst Angst zu bekommen. Das hartnäckige Studium des Völkerrechts, in das ich mich gestürzt hatte, reichte nicht immer zur Unterdrückung meiner wüsten Phantasien hin. Ja, manchmal überließ ich mich in Gedanken dem Theaterleben; ich glaubte, ich könne ein großer Schauspieler werden; ich träumte von Triumphen und Liebschaften ohne Ende; ich wußte ja nichts von den Enttäuschungen, die der Vorhang verbirgt, wie, nebenbei gesagt, überall, denn jede Bühne hat ihre Kulissen. Manchmal habe ich mit brodelndem Blut das Haus verlassen, im Verlangen, in Paris eine Hetzjagd zu veranstalten, mich an eine schöne Frau zu hängen, der ich begegnen würde, ihr bis zu ihrer Tür zu folgen, sie auszuspionieren, ihr zu schreiben, mich ihr gänzlich anzuvertrauen und sie durch meine Liebe zu bezwingen. Mein guter Onkel, dies von Mildtätigkeit verzehrte Herz, dies siebzigjährige Kind mit der Weisheit Gottes und der Naivität eines Genies, erriet wohl die Tumulte meiner Seele; denn jedesmal sagte er zu mir: ›Da, Maurice, du bist doch auch ein Armer! Da hast du zwanzig Francs, amüsier dich, du bist ja kein Priester!‹, wenn er spürte, daß die Leine, an der er mich hielt, allzu straff gespannt und dem Zerreißen nahe war. Wenn Sie das Irrlicht hätten sehen können, das dann seine grauen Augen vergoldete, das Lächeln, das seine liebenswürdigen Lippen öffnete, wobei es sich nach den Mundwinkeln hinzog, mit einem Wort: den anbetungswürdigen Ausdruck dieses erhabenen Gesichts, dessen ursprüngliche Häßlichkeit durch einen apostolischen Geist schön wurde, dann würden Sie die Empfindung verstehen, die mich, statt jeder Antwort, den Pfarrer von Les Blancs-Manteaux küssen ließ, wie wenn er meine Mutter gewesen wäre. – ›Du bekommst im Grafen Octave keinen Herrn‹, sagte mir mein Onkel beim Einbiegen in die Rue Payenne, ›sondern einen Freund; aber er ist mißtrauisch, oder um mich korrekter auszudrücken, er ist vorsichtig. Die Freundschaft dieses Staatsmanns muß ganz allmählich gewonnen werden; denn trotz seines ausgeprägten Scharfsinns und seiner Gewohnheit, die Menschen zu beurteilen, ist er von dem, dessen Nachfolger du wirst, hintergangen worden; fast wäre er das Opfer eines Vertrauensmißbrauchs geworden. Damit habe ich dir genug über dein Verhalten bei ihm gesagt.‹ Er betätigte den Klopfer am übergroßen Portal eines Palais, das ebenso groß war wie das Hôtel Carnavalet[25] und zwischen Hof und Garten gelegen; der Schlag hallte wie in einer Einöde wider. Während mein Onkel einen alten livrierten Schweizer nach dem Grafen fragte, warf ich einen der Blicke, die alles erraffen, auf den Hof, dessen Pflastersteine unter dem Gras verschwanden, auf die schwarzen, in ihrer schmuckhaften Architektur reizvollen Mauern, deren Kronen zu kleinen Gärten geworden waren, und auf die Dächer, die sich so hoch erhoben wie die der Tuilerien. Durch eine prächtige Arkade hindurch sah ich einen zweiten, seitlichen Hof, an dem sich die Nebengebäude befanden; ihre Türen morschten. Dort wusch ein alter Kutscher einen alten Wagen. Aus dem nachlässigen Gebaren dieses Bedienten ließ sich leicht vermuten, daß die prunkvollen Stallungen, in denen ehedem so viele Pferde gewiehert hatten, jetzt höchstens zwei beherbergten. Die großartige Hoffassade mutete mich düster an, wie die eines Stadtpalais, das dem Staat gehört oder der Krone und irgendeiner Behörde überlassen worden ist. Eine Glocke ertönte, während wir, mein Onkel und ich, von der Loge des Pförtners (über ihrer Tür stand: ›Bitte sich an den Pförtner wenden‹) der Freitreppe zu gingen, auf die ein Diener hinaustrat, dessen Livree derjenigen der Labranches[26] des Théâtre-Français in alten Komödien glich. Es kam hier wohl so selten Besuch, daß der Diener noch beim Anziehen seiner Jacke war, als er eine Glastür mit kleinen Scheiben öffnete; an ihren beiden Seiten hatte der Rauch zweier Laternen Sterne auf die Mauer gezeichnet. Eine Säulenhalle von einer Versailles' würdigen Pracht gewährte den Blick auf eine der Treppen, wie sie heute in Frankreich nicht mehr gebaut werden; sie nehmen soviel Raum ein wie ein modernes Haus. Wir stiegen Steinstufen hinauf, die kalt waren wie Grabplatten; acht Personen hätten auf ihnen nebeneinander schreiten können; unsere Schritte hallten unter Wölbungen. Man hätte meinen können, man sei in einer Kathedrale. Die Geländer erheiterten den Blick durch Wunder der Schmiedekunst, in denen sich die Phantasien eines Künstlers aus der Regierungszeit Heinrichs III. entfalteten. Es war, als sei uns ein Eismantel auf die Schultern gefallen, als wir durch Flure, durch in einer Flucht gelegene Wohnräume schritten; sie hatten Parkettböden, aber keine Teppiche, und waren mit herrlichen, altertümlichen Möbeln ausgestattet, wie sie von dort aus zu den Antiquitätenhändlern gelangen. Schließlich gelangten wir in ein großes Arbeitszimmer; es lag in einem Eckpavillon, und seine sämtlichen Fenster gingen auf einen Park hinaus. – ›Der Herr Pfarrer von Les Blancs-Manteaux und sein Neffe Monsieur de L'Hostel!‹, meldete der Labranche, dem uns der Theaterdiener im ersten Vorzimmer anvertraut hatte. Graf Octave, er trug eine lange Hose und einen Gehrock aus weichem, grauem Flanell, stand hinter einem riesigen Schreibtisch auf, kam an den Kamin, bedeutete mir, mich zu setzen, ergriff die Hände meines Onkels und drückte sie. ›Obwohl ich zur Gemeinde Saint-Paul gehöre‹, sagte er, ›habe ich doch selbstverständlich vom Pfarrer von Les Manteaux-Blancs gehört, und es freut mich, seine Bekanntschaft zu machen.‹ – ›Eure Exzellenz sind sehr gütig‹, antwortete mein Onkel. ›Ich bringe Ihnen den einzigen Verwandten, der mir geblieben ist. Wenn ich in ihm Eurer Exzellenz ein Geschenk zu machen glaube, so hoffe ich gleichzeitig, meinem Neffen einen zweiten Vater zu geben.‹ – ›Darauf kann ich Ihnen erst antworten, Herr Abbé, wenn wir einander erprobt haben, Ihr Neffe und ich‹, sagte Graf Octave. ›Wie ist Ihr Name?‹ fragte er mich. – ›Maurice.‹ – ›Er ist Doktor der Rechte‹, bemerkte mein Onkel. – ›Gut, gut‹, sagte der Graf und musterte mich von Kopf bis Füßen. – ›Herr Abbé, ich hoffe, daß Sie, zunächst um Ihres Neffen, dann aber um meinetwillen mir die Ehre erweisen, jeden Montag zum Abendessen zu mir zu kommen. Das soll dann unser gemeinsames Essen, unser Familienabend sein.‹ Mein Onkel und der Graf begannen, über Religiöses unter politischen Gesichtspunkten zu sprechen, über die Wohltätigkeit und die Eindämmung der Verbrechen, und unterdessen konnte ich den Mann, von dem mein Geschick abhängen sollte, in aller Gemächlichkeit anschauen. Der Graf war mittelgroß; seiner Kleidung wegen war es mir nicht möglich, mir ein Urteil über seinen Körperbau zu bilden; aber er schien mir hager und dürr zu sein. Das Gesicht war herb und hohl. Die Züge besaßen Feinheit. Der etwas große Mund drückte zugleich Ironie und Güte aus. Die vielleicht etwas zu breite Stirn erschreckte, als sei sie die eines Geisteskranken, und zwar um so mehr, als sie im Gegensatz zu der unteren Gesichtshälfte stand; sie lief jäh in ein kleines Kinn aus, das fast an die Unterlippe rührte. Zwei türkisblaue, lebhafte, intelligente Augen, denen des Fürsten Talleyrand ähnlich, die ich bei späterer Gelegenheit bewundern sollte, und in gleicher Weise wie die des Fürsten mit der Fähigkeit zum Verschweigen in einem Maße begabt, daß sie düster wirkten, steigerten noch die Seltsamkeit dieses nicht blassen, sondern gelben Gesichts. Jene Farbe schien von einem reizbaren Charakter und heftigen Leidenschaften zu zeugen. Das schon silbrige, sorgsam frisierte Haar bildete auf dem Kopf durch das Abwechseln der Farben Weiß und Schwarz Streifen. Das Kokette dieser Frisur beeinträchtigte die Ähnlichkeit, die ich zwischen dem Grafen und dem ungewöhnlichen Mönch wahrzunehmen vermeint hatte, den Lewis nach dem Schedoni des ›Beichtstuhls der schwarzen Büßer‹ produziert hat; dieses Werk erscheint mir als eine Schöpfung, die dem ›Mönch‹ überlegen ist.[27] Da er sich beizeiten in den Justizpalast zu begeben hatte, war der Graf bereits rasiert. Zwei vierarmige Leuchter mit Lampenschirmen standen rechts und links auf dem Schreibtisch; ihre noch brennenden Kerzen besagten zur Genüge, daß der Beamte lange vor Tagesanbruch aufstand. Seine Hände, die ich sehen konnte, als er an der Klingelschnur zog, um nach seinem Diener zu schellen, waren sehr schön, und weiß wie Frauenhände ...«

(»Wenn ich Ihnen diese Geschichte erzähle«, unterbrach sich der Generalkonsul, »dann verändere ich die gesellschaftliche Stellung und die Titel dieser Persönlichkeit, zeige sie Ihnen indessen gleichzeitig in einer Situation, die der wirklichen ähnlich ist. Stand, Würde, Luxus, Vermögen, Lebenshaltung: alle diese Dinge stimmen; aber ich möchte weder gegen meinen Wohltäter fehlen noch gegen meine gewohnte Diskretion verstoßen.«)

»Anstatt mich als das zu fühlen, was ich war«, fuhr der Generalkonsul nach einer Pause fort, »nämlich in gesellschaftlicher Hinsicht als ein Insekt neben einem Adler, verspürte ich beim Anblick des Grafen eine undefinierbare Empfindung; ich kann mich erst heute darüber aussprechen. Geniale Künstler ...«

(Er verneigte sich liebenswürdig vor dem Botschafter, der berühmten Frau und den beiden Parisern.)

»... wahre Staatsmänner, Dichter, ein Feldherr, der Heere geführt hat, kurzum: alle wahrhaft großen Persönlichkeiten sind schlicht und einfach; und eben ihre Schlichtheit stellt unsereinen auf die gleiche Stufe mit ihnen. Sie, die Sie überlegene Geister sind, haben vielleicht bemerkt«, sagte er, sich an seine Gäste wendend, »wie sehr das Gefühl die von der Gesellschaft geschaffenen moralischen Abstände zu überbrücken vermag. Wenn wir Ihnen auch geistig unterlegen sind, können wir uns Ihnen durch freundschaftliche Hingabe angleichen. Durch die Temperatur unserer Herzen (lassen Sie mir diesen Ausdruck hingehen) fühlte ich mich meinem Gönner genauso nahe, wie ich ihm rangmäßig fern war. Nun, auch die Seele ist hellsichtig, sie ahnt den Schmerz, den Kummer, die Freude, die Abneigung und den Haß bei anderen Menschen. Ich gewahrte vage die Symptome eines Geheimnisses, als ich bei dem Grafen die gleichen physiognomischen Effekte feststellte, die ich bei meinem Onkel beobachtet hatte. Die Ausübung der Tugend, die Heiterkeit des Gewissens, die Reinheit des Denkens hatten meinen Onkel verklärt; aus einem häßlichen Menschen war ein sehr schöner geworden. Im Antlitz des Grafen gewahrte ich eine umgekehrte Metamorphose: im ersten Augenblick hatte ich ihn für fünfundfünfzig gehalten; aber bei genauerem Hinsehen erkannte ich, daß hier eine Jugend unter den Eisesschichten eines tiefen Kummers begraben lag, unter den Erschöpfungen besessener Arbeit, unter den warmen Farbtönen einer gehemmten Leidenschaft. Bei etwas, das mein Onkel sagte, nahmen die Augen des Grafen für einen Augenblick das frische Blau einer Immergrünblüte an; ein bewunderndes Lächeln zeigte ihn mir in einem Alter, das ich für das richtige hielt, als einen Vierziger. Diese Beobachtungen habe ich damals noch nicht gemacht, sondern erst später, als ich an die Begleitumstände dieses Besuchs zurückdachte. Der Diener kam mit einem Tablett herein, auf dem das Frühstück seines Herrn stand. – ›Ich habe nicht um mein Frühstück gebeten‹, sagte der Graf, ›aber lassen Sie es nur hier und zeigen Sie dem Herrn seine Unterkunft.‹ Ich folgte dem Diener; er führte mich in eine hübsche, vollständig eingerichtete Wohnung; sie lag unter einer Terrasse zwischen dem Ehrenhof und den Nebengebäuden, über einer Galerie, durch die die Küchen mit der großen Treppe des Palais verbunden waren. Als ich wieder in das Arbeitszimmer des Grafen kam, gab gerade mein Onkel über mich das folgende Urteil ab: ›Er könnte etwas falsch machen; denn er hat viel Herz, und wir alle sind ehrenhaften Irrtümern unterworfen; aber er ist frei von allen Lastern.‹ – ›Nun?‹ fragte mich der Graf und bedachte mich mit einem Blick voller Zuneigung, ›wird es Ihnen da oben gefallen? Sagen Sie es nur offen. Es gibt in dieser Kaserne so viele Wohnungen, daß ich Sie auch anderswo unterbringen könnte, wenn Sie sich da nicht wohlfühlten.‹ – ›Ich hatte bei meinem Onkel nur eine Kammer‹, entgegnete ich. – ›Na, schön, Sie können heute abend mit Ihrem Einzug fertig sein; sicherlich haben Sie nur das übliche Mobiliar eines Studenten, und das zu transportieren genügt eine Droschke. Für heute essen wir zusammen zu Abend, wir drei‹, fügte er hinzu und schaute meinen Onkel an. An das Arbeitszimmer des Grafen stieß eine prächtige Bibliothek; er führte uns hinein und zeigte mir ein kleines, kokettes, mit Bildern geschmücktes Gemach, das früher wohl als Hauskapelle gedient hatte. – ›Das hier ist Ihre Zelle‹, sagte er zu mir, ›hier können Sie sich aufhalten, wenn Sie mit mir zu arbeiten haben; Sie sollen nicht an der Kette liegen.‹ Und dann schilderte er mir im einzelnen die Art und die Dauer meiner Tätigkeit bei ihm; im Zuhören erkannte ich in ihm einen großen politischen Lehrmeister. Ich brauchte etwa einen Monat, um mich mit den Menschen und den Dingen vertraut zu machen, mich in den Pflichtenkreis meiner neuen Stellung einzuleben und mich an die Art und Weise des Grafen zu gewöhnen. Es kann nicht anders sein, als daß ein Sekretär den Mann beobachtet, der sich seiner bedient. Neigungen, Vorlieben, Charakter, Voreingenommenheiten jenes Mannes werden unwillkürlich zum Studiengegenstand. Die Gemeinschaft dieser beiden Geister ist zugleich mehr und weniger als eine Ehe. Drei Monate lang bespitzelten Graf Octave und ich uns gegenseitig. Ich erfuhr zu meinem Erstaunen, daß der Graf erst siebenunddreißig Jahre alt sei. Der rein äußerliche Frieden seines Lebens und die Weisheit seines Gehabens rührten nicht einzig von einem tiefen Pflichtgefühl und stoischer Gesinnung her; je länger ich mit diesem Mann zusammenarbeitete, der für die, die ihn gut kannten, eine außergewöhnliche Erscheinung war, spürte ich unterhalb seiner emsigen Arbeit, seiner Höflichkeit, hinter der Maske seines Wohlwollens, seiner resignierten Haltung, die so sehr der Ruhe ähnelte, daß man sich deswegen täuschen konnte, unermeßliche Tiefen. Gerade wie beim Durchwandern von Wäldern gewisse Teile des Bodens durch den Ton, den sie unter den Füßen von sich geben, auf große Steinmassen oder Höhlungen schließen lassen, klingen der geballte Egoismus unter der Blumendecke der Höflichkeit und die unterirdischen Gewölbe, die das Unglück gegraben hat, im beständigen Beieinander des häuslichen Lebens hohl. Schmerz und nicht Mutlosigkeit wohnte in dieser wahrhaft großen Seele. Der Graf hatte erkannt, daß Handeln, daß die Tat das oberste Gesetz des Menschen innerhalb der Gesellschaft ist. Daher schritt er auf seinem Wege weiter, trotz geheimer Wunden, und schaute heiteren Auges in die Zukunft, wie ein glaubensstarker Märtyrer. Seine getarnte Traurigkeit, die bittere Enttäuschung, unter der er litt, hatten ihn nicht in das philosophische Ödland der Ungläubigkeit geführt; dieser tapfere Staatsmann war fromm, aber ohne es zur Schau zu tragen; er ging zur Frühmesse, die in Saint-Paul für die Handwerker und die gläubigen Dienstboten gelesen wurde. Keiner seiner Freunde, keiner am Hofe wußte, daß er so getreulich die Vorschriften der Religion befolgte. Er huldigte Gott, wie gewisse anständige Menschen einem Laster huldigen, nämlich im tiefsten Geheimnis. So geschah es, daß ich eines Tages den Grafen auf einem Berggipfel des Unglücks erblicken mußte, der sehr viel höher war als der, auf dem die sich aufhalten, die sich für die am schwersten Geprüften halten, die, die über die Leidenschaften und den Aberglauben anderer Menschen spotten, weil sie die ihrigen besiegt haben, die Ironie und Verachtung durch alle Tonarten hindurch variieren. Er machte sich also nicht über die lustig, die nach wie vor der Göttin Hoffnung in den Morast folgen, in den sie einen hineinführt, noch über die, die eine Felsspitze erklimmen, um sich zu isolieren, noch über solche, die in ihrem Kampf ausharren und dabei die Arena mit ihrem Blut röten und sie mit den Blumen ihrer Illusionen bestreuen; er sah die Welt in ihrer Ganzheit, er war erhaben über ihren Aberglauben, er hörte sich die Klagen an, er zweifelte an Zuneigung und vor allem an Aufopferung; aber dieser große, dieser strenge Richter hatte Mitgefühl damit, er bewunderte so etwas, nicht mit flüchtiger Begeisterung, sondern schweigend, gesammelt, mit der Teilnahme einer gerührten Seele. Er war eine Art katholischer Manfred[28], freilich einer ohne Verbrechen, er ließ in seinem Glauben die Neugier zu, schmolz die Schneegefilde durch die Glut eines Vulkans ohne Krater, er unterhielt sich mit einem Stern, den einzig er erblickte! Ich nahm sehr wohl Dunkelheiten in seinem äußeren Leben wahr. Er entzog sich meinen Blicken nicht wie ein Wanderer, der, wenn er seines Weges geht, je nach den Launen des Geländes in Schneetiefen oder Schluchten verschwindet, sondern wie ein erspähter Tirailleur[29], der sich verstecken will und nach Deckung sucht. Ich fand keine Erklärung für häufige Abwesenheiten in Zeiten, da am meisten Arbeit vorlag; er verbarg sie mir nicht, er sagte dann immer zu mir: ›Machen Sie für mich weiter‹, wodurch er mir anvertraute, was er gerade bearbeitete. Dieser so tief in seine dreifachen Pflichten als Staatsmann, Richter und Redner versenkte Mann gefiel mir um seiner Freude an Blumen willen; das war eine Neigung, die von einer schönen Seele kündet und die fast alle Menschen mit zartem Empfindungsvermögen hegen. Sein Garten und sein Arbeitszimmer bargen die merkwürdigsten Pflanzen; aber er kaufte sie immer verwelkt. Vielleicht gefiel er sich in diesem Abbild seines eigenen Schicksals ...? Er selber war welk wie diese dem Sterben nahen Blumen, deren fast verweste Düfte ihn in seltsame Rauschzustände versetzten. Der Graf liebte sein Vaterland; er widmete sich dem öffentlichen Wohl mit der Wut eines Herzens, das eine andere Leidenschaft täuschen will; aber die Studien und Arbeiten, in die er sich stürzte, genügten ihm nicht; er lieferte sich in seinem Innern furchtbare Kämpfe, von deren Dröhnen einiges bis zu mir hindrang. Manchmal ließ er herzzerreißende Sehnsüchte nach dem Glück vernehmen, und mir war, als müsse er noch einmal glücklich werden; aber worin bestand das Hindernis? Liebte er eine Frau? Diese Frage stellte ich mir immer wieder. Stellen Sie sich die Weite der Schmerzenskreise vor, die mein Denken durchforschen mußte, ehe es zu einer so einfachen und so furchtbaren Frage gelangte! Trotz allen seinen Bemühungen gelang es meinem Chef also nicht, die Regungen seines Herzens zu unterdrücken. Hinter der strengen Haltung, hinter dem Schweigen des Richters tobte eine Leidenschaft, die so kraftvoll beherrscht wurde, daß niemand, nicht einmal ich, sein Hausgenosse, dieses Geheimnis witterte. Sein

Wahlspruch schien zu sein: ›Ich leide und schweige.‹ Das Ehrengeleit von Hochachtung und Bewunderung, das ihm folgte, die Freundschaft mit Arbeitsmenschen, die so beharrlich waren wie er selber, mit den Präsidenten Granville und Sérisy, blieben ohne Wirkung auf den Grafen: entweder gab er ihnen nichts preis, oder sie wußten alles. In der Öffentlichkeit war er gleichmütig und ging erhobenen Hauptes einher; den Menschen ließ er nur in seltenen Augenblicken durchschimmern, wenn er allein in seinem Garten oder seinem Arbeitszimmer war und sich unbeobachtet glaubte; dann jedoch wurde er zum Kinde, er ließ seinen Tränen freien Lauf, die unter seiner Toga nicht sichtbar gewesen waren, er erging sich in Exaltationen, die, wenn sie falsch ausgelegt worden wären, dem Ruf seiner Scharfsinnigkeit als Staatsmann hätten schaden können. Als alle diese Dinge für mich zu Gewißheiten geworden waren, gewann Graf Octave für mich das Reizvolle eines Rätsels und zugleich soviel Zuneigung, als sei er mein Vater gewesen. Können Sie sich in eine Neugier hineindenken, die vom Respekt unterdrückt wurde ...? Welches Unglück hatte diesen Gelehrten zu Boden geschmettert, der sich, gleich Pitt[30], seit seinem achtzehnten Lebensjahr Studien gewidmet hatte, wie eine hohe Staatsstellung sie verlangt, und dabei von Ehrgeiz frei war; diesen Richter, der das Völkerrecht, das Staatsrecht, das Zivilrecht und das Strafrecht beherrschte und darin Waffen gegen alle Beunruhigungen oder gegen alle Irrtümer hätte finden können; diesen tiefen Gesetzgeber, diesen ernsten Schriftsteller, diesen frommen Eigenbrötler, dessen Leben zur Genüge besagte, daß kein Vorwurf ihn treffen konnte? Gott hätte einen Verbrecher nicht schwerer strafen können, als es meinem Chef geschehen war: der Kummer hatte ihn der Hälfte seines Schlafs beraubt; er schlief nur noch vier Stunden! Welcher Kampf wurde in diesen Stunden ausgefochten, die dem Anschein nach still, unter eifriger Arbeit, geräuschlos, ohne Geflüster hingingen, und in denen ich ihn oftmals überrascht habe, wenn die Feder seinen Fingern entfallen war, wenn er, den Kopf in eine Hand gestützt, dasaß, die Augen wie zwei Fixsterne, und manchmal tränenfeucht? Wie konnte das Wasser dieser lebendigen Quelle über einen schimmernden Strand rinnen, ohne daß das unterirdische Feuer es trocknete ...? Bestand, wie unter dem

Meer, zwischen jenem Wasser und dem feurigen Erdkern eine Granitschicht? Und würde der Vulkan schließlich ausbrechen...? Manchmal schaute der Graf mich mit der witternden, scharfsichtigen, wenngleich flüchtigen Neugier an, mit der ein Mann einen anderen prüft, wenn er nach einem Komplicen sucht; dann floh er meine Augen wieder, wenn er sie sich öffnen sah, gewissermaßen wie einen Mund, der eine Antwort will und zu sagen scheint: ›Sprechen Sie als erster!‹ Manchmal war Graf Octave von einer menschenfeindlichen, verstockten Traurigkeit. Wenn die Auswüchse dieser Stimmung mich verletzten, wußte er mich zu versöhnen, ohne mich förmlich um Verzeihung zu bitten; aber seine Umgangsformen wurden dann liebevoll und nahezu von christlicher Demut. Als ich mich wie ein Sohn an diesen für mich von Geheimnissen umwitterten Mann angeschlossen hatte, der so leicht begreiflich für die Welt war, denn für sie genügt ja das Wort ›originell‹ zur Lösung aller Rätsel des Herzens, machte ich mich daran, das Aussehen des Hauses zu verändern. Der Graf trieb die Vernachlässigung seiner Interessen bis zur Dummheit in der Führung seiner geschäftlichen Angelegenheiten. Er besaß etwa hundertsechzigtausend Francs Einkünfte, ungerechnet die mit seinen Stellungen verbundenen Gehälter, von denen drei nicht dem Gesetz der Kumulierung unterstanden, und er verbrauchte sechzigtausend Francs, von denen mindestens dreißigtausend an seine Dienerschaft gingen. Am Ende des ersten Jahres kündigte ich allen diesen Spitzbuben und bat Seine Exzellenz, mir mit seiner Autorität bei der Suche nach ehrlichen Leuten behilflich zu sein. Gegen Ende des zweiten Jahres genoß der Graf, der jetzt besser behandelt und besser bedient wurde, modernen Komfort; er hatte schöne Pferde, die ein Kutscher betreute; dem gab ich monatlich soundsoviel für jedes Pferd; seine Abendessen, seine Empfangstage, bei denen Chevet[31] zu vereinbarten Preisen die Speisen lieferte, machten ihm Ehre; für die Alltagsküche sorgte eine ausgezeichnete Köchin, die mein Onkel mir verschafft hatte; zwei Küchenmädchen halfen ihr; die Kosten, ungerechnet die Neuanschaffungen, betrugen jetzt nicht mehr als dreißigtausend Francs; wir hatten zwei Diener mehr, durch die das Palais all seine Poesie wiedererhielt, denn dieser alte Prunkbau, der in seiner Patina so schön war, besaß eine Majestät, die der Verfall entehrte. ›Ich wundere mich nicht mehr‹, sagte der Graf, als er von den Ergebnissen erfuhr, ›über die Vermögen, zu denen meine Hausangestellten gelangt sind. Innerhalb von sieben Jahren sind zwei meiner Köche reiche Restaurateure geworden!‹ – ›Sie haben innerhalb von sieben Jahren dreihunderttausend Francs verloren‹, entgegnete ich. ›Und Sie, ein Richter, der im Justizpalast Anträge gegen das Verbrechen unterzeichnet, Sie haben den Diebstahl im eigenen Haus ermutigt.‹ Zu Beginn des Jahres 1826 war der Graf wohl damit zu Ende gekommen, mich zu beobachten, und wir hatten uns so aneinander angeschlossen, wie zwei Männer es tun können, deren einer dem anderen untergeordnet ist. Er hatte kein Wort über meine Zukunft verlauten lassen; aber er hatte sich wie ein Lehrer und wie ein Vater darauf verlegt, mich weiterzubilden. Häufig ließ er mich das Material für seine schwierigsten Arbeiten zusammenstellen; ich redigierte einige seiner Berichte, und er korrigierte sie mir und zeigte mir die Unterschiede zwischen seinen Interpretationen des Gesetzes, zwischen seinen Auffassungen und den meinen. Als ich endlich eine Arbeit zustande gebracht hatte, die er als die seine gelten lassen konnte, hatte er daran eine solche Freude, daß sie mir als Belohnung diente, und er wußte, daß ich sie so auffaßte. Dies kleine, flüchtige Vorkommnis übte auf diese dem Anschein nach strenge Seele eine ungemeine Wirkung aus. Der Graf urteilte jetzt über mich, um mich eines juristischen Ausdrucks zu bedienen, in letzter Instanz und endgültig: er nahm meinen Kopf und küßte mich auf die Stirn. – ›Maurice‹, rief er, ›Sie sind jetzt nicht mehr mein Mitarbeiter, ich weiß noch nicht, was Sie für mich sein werden; wenn mein Leben sich nicht anders gestaltet, werde ich Sie vielleicht an Sohnes Statt annehmen!‹ Graf Octave hatte mich in die besten Pariser Häuser eingeführt; ich vertrat ihn dort und fuhr mit seiner Dienerschaft und in seinem Wagen hin, wenn er, wie es nur zu häufig geschah, schon im Begriff einzusteigen, anderer Meinung wurde und sich vom Halteplatz eine Droschke holen ließ, um wegzufahren ... wohin ...? Das war das Geheimnis. Aus der Art und Weise, wie ich empfangen wurde, konnte ich auf die Gefühle schließen, die der Graf mir gegenüber empfand, und auf die Gewichtigkeit seiner Empfehlungen. Er war fürsorglich wie ein Vater; er kam allen meinen Bedürfnissen mit um so größerer Freigebigkeit entgegen, als meine Zurückhaltung ihn zwang, immerfort an mich zu denken. Gegen Ende Januar 1827 hatte ich im Haus der Gräfin de Sérisy andauernd solch ein Pech im Spiel, daß ich zweitausend Francs verlor; ich wollte sie nicht aus meiner Kasse nehmen. Am anderen Morgen fragte ich mich: ›Soll ich zu meinem Onkel gehen und ihn darum bitten, oder soll ich mich dem Grafen anvertrauen?‹ Ich entschloß mich zu dem letzteren. ›Gestern‹, sagte ich zu ihm, während er frühstückte, ›habe ich immerfort beim Spiel verloren, das hat mich geärgert, ich habe weiter gespielt; jetzt schulde ich zweitausend Francs. Erlauben Sie mir wohl, daß ich einen Vorschuß von zweitausend Francs auf mein Jahresgehalt nehme?‹ – ›Nein‹, antwortete er mir mit einem bezaubernden Lächeln. ›Wenn man in der Gesellschaft spielt, muß man auch eine Spielbörse haben. Nehmen Sie sechstausend Francs, bezahlen Sie Ihre Schulden, von heute an machen wir Halbpart, denn wenn Sie mich schon in der Hälfte der Zeit vertreten, soll wenigstens Ihr Selbstgefühl nicht darunter leiden.‹ Ich habe dem Grafen nicht gedankt. Ein Dank unter uns wäre ihm als ein Zuviel erschienen. Diese Nuance zeigt Ihnen, welcher Art unsere Beziehungen waren. Dennoch empfanden wir noch immer kein unbegrenztes Vertrauen zueinander; er tat mir noch immer nicht die unermeßlichen unterirdischen Gewölbe auf, die ich in seinem Geheimleben wahrgenommen hatte, und ich fragte ihn nicht: ›Was ist Ihnen? Woran leiden Sie?‹ Was tat er in seinen langen Abendstunden? Oft kehrte er zu Fuß oder in einer Mietdroschke heim, wenn ich, der Sekretär, für die Heimfahrt seinen Wagen benutzte! Stand dieser fromme Mann etwa im Bann heuchlerisch geheimgehaltener Laster? Setzte er alle seine Geisteskräfte zur Stillung einer Eifersucht ein, die noch rühriger war als die Othellos? Lebte er mit einer seiner unwürdigen Frau? Als ich eines Morgens von irgendeinem Lieferanten kam, dem ich eine Rechnung bezahlt hatte, überraschte ich zwischen Saint-Paul und dem Hôtel-de-Ville den Grafen Octave: er unterhielt sich so lebhaft mit einer alten Frau, daß er mich nicht bemerkte. Das Gesicht dieser Alten weckte in mir einen merkwürdigen Verdacht, einen Verdacht, der um so begründeter war, als ich nicht zu durchschauen vermochte, welchen Gebrauch der Graf von seinen Ersparnissen machte. Ist so etwas zu denken nicht abscheulich? Ich warf mich zum Sittenrichter meines Herrn auf. Ich wußte, daß er zu jener Zeit mehr als sechshunderttausend Francs hätte anlegen können; und wenn er dafür Staatsrenten gekauft hätte, so hätte ich bei dem Vertrauen, das er mir in allen seinen Geldangelegenheiten entgegenbrachte, es unbedingt wissen müssen. Manchmal erging sich der Graf morgens in seinem Park; er wandelte dort umher wie einer, für den der Spaziergang der Hippogryph[32] ist, den eine träumerische Göttin der Melancholie besteigt. Er ging und ging! Er rieb sich dabei die Hände, als wolle er sich die Haut abschaben! Und wenn ich ihn überraschte und an einer Wegbiegung zu ihm trat, dann sah ich, wie sein Gesicht aufblühte. Seine Augen hatten nicht mehr das Trockene von Türkisen, sondern das Samtige der Immergrünblüte, das mich damals, bei meinem ersten Besuch, so betroffen gemacht hatte, des erstaunlichen Gegensatzes wegen, der zwischen diesen beiden Blicken bestand: dem Blick des Glücklichen und dem Blick des Unglücklichen. Zwei- oder dreimal hat er mich bei dergleichen Gelegenheiten am Arm ergriffen und mit sich fortgezogen; dann hat er zu mir gesagt: ›Was wollen Sie mich fragen?‹ anstatt seine Freude in mein Herz zu ergießen, das sich für ihn auftat. Noch öfter, und zumal seit ich ihn bei seinen Arbeiten ersetzen und seine Berichte schreiben konnte, blieb der Unglückliche stundenlang stehen und sah den Goldfischen zu, die in einem prächtigen Marmorbecken in der Mitte seines Parks wimmelten; um das Becken herum bildeten die schönsten Blumen ein Amphitheater. Dieser Staatsmann schien es fertiggebracht zu haben, das mechanische Vergnügen, Fischen Brotkrumen zuzuwerfen, in eine Leidenschaft zu verwandeln. Jetzt sollen Sie hören, wie sich das Drama dieses so tief verheerten, aufgewühlten Daseins enthüllte, in dem in einem von Dante vergessenen Höllenkreis grausige Freuden erwuchsen.«

Der Generalkonsul machte eine Pause.

»An einem gewissen Montag«, fuhr er fort, »wollte es der Zufall, daß der Herr Präsident de Granville und Monsieur de Sérisy, der damals Vizepräsident des Staatsrats war, anläßlich einer Sitzung zum Grafen Octave gekommen waren. Die drei bildeten eine Kommission, deren Sekretär ich war. Der Graf hatte mich inzwischen zum Beisitzer im Staatsrat ernennen lassen. Alle Dokumente, die zur Prüfung der politischen Fragen notwendig waren – sie waren den drei Herren vertraulich unterbreitet worden –, lagen auf einem der langen Tische unserer Bibliothek. Die Herren de Granville und de Sérisy hatten die vorbereitende Sichtung und Bearbeitung der betreffenden Dokumente zunächst dem Grafen Octave überlassen. Damit der Transport der Aktenstücke in das Haus des Grafen de Sérisy, des Vorsitzenden der Kommission, vermieden wurde, war vereinbart worden, man wolle sich zunächst in der Rue Payenne treffen. Das Kabinett in den Tuilerien maß dieser Arbeit große Bedeutung zu; sie lag in der Hauptsache mir ob, und ihr verdanke ich es, daß ich im Lauf des Jahres zum Bearbeiter der Bittschriften ernannt wurde. Obwohl die Grafen de Granville und de Sérisy, deren Lebensgewohnheiten denen meines Chefs sehr ähnelten, niemals außer Haus zu speisen pflegten, berieten wir bis zu einer so vorgerückten Stunde, daß der Diener mich hinausbat und mir sagte: ›Die Herren Pfarrer von Saint-Paul und Les Blancs-Manteaux sind im Salon, schon seit zwei Stunden.‹ Es war neun Uhr! ›Jetzt müssen Sie an einem Pfarrer-Essen teilnehmen, meine Herren‹, sagte Graf Octave lachend zu seinen Kollegen. ›Ich weiß nicht, ob Granville seinen Abscheu vor der Soutane überwinden kann.‹ – ›Das kommt auf die Pfarrer an.‹ – ›Ach, der eine ist mein Onkel, und der andere ist der Abbé Gaudron‹, antwortete ich. ›Seien Sie unbesorgt, der Abbé Fontanon[33] ist nicht mehr Vikar an Saint-Paul ...‹ – ›Na gut, dann wollen wir also zu Abend essen‹, sagte der Präsident de Granville. ›Ein Frömmler, davor graut es mir; aber ich kenne niemanden, der fröhlicher wäre als ein wahrhaft Frommer!‹ Und wir begaben uns in den Salon. Das Essen verlief reizend. Wirklich gebildete Menschen, Politiker, denen die Staatsgeschäfte Erfahrung und Redegewandtheit zuteil werden lassen, sind wunderbare Erzähler, wenn sie sich aufs Erzählen verstehen. Für sie gibt es keine Mitte: sie sind entweder schwerfällig oder köstlich. Bei diesem bezaubernden Spiel ist Fürst Metternich[34] ebenso gewandt wie Charles Nodier[35]. Die Scherze der Staatsmänner haben geschliffene Facetten wie der Diamant; sie sind glatt, funkelnd und sinnvoll. Da mein Onkel sicher war, in der Gesellschaft dieser drei hochgestellten Herren die ihnen gemäßen Umgangsformen zu beherrschen, ließ er seinem Geist die Zügel locker: es war Geist besonderer Art, erlesen, von durchdringender Milde, und dabei gewitzt wie der aller Leute, die es gewohnt sind, ihre Gedanken unter dem Amtskleid zu verbergen. Berücksichtigen Sie bitte auch, daß in dieser Plauderei weder das Vulgäre noch das Müßige Raum hatte; ich möchte sie in ihrer Wirkung auf die Seele mit der Musik Rossinis vergleichen. Der Abbé Gaudron war, wie Monsieur de Granville bemerkte, mehr ein Petrus als ein Paulus, ein glaubensstarker Bauer, vierschrötig nach allen Richtungen, ein Ochs im geistlichen Gewand, dessen Unkenntnis in gesellschaftlichen und literarischen Dingen die Unterhaltung durch naive Ausrufe des Erstaunens und unvorhergesehene Fragen belebte. Schließlich wurde über eine der dem Gesellschaftszustand inhärenten Wunden gesprochen, nämlich über die, die uns vorhin beschäftigt hat, über die Ehebrecherin! Mein Onkel wies auf den Widerspruch hin, den die Gesetzgeber des Code, die noch unter den Blitz- und Donnerschlägen der Gewitter der Revolution standen, darin zwischen dem Zivilgesetz und dem religiösen Gesetz herbeigeführt haben; daraus, so sagte er, entspringe alles Übel. ›Für die Kirche‹, meinte er, ›ist der Ehebruch ein Verbrechen; für die Gerichte ist er lediglich ein Vergehen. Die Ehebrecherin begibt sich gewissermaßen im Wagen zum Polizeigericht, anstatt sich auf die Anklagebank des Schwurgerichts zu setzen. Napoleons Staatsrat empfand sicherlich Mitleid mit der schuldigen Frau und hat sich ungeschickt verhalten. Hätte man nicht das Zivilgesetz und das religiöse Gesetz in Einklang bringen und die schuldige Gattin für den Rest ihrer Lebenstage ins Kloster schicken müssen, wie ehedem?‹ – ›Ins Kloster!‹ entgegnete Monsieur de Sérisy, ›da hätte man zunächst Klöster schaffen müssen, und zu jener Zeit wurden doch die Klöster in Kasernen verwandelt. Und überdies, bedenken Sie doch, Herr Abbé ... Gott das geben, was die Gesellschaft nicht will ...!‹ – ›Oh‹, sagte der Graf de Granville, ›Sie kennen Frankreich nicht. Man hat dem Ehemann das Recht belassen müssen, die Klage einzureichen; aber es gibt im Jahr noch nicht zehn Ehebruchsklagen.‹ – ›Der Herr Abbé predigt für seinen Heiligen, denn den Ehebruch, den hat Jesus Christus geschaffen‹, warf Graf Octave ein. ›Im Orient, der Wiege der Menschheit, war die Frau nur ein Lustobjekt, und daraus wurde dann eine Sache; es wurden von ihr keine Tugenden außer Gehorsam und Schönheit verlangt. Die moderne europäische Familie, die Tochter Jesu, hat die Seele über den Körper gestellt und dadurch die unlösbare Ehe erfunden; sie hat daraus ein Sakrament gemacht.‹ – ›Ach, die Kirche hat alle damit verbundenen Schwierigkeiten erkannt‹, rief Monsieur de Granville. – ›Diese Institution hat eine neue Welt geschaffen‹, fuhr der Graf lächelnd fort; ›aber die Sitten dieser Welt werden nie dieselben sein wie in den Zonen, wo die Frau schon mit sieben Jahren mannbar ist und mit fünfundzwanzig mehr als alt. Die katholische Kirche hat die Bedürfnisse einer Hälfte des Globus verkannt. Lassen Sie uns also lediglich von Europa sprechen. Ist die Frau für uns ein minderwertiges oder ein höhergeartetes Wesen? Das ist die eigentliche Frage, mit der wir es zu tun haben. Wenn die Frau uns unterlegen ist, bedürfte es, wenn man sie so hoch stellt, wie die Kirche es getan hat, furchtbarer Strafen für den Ehebruch. Daher ist ehemals auch so verfahren worden. Das Kloster oder der Tod, das war die ganze Gesetzgebung früherer Zeiten. Aber seither haben die Sitten die Gesetze gewandelt, wie es stets geschieht. Der Thron hat dem Ehebruch als Kindbett gedient, und die Fortschritte dieses hübschen Verbrechens haben die Schwächung der Dogmen der katholischen Kirche gekennzeichnet. Heute, da die Kirche von der Frau, die einen Fehltritt begangen hat, nur aufrichtige Reue verlangt, begnügt sich die Gesellschaft mit einer Brandmarkung anstelle einer Hinrichtung. Das Gesetz verurteilt zwar noch die Schuldigen, aber es schreckt sie nicht mehr ab. Kurzum, es gibt zwei Arten von Moral: die der Gesellschaft und die des Gesetzbuchs. Da, wo das Gesetzbuch schwach ist, in welchem Punkt ich unserem lieben Abbé zustimme, ist die Gesellschaft dreist und frivol. Es gibt wenig Richter, die nicht gern einmal das Delikt begangen haben möchten, gegen das sie den ziemlich gutartigen Blitzstrahl ihrer Rechtsgründe richten. Die Gesellschaft, die durch ihre Gepflogenheiten und durch ihre Liebesvergnügungen das Gesetz Lügen straft, ist strenger als der Code und die Kirche: die Gesellschaft ermutigt erst die Heuchelei und bestraft dann die Ungeschicklichkeit. Die Unzulänglichkeit der Ehegesetze scheint mir eine Reform von oben bis unten zu bedingen. Vielleicht wäre das französische Gesetz vollkommen, wenn es die Ausschließung der Mädchen von der Erbberechtigung proklamierte.‹ – ›Wir drei kennen die Frage von Grund auf‹, sagte lachend der Graf de Granville. ›Ich habe eine Frau, mit der ich nicht leben kann, Sérisy hat eine Frau, die nicht mit ihm leben will. Dir, Octave, ist die deine durchgegangen. In uns dreien ist also die ganze Kasuistik der ehelichen Gewissensfragen zusammengefaßt; daher werden wir höchstwahrscheinlich die Kommission bilden, wenn jemals die Ehescheidung neu geregelt werden sollte.‹ Octaves Gabel fiel auf sein Glas, zerbrach es, zerbrach den Teller. Der Graf war totenbleich geworden, er warf auf den Präsidenten de Granville einen niederschmetternden Blick, mit dem er auch auf mich deutete und den ich erhaschte. – ›Verzeihung, lieber Freund, ich habe Maurices Anwesenheit nicht bedacht‹, fuhr der Präsident de Granville fort. ›Sérisy und ich sind deine Helfershelfer gewesen, nachdem wir dir als Zeugen gedient hatten; daher glaubte ich, in Gegenwart der beiden ehrwürdigen Geistlichen keine Indiskretion zu begehen.‹ Monsieur de Sérisy brachte die Unterhaltung auf ein anderes Gleis und erzählte alles, was er unternommen hatte, um seiner Frau zu gefallen, ohne daß es ihm je gelungen wäre. Der alte Herr schloß daraus auf die Unmöglichkeit, die menschlichen Sympathien und Antipathien auf dem Verordnungswege zu regeln; er behauptete, daß das bürgerliche Gesetz nie vollkommener sei, als wenn es sich dem Naturgesetz annähere. Nun aber lege die Natur keinerlei Wert auf die Vereinigung der Seelen; ihr Ziel werde durch die Fortpflanzung der Gattung erreicht. Daher habe der gegenwärtige Code sehr weise gehandelt, als er dem Zufall einen riesigen Raum zugestand. Die Enterbung der Mädchen, sofern männliche Erben vorhanden seien, sei eine ausgezeichnete Änderung, teils, um die Entartung der alten Familien auszuschalten, teils um die Ehen durch Ausschaltung skandalöser Heiraten glücklicher zu gestalten, weil dann einzig Wert auf moralische Qualitäten und Schönheit gelegt werde. – ›Aber‹, fuhr er fort und hob mit einer Geste des Ekels die Hand, ›wie ließe sich eine Gesetzgebung vervollkommnen, wenn ein Land so anmaßend ist, sieben- bis achthundert Gesetzgeber zusammenzurufen . . .! Aber schließlich‹, fuhr er fort, ›wenn ich geopfert werde, habe ich einen Sohn, der mir nachfolgt . . .‹ – ›Wenn wir alle religiösen Fragen beiseite lassen‹, sprach mein Onkel weiter, ›möchte ich Eurer Exzellenz zu bedenken geben, daß die Natur uns nur das Leben, und daß die Gesellschaft uns Glück schuldet. Sind Sie Vater?‹ fragte ihn mein Onkel. – ›Und ich, habe ich denn Kinder?‹ fragte Graf Octave mit hohler Stimme; ihr Tonfall machte einen solchen Eindruck, daß nicht mehr von Frauen und Ehe gesprochen wurde. Als der Kaffee getrunken worden war, verabschiedeten sich die beiden Grafen und die beiden Pfarrer; sie hatten gesehen, daß der arme Octave in einen Schwermutsanfall versunken war und gar nicht wahrnahm, daß seine Gäste einer nach dem anderen verschwanden. Mein Gönner saß in einem Sessel am Kamin, in der Haltung eines Gebrochenen. – ›Sie kennen jetzt das Geheimnis meines Lebens‹, sagte er, als er merkte, daß wir allein waren. ›Nach dreijähriger Ehe kam ich eines Abends heim; es wurde mir ein Brief übergeben, in dem meine Frau mir ihre Flucht mitteilte. Der Brief ermangelte nicht der Noblesse, denn es gehört zur Natur der Frauen, auch beim Begehen dieses entsetzlichen Fehltritts noch gute Eigenschaften zu bewahren . . . Heute heißt es, meine Frau sei an Bord eines Schiffes gegangen, das Schiffbruch erlitten habe; sie gilt für tot. Seit sieben Jahren lebe ich allein . . .! Genug für heute abend, Maurice. Wir sprechen über meine Lage, wenn ich mich an den Gedanken gewöhnt habe, daß ich mit Ihnen darüber sprechen kann. Wenn man an einer chronischen Krankheit leidet, muß man sich dann nicht, so gut es geht, mit ihr abfinden? Aber das scheint dann häufig nur ein anderer Aspekt der Krankheit zu sein.‹ Ganz verwirrt ging ich schlafen; das Geheimnis war weit davon entfernt, sich zu entschleiern; es dünkte mich immer dunkler. Ich ahnte ein seltsames Drama, weil ich einsah, daß zwischen einer Frau, die der Graf sich erwählt hatte, und einem Charakter wie dem seinen nichts Vulgäres geschehen sein könne. Mithin mußten die Ereignisse, die die Gräfin dazu getrieben hatten, einen so noblen, so liebenswürdigen, vollkommenen, von Liebe erfüllten und des Geliebtwerdens würdigen Mann zu verlassen, zumindest besonderer Art gewesen sein. Der Satz, den Monsieur de Granville gesagt hatte, war eine Fackel gewesen, die in die unterirdischen Gewölbe geworfen worden war, über denen ich mich seit so langer Zeit bewegt hatte, und obwohl jene Leuchte sie nur unvollkommen erhellte, konnten meine Augen ihre Ausdehnung feststellen. Ich versuchte, mir über die Leiden des Grafen klarzuwerden, ohne ihre Tiefe und ihre Bitternis zu kennen. Das gelbe, maskenhafte Gesicht, die eingesunkenen Schläfen, der gigantische Arbeitsdrang, die Augenblicke der Traumversunkenheit, die geringsten Einzelheiten aus dem Leben dieses verheirateten Junggesellen nahmen während dieser Stunde der geistigen Prüfung einen leuchtenden Umriß an; solch eine Stunde ist wie das dämmernde Erwachen aus dem Schlaf, und jeder Mensch von Herz hätte sich ihr hingegeben, wie ich es tat! Oh, wie lieb war mir mein armer Chef! Er kam mir erhaben vor. Ich las ein Gedicht voller Schwermut in diesem Herzen, das ich für erstarrt gehalten hatte, ich gewahrte darin rastlose Bewegung. Endet ein höchster Schmerz nicht stets in Erstarrung? Hatte dieser Richter, der über so viel Macht verfügte, sich gerächt? Hatte er sich an einer langen Agonie geweidet? Bedeutet es in Paris etwas Geringes, sich zehn Jahre lang einen kochenden Zorn zu bewahren? Was hatte Octave seit jenem großen Unglück unternommen? Denn die Trennung zweier Gatten ist ein großes Unglück in unserer Zeit, in der das Privatleben zu etwas geworden ist, das es früher nicht war, nämlich zu einer sozialen Frage. Ein paar Tage gingen unter gegenseitiger Beobachtung hin, denn große Leiden haben ihre Schamhaftigkeit; aber endlich, eines Abends, sagte der Graf mit ernster Stimme zu mir: ›Bleiben Sie!‹ Er erzählte mir etwa folgendes:

›Zu der Zeit, da ich vom Collège in dies alte Stadtpalais heimkehrte, hatte mein Vater ein Mündel, ein reiches, schönes, sechzehnjähriges Mädchen. Honorine war von meiner Mutter erzogen worden und erwachte damals gerade zum Leben. Sie war voller Anmut und Kindlichkeit; sie träumte vom Glück, wie sie von einem Schmuckstück geträumt hätte, und vielleicht war ja auch für sie das Glück das Schmuckstück der Seele. Ihre Frömmigkeit besaß etwas kindlich Freudiges, denn alles, sogar die Religion, war für das unbefangene Herz Poesie. Ihre Zukunft dünkte sie ein ewiges Fest. Sie war unschuldig und rein; bislang hatten keine fieberhaften Liebesträume ihren Schlummer gestört. Scham und Kummer hatten nie ihre Wangen entstellt oder ihre Blicke gefeuchtet. Sie hatte nicht einmal das Geheimnis der unwillkürlichen Erregungen zu ergründen versucht, die ein schöner Frühlingstag in ihr auslöste. Zudem fühlte sie sich schwach und zum Gehorchen auserkoren; sie wartete auf die Ehe, ohne sie herbeizuwünschen. Ihre lachende Phantasie wußte nichts von der vielleicht notwendigen Verderbnis, die die Literatur durch Schilderung der Leidenschaften einimpft; sie ahnte nichts von der Welt und kannte keine der Gefahren der Gesellschaft. Das liebe Kind hatte so wenig gelitten, daß es nie seinen Mut hatte zu entfalten brauchen. Mit einem Wort: ihre Reinheit hätte sie furchtlos mitten unter Schlangen wandeln lassen, wie die Idealgestalt, die ein Maler von der Unschuld geschaffen hat. Nie ist eine Stirn heiterer und geneigter zum Lachen gewesen als die ihrige. Niemals ist es einem Mund verstattet gewesen, mit soviel Ahnungslosigkeit eindeutige Fragen ihres Sinnes zu entkleiden. Wir haben wie Geschwister gelebt. Nach Ablauf eines Jahres habe ich sie im Park dieses Palais, vor dem Becken mit den Fischen, gefragt: ‚Willst du, daß wir heiraten? Bei mir kannst du alles tun, was du möchtest; ein anderer Mann würde dich unglücklich machen.‘ – ‚Mama‘, sagte sie zu meiner Mutter, die gerade zu uns trat, ‚Octave und ich haben beschlossen, daß wir heiraten wollen . . .‘ – ‚Mit siebzehn Jahren . . .?‘ antwortete meine Mutter. ‚Nein, ihr sollt noch achtzehn Monate warten, und wenn ihr einander nach achtzehn Monaten noch mögt, dann gut; ihr seid an Herkunft und Vermögen gleichgestellt, ihr schließt also zugleich eine Vernunft- und Neigungsehe.‘ Als ich sechsundzwanzig war und Honorine neunzehn, haben wir geheiratet. Unser Respekt vor meinen Eltern, alten Leuten vom ehemaligen Hof, hat uns gehindert, das Palais zu modernisieren, andere Möbel anzuschaffen, und wir blieben hier wohnen, wie früher als Kinder. Nichtsdestoweniger verkehrte ich in der Außenwelt, ich führte meine Frau in das gesellschaftliche Leben ein; ich betrachtete es als eine meiner Pflichten, sie weiterzubilden. Später bin ich mir darüber klargeworden, daß es in Ehen, die unter Bedingungen geschlossen werden wie die unsrige, eine Klippe gibt, an der viele Neigungen, Einsichten, Existenzen zerschellen müssen. Der Mann wird zum Pädagogen, zum Schulmeister, wenn Sie wollen; und die Liebe geht zugrunde unter der Fuchtel, die früher oder später verletzt; denn eine junge und schöne, kluge und heitere Frau läßt keine Überlegenheit gelten, die über die hinausgeht, mit der sie von der Natur begabt worden ist. Habe ich vielleicht falsch gehandelt? Habe ich vielleicht in der schwierigen Anfangszeit der Ehe einen allzu schulmeisterlichen Ton angeschlagen? Aber vielleicht habe ich auch den Fehler begangen, rückhaltlos der reinen Natur meiner Frau zu vertrauen, und ich habe sie nicht überwacht, da es mir unmöglich schien, daß sie je aufbegehren könne. Leider weiß man noch immer nicht, weder auf dem Gebiet der Politik noch in der Ehe, ob die Ruhe oder das Glück durch zuviel Vertrauen zugrunde gerichtet worden oder durch zu große Strenge. Vielleicht hat auch der Ehemann nicht Honorines Jungmädchenträume verwirklicht? Weiß man denn in den Tagen des Glücks, gegen welche Gebote man verstoßen hat . . .?‹

(Ich erinnere mich nur noch in Bausch und Bogen der Vorwürfe, die der Graf gegen sich erhob, und zwar mit der Gutgläubigkeit eines Anatomen, der die Ursachen einer Krankheit zu ergründen sucht, die seinen Kollegen entgehen würden; aber seine milde Nachsicht schien mir damals derjenigen wahrhaft würdig zu sein, mit der Jesus Christus die Ehebrecherin freisprach.)

›Anderthalb Jahre nach dem Tod meines Vaters, der einige Monate vor meiner Mutter ins Grab sank‹, fuhr er nach einer Pause fort, ›kam die schreckliche Nacht, in der ich durch Honorines Abschiedsbrief überrascht wurde. Durch welchen poetischen Zauber war meine Frau verführt worden? Waren es die Sinne, waren es die magnetischen Kräfte des Unglücks oder des Genies? Von welcher dieser Kräfte war sie überrumpelt oder fortgerissen worden? Ich habe nichts wissen wollen. Der Schlag war so grausam, daß ich einen Monat lang wie verblödet war. Später hat das Nachdenken mich dahin gebracht, in meiner Unwissenheit zu verbleiben, und Honorines Unglück hat mich allzu sehr über diese Dinge aufgeklärt. Bis jetzt, Maurice, ist alles recht alltäglich; aber durch ein einziges Wort erhält alles ein anderes Aussehen: ich liebe Honorine! Ich habe nicht aufgehört, sie zu vergöttern. Seit dem Tag, da sie von mir gegangen ist, zehre ich von meinen Erinnerungen, einen nach dem anderen durchlebe ich die Genüsse, für die Honorine sicherlich unempfänglich war. Oh!‹ sagte er, als er das Erstaunen in meinen Augen wahrnahm, ›machen Sie aus mir keinen Helden, halten Sie mich nicht für so dumm, würde ein Oberst des Kaiserreichs gesagt haben, daß ich nicht auf Ablenkungen bedacht gewesen bin. Leider, mein Junge, war ich entweder zu jung oder zu verliebt: ich habe in der ganzen Welt keine andere Frau finden können. Nach schrecklichen inneren Kämpfen habe ich getrachtet, mich zu betäuben; ich bin, mein Geld in der Hand, bis an die Schwelle der Untreue gegangen; aber dann erhob sich vor mir wie eine weiße Statue die Erinnerung an Honorine. Wenn ich an die unendliche Zartheit dieser glatten Haut zurückdachte, durch die hindurch man das Blut rinnen und die Nerven vibrieren sah; wenn ich den unschuldigen Kopf vor mir sah, der am Vorabend meines Unglücks noch genauso naiv war wie an dem Tag, da ich zu ihr sagte: ‚Willst du, daß wir heiraten?‘; wenn ich an einen Duft zurückdachte, der so himmlisch war wie der der Tugend; wenn ich mir das Leuchten ihrer Blicke vorstellte, die Anmut ihrer Gesten, dann lief ich davon wie einer, der ein Grab hatte schänden wollen und die Seele des verklärten Toten daraus emporsteigen sieht. Im Staatsrat, im Justizpalast, in meinen Nächten träume ich so unablässig von Honorine, daß es einer ungemeinen Seelenkraft bedarf, um bei dem zu sein, was ich tue und was ich sage. Darin beruht das Geheimnis meines Arbeitsdranges. Wirklich, ich habe gegen Honorine nicht mehr an Zorn empfunden, als ihn etwa ein Vater aufbringt, wenn er sein geliebtes Kind in einer Gefahr sieht, in die es sich unbedachtsam hineingestürzt hat. Ich habe eingesehen, daß ich aus meiner Frau eine Art Dichtung gemacht hatte, die ich mit einer solchen Trunkenheit genoß, daß ich glaubte, meine Trunkenheit werde geteilt. Ach, Maurice, eine kritiklose Liebe ist bei einem Ehemann ein Fehler, der allen Vergehen der Frau den Weg bahnt! Wahrscheinlich hatte ich die Kräfte dieses Kindes, das ich geliebt und gehätschelt habe wie ein Kind, ohne Betätigung gelassen; ich habe sie vielleicht mit meiner Liebe ermüdet, ehe die Stunde der Liebe für sie geschlagen hatte! Sie war zu jung, um die Aufopferung der Mutter in der Beständigkeit der Frau zu erblicken; sie hat diese erste Prüfungszeit der Ehe für das Leben an sich gehalten, und das aufsässige Kind hat ohne mein Wissen dem Leben geflucht, hat nicht gewagt, sich bei mir zu beklagen, vielleicht aus Scham! In einer so grausamen Situation hat sie sich dann wehrlos einem Mann gegenübergesehen, der sie wohl heftig erregt hat. Und ich, der ich als Richter so scharfsinnig bin, wie immer behauptet wird, ich, der ich ein gutes Herz habe, dessen Geist jedoch überbeschäftigt war, habe zu spät die verkannten Gesetze des weiblichen Code begriffen, ich habe sie erst beim Schein des Brandes gelesen, der mein Dach verzehrte. Da habe ich denn aus meinem Herzen ein Tribunal gemacht, um des Gesetzes willen; denn das Gesetz bestellt im Ehemann einen Richter: ich habe meine Frau freigesprochen und mich verurteilt. Aber dann nahm die Liebe in mir die Gestalt der Leidenschaft an, jener feigen, hemmungslosen Leidenschaft, wie sie gewisse alte Männer überkommt. Heute liebe ich die abwesende Honorine, wie man mit sechzig eine Frau liebt, die man um jeden Preis haben will, und ich verspüre in mir die Kräfte eines Jünglings. In mir ist die Kühnheit eines Greises und die Schüchternheit eines Halbwüchsigen. Lieber Freund, die Gesellschaft hat nur Spott für diese grauenhafte eheliche Situation. Da, wo sie mit einem Liebenden Mitleid empfindet, sieht sie beim Ehemann irgendeine Unfähigkeit, sie lacht über die, die eine Frau nicht festzuhalten verstehen, die sie unter dem Trauschleier der Kirche und vor der Schärpe des Bürgermeisters erworben haben. Und ich habe schweigen müssen! Sérisy ist glücklich dran. Seiner Duldsamkeit dankt er die Freude, seine Frau besuchen zu dürfen, er hält die Hand über sie, er verteidigt sie; und da er sie anbetet, erlebt er die unermeßlichen Wonnen des Wohltäters, dem nichts etwas ausmacht, nicht einmal die Lächerlichkeit, denn so nennt er seine väterlichen Ergötzungen. – ‚Ich erhalte meine Ehe nur meiner Frau wegen aufrecht!' hat Sérisy eines Tages zu mir gesagt, als wir aus dem Staatsrat kamen. Aber ich . . .! Ich habe nichts, nicht mal der Lächerlichkeit kann ich trotzen; ich halte mich nur durch eine Liebe ohne Nahrung aufrecht, und dabei weiß ich angesichts einer Dame der Gesellschaft kein Wort hervorzubringen! Und die Prostitution widert mich an! Ich bin treu durch eine Bezauberung! Ohne meine Gläubigkeit hätte ich mich umgebracht. Ich habe den Höllenschlund der Arbeit herausgefordert, ich habe mich hineingestürzt, ich bin lebend, brennend, glühend daraus hervorgegangen, und dabei habe ich den Schlaf verloren . . .!‹

(Ich kann mich der Worte dieses redegewandten Mannes nicht entsinnen; die Leidenschaft lieh ihm eine Beredsamkeit, die weit über die auf der Tribüne hinausging, so sehr, daß mir, wie ihm, beim Zuhören die Tränen über die Wangen rannen! Stellen Sie sich meine Empfindungen vor, als er nach einer Pause, in der wir uns die Tränen trockneten, seine Erzählung durch folgende Enthüllung vollendete.)

›Dies ist das Drama, das sich in meiner Seele abspielte, aber es ist nicht das Drama, das gegenwärtig in Paris gespielt wird! Das innere Drama geht niemanden etwas an. Ich weiß es, und Sie, der Sie in dieser Stunde mit mir weinen, werden es eines Tages erkennen: niemand belastet sein Herz oder auch nur seine Haut mit dem Schmerz eines anderen Menschen. Den Maßstab der Schmerzen tragen wir in uns selbst. Sogar Sie können meine Leiden nur durch sehr vage Analogien nachempfinden. Können Sie sich vorstellen, daß ich die heftigsten Ausbrüche der Verzweiflung dadurch beruhige, daß ich eine Miniatur anschaue, auf der mein Blick ihre Stirn wiederfindet und küßt, das Lächeln ihrer Lippen, den Umriß ihres Gesichts; auf der ich die Weiße ihrer Haut atme, und die es mir beinahe erlaubt, die schwarzen Trauben ihres gelockten Haares zu fühlen, mit Händen zu greifen? Haben Sie mich je dabei überrascht, daß ich vor Hoffnung aufspringe, wenn ich mich unter den tausend Pfeilen der Hoffnungslosigkeit winde, wenn ich durch den Schmutz von Paris wate, um meine Ungeduld durch Ermüdung zu dämpfen? Ich durchlebe Schwächezustände wie Menschen, die an der Schwindsucht leiden, Heiterkeitsausbrüche wie ein Irrer, Ängste wie ein Mörder, der einem Gendarmeriewachtmeister begegnet. Kurzum, mein Leben ist ein beständiger Paroxysmus von Entsetzen, Freuden und Verzweiflungen. Und das Drama sieht folgendermaßen aus: Sie glauben mich mit dem Staatsrat, mit der Abgeordnetenkammer, mit dem Justizpalast, mit der Politik beschäftigt . . .! Du großer Gott: sieben Nachtstunden genügen für all das, so sehr hat das Leben, das ich führe, meine Fähigkeiten überreizt. Mein Hauptanliegen ist Honorine. Meine Frau zurückzugewinnen, das ist meine einzige Arbeit; sie in dem Käfig zu überwachen, in dem sie, ohne daß sie es weiß, sich in meiner Macht befindet; sie mit dem zu versehen, was sie braucht, ein wenig die Freuden zu überwachen, die sie sich gönnt, unablässig um sie zu sein, wie ein Sylphe[36], ohne mich sehen oder wittern zu lassen, denn sonst wäre es um alles Künftige geschehen: das ist mein Leben, mein wahres Leben! Seit sieben Jahren habe ich mich nie zu Bett gelegt, ohne zuvor hingegangen zu sein und das Licht ihrer Nachtlampe gesehen zu haben oder ihren Schatten auf den Fenstervorhängen. Sie hat mein Haus verlassen, ohne etwas anderes mitzunehmen als das Kleid, das sie gerade trug. Das Kind hat die Noblesse der Empfindungen bis zur Dummheit getrieben! Daher wurde sie achtzehn Monate nach ihrer Flucht von ihrem Liebhaber im Stich gelassen; er hatte Angst vor dem bitteren, kalten, unheilvollen, stinkenden Gesicht der Armut, dieser Feigling! Er hatte wohl mit einem glücklichen, vergoldeten Dasein in der Schweiz und in Italien gerechnet, wie es die großen Damen sich leisten, wenn sie ihre Männer verlassen haben. Honorine besitzt ein eigenes Vermögen, das ihr sechzigtausend Francs Zinsen bringt. Der erbärmliche Kerl hat das liebe Geschöpf in anderen Umständen und ohne einen Sou sitzenlassen! 1820, im November, habe ich den besten Pariser Geburtshelfer dazu gebracht, daß er die Rolle eines kleinen Vorstadtwundarztes spielte. Ich habe den Pfarrer des Stadtviertels, in dem meine Frau lebte, bestimmt, für ihren Lebensunterhalt zu sorgen und dabei zu tun, als handele es sich um ein Werk der Barmherzigkeit. Ihr meinen Namen zu verbergen, ihr ein Inkognito zu sichern, eine Haushälterin für sie aufzutreiben, die mir ergeben und eine intelligente Vertraute war, pah . . .!, das war eine Figaros würdige Arbeit. Sie verstehen wohl: um den Zufluchtsort meiner Frau ausfindig zu machen, brauchte ich es bloß zu wollen. Nach drei Monaten mehr der Hoffnungslosigkeit als der Verzweiflung wurde der Gedanke, mich Honorines Glück zu opfern und Gott zum Vertrauten meiner Rolle zu nehmen, eins der Gedichte, die nur dem Herzen eines dennoch Liebenden einfallen! Jede unbedingte Liebe will ihre Nahrung. Mußte ich denn nicht dieses Kind, das einzig durch meine Unklugheit schuldig geworden war, vor neuen Katastrophen behüten, endlich meine Rolle als Schutzengel durchführen? Nachdem sie den kleinen Jungen sieben Monate lang genährt hatte, starb er, zum Glück für sie und für mich. Neun Monate lang hat meine Frau zwischen Leben und Tod geschwebt; sie war allein und verlassen in einer Zeit, da sie am meisten des Arms eines Mannes bedurft hätte; aber dieser Arm‹, sagte er und hob den seinen mit einer Bewegung von engelhafter Energie, ›war ja über ihrem Haupt ausgestreckt. Honorine wurde gepflegt, als sei sie in ihrem Palais. Als sie genesen war und fragte, wie und durch wen ihr geholfen worden sei, wurde ihr geantwortet: Die barmherzigen Schwestern des Stadtviertels – die Vereinigung für Mutterschutz – der Gemeindepfarrer, der Anteil an ihr nehme. Diese Frau, deren Stolz bis zum Lasterhaften geht, hat im Unglück eine Widerstandskraft entfaltet, die ich an gewissen Abenden als Maultierstörrischkeit bezeichne. Honorine hat ihren Lebensunterhalt verdienen wollen! Meine Frau arbeitet . . .! Seit fünf Jahren lasse ich sie in einem entzückenden Gartenhaus in der Rue Saint-Maur wohnen, und da stellt sie künstliche Blumen und Modeartikel her. Sie glaubt, sie verkaufe die Produkte ihrer eleganten Arbeit an einen Händler, der sie ihr so teuer bezahlt, daß jeder Tag ihr zwanzig Francs einbringt; seit sechs Jahren hegt sie keinerlei Argwohn. Sie bezahlt für alles, was sie zum Leben braucht, etwa ein Drittel des wirklichen Wertes, so daß sie mit jährlich sechstausend Francs lebt, als habe sie fünfzehntausend. Sie hat eine Schwäche für Blumen und gibt einem Gärtner hundert Taler, dessen Gehalt mich zwölfhundert Francs kostet und der mir alle Vierteljahre Rechnungen in Höhe von zweitausend Francs schickt. Ich habe diesem Mann einen Gemüsegarten und einen Gemüseladen neben der Pförtnerloge in der Rue Saint-Maur versprochen. Das Grundstück gehört mir unter dem Namen eines Gerichtsschreibers. Eine einzige Indiskretion, und der Gärtner würde alles verlieren. Honorine hat ihr Gartenhaus, einen Garten, ein prachtvolles Treibhaus für eine Jahresmiete von fünfhundert Francs. Sie lebt dort unter dem Namen ihrer Zofe, Madame Gobain; das ist die Alte mit der über jeden Zweifel erhabenen Verschwiegenheit, die ich aufgetrieben habe und von der sie sich verhätscheln läßt. Aber ihr Eifer wird, wie der des Gärtners, durch das Versprechen einer Belohnung am Tag des Erfolgs aufrechterhalten. Der Pförtner und seine Frau kosten mich Unsummen, aus dem gleichen Grund. Aber seit drei Jahren ist Honorine glücklich, sie glaubt, sie danke ihrer Arbeit den Luxus ihrer Blumen, ihrer Kleidung und ihrer Lebenshaltung. Oh, ich weiß, was Sie mir sagen wollen‹, rief der Graf, der in meinen Augen und auf meinen Lippen eine Frage gewahrte. ›Ja, ja, ich habe einen Versuch unternommen. Meine Frau hat zuvor im Faubourg Saint-Antoine gewohnt. Eines Tages, als ich auf eine Andeutung der Gobain hin an die Möglichkeit einer Aussöhnung glaubte, schickte ich ihr durch die Post einen Brief, in dem ich mich bemühte, meine Frau umzustimmen, einen Brief, der zwanzigmal geschrieben und wieder von vorn angefangen worden ist! Ich will Ihnen meine Ängste nicht ausmalen. Ich ging von der Rue Payenne nach der Rue de Reuilly wie ein zum Tode Verurteilter, der vom Justizpalast zum Hôtel-de-Ville[37] gefahren wird; aber der sitzt auf dem Karren, und ich ging zu Fuß . . .! Es war dunkel und neblig; ich ging Madame Gobain entgegen, die mir berichten sollte, was meine Frau getan habe. Honorine hatte beim Wiedererkennen meiner Handschrift den Brief ungelesen ins Feuer geworfen. – ‚Madame Gobain', hatte sie gesagt, ‚morgen will ich nicht mehr hier wohnen . . .!' War dieser Ausspruch nicht ein Dolchstich für einen Mann, der unermeßliche Freuden in der Hinterlist findet, mit deren Hilfe er einer Frau, die so ahnungslos ist, daß sie glaubt, sie bezahle Madame Gobain, die Köchin eines Bischofs gewesen ist, durchaus zulänglich mit zweihundertfünfzig Francs, den schönsten Lyoner Samt zu zwölf Francs die Elle verschafft, und Fasanen, Fische, Obst zu einem Zehntel ihres Werts . . .? Sie haben mich dabei ertappt, daß ich mir dann und wann einmal gewissermaßen beglückt die Hände rieb. Ja, dann war mir gerade eine List geglückt, die einem Bühneneffekt gleichkommt. Ich hatte meine Frau getäuscht und ihr eine Modistin mit einem indischen Schal geschickt unter der Vorspiegelung, er stamme von einer

Schauspielerin, die ihn kaum getragen habe, und in Wirklichkeit hatte ich, den Sie als einen ernsten Richter kennen, eine Nacht damit geschlafen. Kurzum: heute läßt sich mein Leben in zwei Worten zusammenfassen, mit denen man die grausamsten unter allen Martern auszudrücken vermag: Ich liebe und warte! Ich besitze in Madame Gobain bei diesem angebeteten Herzen eine getreue Spionin. Jeden Abend spreche ich mit der Alten und erfahre von ihr alles, was Honorine den Tag über getan, die geringsten Worte, die sie gesagt hat, denn ein einziger Ausruf kann mir die Geheimnisse dieser Seele enthüllen, die sich taub und stumm stellt. Honorine ist fromm, sie besucht die Gottesdienste und betet; aber sie hat nie gebeichtet und ist nie zur Kommunion gegangen: sie ahnt, was ein Priester ihr sagen würde. Sie will nichts von dem Rat, der Weisung wissen, zu mir zurückzukehren. Dieser Abscheu vor mir erschreckt und verwirrt mich, denn ich habe Honorine niemals auch nur das geringste Böse angetan; ich bin immer gut zu ihr gewesen. Zugegeben, daß ich, als ich sie unterrichtete, ein wenig heftig war, daß meine männliche Ironie ihren legitimen Jungmädchenstolz verletzt hat. Aber ist das ein Grund, bei einem Entschluß zu verharren, den nur der unversöhnlichste Haß einflößen kann? Honorine hat niemals zu Madame Gobain gesagt, wer sie ist; sie bewahrt absolutes Schweigen über ihre Ehe, und so kann die wackere, würdige Frau kein Wort für mich einlegen; sie ist die einzige dort im Haus, die um mein Geheimnis weiß. Die anderen wissen nichts; sie stehen unter dem Schrecken, den der Name des Polizeipräfekten auslöst, und leben in der Verehrung der Macht eines Ministers. Also ist es mir unmöglich, in dieses Herz einzudringen: die Zitadelle gehört mir, aber ich kann nicht hinein. Ich verfüge über kein Mittel, das ich einsetzen könnte. Ein Gewaltstreich würde alles verderben! Wie soll man gegen Gründe ankämpfen, die man nicht kennt? Einen Brief schreiben, ihn von einem öffentlichen Schreiber abschreiben lassen und ihn so hinlegen, daß Honorine ihn sieht . . .? Daran habe ich gedacht. Aber bringt das nicht die Gefahr eines dritten Wohnungswechsels mit sich? Der letzte hat mich fünfzigtausend Francs gekostet. Das Haus ist zunächst unter dem Namen des Sekretärs gekauft worden, dessen Nachfolger Sie geworden sind. Der Unselige hat nicht gewußt, wie leicht mein Schlummer ist; ich habe ihn dabei ertappt, wie er mit einem Nachschlüssel die Kassette öffnete, in der ich die geheime Gegenverschreibung aufbewahrte; ich habe gehustet, er ist zu Tode erschrocken gewesen; am anderen Tag habe ich ihn gezwungen, das Haus an meinen gegenwärtigen Strohmann zu verkaufen, und ihn vor die Tür gesetzt. Oh, wenn ich nicht spürte, daß in mir alle noblen menschlichen Eigenschaften befriedigt, beglückt und entfaltet wären; wenn die Grundlage meiner Rolle nicht einem göttlichen Vatergefühl angehörte; wenn ich nicht mit allen Poren genösse, dann würde ich in manchen Augenblicken glauben, ich sei einer Monomanie verfallen. In manchen Nächten höre ich das Schellengeklingel des Wahnsinns; ich habe Angst vor dem jähen Überschwingen einer schwachen Hoffnung, die gelegentlich aufschimmert und sich aufschwingt, in eine völlige Hoffnungslosigkeit, die einen so tief hinabstürzt, wie Menschen nur fallen können. Vorhin habe ich ernsthaft über das abscheuliche Verfahren Lovelaces mit Clarissa[38] nachgedacht: Wenn Honorine ein Kind von mir hätte, müßte sie dann nicht in ihr eheliches Heim zurückkehren? Ich glaube so sehr an eine glückliche Zukunft, daß ich vor zehn Monaten eines der schönsten Stadtpalais des Faubourg Saint-Honoré gekauft und bezahlt habe. Wenn ich Honorine zurückerobere, soll sie weder dies Palais hier noch das Zimmer wiedersehen, aus dem sie entflohen ist. Ich will mein Götterbild in einem neuen Tempel aufstellen, in dem es an ein gänzlich neues Leben glauben kann. Es wird daran gearbeitet, daß aus diesem Palais ein Wunderwerk an Geschmack und Eleganz wird. Man hat mir von einem Dichter[39] erzählt, der fast wahnsinnig vor Liebe zu einer Sängerin geworden ist und zu Beginn seiner Leidenschaft das schönste Bett in ganz Paris gekauft hat, ohne zu wissen, ob die Theaterdame seine Leidenschaft je erwidern würde. Nun, dem kältesten aller Richter, dem Mann, der als der ernsteste Ratgeber der Krone gilt, hat diese Anekdote alle Fibern des Herzens beben lassen. Der Redner der Abgeordnetenkammer versteht diesen Dichter, der sein Ideal mit der Möglichkeit einer Verwirklichung nährte. Drei Tage vor der Ankunft Marie-Louises hat Napoleon sich in Compiègne auf seinem Hochzeitsbett gewälzt ... Alle gigantischen Leidenschaften zeitigen dasselbe Verhalten. Ich liebe wie ein Dichter und wie ein Kaiser . . .‹

Als ich diese letzten Worte vernahm, glaubte ich, die Befürchtungen des Grafen Octave würden Wirklichkeit: er war aufgestanden, ging hin und her, fuchtelte mit den Händen und blieb dann plötzlich, als sei er erschrocken ob der Heftigkeit seiner Worte, stehen. ›Ich bin recht lächerlich‹, fuhr er nach einer Pause fort; er hatte nach einem mitleidigen Blick Ausschau gehalten. – ›Nein, Sie sind sehr unglücklich . . .‹

›Ach ja‹, sagte er und fuhr mit seinen intimen Bekenntnissen fort, ›mehr als Sie denken! Aus der Heftigkeit meiner Worte können und müssen Sie auf eine überstarke körperliche Leidenschaft schließen, da sie seit neun Jahren alle meine Kräfte beansprucht; aber das ist nichts im Vergleich zu der Anbetung, zu der die Seele, der Geist, das Wesen, das Herz, alles, was in der Frau über die Frau hinausgeht, mich auffordert; kurzum: alle diese wonnigen Gottheiten im Gefolge des Liebesgottes, mit denen man sein Leben verbringt und die die tägliche Poesie einer flüchtigen Lust sind. Durch ein Wunder, das sich im Rückschauen vollzieht, erblicke ich Honorines Anmut des Herzens und des Geistes, die ich in den Tagen des Glückes nur wenig beachtet hatte, wie alle Glücklichen es tun! Von Tag zu Tag habe ich die Größe meines Verlusts stärker erkannt, indem ich die göttlichen Werte erkannte, mit denen dies launische, rebellische Kind begabt war, das unter der schweren Hand der Armut, unter den Hieben des feigsten Verlassenwerdens so stark und so stolz geworden ist. Und diese himmlische Blume welkt in Einsamkeit und Verborgenheit hin! Ach, das Gesetz, von dem wir sprachen‹, fuhr er mit bitterer Ironie fort, ›das Gesetz ist ein Pikett von Gendarmen, das meine Frau packt und gewaltsam hierher bringt . . .! Heißt das nicht: eine Leiche erobern? Die Religion hat keine Gewalt über sie, sie will nur deren Poetisches; sie betet, ohne auf die Befehle der Kirche zu hören. Ich selber habe es mit allem versucht: mit Milde, mit Güte, mit Liebe . . . Ich bin am Ende. Es gibt nur noch ein Mittel, um zum Triumph zu gelangen: die List und die Geduld, mit denen die Vogelsteller schließlich auch die scheuesten, behendesten, wunderlichsten und seltensten Vögel ins Garn locken. Nun da die entschuldbare

Taktlosigkeit des Monsieur de Granville Ihnen, Maurice, das Geheimnis meines Lebens enthüllt hat, bin ich dahin gelangt, in diesem Zwischenfall einen der Befehle des Schicksals zu erblicken, eine der Einflüsterungen, auf die die Spieler mitten in ihren erbittertsten Partien lauschen und die sie erbetteln... Empfinden Sie für mich genügend Zuneigung, um mir auf romantische Weise zu folgen...?‹

›Ich ahne, worauf Sie hinaus wollen, Herr Graf‹, unterbrach ich ihn. ›Ihr voriger Sekretär hat Ihre Kassette aufbrechen wollen; ich kenne das Herz des jetzigen, er könnte sich in Ihre Frau verlieben. Können Sie ihn dem Unglück weihen, indem Sie ihn ins Feuer schicken? Seine Hand in ein Kohlenbecken stecken, ohne daß sie verbrennt: ist das möglich?‹ – ›Sie sind ein Kind‹, entgegnete der Graf, ›ich schicke Sie mit Handschuhen hin! Nicht mein Sekretär soll sich in der Rue Saint-Maur einquartieren, in dem kleinen Haus des Gemüsehändlers, das ich freigemacht habe, sondern mein junger Vetter, der Baron de l'Hostal, der Bearbeiter der Bittgesuche...‹ Nach einem Augenblick der Überraschung hörte ich die Torglocke anschlagen, und ein Wagen rollte bis an die Freitreppe. Gleich darauf meldete der Diener Madame de Courteville und ihre Tochter. Graf Octave besaß in mütterlicher Linie eine sehr zahlreiche Verwandtschaft. Madame de Courteville, seine Kusine, war die Witwe eines Richters vom Seine-Tribunal; er hatte sie mit einer Tochter und ohne das mindeste Vermögen zurückgelassen. Was konnte eine Frau von neunundzwanzig Jahren neben einem zwanzigjährigen jungen Mädchen bedeuten, das so schön war, wie die Phantasie es von einer idealen Geliebten nur wünschen konnte? – ›Baron, Bearbeiter der Bittschriften, Referendar im Justizministerium, und dieses alte Palais als Mitgift: wären das nicht Gründe genug, sich nicht in meine Frau zu verlieben?‹ flüsterte er mir zu, nahm mich bei der Hand und stellte mich Madame de Courteville und ihrer Tochter vor. Ich war geblendet, weniger durch so viele Vorteile, die mir zu erträumen ich nicht gewagt hätte, als durch Amélie de Courteville, deren Schönheit noch mehr durch eine der kundig ausgewählten Toiletten hervorgehoben wurde, die Mütter für ihre Töchter anfertigen lassen, wenn es darum geht, sie zu verheiraten. Aber wir wollen nicht von mir reden«, sagte der Konsul und machte eine Pause.

»Drei Wochen danach«, fuhr er fort, »übersiedelte ich in das Haus des Gemüsehändlers, das mit der Geschwindigkeit gesäubert, in Ordnung gebracht und möbliert worden war, die ihre Erklärung in drei Worten findet: Paris! Französische Arbeiter! Geld! Ich war so verliebt, wie der Graf es um seiner Sicherheit willen nur wünschen konnte. Würde die Gewitztheit eines fünfundzwanzigjährigen jungen Menschen ausreichen für die Listen, die durchzuführen ich mich jetzt anschickte und bei denen es sich um das Glück eines Freundes handelte? Ich muß Ihnen gestehen, daß ich bei der Lösung dieser Frage sehr auf meinen Onkel baute; ich war vom Grafen ermächtigt worden, ihn ins Vertrauen zu ziehen, falls ich sein Eingreifen für erforderlich hielt. Ich stellte einen Gärtner an, tat, als sei ich ein Blumenliebhaber bis zur Narrheit, und beschäftigte mich mit einer förmlichen Wut wie einer, der keinen anderen Gedanken im Kopf hat, mit dem Umgraben des Gemüsegartens und der Herrichtung des Bodens für Blumenzucht. Wie die von einer fixen Idee Besessenen in Holland oder England gab ich vor, ich schätzte nur *eine* Blumengattung. Ich züchtete einzig Dahlien und stellte deren mannigfache Spielarten zusammen. Sie können sich wohl denken, daß meine Verhaltensweise bis in die geringsten Abweichungen hinein mir vom Grafen vorgezeichnet worden war; seine gesamten geistigen Kräfte richteten sich fortan auch auf die unbedeutendsten Geschehnisse der Tragikomödie, die sich in der Rue Saint-Maur abspielen sollte. Sobald die Gräfin sich schlafen gelegt hatte, hielten allabendlich zwischen elf Uhr und Mitternacht Octave, Madame Gobain und ich Rat. Ich hörte zu, wie die Alte Octave Bericht über alles erstattete, was die Gräfin im Verlauf des Tags unternommen hatte; er unterrichtete sich über alles und jedes, über die Mahlzeiten, ihre Tätigkeit, ihr Befinden, über den Küchenzettel des nächsten Tags, über die Blumen, die sie nachbilden wollte. Ich begriff jetzt, was es mit einer verzweifelten Liebe auf sich hat, zumal wenn sie sich aus drei Lieben zusammensetzt, der des Verstandes, des Herzens und der Sinne. Nur während dieser Stunde war Octave ein lebendiger Mensch. Die Arbeiten beanspruchten zwei Monate; ich würdigte indessen das von meiner Nachbarin bewohnte Gartenhaus keines Blickes. Ich hatte mich nicht einmal erkundigt, ob ich überhaupt eine Nachbarin habe, obgleich der Garten der Gräfin und der meine nur durch einen Zaun getrennt waren, an dem entlang sie Zypressen hatte pflanzen lassen, die bereits vier Fuß hoch waren. Eines schönen Morgens tat Madame Gobain ihrer Herrin als ein großes Unglück kund, ein Eigenbrötler, der ihr Nachbar geworden sei, habe die Absicht ausgesprochen, gegen Ende des Jahres eine Mauer zwischen den beiden Gärten errichten zu lassen. Ich will Ihnen nichts von der Neugier sagen, die mich verzehrte. Die Gräfin sehen ...! Dies Verlangen ließ meine erblühende Liebe zu Amélie de Courteville verblassen. Mein Plan, eine Mauer zu bauen, stellte eine schreckliche Drohung dar. Keine frische Luft mehr für Honorine, deren Garten dann nämlich zu einer Art breitem Weg zwischen meiner Mauer und ihrem Landhaus wurde. Jenes Landhaus, ein altes Lusthäuschen, ähnelte einem Kartenhaus; es war höchstens dreißig Fuß tief und etwa hundert Fuß lang. Die nach deutscher Art bemalte Fassade stellte ein Blumengerank dar, es reichte bis zum ersten Stock und bildete ein reizendes Beispiel des Pompadour-Stils, der so treffend als Rokoko bezeichnet wird. Man gelangte durch eine lange Lindenallee dorthin. Der Garten des Landhauses und der Gemüsegarten bildeten eine Axt, deren Stiel eben jene Allee darstellte. Meine Mauer hätte drei Viertel der Axt entfernt. Die Gräfin war deswegen ganz trostlos und sagte in ihrer Verzweiflung zu Madame Gobain: ›Meine gute Gobain, was für ein Mensch ist dieser Blumenzüchter eigentlich?‹ – ›Mein Gott‹, lautete die Antwort, ›ich weiß nicht, ob es möglich ist, auf ihn einzuwirken; Frauen scheinen ihm ein Greuel zu sein. Er ist der Neffe eines Pariser Pfarrers. Den Onkel habe ich nur ein einziges Mal zu Gesicht bekommen; er ist ein Greis von fünfundsechzig Jahren, recht häßlich, aber recht liebenswürdig. Es könnte sein, daß der Pfarrer, wenigstens wird das hier im Stadtviertel behauptet, seinen Neffen in dessen Leidenschaft für Blumen bestärkt, damit er nichts Schlimmeres anrichtet ...‹ – ›Aber wieso denn?‹ – ›Na ja, bei Ihrem Nachbarn ist eine Schraube los ...‹, sagte die Gobain und tippte sich an die Stirn. Harmlose Irre sind die einzigen Menschen, denen die Frauen in bezug auf Liebesempfindungen kein Mißtrauen entgegenbringen. Sie werden im weiteren Verlauf merken, wie richtig der Graf gesehen hatte, als er mir diese Rolle zuerteilte. ›Aber was hat er denn?‹ fragte die Gräfin. – ›Er hat zuviel studiert‹, antwortete die Gobain, ›und dadurch ist er ein Sonderling geworden. Zudem hat er wohl Gründe, sich nichts mehr aus Frauen zu machen ... wenn Sie schon alles wissen wollen, was über ihn erzählt wird.‹ – ›Gut‹, entgegnete Honorine, ›Verrückte machen mir weniger Angst als allzu kluge Leute; ich werde selber mit ihm reden! Sag ihm, ich bäte ihn, zu mir zu kommen. Habe ich keinen Erfolg, so gehe ich zu dem Pfarrer.‹ Als ich am Tag nach diesem Gespräch auf meinen abgesteckten Gartenwegen spazierenging, sah ich, daß im ersten Stock des Gartenhauses die Gardinen eines Fensters auseinandergerafft waren, und dazwischen das Gesicht einer neugierig spähenden Dame. Die Gobain redete auf mich ein. Ich warf einen unwilligen Blick auf das Gartenhaus und vollführte eine brutale Geste, wie wenn ich gesagt hätte: ›Ihre Herrin ist mir schnuppe!‹ – ›Madame‹, sagte die Gobain, als sie Bericht über ihre Gesandtschaft erstattete, ›der Verrückte hat verlangt, ich solle ihn in Ruhe lassen; er hat behauptet, auch der Geringste sei Herr im eigenen Haus, vor allem, wenn er unverheiratet sei.‹ – ›Da hat er zwiefach recht‹, antwortete die Gräfin. – ›Ja, aber schließlich, als ich ihm gesagt hatte, er mache eine zurückgezogen lebende Dame, für die die Blumenzucht die einzige Zerstreuung sei, sehr unglücklich, hat er mir geantwortet: ‚Ich gehe hin.‘‹ Am anderen Tag erfuhr ich durch einen Wink der Gobain, mein Besuch werde erwartet. Nachdem die Gräfin zu Mittag gegessen hatte, pflegte sie sich vor ihrem Gartenhaus zu ergehen; ich brach durch den Zaun und ging zu ihr. Ich hatte mich als Landmann angezogen: alte lange Hose aus grauem Flanell, plumpe Schuhe, alter Jagdrock, Schirmmütze, schäbiges Halstuch, die Hände erdbeschmutzt, einen Pflanzstock in der Hand. – ›Madame, der Herr, der Ihr Nachbar ist, kommt!‹ rief die Gobain. Die Gräfin hatte sich nicht erschrocken. Endlich sah ich nun die Frau vor mir, auf die ihr Verhalten und die Geständnisse des Grafen mich so neugierig gemacht hatten. Es war in den ersten Maitagen. Die reine Luft, der blaue Himmel, das Grün der ersten Blätter, der Duft des

Frühlings schufen den Rahmen für dies Geschöpf des Schmerzes. Als ich Honorine erblickte, verstand ich Octaves Leidenschaft und die Wahrheit des Ausdrucks: eine Himmelsblume! Zunächst machte mich die Weiße ihrer Haut durch ihr ganz besonderes Weiß betroffen, denn es gibt ebensoviel Weißtöne, wie es unterschiedliche Rot- und Blautöne gibt. Beim Betrachten der Gräfin mußte das Auge dazu dienen, diese glatte Haut abzutasten, die das Blut in bläulichen Äderchen durchrann. Bei der leisesten inneren Bewegung breitete dieses Blut sich unter dem Gewebe aus wie ein rosiger Hauch. Als wir einander gegenüber standen, umgaben die durch das dünne Laub der Akazien fallenden Sonnenstrahlen Honorine mit dem gelben, fließenden Nimbus, mit dem Raffael und Tizian als einzige unter den Malern die heilige Jungfrau zu umgeben gewußt haben. Zwei braune Augen drückten zugleich Zärtlichkeit und Heiterkeit aus; ihr Leuchten spiegelte sich durch die gesenkten Wimpern hindurch sogar noch auf dem Antlitz wider. Durch die Bewegung ihrer seidigen Lider übte Honorine einen Zauber aus, so viel Gefühl, Majestät, Schrecken und Verachtung lag in ihrer Art, diesen Schleier der Seele zu heben oder zu senken. Kurzum: sie konnte einen durch einen Blick zu Eis erstarren lassen oder beleben. Ihr schimmerndes, lässig aufgestecktes Haar lieh ihr eine breite, mächtige Stirn, die eines Dichters und Träumers Der Mund war nichts als Wollust. Es eignete ihr ein Vorzug, der in Frankreich selten, der in Italien Gemeingut ist, dadurch nämlich, daß alle Linien, alle Konturen dieses Kopfes etwas Nobles hatten, das die Verheerungen durch die Zeit zum Innehalten brachte. Obwohl schlank, war Honorine nicht mager, und ihre Formen gehörten, so meinte ich, zu denen, die noch Liebe erwecken, wenn die Liebe sich schon erschöpft glaubt. Wirklich, sie verdiente das Schmuckwort ›lieblich‹, denn sie gehörte zu den kleinen, geschmeidigen Frauen, die sich nehmen, streicheln, verlassen und abermals nehmen lassen wie Katzen. Ihre Füßchen machten, wie ich hörte, im Sand ein leises Geräusch, das ihnen eigentümlich war und gut zum Rascheln des Kleides paßte; es ergab sich daraus eine weibliche Musik, die sich einem ins Herz grub und sich vom Schreiten tausend anderer Frauen abheben mußte. Ihre Haltung gemahnte an ihre adlige Abkunft und war von einem solchen Stolz, daß auch in den proletarischsten Straßen die Dreistesten vor ihr beiseite getreten wären. Sie war heiter, zärtlich, stolz und Ehrfurcht gebietend; sie ließ sich nicht anders denken als mit diesen Eigenschaften begabt, die einander auszuschließen scheinen und die ihr nichtsdestoweniger etwas Kindliches ließen. Aber dieses Kind konnte stark wie ein Engel werden; und wie ein in seiner Natur verletzter Engel war sie sicher unversöhnlich. Die Kälte auf diesem Gesicht war wohl der Tod für die, denen ihre Augen gelächelt, denen ihre Lippen sich aufgetan, deren Seele die Melodie dieser Stimme aufgenommen hatte, dieser Stimme, die dem Wort durch besondere Modulationen das Poetische des Gesangs lieh. Als ich den Veilchenduft roch, den sie ausströmte, verstand ich, wieso die Erinnerung an diese Frau den Grafen an der Schwelle der Ausschweifung hatte innehalten lassen, und wie man niemals die hatte vergessen können, die wahrhaft eine Blume für den Tastsinn, eine Blume für den Blick, eine Blume für den Geruchssinn, eine himmlische Blume für die Seele war ... Honorine flößte Hingebung ein, eine ritterliche Hingebung ohne Lohn. Sah man sie, so sagte man sich: ›Denke, und ich werde es erraten; sprich, und ich werde gehorchen. Wenn mein zu Qualen verdammtes Leben dir einen Tag des Glücks verschaffen kann, so nimm es hin: ich werde lächeln wie die Märtyrer auf ihren Scheiterhaufen, denn ich werde diesen Tag Gott darbringen als ein Unterpfand, das ein Vater auf sich nimmt, wenn er ein seinem Kinde gegebenes Fest gutheißt.‹ Viele Frauen schaffen sich ein Antlitz und gelangen damit zu Wirkungen wie denen, die Sie beim Anblick der Gräfin ergriffen hätten; aber bei ihr vollzog sich alles mit einer köstlichen Natürlichkeit, und jene unnachahmliche Natürlichkeit ging einem unmittelbar zu Herzen. Wenn ich zu Ihnen so von ihr spreche, dann geschieht es, weil es sich einzig und allein um ihre Seele handelt, ihre Gedanken, die Zartheiten ihres Herzens, und daß Sie mir einen Vorwurf daraus gemacht haben würden, wenn ich sie Ihnen nicht geschildert hätte. Ich war nahe daran, meine Rolle als sozusagen Geistesgestörter, als brutaler und wenig ritterlicher Mensch zu vergessen. ›Es ist mir gesagt worden, Madame, Sie hätten Blumen gern.‹ – ›Ich stelle künstliche Blumen her‹, antwortete sie. ›Habe ich Blumen gezüchtet, so bilde ich sie nach, wie eine künstlerisch begabte

Mutter sich die Freude macht, ihre Kinder zu malen ... Sagt Ihnen das nicht zur Genüge, daß ich arm und außerstande bin, Ihnen das Zugeständnis zu bezahlen, das ich von Ihnen erlangen möchte?‹ – ›Und wie kommt es‹, fuhr ich mit der Gemessenheit eines Richters fort, ›daß jemand, der so vornehm wirkt wie Sie, einen solchen Beruf ausübt? Haben Sie etwa gleich mir Gründe, Ihre Finger zu betätigen, damit Ihr Kopf nicht zu arbeiten braucht?‹ – ›Wir wollen lieber bei der Trennmauer bleiben‹, sagte sie lächelnd. – ›Aber wir sind ja bereits bei den Fundamenten‹, sagte ich. ›Muß ich nicht wissen, welches von unseren beiden Leiden, oder, wenn Sie wollen, welche von unseren beiden Verrücktheiten der anderen weichen muß ...? Ach, die hübsche Narzissengruppe! Sie sind so jung wie dieser Morgen!‹ Ich sage Ihnen ausdrücklich, daß sie sich etwas wie ein Blumen- und Sträuchermuseum geschaffen hatte, das einzig die Sonne durchdrang und dessen Gruppierung von einem Künstlergeist diktiert worden war; auch der fühlloseste Grundbesitzer hätte diesen Garten respektiert. Die Fülle der Blumen, die mit Kennerschaft stufenförmig oder in Gruppen gepflanzt worden waren, wirkte besänftigend auf die Seele. Dieser bedachtsam angelegte, in sich ruhende Garten hauchte tröstlichen Balsam aus und gab nur freundliche Gedanken ein, anmutige, sogar wollüstige Bildvorstellungen. Man erkannte darin die unauslöschliche Signatur, die unser wahrer Charakter allen Dingen aufdrückt, wenn wir durch nichts gezwungen sind, den unterschiedlichen und übrigens notwendigen Heucheleien zu gehorchen, die die Gesellschaft verlangt. Ich schaute abwechselnd die Narzissengruppe und die Gräfin an und tat, als sei ich in die Blumen noch verliebter als in sie, um meiner Rolle willen. ›Haben Sie denn die Blumen wirklich so gern?‹ fragte sie mich. – ›Sie sind die einzigen Wesen‹, gab ich zur Antwort, ›die unsere Fürsorge und unsere Zärtlichkeit nicht täuschen.‹ Ich ließ eine so heftige Tirade vom Stapel und zog eine Parallele zwischen der Botanik und der Gesellschaft, daß wir uns tausend Meilen von der Trennmauer entfernten, und daß die Gräfin mich für ein leidendes, verwundetes, des Mitleids würdiges Menschenwesen halten mußte. Nichtsdestoweniger brachte meine Nachbarin mich selbstverständlich wieder auf die Frage zurück;

denn wenn Frauen nicht lieben, besitzen sie die Kaltblütigkeit eines alten Advokaten. ›Wenn Sie den Zaun bestehen lassen wollen‹, sagte ich zu ihr, ›dann erfahren Sie alle Züchtungsgeheimnisse, die ich geheimhalten will; ich suche nämlich die blaue Dahlie, die blaue Rose, ich bin verrückt auf blaue Blumen. Ist Blau nicht die Lieblingsfarbe schöner Seelen? Wir haben jeder ein eigenes Haus: wäre es nicht angebracht, wenn der Mauer eine kleine Gittertür eingefügt würde, die unsere Gärten verbände...? Sie mögen Blumen, Sie könnten dann die meinen anschauen, und ich die Ihrigen. Sie empfangen niemanden, und zu mir kommt nur mein Onkel, der Pfarrer von Les Blancs-Manteaux.‹ – ›Nein‹, sagte sie, ›ich will niemandem das Recht einräumen, jederzeit zu mir in meinen Garten zu kommen. Wenn Sie angemeldet kommen, sollen Sie stets empfangen werden wie ein Nachbar, mit dem ich in guten Beziehungen leben möchte; aber ich hänge zu sehr an meiner Einsamkeit, als daß ich sie mit irgendeiner Abhängigkeit belasten möchte.‹ – ›Ganz wie Sie wollen!‹ antwortete ich und sprang mit einem Satz über den Zaun. – ›Wozu eine Tür?‹ rief ich, als ich wieder auf meinem Grund und Boden war, der Gräfin zu und verspottete sie durch die Gebärde, die Grimasse eines Verrückten. Vierzehn Tage lang tat ich, als dächte ich überhaupt nicht an meine Nachbarin. Gegen Ende Mai, an einem schönen Abend, geschah es indessen, daß wir beide, jeder an einer Seite des Zauns, langsamen Schrittes spazierengingen. Als wir am Ende angelangt waren, mußten wohl oder übel ein paar Höflichkeitsworte ausgetauscht werden; sie fand mich so tief niedergeschlagen, so in eine schmerzliche Grübelei versunken, daß sie zu mir von Hoffnung sprach und mich mit Sätzen bedachte, die den Liedern ähnelten, mit denen die Ammen die Kinder einlullen. Schließlich überstieg ich die Hecke und war zum zweitenmal dicht bei ihr. Die Gräfin bat mich in ihr Haus; sie wollte meinen Schmerz besänftigen. So gelangte ich denn endlich in ihr Sanktuarium, und es harmonierte darin alles mit der Frau, die Ihnen zu schildern ich versucht habe. Erlesene Schlichtheit herrschte. Was die Einrichtung betraf, so war das Gartenhaus die von der Kunst des achtzehnten Jahrhunderts für die niedlichen Laster eines Grandseigneurs erfundene Bonbonnière. Das im Erdgeschoß gelegene Eßzimmer war mit

Freskomalereien geschmückt; sie stellten ein beblühtes Gitterwerk dar und waren bewundernswert ausgeführt. Das Treppenhaus war mit reizenden Grisaillen[40] geschmückt. Das kleine Wohnzimmer gegenüber dem Eßzimmer war arg in Verfall geraten; aber die Gräfin hatte die Wände mit Behängen von phantastischer Ornamentik bespannt; sie rührten wohl von alten Wandschirmen her. Ein Badezimmer stieß daran. Darüber befanden sich ein Schlafzimmer mit Toilettekabinett und eine Bibliothek, die in ein Atelier umgewandelt worden war. Die Küche war in den Kellergewölben untergebracht, über denen das Gartenhaus errichtet worden war; man gelangte nämlich über eine aus ein paar Stufen bestehende Freitreppe hinein. Die Balustraden der Galerie und ihre Blumengewinde im Pompadour-Stil verdeckten das Dach, von dem man nur den bleiernen Zierat sah. Man war an dieser Stätte hundert Meilen weit von Paris entfernt. Ohne das bittere Lächeln, das bisweilen die schönen roten Lippen dieser blassen Frau umspielte, hätte man glauben können, in diesem in seinem Blumenwald begrabenen Veilchen wohne das Glück. Innerhalb einiger Tage gelangten wir zu einem Vertrauensverhältnis, das die Nachbarlichkeit und die Gewißheit erzeugt hatten, in der die Gräfin sich befand, nämlich daß ich Frauen gegenüber völlig gleichgültig sei. Ein Blick hätte alles verraten, und also hatte ich nie einen ihr geltenden Gedanken in den Augen! Honorine tat, als sei ich ein alter Freund. Ihr Verhalten mir gegenüber entsprang einer Art Mitleid. Ihre Blicke, ihre Stimme, ihre Worte, all das besagte, daß sie meilenweit von den Koketterien entfernt war, die in einem solchen Fall sich vielleicht gar die strengste Frau erlaubt hätte. Nur zu bald räumte sie mir das Recht ein, ihr reizendes Atelier zu betreten, wo sie ihre Blumen fertigte; es war eine Zufluchtsstätte voller Bücher und Kuriositäten, geschmückt wie ein Boudoir; die reiche Ausstattung hob die Vulgarität der Arbeitsgeräte noch mehr hervor. Die Gräfin hatte im Lauf der Zeit sozusagen das poetisiert, was der Antipode der Poesie ist, nämlich ein handwerkliches Tun. Vielleicht ist von allen Arbeiten, die Frauen tun können, die Herstellung künstlicher Blumen diejenige, deren Einzelverrichtungen ihnen am ehesten die Entfaltung von Anmut gestatten. Beim Kolorieren muß eine Frau über den Tisch gebeugt dasitzen und sich mit einer gewissen Aufmerksamkeit dieser Halbmalerei widmen. Die Teppichstickerei, wenn sie so betrieben wird, wie eine Arbeiterin sie betreiben muß, führt zu Lungenkrankheiten oder zur Verkrümmung der Wirbelsäule. Die Notenstecherei ist eine der tyrannischsten Arbeiten, und zwar der Genauigkeit, der Sorgfalt und des Verständnisses wegen, das sie verlangt. Nähen und Sticken bringen täglich nicht mal dreißig Sous ein. Aber die Herstellung von künstlichen Blumen und Modeartikeln erfordert eine Vielzahl an Bewegungen, Gesten und sogar Gedanken, die eine hübsche Frau in ihrer Sphäre belassen: sie bleibt dabei sie selber, sie kann plaudern, lachen, singen oder denken. Bestimmt bekundete sich ein Gefühl für Künstlerisches in der Art und Weise, wie die Gräfin auf einem langen, gelben Fichtenholztisch die Unzahl von bemalten Blütenblättern ausgebreitet hatte, die zu den Blumen zusammengefügt wurden, die ihr vorschwebten. Die Farbnäpfe waren aus weißem Porzellan und ganz sauber; sie waren so aufgestellt, daß das Auge sogleich die gewünschte Nuance in der Skala der Farbtöne zu finden vermochte. Auf diese Weise sparte die noble Künstlerin Zeit. Ein hübscher kleiner Schrank aus Ebenholz mit Elfenbeineinlegearbeit mit hundert venezianischen Schubfächern enthielt die Stahlschablonen, nach denen sie ihre Laubblätter oder gewisse Blütenblätter ausschnitt. Eine prachtvolle japanische Schale enthielt den Klebstoff, den sie niemals sauer werden ließ; die Schale hatte sie mit einem Deckel versehen, der sich so leicht und locker im Scharnier bewegte, daß sie ihn mit der Fingerspitze hochheben konnte. Die Messingdrähte lagen in einem kleinen Schubfach ihres Arbeitstisches unmittelbar vor ihr. Vor ihren Augen erhob sich in einem venezianischen Glas, das sich entfaltete wie ein Blumenkelch auf seinem Stengel, das lebende Modell der Blume, um deren Fertigung sie rang. Sie ereiferte sich für die Meisterwerke der Natur, sie machte sich an die schwierigsten Aufgaben heran, an Trauben, an die zierlichen Blütenformen, an Heidekraut, an Lippenblütler von den launischsten Farbschattierungen. Ihre Hände, die ebenso behend waren wie ihr Denken, eilten von ihrem Tisch zu ihrer Blume wie die eines Virtuosen auf der Tastatur eines Flügels. Ihre Finger schienen Feen zu sein, um mich eines Ausdrucks Perraults[41] zu bedienen, so sehr verbargen sie unter der Anmut der Gesten die mannigfachen Kraftanstrengungen des Windens, des Aufdrückens, des Beschwerens, wie sie bei dieser Arbeit erforderlich sind; sie bemaß mit der Hellsicht des Instinkts jede Handbewegung nach dem Ergebnis. Ich wurde nicht müde, sie zu bewundern, wenn sie aus den vor ihr ausgebreiteten Einzelteilen eine Blume zusammenfügte, einen Stengel wattierte und vervollkommnete und die Blätter daran befestigte. In ihren kühnen Unternehmungen entfaltete sie das Genie eines Malers; sie ahmte welke Blätter nach, vergilbte Blätter; sie rang mit Feldblumen, den allerschlichtesten, aber in ihrer Einfachheit kompliziertesten. – ›Diese Kunst‹, sagte sie zu mir, ›steckt noch in den Kinderschuhen. Wenn die Pariserinnen ein wenig von dem Genie besäßen, das die Sklaverei des Harems von den Frauen des Orients verlangt, würden sie allen Blumen, die sie auf dem Kopf tragen, eine besondere Sprache leihen. Ich habe, rein um meiner Befriedigung als Künstlerin willen, gewelkte Blumen mit Blättern von der Farbe der Florentiner Bronze angefertigt, wie man sie nach oder vor dem Winter findet ... Würde es solch einem Kranz auf dem Kopf einer jungen Frau, der das Leben arg mitgespielt hat oder die ein geheimer Kummer verzehrt, an Poesie fehlen? Wie viele Dinge könnte eine Frau durch ihren Kopfschmuck sagen! Gibt es nicht Blumen für trunkene Bacchantinnen, Blumen für die düsteren, steifen Frömmlerinnen, bekümmerte Blumen für Frauen, die sich langweilen? Die Botanik drückt, wie ich glaube, alle Gefühle und alle Gedanken der Seele aus, sogar die heikelsten!‹ Sie beschäftigte mich mit dem Ausstanzen der Blätter, mit Ausschneiden, mit dem Vorbereiten der Drähte für die Stengel. Mein vorgeblicher Wunsch nach Ablenkung machte mich rasch geschickt. Während der Arbeit plauderten wir. Wenn ich nichts zu tun hatte, las ich ihr Neuerscheinungen vor; ich durfte ja meine Rolle nicht aus den Augen verlieren, und ich spielte den Lebensmüden, den Leiderschöpften, den trübsinnigen, bitteren Skeptiker. Mein Äußeres trug mir reizende Scherze über die rein körperliche Ähnlichkeit, bis auf den Klumpfuß, mit Lord Byron ein. Es galt als feste Vereinbarung, daß ihr eigenes Unglück, über das sie das tiefste Schweigen bewahren wollte, das meine auslöschte, obwohl die Ursachen meiner Menschenfeindschaft Young[42] und Hiob hätten zufriedenstellen können. Ich will Ihnen gegenüber unerwähnt lassen, welche Schamgefühle mich quälten, wenn ich mir, wie die Bettler auf der Straße, falsche Wunden zulegte, um das Mitgefühl dieser anbetungswerten Frau zu erregen. Ich erkannte bald die Weite meiner Hingebung und begriff die ganze Niedrigkeit des Spitzelwesens. Die Bezeigungen der Sympathie, die mir damals zuteil wurden, hätten auch den Unglücklichsten getröstet. Das bezaubernde, der Welt entwöhnte, seit so vielen Jahren für sich allein lebende Geschöpf hatte jenseits der Liebe wahre Schätze an Zuneigung zu verschwenden und bot sie mir mit einem kindlichen Überschwang dar, mit einem Mitleid, das sicherlich den Lebemann, der sie vielleicht geliebt hatte, mit Bitterkeit erfüllt hätte; denn leider bestand sie ganz und gar aus Barmherzigkeit und Anteilnahme. Ihr Verzicht auf die Liebe und ihr Entsetzen vor dem, was man das Glück der Frauen nennt, brachen mit ebensoviel Ungestüm wie Naivität hervor. Jene glücklichen Tage haben mir bewiesen, daß die Freundschaft der Frauen ihrer Liebe weit überlegen ist. Ich hatte mir die Geständnisse meiner Leiden unter ebensoviel Ziererei entreißen lassen, wie junge Mädchen sie bezeigen, ehe sie sich ans Klavier setzen, so sehr sind sie sich der Langeweile bewußt, die dann das Ergebnis ist. Wie Sie sich denken können, hatte die Notwendigkeit, meine Abneigung gegen ein Sichaussprechen zu überwinden, die Gräfin gezwungen, die Bande unserer Intimität noch enger zu spannen; aber sie fand in mir ihre eigene Antipathie gegen die Liebe so vollkommen wieder, daß sie mir glücklich über den Zufall zu sein schien, der ihr eine Art ›Freitag‹[42a] auf ihre menschenleere Insel geschickt hatte. Vielleicht begann die Einsamkeit auf ihr zu lasten. Dennoch war sie ohne die leiseste Koketterie, sie hatte nichts Weibliches mehr an sich; sie habe nur noch in der idealen Welt ein Herz, sagte sie mir, in die sie sich geflüchtet habe. Unwillkürlich verglich ich die beiden Daseinsformen, die des Grafen, der ganz Tätigkeit, ganz Unruhe, ganz Bewegung war; und die der Gräfin, die ganz Passivität, ganz Tatmangel, ganz Unbeweglichkeit war. Der Mann wie die Frau gehorchten wunderbar ihren Wesenseigentümlichkeiten. Meine Menschenfeindlichkeit ermächtigte mich zu zynischen Ausfällen gegen Mann und Weib; ich erlaubte sie mir in der Hoffnung, Honorine dadurch auf das Gelände der Geständnisse zu führen; aber sie ging in keine Falle, und ich begann, die ›Mauleselstörrigkeit‹ zu verstehen; sie ist bei den Frauen häufiger, als man meinen sollte. ›Die Orientalen haben recht‹, sagte ich eines Abends zu ihr, ›daß sie euch Frauen einsperren und euch nur als die Werkzeuge ihrer Lust ansehen. Europa ist hart bestraft worden, daß es euch zu einem gleichberechtigten Teil der Gesellschaft gemacht hat. Ich selber halte die Frau für das unredlichste und falscheste Wesen, das sich denken läßt. Und übrigens beruhen darin ihre Reize: die schöne Lust, ein Haustier zu jagen! Wenn eine Frau einem Mann eine Leidenschaft eingeflößt hat, ist sie, in seinen Augen, immer heilig und mit einem unbeschreiblichen Privileg bekleidet. Beim Mann ist die Dankbarkeit für vergangene Liebesgenüsse ewig. Trifft er seine Geliebte gealtert oder seiner unwürdig wieder, so hat jene Frau nach wie vor Rechte auf sein Herz; aber für euch Frauen ist ein Mann, den ihr einmal geliebt habt, nichts mehr; und schlimmer noch, er begeht ein unverzeihliches Unrecht, nämlich das, weiterzuleben . . .! Ihr wagt nicht, es einzugestehen; aber ihr alle tragt den Gedanken im Herzen, den die volkstümlichen Verleumdungen, genannt Tradition, der Dame des Turms von Nesle[43] zuschreiben: ›Wie schade, daß man sich nicht von Liebe nähren kann wie von Früchten, und daß einem nach dem Mahl kein Nachgeschmack der Lust verbleibt . . .!‹ – ›Gott‹, sagte sie, ›hat sicherlich das vollkommene Glück dem Paradies vorbehalten. Aber‹, fuhr sie fort, ›wenn Ihre Argumentation Ihnen auch geistvoll vorkommen mag, so ist sie, was mich betrifft, falsch. Was sind das für Frauen, die sich mehreren Liebschaften hingeben?‹ fragte sie mich und schaute mich an wie die heilige Jungfrau von Ingres[44] Ludwig XIII. anschaut, der ihr sein Königreich darbietet. – ›Sie sind eine gutgläubige Komödiantin‹, antwortete ich ihr, ›denn eben haben Sie mir Blicke zugeworfen, die einer Schauspielerin zum Ruhm gereichen würden. Aber schön, wie Sie sind, müssen Sie geliebt haben; Sie haben es bloß vergessen.‹ – ›Ich bin keine Frau‹, wich sie meiner Frage aus, ›ich bin eine zweiundsiebzigjährige Nonne.‹ – ›Wie können Sie mir dann so selbstbewußt versichern, Sie empfänden heftiger als ich? Für die Frauen hat das Unglück nur *eine* Form; sie halten einzig die Enttäuschungen des Herzens für Mißgeschicke.‹ Sie sah mich mit sanfter Miene an und tat wie alle Frauen, die zwischen den beiden Türen eines Dilemmas eingeklemmt oder schon von den Klauen der Wahrheit gepackt sind, aber dennoch auf ihrem Willen bestehen wollen; sie sagte: ›Ich bin eine Nonne, und Sie sprechen zu mir von einer Welt, in die ich nie wieder den Fuß setzen werde.‹ – ›Nicht einmal in Gedanken?‹ fragte ich. – ›Sind Welt und Gesellschaft denn etwas so Begehrenswertes?‹ antwortete sie. ›Oh, wenn mein Denken abschweift, dann schwingt es sich höher hinauf ... Der Engel der Vollkommenheit, der schöne Gabriel, singt oft in meinem Herzen‹, sagte sie. ›Wäre ich reich, würde ich nicht minder arbeiten, um nicht allzu häufig auf die bunten Flügel des Engels zu steigen und mich ins Reich der Phantasie davontragen zu lassen. Es gibt Kontemplationen, die uns Frauen zum Verderb gereichen! Ich danke meinen Blumen viel Beruhigung, obgleich es ihnen nicht immer gelingt, mich zu beschäftigen. An gewissen Tagen wird meine Seele von gegenstandslosen Erwartungen heimgesucht; ich kann einen Gedanken, der sich meiner bemächtigt, nicht verbannen; er scheint meine Finger ungelenk zu machen. Ich glaube, es bereite sich ein großes Geschehnis vor, glaube, mein Leben werde sich ändern; ich lausche ins Ungewisse, ich schaue ins Dunkel, meine Arbeit mundet mir nicht mehr, und schließlich finde ich dann nach tausend Ermattungen ins Leben zurück ... ins Alltagsleben. Ist es ein Vorgefühl des Himmels? Das frage ich mich ...‹ Nach drei Monaten des Kampfes zwischen zwei Diplomaten, deren einer sich mit der Haut eines jugendlichen Melancholikers tarnte, während der andere eine Frau war, die der Ekel unbesiegbar gemacht hatte, sagte ich dem Grafen, es sei dem Anschein nach unmöglich, die Schildkröte aus ihrem Panzer hervorzulocken; sonst müsse er zerbrochen werden. Am Vortage hatte die Gräfin bei einer letzten, völlig freundschaftlichen Unterhaltung ausgerufen: ›Lukrezia hat mit ihrem Dolch und mit ihrem Blut das erste Wort der Charte[45] der Frauen geschrieben: *Freiheit!*‹ Fortan gab der Graf mir freie Hand. – ›Ich habe für hundert Francs Blumen und Hauben verkauft, die ich diese Woche angefertigt hatte!‹ sagte mir Honorine eines Samstagabends fröhlich, als ich sie in dem kleinen Salon des Erdgeschosses besuchte, dessen Vergoldungen der vorgebliche Hausbesitzer hatte erneuern lassen. Es war zehn Uhr. Juliabenddämmerung und herrlicher Mondschein brachten wolkige Helle. Wogen von Duftgemischen liebkosten die Seele; die Gräfin ließ in ihrer Hand die fünf Goldstücke klingeln, die ein vorgeblicher Vertreter eines Modehauses ihr eingehändigt hatte, ein weiterer Helfer Octaves; der Richter Popinot[46] hatte ihn für ihn aufgetrieben.

›Seinen Lebensunterhalt verdienen und an der Arbeit Freude haben‹, sagte sie, ›frei sein, während die mit ihren Gesetzen bewaffneten Männer uns zu Sklavinnen haben machen wollen! Oh, jeden Samstag habe ich Anfälle von Hochmut. Wirklich, mir sind die Goldstücke, die Monsieur Gaudissart[47] mir gibt, genauso lieb, wie Lord Byron, Ihrem Sosias[48], die Murrays[49] waren.‹ – ›Es ist aber schwerlich die Rolle einer Frau‹, entgegnete ich. – ›Pah! Bin ich denn eine Frau? Ich bin ein mit einer weichen Seele begabter Junggeselle, und weiter gar nichts; ein Junggeselle, den keine Frau quälen kann …‹ – ›Ihr Leben ist eine Verneinung Ihres ganzen Wesens‹, antwortete ich. ›Wie? Sie, an die Gott seine seltsamsten Schätze der Liebe und der Schönheit verschwendet hat, sollten nicht bisweilen wünschen …‹ – ›Was denn?‹ fragte sie, recht beunruhigt über einen Satz, der, zum erstenmal, meine Rolle Lügen strafte. – ›Ein hübsches Kind mit lockigem Haar, das zwischen all diesen Blumen umherhüpft als eine Blume des Lebens und der Liebe und Ihnen zuruft: ‚Mama …!'‹ Ich wartete auf eine Antwort. Ein etwas gar zu lange dauerndes Schweigen ließ mich die furchtbare Wirkung meiner Worte gewahren, die die Dunkelheit mir verhüllt hatte. Die Gräfin lag zurückgelehnt auf ihrem Ruhebett; sie war nicht ohnmächtig, aber eiskalt und starr durch einen Nervenanfall, dessen erstes Zittern, sanft wie alles, was von ihr ausging, den Wirkungen des subtilsten aller Gifte geglichen hatte, wie sie später gesagt hat. Ich rief Madame Gobain; sie kam und trug ihre Herrin weg, legte sie auf ihr Bett, schnürte ihr das Korsett auf, entkleidete sie und brachte sie nicht ins Leben zurück, sondern zur bewußten Empfindung eines entsetzlichen Schmerzes. Weinend ging ich auf dem Weg längs des Gartenhauses auf und ab und zweifelte am Erfolg. Ich wollte auf meine Rolle als

Vogelsteller verzichten, die ich unbedachterweise übernommen hatte. Madame Gobain kam herunter, und als sie mich mit tränenüberströmtem Gesicht vorfand, ging sie sogleich wieder hinauf und fragte die Gräfin: – ›Madame, was ist denn vorgefallen? Monsieur Maurice weint heiße Tränen wie ein kleiner Junge.‹ Die gefährliche Auslegung, die unser beider Verhalten finden konnte, stachelte sie an; sie gewann übermenschliche Kräfte, zog einen Morgenrock über, kam herunter und ging mit mir wieder nach oben. ›Sie sind nicht die Ursache dieser Krise‹, sagte sie zu mir, ›ich habe öfter Spasmen, gewissermaßen Herzkrämpfe . . .!‹ – ›Und da wollen Sie mir Ihren Kummer verschweigen . . .?‹ fragte ich sie mit unverstellter Stimme und wischte mir die Tränen ab. ›Haben Sie mich eben nicht ahnen lassen, daß Sie Mutter gewesen sind, daß Sie den Schmerz gelitten haben, Ihr Kind zu verlieren?‹ – ›Marie!‹ rief sie schrill und schellte. Die Gobain erschien. – ›Licht und Tee‹, sagte sie mit der Kaltblütigkeit einer Lady, die durch die Ihnen bekannte harte englische Erziehung mit Hochmut gepanzert worden ist, zu ihr. Als die Gobain die Kerzen angezündet und die Jalousie heruntergelassen hatte, bot mir die Gräfin ein stummes Gesicht dar; ihr unbezähmbarer Stolz, ihr menschenscheuer Ernst hatten bereits wieder die Oberhand gewonnen; sie fragte mich: ›Wissen Sie, warum ich Lord Byron so sehr liebe . . .? Er hat gelitten, wie Tiere leiden. Was soll eine Klage, wenn sie keine Elegie wie die Manfreds ist, kein bitterer Hohn wie der Don Juans, keine Träumerei wie die Childe Harolds[50]? Über mich wird niemand je etwas erfahren . . .! Mein Herz ist eine Dichtung, die ich Gott darbringe!‹ – ›Wenn ich wollte . . .‹, sagte ich. – ›Ja?‹ fragte sie. – ›Ich interessiere mich für gar nichts‹, antwortete ich, ›ich kann nicht neugierig sein; aber wenn ich wollte, wüßte ich morgen alle Ihre Geheimnisse.‹ – ›Ich wette, daß Sie das nicht können!‹ sagte sie mit schlecht verhohlener Angst. – ›Ist das Ihr Ernst?‹ – ›Freilich‹, sagte sie und warf den Kopf in den Nacken, ›ich muß wissen, ob solch ein Verbrechen möglich ist.‹ – ›Zunächst‹, antwortete ich und wies auf ihre Hände, ›sind etwa diese hübschen Finger, die zur Genüge sagen, daß Sie kein junges Mädchen sind, von vornherein zur Arbeit vorbestimmt gewesen? Alsdann nennen Sie sich Madame Gobain, und dabei haben Sie neulich, als ein Brief ankam, in meiner Gegenwart zu Marie gesagt: ›Da, der ist für dich.‹ Marie ist die wirkliche Madame Gobain. Sie verbergen also Ihren Namen hinter dem Ihrer Haushälterin. O Madame von mir haben Sie nichts zu befürchten. In mir haben Sie den treuesten Freund, den Sie je besessen haben ... *Freund*, haben Sie mich verstanden? Ich lege diesem Wort die heilige, rührende Bedeutung bei, die in Frankreich, wo wir unsere Feinde damit bezeichnen, profaniert worden ist. Dieser Freund, der Sie gegen alles verteidigen würde, will Sie so glücklich sehen, wie eine Frau gleich Ihnen es sein muß. Wer weiß, ob der Schmerz, den ich Ihnen anscheinend unwillkürlich verursacht habe, Ihnen nicht bewußt zugefügt worden ist?‹ – ›Ja‹, entgegnete sie mit drohender Kühnheit, ›ich will es, werden Sie neugierig und sagen Sie mir alles, was Sie über mich herausbekommen können; aber ...‹, sagte sie und hob den Finger, ›dann müssen Sie mir auch sagen, mit welchen Mitteln Sie sich diese Auskünfte verschafft haben. Die Bewahrung des schwachen Glücks, das ich hier genieße, hängt von Ihren Schritten ab.‹ – ›Das soll also heißen, daß Sie fliehen wollen ...‹ – ›Mit Windeseile!‹ rief sie, ›und zwar in die Neue Welt ...‹ – ›Wo Sie‹, fiel ich ihr ins Wort, ›der Brutalität der Leidenschaften preisgegeben sind, die Sie einflößen werden. Gehört es nicht zum Wesen des Genies und der Schönheit, zu glänzen, die Blicke auf sich zu ziehen, Begehrlichkeit und Bosheit zu entfachen? Paris ist eine Wüste ohne Beduinen; Paris ist der einzige Ort auf Erden, wo man im Verborgenen leben kann, wenn man von seiner Arbeit leben muß. Worüber beklagen Sie sich? Wer bin denn ich? Ein Dienstbote mehr, eine männliche Gobain, und weiter gar nichts. Wenn Sie einen Zweikampf auszufechten haben, kann Ihnen ein Zeuge von Nutzen sein.‹ – ›Gleichgültig, bringen Sie heraus, wer ich bin. Ich habe vorhin gesagt: *ich will es!* Jetzt bitte ich Sie darum‹, fuhr sie mit Anmut fort (»die euch Frauen ja stets zu Gebote steht«, sagte der Konsul mit einem Blick auf die Damen). – ›Gut, morgen zur selben Stunde sage ich Ihnen, was ich herausbekommen habe‹, antwortete ich ihr. ›Aber werden Sie mich dann nicht hassen? Würden Sie etwa handeln wie alle anderen Frauen?‹ – ›Wie handeln denn die anderen

Frauen ...?‹ – ›Sie legen uns ungeheure Opfer auf, und wenn wir sie gebracht haben, machen sie uns einige Zeit danach einen Vorwurf daraus, als seien sie eine Beleidigung gewesen.‹ – ›Damit haben sie recht, wenn nämlich das, was sie erbeten haben, euch Männern als *ein Opfer* erschienen ist ...‹, entgegnete sie boshaft. – ›Ersetzen Sie das Wort Opfer durch das Wort Bemühung, und . . .‹ – ›Das wäre eine Impertinenz‹, sagte sie rasch. – ›Verzeihen Sie‹, entgegnete ich, ›ich hatte vergessen, daß die Frau und der Papst unfehlbar sind.‹ – ›Mein Gott‹, sagte sie nach einer langen Pause, ›zwei Worte allein schon können diesen so teuer erkauften Frieden stören, den ich genieße wie ein unrechtmäßiges Gut . . .‹ Sie stand auf und beachtete mich nicht länger. ›Wohin gehen?‹ sagte sie. ›Was soll aus mir werden ...? Muß ich diese freundliche Zufluchtsstätte verlassen? Dabei habe ich sie mir so sorglich hergerichtet, um hier meine Tage zu beschließen!‹ – ›Hier Ihre Tage zu beschließen?‹ fragte ich sie mit einem Erschrecken, das mir wohl anzumerken war. ›Haben Sie denn nie daran gedacht, daß ein Augenblick kommen möchte, da Sie nicht mehr arbeiten könnten, da der Preis der Blumen und der Modeartikel durch die Konkurrenz herabgedrückt wird ...?‹ – ›Ich habe schon tausend Taler Ersparnisse‹, sagte sie. – ›Mein Gott, welche Fülle von Entbehrungen stellt diese Summe dar ...!‹ rief ich. – ›Bis morgen‹, sagte sie, ›gehen Sie jetzt. Heute abend bin ich nicht mehr ich selber: ich möchte allein sein. Muß ich nicht Kräfte sammeln, für den Fall eines Unglücks? Denn wenn Sie etwas erführen, dann wären auch andere im Bilde, und also . . . Adieu‹, sagte sie kurz und mit einer herrischen Geste. – ›Morgen also Kampf‹, antwortete ich lächelnd, um der Szene nicht den Charakter des Unbekümmerten zu nehmen, den ich ihr geliehen hatte. Aber als ich durch die lange Allee hinausging, wiederholte ich: ›Morgen also Kampf!‹ Und der Graf, den ich, wie jeden Abend, auf dem Boulevard traf, rief ebenfalls: ›Morgen also Kampf!‹ Octaves Ängste glichen denen Honorines. Bis zwei Uhr morgens gingen der Graf und ich an den Wehrgräben der Bastille entlang wie zwei Generale, die am Vorabend einer Schlacht alle Möglichkeiten erwägen, das Gelände besichtigen und sich darüber klar werden, daß inmitten des Ringens der

Sieg von einem Zufall abhängt, den man packen muß. Jene beiden gewaltsam getrennten Menschenwesen lagen sicherlich wach, das eine voller Hoffnung auf die Wiedervereinigung, das andere voller Angst davor. Die Dramen des Lebens vollziehen sich nicht in den äußeren Umständen, sondern in den Gefühlen; sie spielen sich im Herzen ab, oder, wenn Sie wollen, in dem ungeheuren Bereich, den wir die geistige Welt nennen müssen. Octave und Honorine handelten und lebten ausschließlich in dieser Welt der großen Seelen. Ich war pünktlich. Um zehn Uhr abends wurde ich zum erstenmal in ein reizendes Zimmer in Blau und Weiß eingelassen, in das Nest dieser verwundeten Taube. Die Gräfin blickte mich an, wollte etwas sagen und war betroffen ob meiner ehrfürchtigen Miene. – ›Frau Gräfin . . .‹, sagte ich lächelnd und mit ernster Förmlichkeit. Die arme Frau, die aufgestanden war, fiel in ihren Sessel zurück und verblieb darin in einer schmerzlichen Haltung, von der ich wollte, daß ein großer Maler sie festgehalten hätte. ›Sie sind‹, fuhr ich fort, ›die Gattin des edelsten und angesehensten aller Männer, eines Mannes, der für groß gehalten wird, aber der sich Ihnen gegenüber noch größer verhalten hat, als er es in den Augen aller ist. Sie und er sind beide große Charaktere. Wo glauben Sie hier zu sein?‹ fragte ich sie. – ›Bei mir daheim‹, antwortete sie und öffnete die Augen, die das Erstaunen starr machte. – ›Beim Grafen Octave!‹ antwortete ich. ›Sie sind hinters Licht geführt worden. Monsieur Lenormand, der Gerichtsschreiber, ist nicht der richtige Hausbesitzer, sondern der Strohmann Ihres Gatten. Die wundervolle Ruhe, die Sie genießen, ist das Werk des Grafen; das Geld, das Sie verdienen, rührt vom Grafen her; seine Fürsorge erstreckt sich auf die winzigsten Einzelheiten Ihres Daseins. Ihr Mann hat Sie auch in den Augen von Welt und Gesellschaft gerettet; er hat glaubhafte Gründe für Ihr Fernsein angeführt; er bekundet nach außen hin die Hoffnung, Sie möchten beim Schiffbruch der ›Cécile‹ nicht umgekommen sein; denn Sie seien an Bord dieses Schiffes gegangen, um der Erbschaft einer alten Verwandten in Havanna willen, die Sie sonst vielleicht vergessen hätte; Sie hätten die Reise in Begleitung zweier Damen aus seiner Familie und eines alten Haushofmeisters angetreten! Der Graf behauptet, er habe Agenten in jene Gegend geschickt und Briefe erhalten, die ihm große Hoffnung machten ... Er ergreift, um Sie vor allen Blicken verborgen zu halten, ebensoviel Vorsichtsmaßregeln wie Sie selber ... Kurz und gut: er gehorcht Ihnen ...‹ – ›Genug‹, antwortete sie. ›Nur noch eins will ich wissen. Wem verdanken Sie diese Einzelheiten?‹ – ›Mein Gott, Madame, mein Onkel hat beim Polizeikommissar dieses Stadtviertels einen vermögenslosen jungen Mann als Sekretär untergebracht. Dieser junge Mann hat mir alles gesagt. Wenn Sie diese Nacht dies Gartenhaus fluchtartig verlassen sollten, würde Ihr Mann erfahren, wohin Sie sich wenden, und sein Schutz würde Ihnen überallhin folgen. Wie hat eine so kluge Frau wie Sie glauben können, die Händler kauften künstliche Blumen und Modeartikel so teuer auf, wie Sie sie verkaufen? Verlangen Sie tausend Taler für einen Strauß, und Sie bekommen sie! Niemals ist die Zärtlichkeit einer Mutter so erfinderisch gewesen wie die Ihres Mannes. Ich habe durch den Pförtner Ihres Hauses erfahren, daß der Graf oft herkommt und sich hinter die Hecke stellt, um, wenn alles ruht, das Licht Ihrer Nachtlampe zu sehen! Ihr großer Kaschmirschal ist sechstausend Francs wert ... Ihre Modistin verkauft Ihnen als alt, was aus den besten Fabriken kommt ... Mit einem Wort: Sie verwirklichen hier Venus in den Netzen des Vulkan; aber Sie sind allein gefangen, und zwar durch das, was erhabene Großmut sich ausgedacht hat, und sie ist seit sieben Jahren erhaben und ist es zu jeder Stunde gewesen.‹ Die Gräfin zitterte wie eine gefangene Schwalbe, die in der Hand, die sie hält, den Hals reckt und mit wilden Augen um sich blickt. Ein nervöses Zucken durchtobte sie; sie musterte mich mit einem argwöhnischen Blick. Ihre trokkenen Augen strahlten ein fast warmes Licht aus; aber sie war Frau ...! Es kam ein Augenblick, da die Tränen sich Bahn machten, und sie weinte, nicht etwa, weil sie gerührt gewesen wäre; sie weinte vielmehr über ihre Ohnmacht, sie weinte aus Verzweiflung. Sie hatte sich unabhängig und frei geglaubt; die Ehe hatte auf ihr gelastet wie das Gefängnis auf dem Häftling. ›Ich gehe‹, sagte sie unter Tränen, ›er zwingt mich dazu, ich gehe dorthin, wohin mir bestimmt niemand folgt!‹ – ›Oh!‹ sagte ich, ›Sie wollen sich das Leben nehmen ... Dann müssen Sie sehr starke Gründe haben, Madame, daß Sie nicht zum Grafen Octave zurückkehren wollen.‹ – ›Oh, gewiß!‹ – ›Sagen Sie sie mir, sagen Sie sie meinem Onkel; an uns beiden haben Sie selbstlose Ratgeber. Mein Onkel ist zwar im Beichtstuhl Priester, aber nie in einem Salon. Wir werden Sie anhören, wir werden versuchen, eine Lösung für die Probleme zu finden, die Sie uns vorlegen; und wenn Sie sich durch ein Mißverständnis haben täuschen lassen oder sein Opfer geworden sind, können wir dem vielleicht ein Ende machen. Ich halte Ihre Seele für rein; wenn Sie jedoch einen Fehltritt begangen haben sollten, so ist er längst gesühnt . . . Also bedenken Sie, daß Sie in mir den aufrichtigsten Freund haben. Wenn Sie sich aus der Tyrannei des Grafen lösen wollen, gebe ich Ihnen die Mittel dazu; er wird Sie niemals entdecken.‹ – ›Oh, es gibt ja das Kloster‹, sagte sie. – ›Ja, aber der Graf, der doch Staatsminister geworden ist, würde es durchsetzen, daß Sie in allen Klöstern der Welt abgewiesen werden. Obwohl er sehr mächtig ist, werde ich Sie vor ihm retten . . . aber . . . nur, wenn Sie mir bewiesen haben, daß Sie nicht zu ihm zurück können, zurück dürfen. Glauben Sie nicht, daß Sie seiner Macht entflöhen, um in die meinige zu geraten‹, fuhr ich fort, als ich an ihr einen schrecklichen Blick des Mißtrauens gewahrte, der zugleich voll übersteigerter Noblesse war. ›Sie sollen Frieden haben. Einsamkeit und Unabhängigkeit; Sie sollen so frei und so respektiert sein, als seien Sie eine häßliche, boshafte alte Jungfer. Ich selber würde ohne Ihr Einverständnis nicht zu Ihnen gelangen können.‹ – ›Und wie? Auf welche Weise?‹ – ›Das, Madame, ist mein Geheimnis. Ich täusche Sie nicht, dessen können Sie sicher sein. Beweisen Sie mir, daß solch ein Leben das einzige ist, das Sie führen können, daß es dem einer Gräfin Octave vorzuziehen wäre, die reich und geehrt in einem der schönsten Stadtpalais von Paris leben könnte, von ihrem Mann geliebt, glückliche Mutter . . . und ich gebe Ihnen gewonnenes Spiel . . .‹ – ›Aber‹, sagte sie, ›könnte denn je ein Mann mich verstehen . . .?‹

›Nein‹, antwortete ich. ›Daher habe ich die Religion als Richterin über uns angerufen. Der Pfarrer von Les Blancs-Manteaux ist ein Heiliger von fünfundsiebzig Jahren. Mein Onkel ist nicht der Großinquisitor, er ist der heilige Johannes; aber für Sie wird er Fénelon[51] sein, der Fénelon, der zum

Herzog von Burgund gesagt hat: ‚Essen Sie am Freitag getrost ein ganzes Kalb auf; aber seien Sie Christ, Monseigneur!‘‹ – ›Lassen Sie; das Kloster ist meine letzte Hilfe und meine einzige Zufluchtsstätte. Nur Gott kann mich verstehen. Kein Mann, und wäre es der heilige Augustinus, der sanfteste der Kirchenväter, könnte sich in meine Gewissensnöte hineindenken; sie sind für mich die unüberschreitbaren Kreise von Dantes Hölle. Ein anderer als mein Mann, ein anderer, so unwürdig er auch dieser Gabe gewesen sein möge, hat meine ganze Liebe besessen! Nein, er hat sie nicht besessen, denn er hat sie nicht genommen; ich habe sie ihm geschenkt, wie eine Mutter ihrem Kind ein wundervolles Spielzeug schenkt, und das Kind zerbricht es. Ich kann nicht zweimal lieben. Für gewisse Seelen ist die Liebe etwas, das für einen Versuch ausschaltet: entweder ist sie da, oder sie ist nicht da. Wenn sie sich zeigt, wenn sie anhebt, dann ist sie etwas Ungeteiltes. Ja, jenes Leben, das achtzehn Monate gedauert hat, ist für mich ein Leben von achtzehn Jahren gewesen; ich habe alle Fähigkeiten meines Wesens darein ergossen, sie sind durch ihr Ausströmen nicht ärmer geworden, sie haben sich erschöpft in dem trügerischen Zusammenleben, in dem nur ich frei gewesen bin. Für mich ist der Kelch des Glücks nicht geleert worden, nicht leer, nichts kann ihn wieder füllen, weil er zerbrochen ist. Ich stehe außerhalb des Kampfes, ich habe keine Waffen mehr... Nachdem ich mich so völlig ausgeliefert habe, was bin ich nun? Der klägliche Überrest eines Festes. Es ist mir nur *ein* Name gegeben worden, Honorine, wie ich nur *ein* Herz gehabt habe. Mein Mann hat das junge Mädchen gehabt, ein unwürdiger Liebhaber hat die Frau gehabt, und weiter gibt es nichts. Mich lieben lassen...? Das ist das große Wort, das Sie mir zurufen werden. Oh, ich bin noch etwas, und ich lehne mich gegen den Gedanken auf, eine Prostituierte zu sein! Ja, ich bin beim Schein der Feuersbrunst hellsichtig geworden; und, hören Sie... ich würde vielleicht der Liebe eines anderen nachgeben; aber Octave...? Nie und nimmer!‹ – ›Dabei lieben Sie ihn‹, sagte ich. – ›Ich achte ihn, ich habe Respekt vor ihm, ich verehre ihn, er hat mir nicht das geringste Böse angetan; er ist gütig, er ist zärtlich; aber ich kann nicht mehr lieben... Übrigens‹, sagte sie, ›wir wollen nicht mehr darüber sprechen.

Eine Diskussion macht alles kleiner. Ich werde Ihnen meine Gedanken über dieses Thema schriftlich darlegen; denn in diesem Augenblick ersticken sie mich, ich habe Fieber, ich stehe mit den Füßen in den Aschenresten meines Paraclet[52]. Alles, was ich sehe, die Dinge, die ich mir durch meine Arbeit erworben zu haben glaubte, all das gemahnt mich jetzt an alles, was ich hatte vergessen wollen. Ach, das bedeutet: von hier fliehen, wie ich aus meinem Haus geflohen bin.‹ – ›Und wohin fliehen?‹ fragte ich. ›Kann eine Frau ohne Beschützer existieren? Wollen Sie mit dreißig Jahren, im vollen Glanz der Schönheit, reich an Kräften, von denen Sie nichts ahnen, voller Zärtlichkeit, die Sie verschenken könnten, in der Einöde leben, in der ich Sie verbergen könnte ...? Beunruhigen Sie sich nicht. Der Graf, der sich fünf Jahre lang hier nicht hat sehen lassen, wird ohne Ihre Einwilligung niemals hier eindringen. Das sublime Leben, das er neun Jahre lang geführt hat, ist Bürgschaft für Ihre Ruhe. Sie können sich also in aller Sicherheit mit meinem Onkel und mir über Ihre Zukunft beraten. Mein Onkel ist ebenso mächtig wie ein Staatsminister. Beruhigen Sie sich also, vergrößern Sie Ihr Unglück nicht. Ein Priester, dessen Haupt in der Ausübung seines heiligen Amtes weiß geworden ist, ist kein Kind; von ihm, dem seit bald fünfzig Jahren alle Leidenschaften anvertraut worden sind und der in seinen Händen die schweren Herzen von Königen und Fürsten gewogen hat, werden Sie verstanden werden. Mein Onkel ist zwar unter der Stola streng; aber angesichts Ihrer Blumen wird er sanft sein wie sie, und nachsichtig wie sein göttlicher Meister.‹ Ich verließ die Gräfin um Mitternacht; sie war dem Anschein nach gefaßt, aber düster, und sie hing wohl heimlichen Gedanken nach, die kein Scharfsinn zu erraten vermochte. Nach ein paar Schritten fand ich den Grafen in der Rue Saint-Maur, er war von dem verabredeten Platz auf dem Boulevard weggegangen; eine unwiderstehliche Kraft hatte ihn zu mir gezogen. ›Was für eine Nacht wird das arme Kind überstehen müssen!‹ rief er, als ich mit der Erzählung der eben stattgehabten Szene zu Ende war. ›Wenn ich nun hinginge‹, sagte er, ›wenn sie mich plötzlich vor sich sähe!‹ – ›Dann ist sie ganz die Frau danach, sich aus dem Fenster zu stürzen‹, antwortete ich. ›Die Gräfin gehört zu den Lukrezien, die eine

Vergewaltigung nicht überleben, auch wenn sie von einem Mann verübt wird, dem sie sich hingegeben haben.‹ – ›Sie sind jung‹, antwortete er mir. ›Sie wissen nicht, daß in einer von so grausamen Überlegungen aufgewühlten Seele der Wille wie die Flut einer See ist, über die ein Sturm hinwegtobt; der Wind ändert sich mit jeder Minute, und die Strömung drängt bald an das eine, bald an das andere Ufer. In dieser Nacht gibt es für mich genauso viele Möglichkeiten, daß Honorine bei meinem Anblick in meine Arme, wie daß sie sich aus dem Fenster stürzt.‹ – ›Und Sie würden diese Alternative auf sich nehmen?‹ fragte ich ihn. – ›Lassen Sie‹, antwortete er, ›damit ich bis morgen abend warten kann, habe ich daheim eine Dosis Opium; Desplein hat sie für mich bereitgelegt, damit ich ungefährdet schlafen kann!‹ Am anderen Tag gegen Mittag brachte die Gobain mir einen Brief; dabei sagte sie, die Gräfin sei völlig erschöpft um sechs Uhr morgens zu Bett gegangen; jetzt schlafe sie, dank eines Mandelmilchmittels, das der Apotheker zubereitet habe.

Hier ist der Brief, ich habe eine Abschrift aufbewahrt«, wandte der Konsul sich an Camille Maupin, »Sie kennen die Hilfsmittel der Kunst, die Tücken des Stils und die mühevolle Arbeit vieler Schriftsteller, denen es bei dem, was sie schaffen, nicht an Geschicklichkeit mangelt; aber Sie werden zugeben müssen, daß die Literatur etwas wie diese Niederschrift in ihrem schnurrigen Innern schwerlich hätte finden können! Es gibt nichts Entsetzlicheres als die Wahrheit. Folgendes schrieb jene Frau, oder vielmehr jener Schmerz:

›Monsieur Maurice,
ich weiß alles, was Ihr Onkel mir sagen könnte; er weiß nicht mehr Bescheid als mein Gewissen. Das Gewissen ist im Menschen der Dolmetscher Gottes. Ich weiß, daß ich, wenn ich mich nicht mit Octave aussöhne, der Verdammnis anheimfallen werde: so lautet das Urteil des religiösen Gesetzes. Das Zivilgesetz befiehlt mir Gehorsam trotz allem. Wenn mein Mann mich nicht von sich stößt, ist alles gesagt, die Welt hält mich für rein, für tugendhaft, was auch immer ich getan haben möge. Ja, das ist das Erhabene an der Ehe, daß die Gesellschaft die Verzeihung

des Ehemannes ratifiziert; aber sie hat vergessen, daß die Verzeihung auch entgegengenommen werden muß. Vom gesetzlichen, religiösen und gesellschaftlichen Standpunkt aus betrachtet, muß ich zu Octave zurückkehren. Aber wenn wir uns lediglich an die menschliche Seite der Frage halten, ist es da nicht grausam, ihm das Glück zu verwehren, ihn der Kinder zu berauben, seine Familie im Goldenen Buch der Pairschaft auszulöschen? Meine Schmerzen, mein Widerstreben, meine Gefühle, mein ganzer Egoismus (denn ich weiß, daß ich egoistisch bin) muß der Familie geopfert werden. Ich werde Mutter, die Liebkosungen meiner Kinder vermögen viele Tränen zu trocknen! Ich werde sehr glücklich und gewiß geehrt, ich fahre stolz und über die Maßen reich in einem schimmernden Wagen! Ich habe Dienerschaft, ein Stadtpalais, ein Heim, ich bin die Königin so vieler Feste, wie das Jahr Wochen hat. Die Gesellschaft bewillkommnet mich freundlich. Kurzum: ich brauche gar nicht erst in den Himmel des Patriziats hinaufzusteigen, ich bin ja nie aus ihm hinabgestiegen. So sind also Gott, Gesetz und Gesellschaft sich völlig einig. ‚Wogegen lehnst du dich auf?‘ werde ich von der Höhe des Himmels, von der Kanzel, vom Tribunal und vom Thron her gefragt, dessen erlauchte Vermittlung notfalls vom Grafen angerufen werden würde. Ihr Onkel könnte mir sogar, wenn es sein muß, von einer gewissen himmlischen Gnade sprechen, die mein Herz überflutet, wenn ich das Lustgefühl erfüllter Pflicht empfinde. Gott, das Gesetz, die Welt und Octave wollen, daß ich lebe, nicht wahr? Nun, wenn keine andere Schwierigkeit besteht, ist meine Antwort kurz und bündig: Ich will nicht leben! Ich will wieder ganz weiß, ganz unschuldig sein, denn ich will in mein Leichentuch gehüllt daliegen, geschmückt mit der makellosen Blässe des Todes. Das ist nicht die mindeste Mauleselstörrigkeit. Die Mauleselstörrigkeit, deren Sie mich lachend beschuldigt haben, ist bei der Frau die Auswirkung einer Gewißheit, eine Vision der Zukunft. Wenn mein Mann aus Liebe die erhabene Großherzigkeit aufbringt, alles zu vergessen, so kann ich nur sagen: ich werde *nicht* vergessen! Hängt das Vergessen von uns ab? Wenn eine Witwe heiratet, macht die Liebe aus ihr ein junges Mädchen, sie heiratet einen geliebten Mann; ich aber kann den Grafen nicht lieben. Darin liegt alles beschlossen, sehen

Sie? Jedesmal, wenn meine Augen den seinen begegnen werden, muß ich in ihnen stets meinen Fehltritt sehen, selbst wenn meines Mannes Blicke von Liebe erfüllt sind. Die Größe seines Edelmuts muß mir die Größe meines Vergehens bestätigen. Meine immer besorgten Blicke werden stets ein unsichtbares Urteil lesen. Ich werde im Herzen wirre Erinnerungen haben, die einander bekämpfen. Nie wird die Ehe in meinem Innern die grausamen Entzückungen, den tödlichen Wahnsinn der Leidenschaft erwekken; ich werde meinen Mann durch meine Kälte töten, durch Vergleiche, die sich erraten lassen, wenngleich sie in der Tiefe meines Gewissens verborgen sind. Oh, an dem Tage, da ich durch eine Stirnfalte, in einem bekümmerten Blick, einer unmerklichen Geste einen ungewollten Vorwurf verspüre, vielleicht gar einen unterdrückten, wird mich nichts mehr zurückhalten: ich werde mit zerschmettertem Schädel auf einem Straßenpflaster liegen, das mir noch milder vorkommen wird als mein Mann. Vielleicht ist dann meine Überempfindlichkeit an diesem schrecklichen, süßen Tod schuld. Vielleicht werde ich auch als Opfer einer Ungeduld sterben, die eine geschäftliche Angelegenheit in Octave ausgelöst hat, oder getäuscht durch einen ungerechten Argwohn. Ach! Vielleicht halte ich gar einen Liebesbeweis für einen Beweis der Verachtung? Welch zwiefache Marter! Octave wird immer an mir zweifeln, und ich immer an ihm. Ich werde ihm, ganz unwillkürlich, immer einen Rivalen entgegenstellen, der seiner unwürdig ist, einen Mann, den ich verachte, der mich indessen Wollüste hat kennenlernen lassen, die in feurigen Zügen mir eingegraben sind, Wollüste, deren ich mich schäme und an die zurückzudenken für mich etwas Unwiderstehliches ist. Habe ich Ihnen jetzt mein Herz weit genug geöffnet? Niemand könnte mir beweisen, die Liebe könne von vorn beginnen, denn ich kann und will niemandes Liebe entgegennehmen. Ein junges Mädchen ist wie eine Blume, die gepflückt worden, aber eine schuldhafte Frau ist eine Blume, über die man hinweggegangen ist. Sie sind Blumenliebhaber, Sie müssen wissen, daß es unmöglich ist, diesen Stengel wiederaufzurichten, diese verblichenen Farben zu beleben, den Saft in die zarten Röhren zurückzuleiten, deren gesamte vegetative Kraft auf ihrer vollkommenen Geradheit beruht ... Wenn ein Botaniker sich diesem Unterfangen unterzöge, würde dieser geniale Mann die Falten des zerknitterten Zellengewebes glätten? Könnte er eine Blume neu erstehen lassen, so wäre er Gott! Gott allein könnte mich neu erschaffen! Ich trinke den bitteren Kelch der Buße: aber indem ich ihn trinke, buchstabiere ich auf qualvolle Weise den Urteilssatz: ›Büßen ist nicht Auslöschen.‹ Hier in meinem Gartenhaus bin ich allein und esse ein mit meinen Tränen durchtränktes Brot; aber niemand sieht es mich essen, noch sieht er mich weinen. Rückkehr zu Octave bedeutet Verzicht auf meine Tränen, meine Tränen würden ihn kränken. Ach, Monsieur, wie viele Tugenden muß man mit Füßen treten, nicht um sich zu schenken, sondern um sich einem Mann wiederzuschenken, den man betrogen hat? Wer könnte sie zählen? Gott allein, denn einzig er ist der Vertraute und Anstifter dieser grausamen Zärtlichkeiten, die, es kann nicht anders sein, seine Engel erbleichen lassen. Aber ich will noch weitergehen. Eine Frau pflegt gegenüber einem Mann, der nichts weiß, Mut zu haben; sie entfaltet dann in ihren Heucheleien eine wilde Kraft, sie täuscht, um ein doppeltes Glück zu spenden. Aber ist beiderseitige Gewißheit nicht etwas Demütigendes? Müßte ich nicht Demütigungen gegen Ekstasen austauschen? Würde Octave nicht am Ende Verderbtheit in meiner Liebesbereitschaft entdecken? Die Ehe gründet sich auf Achtung, auf Opfer, die beide Gatten bringen; aber weder Octave noch ich könnten am Tag nach unserer Wiedervereinigung uns noch achten: er wird mich durch eine Greisenliebe zu einer Kurtisane entehrt haben; und ich lebte in der beständigen Schmach, eine Sache zu sein statt einer Dame. Ich wäre in seinem Haus nicht die Tugend, sondern die Lust. Das sind die bitteren Früchte eines Fehltritts. Ich habe mir ein Ehebett geschaffen, zu dem ich nur auf glühenden Kohlen zurückkehren könnte, ein Bett ohne Schlummer. Hier habe ich Stunden der Ruhe, Stunden, in denen ich vergesse; aber in meinem Palais wird alles mich an den Flecken erinnern, der mein Brautkleid schändet. Wenn ich hier leide, segne ich meine Leiden und sage zu Gott: Danke! Aber bei ihm wäre ich von Schrecken erfüllt und würde Freuden kosten, die ich nicht verdient habe. All dieses, Monsieur, sind keine Erklügelungen des Verstandes, sondern die Empfindungen keiner kleinen Seele, denn seit sieben Jahren hat der Schmerz sie durchpflügt. Soll ich Ihnen ein furchtbares

Geständnis machen? Immer noch verspüre ich an meiner Brust den Biß eines Kindes, das in Rausch und Freude empfangen worden ist, im Glauben an Glück, eines Kindes, das ich sieben Monate lang genährt habe, mit dem ich mein Leben lang schwanger gehen werde. Wenn neue Kinder aus mir Nahrung saugen, dann trinken sie Tränen, die meine Milch sauer werden lassen, wenn sie sich darein mischen. Ich wirke unbeschwert, ich komme Ihnen vor wie ein Kind ... Ach ja, ich habe das Erinnerungsvermögen eines Kindes, ein Gedächtnis, das einem am Rand des Grabes zuteil wird. Auf diese Weise, das sehen Sie wohl ein, gibt es in dem schönen Leben, in das die Welt und die Liebe eines Gatten mich zurückgeleiten wollen, keine Stellung, die nicht falsch wäre, die mir nicht Fallen verbärge, die mir nicht Abgründe auftäte, in die ich, zerfetzt von unerbittlichen Schroffen, hinabstürzte. Seit fünf Jahren durchschweife ich das Ödland meiner Zukunft, ohne darin eine bequeme Stelle für meine Reue zu finden, weil meine Seele von wahrer Reue erobert worden ist. Auf dies alles hat die Religion ihre Antworten, und ich weiß sie auswendig. Diese Leiden, diese Schwierigkeiten seien meine Strafe, sagt sie, und Gott werde mir die Kraft geben, sie zu tragen. Das, Monsieur, ist ein Beweggrund für Seelen, die eine Energie besitzen, die mir abgeht. Zwischen der Hölle, in der Gott mich nicht daran hindern kann, ihn zu segnen, und der Hölle, die mich bei dem Grafen Octave erwartet, ist meine Wahl getroffen.

Ein letztes Wort. Auch heute noch würde mein Mann von mir gewählt werden, wenn ich ein junges Mädchen wäre und meine gegenwärtige Erfahrung besäße; aber gerade darin beruht der Grund meiner Weigerung: ich will gerade vor diesem Mann nicht erröten. Ich müßte doch immer auf den Knien liegen, und er stände stets ungebeugt vor mir! Und wenn wir die Haltung wechselten, fände ich ihn verächtlich. Ich will meines Fehltritts wegen von ihm nicht besser behandelt werden. Der Engel, der es auf sich nehmen würde, gewisse Roheiten zu begehen, wie man sie sich erlaubt, wenn beide Partner makellos sind: dieser Engel weilt nicht auf Erden, sondern im Himmel! Octave ist voller Zartgefühl, ich weiß es; aber seine Seele (für so groß sie auch immer gehalten werden möge, sie ist eine Menschenseele) bietet keine Gewähr für das neue Dasein, das ich in seinem Haus führen würde. Kommen Sie also zu mir und sagen Sie mir, wo ich die Einsamkeit finden könnte, den Frieden, die Stille, diese Freunde nicht wiedergutzumachenden Unglücks, die Sie mir versprochen haben.‹

Nachdem ich von diesem Brief die Abschrift angefertigt hatte, die Sie hier sehen, damit ich dieses denkwürdige Zeugnis ungekürzt bewahren könne, ging ich in die Rue Payenne. Die Unruhe hatte die Kraft des Opiums besiegt. Octave lief wie ein Irrer in seinem Garten auf und ab. ›Beantworten Sie dies hier‹, sagte ich zu ihm und übergab ihm den Brief seiner Frau. ›Versuchen Sie, diese erklügelte Schamhaftigkeit zu beschwichtigen. Das ist etwas schwieriger, als eine Schamhaftigkeit zu überrumpeln, die nichts von sich weiß und die die Neugier uns ausliefert.‹ – ›Sie ist mein . . .!‹ rief der Graf; sein Gesicht wurde immer glücklicher, je weiter er las. Er bedeutete mir durch einen Wink, ihn allein zu lassen; er spürte, daß er in seiner Freude beobachtet wurde. Mir wurde klar, daß ein Übermaß an Glückseligkeit und ein Übermaß an Schmerz den gleichen Gesetzen gehorchen; ich ging, um Madame de Courteville und Amélie zu begrüßen, die an jenem Tag zum Essen zum Grafen kamen. So schön Mademoiselle de Courteville auch sein mochte: als ich sie wiedersah, fühlte ich, daß die Liebe drei Gesichter habe, und daß die Frauen, die uns vollkommene Liebe einflößen, sehr selten sind. Als ich unwillkürlich Amélie und Honorine verglich, fand ich mehr Zauber bei der schuldigen Frau als bei dem reinen Mädchen. Für Honorine war die Treue keine Pflicht, sondern das Schicksal des Herzens, während Amélie mit heiterer Miene feierliche Gelübde aussprechen würde, deren Tragweite sie so wenig kannte wie die Verpflichtungen, die sie einschlossen. Die erschöpfte, quasi gestorbene Frau, die Sünderin, die es aufzurichten galt, dünkte mich erhaben, weil sie im Mann dessen angeborene Großherzigkeit anfachte; sie beanspruchte vom Herzen dessen ganze Reichtümer, von der Kraft deren gesamte Mittel; sie füllte das Leben aus, sie trug ein Ringen in das Glück, während die keusche, vertrauensvolle Amélie sich in die Sphäre einer geruhsamen Mutterschaft einschließen würde, wo das Alltägliche die Rolle der Poesie spielen mußte, wo mein Geist weder Kampf noch Sieg finden konnte. Welcher junge Mensch würde sich bei der Wahl zwischen der Champagne und den beschneiten, sturmumtobten, aber erhabenen Alpen für die kreidige, friedliche Ebene entscheiden? Nein, solcherlei Vergleiche sind fatal und an der Schwelle des Standesamts unangebracht. Ach, man muß im Leben seine Erfahrungen gemacht haben, um zu wissen, daß die Ehe die Leidenschaft ausschließt, daß die Grundlage der Familie nicht die Gewitterstürme der Liebe sein können. Nachdem ich in den Traumgefilden einer unmöglichen Liebe mit ihren unzähligen Phantasiebildern gewandelt war, nachdem ich die grausamen Wonnen des Ideals genossen, hatte ich jetzt eine bescheidene Wirklichkeit vor Augen. Nichts zu machen, bedauern Sie mich getrost! Ich war fünfundzwanzig und zweifelte an mir; aber ich faßte einen männlichen Entschluß. Ich schützte vor, ich wolle dem Grafen die Ankunft seiner beiden Verwandten melden und gewahrte, daß er im Widerschein seiner Hoffnungen wieder jung geworden war. ›Was ist Ihnen, Maurice?‹ fragte er, betroffen ob der Veränderung meiner Züge. – ›Herr Graf ...‹ – ›Sie reden mich nicht mehr mit Octave an! Sie, dem ich das Leben, das Glück verdanken werde.‹ – ›Lieber Octave, wenn es Ihnen gelingt, die Gräfin zu ihren Pflichten zurückzuführen, die Gräfin, die ich eingehend studiert habe ...‹ (er sah mich an, wie Othello sicherlich Jago angesehen hat, als Jago es fertiggebracht hatte, den ersten Argwohn in des Mohren Hirn zu träufeln), ›dann darf sie mich nie wiedersehen, sie darf nie wissen, daß ein gewisser Maurice Ihr Sekretär gewesen ist; sprechen Sie nie meinen Namen aus, niemand darf ihn in ihrer Gegenwart nennen, sonst wäre alles verloren ... Sie haben mich zum Bearbeiter der Bittschriften ernennen lassen; bitte setzen Sie es durch, daß ich irgendeinen diplomatischen Posten im Ausland bekomme, vielleicht ein Konsulat, und schlagen Sie es sich aus dem Kopf, mich mit Amélie zu verheiraten ... Oh, seien Sie unbesorgt‹, fuhr ich fort, als ich sah, daß er zusammenzuckte, ›ich führe meine Rolle bis zum Schluß durch ...‹ – ›Armer Junge ...!‹ sagte er und ergriff meine Hand, drückte sie und wehrte den Tränen, die ihm die Augen feuchteten. – ›Sie hatten mir Handschuhe gegeben‹, fuhr ich lachend fort, ›ich habe sie nicht angezogen, daran liegt es.‹ Dann verabredeten wir, was ich im Gartenhaus tun solle; im Lauf des Abends ging ich wieder hin. Es war August, der Tag war schwül gewesen, gewittrig, aber das Gewitter lag noch immer in der Luft, der Himmel war kupferrot, die Düfte der Blumen wogten schwer heran, mir war, als befinde ich mich im Schwitzbad, und unwillkürlich wünschte ich, die Gräfin möge nach Westindien abgereist sein; aber sie war da, sie saß in einem weißen Musselinkleid mit blauen Seidenschleifen, mit locker frisiertem Haar, dessen gekräuselte Locken ihr an den Wangen niederhingen, auf einer wie ein Sofa gezimmerten Holzbank unter Buschwerk; ihre Füße ruhten auf einem niedrigen Holzschemel und schauten ein paar Zoll unter dem Kleid hervor. Sie stand nicht auf, sie wies mir durch eine Geste einen Platz neben sich an und sagte: ›Nicht wahr, das Leben bietet mir keinen Ausgang.‹ – ›Das Leben, das Sie sich geschaffen haben‹, sagte ich, ›aber nicht das, was ich Ihnen bereiten möchte; denn wenn Sie wollen, können Sie sehr glücklich sein . . .‹ – ›Und auf welche Weise?‹ fragte sie. Ihre ganze Person war eine einzige Frage. – ›Ihr Brief ist in den Händen des Grafen.‹ Honorine sprang auf wie ein erschrecktes Reh, hastete sechs Schritte weit, ging, bog im Garten ab, blieb ein paar Augenblicke stehen, ging dann in ihren Salon und blieb dort allein sitzen; ich ließ ihr einige Zeit, damit sie sich an den Schmerz dieses Dolchstichs gewöhnte, und trat dann zu ihr. – ›Sie wollen ein Freund sein? Eher ein Verräter, und vielleicht gar ein Spitzel meines Gatten!‹ Der Instinkt der Frauen wiegt den Scharfsinn großer Männer auf. – ›Ihr Brief hatte doch eine Antwort erfordert, nicht wahr? Und es gibt auf Erden nur einen einzigen Mann, der sie hätte schreiben können . . . Lesen Sie doch die Antwort, liebe Gräfin, und wenn Sie dann nach der Lektüre keinen Ausgang ins Leben finden, dann wird der Spitzel Ihnen beweisen, daß er ein Freund ist; denn dann führe ich Sie in ein Kloster, aus dem die Macht des Grafen Sie nicht herausreißen kann; aber ehe wir uns dorthin begeben, wollen wir die Gegenpartei anhören. Es gibt ein göttliches und menschliches Gesetz, dem sogar der Haß zu gehorchen vorgeben muß, und dieses Gesetz befiehlt, nicht zu verurteilen, ehe nicht die Verteidigung gehört worden ist. Bis jetzt haben Sie verurteilt wie die Kinder und sich die Ohren zugestopft. Eine siebenjährige Treue hat Rechte. Lesen Sie also die

Antwort, die Ihr Mann Ihnen schicken wird. Ich habe ihm durch meinen Onkel die Abschrift Ihres Briefes zukommen lassen, und mein Onkel hat ihn gefragt, wie er wohl antworten würde, wenn seine Frau ihm einen so abgefaßten Brief schreiben würde. Auf diese Weise sind Sie nicht bloßgestellt worden. Der würdige Mann wird Ihnen den Brief des Grafen selber überbringen. In Anwesenheit dieses Heiligen und in meiner Gegenwart müssen Sie ihn aus Selbstachtung lesen, sonst wären Sie wirklich nur ein rebellisches, zorniges Kind. Dies Opfer bringen Sie der Gesellschaft, dem Gesetz und Gott.‹ Da sie in diesem Entgegenkommen keine Verletzung ihres Willens als Frau erblickte, erklärte sie sich einverstanden. Alle Mühen der letzten vier bis fünf Monate waren für diese Minuten vollbracht worden. Aber vollenden die Pyramiden sich nicht in einer Spitze, auf der sich ein Vogel niederläßt . . .? Der Graf hatte alle seine Hoffnungen auf diese höchste Stunde gesetzt, und nun war sie gekommen. Ich nehme in den Erinnerungen meines ganzen Lebens nichts wahr, was schrecklicher gewesen wäre als der Augenblick, da abends um zehn mein Onkel den Pompadour-Salon betrat. Sein Haupt, dessen Silberhaar durch sein ganz schwarzes Gewand noch mehr hervorgehoben wurde, und das Antlitz in seiner göttlichen Ruhe übten auf die Gräfin Honorine eine magische Wirkung aus; sie verspürte auf ihren Wunden kühlenden Balsam, sie wurde erleuchtet vom Widerschein einer ohne ihr Wissen strahlenden Tugend. ›Der Herr Pfarrer von Les Blancs-Manteaux!‹ meldete die Gobain. – ›Lieber Onkel‹, fragte ich, ›kommst du mit einer Botschaft des Friedens und des Glücks?‹ – ›Man findet stets Glück und Frieden, wenn man den Geboten der Kirche folgt‹, antwortete mein Onkel und übergab der Gräfin folgenden Brief:

›Meine liebe Honorine,
hättest Du die Güte aufgebracht, nicht an mir zu zweifeln; hättest Du den Brief gelesen, den ich Dir vor fünf Jahren schrieb, so hättest Du Dir fünf Jahre nutzloser Arbeit und Entbehrungen erspart, die mir sehr nahegegangen sind. Ich hatte Dir darin einen Pakt vorgeschlagen, dessen Einzelbestimmungen alle Deine Befürchtungen zerstreut und unser Zusammenleben ermöglicht

haben würden. Ich habe mir schwere Vorwürfe zu machen und bin mir über alle meine Fehler im Verlauf von sieben Jahren des Kummers klar geworden. Ich habe die Ehe falsch aufgefaßt. Ich habe die Gefahr nicht gewittert, als sie Dir drohte. In meinem Haus ist ein Engel gewesen, und Gott der Herr hatte zu mir gesagt: ‚Hüte ihn wohl!' Der Herr hat die Überkühnheit meines Vertrauens bestraft. Du kannst Dir keinen einzigen Schlag versetzen, ohne zugleich mich zu treffen. Erweis mir Gnade, meine geliebte Honorine! Ich hatte Deine Empfindlichkeit so gut verstanden, daß ich Dich nicht in das alte Palais in der Rue Payenne hatte zurückführen wollen, wo ich ohne Dich habe leben können, das ich indessen mit Dir zusammen nicht wieder betreten möchte. Ich statte mit Freuden ein anderes Haus im Faubourg Saint-Honoré aus, in das ich eine Frau zu geleiten hoffe, die ich nicht ihrer Lebensunerfahrenheit verdanke, eine Frau, die das Gesetz mir zugesprochen hat, sondern eine Schwester, die es mir gestatten wird, auf ihre Stirn den Kuß zu drükken, den ein Vater einer Tag für Tag gesegneten Tochter gibt. Willst Du mich des Rechtes berauben, das Deiner Verzweiflung abzuringen ich verstanden habe, das nämlich, aus größerer Nähe über alles zu wachen, wessen du bedarfst, über Deine Freuden, sogar über Dein Leben? Frauen haben besondere Herzen, Herzen, die stets voller Verzeihen sind, die Herzen ihrer Mütter; Du hast keine Mutter außer der meinen gekannt; sie hätte Dich wieder zu mir zurückgeführt; aber wie hast Du nicht ahnen können, daß in mir für Dich das Herz meiner Mutter und der Deinen schlug? Ja, Liebste, meine Liebe ist weder klein noch tadelsüchtig, sie ist eine von denen, die es nicht einmal zulassen, daß die Mißgunst der Zeit in das Antlitz eines geliebten Kindes Falten kerbt. Für wen hältst Du den Gefährten Deiner Kindheit, Honorine, wenn Du ihn fähig glaubst, zitternde Küsse entgegenzunehmen, sich zu zerspalten zwischen Freude und Besorgnis? Fürchte nicht, daß Du das Gejammer einer bettelnden Leidenschaft zu ertragen hast; ich habe mich erst an Dich gewandt, als ich sicher war, Dir Deine volle Freiheit lassen zu können. Dein einsamer Stolz hat Dir die Schwierigkeiten übertrieben; Du kannst künftig das Leben eines Bruders oder eines Vaters teilen, ohne zu leiden, und, wenn Du es so willst, auch ohne Freude; aber Du wirst rings um

Dich weder auf Spott noch auf Gleichgültigkeit stoßen, noch auf Zweifel an den Absichten. Die Atmosphäre, in der Du lebst, wird stets gleichmäßig und freundlich sein, ohne Sturm, ohne einen plötzlichen Regenguß. Wenn Dir später die Gewißheit geworden ist, Du lebest in Deinem Heim, wie Du in Deinem Gartenhaus gelebt hast, dann kannst Du anderen Elementen des Glücks, der Freude, der Ablenkung den Zugang gewähren, Du kannst den Kreis nach Deinem Belieben erweitern. Der Zärtlichkeit einer Mutter wohnt weder Verachtung noch Mitleid inne; was also ist sie? Liebe ohne Begehren; wirklich, in meinem Haus wird Bewunderung alle Gefühle überdecken, in denen Du Kränkungen sehen möchtest. Auf diese Weise können wir beide nobel nebeneinander herleben. Bei Dir können das Wohlwollen einer Schwester, der liebevolle Geist einer Freundin dem Ehrgeiz dessen genugtun, der Dein Gefährte sein will, und Du kannst seine Liebe an der Mühe ermessen, die er sich geben wird, sie Dir zu verbergen. Wir werden beide keinerlei Eifersucht auf unsere Vergangenheit verspüren, denn wir können einander genug Klugheit zuerkennen, um nur noch vorwärtszublicken. Du wirst also in Deinem Haus, in Deinem Palais genauso dastehen wie in der Rue Saint-Maur: unverletzlich, für Dich allein, Du kannst tun und lassen, was Du willst, und nach Deinen eigenen Gesetzen leben; aber Du genießt überdies einen legitimen Schutz, den Du dann zur Betätigung der ritterlichsten Liebe verpflichtest, und Du hast die Achtung, die den Frauen so viel Glanz verleiht, und ein Vermögen, das Dir gestattet, viele gute Werke zu tun. Honorine, wenn Dich nach einem überflüssigen Freispruch verlangt, dann komm und bitte darum; er wird Dir weder von der Kirche noch vom Gesetzbuch auferlegt: er hängt von Deinem Stolz, von Deinem inneren Antrieb ab. Meine Frau könnte alles, was Dich erschreckt, zu befürchten haben; nicht jedoch die Freundin, die Schwester, der gegenüber ich gehalten bin, alle Formen und allen Spürsinn der Höflichkeit zu entfalten. Dich glücklich zu sehen, genügt für mein Glück; das habe ich während dieser sieben Jahre bewiesen. Ach, Honorine, die Bürgschaften für mein Wort liegen in all den Blumen, die Du gefertigt hast; sie sind sorgsam aufbewahrt und mit meinen Tränen genetzt worden, und sie bilden, wie die Quippos der Peruaner[53], eine

Geschichte unserer Schmerzen. Sollte dieser Geheimpakt Dir nicht zusagen, mein Kind, dann habe ich den heiligen Mann, der Dir diesen Brief zu bringen übernommen hat, beauftragt, kein einziges Wort zu meinen Gunsten zu sagen. Ich will Deine Rückkehr weder den Schrecknissen danken, mit denen die Kirche Dir drohen könnte, noch den Befehlen des Gesetzes. Nur von Dir selbst will ich das schlichte, bescheidene Glück empfangen, das ich erbitte. Wenn Du darauf beharrst, mir das düstere, jedes geschwisterlichen Lächelns bare Leben aufzuerlegen, das ich seit neun Jahren führe, wenn Du in Deiner Ödnis bleiben willst, allein und unbewegt, dann wird mein Wille sich vor dem Deinen neigen. Wisse dies eine: Du wirst ebensowenig gestört werden wie bis heute. Den Geistesgestörten, der sich in Deine Angelegenheiten eingemischt und Dir vielleicht Kummer gemacht hat, werde ich entfernen ...‹

›Monsieur‹, sagte Honorine, schaute von ihrem Brief auf, schob ihn in ihr Mieder und blickte meinen Onkel an, ›ich danke Ihnen; ich mache von der Erlaubnis meines Mannes Gebrauch und bleibe hier ...‹ – ›Oh!‹ schrie ich auf. Dieser Ausruf trug mir von seiten meines Onkels einen besorgten Blick ein, und von seiten der Gräfin ein boshaftes Äugeln, das mich über ihre Motive aufklärte. Honorine hatte wissen wollen, ob ich ein Komödiant sei, ein Vogelsteller, und ich hatte die traurige Genugtuung, ihr durch meinen Ausruf einen schlechten Dienst erwiesen zu haben; es war einer der Aufschreie des Herzens gewesen, in denen die Frauen sich so gut auskennen. – ›Ach, Maurice‹, sagte sie, ›Sie verstehen sich darauf zu lieben!‹ Das Aufblitzen in meinen Augen war eine weitere Antwort, die alle Besorgnisse der Gräfin hätte zunichte machen müssen, wenn sie etwa noch welche gehegt hätte. Auf diese Weise hatte der Graf sich meiner bis zum letzten Augenblick bedient. Jetzt nahm Honorine abermals den Brief des Grafen vor und las ihn zu Ende. Mein Onkel gab mir einen Wink, ich stand auf. – ›Wir wollen Madame allein lassen‹, sagte er zu mir. – ›Wollen Sie schon gehen, Maurice?‹ fragte sie mich, ohne mich anzusehen. Sie erhob sich, sie folgte uns, ohne im Lesen innezuhalten, und in der Tür des Gartenhauses nahm sie meine Hand, drückte sie überaus herzlich und sagte: – ›Wir sehen uns wieder ...‹ – ›Nein‹, antwortete ich und drückte ihre Hand so heftig, daß sie leise aufschrie. ›Sie lieben Ihren Mann! Morgen ziehe ich aus.‹ Und ich ging hastig davon und überließ ihr meinen Onkel: sie fragte ihn: ›Was hat denn Ihr Neffe?‹ Der arme Abbé vollendete mein Werk; er tupfte an seine Stirn und auf sein Herz, als wolle er sagen: ›Er ist geistesgestört; haben Sie Nachsicht mit ihm!‹, und damit hatte er mehr recht, als er glaubte. Sechs Tage später war ich zum Vizekonsul ernannt worden und reiste nach Spanien, in eine große Handelsstadt; dort konnte ich innerhalb kurzer Zeit die nötigen Kenntnisse zum Durchlaufen der Konsulatslaufbahn erwerben, auf die sich mein Ehrgeiz beschränkt hat. Nachdem ich mein Amt angetreten hatte, erhielt ich vom Grafen den folgenden Brief:

›Mein lieber Maurice, wenn ich glücklich wäre, würde ich Ihnen nicht schreiben; aber ich habe ein neues Leben der Schmerzen begonnen: ich bin wieder jung geworden durch das Begehren, mit aller Ungeduld eines Mannes, der die Vierzig überschritten hat, mit der weisen Überlegenheit des Diplomaten, der seine Leidenschaft zu bezähmen weiß. Als Sie abreisten, durfte ich das Gartenhaus in der Rue Saint-Maur noch nicht betreten; aber ein Brief hatte mir die Erlaubnis dazu in Aussicht gestellt, der weiche, schwermütige Brief einer Frau, die das Aufregende einer Zusammenkunft fürchtete. Nach einem Monat des Abwartens habe ich gewagt, mich einzufinden; ich ließ durch die Gobain anfragen, ob ich empfangen werden könne. Ich setzte mich auf einen Stuhl, in der Allee, neben der Pförtnerloge, den Kopf in den Händen, und so habe ich etwa eine Stunde dagesessen. – ‚Madame hat sich erst anziehen wollen', sagte mir die Gobain, um mir Honorines Unentschlossenheit hinter einer ehrenwerten Koketterie zu verbergen. Eine gute Viertelstunde lang haben wir beide unwillkürlich ein nervöses Zittern bezeigt; es war genauso heftig wie das, das die Redner auf der Tribüne befällt, und wir haben einander mit verstörten Phrasen bedacht, wie Leute, die überrascht worden sind und so tun, als führten sie ein Gespräch. – ‚Komm, Honorine', habe ich zu ihr gesagt, die Augen voller Tränen, ‚das Eis ist gebrochen, und ich zittere so sehr vor

Glück, daß du mir verzeihen mußt, wenn ich nur unzusammenhängend spreche. Das wird noch eine ganze Weile so bleiben.' – ‚Es ist kein Verbrechen, in die eigene Frau verliebt zu sein', antwortete sie und lächelte gezwungen. – ‚Tu mir den Gefallen und arbeite nicht mehr so viel wie bisher. Ich weiß von Madame Gobain, daß du seit drei Wochen von deinen Ersparnissen lebst; dabei hast du sechzigtausend Francs Einkünfte aus eigenem Vermögen, und wenn du mir dein Herz nicht wiedergeben willst, dann überlaß mir wenigstens nicht dein Vermögen!' – ‚Ich weiß seit langem', sagte sie, ‚wie gütig du bist . . .' – ‚Wenn du hierbleiben willst', antwortete ich, ‚und dir deine Unabhängigkeit bewahren, wenn die glühende Liebe nicht Gnade vor deinen Augen findet, dann arbeite nicht mehr . . .' Ich hielt ihr drei Staatsschuldscheine auf je zwölftausend Francs Rente hin; sie nahm sie, faltete sie gleichgültig auseinander, und nachdem sie sie gelesen hatte, Maurice, warf sie mir statt einer Antwort bloß einen Blick zu. Sie hatte nur zu gut verstanden, daß ich ihr nicht Geld schenkte, sondern die Freiheit. – ‚Ich bin besiegt', sagte sie, wobei sie mir die Hand hinstreckte, die ich küßte, ‚komm und besuch mich, sooft du willst.' Sie hatte sich also Zwang angetan, als sie mich empfangen hatte. Am folgenden Tag hatte sie sich mit einer gespielten Heiterkeit bewaffnet, und es hat zweier Monate der Gewöhnung bedurft, ehe ihr wahrer Charakter zum Vorschein kam. Aber dann war es wie ein köstlicher Mai, ein Liebesfrühling, der mir unauslöschliche Freuden bescherte; sie hatte keine Angst mehr, sie beschäftigte sich eingehend mit meinem Wesen. Aber als ich vorschlug, sie solle mit mir nach England reisen, um sich danach vor aller Öffentlichkeit wieder mit mir in ihrem Haus zu vereinen, ihren Rang wieder einzunehmen, ihr neues Palais zu beziehen, da erschrak sie leider. – ‚Warum nicht immer so weiterleben?' fragte sie. Ich fügte mich, ohne auch nur ein Wort zu antworten. ‚Ist das eine Probe?' fragte ich mich, als ich von ihr ging. Wenn ich von daheim in die Rue Saint-Maur kam, lebte ich auf, Liebesgedanken schwellten mir das Herz, und ich sagte mir wie ein Jüngling: ‚Heute abend gibt sie nach . . .' All meine erkünstelte oder echte Kraft verschwand bei einem Lächeln, bei einem Befehl ihrer stolzen, ruhigen Augen, die die Leidenschaft nicht veränderte. Das schreckliche Wort, von dem Sie mir berichtet haben: ‚Lukrezia hat mit ihrem Blut auf ihren Dolch das erste Wort der Charte der Frauen geschrieben: Freiheit!‘ kam mir wieder in den Sinn und ließ mich zu Eis erstarren. Ich fühlte gebieterisch, in welchem Maß Honorines Einverständnis notwendig, und wie unmöglich es sei, es ihr zu entreißen. Ahnte sie etwas von den Stürmen, die mich gleichermaßen auf dem Heimweg wie auf dem Weg zu ihr durchtobten? Schließlich schilderte ich ihr meine Lage in einem Brief und verzichtete darauf, ihr davon zu sprechen. Honorine antwortete mir nicht; sie war so bekümmert, daß ich tat, als habe ich nicht geschrieben. Ich empfand einen heftigen Schmerz darüber, daß ich sie hatte betrüben können; sie las in meinem Herzen und verzieh mir. Sie sollen wissen, auf welche Weise. Vor drei Tagen hat sie mich zum erstenmal in ihrem blauweißen Schlafzimmer empfangen. Überall standen Blumen; das Zimmer war geschmückt und erleuchtet, Honorine trug ein Kleid, das ihr entzückend stand. Ihr Haar umrahmte mit seinen leichten, gerollten Locken das Gesicht, das Sie ja kennen; Kap-Heide schmückte ihren Kopf; ihr Kleid war aus weißem Musselin und hatte einen weißen Gürtel mit langen, wehenden Enden. Sie wissen ja, wie sie in solch einer Schlichtheit wirkt; aber an jenem Abend war sie eine Braut, war sie die Honorine der ersten Ehetage. Meine Freude kühlte sich sogleich ab, denn ihr Gesicht war von furchtbarem Ernst, unter dem Eis war Feuer. – ‚Octave‘, sagte sie, ‚wenn du willst, bin ich deine Frau; aber du mußt wissen: diese Unterwerfung ist mit Gefahren verbunden; ich könnte mich darein schicken . . .‘ (Ich tat eine Geste.) – ‚Ja‘, sagte ich, ‚ich verstehe dich, daß ich mich lediglich füge, kränkt dich, und du willst, was ich nicht geben kann: Liebe! Religion und Mitleid haben mich auf mein Gelübde, ich wolle einsam bleiben, verzichten lassen, du bist hier!‘ Sie machte eine Pause. ‚Anfangs‘, fuhr sie fort, ‚hast du weiter nichts verlangt, jetzt willst du deine Frau. Gut, ich gebe mich dir so, wie ich bin, und ohne dich darüber zu täuschen, was ich sein werde. Was werde ich denn sein? Mutter! Ich wünsche es mir. Oh, glaub es, ich wünsche es inständig. Versuch, mich zu verwandeln, ich willige darein; aber wenn ich sterbe, mein Freund, dann verfluche mein Andenken nicht, dann nenne nicht Störrigkeit, was ich als den

Kult des Ideals bezeichnen würde, wenn es natürlicher wäre, es als das unaussprechliche Gefühl zu bezeichnen, das mich töten wird, den Kult des Göttlichen! Die Zukunft gehe mich nichts mehr an, die sei deine Sache, sagst du dir das . . .?‹ Sie saß jetzt in der gelösten Haltung da, die Sie immer so bewundert haben; sie schaute mich an und erblaßte unter dem Schmerz, den sie mir angetan hatte; mir gefror das Blut. Als sie die Wirkung ihrer Worte sah, hat sie meine Hände genommen, sie in die ihren gelegt und zu mir gesagt: ‚Octave, ich liebe dich, aber anders, als du geliebt werden willst: ich liebe deine Seele . . . Aber du sollst wissen: ich liebe dich so, daß ich in deinem Dienst sterben könnte wie eine orientalische Sklavin, und ohne Reue. Das soll meine Buße sein.‘ Sie hat noch mehr getan, sie ist auf einem Kissen vor mir niedergekniet und hat in einer Aufwallung von erhabenem Mitleid gesagt: ‚Schließlich werde ich ja vielleicht gar nicht sterben . . .?‘

Jetzt kämpfe ich seit zwei Monaten. Was soll ich tun . . .? Mir ist das Herz zu voll, ich habe das eines Freundes gesucht, um hineinzurufen: Was soll ich tun?‹

Ich habe darauf nicht geantwortet. Zwei Monate später meldeten die Zeitungen, die Gräfin Octave sei mit einem englischen Postdampfer zurückgekehrt und damit ihrer Familie wiedergeschenkt worden; die Reiseerlebnisse waren so natürlich erfunden worden, daß niemand sie in Abrede stellen konnte. Bei meiner Ankunft in Genua empfing ich eine Anzeige von der glücklichen Niederkunft der Gräfin; sie hatte ihrem Mann einen Sohn geschenkt. Hier auf dieser Terrasse habe ich auf einer Bank gesessen und die Anzeige zwei Stunden lang in der Hand gehalten. Zwei Jahre danach bin ich dem Drängen Octaves und der Herren de Granville und de Sérisy, meiner Gönner, niedergedrückt durch den Tod meines Onkels, gefolgt und habe geheiratet.

Sechs Monate nach der Juli-Revolution bekam ich folgenden Brief, mit dem die Geschichte jenes Ehepaares schließen möge:

›Monsieur Maurice, ich sterbe, obwohl ich Mutter bin, und vielleicht, weil ich Mutter bin. Ich habe meine Rolle als Frau gut gespielt: ich habe meinen Mann getäuscht, ich habe Freuden genossen, die ebenso echt waren wie die Tränen, die die Schauspielerinnen auf der Bühne vergießen. Ich sterbe für die Gesellschaft, für die Familie, für die Ehe, wie die ersten Christen für Gott gestorben sind. Ich weiß nicht, woran ich sterbe, ich forsche gutgläubig danach, denn ich bin nicht störrisch; aber ich lege Wert darauf, Ihnen meine Krankheit zu erklären, Ihnen, der Sie Ihren Onkel, den himmlischen Wundarzt, auf dessen Worte hin ich nachgab, zu mir geführt haben; er ist mein Beichtvater gewesen, ich habe ihn bei seiner letzten Krankheit betreut, er hat mir den Himmel gezeigt und mir befohlen, auch weiterhin meine Pflicht zu tun. Und ich habe meine Pflicht getan. Ich tadele die nicht, die vergessen, ich bewundere sie als starke, unentbehrliche Naturen; ich jedoch habe das Gebrechen des Erinnerungsvermögens! Jene Herzensliebe, die uns mit dem geliebten Mann identifiziert: ich habe sie nicht zweimal empfinden können. Bis zum letzten Augenblick, Sie wissen es, habe ich Ihnen, meinem Beichtvater und meinem Mann zugerufen: ‚Habt doch Mitleid mit mir . . .!' Alles hat sich mitleidlos vollzogen. Gut denn, ich sterbe. Ich sterbe und entfalte dabei einen unerhörten Mut. Keine Kurtisane ist jemals fröhlicher gewesen als ich. Mein armer Octave ist glücklich, ich lasse seine Liebe an einem Trugbild meines Herzens weiden. An dieses schreckliche Spiel verschwende ich meine Kräfte; die Komödiantin wird beklatscht, gefeiert, mit Blumen überhäuft; aber jeden Tag kommt der unsichtbare Rivale und holt sich seine Beute, einen Fetzen meines Lebens. Ich werde zerrissen und lächle! Ich lächle zwei Kindern zu, aber das älteste, das tote, triumphiert! Ich habe es Ihnen schon gesagt: das tote Kind wird mich rufen, und ich gehe zu ihm. Intimes Beieinander ohne Liebe ist eine Lage, in der meine Seele jede Stunde entehrt wird. Weinen und mich meinen Grübeleien überlassen kann ich nur, wenn ich allein bin. Die Anforderungen der Gesellschaft und meines Haushalts, die Betreuung meines Kindes und das Bedachtsein auf Octaves Glück lassen mir keinen Augenblick der Erholung, keine Möglichkeit des Schöpfens neuer Kräfte, wie meine Einsamkeit sie mir bot. Das beständige Bereitsein läßt mein Herz immerfort aus dem Schlaf auffahren, ich habe es nicht verstanden, meiner Seele die Wachsamkeit mit gespitztem Ohr, mit behendem Lügenwort, mit Luchsaugen anzuerziehen. Kein geliebter Mund trinkt meine Tränen und segnet meine Lider, nur ein Taschentuch saugt sie auf; nur Wasser erquickt meine entzündeten Augen, nicht aber geliebte Lippen. Ich spiele mit meiner Seele Komödie, und vielleicht ist das der Grund meines Sterbens! Ich verschließe mein Leid so sehr in mich selber, daß nichts davon nach außen dringt; da es nun aber etwas zernagen muß, so macht es sich an mein Leben. Zu den Ärzten, die mein Geheimnis entdeckt haben, habe ich gesagt: ‚Lassen Sie mich an einer glaubhaften Krankheit sterben, denn sonst ziehe ich meinen Mann mir nach.' Es ist also zwischen den Herren Desplein, Bianchon und mir verabredet worden, daß ich an der Erweichung irgendeines Knochens sterbe; der Wissenschaft ist jene Krankheit wohlbekannt. Octave glaubt sich innig geliebt! Verstehen Sie mich? Daher habe ich Angst, daß er mir folgt. Ich bitte Sie, daß Sie in diesem Fall die Vormundschaft meines Sohnes übernehmen. Sie finden beiliegend ein Kodizill, in dem ich diesen Wunsch ausdrücke: machen Sie erst Gebrauch davon, wenn es notwendig ist; denn vielleicht bilde ich mir dies alles bloß ein. Meine geheime Aufopferung wird vielleicht Octave untröstlich, aber lebendig zurücklassen! Der arme Octave! Ich wünschte ihm eine bessere Frau, als ich es gewesen bin; er ist es wert, geliebt zu werden. Nun mein geistvoller Spitzel sich verheiratet hat, möge er nie vergessen, was die Blumenmacherin aus der Rue Saint-Maur ihm als Lehre hinterläßt: Möge Ihre Frau schleunigst Mutter werden! Beschäftigen Sie sie mit den alltäglichsten Dingen des Haushalts; hindern Sie sie daran, daß sie in ihrem Innern die mystische Blume des Ideals züchtet, die himmlische Vollkommenheit, an die ich geglaubt habe, die Wunderblume mit den glühenden Farben, deren Düfte Ekel vor allem Wirklichen einflößen. Ich bin eine heilige Therese, die sich nicht in der Geborgenheit eines Klosters von Ekstasen hat nähren dürfen; ich bin ohne den göttlichen Jesus, ohne den makellosen Engel, den geflügelten, damit er im rechten Augenblick nahen und entschweben konnte. Sie haben mich inmitten meiner geliebten Blumen glücklich gesehen. Ich habe Ihnen nicht alles gesagt: ich habe mit angesehen, wie unter Ihrer gespielten Geistesgestörtheit die Liebe erblühte; ich habe Ihnen meine Gedanken verborgen, meine poetischen Phantasien, ich habe Sie mein schönes Königreich nicht betreten lassen. So lieben Sie denn mein

Kind um Ihrer Liebe zu mir willen, wenn es eines Tages ohne seinen armen Vater dastehen sollte. Bewahren Sie mein Geheimnis, wie das Grab mich bewahren wird. Beweinen Sie mich nicht: ich bin schon seit langem gestorben, wenn der heilige Bernhard recht hat mit seinem Ausspruch, es sei kein Leben mehr, wo keine Liebe mehr ist.‹«

Der Konsul steckte die Briefe in seine Aktentasche und schloß sie ab. »Die Gräfin ist tot«, sagte er.

»Lebt eigentlich der Graf noch?« fragte der Botschafter. »Denn seit der Juli-Revolution ist er von der politischen Bühne verschwunden.«

»Sie erinnern sich vielleicht, Monsieur de Lora«, sagte der Generalkonsul, »daß Sie gesehen haben, wie ich einen Herrn zum Dampfer geleitete . . .«

»Einen alten, weißhaarigen Herrn?« fragte der Maler.

»Einen Greis von fünfundvierzig Jahren, der nach Süditalien reist, weil er dort Gesundung und Ablenkung zu finden hofft. Dieser Greis war mein armer Freund, mein Gönner, der über Genua gereist ist, um sich von mir zu verabschieden, um mir sein Testament anzuvertrauen . . . Er bestimmt mich zum Vormund seines Sohnes. Ich habe ihm Honorines Wunsch nicht mitzuteilen brauchen.«

»Hat er gewußt, daß er ein Mörder ist?« fragte Mademoiselle des Touches den Baron de l'Hostal.

»Er ahnt die Wahrheit«, antwortete der Konsul, »und eben daran stirbt er. Ich bin bis über die Reede hinaus an Bord des Dampfers geblieben, der ihn nach Neapel bringt; ein Boot sollte mich zurückrudern. Es blieb uns also einige Zeit, voneinander Abschied zu nehmen; ich fürchte, es war der letzte. Gott weiß, wie man an der Vertrauten unserer Liebe hängt, wenn die, die sie einflößte, nicht mehr ist! – ›Solch ein Mann‹, hat Octave zu mir gesagt, ›besitzt einen Zauber, er ist von einer Aureole umgeben.‹ Als wir am Bug angelangt waren, blickte der Graf auf das Mittelmeer; es war wundervolles Wetter; der Anblick ging ihm wohl nahe, und so sagte er mir als letztes Vermächtnis: ›Müßte man im Interesse der menschlichen Natur nicht erforschen, welches die unwiderstehliche Macht ist, die uns um des flüchtigsten aller Genüsse willen und trotz unserer Vernunft ein göttliches Geschöpf opfern läßt . . .? Mein Gewissen hat Schreie vernommen. Nicht nur Honorine hat geschrien. Und ich habe es gewollt . . .! Ich werde von Gewissensbissen verzehrt! In der Rue Payenne bin ich fast an Genüssen zugrunde gegangen, die ich nicht hatte; in Italien sterbe ich an Genüssen, die ich ausgekostet habe . . .!‹ Woher rührt der Mißakkord zwischen zwei gleichermaßen edlen Seelen, wenn ich so sagen darf?«

Eine Weile herrschte auf der Terrasse tiefes Schweigen.

»War sie tugendhaft?« fragte der Konsul die beiden Damen.

Mademoiselle des Touches stand auf, nahm den Konsul beim Arm, führte ihn ein paar Schritte abseits und sagte zu ihm: »Machen nicht auch die Männer sich schuldig, wenn sie zu uns kommen, um aus einem Mädchen ihre Frau zu machen, und dabei in ihren Herzenstiefen engelhafte Bilder bewahren und uns immerfort mit unbekannten Rivalinnen vergleichen, mit etwas Vollkommenem, das oftmals mehr als einer Erinnerung entstammt, und daß sie uns dann stets minderwertig finden?«

»Mademoiselle, Sie hätten recht, wenn die Ehe sich einzig auf Leidenschaft gründete, und das ist ja der Irrtum der beiden Menschen gewesen, die bald nicht mehr sein werden. Die Ehe mit einer Herzensliebe bei beiden Partnern wäre das Paradies.«

Mademoiselle des Touches ging von dem Konsul weg; Claude Vignon trat zu ihr hin und flüsterte ihr zu: »Er ist ein bißchen übertrieben, der gute Monsieur de l'Hostal.«

»Nein«, flüsterte sie zurück, »er weiß nur noch immer nicht, daß Honorine ihn geliebt haben würde. Oh!« sagte sie, als sie die Gattin des Konsuls herankommen sah, »seine Frau hat ihn belauscht, den armen Kerl . . .!«

Es schlug elf; alle Gäste gingen heim, am Meer entlang.

»Dies alles ist lebensfremd«, sagte Mademoiselle des Touches. »Jene Frau ist eine der seltensten Ausnahmen, vielleicht die ungeheuerlichste der Intelligenz, eine Perle! Das Leben setzt sich aus mannigfachen Geschehnissen zusammen, aus einem Wechsel von Freud und Leid. Dantes Paradies, dieser erhabene Ausdruck des Idealen, dies beständige Himmelsblau, findet sich nur in der Seele, und es den Dingen des Lebens abzuverlangen ist eine Wollust, gegen die die Natur zu jeder Stunde protestiert. Für solche

Seelen genügen die sechs Fußbreit einer Klosterzelle und ein Betschemel.«

»Da haben Sie recht«, sagte Léon de Lora. »Aber wenn ich auch ein Taugenichts sein mag: ich kann nicht umhin, eine Frau wie jene zu bewundern, die imstande ist, neben einem Atelier zu wohnen, unter dem Dach eines Malers, ohne jemals hinabzusteigen, ohne in die Gesellschaft zu gehen, ohne sich auf der Straße zu beschmutzen.«

»Das ist vor ein paar Monaten tatsächlich geschehen«, sagte Claude Vignon mit tiefer Ironie.

»Die Gräfin Honorine ist nicht die einzige ihrer Art«, antwortete der Botschafter Mademoiselle des Touches. »Ein Mann, sogar ein Politiker, ein Schriftsteller mit scharfer Feder, ist der Gegenstand einer solchen Liebe gewesen, und der Pistolenschuß, der ihn tötete, hat nicht nur ihn getroffen: die, die er liebte, lebt, als sei sie im Kloster.«[54]

»Es gibt also auch in diesem Jahrhundert noch große Seelen!« sagte Camille Maupin; sie stützte sich auf die Kaimauer und verharrte eine Weile in Nachdenken.

Anmerkungen

Honorine

1 Berühmtes, von Balzac häufig erwähntes Luxusrestaurant der damaligen Zeit.

2 Im Unterschied zum französischen ›palais‹ wurde in Italien jedes aus Steinen erbaute Haus als ›palazzo‹ bezeichnet.

3 Kleines Album oder Almanach mit Kupferstichen.

4 Giovanni Boccaccio (1313–1375), Dichter und Humanist, als Sohn eines Florentiner Kaufmanns in Paris geboren, Freund und Schüler Petrarcas, Begründer der klassischen italienischen Prosa. Hauptwerk: ›Il Decamerone‹, eine Sammlung von hundert Novellen, die vor der Pest in ein Landhaus bei Florenz Geflüchtete einander erzählen.

5 Der Marchese di Negro, geboren in Genua um die Mitte des 18. Jahrhunderts, erwarb 1802 eine Villa auf den alten Wällen der Stadt, in der Nähe von Aquasola, die er umbaute und zu einer zauberhaften Stätte mit Bosketten und Gärten machte, wie Balzac sie schildert. Er war bekannt um seiner Gastfreundschaft für italienische und ausländische Gelehrte und Künstler willen. Er veröffentlichte Gedichte, versuchte sich auch, freilich ohne gutes Gelingen, in französischen Versen. Er starb 1857. Balzac hat ihm die ›Frauenstudie‹ gewidmet.

6 Der Marchese Damaso Pareto ist der Widmungsempfänger der Novelle ›Die Botschaft‹. Siehe die Vorbemerkung zu diesem Werk.

7 Küstenstraße an der französischen Riviera.

8 Englisch: Schaustellung.

9 Italienisch: eigentlich: junger Ehemann.

10 Anspielung auf Molières berühmte Komödie ›Le Malade Imaginaire‹ (1673).

11 Höchste Klasse nach dem Chevalier- und dem Officier-Grad dieses von Napoleon gestifteten Ordens.

12 Italienisch: Haus, Firma, Familie.

13 In Florenz, in der Neuen Sakristei der Kirche San Lorenzo.

14 Wahrscheinlich italienisches Dialektwort, verwandt dem hochitalienischen ›mezzadro‹ = Halbbauer.

15 Wahrscheinlich italienisches Dialektwort, hier die niedrigen Stände bedeutend.

16 Italienisch: Der Gedankenvolle. Das Bildwerk stellt den Herzog

Lorenzo Medici dar (gestorben 1519). Irrtum Balzacs: am Grabmal Lorenzos befinden sich die Statuen des ›Abends‹ und der ›Morgendämmerung‹, während die des ›Tages‹ und der ›Nacht‹ dem Grabmal des Herzogs Giuliano angehören. Siehe Anmerkung 13.

17 Marguerite-Josephine Weimer, genannt Mlle George (nicht Georges, wie Balzac schreibt; 1787–1867), überaus beliebte Schauspielerin der Comédie-Française.

18 Pierre-Jean David d'Angers (1788–1856), Schöpfer des Giebelfeldes am Pariser Panthéon (1834–37), zahlreicher Porträt- und Idealstatuen, Büsten (Kolossalbüste Goethes, 1828, in Weimar) sowie von 200 Porträtskizzen berühmter Zeitgenossen in Medaillenform, darunter die Balzacs.

19 Roman von Voltaire (1747).

20 André-Charles Boulle (nicht Boule, wie Balzac schreibt; 1642 bis 1732), Architekt, Maler, Bildhauer, am bekanntesten als Kunstschreiner der Krone; er fertigte seine Einlegearbeiten aus Schildpatt und Messing.

21 Der Ursprung der Kirche Notre-Dame-des-Blancs-Manteaux in der Rue des Blancs-Manteaux geht auf Ludwig den Heiligen zurück, der 1258 an jener Stelle ein Mönchskloster mit dem Namen ›Serfs de La Vierge Marie‹ (Leibeigene der Jungfrau Maria) errichtete; die Mönche nannte das Volk ›Blancs-Manteaux‹ (Weißmäntel). Jener Orden verschwand bald wieder; das Klostergebäude bezogen Guillemiten, denen im 17. Jahrhundert Benediktiner folgten. 1685 wurden Kirche und Kloster neu erbaut; 1807 wurde die Kirche (die Klostergebäude mußten dem Bau des Mont-de-Piété, des Pariser Leihhauses, weichen) Filialgemeinde von Saint-Merry.

22 Unter dem Ancien Régime und der Restauration führten diesen Titel Politiker, die das Vertrauen des Königs zur Teilnahme an den Sitzungen des Ministerrats berufen hatte, ohne daß sie deswegen ein Portefeuille innehatten.

23 Altes Pariser Stadtviertel (III. und IV. Arrondissement) mit vielen Adelspalästen; zu Balzacs Zeit bereits aus der Mode gekommen.

24 Heute seiner Bestimmung entzogenes Priesterseminar an der Place Saint-Sulpice in Paris.

25 Das Stadtpalais (heute Museum) Carnavalet, 1544 erbaut und 1655–61 von François Mansart umgebaut, war im Besitz der bretonischen Familie Kernevenoy; seine Bezeichnung ist die veränderte Form dieses Namens. Einige Räume des Palais wurden 1677–96

von Mme de Sévigné bewohnt. Seit 1860 ist es das Pariser stadtgeschichtliche Museum.

26 Name mehrerer Dienergestalten in der französischen Komödie des 18. Jahrhunderts.

27 In dem Roman ›The Confessional‹ von Anne Radcliffe (1764–1823), der Hauptvertreterin des Schauerromans (›Gothic novel‹), einem Werk, in dem es von Spionen und Mördern wimmelt, scheut der Pater Schedoni, ein verbrecherischer, heuchlerischer, ausschweifender Mönch, nicht vor einem Mord zurück, um dem Stolz seines Beichtkindes genugzutun.

Matthew Gregory Lewis (1775–1818) (›Monk Lewis‹), mit Byron und Scott befreundet, besuchte Goethe in Weimar, beschäftigte sich viel mit deutscher Literatur und schrieb als Zwanzigjähriger den Roman ›Ambrosio, the Monk‹, ein überkrasses Beispiel des Schauerromans. Pater Ambrosio, Dominikaner-Superior, verfällt nach Jahren der Tugend der Fleischeslust, verführt eine Nonne, erwürgt seine Mutter, vergewaltigt seine Schwester und wird schließlich vom Teufel geholt, der ihn bei kleinem Feuer schmoren läßt.

28 Drama von Lord Byron (1817).

29 Plänkler, zur leichten Infanterie gehörend.

30 Gemeint ist sicherlich William Pitt der Jüngere (1759–1806), der große Gegner der Französischen Revolution.

31 Chevet und sein Teilhaber Beauvais besaßen eine Delikatessenhandlung im Palais-Royal, Galerie de Chartres. Sie waren Lieferanten des Königs und Balzacs; aus dem Jahr 1836 ist eine Rechnung Chevets an Balzac in Höhe von 264 Francs erhalten.

32 Fabeltier: geflügeltes Pferd mit Greifenkopf; gelegentlich für Pegasus gebraucht.

33 Anspielung auf eine Gestalt in Balzacs Roman ›Eine doppelte Familie‹.

34 Clemens-Wenzeslaus Fürst von Metternich (1773–1859), bedeutender österreichischer Staatsmann, Mitschöpfer der Heiligen Allianz, Verfechter des Absolutismus, glänzender Weltmann.

35 Charles Nodier (1780–1844), Romantiker, Direktor der Bibliothèque de l'Arsenal, wo er seine Dichterfreunde empfing. Er schrieb mehrere romantische Romane und zahlreiche Novellen.

36 Luftgeist.

37 Vor dem damals die Hinrichtungen stattfanden.

38 Hauptgestalten aus Samuel Richardsons Briefroman ›Clarissa‹ (1747).

39 Gérard de Nerval.

40 Malereien Grau in Grau, oftmals Reliefs darstellend.

41 Charles Perrault (1628–1703), Bruder des Architekten Claude Perrault (1613–1688), des Schöpfers der Louvre-Kolonnade, geistvoller, vielseitiger Schriftsteller, ist durch seine Märchen (›Contes de ma Mère l'Oye‹, 1697) unsterblich geworden.

42 Edward Young (1683–1765), englischer Dichter, schrieb u. a. die ›Nachtgedanken‹ (›The Complaint, or Night Thoughts‹, 1742–1744), eine Dichtung von 10 000 Blankversen über Leben, Tod und Unsterblichkeit, die ihn weltberühmt machte; zudem Versparaphrasen zum Buch Hiob.

42a Der Gefährte Robinsons in Daniel Defoes Roman.

43 Der Turm, mit dem die südliche Befestigungsmauer des mittelalterlichen Paris endete, erhielt, da er sich in der Nähe des alten Adelspalastes Hôtel de Nesle (an der Stelle des heutigen Institut de France) befand, dessen Namen. Er lieferte Alexandre Dumas den Titel für ein fünfaktiges Prosadrama ›La Tour de Nesle‹, dessen Hauptgestalt die durch ihre Verbrechen berühmte Margarethe von Burgund (1290–1315) ist, die Gemahlin Ludwigs des Zänkers von Frankreich.

44 Jean-Auguste-Dominique Ingres (1780–1867). Das Gemälde ›Le Voeu de Louis XIII‹ befindet sich im Louvre.

45 Verfassungsurkunde.

46 Gestalt in Balzacs Novelle ›Die Entmündigung‹.

47 Hauptgestalt von Balzacs Novelle ›Der berühmte Gaudissart‹, sprichwörtlich geworden.

48 Dienergestalt in Molières ›Amphitryon‹; hier im Sinne von Doppelgänger.

49 John Murray (1778–1843), Gründer der ›Quarterly Review‹ (1809) war der Verleger Byrons, Walter Scotts, Washington Irvings usw. Er bezahlte seine Autoren mehr als großzügig.

50 Sämtlich Werke Lord Byrons: ›Manfred‹, Drama (1817); ›Don Juan‹, epische Dichtung (1819–1824); ›Childe Harold's Pilgrimage‹, epische Dichtung (1812–1818).

51 François de Salignac de La Mothe-Fénélon (1651–1715), Erzbischof von Cambrai, Erzieher des Herzogs von Burgund, des Enkels Ludwigs XIV., milderte den heftigen Charakter seines Schülers, in den er große Hoffnungen setzte. Er schrieb für ihn Fabeln und den berühmten ›Télémaque‹, einen Erziehungsroman um die Gestalt des Sohnes des Odysseus (1699).

52 Von Abälard bei Nogent-sur-Seine im 12. Jahrhundert gegründetes Kloster, dessen Äbtissin Heloïse wurde; hier als Sinnbild der Zufluchtsstätte. Paraclet = Tröster; Bezeichnung des Heiligen Geistes.

53 Quippos sind Schnüre, in die die Peruaner Knoten von verschiedenen überlieferten Farben und Abständen knüpften; diese Schnurschrift diente zu Rechnungen, zur Aufbewahrung von Gesetzen und zu historischen Registern.

54 Diese Andeutung bezieht sich auf eine Affäre, die zu jener Zeit großes Aufsehen erregte. Am 22. Juli 1836 war der berühmte republikanische Journalist Armand Carrel von Emile de Girardin im Duell erschossen worden. Man hatte angenommen, die Ursache sei eine Pressefehde gewesen. Im Jahre 1911 erschien indessen ein Buch von Louis Fiaux, ›Armand Carrel et Emile de Girardin. – Cause et But d'un Duel‹, das bewies, jene Fehde sei nur ein Vorwand gewesen. »Girardin hat mir gedroht«, hat Carrel zu seinem Freund Pichot gesagt, »er wolle meine Biographie veröffentlichen und darin eine Dame erwähnen, von der ich nicht dulden werde, daß auch nur der leiseste Windhauch ihr den Schleier hebt. Ich werde ihn umbringen, oder er mich.« Jene Dame war die Frau des ehemaligen Chefs eines Bataillons, in dem Carrel als Offizier gestanden hatte: sie hatte ihren Mann verlassen und mit Carrel zusammengelebt. Beide warteten den Tod des Mannes ab, um zu heiraten. Nach Carrels Tod zog die Dame sich nach Verdun in die Einsamkeit zurück; sie empfing dort den Besuch Chateaubriands.

Biographische Notizen über die Romangestalten

Honorine

BAUVAN, Octave, Graf de, geboren 1787, war zu Beginn des Jahres 1830 Präsident des Kassationsgerichts, als er zusammen mit den Grafen de Granville und de Sérisy Ehre und Leben Luciens de Rubempré retten wollte (›Glanz und Elend der Kurtisanen‹).

GAUDRON, Abbé, setzte sich im gleichen Jahr 1824, da er bei M. de Bauvan speiste, für die Beförderung Isidore Baudoyers ein, eines unfähigen Bürochefs beim Schatzamt (›Die Beamten‹). Zwei Jahre später führte er Mme Clapart, die ehemalige ›Aspasia des Directoire‹, zur Kirche zurück und erhielt 1830 die Protektion der Dauphine für Oscar Husson (›Ein Lebensbeginn‹).

GRANVILLE, Graf de, geboren um 1779, von Cambacérès protegiert, Sekretär des Anwalts Maître Bordin, unter dessen Leitung er 1805 für Michu plädierte (›Eine dunkle Begebenheit‹), heiratete unter dem Kaiserreich Angélique Bontems, deren Bigotterie ihn allen ehelichen Glücks beraubte, so daß er sie mit Caroline Crochard betrog, die ihn ihrerseits hinterging (›Eine doppelte Familie‹). Fortan vergrub er sich in seine Arbeit als Richter. 1821 wurde auf seinen Antrag hin César Birotteau (im Roman dieses Titels) rehabilitiert. Granville verkehrte nur mit ein paar Freunden, die Ähnliches wie er erlitten hatten: mit Philippe de Sucy (›Lebwohl‹), dem Grafen de Bauvan (›Honorine‹), dem Grafen de Sérisy, um dessen Ehre willen er Lucien de Rubempré zu retten versuchte, der der Liebhaber der Mme de Sérisy war (›Glanz und Elend der Kurtisanen‹).

LORAUX, Abbé, während der Restauration Beichtvater der Agathe Bridau (›Die Fischerin im Trüben‹) und César Birotteaus (im Roman dieses Titels), der 1822 in seinen Armen starb.

LORA, Léon de, geboren 1806, entstammte einer adligen Familie des Roussillon und ging nach Paris, um sich in Schinners Atelier als Maler auszubilden (›Die Komödianten wider ihr Wissen‹; ›Die Fischerin im Trüben‹). 1820 begleitete er unter dem Namen ›Treffbube‹ Joseph Bridau, der dekorative Malereien im Schloß zu Presles ausführen sollte (›Ein Lebensbeginn‹). Seinem unbegabten Kollegen Pierre Grassou (in der Novelle dieses Titels) erteilte er vergeblich Ratschläge. Er war befreundet mit Stidmann und Steinbock, an dessen Befreiung aus dem Schuldgefängnis Clichy er 1838 mitwirkte (›Tante Bette‹), und mit Fabien du Ronceret (›Béatrix‹). 1845 wurde er Mitglied des Institut und unternahm mit seinem Vetter Sylvestre-Palafox Gazonal eine unvergeßliche Entdeckungsreise durch Paris (›Die Komödianten wider ihr Wissen‹).

DES TOUCHES, Félicité, geboren 1791 in Guérande, mit einem Jahr verwaist, von ihrem Onkel, einem alten Archäologen, als Knabe erzogen. Er ließ sie ihre literarischen Neigungen entwickeln. Sie rivalisierte unter dem Pseudonym Camille Maupin mit George Sand und gab ihr, was die Freiheit der Sitten betraf, nichts nach: ihre Liebhaber waren u. a. Gennaro Conti, den ihr ihre Freundin Béatrix de Rochefide wegschnappte, alsdann Claude Vignon (›Béatrix‹). Félicité war in der Pariser künstlerischen und literarischen Gesellschaft große Mode; sie war die Gönnerin von Joseph Bridau (›Die Fischerin im Trüben‹) und Lucien de Rubempré, den sie beinahe geheiratet hätte und den sie, als es ihm schlecht ging, geldlich unterstützte (›Verlorene Illusionen‹, II. Teil). Unter Louis-Philippe blieb ihr Salon geöffnet (›Zweite Frauenstudie‹). 1836 reiste sie mit Claude Vignon nach Italien und hörte in Genua aus dem Munde Maurices de l'Hostal die traurige Geschichte Honorines (im Roman gleichen Titels). Im folgenden Jahr war sie von Claude Vignon enttäuscht und ließ sich durch die Leidenschaft Calystes du Guénic rühren, widerstand ihr jedoch und verheiratete ihn mit Sabine du Guénic, um ihn von der Liebe der Béatrix de Rochefide freizumachen; sie setzte ihn zu ihrem Universalerben ein; dann nahm sie im Orden der Franziskanerinnen den Schleier (›Béatrix‹).

SERISY, Hugret, Graf de, geboren 1765, emigrierte nicht während der Revolution, diente Napoleon, der ihn zum Grafen und Senator machte, dann den Bourbonen, unter denen er Pair von Frankreich, Staatsminister etc. wurde. Seine ungeheure Arbeit, durch die er sich eine Krankheit zuzog, tröstete ihn nicht über den Kummer hinweg, den seine Frau Léontine de Ronquerolles ihm machte; er hatte sie 1806 geheiratet, und sie lehnte es ab, mit ihm zu leben (›Ein Lebensbeginn‹). Der schmerzlichste Augenblick im Eheleben des Grafen de Sérisy, der seine Frau innig liebte, geschah im Mai 1830, als er die Gräfin in die Conciergerie begleitete, um ihren Liebhaber Lucien de Rubempré zu befreien; aber Lucien hatte sich erhängt und den Grafen de Sérisy als seinen Testamentsvollstrecker eingesetzt (›Glanz und Elend der Kurtisanen‹).

VIGNON, Claude, geboren 1799, durchdringender Psychologe, sicherer, kluger Kritiker, schon 1821 berühmt, als er mit Blondet und Nathan befreundet war (›Verlorene Illusionen‹). 1836, auf der Rückreise aus Italien, brach Vignon mit Camille Maupin, die seit langem seine Geliebte gewesen war, und ergab sich Ausschweifungen (›Béatrix‹). Später wurde er Sekretär des Kriegsministers Cottin, Herzogs von Weißenburg, verkehrte im Salon der Valérie Marneffe, die in zweiter Ehe Crevel geheiratet hatte (›Tante Bette‹), und wurde gegen Ende der Regierungszeit Louis-Philippes zum Bibliothekar und Professor an der Sorbonne ernannt (›Die Komödianten wider ihr Wissen‹).

Béatrix

Übertragung von Ernst Sander

Der Roman ›Béatrix‹, für den heutigen Leser ein Werk ›aus einem Guß‹, ist nichtsdestoweniger in einzelnen Abschnitten entstanden; zwischen der Niederschrift und Veröffentlichung der beiden ersten Teile und des abschließenden dritten Teils liegen fünf Jahre. Unter dem Titel ›Béatrix, ou les Amours forcés‹ (›Béatrix oder Erzwungene Liebschaften‹) erschienen die beiden ersten Teile ›Les Personnages‹ (›Die Gestalten‹) und ›Le Drame‹ (›Das Drama‹) vom 13. bis 26. April und vom 10. bis 19. Mai 1839 in ›Le Siècle‹. Die Widmung ›A Sarah‹ ist datiert: ›Aux Jardies, décembre 1838.‹ Die Buchausgabe erschien im Dezember 1839 in zwei Bänden. 1842 wurde das Werk unter dem endgültigen Titel ›Béatrix‹ in die ›Szenen aus dem Privatleben‹ der ›Menschlichen Komödie‹ aufgenommen; die Kapiteleinteilung der ersten Buchausgabe entfiel. Der dritte Teil, heute ›Un Adultère rétrospectif‹ (›Ein Ehebruch durch Rückschau‹) betitelt, erschien vom 24. Dezember 1844 bis 23. Januar 1845 in ›Le Messager‹, und zwar unter dem Titel: ›Les petits Manèges d'une Femme vertueuse‹ (›Die kleinen Schliche einer tugendhaften Frau‹). 1845 erschien eine zweibändige Buchausgabe unter dem Titel ›La Lune de Miel‹ (›Die Flitterwochen‹). Im gleichen Jahr wurde der Schlußteil unter dem Titel ›Béatrix, dernière Partie‹ (›Béatrix, letzter Teil‹) in die ›Szenen aus dem Privatleben‹ der ›Menschlichen Komödie‹ eingegliedert. Die heutigen Betitelungen der drei Teile gehen auf eine Nachlaßnotiz Balzacs zurück.

Daß Balzac eine seiner Lieblingsgestalten, Félicité des Touches (Camille Maupin), seiner Freundin George Sand nachgezeichnet hat, ist bekannt. Ihr dankt er den Stoff des Romans, dem die Liebschaft Franz Liszts mit der Gräfin d'Agoult zugrunde liegt; die Sand hatte Balzac davon erzählt, als er sie im Februar 1838 auf ihrem Gut Nohant besuchte. George hatte den Liebesbund des großen Musikers und der Gräfin begünstigt; er war eine der großen Skandalaffären jener Zeit, als Marie d'Agoult mit der aristokratischen Welt gebrochen hatte und Liszt nach Genf gefolgt war. 1837 hatte das Paar mehrere Monate auf Nohant geweilt. Die Sand hatte sich mit Marie überworfen und beabsichtigte, ihr einen Streich zu spielen, indem sie Einzelheiten über das Liebesverhältnis an Balzac weitergab; sie selber konnte unter den gegebenen Umständen den Roman nicht schreiben. Balzacs Reise nach Sardinien mit dem Ziel der Erlangung einer Konzession für die Ausbeutung der dortigen römischen Silberminen, sein Aufenthalt in Italien und die Erwerbung und der Ausbau seiner Villa Les Jardies verzögerten sein Vorhaben. Ein weiteres Hinausschieben brachte seine eigene Liebschaft mit Hélène de Valette mit sich; mit ihr reiste er im Juli 1838 in die Bretagne, nach Le Croisic und Guérande, nach den Stätten und der Landschaft also, die den Schauplatz des Romans bilden. So wenig er George Sands Schlößchen Nohant-Vicque (im Département Indre) als eine der Örtlichkeiten des Romangeschehens übernehmen konnte, so wenig Camille Maupin ein in allen Zügen getreues Porträt der George Sand ist, so wenig übernahm er die biographischen Details des Liebesbundes Liszt–d'Agoult: er schmolz und gestaltete alles um, weniger, um nicht in den Verdacht der Abfassung eines ›Schlüsselromans‹ zu geraten, als seinem schöpferischen Genius zu gehorchen, der ihn, um der Originalität und Geschlossenheit des Werkes willen, zwang, mit den Gegebenheiten frei zu schalten. Dennoch empfand George Sand nach der Veröffentlichung einige Unruhe, die Balzac in einem Brief an sie vom 18. Januar 1840 zu beschwichtigen suchte, vielleicht gar in der Absicht, jener Brief möge Liszt oder Mme d'Agoult gezeigt werden. In einem Brief an Mme Hanska (Februar 1840) drückt er sich freilich unumwundener aus: »Ja, Sarah ist Madame de Visconti; ja, Mademoiselle des Touches ist George Sand; ja, Béatrix ist nur zu sehr Madame d'Agoult. George Sand ist außer sich vor Freude; sie nimmt auf diese Weise eine kleine Rache an ihrer Freundin. Bis auf ein paar Veränderungen ist die Geschichte wahr.« – Marie d'Agoult hat Balzac nichts nachgetragen; sie hat ihn 1841 mehrmals eingeladen.

Die Widmungsempfängerin war die blonde, blauäugige Engländerin Sarah Frances Lowell (1804–1883), die durch ihre Heirat Gräfin Guidoboni-Visconti geworden war. Sie hatte mehrere Liebesabenteuer hinter sich. Balzac hatte sie 1834 in der österreichischen Botschaft kennengelernt. Über ihre Liebschaft mit Balzac ist wenig bekannt; er soll der Vater ihres 1836 geborenen Sohnes Richard-Lionel sein. 1836 und 1837 schickte das Ehepaar Balzac zur Regelung einer schwierigen Erbschaftsangelegenheit nach Italien; Balzac hatte dabei Erfolg. 1839 zog das Ehepaar, das menschlich und materiell viel für den Dichter getan hat, nach Les Jardies. Die Gräfin hat in einigen Zügen als Modell für die Gestalt der Lady Dudley in ›Die Lilie im Tal‹ und für die der Fanny O'Brien in ›Béatrix‹ gedient. Sie besaß ein Pastell-Bildnis Balzacs von J.-A. Girard-Séguin, das nach ihrem Tode an das Museum in Tours gelangte.

ERSTER TEIL

DIE GESTALTEN

Les Personnages

Frankreich und die Bretagne zumal besitzen noch heute einige Städte, die völlig außerhalb der sozialen Bewegung stehen, die dem neunzehnten Jahrhundert seine Physiognomie gibt. Es fehlt diesen Städten an lebendigen, regelmäßigen Verbindungen mit Paris; sie sind kaum durch eine schlecht unterhaltene Landstraße mit der Unterpräfektur oder dem Hauptort des Arrondissements verbunden, von denen sie abhängen, und so hören oder sehen sie die neue Zivilisation an sich vorübergleiten wie ein Schauspiel; sie wundern sich darüber, ohne ihr Beifall zu zollen; und sei es, daß sie sie fürchten oder ihrer spotten: sie bleiben den alten Gepflogenheiten treu, deren Prägung sie tragen. Wer als Moralarchäologe reisen und sich mit den Menschen anstatt mit den Steinen befassen würde, der vermöchte in einem Dorf der Provence ein Bild des Zeitalters Ludwigs XV. zu gewahren, im tiefsten Poitou ein solches des Zeitalters Ludwigs XIV. und in der Bretagne ein Bild noch weiter zurückliegender Jahrhunderte. Die meisten dieser Städte haben Zeiten des Glanzes hinter sich, von denen die Historiker, die sich mehr mit Fakten und Daten befassen als mit Sittenschilderungen, nichts erzählen, aber deren Erinnerung im Gedächtnis fortlebt wie in der Bretagne; denn dort läßt der Volkscharakter es kaum je zu, daß etwas in Vergessenheit gerät, was mit der Heimat zusammenhängt. Viele dieser Städte waren einst die Hauptorte kleiner Lehensstaaten, einer Grafschaft, eines Herzogtums, die dann von der Krone erobert oder mangels eines männlichen Sprosses von den Erben aufgeteilt worden sind. Waren sie ihrer Funktion beraubt, so wurden diese Häupter zu Gliedern. Ein Glied jedoch, dem es an Nahrung fehlt, verdorrt und verkümmert. Seit einem Menschenalter indessen beginnen diese Bilder alter Zeiten zu verblassen und werden immer seltener. Die moderne, für die Massen arbeitende Industrie zerstört die Schöpfungen des alten Kunsthandwerks, dessen Arbeiten für den Verbraucher wie für den Fertiger etwas durchaus Persönliches waren. Heute haben wir ›Produkte‹, aber keine ›Werke‹ mehr. Auch die Baudenkmäler gehören zur Hälfte dem Phänomen der Rückschau an. Für die Industrie nun aber gelten Hausteinbrüche, Salpeterbergwerke oder Baumwollschuppen als Baudenkmäler. Noch ein paar Jahre, und diese urtümlichen Stadtgebilde haben sich völlig verwandelt und sind nur noch in dieser literarischen Bilderbeschreibung wahrzunehmen.

Eine der Städte, in denen sich die Züge der Feudalzeit am getreuesten feststellen lassen, ist Guérande[1]. Der Name allein schon dürfte Erinnerungen wecken, zumal bei Malern, bei Künstlern und Denkern, die vielleicht bis an die Küste gewandert sind, an der dies prächtige Kleinod der Feudalzeit gelegen ist; stolz ragt es auf und beherrscht die Anschwemmungen des Meeres und die Dünen; es ist wie die Spitze eines Dreiecks, an dessen Ecken zwei weitere, nicht minder seltsame Kleinode sich befinden, nämlich Le Croisic und der Marktflecken Batz. Nächst Guérande bewahren nur noch Vitré im Herzen der Bretagne und Avignon im Süden mitten in unserer Epoche ihre unversehrte mittelalterliche Gestalt. Noch heute ist Guérande von seinen mächtigen Festungsmauern umgürtet: in den breiten Gräben ist Wasser, die Zinnen sind gut erhalten, die Schießscharten sind nicht von Gestrüpp überwuchert, kein Efeu hat einen Mantel über die eckigen oder runden Türme geworfen. Die Stadt hat drei Tore, an denen die Ringe der Fallgatter zu sehen sind; man gelangt nur über eine Zugbrücke aus eisenbeschlagenem Holz hinein, die nicht mehr hochgezogen wird, aber hochgezogen werden könnte. Das Bürgermeisteramt ist getadelt worden, weil es im Jahre 1820 längs der Gräben Pappeln hat pflanzen lassen, damit die Promenade beschattet würde. Es hat durch den Hinweis geantwortet, daß die lange, schöne Esplanade der Befestigungswerke, die aussehen, als seien sie gestern erst vollendet worden, schon vor hundert Jahren in eine Mailspielbahn umgewandelt worden sei, unter deren Ulmenschatten die Einwohner sich ergötzten. Die Häuser haben hier keinerlei Veränderung erlitten; es sind ihrer weder mehr noch weniger geworden. Kein einziges hat auf seiner Fassade den Hammer des Baumeisters zu spüren bekommen oder den Pinsel des Tünchers, noch ist es durch ein aufgesetztes Stockwerk verunstaltet worden. Alle haben noch ihren ursprünglichen Charakter. Manche ruhen auf hölzernen Pfeilern; dadurch sind Arkaden entstanden, unter denen die Passanten einhergehen; die Deckenbalken sind durchgebogen, ohne zu zerbrechen. Die Häuser der Händler sind klein und niedrig; ihre Fassaden sind mit angenagelten Schieferschindeln verkleidet. Das jetzt verwitterte Balkenwerk ist zum guten Teil für die geschnitzten Fensterumrahmungen ausgenutzt worden; und an den Fensterbrüstungen treten sie oberhalb der Pfeiler als groteske Gesichter hervor; sie erstrecken sich in Gestalt von Fabeltieren in die Länge, verlebendigt durch den großen Gedanken der Kunst, die in der damaligen Zeit dem toten Naturstoff Leben lieh. Diese Altertümlichkeiten, die allem Widerstand leisten, bieten den Malern die braunen Farbtöne und die ausgelöschten Gestalten dar, die ihr Pinsel so gern nachschafft. Die Straßen sind noch genauso, wie sie vor vierhundert Jahren waren. Die Sache ist nur die, daß, da nicht mehr viel Volk herumwimmelt, da das gesellige Leben dort stockt, ein auf die Besichtigung dieser Stadt – sie ist so schön wie eine wohlerhaltene Ritterrüstung – erpichter Wanderer nicht ohne leise Schwermut einer fast menschenleeren Straße zu folgen vermag, deren steinerne Fensterkreuze mit Stampferde ausgefüllt sind, damit an Steuern[2] gespart wird. Jene Straße endet mit einer Ausfallpforte, die mit einer Backsteinmauer abgesperrt ist; darüber wächst eine Baumgruppe; sie ist von den Händen der bretonischen Natur, einer der verschwenderischsten, reichhaltigsten Vegetationen Frankreichs, elegant dorthin gestellt worden. Ein Maler, ein Dichter werden sich dort niedersetzen und die tiefe Stille genießen, die unter der Wölbung jener noch ganz neu anmutenden Ausfallpforte herrscht; das Leben der friedlichen Stadt schickt keinen Laut hierher; das üppige Land erscheint in all seiner Pracht zwischen den Schießscharten, an denen ehemals Bogenschützen und Armbrustschützen standen; sie ähneln den Guckfenstern, die in irgendeinem Aussichtsturm angebracht worden sind. Unmöglich kann man sich dort ergehen, ohne auf

Schritt und Tritt des Brauchtums, der Sitten vergangener Zeiten zu gedenken: jeder Stein spricht zu einem; nach wie vor wirken die Gedanken des Mittelalters in der Gestalt des Aberglaubens fort. Wenn ein Gendarm mit Tressenhut vorübergeht, ist sein Vorhandensein ein Anachronismus, gegen den unser Denken protestiert; aber nichts ist hier seltener anzutreffen als ein Menschenwesen oder ein Ding, das der Gegenwart angehört. Auch moderne Kleidung erblickt man kaum je: was die Einwohner davon zulassen, paßt sich irgendwie ihren unwandelbaren Gepflogenheiten, ihrem auf demselben Punkt stehengebliebenen Aussehen an. Auf dem Marktplatz findet sich eine Fülle bretonischer Trachten; sie zu zeichnen kommen die Künstler her; sie sind von unglaublicher Eigenart. Das Weiß der Leinenbekleidung, die die ›Paludiers‹ tragen, wie der Name der Leute lautet, die in den Salzteichen das Salz gewinnen, hebt sich kräftig von den blauen und braunen Farbtönen der Bauern ab, deren Frauen eigenartigen, fromm beibehaltenen Schmuck tragen. Diese beiden Klassen und die der Matrosen mit ihren kurzen Jacken und Lacklederhüten sind untereinander genauso verschieden wie in Indien die Kasten, und zudem tragen sie noch dem Abstand Rechnung, der sie vom Bürgertum, vom Adel und der Geistlichkeit scheidet. Dort besteht noch zwischen allem und jedem eine Kluft; dort haben sich die revolutionären Nivellierungsversuche allzu knorrigen und allzu harten Massen gegenübergesehen, als daß sie sie hätten glätten können: sie wären daran schartig geworden, wenn nicht zerbrochen. Der Charakter der Unwandelbarkeit, den die Natur ihren zoologischen Arten verliehen hat, findet sich dort auch beim Menschen. Kurzum: auch nach der Revolution von 1830 ist Guérande nach wie vor eine Stadt für sich, ihrem Wesen nach eine bretonische, glühend katholische, stille, in sich gekehrte Stadt, zu der neue Ideen so gut wie keinen Zutritt haben.

Dieses Phänomen erklärt sich durch die geographische Lage. Die hübsche Stadt beherrscht die Salzteiche; das dort gewonnene Salz heißt in der ganzen Bretagne Guérander Salz, und viele Bretonen schreiben ihm die Güte ihrer Butter und ihrer Sardinen zu. Mit dem modernen Frankreich ist die Stadt nur durch zwei Landstraßen verbunden, diejenige, die nach Savenay führt, der Hauptstadt des Arrondissements, zu dem sie gehört, und diejenige nach Vannes, die sie mit dem Morbihan[3] verbindet. Die Straße durch das Arrondissement stellt den Landweg, die nach Saint-Nazaire den Seeweg nach Nantes dar. Der Landweg wird nur von den Verwaltungsbehörden benutzt. Die schnellere und häufiger befahrene Straße ist die nach Saint-Nazaire. Nun aber beträgt die Entfernung zwischen diesem Marktflecken und Guérande mindestens sechs Meilen, und auf dieser Strecke verkehrt aus gutem Grund kein Postwagen: es fänden sich jährlich nicht einmal drei Reisende ein, die mitfahren würden. Saint-Nazaire ist von Paimboeuf durch die Loire-Mündung getrennt; sie ist vier Meilen breit. Die Barre der Loire macht den Verkehr von Dampfschiffen ziemlich schwierig, aber um die Hindernisse noch größer zu machen, gab es an der Landspitze von Saint-Nazaire im Jahre 1829 noch keine Landungsbrücke, sondern nur glitschige Felsen und granitene Riffe, kolossale Felsblöcke, die seiner pittoresken Kirche als natürliche Befestigungen dienten und die Reisenden nötigten, bei bewegter See sich mit ihrem Gepäck in Boote zu begeben oder aber, bei schönem Wetter, durch die Klippen bis zu der Mole zu gehen, die Ingenieure und Pioniere damals gebaut hatten. Diese Hindernisse waren wenig dazu angetan, Liebhaber zu ermutigen; sie bestehen vielleicht heute noch. Erstens sind die Behörden bei dem, was sie unternehmen, langsam; zweitens aber sind den Bewohnern dieses Gebiets, das sich auf der Karte Frankreichs wie zahnartig herausgeschnitten ausnimmt und die Gegend zwischen Saint-Nazaire, den Marktflecken Batz und Le Croisic umfaßt, diese Schwierigkeiten ziemlich genehm, da sie verhindern, daß Fremde sich ihrer Heimat nähern. Guérande liegt am Ende des Kontinents; man gelangt von dort nirgendwohin, und niemand sucht es auf. Es ist nur zu froh, daß es unbekannt ist, und es kümmert sich einzig um sich selber. Die Verschickung der gewaltigen Erzeugnisse der Salzteiche, die dem Fiskus nicht weniger als eine Million einbringen, erfolgt von Le Croisic aus; die Verbindung dieser auf einer Halbinsel gelegenen Stadt mit Guérande vermitteln eine durch Triebsand führende Straße, deren tagsüber getretene Spur während der Nacht wieder auslöscht, und ferner Boote, ohne die der Meeresarm nicht überquert werden kann, der Le Croisic als Hafen dient und einen Einbruch in den Schwemmsand darstellt.

Die reizende kleine Stadt ist also das Herculaneum[4] der Feudalzeit, freilich ohne das Leichentuch der Lava. Sie steht da, aber sie lebt nicht; sie hat als Daseinsgrund nur die Tatsache, daß sie nicht zerstört worden ist. Wenn man von Le Croisic aus in Guérande anlangt, nachdem man das Gebiet der Salzteiche durchschritten hat, wird man heftig betroffen durch den Anblick der gewaltigen Befestigungsanlagen, die noch immer wie erst kürzlich errichtet wirken. Das Malerische ihrer Lage und die naive Anmut ihrer Umgebung wirken nicht minder bestrickend, wenn man sich ihr von Saint-Nazaire aus naht. Das Land ringsum ist ganz reizend, die Hecken sind voller Blüten, Geißblatt, Buchs, Wildrosen, schöner Pflanzen. Man könnte es als einen englischen Park bezeichnen, den ein großer Künstler entworfen hat. Diese reiche, still in sich ruhende, des regen Verkehrs bare Natur ist voller Anmut wie ein Tuff Veilchen, eine Gruppe von Maiblumen im Dickicht eines Waldes; als Umrahmung dient ihr eine vom Ozean begrenzte afrikanische Wüste, und zwar eine Wüste ohne Baum, ohne Gras, ohne Vogel; an Sonntagen könnte man die weißgekleideten Paludiers, die die traurigen Teiche durchsprenkeln, in denen das Salz gewonnen wird, für in ihren Burnus gehüllte Araber halten. So kommt es, daß Guérande mit seiner ansprechenden Festlandslandschaft, seiner Wüste, zur Rechten von Le Croisic begrenzt, zur Linken von dem Marktflecken Batz, mit nichts vergleichbar ist, was die Touristen in Frankreich sehen könnten. Die beiden Gegensätze der Natur, die durch das letzte Bild feudalen Lebens verbunden werden, haben etwas Ergreifendes. Die Stadt wirkt auf die Seele wie ein Beruhigungsmittel auf den Körper; sie ist genauso still wie Venedig. Es gibt kein öffentliches Fuhrwerk als das eines Fuhrunternehmers, der in einem Rumpelkasten Fahrgäste, Waren und vielleicht gar Briefe von Saint-Nazaire nach Guérande befördert, und umgekehrt. 1829 war der Fuhrhalter Bernus das Faktotum dieses großen Gemeinwesens. Er fährt, wie und wann er will; die ganze Gegend kennt ihn; er übernimmt Aufträge von jedermann. Die Ankunft eines Wagens, möge nun eine Frau darinsitzen, die auf dem Landweg über Guérande fährt, um nach Le Croisic zu gelangen, oder möge er ein paar alte Bresthafte befördern, die Seebäder nehmen wollen – die zwischen den Felsen dieser Halbinsel sind noch wirksamer als die von Boulogne, Dieppe und Les Sables –, ist ein ungeheures Ereignis. Die Bauern gelangen zu Pferde hin; die meisten bringen in ihren Säcken Lebensmittel. Gerade wie die Paludiers treibt sie vor allem das Verlangen hin, dort die Schmuckstücke zu kaufen, wie sie ihrer Kaste eigentümlich sind und die allen bretonischen Bräuten geschenkt werden, und ebenso das weiße Leinen und den Stoff für ihre Trachten. Auf zehn Meilen in der Runde ist und bleibt Guérande Guérande, die berühmte Stadt, in der der historisch bedeutsame Vertrag[5] unterzeichnet worden ist, der Schlüssel zum Küstengebiet, eine Stätte, die, gerade wie der Marktflecken Batz, von einem Glanz zeugt, der heute in der Nacht der Zeiten untergegangen ist. Die Schmuckstücke, das Tuch, das Leinen, die Seidenbänder, die Hüte werden anderswo angefertigt; aber für alle, die sie erwerben, stammen sie aus Guérande. Jeder Künstler, sogar jeder Bürgersmann, der durch Guérande kommt, empfindet dort, wie alle in Venedig Weilenden, einen bald wieder vergessenen Wunsch, hier seine Tage in Frieden, in der Stille zu beschließen und bei schönem Wetter auf der Mailspielbahn spazierenzugehen, die sich nach der Seeseite hin vor der Stadt hinzieht, von einem Tor zum anderen. Manchmal klopft das Gestalt gewordene Bild dieser Stadt wieder an den Tempel der Erinnerung an: sie tritt ein und trägt als Kopfschmuck ihre Türme, als kostbaren Gürtel ihre Umwallung; sie entfaltet ihr mit ihren schönen Blumen übersätes Kleid, schüttelt den goldenen Mantel ihrer Dünen und atmet die berauschenden Düfte ihrer Dornheckenwege aus, die voll von vom Zufall gewundenen Blütensträußen sind; sie läßt einen nicht los und ruft einen wie eine göttliche Frau, die man in einem fremden Land flüchtig erblickt und die sich in einem Herzenswinkel eingenistet hat.

In der Nähe der Kirche von Guérande erblickt man ein Haus, das für die Stadt ist, was die Stadt für das Land darstellt: ein genaues Bild der Vergangenheit, das Sinnbild von etwas zerstörtem Großem, ein Gedicht. Jenes Haus gehört der edelsten Familie des Landes, den du Guaisnic, die zu Zeiten der du Guesclin[6] diesen an Reichtum und Alter ebenso überlegen waren wie die Trojaner den Römern. Die Guaisqlain (früher schrieben sie sich auch Glaicquin), aus deren Namen du Guesclin geworden ist, stammen von den du Guaisnic ab. Die du Guaisnics sind alt wie der Granit der Bretagne und weder Franken noch Gallier: sie sind Bretonen, oder, um noch genauer zu sein: Kelten. Sicher sind sie ehedem Druiden gewesen, haben in heiligen Hainen Misteln gepflückt und auf den Dolmen[7] Menschen geopfert. Zu sagen, was sie waren, ist unnütz. Heute besitzt dieses Geschlecht, das den Rohan ebenbürtig ist, ohne daß es geruht hätte, sich fürsten zu lassen, und das schon mächtig war, ehe die Vorfahren von Hugo Capet[8] auch nur des Erwähnens wert waren, diese Familie, in der kein Tropfen unreinen Blutes fließt, ein Einkommen von zweitausend Francs, das Haus in Guérande und ihr kleines, burgartiges Schloß Le Guaisnic. Alle Ländereien, die zu der Baronie Le Guaisnic, der ersten der Bretagne, gehören, sind an die Pächter verpfändet und bringen etwa sechzigtausend Francs ein, trotz der Unvollkommenheit der Ackerbaumethoden. Übrigens sind die du Guaisnic nach wie vor Besitzer ihrer Ländereien; aber da sie das Kapital nicht zurückzahlen können, das seit zweihundert Jahren von ihren gegenwärtigen Pächtern bei ihnen hinterlegt worden ist, haben sie nichts von den Einkünften. Sie sind in der gleichen Lage wie die Krone Frankreichs vor 1789 gegenüber ihren Domänenpächtern. Wo und wann sollen die Barone die Million auftreiben, die ihre Pächter ihnen eingehändigt haben? Vor 1789 hatten die Erträgnisse der der auf einem Hügel gelegenen Burg Guaisnic unterstehenden Lehen noch fünfzigtausend Francs betragen; aber durch eine Abstimmung der Nationalversammlung wurden die den adeligen Besitzern zustehenden Gebühren abgeschafft[9]. In dieser Lage wäre diese Familie, die in Frankreich für niemanden mehr etwas gilt, in Paris ein Gegenstand des Spottes gewesen; in Guérande dagegen gilt sie soviel wie die ganze Bretagne. In Guérande ist der Baron von Guaisnic einer der großen Barone Frankreichs, einer der Männer, über denen nur ein einziger Mann steht, nämlich der ehemals als Oberhaupt erwählte König von Frankreich. Heute hat der Name du Guaisnic, der im Bretonischen so viele Bedeutungen hat und dessen Wurzeln übrigens in ›Les Chouans ou la Bretagne 1799‹[10] erklärt worden sind, die gleiche Veränderung erfahren, wie sie den Namen du Guaisqlain entstellt. Der Steuereinnehmer schreibt, wie jedermann, Guénic.

Am Ende einer stillen, feuchten und düsteren Gasse, die von den Giebelmauern der Nachbarhäuser gebildet wird, erblickt man den Rundbogen eines kleinen Tors; es ist gerade so hoch und so breit, daß ein Reiter hindurch kann. Dieser Umstand allein schon bezeigt, daß es in der Zeit, da dieser Bau beendet wurde, noch keine Wagen gab. Der auf zwei Pfeilern ruhende Bogen ist ganz aus Granit. Die Tür besteht aus Eichenholz; es ist rissig wie die Rinde der Bäume, die eben jenes Holz liefern, und weist riesige Nägel auf, die in geometrischen Figuren angeordnet worden sind. Der Bogen ist hohl. Es befindet sich darin das Wappen der du Guaisnic, und zwar so klar und reinlich, als habe der Steinmetz es eben erst vollendet. Jenes Wappen würde jeden Liebhaber der Kunst der Heraldik durch eine Schlichtheit entzücken, die den Stolz und das Alter der Familie beweist. Es ist noch genauso wie an dem Tag, da die Kreuzfahrer der christlichen Welt diese Sinnbilder erfanden, um einander zu erkennen. Nie haben die du Guaisnic ihr Wappen geviertelt; es ist stets dasselbe geblieben, wie das des französischen Königshauses, das der Kenner verderbt oder als Teilstück in den Wappenschildern der ältesten Familien zu entdecken vermag. In dieser Gestalt ist es auch heute noch in Guérande zu sehen: Auf rotem Grund eine natürliche, mit Hermelin umkleidete Hand, ein silbernes Schwert teilt das Schild von oben nach unten, und als Wappenspruch das furchtbare Wort: Fac[11]! Ist das nicht etwas Großes und Schönes? Die Schnur der Freiherrnkrone erhebt sich über diesem schlichten Wappen; seine senkrechten Schraffen, die bei Steinmetzarbeiten das Rot darstellen, schimmern noch heute. Der Steinmetz hat der Hand irgendwie etwas Stolzes und Ritterliches gegeben. Mit welcher Kraft hält sie das Schwert, das die Familie noch gestern geführt hat! Wirklich, wer, nachdem er diese Geschichte gelesen hat, nach Guérande kommt, kann nicht umhin, zu erschauern, wenn er dies Wappen erblickt. Ja, auch den überzeugtesten Republikaner müßte Rührung überkommen ob der Treue, der Noblesse und der Größe, die dieses Gäßchen birgt. Die du Guaisnic haben gestern Gutes vollbracht und sind bereit, morgen abermals Gutes zu vollbringen. Tun, Schaffen, Vollbringen ist die große Parole des Rittertums. »Du hast in der Schlacht Gutes geleistet«, pflegte der vortrefflichste Kronfeldherr zu sagen, der große du Guesclin[12], der für eine Zeitlang die Engländer aus Frankreich vertrieben hat. Die Tiefe der Steinmetzarbeit, die die breite Auskragung des Rundbogens vor Wetterunbill bewahrt hat, entspricht der sittlichen Tiefe, mit der der Wappenspruch sich in die Seele dieser Familie eingegraben hat. Für den, der um die du Guaisnic weiß, hat diese Eigentümlichkeit etwas Rührendes. Die offene Tür gestattet den Einblick in einen ziemlich geräumigen Hof; rechts liegen die Stallungen, links die Küche. Das Wohngebäude besteht von den Kellern bis zum Speicher aus Haustein. Die Hoffassade ziert eine Freitreppe mit doppeltem Geländer; auf dem Mittelstück sind Spuren von plastischem Schmuck zu sehen, die die Zeit hat verwittern lassen; aber das Auge des Altertumsforschers könnte nach wie vor in der Mitte den Hauptteil der das Schwert haltenden Hand erkennen. Unter jenem hübschen, tribünenhaften Mittelteil, der von an manchen Stellen schadhaften, hervortretenden Rippen eingerahmt wird – sie sehen hier und dort durch die Abnutzung wie lackiert aus –, befindet sich eine kleine Loggia, in der ehemals ein Wachhund lag. Die steinernen Geländer sind aus den Fugen geraten: in Spalten sprossen Gras, kleine Blumen und Moos, wie auch auf den Treppenstufen, die die Jahrhunderte verschoben, die aber nichts von ihrer Verläßlichkeit eingebüßt haben. Die Tür muß einmal sehr schön gewesen sein. Sofern die Reste des plastischen Zierwerks ein Urteil erlauben, ist sie von einem aus der großen venezianischen Schule des dreizehnten Jahrhunderts hervorgegangenen Künstler geschaffen worden. Man gewahrt darauf ein Gemisch von byzantinischen und maurischen Stilelementen. Gekrönt wird sie von einem vorspringenden Halbkreis, in dem Pflanzen wuchern, je nach der Jahreszeit rosa, gelbe, braune oder blaue Blütenbüschel. Die eigentliche Tür aus beschlagenem Eichenholz führt in eine weite Halle, an deren Ende sich eine zweite Tür mit derselben Freitreppe davor befindet; sie führt in den Garten hinab Jene Halle ist wunderbar erhalten. Bis in Brusthöhe ist sie mit Kastanienholz verkleidet. Eine herrliche spanische Ledertapete mit plastisch hervortretendem Figurenwerk, dessen Vergoldung freilich rötlich geworden oder abgeblättert ist, bedeckt die Wände. Die Decke besteht aus kunstvoll ineinandergefügtem Balkenwerk; es ist bemalt und vergoldet. Das Gold ist kaum noch sichtbar; die Decke ist also im gleichen Zustand wie die cordovanischen Ledertapeten; man kann jedoch noch ein paar rote Blumen und grüne Blätter erkennen. Man könnte meinen, nach einer Reinigung würden wieder Malereien zum Vorschein kommen, die jenen ähneln, die die Decken des Tristan-Hauses in Tours schmücken; sie würden beweisen, daß die Decke während der Regierungszeit Ludwigs XI. neu bemalt oder restauriert worden ist. Der Kamin ist riesengroß, besteht aus gemeißeltem Stein und hat gigantische schmiedeeiserne Feuerböcke von kostbarer Arbeit. Er könnte ein ganzes Klafter Holz aufnehmen. Die Möbel der Halle sind ausnahmslos aus Eichenholz und tragen oberhalb der Rückenlehne das Familienwappen. Drei englische Gewehre, gleichermaßen zur Jagd wie zum Kriege tauglich, drei Säbel, zwei Jagdtaschen und anderes Jagd- und Angelgerät hängen an Nägeln.

Daneben befindet sich ein Eßzimmer, das durch eine in einem Ecktürmchen angebrachte Tür mit der Küche in Verbindung steht. Diesem Türmchen entspricht in der Planung der Hoffassade ein anderes in einem anderen Winkel; darin führt eine Wendeltreppe nach den beiden oberen Stockwerken. Im Eßzimmer hängen Gobelins, die bis ins vierzehnte Jahrhundert zurückreichen; das machen der Stil und die Schreibweise der Inschriftenbänder unter jeder Gestalt glaubwürdig; aber da sie in der naiven Schreibweise der ›Fabliaux‹[13] abgefaßt sind, können sie unmöglich hier wiedergegeben werden. An den Stellen, wo das Tageslicht sich weniger hat auswirken können, sind diese Wandteppiche gut erhalten; sie sind von geschnitzten eichenen Leisten eingefaßt, die schwarz wie Ebenholz geworden sind. Die Decke besteht aus vorspringenden Balken; auf jedem Balken findet sich ein anderes Blattwerk. Die Zwischenräume werden von einem Brett ausgefüllt; darauf ist eine Girlande von goldenen Blumen auf blauem Grund gemalt. Zwei alte Anrichtetische stehen einander gegenüber. Auf ihren Platten, die von Mariotte, der Köchin, mit bretonischer Hartnäckigkeit geschrubbt werden, stehen, wie zu den Zeiten um 1200, da die Könige ebenso arm waren wie die du Guaisnic im Jahre 1830, vier alte Becher, eine alte, verbeulte Suppenterrine und zwei silberne Salzfässer; alsdann mehrere Zinnteller, mehrere blaue und graue Steingutkrüge mit Arabesken und dem Wappen der Guaisnic, mit zinnernen Klappdeckeln. Der Kamin ist modernisiert worden. Sein Zustand beweist, daß die Familie sich in den letzten hundert Jahren ständig in diesem Raum aufhält. Die Steinumrahmung zeigt gemeißelte Ornamente im Louis-Quinze-Stil; darüber hängt ein Spiegel mit einem Rahmen aus vergoldeten Perlstäben. Dieser Gegensatz läßt die Familie gleichgültig; einem Dichter würde er Kummer bereiten. Auf der mit rotem Velours belegten Kaminplatte steht in der Mitte eine Stutzuhr aus Schildpatt mit Messinginkrustationen und rechts und links je ein seltsam geformter Silberleuchter. Ein breiter, viereckiger Tisch mit gewundenen Säulenbeinen nimmt die Mitte dieses Zimmers ein. Die gedrechselten Stühle sind mit gewirktem Stoff bespannt. Auf einem runden Tisch mit nur einem Bein, das die Gestalt eines Rebstocks hat, und der vor dem zum Garten hinausgehenden Fenster steht, ist eine bizarre Lampe zu sehen. Sie besteht aus einer Kugel aus gewöhnlichem Glas, nicht ganz so groß wie ein Straußenei, die mit einem gläsernen Fortsatz in einem Leuchter befestigt ist. Aus einem oben befindlichen Loch ragt ein flacher Docht heraus, der in einer Art Röhrchen aus Messing steckt; sein Gewebe ist gewunden wie ein Bandwurm in einem Glas mit Spiritus; es saugt das Nußöl auf, das die Kugel enthält. Das Fenster, das zum Garten hinausgeht, und das gegenüberliegende, das zum Hof hinausgeht, haben steinerne Kreuze und sechseckige, in Blei gefaßte Scheiben sowie baldachinartig geraffte Vorhänge aus einem alten roten Seidenstoff mit gelben Reflexen, der früher ›Brocatelle‹ oder ›Petit brocard‹ genannt wurde; die Vorhänge haben dicke Quasten.

Jedes der beiden Stockwerke des Hauses hat nur diese beiden Räume. Der erste Stock dient dem Familienoberhaupt als Wohnung, der zweite war ehemals für die Kinder bestimmt. Die Gäste logierten in den Kammern unter dem Dach. Die Dienerschaft wohnte über den Küchen und den Stallungen. Das spitze, an den Winkeln mit Zink abgedeckte Dach wird nach der Hofseite und der Gartenseite hin durch ein herrliches Spitzbogenfenster unterbrochen; es reicht fast bis zum First hinauf; seine Konsolen sind zierlich und elegant; ihr plastischer Schmuck ist von den Salzdünsten der Atmosphäre zerfressen. Über dem wie

Spitzenwerk gemeißelten Giebelfeld dieses Fensters mit seinen vier steinernen Sprossen knarrt noch die Wetterfahne des adligen Herrn[14].

Wir wollen nicht eine köstliche, sehr naive Einzelheit vergessen; sie ist für den Blick der Altertumsforscher von Wert. Das Türmchen mit der Wendeltreppe ziert den Winkel einer großen, fensterlosen Giebelmauer. Die Treppe endet unten mit einer kleinen Spitzbogentür auf einem mit Sand bestreuten Platz; er liegt zwischen dem Wohnhaus und der Einfriedungsmauer, an die die Stallungen sich lehnen. Diesem Türmchen entspricht auf der Hofseite ein zweites mit fünfeckigem Grundriß; es endet mit einer Doppelwölbung, und darauf erhebt sich ein Glockentürmchen, statt daß es, wie das andere, in ein Kegeldach ausläuft. Auf diese Weise wußten die auf Anmut bedachten Architekten jenes Zeitalters die Symmetrie zu variieren. Nur in der Höhe des ersten Stockwerks sind die beiden Türmchen durch eine steinerne Galerie verbunden; sie ruht auf schiffsbugartigen Trägern mit Menschengesichtern. Jene äußere Galerie schmückt eine Balustrade von eleganter, wunderbar fein ausgeführter Steinmetzarbeit. Oben am Giebel, unter dem sich nur ein einziges oblonges Fenster befindet, hängt ein steinernes Zierwerk herab, das einen Baldachin darstellt, ähnlich denen, die in den Kirchenportalen die Heiligenstatuen krönen. Beide Türmchen haben hübsche Rundbogenpforten, die auf jene Terrasse hinausführen. So verstand die Architektur des dreizehnten Jahrhunderts die nackte, kalte Giebelmauer auszunutzen, die die Häuser unserer Zeit aufweisen. Ist einem nicht, als sehe man eine Frau am Morgen auf dieser Galerie sich ergehen und über Guérande hinwegschauen und sehen, wie die Sonne das Gold der Sandbänke überleuchtet und die Fläche des Ozeans aufglänzen läßt? Muß man nicht die Mauer mit der blumenhaften Spitze bewundern, die an ihren beiden Winkeln mit den beiden, gewissermaßen kannelierten Türmchen ausgestattet worden ist, deren eines jäh sich abrundet wie ein Schwalbennest und deren anderes seine hübsche Tür mit dem gotischen Bogen und dem Schmuck der das Schwert haltenden Hand darbietet? Der andere Giebel des Stadthauses der du Guaisnic stößt an das Nachbarhaus. Die Harmonie, die die Baumeister jener Zeit so sorglich anstrebten, ist an der Hoffassade durch das Türmchen gewahrt worden, in dem die ›Schraube‹, wie ehedem eine Wendeltreppe bezeichnet wurde, emporsteigt; jenes Türmchen dient der Verbindung zwischen Eßzimmer und Küche; aber es endet in der Höhe des ersten Stockwerks, und seine Bekrönung ist eine kleine offene Kuppel, unter der sich eine dunkle Statue des heiligen Calixtus erhebt.

Der Garten in einer so alten Mauerbefestigung ist der reinste Luxus; er ist etwa einen halben Morgen groß; seine Mauern schmücken Spaliere; er ist in Gemüsebeete eingeteilt, an deren Rändern rockenförmig gestutzte Obstbäume stehen und die ein Diener namens Gasselin betreut; er striegelt auch die Pferde. Am Ende des Gartens ist eine Laube und darunter eine Bank. In der Mitte steht eine Sonnenuhr. Die Wege sind mit Sand bestreut. Nach der Gartenseite hin weist die Fassade kein Türmchen auf, das dem längs des Giebels emporstrebenden entspräche. Dieser Mangel wird durch eine kleine, von unten bis oben gewundene Säule ausgeglichen, die wohl einst das Familienbanner getragen hat, denn sie endet mit einer klobigen, verrosteten Eisenvorrichtung mit einem Zapfenloch; darin wuchert jetzt spärliches Unkraut. Diese Einzelheit harmoniert mit den Resten von plastischem Zierwerk und beweist abermals, daß das Haus von einem venezianischen Architekten erbaut worden ist. Der elegante Fahnensockel ist wie eine Signatur, die von Venedig, Rittertum und dem Kunstsinn des dreizehnten Jahrhunderts kündet. Verblieben in dieser Hinsicht noch Zweifel, so müßte die Art der Ornamente sie zerstreuen. Die Kleeblätter am Stadthaus der du Guaisnic haben nämlich vier Blätter statt nur drei. Dieser Unterschied weist auf die venezianische Schule hin, die durch den Orienthandel verderbt worden ist: die halb maurischen Architekten kümmerten sich nicht um den großen katholischen Gedanken und gaben dem Klee vier Blätter, während die christlichen Architekten der Dreieinigkeit treu blieben. In dieser Beziehung wurde die venezianische Phantasie ketzerisch. Wenn jenes Haus die Vorstellungskraft überrascht, fragt man sich vielleicht, warum die heutige Zeit nicht dergleichen Wunder der Kunst aufs neue hervorbringt. Heutzutage werden die schönen Stadtpalais verkauft und abgebrochen und machen Straßen Platz.

Niemand weiß, ob seinen Nachkommen das Vaterhaus erhalten bleibt; denn heute ist man in seiner Wohnung nur ein flüchtiger Gast wie in einer Herberge, während man in früheren Zeiten, wenn man baute, meinte, oder doch zu meinen glaubte, man schaffe für eine nie aussterbende Familie. Daher die Schönheit der alten Stadtpalais. Der Glaube an sich selber schuf die gleichen Wunder wie der Glaube an Gott. Was nun die Einteilung und das Mobiliar der oberen Stockwerke betrifft, so läßt sich beides nach der Schilderung des Erdgeschosses und aus der Art und Weise und den Gepflogenheiten der Familie ohne weiteres erraten. Seit einem halben Jahrhundert haben die du Guaisnic nie jemanden anderswo empfangen als in den beiden Zimmern, in denen, wie im Hof und dem äußeren Schmuckwerk des Hauses, der Geist, die Anmut, die Naivität der alten, adligen Bretagne lebendig ist. Ohne die Topographie und Schilderung der Stadt, ohne die genaue Beschreibung dieses Stadthauses blieben die absonderlichen Gestalten dieser Familie vielleicht nahezu unverständlich. Daher mußten die Rahmen den Bildnissen vorangehen. Jeder sollte bedenken, daß die Menschen von den Dingen beherrscht werden. Es gibt Baudenkmäler, deren Einfluß auf die in ihrer Nähe Wohnenden deutlich sichtbar ist. Es ist schwierig, im Schatten einer Kathedrale wie der von Bourges unfromm zu sein. Wenn die Seele überall durch Bildwerke an ihre Bestimmung gemahnt wird, ist es weniger leicht, dagegen zu verstoßen. Das wenigstens war die Meinung unserer Vorfahren; eine Generation, die weder Eigenart noch Unterscheidungsvermögen mehr besitzt und deren Sitten sich alle zehn Jahre ändern, hat sich davon abgewandt. Ist man nicht darauf gefaßt, den Baron du Guaisnic mit dem Schwert in der Faust vorzufinden, oder wäre hier alles eitel Lüge?

In den ersten Augusttagen des Jahres 1836, dem Augenblick, da diese Geschichte beginnt, bestand die Familie du Guénic nur noch aus Monsieur und Madame du Guénic, Mademoiselle du Guénic, der älteren Schwester des Barons, und dem einzigen, einundzwanzig Jahre alten Sohn; auf Grund eines alten Familienbrauchs hieß er Gaudebert-Calyste-Louis. Der Vater hieß Gaudebert-Calyste-Charles. Nur der letzte Schutzheilige wurde gewechselt. Sankt Gaudebert und Sankt Calixtus mußten immer die du Guénic beschirmen. Der Baron du Guénic hatte Guérande verlassen, sobald Vendée und Bretagne zu den Waffen gegriffen hatten, und er hatte zusammen mit Charette, Cathelineau, La Rochejaquelein, d'Elbée, Bonchamps und dem Fürsten Loudon Krieg geführt[15]. Vor seinem Aufbruch hatte er seine gesamten Besitztümer an seine ältere Schwester Mademoiselle Zéphirine du Guénic verkauft; das war eine Vorsichtsmaßnahme, die in den Annalen der Revolution einzigartig dasteht. Nach dem Tod aller der Helden des Westens hatte der Baron, den lediglich ein Wunder davor bewahrt hatte, zu enden wie sie, sich nicht Napoleon unterworfen. Er hatte bis 1802 auf eigene Faust einen Kleinkrieg geführt; in jenem Jahr wäre er beinahe in Gefangenschaft geraten; er kehrte nach Guérande zurück, ging von Guérande nach Le Croisic und gelangte von dort, getreu dem alten Bretonenhaß gegen England, nach Irland. Die Einwohner von Guérande taten, als wüßten sie nicht, ob der Baron noch am Leben sei: innerhalb von zwanzig Jahren kam es zu keiner einzigen Schwatzhaftigkeit. Mademoiselle du Guénic zog die Einkünfte ein und ließ sie ihrem Bruder durch Fischer zukommen. Im Jahre 1813 kehrte Monsieur du Guénic mit der gleichen Selbstverständlichkeit zurück, als habe er bloß eine Saison in Nantes verbracht. Während seines Verweilens in Dublin hatte der alte Bretone sich ungeachtet seiner fünfzig Jahre in eine reizende Irin verliebt, die Tochter eines der ältesten und ärmsten Adelsgeschlechter dieses unglücklichen Königreichs. Miss Fanny O'Brien war damals einundzwanzig Jahre alt gewesen. Der Baron holte die zu seiner Eheschließung erforderlichen Papiere, fuhr zurück, heiratete und kam zehn Monate danach wieder, zu Beginn des Jahres 1814, zusammen mit seiner Frau: sie schenkte ihm Calyste am gleichen Tag, da Ludwig XVIII. in Calais einzog; dieser Umstand erklärt seinen Vornamen Louis. Der alte, loyale Bretone war jetzt dreiundsiebzig Jahre alt; aber der Partisanenkrieg gegen die Republik, die Leiden auf fünf Überfahrten mit Fischerbooten und sein Leben in Dublin hatten ihn arg mitgenommen: er wirkte, als sei er über hundert Jahre alt. So kam es, daß zu keiner Zeit ein du Guénic besser zu dem uralten, verfallenden Stadthaus gepaßt hat, das in den Zeiten erbaut worden war, da in Guérande noch eine Hofhaltung bestand.

Monsieur du Guénic war ein hochgewachsener, aufrechter, dürrer, nerviger, hagerer Greis. Sein ovales Gesicht war von Tausenden von Falten durchfurcht; sie bildeten oberhalb der Backenknochen und der Augenbrauen bogenförmige Fransen und verliehen seinem Gesicht Ähnlichkeit mit den Greisen, die der Pinsel van Ostades [16], Rembrandts, Mieris'[17], Gerard Dous[18] so gern gemalt hat; ihre Bilder erfordern ein Vergrößerungsglas, um in der rechten Weise bewundert werden zu können. Seine Züge lagen gewissermaßen begraben unter den zahllosen Furchen, die sein Leben in freier Luft sowie seine Gewohnheit hervorgerufen hatten, von Sonnenaufgang bis zum Sichneigen des Tages über Land zu schauen. Dennoch blieben für den schärfer Blickenden die unvergänglichen Formen des menschlichen Antlitzes bestehen, und die sagen der Seele nach wie vor etwas, auch wenn das Auge nur noch einen Totenkopf gewahrt. Die festen Konturen des Gesichts, die Zeichnung der Stirn, der Ernst der Linien, die Strenge der Nase, die Formen des Knochenbaus, die nur Verwundungen ändern können, kündeten von unerschrockenem Mut ohne Berechnung, von grenzenloser Gläubigkeit, von Gehorsam ohne Widerrede, von unwandelbarer Treue und einer Liebe ohne Schwankungen. In ihm war der bretonische Granit zum Menschen geworden. Der Baron hatte keine Zähne mehr. Seine ehemals roten, jetzt violetten Lippen hatten nur noch an dem harten Zahnfleisch Halt; damit aß er Brot, das seine Frau dadurch aufweichte, daß sie es in eine feuchte Serviette hüllte; die Lippen waren in den Mund gesunken und zeigten jedenfalls ein drohendes, höhnisch stolzes Lächeln. Sein Kinn schien sich mit der Nase berühren zu wollen, aber aus dem Charakter jener in der Mitte gebuckelten Nase waren die Merkmale seiner Energie und seiner bretonischen Widerstandskraft zu ersehen. Seine Haut war mit roten Flecken gemasert, die durch seine Falten hindurchzuschimmern schienen; sie kündeten von einem sanguinischen, heftigen Temperament, das für Anstrengungen geschaffen war; diese hatten den Baron sicherlich vor manchem Schlagfluß bewahrt. Den Kopf krönte silberweißes Haar, das in Locken auf die Schultern niederfiel. Das damals schon teilweise erloschene Gesicht lebte durch den Glanz zweier schwarzer Augen, die in ihren braunen Höhlen funkelten und die letzten

Flammen einer großmütigen und loyalen Seele warfen. Brauen und Wimpern waren ausgefallen. Die spröde gewordene Haut konnte sich nicht glätten. Das Rasieren war so schwierig, daß der alte Herr genötigt war, sich den Bart fächerförmig wachsen zu lassen. Ein Maler hätte an diesem alten bretonischen Löwen mit den breiten Schultern und der kräftigen Brust vor allem die wunderbaren Soldatenhände bewundert, Hände, wie sie du Guesclin gehabt haben muß, breite, klobige, behaarte Hände: Hände, die den Säbelgriff umklammert hatten, um ihn nicht wieder loszulassen, wie Jeanne d'Arc es getan hatte, bis zu dem Tage, da die königliche Standarte in der Kathedrale von Reims wehen würde; Hände, die oft an den Dornen der Gestrüppe des Bocage[19] sich blutig geschrammt, die im Marais[20], wenn es galt, die Blauen[21] zu überrumpeln, oder auf hoher See, wenn die Ankunft Georges'[22] begünstigt werden sollte, den Riemen geführt hatten; Hände eines Partisanen, eines Kanoniers, eines gemeinen Soldaten, eines Befehlshabers; Hände, die damals noch weiß[23] waren, obwohl der ältere Zweig der Bourbonen im Exil weilte; doch wenn man sie genauer ansah, konnte man ein paar frische Narben wahrnehmen, die davon aussagten, daß der Baron unlängst in der Vendée zu ›Madame‹[24] gestoßen war. Diese Hände waren der lebendige Kommentar zu dem schönen Wappenspruch ›Fac‹, gegen den kein du Guénic je verstoßen hatte. Die Stirn lenkte den Blick durch die goldbraunen Töne an den Schläfen auf sich; sie unterschieden sich von der bräunlichen Tönung der kleinen, niedrigen Stirn, die Haarausfall zur Genüge erhöht hatte, um dieser schönen Ruine noch mehr Majestät zu verleihen. Dieser übrigens ein bißchen schwerfällig – und wie hätte das auch anders sein können? – wirkenden Physiognomie wohnte, wie allen bretonischen Gesichtern, die sich um den Baron scharten, etwas Wildes und Ungeselliges inne, eine rohe Ruhe, die dem unerschütterlichen Gleichmut der Huronen[25] ähnelte, irgend etwas Verstumpftes, das vielleicht mit dem absoluten Ruhebedürfnis zusammenhing, wie es sich nach übermäßigen Anstrengungen einstellt und das dann einzig das Tierische hervortreten läßt. Das Denken war darin etwas Seltenes. Das schien ihm eine Bemühung zu bedeuten; es hatte seinen Sitz eher im Herzen denn im Kopf, es zielte mehr auf Taten ab als auf gedankliche Leistung. Wenn man indessen diesen schönen Greis mit ausdauernder Aufmerksamkeit musterte, begriff man das Geheimnis dieser offenkundigen Opposition gegen den Geist seines Jahrhunderts. Frömmigkeit und Gesinnung waren ihm gewissermaßen angeboren, und das enthob ihn des Nachdenkens. Seine Pflichten hatte er gemeinsam mit dem Leben gelernt. Die Institution, die Religion dachten für ihn. Er und die Seinigen konnten also ihre geistigen Kräfte für die Tat aufsparen, ohne sie an Dinge zu vergeuden, die die du Guénic als unnütz erachteten, mit denen sich jedoch die andern befaßten. Der Gedanke entflog seinem Herzen wie sein Degen der Scheide, blendend vor Reinheit, wie in seinem Wappen die mit Hermelin bekleidete Hand. War dies Geheimnis durchschaut, so erklärte sich alles. Man verstand die Tiefe von Entschlüssen, die klaren, deutlichen, freien Gedanken zu verdanken waren, die makellos waren wie der Hermelinbesatz. Man verstand den Verkauf an die Schwester bei Ausbruch des Krieges; sie hatte alles auf sich genommen, den Tod, die Konfiskation, das Exil. Die Schönheit des Charakters der beiden alten Leute, denn die Schwester lebte einzig für und durch den Bruder, kann in ihrem vollen Umfang von den selbstsüchtigen Gepflogenheiten, denen die Ungewißheit und Unbeständigkeit unserer Epoche entspringt, gar nicht mehr begriffen werden. Wäre ein Erzengel beauftragt worden, in den Herzen der beiden zu lesen, so hätte er darin keinen einzigen von Eigensucht geprägten Gedanken vorgefunden. Als 1814 der Pfarrer von Guérande dem Baron du Guénic nahelegte, nach Paris zu reisen und dort um seine Belohnung nachzusuchen, rief die alte, für die Familie als so geizig geltende Schwester: »Pfui! Hat mein Bruder es nötig, die Hand auszustrecken wie ein Bettler?«

»Man würde meinen, ich hätte dem König aus eigennützigen Motiven gedient«, sagte der alte Herr. »Überdies ist es an ihm, sich zu erinnern. Und dann wird dieser arme König ohnehin schon genugsam von denen geplagt, die ihn bedrängen. Wenn er Frankreich stückweise verschenkte, würde immer noch etwas von ihm gefordert werden.«

Diesem treuen Diener, der sich so sehr für Ludwig XVIII. eingesetzt hatte, wurde der Dienstgrad eines Obersten, das

Sankt-Ludwigs-Kreuz und eine Ruhegehalt von zweitausend Francs zuerkannt.

»Der König hat sich erinnert!« sagte er, als er die Urkunden darüber erhielt. Die Bearbeitung dieser Dinge hatte dem Herzog von Feltre[26] obgelegen; er hatte in den Ranglisten der Vendéer Armeen den Namen du Guénic zusammen mit einigen anderen bretonischen Namen auf -ic vorgefunden. Gleichsam um dem König von Frankreich zu danken, bestand daher der Baron im Jahre 1815 eine Belagerung der Stadt Guérande durch die Bataillone des Generals Travot[27]; er wollte die Festung niemals übergeben; und als er sie evakuieren mußte, zog er sich mit einer Schar von Chouans in die Wälder zurück; sie blieben bis zur zweiten Rückkehr der Bourbonen unter Waffen. In Guérande ist heute noch die Erinnerung an diese letzte Belagerung lebendig. Hätten die alten bretonischen Scharen sich eingefunden, so würde der durch diesen heroischen Widerstand erweckte Krieg die Vendée entflammt haben. Wir müssen zugeben, daß der Baron du Guénic völlig ungebildet war, aber ungebildet wie ein Bauer: er konnte lesen, schreiben und ein bißchen rechnen; er kannte sich in der Kriegskunst und der Wappenkunde aus; aber außer seinem Gebetbuch hatte er sein Leben lang keine drei Bände gelesen. Seine Kleidung, die nicht gleichgültig sein dürfte, war unabänderlich die gleiche; sie bestand aus plumpen Schuhen, gewirkten Strümpfen, einer grünlichen Samthose, einer Tuchweste und einem Rock mit Kragen, an dem das Sankt-Ludwigs-Kreuz befestigt war. Seinem Antlitz wohnte eine wunderbare Heiterkeit inne; seit einem Jahr schien es ein Einschlummern, der Vorbote des Todes, auf die ewige Ruhe vorzubereiten. Diese beständigen Schlafanfälle, die von Tag zu Tag häufiger wurden, beunruhigten weder seine Frau noch seine blinde Schwester, noch seine Freunde; mit deren medizinischen Kenntnissen war es nicht weit her. Für sie fanden diese sublimen Ruhepausen einer makellosen, aber erschöpften Seele eine ganz natürliche Erklärung: der Baron hatte seine Pflicht getan. In diesem Wort lag alles beschlossen.

Das Hauptinteresse in diesem Stadtschloß galt dem Schicksal des entthronten Zweiges des Königshauses. Die Zukunft der exilierten Bourbonen und der katholischen Religion, der Einfluß der politischen Neuerungen auf die Bretagne beschäftigten die

Familie des Barons ausschließlich. In jenes Interesse mischte sich kein anderes als die Zuneigung aller für den einzigen Sohn, für Calyste, den Erben, die einzige Hoffnung des großen Namens du Guénic. Der alte Vendéer, der alte Chouan hatte vor einigen Jahren etwas wie eine Wiederkehr der Jugend erlebt, als er den Sohn an die anstrengenden Körperübungen gewöhnte, wie sie sich für einen Edelmann geziemen, der in jedem Augenblick zu den Waffen gerufen werden kann. Sobald Calyste sechzehn Jahre alt war, hatte sein Vater ihn mit in das Sumpfgelände und den Wald genommen und ihn in den Freuden der Jagd die Rudimente des Kriegs zu erkennen gelehrt; er war ihm mit gutem Beispiel vorangegangen, hart gegenüber allen Ermüdungen, unerschütterlich im Sattel, seines Schusses sicher, um was für Wild es sich auch handeln mochte, ob es auf der Hetzjagd oder im Fluge erlegt wurde, unerschrocken beim Bewältigen von Hindernissen; er machte den Sohn mit Gefahren vertraut, als habe er zehn Söhne aufs Spiel zu setzen. Als daher die Herzogin von Berry[28] nach Frankreich kam, um das Königreich zu erobern, nahm der Vater den Sohn mit, damit er seinen Wappenspruch in die Tat umsetze. Eines Nachts brach der Baron auf, ohne seiner Frau, die ihn vielleicht umgestimmt hätte, etwas davon zu sagen, und führte seinen einzigen Sohn ins Feuer wie zu einem Fest; ihm folgte Gasselin, sein einziger Vasall, der sich ihnen frohgemut anschloß. Sechs Monate lang blieben die drei männlichen Mitglieder der Familie abwesend, ohne je der Baronin eine Nachricht zukommen zu lassen; sie las die ›Quotidienne‹[29] Zeile für Zeile und zitterte dabei; auch seine alte Schwester hörte nichts von ihm; sie hielt sich heroisch aufrecht und verzog keine Miene, wenn ihr die Zeitung vorgelesen wurde. Die drei in der großen Halle hängenden Gewehre waren somit erst unlängst benutzt worden. Der Baron, der diese bewaffnete Erhebung als vergeblich erkannte, hatte das Kampffeld schon vor dem Gefecht bei La Pénissière[30] verlassen; sonst wäre es vielleicht mit dem Geschlecht der du Guénic aus gewesen.

Nachdem sie sich von ›Madame‹ verabschiedet hatten, langten Vater, Sohn und Diener nach einer schauerlichen Nacht daheim an, völlig überraschend für ihre Freunde, die Baronin und die alte Mademoiselle du Guénic, die vermöge der Übung des Gehörsinnes, mit dem alle Blinden begabt sind, den Schritt der drei Männer im Gäßchen erkannt hatte. Der Baron musterte den Kreis, den seine besorgten Freunde um den kleinen, von der altertümlichen Lampe erhellten Tisch gebildet hatten, und sprach mit meckernder Stimme, indessen Gasselin die drei Gewehre und die Säbel wieder an ihre Plätze hängte, den naiv-feudalen Satz: »Nicht alle Barone haben ihre Pflicht getan.« Dann küßte er seine Frau und seine Schwester auf die Wangen, nahm in seinem alten Lehnsessel Platz und befahl, es solle für seinen Sohn, für Gasselin und ihn selber ein Abendessen bereitet werden. Gasselin, der sich schützend vor Calyste geworfen, hatte einen Säbelhieb in die Schulter davongetragen; das war etwas so Selbstverständliches, daß die Damen ihm kaum dankten. Weder der Baron noch seine Gäste stießen Flüche oder Schmähungen gegen die Sieger aus. Dieses Schweigen ist einer der Züge des bretonischen Charakters. Vierzig Jahre lang hatte niemand von den Lippen des Barons ein verächtliches Wort über seine Gegner vernommen. Sie hatten ihr Handwerk ausgeübt, wie er seine Pflicht getan hatte. Dieses tiefe Schweigen ist ein Indiz für unwandelbare Willensstärke. Jene letzte Kraftanstrengung, jenes Aufflackern einer Energie, mit der es zu Ende ging, waren die Ursache des Schwächezustands, in dem der Baron sich gegenwärtig befand. Das neuerliche Exil der Bourbonenfamilie, die auf ebenso wunderbare Weise verjagt, wie sie zuvor wieder eingesetzt worden war, hatte in ihm eine bittere Melancholie ausgelöst.

Gegen sechs Uhr abends, zu der Stunde, da diese Erzählung beginnt, war der Baron, der, seiner alten Gewohnheit entsprechend, die Hauptmahlzeit um vier Uhr beendet hatte, gerade während des Vorlesens der ›Quotidienne‹ eingenickt. Sein Kopf lag auf dem Rückenpolster des Lehnstuhls im Kaminwinkel, nach der Gartenseite hin.

Neben diesem alten, knorrigen Baumstamm und vor dem Kamin stellte die auf einem der alten Sessel sitzende Baronin den Typus jener anbetenswerten Geschöpfe dar, die es nur in England, Schottland oder Irland gibt. Nur dort werden Mädchen aus Milch und Blut und mit goldenem Haar geboren, dessen Locken von Engelshand gedreht worden sind, denn zusammen mit dem Windhauch, der darin spielt, scheint das Licht des Himmels durch ihre Spiralen zu rieseln. Fanny O'Brien war eine der Sylphiden[31], die stark in der Liebe sind, unbesiegbar im Unglück, lieblich wie Musik im Klang der Stimme, rein wie das Blau ihrer Augen, von einer feinen, eleganten, niedlichen Schönheit, begabt mit der Haut, die für die Hand seidig, für den Blick einschmeichelnd wirkt – Sylphiden, wie weder der Pinsel noch das Wort sie zu malen vermag. Sie war mit ihren zweiundvierzig Jahren noch schön; viele Männer hätten es als ein Glück betrachtet, sie zu heiraten, wenn sie den Glanz dieses warmfarbenen Augusttags mit seinen Blumen und Früchten erblickten, der zudem von himmlischem Tau erfrischt war. Die Baronin hielt die Zeitung; ihre Hand wies Grübchen auf, ihre Finger waren leicht angehoben, die Nägel viereckig geschnitten wie bei den antiken Statuen. Ohne allzu lässig oder geziert zu wirken, lag sie halb in ihrem Sessel; die Füße hatte sie vorgestreckt, um sie zu wärmen; sie trug ein schwarzes Samtkleid, denn seit ein paar Tagen hatte der Wind aufgefrischt. Das Kleid war hochgeschlossen und lieh den Schultern und der üppigen Brust, die das Nähren eines einzigen Kindes nicht hatte entstellen können, einen prächtigen Umriß. Ihr Haar war nach englischer Mode so frisiert, daß Ringellocken an den Wangen herabfielen. Es war schlicht oben auf dem Kopf zusammengewunden, wurde durch einen Schildpattkamm gehalten, war jedoch durchaus nicht von unbestimmter Farbe, sondern schimmerte im Licht wie brüniertes Goldfiligran. Die Gräfin ließ die Löckchen, die ihren Nacken umspielten und die ein Zeichen von Rasse sind, flechten. Dieser niedliche Zopf verlor sich in der Masse des sorglich hochgekämmten Haars und gestattete dem Blick, voller Freude der Wellenlinie zu folgen, die den Hals mit den schönen Schultern verband. Diese kleine Einzelheit bewies, wie sehr sie stets auf ihre äußere Erscheinung bedacht war. Sie legte Wert darauf, den Blick des alten Herrn zu erfreuen. Welch reizende, köstliche Aufmerksamkeit! Wenn man merkt, daß eine Frau daheim die Koketterie entfaltet, die andere Frauen nur aus einem einzigen Gefühl schöpfen, dann, man möge es glauben, ist sie ebenso edle Mutter wie edle Gattin; dann ist sie die Freude und die Blüte des Hausstands, dann hat sie ihre Pflichten als Frau verstanden; dann ist in ihrer Seele und ihrer Liebe die Eleganz ihres Äußeren; dann tut sie heimlich Gutes, dann weiß sie ohne Berechnung zu verehren; dann liebt sie ihren Nächsten, wie sie Gott liebt, nämlich um seiner selbst willen. Daher hatte es den Anschein, als habe die Heilige Jungfrau des Paradieses, unter deren Schutz sie lebte, die keusche Jugend, das heiligmäßige Leben dieser Frau an der Seite dieses edlen Greises dadurch belohnt, daß sie sie mit einer Art Aureole umgab, die sie vor den Verheerungen der Zeit bewahrte. Vielleicht hätte Platon die Wandlungen ihrer Schönheit als neue Formen der Anmut gefeiert. Ihr ehemals weißer Teint hatte die warmen Perlmuttertöne angenommen, die die Maler lobpreisen. Ihre breite, gutgeformte Stirn empfing liebevoll das Licht, das in schimmerndem Seidenglanz darauf spielte. Ihre türkisblauen Augen leuchteten unter blassen, samtigen Brauen mit äußerster Sanftmut. Ihre weichen Lider und rührenden Schläfen forderten zu einer unbestimmten, stummen Melancholie auf. Die Schatten unter den Augen waren von einem matten Weiß und mit bläulichen Äderchen durchsät, wie auch die Nasenwurzel. Die schmale Adlernase hatte etwas Königliches und gemahnte an die Herkunft dieses edlen Mädchens. Ihr reiner, gutgeschnittener Mund wurde durch ein ungezwungenes Lächeln verschönt, das eine unerschöpfliche Höflichkeit ihr auferlegte. Ihre Zähne waren weiß und klein. Sie war ein wenig üppiger geworden, aber ihre eleganten Hüften, ihre geschmeidige Taille hatten nicht darunter gelitten. So bot denn der Herbst ihrer Schönheit ein paar lebensvolle, vergessene Frühlingsblumen und die glühenden Reichtümer des Sommers dar. Ihre nobel gerundeten Arme, ihre gespannte, glatte Haut hatten eine feinere Körnung; die Konturen hatten ihre Fülle erlangt. Ihr offenes, heiteres, schwach rosiges Antlitz, die Reinheit ihrer blauen Augen, die ein allzu lebhafter Blick verletzt hätte, drückten unwandelbare Sanftmut und die unendliche Liebesfähigkeit der Engel aus.

An der anderen Ecke des Kamins saß in einem Lehnstuhl die alte, achtzigjährige Schwester; sie glich in jeder Beziehung, bis auf die Kleidung, ihrem Bruder; sie lauschte dem Vorlesen der Zeitung und strickte dabei Strümpfe, eine Tätigkeit, zu der es nicht des Augenlichts bedarf. Die Hornhaut ihrer beiden Augen war mit weißen Flecken bedeckt; sie lehnte es hartnäckig ab, sich einer Operation zu unterziehen, trotz der inständigen Bitten der Schwägerin. Den geheimen Grund dieser Halsstarrigkeit kannte nur sie allein: sie versteifte sich auf einen Mangel an Mut, aber in Wahrheit wollte sie nicht, daß für sie fünfundzwanzig Louis ausgegeben wurden. Jener Betrag hätte dann im Haushalt gefehlt. Dabei hätte sie nur zu gern ihren Bruder gesehen. Die beiden alten Leute hoben die Schönheit der Baronin auf wunderbare Weise hervor. Welche Frau hätte nicht zwischen Monsieur du Guénic und seiner Schwester jung und hübsch gewirkt? Da Mademoiselle Zéphirine des Augenlichts beraubt war, wußte sie nichts von den Veränderungen, die ihre achtzig Jahre ihren Zügen hatten zuteil werden lassen. Ihr bleiches, hohlwangiges Gesicht, das die Starrheit der weißen, blicklosen Augen dem einer Toten ähnlich machten, das drei oder vier hervorstehende Zähne fast drohend erscheinen ließen, dessen tiefe Augenhöhlen von roten Farbtönen umgeben waren, auf dem ein paar schon weiß gewordene Zeichen der Männlichkeit am Kinn und um den Mund sproßten; dieses kalte, aber ruhige Gesicht umrahmte ein braunes Kattunhäubchen; es war wie eine Bettdecke gesteppt, hatte eine Perkalrüsche und wurde unter dem Kinn durch stets ein wenig rostrote Bänder festgehalten. Sie trug über einem gesteppten Rock eine grobe Tuchschürze, eine wahre Matratze, in die Doppellouis eingenäht worden sind, und einen Gürtel mit angenähten Taschen, den sie allabendlich abnahm und allmorgendlich wieder anlegte wie ein Kleidungsstück. Der Oberkörper steckte in der volkstümlichen bretonischen Schoßjacke; sie war aus dem gleichen Stoff wie die Schürze und mit einer tausendfaltigen Halskrause geschmückt, deren Wäsche das einzige Streitobjekt zwischen ihr und der Schwägerin bildete; sie wollte sie nämlich nur alle acht Tage wechseln. Aus den dicken, wattierten Ärmeln der Schoßjacke kamen zwei dürre, aber sehnige Arme hervor, an deren Enden sich zwei Hände regten, deren annähernd rostrote Farbe die Arme weiß wie Pappelholz erscheinen ließen. Ihre Hände waren infolge des Einkrümmens beim ständigen Stricken hakenförmig geworden und wirkten wie ein immerfort in Tätigkeit befindlicher Webstuhl: es wäre ein Phänomen gewesen, sie in Ruhestellung zu sehen. Dann und wann nahm Mademoiselle du Guénic eine am Busen steckende lange Stricknadel, schob sie zwischen Haube und Haar und stocherte in ihrem weißen Haar herum. Ein Fremder hätte angesichts der Sorglosigkeit gelacht, mit der sie die Nadel ohne die leiseste Furcht, sich zu verletzen, wieder an ihren Ort steckte. Sie hielt sich kerzengerade wie ein Glockenturm. Diese säulenhafte Haltung konnte als eine der Koketterien des hohen Alters gelten, die beweisen, daß Stolz eine lebensnotwendige Eigenschaft ist. Ihr Lächeln war heiter. Auch sie hatte ihre Pflicht getan.

Als Fanny merkte, daß der Baron eingeschlafen war, hörte sie mit Vorlesen auf. Ein Sonnenstrahl glitt von einem Fenster zum anderen, teilte wie ein goldener Querbalken im Wappen die Luft dieses alten Zimmers und ließ die fast schwarzen Möbel aufglänzen. Das Licht umsäumte das Schnitzwerk des Deckengebälks, flimmerte über die Truhen, breitete eine leuchtende Decke über den Eichentisch, heiterte diesen braunen, weichen Raum auf, wie Fannys Stimme als eine ebenso leuchtende Musik in die Seele der Achtzigjährigen drang, genauso fröhlich wie dieser Strahl. Bald nahmen die Sonnenstrahlen die rötlichen Tönungen an, die in unspürbaren Abschattungen schließlich zu den melancholischen Farben des Sonnenuntergangs werden. Die Baronin versank in ernstes Grübeln, in ein absolutes Schweigen, wie die Schwägerin es seit etwa vierzehn Tagen an ihr beobachtet hatte; sie hatte es sich zu erklären versucht, ohne deswegen an die Baronin auch nur die leiseste Frage zu richten; nichtsdestoweniger machte sie sich Gedanken über die Ursachen dieser Versunkenheit, wie alle Blinden es tun, die in einem Buch mit schwarzen Seiten und weißen Buchstaben zu lesen scheinen und in deren Seele alles widerhallt wie ein wahrsagendes Echo. Die alte Blinde, über die die Stunde des Dunkelns keine Macht mehr besaß, strickte weiter, und die Stille wurde so tief, daß man das klingende Klappern der Stahlnadeln hören konnte.

»Du hast die Zeitung fallen lassen, Schwägerin, und dabei schläfst du gar nicht«, sagte die Alte mit einem feinen Lächeln.

Es war ganz dunkel geworden; Mariotte kam herein, steckte die Lampe an und stellte sie auf den viereckigen Tisch vor dem Kamin; dann holte sie ihren Spinnrocken, ihr Garnknäuel, einen kleinen Schemel, setzte sich in die Nische des Fensters an der Hofseite und machte sich, wie jeden Abend, ans Spinnen. Gasselin war noch bei seinem Rundgang durch die Wirtschaftsgebäude;

er sah nach den Pferden des Barons und Calystes, überzeugte sich, ob auch alles im Stall in Ordnung sei, und gab den beiden schönen Jagdhunden ihr Abendfutter. Das fröhliche Gebell der beiden Tiere war das letzte Geräusch, das ein verhallendes Echo in den schwarzen Mauern dieses alten Hauses erweckte. Die beiden Hunde und die beiden Pferde waren die letzte Spur des edelherrlichen Glanzes. Hätte ein phantasiebegabter Mensch auf einer der Stufen der Freitreppe gesessen und sich an die Poesie der noch immer in dieser Wohnstatt lebendigen Bilder verloren, so hätte ihn vielleicht beim Gebell der Hunde und beim Stampfen der wiehernden Pferde ein Schauer überlaufen.

Gasselin war einer der kleinen, untersetzten, dicklichen, stämmigen Bretonen mit schwarzem Haar und schokoladenfarbenem Gesicht, die wortkarg, langsam und störrisch wie Maulesel sind, aber stets den Weg einhalten, der ihnen vorgezeichnet worden ist. Er war zweiundvierzig Jahre alt und seit siebenundzwanzig Jahren im Hause. Mademoiselle hatte ihn als Fünfzehnjährigen angestellt, als sie von der Heirat und mutmaßlichen Rückkehr des Barons gehört hatte. Der Knecht betrachtete sich als zur Familie gehörig: er hatte mit Calyste gespielt, er hatte die Pferde und die Hunde des Hauses gern, er sprach mit ihnen und streichelte sie, als seien sie sein Eigentum. Er trug zu allen Jahreszeiten einen blauen Leinenkittel mit kleinen Taschen, die sich an seinen Hüften bauschten, eine Weste und eine Hose aus demselben Stoff, blaue Strümpfe und plumpe, eisenbeschlagene Schuhe. Wenn es zu kalt war oder regnete, zog er das landesübliche Ziegenfell über. Mariotte, die gleichfalls die Vierzig schon hinter sich hatte, war als Frau das, was Gasselin als Mann war. Nie hatte ein Gespann besser zueinander gepaßt: gleiche Gesichtsfarbe, gleicher Wuchs, die gleichen kleinen, lebhaften, schwarzen Augen. Es war unverständlich, warum Mariotte und Gasselin nicht geheiratet hatten; vielleicht wäre das Blutschande gewesen, sie schienen beinahe Geschwister zu sein. Mariotte bekam dreißig Taler Lohn, und Gasselin hundert Francs; aber auch wenn ihnen von anderer Seite tausend Taler Lohn geboten worden wären, hätten sie deswegen das Haus du Guénic nicht verlassen. Beide unterstanden sie der Befehlsgewalt der alten Demoiselle, die seit dem Vendéer-Krieg bis zur Rückkehr ihres Bruders im Haus das Regiment geführt hatte. Als sie daher erfuhr, der Baron wolle eine Herrin ins Haus bringen, war sie tief erschüttert gewesen; sie hatte gemeint, nun müsse sie das Zepter des Haushalts niederlegen, zugunsten der Baronin du Guénic abdanken und deren erste Untertanin sein.

Mademoiselle Zéphirine war indessen angenehm überrascht gewesen, in Miss Fanny O'Brien eine junge Dame vorzufinden, die zu Höherem berufen war und die die kleinlichen Sorgen eines armen Hausstands mit äußerstem Widerwillen erfüllten; wie alle schönen Seelen hätte sie das trockene Brot des Bäckers der besten Mahlzeit vorgezogen, falls sie gezwungen gewesen wäre, sie selber zuzubereiten; dabei war sie durchaus imstande, die peinlichsten Pflichten der Mutterschaft zu erfüllen, und jeder notwendigen Entbehrung gewachsen; aber zu vulgären Beschäftigungen fehlte ihr der Mut. Als der Baron im Namen seiner schüchternen Frau die Schwester bat, auch weiterhin den Hausstand zu regieren, küßte die alte Jungfer die Baronin wie eine Schwester; sie machte sie zu ihrer Tochter, vergötterte sie und war nur zu glücklich, daß sie auch künftig die Leitung des Haushalts überwachen konnte; er wurde mit unglaublicher Strenge und Sparsamkeit geführt, und davon wurde nur bei großen Gelegenheiten abgewichen, so etwa bei der Niederkunft der Schwägerin und deren Ernährung sowie bei allem, was Calyste betraf, das abgöttisch geliebte Kind des ganzen Hauses. Obgleich die beiden Bediensteten an dies strenge Regiment gewöhnt waren und ihnen nichts darüber gesagt zu werden brauchte, daß sie mehr für die Interessen ihrer Herrschaft als für die eigenen zu sorgen hätten, sah Mademoiselle stets in allen Dingen nach dem Rechten. Da ihre Aufmerksamkeit unablenkbar war, wußte sie, ohne daß sie hinaufzusteigen brauchte, wie groß die Nußhaufen auf dem Speicher waren und wieviel Hafer sich in der Futterkiste im Stall befand, ohne daß sie ihre sehnigen Arme hineintauchen mußte. An einer am Gürtel ihrer Schoßjacke befestigten Schnur hing eine Bootsmannspfeife; damit rief sie Mariotte durch einen, Gasselin durch zwei Pfiffe herbei. Gasselins größtes Glück bestand in der Betreuung des Gartens und in der Zucht schöner Früchte und guter Gemüse. Er hatte so wenig zu tun, daß er sich ohne diese Gärtnerarbeit gelangweilt hätte.

Wenn er morgens seine Pferde gestriegelt hatte, rieb er die Fußböden ab und reinigte die beiden Zimmer des Erdgeschosses; es gab den Herrschaften nur wenig nachzuräumen. Daher waren im Garten kein Unkraut und kein Schädling zu sehen. Manchmal konnte man Gasselin dabei überraschen, daß er barhäuptig in der prallen Sonne hockte und einer Wühlmaus oder dem schädlichen Engerling auflauerte; dann lief er mit kindlicher Freude zu seiner Herrschaft und zeigte ihr das Tier, das ihn eine Woche lang beschäftigt hatte. Es machte ihm Spaß, an Fasttagen nach Le Croisic zu gehen und Fisch einzukaufen; er war dort billiger als in Guérande. Auf diese Weise war nie eine Familie einiger, verstand sich untereinander besser und hing inniger zusammen als diese fromme, adlige Familie. Herrschaft und Diener schienen füreinander geschaffen worden zu sein. Seit fünfundzwanzig Jahren hatte es keine Zwietracht und keinen Mißton gegeben. Den einzigen Kummer brachten die kleinen Erkrankungen des Kindes mit sich, und den einzigen Schrecken verursachten die Ereignisse von 1814 und 1830.[32] Alles vollzog sich unabänderlich zur gleichen Stunde, die Mahlzeiten unterlagen der Regelmäßigkeit der Jahreszeiten; diese Monotonie, die derjenigen der Natur vergleichbar war, die der Wechsel von Dunkel, von Regen und Sonne vermannigfacht, wurde aufrechterhalten durch die gegenseitige Zuneigung, die in allen Herzen herrschte, und sie war um so fruchtbarer und wohltätiger, als sie Naturgesetzen entstammte.

Nach Sonnenuntergang kam Gasselin ins Zimmer und fragte seinen Herrn respektvoll, ob er noch gebraucht werde.

»Du kannst nach dem Abendgebet ausgehen oder dich schlafen legen«, sagte der Baron, der gerade aufgewacht war, »sofern nicht Madame oder ihre Schwägerin . . .«

Die beiden Damen nickten zustimmend. Gasselin kniete nieder, als er sah, daß seine Herrschaft aufgestanden war, um ihrerseits vor ihren Sitzgelegenheiten niederzuknien. Auch Mariotte neigte sich behend über ihren Schemel. Die alte Demoiselle du Guénic sprach laut das Gebet. Als sie damit fertig war, klopfte es an die Tür im Gäßchen. Gasselin ging öffnen.

»Das ist sicher der Herr Pfarrer; er kommt fast immer als erster«, sagte Mariotte.

Tatsächlich erkannten alle den Pfarrer von Guérande am Geräusch seiner Schritte auf den hallenden Stufen der Freitreppe. Der Pfarrer verneigte sich ehrerbietig vor den drei Herrschaften und bedachte den Baron und die beiden Damen mit den Phrasen voll salbungsvoller Höflichkeit, wie Priester sie zu finden wissen. Die zerstreuten Grußworte der Herrin des Hauses beantwortete er mit einem inquisitorischen Geistlichenblick.

»Haben Sie etwa Kummer oder fühlen Sie sich nicht wohl, Frau Baronin?« fragte er.

»Danke, nein«, sagte sie.

Monsieur Grimont war fünfzig Jahre alt und mittelgroß; er war in seine Soutane gehüllt, aus der zwei derbe Schuhe mit Silberschnallen hervorlugten; über seinem Kragen zeigte sich ein dickliches Gesicht, das hellhäutig, aber goldgetönt war. Seine Hände waren fleischig. Sein Abbégesicht erinnerte durch den weichen Teint und die Tönung der Haut an einen holländischen Bürgermeister, und durch das flach anliegende schwarze Haar, durch die lebhaften braunen Augen, die dennoch das Dekorum des Geweihten wahrten, an einen bretonischen Bauern. Seine Fröhlichkeit war die der Menschen mit ruhigem, reinem Gewissen; er war Scherzen nicht abgeneigt. Seine Miene hatte nichts Besorgtes oder Unfreundliches wie die der armen Pfarrer, deren Dasein oder Macht von ihren Pfarrkindern in Abrede gestellt wird und die, anstatt nach Napoleons sublimem Wort die moralischen Führer der Bevölkerung und natürliche Friedensrichter zu sein, als Feinde behandelt werden. Auch der ungläubigste Reisende hätte, wenn er Monsieur Grimont durch die Straßen von Guérande wandeln sah, in ihm den Herrscher dieser katholischen Stadt erkannt; aber dieser Souverän demütigte seine geistige Überlegenheit vor der feudalen Suprematie der du Guénic. Er wirkte in diesem Raum wie ein Kaplan vor seinem Schloßherrn. Wenn er in der Kirche den Segen erteilte, streckte er die Hand stets zuerst nach der Kapelle hin aus, die den du Guénic gehörte, der Kapelle, in deren Gewölbeschlußstein ihre bewaffnete Hand und ihre Devise eingemeißelt waren.

»Ich glaubte, Mademoiselle de Pen-Hoël sei schon hier«, sagte der Pfarrer; er hatte die Hand der Baronin genommen, sie geküßt und sich dann gesetzt. »Sie wird lässig. Sollte die Mode des Lebens in Saus und Braus ansteckend sein? Denn wie ich sehe, ist der Herr Chevalier heute abend noch auf Les Touches.«

»Erwähnen Sie bitte von diesen Besuchen nichts Mademoiselle de Pen-Hoël gegenüber«, rief freundlich die alte Jungfer.

»Ach, Mademoiselle«, entgegnete Mariotte, »können Sie die ganze Stadt am Schwatzen hindern?«

»Was wird denn geredet?« fragte die Baronin.

»Die jungen Mädchen, die alten Klatschweiber, kurz und gut: alle Welt glaubt ihn verliebt in Mademoiselle des Touches.«

»Ein junger Herr, der so aussieht wie Calyste, tut, was ihm zusteht, wenn er sich lieben läßt«, sagte der Baron.

»Da kommt Mademoiselle de Pen-Hoël«, sagte Mariotte.

Wirklich knirschte der Sand auf dem Hof unter den diskreten Schritten dieser Dame, die ein kleiner, eine Laterne tragender Diener begleitete. Als Mariotte den Diener sah, trug sie ihr Spinngerät in die große Halle, um dort mit ihm beim Licht der Talgkerze zu plaudern: die brannte dann auf Kosten der reichen, geizigen Demoiselle, und auf diese Weise wurde an den Kerzen ihrer Herrschaft gespart.

Jene Demoiselle war eine dürre, schmale alte Jungfer, gelb wie das Pergament eines ›Olim‹[33], faltig wie ein vom Wind aufgerauhter See, mit grauen Augen, großen, vorstehenden Zähnen, Männerhänden, ziemlich klein, ein bißchen verwachsen, vielleicht gar bucklig; aber niemand wäre begierig gewesen, ihre Vollkommenheiten oder Unvollkommenheiten kennenzulernen. Sie ging im Stil der Mademoiselle du Guénic gekleidet und bewegte eine riesige Menge von Leibwäsche und Röcken, wenn sie einen der beiden Schlitze ihres Kleides finden wollte, durch die sie an ihre Taschen gelangte. Dann erscholl unter den Stoffmassen das seltsamste Geklapper und Geklirr von Schlüsseln und Münzen. Stets hatte sie auf der einen Seite den ganzen Eisenkrempel guter Hausfrauen bei sich und auf der anderen ihre silberne Tabaksdose, ihren Fingerhut, ihr Strickzeug und andere klingende Utensilien. Statt des gesteppten Häubchens der Mademoiselle du Guénic trug sie einen grünen Hut, mit dem sie ihre Melonen zu besichtigen pflegte; wie diese war er vom Grün ins Goldblonde übergegangen; und was seine Form betrifft, so hat die Mode ihn zwanzig Jahre später unter dem Namen ›Bibi‹

nach Paris gebracht. Dieser Hut war vor ihren Augen von den Händen ihrer Nichten angefertigt worden, und zwar aus grüner, in Guérande gekaufter ›Florence‹[34] und einem Gestell, das sie alljährlich in Nantes erneuerte, denn sie gewährte ihm die Dauer einer Legislaturperiode. Ebenso machten die Nichten ihr ihre Kleider nach immer denselben Schnittmustern. Die alte Jungfer trug noch den Spazierstock mit dem kleinen Schnabel als Griff, dessen sich die Damen zu Beginn der Regierungszeit Marie-Antoinettes bedient hatten. Sie gehörte dem höchsten Adel der Bretagne an. Ihr Wappen zierte der Hermelin der alten Herzöge. Mit ihr und ihrer Schwester endete das erlauchte bretonische Geschlecht der Pen-Hoël. Ihre jüngere Schwester hatte einen Kergarouët geheiratet, der trotz der Mißbilligung des Landes seinen Namen demjenigen der Pen-Hoël beigefügt hatte und sich Vicomte de Kergarouët-Pen-Hoël nennen ließ. – »Der Himmel hat ihn gestraft«, pflegte das alte Fräulein zu sagen, »er hat nur Töchter bekommen, und der Name Kergarouët-Pen-Hoël erlischt.« Mademoiselle de Pen-Hoël hatte etwa siebentausend Francs Einkünfte aus Landbesitz. Seit sechsunddreißig Jahren war sie selbständig und verwaltete ihre Güter selber; sie inspizierte sie zu Pferde und entfaltete in jeder Hinsicht jenen festen Charakter, der bei den meisten Buckligen festzustellen ist. Sie war von einem Geiz, der auf zehn Meilen in der Runde bewundert wurde und der auf keinerlei Mißbilligung stieß. Als Bedienung hatte sie nur eine Frau und jenen kleinen Diener. Ihre gesamten Ausgaben, die Steuern eingerechnet, überstiegen jährlich nie tausend Francs. Daher wurde sie von seiten der Kergarouët-Pen-Hoël mit Aufmerksamkeiten überhäuft; diese verbrachten den Winter in Nantes und den Sommer auf ihrem unterhalb von l'Indret an der Loire gelegenen Gut. Es war bekannt, daß sie ihren Besitz und ihre Ersparnisse derjenigen ihrer Nichten vermachen wollte, die ihr am besten gefiele. Alle Vierteljahr kam eine der vier Demoiselles de Kergarouët, deren jüngste zwölf und deren älteste zwanzig Jahre zählte, für ein paar Tage zu ihr. Als Freundin Zéphirines du Guénic hatte Jacqueline de Pen-Hoël, die in Bewunderung der bretonischen Größe der du Guénic aufgewachsen war, sobald Calyste geboren worden war, den Plan gefaßt, ihren Besitz dadurch auf den Chevalier zu übertragen, daß sie ihn mit einer der Nichten verheiratete, die die Vicomtesse de Kergarouët-Pen-Hoël ihr bescheren würde. Sie gedachte, einige der besten Ländereien zurückzukaufen, indem sie die betreffenden Pächter auszahlte. Wenn der Geiz sich ein Ziel setzt, hört er auf, ein Laster zu sein; er ist dann das Mittel einer Tugend; seine übertriebenen Entbehrungen werden zu beständigen Opfern; er hat, mit einem Wort, die Größe der Absicht, die sich unter seiner Niedrigkeit verbirgt. Vielleicht war Zéphirine in Jacquelines Geheimnis eingeweiht. Vielleicht hatte die Baronin, deren Innenleben einzig in der Liebe zu ihrem Sohn und der Zuneigung zu dessen Vater bestand, etwas von alledem geahnt, als sie merkte, mit welch boshafter Beharrlichkeit Mademoiselle de Pen-Hoël jeden Tag Charlotte de Kergarouët mitbrachte, ihre fünfzehnjährige Lieblingsnichte Ganz sicher war Pfarrer Grimont von ihr ins Vertrauen gezogen worden; er half der alten Jungfer, ihr Geld gut anzulegen. Aber auch wenn Mademoiselle de Pen-Hoël dreihunderttausend Francs in Gold besessen hätte, auf welche Summe ihre Ersparnisse geschätzt wurden; auch wenn sie zehnmal mehr Land besessen hätte, als sie tatsächlich besaß, würden die du Guénic sich nie ein Ohrenspitzen herausgenommen haben, das die alte Jungfer hätte glauben lassen, man denke an ihr Vermögen. Aus einem Gefühl bewundernswerten bretonischen Stolzes heraus zeigte Jacqueline de Pen-Hoël sich glücklich über die zur Schau getragene Überlegenheit ihrer alten Freundin Zéphirine und der Familie du Guénic; sie fühlte sich stets geehrt über die Besuche, die die Tochter der irischen Könige und Zéphirine ihr zu machen geruhten. Sie ging sogar so weit, daß sie sorglich die Art von Opfer geheimhielt, das sie allabendlich dadurch brachte, daß sie ihren kleinen Diener bei den du Guénic einen ›Oribus‹ brennen ließ; so wurden die pfefferkuchenbraunen Kerzen genannt, die in gewissen Gegenden des Westens gebrannt werden. Auf diese Weise war die reiche alte Jungfer Noblesse, Stolz und Größe in Person. In dem Augenblick, da der Leser ihr Portät in sich aufnimmt, ist durch eine Indiskretion des Abbé Grimont herausgekommen, daß an dem Abend, da der alte Baron, der junge Chevalier und Gasselin mit ihren Säbeln und ihren Entenflinten aufbrachen. um in der Vendée zu ›Madame‹[35] zu stoßen, zu

Fannys Entsetzen und zur großen Freude der Bretonen – daß an jenem Abend Mademoiselle de Pen-Hoël dem Baron die Summe von zehntausend Francs in Gold eingehändigt habe, ein ungeheures Opfer, das noch durch weitere zehntausend Francs erhöht wurde, das Ergebnis eines vom Pfarrer erhobenen ›Zehent‹, den der alte Partisan im Namen der Familie Pen-Hoël und der Gemeinde Guérande der Mutter Heinrichs V. überbringen sollte. Calyste indessen behandelte sie, als glaube sie, sie habe Rechte über ihn; ihre Pläne ermächtigten sie, ihn zu überwachen; nicht etwa, daß sie, was Liebeshändel betrifft, engherzig gewesen wäre, sie hegte vielmehr die Nachsicht der alten Damen des Ancien Régime; allein sie empfand heftigen Abscheu vor den Sitten der Revolution. Calyste, der in ihren Augen durch Abenteuer mit Bretoninnen vielleicht gewonnen haben würde, hätte beträchtlich an Wertschätzung eingebüßt, wenn er auf das verfallen wäre, was sie als ›Neuheiten‹ bezeichnete. Mademoiselle de Pen-Hoël, die ohne weiteres einiges Geld herausgerückt hätte, um ein verführtes Mädchen zu beschwichtigen, würde Calyste für einen Verschwender gehalten haben, wenn sie ihn einen Tilbury[36] hätte fahren sehen oder wenn sie ihn davon hätte reden hören, er wolle nach Paris reisen. Hätte sie ihn bei der Lektüre von Zeitschriften oder gottlosen Zeitungen ertappt, so weiß man nicht, wessen sie fähig gewesen wäre. Für sie waren neue Ideen ein Umsturz der Koppelwirtschaft, der Ruin unter dem Namen Verbesserungen und Methoden, kurzum: die Belastung der Güter mit Hypotheken, früher oder später, infolge von Versuchen. Für sie ist Besonnenheit das wahre Mittel, zu Vermögen zu gelangen; gute Verwaltung bestand darin, in ihren Speichern Buchweizen, Roggen und Hanf anzuhäufen; auf die Gefahr hin, als eine Kornwucherin zu gelten, eine Hausse abzuwarten, hartnäckig auf ihren Getreidesäcken sitzen zu bleiben. Durch einen sonderbaren Zufall hatte sie häufig gute Geschäfte abschließen können; sie hatten sie in ihren Prinzipien bestärkt. Sie galt für boshaft, war aber dennoch ohne Geist; dabei verfügte sie über einen holländischen Ordnungssinn, eine Katzenvorsicht und die Beharrlichkeit eines Priesters, was in einem Land, wo alles den gewohnten Gang geht, tiefgründigem Denken gleichkommt.

»Wird Monsieur du Halga heute abend kommen?« fragte die alte Jungfer nach dem Austausch der üblichen Komplimente und streifte die selbstgestrickten wollenen Fausthandschuhe ab.

»Ja, ich habe ihn seine Hündin auf der Mailbahn spazierenführen sehen«, antwortete der Pfarrer.

»Dann wird unsere ›Mouche‹[37] heute abend also etwas lebhafter werden?« entgegnete sie. »Gestern waren wir nur vier.«

Bei dem Worte ›Mouche‹ stand der Pfarrer auf und entnahm einem Schrankfach ein rundes, zierliches Körbchen aus Weidenruten, elfenbeinerne Spielmarken, die durch zwanzigjährigen Gebrauch gelb wie türkischer Tabak geworden waren, und ein Kartenspiel, das so faltig war wie das der Zollbeamten von Saint-Nazaire, die immer nur alle vierzehn Tage ein anderes nehmen. Der Pfarrer verteilte eigenhändig die für jeden Spieler notwendigen Spielmarken auf dem Tisch und stellte das Körbchen neben die Lampe mitten auf die Tischplatte; das tat er mit kindlichem Eifer und dem Gehaben eines Mannes, der es gewohnt ist, diesen kleinen Dienst zu leisten. Ein kräftiges, soldatisches Pochen hallte in den stillen Tiefen des alten Herrensitzes wider. Der kleine Diener der Mademoiselle de Pen-Hoël öffnete gravitätisch die Tür. Gleich darauf zeichnete die lange, dürre, peinlich genau nach der Mode gekleidete Gestalt des Chevalier du Halga, des ehemaligen Flaggkapitäns des Admirals de Kergarouët, sich schwarz vor dem Halbdunkel ab, das noch auf der Freitreppe herrschte.

»Herein mit Ihnen, Chevalier!« rief Mademoiselle de Pen-Hoël.

»Der Altar ist errichtet«, sagte der Pfarrer.

Der Chevalier war ein Mann von schwächlicher Gesundheit; er trug eine Flanellunterjacke gegen seinen Rheumatismus, eine schwarze Seidenkappe, um seinen Kopf vor dem Nebel zu schützen, und einen Spenzer, um seinen empfindlichen Oberkörper vor den jähen Winden zu bewahren, die die Atmosphäre von Guérande abkühlen. Er ging stets mit einem Spazierstock mit goldenem Knauf bewaffnet; damit verscheuchte er die Hunde, die seiner Lieblingshündin zur Unzeit den Hof machten. Dieser Mann, der ein Kleinigkeitskrämer war wie eine Zierpuppe, der bei den geringsten Hindernissen aus der Fassung geriet, der leise sprach, um einen Rest von Stimme zu schonen, war einer der unerschrockensten und erfahrensten Männer der alten Marine gewesen. Er war durch die Wertschätzung des Bailli de Suffren[38], durch die Freundschaft des Grafen de Portenduère[39] geehrt worden. Sein tapferes Verhalten als Flaggkapitän des Admirals de Kergarouët stand in sichtbaren Zeichen auf seinem mit den Narben seiner Verwundungen bedeckten Gesicht geschrieben. Bei seinem Anblick hätte niemand die Stimme wiedererkannt, die den Sturm überdröhnt hatte, das Auge, das über das Meer geschweift war, den unbezähmbaren Mut des bretonischen Seemanns. Der Chevalier rauchte nicht und fluchte nicht; er war sanft und still wie ein Mädchen; er befaßte sich mit seiner Hündin Thisbe und deren kleinen Launen mit der Fürsorglichkeit einer alten Frau. Auf diese Weise vermittelte er eine hohe Vorstellung von seinen erloschenen Fähigkeiten als Liebhaber. Nie sprach er von seinen erstaunlichen Waffentaten, die den Grafen d'Estaing[40] verblüfft hatten. Obgleich seine Haltung die eines Invaliden war und obgleich er ging, als habe er bei jedem Schritt Angst, Eier zu zertreten, obgleich er immerfort jammerte, der Wind sei kalt, die Sonne brenne zu sehr und der Nebel sei feucht, waren seine Zähne weiß und steckten in rotem Zahnfleisch, was über seine Krankheit beruhigte; sie war übrigens ein wenig kostspielig, denn sie bestand im Verzehren von vier Mahlzeiten von klösterlichem Umfang. Sein Körperbau war wie der des Barons knochig und von unzerstörbarer Stärke; seine pergamentene Haut klebte an den Knochen wie das Fell eines Araberpferdes an den Muskeln und Sehnen, die in der Sonne zu leuchten scheinen. Sein Gesicht hatte das dunkle Braun bewahrt, das er seinen Indienfahrten dankte; er hatte von ihnen keinen Gedanken und keine Geschichte heimgebracht. Er war emigriert, hatte sein Vermögen verloren, dann das Sankt-Ludwigs-Kreuz und eine Pension von zweitausend Francs erhalten, die er sich durch seine Dienstzeit redlich verdient hatte und die ihm durch die Marineinvalidenkasse ausgezahlt wurde. Die leichte Hypochondrie, die ihn tausend eingebildete Krankheiten erfinden ließ, fand unschwer ihre Erklärung in den Leiden, die er während der Emigration durchgemacht hatte. Er hatte in der russischen Marine gedient, bis zu dem Tage, da Zar Alexander ihn gegen Frankreich einsetzen wollte; da hatte er sich verabschieden lassen und in Odessa im Gefolge des Herzogs von Richelieu[41] gelebt; mit ihm war er heimgekehrt, und der Herzog hatte veranlaßt, daß diesem glorreichen Wrackstück der ehemaligen bretonischen Marine die schuldige Pension ausgesetzt wurde. Nach dem Tod Ludwigs XVIII., um welche Zeit er nach Guérande zurückgekehrt war, war der Chevalier du Halga Bürgermeister der Stadt geworden. Der Pfarrer, der Chevalier und Mademoiselle de Pen-Hoël huldigten seit fünfzehn Jahren der Gewohnheit, ihre Abende im Stadthaus du Guénic zu verbringen, wohin gleichfalls einige Adlige aus der Stadt und der Umgebung kamen. Jedermann errät ohne weiteres in den du Guénic die Oberhäupter des kleinen Saint-Germain des Arrondissements, in das keiner der Verwaltungsbeamten hineingelangen konnte, die die neue Regierung geschickt hatte. Seit sechs Jahren räusperte sich der Pfarrer bei der kritischen Stelle »Domine, salvum fac regem«[42]. In Guérande war alles mit der Politik verbunden.

›Mouche‹ ist ein Spiel mit fünf Karten, von denen eine aufgeschlagen wird. Diese bestimmt den Trumpf. Bei jeder Runde steht es dem Spieler frei, mitzugehen oder zu passen. Paßt er, so verliert er nur seinen Einsatz; denn solange kein Strafgeld im Körbchen liegt, muß jeder Spieler einen kleinen Betrag einzahlen. Wer mitgeht, muß einen Stich machen, der im Verhältnis zum Einsatz bezahlt wird. Wenn fünf Sous im Körbchen liegen, gilt der Stich einen Sou. Der Spieler, der keinen Stich macht, kommt in die ›Mouche‹: er schuldet dann alles, was im Körbchen liegt, wodurch sich der Einsatz der nächsten Runde erhöht. Die geschuldeten ›Mouches‹ werden notiert; sie werden nacheinander entsprechend der Höhe der Summe in das Körbchen gelegt, die großen Beträge gehen den kleinen voran. Wer paßt, spielt zwar mit, aber seine Stiche gelten nicht. Der Talon[43] wechselt, wie beim Ecarté, aber nach der Vorhand. Jeder nimmt soviel Karten, wie er will, so daß die beiden ersten Spieler den ganzen Talon für sich verbrauchen können. Der aufgeschlagene Trumpf gehört dem, der gegeben hat; er ist also der letzte und hat das Recht, diese Karte gegen eine andere seines Spiels auszutauschen. Eine furchtbare Karte sticht alle anderen; sie heißt Mistigris. Mistigris ist der Treffbube. Dieses überaus einfache Spiel ist nicht uninteressant. Die den Menschen angeborene Begehrlichkeit entfaltet sich dabei ebenso wie die diplomatischen Finessen und das Mienenspiel. Im Stadthaus du Guénic nahm jeder Spieler zwanzig Marken und war für fünf Sous verantwortlich, was für den Einsatz eine Gesamtsumme von fünf Liards[44] die Runde ausmachte, also eine für die Augen dieser Leutchen ansehnliche Summe. Wenn man viel Glück hatte, konnte man fünfzig Sous gewinnen, ein Kapital, das niemand in Guérande an einem Tage ausgab. Daher bezeigte Mademoiselle de Pen-Hoël für dieses Spiel, dessen Harmlosigkeit nach dem Wörterverzeichnis der Akademie nur von dem ›Bataille‹ genannten übertroffen wird, eine Leidenschaft wie die eines Jägers für eine große Jagdpartie. Mademoiselle Zéphirine, die mit der Baronin Halbpart machte, maß der ›Mouche‹ keine geringere Wichtigkeit bei. Bei jeder Runde einen Liard einzusetzen, mit der Möglichkeit, fünf zu gewinnen, stellte für die alte Schätzesammlerin eine gewaltige Finanzoperation dar, an der sie mit der gleichen Spannung teilnahm wie der gierigste Spekulant während der Börsenzeit am Steigen und Fallen der Staatsrenten. Durch eine diplomatische Übereinkunft vom September 1825, nach einem Abend, an dem Mademoiselle de Pen-Hoël siebenunddreißig Sous verloren hatte, war festgesetzt worden, das Spiel solle enden, wenn jemand, der zehn Sous verloren habe, den Wunsch danach äußere. Die Höflichkeit gestattete nicht, einem Spieler den kleinen Kummer zu machen, dem Mouche-Spiel zuzusehen, ohne daran teilzunehmen. Aber alle Leidenschaften haben etwas Jesuitisches. Der Chevalier und der Baron, diese beiden alten Politiker, hatten Mittel und Wege gefunden, den Vertrag zu umgehen. Wenn alle Spieler lebhaft wünschten, eine aufregende Partie fortzusetzen, dann bot der beherzte Chevalier du Halga, einer der freigebigen und durch die Ausgaben, die sie nicht machen, reichen Junggesellen, stets Mademoiselle de Pen-Hoël oder Zéphirine, wenn eine der beiden oder beide ihre fünf Sous verloren hatten, zehn Spielmarken an, unter der Bedingung, daß sie ihm im Fall des Gewinns zurückerstattet würden. Ein alter Junggeselle konnte sich diese Galanterie unverheirateten alten Damen gegenüber erlauben. Auch der Baron gab den beiden alten Jungfern zehn Marken unter dem Vorwand, das Spiel dürfe nicht unterbrochen werden. Die beiden Geizkragen waren stets einverstanden, ließen sich jedoch nach Mädchenart erst bitten. Um sich zu solch einer Verschwendung herbeizulassen, mußten indessen der Baron und der Chevalier zuvor gewonnen haben, denn sonst hätte das Anerbieten einer Beleidigung geglichen. Die ›Mouche‹ verlief glänzend, wenn eine Demoiselle de Kergarouët, ohne den Zusatz, bei ihrer Tante zu Besuch war; denn dort hatten die Kergarouët sich nie von jemandem Kergarouët-Pen-Hoël nennen lassen dürfen, nicht einmal von der Dienerschaft; sie hatte in dieser Hinsicht formelle Befehle. Die Tante stellte der Nichte das Mouche-Spiel im Haus du Guénic als ein ganz besonderes Vergnügen dar. Die Kleine wurde angewiesen, liebenswürdig zu sein, was ihr nicht weiter schwerfiel, wenn sie den schönen Calyste erblickte, in den die vier Demoisellen de Kergarouët vernarrt waren. Die ganz nach modernen Grundsätzen erzogenen jungen Damen legten keinen Wert auf fünf Sous und machten ›Mouche‹ über ›Mouche‹. Es kam dann zu notierten Verlusten, deren Gesamtsumme sich bisweilen auf hundert Sous belief; die Einzelposten betrugen zweieinhalb bis zehn Sous. Das waren dann immer aufregende Abende für die arme Blinde. Die Stiche wurden in Guérande als ›Kladde‹ bezeichnet. Die Baronin zeigte durch eine Anzahl von Stupsern auf den Fuß der Schwägerin die Zahl der Stiche an, auf die sie, nach ihren Karten, sicher rechnen konnte. Mitgehen oder nicht mitgehen, wenn das Körbchen gerade voll war: das führte zu inneren Zwiegesprächen, bei denen die Begehrlichkeit mit der Furcht rang. Man fragte einander: »Gehen Sie mit?« und bekundete Neidgefühle gegenüber denen, die ein so gutes Spiel hatten, daß sie das Glück versuchen konnten, und tat verzweifelt, wenn man sich enthalten mußte. Charlotte de Kergarouët, die alle für verrückt hielten, hatte meist Glück bei ihrem gewagten Spiel; hatte sie aber einmal nichts gewonnen, so bezeigte die Tante ihr auf dem Heimweg Kühle und machte ihr ein paar Vorwürfe: sie habe einen zu entschlossenen Charakter; eine junge Dame dürfe hochachtbare Leute nicht vor den Kopf stoßen; sie habe eine allzu kecke Art, den Gewinn einzusäckeln oder mitzugehen; die Schicklichkeit verlange von einem jungen Mädchen etwas mehr Zurückhaltung und Bescheidenheit; man lache nicht, wenn andere Pech hätten, usw. Ewig wiederkehrende Scherze, die im Jahr an die tausendmal gemacht wurden, bezogen sich auf den Vorspann, der dem Körbchen gegeben werden müsse, wenn es allzu schwer beladen war. Es hieß dann, es müßten Ochsen davor gespannt werden, Elefanten, Pferde, Esel, Hunde. Nach zwanzig Jahren hatte noch keiner gemerkt, daß immer wieder dasselbe gesagt wurde. Stets rief der Vorschlag das gleiche Lächeln hervor. Es gab auch Redensarten, die der Kummer denen diktierte, die mitansehen mußten, daß ein volles Körbchen weggenommen wurde, das sie hatten füllen helfen, ohne ihm etwas zu entnehmen. Die Karten wurden mit automatenhafter Langsamkeit ausgeteilt. Dabei wurde nur mit Flüsterstimme geplaudert. Diese würdigen, hochadligen Leute besaßen die anbetenswerte Kleinlichkeit, einander beim Spiel zu mißtrauen. Mademoiselle de Pen-Hoël beschuldigte beinahe stets den Pfarrer, er mogele, wenn er ein Körbchen voll nahm. – »Komisch«, sagte dann der Pfarrer, »daß ich nie mogele, wenn ich in der ›Mouche‹ bin.« Keiner legte seine Karten auf den Spieltisch ohne tiefsinnige Berechnungen, ohne listige Blicke oder hinterhältige Worte, ohne abgefeimte, täuschende Bemerkungen. Wie man sich denken kann, wurde zwischen den einzelnen Spielen von den Ereignissen gesprochen, die sich in der Stadt zugetragen hatten, oder es wurde über Politik geredet. Oft saßen die Spieler eine gute Viertelstunde lang da, die Karten fächerförmig auf den Magen gelegt, völlig im Plaudern aufgehend. Wenn sich dann infolge dieser Unterbrechung eine Spielmarke zu wenig im Körbchen befand, behaupteten alle, sie hätten ihren Einsatz geleistet. Fast stets ergänzte dann der Chevalier den Einsatz, weil alle ihn beschuldigten, er denke immer nur an sein Ohrensausen, an seinen Kopf, an seine Wehwehchen und vergesse darüber seinen Einsatz. Wenn dann der Chevalier eine Spielmarke herausgerückt hatte, überkamen die alte Zéphirine oder die boshafte Bucklige Gewissensbisse; dann bildeten sie sich ein, sie selber hätten vielleicht nicht gesetzt; sie glaubten es, sie zweifelten; aber schließlich war ja der Chevalier wohl reich genug, um dieses kleine Pech zu verschmerzen. Oft wußte der Baron nicht mehr, wie er stand, wenn die Rede auf das Unglück des Königshauses kam. Manchmal kam es zu einem Ergebnis, das immer wieder überraschte, weil alle mit demselben Gewinn gerechnet hatten. Nach einer gewissen Anzahl von Partien hatte jeder seine Spielmarken wiedergewonnen, und da die Stunde allzu sehr vorgerückt war, wurde auseinandergegangen, ohne Verlust oder Gewinn, aber aufregend war es dennoch gewesen. Bei solcherlei schmerzlichen Abenden erhoben sich Klagen über das Mouche-Spiel: es sei nicht prickelnd genug gewesen; die Spieler zogen über das Spiel her wie die Neger, die auf das Spiegelbild des Monds im Wasser einschlagen, wenn ungünstiges Wetter herrscht. Man hatte sich abgeplagt, und es war nicht viel dabei herausgekommen. Als bei ihrem ersten Besuch der Vicomte und die Vicomtesse de Kergarouët von Whist und Boston als von Spielen sprachen, die interessanter seien als ›Mouche‹, und von der Baronin, die das Mouche-Spiel über die Maßen langweilte, dazu ermutigt wurden, sie zu zeigen, da gab die Gesellschaft im Stadthaus du Guénic sich dazu her, freilich nur unter lauten Protesten gegen diese Neuerungen; aber es erwies sich als unmöglich, ihnen diese Spiele begreiflich zu machen; sie wurden, als die Kergarouët wieder abgereist waren, als schwere und dabei nicht einmal lohnende Gehirnarbeit, als Rechenexempel, als unerhört schwierig bezeichnet. Alle gaben der lieben ›Mouche‹, der kleinen, angenehmen ›Mouche‹ den Vorzug. Die ›Mouche‹ triumphierte über die modernen Spiele, wie in der Bretagne von je das Alte über das Neue triumphiert hatte.

Während der Pfarrer die Karten gab, stellte die Baronin dem Chevalier du Halga Fragen über seine Gesundheit; es waren die gleichen wie tags zuvor. Der Chevalier legte Wert auf die Ehre, neue Leiden zu haben. Zwar ähnelten die Fragen einander, aber der Flaggkapitän war, was die Antworten betraf, im Vorteil. Heute hatten die falschen Rippen ihm Sorge bereitet. Bemerkenswerterweise klagte der würdige Chevalier nie über seine Wunden. Alles, was ernst war, dessen war er gewärtig, darin kannte er sich aus; aber alles Phantastische, Kopfschmerzen, Hunde, die ihm den Magen auffraßen, Glocken, die in seinen Ohren dröhnten, und tausenderlei andere Firlefanzereien machten ihn schrecklich besorgt; er tat, als sei er unheilbar, und zwar mit um so größerer Berechtigung, als die Ärzte kein Heilmittel gegen Krankheiten kennen, die gar nicht bestehen.

»Gestern, meine ich, hatten Sie es in den Beinen?« fragte der Pfarrer mit ernster Miene.

»Es steigt«, antwortete der Chevalier.

»Von den Beinen in die falschen Rippen?« fragte Mademoiselle Zéphirine.

»Hat es unterwegs nicht haltgemacht?« fragte Mademoiselle de Pen-Hoël lächelnd.

Der Chevalier verneigte sich gravitätisch und vollführte dabei eine halbwegs drollige verneinende Bewegung, die einem guten Beobachter bewiesen hätte, daß der Marineoffizier in seiner Jugend geistvoll gewesen sein mußte, daß er geliebt hatte und geliebt worden war. Vielleicht verbargen sich hinter seinem fossilen Leben in Guérande viele Erinnerungen. Wenn er auf seinen beiden Reiherbeinen stumpfsinnig auf der Mailbahn in der Sonne stand und aufs Meer hinausblickte oder dem Tummeln seiner Hündin zusah, lebte er vielleicht wieder im irdischen Paradies einer an Erinnerungen fruchtbaren Vergangenheit.

»Nun ist auch der alte Herzog von Lenoncourt gestorben«, sagte der Baron; es war ihm gerade der Absatz eingefallen, bei dem seine Frau das Vorlesen aus der ›Quotidienne‹ abgebrochen hatte. »Ja, ja, der erste Kammerherr des Königs hat es eilig gehabt, wieder zu seinem Herrn zu kommen. Auch ich werde bald folgen.«

»Aber Lieber, aber Lieber!« sagte seine Frau zu ihm und klopfte sanft auf die knochige, knotige Hand ihres Mannes.

»Laß ihn nur reden, Schwägerin«, sagte Zéphirine, »solange ich oben bin, kommt er nicht unter die Erde: er ist jünger als ich.«

Ein heiteres Lächeln irrte über die Lippen der alten Jungfer. Wenn der Baron sich eine solche Bemerkung hatte entschlüpfen lassen, blickten die Kartenspieler und die Besucher einander gerührt und beunruhigt über die gedrückte Stimmung des Königs von Guérande an. Die nach ihm hatten sehen wollen, sagten beim Gehen: »Monsieur du Guénic war heute bekümmert. Haben Sie gesehen, wie er eingenickt ist?« Und am anderen Tag sprach ganz Guérande über dieses Ereignis. – »Mit dem Baron du Guénic geht es abwärts!« Mit diesem Satz begannen die Gespräche in allen Haushaltungen.

»Ist Thisbe wohlauf?« fragte Mademoiselle de Pen-Hoël, als die Karten verteilt worden waren.

»Dem armen Tierchen geht es wie mir«, antwortete der Chevalier. »Es hat ein Nervenleiden; beim Laufen hebt es ständig seine eine Pfote hoch. Sehen Sie: so!«

Um das Verhalten seiner Hündin anschaulich zu machen, hob der Chevalier den einen Arm hoch und bog ihn ein, und dadurch ließ er die neben ihm sitzende Bucklige sein Spiel sehen; sie hatte es darauf angelegt, zu sehen, ob er Trümpfe oder gar den Mistigris habe. Das war eine Kriegslist ersten Ranges, und er fiel jedesmal darauf herein.

»Oh!« sagte die Baronin, »die Nasenspitze des Herrn Pfarrer wird ganz weiß, er hat den Mistigris.«

Die Freude, den Mistigris zu haben, war bei dem Pfarrer wie bei den anderen Spielern so groß, daß der arme Priester sie nicht verhehlen konnte. In jedem Menschenantlitz findet sich eine Stelle, an der die Regungen des Herzens offenbar werden, und die Spieler, die es gewohnt waren, einander zu beobachten, waren nach einigen Jahren dahin gelangt, die schwache Stelle des Pfarrers zu entdecken: wenn er den Mistigris hatte, wurde seine Nasenspitze weiß. Dann hütete man sich mitzugehen.

»Haben Sie heute Besuch gehabt?« fragte der Chevalier Mademoiselle de Pen-Hoël.

»Ja, einen der Vettern meines Schwagers. Er hat mich mit der Nachricht überrascht, die Gräfin de Kergarouët habe sich verheiratet, eine geborene de Fontaine ...«

»Eine Tochter von ›Grand-Jacques‹«, rief der Chevalier, der während seines Aufenthalts in Paris seinem Admiral nicht von der Seite gewichen war.

»Die Gräfin ist seine Erbin, sie hat einen ehemaligen Botschafter geheiratet. Er hat mir sonderbare Dinge über unsere Nachbarin Mademoiselle des Touches erzählt, so sonderbar, daß ich sie nicht glauben will. Sonst wäre Calyste nicht so oft zu ihr gegangen; er ist vernünftig genug, um sich solcher Ungeheuerlichkeiten nicht bewußt zu werden.«

»Ungeheuerlichkeiten ...?« fragte der Baron; er war bei diesem Wort aufgewacht.

Die Baronin und der Pfarrer wechselten einen Blick des Einverständnisses. Die Karten waren gegeben, die alte Jungfer hatte den Mistigris, sie wollte dies Gespräch nicht fortsetzen; sie war nur zu froh, ihre Freude durch die allgemeine Verblüffung überdeckt zu sehen, die ihre Bemerkung hervorgerufen hatte.

»Sie müssen ausspielen, Baron«, sagte sie leise.

»Mein Neffe gehört nicht zu den jungen Leuten, die etwas für Ungeheuerlichkeiten übrig haben«, sagte Zéphirine und stocherte auf ihrem Kopf herum.

»Mistigris«, rief Mademoiselle de Pen-Hoël; ihrer Freundin antwortete sie nicht.

Der Pfarrer, der in die ganze zwischen Calyste und Mademoiselle des Touches spielende Geschichte eingeweiht zu sein schien, trat nicht in die Schranken.

»Was tut und treibt Mademoiselle des Touches denn so Ungewöhnliches?« fragte der Baron.

»Sie raucht[45]«, sagte Mademoiselle de Pen-Hoël.

»Das ist sehr gesund«, sagte der Chevalier.

»Ihre Ländereien . . .?« fragte der Baron.

»Ihre Ländereien«, fuhr die alte Jungfer fort, »die verpraßt sie.«

»Alle sind mitgegangen, alle sind in der ›Mouche‹, ich habe Trumpfkönig, Trumpfdame, Trumpfbube, den Mistigris und einen König«, sagte die Baronin. »Das Körbchen gehört uns, Schwägerin.«

Diese Runde, die gewonnen wurde, ohne daß gespielt worden war, wirkte auf Mademoiselle de Pen-Hoël so niederschmetternd, daß sie aufhörte, sich mit Calyste und Mademoiselle des Touches zu befassen. Um neun Uhr waren nur noch die Baronin und der Pfarrer im Zimmer. Die vier alten Leute hatten sich zur Ruhe begeben. Wie es seine Gewohnheit war, begleitete der Chevalier Mademoiselle de Pen-Hoël bis an ihr Haus, das am Marktplatz von Guérande gelegen war, und machte Bemerkungen über die Raffiniertheit der letzten Partie, über ihrer beider mehr oder weniger großes Glück, oder über die immer neue Wonne, mit der Mademoiselle Zéphirine ihren Gewinn in die Tasche steckte, denn die alte Blinde unterdrückte auf ihrem Gesicht nicht mehr den Ausdruck ihrer Empfindungen. Der Hauptteil der Unterhaltung jedoch galt der Unruhe der Madame du Guénic. Dem Chevalier war die Geistesabwesenheit der reizenden Irin aufgefallen. An der Haustür, als der kleine Diener schon hinaufgegangen war, äußerte der Chevalier du Halga Vermutungen über die sonderbare Miene der Baronin, und darauf antwortete die alte Jungfer vertraulich mit dem hochinteressanten Ausspruch: »Ich weiß den Grund. Um Calyste ist es geschehen, wenn wir ihn nicht schleunigst verheiraten. Er liebt Mademoiselle des Touches, diese Komödiantin.«

»In diesem Fall müssen Sie Charlotte kommen lassen.«

»Meine Schwester hat morgen meinen Brief«, sagte Mademoiselle de Pen-Hoël und verabschiedete sich von dem Chevalier.

An diesem normal verlaufenen Abend möge man den Lärm ermessen, den die Ankunft, das Verweilen, die Abfahrt oder auch nur die Durchreise eines Fremden in den Haushaltungen von Guérande verursachen müßte.

Als im Schlafzimmer des Barons und dem seiner Schwester alles still war, blickte Madame du Guénic den Pfarrer an, der nachdenklich mit den Spielmarken spielte.

»Ich glaube zu wissen, daß Sie endlich meine Sorgen um Calyste teilen«, sagte sie.

»Ist Ihnen aufgefallen, was für eine verkniffene Miene Mademoiselle de Pen-Hoël heute abend gehabt hat?« fragte der Pfarrer.

»Ja«, antwortete die Baronin.

»Sie hegt, ich weiß es«, fuhr der Pfarrer fort, »die besten Absichten für unseren lieben Calyste; sie hat ihn lieb, als sei er ihr Sohn; und sein Verhalten in der Vendée an der Seite seines Vaters, die Lobsprüche ›Madames‹ über seine aufopfernde Treue haben die Zuneigung noch gesteigert, die Mademoiselle de Pen-Hoël ihm entgegenbringt. Sie wird durch Schenkung bei Lebzeiten ihr ganzes Vermögen auf diejenige ihrer Nichten überschreiben lassen, die Calyste heiratet. Ich weiß, daß Sie für Ihren lieben Calyste in Irland eine viel reichere Partie in Aussicht haben; aber es ist besser, man hat zwei Eisen im Feuer. Für den Fall, daß Ihre Familie Calystes Verehelichung nicht auf sich nehmen sollte, ist das Vermögen der Mademoiselle de Pen-Hoël nicht zu verachten. Eine Partie mit siebentausend Francs Einkünften werden Sie für Ihren Sohn immer finden, schwerlich aber Ersparnisse von vierzig Jahren und einen Landbesitz, der verwaltet, bebaut und instand gehalten ist wie der der Mademoiselle de Pen-Hoël. Mademoiselle des Touches, diese Gottlose, hat neuerdings vielerlei verdorben! Schließlich hat man ja dieses und jenes von ihr gehört.«

»Und was?« fragte die Mutter.

»Oh, eine Schlampe ist sie, eine feile Dirne!« rief der Pfarrer, »eine Frau von zweifelhaften Sitten, sie befaßt sich mit dem Theater, hat Umgang mit Komödianten und Komödiantinnen, vernascht ihr Vermögen mit Zeitungsschreibern, Malern, Musikern, kurzum: mit einer Satansbrut! Ihre Bücher schreibt sie unter einem angenommenen Namen, und unter dem, so heißt es, ist sie viel bekannter als unter dem Namen Félicité des Touches. Eine richtige Possenreißerin ist sie, seit ihrer Erstkommunion geht sie nur noch in die Kirche, um sich Statuen oder Bilder anzusehen. Sie hat ihr Vermögen vergeudet, um Les Touches auf das unziemlichste auszustatten, um daraus das Paradies Mohammeds zu machen, in dem die Huris keine Frauen sind. Da wird, solange sie dort ist, mehr an teuren Weinen getrunken als in ganz Guérande während eines Jahres. Bei den Demoiselles Bougniol haben letztes Jahr Männer mit Ziegenbärten gewohnt, vermutlich sind es ›Blaue‹ gewesen, und die sind bei ihr aus und ein gegangen und haben so ruchlose Lieder gesungen, daß jene tugendhaften Mädchen rot geworden sind und geweint haben. Das ist die Frau, für die der junge Chevalier augenblicklich schwärmt. Wenn dies Geschöpf heute abend eins der infamen Bücher haben möchte, in denen die Atheisten von heutzutage alles verhöhnen, so sattelte unser junger Chevalier eigenhändig sein Pferd und galoppierte nach Nantes und holte es ihr. Ich weiß nicht, ob Calyste dasselbe auch für die Kirche täte. Vor allem ist diese Bretonin keine Royalistin. Es brauchte sich nur zu ergeben, daß für die gute Sache zu den Waffen gegriffen werden müßte: wenn dann Mademoiselle des Touches oder der Sieur Camille Maupin, wie sie sich nennt, jetzt fällt es mir wieder ein, Calyste bei sich behalten wollte, dann würde der junge Chevalier seinen alten Vater ganz allein ins Feld ziehen lassen.«

»Nein«, sagte die Baronin.

»Ich möchte ihn nicht auf die Probe stellen, Sie könnten zu sehr darunter leiden«, antwortete der Pfarrer. »Ganz Guérande ist über die Leidenschaft des jungen Chevalier für dies Amphibium durcheinander geraten, für dies Wesen, das weder Mann noch Frau ist, das raucht wie ein Husar, schreibt wie ein Journalist und das gegenwärtig den giftigsten aller Schriftsteller als Gast bei sich hat, so wenigstens sagt der Postdirektor, dieser Anhänger der Mittelpartei, der Zeitungen liest. Sogar in Nantes wird darüber geredet. Heute morgen ist der Vetter de Kergarouët, der, der Charlotte an einen Mann mit sechzigtausend Francs Einkommen verheiraten möchte, bei Mademoiselle de Pen-Hoël erschienen und hat ihr mit seinem sieben Stunden langen Geschwätz über Mademoiselle des Touches den Kopf verdreht. Eben schlägt es vom Kirchturm ein Viertel vor zehn, und Calyste kommt nicht heim; er ist auf Les Touches, vielleicht kommt er erst morgen früh wieder.«

Die Baronin hörte dem Pfarrer zu, der, ohne es gemerkt zu haben, vom Dialog in den Monolog übergewechselt war; er schaute sein Beichtkind an, auf dessen Gesicht besorgte Empfindungen zu lesen waren. Die Baronin war errötet und zitterte. Als der Abbé Tränen aus den schönen Augen dieser niedergeschmetterten Mutter rinnen sah, wurde er gerührt.

»Ich will morgen zu Mademoiselle de Pen-Hoël gehen, beruhigen Sie sich«, sagte er mit tröstender Stimme. »Vielleicht ist das Übel gar nicht so groß, wie behauptet wird; ich werde die Wahrheit schon herausbekommen. Außerdem hat Mademoiselle Jacqueline Vertrauen zu mir. Ferner ist Calyste unser Zögling und wird sich nicht vom Satan behexen lassen. Er wird den Frieden nicht stören wollen, dessen seine Familie sich erfreut, noch die Pläne zunichte machen, die wir für seine Zukunft hegen. Also weinen Sie nicht, noch ist nicht alles verloren: ein Fehltritt ist nicht Lasterhaftigkeit.«

»Sie warten mir nur mit Einzelheiten auf«, sagte die Baronin. »Bin ich nicht die erste gewesen, der aufgefallen ist, wie Calyste sich verändert hat? Einer Mutter tut es sehr weh, wenn sie spürt, daß sie nicht mehr die erste im Herzen ihres Sohnes oder nicht mehr die einzige darin ist. Diese Phase im Leben des Mannes ist eins der Leiden der Mutterschaft; aber obwohl ich darauf gefaßt war, glaubte ich nicht, daß es so bald geschehen werde. Zumindest hatte ich gewollt, daß er ein nobles, schönes Geschöpf in sein Herz schlösse und nicht eine Komödiantin, eine Possenreißerin, eine vom Theater, eine Schriftstellerin, die Gefühle vortäuscht, eine schlechte Person, die ihn hintergehen und unglücklich machen wird. Sie hat Abenteuer hinter sich . . .«

»Mit mehreren Männern«, sagte der Abbé Grimont. »Und dabei ist diese ruchlose Frau in der Bretagne geboren worden! Sie entehrt ihre Heimat. Ich will am Sonntag über sie eine Strafpredigt halten.«

»Tun Sie das keinesfalls«, sagte die Baronin. »Die Paludiers und die Bauern wären imstande, nach Les Touches zu ziehen. Calyste ist seines Namens würdig, er ist Bretone, es könnte ein Unglück geschehen, wenn er zufällig da wäre, denn er würde sie verteidigen, als handelte es sich um die Heilige Jungfrau.«

»Es ist jetzt zehn; ich wünsche Ihnen eine gute Nacht«, sagte der Abbé Grimont und zündete den Oribus seiner Laterne an; ihre Scheiben waren hell, und die Metallteile funkelten, was bewies, mit welch peinlicher Sorgfalt seine Haushälterin sich aller Dinge in seiner Wohnung annahm. »Wer hätte mir gesagt«, fuhr er fort, »daß ein von Ihnen genährter, von mir in christlichen Gedanken erzogener junger Mensch, ein glühender Katholik, ein Kind, das gelebt hat wie ein Lamm ohne Fehl, in einen solchen Sündenpfuhl geraten würde?«

»Ist es denn ganz sicher?« fragte die Mutter. »Aber wie sollte eine Frau Calyste nicht lieben?«

»Dazu bedarf es keines anderen Beweises als der Tatsache, daß diese Hexe auf Les Touches weilt. Bedenken Sie: seit vierundzwanzig Jahren ist sie mündig, und noch nie ist sie so lange dort geblieben. Zu unserem Glück war bislang ihr Erscheinen immer nur von kurzer Dauer.«

»Eine vierzigjährige Frau«, sagte die Baronin. »Ich habe in Irland sagen hören, eine Frau dieses Alters sei für einen jungen Menschen die gefährlichste Geliebte.«

»Davon verstehe ich nichts«, antwortete der Pfarrer. »Ich werde sogar in meiner Ahnungslosigkeit von diesen Dingen sterben.«

»Ach, ich auch!« sagte die Baronin naiv. »Jetzt wollte ich, ich hätte von ganzem Herzen geliebt; dann könnte ich Calyste beobachten, beraten, trösten.«

Der Pfarrer durchschritt nicht allein den schmucken kleinen Hof; die Baronin geleitete ihn bis zur Pforte; sie hoffte, Calystes Schritt in Guérande zu vernehmen; aber sie hörte bloß des Pfarrers schwerfällige, vorsichtige Schritte, die mit der Entfernung immer schwächer wurden und schließlich aufhörten, als in der Stille der Stadt die Tür des Pfarrhauses sich dröhnend geschlossen hatte. Die arme Mutter ging wieder ins Haus; sie war tief betroffen, daß die Stadt auf dem laufenden über etwas war, das sie allein zu wissen geglaubt hatte. Sie setzte sich, kürzte mit einer alten Schere den Lampendocht, der daraufhin heller brannte, nahm sich die Stickerei vor, arbeitete daran und wartete auf Calyste. Auf diese Weise, hatte sie sich geschmeichelt, könne sie den Sohn zwingen, früher nach Hause zu kommen, kürzere Zeit bei Mademoiselle des Touches zu verweilen. Diese Berechnung mütterlicher Eifersucht hatte sich als unnütz erwiesen. Von Tag zu Tag waren Calystes Besuche in Les Touches häufiger geworden, und jeden Abend war er später heimgekommen, gestern sogar erst um Mitternacht. Die in ihr mütterliches Grübeln versunkene Baronin stickte Stich um Stich, wie alle Leute tun, die sich Gedanken machen und sich dabei manuell beschäftigen. Wer sie so gesehen hätte, wie sie beim Lampenschein gebeugt dasaß, unter dem vierhundertjährigen Gebälk dieses Raums, der würde dieses erhabene Bild bewundert haben. Fannys Haut war so durchsichtig, daß man ihr die Gedanken von der Stirn hätte ablesen können. Bald plagten sie Regungen der Neugier, wie sie auch reinen Frauen kommen, und sie überlegte, welche diabolischen Geheimnisse jene Baalstöchter besäßen, daß sie die Männer so sehr bezauberten und sie Mütter, Familie, Heimat, den eigenen Nutzen vergessen ließen. Bald ging sie so weit, daß sie jener Frau gegenüberzutreten wünschte, um sie unbefangen beurteilen zu können. Sie ermaß den Umfang der Verheerungen, die der auf Neuerungen erpichte Geist des Jahrhunderts, den der Pfarrer als so gefährlich für junge Seelen geschildert hatte, auf ihr einziges Kind werde ausüben können, auf den Sohn, der bis jetzt so ohne Falsch, so rein gewesen war wie ein junges Mädchen, dessen Schönheit nicht jugendlich-frischer hätte sein können als die seine.

Calyste, dieser prächtige Sproß der ältesten bretonischen Rasse und des edelsten irischen Bluts, war von seiner Mutter sorgfältig erzogen worden. Bis zu dem Augenblick, da die Baronin ihn dem Pfarrer von Guérande übergab, war sie sich gewiß gewesen, daß kein unreines Wort, kein schlechter Gedanke die Ohren und den Verstand ihres Jungen besudelt hatten. Sie hatte ihn mit ihrer Milch genährt, hatte ihm also zweimal von ihrem Blut gespendet und konnte ihn also in jungfräulicher Reinheit dem Seelenhirten übergeben, der aus Verehrung für diese Familie versprochen hatte, ihm eine ganz und gar christliche Erziehung zuteil werden zu lassen. Calyste wurde in dem Seminar unterrichtet, das auch der Abbé Grimont besucht hatte. Die Baronin lehrte ihn Englisch. Nicht ohne Mühe wurde unter den Beamten in Saint-Nazaire ein Mathematiklehrer ausfindig gemacht. Wie es nicht anders sein konnte, wußte Calyste von der modernen Literatur, vom Gang und den Fortschritten der Wissenschaft unserer Zeit nicht das mindeste. Sein Unterricht hatte sich auf Geographie und Geschichte, die behutsam wie in Mädchenpensionaten behandelt wurden, auf Latein und Griechisch, wie man es in Priesterseminaren lehrte, auf die Literatur der toten Sprachen und eine enge Auswahl französischer Autoren beschränkt. Als er als Sechzehnjähriger mit dem begann, was der Abbé als seine Philosophie bezeichnete, war er nicht minder rein als in dem Augenblick, da Fanny ihn dem Pfarrer zugeführt hatte. Die Kirche betreute ihn ebenso mütterlich wie die Mutter. Ohne ein Frömmler zu sein und lächerlich zu wirken, war der vergötterte Jüngling ein guter Katholik. Diesem schönen, reinen Sohn wollte die Mutter ein glückliches Leben in der Verborgenheit schaffen. Sie hatte von einer alten Tante ein kleines Vermögen zu erwarten, zwei- oder dreitausend Pfund Sterling. Diese Summe zusammen mit dem gegenwärtigen Vermögen der du Guénic würde es ermöglichen, für Calyste eine Frau zu finden, die ihm zwölf- oder fünfzehntausend Francs jährliche Einkünfte einbrachte. Ob nun Charlotte de Kergarouët mit dem Vermögen ihrer Tante, eine reiche Irin oder eine beliebige andere Erbin: das schien der Baronin gleichgültig zu sein; sie hatte die Liebe nie kennengelernt; sie sah, wie alle Menschen um sie, in der Ehe lediglich ein Mittel, zu Vermögen zu gelangen. Die Leidenschaft war diesen katholischen Seelen etwas Unbekanntes, diesen alten Leuten, die sich ausschließlich mit ihrem Seelenheil, mit Gott, dem König und ihrem Vermögen befaßten. Also darf sich niemand über den Ernst der Gedanken wundern, die die verletzten Gefühle im Herzen dieser Mutter begleiteten; sie lebte ja nur um des Wohlergehens ihres Sohnes willen und durch die Liebe zu ihm. Wenn das junge Ehepaar auf die Stimme der Vernunft hörte, konnten die du Guénic in der zweiten Generation, wenn sie bescheiden lebten und sparten, wie man in der Provinz zu sparen versteht, ihren Landbesitz zurückkaufen und sich wieder den Glanz des Reichtums erobern. Die Baronin wünschte sich ein hohes Alter, damit sie die Morgenröte des Wohlstands anbrechen sehen könne. Mademoiselle du Guénic hatte diesen Plan begriffen und zu ihrem eigenen gemacht, und jetzt wurde er durch Mademoiselle des Touches bedroht. Mit Schrecken hörte die Baronin, daß es Mitternacht schlug; eine Stunde lang litt sie furchtbare Ängste, denn es schlug eins, und Calyste war nicht gekommen.

»Ob er etwa dortgeblieben ist?« fragte sie sich. »Es wäre das erstemal. Der arme Junge!«

Da erklang Calystes Schritt in der Gasse. Die arme Mutter, in deren Herzen die Unruhe durch Freude abgelöst wurde, eilte aus dem Zimmer nach der Tür und öffnete sie dem Sohn.

»Oh!« rief Calyste mit bekümmerter Miene, »liebste Mutter, warum hast du auf mich gewartet? Ich habe doch den Hauptschlüssel und ein Feuerzeug.«

»Du weißt doch, lieber Junge, daß ich nicht schlafen kann, wenn du außerhalb des Hauses bist«, sagte sie und küßte ihn.

Als die Baronin wieder im Zimmer war, musterte sie den Sohn, um seinem Gesichtsausdruck zu entnehmen, was im Verlauf des Abends geschehen war; aber wie stets löste sein Anblick in ihr die Empfindung aus, die die Gewohnheit nicht zu schwächen vermochte und die alle liebenden Mütter fühlen, wenn sie das lebende Meisterwerk vor sich sehen, das sie geschaffen haben und das ihnen für eine Weile stets den Blick trübt.

Außer den dunklen Augen voller Energie und sonnenhafter Leuchtkraft, die er seinem Vater verdankte, hatte Calyste das schöne blonde Haar, die Adlernase, den wundervollen Mund, die etwas hochgebogenen Finger, den köstlichen Teint, die Zartheit, die Weiße seiner Mutter. Obgleich er beinahe wirkte wie ein als Mann verkleidetes Mädchen, war er von herkulischer Kraft. Seine Sehnen waren geschmeidig und stark wie stählerne Federn, und das Eigenartige seiner dunklen Augen war nicht ohne Reiz. Noch sproßte ihm nicht der Bart. Diese Verzögerung, so heißt es, verkündet Langlebigkeit. Der junge Kavalier trug einen kurzen Gehrock mit Silberknöpfen, und zwar aus dem gleichen schwarzen Samt, aus dem das Kleid seiner Mutter bestand, ein blauseidenes Halstuch, hübsche Gamaschen und eine Hose aus grauem Zwillich. Seine schneeweiße Stirn schien die Spuren großer Erschöpfung zu tragen, verriet indessen nur die Last trauriger Gedanken. Die Mutter war außerstande, die Qualen zu ahnen, die Calystes Herz verzehrten; sie schrieb diese flüchtige Veränderung dem Liebesglück zu. Nichtsdestoweniger war Calyste schön wie ein griechischer Gott, aber schön ohne Geckenhaftigkeit: erstens war er ja an den Anblick seiner Mutter gewöhnt, und zweitens machte er sich nichts aus einer Schönheit, von der er wußte, daß sie eitel sei.

»Diese schönen, reinen Wangen«, dachte sie, »in denen das junge, reiche Blut im tausendfältigen Netzwerk der Adern leuchtet, gehören also einer anderen Frau, und die ist auch die Herrin dieser Jungmädchenstirn. Die Leidenschaft wird darauf zahllose Wirrnisse erschaffen und die schönen Augen trüben, die feucht sind wie Kinderaugen!«

Dieser bittere Gedanke schnürte das Herz der Baronin zusammen und beeinträchtigte ihre Freude. Denjenigen, die zu rechnen wissen, mag es ungewöhnlich vorkommen, daß in einer sechsköpfigen Familie, die von jährlich dreitausend Francs leben muß, der Sohn einen Gehrock und die Mutter ein Kleid aus Samt besaß; aber Fanny O'Brien hatte reiche Tanten und andere Verwandte in London, die sich der Bretonin durch Geschenke in Erinnerung zu bringen pflegten. Mehrere ihrer reich verheirateten Schwestern nahmen ziemlich lebhaften Anteil an Calyste und waren darauf bedacht, eine reiche Erbin für ihn ausfindig zu machen; sie wußten, daß er ebenso schön und edel war wie Fanny, ihr im Exil lebender Liebling.

»Du bist heute länger als gestern in Les Touches geblieben, mein Liebling«, sagte die Mutter schließlich mit bewegter Stimme.

»Ja, Mutter«, antwortete er, gab indessen keine Erklärung.

Diese trockene Antwort überzog die Stirn der Baronin mit Wolken; sie verschob die Erklärung auf den folgenden Tag. Wenn Mütter die Besorgnisse hegen, die die Baronin in diesem Augenblick empfand, so zittern sie beinahe vor ihren Söhnen; sie wittern instinktiv die Wirkungen der großen Mündigsprechung, die die Liebe vollbringt; sie sind sich klar darüber, was alles dieses Gefühl ihnen wegnehmen wird; gleichzeitig jedoch empfinden sie eine gewisse Freude an dem Wissen, daß ihr Sohn glücklich ist: es findet in ihrem Herzen gewissermaßen eine Schlacht statt. Obwohl sich daraus dann ergibt, daß der Sohn erwachsen und überlegen geworden ist, mögen wahre Mütter diese stumme Abdankung nicht; sie sehen ihre Kinder lieber klein und schutzbedürftig. Vielleicht beruht darin das Geheimnis der mütterlichen Vorliebe für ihre schwachen, häßlichen oder unglücklichen Kinder.

»Du bist müde, lieber Junge, geh zu Bett«, sagte sie und wehrte ihren Tränen.

Eine Mutter, die nicht alles weiß, was ihr Sohn tut und treibt, glaubt alles verloren, wenn eben jene Mutter so liebt und so geliebt wird wie Fanny. Vielleicht hätte aber auch jede Mutter, gleichgültig, wo, genauso gezittert wie Madame du Guénic. Eine zwanzigjährige Geduld konnte vertan worden sein. Calyste, dieses lebendige Meisterwerk einer noblen, klugen, frommen Erziehung, konnte zerstört werden; sein so sorglich vorbereitetes Lebensglück konnte für alle Zeit durch eine Frau zugrunde gerichtet werden.

Am nächsten Tag schlief Calyste bis Mittag; seine Mutter hatte verboten, ihn zu wecken, und Mariotte hatte dem Hätschelkind das Frühstück ans Bett gebracht. Die unbeugsamen und fast klösterlichen Regeln, die die Stunden der Mahlzeiten regierten, wichen den Launen des jungen Chevalier. Wenn man daher Mademoiselle du Guénic einmal ihr Schlüsselbund entreißen wollte, um außerhalb der Mahlzeiten etwas zu essen, was unendlich lange Erklärungen erfordert haben würde, so gab es kein anderes Mittel dazu, als zu behaupten, es handele sich um einen Wunsch Calystes. Gegen ein Uhr saßen der Baron, seine Frau und seine Schwester im Zimmer beisammen; sie pflegten um drei zu essen. Die Baronin hatte wieder die ›Quotidienne‹ vorgenommen und las daraus ihrem Mann weiter vor; er wurde vor dem Essen immer etwas munterer. Gerade als Madame du Guénic die Lesung beenden wollte, hörte sie im zweiten Stock das Geräusch der Schritte ihres Sohnes, ließ die Zeitung sinken und sagte: »Calyste geht sicher zum Essen wieder nach Les Touches; er ist gerade mit Anziehen fertig.«

»Wenn er Freude daran hat, der Junge«, sagte die Alte, nahm ein Silberpfeifchen aus der Tasche und pfiff.

Mariotte ging durch den Turm und trat aus der Verbindungstür hervor, vor der eine Seidenportiere aus demselben Stoff wie dem der Vorhänge angebracht war.

»Bitte?« fragte sie, »brauchen Sie etwas?«

»Der junge Herr ißt in Les Touches, lassen Sie die Barbe für morgen.«

»Aber wir wissen es doch noch gar nicht«, sagte die Irin.

»Es scheint dir nicht recht zu sein, Schwägerin, ich merke es an deinem Tonfall«, sagte die Blinde.

»Monsieur Grimont hat böse Dinge über Mademoiselle des Touches erfahren; durch sie ist unser lieber Calyste seit einem Jahr recht sehr verändert worden.«

»In welcher Hinsicht?« fragte der Baron.

»Aber er liest doch alle möglichen Bücher.«

»So, so!« machte der Baron, »deswegen vernachlässigt er also die Jagd und sein Pferd.«

»Sie hat tadelnswerte Gepflogenheiten und führt einen Männernamen«, sprach Madame du Guénic weiter.

»Wohl ein Spitzname«, sagte der alte Herr. »Ich bin ja auch ›Intimé‹ genannt worden, der Graf de Fontaine ›Grand-Jacques‹, der Marquis de Montauron ›Gars‹. Ich war der Freund von ›Ferdinand‹[46], der sich so wenig unterworfen hat wie ich. Das waren noch Zeiten! Man gab aufeinander Gewehrschüsse ab und amüsierte sich dennoch hin und wieder.«

Diese Kriegserinnerung, die an die Stelle der väterlichen Besorgnis getreten war, stimmte Fanny für einen Augenblick traurig. Die vertrauliche Mitteilung des Pfarrers, der Vertrauensmangel des Sohnes hatten ihr eine schlaflose Nacht bereitet.

»Wenn der junge Herr Mademoiselle des Touches liebte, dann wäre das doch kein Unglück«, sagte Mariotte. »Die Frau hat dreißigtausend Taler Einkünfte, und schön ist sie außerdem noch.«

»Was redest du da, Mariotte?« rief der alte Herr. »Ein du Guénic eine des Touches heiraten? Die des Touches waren noch nicht einmal unsere Schildknappen zu der Zeit, da du Guesclin eine Ehe mit uns als einen Ehrentitel ansah.«

»Ein Mädchen, das den Männernamen Camille Maupin führt!« sagte die Baronin.

»Die Maupin sind eine alte Familie«, sagte der Greis, »sie stammen aus der Normandie und führen auf rotem Grund drei . . .« Er hielt inne. »Aber sie kann doch nicht gleichzeitig des Touches und Maupin sein.«

»Maupin heißt sie beim Theater.«

»Eine des Touches kann nie eine Komödiantin sein«, sagte der alte Herr. »Wenn ich dich nicht kennte, Fanny, würde ich dich für verrückt halten.«

»Sie schreibt Stücke und Bücher«, sagte die Baronin noch.

»Bücher?« fragte der alte Herr und sah seine Frau mit so überraschter Miene an, als sei ihm von einem Mirakel erzählt worden. »Ich habe sagen hören, Mademoiselle de Scudéry[47] und Madame de Sévigné[48] hätten ebenfalls geschrieben; das ist nicht das Beste unter allem, was sie getan haben; aber zu solchen Wunderdingen hat es Ludwigs XIV. und seines Hofes bedurft.«

»Sie essen doch in Les Touches, nicht wahr?« fragte Mariotte den gerade hereingekommenen Calyste.

»Wahrscheinlich«, antwortete der junge Herr.

Mariotte war nicht neugierig, sie gehörte zur Familie; sie ging hinaus, ohne daß sie versucht hätte, die Frage zu hören, die Madame du Guénic jetzt an Calyste richten würde.

»Du gehst schon wieder nach Les Touches, mein Calyste?« Sie betonte das Wort ›mein‹. »Dabei ist Les Touches kein ehrenhaftes und anständiges Haus. Die Herrin führt ein tolles Leben und verdirbt unseren Calyste. Camille Maupin hat ihm viele Bücher zu lesen gegeben, sie hat mancherlei Abenteuer hinter sich! Und das alles weißt du, du böser Junge, und hast deinen alten Freunden nichts davon gesagt!«

»Der junge Herr ist diskret«, antwortete der Vater, »eine Tugend der alten Zeiten.«

»Viel zu diskret«, sagte die eifersüchtige Irin, als sie die Röte sah, die die Stirn des Sohnes bedeckte.

»Liebe Mutter«, sagte Calyste und warf sich vor der Baronin auf die Knie, »ich glaube nicht, daß es angebracht wäre, meine Niederlage öffentlich bekanntzugeben. Mademoiselle des Touches oder, wenn du willst, Camille Maupin hat vor anderthalb Jahren, bei ihrem letzten Aufenthalt hier, meine Liebe zurückgewiesen. Damals hat sie sich leise über mich lustig gemacht: sie könnte meine Mutter sein, hat sie gesagt; eine Frau von vierzig Jahren, die einen Minderjährigen liebe, begehe eine Art Inzest; zu einer solchen Verderbtheit sei sie außerstande. Sie hat mich mit zahllosen Scherzreden bedacht, und die haben mich zu Boden gedrückt; sie ist nämlich klug wie ein Engel. Als sie dann sah, daß ich heiße Tränen weinte, hat sie mich getröstet und mir auf die nobelste Weise ihre Freundschaft angeboten. Sie hat noch mehr Herz als Talent; sie ist so hochherzig wie du. Jetzt ist es, als sei ich ihr Sohn. Als ich nach ihrer Rückkehr erfuhr, sie liebe einen anderen, habe ich mich in mein Schicksal ergeben. Rede nicht die Verleumdungen nach, die über sie im Umlauf sind: Camille ist Künstlerin, sie hat Genie und führt ein Ausnahmedasein, das man nicht wie ein alltägliches Leben beurteilen darf.«

»Mein Junge«, antwortete die fromme Fanny, »nichts entbindet eine Frau davon, sich so aufzuführen, wie die Kirche es will. Sie verabsäumt ihre Pflichten gegen Gott, gegen die Gesellschaft, wenn sie die zarten, unerläßlichen Pflichten ihres Geschlechts abschwört. Eine Frau begeht allein schon eine Sünde, wenn sie ins Theater geht; aber Ruchlosigkeiten niederzuschreiben, die dann die Schauspieler wiederholen, in der Welt umherschweifen, bald mit einem Feind des Papstes, bald mit einem Musiker, ach, es wird dir schwerfallen, Calyste, mich davon zu überzeugen, daß solch ein Tun Taten des Glaubens, der Hoffnung oder der christlichen Liebe seien. Ihr Vermögen ist ihr von Gott gegeben worden, damit sie Gutes tut, und wozu dient ihr das ihrige?«

Calyste stand jäh auf, sah seine Mutter an und sagte zu ihr: »Mutter, Camille ist meine Freundin; ich möchte nicht so von ihr reden hören, denn ich würde mein Leben für sie hingeben.«

»Dein Leben?« fragte die Baronin und blickte den Sohn mit erschreckter Miene an. »Dein Leben ist unser aller Leben.«

»Mein schöner Neffe hat vielerlei Worte gesagt, die ich nicht verstanden habe«, sagte die alte Blinde leise und langsam und wandte sich ihm zu.

»Wo hat er sie gelernt?« fragte die Mutter. »Auf Les Touches.«

»Aber, liebste Mutter, sie hat gemeint, ich sei ungebildet wie ein Karpfen.«

»Du hast das Wesentliche gewußt im Wissen um die Pflichten, die die Religion uns lehrt«, antwortete die Baronin. »Oh, diese Frau wird dir noch deinen edlen, heiligen Glauben zerstören.«

Die alte Jungfer stand auf und streckte feierlich die Hände nach ihrem schlummernden Bruder hin.

»Calyste«, sagte sie mit einer Stimme, die aus dem Herzen kam, »dein Vater hat nie ein Buch aufgeschlagen, er spricht Bretonisch, er hat, wenn Gefahr bestand, für den König und für Gott gekämpft. Die Gebildeten hatten Übles getan, und die gelehrten Edelleute hatten ihr Vaterland verlassen. Bitte lerne daraus!«

Sie setzte sich wieder und begann mit dem Eifer zu stricken, den die Erregung ihr lieh. Calyste war von dieser Rede im Stil Phokions[49] betroffen.

»Mit einem Wort, mein Engel, mir ist, als werde dir in jenem Haus ein Unglück zustoßen«, sagte die Mutter mit veränderter Stimme und brach in Tränen aus.

»Wer hat hier Fanny zum Weinen gebracht?« rief der alte Herr, der durch den Stimmklang seiner Frau aus dem Schlaf aufgeschreckt war. Er sah seine Schwester, den Sohn und die Baronin an. – »Was gibt es?«

»Nichts, mein Freund«, antwortete die Baronin.

»Mama«, flüsterte Calyste der Mutter zu, »in diesem Augenblick kann ich mich unmöglich aussprechen; aber heute abend wollen wir miteinander reden. Wenn du alles weißt, wirst du Mademoiselle des Touches segnen.«

»Fluchen tun Mütter nur ungern«, antwortete die Baronin,

»und ich werde nicht die Frau verfluchen, die meinem Calyste herzlich zugetan ist.«

Der junge Herr verabschiedete sich von seinem alten Vater und verließ das Haus. Der Baron und seine Frau standen auf und schauten ihm nach, wie er über den Hof ging, die Tür öffnete und verschwand. Die Baronin nahm die Zeitung nicht wieder vor; sie war erschüttert. In diesem so ruhigen, so einträchtigen Leben bedeutete die kurze Auseinandersetzung, die eben stattgefunden hatte, dasselbe, was in einer anderen Familie ein Streit bedeutet. Obwohl die Mutter sich beruhigt hatte, waren ihre Besorgnisse keineswegs zerstreut. Wohin würde diese Freundschaft, die Calystes Leben verlangen und es in Gefahr bringen konnte, ihn führen? Weswegen sollte die Baronin Mademoiselle des Touches segnen? Diese beiden Fragen waren für jene schlichte Seele genauso wichtig wie für Diplomaten die wildeste Revolution. Camille Maupin bedeutete für dieses freundliche, stille Heim eine Revolution.

»Ich habe Angst, daß diese Frau ihn uns verdirbt«, sagte sie und nahm die Zeitung wieder zur Hand.

»Meine liebe Fanny«, sagte der alte Baron mit schalkhafter Miene, »du bist viel zu sehr ein Engel, um dergleichen Dinge zu begreifen. Mademoiselle des Touches ist, wie es heißt, schwarz wie ein Rabe, stark wie ein Türke und vierzig Jahre alt. Unser lieber Calyste konnte gar nicht anders, als sich an sie heranzumachen. Nun wird er uns ein paar durchaus ehrenhafte Lügen aufbinden, um sein Glück zu vertuschen. Laß ihm seinen Spaß an seinem ersten Liebesbetrug.«

»Handelte es sich um eine andere Frau . . .«

»Aber, liebe Fanny, wenn jene Frau eine Heilige wäre, würde sie deinen Sohn nicht bei sich empfangen.« Die Baronin blickte in die Zeitung. – »Ich selber will zu ihr gehen«, sagte der alte Herr. »Ich erstatte dir dann Bericht.«

Dieser Ausspruch gewinnt erst im Rückdenken seinen Wert. Wenn man Camille Maupins Biographie gelesen hat: wird man sich dann den alten Baron sozusagen handgemein mit der berühmten Frau vorstellen können?

Die Stadt Guérande, die seit zwei Monaten Calyste, ihre Blüte und ihren Stolz, jeden Tag morgens oder abends, oft auch morgens und abends, nach Les Touches gehen sah, dachte, daß Mademoiselle Félicité des Touches leidenschaftlich in den schönen Jungen verliebt sei und daß sie durch Zauberkünste auf ihn eingewirkt habe. Mehr als ein junges Mädchen und eine junge Frau fragten sich, worin die Vorzüge alter Frauen eigentlich beständen, wenn sie über einen Engel eine so große Gewalt auszuüben vermochten. Als Calyste daher die Grand'Rue durchschritt und die Stadt durch das Croisic-Tor verließ, heftete sich mehr als ein Blick an ihn.

Es ist jetzt an der Zeit, eine Erklärung der Gerüchte zu geben, die über die Persönlichkeit im Umlauf waren, die Calyste besuchen wollte. Jene Gerüchte waren durch bretonisches Klatschweibergeschwätz vergrößert und durch die allgemeine Ahnungslosigkeit zu etwas Giftigem gemacht worden, und so waren sie bis zu dem Pfarrer gedrungen. Der Steuereinnehmer, der Friedensrichter, der Leiter des Zollamts in Saint-Nazaire hatten den Abbé keineswegs beruhigt, als sie ihm von dem absonderlichen Leben der Künstlerin erzählten, die sich hinter dem Namen Camille Maupin verbarg. Zwar verzehrte sie noch keine kleinen Kinder, sie tötete keine Sklaven wie Kleopatra, und sie ließ auch keine Männer in den Fluß werfen, wessen die Heldin des ›Turms von Nesle‹[50] fälschlich beschuldigt wird; aber für den Abbé Grimont bildete diese ungeheuerliche Kreatur, die halb Sirene, halb Atheistin war, ein unmoralisches Gemisch von Weib und Philosoph, und sie ließ alle sozialen Gesetze außer acht, die erfunden worden sind, um die Schwächen des schönen Geschlechts in Grenzen zu halten oder auszunutzen.

Gerade wie Clara Gazul[51] das weibliche Pseudonym eines geistvollen Mannes ist, George Sand das männliche Pseudonym einer genialen Frau, war Camille Maupin die Maske, unter der sich lange Zeit hindurch ein bezauberndes Mädchen von bester Herkunft verbarg, eine Bretonin namens Félicité des Touches, eben die Frau, die der Baronin du Guénic und dem guten Pfarrer von Guérande soviel Unruhe schuf. Jene Familie hat nichts mit den des Touches aus der Touraine gemein, denen der Gesandte des Regenten[52] angehörte; er ist noch heute berühmt durch seinen literarischen Namen und seine diplomatischen Talente[53]. Camille Maupin, eine der wenigen berühmten Frauen des neunzehnten

Jahrhunderts, ist lange der Virilität ihrer Erstlingswerke wegen für einen männlichen Autor gehalten worden. Alle Welt kennt heute die beiden Bände unaufführbarer Schauspiele, die im Stil Shakespeares oder Lope de Vegas geschrieben und 1822 veröffentlicht worden sind; sie riefen eine Art literarischer Revolution hervor; denn damals durchwogte die große Frage ›klassisch oder romantisch?‹ die Zeitungen, die Clubs und die Académie. Seither hat Camille Maupin mehrere Bühnenstücke und einen Roman geschrieben, die den Erfolg ihrer ersten, gegenwärtig ein wenig in Vergessenheit geratenen Veröffentlichung durchaus nicht Lügen straften. Erklären, durch welche Verkettung von Umständen sich die Umwandlung eines jungen Mädchens in einen Mann vollzog, auf welche Weise Félicité des Touches zum Autor wurde, warum sie, glücklicher als Madame de Staël[54], unverheiratet geblieben und ihre Berühmtheit daher verzeihlicher ist: hieße das nicht, mancherlei Neugier befriedigen und eine der Monstrositäten rechtfertigen, die innerhalb der Menschheit emporragen wie Denkmäler, und deren Ruhm durch die Seltenheit begünstigt wird? Denn innerhalb von zwanzig Jahrhunderten lassen sich kaum zwanzig große Frauen aufzählen. Obwohl sie hier nur eine Gestalt zweiten Ranges ist, aber einen großen Einfluß auf Calyste ausgeübt hat, und weil sie eine große Rolle in der Literaturgeschichte unserer Zeit spielt, wird schwerlich jemand bedauern, daß er sich ein wenig länger bei dieser Figur aufgehalten hat, als es die moderne Poetik will.

Mademoiselle Félicité war 1793 Waise geworden. Auf diese Weise entging ihr Vermögen der Beschlagnahme, der ihr Vater und ihr Bruder sicherlich ausgesetzt gewesen wären. Der erstere fiel am 10. August[55] auf den Stufen der Tuilerien unter den Verteidigern des Königs, denen er in seiner Eigenschaft als Major der Torwache angehörte. Ihr Bruder, ein junger Leibgardist, wurde in Les Carmes[56] niedergemetzelt. Mademoiselle des Touches war zwei Jahre alt, als ihre Mutter wenige Tage nach dieser zweiten Katastrophe vor Kummer starb. Auf dem Sterbebett vertraute Madame des Touches die Tochter ihrer Schwester an, einer Nonne in Chelles. Madame de Faucombe, jene Nonne, brachte klugerweise das Waisenkind nach Faucombe, einem ansehnlichen Gutsbesitz in der Nähe von Nantes, der Madame des

Touches gehört hatte; dort ließ sich die Nonne mit drei Schwestern ihres Klosters nieder. Der Pöbel von Nantes demolierte während der letzten Tage der Schreckensherrschaft das Schloß und ergriff die Nonnen und Mademoiselle des Touches; sie wurden ins Gefängnis geworfen, weil sie auf Grund eines verleumderischen Gerüchtes angeklagt waren, bei sich Emissäre Pitts[57] und Coburgs[58] empfangen zu haben. Der 9. Thermidor[59] befreite sie. Félicités Tante starb an dem ausgestandenen Schrecken. Zwei der frommen Schwestern verließen Frankreich, die dritte vertraute die kleine des Touches deren nächstem Verwandten an, Monsieur de Faucombe, ihrem Großonkel mütterlicherseits, der in Nantes wohnte; dann folgte die Nonne ihren Gefährtinnen ins Exil. Monsieur de Faucombe, ein alter Herr von sechzig Jahren, hatte eine junge Frau geheiratet und ihr die Leitung seiner geschäftlichen Angelegenheiten überlassen. Er beschäftigte sich nur noch mit der Altertumswissenschaft, einer Leidenschaft, oder, um es genauer zu sagen, einer der Manien, die den Greisen zu dem Glauben verhelfen, daß sie noch am Leben seien. Die Erziehung seines Mündels wurde völlig dem Zufall überlassen. Die junge Frau ging in dem Freudenleben des Kaiserreichs auf und überwachte Félicité nur wenig; sie wuchs ganz allein auf, als Junge. Sie leistete Monsieur de Faucombe in dessen Bibliothek Gesellschaft und las dort alles, was zu lesen ihr gefiel. So lernte sie also das Leben theoretisch kennen, und obwohl sie Jungfrau blieb, besaß sie keineswegs die Unschuld des Geistes. Ihre Intelligenz schwamm in den Unreinlichkeiten der Wissenschaft, aber ihr Herz blieb rein. Ihre Bildung war erstaunlich; ihre Leseleidenschaft hatte sie ihr verschafft, und ein gutes Gedächtnis war ihr dabei zu Hilfe gekommen. Daher war sie mit achtzehn Jahren so gelehrt, wie die heutigen jungen Schriftsteller es sein sollten, ehe sie zu schreiben anfangen. Das ausgiebige Lesen zügelte ihre Leidenschaften weit besser, als das Klosterleben es getan hätte; denn im Kloster erhitzt sich die Phantasie der jungen Mädchen. Dieses mit unverdauten und ungeordneten Kenntnissen vollgestopfte Gehirn beherrschte ein kindliches Herz. Die Verderbtheit der Intelligenz, die keinerlei Wirkung auf die Keuschheit des Körpers ausübte, hätte Philosophen und Menschenbeobachter in Erstaunen versetzt, sofern in Nantes irgend jemand den Wert der Mademoiselle des Touches hätte mutmaßen können. Das Ergebnis stand im umgekehrten Verhältnis zur Ursache: Félicité besaß keinerlei Hang zum Bösen, sie begriff alles durch ihr Denkvermögen und enthielt sich des Tuns; sie war das Entzücken des alten Faucombe und half ihm bei seinen Arbeiten; sie schrieb drei der Werke des wackeren Edelmannes, der glaubte, sie seien von ihm; denn auch in seiner geistigen Vaterschaft war er blind. Solch ein Übermaß an Arbeit stand im Widerspruch zu der Entwicklung des jungen Mädchens und hatte Folgen: Félicité wurde krank, ihr Blut hatte sich erhitzt, die Brust schien von einer Entzündung bedroht. Die Ärzte empfahlen Ausritte und gesellschaftliche Zerstreuungen. Mademoiselle des Touches wurde eine vortreffliche Reiterin und erholte sich innerhalb weniger Monate. Als Achtzehnjährige erschien sie in der Gesellschaft, wo sie großes Aufsehen erregte, so daß sie in Nantes nicht anders als ›die schöne Mademoiselle des Touches‹ genannt wurde; aber alle Bewunderung, die sie einflößte, ließ sie fühllos. Sie war lediglich aus einem der unvergänglichen Gefühle der Frau, möge sie noch so überlegen sein, in die Gesellschaft gegangen. Ihre Tante und ihre Kusinen hatten sich über ihre Arbeiten und über ihre Abseitigkeit lustig gemacht und sie in den Verdacht gebracht, sie sei außerstande zu gefallen; das hatte sie gekränkt, und nun hatte sie sich als kokett und leichtlebig bezeigen wollen, mit einem Wort: als Frau. Félicité hatte sich einen Austausch von Gedanken erhofft, Verlockungen, die im Einklang mit der Höhe ihrer Intelligenz und ihren ausgedehnten Kenntnissen standen; als sie die gemeinplätzige Unterhaltung anhören mußte, die Dummheiten der Hofmacherei, empfand sie Ekel, und zumal das Vorherrschen des Offiziersadels, dem damals alles wich, stieß sie ab. Wie es nicht anders sein konnte, hatte sie die Künste der äußeren Aufmachung außer acht gelassen. Als sie es erlebte, daß sie Zierpuppen nachstand, die Klavier spielten und sich durch das Singen von Romanzen beliebt machten, wollte sie Musikerin werden: sie kehrte in ihre tiefe Zurückgezogenheit zurück und fing an, unter der Leitung des besten Lehrers der Stadt hartnäckig zu studieren. Sie war reich, sie ließ Steibelt[60] kommen, um sich zu vervollkommnen, und die Stadt sperrte Mund und Nase auf. Noch heute wird dort von diesem fürstlichen Verhalten gesprochen. Der Aufenthalt jenes Meisters kostete sie zwölftausend Francs. Seither ist sie eine vollendete Klavierspielerin geworden. Später nahm sie in Paris Unterricht in Harmonielehre und Kontrapunkt und komponierte die Musik zu zwei Opern, die den größten Erfolg hatten, ohne daß das Publikum jemals in das Geheimnis eingeweiht worden wäre. Für die Öffentlichkeit war der Komponist jener Opern Conti, einer der bedeutendsten Künstler unserer Zeit; aber dieser Umstand hängt mit der Geschichte ihres Herzens zusammen und soll erst später erklärt werden. Die Mittelmäßigkeit der Provinzgesellschaft langweilte sie so sehr, sie hing in der Phantasie so grandiosen Ideen nach, daß sie die Salons mied, nachdem sie noch einmal darin erschienen war, um die Frauen durch den Glanz ihrer Schönheit zu überblenden, ihren Triumph über die Klavierspielerinnen zu genießen und sich von den geistvollen Leuten anbeten zu lassen; als sie jedoch den beiden Kusinen ihre Macht gezeigt und zwei Liebhaber zur Verzweiflung gebracht hatte, kehrte sie zu ihren Büchern, ihrem Flügel, den Werken Beethovens und dem alten Faucombe zurück. Im Jahre 1812 wurde sie einundzwanzig, und der Altertumsforscher legte ihr Rechnung über seine Vormundschaft ab; also übernahm sie von diesem Jahr an die Verwaltung ihres Vermögens; es bestand aus fünfzehntausend Francs Einkünften, die Les Touches, das Gut ihres Vaters, abwarf; zwölftausend Francs, die damals die Ländereien von Faucombe ergaben, deren Einkünfte sich indessen bei der Erneuerung der Pachtverträge um ein Drittel vermehrten; und einem Kapital von dreihunderttausend Francs, das der Vormund zusammengespart hatte. Aus ihrem Leben in der Provinz nahm Félicité nichts als das Verständnis für den Wert eines Vermögens und den Hang zu vernünftiger Verwaltung mit, der vielleicht auf dem Lande das Gleichgewicht zu der Bewegung der Kapitalien in Paris wiederhergestellt hat. Sie hob ihre dreihunderttausend Francs von der Bank ab, in der der Altertumsforscher sie hatte Zinsen bringen lassen, und legte sie um die Zeit des katastrophalen Rückzugs von Moskau in Staatsschuldpapieren an. So hatte sie dreißigtausend Francs Einkünfte mehr. Nach Abzug aller ihrer Ausgaben verblieben ihr jährlich fünfzigtausend Francs zum Anlegen. Ein einundzwanzigjähriges Mädchen von solcher Willenskraft kommt einem dreißigjährigen Mann gleich. Ihr Geist hatte eine riesige Reichweite erlangt, und die Gewohnheit kritischer Betrachtung ermöglichte es ihr, Menschen, Künste, Dinge und Politik gesund zu beurteilen. Damals entschloß sie sich, Nantes den Rücken zu kehren; aber da zog sich der alte Faucombe seine Todeskrankheit zu. Sie handelte, als sei sie die Frau des alten Herrn; achtzehn Monate lang betreute sie ihn mit der Aufopferung eines Schutzengels; sie schloß ihm die Augen um die Zeit, da Napoleon auf Frankreichs Leiche mit ganz Europa kämpfte. Somit verschob sie ihre Abreise nach Paris bis an das Ende jenes Ringens. Als Royalistin eilte sie hin, um der Rückkehr der Bourbonen nach Paris beizuwohnen. Sie wurde dort von der Herzogsfamilie von Grandlieu willkommengeheißen, mit der sie Bande der Verwandtschaft verknüpften; da jedoch kam es zu der Katastrophe vom 20. März[61], und alles hing für sie in der Schwebe. Sie konnte aus der Nähe das letzte Schaubild des Kaiserreiches mitansehen, die Große Armee bewundern, die auf das Marsfeld kam wie in eine Arena und ihren Caesar begrüßte, ehe sie bei Waterloo in den Tod ging. Félicités große, noble Seele wurde durch diesen magischen Anblick ergriffen. Die politischen Erschütterungen, das Märchenhafte des drei Monate dauernden Theaterstücks, das die Weltgeschichte als die ›Hundert Tage‹ bezeichnet, beschäftigten sie und bewahrten sie inmitten eines Umsturzes, der die royalistische Gesellschaft zersprengte, in der sie gerade debütiert hatte, vor aller Leidenschaft. Die Grandlieu waren den Bourbonen nach Genf gefolgt und hatten ihr Stadtpalais Mademoiselle des Touches überlassen. Félicité wollte keine untergeordnete Stellung; sie kaufte für hundertdreißigtausend Francs eins der schönsten Stadtpalais in der Rue du Mont-Blanc[62], in das sie übersiedelte, als die Bourbonen 1815 wiederkehrten; allein schon der Park ist heute zwei Millionen wert. Sie war es gewohnt, auf eigenen Füßen zu stehen, und so hatte sie sich schon frühzeitig eine Tatkraft angeeignet, die sonst ausschließlich den Männern vorbehalten zu sein scheint. 1816 war sie fünfundzwanzig Jahre alt. Die Ehe kannte sie nicht; sie begriff sie nur gedanklich, beurteilte sie nach ihren Ursachen, anstatt sie an ihren Wirkungen zu erkennen, und gewahrte an ihr lediglich die Unzuträglichkeiten. Ihr überlegener Geist lehnte sich gegen die Abdankung auf, mit der die verheiratete Frau ihr Leben beginnt; sie empfand lebhaft, was die Unabhängigkeit wert ist, und empfand gegen die Beschwernisse der Mutterschaft nur Widerwillen. Es ist notwendig, auf diese Einzelheiten hinzuweisen, um die Anomalien zu rechtfertigen, die Camille Maupin kennzeichnen. Sie hat weder Vater noch Mutter gekannt, ist von Kindheit an ihr eigener Herr gewesen, ihr Vormund war ein bejahrter Altertumsforscher, der Zufall hat sie in die Bereiche der Wissenschaft und der Phantasie gestoßen, in die Welt der Literatur, anstatt sie in dem Kreis verbleiben zu lassen, der durch die oberflächliche, den Frauen zuteil werdende Erziehung gezogen wird, durch mütterliche Belehrungen über die Kleidung, über den heuchlerischen Anstand, über die bei der Männerjagd erforderliche Anmut des weiblichen Geschlechts. Daher konnte man lange, bevor sie berühmt wurde, ihr auf den ersten Blick ansehen, daß sie niemals mit Puppen gespielt hatte. Gegen Ende des Jahres 1817 stellte Félicité des Touches zwar nicht ein Welken, wohl aber den Beginn einer Ermüdung an ihrer äußeren Erscheinung fest. Sie sah ein, daß ihre Schönheit drauf und dran sei, durch die Tatsache ihres beharrlichen Zölibats Veränderungen unterworfen zu werden; aber sie wollte schön bleiben; denn damals legte sie Wert auf ihre Schönheit. Die Wissenschaft führte ihr vor Augen, welches Urteil die Natur über ihre Schöpfungen verhängt, wenn sie teils aus Unkenntnis, teils durch Mißbrauch gegen ihre Gesetze verstoßen. Das gegerbte Gesicht ihrer Tante erschien ihr und machte sie schaudern. Sie stand zwischen Ehe und Leidenschaft, wollte indessen frei bleiben; allein sie war den ihr von allen Seiten erwiesenen Huldigungen gegenüber nicht gleichgültig. In dem Augenblick, da diese Geschichte beginnt, war sie noch fast die gleiche wie 1817. Achtzehn Jahre waren über sie hingegangen und hatten sie unangetastet gelassen. Als Vierzigjährige hätte sie sagen können, sie sei erst fünfundzwanzig. Ihr Bild im Jahre 1836 malen, heißt also, sie so darstellen, wie sie 1817 gewesen war. Frauen, die wissen, wie weibliches Temperament und weibliche Schönheit beschaffen sein müssen, wenn sie den Versehrungen durch die Zeit widerstehen sollen, werden verstehen, wie und warum Félicité des Touches einen so großen Vorzug genoß, wenn sie sich mit einem Bildnis befassen, dem die glänzendsten Farbtöne der Palette und der reichste Rahmen vorbehalten worden sind.

Die Bretagne stellt im Vorherrschen des braunen Haars, der braunen Augen und des bräunlichen Teints in einer Gegend, die England benachbart ist, wo die klimatischen Bedingungen fast die gleichen sind, ein Problem dar, das der Lösung harrt. Hängt dieses Problem mit der großen Frage der Rassen, der unbeobachteten physischen Einflüsse zusammen? Vielleicht erforschen die Gelehrten eines Tages die Ursache jener Eigenart, die in der Nachbarprovinz, der Normandie, aufhört. Bis die Frage beantwortet ist, haben wir die absonderliche Tatsache vor Augen: unter den Bretoninnen, die fast alle die lebhaften Augen der Südländer haben, sind die Blonden ziemlich selten; aber anstatt die hohen Gestalten und die schlangenhaften Linien Italiens oder Spaniens darzubieten, sind sie im allgemeinen klein, gedrungen, gut gebaut, fest, abgesehen von den Ausnahmen in der gehobenen Klasse, in der es durch die aristokratischen Ehebündnisse zu Kreuzungen kommt. Mademoiselle des Touches, der Rasse nach eine echte Bretonin, ist mittelgroß, nicht einmal fünf Fuß, aber die mißt man ihr zu. Dieser Irrtum beruht auf der Eigenart ihres Gesichts; das nämlich läßt sie größer erscheinen. Sie hat den bei Tageslicht olivenen, bei künstlichem Licht weißen Teint, der die schönen Italienerinnen auszeichnet: man könnte ihn als belebtes Elfenbein bezeichnen. Das Tageslicht gleitet über diese Haut wie über etwas Poliertes, es schimmert darauf; eine heftige Gemütsbewegung ist erforderlich, damit sich mitten auf den Wangen eine leichte Röte zeigt; aber sie verschwindet gleich wieder. Diese Eigentümlichkeit leiht ihrem Gesicht die Unempfindlichkeit einer Wilden. Dies eher längliche als ovale Antlitz ähnelt dem einer schönen Isis[63] auf äginetischen[64] Reliefs. Man könnte auch von der Reinheit der Sphinxköpfe sprechen, die der heiße Wüstensand blankgeschliffen, die das Lodern der Sonne Ägyptens gestreichelt hat. Auf diese Weise harmoniert die Gesichtsfarbe mit der künstlerischen Reinheit dieses Kopfes. Das schwarze, üppige Haar fällt in Flechten über den Hals wie die Kopfbedeckung mit den gestreiften Doppelbändern der Statuen in Memphis und setzt auf bewundernswerte Weise die allgemeine formale Strenge fort. Die Stirn ist voll, breit, an den Schläfen ausgebaucht, erleuchtet durch Halbflächen, auf denen das Licht verweilt, geschnitten wie die der Jagenden Diana[65]: eine mächtige, willensstarke, schweigsame und ruhige Stirn. Der kräftig gezeichnete Brauenbogen wölbt sich über zwei Augen, deren Leuchten manchmal flackert wie das eines Fixsterns. Der Augapfel ist weder bläulich noch mit roten Äderchen durchsät, und auch nicht rein weiß; er hat die Festigkeit des Horns, und er ist warm getönt. Die Pupille wird von einem orangenen Ring gesäumt. Sie wirkt wie von Gold gerahmte Bronze, aber lebendiges Gold und belebte Bronze. Diese Pupille hat Tiefe. Sie ist nicht, wie bei gewissen Augen, mit einer Art Zinnfolie unterlegt, die das Licht zurückwirft und solche Augen denen der Tiger oder Katzen ähnlich macht; sie hat nicht die furchtbare Starrheit, die sensiblen Menschen einen Schauer verursacht; vielmehr ist ihre Tiefe unendlich, gerade wie der Glanz der Augen mit der Spiegelfolie etwas Unbedingtes hat. Der Blick des Beobachters kann sich in diese Seele verlieren, die sich mit der gleichen Raschheit zusammenzieht und zurückweicht, wie sie aus diesen samtigen Augen hervorschießen kann. In Augenblicken der Leidenschaft sind Camille Maupins Augen erhaben: das Gold ihres Blicks entzündet das gelbe Weiß, und alles lodert; aber in der Ruhe ist es stumpf, die Starrheit beim Nachdenken leiht ihm oftmals den Anschein der Einfalt; wenn das Licht der Seele ihnen fehlt, verdüstern die Gesichtszüge sich gleichfalls. Die Wimpern sind kurz, aber dicht und schwarz wie die Schwanzspitze eines Hermelins. Die Lider sind braun und von roten Äderchen durchzogen; diese geben ihnen zugleich Anmut und Kraft, zwei Eigenschaften, die bei einer Frau schwierig zu vereinen sind. Die Umgebung der Augen weist nicht das mindeste Welken noch das mindeste Fältchen auf. Auch hier findet man die von der Zeit gemilderte Granithärte der ägyptischen Statuen wieder. Nur das Hervortreten der Backenknochen ist, obwohl weich, stärker betont als bei anderen Frauen und vervollständigt das Gesamt an Kraft, das das Gesicht ausdrückt. Die schmale, gerade Nase hat schräg geschnittene Flügel, die so leidenschaftlich geweitet sind, daß sie das leuchtende Rosa der zarten Innenseite wahrnehmen lassen. Die Nase ist eine gute Fortsetzung der Stirn, mit der sie sich durch einen köstlichen Linienzug vereint; sie ist von der Wurzel bis zur

Spitze vollkommen weiß, und jene Spitze ist mit einer Art Beweglichkeit begabt und wirkt Wunder in den Augenblicken, da Camille unwillig wird, sich erzürnt, sich empört. Dort vor allem, wie schon Talma[66] festgestellt hat, zeichnet sich der Zorn oder die Ironie großer Seelen ab. Die Reglosigkeit der Nasenflügel läßt auf eine gewisse Trockenheit schließen. Nie hat die Nase eines Geizhalses sich bewegt; sie ist zusammengekniffen wie der Mund; in seinem Gesicht wie in seinem Haus ist alles verschlossen. Der an den Winkeln geschwungene Mund ist lebhaft rot und reichlich von Blut durchströmt, es liefert das lebendige, denkende Mennigrot, das diesem Mund eine solche Verführungskraft gibt und dem Liebenden Mut macht, wenn ihn etwa der majestätische Ernst des Gesichts erschreckt. Die Oberlippe ist schmal, die Furche, die sie mit der Nase verbindet, senkt sich ziemlich tief hinab wie in einem Bogen, was ihrer Verachtung eine ganz besondere Note verleiht. Camille braucht wenig zu tun, wenn sie ihren Zorn ausdrücken will. Jene hübsche Lippe wird von dem kräftig roten Rand der Unterlippe gesäumt, die von bewundernswerter Güte zeugt und von Liebe erfüllt ist; Phidias[67] scheint sie gestaltet zu haben gleich dem Saum eines geöffneten Granatapfels, dessen Farbe sie hat. Das Kinn tritt kräftig hervor; es ist etwas dicklich, drückt jedoch Entschlossenheit aus und beendet trefflich dies königliche, wenn nicht göttliche Profil. Es muß noch gesagt werden, daß unterhalb der Nase, wie mit dem Wischer gezeichnet, ein leichter anmutiger Flaum sich andeutet. Die Natur hätte einen Fehler gemacht, wenn sie diesen duftigen Hauch ausgelassen hätte. Das Ohr hat delikate Windungen, Zeichen vieler verborgener Zartheiten. Die Büste ist breit. Der Oberkörper ist schmal und zulänglich ausgestattet. Die Hüften treten wenig hervor, sind aber voller Anmut. Das Abfallen der Lenden ist herrlich und erinnert mehr an Bacchus als an Venus Kallipygos[68]. Darin ist die Nuance zu erblicken, die fast alle berühmten Frauen von ihren Geschlechtsgenossinnen trennt; sie besitzen in dieser Beziehung eine vage Ähnlichkeit mit dem Manne; sie haben weder die Schmiegsamkeit noch die Lässigkeit der Frauen, die die Natur zur Mutterschaft bestimmt hat; ihr Gang weist kein weiches Schwingen auf. Diese Beobachtung ist gewissermaßen zweiseitig, sie hat ihr Gegenstück bei den Männern, deren Hüften, wenn deren Träger raffiniert, hinterlistig, falsch und feige sind, fast denen der Frauen ähneln. Anstatt im Nacken hohl zu sein, bildet Camilles Hals eine Wölbung, die die Schultern mit dem Kopf ohne Bogenlinie verbindet, was das augenfälligste Merkmal der Kraft ist. Dieser Hals bietet für Augenblicke Falten von athletischer Pracht dar. Der Ansatz der Arme ist von einem herrlichen Umriß und scheint einem Kolossalweib anzugehören. Die Arme sind kraftvoll modelliert und laufen in ein Gelenk von angelsächsischer Schmalheit aus, in ziemlich mollige Hände mit Grübchen darin; sie werden verschönt durch rosige, mandelförmige, an den Rändern gerippte Nägel; die Hände sind von einer Weiße, die darauf schließen läßt, daß der rundliche, festfleischige, wohlgestaltete Leib einen völlig anderen Farbton haben muß als das Gesicht. Die feste kühle Haltung des Kopfes wird korrigiert durch die Beweglichkeit der Lippen, durch deren wechselnden Ausdruck, durch die kunstvolle Bewegung der Nasenflügel. Aber trotz diesen erregenden, den Uneingeweihten ziemlich verborgenen Verheißungen wohnt der Ruhe dieses Angesichts irgend etwas Provozierendes inne. Das mehr schwermütige und ernste als anmutige Antlitz leidet unter der Kümmernis beständigen Nachsinnens. So kommt es, daß Mademoiselle des Touches mehr zuhört als spricht. Sie erschreckt durch ihr Schweigen und durch ihren tiefen Blick voll tiefer Starrheit. Niemand unter den wahrhaft Gebildeten hat sie ansehen können, ohne an die echte Kleopatra[69] zu denken, die kleine Bräunliche, die fast das Antlitz der Welt verändert hätte; aber bei Camille ist das Animalische so vollendet, so gesammelt und von so löwinnenhafter Natur, daß jeder Mann, der ein wenig Türke ist, die Vereinigung eines so großen Geistes mit einem solchen Körper bedauert und sie völlig weiblich haben möchte. Jeder zittert davor, in ihr den befremdlichen Verderbtheiten einer diabolischen Seele zu begegnen. Sezieren bei ihr nicht die Kälte der Analyse und das Positive des Denkens die Leidenschaften? Urteilt dieses Mädchen nicht, anstatt zu fühlen? Oder, ein noch schrecklicheres Phänomen, fühlt und urteilt sie nicht gleichzeitig? Weil sie alles durch ihr Gehirn vermag, muß sie da dort innehalten, wo alle anderen Frauen innehalten? Läßt diese intellektuelle Kraft das Herz schwach hinter sich? Besitzt sie Anmut? Läßt sie sich zu den rührenden Nichtigkeiten herab, durch die die Frauen einen geliebten Mann mit Beschlag belegen, amüsieren, an sich fesseln? Zerbricht sie nicht ein Gefühl, wenn es nicht dem Unendlichen entspricht, das sie erfaßt und betrachtet? Wer kann die beiden Abgründe ihrer Augen füllen? Man hat Angst, in ihr auf etwas Jungfräuliches, Ungezähmtes zu stoßen. Die starke Frau darf nur ein Sinnbild sein; sie flößt Schrecken ein, wenn man sie in Wirklichkeit erblickt. Camille Maupin ist ein wenig, dafür aber lebendig, die im Tempel verborgene Isis Schillers[70], zu deren Füßen die Priester die kühnen Kämpfer tot daliegend fanden, die sie befragt hatten. Die von Welt und Gesellschaft für wahr gehaltenen Abenteuer, die Camille durchaus nicht abstreitet, bestärken noch die Fragen, zu denen ihr Anblick anregt. Aber vielleicht ist ihr die Verleumdung nicht einmal unlieb? Die Art ihrer Schönheit ist nicht ohne Einfluß auf ihren Ruf geblieben: sie hat ihr gedient, gerade wie ihr Vermögen und ihr Rang sie in der Gesellschaft gestützt haben. Wenn ein Bildner eine wunderbar schöne Statue der Bretagne schaffen wollte, könnte er Mademoiselle des Touches als Modell nehmen. Dies sanguinische, gallige Temperament ist das einzige, das der Wirksamkeit der Zeit wehren konnte. Das beständig genährte Fruchtfleisch dieser wie gefirnißt wirkenden Haut ist die einzige Waffe, die die Natur den Frauen verliehen hat, damit sie den Falten Widerstand leisten können, denen übrigens bei Camille die Unempfindlichkeit des Gesichts zuvorgekommen war.

Im Jahre 1817 tat dies bezaubernde Mädchen den Künstlern, den gerade berühmten Autoren, den Gelehrten, den Publizisten ihr Haus auf; zu ihnen fühlte sie sich instinktiv hingezogen. Sie hatte einen Salon, der dem des Baron Gérard[71] vergleichbar ist: in ihm mischte die Aristokratie sich mit Berühmtheiten, in ihm verkehrte die Elite der Pariserinnen. Die verwandtschaftlichen Beziehungen der Mademoiselle des Touches und ihr Vermögen, das durch das Erbteil ihrer Tante, der Nonne, gewachsen war, halfen ihr bei dem in Paris schwierigen Unterfangen, sich einen Kreis zu schaffen. Ihre Unabhängigkeit wurde zur Ursache ihres Erfolgs. Viele ehrgeizige Mütter hegten die Hoffnung, sie könnten sie mit ihren Söhnen verheiraten, deren Vermögen nicht der

Schönheit ihrer Wappen entsprach. Einige Pairs von Frankreich wurden durch die achtzigtausend Francs Einkünfte angelockt und durch das glänzend geführte Haus bezaubert; sie führten ihre sprödesten und schwierigsten Verwandten dort ein. Die Diplomatenwelt, die auf geistige Freuden erpicht ist, kam dorthin und fühlte sich behaglich. Mademoiselle des Touches war somit von mannigfachen Interessen umgeben und konnte also die unterschiedlichen Komödien studieren, die die Leidenschaft, der Geiz und der Ehrgeiz alle Männer spielen läßt, sogar die höchststehenden. Sie sah schon früh die Welt so, wie sie ist, und hatte das Glück, nicht sofort die unbedingte Liebe zu erdulden, die vom Geist, von den Fähigkeiten der Frau zehrt und sie dann daran hindert, gesund zu urteilen. Für gewöhnlich fühlt, genießt und urteilt die Frau nacheinander; daher drei deutlich unterscheidbare Altersstufen, deren letzte mit der traurigen Zeit des Alterns zusammenfällt. Für Mademoiselle des Touches wurde die Reihenfolge umgestoßen. Ihre Jugend war von dem Schnee der Wissenschaft und den Frösten des Denkens umhüllt worden. Diese Umstellung erklärt abermals das Absonderliche ihres Daseins und die Natur ihres Talents. In einem Alter, in dem die Frauen einen einzigen Mann wahrnehmen, hatte sie die Männer beobachtet; sie verachtete, was andere Frauen bewunderten, sie gewahrte Lügen in den Schmeicheleien, die andere Frauen entgegennahmen wie Wahrheiten, sie lachte über das, was andere ernst stimmte. Dieser Widersinn hielt lange an, nahm aber ein schreckliches Ende: sie mußte in sich jung und frisch die erste Liebe entdecken, und zwar in dem Augenblick, da die Frauen von der Natur dazu aufgefordert werden, auf die Liebe zu verzichten. Ihre erste Liebesbindung blieb so geheim, daß niemand davon erfuhr. Wie alle Frauen, die sich der Vernunft des Herzens preisgeben, wurde Félicité dazu verleitet, von der körperlichen Schönheit auf die der Seele zu schließen; sie verliebte sich in ein Gesicht und erlebte die ganze Dummheit eines Frauenhelden, der in ihr lediglich eine Frau sah. Es dauerte einige Zeit, bis sie sich von ihrem Ekel und von dieser unsinnigen Bindung erholt hatte. Ein Mann erriet ihren Schmerz und tröstete sie ohne Hintergedanken, oder verstand sich wenigstens darauf, seine Absichten zu tarnen. Félicité glaubte den Adel des Herzens mit dem des Geistes vereint gefunden zu haben, die dem Dandy gemangelt hatten. Jener Mann gehörte zu den originellsten Geistern dieser Zeit. Er schrieb ebenfalls unter einem Pseudonym, und aus seinen ersten Schriften sprach ein Vergötterer Italiens.[72] Félicité mußte reisen, sofern sie die einzige ihr verbliebene Unkenntnis nicht bis in alle Ewigkeit fortbestehen lassen wollte. Dieser skeptische, spöttische Mann nahm Félicité mit sich, damit sie das Heimatland der Künste kennenlerne. Der berühmte Unbekannte möge als der Meister und Schöpfer Camille Maupins gelten. Er brachte Ordnung in ihr immenses Wissen, vermehrte es durch das Studium der Meisterwerke, mit denen Italien ausgestattet ist, gab ihr den kunstreinen, raffinierten, epigrammatischen und tiefen, für sein eigenes Talent, das stets in der Form ein wenig absonderlich ist, bezeichnenden Ton, den Camille Maupin freilich mit dem Zartgefühl und der Fähigkeit zu geistvollen Wendungen mildernd umgestaltete, was beides den Frauen angeborene Gaben sind; er impfte ihr den Geschmack für Werke der englischen und deutschen Literatur ein und ließ sie diese beiden Sprachen auf Reisen lernen. In Rom wurde Mademoiselle des Touches 1820 um einer Italienerin willen verlassen. Ohne Unglück wäre sie vielleicht nie berühmt geworden. Napoleon hat das Unheil die Hebamme des Genies genannt. Jenes Geschehnis flößte Mademoiselle des Touches für alle Zeit die Geringschätzung der Menschheit ein, die sie so stark macht. Félicité starb, und Camille wurde geboren. Sie kehrte nach Paris zurück, und zwar mit Conti, dem großen Musiker, für den sie zwei Opernlibretti schrieb; aber sie hatte keine Illusionen mehr und wurde, ohne daß Welt und Gesellschaft es wußten, eine Art weiblicher Don Juan ohne Schulden und Eroberungen. Durch den Erfolg ermutigt, veröffentlichte sie zwei Bände Theaterstücke, die auf Anhieb Camille Maupin unter die berühmten Anonymen einreihten. Ihre getäuschte Liebesleidenschaft erzählte sie, in einem wunderbaren kleinen Roman, einem der Meisterwerk der Epoche. Dieses Buch, das von gefährlicher Beispielhaftigkeit ist, wurde dem ›Adolphe‹[73] zur Seite gestellt, einem schrecklichen Klagelied, dessen Gegenstück sich in Camilles Werk findet. Der zarte Hintergrund ihrer Metamorphose ins Literarische ist auch heute noch nicht erkannt worden. Einige gewitzte Köpfe gewahren darin als einzige jene Großherzigkeit, die einen Mann der Kritik ausliefert und die Frau vor dem Ruhm bewahrt, indem sie ihr gestattet, im Dunkel zu bleiben. Das wünschte sie, aber trotzdem wuchs ihre Berühmtheit mit jedem Tage, und zwar sowohl durch den Einfluß ihres Salons wie durch ihre schnellen, treffenden Antworten, durch die Richtigkeit ihrer Urteile, durch die Gediegenheit ihrer Kenntnisse. Sie war zu einer Autorität geworden, ihre Aussprüche waren im Umlauf, sie konnte sich den Funktionen nicht entziehen, die die Pariser Gesellschaft ihr auferlegt hatte. Sie wurde zu einer gebilligten Ausnahme. Die Gesellschaft neigte sich vor dem Talent und vor dem Vermögen dieses seltsamen Mädchens; sie erkannte und sanktionierte Camilles Unabhängigkeit; die Frauen bewunderten ihren Geist und die Männer ihre Schönheit. Übrigens unterwarf sie sich in ihrem Verhalten allen Geboten des gesellschaftlichen Herkommens. Ihre Freundschaften schienen rein platonisch zu sein. Sie hatte, nebenbei gesagt, nichts von einer Schriftstellerin an sich. Mademoiselle des Touches ist bezaubernd wie eine Weltdame, wie es der Augenblick befiehlt schwach, müßig, kokett, mit Toilettefragen beschäftigt, entzückt über Nichtigkeiten, wie sie die Frauen und die Dichter verführen. Sie erkannte vollauf, daß nach Mme de Staël[74] in diesem Jahrhundert kein Raum mehr für eine Sappho[75] ist und daß Ninon in einem Paris ohne große Herren und einen wollüstigen Hof nicht existieren könne. Sie ist die Ninon der Intelligenz, sie vergöttert die Kunst und die Künstler, sie geht vom Dichter zum Musiker, vom Bildner zum Prosaautor. Sie ist von einer Noblesse, einer Großherzigkeit, die an Narrheit grenzen, so sehr ist sie von Mitleid für das Unglück und von Verachtung für glückliche Menschen erfüllt. Seit 1830 lebt sie in einem erlesenen Kreise unter erprobten Freunden, die einander zärtlich lieben und hochschätzen. Sie ist dem lärmigen Auftreten der Mme de Staël ebenso fern wie den politischen Kämpfen; sie macht sich über Camille Maupin, diesen jüngeren Bruder von George Sand, lustig; George Sand nennt sie ihren Bruder Kain, denn deren neuerlicher Ruhm hat den ihrigen in Vergessenheit geraten lassen. Mademoiselle des Touches bewundert ihre glückliche Rivalin mit engelhaftem Gleichmut, ohne Eifersucht zu empfinden oder Hintergedanken zu hegen.

Bis zu dem Augenblick, da diese Geschichte beginnt, hatte sie das glücklichste Leben geführt, das eine Frau sich ausmalen kann, die stark genug ist, sich selber zu beschützen. Zwischen 1817 und 1834 war sie fünf- oder sechsmal nach Les Touches gekommen. Ihre erste Reise hatte im Jahre 1818, nach ihrer ersten Liebesenttäuschung, stattgefunden. Ihr Haus Les Touches hatte sich als unbewohnbar erwiesen; sie schickte ihren Verwalter nach Guérande zurück und übernahm dessen Wohnung auf Les Touches. Sie hatte damals noch keine Ahnung von ihrem künftigen Ruhm, sie war traurig, empfing oder besuchte niemanden und wollte nach der großen Katastrophe lediglich sich selbst betrachten. Sie schrieb an eine ihrer Pariser Freundinnen von ihren Absichten bezüglich des für die Einrichtung von Les Touches erforderlichen Mobiliars. Es kam per Schiff bis Nantes, wurde in einem kleinen Schiff nach Le Croisic und von dort aus nicht ohne Schwierigkeiten durch die Dünen nach Les Touches gebracht. Sie ließ aus Paris Arbeiter kommen und richtete sich auf Les Touches häuslich ein; sein Gesamt gefiel ihr ungemein. Dort wollte sie über die Ereignisse ihres Lebens nachsinnen wie in einer privaten Kartause. Zu Winterbeginn fuhr sie nach Paris zurück. Der Kleinstadt Guérande bemächtigte sich damals eine diabolische Neugier: es waren Gerüchte über den asiatischen Luxus der Mademoiselle des Touches im Umlauf. Der Notar, ihr Sachwalter, gab Erlaubnisscheine zur Besichtigung von Les Touches aus. Von dem Flecken Batz, von Le Croisic, von Savenay aus wurde hingefahren. Diese Neugier trug innerhalb von zwei Jahren den Familien des Pförtners und des Gärtners eine riesige Summe ein, nämlich siebzehn Francs. Mademoiselle des Touches kam erst zwei Jahre später wieder, bei ihrer Rückreise aus Italien, und zwar über Le Croisic. Eine Zeitlang wußte niemand in Guérande, wo sie mit dem Komponisten Conti weilte. Ihr gelegentliches Erscheinen dort erregte die Neugier der kleinen Stadt nur in geringem Maß. Nur ihr Verwalter und höchstens der Notar waren in das Geheimnis der Berühmtheit Camille Maupins eingeweiht. Allein zu jener Zeit hatte die Pest der neuen Ideen in Guérande einige Fortschritte gemacht; mehrere Leute wußten dort um das Doppeldasein der Mademoiselle des Touches. Der Postmeister empfing Briefe, die an Camille Maupin, Les Touches, adressiert waren. Endlich zerriß der Schleier. In einer überwiegend katholischen, rückständigen, von Vorurteilen erfüllten Gegend mußte die seltsame Lebensführung dieser berühmten, unverheirateten Dame die Gerüchte hervorrufen, die den Abbé Grimont erschreckt hatten; sie konnte schwerlich je Verständnis finden; daher kam sie allen ungeheuerlich vor. Félicité war auf Les Touches nicht allein, sie hatte dort einen Gast. Dieser Gast war Claude Vignon, ein hochmütiger, glänzender Schriftsteller, der, obwohl er nur Kritiken schrieb, dennoch Mittel und Wege gefunden hatte, dem Publikum und der Literatur die Vorstellung einer gewissen Überlegenheit einzuflößen. Félicité, die seit sieben Jahren jenen Schriftsteller empfangen hatte wie hundert andere Autoren, Journalisten, Künstler und Weltleute auch, die seinen Charakter kannte, dem es an Schwungkraft mangelte, seine Faulheit, sein tiefes Elend, seine Fahrlässigkeit und seinen Ekel vor allem und jedem, schien ihn nach der Art, wie sie sich ihm gegenüber verhielt, zu ihrem Mann machen zu wollen. Ihr für ihre Freunde unbegreifliches Verhalten erklärte sie mit ihrem Ehrgeiz und dem Grauen vor dem Altern; sie wollte den Rest ihres Lebens einem höhergearteten Mann anvertrauen, für den ihr Vermögen ein Sprungbrett sein und der ihre Bedeutung in der Welt der Dichtung aufrechterhalten konnte. So hatte sie denn Claude Vignon von Paris mit nach Les Touches genommen, wie ein Adler in seinen Klauen ein Ziegenlamm davonträgt, um ihn genauer kennenzulernen und zu einem gewaltsamen Entschluß zu gelangen; aber sie täuschte gleichzeitig Calyste und Claude: sie dachte keineswegs ans Heiraten; sie wand sich in den heftigsten Krämpfen, die eine Seele von der Stärke der ihren durchtoben konnten; sie erkannte, daß sie von ihrem Geist hinters Licht geführt, sie sah, daß ihr Leben zu spät von der Sonne der Liebe erhellt worden sei, die da leuchtete, wie sie in Zwanzigjährigen leuchtet. Und jetzt wenden wir uns Camilles Kartause zu.

Ein paar hundert Schritte von Guérande entfernt hört der feste Boden der Bretagne auf, und die Salzteiche, die Dünen beginnen. Man steigt auf einem ausgewaschenen Weg, den nie ein Wagen befahren hat, in die Wüste der Dünen hinab, die das Meer wie einen Grenzwall zwischen sich und der Erde hinterlassen hat. Diese Wüste besteht aus unfruchtbaren Sandgebieten, unregelmäßig geformten, von schlammigen Dämmen gesäumten Lachen, aus denen das Salz gewonnen wird, und dem kleinen Meeresarm, der die Insel Le Croisic vom Festland trennt. Obwohl Le Croisic geographisch als Halbinsel bezeichnet werden müßte, da es mit der Bretagne verbunden ist, wenn auch nur durch das Strandgebiet, das es mit dem Marktflecken Batz verknüpft, einem aus trockenem Triebsand bestehenden Gelände, das nur unter Schwierigkeiten überschritten zu werden vermag, kann es als eine Insel gelten. An der Stelle, wo der Weg von Le Croisic nach Guérande in die Chaussee auf dem Festland einmündet, liegt ein Landhaus, das von einem großen Garten umgeben ist; er fällt auf durch gewundene, qualverzerrte Kiefern, von denen die einen Schirmkronen bilden, die anderen armseliges Gezweig haben; aber alle zeigen an den Stellen, wo die Rinde sich gelöst hat, rötliche Stämme. Diese Bäume, Opfer der Stürme, gewachsen trotz Wind und Gezeiten, für sie trifft diese Kennzeichnung zu, bereiten die Seele auf den traurigen, absonderlichen Anblick der Salzteiche und der Dünen vor, die wie ein erstarrtes Meer aussehen. Das ziemlich gut aus schiefrigem Gestein und Mörtel, die durch senkrechte Reihen von Granitblöcken zusammengehalten werden, gebaute Haus hat keinerlei architektonischen Schmuck; es bietet dem Blick nichts als nüchterne Mauern dar, die regelmäßig von den Fensteröffnungen unterbrochen werden. Die Fenster des ersten Stockwerks haben große Scheiben, die des Erdgeschosses kleine quadratische. Oberhalb des ersten Stocks befinden sich die Speicher; sie erstrecken sich unter einem riesengroßen, spitz zulaufenden Dach mit zwei Giebeln; es hat nach jeder Seite hin zwei große Luken. Unter dem Dreieck jedes der beiden Giebel öffnet ein Fenster sein Zyklopenauge nach Westen auf das Meer, nach Osten auf Guérande. Die eine Fassade des Hauses blickt auf den Weg nach Guérande und die andere auf die Wüste, an deren Ende Le Croisic sich erhebt. Hinter dieser kleinen Stadt dehnt sich das offene Meer. Einer Öffnung in der Parkmauer entfließt ein Bach, der an dem Weg nach Le Croisic entlangrinnt, ihn kreuzt und sich alsdann in den Sandflächen oder in dem kleinen Salzwasserteich verliert, der von Dünen, von Morästen umgeben ist; er ist ein Rest des Meeresarms. Eine ein paar Toisen[76] lange gebahnte Straße, die in diese Geländebresche eingefügt worden ist, führt von dem Weg zu jenem Haus. Durch ein großes Tor gelangt man hinein. Der Hof ist von ziemlich bescheidenen ländlichen Gebäuden umgeben: einem Stall, einem Wagenschuppen, einem Gärtnerhaus, daneben befindet sich ein Geflügelhof mit Zubehör, der mehr für den Pförtner als für die Herrschaft bestimmt ist. Die grauen Farbtöne des Hauses harmonieren prächtig mit der Landschaft, die es beherrscht. Der Park ist die Oase dieser Wüste, an deren Eingang der Wanderer eine Lehmhütte vorfindet; dort halten die Zollwächter Ausschau. Jenes Haus ohne Ländereien, oder dessen Ländereien auf dem Gebiet von Guérande gelegen sind, bezieht aus den Salzteichen zehntausend Francs Einkünfte und den Rest aus über das Festland verstreuten Pachthöfen. So ist das Lehen Les Touches beschaffen; die Revolution hat ihm seine Feudaleinkünfte entzogen. Heute ist Les Touches ein Gut; aber die Paludiers bezeichnen es nach wie vor als Schloß; sie würden auch sagen ›der Herr‹, wenn das Lehen nicht der weiblichen Linie zugefallen wäre. Als Félicité an die Restaurierung von Les Touches ging, hütete sie sich als die große Künstlerin, die sie war, etwas an dem trostlosen Äußeren zu ändern, das diesem einsamen Gebäude etwas Gefängnishaftes verleiht. Nur das Eingangstor wurde durch zwei Backsteinpfeiler verschönt; sie tragen eine Galerie, unter der ein Wagen hindurchfahren kann. Der Hof wurde gepflastert.

Die Einteilung des Erdgeschosses ist die der meisten vor hundert Jahren errichteten Gutshäuser. Offenbar ist das Haus auf den Ruinen einer kleinen Burg errichtet worden, die dort lag wie ein Eisenring, der Le Croisic und den Flecken Batz mit Guérande verband, und die den Salzteichen gebot. Unten an der Treppe befand sich eine Säulenreihe. Erst kam ein großer, gedielter Vorraum, in den Félicité ein Billard stellen ließ; dann ein riesengroßer Wohnraum mit sechs Fenstern, von denen zwei bis unten an die Giebelmauer durchgebrochen worden sind und Türen bilden; sie führen auf etwa zehn Stufen in den Park und entsprechen auf der anderen Seite des Wohnzimmers den Türen, von denen die eine zum Billard, die andere ins Eßzimmer führt. Die am anderen Ende gelegene Küche hängt mit dem Eßzimmer durch einen Anrichteraum zusammen. Die Treppe trennt Billardzimmer und Küche; die letztere hatte einen Ausgang nach den Säulen hin; diesen ließ Mademoiselle des Touches sogleich zumauern und einen anderen nach dem Hof hin durchbrechen. Die Höhe des Stockwerks und die Größe der Räume hatte Camille in diesem Erdgeschoß die Entfaltung einer noblen Schlichtheit ermöglicht. Sie hat sich gehütet, kostbare Dinge hineinzustellen. Das ganz und gar graugetünchte Wohnzimmer ist mit einem alten, mit grüner Seide ausgeschlagenen Mahagonischrank, Vorhängen aus weißem, grün gesäumtem Baumwollstoff an den Fenstern, zwei Konsolen und einem runden Tisch ausgestattet worden; in der Mitte ein großkarierter Teppich; auf dem breiten Kamin mit dem riesigen Spiegel eine den Sonnenwagen darstellende Stutzuhr zwischen zwei mehrarmigen Leuchtern im Empirestil. Der Billardraum enthält graue Baumwollvorhänge mit grünen Säumen und zwei Sofas. Das Mobiliar des Eßzimmers besteht aus vier großen Mahagonibüfetts, einem Tisch, zwölf Mahagonistühlen mit Roßhaarbezug und herrlichen Stichen von Audran[77] in Mahagonirahmen. In der Mitte der Zimmerdecke hängt eine elegante Laterne, wie sie früher in den Treppenhäusern der großen Stadtpalais hingen; darin zwei Lampen. Alle Decken mit den herausragenden Balken sind im Holzton gestrichen. Die alte Holztreppe mit den plumpen Balustern ist von oben bis unten mit einem grünen Läufer belegt.

Der erste Stock hatte zwei durch die Treppe getrennte Wohnungen. Félicité hat sich die eingerichtet, die einen Ausblick auf die Salzteiche, das Meer und die Dünen gewährt, und sie so eingeteilt, daß ein kleines Wohnzimmer, ein großes Schlafzimmer und zwei Kabinette entstanden sind, eins für die Toilette, das andere für die Arbeit. Der andere Teil des Hauses bot die Möglichkeit zum Einrichten zweier Wohnungen, von denen jede ein Vorzimmer und einen kleinen Wohnraum hat. Die Dienerschaft hat ihre Schlafkammern unterm Dach. Die beiden abzugebenden Wohnungen haben zunächst nur das dringend Notwendige enthalten. Der künstlerische Luxus, den sie aus Paris hatte kommen lassen, war für ihre eigene Wohnung bestimmt. Sie hatte in dieser düsteren, melancholischen Behausung, angesichts dieser düsteren, melancholischen Landschaft, die phantastischen Schöpfungen der Kunst um sich haben wollen. Ihr kleiner Salon ist mit den schönsten Wandteppichen aus Les Gobelins[78] ausgespannt; sie sind von den herrlichsten geschnitzten Rahmen umgeben. An den Fenstern sind die schwersten Stoffe aus alter Zeit gerafft, ein prächtiger Brokat mit doppelten Reflexen, golden und rot, gelb und grün; er fiel in kräftigen Falten herab und war mit königlichen Fransen geschmückt, mit Quasten, die des glanzvollsten Kirchenbaldachins würdig gewesen wären. In diesem Salon stehen eine Truhe, die ihr Sachwalter für sie aufgetrieben hat und die heute sieben- oder achttausend Francs wert ist, ferner ein geschnitzter Ebenholztisch, ein Sekretär mit zahllosen Schubfächern, mit eingelegten Elfenbeinarabesken, der aus Venedig stammt, und schließlich die schönsten gotischen Möbelstücke. Alsdann Bilder, Kleinplastiken, alles, was ein ihr befreundeter Maler an schönen Dingen bei den Antiquitätenhändlern hatte aussuchen können, die im Jahre 1818 noch keine Ahnung von den Preisen hatten, die diese Schätze in späterer Zeit kosten würden. Auf die Tische hat sie schöne Japanvasen mit phantastischen Zeichnungen gestellt. Der Teppich ist ein Perser und durch die Dünen geschmuggelt worden. Ihr Schlafzimmer ist bis ins kleinste im Louis-Quinze-Stil gehalten. Es steht darin ein weißgestrichenes, geschnitztes Holzbett mit geschwungenen Rückenlehnen, über denen Amoretten einander Blumen zuwerfen; die Lehnen sind gepolstert und mit durchwirkter Seide bespannt; der Himmel ist mit vier Bündeln von Straußenfedern geschmückt; das Zelt besteht aus echter, in Persien hergestellter bemalter Leinwand, die mit Seidenschnüren, mit Seilen und Schleifen verziert ist; der Kaminschmuck besteht aus Rocaillen[79]; die Stutzuhr ist schwer vergoldet und steht zwischen zwei großen Sèvres-Vasen in reinstem Blau auf vergoldeten Messingsockeln; ebenso ist der Spiegel gerahmt; der Pompadour-Toilette-Tisch hat Spitzenbelag und einen Spiegel; alsdann die geschwungenen Möbel, die Ruhebetten, die Chaiselongue, das kleine, spirrige Sofa, der weiche Lehnstuhl mit der gesteppten Rückenlehne, der Wandschirm aus chinesischer Lackarbeit, die Vorhänge aus derselben Seide wie die Möbelüberzüge, gefüttert mit rosa Satin und mit gedrehten Schnüren gerafft; der Teppich aus der Savonnerie[80]; kurzum: all die eleganten, kostbaren, prunkvollen, zärtlichen Dinge, zwischen denen die hübschen Frauen des achtzehnten Jahrhunderts der Liebe frönten. Das ganz modern gehaltene Arbeitskabinett setzt den Galanterien des Zeitalters Ludwigs XV. ein reizendes Mahagonimobiliar entgegen: der Bücherschrank ist voll, es ähnelt einem Boudoir, ein Diwan steht darin. Es findet sich der reizende Tändelkram einer Frau und lenkt den Blick auf modernes Kunsthandwerk: Bücher mit Geheimschloß, Kästen für Taschentücher und Handschuhe, Lampenschirme mit Biskuitlichtbildern, Kleinplastik, Chinoiserien, Schreibzeuge, ein oder zwei Alben, Briefbeschwerer, all die zahllosen Kinkerlitzchen der Mode. Mit beunruhigter Überraschung erblickt der Neugierige kleine Pistolen, ein Nargileh[81], eine Reitpeitsche, eine Hängematte, eine Tabakspfeife, ein Jagdgewehr, einen Kittel, Tabak, einen Soldatentornister, eine bizarre, für Félicité bezeichnende Zusammenstellung.

Jede große Seele, die hierherkommt, wird von der sondergearteten Schönheit der Landschaft ergriffen sein, die ihre Savannen gleich hinter dem Park entfaltet; es ist die letzte Vegetation des Kontinents. Die traurigen, mit Brackwasser gefüllten Rechtecke werden durch schmale, weiße Wege abgeteilt, auf denen der ganz weiß gekleidete Paludier einhergeht, um das Salz zusammenzuharken, zu sammeln und zu kleinen Haufen aufzuschichten; dieser Raum, dessen Salzausdünstungen den Vögeln den Flug verwehren, wie sie auch alle Bemühungen des Pflanzenwuchses zunichte machen; diese Sandhügel, in denen das Auge nur an einem niedrigen, harten, ausdauernden Gras mit rosa Blüten und Kartäusernelken Trost findet; dieser Teich mit Seewasser, der Sand der Dünen und der Blick auf Le Croisic, eine Miniaturstadt, die wie Venedig mitten im Meer liegt; und endlich der ungeheure Ozean, der die Granitriffe mit seinen Schaumfransen umkränzt, um ihre bizarren Formen noch mehr hervorzuheben: dieser Anblick erhebt die Gedanken, indem er sie zugleich traurig stimmt, welche Wirkung auf die Dauer zu etwas Erhabenem wird, weil sie Sehnsucht nach etwas Unbekanntem erweckt, das die Seele in Verzweiflung erregenden Höhen flüchtig erschaut. Daher entsprechen diese wilden Harmonien nur großen Geistern und großen Schmerzen. Diese an wechselvollem Geschehen reiche Ödnis, wo manchmal die von den Wassern, den Sandflächen reflektierten Sonnenstrahlen den Flecken Batz weiß aufleuchten lassen, über die Dächer von Le Croisic rieseln und einen unerbittlichen Glanz verbreiten, beschäftigte Camille damals ganze Tage lang. Nur selten wandte sie sich den köstlichen, frischen Aussichten auf die Baumgruppen und blühenden Hecken zu, die Guérande wie eine Braut mit Blumen, Seidenbändern, Schleiern und Gehängen schmücken. Sie litt zu jener Zeit grausige Schmerzen, von denen niemand etwas wußte.

Sobald Calyste über den Stechginster am Wegrain und die gewundenen Kronen der Kiefern hinweg die beiden Wetterfahnen der Giebel aufleuchten sah, dünkte die Luft ihn leichter. Guérande kam ihm wie ein Gefängnis vor, lebendig fühlte er sich nur auf Les Touches. Wer könnte nicht die Anziehungskraft verstehen, die von dort für einen jungen, harmlosen Menschen ausging? Eine Liebe wie die des Cherubino[82], die ihn einem Wesen zu Füßen hatte sinken lassen, das ihm etwas Großes bedeutete, ehe es für ihn zur Frau wurde, mußte Félicités unerklärliche Weigerung überleben. Dieses Gefühl, das mehr ein Verlangen nach Liebe als Liebe ist, war schwerlich Camille Maupins furchtbarer Fähigkeit zur Analyse entgangen, und eben daher rührte wohl ihre Weigerung; es bekundete sich darin ein Edelsinn, den Calyste nicht begriff. Außerdem schimmerten dort die Wunder moderner Kultur um so heller, als sie im Gegensatz zu ganz Guérande standen, wo die Armut der du Guénic als Glanz galt. Dort entfalteten sich für den Blick des jungen Ahnungslosen, der nur den Ginster der Bretagne und die Heide der Vendée kannte, die Pariser Reichtümer einer neuen Welt; und zudem vernahm er dort eine ihm unbekannte, klingende Sprache. Calyste lauschte dort den poetischen Ausdrucksformen der schönsten Musik, der überraschenden Musik des neunzehnten Jahrhunderts, die in der Melodie und Harmonie um Gleichberechtigung rangen, in der Gesang und Instrumentation zu unerhörter Vollkommenheit gelangt sind. Er sah die Werke der wundersamsten Malerei, die der französischen Schule, die heute die Erbin der italienischen, der spanischen, der flämischen ist; in ihr ist das Talent etwas so Gewöhnliches geworden, daß alle Augen und Herzen, des Talents müde, laut nach dem Genie rufen. Dort las er die Werke der Phantasie, die verblüffenden Schöpfungen der modernen Literatur, die auf ein unbefangenes Herz ihre volle Wirkung ausüben müssen. Kurzum: unser großes neunzehntes Jahrhundert erschien vor ihm mit dem Gesamt seiner Pracht, seiner Kritik, seiner Bemühungen um Erneuerung auf allen Gebieten, seinen ungeheuren Versuchen, die fast sämtlich das Ausmaß des Giganten hatten, der in seinen Fahnen die Kindheit dieses Jahrhunderts gewiegt und ihm Hymnen gesungen hat, die von den furchtbaren Bässen der Kanonen begleitet wurden. Calyste war durch Félicité in all diese Großartigkeit eingeführt worden, die sich vielleicht den Blicken derer entzieht, die sie in Szene setzen und ihre Werkleute sind; er befriedigte auf Les Touches den Hang zum Wunderbaren, der in seinem Alter so mächtig ist, und das naive Staunen, die erste Liebe des Heranwachsenden, die sich über alle Kritik so sehr entrüstet. Es ist so natürlich, daß die Flamme auflodert! Er lauschte dem gefälligen Pariser Spott und der eleganten Satire, die ihm den französischen Geist enthüllten und in ihm tausend Gedanken erweckten, die in der sanften Betäubung seines Familienlebens eingeschlafen waren. Für ihn war Mademoiselle des Touches die Mutter seiner Intelligenz, eine Mutter, die er lieben konnte, ohne ein Verbrechen zu begehen. Sie war so gut zu ihm: stets ist eine Frau anbetungswürdig für den Mann, dem sie Liebe einflößt, auch wenn sie sie nicht zu teilen scheint. Um diese Zeit gab Félicité ihm Musikstunden. Die weiten Räumlichkeiten des Erdgeschosses, die durch die geschickte Anlage der Rasenflächen und Baumgruppen des Parks erweitert wurden; das Treppenhaus, das mit den Meisterwerken italienischer Geduld ausgestattet war, mit Holzschnitzereien, mit venezianischen und Florentiner Mosaiken, mit Reliefs in Elfenbein und Marmor, mit Kuriositäten, die die Feen des Mittelalters in Auftrag gegeben hatten; diese intime, kokette, auf so wollüstige Weise künstlerische Wohnung wurde für ihn durch ein Licht, einen Geist belebt und beseelt, eine übernatürliche Luft, durch Kräfte, die seltsam und unerklärlich waren. Die moderne Welt mit ihrem Poetischen stellte sich der düsteren, patriarchalischen Welt von Guérande heftig entgegen und machte zwei Systeme bewußt. Auf der einen Seite die tausendfachen Wirkungen der Kunst, auf der anderen Seite die Einheitlichkeit der wilden Bretagne. Jetzt wird niemand mehr fragen, warum der arme Junge, den gleich seiner Mutter die Finessen der ›Mouche‹ langweilten, immer erbebte, wenn er jenes Haus betrat, dort schellte, den Hof durchschritt. Es muß darauf hingewiesen werden, daß solcherlei Vorgefühle gereiften Männern nicht mehr zu schaffen machen als solchen, die die Mißlichkeiten des Lebens innerlich zerbrochen haben, die nichts mehr überrascht und die auf alles gefaßt sind. Als Calyste die Tür öffnete, vernahm er die Klänge des Klaviers und glaubte, Camille Maupin sei im Wohnzimmer; aber als er den Billardraum betrat, drang die Musik nicht mehr an sein Ohr. Sicherlich spielte Camille auf dem kleinen Klavier, das ihr Conti aus England mitgebracht hatte und das oben in ihrem Salon stand. Calyste stieg die Treppe hinauf, deren dicker Läufer das Geräusch der Schritte völlig erstickte, und ging dabei immer langsamer. Er nahm in dieser Musik etwas Außerordentliches wahr. Félicité spielte für sich allein, sie pflegte Zwiesprache mit sich selbst. Anstatt einzutreten, setzte der junge Herr sich auf eine mit grünem Samt bezogene gotische Bank, die auf dem Treppenabsatz unter einem Fenster stand, dessen geschnitzter Rahmen mit Nußbaumbeize gefärbt und lackiert war. Es gab nichts, was auf geheimnisvollere Weise so schwermütig gewesen wäre wie Camilles Improvisation: man hätte meinen können, hier rufe eine Seele aus Grabestiefen ein De profundis zu Gott empor. Der junge Liebende erkannte darin das Gebet der verzweifelten Liebe, die Zärtlichkeit der demütigen Klage, das Seufzen verhaltenen Herzeleids. Camille hatte die Einleitung der Cavatine ›Gnade für dich, Gnade für mich‹ ausgesponnen, variiert und verändert, die fast den ganzen vierten Akt von ›Robert dem Teufel‹[83] ausfüllt. Plötzlich begann sie die Cavatine auf herzzerreißende Weise zu singen und brach dann ab. Calyste trat ein und sah den Grund dieser Unterbrechung. Die arme Camille Maupin! Die schöne Félicité wandte ihm ohne Koketterie ein tränenüberströmtes Gesicht zu, nahm ihr Taschentuch, wischte sich die Tränen ab und sagte einfach: »Guten Tag.« In ihrer Morgentoilette sah sie bezaubernd aus. Sie trug auf dem Kopf eins der spanischen Haarnetze aus rotem Samt, wie sie damals Mode waren; darunter quollen die schimmernden Trauben ihres schwarzen Haars hervor. Ihre sehr kurze Jacke wirkte wie eine moderne griechische Tunika; darunter kam eine Batisthose zum Vorschein, deren Aufschläge bestickt waren, und die hübschesten türkischen Pantöffelchen in Rot und Gold.

»Was ist Ihnen?« fragte Calyste sie.

»Er ist nicht zurückgekommen«, antwortete sie, trat ans Fenster und schaute auf die Dünen hinaus, auf den Meeresarm und die Salzteiche.

Diese Antwort erklärte ihre Toilette. Camille schien auf Claude Vignon gewartet zu haben; sie war beunruhigt wie eine Frau, die sich unnütze Sorgen macht. Ein dreißigjähriger Mann hätte das durchschaut; Calyste jedoch sah nur Camilles Schmerz.

»Sind Sie in Sorge?« fragte er.

»Ja«, antwortete sie mit einer Melancholie, die dieser junge Mensch nicht analysieren konnte.

Calyste ging hastig zur Tür.

»Ja, wohin wollen Sie denn?«

»›Ihn‹ suchen«, antwortete er.

»Lieber Junge«, sagte sie und nahm ihn bei der Hand, zog ihn zu sich und bedachte ihn mit einem feuchten Blicke, die für junge Seelen die schönsten aller Belohnungen sind. »Sind Sie verrückt? Wo wollen Sie ihn an dieser Küste auffinden?«

»Ich werde ihn schon finden.«

»Ihre Mutter würde Todesängste ausstehen. Abgesehen davon: Sie bleiben hier. Ich will es«, sagte sie und ließ ihn sich auf den Diwan setzen. »Sie brauchen kein Mitleid mit mir zu haben. Die Tränen, die Sie sehen, sind Tränen, die uns wohltun. In uns ist eine Fähigkeit, die die Männer nicht besitzen, die nämlich, uns unserer nervösen Natur zu überlassen und die Gefühle bis zum Äußersten vorzutreiben. Wir bilden uns gewisse Situationen ein, gehen darin auf und gelangen auf diese Weise zu Tränen und bisweilen gar in ernste Zustände, in Gemütsverwirrungen. Unsere Phantasien sind nicht Gedankenspiele, sondern solche des Herzens. Sie sind gerade zur rechten Zeit gekommen; Einsamkeit taugt nicht für mich. Ich habe mich durch sein Verlangen, ohne mich Le Croisic und seine Klippen, den Flecken Batz und seine Dünen sowie die Salzteiche zu besuchen, nicht täuschen lassen. Ich habe gewußt, daß er daran mehrere Tage anstatt nur einen setzen würde. Er hat uns allein lassen wollen; er ist eifersüchtig, oder vielmehr: er spielt den Eifersüchtigen. Sie sind jung, Sie sehen gut aus.«

»Was sagen Sie mir da? Soll ich nicht wiederkommen?« fragte Calyste. Es gelang ihm nicht, eine Träne zurückzuhalten; sie rollte ihm über die Wange und ging Félicité sehr nahe.

»Sie sind ein Engel!« rief sie. Dann sang sie heiter das ›Bleib, o bleibe‹ der Mathilde aus ›Wilhelm Tell‹[84], um durch diese prächtige Antwort der Prinzessin dem, was sie beschäftigte, allen Ernst zu nehmen. – »Er hat mich dadurch glauben machen wollen«, fuhr sie fort, »daß seine Liebe zu mir größer sei, als sie in Wahrheit ist. Er weiß, daß ich ihm nur Gutes wünsche«, sagte sie und sah dabei Calyste aufmerksam an; »aber es demütigt ihn vielleicht, daß er mir in dieser Hinsicht unterlegen ist. Vielleicht hegt er auch Argwohn gegen Sie und will uns überraschen. Aber auch wenn seine Schuld einzig darin bestände, daß er die Freuden dieser Wanderung durch wüstes Gelände ohne mich auskosten, mich an seinen Gängen, an den Gedanken, die, was er dabei sieht, ihm einflößt, nicht teilnehmen lassen will und mich statt dessen in tödliche Unruhe versetzt: wäre das nicht genug? Ich werde von diesem großen Gehirn nicht mehr geliebt als von dem Musiker, von dem geistvollen Mann, von dem Offizier. Sterne[85] hat recht: Namen bedeuten etwas, und der meine ist der grausamste Hohn. Ich werde sterben, ohne bei einem Mann die Liebe gefunden zu haben, die ich im Herzen, die Poesie, die ich in der Seele trage.«

Mit hängenden Armen saß sie da, den Kopf an ihr Kissen gelehnt, die Augen stumpf vor Grübeln, und starrte auf eine Rosette ihres Teppichs. Der Schmerz überragender Menschen hat etwas Grandioses und Imposantes; er enthüllt ungeheure Weiten der Seele, die der Gedanke des Betrachtenden noch vergrößert. Jene Seelen sind der Vorrechte des Königtums teilhaftig, dessen Zuneigung einem Volk gilt und das dann eine ganze Welt betroffen macht.

»Warum haben Sie mich ...«, sagte Calyste; er konnte nicht zu Ende sprechen.

Camille Maupins schöne Hand hatte sich brennend heiß auf die seine gelegt und ihn beredt unterbrochen.

»Die Natur hat um meinetwillen ihre Gesetze umgestoßen

und mir noch fünf oder sechs Jahre der Jugend gewährt. Ich habe Sie aus Selbstsucht zurückgestoßen. Früher oder später hätte das Alter uns getrennt. Ich bin dreizehn Jahre älter als er, das ist schon genug.«

»Sie sind auch noch mit Sechzig schön!« rief Calyste heroisch.

»Möge Gott Sie erhören!« antwortete sie lächelnd. »Überdies, lieber Junge, will ich ihn lieben. Trotz seiner Fühllosigkeit, seinem Mangel an Phantasie, seiner Unbekümmertheit und dem Neid, der ihn verzehrt, glaube ich, daß unter diesen Lumpen Größe verborgen ist; ich hoffe, dies Herz zu galvanisieren, ihn vor sich selbst zu retten, ihn an mich zu fesseln. Ach, ich habe einen hellseherischen Geist und ein blindes Herz.«

Sie war furchtbar in ihrer Klarsicht über sich selber. Sie litt und analysierte ihren Schmerz, wie Cuvier[86], wie Dupuytren[87] ihren Freunden den verhängnisvollen Verlauf ihrer Krankheit und die Fortschritte, die der Tod in ihnen machte, erklärten. Camille Maupin kannte sich in der Leidenschaft ebenso gut aus wie jene beiden Gelehrten in der Anatomie.

»Ich bin hierhergekommen, um mir ein richtiges Urteil über ihn zu bilden; er langweilt sich bereits. Paris fehlt ihm, ich habe es ihm gesagt: er hat Heimweh nach der Kritik, er hat keinen Autor zu zerfleddern, kein System zu untergraben, keinen Dichter zur Verzweiflung zu treiben, und er wagt es nicht, sich hier einem Laster hinzugeben, in dessen Schoß er die Bürde seines Denkens niederlegen könnte. Ach, vielleicht ist meine Liebe nicht wahr genug, um sein Gehirn zu entspannen. Mit einem Wort: ich brauche ihn nicht! Betrinken Sie sich heute abend mit ihm; ich will sagen, ich sei krank, und in meinem Zimmer bleiben; dann weiß ich, ob ich mich nicht täusche.«

Calyste wurde rot wie eine Kirsche, rot vom Kinn bis zur Stirn, und seine Ohren bekamen glühende Ränder.

»Mein Gott!« rief sie, »und ich verderbe bedenkenlos deine Jungmädchenunschuld! Verzeih mir, Calyste. Wenn du einmal liebst, wirst du es erleben, daß man imstande ist, die Seine in Brand zu stecken, um dem ›geliebten Gegenstand‹, wie die Kartenlegerinnen sagen, die kleinste Freude zu bereiten.« Sie machte eine Pause. »Es gibt stolze, konsequente Charaktere, die in einem bestimmten Alter ausrufen: ›Wenn ich mein Leben noch einmal von vorn anfangen könnte, würde ich genau dasselbe tun!‹ Ich, die ich mich durchaus nicht für schwach halte, rufe: ›Ich möchte eine Frau wie deine Mutter sein, Calyste.‹ Welch ein Glück ist es, einen Calyste zu besitzen! Hätte ich den dümmsten aller Männer geheiratet, wäre ich die demütigste, unterwürfigste Frau geworden. Und dabei habe ich keinerlei Verstöße gegen die Gesellschaft begangen, nur mir selbst habe ich Unrecht angetan. Ach, lieber Junge, die Frau kann sich ebensowenig allein in der Gesellschaft bewegen, wie in dem, was als ihr Urzustand bezeichnet wird. Die Leidenschaften, die nicht mit den sozialen oder natürlichen Gesetzen harmonieren, die Leidenschaften, die, mit einem Wort, nicht unumgänglich sind, fliehen uns. Leiden um des Leidens willen heißt soviel wie: nützlich sein. Was gehen mich die Kinder meiner Kusinen Faucombe an, die keine Faucombes mehr sind, die ich seit zwanzig Jahren nicht gesehen habe und die zudem auch noch Kaufleute geheiratet haben! Sie, Calyste, sind mir ein Sohn, der mich nicht die Mühsal der Mutterschaft gekostet hat; ich hinterlasse Ihnen mein Vermögen, und dann sind Sie wenigstens in dieser Hinsicht durch mich glücklich, Sie lieber Schatz an Schönheit, an Anmut, die nichts verändern oder zum Welken bringen darf.«

Als sie diese mit tief klingender Stimme gesprochenen Worte gesagt hatte, senkte sie die schönen Lider, um nicht in ihren Augen lesen zu lassen.

»Sie haben von mir nichts haben wollen«, sagte Calyste, »ich müßte Ihr Vermögen Ihren Erben zurückerstatten.«

»Sie Kind!« sagte Camille innig, und Tränen rannen ihr über die Wangen. »Kann mich denn nichts vor mir selbst retten?«

»Sie wollten mir eine Geschichte erzählen und mir einen Brief ...«, sagte der großherzige junge Mensch, um sie von ihrem Kummer abzulenken; aber er kam mit seinem Satz nicht zu Ende; sie fiel ihm ins Wort.

»Sie haben recht, vor allem muß man ein anständiges Mädchen sein. Gestern war es zu spät, aber anscheinend haben wir heute Zeit genug für uns«, sagte sie in einem Tonfall, der zugleich scherzhaft und bitter klang. »Um mein Versprechen einzulösen, will ich mich so setzen, daß ich den Weg überblicken kann, der zu den Steilklippen führt.«

Calyste schob ihr einen großen, gotischen Lehnstuhl in jene Richtung und machte das Fenster auf. Camille Maupin, die, wie der berühmte Schriftsteller ihres Geschlechts[88], für den Orient schwärmte, holte ein herrliches persisches Nargileh, das ihr ein Gesandter geschenkt hatte; sie füllte den Pfeifenkopf mit Patschuli[89], reinigte das Bochettino[90], parfümierte das Federröhrchen, dessen sie sich immer nur einmal bediente, schob es hinein, setzte die gelben Blätter in Brand, stellte das langhalsige, blau und golden emaillierte Gefäß des schönen Genußgeräts ein paar Schritte von sich entfernt auf und schellte, damit der Tee serviert werde.

»Wenn Sie Zigaretten wünschen ...? Ach, ich vergesse immer, daß Sie nicht rauchen. Eine Unverdorbenheit wie die Ihre ist etwas so Seltenes! Mir scheint: um den seidigen Flaum Ihrer Wangen zu streicheln, bedarf es der Hand einer Eva, die gerade erst aus Gottes Hand hervorgegangen ist.«

Calyste errötete und setzte sich auf einen Hocker; die tiefe Erregung, die Camille erröten ließ, sah er nicht.

»Die Dame, von der ich gestern jenen Brief erhielt und die vielleicht morgen hier sein wird, ist die Marquise de Rochefide«, sagte Félicité. »Der alte Rochefide hat seine älteste Tochter an einen großen Herrn aus Portugal verheiratet, der sich für immer in Frankreich niedergelassen hat; seine Familie ist nicht so alt wie die Ihrige. Er wollte seinen Sohn in den Hochadel einheiraten lassen, damit er ihm die Pairswürde verschaffen konnte, die er für sich selber nicht hatte erlangen können. Die Gräfin de Montcornet wies ihn im Département Orne auf eine Mademoiselle Béatrix-Maximilienne-Rose de Casteran hin, die jüngere Tochter des Marquis de Casteran, der seine beiden Töchter ohne Mitgift verheiraten wollte, damit das ganze Vermögen seinem Sohn zufiele, dem Grafen de Casteran. Die Casterans stammen, wie es scheint, aus Adams Rippe. Béatrix ist auf Schloß Casteran geboren und aufgewachsen; sie war damals, die Ehe wurde 1828 geschlossen, etwa zwanzig Jahre alt. Sie fiel auf durch das, was Ihr Provinzler Originalität nennt; dabei ist es ganz einfach nur eine Überlegenheit des Denkens, eine Fähigkeit zum Sichaufschwingen, ein Gefühl für das Schöne, eine gewisse Begeisterung für die Werke der Kunst. Glauben Sie einer armen Frau, die sich von dergleichen Neigungen hat hinreißen lassen, daß es für eine Frau nichts Gefährlicheres gibt; folgt man ihnen, so gelangt man dahin, wo Sie mich jetzt sehen und wohin die Marquise gelangt ist . . . zu Abgründen. Nur die Männer verfügen über den Alpenstock, mit dessen Hilfe man sich am Rand dieser Schlünde halten kann; das ist eine Fähigkeit, die uns Frauen fehlt und die aus uns Ungeheuer macht, wenn wir sie besitzen. Ihre alte Großmutter, die Witwe de Casteran, sah sie voller Freude einen Mann heiraten, dem sie sicherlich an Adel und an Ideen überlegen war. Die Rochefide machten ihre Sache gut, Béatrix hatte sich nicht über sie zu beklagen, und ebenso mußten die Casteran mit den Rochefide zufrieden sein; sie waren mit den Verneuil, den d'Esgrignons, den Troisville verwandt und erlangten für ihren Schwiegersohn bei dem letzten großen Pairsschub Karls X. die Pairswürde, deren Annullierung dann durch die Juli-Revolution ausgesprochen wurde. Rochefide ist ziemlich beschränkt; trotzdem hat er schon bald einen Sohn bekommen, und da er seine Frau tödlich langweilte, hatte sie bald genug von ihm. Die ersten Ehetage sind eine Klippe für kleine Geister wie für große Lieben. Dumm, wie er war, hat Rochefide die Ahnungslosigkeit seiner Frau für Kälte gehalten und Béatrix unter die lymphatischen, frigiden Frauen eingereiht; sie ist nämlich blond; und das war sein Ausgangspunkt, der ihn völlig sicher machte: er lebte wie ein Junggeselle und verließ sich auf die vorgebliche Kälte der Marquise, auf ihren Stolz, ihren Hochmut und auf die großartige Art der Lebensführung, die eine Frau in Paris mit tausend Schranken umgibt. Sie werden verstehen, was ich damit meine, wenn Sie jene Stadt erst kennen. Diejenigen, die damit rechneten, aus seiner sorglosen Ruhe Nutzen zu ziehen, sagten zu ihm: ›Sie haben es gut: Sie haben eine kalte Frau mit lediglich geistigen Leidenschaften; sie ist damit zufrieden, zu glänzen, sie hat rein künstlerische Launen; ihre Begierden, ihre Wünsche sind erfüllt, wenn sie sich einen Salon schafft, in dem sie alle Schöngeister versammelt; sie wird Ausschweifungen in der Musik begehen, Orgien in der Literatur.‹ Und der Ehemann schluckt diese Scherze, mit denen man in Paris die Trottel hinters Licht führt, glatt hinunter. Dabei ist Rochefide kein gewöhnlicher Dummkopf: er ist von einer Eitelkeit, einem Hochmut wie ein Mann von Geist, mit dem

Unterschied freilich, daß Männer von Geist sich vor Bescheidenheit an einem reiben und sich zu Katern machen; sie schmeicheln einem, um gehätschelt zu werden, wohingegen Rochefide eine gute, wohlgenährte, rotbäckige, gesunde Eigenliebe besitzt, die sich selbst vor aller Öffentlichkeit Bewunderung zollt und in einem fort lächelt. Seine Eitelkeit wälzt sich im Pferdestall und nährt sich geräuschvoll an der Raufe, aus der sie ihr Futter zieht. Es gibt eben Fehler, die nur den Leuten bekannt sind, die sie in der Intimität beurteilen können, die nur im Halbdunkel und dem Geheimnisvollen des Privatlebens betroffen machen, während der betreffende Mann in der Gesellschaft und für die Gesellschaft als reizend gilt. Rochefide müßte unerträglich sein, sobald er sich am heimischen Herd bedroht fühlen würde; er ist nämlich von der scheelen, niedrigen Eifersucht besessen, die sich brutal beim Ertappen äußert, die sechs Monate lang feige ist und im siebten mordet. Er glaubte seine Frau zu betrügen und hatte Angst vor ihr, zwei Ursachen der Tyrannei von dem Tage an, da er gemerkt hätte, daß die Marquise aus Mitleid so tat, als seien seine Treulosigkeiten ihr gleichgültig. Ich analysiere Ihnen diesen Charakter, um Ihnen Béatrix' Verhalten erklärlich zu machen. Die Marquise empfand für mich wärmste Bewunderung, aber von der Bewunderung zur Eifersucht ist es nur ein Schritt. Ich führte einen der angesehensten Pariser Salons; sie wünschte, sich ebenfalls einen zu schaffen, und versuchte, mir meine Gäste wegzukapern. Ich verstehe mich nicht darauf, die festzuhalten, die mich verlassen wollen. Sie hat die oberflächlichen Leute bekommen, die aus Trägheit jedermanns Freunde sind, die nur das Ziel verfolgen, einen Salon gleich wieder zu verlassen, sobald sie eingetreten sind; aber sie hat nicht die Zeit gehabt, sich eine gesellschaftliche Runde zu schaffen. Zu jener Zeit hatte ich gemeint, sie werde von dem Wunsch nach irgendeiner Berühmtheit verzehrt. Trotzdem besitzt sie Seelengröße, einen königlichen Stolz, Gedanken, eine wunderbare Fähigkeit, alles aufzufassen und zu verstehen; sie weiß über Metaphysik, Musik, Theologie und Malerei zu sprechen. Sie werden sie als Frau kennenlernen; wir haben sie als Jungvermählte gekannt; sie ist freilich ein bißchen affektiert: sie trägt viel zu sehr zur Schau, daß sie schwierige Dinge kann, Chinesisch oder Hebräisch, daß sie sich in den Hieroglyphen auskennt oder die Papyri zu erklären weiß, in die die Mumien gewickelt werden. Béatrix ist eine der Blondinen, neben denen die blonde Eva wie eine Negerin wirken würde. Sie ist schmal und gerade wie eine Kerze und weiß wie eine Hostie; sie hat ein längliches, scharf geschnittenes Gesicht, einen ziemlich wechselnden Teint, heute weiß wie Perkal, morgen braun mit Tausenden von Pünktchen unter der Haut, als habe ihr Blut während der Nacht Staub mit sich geführt; ihre Stirn ist prächtig, aber ein bißchen zu kühn; ihre Pupillen sind blaß seegrün und schwimmen auf dem Weiß des Augapfels unter schwarzen Brauen und trägen Lidern. Häufig hat sie Ringe um die Augen. Ihre Nase beschreibt einen Viertelkreis; die Nüstern sind sehr fein, aber impertinent. Sie hat einen Habsburger Mund: die Oberlippe ist kräftiger als die Unterlippe, und diese hängt verächtlich herab. Ihre blassen Wangen röten sich nur bei heftigen Gemütsbewegungen. Ihr Kinn ist ziemlich dick; das meine ist nicht eben zierlich, und vielleicht habe ich unrecht, wenn ich Ihnen sage, daß Frauen mit dickem Kinn anspruchsvoll in der Liebe sind. Sie hat eine der schönsten Taillen, die ich je gesehen habe, einen Rücken von funkelnder Weiße; ehedem war er flach, aber jetzt soll er sich entwickelt haben und gepolsterter wirken; der Oberkörper nimmt sich weniger glücklich aus als die Schultern, die Arme sind mager geblieben. Im übrigen hat sie eine Haltung und ungezwungene Umgangsformen, die vollauf ausgleichen, was sie vielleicht an Mängeln besitzt, und die, was an ihr schön ist, wunderbar hervorheben. Die Natur hat ihr das Prinzessinnengehaben verliehen, das sich nicht erwerben läßt; es steht ihr trefflich und enthüllt ihre adlige Abkunft, wie übrigens auch die schlanken Hüften mit ihrer entzückenden Kontur, die hübschesten Füße der Welt, das üppige Engelshaar, wie es Girodets[91] Pinsel so gern nachgestaltet hat; es sieht aus wie Lichtwogen. Ohne makellos schön oder hübsch zu sein, ruft sie, wenn sie nur will, unauslöschliche Eindrücke hervor. Sie braucht sich nur in kirschroten Samt mit wallenden Spitzen zu kleiden und sich rote Rosen ins Haar zu stecken, dann ist sie göttlich. Wenn sie aus irgendeinem Grund das Kostüm der Zeiten tragen könnte, da die Frauen spitz zulaufende Schnürleibchen mit Reihen von Bandschleifen trugen, die schmal und gebrechlich aus der weiten

Stoffülle der Brokatröcke mit den steifen, breiten Falten aufstiegen, den Zeiten, da sie gefältelte Halskrausen umlegten, die Arme in Schlitzärmeln verbargen, die Spitzenaufschläge hatten, aus denen die Hände wie die Griffel eines Blumenkelchs hervorlugten, und da sie die unzähligen Locken ihres Haars über einen mit Edelsteinen verzierten Chignon zurückfallen ließen, dann könnte Béatrix getrost den Wettstreit mit den idealen Schönheiten aufnehmen, die Sie so gekleidet sehen.«

Félicité zeigte Calyste eine schöne Kopie des Gemäldes von Mieris[92], auf dem eine stehende Frau in weißer Seide dargestellt ist, die ein Notenblatt in der Hand hält und zusammen mit einem Brabanter Herrn singt, während ein Neger in ein Fußglas alten spanischen Wein gießt und eine alte Haushälterin Gebäck aufschichtet.

»Die Blonden«, fuhr sie fort, »haben uns anderen Frauen gegenüber den Vorteil einer kostbaren Mannigfaltigkeit: es gibt hundert verschiedene Arten, blond, nur eine, braun zu sein. Die Blonden sind mehr Frauen als wir, wir ähneln allzu sehr den Männern, wir braunen Französinnen. Nun«, sagte sie, »werden Sie sich jetzt nicht nach dem Bild, das ich Ihnen von Béatrix entworfen habe, stracks in sie verlieben wie irgendein Prinz aus ›Tausendundeiner Nacht‹? Aber auch da kommst du zu spät, du armer Junge. Aber tröste dich. Wer zuerst kommt, mahlt zuerst!«

Das war absichtlich gesagt worden. Die Bewunderung, die sich auf dem Gesicht des jungen Herrn abzeichnete, war mehr durch das Gemälde als durch die Malerin hervorgerufen worden, deren Tun seinen Zweck verfehlt hatte.

»Trotz ihrer Blondheit«, fuhr sie fort, »besitzt Béatrix nicht die Zartheit, die ihrer Haarfarbe entsprechen würde; ihre Züge sind streng, sie ist elegant und hart; ihr Gesicht ist von etwas trockener Zeichnung, obgleich man sagen könnte, ihre Seele berge südliche Gluten. Sie ist ein Engel, der auflodert und sich verzehrt. Und schließlich: ihre Augen dürsten. Das Beste an ihr ist ihr Gesicht, wenn man es von vorn sieht; im Profil wirkt es, als sei es in einen Türspalt eingeklemmt. Sie werden ja sehen, ob ich mich geirrt habe. Folgendermaßen geschah es, daß wir intime Freundinnen wurden. Drei Jahre lang, von 1828 bis 1831, genoß Béatrix die letzten Feste der Restauration, schwebte durch die

Salons, ging zu Hofe, verschönte die Maskenbälle des Elysée-Bourbon[93] und beurteilte die Männer, die Dinge, die Geschehnisse und das Leben von der vollen Höhe ihrer Denkweise herab. Ihr Geist war immerfort tätig. Diese erste Zeit des schwindelnden Taumels, den das Gesellschaftsleben in ihr hervorrief, hinderte ihr Herz am Erwachen; zudem wurde es betäubt durch die ersten Tücken der Ehe: das Kind, die Niederkunft, das ganze Drum und Dran der Mutterschaft, das ich nicht mag. In dieser Hinsicht bin ich unweiblich. Kinder sind mir etwas Unerträgliches, sie schaffen einem beständig tausend Kümmernisse und Beunruhigungen. Daher halte ich es für eine der großen Segnungen der modernen Gesellschaft, eine, deren uns der Heuchler Jean-Jacques[94] beraubt hat, daß es uns freigestellt ist, ob wir Mütter sein wollen oder nicht. Zwar bin ich nicht die einzige, die so denkt, aber die einzige, die es sagt. Béatrix durchlebte den Sturm von 1830 bis 1831 auf dem Gut ihres Mannes und langweilte sich dort wie ein Heiliger auf seinem Parkettplatz im Paradies. Vielleicht ist der Marquise bei ihrer Rückkehr nach Paris zu Recht bewußt geworden, daß die Revolution, die in den Augen gewisser Leute dem Anschein nach eine rein politische Angelegenheit war, zu einer moralischen Revolution führen werde. Die Gesellschaftsschicht, der sie angehörte, hatte sich während des unverhofften Triumphs der fünfzehn Jahre dauernden Restauration nicht neu festigen können; sie zerkrümelte unter den vom Bürgertum ins Werk gesetzten Widerstößen. Das große Wort, das Monsieur Lainé[95] sprach: ›Die Könige gehen dahin!‹ – sie hatte es vernommen. Diese Meinung, so glaube ich, ist nicht ohne Einfluß auf ihr Verhalten gewesen. Sie nahm intellektuellen Anteil an den neuen Doktrinen, die nach der Juli-Revolution drei Jahre lang umherschwirrten wie Mücken in der Sonne und die mehrere weibliche Köpfe verheerten; aber wie alle Adligen, die die Neuerungen großartig fanden, wollte sie ihren Adel retten. Sie erkannte, daß für persönliche Überlegenheit kein Platz mehr sei, sie sah den hohen Adel aufs neue mit der stummen Opposition anfangen, die er Napoleon gegenüber bezeigt hatte, was seine einzige Rolle unter dem Kaisertum der Taten und der Geschehnisse gewesen ist, was aber in einer moralischen Epoche der Abdankung gleichkam, und zog ihr eigenes Glück dieser Stummheit vor. Als wir ein wenig aufatmen konnten, lernte die Marquise bei mir den Mann kennen, mit dem ich mein Leben zu Ende zu führen geglaubt hatte: Gennaro Conti, den großen Komponisten; er ist neapolitanischen Ursprungs, aber in Marseille geboren. Conti hat viel Geist, er ist als Komponist begabt, wenn er auch nie in die erste Reihe rücken kann. Ohne Meyerbeer[96] und Rossini[97] hätte er vielleicht für ein Genie gegolten. Er hat vor ihnen einen Vorteil voraus: er ist als Sänger das, was Paganini[98] als Geiger, Liszt[99] als Pianist, die Taglioni[100] als Tänzerin ist, kurzum, das, was der berühmte Garat[101] war, an den er alle, die ihn gehört haben, erinnert. Das ist keine Stimme, lieber Freund, das ist eine Seele. Sein Gesang entspricht gewissen Ideen, gewissen schwierig zu schildernden Zuständen, in denen eine Frau sich bisweilen befindet; und wenn sie dann Gennaro hört, ist es um sie geschehen. Die Marquise verfiel in die tollste Leidenschaft für ihn und entführte ihn mir. Das ist ein überaus provinzieller Zug, aber nun einmal Kriegsbrauch. Sie eroberte sich meine Achtung und meine Freundschaft durch die Art und Weise ihres Verhaltens mir gegenüber. Ich dünkte sie eine Frau, die ganz danach geschaffen war, ihren Besitz zu verteidigen; sie wußte ja nicht, daß für mich das denkbar Lächerlichste in einer solchen Lage der Gegenstand des Kampfes ist. Sie suchte mich auf. Diese so stolze Frau war dermaßen verliebt, daß sie mir ihr Geheimnis preisgab und mich zur Gebieterin ihres Schicksals machte. Sie war anbetenswert: sie blieb in meinen Augen ganz Frau und ganz Marquise. Ich möchte Ihnen sagen, mein Freund, daß die Frauen zwar manchmal schlecht sind, aber daß sie eine geheime Größe besitzen, die die Männer nie zu schätzen wissen werden. Also will ich, da ich an der Schwelle des Alters, das meiner wartet, mein Testament als Frau machen kann, Ihnen sagen, daß ich Conti treu gewesen bin und es bis zum Tode gewesen wäre, und dabei habe ich ihn gekannt. Er ist dem Anschein nach ein bezaubernder Charakter und im Grunde ein abscheulicher Mensch. In Herzensangelegenheiten ist er ein Scharlatan. Es gibt auch Männer, wie Nathan, von dem ich Ihnen schon erzählt habe, die von außen betrachtet Scharlatane, dabei aber gutgläubig sind. Solche Männer belügen sich selber. Sie steigen auf Stelzen, meinen dabei, auf den eigenen Füßen zu stehen, und vollführen ihre Gaukeleien mit einer Art Unschuld; ihre Eitelkeit liegt ihnen im Blut; sie sind die geborenen Komödianten, Prahlhälse, extravagant in der Form wie eine chinesische Vase; vielleicht lachen sie über sich selber. Im übrigen sind sie großzügig von Charakter, und das zieht, wie der Glanz der königlichen Gewänder, die Murat[102] zu tragen pflegte, die Gefahr herbei. Aber Contis Betrügerei wird immer nur von seiner Geliebten durchschaut werden. In seiner Kunst ist die berühmte italienische Eifersucht enthalten, die Carlone dahin brachte, daß er Piola[103] erdolchte, und die Paësiello[104] einen Stilettstich eintrug. Dieser schreckliche Neid liegt unter der liebenswürdigsten Kameradschaft verborgen. Conti hat nicht den Mut zu seinem Laster, er lächelt Meyerbeer zu und macht ihm Komplimente, wenn er ihn am liebsten zerfleischen möchte. Er spürt seine Schwachheit und gibt sich den Anschein der Stärke; außerdem ist er so eitel, daß er sich Gefühle vorspielt, die seinem Herzen völlig fernliegen. Er gibt sich für einen Künstler aus, der seine Inspirationen vom Himmel empfängt. Für ihn ist die Kunst etwas Heiliges und Geweihtes. Er ist ein Fanatiker; Weltleuten gegenüber bezeigt er einen sublimen Spott; er ist von einer Beredsamkeit, die tiefen Überzeugungen zu entspringen scheint. Er ist ein Hellseher, ein Dämon, ein Gott, ein Engel. Kurzum, Calyste, obwohl ich Sie gewarnt habe, werden Sie auf ihn hineinfallen. Dieser Südländer, dieser aufbrausende Künstler ist kalt wie ein Brunnenseil. Hören Sie nur, was er sagt: der Künstler sei ein Missionar, die Kunst eine Religion, die ihre Priester habe und ihre Märtyrer haben müsse. Wenn Gennaro einmal loslegt, langt er schnell beim stürmischsten Pathos an, wie es kein Professor der deutschen Philosophie seinem Auditorium je vorgesetzt hat. Man bewundert seine Überzeugungen, aber er selber glaubt an nichts. Während er einen durch einen Gesang, der einem geheimnisvollen Fluidum gleicht und Liebe ausströmt, zum Himmel emporhebt, wirft er einem einen ekstatischen Blick zu; aber dabei überwacht er unsere Aufmerksamkeit, er fragt sich: ›Bin ich für sie wirklich ein Gott?‹ Im gleichen Augenblick denkt er manchmal: ›Ich habe zu viel Makkaroni gegessen.‹ Man glaubt sich geliebt, dabei haßt er einen, ohne daß man wüßte, warum; ich jedoch habe es gewußt: er hatte am Tag zuvor eine

Frau kennengelernt, er hatte sie aus einer Laune heraus geliebt, und mich hat er dann durch vorgebliche Liebe, durch geheuchelte Liebesbezeigungen beleidigt und mich seine erzwungene Treue teuer bezahlen lassen. Was den Beifall betrifft, so ist er unersättlich, er äfft alles nach und treibt mit allem sein Spiel; er mimt Freude wie Schmerz, und es gelingt ihm wunderbar. Er gefällt, er wird geliebt, er kann Bewunderung einheimsen, wann er will. Als ich von ihm ging, haßte er seine Stimme, und dabei hat sie ihm mehr an Erfolgen eingetragen als sein Kompositionstalent; er möchte lieber ein Genie wie Rossini sein als ein Darsteller von der Kraft Rubinis[105]. Ich hatte den Fehler begangen, mich an ihn zu binden; ich hatte mich beschieden, bis ans Ende dieses Idol zu schmücken. Conti ist, wie viele Künstler, auf gute Küche erpicht; er liebt seine Behaglichkeit, seine Genüsse; er ist kokett, raffiniert, gut angezogen. Ich habe allen seinen Passionen geschmeichelt, ich habe diesen schwachen, hinterhältigen Charakter geliebt. Ich wurde beneidet, und ich habe zuweilen mitleidig gelächelt. Ich schätzte seinen Mut; er ist nämlich tapfer, und Tapferkeit ist, wie es heißt, die einzige Tugend, die frei von Heuchelei ist. Auf einer Reise habe ich bei einer gewissen Gelegenheit den Beweis dafür erhalten: er hat sein Leben aufs Spiel gesetzt, an dem er doch so hängt; aber, und das ist in Paris etwas Seltenes, ich habe ihn das begehen sehen, was ich als gedankliche Feigheit bezeichne. Lieber Freund, alle diese Dinge habe ich gewußt. Ich sagte der armen Marquise: ›Sie wissen nicht, in welchen Abgrund Sie den Fuß setzen. Sie sind der Perseus[106] einer armen Andromeda, Sie befreien mich von meinem Felsen. Wenn er Sie liebt, dann um so besser! Aber ich bezweifle es: er liebt nur sich selber.‹ Gennaro war im siebenten Himmel des Dünkels. Ich war nicht Marquise, ich bin keine geborene Casteran; innerhalb eines Tages war ich vergessen. Ich gab mich der wilden Lust hin, diesem Charakter auf den Grund zu gehen. Da ich des Bruchs sicher war, wollte ich die Umwege beobachten, die Conti machen würde. Mein armer Junge: ich habe eine Woche der Gefühlsroheiten, der infamsten, der lächerlichsten Ausflüchte durchlebt. Ich will Ihnen nichts davon erzählen, sie werden ihn ja hier sehen. Die Sache ist nur die: da er weiß, daß ich ihn kenne, haßt er mich heute. Wenn er mich mit einiger Sicherheit erdolchen könnte, würde ich keine zwei Sekunden mehr am Leben sein. Ich habe Béatrix nie das mindeste gesagt. Gennaros letzte und fortbestehende Beleidigung ist der Glaube, ich könne imstande sein, mein trauriges Wissen der Marquise mitzuteilen. Er ist jetzt ohne Unterlaß unruhig und grübelt in sich hinein; denn er glaubt an niemandes gute Gefühle. Mir gegenüber spielt er nach wie vor die Rolle eines Mannes, der unglücklich darüber ist, daß er mich verlassen hat. Sie werden an ihm die penetranteste Herzlichkeit wahrnehmen; er ist ein Schmeichler, er gibt sich ritterlich. Für ihn ist jede Frau eine Madonna. Man muß lange mit ihm zusammenleben, um hinter das Geheimnis dieser falschen Biederkeit zu kommen und das unsichtbare Stilett seiner Mystifikationen kennenzulernen. Sogar Gott würde seine überzeugte Miene täuschen. Daher werden Sie von seinen Katzenmanieren umgarnt werden und niemals an die tiefe, schnelle Rechenkunst seiner geheimen Gedanken glauben. Lassen wir das. Ich bin in meiner Gleichgültigkeit so weit gegangen, daß ich die beiden hier bei mir empfangen habe. Dieser Umstand hat bewirkt, daß die scharfsichtigste Gesellschaft, nämlich die Pariser, nichts von diesem Liebeshandel erfahren hat. Obgleich Gennaro trunken vor Dünkel war, hatte er es wohl nötig, vor Béatrix zu posieren: er brachte eine wunderbare Verstellungskunst auf. Das hat mich überrascht, ich war darauf gefaßt, daß er es auf einen Skandal abgesehen hätte. Die Marquise selber war es, die sich nach einem Jahr des Glücks, das allen Wechselfällen, allen Zufällen des Pariser Lebens unterworfen war, kompromittierte. Sie hatte Gennaro seit ein paar Tagen nicht gesehen, und ich hatte ihn zu mir zum Abendessen geladen; auch sie sollte im Lauf des Abends zu mir kommen. Rochefide ahnte von alledem nichts; aber Béatrix kannte ihren Mann so gut, daß sie, wie sie mir oftmals gesagt hat, lieber das größte Elend auf sich genommen hätte als das Leben an der Seite dieses Mannes für den Fall, daß er ein Anrecht gehabt hätte, sie zu verachten oder zu quälen. Ich hatte den Tag gewählt, da unsere Freundin, die Gräfin de Montcornet, eine Soirée gab. Nachdem Béatrix gesehen hatte, daß ihrem Mann der Kaffee serviert worden war, verließ sie das Wohnzimmer, um sich umzuziehen, obwohl sie sonst nie zu so früher Stunde mit ihrer Toilette begann. ›Dein Friseur ist noch nicht da‹, gab Rochefide ihr zu bedenken, als er vernahm, aus welchem Grund seine Frau sich zurückzog. – ›Thérèse frisiert mich‹, antwortete sie. – ›Wohin willst du denn? Du gehst doch nicht schon um acht zu Madame de Montcornet.‹ – ›Nein‹, sagte sie, ›aber ich möchte den ersten Akt im ‚Italiens' anhören.‹ Der auf das Ausfragen des Huronen versessene Amtmann bei Voltaire[107] ist ein Stummer im Vergleich zu Ehemännern, die nichts zu tun haben. Béatrix eilte hinaus, um weiteren Fragen zu entgehen; sie hörte nicht mehr, daß ihr Mann ihr antwortete: ›Gut, dann gehen wir zusammen.‹ Er hatte das ohne alle Bosheit gesagt; er hatte keinen Grund, seine Frau zu beargwöhnen, sie genoß ja soviel Freiheit! Er bemühte sich, ihr in nichts etwas in den Weg zu legen; darein setzte er seinen Stolz. Béatrix' Verhalten bot übrigens auch der strengsten Kritik nicht die mindesten Ansatzpunkte. Der Marquis hatte irgendwo hinzugehen gedacht, vielleicht zu seiner Geliebten! Er hatte sich bereits vor dem Abendessen umgekleidet; er brauchte nur noch Handschuhe und Hut zu nehmen, als er den Wagen seiner Frau unter die Markise der Freitreppe rollen hörte. Er ging in ihr Zimmer und fand sie bereit, aber über die Maßen erstaunt, ihn vor sich zu sehen. – ›Wohin willst du denn?‹ fragte sie ihn. – ›Hatte ich dir nicht gesagt, ich wolle dich ins ‚Italiens' begleiten?‹ Die Marquise unterdrückte die Aufwallung eines heftigen Zorns; aber ihre Wangen nahmen einen kräftigen rosa Farbton an, als habe sie Rouge aufgelegt. – ›Ja, dann komm nur‹, sagte sie. Rochefide folgte ihr, ohne auf die Erregung zu achten, die sich in der Stimme seiner Frau verraten hatte; sie wurde vom wildesten Zorn verzehrt. – ›Zum Théâtre des Italiens!‹ sagte der Mann. – ›Nein!‹ rief Béatrix, ›zu Mademoiselle des Touches. Ich habe ihr etwas zu sagen‹, fuhr sie fort, als die Wagentür geschlossen war. Der Wagen fuhr an. – ›Aber wenn du willst‹, sprach Béatrix weiter, ›bringe ich dich erst zum ‚Italiens' und fahre danach zu ihr.‹ – ›Nein‹, antwortete der Marquis, ›wenn du ihr bloß ein paar Worte zu sagen hast, warte ich im Wagen; es ist erst halb acht.‹ Hätte Béatrix zu ihrem Mann gesagt: ›Fahr du ins ‚Italiens' und laß mich in Frieden‹, so würde er friedlich gehorcht haben. Aber wie jede Frau, die nicht auf den Kopf gefallen ist, fühlte sie sich schuldig und hatte Angst, Verdacht zu erwecken, und so fügte sie sich. Als sie dann die Oper verlassen und zu mir fahren wollte, begleitete ihr Mann sie. Rot vor Zorn und Ungeduld kam sie herein. Sie trat auf mich zu und flüsterte mir mit der ruhigsten Miene der Welt zu: ›Liebe Félicité, ich reise morgen abend mit Conti nach Italien, bitten Sie ihn, seine Vorbereitungen zu treffen und mit einem Wagen und einem Paß hier zu sein.‹ Dann ging sie mit ihrem Mann fort. Heftige Leidenschaften wollen um jeden Preis ihre Freiheit. Béatrix litt seit einem Jahr unter ihrem Zwang und unter der Seltenheit von ihrer beider Zusammenkünften; sie betrachtete sich als mit Gennaro vereint. So überraschte mich nichts. Bei meinem Charakter hätte ich an ihrer Stelle genauso gehandelt. Sie entschloß sich zu diesem Eklat, als sie sich auf die harmloseste Art gehindert sah. Sie kam dem Unglück durch ein größeres Unglück zuvor. Conti geriet in einen Glücksrausch, der mir das Herz zerriß; nur seine Eitelkeit war dabei im Spiel. ›Das heißt geliebt werden!‹ sagte er mir in seinem Überschwang. ›Wie wenige Frauen hätten sich dazu herbeigelassen, auf diese Weise ihr Leben, ihr Vermögen, ihr Ansehen zu opfern!‹ – ›Ja, sie liebt Sie‹, sagte ich zu ihm, ›aber Sie lieben sie nicht!‹ Er wurde wütend und machte mir eine Szene: er schwadronierte, fuhr mich an, malte mir seine Liebe aus und sagte, er habe niemals geglaubt, daß er so sehr lieben könne. Ich blieb gleichmütig und lieh ihm das Geld, das er für diese unvorhergesehene Reise etwa benötigen konnte. Béatrix hinterließ für Rochefide einen Brief und reiste am nächsten Abend nach Italien. Dort ist sie zwei Jahre lang geblieben; sie hat mir mehrfach geschrieben, ihre Briefe sind entzückend freundschaftlich; das arme Kind hat sich an mich geklammert, da ich die einzige bin, die sie versteht. Sie betet mich an, schreibt sie. Geldnot hat Gennaro gezwungen, eine französische Oper zu schreiben; er hat in Italien nicht die pekuniären Unterstützungen gefunden, die die Komponisten in Paris genießen. Hier haben Sie Béatrix' Brief; jetzt können Sie ihn verstehen, sofern man in Ihrem Alter schon Herzensdinge analysieren kann«, sagte sie und hielt ihm den Brief

In diesem Augenblick kam Claude Vignon herein. Dies unerwartete Erscheinen ließ Calyste und Félicité für einen Augenblick verstummen, sie vor Überraschung, ihn aus einem vagen Unbehagen. Die riesige, hohe und breite Stirn des mit siebenunddreißig Jahren schon kahlköpfigen Mannes schien von Wolken umdüstert. Sein fester, intelligenter Mund drückte kalte Ironie aus. Claude Vignon ist imposant, trotz des vorzeitigen Verfalls seines ehemals großartigen, jetzt bleifahl gewordenen Gesichts. Zwischen achtzehn und fünfundzwanzig hat er beinahe dem göttlichen Raffael[108] geähnelt; aber seine Nase, der am meisten wandelbare Zug im menschlichen Antlitz, ist spitzig geworden; seine Physiognomie hat sich sozusagen unter einem geheimnisvollen Druck gesenkt, die Konturen haben ein Übermaß an schlechter Farbe angenommen, in dem ermüdeten Teint herrschen Bleitöne vor, ohne daß man wüßte, was diesen jungen Menschen so erschöpft hat; vielleicht ist er durch bittere Einsamkeit gealtert und durch den Mißbrauch seiner Geisteskräfte. Er durchforscht ohne Ziel und System die Gedanken anderer, die Spitzhacke seiner Kritik zerstört immer und hilft nicht beim Aufbau. Daher ist sein Überdruß der des Handlangers und nicht der des Baumeisters. Seine blaßblauen, früher glänzenden Augen sind durch unbekannte Leiden verschleiert oder von einer düsteren Traurigkeit getrübt worden. Ausschweifungen haben oberhalb der Brauen einen schwärzlichen Farbton hingewischt. Die Schläfen haben ihre Frische eingebüßt. Das Kinn war einst von unvergeßlicher Vornehmheit; jetzt ist es ein Doppelkinn ohne jeden Adel. Seine ohnehin wenig klangvolle Stimme ist jetzt schwach; ohne erloschen oder eingerostet zu sein, schwankt sie zwischen Einrostung und Erlöschen. Die Ungerührtheit dieses schönen Kopfes, die Starrheit des Blicks decken Unentschlossenheit zu, eine Schwäche, die sich in einem geistreichen, spöttischen Lächeln bekundet. Jene Schwäche wirkt sich auf das Tun, nicht aber auf das Denken aus: es finden sich Spuren eines enzyklopädischen Wissens auf dieser Stirn, im Aussehen dieses zugleich kindlichen und hochmütigen Gesichts. Eine Einzelheit vermag die Bizarrerien des Charakters zu erklären. Der Mann ist hochgewachsen, aber schon leicht gebeugt, wie alle, die eine Welt von Ideen tragen. Niemals haben sich große, langgestreckte Körper durch anhaltende Energie, eine schöpferische Aktivität hervorgetan. Karl der Große, Narses[109], Belisar[110] und Konstantin[111] sind in dieser Hinsicht äußerst auffällige Ausnahmen. Freilich, Claude Vignon bietet vielerlei Rätsel dar. Zunächst ist er gleichzeitig sehr schlicht und sehr raffiniert. Obwohl er mit der Leichtigkeit einer Kurtisane in Übertreibungen verfällt, bleibt sein Denken unerschütterlich. Seine Intelligenz, die Kunst, Wissenschaft, Literatur und Politik zu kritisieren versteht, ist ungeschickt in der Bewältigung des äußeren Lebens. Claude spiegelt sich in der Weite seines intellektuellen Reichs und vernachlässigt dabei sein Äußeres mit diogenischer[112] Sorglosigkeit. Er ist es zufrieden, alles zu durchdringen, alles zu verstehen, und so verachtet er alles Tatsächliche; aber sobald es sich darum handelt zu schaffen, überkommt ihn der Zweifel, er sieht Hindernisse, ohne vom Schönen entzückt zu sein, und da er über die Mittel ratschlagen muß, steht er mit hängenden Armen da und bringt nichts zustande. Er ist der Türke der Intelligenz, der über seinen Grübeleien einschläft. Die Kritik ist sein Opium, und sein Harem an Büchern hat ihn mit Ekel vor jedem zu schaffenden Werk erfüllt. Er ist gleichgültig den kleinsten wie den größten Dingen gegenüber, und so kann er nicht umhin, allein schon durch das Gewicht seines Kopfs, in Ausschweifungen zu verfallen, um für kurze Weile der fatalen Macht seiner omnipotenten Analyse zu entrinnen. Er ist viel zu voreingenommen für die Kehrseite des Genies, und es ist jetzt begreiflich, daß Camille Maupin versuchte, ihm den Kopf zurechtzurücken. Dieser Versuch hatte etwas Verführerisches. Claude Vignon hielt sich für ebenso groß als Schriftsteller wie als Politiker; aber dieser unedierte Machiavelli[113] lacht innerlich über die Ehrgeizlinge, er weiß, was er kann, er mißt instinktiv seine Zukunft an seinen Fähigkeiten, er sieht sich groß, er faßt die Hindernisse ins Auge, er durchschaut die Dummheit der Emporgekommenen, er erschrickt oder fühlt sich abgestoßen und läßt die Zeit hingehen, ohne sich ans Werk zu machen. Wie der Journalist Etienne Lousteau, wie der berühmte Dramatiker Nathan, wie Blondet, ein weiterer Journalist, ist er dem Schoß des Bürgertums entsprossen, dem wir die Mehrzahl der großen Schriftsteller zu verdanken haben.

»Wie sind Sie denn hereingekommen?« fragte ihn Mademoiselle des Touches verdutzt und errötete vor Glück oder vor Überraschung.

»Durch die Tür«, sagte Claude Vignon trocken.

»Nun«, rief sie achselzuckend, »ich weiß genau, daß Sie nicht der Mann darnach sind, durchs Fenster zu steigen.«

»Klettern ist eine Art Ehrenkranz für geliebte Frauen.«

»Genug«, sagte Félicité.

»Störe ich?« fragte Claude Vignon.

»Monsieur«, sagte der naive Calyste, »dieser Brief . . .«

»Behalten Sie ihn, ich stelle keine Fragen, in unserem Alter hat man Verständnis für dergleichen Dinge«, unterbrach er Calyste mit spöttischer Miene.

»Aber Monsieur . . .«, sagte Calyste unwillig.

»Beruhigen Sie sich, junger Mann, ich bin von ausschweifender Nachsicht gegenüber allem, was Gefühle betrifft.«

»Mein lieber Calyste . . .«, sagte Camille; sie wollte sprechen.

»›Lieber‹?« unterbrach sie Vignon.

»Claude scherzt«, fuhr Camille fort; sie sprach auch weiterhin zu Calyste. »Das ist unrecht von ihm, da Sie ja doch nichts von den Pariser Mystifikationen wissen.«

»Ich wüßte nicht, daß ich gescherzt hätte«, antwortete Vignon mit ernster Miene.

»Auf welchem Weg sind Sie gekommen? Seit zwei Stunden schaue ich unablässig in die Richtung von Le Croisic.«

»Dann haben Sie eben dennoch nicht immer hingeschaut«, entgegnete Vignon.

»Wenn Sie spotten, sind Sie unerträglich.«

»Spotte ich denn?«

Calyste stand auf.

»Sie sind hier gar nicht so schlecht aufgehoben, daß Sie weggehen müßten«, sagte Vignon.

»Im Gegenteil«, sagte der innerlich kochende junge Herr; Camille hielt ihm die Hand hin, die er küßte, anstatt sie zu drükken, und ließ eine heiße Träne darauffallen.

»Ich wollte, ich wäre dieser junge Herr«, sagte der Kritiker, setzte sich und nahm das Mundstück der Huka[114]. »Wie wird der einmal lieben können!«

»Allzu sehr, denn dann wird er nicht geliebt werden«, sagte Mademoiselle des Touches. »Madame de Rochefide kommt nach hier.«

»Gut!« sagte Claude. »Mit Conti?«

»Sie bleibt allein hier, aber er begleitet sie.«

»Ein Zerwürfnis?«

»Nein.«

»Spielen Sie mir eine Sonate von Beethoven[115] vor; ich kenne nichts von seiner Klaviermusik.«

Claude fing an, Tabak in den Kopf seiner Huka zu stopfen, wobei er Camille mehr beobachtete, als sie meinte; ihn beschäftigte ein schrecklicher Gedanke, er glaubte sich von einer redlichen Frau hinters Licht geführt. Das war für ihn eine neue Lage.

Calyste dachte auf seinem Heimweg weder an Béatrix de Rochefide noch an ihren Brief; er war wütend auf Claude Vignon; er tobte innerlich gegen das, was er für Taktlosigkeit hielt, er bedauerte die arme Félicité. Wie konnte man von dieser wundervollen Frau geliebt werden, ohne sie auf den Knien anzubeten, ohne auf Treu und Glauben einem Blick oder einem Lächeln zu vertrauen? Er war der einzige Zeuge der Schmerzen gewesen, die das Warten Félicité verursachte; er hatte sie den Kopf nach Le Croisic hinwenden sehen; er hatte das Verlangen verspürt, das blasse, kalte Gespenst zu zerfetzen, da er, wie Félicité ihm gesagt hatte, nichts von den intellektuellen Mystifikationen verstand, mit denen die Spötter der Presse glänzen. Für ihn war die Liebe eine menschliche Religion. Als seine Mutter ihn im Hof erblickte, konnte sie einen Freudenruf nicht unterdrücken, und sogleich pfiff die alte Mademoiselle du Guénic nach Mariotte.

»Mariotte, der Junge ist da, machen Sie die Barbe zurecht.«

»Ich habe ihn schon gesehen«, antwortete die Köchin.

Die Mutter war ein wenig beunruhigt über die Traurigkeit, die auf Calystes Stirn lagerte, ohne zu ahnen, daß sie durch die vermeintlich schlechte Behandlung verursacht worden war, die Vignon Félicité hatte angedeihen lassen; sie machte sich an ihre Stickerei. Die alte Tante nahm ihr Strickzeug vor. Der Baron überließ dem Sohn seinen Lehnsessel und schritt im Zimmer auf und ab; er wollte sich die Beine gelenkig machen, ehe er einen Gang durch den Park unternahm. Nie hat ein flämisches oder holländisches Gemälde ein Interieur in so braunen Farbtönen dargestellt noch es so harmonisch mit Figuren ausgestattet. Der schöne Jüngling in schwarzem Samt, die noch immer so schöne Mutter und die beiden alten Leute im Rahmen des altertümlichen Zimmers waren auf die rührendste Weise Ausdruck häuslichen Einvernehmens. Fanny hätte Calyste gern ausgefragt; aber er hatte Béatrix' Brief aus der Tasche gezogen, der vielleicht all das Glück zerstören sollte, dessen diese edle Familie sich erfreute. Als er ihn auseinanderfaltete, zeigte Calystes lebhafte Einbildungskraft ihm die Marquise so gekleidet, wie Camille Maupin sie ihm phantastisch geschildert hatte.

Brief Béatrix' an Félicité

Genua, den 2. Juli

Seit unserem Aufenthalt in Florenz habe ich Ihnen nicht mehr geschrieben, liebe Freundin; aber Venedig und Rom haben meine Zeit beansprucht, und Sie wissen ja: das Glück beansprucht seinen Raum im Leben. Unter uns beiden kommt es überdies auf einen Brief mehr oder weniger nicht an. Ich bin ein wenig erschöpft. Ich hatte schlechthin alles sehen wollen, und wenn man keine leicht sich abstumpfende Seele hat, macht die stete Wiederholung der Genüsse müde. Unser Freund hat in der Scala[116], dem Fenice[117] und letzthin im San Carlo[118] schöne Triumphe davongetragen. Drei italienische Opern innerhalb von achtzehn Monaten! Sie können nicht sagen, die Liebe habe ihn träge gemacht. Wir sind überall wunderbar empfangen worden; mir jedoch wären Stille und Einsamkeit lieber gewesen. Ist das nicht die einzige Daseinsform, die Frauen gemäß ist, die zu Welt und Gesellschaft in striktem Gegensatz stehen? Ich hatte geglaubt, dem sei so. Die Liebe ist eine anspruchsvollere Herrin als die Ehe; aber es ist so wonnig, ihr zu gehorchen! Nachdem ich mein ganzes Leben der Liebe geweiht, hatte ich nicht gewußt, daß man, wenn auch nur bei Gelegenheit, sich wieder einmal in der Gesellschaft zeigen müsse, und die Aufmerksamkeiten, die man mir dort erwies, waren ebenso viele Wunden. Ich stand nicht mehr auf gleichem Fuß mit den höchstgestellten Damen. Je mehr Rücksichtnahme man mir bezeigte, desto deutlicher ließ man mich meine schiefe Stellung fühlen. Gennaro hat von diesen Finessen nichts begriffen; aber er war so glücklich, daß es mir übel angestanden hätte, nicht kleine Eitelkeiten etwas so Großem aufzuopfern, wie es das Leben eines Künstlers ist. Wir leben einzig durch die Liebe, wohingegen die Männer durch die Liebe und die

Tat leben, sonst wären sie ja keine Männer. Indessen ergeben sich für uns Frauen in der Lage, darein ich mich versetzt habe, große Nachteile, und die hatten Sie vermieden: Sie sind auch der Welt gegenüber groß geblieben; sie konnte Ihnen nichts anhaben; Sie behielten Ihre Freiheit, und ich habe die meine nicht mehr. Ich ziele damit nur auf die Dinge des Herzens ab, und nicht auf Gesellschaftliches; das habe ich völlig preisgegeben. Sie konnten kokett und eigenwillig sein, alle Anmut der Frau entfalten, die liebt und nach eigenem Ermessen alles gewähren oder alles verweigern kann; Sie hatten das Vorrecht der Launen beibehalten, sogar im Interesse Ihrer Liebe und des Mannes, an dem Sie Gefallen gefunden hatten. Kurzum, Sie haben nach wie vor Ihren eigenen Willen; ich dagegen besitze die Freiheit des Herzens nicht mehr, die in der Liebe auszuüben ich immer noch köstlich finde, auch wenn die Leidenschaft ewig währt. Ich habe nicht das Recht, lachend zu streiten, auf das wir soviel Wert legen, und zwar aus vielerlei Gründen: ist es nicht die Sonde, mit der wir das Herz befragen? Ich habe kein Recht zu Drohungen, ich muß alle meine Anziehungskraft einem Gehorsam und einer Sanftmut abgewinnen, die unendlich sind; ich muß durch die Größe meiner Liebe Eindruck machen; lieber würde ich sterben als Gennaro verlassen, denn mein Verzeihen liegt in der Heiligkeit meiner Leidenschaft. Ich habe nicht zwischen der gesellschaftlichen Würde und meiner eigenen kleinen Würde geschwankt; sie ist ein Geheimnis meines Gewissens. Wenn mich Anfälle von Melancholie überkommen wie Wolken, die den reinsten Himmel übergleiten, Melancholien, denen wir Frauen uns so gern hingeben, so verschweige ich sie; sie könnten ja anmuten wie Reue. Mein Gott, ich bin mir des Umfangs meiner Verpflichtungen so bewußt geworden, daß ich mich mit absoluter Nachsicht gewappnet habe; aber bis jetzt hat Gennaro meine empfindliche Eifersucht noch nicht angestachelt. Mithin nehme ich keinesfalls wahr, worin dieses geliebte, schöne Genie gegen mich fehlen könnte. Ich ähnele, lieber Engel, ein wenig den Frommen, die mit ihrem Gott hadern; denn nicht wahr, ich schulde doch Ihnen mein Glück? Daher können Sie nicht daran zweifeln, daß ich oftmals an Sie denke. Endlich habe ich Italien gesehen, wie Sie es gesehen haben, wie man es sehen muß, in unserer Seele überstrahlt durch die

Liebe, wie es durch seine schöne Sonne und seine großen Kunstwerke überstrahlt wird. Ich bedaure alle, die unaufhörlich von der Anbetung erschüttert werden, die Italien auf Schritt und Tritt fordert, und keine Hand haben, die sie drücken, kein Herz, in das sie die Überfülle ihrer Empfindungen ergießen können, damit sie sich darin beschwichtigen und noch größer werden. Diese achtzehn Monate sind für mich mein ganzes Leben, und meine Erinnerung daran wird reiche Ernte zeitigen. Haben nicht auch Sie, gleich mir, geplant, in Chiavari wohnen zu bleiben, in Venedig einen Palazzo zu kaufen, ein Landhaus in Sorrent, eine Villa in Florenz? Haben nicht alle liebenden Frauen Angst vor Welt und Gesellschaft? Und ich, die ich für alle Zeit daraus verstoßen bin, sollte nicht wünschen, mich in einer schönen Landschaft, einer Fülle von Blumen zu vergraben, angesichts eines freundlichen Meers oder eines Tals, das das Meer aufwiegt wie jenes, in das man von Fiesole aus blickt? Leider jedoch sind wir arme Künstler, und das Geld treibt die beiden Bohemiens nach Paris zurück. Gennaro will nicht, daß ich merke, daß ich meinem Luxus den Rücken gekehrt habe; unlängst hat er in Paris ein neues Werk einstudieren lassen, eine große Oper. Ihnen, mein schöner Engel, ist klar wie mir selbst, daß ich Paris nicht betreten darf. Um den Preis meiner Liebe möchte ich mich nicht, sei es von Frauen oder Männern, Blicken aussetzen, die Mordgedanken in mir wachrufen würden. Ja, ich würde jeden in Stücke hacken, der mich mit seinem Mitleid beehrte, mich mit seinem Wohlwollen überschüttete, wie jene anbetungswürdige Châteauneuf, die unter Heinrich III., glaube ich, um eines Verbrechens dieser Art willen ihr Pferd angetrieben und den Gerichtsherrn von Paris zerstampft hat[119]. Ich schreibe Ihnen nun also, um Ihnen zu sagen, daß ich schleunigst zu Ihnen nach Les Touches kommen und in jener Kartause unseren Gennaro erwarten werde. Da sehen Sie, wie kühn ich meiner Wohltäterin und Schwester gegenüber bin! Aber mich wird eben die Größe der Dankesschuld nicht, wie gewisse Herzen, zur Undankbarkeit verleiten. Sie haben mir so vielerlei von den Schwierigkeiten des Reisewegs erzählt, daß ich versuchen möchte, auf dem Seeweg nach Le Croisic zu gelangen. Dieser Gedanke ist mir gekommen, als ich hier erfuhr, daß ein kleines dänisches Schiff mit einer

Marmorladung dort auf der Rückreise in die Ostsee Salz übernehmen soll. Ich erspare mir auf diese Weise die Strapazen und Kosten einer Reise mit der Postkutsche. Ich weiß, daß Sie nicht allein sind, und das macht mich recht froh: inmitten meiner Glückseligkeit hatte ich Gewissensbisse. Sie sind die einzige, bei der ich allein und ohne Conti sein könnte. Ist es für Sie nicht ebenfalls eine Freude, eine Frau bei sich zu haben, die Ihr Glück versteht, ohne darauf eifersüchtig zu sein? Also auf bald. Der Wind ist günstig, ich reise und sende Ihnen einen Kuß.

»Ach, auch die liebt also«, sagte sich Calyste und faltete den Brief mit bekümmerter Miene wieder zusammen.

Diese Traurigkeit sprang auf das Herz der Mutter über, als habe ein Lichtschein ihr einen Abgrund erhellt. Der Baron war gerade hinausgegangen. Fanny schob den Riegel an der Tür des Türmchens vor und trat neben die Rücklehne des Sessels, in dem ihr Sohn saß, sie nahm dabei die gleiche Stellung ein wie Didos Schwester auf Guérins Gemälde[120]; sie küßte ihn auf die Stirn und fragte ihn: »Was ist dir, Calyste, was stimmt dich traurig? Du hattest mir versprochen, du wollest mir deine häufigen Besuche auf Les Touches erklären; ich müsse, so hast du gesagt, dessen Herrin segnen.«

»Ja, freilich«, sagte er, »sie hat mir die Unzulänglichkeit meiner Bildung in einer Zeit, da der Adel einen persönlichen Wert erobern muß, um seinem Namen neues Licht zu verleihen, klargemacht. Ich war meinem Jahrhundert ebenso fern, wie Guérande es von Paris ist. Sie ist ein wenig die Mutter meiner Intelligenz gewesen.«

»Dafür werde ich sie schwerlich segnen«, sagte die Baronin, deren Augen sich mit Tränen füllten.

»Mama«, rief Calyste, auf dessen Stirn jene warmen Tränen fielen, zwei Perlen schmerzlicher Mutterliebe, »Mama, weine nicht, denn vorhin habe ich, um ihr gefällig zu sein, die Gegend vom Steilufer bei den Zollwächtern bis nach Batz durchstreifen wollen, und sie hat zu mir gesagt: ›Wie besorgt würde Ihre Mutter sein!‹«

»Das hat sie gesagt? Dann könnte ich ihr vieles verzeihen«, sagte Fanny.

»Félicité will nur mein Bestes«, fuhr Calyste fort, »sie spricht oftmals heftige, zweideutige Worte, wie sie den Künstlern entschlüpfen, um in mir einen Glauben zu erschüttern, von dem sie nicht weiß, daß er unerschütterlich ist. Sie hat mir von den Pariser Erlebnissen einiger junger Herren aus dem höchsten Adel erzählt, die aus der Provinz kamen, wie ich aus ihr fortgehen könnte, die eine vermögenslose Familie verließen und in Paris kraft ihres Willens, ihrer Intelligenz ein großes Vermögen gewannen. Ich könnte tun, was der Baron de Rastignac getan hat, der heute Minister ist. Sie gibt mir Klavierstunden, sie lehrt mich Italienisch, sie weiht mich in zahllose gesellschaftliche Geheimnisse ein, von denen in Guérande niemand etwas ahnt. Die Schätze der Liebe hat sie mir nicht spenden können; dafür schenkt sie mir die ihrer umfassenden Intelligenz, ihres Geistes, ihres Genies. Sie will für mich kein Gegenstand der Lust, sondern eine Leuchte sein; sie verletzt keine einzige meiner religiösen Überzeugungen: sie glaubt an den Adel, sie liebt die Bretagne, sie ...«

»Sie hat unseren Calyste verändert«, unterbrach ihn die alte Blinde, »ich verstehe von diesen Worten nicht das mindeste. Du hast ein gediegenes Haus, mein schöner Neffe, alte Eltern, die dich vergöttern, und gute alte Dienstboten; du kannst eine gute kleine Bretonin heiraten, ein frommes, vollkommenes Mädchen, das dich glücklich macht; du kannst dein ehrgeiziges Streben für deinen ältesten Sohn aufsparen; der wird dreimal reicher sein als du, sofern du ruhig und sparsam im Schatten zu leben weißt, im Frieden des Herrn, um die Güter unserer Familie wieder schuldenfrei zu machen. Das ist einfach wie ein bretonisches Herz. Du wirst weniger schnell, aber auf um so soliderer Grundlage ein reicher Edelmann.«

»Deine Tante hat recht, mein Engel, sie hat sich mit der gleichen liebevollen Sorgfalt wie ich um dein Glück gekümmert. Wenn es mir nicht gelingt, dich mit Miss Margaret zu verheiraten, der Tochter deines Onkels Lord Fitz-William, ist es so gut wie sicher, daß Mademoiselle de Pen-Hoël ihr Vermögen derjenigen ihrer Nichten hinterläßt, die du gern hast.«

»Außerdem werden sich auch hier noch ein paar Taler finden«, sagte die alte Tante leise und mit geheimnisvoller Miene.

»In meinem Alter heiraten ...?« fragte er und warf der Mutter einen der Blicke zu, die die Vernunft der Mütter erweichen. »Soll ich denn ohne schöne, tolle Liebschaften bleiben? Darf ich niemals zittern, beben, fürchten, aufatmen, mich unter unversöhnlichen Blicken betten und sie rühren? Muß man nicht die freie Schönheit kennen, die Phantasie der Seele, die Wolken, die über den Azur des Glücks hinwegeilen und die der Atem der Lust verweht? Soll ich nicht auf den kleinen, taufeuchten Seitenwegen wandeln? Soll ich nie unter einer Dachtraufe stehen, ohne zu merken, daß es regnet, wie das Liebespaar, das Diderot beobachtet hat? Soll ich nicht, wie der Herzog von Lothringen, eine glühende Kohle in die Hand nehmen? Darf ich nie seidene Strickleitern hinaufklettern, nie an einem alten, morschen Gitter hängen, ohne daß es nachgibt? Mich nie in einem Schrank oder unter einem Bett verbergen? Von der Frau nur die eheliche Unterwürfigkeit kennenlernen, von der Liebe nur die gleichmäßig brennende Lampenflamme? Soll meine Neugier beschwichtigt werden, noch ehe sie erregt worden ist? Soll ich leben, ohne das Wüten des Herzens erlebt zu haben, das die Manneskraft steigert? Soll ich ein ehelicher Mönch werden? Nein! Ich habe in den Pariser Parisapfel der Kultur gebissen. Seht ihr denn nicht ein, daß ihr mit den keuschen, den ahnungslosen Familiensitten das Feuer vorbereitet habt, das mich verzehrt, und daß ich ausgebrannt sein werde, ohne die Gottheit angebetet zu haben, die ich überall erblicke, im grünen Laub wie in dem von der Sonne beleuchteten Sand, und in allen schönen, noblen, eleganten Frauen, wie sie in den Büchern, den Dichtungen geschildert werden, die ich bei Camille verschlungen habe? Ach, von diesen Frauen lebt nur eine in Guérande, und das bist du, Mutter! Die schönen blauen Vögel meiner Träume, sie kommen aus Paris, sie entflattern den Seiten, die Lord Byron und Scott schrieben: sie heißen Parisina[121], Effie[122], Minna[123]! Und zu ihnen gehört auch die königliche Herzogin[124], die ich in der Vendée auf der Heide gesehen habe, zwischen Heidekraut und Ginster, und deren Anblick mir alles Blut hat zum Herzen strömen lassen!«

Die Baronin sah alle diese Gedanken klarer, schöner und lebendiger, als sie die Kunst denen macht, die sie hier lesen; sie begriff sie rasch, sie schnellten aus jenem Blick hervor wie die Pfeile eines verkehrt herum gehaltenen Köchers. Ohne jemals

Beaumarchais[125] gelesen zu haben, dachte sie, gleich allen Frauen, daß es Sünde sei, diesen Chérubin[126] zu verheiraten.

»Ach, mein lieber Junge«, sagte sie, schloß ihn in die Arme, drückte ihn an sich und küßte sein schönes Haar, das noch ihr gehörte, »heirate, wann du willst, aber sei glücklich. Meine Rolle ist es, dich nicht zu quälen.«

Mariotte kam und deckte den Tisch. Gasselin war unterwegs; er bewegte Calystes Pferd, das der junge Herr seit zwei Monaten nicht mehr bestiegen hatte. Die drei Frauen, die Mutter, die Tante und Mariotte, verstanden sich mit der den Frauen angeborenen List darauf, Calyste festlich zu bewirten, wenn er die Hauptmahlzeit daheim einnahm. Die bretonische Armut wappnete sich mit Erinnerungen und Gewohnheiten aus Kindertagen und versuchte, gegen die Pariser Kultur anzukämpfen, die so getreulich ein paar Schritte von Guérande entfernt zur Darstellung gelangte, nämlich in Les Touches. Mariotte strebte danach, ihrem jungen Herrn die kundigen Zubereitungsarten der Küche Camille Maupins zu verekeln, und die Mutter und die Tante wetteiferten in der Sorge, ihren Jungen in den Netzen ihrer Zärtlichkeit zu fangen und jeden Vergleich zu etwas Unmöglichem zu machen.

»Ach, es wird Ihnen eine Lubine (eine Art Barbe) vorgesetzt, und Schnepfen, und Krapfen, wie sie nur hier bei uns gebacken werden können«, sagte Mariotte mit hinterhältiger und triumphierender Miene, wobei sie sich in dem weißen Tischtuch spiegelte: es war wie frischgefallener Schnee.

Als nach dem Essen die alte Tante ihr Strickzeug wieder zur Hand genommen hatte, als der Pfarrer von Guérande und der Chevalier du Halga gekommen waren, verlockt von ihrer Mouche-Partie, verließ Calyste das Haus unter dem Vorwand, er müsse Béatrix' Brief zurückgeben, und ging nochmals nach Les Touches.

Claude Vignon und Mademoiselle des Touches saßen noch bei Tisch. Der große Kritiker hegte eine Vorliebe für gute Küche, und diesem Laster wurde durch Félicité geschmeichelt; sie wußte ja, in welchem Maß sich eine Frau durch solch ein liebevolles Eingehen unentbehrlich machen kann. Das Eßzimmer war seit einem Monat durch wichtige Ergänzungen vervollkommnet worden; alles darin verkündete, wie geschmeidig und schnell eine Frau sich dem Charakter, dem Stand, den Leidenschaften und Neigungen des Mannes anzupassen vermag, den sie liebt oder lieben will. Der Tisch bot den reichen, glänzenden Anblick, den der moderne Luxus, dem die Vervollkommnungen des Kunstgewerbes dabei zu Hilfe kommen, einer gedeckten Tafel zuteil werden läßt. Die arme, edle Familie du Guénic wußte nicht, mit welch einem Gegner sie es zu tun hatte und welch ein Vermögen erforderlich war, um in Wettstreit mit dem in Paris neu gestalteten Tafelsilber zu treten, das Mademoiselle des Touches mitgebracht hatte, mit ihrem Porzellan, das als gerade noch gut fürs Land erachtet worden war, mit ihrer schönen Tischwäsche, ihrem vergoldeten Silbergerät, dem mannigfachen Tischschmuck und den Künsten ihres Kochs. Calyste lehnte es ab, den Likören zuzusprechen; sie wurden in einem der prächtigen Holzkästchen aufbewahrt, die wie Tabernakel anmuten.

»Hier ist Ihr Brief«, sagte er mit unschuldiger Beharrlichkeit und sah zu Claude hinüber, der ein Glas Jamaika-Rum trank.

»Nun, und was sagen Sie dazu?« fragte ihn Mademoiselle des Touches und warf den Brief über den Tisch Vignon zu, der zu lesen begann und dabei abwechselnd sein Gläschen zum Munde führte und wieder hinsetzte.

»Ja ... daß die Pariser Frauen gut dran sind; ihnen stehen alle Männer von Genie zur Verfügung, die sie anbeten können und von denen sie geliebt werden.«

»Ach, Sie leben nach wie vor auf dem Mond«, sagte Félicité lachend. »Wie? Haben Sie denn nicht gemerkt, daß sie ihn schon weniger liebt und daß ...«

»Offenbar«, sagte Claude Vignon, der kaum die erste Seite überflogen hatte. »Beobachtet man denn in ihrer Lage was auch immer, wenn man wahrhaft liebt? Ist man dann so subtil wie die Marquise? Rechnet man? Macht man Unterschiede? Die gute Béatrix hat sich aus Stolz an Conti gehängt, und nun ist sie dazu verdammt, ihn trotzdem zu lieben.«

»Die arme Frau!« sagte Camille.

Calyste saß da, starrte auf den Tisch und kannte sich nicht mehr aus. Die schöne, phantastisch gewandete Frau, wie Félicité sie ihm am Morgen geschildert hatte, war ihm als von Strahlenglanz umflossen erschienen; sie hatte ihm zugelächelt, sie hatte ihren Fächer bewegt; und die andere Hand war aus einem Spitzenaufschlag und hellrotem Samt hervorgekommen und weiß und rein auf die gebauschten Falten ihres köstlichen Kleides niedergesunken.

»Das wäre eine Sache für Sie«, sagte Claude Vignon und bedachte Calyste mit einem sardonischen Lächeln.

Calyste fühlte sich durch den Ausdruck ›Sache‹ verletzt.

»Flößen Sie dem lieben Jungen nicht den Gedanken an solch ein Liebesabenteuer ein; Sie wissen nicht, wie gefährlich dergleichen Scherze sind. Ich kenne Béatrix, sie hat einen viel zu grandiosen Charakter, um sich auf einen Wechsel einzulassen, und überdies wäre ja auch noch Conti da.«

»Siehe da!« sagte Claude Vignon spöttisch, »eine kleine Regung der Eifersucht . . .?«

»Könnten Sie das glauben?« fragte Camille stolz.

»Sie sind hellsichtiger als eine Mutter«, antwortete Claude höhnisch.

»Aber ist denn das möglich?« fragte Camille und deutete auf Calyste.

»Dabei«, fuhr Vignon fort, »würden sie gut zusammenpassen. Sie ist zehn Jahre älter als er; und er wirkt, als sei *er* das junge Mädchen.«

»Ein junges Mädchen, das schon zweimal in der Vendée im Feuer gestanden hat. Hätten sich damals nur zwanzigtausend solcher junger Mädchen zusammengefunden . . .«

»Ich hatte Ihr Lob anstimmen wollen«, sagte Vignon, »und das ist sehr viel leichter, als Ihnen den Bart zu schaben.«

»Ich habe einen Degen, der ihn allen schabt, die einen zu langen tragen«, antwortete Calyste.

»Und ich verstehe mich vortrefflich auf boshafte Antworten«, sagte Vignon lächelnd, »wir sind Franzosen, der Fall läßt sich regeln.«

Mademoiselle des Touches warf Calyste einen flehenden Blick zu, der ihn sogleich beschwichtigte.

»Warum«, fragte Félicité, um das Wortgefecht abzubrechen, »beginnen junge Leute wie mein Calyste immer mit der Liebe zu Frauen eines gewissen Alters?«

»Ich kenne kein Gefühl, das naiver und großherziger wäre«, antwortete Vignon, »es ergibt sich aus den anbetungswerten guten Eigenschaften der Jugend. Wie sollten übrigens die alten Frauen ohne diese Liebe ihr Leben zu Ende führen? Sie sind jung und schön, Sie sind es auch in zwanzig Jahren noch, vor Ihnen kann man offen reden«, fügte er hinzu und bedachte Mademoiselle des Touches mit einem durchtriebenen Blick. »Zunächst wissen die Halbwitwen, an die die jungen Leute sich wenden, weit besser zu lieben als die jungen Frauen. Ein Heranwachsender ähnelt allzu sehr einer jungen Frau, als daß eine junge Frau ihm gefallen könnte. Eine solche Leidenschaft rührt an die Fabel von Narziß[127]. Abgesehen von dieser Abneigung waltet bei ihnen die beiderseitige Unerfahrenheit ob und trennt sie. Auf diese Weise ist der Grund, der bewirkt, daß das Herz junger Frauen nur von Männern verstanden werden kann, deren Geschicklichkeit sich hinter einer wahren oder geheuchelten Leidenschaft verbirgt, derselbe, abgesehen von dem geistigen Unterschied, der eine Frau gewissen Alters in höherem Maß befähigt, einen sehr jungen Mann zu verführen: er fühlt auf wunderbare Weise, daß er bei ihr Erfolg haben wird, und die Eitelkeit der Frau fühlt sich auf genauso wunderbare Weise geschmeichelt, wenn sie verfolgt und umworben wird. Schließlich ist es nur zu natürlich, daß die Jugend sich auf die Früchte stürzt, und der Herbst der Frau bietet köstliche und sehr saftige dar. Diese zugleich kühnen und zurückhaltenden, dann und wann schmachtenden, von dem letzten Leuchten der Liebe überquellenden, warmen und weichen Blicke; diese wissende Eleganz des Worts, diese herrlichen, goldgetönten, nobel entwickelten Schultern, diese üppigen Rundungen, dieses füllige, aber nie wabernde Profil, diese mit Grübchen versehenen Hände, diese wohlgenährte Fruchtfleischhaut, diese Stirn mit der Überfülle von Gefühlen, auf der das Licht verweilt, dieses wohlgepflegte, sorglich frisierte Haar, in dem sich schmale Streifen der weißen Haut wundervoll abzeichnen, und der Hals mit den prachtvollen Falten, der herausfordernde Nacken, auf dem alle Hilfsmittel der Kunst sich entfalten, damit der Gegensatz zwischen dem Haar und der Tönung der Haut glanzvoll zur Geltung kommt, damit die ganze Anmaßung des Lebens und der Liebe deutlich betont wird: ist das alles etwa nichts? Sogar die

Brünetten nehmen dann blonde Tönungen an, die Ambrafarben der Reife. Zweitens offenbaren diese Frauen in ihrem Lächeln und entfalten in ihren Worten Weltkenntnis: sie wissen zu plaudern, sie liefern einem die ganze Welt, die ganze Gesellschaft aus, um einen zum Lächeln zu bringen, sie haben eine sublime Würde, einen sublimen Stolz, sie stoßen Verzweiflungsschreie aus, die einem die Seele spalten, Abschiedsrufe der Liebe, die sie als unnütz erscheinen zu lassen verstehen und die die Leidenschaft neu beleben; sie werden jung, indem sie die am verzweifeltsten einfachen Dinge variieren; sie lassen sich alle Augenblicke aus ihrer mit Koketterie verkündeten Hinfälligkeit wieder aufrichten, und der durch ihre Triumphe ausgelöste Rausch ist ansteckend; ihre Hingabe ist rückhaltlos: sie lauschen uns, schließlich lieben sie uns, sie bemächtigen sich der Liebe, wie der zum Tode Verurteilte sich an die winzigsten Einzelheiten des Lebens klammert, sie ähneln den Advokaten, die in ihren Fällen alle Verteidigungsmomente vorbringen, ohne das Gericht zu langweilen, sie setzen alle ihre Mittel ein, kurzum: einzig durch sie lernt man die Liebe als etwas Absolutes kennen. Ich glaube nicht, daß man sie je vergessen könnte, ebensowenig wie man etwas, das groß und erhaben ist, je vergessen kann. Eine junge Frau besitzt Tausende von Ablenkungsmöglichkeiten; jene Frauen dagegen haben keine einzige; sie haben keinen Ehrgeiz mehr, keine Eitelkeit, keine Kleinlichkeit; ihre Liebe ist die Loire an ihrer Mündung: sie ist unermeßlich, sie ist angewachsen durch alle Enttäuschungen, alle Zuflüsse des Lebens, und zwar aus folgendem Grund ... mein Mädchen ist stumm«, sagte er, als er die ekstatische Haltung der Mademoiselle des Touches wahrnahm, die nachdrücklich Calystes Hand drückte, vielleicht, um ihm zu danken, daß er der Anlaß in dieser Stunde gewesen war zu einem Lob, das so pompös war, daß sie darin keine Falle zu erblicken vermochte.

Während des Rests des Abends sprühten Claude Vignon und Félicité Geist, erzählten Anekdoten und schilderten Calyste die Pariser Welt, und Calyste verliebte sich fast in Claude, denn der Geist übt seine Verführungskräfte vor allem auf Menschen mit Herz aus.

»Es würde mich nicht wundern, wenn morgen die Marquise

de Rochefide und Conti, der sie doch zweifellos begleitet, hier landeten«, sagte Claude am Ende des abendlichen Beisammenseins. »Als ich gerade aus Le Croisic weggehen wollte, hatten die Seeleute ein kleines dänisches, schwedisches oder norwegisches Schiff gesichtet.«

Dieser Satz rötete die Wangen der unzugänglichen Camille.

In dieser Nacht wartete Madame de Guénic noch um ein Uhr morgens auf den Sohn, ohne begreifen zu können, was er auf Les Touches treibe, da Félicité ihn ja nicht liebte.

»Er stört sie doch nur«, sagte sich diese anbetenswerte Mutter. – »Was habt ihr euch denn alles zu sagen gehabt?« fragte sie ihn, als sie ihn hereinkommen sah.

»Ach, liebe Mutter, nie zuvor habe ich einen so köstlichen Abend verlebt. Genie ist etwas sehr Großes und Erhabenes! Warum hast du mich nicht mit Genie begabt? Hat man Genie, dann kann man sich unter den Frauen die auswählen, die man liebt, sie gehört einem unweigerlich.«

»Aber du bist doch schön, Calyste.«

»Schönheit ist nur bei euch Frauen am rechten Ort. Übrigens ist Claude Vignon ebenfalls schön. Geniale Männer haben leuchtende Stirnen, Augen, aus denen Blitze hervorschießen, und ich Unglücklicher kann nichts als lieben.«

»Es heißt, das genüge, mein Engel«, sagte sie und küßte ihn auf die Stirn.

»Wirklich?«

»Es ist mir gesagt worden, selber empfunden habe ich es nie.«

Nun war es bei Calyste, der Mutter fromm die Hand zu küssen.

»Ich will dich für alle lieben, die dich vergöttert hätten«, sagte er zu ihr.

»Lieber Junge! Das ist auch ein wenig deine Pflicht, da du alle meine Gefühle geerbt hast. Sei also nicht unbedacht: versuche immer nur, edle Frauen zu lieben, wenn du schon lieben mußt.«

Welcher von überströmender Liebe erfüllte junge Mensch mit zurückgedämmtem Lebensverlangen wäre nicht auf den glorreichen Gedanken gekommen, nach Le Croisic zu gehen und der Landung der Madame de Rochefide beizuwohnen, um sie inkognito mustern zu können? Calyste schuf seinen Eltern, die nichts von der Ankunft der schönen Marquise wußten, eine befremdliche Überraschung, als er früh am Morgen aufbrach, ohne auch nur zu frühstücken. Gott allein weiß, mit welcher Behendigkeit der junge Bretone ausschritt! Es war, als leiste eine unbekannte Kraft ihm Beistand, er fühlte sich unbeschwert, er schlich an den Mauern von Les Touches vorbei, um nicht gesehen zu werden. Der wunderbare Junge schämte sich seines Eifers und hatte wohl auch schreckliche Angst, ausgelacht zu werden: Félicité und Claude Vignon hatten so scharfe Augen! In solcherlei Fällen glauben junge Leute übrigens, ihre Stirnen seien durchsichtig. Er folgte den Windungen des Pfades durch das Labyrinth der Salzteiche, gelangte in die Dünen und überschritt sie wie mit einem Sprung, trotz des glühenden Sonnenscheins, der dort knisterte. Er gelangte an die durch eine Aufmauerung befestigte Steilküste, an deren Fuß sich ein Haus befindet, in dem Reisende Schutz vor Gewitter, Seewind, Regen und Sturm finden können. Es ist manchmal unmöglich, den schmalen Meeresarm zu überqueren; nicht immer sind Boote da, und während der Zeit, die es dauert, bis sie vom Hafen herangekommen sind, ist es oftmals angebracht, die Pferde, die Esel, die Waren oder das Gepäck der Reisenden unterzustellen. Von dort aus kann man das offene Meer und die Stadt Le Croisic überblicken, und von dort aus sah Calyste bald seine Boote voller Gerätschaften, Paketen, Koffern, Schlafsäcken und Kisten herankommen, deren Form und Aufschichtung die Eingeborenen dieser Gegend auf ungewöhnliche Dinge schließen ließen, solche, die nur vornehmen Reisenden gehören konnten. In einem der Boote saß eine junge Frau mit Strohhut und grünem Schleier; sie war in Begleitung eines Mannes. Ihr Boot legte als erstes an. Calyste erbebte; aber als er genauer hinschaute, erkannte er in den beiden einen Diener und eine Zofe; er wagte nicht, sie anzureden.

»Wollen Sie nach Le Croisic, Monsieur Calyste?« fragten ihn die Seeleute, die ihn kannten; er antwortete ihnen mit einem Kopfschütteln, beschämt, daß sein Name gefallen sei.

Calyste war entzückt, als er eine in geteerte Leinwand gehüllte Kiste sah, auf der zu lesen stand: ›Marquise de Rochefide‹. Für seine Augen schimmerte der Name wie ein Talisman, er spürte darin etwas Schicksalhaftes; er wußte, ohne daran zweifeln zu können, daß er diese Frau lieben werde; die kleinsten sie betreffenden Dinge beschäftigten ihn bereits, interessierten ihn und reizten seine Neugier. Warum? Wendet die Jugend in der brennenden Wüste ihres unendlichen, gegenstandslosen Begehrens nicht alle ihre Kräfte der ersten Frau zu, die sich ihr darbietet? Béatrix war die Erbin der Liebe, die Camille verschmäht hatte. Calyste sah dem Ausladen zu und richtete von Zeit zu Zeit den Blick auf Le Croisic in der Hoffnung, daß ein Boot den Hafen verlasse, zu dem kleinen Vorgebirge komme, das das Meer umtoste, und ihm die Béatrix zeige, die für seine Gedanken bereits zu dem geworden war, was Beatrice für Dante gewesen ist, ein ewiges Marmorstandbild, an dessen Händen er seine Blumen und Kränze aufhängen würde. Mit untergeschlagenen Armen stand er da, verloren in die Grübeleien der Erwartung. Es ist eine bemerkenswerte Tatsache, auf die indessen noch nie hingewiesen worden ist, daß wir häufig unsere Gefühle einem Willen unterwerfen, daß wir in hohem Maß eine Verpflichtung uns selbst gegenüber eingehen und daß wir uns unser Schicksal erschaffen: bestimmt hat der Zufall daran nicht soviel Anteil, wie wir glauben.

»Ich sehe die Pferde gar nicht«, sagte die auf einem Koffer sitzende Zofe.

»Und ich sehe keinen gebahnten, hierher führenden Weg«, sagte der Diener.

»Dabei sind schon mal Pferde hier gewesen«, sagte die Zofe und zeigte auf die Beweise dafür. »Monsieur«, wandte sie sich an Calyste, »ist dies wirklich der Weg nach Guérande?«

»Ja«, antwortete er. »Wen erwarten Sie denn?«

»Es ist uns gesagt worden, wir sollten von Les Touches abgeholt werden. Wenn es noch lange dauert, weiß ich nicht, wie die Frau Marquise sich umkleiden soll«, sagte sie zu dem Diener. »Sie sollten zu Mademoiselle des Touches gehen. Ist das eine unzivilisierte Gegend!«

Calyste empfand einen unbestimmten Argwohn, daß er hier fehl am Platze sei.

»Ihre Herrin will also nach Les Touches?« fragte er.

»Mademoiselle ist heute morgen um sieben gekommen und hat sie abgeholt«, war die Antwort. »Ach, da sind ja die Pferde ...«

Schnell und leichtfüßig wie eine Gemse eilte Calyste nach Guérande zurück und schlug dabei einen Haken wie ein Hase, um nicht von den Leuten aus Les Touches erkannt zu werden; aber er begegnete ihrer zweien auf dem schmalen Weg zwischen den Salzteichen, den er hatte einschlagen müssen. »Soll ich hineingehen, soll ich es nicht tun?« dachte er, als er die Kiefern von Les Touches auftauchen sah. Er scheute sich; er kehrte beschämt und zerknirscht nach Guérande zurück und ging auf der Mailbahn spazieren, wo er mit seinen Überlegungen fortfuhr. Es durchbebte ihn, als er Les Touches sah; er schaute zu den Wetterfahnen hinüber. »Sie ahnt nicht, wie aufgewühlt ich bin«, sagte er sich. Seine launischen Gedanken waren wie Enterhaken, die sich in sein Herz eingruben und die Marquise daran fesselten. Solcherlei vorweggenommene Bangnisse und Freuden hatte Calyste nicht empfunden, als es um Camille gegangen war; ihr war er zu Pferde begegnet, und sein Begehren war erwacht wie beim Anblick einer schönen Blume, die er hätte pflücken mögen. Dergleichen Ungewißheiten schaffen in schüchternen Seelen etwas wie Dichtungen. Erhitzt von den ersten Flammen der Phantasie wallen solche Seelen auf, erlodern, beruhigen, beleben sich abwechselnd und gelangen in Stille und Einsamkeit zum höchsten Grad der Liebe, noch ehe sie dem Gegenstand von solcherlei Bemühungen nahegekommen sind. Von weitem erblickte Calyste auf der Mailbahn den Chevalier du Halga, der mit Mademoiselle de Pen-Hoël spazierenging; er hörte, wie sein Name erwähnt wurde, und versteckte sich. Der Chevalier und die alte Dame glaubten sich allein auf dem Promenadenweg und sprachen laut.

»Da Charlotte de Kergarouët ohnehin kommt«, sagte der Chevalier, »behalten Sie sie am besten drei bis vier Monate hier. Wie sollte sie sich sonst Calyste gegenüber kokett bezeigen können? Sie ist bislang niemals lange genug geblieben, um ihn für sich einzunehmen; wenn die beiden Kinder einander jedoch täglich sehen, müssen sie schließlich füreinander in schöner Leidenschaft entbrennen, und dann können Sie sie im nächsten Winter verheiraten. Wenn Sie über Ihre Absichten zu Charlotte zwei Worte sagen, wird sie rasch Calyste vier zu sagen haben, und ein sechzehnjähriges Mädchen wird sicherlich eine Frau von vierzig und einigen Jahren ausstechen.«

Die beiden alten Leute machten kehrt und gingen zurück; Calyste hörte nichts mehr, aber er hatte verstanden, was Mademoiselle de Pen-Hoël plante. In seiner seelischen Lage konnte nichts verhängnisvoller sein. Kann ein junger Mensch inmitten der Hoffnungen einer vorgefaßten Liebe ein Mädchen als Frau willkommen heißen, das ihm aufgezwungen worden ist? Calyste, dem Charlotte de Kergarouët gleichgültig war, fühlte sich geneigt, sie vor den Kopf zu stoßen. Für das Vermögen betreffende Erwägungen war er unzugänglich; seit seiner Kindheit war er das dürftigste Leben in seinem Vaterhaus gewohnt gewesen, und außerdem ahnte er nichts von Mademoiselle de Pen-Hoëls Reichtum, da er sie ein genauso erbärmliches Leben hatte führen sehen wie die du Guénic. Kurzum, ein junger Mensch, der erzogen worden war wie Calyste, mußte einzig Gefühlen Wert beimessen, und seine Gedanken gehörten ganz und gar der Marquise. Was war gegenüber dem Bildnis, das ihm Camille entworfen hatte, die kleine Charlotte? Eine Kindheitsgefährtin, die er behandelt hatte wie eine Schwester. Erst gegen fünf Uhr war er wieder daheim. Als er ins Zimmer trat, reichte die Mutter ihm mit traurigem Lächeln einen Brief von Mademoiselle des Touches.

»Mein lieber Calyste, die schöne Marquise de Rochefide ist gekommen, wir rechnen mit Ihnen für die Feier ihrer Ankunft. Claude, der ewige Spötter, behauptet, Sie würden ›Bice‹[128] sein, und sie ›Dante‹. Es geziemt sich für die Ehre der Bretagne und der du Guénic, eine Casteran würdig zu empfangen. Auf bald also.

Ihr Freund
Camille Maupin

Kommen Sie ganz zwanglos, so, wie Sie sind; sonst machen wir uns lächerlich.«

Calyste zeigte seiner Mutter den Brief und ging.

»Wer sind die Casterans?« fragte sie den Baron.

»Eine alte normannische Familie, mit Wilhelm dem Eroberer verschwägert. Ihr Wappen ist durch Querbalken gedrittelt, auf azurenem, rotem und schwarzem Grund ein springendes Silberpferd mit goldenen Eisen. Das schöne Geschöpf, um dessentwillen Le Gars im Jahre 1800 im Zweikampf gefallen ist, war die

Tochter einer Casteran; sie ist in Séez Nonne geworden und später Äbtissin, als der Herzog von Verneuil sie verlassen hatte.«

»Und die Rochefides?«

»Den Namen kenne ich nicht; ich müßte ihr Wappen sehen«, sagte er.

Die Besorgnisse der Baronin legten sich ein wenig, als sie vernahm, daß die Marquise Béatrix de Rochefide einem alten Geschlecht angehörte; aber sie empfand nach wie vor eine Art Entsetzen im Wissen, daß ihr Sohn neuen Verführungskünsten ausgesetzt sei.

Calyste empfand unterwegs zugleich heftige und sehnsüchtige Regungen; die Kehle war ihm zugeschnürt, das Herz geschwellt, das Hirn verwirrt; Fieber verzehrte ihn. Er wollte seinen Schritt verlangsamen, doch stets beschleunigte ihn eine höhere Gewalt. Dieses Ungestüm der durch eine vage Hoffnung gereizten Sinne haben alle jungen Menschen durchlebt: in ihrem Innern flammt ein subtiles Feuer und erschafft um sie einen leuchtenden Strahlenglanz, der wie der um die geweihten Gestalten auf frommen Bildern gemalte Heiligenschein ist, und durch ihn hindurch sehen sie die Natur in Gluten und die Frau als etwas Strahlendes. Sind sie dann nicht wie die Heiligen, erfüllt von Glauben, von Hoffnung, von Glut, von Reinheit? Der junge Bretone fand die Gesellschaft in dem kleinen Salon von Camilles Behausung versammelt. Es war jetzt gegen sechs Uhr: die sinkende Sonne verbreitete durch das Fenster ihre rötlichen, sich in den Bäumen brechenden Farbtöne; die Luft war still, im Salon herrschte das Halbdunkel, das die Frauen so sehr lieben.

»Da kommt der Abgesandte der Bretagne«, sagte Camille Maupin lächelnd zu ihrer Freundin und deutete auf Calyste, als dieser die Gobelin-Portiere zurückschlug, »er ist pünktlich wie ein König.«

»Sie haben ihn am Schritt erkannt«, sagte Claude Vignon zu Mademoiselle des Touches.

Calyste verneigte sich vor der Marquise, die ihn durch ein Neigen des Kopfes begrüßte; er hatte sie nicht angeschaut; er nahm die Hand, die Claude Vignon ihm hinstreckte, und drückte sie…

»Dies ist der große Mann, von dem wir Ihnen so viel erzählt

haben, Gennaro Conti«, sagte Camille zu ihm, ohne Vignon zu antworten.

Sie zeigte Calyste einen mittelgroßen, schlanken, schmächtigen Herrn mit kastanienbraunem Haar, fast roten Augen, blaßfarbenem Gesicht mit Sommersprossen, dessen Kopf völlig dem bekannten Lord Byrons glich, so daß seine Schilderung sich erübrigen dürfte; aber vielleicht trug er ihn besser. Conti war auf diese Ähnlichkeit ziemlich stolz.

»Ich bin entzückt, an dem einen Tag, den ich auf Les Touches verweile, dem Herrn zu begegnen«, sagte Gennaro.

»Es wäre an mir gewesen, Ihnen das zu sagen«, entgegnete Calyste ziemlich ungezwungen.

»Er ist schön wie ein Engel«, sagte die Marquise zu Félicité.

Da Calyste zwischen dem Diwan und den beiden Damen stand, hatte er diese Bemerkung von ungefähr gehört, obwohl sie geflüstert worden war. Er nahm in einem Sessel Platz und richtete ein paar verstohlene Blicke auf die Marquise. Im sanften Licht des sinkenden Tags gewahrte er jetzt, auf den Diwan hingegossen, als habe ein Bildhauer sie als Modell dorthin gelegt, eine weiße, schlangenhafte Gestalt, die ihn in bewunderndes Staunen versetzte. Ohne ihr Wissen hatte Félicité der Freundin durch ihre Schilderung einen guten Dienst erwiesen. Béatrix war dem wenig schmeichelhaften Porträt überlegen, das Camille tags zuvor von ihr entworfen hatte. Hatte Béatrix nicht ein wenig um des Gastes willen in ihr königliches Haar kleine Büschel von Kornblumen gesteckt, die den blassen Ton ihrer krausen Locken noch mehr zur Geltung brachten, ihrer Locken, die so gelegt waren, daß sie ihr Gesicht gleichsam begleiteten, indem sie an den Wangen herniederfielen? Die Umgebung ihrer Augen, die durch die Erschöpfung umschattet waren, mutete an wie reinstes, schillerndes Perlmutter, und ihr Teint hatte den Glanz ihrer Augen. Unter der weißen Haut, die fein war wie das seidige Häutchen eines Eis, funkelte das Leben in bläulichem Blut. Die Zartheit der Züge war unerhört. Die Stirn schien durchsichtig zu sein. Dieser liebliche, sanfte Kopf saß wundervoll auf einem langen Hals von köstlicher Zeichnung und lieh sich den unterschiedlichsten Ausdrücken. Die Taille war mit den Händen zu umspannen und war von entzückender Biegsamkeit. Die nackten

Schultern schimmerten im Dunkel wie eine weiße Kamelie in schwarzem Haar. Die geschickt dargebotene, aber mit einem hellen Halstuch bedeckte Brust ließ zwei Konturen von erlesener Mutwilligkeit sehen. Das weiße Musselinkleid war mit blauen Blumen besät; die weiten Ärmel, das spitz zulaufende Oberteil ohne Gürtel, die geschnürten Halbstiefel über Strümpfen aus Fil d'Ecosse sprachen von einem bewundernswerten Wissen um Toilettedinge. Zwei Ohrgehänge aus Silberfiligran, Wunderwerke der Genueser Goldschmiedekunst, die wahrscheinlich Mode werden würde, harmonierten auf das vollkommenste mit der köstlichen Weichheit des blonden, von den Kornblumen durchsternten Haars. Mit einem einzigen Blick erfaßte Calystes gieriges Auge all dies Schöne und prägte es seiner Seele ein. Die blonde Béatrix und die braune Félicité hätten an die bei englischen Kupferstechern und Zeichnern so beliebten Kontraste in Keepsake[129]-Illustrationen erinnern können. Es waren die Kraft und die Schwäche der Frau in allen ihren Entwicklungsformen, eine vollkommene Antithese. Diese beiden Frauen konnten niemals Rivalinnen sein; sie hatten jede ihr eigenes Reich. Ein zartes Immergrün oder eine Lilie stand neben einer prunkenden roten Mohnblüte, ein Türkis lag neben einem Rubin. Im Nu wurde Calyste von einer Liebe gepackt, die das heimliche Werk seiner Hoffnungen, seiner Ängste, seiner Ungewißheiten krönte. Mademoiselle des Touches hatte seine Sinne erweckt, Béatrix entflammte ihm Herz und Geist. Der junge Bretone spürte, wie sich in seinem Innern eine siegerische, nichts achtende Kraft erhob. Daher warf er auf Conti einen neidvollen, hassenden, düsteren und furchtsamen Blick der Nebenbuhlerschaft, die er gegen Claude Vignon nie empfunden hatte. Calyste bedurfte seiner ganzen Willenskraft, um sich zu beherrschen, und dabei dachte er nichtsdestoweniger, daß die Türken recht hätten, wenn sie ihre Frauen einschlössen, und daß es schönen Geschöpfen verboten sein müsse, sich jungen, liebeglühenden Leuten in ihrer aufreizenden Koketterie zu zeigen. Dieser wüste Orkan besänftigte sich, als Béatrix ihre schönen Augen auf ihn niedergesenkt hatte und als ihre sanfte Stimme erklang; schon fürchtete der arme Junge sie wie Gott. Es wurde zum Abendessen geschellt.

»Calyste, reichen Sie der Marquise den Arm«, sagte Mademoiselle des Touches, nahm Conti an ihre rechte, Vignon an ihre linke Seite und trat mit ihnen beiseite, um dem jungen Paar den Vortritt zu lassen.

Auf diese Weise die alte Treppe von Les Touches hinabzusteigen, war für Calyste wie eine erste Schlacht: sein Herz setzte aus, er fand nichts zu sagen, leichter Schweiß perlte auf seiner Stirn und feuchtete ihm den Rücken; sein Arm zitterte so stark, daß die Marquise ihn auf der letzten Stufe fragte: »Was ist Ihnen?«

»Ach«, antwortete er mit erstickter Stimme, »in meinem Leben habe ich keine so schöne Frau wie Sie gesehen, meine Mutter ausgenommen, und ich bin nicht Herr meiner Regungen.«

»Haben Sie nicht Camille Maupin hier?«

»Oh, ist das ein Unterschied!« sagte Calyste naiv.

»Gut, Calyste«, flüsterte Félicité ihm zu, »ich hatte Ihnen ja gesagt, Sie würden mich vergessen, als hätte ich nie existiert. Setzen Sie sich dorthin, neben sie, zu ihrer Rechten, und Vignon links von ihr. Dich, Gennaro, behalte ich für mich«, fügte sie lachend hinzu, »wir überwachen ihre Koketterien.«

Der eigenartige Ton, den Camille diesem Worte lieh, machte Claude betroffen; er warf ihr den hinterhältigen und gewissermaßen zerstreuten Blick zu, durch den offenbar wurde, daß er jetzt beobachten werde. Während des ganzen Essens ließ er Mademoiselle des Touches nicht aus den Augen.

»Koketterien«, antwortete die Marquise, streifte die Handschuhe ab und ließ ihre herrlichen Hände sehen, »dazu besteht Grund. Auf der einen Seite habe ich einen Poeten«, sagte sie und deutete auf Claude, »und auf der anderen die Poesie.«

Gennaro Conti bedachte Calyste mit einem schmeichelhaften Blick. Bei künstlicher Beleuchtung wirkte Béatrix noch schöner als zuvor. Der weiße Schein der Kerzen schuf auf ihrer Stirn Atlasglanz, ließ in ihren Gazellenaugen Pailletten aufschimmern und glitt durch ihre seidigen Locken, wobei er sie aufleuchten und einige Goldfäden blinken ließ. Mit einer anmutigen Geste warf sie den Gazeschal zurück und entblößte den Hals. Da nahm Calyste einen zarten, milchweißen Nacken wahr; eine kräftige Furche höhlte ihn, die sich mit sanfter, täuschender Symmetrie in zwei verlorene Wellen nach jeder Schulter hin verlor. Diese sichtbaren Veränderungen, wie die Frauen sie sich gestatten, rufen in der Gesellschaft, wo jeder Blick übersättigt ist, nur geringe Wirkung hervor; aber in unberührten Seelen wie der Calystes richten sie grausame Verheerungen an. Dieser Hals, der so ganz anders war als der Camilles, kündete bei Béatrix einen völlig anderen Charakter an. An ihm waren Ahnenstolz und eine dem Adel eigentümliche Zähigkeit zu erkennen, und zugleich etwas irgendwie Hartes in der doppelten Bindung, das vielleicht die letzte Spur der Kraft der ehemaligen Eroberer ist.

Calyste hatte tausend Qualen auszustehen, um den Anschein zu erwecken, daß er esse; er verspürte nervöse Erregungen, die ihm den Hunger nahmen. Wie es allen jungen Leuten geschieht, wurde sein Inneres von den Krämpfen geschüttelt, die der ersten Liebe vorangehen und sie so tief in die Seele graben. In diesem Alter führt die Glut des Herzens, die von moralischer Glut im Zaum gehalten wird, einen inneren Kampf, der das lange, achtungsvolle Zögern erklärt, die tiefen Bedenken der Zärtlichkeit, das Fehlen jeder Berechnung; das alles macht junge Menschen, deren Herz und Leben rein sind, so besonders anziehend. Während Calyste, wenngleich verstohlen, um nicht den Argwohn des eifersüchtigen Gennaro zu erwecken, sich eingehend mit den Einzelheiten befaßte, die die Marquise de Rochefide auf eine so adlige Weise schön machen, wurde er nur zu bald durch die Majestät der geliebten Frau bedrückt: er fühlte sich klein durch das Hochmütige gewisser Blicke, durch die imposante Haltung des Gesichts, das von aristokratischen Gefühlen überströmte, durch einen gewissen Stolz, den die Frauen durch leichte Bewegungen zum Ausdruck bringen, durch ein Neigen des Kopfes, durch wundervolle Langsamkeit der Gesten: das alles ist weniger plastisch, weniger einstudiert, als man glauben sollte. Diese niedlichen Einzelheiten ihrer sich wandelnden Züge entsprechen den Zärtlichkeiten, den tausendfachen Regungen ihrer Seelen. In all diesen Abschattungen des Ausdrucks liegt Gefühl. Die schiefe Situation, in der Béatrix sich befand, erforderte, daß sie über sich wachte, daß sie sich imposant gab, ohne dadurch lächerlich zu wirken; und die Damen der großen Welt wissen samt und sonders dies Ziel zu erreichen, die Klippe der gewöhnlichen Frauen. Aus den Blicken Félicités erriet Béatrix die stumme Anbetung, die sie ihrem Tischnachbarn einflößte, und daß es ihrer unwürdig sei, sie zu ermutigen; deshalb warf sie Calyste zu gegebener Zeit einen oder zwei tadelnde Blicke zu, die auf ihn niederfielen wie Schneelawinen. Der arme Kerl beklagte sich bei Mademoiselle des Touches durch einen Blick, aus dem sich die mit übermenschlicher Energie im Herzen zurückgehaltenen Tränen erraten ließen, und Félicité fragte ihn freundlich, warum er denn nicht esse. Calyste stopfte sich also auf Befehl voll und tat, als nehme er an der Unterhaltung teil. Der unerträgliche Gedanke, lästig zu sein, anstatt zu gefallen, zerhämmerte sein Gehirn. Er wurde um so beklommener, als er hinter dem Stuhl der Marquise den Diener gewahrte, den er am Morgen auf der Mole gesehen hatte und der ganz sicher von seiner Neugier reden würde. Mochte er nun zerknirscht oder glücklich sein: Madame de Rochefide beachtete ihren Nachbarn nicht. Mademoiselle des Touches hatte sie auf ihre Italienreise übergeleitet, und nun erzählte sie geistvoll von der unumwundenen Leidenschaft, mit der sie in Florenz ein russischer Diplomat beehrt hatte, wobei sie sich über die jungen Stutzer lustig machte, die sich auf die Frauen stürzen wie die Heuschrecken auf frisches Grün. Sie brachte Claude Vignon, Gennaro und sogar Félicité zum Lachen, obgleich diese spöttischen Anspielungen Calyste ins Herz drangen, der durch das Gesumm hindurch, das in seinen Ohren und seinem Gehirn widerhallte, nichts als Worte vernahm. Der arme Junge schwor sich innerlich nicht, wie gewisse Starrköpfe, diese Frau um jeden Preis zu erobern; nein, in ihm war kein Zorn, er litt. Als er bei Béatrix eine Absicht verspürte, ihn als Opfer Gennaro vor die Füße zu werfen, sagte er sich: »Dann bin ich ihr doch wenigstens zu etwas dienlich!« und ließ sich mit Lammsgeduld mißhandeln.

»Sie, die Sie die Poesie so sehr bewundern«, sagte Claude Vignon zur Marquise, »wie kommt es, daß Sie sie so übel bewillkommnen? Ist solch eine naive Bewunderung, die in ihrem Ausdruck so hübsch ist, ganz ohne Hintergedanken und so hingebungsvoll, nicht die Poesie des Herzens? Gestehen Sie es nur, es hinterläßt Ihnen ein Gefühl der Freude und des Wohlbehagens.«

»Freilich«, sagte sie; »aber wir wären sehr unglücklich und vor allem sehr würdelos, wenn wir allen Leidenschaften nachgäben, die wir einflößen.«

»Wenn Sie nicht eine Auswahl träfen«, sagte Conti, »wären wir nicht so stolz, geliebt zu werden.«

»Wann werde ich wohl von einer Frau auserwählt und ausgezeichnet?« fragte sich Calyste, der nur mühsam eine grausame Regung unterdrückte. Er war wie ein Kranker, dessen Wunde versehentlich mit dem Finger berührt wird. Mademoiselle des Touches war tief betroffen über den Ausdruck, der sich auf Calystes Gesicht abzeichnete; sie versuchte, ihn durch einen Blick voller Sympathie zu trösten. Diesen Blick erhaschte Claude Vignon. Von diesem Augenblick an überkam den Schriftsteller eine Heiterkeit, die er in Sarkasmen äußerte: er behauptete Béatrix gegenüber, die Liebe bestehe lediglich im Begehren; die meisten Frauen täuschten sich, wenn sie liebten; sie liebten aus Gründen, die den Männern und ihnen selber nur zu häufig unbekannt seien; manchmal wollten sie sich täuschen; und die edelste unter ihnen sei immer noch eine Arglistige.

»Halten Sie sich an die Bücher, kritisieren Sie nicht unsere Gefühle«, sagte Camille und warf ihm einen gebieterischen Blick zu.

Das Abendessen war nicht länger fröhlich. Claude Vignons Spöttereien hatten die beiden Damen nachdenklich gemacht. Inmitten des Glücks, das ihm Béatrix' Anblick bereitete, verspürte Calyste einen grausigen Schmerz. Conti trachtete, in den Augen der Marquise deren Gedanken zu erraten. Nach dem Essen nahm Mademoiselle des Touches Calystes Arm, überließ die beiden anderen Herren der Marquise und ließ sie vorangehen, damit sie zu dem jungen Bretonen sagen konnte: »Lieber Junge, wenn die Marquise Sie liebt, wird sie Conti zum Fenster hinauswerfen; aber Sie benehmen sich augenblicklich so, daß Sie die Bande der beiden aufs neue knüpfen. Auch wenn sie von Ihrer Anbetung entzückt sein sollte: darf sie sie dann beachten? Nehmen Sie sich zusammen.«

»Sie ist hart zu mir gewesen, nie wird sie mich lieben«, sagte Calyste, »und wenn sie mich nicht liebt, dann sterbe ich daran.«

»Sterben . . .? Sie?« fragte Camille. »Mein lieber Calyste, Sie sind ein Kind. Um meinetwillen wären Sie also nicht gestorben?«

»Sie haben sich zu meiner Freundin gemacht«, antwortete er.

Nach dem Geplauder, das der Kaffee stets zuwege bringt, bat

Vignon Conti, etwas zu singen. Mademoiselle des Touches setzte sich an den Flügel. Camille und Gennaro sangen das ›Dunque il mio bene tu mia sarai‹, das Schlußduett aus ›Romeo und Julia‹ von Zingarelli[130], eins der pathetischsten Stücke der modernen Musik. Die Stelle ›Di tanti palpiti‹ drückt die Liebe in ihrer ganzen Großartigkeit aus. Calyste saß in dem Sessel, in dem Félicité ihm die Geschichte der Marquise erzählt hatte, und hörte mit frommer Andacht zu. Béatrix und Vignon saßen zu beiden Seiten des Flügels. Contis wundervolle Stimme vermählte sich mit der Stimme Félicités. Beide hatten das Duett oftmals gesungen, wußten um dessen Ursprünge und verstanden sich wunderbar darauf, sie zur Geltung zu bringen. Es wurde in diesen Minuten das, was der Musiker hatte schaffen wollen, ein Gedicht voll göttlicher Melancholie, der Abschiedsgruß zweier Schwäne an das Leben. Als das Duett zu Ende war, war jeder in Empfindungen befangen, die nicht durch vulgäres Beifallsklatschen ausgedrückt werden.

»Ach, die Musik ist die höchste der Künste!« rief die Marquise.

»Camille stellt die Jugend und die Schönheit voran, das höchste unter allem, was poetisch ist«, sagte Claude Vignon.

Mademoiselle des Touches blickte Claude an und verbarg eine vage Beunruhigung. Béatrix, die Calyste nicht sehen konnte, wandte den Kopf; sie wollte wissen, welche Wirkungen diese Musik in ihm gezeigt hatte, weniger aus Interesse an ihm, als damit Conti eine Genugtuung erfahre: sie gewahrte in der Fensternische ein bleiches, von dicken Tränen bedecktes Antlitz. Als habe ein jäher Schmerz sie durchzuckt, wandte sie bei diesem Anblick rasch den Kopf und schaute Gennaro an. Nicht nur, daß die Musik an sich vor Calyste erstanden war und ihn mit ihrem göttlichen Zauberstab angerührt, ihn in das Schöpfertum eingeweiht und für ihn die Schleier gelüftet hatte: überdies war er durch Contis geniale Begabung zu Boden geschmettert worden. Trotz allem, was ihm Camille Maupin über dessen Charakter gesagt hatte, glaubte er jetzt an eine schöne Seele, an ein Herz voller Liebe. Wie sollte er gegen solch einen Künstler ankämpfen? Wie sollte eine Frau ihn nicht ewig vergöttern? Dieser Gesang drang einem in die Seele wie eine andere Seele. Der arme Junge war gleichermaßen von der Poesie und von der Verzweiflung übermannt: er kam sich so gering vor! Diese unschuldige Selbstbeschuldigung seiner Nichtigkeit wegen war ihm, untermischt mit seiner Bewunderung, anzusehen. Er wurde sich nicht der Geste Béatrix' bewußt, die durch das Ansteckende echter Gefühle zu Calyste hingezogen wurde und Mademoiselle des Touches durch ein Zeichen auf ihn hinwies.

»Ach, dies anbetenswerte Herz!« sagte Félicité. »Conti, Sie werden niemals Beifall erringen, der der Huldigung durch diesen Jungen gleichkäme. Wir wollen noch ein Terzett singen. Béatrix, Liebste, kommen Sie?«

Als die Marquise, Camille und Conti an den Flügel gingen, stand Calyste, ohne daß sie es merkten, leise auf, warf sich auf eins der Sofas im Schlafzimmer, dessen Tür offengestanden hatte, und versenkte sich dort in seine Verzweiflung.

ZWEITER TEIL

DAS DRAMA

Le Drame

Was haben Sie, lieber Junge?« fragte ihn Claude, der sich zu Calyste hingeschlichen hatte, und nahm ihn bei der Hand. »Sie lieben, Sie glauben sich nicht gewürdigt; aber dem ist nicht so. In ein paar Tagen haben Sie hier freies Feld, dann sind Sie der Herrscher, mehr als eine liebt sie dann; kurzum: wenn Sie es fertigbringen, sich richtig zu verhalten, könnnen Sie hier leben wie ein Sultan.«

»Was sagen Sie da?« rief Calyste, sprang auf, streckte die Hand aus und zog Claude in die Bibliothek. »Wer liebt mich hier?«

»Camille«, antwortete Claude.

»Camille, und mich lieben?« fragte Calyste. »Und Sie?«

»Ich«, antwortete Claude, »ich . . .« Er sprach nicht zu Ende. Er setzte sich und lehnte den Kopf in tiefer Melancholie an ein Kissen. – »Ich bin des Lebens satt und habe nicht den Mut, es wegzuwerfen«, sagte er nach einer Weile des Schweigens. »Ich wollte, ich hätte mich bei dem, was ich Ihnen eben gesagt habe, getäuscht; aber seit ein paar Tagen ist meiner Seele vielerlei über sie klargeworden. Ich bin nicht aus purem Vergnügen zwischen den Felsen von Le Croisic umhergewandert. Meine bitteren Worte, als ich Sie bei der Rückkehr im Gespräch mit Camille antraf, entsprangen meiner verletzten Eigenliebe. Es wird nur zu bald zu einer Auseinandersetzung mit Camille kommen. Zwei so hellsichtige Geister wie der ihre und der meine können einander schwerlich etwas vormachen. Ein Kampf zwischen Berufsfechtern ist nicht von langer Dauer. Daher kann ich Ihnen schon jetzt ankündigen, daß ich abreise. Ja, ich kehre Les Touches den Rükken, vielleicht schon morgen, mit Conti. Sicherlich ereignen sich hier, wenn wir nicht mehr da sind, seltsame, vielleicht gar schreckliche Dinge, und dann bedaure ich, daß ich dem Wortstreit der Leidenschaften nicht beiwohnen konnte; so etwas ist in Frankreich so selten und so dramatisch. Sie sind recht jung für einen so gefährlichen Kampf: Sie interessieren mich. Ohne den tiefen Ekel, den mir die Frauen einflößen, würde ich hierbleiben und Ihnen diese Partie spielen helfen: sie ist schwierig, Sie könnten sie verlieren, Sie haben es mit zwei außergewöhnlichen Frauen zu tun, und Sie sind bereits zu verliebt in die eine, als daß Sie sich der anderen bedienen könnten. Béatrix dürfte in ihrem Charakter etwas Halsstarriges haben, und Camille hat Seelengröße. Vielleicht werden Sie als etwas Zerbrechliches und Zartes von den Stürmen der Leidenschaft weggerissen und zerschellen zwischen diesen beiden Klippen. Seien Sie auf der Hut.«

Calystes Verblüffung beim Vernehmen all dieser Worte ermöglichte es Claude Vignon, sie zu sagen und den jungen Bretonen zu verlassen; nun stand er da wie ein Alpenwanderer, dem ein Führer die Tiefe eines Abgrunds mittels eines hineingeworfenen Steins klargemacht hat. Aus Claudes eigenem Mund zu erfahren, er, Calyste, werde von Camille geliebt, und es in dem Augenblick zu erfahren, da er fühlte, daß er sein Leben lang Béatrix lieben werde! Diese Lage stellte eine Belastung dar, die allzu schwer für eine junge, naive Seele war. Unter dem Druck einer unermeßlichen Sehnsucht, die ihn zuvor bedrängt, die jetzt durch seine schwierige Lage zwischen Béatrix, die er liebte, und Camille, die er nicht mehr liebte und von der Claude gesagt hatte, sie liebe ihn, abgetötet worden war, geriet der arme Junge in Verzweiflung und stand unentschlossen und seinen Gedanken preisgegeben da. Vergebens suchte er nach den Gründen, die Félicité vielleicht dazu getrieben hatten, seine Liebe zurückzuweisen, nach Paris zu eilen und von dort Claude Vignon herzuholen. Bisweilen klang Béatrix' Stimme rein und frisch in seinen Ohren nach und löste in ihm die heftigen Empfindungen aus, denen er hatte entgehen wollen, als er den kleinen Salon verließ. Mehrmals hatte er sich kaum imstande gefühlt, eine wilde Lust zu unterdrücken, sie zu packen und zu entführen. Was sollte aus ihm werden? Konnte er je wieder nach Les Touches zurückkehren?

Wie konnte er künftig, im Wissen, von Camille geliebt zu werden, dort Béatrix vergöttern? Er gewahrte keinen Ausweg aus diesen Schwierigkeiten. Unmerklich breitete sich Stille über das Haus. Ohne darauf zu achten, hörte er das Geräusch mehrerer Türen, die geschlossen wurden. Dann plötzlich zählte er die zwölf Mitternachtsschläge der Stutzuhr im Schlafzimmer nebenan, von wo aus Camilles und Claudes Stimmen ihn aus dem betäubenden Grübeln über seine Zukunft weckten und von wo aus ein Lichtstrahl die Finsternis durchschimmerte. Noch ehe er sich zeigte, konnte er furchtbare Worte anhören, die Vignon hervorstieß.

»Als Sie nach Paris kamen, waren Sie über beide Ohren in Calyste verliebt«, sagte er zu Félicité; »aber Sie hatten Angst vor den Folgen einer solchen Leidenschaft in Ihrem Alter; sie führte Sie in einen Abgrund, in eine Hölle, vielleicht zum Selbstmord! Liebe kann nur bestehen, wenn sie sich ewig glaubt, und Sie waren sich bewußt, daß auf Ihrem Lebensweg schon nach ein paar Schritten eine grausige Trennung erfolgen müsse: Ekel und Alter würden einem erhabenen Gedicht ein rasches Ende bereiten. Sie haben an ›Adolphe‹[131] denken müssen, an die schreckliche Lösung des Liebesbundes zwischen Madame de Staël und Benjamin Constant; und dabei haben die beiden altersmäßig weit besser zueinander gepaßt als Sie und Calyste. Da haben Sie dann mich genommen, wie man Faschinen[132] zur Errichtung eines Schanzwerks zwischen den Feinden und sich selbst nimmt. Aber wenn Sie mich dazu bringen wollten, daß ich Les Touches liebgewönne: geschah das nicht etwa, weil Sie dort Ihre Tage in heimlicher Anbetung Ihres Gottes verbringen wollten? Zur Durchführung Ihres zugleich erbärmlichen und erhabenen Plans mußten Sie einen gewöhnlichen Mann suchen, oder aber einen, der so sehr in hohe Gedanken verstrickt war, daß er leicht getäuscht werden konnte. Sie haben mich für unkompliziert gehalten, für jemanden, der sich leicht mißbrauchen läßt wie ein Genie. Dem Anschein nach bin ich lediglich ein Mann von Verstand: ich habe Sie durchschaut. Als ich gestern vor Ihnen das Lob der Frauen Ihres Alters anstimmte und Ihnen auseinandersetzte, warum Calyste Sie liebe: glauben Sie etwa, ich hätte angenommen, Ihre entzückten, glänzenden, bezauberten Blicke hätten *mir* gegolten? Hatte ich nicht bereits in Ihrer Seele gelesen? Zwar waren Ihre Augen auf mich gerichtet, aber Ihr Herz schlug für Calyste. Sie sind niemals geliebt worden, Sie arme Maupin, und Sie werden nie geliebt werden, nun Sie die schöne Frucht zurückgewiesen haben, die der Zufall Ihnen an den Toren der Hölle der Frauen dargeboten hat, den Toren, die auf das Kennwort ›Fünfzig‹ hin sich in den Angeln drehen!«

»Warum hat die Liebe mich denn geflohen?« fragte sie mit veränderter Stimme. »Sie, der Sie alles wissen, sagen Sie es mir . . .!«

»Weil Sie nicht liebenswert sind«, entgegnete er, »Sie beugen sich der Liebe nicht; die Liebe soll sich vor Ihnen beugen. Sie könnten sich vielleicht den Bosheiten und der belebenden Munterkeit junger Knaben überlassen; aber in Ihrem Herzen ist nichts Kindhaftes und in Ihrem Geist zuviel Tiefe; Sie sind nie naiv gewesen, und Sie werden schwerlich heute damit anfangen, es zu sein. Ihre Anmut entstammt dem Mysterium, sie ist abstrakt und nicht aktiv. Und schließlich hält Ihre Kraft die Starken Ihnen fern; sie sehen einen Kampf voraus. Ihre Macht kann jungen Seelen gefallen, die, wie Calystes Seele, gern Schutz genießen wollen; aber auf die Dauer macht sie müde. Sie sind groß und erhaben: ertragen Sie also die Nachteile dieser beiden guten, aber langweilenden Eigenschaften.«

»Was für ein Urteil!« rief Camille. »Kann ich denn nicht Frau sein, bin ich eine Mißgeburt?«

»Vielleicht«, sagte Claude.

»Das werden wir sehen«, rief die ins Innerste getroffene Frau.

»Adieu, Beste; ich reise morgen ab. Ich bin Ihnen nicht böse, Camille: ich halte Sie für die Größte aller Frauen; aber wenn ich fortführe, Ihnen als spanische Wand oder als Kaminschirm zu dienen«, sagte Claude und betonte diese beiden Wörter bewußt, »dann würden Sie mich außerordentlich verachten. Wir können ohne Kummer und Gewissensbisse voneinander Abschied nehmen: wir brauchen weder einem Glück noch verwirkten Hoffnungen nachzutrauern. Für Sie wie für ein paar der unendlich seltenen genialen Männer ist die Liebe nicht das, wozu die Natur sie geschaffen hat: ein gebieterisches Bedürfnis, dessen Stillung mit einem heftigen, aber vorübergehenden Lustgefühl verbunden ist und das dann erstirbt; Sie sehen all das, was das Christentum daraus gemacht hat: ein ideales Königreich voll edler Gefühle, großer Nichtigkeiten, dichterischer Gebilde, geistiger Sensationen, zauberbegabter Harmonien, und hoch erhaben über allen vulgären Plumpheiten, ein Gefilde, in das zwei in einen einzigen Engel verwandelte Geschöpfe eingehen, von den Flügeln der Lust emporgetragen. Eben das hatte ich erhofft; ich glaubte, einen der Schlüssel zu erlangen, die uns die Pforte auftun, die für so viele Menschen verschlossen ist und durch die man sich ins Unendliche aufschwingt. Sie selber waren schon darin! Auf diese Weise haben Sie mich getäuscht. Ich kehre ins Elend zurück, in mein weitläufiges Gefängnis Paris. Am Anfang meiner Laufbahn hätte eine solche Täuschung völlig hingereicht, um mich die Frauen fliehen zu lassen: heute erlegt sie meiner Seele eine Ernüchterung auf, die mich für immer einer schauerlichen Einsamkeit anheimfallen läßt; ich werde darin ohne den Glauben sein, der den Einsiedlern half, sie mit heiligen Bildern zu bevölkern. Dahin, meine liebe Camille, führt uns geistige Überlegenheit: wir können beide den schrecklichen Hymnus singen, den ein Dichter dem mit Gott sprechenden Moses in den Mund gelegt hat:

Du schufest mich, o Herr, gewaltig stark und einsam!«

In diesem Augenblick erschien Calyste.

»Ich darf Sie nicht in Unkenntnis darüber lassen, daß ich hier bin«, sagte er.

Mademoiselle des Touches bezeigte lebhaftes Erschrecken; eine jähe Röte färbte ihr unzugängliches Gesicht mit feurigen Tönungen. Während dieser ganzen Szene wirkte sie schöner als je zuvor in ihrem Leben.

»Wir hatten gemeint, Sie seien fortgegangen, Calyste«, sagte Claude; »aber diese von beiden Seiten unbeabsichtigte Indiskretion birgt keinerlei Gefahr: vielleicht ist Ihnen auf Les Touches wohler, wenn Sie Félicité durch und durch kennen. Ihr Schweigen verkündet mir, daß ich mich nicht über die Rolle getäuscht habe, die sie mir zugedacht hatte. Sie liebt Sie, wie ich Ihnen sagte, aber sie liebt Sie um Ihretwillen, und nicht um ihrer selbst willen, und das ist ein Gefühl, das nur wenige Frauen begreifen und empfinden können: nur wenige kennen die Wollust der vom Begehren am Leben erhaltenen Schmerzen; das ist eine der herrlichen Leidenschaften, die dem Mann vorbehalten sind; aber sie ist ja auch ein wenig ein Mann!« sagte er spöttisch. »Ihre Leidenschaft für Béatrix wird sie zugleich schmerzen und glücklich machen.«

Tränen traten Mademoiselle des Touches in die Augen; sie wagte es weder, den furchtbaren Claude Vignon noch den harmlosen Calyste anzublicken. Sie war entsetzt, daß sie durchschaut worden war; sie hatte nicht geglaubt, daß es einem Mann, so groß auch die Reichweite seines Geistes sein mochte, möglich sei, ein so grausames Zartgefühl, einen so hochstehenden Heroismus wie den ihrigen zu erraten. Nun Calyste sie der Enthüllung ihrer Seelengröße wegen so gedemütigt sah, teilte er die Erschütterung dieser Frau, die er so hoch erhoben hatte und auf die er jetzt herabsah, nun sie gewissermaßen am Boden lag. Aus einer unwiderstehlichen Regung heraus warf Calyste sich Camille zu Füßen und küßte ihr die Hände, in die er sein tränenüberströmtes Gesicht schmiegte.

»Claude«, sagte sie, »verlassen Sie mich nicht; was soll aus mir werden?«

»Was hätten Sie zu befürchten?« fragte der Kritiker. »Calyste liebt bereits wie ein Irrer die Marquise. Ganz bestimmt können Sie keine festere Schranke zwischen sich und ihm errichten als diese Liebe, die von Ihnen selber angeregt worden ist. Diese Leidenschaft wiegt mich auf. Noch gestern bestand Gefahr für Sie und für ihn; aber heute bedeutet dies alles für Sie Mutterglück«, sagte er und warf ihr einen spöttischen Blick zu. »Sie werden über seine Triumphe stolz sein.«

Mademoiselle des Touches blickte Calyste an, der bei diesen Worten mit einem jähen Ruck den Kopf zurückgeworfen hatte. Claude Vignons ganze Rache bestand darin, daß er an Calystes und Félicités Verwirrung seine Freude hatte.

»Sie haben ihn Madame de Rochefide in die Arme getrieben«, fuhr er fort, »jetzt steht er unter einem Zauberbann. Sie haben sich Ihr eigenes Grab gehöhlt. Hätten Sie sich mir anvertraut, so wären Sie dem Unheil, das Ihrer wartet, aus dem Wege gegangen.«

»Unheil?« rief Camille Maupin, nahm Calystes Kopf, hob ihn zu sich hin, küßte sein Haar und benetzte es mit einer Fülle von

Tränen. »Nein, Calyste, Sie müssen alles vergessen, was Sie vorhin mitangehört haben, Sie müssen mich ganz außer acht lassen!«

Sie erhob sich, hoch aufgerichtet stand sie vor den beiden Männern und schmetterte sie durch die Blitze ihrer Augen nieder, in denen ihre ganze Seele leuchtete.

»Während Claude sprach«, fuhr sie fort, »bin ich mir über die Schönheit, die Größe einer hoffnungslosen Liebe klargeworden; ist sie nicht das einzige Gefühl, das uns Gott annähert? Liebe mich nicht, Calyste, dann will ich dich lieben, wie keine andere Frau dich je lieben wird!«

Es war der wildeste Schrei, den je ein verwundeter Adler in seinem Horst ausgestoßen hat. Claude beugte das Knie, nahm Félicités Hand und küßte sie.

»Gehen Sie jetzt, mein Freund«, sagte Mademoiselle des Touches zu dem Jüngling, »Ihre Mutter möchte sich beunruhigen.«

Langsam schritt Calyste nach Guérande zurück; mehrmals wandte er sich um und blickte nach dem Licht hin, das aus den Fenstern von Béatrix' Zimmern schimmerte. Es überraschte ihn, daß er so wenig Mitleid für Camille empfand; er zürnte ihr beinahe, daß sie ihm fünfzehn Monate des Liebesglücks vorenthalten hatte. Dann und wann durchrann ihn abermals das Zittern, das vorhin Camille in ihm ausgelöst hatte, er verspürte in seinem Haar die Tränen, die sie hatte hineinfallen lassen, er durchlitt ihr Leid, er vermeinte das Ächzen zu hören, das die große Frau, die er noch vor ein paar Tagen so sehr begehrt hatte, jetzt wohl ausstieß. Als er die Tür des Vaterhauses öffnete, in dem tiefste Stille herrschte, erblickte er durchs Fenster beim Schein der so primitiv konstruierten Lampe seine Mutter, die stickte und auf ihn wartete. Bei diesem Anblick feuchteten Calystes Augen Tränen.

»Was ist dir denn nun schon wieder zugestoßen?« fragte Fanny; ihr Gesicht drückte furchtbare Unruhe aus.

Statt jeder Antwort schloß Calyste die Mutter in die Arme und küßte sie auf die Wangen, die Stirn, aufs Haar; es war eine der leidenschaftlichen Aufwallungen, die die Mütter entzücken und sie mit den subtilen Flammen des Lebens durchdringen, das sie gespendet haben.

»Nur dich liebe ich«, sagte Calyste zu seiner Mutter, die sich beinahe schämte und errötete, »dich, die du nur für mich lebst, dich, die ich so gern glücklich machen möchte.«

»Aber du bist ja in einer ganz ungewöhnlichen Verfassung, mein Junge«, sagte die Baronin und musterte den Sohn. »Was ist dir zugestoßen?«

»Camille liebt mich, und ich liebe sie nicht mehr«, sagte er.

Die Baronin zog Calyste an sich und küßte ihn auf die Stirn; und Calyste vernahm in der tiefen Stille dieses alten, braunen Raums mit seinen Wandbehängen den raschen Schlag des Herzens seiner Mutter. Die Irin war eifersüchtig auf Camille und ahnte die Wahrheit. Diese Mutter hatte, während sie Nacht für Nacht auf den Sohn wartete, über die Leidenschaft jener Frau nachgegrübelt; geleitet von den Erleuchtungen hartnäckigen Nachsinnens, war sie in Camilles Herz eingedrungen, und ohne es sich erklären zu können, hatte sie in jene Frau eine mütterliche Regung hineingedacht. Was Calyste berichtet hatte, erschreckte diese schlichte, naive Mutter.

»Gut«, sagte sie nach einer Pause, »liebe getrost Madame de Rochefide; die wird mir keinen Kummer bereiten.«

Béatrix war nicht frei; sie störte keinen der Pläne, die für Calystes Glück geschmiedet worden waren; wenigstens glaubte Fanny das; sie erblickte in ihr eine Art Stieftochter, die sie gernhaben konnte, nicht aber eine zweite Mutter, die es zu bekämpfen galt.

»Aber Béatrix wird mich nicht lieben!« rief Calyste.

»Vielleicht«, antwortete die Baronin klüglich. »Hattest du mir nicht gesagt, sie werde morgen allein sein?«

»Ja.«

»Na, also, mein Junge«, fuhr die Mutter fort und wurde rot. »In der Tiefe von unser aller Herzen wohnt die Eifersucht, und ich habe nicht gewußt, daß ich sie eines Tages auch in der Tiefe des meinen finden würde; ich hätte nicht geglaubt, daß mir jemand die Zuneigung meines Calyste streitig machen könne!« Sie seufzte. »Ich hatte gemeint«, sagte sie, »die Ehe würde für dich sein, was sie für mich gewesen ist. Welche Erleuchtung hast du meiner Seele seit zwei Monaten zuteil werden lassen! In welchem Widerschein wird deine so natürliche Liebe farbig, armer Engel! Gib dir also nach wie vor den Anschein, als liebtest du nach wie vor deine Mademoiselle des Touches; dann wird die Marquise eifersüchtig, und du bekommst sie.«

»Oh, meine gute Mutter, das würde Camille mir nicht gesagt haben!« rief Calyste, umschlang die Taille seiner Mutter und küßte sie auf den Hals.

»Du machst mich ganz verderbt, du böser Junge«, sagte sie und war ganz glücklich über das strahlende Gesicht, das die Hoffnung dem Sohn lieh; frohgemut stieg er die Turmtreppe hinauf.

Am anderen Morgen sagte Calyste zu Gasselin, er solle sich als Aufpasser an dem Weg von Guérande nach Saint-Nazaire aufstellen, bei der Durchfahrt des Wagens der Mademoiselle des Touches die Augen aufsperren und die darin sitzenden Leute zählen. Gasselin kam in dem Augenblick zurück, da die ganze Familie versammelt war und frühstückte.

»Was ist denn los?« fragte Mademoiselle du Guénic. »Gasselin läuft ja, als sei in Guérande Feuer ausgebrochen.«

»Vielleicht hat er die Wühlmaus gefangen«, sagte Mariotte, die den Kaffee, die Milch und die gerösteten Brotschnitten hereinbrachte.

»Er kommt von der Stadt und nicht vom Garten her«, antwortete Mademoiselle du Guénic.

»Aber die Wühlmaus hat doch ihr Loch hinter der Mauer, nach dem Platz zu«, sagte Mariotte.

»Herr Chevalier, es waren fünf, vier drinnen und der Kutscher.«

»Zwei Damen im Fond?« fragte Calyste.

»Und zwei Herren vorn«, ergänzte Gasselin.

»Sattle meines Vaters Pferd, reite hinterher, komm in Saint-Nazaire in dem Augenblick an, da das Schiff nach Paimboeuf abfährt, und wenn die beiden Herren an Bord gehen, kommst du mit verhängtem Zügel zurück und sagst es mir.«

Gasselin ging.

»Lieber Neffe, du hast den Teufel im Leib«, sagte die alte Zéphirine.

»Laß ihm doch seinen Spaß, Schwester«, rief der Baron, »er war traurig wie eine Eule, und jetzt ist er lustig wie ein Fink.«

»Vielleicht hast du ihm gesagt, daß unsere liebe Charlotte

ankommt«, rief die alte Jungfer und wandte sich ihrer Schwägerin zu.

»Nein«, antwortete die Baronin.

»Ich hatte geglaubt, er wolle ihr entgegenreiten«, sagte Mademoiselle du Guénic hinterhältig.

»Wenn Charlotte drei Monate bei ihrer Tante bleibt, hat er Zeit genug, mit ihr zusammen zu sein«, entgegnete die Baronin.

»Aber, Schwägerin, was ist denn seit gestern vorgefallen?« fragte das alte Fräulein. »Du warst so froh, als du erfuhrst, Mademoiselle de Pen-Hoël wolle heute morgen ihre Nichte abholen.«

»Jacqueline will mich mit Charlotte verheiraten, um mich der ewigen Verdammnis zu entreißen, Tante«, sagte Calyste lachend und warf der Mutter einen Blick des Einverständnisses zu. »Ich war auf der Mailbahn, als Mademoiselle de Pen-Hoël sich mit Monsieur du Halga besprach; aber sie hat dabei nicht bedacht, daß es für mich eine weit größere Verdammnis wäre, wenn ich in meinem Alter schon heiratete.«

»Es steht dort oben geschrieben«, fiel die alte Dame Calyste ins Wort, »daß ich weder ruhig noch glücklich sterben soll. Ich hätte es so gern erlebt, daß unsere Familie fortdauert und daß einige unserer Ländereien zurückgekauft würden, und damit ist es nun nichts. Kannst du, mein schöner Neffe, etwas in die Waagschale werfen, das solche Pflichten aufwiegt?«

»Aber«, sagte der Baron, »könnte Mademoiselle des Touches denn Calyste daran hindern zu heiraten, wenn es so weit ist? Ich muß mal zu ihr gehen.«

»Ich kann dir versichern, Vater, daß Félicité nie ein Hinderungsgrund für meine Eheschließung sein wird.«

»Das läßt mich nicht klarer sehen«, sagte die alte Blinde, die von der plötzlichen Leidenschaft ihres Neffen für die Marquise de Rochefide nichts wußte.

Die Mutter hatte das Geheimnis des Sohnes bewahrt; in solcherlei Dingen schweigen alle Frauen instinktiv. Die alte Jungfer versank in tiefes Nachsinnen; sie lauschte mit aller Kraft, sie lauerte auf die Stimmen und deren Laut, um das Geheimnis zu erraten, das ihr vorenthalten wurde. Gasselin kam bald wieder und sagte seinem jungen Herrn, daß er gar nicht bis nach Saint-Nazaire habe zu reiten brauchen, um zu erfahren, daß

Mademoiselle des Touches und ihre Freundin allein zurückkämen; er habe es in der Stadt durch Bernus erfahren, den Fuhrunternehmer, der das Gepäck der beiden Herren beförderte.

»Sie fahren allein zurück«, rief Calyste. »Sattle mein Pferd.«

Aus dem Tonfall seines jungen Herrn schloß Gasselin, daß es sich um etwas Dringliches handeln müsse; er sattelte also beide Pferde, lud die Pistolen, ohne jemandem etwas zu sagen, und zog sich um, weil er Calyste folgen wollte. Calyste war so froh, zu wissen, Claude und Gennaro seien abgereist, daß er nicht an die Begegnung dachte, die ihm in Saint-Nazaire bevorstand, sondern lediglich an die Freude, die Marquise zu begleiten; er nahm die Hände seines alten Vaters und drückte sie zärtlich, er küßte seine Mutter und schlang der alten Tante den Arm um die Taille.

»Na, so ist er mir lieber als trübgestimmt«, sagte die alte Zéphirine.

»Wohin willst du?« fragte ihn sein Vater.

»Nach Saint-Nazaire.«

»Den Teufel auch! Und wann ist die Hochzeit?« fragte der Baron; er glaubte, es dränge den Sohn, Charlotte de Kergarouët wiederzusehen. »Mich verlangt danach, Großvater zu werden; es ist hohe Zeit.«

Als Gasselin in der offenbaren Absicht, Calyste zu begleiten, erschien, fiel dem jungen Herrn ein, daß er dann ja in Camilles Wagen zusammen mit Béatrix zurückfahren und sein Pferd Gasselin überlassen könne; er schlug ihm auf die Schulter und sagte: »Du bist ein Schlaukopf.«

»Das will ich meinen«, antwortete Gasselin.

»Mein Junge«, sagte der Vater, der mit Fanny auf die Plattform der Freitreppe gekommen war, »schone die Pferde; sie haben zwölf Meilen zurückzulegen.«

Calyste tauschte mit seiner Mutter den durchdringendsten aller Blicke und ritt davon.

»Der Goldjunge«, sagte sie, als sie sah, wie er unter dem Rundbogen des Eingangstors den Kopf neigte.

»Gott schütze ihn!« antwortete der Baron; »denn ein zweites Mal könnten wir ihn nicht machen.«

Dieser so ziemlich im schlüpfrigen Ton der Provinzedelleute getane Ausspruch ließ die Baronin zusammenzucken.

»Meinem Neffen ist an Charlotte nicht so viel gelegen, daß er ihr entgegenreiten würde«, sagte die alte Dame zu Mariotte, die den Tisch abräumte.

»Auf Les Touches ist eine große Dame angekommen, eine Marquise, und der läuft er nach! Pah! Das bringt sein Alter mit sich«, sagte Mariotte.

»Sie bringen ihn uns noch um«, sagte Mademoiselle du Guénic.

»So was bringt ihn nicht um, Mademoiselle; ganz im Gegenteil«, antwortete Mariotte; sie schien über Calystes Glück glücklich zu sein.

Calyste war drauf und dran, sein Pferd zuschanden zu reiten, als zum Glück Gasselin seinen Herrn fragte, ob er noch vor der Abfahrt des Schiffes hingelangen wolle, was keineswegs in seiner Absicht lag. Also verlangsamte der junge Herr die Gangart seines Pferdes und beschaute wohlgefällig die Doppelspur, die die Räder der Kutsche an den sandigen Stellen der Landstraße gezogen hatten. Er geriet in eine tolle Fröhlichkeit bei dem bloßen Gedanken: hier ist sie gefahren, hier fährt sie wieder zurück, auf diesem Wald, auf diesen Bäumen haben ihre Blicke geruht! – »Ein ganz reizender Weg«, sagte er zu Gasselin.

»Ach, die Bretagne ist das schönste Land der Welt«, antwortete der Diener. »Gibt es etwa anderswo Blumen in den Hecken und kühle Wege, die sich winden wie dieser hier?«

»In keinem Land der Erde, Gasselin.«

»Da kommt Bernus' Wagen«, sagte Gasselin.

»Darin dürften Mademoiselle de Pen-Hoël und ihre Nichte sitzen – wir wollen uns lieber verstecken«, sagte Calyste.

»Hier, junger Herr? Sind Sie närrisch? Wir sind doch mitten in den Dünen.«

Tatsächlich fuhr der Wagen einen ziemlich sandigen Hügel oberhalb von Saint-Nazaire hinan und erschien in der naiven Einfachheit seiner bretonischen Bauart vor Calystes Augen. Zu seinem Erstaunen war der Wagen leer.

»Wir haben Mademoiselle de Pen-Hoël, ihre Schwester und ihre Nichte zurücklassen müssen; sie haben sich schrecklich geärgert, aber alle Plätze waren vom Zoll besetzt«, sagte der Wagenführer zu Gasselin.

»Ich bin verloren!« rief Calyste aus.

Wirklich war der Wagen ganz und gar von Beamten besetzt, die sicherlich die von den Salzteichen ablösen sollten. Als Calyste auf die kleine Esplanade kam, die die Kirche von Saint-Nazaire umgibt und von wo aus man Paimboeuf und die majestätische Mündung der gegen das Meer ankämpfenden Loire sehen kann, fand er dort Camille und die Marquise vor, die ihre Taschentücher schwenkten und damit den beiden Passagieren das letzte Lebwohl sagten, die der Dampfer davontrug. Béatrix wirkte entzückend: das Gesicht wurde durch den Widerschein eines Reisstrohhuts milder getönt, auf dem Mohnblüten befestigt waren und dessen hochrotes Seidenband unter dem Kinn zu einer Schleife gebunden war; sie trug ein geblümtes Musselinkleid, hielt ihren zierlichen Fuß mit der grünen Gamasche vorgestreckt, stützte sich auf einen zerbrechlichen Sonnenschirm und zeigte ihre schöne, behandschuhte Hand. Nichts wirkt auf das Auge großartiger als eine Frau, die oben auf einem Felsen steht wie eine Statue auf ihrem Sockel. Conti konnte jetzt sehen, daß Calyste Camille ansprach.

»Ich hatte gemeint«, sagte der Jüngling zu Mademoiselle des Touches, »Sie führen allein zurück.«

»Sie haben recht getan, Calyste«, antwortete sie und reichte ihm die Hand.

Béatrix wandte sich um, erblickte ihren jungen Liebhaber und bedachte ihn mit dem gebieterischsten Blick ihres Repertoires. Ein Lächeln, das die überraschte Marquise auf Camilles beredten Lippen wahrnahm, machte ihr die Vulgarität dieses einer Bourgeoise würdigen Mittels deutlich. Daraufhin sagte Madame de Rochefide lächelnd zu Calyste: »Liegt nicht eine ganz leise Impertinenz in der Annahme, ich könne Camille unterwegs langweilen?«

»Beste, ein Mann für zwei Witwen ist nicht zuviel«, sagte Mademoiselle des Touches, nahm Calystes Arm und ließ Béatrix auch weiterhin dem Schiff nachschauen.

In diesem Augenblick vernahm Calyste in der steilen Straße, die zu dem hinabführt, was man als den Hafen von Saint-Nazaire bezeichnen muß, die Stimme der Mademoiselle de Pen-Hoël, Charlottes und Gasselins; sie schwatzten alle drei wie die

Elstern. Die alte Dame bedrängte Gasselin mit Fragen; sie wollte wissen, aus welchem Grund sein Herr und er in Saint-Nazaire seien; der Wagen der Mademoiselle des Touches hatte ihr Ärgernis erregt. Ehe der junge Herr sich hätte zurückziehen können, war er von Charlotte gesehen worden.

»Da steht ja Calyste«, rief die kleine Bretonin.

»Gehen Sie hin und bieten Sie ihnen meinen Wagen an; ihre Zofe kann sich zu meinem Kutscher setzen«, sagte Camille; sie wußte, daß Madame de Kergarouët, ihre Tochter und Mademoiselle de Pen-Hoël im Postwagen keinen Platz mehr bekommen hatten.

Calyste, der nicht umhin konnte, Camille zu willfahren, entledigte sich seines Auftrags. Sobald Madame de Kergarouët erfahren hatte, sie könne mit der Marquise de Rochefide und der berühmten Camille Maupin zusammen reisen, wollte sie nichts mehr von den Andeutungen ihrer älteren Schwester wissen, die sich sträubte, sich das zunutze zu machen, was sie des Teufels Karren nannte. In Nantes lebte man auf einem etwas kultivierteren Breitengrad als in Guérande; dort wurde Camille bewundert; dort galt sie als die Muse der Bretagne und die Ehre des Landes; sie erregte dort ebensoviel Neugierde wie Neid. Die Absolution, die Mademoiselle des Touches in Paris durch die große Welt und durch die Mode erteilt worden war, erhielt ihre Weihe durch Camilles großes Vermögen und vielleicht auch durch ihre einstigen Erfolge in Nantes, das sich schmeichelte, Camille Maupins Wiege gewesen zu sein. Daher zog die vor Neugier schier platzende Vicomtesse ihre alte Schwester mit sich fort und lieh deren Jeremiaden kein Ohr.

»Guten Tag, Calyste«, sagte die kleine Kergarouët.

»Guten Tag, Charlotte«, antwortete Calyste, ohne ihr den Arm anzubieten.

Beiden verschlug es die Sprache, ihr über soviel Kälte, ihm seiner Grausamkeit wegen; sie stiegen den Hohlweg hinan, der in Saint-Nazaire als Straße bezeichnet wird, und folgten schweigend den beiden Schwestern. In diesen Minuten sah das kleine, sechzehnjährige Mädchen das Luftschloß zusammenstürzen, das sie sich aus romantischen Hoffnungen erbaut und ausgestattet hatte. Sie und Calyste hatten während ihrer Kinderzeit so oft miteinander gespielt, sie hatte sich so an ihn gebunden, daß sie ihre Zukunft für unangreifbar gehalten hatte. Von einem schwindelerregenden Glücksgefühl beschwingt, war sie herbeigeeilt, wie ein Vogel auf ein Kornfeld herabstößt; und nun war sie in ihrem Flug aufgehalten worden, ohne daß sie sich über das Hindernis klarwerden konnte.

»Was hast du denn, Calyste?« fragte sie und langte nach seiner Hand.

»Nichts«, antwortete der junge Herr und entzog die Hand mit schrecklicher Hast; er hatte an die Pläne seiner Tante und der Mademoiselle de Pen-Hoël denken müssen.

Tränen netzten Charlottes Augen. Sie musterte den schönen Calyste ohne Haß; aber sie sollte beim Anblick der beiden schönen Pariserinnen die erste Regung der Eifersucht verspüren, den furchtbaren Grimm der Nebenbuhlerschaft, und die Ursache von Calystes Kälte erahnen.

Charlotte de Kergarouët war mittelgroß und von vulgärer Frische; ihr rundes Gesichtchen wurde durch zwei schwarze Augen belebt, die Intelligenz vortäuschten; ihr braunes Haar war üppig, ihre Taille rundlich, der Rücken flach, ihre Redeweise kurz und entschieden wie die der Mädchen aus der Provinz, die nicht den Anschein erwecken wollen, daß sie Gänschen seien. Da die Tante sie bevorzugte, war sie das Hätschelkind der Familie. Sie trug in diesem Augenblick den großkarierten, mit grüner Seide gefütterten Merinomantel, den sie auf dem Dampfer angehabt hatte, über dem Arm. Ihr Reisekleid bestand aus ziemlich gewöhnlichem Stoff, das Oberteil war mit einem keuschen Brusttuch versehen und mit einem plissierten Krägelchen geschmückt; beim Anblick der duftigen Toiletten Béatrix' und Camilles mußte es ihr abscheulich vorkommen. Sie litt wohl darunter, daß sie weiße, beim Gang durch die Klippen und beim Springen in die Boote schmutzig gewordene Strümpfe trug, und dazu häßliche Lederstiefel; sie waren eigens ausgewählt worden, damit auf der Reise nichts Schönes verdorben wurde; so war es Brauch bei Leuten aus der Provinz. Was nun die Vicomtesse de Kergarouët betrifft, so war sie der Typus der Provinzlerin. Sie war groß, dürr, verwelkt, voll verhehlter Anmaßung, die nur zutage trat, wenn sie verletzt worden war; sie sprach viel und schnappte eben durch das viele Sprechen ein paar Ideen auf, wie man beim Billardspiel karamboliert, und das hatte sie in den Ruf gebracht, geistreich zu sein; sie suchte die Pariser durch die vorgebliche Gutmütigkeit der Départementsweisheit und durch ein unechtes, unablässig in den Vordergrund geschobenes Glück zu demütigen; sie erniedrigte sich, um erhoben zu werden, und war wütend, wenn man sie ruhig weiterknien ließ; sie angelte, einem englischen Ausdruck gemäß, nach Komplimenten, fing aber nicht immer welche; ihre Toilette war zugleich übertrieben und wenig gepflegt; sie hielt Mangel an Umgänglichkeit für Impertinenz und glaubte dadurch, daß sie ihnen keine Aufmerksamkeit schenkte, viele Leute in Verlegenheit zu setzen; sie lehnte ab, was sie sich wünschte, um es sich zweimal anbieten zu lassen und den Anschein zu erwecken, es sei ihr förmlich aufgedrängt worden; sie beschäftigte sich mit dem, wovon nicht mehr gesprochen wurde, und war höchst erstaunt, daß sie hinter der Mode zurück war; und schließlich konnte sie nur unter Mühen eine Stunde lang an sich halten, ohne auf Nantes zu sprechen zu kommen, auf die kleinen Bedienten von Nantes, auf die Liebesangelegenheiten der hohen Gesellschaft von Nantes, ohne über Nantes zu stöhnen, ohne Nantes zu kritisieren, und dabei hielt sie die Phrasen, die sich diejenigen entreißen ließen, die ihr aus Liebenswürdigkeit zerstreut beipflichteten, für Anzüglichkeiten. Ihre Umgangsformen, ihre Redeweise, ihre Ideen hatten mehr oder weniger auf ihre vier Töchter abgefärbt. Camille Maupin und Madame de Rochefide zu kennen, darin lag für sie Zukunft und der Stoff für hundert Unterhaltungen . . .! Daher schritt sie auf die Kirche zu, als wolle sie sie im Sturm nehmen, und schwenkte dabei ihr Taschentuch, das sie auseinanderfaltete, damit die mit schwerer, eigenhändiger Stickerei verzierten Ecken und der schadhafte Spitzenbesatz zu sehen waren. Sie hatte einen leidlich burschikosen Gang, was bei einer siebenundvierzigjährigen Frau nicht drauf ankam.

»Der Herr Chevalier«, sagte sie zu Camille und Béatrix und deutete auf Calyste, der verdrossen mit Charlotte nachkam, »hat uns Ihr liebenswürdiges Anerbieten vermittelt, aber meine Schwester, meine Tochter und ich fürchten, wir fallen Ihnen lästig.«

»Ich werde den Damen ganz bestimmt nicht lästig fallen, liebe Schwester«, sagte die alte Jungfer scharfzüngig, »ich werde in

Saint-Nazaire schon ein Pferd auftreiben, um heimzukommen.«

Camille und Béatrix wechselten einen verstohlenen Blick, der indessen Calyste nicht entging, und dieser Blick genügte, um alle seine Kindheitserinnerungen, seinen Glauben an die Kergarouët-Pen-Hoël auszulöschen und die von den beiden Familien beschlossenen Pläne für alle Zeit zunichte zu machen.

»Wir können sehr gut zu fünft im Wagen sitzen«, antwortete Mademoiselle des Touches, der Jacqueline den Rücken zugekehrt hatte. »Wenn wir wirklich allzu eng sitzen sollten, was mir bei Ihrer Schlankheit als unmöglich erscheint, so würde ich durch die Freude, Calystes Bekannten gefällig sein zu können, reichlich entschädigt werden. Ihre Zofe, Madame, findet ebenfalls Platz, und Ihr Gepäck, wenn Sie welches haben, kann hinten an der Kutsche festgeschnallt werden; ich habe keinen Diener mitgenommen.«

Die Vicomtesse zerschmolz in Dankesworten und grollte ihrer Schwester Jacqueline, weil sie ihre Nichte so rasch habe bei sich haben wollen, daß es ihr nicht erlaubt gewesen sei, in ihrem Wagen auf dem Landwege zu kommen; freilich sei die Reise auf der Poststraße nicht nur länger, sondern auch kostspieliger; sie müsse schleunigst nach Nantes zurück, wo sie ihre drei anderen Kätzchen gelassen habe, die ungeduldig ihrer warteten, sagte sie und streichelte den Hals der Tochter. Charlotte blickte zu der Mutter mit einer Opfermiene auf, die vermuten ließ, daß die Vicomtesse ihre vier Töchter ausgiebig ärgerte und langweilte, weil sie sie ebenso oft zum Spieleinsatz zu machen pflegte wie der Korporal Trim in ›Tristram Shandy‹[133] seine Mütze.

»Sie sind eine glückliche Mutter, und Sie müssen ...«, sagte Camille und unterbrach sich, weil ihr einfiel, daß die Marquise dadurch, daß sie Conti folgte, sich ihres Sohnes hatte berauben müssen.

»Ach!« entgegnete die Vicomtesse, »wenn ich schon das Unglück habe, mein Leben auf dem Lande und in Nantes hinzubringen, so habe ich doch den Trost, von meinen Kindern vergöttert zu werden. Haben Sie Kinder?« fragte sie Camille.

»Ich heiße Mademoiselle des Touches«, antwortete Camille. »Die Dame hier ist die Marquise de Rochefide.«

»Dann sind Sie zu bedauern, daß Sie das größte Glück nicht

kennen, das es für uns arme, schlichte Frauen gibt, nicht wahr, Madame?« fragte die Vicomtesse die Marquise, um ihren Fehler auszugleichen. »Aber Sie haben ja so viele Entschuldigungen!«

Heiße Tränen stiegen in Béatrix' Augen; sie wandte sich jäh ab und trat an die plumpe Brustwehr des Felsens, wohin Calyste ihr folgte.

»Madame«, flüsterte Camille der Vicomtesse zu, »wissen Sie denn nicht, daß die Marquise von ihrem Mann getrennt lebt, daß sie ihren Sohn seit zwei Jahren nicht gesehen hat und daß sie nicht weiß, wann sie ihn wiedersehen wird?«

»Ach nein!« sagte Madame de Kergarouët, »die arme Dame! Gerichtlich?«

»Nein, freiwillig.«

»Na ja, ich verstehe so was«, antwortete die Vicomtesse unerschrocken.

Die alte Pen-Hoël in ihrer Verzweiflung, sich im feindlichen Lager zu befinden, war mit ihrer geliebten Charlotte vier Schritte abseits getreten. Calyste, der sich vergewissert hatte, daß niemand sie sehen könne, ergriff die Hand der Marquise, küßte sie und ließ eine Träne darauffallen. Béatrix wandte sich um, der Zorn hatte ihre Augen getrocknet: sie war drauf und dran, ein furchtbares Wort auszustoßen, konnte indessen nichts sagen, da sie ebenfalls Tränen auf dem Antlitz dieses Engels sah, der genauso schmerzlich getroffen war wie sie selber.

»Mein Gott, Calyste«, flüsterte Camille ihm zu, als er mit Madame de Rochefide zurückkam, »so was soll Ihre Schwiegermutter werden, und dies Gänschen Ihre Frau!«

»Weil ihre Tante reich ist«, sagte Calyste ironisch.

Die ganze Gruppe setzte sich in Marsch nach dem Gasthaus, und die Vicomtesse glaubte sich verpflichtet, Camille mit einer Satire auf die Eingeborenen von Saint-Nazaire aufzuwarten.

»Ich liebe die Bretagne, Madame«, antwortete Félicité ernst, »ich bin in Guérande geboren worden.«

Calyste konnte nicht umhin, Mademoiselle des Touches zu bewundern; ihr Stimmklang, die Ruhe ihrer Blicke und die Gelassenheit ihres Gehabens taten ihm wohl, trotz der schrecklichen Aufklärungen durch die Szene, die während der Nacht stattgefunden hatte. Dennoch wirkte sie ein wenig übermüdet: ihre

Züge zeugten von Schlaflosigkeit; sie muteten etwas gedunsen an, aber die Stirn beherrschte das innerliche Gewitter durch eine grausame Ruhe.

»Wie zwei Königinnen!« sagte er zu Charlotte und deutete auf die Marquise und Camille; dann bot er dem jungen Mädchen zur tiefsten Befriedigung von Mademoiselle de Pen-Hoël den Arm.

»Was fällt deiner Mutter nur ein«, sagte die alte Jungfer und gab der Nichte ebenfalls ihren dürren Arm, »sich in die Gesellschaft dieser Verworfenen zu begeben?«

»Oh, Tante, so nennst du eine Frau, die der Stolz der Bretagne ist?«

»Die Schande, mein Kind. Du wirst sie doch nicht gleichfalls umschmeicheln?«

»Mademoiselle Charlotte hat recht, Sie sind ungerecht«, sagte Calyste.

»Ach, Sie!« antwortete Mademoiselle de Pen-Hoël. »Sie hat Sie behext.«

»Ich bringe ihr«, sagte Calyste, »die gleiche Freundschaft entgegen wie Ihnen.«

»Seit wann lügen die du Guénic?« fragte die alte Jungfer.

»Seit die Pen-Hoël taub sind«, antwortete Calyste.

»Dann bist du also nicht verliebt in sie?« fragte die alte Dame entzückt.

»Ich war es, ich bin es nicht mehr«, antwortete er.

»Du böser Junge! Warum hast du uns so viel Sorgen gemacht? Ich hab's ja gewußt, daß die Liebe etwas Dummes ist und das einzig Gediegene die Ehe«, sagte sie und sah dabei Charlotte an.

Charlotte hatte sich etwas beruhigt; sie hoffte, daß sie ihre Vorteile zurückerobern könne, wenn sie sich auf sämtliche Kindheitserinnerungen stützte; sie drückte Calystes Arm, und er gelobte sich, mit der kleinen Erbin reinen Tisch zu machen.

»Ach, was für schöne Mouche-Partien wir spielen werden, Calyste«, sagte sie, »und wie wir dann lachen!«

Die Pferde waren angespannt; Camille ließ die Vicomtesse und Charlotte im Fond des Wagens Platz nehmen, da Jacqueline verschwunden war; sie selber setzte sich neben die Marquise auf den Rücksitz. Calyste mußte auf die Freude verzichten, die er sich versprochen hatte; er begleitete den Wagen zu Pferde, und die müden Kutschgäule gingen so langsam, daß er Béatrix anschauen konnte. Die Geschichte ist der seltsamen Unterhaltungen verlustig gegangen, die die vier vom Zufall auf so eigenartige Weise in diesem Wagen vereinten Frauenwesen führten; denn unmöglich sind die hundertundeinigen Versionen, die in Nantes über die Erzählungen, die Antworten, die Aussprüche umlaufen, für wahr zu halten, obwohl die Vicomtesse behauptet, sie stammten von der berühmten Camille Maupin ›persönlich‹. Sie hat sich sorglich gehütet, die Antworten zu wiederholen oder auch nur zu verstehen, die Mademoiselle des Touches ihr auf all ihre abgeschmackten Fragen gab, Fragen, wie Schriftsteller sie so häufig zu hören bekommen und die ihnen so grausam ihre spärlichen Freuden vergällen.

»Wie haben Sie Ihre Bücher eigentlich gemacht?« fragte die Vicomtesse.

»Genau so wie Sie Ihre Handarbeiten, Ihre Filetarbeit oder Ihre Stickerei.«

»Und woher haben Sie die so tiefen Beobachtungen und die so verführerischen Bilder genommen?«

»Wo Sie die geistreichen Dinge hernehmen, die Sie äußern, Madame. Nichts ist so leicht wie schreiben, und wenn Sie wollten . . .«

»Ach, auf das Wollen kommt es also an? Das hätte ich nicht geglaubt! Welches Ihrer Bücher ist Ihnen das liebste?«

»Es fällt einem recht schwer, eine Vorliebe für eins dieser Kinderchen zu hegen.«

»Sie sind gegen Komplimente abgestumpft; man weiß gar nicht, was man Ihnen Neues sagen könnte.«

»Glauben Sie mir, Madame, daß ich für die Form der Ihrigen sehr empfindungsfähig bin.«

Die Vicomtesse wollte nicht den Anschein erwecken, als vernachlässige sie die Marquise, und so sagte sie mit feiner Miene zu ihr: »Diese Fahrt zwischen dem Geist und der Schönheit werde ich nie vergessen.«

»Sie schmeicheln mir«, sagte die Marquise lachend, »es ist durchaus ungewöhnlich, den Geist angesichts eines Genies wahrzunehmen, und ich habe noch nichts Wesentliches gesagt.«

Charlotte, die nur zu sehr spürte, wie lächerlich ihre Mutter sich machte, blickte sie an, um sie zum Innehalten zu bringen; aber die Vicomtesse fuhr wacker fort, gegen die beiden lachlustigen Pariserinnen anzukämpfen. Der junge Herr, der langsam und abgesondert neben der Kutsche hertrabte, konnte nur die beiden Damen auf dem Rücksitz sehen; sein Blick ruhte abwechselnd auf ihnen und verriet recht schmerzliche Gedanken. Béatrix, die sich sehen lassen mußte, vermied es beständig, die Augen auf den jungen Herrn zu richten, und zwar durch ein Verhalten, das jeden Liebenden zur Verzweiflung getrieben hätte: sie hielt ihren Schal unter den gekreuzten Händen kreuzweis fest und schien in tiefes Nachsinnen versunken. An einer Stelle, wo die Landstraße schattig, feucht und grün war wie ein köstlicher Waldweg, wo das Geräusch des Wagens kaum zu hören war, wo die Blätter das Verdeck streiften, wo der Wind balsamische Düfte heranwehte, machte Camille auf diese Stätte voller Harmonien aufmerksam; sie stützte die Hand auf Béatrix' Knie, wies auf Calyste hin und sagte: »Wie gut er zu Pferde sitzt!«

»Calyste?« fiel die Vicomtesse ein. »Er ist ein wunderbarer Reiter.«

»Oh, Calyste ist sehr nett«, sagte Charlotte.

»Es gibt viele Engländer, die aussehen wie er!« antwortete die Marquise gleichgültig, ohne ihren Satz zu vollenden.

»Seine Mutter ist Irin, eine O'Brien«, entgegnete Charlotte; sie glaubte sich persönlich angegriffen.

Zum größten Erstaunen der ganzen Stadt, die Mund und Nase aufsperrte, fuhren Camille und die Marquise gemeinsam mit der Vicomtesse de Kergarouët und deren Tochter in Guérande ein; sie setzten ihre Gäste am Eingang der Ruelle du Guénic ab; dort hätte nicht viel gefehlt, daß sich ein Menschenauflauf gebildet hätte. Calyste hatte den Schritt seines Pferdes beschleunigt, um seine Tante und seine Mutter von der Ankunft der beiden Damen zu benachrichtigen, die zur Hauptmahlzeit erwartet wurden. Das Essen war, wie verabredet, auf vier Uhr verschoben worden. Der junge Herr kam zurück, um den beiden Damen beim Aussteigen zu helfen; dann küßte er Camille die Hand und hoffte, auch derjenigen der Marquise habhaft zu werden; diese jedoch hielt entschlossen die Arme verschränkt, obwohl er ihr die flehentlichsten, unnötigerweise tränenfeuchten Blicke zuwarf.

»Du albernes Kerlchen«, sagte Camille zu ihm und streifte sein Ohr mit einem freundschaftlichen Kuß.

»Das stimmt«, sagte sich Calyste, während die Kutsche wendete, »ich habe den Rat meiner Mutter vergessen; aber ich glaube, ich werde ihn stets vergessen.«

Mademoiselle de Pen-Hoël, die unerschrocken auf einem Mietpferd angelangt war, die Vicomtesse de Kergarouët und Charlotte fanden den Tisch gedeckt und wurden von den du Guénic, wenn auch nicht luxuriös, so doch mit Herzlichkeit bewirtet. Die alte Zéphirine hatte aus den Kellertiefen erlesenen Wein heraufholen lassen, und Mariotte hatte bei ihren bretonischen Gerichten sich selber übertroffen. Die Vicomtesse war hingerissen, daß sie die Fahrt gemeinsam mit der berühmten Camille Maupin hatte machen können, versuchte, sich über die moderne Literatur und den Rang, den Camille darin einnahm, zu verbreiten; aber es ging mit der Welt der Literatur wie mit dem Whist: weder die du Guénic noch der hinzugekommene Pfarrer noch der Chevalier du Halga verstanden das mindeste davon. Der Abbé Grimont und der alte Seemann hielten sich an die Liköre, die zum Nachtisch gereicht wurden. Sobald Mariotte, der Gasselin und die Zofe der Vicomtesse dabei zur Hand gingen, den Tisch abgeräumt hatte, erhob sich ein Begeisterungsschrei: es sollte mit dem Mouche-Spiel begonnen werden. Im ganzen Haus herrschte Freude. Alle glaubten Calyste frei und sahen ihn binnen kurzem mit der kleinen Charlotte verheiratet. Calyste verhielt sich schweigsam. Zum erstenmal in seinem Leben stellte er Vergleiche zwischen den Kergarouët und den beiden eleganten, geistreichen, geschmackvollen Damen an, die sich wohl in diesem Augenblick weidlich über die beiden Provinzlerinnen lustig machten, worauf der erste Blick schließen ließ, den sie gewechselt hatten. Fanny, die um Calystes Geheimnis wußte, stellte fest, daß Calyste bekümmert war; die Koketterien Charlottes und die Angriffe der Vicomtesse machten ihm wenig Eindruck. Offenbar langweilte ihr lieber Junge sich; zwar weilte sein Körper in diesem Zimmer, wo er früher an den Scherzen beim Mouche-Spiel seine Freude gehabt hatte; aber sein Geist erging sich auf Les Touches. »Wie kann ich ihn nur zu Camille schicken?« überlegte die Mutter; sie sympathisierte mit dem Sohn, sie liebte mit ihm und langweilte sich mit ihm. Ihre gerührte Zärtlichkeit vermittelte ihr einen Einfall.

»Du stirbst vor Verlangen, nach Les Touches zu gehen und ›sie‹ zu sehen«, sagte Fanny leise zu Calyste. Der Sohn antwortete ihr mit einem Lächeln und einem Erröten, was beides diese anbetenswerte Mutter bis in die tiefsten Falten ihres Herzens erbeben ließ. – »Madame«, sagte sie zu der Vicomtesse, »Sie werden sich morgen im Fuhrmannswagen recht unbehaglich fühlen, und vor allem müssen Sie sehr früh aufbrechen; wäre es nicht besser, wenn Sie den Wagen der Mademoiselle des Touches nähmen? Geh, Calyste«, sagte sie und schaute dabei den Sohn an, »regele das auf Les Touches, aber komm sofort wieder.«

»Dazu brauche ich nicht einmal zehn Minuten«, rief Calyste; auf der Freitreppe, wohin sie ihm gefolgt war, küßte er die Mutter überschwenglich.

Calyste eilte behend wie ein Rehkitz davon und befand sich gerade in der Säulenhalle von Les Touches, als Camille und Béatrix nach dem Essen den großen Salon verließen. Er brachte die Geistesgegenwart auf, Félicité den Arm zu bieten.

»Sie haben um unsertwillen die Vicomtesse und ihre Tochter verlassen«, sagte sie und drückte seinen Arm, »wir wissen die Größe dieses Opfers vollauf zu würdigen.«

»Sind diese Kergarouët mit den Portenduère und dem alten Admiral de Kergarouët verwandt, dessen Witwe Charles de Vandenesse geheiratet hat?« fragte Madame de Rochefide Camille.

»Seine Großnichte«, antwortete Camille.

»Sie ist eine reizende junge Dame«, sagte Béatrix und setzte sich in einen gotischen Lehnsessel, »sie wäre ganz das Richtige für Monsieur du Guénic.«

»Diese Heirat kommt nie zustande«, sagte Camille lebhaft.

Calyste, den die kalte, ruhige Miene der Marquise niedergeschlagen stimmte, zumal da sie die kleine Bretonin als das einzige Geschöpf hinstellte, das zu ihm paßte, blieb stumm und gedankenleer.

»Und warum nicht, Camille?« fragte Madame de Rochefide.

»Liebste«, entgegnete Camille, der Calystes Verzweiflung nicht entging, »ich habe Conti nicht geraten zu heiraten und glaube dennoch, sehr nett zu ihm gewesen zu sein: Sie sind nicht großherzig.«

Béatrix schaute die Freundin mit einer Überraschung an, in die sich ein unerklärlicher Argwohn mischte. Calyste verstand halbwegs, daß Camille sich aufopferte; er merkte es an der schwachen Röte, die ihr in die Wangen stieg, was bei ihr stets ein Zeichen der heftigsten Erschütterung war; recht linkisch trat er zu ihr, nahm ihre Hand und küßte sie. Camille setzte sich lässig an den Flügel, wie eine Frau, die ihrer Freundin und ihres Anbeters, den sie sich anmaßte, sicher ist; sie wandte den beiden den Rücken zu und ließ sie gewissermaßen allein. Dann improvisierte sie Variationen über irgendwelche, ihr unbewußt von ihrer Seele gewählte Themen; sie waren nämlich von ungemeiner Melancholie. Die Marquise schien zu lauschen, aber sie behielt Calyste im Auge, der allzu jung und unerfahren war, um die Rolle zu spielen, die Camille ihm zugewiesen hatte; er geriet vor seinem Idol in Ekstase. Nach einer Stunde, während der Mademoiselle des Touches sich, wie es nicht anders sein konnte, ihrer Eifersucht hingegeben hatte, zog Béatrix sich in ihre Zimmer zurück. Sogleich bedeutete Camille Calyste, in ihr Schlafzimmer zu gehen, damit sie nicht belauscht werden konnten; Frauen verfügen über einen bewundernswerten Mißtrauensinstinkt.

»Lieber Junge«, sagte sie zu ihm, »Sie müssen tun, als liebten Sie mich; sonst sind Sie verloren. Sie sind ein Kind, Sie haben keine Ahnung von den Frauen, Sie können nur lieben. Lieben und sich lieben lassen sind zwei recht verschiedene Dinge. Sie sind drauf und dran, grausigen Leiden anheimzufallen, und ich möchte Sie glücklich sehen. Wenn Sie es nicht mit Béatrix' Stolz, sondern mit ihrem Eigensinn zu tun bekommen, ist sie durchaus imstande, davonzufliegen, in die Umgebung von Paris, in Contis Nähe. Was soll dann aus Ihnen werden?«

»Ich werde sie lieben«, antwortete Calyste.

»Aber Sie werden sie nicht mehr sehen.«

»O doch!« sagte er.

»Und auf welche Weise denn?«

»Ich reise ihr einfach nach.«

»Aber du bist doch arm wie Hiob, mein Junge.«

»Mein Vater, Gasselin und ich sind in der Vendée drei Monate lang mit hundertfünfzig Francs ausgekommen und Tag und Nacht marschiert.«

»Calyste«, sagte Mademoiselle des Touches, »hören Sie mir mal gut zu. Ich merke, daß Sie zu rein sind, um heucheln zu können; ich will einen so schönen Charakter wie den Ihren nicht verderben; ich nehme alles auf mich. Sie sollen von Béatrix geliebt werden.«

»Wäre das möglich?« fragte er und faltete die Hände.

»Ja«, antwortete Camille, »aber dazu müssen die Verpflichtungen zunichte gemacht werden, die sie sich selbst gegenüber eingegangen ist. Ich werde also an Ihrer Statt lügen. Nur dürfen Sie das heikle Unterfangen nicht stören, das ich durchführen will. Die Marquise besitzt ein aristokratisches Fingerspitzengefühl; sie ist auf eine geistvolle Weise mißtrauisch; nie zuvor ist ein Jäger an eine schwieriger zu erlegende Beute geraten: in diesem Fall, mein armer Junge, muß der Jäger seinen Hunden gehorchen. Versprechen Sie mir blinden Gehorsam? Ich will Ihr Fox sein«, sagte sie; sie legte sich dabei den Namen von Calystes bestem Hetzhund bei.

»Was muß ich tun?« antwortete der junge Herr.

»Nur sehr wenig«, entgegnete Camille. »Sie kommen jeden Tag mittags hierher. Ich stehe dann wie eine ungeduldige Geliebte an einem der Fenster des Flurs, von dem aus der Weg nach Guérande überblickt werden kann, um Sie kommen zu sehen. Dann eile ich in mein Schlafzimmer, damit ich nicht gesehen werde und Ihnen nicht die Größe einer Leidenschaft zeige, die Ihnen lästig ist; aber dann und wann müssen Sie mich bemerken und mir mit Ihrem Taschentuch zuwinken. Wenn Sie über den Hof gehen und die Treppe hinaufsteigen, müssen Sie ein leicht mißmutiges Gesicht machen. Das kostet dich keinerlei Verstellung, mein Junge«, sagte sie und ließ den Kopf auf die Brust sinken, »nicht wahr? Du darfst nicht schnell gehen, du mußt durch das Fenster im Treppenhaus schauen, das zum Park hinausgeht, und dort nach Béatrix suchen. Wenn sie im Park ist (keine Sorge, sie wird dort spazierengehen!) und wenn sie dich sieht, gehst du ganz langsam in den kleinen Salon und von dort in mein Schlafzimmer. Wenn du mich am Fenster deine Treulosigkeit bespitzeln siehst, trittst du rasch zurück, damit ich dich nicht dabei überrasche, wie du um einen Blick von Béatrix bettelst. Bist du erst in meinem Schlafzimmer, dann bist du mein Gefangener. Ach, dann bleiben wir bis vier Uhr dort beisammen. Sie werden während dieser Zeit lesen, und ich werde rauchen; Sie werden sich zwar recht sehr ärgern, daß Sie sie nicht zu sehen bekommen, aber ich werde schon fesselnde Bücher ausfindig machen. Sie haben noch nichts von George Sand gelesen; ich schicke heute abend einen meiner Leute nach Nantes und lasse ihre Werke und die einiger anderer Autoren kaufen, die Sie noch nicht kennen. Ich gehe als erste hinaus, und Sie bleiben bei Ihrem Buch und kommen erst in meinen kleinen Salon, wenn Sie darin Béatrix mit mir plaudern hören. Jedesmal, wenn Sie ein Notenheft aufgeschlagen auf dem Klavier stehen sehen, bitten Sie mich, bleiben zu dürfen. Ich erlaube Ihnen, zu mir so grob zu sein, wie Sie nur können; dann geht alles gut.«

»Ich weiß, Camille, daß Sie für mich die seltenste aller Zuneigungen hegen, und das läßt mich bedauern, Béatrix kennengelernt zu haben«, sagte er mit bezaubernder Treuherzigkeit; »aber was erhoffen Sie sich von alledem?«

»Innerhalb einer Woche ist Béatrix versessen auf Sie.«

»Mein Gott! Wäre das möglich?« fragte er, fiel auf die Knie und faltete vor Camille die Hände; sie war gerührt und froh, ihm auf ihre eigenen Kosten eine Freude zu machen.

»Hören Sie mir gut zu«, sagte sie. »Wenn Sie mit der Marquise kein längeres Gespräch führen und bloß ein paar Worte wechseln, ich meine: wenn Sie sich von ihr ausfragen lassen; wenn Sie aus der stummen Rolle fallen, die ich Ihnen zugeteilt habe und die sicherlich leicht zu spielen ist, dann seien Sie sich klar darüber«, sagte sie mit ernster Stimme, »daß Sie sie für alle Zeit verlieren.«

»Ich verstehe nichts von alledem, was Sie mir da sagen, Camille«, rief Calyste und blickte sie mit anbetungswürdiger Naivität an.

»Wenn du mich verständest, wärst du nicht der wundervolle Junge, der noble, schöne Calyste«, antwortete sie, nahm seine Hand und küßte sie.

Da tat Calyste, was er noch nie getan hatte; er umfaßte Camilles Taille und küßte sie leise auf den Hals, ohne Liebe, aber zärtlich, als habe er seine Mutter auf die Wange geküßt. Mademoiselle des Touches konnte einen Tränenstrom nicht zurückhalten.

»Gehen Sie jetzt, lieber Junge, und sagen Sie Ihrer Vicomtesse, mein Wagen stehe ihr zur Verfügung.«

Calyste wollte bleiben, mußte jedoch Camilles herrscherlicher, gebietender Geste gehorchen; frohgemut ging er heim, überzeugt, er werde innerhalb von acht Tagen von der schönen Rochefide geliebt werden. Die Mouche-Spieler fanden in ihm den seit zwei Monaten nicht mehr vorhandenen Calyste wieder. Das Verdienst an dieser Wandlung schrieb Charlotte sich zu. Mademoiselle de Pen-Hoël neckte ihn auf reizende Weise. Der Abbé Grimont versuchte, in den Augen der Baronin den Grund für die Ruhe zu lesen, die er an ihr wahrnahm. Der Chevalier du Halga rieb sich die Hände. Die beiden alten Jungfern waren behend wie zwei Eidechsen. Die Vicomtesse schuldete hundert Sous an aufgetürmten Mouches. Zéphirines Begehrlichkeit war so groß, daß sie bedauerte, die Karten nicht sehen zu können, und sie schoß ein paar rasche Worte auf die Schwägerin ab, die durch Calystes Glück abgelenkt wurde und die sie dann und wann etwas fragte, ohne ihre Antworten zu verstehen. Die Partie dauerte bis elf Uhr. Es gab zwei Abtrünnige: der Baron und der Chevalier schliefen in ihren Sesseln ein. Mariotte hatte Buchweizenfladen gebacken, die Baronin holte ihre Teebüchse. Das erlauchte Haus du Guénic servierte, bevor die Kergarouët und Mademoiselle de Pen-Hoël gingen, einen Imbiß, der aus frischer Butter, Obst und Sahne bestand und für den die silberne Teekanne und das englische Porzellan aus dem Schrank genommen wurden, das der Baronin von einer ihrer Tanten geschickt worden war. Das Erscheinen modernen Glanzes in diesem alten Raum, die erlesene Anmut der Baronin, die als gute Irin im richtigen Bereiten und Servieren des Tees von Jugend auf unterwiesen worden war, dem wichtigsten Tun der Engländerinnen, all das hatte etwas schlechthin Bezauberndes. Der irrsinnigste Luxus hätte nicht die einfache, schlichte, noble Wirkung gehabt, die diese Bezeigung fröhlicher Gastfreundschaft hervorrief. Als nur noch die Baronin und Calyste im Zimmer waren, sah sie den Sohn mit neugieriger Miene an.

»Was ist dir heute abend auf Les Touches zugestoßen?« fragte sie.

Calyste erzählte von der Hoffnung, die Camille ihm ins Herz gepflanzt hatte, und von ihren absonderlichen Anweisungen.

»Die arme Frau!« rief die Irin, faltete die Hände und bemitleidete zum erstenmal Mademoiselle des Touches.

Ein paar Minuten nach Calystes Aufbruch von Les Touches kam Béatrix, die ihn hatte weggehen hören, zu ihrer Freundin und traf sie mit feuchten Augen in halb liegender Stellung auf dem Sofa an.

»Was ist dir, Félicité?« fragte die Marquise.

»Ich bin vierzig Jahre alt und liebe!« sagte Mademoiselle des Touches, deren Augen trocken und glänzend geworden waren, und in ihrer Stimme schwang schreckliche Wut. »Wenn du wüßtest, Béatrix, wie viele Tränen ich den verlorenen Tagen meiner Jugend nachweine! Aus Mitleid geliebt werden, wissen, daß man sein Glück peinlichem Bemühen verdankt, Katzenschlichen, Fallen, die man der Unschuld und Tugend eines Knaben stellt, ist das nicht infam? Zum Glück findet man eine Art Absolution in der Unendlichkeit der Leidenschaft, in der Energie des Glücks, in der Gewißheit, für alle Zeit über allen Frauen zu stehen, weil man sein Andenken durch unauslöschliche Wonnen, durch unsinnige Aufopferung in ein junges Herz gräbt. Ja, wenn er es von mir verlangte, stürzte ich mich auf einen einzigen Wink von ihm ins Meer. Manchmal überkommt mich der Wunsch, er möge es wollen; es wäre dann ein Opfer und kein Selbstmord ... Ach, Béatrix, durch dein Kommen hast du mir eine harte Aufgabe gestellt. Ich weiß, wie schwer es ist, über dich zu siegen: aber du liebst Conti, du bist nobel und großherzig, und du wirst mich nicht täuschen; im Gegenteil, du wirst mir helfen, meinen Calyste zu behalten. Ich war von vornherein auf den Eindruck gefaßt, den du auf ihn machst, aber ich bin nicht in den Fehler verfallen, eifersüchtig zu sein; das hätte das Übel nur noch verschlimmert. Im Gegenteil: ich habe dich angekündigt und dich in so lebhaften Farben geschildert, daß du diesem Bild niemals entsprechen konntest; aber unglücklicherweise bist du noch schöner geworden.«

Diese ungestüme Elegie, in der Wahres sich mit Trug mischte, täuschte Madame de Rochefide völlig. Claude Vignon hatte Conti den Grund seiner Abreise gesagt, selbstverständlich war Béatrix davon unterrichtet worden; daher hatte sie Großherzigkeit entfaltet, indem sie sich Calyste gegenüber kalt bezeigte; in diesem Augenblick jedoch erstand in ihrer Seele eine freudige Regung, wie sie im Herzen aller Frauen aufflackert, wenn sie sich geliebt wissen. Die Liebe, die sie einem Mann einflößen, führt zu ungeheuchelten Lobeserhebungen, die nicht zu genießen schwierig ist; aber wenn jener Mann einer Freundin gehört, bringen seine Huldigungen mehr als Freude mit sich, sie sind die reinste Himmelswonne. Béatrix setzte sich neben die Freundin und erwies ihr kleine Freundlichkeiten.

»Kein einziges weißes Haar hast du«, sagte sie zu ihr, »keine Falte, deine Schläfen sind noch jung, während ich mehr als eine Frau von dreißig Jahren kenne, die die ihrigen verbergen muß. Sieh mal, Liebste«, sagte sie und hob ihre Locken an, »was mich meine Reise gekostet hat!«

Die Marquise zeigte ihr das kaum bemerkbare Welken, das dort die Körnung ihrer zarten Haut müde wirken ließ; sie streifte den Ärmel hoch und ließ ein ähnliches Welken an ihren Handgelenken sehen, wo durch die Durchsichtigkeit des schon zerknitterten Gewebes das Netz der erweiterten Blutgefäße schimmerte, wo drei tiefe Linien ihr ein Armband aus Falten schufen.

»Nicht wahr, das sind, wie ein Schriftsteller, der unseren Nöten nachspürte, behauptet hat, die beiden Stellen, die bei uns Frauen nicht lügen«, sagte sie. »Man muß viel gelitten haben, um die Wahrheit seiner grausamen Beobachtung zu erkennen; aber zu unserem Glück kennen sich die meisten Männer darin nicht aus und lesen diesen infamen Autor nicht.«

»Dein Brief hat mir alles gesagt«, antwortete Camille, »das Glück kennt kein Sichaufspielen, und du hast dich allzu sehr gerühmt, du seiest glücklich. Ist in der Liebe die Wahrheit nicht taub, stumm und blind? Ich wüßte nur zu gut um deine Gründe, dich von Conti abzuwenden, und deswegen habe ich deinen Aufenthalt hier gefürchtet. Liebste, Calyste ist ein Engel; er ist so gut, wie er schön ist; der Ärmste würde keinem einzigen deiner Blicke Widerstand leisten, er bewundert dich zu sehr, um dich auf eine einzige Ermunterung hin nicht zu lieben. Ich gestehe dir mit der Feigheit der echten Leidenschaft: ihn mir entreißen hieße mich töten. ›Adolphe‹[134], Benjamin Constants furchtbares Buch, hat uns nur die Leiden Adolphes geschildert; aber die der Frau? Ach, er hat sie nicht genug beobachtet, um sie uns malen zu können; und welche Frau würde wagen, sie zu offenbaren? Sie würden unser Geschlecht entehren, dessen Tugenden demütigen und dessen Laster ausbreiten. Ach, wenn ich diese Leiden an meinen Ängsten messe, ähneln sie denen der Hölle. Falls ich jedoch verlassen werde, weiß ich, was ich zu tun habe.«

»Und was hast du beschlossen?« fragte Béatrix mit einer Lebhaftigkeit, die Camille zusammenzucken ließ.

Jetzt sahen die beiden Frauen einander mit der Wachsamkeit zweier venezianischer Staatsinquisitoren an, mit einem schnellen Blick, in dem ihre Seelen zusammenstießen und Funken sprühten wie zwei Feuersteine. Die Marquise schlug die Augen nieder.

»Nach dem Manne gibt es nur noch Gott«, antwortete die berühmte Frau ernst. »Gott ist das Unbekannte. Ich werde mich hineinstürzen wie in einen Abgrund. Calyste hat mir vorhin geschworen, er bewundere dich nur, wie man ein Bild bewundert; aber du bist mit deinen achtundzwanzig Jahren im vollen Strahlenglanz deiner Schönheit. Der Kampf zwischen ihm und mir hat also mit einer Lüge begonnen. Zum Glück weiß ich, wie ich mich zu verhalten habe, um zu triumphieren.«

»Wie willst du dich verhalten?«

»Das ist mein Geheimnis, Liebste. Laß mir die Rechtswohltat meines Alters. Wenn Claude Vignon mich brutal in den Abgrund gestoßen hat, mich, die ich mich so hoch aufgeschwungen hatte, daß ich mich für unerreichbar hielt, dann will ich wenigstens all die bleichen, verkümmernden, aber köstlichen Blumen pflücken, die auf dem Grund der Schlünde wachsen.«

Die Marquise wurde von Mademoiselle des Touches geknetet wie Wachs; Camille genoß eine wilde Lust, sie in ihre Listen und Tücken zu verstricken. Sie entließ die Freundin von Neugier gestachelt, schwankend zwischen Eifersucht und Großherzigkeit, aber ganz bestimmt mit dem schönen Calyste beschäftigt.

»Es wird sie entzücken, mich zu betrügen«, sagte sich Camille, als sie ihr den Gutenachtkuß gab.

Als sie dann allein war, trat die Frau an die Stelle der Schriftstellerin; sie zerschmolz in Tränen; sie füllte den Kopf ihrer Huka mit opiumgetränktem Tabak und verbrachte den größten

Teil der Nacht mit Rauchen; auf diese Weise betäubte sie die Schmerzen ihrer Liebe, und durch die Rauchwolken hindurch erblickte sie den köstlichen Kopf Calystes.

»Was für ein schönes Buch ließe sich schreiben, wenn ich darin von meinen Leiden erzählen würde!« dachte sie; »aber es ist ja schon geschrieben worden. Sappho[135] hat vor mir gelebt, und Sappho war jung. Wahrhaftig, eine vierzigjährige Frau wäre eine schöne, rührende Romanheldin! Rauch deine Huka, arme Camille, du hast nicht einmal die Möglichkeit, aus deinem Unglück eine Dichtung zu machen, das ist der Höhepunkt!«

Sie ging erst zu Bett, als es schon tagte; sie vermischte auf diese Weise Tränen, Regungen des Zorns und erhabene Entschlüsse mit langen Meditationen, in denen sie mitunter die Mysterien der katholischen Religion zu ergründen trachtete, woran sie bislang in ihrem Leben als sorglose Künstlerin und ungläubige Schriftstellerin noch nie gedacht hatte.

Am folgenden Tag mittags um zwölf Uhr kam Calyste, dem seine Mutter eingeschärft hatte, Camilles Ratschlägen genau zu folgen, und stieg geheimnisvoll zum Schlafzimmer der Mademoiselle des Touches hinauf, wo er Bücher vorfand. Félicité blieb in einem Sessel an einem der Fenster sitzen, rauchte und blickte dabei abwechselnd auf die wüste Landschaft der Salzteiche, das Meer und auf Calyste, mit dem sie ein paar Worte über Béatrix wechselte. Es kam ein Augenblick, da sie die Marquise im Park spazierengehen sah; da zog sie, aber so, daß die Freundin sie sah, die Vorhänge zu und faltete sie zusammen, um das Tageslicht auszuschalten; aber dabei ließ sie einen Lichtstreif einfallen, der Calystes Buch beleuchtete.

»Heute werde ich dich bitten, zum Abendessen hierzubleiben, mein Junge«, sagte sie und fuhr ihm mit der Hand durchs Haar, »aber du wirst es mir ablehnen und dabei die Marquise ansehen; es wird dir nicht schwerfallen, ihr verständlich zu machen, wie sehr du bedauerst, nicht bleiben zu können.«

Um vier Uhr verließ Camille das Schlafzimmer und spielte der Marquise, die sie in ihr Wohnzimmer geführt hatte, die abscheuliche Komödie ihres falschen Liebesglücks vor. Calyste verließ ebenfalls das Schlafzimmer; er begriff in diesem Augenblick das Schmähliche seiner Lage. Der Blick, den er Béatrix zuwarf und den Félicité erwartet hatte, war noch ausdrucksvoller, als sie es geglaubt hätte. Béatrix hatte eine reizende Toilette angelegt.

»Wie kokett Sie sich angezogen haben, mein Herz!« sagte Camille, als Calyste gegangen war.

Dieses Ränkespiel dauerte sechs Tage; es wurde ohne Calystes Wissen von den geschicktesten Unterhaltungen zwischen Camille und ihrer Freundin begleitet. Zwischen den beiden Frauen fand ein pausenloser Zweikampf statt, bei dem sie einander an Listen, Finten, falschem Edelmut, lügnerischen Geständnissen, arglistigen Vertrauensbekundungen überboten, bei dem die eine ihre Liebe verhehlte, die andere sie nackt zur Schau stellte, und bei dem jedoch der spitze, von Camilles heimtückischen Worten zum Glühen gebrachte Stahl die Herzenstiefe ihrer Freundin traf und einige der bösartigen Gefühle hineinstach, die anständige Frauen so mühselig unterdrücken. Schließlich hatte Béatrix sich durch das Mißtrauen, das Camille bekundete, beleidigt gefühlt; sie fand es für beide Teile nicht eben ehrenhaft; es entzückte sie, an dieser großen Schriftstellerin die Schwächen ihres Geschlechts festzustellen; sie wollte die Freude auskosten, ihr zu zeigen, wo ihre Überlegenheit aufhöre und wie sie gedemütigt werden könne.

»Was wirst du ihm heute sagen, Liebste?« fragte sie und blickte die Freundin, als deren vorgeblicher Liebhaber bat, bleiben zu dürfen, boshaft an. »Am Montag hatten du und ich etwas zu besprechen, am Dienstag war das Essen nicht geraten, am Mittwoch wolltest du dir nicht den Zorn der Baronin zuziehen, am Donnerstag mit mir spazierengehen, und gestern hast du ihn verabschiedet, als er nur den Mund auftat: kurz und gut, heute will ich, daß er hierbleibt, der arme Junge.«

»Schon, Kleines?« fragte Camille mit beißender Ironie Béatrix. Die Marquise wurde rot. – »Bleiben Sie also, Monsieur du Guénic«, sagte Mademoiselle des Touches zu Calyste mit der Miene einer Königin und einer pikierten Frau.

Béatrix wurde kalt und hart, hochfahrend und boshaft; sie mißhandelte Calyste, und seine vorgebliche Geliebte schickte ihn fort, damit er mit Mademoiselle de Kergarouët Mouche spiele.

»Die ist ungefährlich«, sagte sie lächelnd zu Béatrix.

Junge, verliebte Leute sind wie Ausgehungerte; die Vorbereitungen des Kochs machen sie nicht satt, sie denken viel zu sehr an den Endzweck, um Verständnis für die Mittel aufzubringen. Auf dem Heimweg von Les Touches nach Guérande war Calystes Seele von Béatrix erfüllt; er ahnte nichts von der tiefen, weiblichen Geschicklichkeit, die Félicité entfaltete, um, wie man so sagt, seine Sache vorwärtszutreiben. Während dieser Woche hatte die Marquise nur *einen* Brief an Conti geschrieben, und dieses Symptom der Gleichgültigkeit war Camille nicht entgangen. Calystes ganzes Leben konzentrierte sich auf den kurzen Augenblick, da er die Marquise sah. Dieser Wassertropfen war weit davon entfernt, seinen Durst zu stillen; er verdoppelte ihn nur. Das Zauberwort: Du wirst geliebt werden!, das Camille gesprochen hatte und das von seiner Mutter gebilligt worden war, bildete den Talisman, mit dessen Hilfe er das Wüten seiner Leidenschaft eindämmte. Er verschlang die Zeit, er schlief nicht mehr, er überlistete die Schlaflosigkeit, indem er las, er brachte jeden Abend ganze Karren voll Bücher mit heim, wie Mariotte es ausdrückte. Seine Tante verfluchte Mademoiselle des Touches; aber die Baronin, die mehrmals zu ihrem Sohn hinaufgestiegen war, wenn sie bei ihm Licht gesehen hatte, kannte das Geheimnis dieser Nachtwachen. Obgleich sie in den Schüchternheiten des unwissenden jungen Mädchens verblieben und die Liebe für sie ein Buch mit sieben Siegeln war, schwang Fanny sich zwar vermöge ihrer Mutterliebe zu gewissen Gedankengängen auf; aber die meisten der Abgründe dieses Gefühls waren dunkel und von Wolken verhüllt; sie ängstigte sich also sehr über den Zustand, in dem sie den Sohn gewahrte; sie schrak zurück vor dem einzigen, ihr unbegreiflichen Verlangen, das ihn verzehrte. Calyste hatte nur noch *einen* Gedanken; immer schien er Béatrix vor sich zu sehen. Abends, während des Mouche-Spiels, erinnerte seine Geistesabwesenheit an das Einschlummern seines Vaters. Die Baronin fand ihn ganz anders als zu der Zeit, da er Camille zu lieben glaubte; mit einer Art Entsetzen erkannte sie die Symptome, die von wahrer Liebe künden, einem Gefühl, das in diesem alten Herrenhaus völlig unbekannt war. Eine fieberhafte Reizbarkeit, eine beständige Gedankenversunkenheit ließen Calyste ganz abgestumpft wirken. Oft saß er ganze Stunden da und starrte auf eine Wandteppichfigur. Am Morgen hatte sie ihm geraten, nicht mehr nach Les Touches zu gehen und die beiden Frauen sich selbst zu überlassen.

»Nicht mehr nach Les Touches gehen!« hatte Calyste ausgerufen.

»Geh hin, werde nicht böse, mein Liebling«, antwortete sie und küßte ihn auf die Augen, die ihr Blitze entgegengeschleudert hatten.

Unter solcherlei Umständen hätte Calyste fast die Früchte der klugen Machenschaften Camilles durch das bretonische Ungestüm seiner Liebe, das er nicht mehr zu meistern vermochte, verloren. Er schwor sich, trotz seines Félicité gegebenen Versprechens, Béatrix aufzusuchen und mit ihr zu sprechen. Er wollte in ihren Augen lesen, seinen Blick hineinversenken, die leichten Einzelheiten ihrer Toilette mustern, deren Düfte atmen, der Musik ihrer Stimme lauschen, dem eleganten Fluß ihrer Bewegungen folgen, mit einem raschen Blick ihre Taille umfassen, kurzum: sie betrachten, wie ein großer Feldherr das Kampfgelände studiert, auf dem eine Entscheidungsschlacht stattfinden soll; er wollte es, wie Verliebte wollen; er stand im Bann eines Begehrens, das ihm die Ohren verschloß, ihm die Intelligenz verdunkelte, ihn in einen krankhaften Zustand warf, in dem er weder Hindernisse noch Entfernungen wahrnahm, in dem er nicht einmal mehr seinen Körper spürte. Er nahm sich also vor, vor der vereinbarten Stunde nach Les Touches zu gehen, in der Hoffnung, er werde dort Béatrix im Park begegnen. Er hatte erfahren, daß sie dort jeden Morgen vor dem Mittagessen spazierengehe. Mademoiselle des Touches und die Marquise hatten während des Vormittags die Salzteiche und das Becken besucht, durch dessen feinsandigen Rand das Meer eindringt; es sieht aus wie ein See inmitten der Dünen; danach waren sie wieder nach dem Herrenhaus zurückgekehrt und hatten sich plaudernd auf den schmalen, gelben Wegen zwischen den Rasenflächen ergangen.

»Wenn diese Landschaft Sie interessiert«, sagte Camille zu ihr, »dann sollten Sie mit Calyste den Ausflug nach Le Croisic machen. Da gibt es wunderbare Felsen, Kaskaden aus Granit, kleine Buchten mit von der Natur geschaffenen Becken, in ihrer Willkür überraschende Dinge, und dann das Meer mit seinen

Tausenden von Marmorfragmenten, eine Welt von Zeitvertreib. Sie können Frauen sehen, die Brennmaterial herstellen, das heißt: sie kleben Kuhfladen an die Hauswände, damit sie trocknen, und dann stapeln sie sie auf, wie in Paris die Torfstücke aufgestapelt werden; im Winter wird damit geheizt.«

»Dann setzen Sie also Calyste aufs Spiel?« fragte die Marquise lachend und in einem Tonfall, der bewies, daß am Vorabend Camille durch ihr Schmollen Béatrix gezwungen hatte, sich mit Calyste zu beschäftigen.

»Ach, Liebste, wenn Sie erst mal die engelhafte Seele eines solchen Kindes kennen, werden Sie mich verstehen. Ihm bedeutet Schönheit nichts, man muß in dieses reine Herz eindringen, in diese Naivität, die bei jedem Schritt, den sie ins Königreich der Liebe tut, eine Überraschung darbietet. Welch ein Glaube! Welche Reinheit! Welche Anmut! Die Alten hatten recht mit dem Kult, den sie der gesunden Schönheit erwiesen. Ich weiß nicht, welcher Forschungsreisende uns berichtet hat, daß die Wildpferde sich das schönste unter ihnen zum Führer erwählen. Die Schönheit, Liebste, ist das Genie der Dinge; sie ist das Kennzeichen, das die Natur ihren vollkommensten Schöpfungen verliehen hat, sie ist das wahrste der Symbole, wie sie der größte aller Zufälle ist. Hat man je mißgestaltete Engel dargestellt? Vereinigen sie nicht Anmut mit Kraft? Was läßt uns denn in Italien ganze Stunden vor Gemälden verweilen, in denen das Genie jahrelang versucht hat, einen jener Zufälle der Natur zu verwirklichen? Und, Hand aufs Herz, haben wir nicht das Schönheitsideal mit sittlicher Größe vereint? Nun, Calyste ist einer dieser Wirklichkeit gewordenen Träume; er besitzt den Mut des Löwen, der ruhig daliegt, ohne von seinem Königtum etwas zu ahnen. Wenn er sich wohl fühlt, ist er geistvoll, und ich liebe seine Jungmädchenschönheit. Meine Seele erholt sich in seinem Herzen von allen Verderbtheiten, von allen Ideen der Wissenschaft, der Literatur, der Gesellschaft, der Politik, von all den unnützen Beiläufigkeiten, unter denen wir das Glück ersticken. Ich bin, was ich niemals gewesen bin: ein Kind! Ich bin seiner sicher, aber ich spiele gern die Eifersüchtige, und er ist darüber glücklich. Das gehört übrigens zu meinen Geheimnissen.«

Béatrix schritt nachdenklich und stumm einher; Camille durchlitt ein namenloses Martyrium und warf ihr von der Seite her Blicke zu, die wie Flammen aussahen.

»Ach, Liebste, *du* bist glücklich!« sagte Béatrix und legte Camille die Hand auf den Arm, als sei sie eines geheimen Widerstrebens müde.

»Ja, sehr glücklich!« antwortete die arme Félicité mit wilder Bitterkeit.

Die beiden Frauen ließen sich auf eine Bank fallen; sie waren beide erschöpft. Nie war ein weibliches Wesen echteren Verlokkungen und einem eindringlicheren Machiavellismus unterworfen worden als die Marquise seit einer Woche.

»Aber ich, ich muß Contis Treulosigkeiten mitansehen und sie hinunterschlucken ...«

»Und warum trennst du dich nicht von ihm?« fragte Camille; sie nahm den günstigen Augenblick wahr, in dem sie einen entscheidenden Schlag führen konnte.

»Kann ich es denn?«

»Ach, armes Kind!«

Beide starrten mit stumpfer Miene auf eine Baumgruppe.

»Ich will gehen und dafür sorgen, daß das Mittagessen schleunigst fertig wird«, sagte Camille, »dieser Spaziergang hat mir Appetit gemacht.«

»Mir hat unser Gespräch den meinen genommen«, sagte Béatrix.

In ihrer Morgengewandung hob sich Béatrix vor den grünen Massen des Laubwerks ab. Calyste, der sich durch das Wohnzimmer in den Park geschlichen hatte, schlug einen Weg ein, auf dem er langsam dahinschritt, um wie durch Zufall der Marquise zu begegnen; und Béatrix konnte, als sie ihn erblickte, ein leichtes Zusammenzucken nicht unterdrücken.

»Wodurch habe ich Ihnen gestern mißfallen?« fragte er, nachdem ein paar banale Redensarten gewechselt worden waren.

»Sie gefallen mir weder, noch mißfallen Sie mir«, sagte sie weich.

Der Tonfall, die Miene, die wunderbare Anmut der Marquise machten Calyste Mut.

»Ich bin Ihnen gleichgültig«, sagte er mit verwirrter Stimme; Tränen waren ihm in die Augen getreten.

»Müssen wir einander nicht gleichgültig sein?« entgegnete die Marquise. »Jeder von uns hat eine wahre Neigung . . .«

»Ach«, sagte Calyste lebhaft, »ich habe Camille geliebt, aber ich liebe sie nicht mehr.«

»Und was treiben Sie dann täglich den ganzen Vormittag über?« fragte sie mit einem ziemlich perfiden Lächeln. »Ich will nicht annehmen, daß trotz ihrer Leidenschaft für den Tabak Camille Ihnen eine Zigarette vorzieht und daß Sie trotz Ihrer Vorliebe für Schriftstellerinnen vier Stunden lang Frauenromane lesen.«

»So wissen Sie also . . .«, sagte der naive Bretone in seiner Harmlosigkeit; sein Gesicht strahlte vor Glück, als er sein Idol sah.

»Calyste!« schrie die erscheinende Camille laut auf, unterbrach ihn, nahm ihn beim Arm und zog ihn ein paar Schritte abseits, »Calyste, halten Sie so, was Sie mir versprochen haben?«

Die Marquise hatte diesen Vorwurf der Mademoiselle des Touches hören können, die scheltend verschwunden war und Calyste mit sich genommen hatte; Calystes Geständnis hatte Béatrix verblüfft; es war ihr unverständlich. Madame de Rochefide war nicht so stark wie Claude Vignon. Die schreckliche und erhabene Rolle, die Camille gespielt hatte, ist eine der infamen Großartigkeiten, zu denen Frauen nur im äußersten Notfall bereit sind. Dabei bricht ihnen das Herz, dabei enden ihre weiblichen Gefühle, dabei beginnt bei ihnen eine Selbstverleugnung, die sie in die Hölle stürzt oder in den Himmel geleitet.

Während des Mittagessens, zu dem Calyste eingeladen wurde, hatte die Marquise, deren Gefühle edel und stolz waren, wieder zu sich selbst zurückgefunden und die Liebeskeime erstickt, die in ihrem Herzen gewachsen waren. Sie war nicht etwa kalt und hart gegenüber Calyste, sondern von einer gleichgültigen Sanftmut, die ihm das Herz zerriß. Félicité wartete mit dem Vorschlag auf, am übernächsten Tag einen Ausflug in die eigentümliche Gegend zwischen Les Touches, Le Croisic und Batz zu machen. Sie bat Calyste, am folgenden Tag dafür zu sorgen, daß ein Boot mit Matrosen zur Verfügung stehe, für den Fall, daß eine Spazierfahrt auf dem Meer unternommen werden solle. Sie selber wollte sich um den Proviant, die Pferde und alles übrige kümmern, das erforderlich war, dieser Lustpartie alles Ermüdende fernzuhalten. Béatrix lehnte rundweg ab; sie sagte, sie wolle sich nicht der Gefahr aussetzen, auf diese Weise die Gegend zu durchschweifen. Calystes Gesicht, das lebhafte Freude bezeigt hatte, bedeckte sich unvermittelt mit einem Schleier.

»Und was befürchten Sie, Liebste?« fragte Camille.

»Meine Lage ist zu heikel, als daß ich, nicht meinen Ruf, wohl aber mein Glück aufs Spiel setzen könnte«, sagte sie emphatisch und lächelte den jungen Bretonen an. »Sie kennen Contis Eifersucht; wenn er wüßte . . .«

»Und wer sollte es ihm sagen?«

»Kommt er etwa nicht wieder her und holt mich ab?«

Dieser Ausspruch ließ Calyste erbleichen. Trotz der inständigen Bitten Félicités, trotz derjenigen des jungen Bretonen blieb Madame de Rochefide unnachgiebig und bezeigte das, was Camille als ihre Halsstarrigkeit bezeichnete. Obgleich Félicité ihm Hoffnungen machte, verließ Calyste Les Touches im Bann eines Liebeskummers, dessen Heftigkeit zum Wahnsinn führen kann. Als er wieder im Stadthaus du Guénic angelangt war, verließ er sein Zimmer nur, um zu Abend zu essen, und ging unmittelbar danach wieder hinauf. Um zehn Uhr sah seine beunruhigte Mutter nach ihm und fand ihn inmitten einer großen Menge durchgestrichener und zerrissener Briefblätter schreibend; er schrieb an Béatrix, denn gegen Camille hegte er Mißtrauen; die Miene, die die Marquise bei ihrer beider Zusammentreffen im Park zur Schau getragen, hatte ihn sonderbar ermutigt. Kein erster Liebesbrief ist je, wie man glauben könnte, ein glühender Erguß der Seele. Bei allen jungen, unverdorbenen Menschen wird ein solcher Brief von allzu überschwenglichen, allzu mannigfachen Aufwallungen begleitet, um nicht die Quintessenz mehrerer versuchter, verworfener, von neuem begonnener Briefe zu sein. Hier möge der folgen, bei dem Calyste es beließ und den er seiner armen, verblüfften Mutter vorlas. Ihr war, als stehe dies alte Haus in Flammen; die Liebe ihres Sohnes loderte darin wie der Flackerschein einer Feuersbrunst.

»Madame, ich habe Sie schon geliebt, als Sie für mich nur ein Traum waren; ermessen Sie die Gewalt, die meine Liebe angenommen hat, als ich Sie erblickte. Der Traum ist von der Wirklichkeit übertroffen worden. Mich schmerzt, daß ich Ihnen nichts zu sagen habe, was Sie nicht schon wüßten, wenn ich Ihnen sage, wie schön Sie sind; aber vielleicht hat Ihre Schönheit nie in einem anderen eine solche Fülle von Gefühlen ausgelöst wie in mir. Sie sind auf mehr als nur eine Weise schön; und ich habe mich so eingehend mit Ihnen auseinandergesetzt, wenn ich Tag und Nacht an Sie dachte, daß ich in das Geheimnisvolle Ihrer Persönlichkeit, in die Verborgenheiten Ihres Herzens und Ihrer verkannten inneren Zartheit eingedrungen bin. Sind Sie jemals so verstanden, so angebetet worden, wie zu werden Sie es verdienen? Vernehmen Sie es denn: keine winzige Ihrer Eigenheiten ist in meinem Herzen unausgedeutet geblieben: Ihr Stolz entspricht dem meinen; der Adel Ihrer Blicke, die Anmut Ihrer Haltung, die Vornehmheit Ihrer Gesten, alles an Ihnen harmoniert mit Gedanken, mit im Grund Ihrer Seele verborgenen Wünschen, und gerade weil ich sie erriet, habe ich mich Ihrer würdig geglaubt. Wäre ich nicht innerhalb weniger Tage Ihr anderes Ich geworden, wie könnte ich Ihnen dann von mir sprechen? Meine Zeilen zu lesen ist Egoismus: es handelt sich hier mehr um Sie als um mich. Um Ihnen zu schreiben, Béatrix, habe ich meine zwanzig Jahre schweigen, habe ich mein Denken älter werden lassen, oder vielleicht haben Sie es durch eine Woche der grausigsten Leiden älter gemacht, Leiden, die Sie ohne Ihr Verschulden zugefügt haben. Halten Sie mich nicht für einen der vulgären Liebhaber, über die Sie aus so guten Gründen gespottet haben. Ist es denn ein Verdienst, eine junge, schöne, geistvolle, edle Frau zu lieben? Ach, ich denke gar nicht daran, Sie zu verdienen. Was bin ich denn für Sie? Ein Knabe, den der Glanz der Schönheit, die seelische Größe anlocken, wie ein Insekt vom Licht angelockt wird. Sie können nicht anders handeln, als über die Blüten meiner Seele hinwegzuschreiten, aber mein ganzes Glück besteht darin, daß Sie sie mit Füßen treten. Ein unbedingter Opferwille, ein Glaube ohne Grenzen, eine unsinnige Liebe, all diese Reichtümer eines liebenden, wahren Herzens sind nichts; sie dienen dazu, daß man liebt, und bewirken nicht, daß man geliebt werde. Bisweilen ist es mir unbegreiflich, daß ein so glühender Fanatismus nicht das Idol erwärmt; und wenn ich Ihrem strengen, kühlen Blick begegne, fühle ich mich vereist. Ihre Verachtung handelt, und nicht meine Anbetung. Warum? Sie können mich schwerlich so sehr hassen, wie ich Sie liebe; soll denn das schwächere Gefühl über das stärkere obsiegen? Ich habe Félicité mit allen Kräften meines Herzens geliebt; innerhalb eines Tages, innerhalb einer Sekunde habe ich sie vergessen, als ich Sie erblickte. Sie war der Irrtum, Sie sind die Wahrheit. Ohne Ihr Wissen haben Sie mein Glück zerstört, und Sie schulden mir keinen Ausgleich dafür. Ich habe Camille hoffnungslos geliebt, und Sie geben mir nicht die mindeste Hoffnung: nichts hat sich geändert, nur die Gottheit. Ich war ein Götzendiener, jetzt bin ich Christ, das ist alles. Die Sache ist nur die: Sie haben mich gelehrt, daß Lieben das höchste Glück sei und daß Geliebtwerden erst danach kommt. Camille behauptet, es heiße nicht lieben, wenn man einige Tage lang liebe: eine Liebe, die nicht von Tag zu Tag größer werde, sei eine jämmerliche Leidenschaft; und wenn sie wachse, dürfe sie nicht ihr Ende sehen, und sie hatte den Untergang unserer Sonne schon wahrgenommen. Bei Ihrem Anblick habe ich diese Redewendungen verstanden, die ich mit all meiner Jugend, mit der ganzen Glut meines Begehrens bekämpft hatte, mit der despotischen Härte meiner zwanzig Jahre. Die große, die erhabene Camille hat damals ihre Tränen mit den meinen gemischt. Ich kann Sie also auf Erden und im Himmel lieben, wie man Gott liebt. Wenn Sie mich liebten, könnten Sie mir nicht die Vernunftgründe entgegenhalten, durch die alle meine Mühen zunichte gemacht werden. Wir sind beide jung, wir können mit den gleichen Fittichen fliegen, unter dem gleichen Himmel, ohne das Gewitter zu fürchten, vor dem jener Adler zurückscheut. Aber was schreibe ich Ihnen da? Ich habe mich über die Bescheidenheit meiner Wünsche weit hinaus fortreißen lassen! Jetzt glauben Sie sicherlich nicht mehr an die Unterwürfigkeit, an die Geduld, an die stumme Anbetung, die nicht unnütz zu verwunden ich Sie zuvor gebeten hatte. Ich weiß, Béatrix, daß Sie mich nicht lieben können, ohne Ihre Selbstachtung einzubüßen. Daher verlange ich von Ihnen keine Gegenliebe. Camille hat unlängst im Zusammenhang mit dem ihren einmal gesagt, jedem Namen wohne etwas Schicksalhaftes inne. Jenes Schicksalhafte in bezug auf mich habe ich in dem Ihrigen vorausgeahnt, als er mir auf der Mole von Guérande, angesichts des Ozeans, in die Augen sprang. Sie werden durch mein Leben gleiten wie Beatrice durch das Leben Dantes. Mein Herz wird einer weißen, rachsüchtigen, eifersüchtigen, bedrückenden Statue als Sockel dienen. Es ist Ihnen verboten, mich zu lieben; Sie würden tausend Tode erleiden, Sie würden verraten, gedemütigt, Sie würden unglücklich werden: in Ihnen ist ein Dämonenstolz, der Sie an die Säule bindet, die Sie umfangen haben; und wenn Sie an dem Tempel rütteln, wie Samson es tat[136], werden Sie dort zugrunde gehen. Diese Dinge habe ich nicht durchschaut, meine Liebe ist zu blind; vielmehr hat Camille sie mir gesagt. Hier spricht durchaus nicht *mein* Geist zu Ihnen, sondern der ihre; sobald es sich um Sie handelt, habe ich keinen Geist mehr, in meinem Herzen brodelt das Blut auf und verdunkelt mit seinem Wallen meine Intelligenz, nimmt mir die Kraft, lähmt mir die Zunge, zerbricht mir die Knie und läßt sie sich beugen. Ich kann nichts, als Sie anbeten, was Sie auch tun mögen. Camille nennt Ihre Entschlußkraft Halsstarrigkeit; ich verteidige Sie, und ich glaube, sie wird Ihnen von der Tugend diktiert. Sie sind deswegen in meinen Augen noch schöner. Ich kenne mein Geschick: der Stolz der Bretagne steht auf gleicher Höhe mit der Frau, die sich aus dem ihren eine Tugend erschaffen hat. Also, liebe Béatrix, seien Sie gütig und trostreich zu mir. Wenn die Opfer bezeichnet worden waren, wurden sie mit Blumen bekränzt; Sie schulden mir die Gewinde des Mitleids, die Musik des Opferfestes. Bin ich nicht der Beweis Ihrer Größe, und werden Sie sich nicht von der Höhe meiner trotz ihrer Echtheit, trotz ihrer unsterblichen Glut verschmähten Liebe noch höher emporschwingen? Fragen Sie Camille, wie ich mich seit dem Tag verhalten habe, da sie mir sagte, sie liebe Claude Vignon. Ich bin stumm geblieben, ich habe schweigend gelitten. Aber für Sie werde ich noch mehr Kraft aufbringen, wenn Sie mich nicht der Verzweiflung anbefehlen, wenn Sie meinen Heroismus zu würdigen wissen. Ein einziges Lobeswort von Ihnen würde mich die Schmerzen des Märtyrertums erdulden lassen. Wenn Sie indessen in kaltem Schweigen, in tödlicher Verachtung verharren, würden Sie die Meinung erwecken, ich sei zu fürchten. Ach, seien Sie mir gegenüber, wie Sie wirklich sind, bezaubernd, fröhlich, geistvoll, eine Liebende. Sprechen Sie zu mir von Gennaro, wie Camille zu mir von Claude gesprochen hat. Ich besitze kein anderes Genie als das der Liebe, ich habe nichts an mir, das gefürchtet werden müßte, und ich werde mich Ihnen gegenüber verhalten, als wenn ich Sie nicht liebte. Können Sie die Bitte einer so bescheidenen Liebe zurückweisen, die Bitte eines armen Jungen, der als einzige Gnade von seinem Licht erfleht, daß es ihn erleuchte, von seiner Sonne, daß sie ihn wärme? Der, den Sie lieben, wird Sie immer sehen; ich Ärmster habe nur wenige Tage für mich, Sie sind mich bald los. Ich werde also morgen wieder nach Les Touches kommen, nicht wahr? Sie werden meinen Arm nicht zurückweisen, wenn wir das Gestade von Le Croisic und Batz aufsuchen? Wenn Sie nicht kämen, so wäre das eine Antwort, und ich würde sie hören.«

Es kamen noch vier weitere Seiten in einer dünnen, gedrängten Handschrift, auf denen Calyste die furchtbare Drohung erklärte, die die letzte Bemerkung enthielt, und auf denen er von seiner Jugend und aus seinem Leben erzählte; aber er schrieb jetzt in Phrasen, die Ausrufe waren; es kamen darin viele der Pünktchen vor, wie sie die moderne Literatur an gefährlichen Stellen verschwendet wie Planken, die der Phantasie des Lesers zur Überschreitung von Abgründen dargeboten werden. Diese naive Ausmalung würde für die Erzählung eine Wiederholung bedeuten; Madame de Rochefide hätte sie nicht gerührt, und Liebhaber starker Gefühlswallungen würde sie nur mäßig interessieren; der Mutter jedoch entlockte sie Tränen; sie fragte den Sohn: »Dann bist du also nicht glücklich gewesen?«

Diese furchtbare Dichtung von den Gefühlen, die wie ein Gewitter Calystes Herz überfallen hatten und die auch in einer anderen Seele einen Wirbelsturm erregen sollten, erschreckte die Baronin: zum erstenmal in ihrem Leben hatte sie einen Liebesbrief gelesen. Calyste stand in schrecklicher Verlegenheit da, er wußte nicht, wie er seinen Brief an sie gelangen lassen solle. Der Chevalier du Halga war noch unten im Zimmer, wo die letzten

Runden einer angeregten Mouche-Partie gespielt wurden. Charlotte de Kergarouët in ihrer Verzweiflung über Calystes Gleichgültigkeit versuchte, den Eltern zu gefallen, um durch sie ihre Heirat sicherzustellen. Calyste folgte der Mutter und erschien nochmals im Zimmer; in der Tasche trug er den Brief, der ihm das Herz verbrannte: er war aufgeregt, er flatterte hin und her wie ein Schmetterling, der sich in ein Schlafzimmer verirrt hat. Endlich wurden Mutter und Sohn des Chevaliers du Halga in der großen Halle habhaft; den kleinen Diener der Mademoiselle de Pen-Hoël und Mariotte schickten sie hinaus.

»Was mögen die beiden von dem Chevalier wollen?« fragte die alte Zéphirine die alte Pen-Hoël.

»Calyste macht mir den Eindruck eines Geistesgestörten«, antwortete sie. »Er nimmt auf Charlotte so wenig Rücksicht, als wenn sie ein Salzarbeitermädchen wäre.«

Die Baronin hatte vollauf richtig bedacht, daß der Chevalier du Halga um das Jahr 1780 in den Gewässern der Galanterie gekreuzt haben müsse, und so hatte sie Calyste gesagt, er solle ihn um Rat angehen.

»Welches ist das beste Mittel, seiner Geliebten heimlich einen Brief zukommen zu lassen?« fragte Calyste leise den Chevalier.

»Man steckt den Brief in die Hand ihrer Zofe, und dazu gleichzeitig ein paar Louis, denn früher oder später ist die Zofe ja doch in das Geheimnis eingeweiht, also ist es besser, wenn sie von vornherein Bescheid weiß«, antwortete der Chevalier und mußte lächeln; »aber noch besser ist es, ihn eigenhändig zu übergeben.«

»Ein paar Louis!« rief die Baronin.

Calyste ging wieder hinein und nahm seinen Hut; dann eilte er nach Les Touches und tauchte wie eine Geistererscheinung in dem kleinen Salon auf, aus dem Béatrix' und Camilles Stimmen zu ihm gedrungen waren. Beide saßen auf dem Diwan, dem Anschein nach in vollkommener Eintracht. In der jähen Geistesgegenwart, die die Liebe verleiht, warf Calyste sich unbesonnen neben die Marquise auf den Diwan, nahm ihre Hand und steckte seinen Brief hinein, ohne daß Félicité, so sehr sie auch die Augen offenhalten mochte, es hätte bemerken können. Calystes Herz wurde von einer zugleich bitteren und süßen Empfindung angenehm berührt, als er fühlte, daß seine Hand von Béatrix' Hand gedrückt wurde; ohne ihren Satz zu unterbrechen und ohne aus der Fassung gebracht worden zu sein, hatte Béatrix den Brief in ihren Handschuh geschoben.

»Sie werfen sich auf Frauen wie auf einen Diwan«, sagte sie lachend.

»Und dabei ist er gar kein Anhänger der Lehren der Türken«, entgegnete Félicité, die sich diese kleine Bosheit nicht verkneifen konnte.

Calyste stand auf, nahm Camilles Hand, küßte sie, ging dann zum Klavier und fuhr mit dem Finger über die Tasten, so daß sämtliche Töne erklangen. Diese lebhafte Freudenbezeigung machte Camille zu schaffen; sie sagte ihm, er solle zu ihr treten, sie habe ihm etwas zu sagen.

»Was ist in Sie gefahren?« fragte sie ihn leise.

»Nichts«, antwortete er.

»Zwischen den beiden hat sich etwas angesponnen«, dachte Mademoiselle des Touches.

Die Marquise war undurchdringlich. Camille versuchte, Calyste zum Plaudern zu bringen, in der Hoffnung, er werde sich verraten; aber der junge Herr schützte die Unruhe vor, in der seine Mutter sich sicherlich befinde, und verließ gegen elf Les Touches, nicht ohne das Feuer von Camilles durchdringendem Blick ertragen zu haben, der dieser Satz zum erstenmal gesagt worden war.

Nach den Erregungen einer von Béatrix erfüllten Nacht, nachdem er an die zwanzigmal in Guérande der erwarteten Antwort entgegengegangen war, die nicht kam, erschien die Zofe der Marquise im Herrenhaus du Guénic und übergab Calyste die Antwort; er las sie in der Laube hinten im Garten.

Béatrix an Calyste

»Sie sind ein nobler Junge, aber Sie sind eben ein Knabe. Sie sind sich Camille schuldig, Camille, die Sie anbetet. Sie würden in mir weder die Vollkommenheiten finden, die sie auszeichnen, noch das Glück, das sie an Sie verschwendet. Was Sie auch meinen mögen: sie ist jung und ich bin alt, ihr Herz ist voll von Schätzen, und das meine ist leer, sie empfindet für Sie eine Opferwilligkeit, die Sie nicht hoch genug einschätzen, sie ist frei von aller Selbstsucht, sie lebt nur in Ihnen; ich dagegen wäre von Zweifeln erfüllt, ich würde Sie in ein gelangweiltes Leben hineinziehen, ein Leben ohne Noblesse, in ein durch meine Schuld verdorbenes Leben. Camille ist frei, sie kann tun und lassen, was sie will; ich dagegen bin eine Sklavin. Schließlich vergessen Sie, daß ich liebe und geliebt werde. Die Lage, in der ich mich befinde, sollte mich vor allen Huldigungen bewahren. Mich zu lieben oder mir zu sagen, man liebe mich, ist seitens eines Mannes eine Beleidigung. Würde ein neuer Fehltritt mich nicht auf gleiche Stufe mit den niedrigsten Geschöpfen meines Geschlechts stellen? Sie, der Sie jung und zartfühlend sind, wie dürfen Sie mich zwingen, Ihnen diese Dinge zu sagen, die aus einem Herzen nicht, ohne daß sie es zerreißen, hervorgehen? Ich habe den Skandal eines nicht wieder gutzumachenden Unglücks der Schmach einer beständigen Täuschung vorgezogen, meinen eigenen Untergang dem der Redlichkeit; aber in den Augen vieler Leute, auf deren Achtung ich Wert lege, stehe ich nach wie vor groß da: wechselte ich jetzt, so würde ich abermals um einige Grade absinken. Die Gesellschaft ist noch duldsam gegenüber Frauen, deren Beständigkeit mit ihrem Mantel das Außenseitertum ihres Glücks bedeckt; aber lasterhaften Gewohnheiten gegenüber ist sie unerbittlich. In mir ist weder Verachtung noch Zorn, ich antworte Ihnen offenherzig und schlicht. Sie sind jung, Welt und Gesellschaft sind Ihnen etwas Unbekanntes, Sie haben sich von der Phantasie hinreißen lassen, und Sie sind außerstande, wie alle Menschen mit reinem Leben, sich Betrachtungen hinzugeben, zu denen das Unglück anregt. Ich will noch weiter gehen. Ich würde die am tiefsten gedemütigte Frau der Welt sein, ich würde grausiges Elend verbergen müssen, ich würde verraten und schließlich verlassen werden, und Gott sei Dank ist all das unmöglich; aber wenn es durch die Rache des Himmels so wäre, würde niemand auf Erden mich je wiedersehen. Ja, dann brächte ich den Mut auf, einen Mann zu töten, der mir von Liebe spräche, wenn in der Lage, in der ich dann wäre, überhaupt noch ein Mann zu mir gelangen könnte. Da haben Sie die tiefsten und letzten meiner Gedanken. Auf diese Weise muß ich Ihnen vielleicht dankbar sein, daß Sie mir geschrieben haben. Nach Ihrem Brief und vor allem nach meiner Antwort kann ich in aller Ruhe auf Les Touches und in Ihrer Nähe bleiben, im Einklang mit meinem Charakter und so, wie Sie es wünschen. Ich lasse die bittere Lächerlichkeit auf sich beruhen, die mich verfolgen würde, falls meine Augen je aufhörten, die Empfindungen auszudrücken, über die Sie sich beklagen. Ein zweiter Camille angetaner Diebstahl wäre ein Beweis des Unvermögens, und dazu entschließt keine Frau sich zum zweitenmal. Auch wenn ich bis zum Irrsinn in Sie verliebt, wenn ich blind wäre, wenn ich alles vergäße, würde ich stets Camille vor mir sehen! Camilles Liebe zu Ihnen ist eine der Schranken, die zu hoch sind, als daß irgendeine Macht sie überwinden könnte, und nicht einmal auf Engelsschwingen: nur ein Dämon schreckt nicht vor solcherlei infamen Verrätereien zurück. Hier, mein Junge, waltet eine Welt von Gründen ob, die edle und empfindliche Frauen sich vorbehalten und von denen Ihr Männer nichts versteht, nicht einmal, wenn Ihr uns so sehr ähnelt, wie Sie es in dem Augenblick tun. Und schließlich und endlich haben Sie eine Mutter, die Ihnen gezeigt hat, was eine Frau im Leben sein soll; sie ist rein und makellos, sie hat ihr Schicksal auf noble Weise erfüllt; was ich von ihr weiß, hat mir Tränen in die Augen getrieben, und in meinem tiefsten Innern sind Regungen des Neids entstanden. So hätte auch ich sein können! Calyste, so muß Ihre Frau, so muß deren Leben sein. Ich werde Sie nie wieder aus purer Bosheit, wie ich es getan habe, zu der kleinen Charlotte schicken, bei der Sie sich nur zu schnell langweilen würden, sondern zu irgendeinem göttlichen jungen Mädchen, das Ihrer würdig ist. Wenn ich Ihnen angehörte, dann würden Sie Ihr Leben verfehlen. Es würde bei Ihnen ein Mangel an Glauben, an Beständigkeit einsetzen, oder Sie hätten dann wohl gar die Absicht, mir Ihr ganzes Dasein zu weihen: ich bin offen, ich würde es annehmen, ich würde Sie irgendwohin entführen, fern von Welt und Gesellschaft; ich würde Sie tief unglücklich machen, ich bin eifersüchtig, ich sehe Ungeheuer in jedem Wassertropfen; ich gerate in Verzweiflung über Mißgeschicke, mit denen viele Frauen sich abfinden; sogar unerbittliche Gedanken würden von mir, nicht von Ihnen, ausgehen und mich zu Tode verwunden. Wenn ein Mann im zehnten Jahr des Glücks nicht genauso respektvoll und genauso zartfühlend wie am Vorabend des Tages ist, da er eine Gunstbezeigung erbettelte, dünkt er mich infam und beschmutzt mich vor mir selbst! Ein solcher Liebhaber glaubt nicht mehr an die Amadis[137] und Cyrus[138] meiner Träume. Heutzutage ist reine Liebe eine Fabel, und ich erblicke in Ihnen nur das Törichte eines Verlangens, das nicht weiß, worauf es hinauswill. Ich bin nicht vierzig Jahre alt, ich verstehe mich noch nicht darauf, meinen Stolz unter die Autorität der Erfahrung zu beugen; in mir ist nicht die Liebe, die mit Demut erfüllt; kurzum, ich bin eine Frau, deren Charakter noch zu jung ist, um nicht abscheulich zu sein. Ich kann für meine Launen nicht bürgen, und bei mir ist die Anmut etwas Äußerliches. Vielleicht habe ich noch nicht genug gelitten, um über ein nachsichtiges Gehaben und die unbedingte Zärtlichkeit zu verfügen, die wir Frauen grausamen Täuschungen verdanken. Das Glück hat seine Impertinenz, und ich bin sehr impertinent. Camille wäre für Sie stets eine ergebene Sklavin, ich jedoch würde eine der Vernunft bare Tyrannin sein. Ist übrigens Camille Ihnen nicht durch Ihren guten Engel zugesellt worden, um Ihnen die Erlangung des Augenblicks zu ermöglichen, da Sie das Leben beginnen, das zu führen Ihnen bestimmt ist und das Sie nicht verfehlen dürfen? Ich kenne Félicité! Ihre Zärtlichkeit ist unerschöpflich; vielleicht ist die Anmut unseres Geschlechts ihr etwas Unbekanntes; aber sie entfaltet die fruchtbare Kraft, das Genie der Beständigkeit und die noble Unerschrockenheit, die in alles einwilligt. Sie wird Sie verheiraten, auch wenn sie dabei grausige Qualen erleidet; sie wird für Sie eine Béatrix finden, die nicht gebunden ist, wenn denn schon eine Béatrix Ihren Vorstellungen von der Frau und Ihren Träumen entspricht; sie wird alles, was Ihre Zukunft behindern könnte, einebnen. Der Verkauf eines Grundstücks, das sie in Paris besitzt, wird Ihren Besitz in der Bretagne schuldenfrei machen, sie wird Sie zu ihrem Erben einsetzen; hat sie Sie denn nicht schon zu ihrem Adoptivsohn gemacht? Ach, was könnte ich denn für Ihr Glück tun? Verraten Sie also nicht eine unendliche Liebe, die sich zu den Pflichten der Mutterschaft entschlossen hat. Mich dünkt Camille recht glücklich . . .! Die Bewunderung, die

Ihnen die arme Béatrix einflößt, ist eine der Bagatell-Liebschaften, für die Frauen in Camilles Alter voller Nachsicht sind. Wenn sie sicher sind, geliebt zu werden, verzeihen sie der Beständigkeit schon einmal eine Untreue; es ist für sie sogar eine ihrer höchsten Freuden, über die Jugend ihrer Rivalinnen zu triumphieren. Camille ist über andere Frauen erhaben; dies alles ist nicht gegen sie gerichtet, ich habe es lediglich geschrieben, um Ihr Gewissen zu beruhigen. Ich habe mich eingehend mit Camille befaßt; für mich ist sie eine der größten Gestalten unserer Zeit. Sie ist geistvoll und gütig, und das sind zwei Eigenschaften, die bei Frauen nahezu unvereinbar sind; sie ist großherzig und schlicht, zwei weitere großartige Züge, die sich selten gemeinsam vorfinden. Ich habe in der Tiefe ihres Herzens verläßliche Reichtümer wahrgenommen; es ist, als habe Dante zu seinem ›Paradies‹ eigens für sie die schöne Strophe über das ewige Glück geschrieben, die sie Ihnen neulich abends erklärt hat und die mit den Worten ›Senza brama sicura ricchezza‹[139] endet. Sie hat mir von ihrem Schicksal gesprochen, sie hat mir ihr Leben erzählt und mir bewiesen, daß die Liebe, dieser Gegenstand unserer Wünsche und Träume, sie stets geflohen habe; und ich habe ihr geantwortet, sie scheine mir ein Beweis für die Schwierigkeit zu sein, erhabene Dinge miteinander zu gatten, und das erkläre vielerlei Unglück. Sie sind eine der engelhaften Seelen, deren Begegnung mit einer Schwesterseele als etwas Unmögliches erscheint. Dieses Unglück, mein lieber Junge, wird Camille von Ihnen abwenden; sie wird für Sie, und sollte sie daran sterben, ein Geschöpf ausfindig machen, mit dem Sie eine glückliche Ehe führen können.

Ich reiche Ihnen eine Freundeshand und verlasse mich nicht auf Ihr Herz, sondern auf Ihre Klugheit, damit wir fortan uns wie Bruder und Schwester zusammenfinden und an diesem Punkt einen Briefwechsel abschließen können, der, von Les Touches nach Guérande, zumindest etwas Absonderliches ist.

Béatrix de Casteran«

Die Baronin war aufs tiefste erschüttert durch die Einzelheiten und die Weiterentwicklung des Liebeserlebnisses ihres Sohnes mit der schönen Rochefide; sie hielt es nicht länger in dem Raum aus, wo sie an ihrem Wandbehang stickte und bei jedem Stich Calyste anschaute; sie erhob sich aus ihrem Sessel und trat zugleich demütig und beherzt zu ihm. In diesem Augenblick hatte die Mutter die Anmut einer Kurtisane, die ein Zugeständnis erlangen will.

»Nun?« fragte sie zitternd, aber ohne unumwunden den Brief zu fordern.

Calyste zeigte ihr das Blatt und las es ihr vor. Jene beiden schönen, schlichten, naiven Seelen gewahrten in dieser durchtriebenen, perfiden Antwort keine der Bosheiten und Fallen, die die Marquise darin angebracht hatte.

»Das ist eine edle, große Frau!« sagte die Baronin; ihre Augen waren feucht geworden. »Ich will für sie zu Gott beten. Ich hätte nie geglaubt, eine Frau könne ihren Mann, ihr Kind verlassen und dennoch soviel Tugend bewahren! Sie ist der Verzeihung würdig.«

»Habe ich nicht recht, wenn ich sie anbete?« fragte Calyste.

»Aber wohin soll diese Liebe dich führen?« rief die Baronin. »Ach, mein Junge, wie gefährlich sind die Frauen mit edlen Gefühlen! Vor den schlechten braucht man weniger Angst zu haben. Heirate Charlotte de Kergarouët, mach die zwei Drittel der Ländereien deiner Familie schuldenfrei. Wenn Mademoiselle de Pen-Hoël ein paar Pachthöfe verkauft, gelangt sie zu diesem schönen Ergebnis, und außerdem will die gute Dame sich damit befassen, deine Güter ertragreich zu machen. Du könntest deinen Kindern einen guten Namen, ein schönes Vermögen hinterlassen...«

»Béatrix vergessen...?« fragte Calyste mit dumpfer Stimme und starrte zu Boden.

Er ließ die Baronin stehen und stieg in sein Zimmer hinauf; er wollte der Marquise antworten. Madame du Guénic hatte sich den Brief der Madame de Rochefide ins Herz geprägt; sie wollte wissen, was von Calystes Hoffnungen zu halten sei. Um diese Stunde pflegte der Chevalier du Halga seine Hündin auf der Mailbahn spazierenzuführen; die Baronin war sicher, ihn dort zu finden; sie nahm ihren Hut, ihren Schal und verließ das Haus. Die Baronin du Guénic in Guérande anderswo als in der Kirche oder auf den beiden hübschen Wegen zu sehen, auf denen sie sich an Festtagen besonders gern erging, wobei sie ihren Mann und Mademoiselle de Pen-Hoël begleitete, das war ein so bemerkenswertes Ereignis, daß zwei Stunden später in der ganzen Stadt einer den anderen anhielt und fragte: »Madame du Guénic ist heute ausgegangen, haben Sie sie gesehen?«

So geschah es, daß diese Nachricht nur zu bald Mademoiselle de Pen-Hoël zu Ohren kam; sie sagte zu ihrer Nichte: »Bei den du Guénic geht heute was ganz Besonderes vor.«

»Calyste ist wahnsinnig in die schöne Marquise de Rochefide verliebt«, sagte Charlotte; »das beste wäre es, ich kehrte Guérande den Rücken und führe wieder nach Nantes.«

In diesem Augenblick hatte der Chevalier du Halga, überrascht, daß er von der Baronin aufgesucht worden war, und im Bewußtsein, daß er außerstande sei, sich zu teilen, Thisbes Leine losgelassen.

»Chevalier, haben Sie Erfahrungen in der Galanterie?« fragte die Baronin.

Kapitän du Halga warf sich mit einer leidlich geckenhaften Bewegung in die Brust. Ohne etwas von ihrem Sohn oder der Marquise zu erwähnen, verbreitete Madame du Guénic sich über den Liebesbrief und fragte, welches der Sinn einer solchen Antwort sein könne. Der Chevalier streckte die Nase in den Wind und strich sich das Kinn; er hörte zu und schnitt kleine Grimassen; schließlich sah er die Baronin mit verschmitzter Miene starr an.

»Wenn Rassepferde eine Hürde nehmen sollen, kommen sie heran und beschauen und beschnuppern sie«, sagte er. »Calyste wird der glücklichste Lümmel auf Erden.«

»Pst!« machte die Baronin.

»Ich bin stumm. Früher gab es nichts als das für mich«, sagte der alte Chevalier. »Das Wetter ist schön«, fuhr er nach einer Pause fort, »Nordostwind. Donnerwetter, ja, wie die ›Belle-Poule‹[140] uns damals den Wind abkniff, damals, als ... Aber«, unterbrach er sich, »ich habe Ohrensausen, und die falschen Rippen tun mir weh, es gibt anderes Wetter. Sie wissen ja, der Kampf der ›Belle-Poule‹ ist so berühmt gewesen, daß die Frauen Hüte à la Belle-Poule[141] getragen haben. Madame de Kergarouët ist als erste mit einer solchen Kopfbedeckung in die Oper gekommen. ›Sie tragen einen eroberungslustigen Hut‹, habe ich zu ihr gesagt. Der Witz hat sich in allen Logen herumgesprochen.«

Die Baronin hörte dem alten Herrn liebenswürdig zu; getreu den Gesetzen der Galanterie begleitete er sie bis zum Gäßchen und ließ Thisbe außer acht. Das Geheimnis der Geburt Thisbes war dem Chevalier entfallen. Thisbe war die Enkelin der reizenden Thisbe, der Hündin der Admiralin de Kergarouët, der ersten Frau des Grafen de Kergarouët. Die heutige Thisbe war achtzehn Jahre alt. Die Baronin stieg behend zu Calyste hinauf, leichtfüßig vor Freude, als sei sie selber verliebt. Calyste war nicht daheim; aber Fanny sah einen zusammengefalteten Brief auf dem Tisch liegen; er war an Madame de Rochefide gerichtet und nicht versiegelt. Eine unbezwingliche Neugier trieb die besorgte Mutter, die Antwort des Sohns zu lesen. Diese Indiskretion wurde grausam bestraft. Sie empfand einen grausigen Schmerz beim Gewahren des Abgrunds, in den die Liebe Calyste taumeln ließ.

Calyste an Béatrix

»Ja, was kümmert mich das Geschlecht du Guénic in den Zeiten, da wir leben, liebe Béatrix? Ich heiße Béatrix, Béatrix' Glück ist mein Glück, ihr Leben ist mein Leben, mein ganzer Besitz liegt in ihrem Herzen. Unsere Ländereien sind seit zwei Jahrhunderten verpfändet, sie können es noch zwei weitere Jahrhunderte bleiben; unsere Pächter behalten sie, niemand kann sie ihnen wegnehmen. Sie sehen, Sie lieben, das ist meine Religion. Mich verheiraten! Dieser Gedanke hat mir das Herz um und um gestürzt. Gibt es denn zwei Béatrix? Nur mit Ihnen will ich mich verheiraten; wenn es sein muß, warte ich noch zwanzig Jahre; ich bin jung, und Sie werden immer schön sein. Meine Mutter ist eine Heilige; ich darf nicht über sie urteilen. Sie hat nicht geliebt! Ich weiß jetzt, wieviel ihr entgangen ist und welche Opfer sie gebracht hat. Sie, Béatrix, haben mich gelehrt, meine Mutter noch herzlicher zu lieben, sie wohnt mit Ihnen zusammen in meinem Herzen; nie wird eine andere als sie darin sein, also ist sie Ihre einzige Rivalin, heißt das nicht, Ihnen zu sagen, daß Sie darin die Alleinherrschaft führen? Also haben Ihre Begründungen keine Macht über mein Denken. Was nun Camille betrifft, so brauchen Sie mir bloß einen Wink zu geben, dann bitte ich sie, daß sie selber Ihnen sagt, daß ich sie nicht liebe; sie ist die Mutter meiner Intelligenz, nicht mehr und nicht weniger. Sobald ich Sie gesehen hatte, ist sie zu meiner Schwester, meiner Freundin oder meinem Freunde geworden, zu allem, was Ihnen genehm ist; aber wir haben gegeneinander keinerlei Rechte als die der Freundschaft. Ich habe sie als Frau betrachtet bis zu dem Augenblick, da ich Sie erblickte. Sie nun aber haben mir bewiesen, daß Camille ein Junge ist: sie schwimmt, sie geht auf die Jagd, sie reitet, raucht, trinkt, schreibt, analysiert ein Herz und ein Buch, sie hat nicht die mindeste Schwäche, sie schreitet kraftvoll einher; sie hat nicht Ihre gelösten Bewegungen, noch Ihren Schritt, der wie der Flug eines Vogels ist, noch Ihre Stimme, nämlich die der Liebe, noch Ihren feinen Blick, noch Ihre anmutige Haltung; sie ist Camille Maupin und nichts sonst; sie hat nichts Weibliches, und Sie besitzen an Weiblichem alles, was ich daran liebe; vom ersten Tag an, da ich Sie erblickt habe, ist mir gewesen, als gehörten Sie mir. Vielleicht lachen Sie über diese Empfindung, aber sie wird nur immer größer, es würde mir als ungeheuerlich erscheinen, wenn wir je getrennt würden: Sie sind meine Seele, meine Liebe, und ich könnte dort nicht leben, wo Sie nicht wären. Lassen Sie sich lieben! Wir könnten fliehen, könnten Welt und Gesellschaft weit hinter uns lassen, fliehen in ein Land, wo Sie niemandem begegnen und wo Sie niemanden als Gott und mich im Herzen tragen könnten. Meine Mutter, die Sie liebhat, könnte dann eines Tages kommen und mit uns zusammenleben. Irland hat Schlösser, und die Familie meiner Mutter würde mir schon eins zur Verfügung stellen. Mein Gott, lassen Sie uns reisen! Ein Boot, Matrosen, und wir wären dort, ohne daß jemand wissen könnte, wohin wir vor der Welt geflüchtet sind, die Sie so sehr fürchten! Sie sind nicht geliebt worden; das fühle ich, indem ich Ihren Brief nochmals lese, und ich glaube ihm entnehmen zu können, daß, wenn keiner der Gründe bestünde, die Sie anführen, Sie sich von mir lieben ließen. Béatrix, eine heilige Liebe löscht das Vergangene aus. Kann man an etwas anderes denken als an Sie, wenn man Sie sieht? Ach, ich liebe Sie so sehr, daß ich wünsche, Sie stünden in noch tausendmal schlechterem Ruf, damit ich Ihnen die Macht meiner Liebe zeigen und Sie anbeten könnte als das heiligste aller Geschöpfe. Sie schreiben, meine Liebe sei eine Beleidigung für Sie. Oh, Béatrix, das glaubst Du ja selber nicht! Die Liebe eines edlen Knaben – haben Sie selber mich nicht so genannt? – würde einer Königin zur Ehre gereichen. Also werden wir morgen als Liebende an den Felsen und am Meer entlang wandeln, und Sie werden über die Dünen der alten Bretagne schreiten und sie von neuem für mich weihen! Schenken Sie mir diesen Tag des Glücks; und dieses flüchtige Almosen, das vielleicht, und leider!, für Sie nicht einmal eine Erinnerung sein wird, soll für mich ewiger Reichtum sein . . .«

Die Baronin ließ den Brief fallen, ohne ihn zu Ende zu lesen, sie kniete vor einem Stuhl nieder und richtete an Gott ein stummes Gebet, in dem sie bat, er möge ihrem Sohn den klaren Verstand bewahren, allen Wahnwitz, allen Irrtum von ihm fernhalten und ihn von dem Weg abbringen, auf dem sie ihn sah.

»Was machst du da, Mutter?« fragte Calyste.

»Ich bete für dich zu Gott«, sagte sie und ließ ihn ihre von Tränen erfüllten Augen sehen. »Ich habe die Sünde begangen, diesen Brief zu lesen. Mein Calyste ist in einem Wahn befangen!«

»Im holdesten Wahn«, sagte der Jüngling und küßte die Mutter.

»Ich möchte diese Frau einmal sehen, mein Junge.«

»Ja, gut, Mama«, sagte Calyste. »Wir fahren morgen zu Schiff nach Le Croisic, sei auf der Mole.«

Er versiegelte den Brief und machte sich auf den Weg nach Les Touches. Was die Baronin vor allem erschreckte, war der Umstand, daß das Gefühl vermöge der Kraft des Instinkts zu der Hellsicht einer vollendeten Erfahrung gelangte. Calyste hatte an Béatrix geschrieben, als sei er vom Chevalier du Halga beraten worden.

Vielleicht ist es einer der größten Genüsse, die kleine Geister oder Menschen geringer Art zu genießen vermögen, wenn sie große Seelen hinters Licht führen und sie in irgendeiner Falle fangen können. Béatrix wußte nur zu gut, daß sie Camille Maupin unterlegen war. Diese Unterlegenheit bestand nicht nur in dem Gesamt geistiger Dinge, die als ›Talent‹ bezeichnet werden, sondern auch in den Dingen des Herzens, die wir ›Leidenschaft‹ nennen. In dem Augenblick, da Calyste mit dem Ungestüm einer ersten Liebe und von Hoffnung beflügelt in Les Touches anlangte, verspürte die Marquise eine heftige Freude, sich von diesem anbetenswerten Jüngling geliebt zu wissen. Sie ging nicht so weit, daß sie dieses Gefühl hätte teilen wollen; sie setzte vielmehr ihren Heroismus dazu ein, dies ›Capriccio‹[142], wie die Italiener sagen, in Schranken zu halten, und sie glaubte, auf diese Weise ihrer Freundin zu gleichen; sie schätzte sich glücklich, daß sie ihr ein Opfer zu bringen habe. Kurzum, die der Französin eigentümlichen Eitelkeiten, aus denen die berühmte Koketterie besteht, der sie ihre Überlegenheit entnimmt, wurden bei ihr gepflegt und vollauf befriedigt: sie war einer maßlosen Verlockung ausgesetzt und leistete ihr Widerstand, und ihre Tugendhaftigkeit sang ihr ein liebliches Lobeskonzert ins Ohr. Die beiden Frauen lagen halb sitzend und dem Anschein nach gleichmütig auf dem Diwan des kleinen, stimmungsvollen Salons inmitten einer Fülle von Blumen und bei offenem Fenster, denn der Nordwind hatte sich gelegt. Eine linde Brise aus Süd bestreute den Salzwassersee, den die Augen zu sehen vermochten, mit Flittern, und die Sonne ließ die goldenen Dünen erlodern. Ihre Seelen waren ebenso tief aufgewühlt, wie die Natur still war, und nicht minder glühend. Camille wurde vom Räderwerk der Maschine zermalmt, die sie in Gang gesetzt hatte; sie mußte über sich selber wachen um der großartigen Verschlagenheit der mit ihr befreundeten Feindin willen, die sie in ihren Käfig gesperrt hatte; aber um nicht ihr Geheimnis preiszugeben, überließ sie sich inniger Naturbetrachtung; sie täuschte sich dadurch über ihre Leiden hinweg, daß sie einen Sinn im Kreisen der Welten suchte, und dabei fand sie in der erhabenen Leere des Himmels Gott. Doch wenn der Ungläubige einmal Gott erkannt hat, stürzt er sich in den absoluten Katholizismus, der, als System betrachtet, in sich vollendet ist. Am Morgen hatte Camille der Marquise eine Stirn dargeboten, die noch von den Erleuchtungen ihrer Forschungen während einer ächzend verbrachten Nacht verklärt war. Nach wie vor hatte Calyste vor ihr gestanden wie ein himmlisches Bild. Der schöne junge Mensch, dem sie sich geweiht hatte, galt ihr als ein Schutzengel. Hatte nicht er sie in die hohen Bereiche geleitet, wo die Leiden unter dem Gewicht einer unbegreiflichen Unermeßlichkeit enden? Allein Béatrix' triumphierende Miene beunruhigte Camille. Keine Frau erringt über eine andere einen solchen Vorteil, ohne daß sie es sich anmerken läßt, wobei sie abstreitet, daß sie ihn erlangt hätte. Es gibt nichts Groteskeres als den stummen seelischen Kampf dieser beiden Freundinnen, die voreinander ein Geheimnis verbargen und sich gegenseitig für Gläubigerinnen um unbekannter Opfer willen hielten. Als Calyste kam, hielt er seinen Brief und seinen Handschuh in der Hand und war bereit, ihn in Béatrix' Hand gleiten zu lassen. Camille, der die Wandlung im Verhalten der Freundin nicht entgangen war, schien nicht auf sie zu achten, beobachtete sie indessen von dem Augenblick an, da Calyste hereingekommen war, im Spiegel. In dieser Hinsicht besteht eine Klippe für alle Frauen. Die geistvollsten wie die dümmsten, die offenherzigsten wie die raffiniertesten sind nicht länger Herrinnen ihres Geheimnisses; in solchen Augenblicken springt es einer anderen Frau in die Augen. Allzu viel Zurückhaltung oder Selbstvergessenheit, ein freier, aufleuchtender Blick, ein geheimnisvolles Senken der Lider: alles verrät dann ein ohnehin schwierig zu verbergendes Gefühl, denn der Gleichgültigkeit wohnt etwas so vollkommen Kaltes inne, daß sie niemals vorgetäuscht werden kann. Die Frauen verfügen über die große Gabe des Nuancierens; sie bedienen sich ihrer gar zu häufig, um nicht alle Nuancen zu kennen; und bei dergleichen Gelegenheiten umfassen ihre Blicke eine Rivalin vom Kopf bis zu den Füßen; sie erraten die leiseste Bewegung eines Fußes unter dem Kleide, das unmerklichste Zucken der Taille und wissen um die Bedeutung von Dingen, die für den Mann bedeutungslos sind. Zwei Frauen, die voreinander auf der Lauer liegen, spielen eine der wundersamsten Komödienszenen, die man sich vorstellen kann.

»Calyste hat irgendeine Dummheit begangen«, dachte Camille, als sie an beiden die unausdeutbare Miene von Menschen wahrnahm, die im Einverständnis sind.

Die Marquise bezeigte weder Steifheit noch geheuchelte Gleichgültigkeit; sie sah Calyste an, als sei er ihr Eigentum. Calyste gab sich noch unverstellter; er wurde rot als der wahre Schuldige, als ein Glücklicher. Er hatte gerade die vorbereitenden Vereinbarungen für den morgigen Tag getroffen.

»Kommen Sie nun ganz bestimmt mit uns, Liebste?« fragte Camille. – »Ja«, sagte Béatrix.

»Wie konnten Sie das wissen?« fragte Mademoiselle des Touches Calyste.

»Ich bin hergekommen, um es zu erfahren«, antwortete er auf einen Blick hin, den Madame de Rochefide ihm zugeworfen hatte; sie wollte nicht, daß die Freundin irgend etwas über ihrer beider Briefwechsel erfahre.

»Sie stehen schon im Einverständnis«, dachte Camille, die durch die Reichweite ihrer Augen jenen Blick gesehen hatte. »Alles ist aus, mir bleibt nichts, als zu verschwinden.«

Unter der Wucht dieses Gedankens vollzog sich in ihrem Gesicht eine Art Verfall, und Béatrix fuhr zusammen.

»Was ist dir, Liebste?« fragte sie.

»Nichts. Also, Calyste, Sie schicken meine und Ihre Pferde voraus, damit wir sie hinter Le Croisic vorfinden; wir können dann über Batz zurückreiten. Wir essen in Le Croisic zu Mittag und auf Les Touches zu Abend. Sie sorgen für die Ruderer. Morgens um halb neun brechen wir auf. Wieviel Schönes werden wir zu sehen bekommen!« sagte sie zu Béatrix. »Sie bekommen Cambremer zu sehen, einen Mann, der auf einem Felsen Buße tut, weil er seinen Sohn ermordet hat.[143] Ja, Sie sind hier in einem primitiven Land, wo die Menschen nur ungewöhnliche Gefühle hegen. Calyste kann Ihnen die Geschichte erzählen.«

Sie ging in ihr Schlafzimmer; sie war am Ersticken.

»Calyste, Sie werden geliebt, ich glaube es, aber Sie verheimlichen mir eine Eskapade; sicher haben Sie meine Weisungen übertreten?«

»Geliebt!« sagte er und ließ sich in einen Sessel fallen.

Camille lehnte den Kopf an die Tür, Béatrix war verschwunden. Dieser Umstand war absonderlich. Eine Frau verläßt kein Schlafzimmer, in dem sich der befindet, den sie liebt, wenn sie die Gewißheit hat, ihn wiederzusehen, ohne daß sie Besseres zu tun hätte. »Sollte sie von Calyste einen Brief zugesteckt bekommen haben?« Aber sie hielt den harmlosen Bretonen einer solchen Kühnheit nicht für fähig.

»Wenn du mir ungehorsam gewesen bist, geht alles schief, und zwar durch deine Schuld«, sagte sie ernst zu ihm. »Geh und triff die Vorbereitungen für deine morgigen Freuden.«

Sie tat eine Geste, der Calyste nicht widerstreben konnte: es gibt stumme Schmerzen von despotischer Beredsamkeit. Als er auf dem Weg nach Le Croisic zu den Ruderern die Dünen und die Salzteiche durchschritt, überkamen Calyste Ängste. Camilles Ausspruch war mit etwas Verhängnisvollem durchtränkt gewesen, das wie die Hellsicht der Mutterliebe anmutete. Als er nach etwa vier Stunden erschöpft zurückkam und sich ein Abendessen auf Les Touches erhoffte, fand er Camilles Zofe als Schildwache vor der Tür stehen; sie hatte auf ihn gewartet, um ihm zu sagen, daß ihre Herrin und die Marquise ihn heute abend nicht empfangen könnten. Der verdutzte Calyste wollte die Zofe ausfragen, aber sie machte die Tür zu und lief davon. Vom Kirchturm von Guérande schlug es sechs. Calyste ging heim, ließ sich ein Abendessen bereiten und spielte Mouche, wobei er in düsteren Gedanken befangen war. Der Wechsel zwischen Glück und Unglück, das Zunichtewerden seiner Hoffnungen, das der beinahe feststehenden Gewißheit, geliebt zu werden, gefolgt war, zerbrachen diese junge Seele, die mit gespreiteten Flügeln dem Himmel zu geflogen und so hoch gelangt war, daß der Sturz schauerlich sein mußte.

»Was hast du, Calyste?« fragte die Mutter ihn leise.

»Nichts«, antwortete er und ließ sie Augen sehen, aus denen das Licht der Seele und das Feuer der Liebe gewichen waren.

Nicht die Hoffnung, sondern die Hoffnungslosigkeit leiht unserem Streben das Maß. Den schönen Dichtergebilden der Hoffnung gibt man sich heimlich hin, während der Schmerz alle Hüllen abwirft.

»Calyste, du bist heute nicht nett«, sagte Charlotte, nachdem sie vergeblich versucht hatte, ihm mit ihren kleinen Provinzlerinnensticheleien zuzusetzen, die immer in alberne Necksucht ausarteten.

»Ich bin müde«, sagte er, stand auf und wünschte der Gesellschaft gute Nacht.

»Calyste hat sich sehr verändert«, sagte Mademoiselle de Pen-Hoël.

»Wir haben keine schönen, mit Spitzen garnierten Kleider, wir wedeln nicht so mit unseren Taschentüchern, wir spielen uns nicht auf, wir wissen keine Seitenblicke zu werfen und den Kopf zu wenden«, sagte Charlotte und imitierte das wechselnde Mienenspiel, die Pose und die Blicke der Marquise. »Wir haben keine Stimme, die aus dem Kopf kommt, und auch nicht das leise, interessante Hüsteln, hö! hö!, das der Seufzer eines Schattens zu sein scheint; wir haben zu unserem Pech eine robuste Gesundheit und lieben unsere Freunde ohne Koketterie; wenn wir sie anschauen, wirkt es nicht, als wollten wir ihnen einen Dolchstich versetzen oder sie mit einem Heuchelblick prüfen. Wir verstehen uns nicht darauf, den Kopf wie eine Trauerweide hängen zu lassen und liebenswürdig zu erscheinen, wenn wir ihn wieder hochheben – so etwa!«

Mademoiselle de Pen-Hoël konnte sich bei den Gesten der Nichte das Lachen nicht verkneifen; aber weder der Chevalier noch der Baron verstanden diese Satire der Provinz auf Paris.

»Aber die Marquise de Rochefide ist sehr schön«, sagte die alte Jungfer.

»Liebster«, sagte die Baronin zu ihrem Mann, »ich weiß, daß sie morgen nach Le Croisic will; wir wollen dort spazierengehen, ich möchte ihr gern einmal begegnen.«

Während Calyste sich den Kopf zerbrach, um herauszubekommen, was ihm die Tür von Les Touches verschlossen haben könnte, kam es zwischen den beiden Freundinnen zu einer Szene, die Einfluß auf die Geschehnisse des nächsten Tages haben sollte. Calystes Brief hatte im Herzen der Madame de Rochefide ihr unbekannte Regungen hervorgerufen. Nicht immer sind Frauen Gegenstand einer so jungen, so naiven, so ehrlichen und absoluten Liebe, wie es die dieses Knaben war. Béatrix hatte stets mehr geliebt, als sie geliebt worden war. Bislang war sie Sklavin gewesen; jetzt empfand sie das unerklärliche Verlangen, ihrerseits Tyrann zu sein. Ungeachtet ihrer Freude beim Lesen und nochmaligen Lesen von Calystes Brief durchstach sie die Dolchspitze eines grausamen Gedankens. Was mochten Calyste und Camille seit Claude Vignons Abreise miteinander getrieben haben? Wenn

Calyste Camille nicht liebte und Camille es wußte, womit brachten sie dann ihre Vormittage hin? Das Gedächtnis näherte boshafterweise diese Feststellung dem an, was Camille gesagt hatte. Es war, als lasse ein grinsender Teufel in einem Zauberspiegel das Bild des heldischen Mädchens mit gewissen Gesten und gewissen Blicken erscheinen, die Béatrix vollends aufklärten. Anstatt ihr gleich zu sein, war sie von Félicité zerschmettert worden; weit davon, sie hinters Licht zu führen, war sie von ihr hinters Licht geführt worden; sie war nichts als ein Lustobjekt, das Camille ihrem geliebten Jungen verschaffen wollte, dem Jungen, den sie mit einer außerordentlichen, ungemeinen Liebe liebte. Für eine Frau wie Béatrix war diese Entdeckung ein Donnerschlag. Peinlich genau ließ sie die Geschehnisse dieser Woche an sich vorüberziehen. Sekundenschnell enthüllten sich ihr Camilles Rolle und die ihrige in ihrer ganzen Reichweite: sie fühlte sich auf unerhörte Weise herabgewürdigt. In ihrem Anfall von eifersüchtigem Haß glaubte sie in Camille eine beabsichtigte Rache um Contis willen wahrzunehmen. Alles Vergangene der beiden letzten Jahre wirkte sich jetzt vielleicht auf diese zwei Wochen aus. Nun Béatrix sich einmal auf der schiefen Ebene des Mißtrauens, der Unterstellungen und des Zorns befand, hielt sie nicht mehr inne: getrieben von ihren ungestümen Seelenregungen, lief sie in ihrer Wohnung abwechselnd hin und her und setzte sich dann wieder, um einen Entschluß zu fassen; aber bis zur Stunde des Abendessens blieb sie im Bann der Unentschlossenheit und ging dann nach unten, ohne sich umgekleidet zu haben. Als Camille ihre Rivalin hereinkommen sah, erriet sie alles. Béatrix war nicht im Abendkleid und bewahrte eine kalte Miene und eine Verschlossenheit der Züge, die für eine Beobachterin von der Schärfe Camille Maupins Zeugnis von der Feindseligkeit eines verbitterten Herzens ablegte. Camille ging hinaus und gab auf der Stelle den Befehl, der Calyste so sehr erstaunen sollte; sie meinte, daß, wenn der naive Bretone mit seiner unsinnigen Liebe mitten in den Streit hineinplatzte, werde er womöglich Béatrix nie wiedersehen, weil er die Zukunft seiner Leidenschaft durch irgendeine dumme Offenherzigkeit kompromittieren konnte; sie wollte bei diesem Duell der gegenseitigen Täuschungen ohne Zeugen sein. Ohne Bundesgenossen mußte Béatrix ihr verfallen. Camille kannte die Dürrheit dieser Seele, die Kleinlichkeit dieses großen Stolzes, den sie so richtig mit der Bezeichnung Halsstarrigkeit belegt hatte. Das Abendessen verlief düster. Jede dieser beiden Frauen besaß zuviel Geist und guten Geschmack, um es in Anwesenheit der Dienerschaft zu Auseinandersetzungen kommen oder sich von ihr an den Türen belauschen zu lassen. Camille war liebenswürdig und gütig, sie fühlte sich als die Überlegene! Die Marquise war hart und bissig, sie wußte, daß sie hinters Licht geführt worden war wie ein Kind. Es fand während des Essens ein Kampf der Blicke, der Gesten, der Andeutungen statt, von denen die Diener nichts verstehen sollten und was alles ein heftiges Gewitter verhieß. Als wieder hinaufgegangen werden sollte, bot Camille boshafterweise Béatrix den Arm; diese aber tat, als sehe sie die Geste der Freundin nicht und hastete allein der Treppe zu. Der Kaffee wurde serviert; Mademoiselle des Touches sagte zu ihrem Diener: »Lassen Sie uns jetzt allein«, und gab damit das Signal zum Beginn des Kampfes.

»Die Romane, die Sie anzetteln, Liebste, sind etwas gefährlicher als die, die Sie schreiben«, sagte die Marquise.

»Sie haben indessen einen großen Vorzug«, sagte Camille und nahm sich eine Zigarette.

»Welchen denn?« fragte Béatrix.

»Sie bleiben ungedruckt, mein Engel.«

»Wird aus dem, in den Sie mich hineinverstrickt haben, ein Buch?«

»Ich fühle mich nicht zum Ödipus berufen; Sie haben den Geist und die Schönheit der Sphinx, ich weiß es; aber warten Sie mir nicht mit Rätseln auf, sprechen Sie unumwunden, liebe Béatrix.«

»Wenn wir, um die Männer glücklich zu machen, sie zu amüsieren, ihnen zu gefallen und ihren Verdruß zu zerstreuen, den Teufel um Hilfe bitten . . .«

»Dann werfen die Männer uns später unsere Bemühungen und unsere Versuche vor, weil sie sie vom Geist der Verderbtheit eingegeben glauben«, sagte Camille, die Freundin unterbrechend, und legte die Zigarette hin.

»Sie vergessen die Liebe, die uns fortgerissen und unsere Übertreibungen gerechtfertigt hat, denn wie weit gingen wir nicht . . .!

Aber dann kehren sie den Mann heraus und sind undankbar und ungerecht«, entgegnete Béatrix. »Frauen unter sich kennen einander, sie wissen, daß ihre Haltung unter allen Umständen stolz, nobel und, sagen wir es getrost, tugendhaft ist. Aber, Camille, ich habe jetzt die Berechtigung der Kritiken erkannt, über die Sie sich bisweilen beschwert haben. Ja, Liebste, Sie haben etwas Männliches an sich, Sie benehmen sich wie die Männer, nichts hemmt Sie, und wenn Sie auch nicht aller männlichen Vorzüge teilhaftig sind, so haben Sie doch ihre geistige Haltung und teilen die Verachtung der Männer uns gegenüber. Ich habe keine Veranlassung, mit Ihnen zufrieden zu sein, Liebste, und ich bin zu ehrlich, um damit hinterm Berg zu halten. Vielleicht wird nie wieder jemand meinem Herzen eine so tiefe Wunde zufügen wie die, an der ich leide. Wenn Sie auch in der Liebe nicht immer eine Frau sind, so werden Sie es wieder, wenn es sich zu rächen gilt. Es bedurfte einer Frau von Genie, um die empfindlichste Stelle unseres Zartgefühls herauszufinden; ich will von Calyste sprechen und von den Schurkereien, Liebste (ja, das ist das richtige Wort), die Sie gegen mich ins Werk gesetzt haben. Wie tief sind Sie, Camille Maupin, herabgesunken, und in welcher Absicht?«

»Immer mehr Sphinx!« sagte Camille lächelnd.

»Sie haben gewollt, daß ich mich Calyste an den Hals würfe; für solche Methoden bin ich noch zu jung. Für mich ist Liebe eine Liebe mit wilder Eifersucht und absolutem Willen. Ich bin keine Schriftstellerin: mir ist es unmöglich, in Gefühlen Ideen zu erblicken ...«

»Halten Sie sich tatsächlich für befähigt, dumm drauflos zu lieben?« fragte Camille. »Beruhigen Sie sich, Sie haben noch viel Geist. Sie verleumden sich, Beste; Sie sind kühl genug, so daß Sie stets Ihren Kopf als Richter über die Großtaten Ihres Herzens einsetzen können.«

Diese boshafte Bemerkung ließ die Marquise erröten; sie warf Camille einen haßerfüllten Blick zu, einen giftigen Blick, und fand, ohne danach zu suchen, die giftigsten Pfeile ihres Köchers. Camille hörte dieser wütenden Tirade, die von so bissigen Beleidigungen sprühte, daß sie unmöglich wiedergegeben werden kann, kaltblütig zu und rauchte Zigaretten. Die durch die Ruhe der Gegnerin gereizte Béatrix machte gehässige Anspielungen auf das Alter, in dem Mademoiselle des Touches stand.

»Ist das alles?« fragte Camille und stieß eine Rauchwolke aus. »Lieben Sie Calyste?«

»Nein, bestimmt nicht.«

»Um so besser«, antwortete Camille. »Ich liebe ihn nämlich, und viel zu sehr für meine Seelenruhe. Vielleicht empfindet er für Sie eine flüchtige Neigung, Sie sind die entzückendste Blondine der Welt, und ich bin schwarz wie ein Maulwurf; Sie sind schlank und hochgewachsen, und mein Wuchs ist allzu würdig; kurz und gut, Sie sind jung! Das ist der Hauptpunkt, und Sie haben ihn mir nicht erspart. Sie haben Ihren weiblichen Vorteil mir gegenüber genauso mißbraucht, wie ein Winkelblatt mit dem Spott Mißbrauch treibt. Ich habe alles getan, um zu verhindern, was jetzt eintritt«, sagte sie und blickte zur Zimmerdecke auf. »So wenig Frau ich auch sein möge, Liebste, ich bin es immer noch genug, daß eine Rivalin meiner Mitwirkung bedarf, um den Sieg über mich davonzutragen ... (Durch diese grausame Bemerkung, die denkbar harmlos hingesprochen worden war, wurde die Marquise ins Herz getroffen.) Sie halten mich für eine recht nichtige Frau, wenn Sie von mir glauben, was Calyste Sie glauben machen möchte. Ich bin weder so groß noch so klein, ich bin eine Frau und sehr weiblich. Lassen Sie Ihr großspuriges Getue und geben Sie mir die Hand«, sagte Camille und bemächtigte sich Béatrix' Hand. »Sie lieben Calyste also nicht, das stimmt doch, nicht wahr? Also brausen Sie nicht so auf! Seien Sie morgen hart, kalt und streng zu ihm; dann wird er sich schließlich nach der Strafrede, die ich ihm halten will, unterwerfen, und vor allem nach der Versöhnung; ich habe nämlich die Hilfsmittel unseres Arsenals noch lange nicht erschöpft, und letztlich siegt die Lust stets über das Begehren. Aber Calyste ist Bretone. Wenn er auch weiterhin darauf besteht, Sie zu umwerben, dann sagen Sie es mir offen; dann stelle ich Ihnen nämlich ein kleines Landhaus zur Verfügung, das ich sechs Meilen von Paris besitze; dort finden Sie alle Behaglichkeiten vor, und auch Conti könnte dorthin kommen. Möge Calyste mich doch verleumden! Du lieber Himmel, auch die reinste Liebe lügt täglich sechsmal, ihre Heucheleien zeugen von ihrer Stärke.«

In Camilles Zügen zeichnete sich ein kalter Stolz ab, der die Marquise beunruhigte und furchtsam machte. Sie wußte nicht, was sie antworten sollte. Camille hatte ihr den letzten Hieb versetzt.

»Ich bin vertrauensvoller und weniger bitter als Sie«, fuhr Camille fort, »ich unterstelle Ihnen nicht die Absicht, durch eine Selbstbezichtigung einen Angriff zu tarnen, der mein Leben gefährden würde: Sie kennen mich, ich würde Calystes Verlust nicht überleben, und früher oder später muß ich ihn ja doch verlieren. Calyste liebt mich übrigens, ich weiß es.«

»Dies hier hat er auf einen Brief geantwortet, in dem ich ihm einzig und allein von Ihnen geschrieben habe«, sagte Béatrix und reichte ihr Calystes Brief.

Camille nahm und las ihn; aber im Lesen füllten ihre Augen sich mit Tränen; sie weinte, wie alle Frauen weinen, wenn sie schmerzlich leiden.

»Mein Gott!« sagte sie, »er liebt sie. Ich muß also sterben, ohne verstanden und geliebt worden zu sein!«

Eine Zeitlang blieb sie mit an Béatrix' Schulter gelehntem Kopf sitzen: ihr Schmerz war echt, sie empfand in ihrem Innern den gleichen furchtbaren Schlag, den die Baronin du Guénic beim Lesen dieses Briefs davongetragen hatte.

»Liebst du ihn?« fragte sie; sie hatte sich aufgerichtet und blickte Béatrix an. »Empfindest du für ihn die unendliche Anbetung, die über alle Schmerzen triumphiert und die Verachtung und jeden Verrat überlebt, und sogar die Gewißheit, niemals mehr geliebt zu werden? Liebst du ihn um seiner selbst und um der Lust willen, ihn zu lieben?«

»Liebe Freundin«, sagte die Marquise gerührt; »sei unbesorgt, morgen reise ich ab.«

»Reise nicht ab, er liebt dich, ich sehe es! Und ich liebe ihn so sehr, daß ich der Verzweiflung anheimfiele, wenn ich ihn leiden sähe und ihn unglücklich wüßte. Ich hatte um seinetwillen viele Pläne geschmiedet; aber wenn er dich liebt, ist alles aus.«

»Ich liebe ihn, Camille«, sagte da die Marquise mit anbetenswerter Naivität, aber sie wurde dabei rot.

»Du liebst ihn, und du kannst ihm widerstehen?« rief Camille. »Ach, dann liebst du ihn nicht.«

»Ich weiß nicht, welch neue Tugendhaftigkeit er in mir erweckt hat, aber es steht fest, daß ich mich meiner selbst schäme«, sagte Béatrix. »Ich wollte, ich wäre tugendhaft und frei und könnte ihm anderes opfern als die Reste meines Herzens und infame Ketten. Weder für ihn noch für mich will ich ein unvollkommenes Schicksal.«

»Kühler Kopf: lieben und berechnen!« sagte Camille beinah entsetzt.

»Sei dem, wie ihm wolle, aber ich will sein Leben nicht verderben, nicht an seinem Hals hängen wie ein Stein, kein Anlaß zu ewiger Reue werden. Seine Frau kann ich nicht, seine Geliebte will ich nicht werden. Er hat mich . . . Lachen Sie mich auch nicht aus? Nein? Also: seine wundervolle Liebe hat mich gereinigt.«

Camille warf auf Béatrix den höhnischsten, wildesten Blick, mit dem je eine eifersüchtige Frau ihre Rivalin bedacht hat.

»Auf diesem Gebiet«, sagte sie, »hatte ich geglaubt, allein zu sein. Béatrix, diese Bemerkung trennt uns für immer und ewig, fortan sind wir keine Freundinnen mehr. Wir beginnen einen grausigen Kampf. Jetzt sage ich dir: du wirst unterliegen oder davonlaufen . . .«

Félicité stürzte in ihr Schlafzimmer, nachdem sie der verdutzten Béatrix das Gesicht einer wütenden Löwin zugekehrt hatte.

Sie schlug die Portiere zurück und fragte: »Kommen Sie morgen mit nach Le Croisic?«

»Freilich«, antwortete die Marquise hochmütig. »Ich werde weder davonlaufen noch unterliegen.«

»Ich spiele mit offenen Karten: ich schreibe an Conti«, antwortete Camille. Béatrix wurde weiß wie die Gaze ihres Schals.

»Jede von uns spielt um ihr Leben«, antwortete Béatrix; sie wußte nicht mehr aus noch ein.

Die heftigen Leidenschaften, die dieser Auftritt zwischen den beiden Frauen hatte aufwallen lassen, beruhigten sich während der Nacht. Beide bemühten sich, vernünftig zu sein, und gelangten wieder zu dem Gefühl des perfiden Zauderns, das für die meisten Frauen etwas Verlockendes ist; ein vortreffliches System zwischen ihnen und den Männern, ein schlechtes zwischen Frauen. Inmitten dieses letzten Sturms vernahm Mademoiselle des Touches die große Stimme, die sogar über die Unerschrockensten triumphiert. Béatrix indessen lauschte den Ratschlägen der weltlichen Rechtsprechung; sie hatte Angst vor der Verachtung der Gesellschaft. Félicités letzter Täuschungsversuch, dem Klänge wildester Eifersucht beigemischt gewesen waren, hatte somit vollen Erfolg gehabt. Calystes Fehler war ausgeglichen; aber eine neue Unbesonnenheit konnte seine Hoffnungen für alle Zeit zunichte machen.

Der August ging seinem Ende zu, der Himmel war von prächtiger Reinheit. In der Ferne hatte der Ozean gleich einem südlichen Meer eine Tönung von geschmolzenem Silber angenommen, und nahe dem Ufer plätscherten kleine Wellen. Eine Art schimmernden Dunstes, den die senkrecht auf die Dünen niederfallenden Sonnenstrahlen erzeugt hatten, schuf dort eine nahezu tropische Atmosphäre. Daher blühte das Salz auf der Oberfläche der Teiche in kleinen, weißen Nelken. Die wackeren Paludiers, die ganz weiß gekleidet waren, um der Einwirkung der Sonne widerstehen zu können, waren vom Morgen an tätig; mit langen Harken bewaffnet lehnten die einen an den Lehmmäuerchen, die die Grundstücke voneinander trennen, und schauten dem Wirken dieser ihnen von Kindheit an vertrauten natürlichen Chemie zu; die anderen spielten mit ihren kleinen Jungen und ihren Frauen. Die grünen Dragoner, wie die Zollbeamten genannt wurden, rauchten geruhsam ihre Pfeifen. Es lag in diesem Bilde etwas Orientalisches, denn schwerlich hätte ein plötzlich nach hier versetzter Pariser sich in Frankreich geglaubt. Der Baron und die Baronin, denen als Vorwand ihres Kommens der Wunsch gedient hatte, zu sehen, wie es um die Salzernte stehe, waren auf der Mole und blickten bewundernd auf diese stille Landschaft, in der einzig das Meer das in gleichen Abständen ertönende Brausen seiner Wogen vernehmlich werden ließ, in der Boote die Flut durchfurchten und in der der grüne Gürtel des bestellten Landes eine um so anmutigere Wirkung hervorrief, als dergleichen an den immer öden Gestaden des Ozeans etwas äußerst Seltenes ist.

»Na, Kinder, jetzt habe ich also die Salzteiche von Guérande noch einmal gesehen, ehe es ans Sterben geht«, sagte der Baron zu den Paludiers, die sich am Eingang zu den Teichen zusammengeschart hatten, um ihn zu begrüßen.

»Sterben denn die du Guénic auch?« fragte ein Paludier.

In diesem Augenblick langte die von Les Touches aufgebrochene Karawane auf dem schmalen Weg an. Die Marquise schritt allein voraus; Calyste und Camille folgten ihr; sie gingen Arm in Arm. Zwanzig Schritte hinterher kam Gasselin.

»Das sind meine Eltern«, sagte der junge Herr zu Camille.

Die Marquise blieb stehen. Madame du Guénic fühlte sich aufs heftigste abgestoßen, als sie Béatrix sah; dabei hatte diese sich sehr vorteilhaft gekleidet: sie trug einen breitrandigen, mit Kornblumen geschmückten Florentiner Strohhut, darunter das gewellte Haar, ein graues Kleid aus grobem Stoff, einen blauen Gürtel mit langen, flatternden Enden; sie wirkte wie eine Prinzessin, die sich als Schäferin verkleidet hat.

»Sie hat kein Herz«, sagte sich die Baronin.

»Mademoiselle«, sagte Calyste zu Camille, »dies sind Madame du Guénic und mein Vater.« Dann sagte er zu dem Baron und der Baronin: »Mademoiselle des Touches und die Marquise de Rochefide, geborene de Casteran, Vater.«

Der Baron begrüßte Mademoiselle des Touches, die ihrerseits die Baronin voller Demut und Dankbarkeit begrüßte.

»Die«, dachte Fanny, »liebt meinen Sohn wirklich; sie scheint mir zu danken, daß ich Calyste in die Welt gesetzt habe.«

»Sie sind, gleich mir, hierhergekommen, um sich zu überzeugen, ob die Ernte gut wird; aber Sie haben gewichtigere Gründe als ich, neugierig zu sein«, sagte der Baron zu Camille, »denn Ihnen bringen die Teiche was ein.«

»Mademoiselle ist die reichste Grundbesitzerin«, sagte einer der Paludiers, »Gott möge sie schützen, sie ist nämlich eine gute Herrin.«

Die beiden Gruppen grüßten einander und trennten sich.

»Man würde Mademoiselle des Touches für nicht älter als dreißig halten«, sagte der alte Herr zu seiner Frau. »Sie ist recht schön. Und Calyste gibt dieser hageren Schindmähre von Pariser Marquise den Vorzug vor dieser trefflichen Tochter der Bretagne?«

»Leider ja«, sagte die Baronin.

Am Fuß der Mole wartete ein Boot; es wurde mißgestimmt bestiegen. Die Marquise war kühl und würdevoll. Camille hatte Calyste seines Ungehorsams wegen ausgescholten und ihm klargemacht, wie es um seine Herzensangelegenheit bestellt sei. Calyste befand sich in dumpfer Verzweiflung; er warf Béatrix Blicke zu, in denen Liebe und Haß miteinander im Widerstreit lagen. Während der kurzen Überfahrt von der Mole von Guérande nach dem äußersten Ausläufer des Hafens von Le Croisic wurde kein Wort gesprochen; dort wird das Salz verladen; die Frauen schleppen es in großen Schüsseln, die sie auf dem Kopf tragen, herbei; sie sehen dabei aus wie Karyatiden. Jene Frauen gehen barfuß und tragen nur einen ziemlich kurzen Rock. Viele von ihnen lassen sorglos die Taschentücher flattern, die ihre Brust bedecken; manche haben nur ihr Hemd an und sind die stolzesten, denn je weniger Kleidungsstücke die Frauen anhaben, desto mehr entfalten sie einen keuschen Adel. Das kleine dänische Schiff beendete seine Ladung. Das Aussteigen der beiden schönen Damen erregte die Neugier der Salzträgerinnen; und um ihr zu entgehen, im gleichen Maße aber, um Calyste einen Gefallen zu tun, ging Camille hastig auf die Felsen zu und überließ ihn Béatrix. Gasselin legte zwischen sich und seinen Herrn einen Abstand von mindestens hundert Schritten. Nach der Seeseite hin ist die Halbinsel Le Croisic von Granitfelsen gesäumt, deren Formen auf so seltsame Weise eigenwillig sind, daß sie nur von solchen Reisenden gewürdigt werden können, die imstande gewesen sind, Vergleiche zwischen den großen Schaustücken der Natur anzustellen. Vielleicht sind die Felsklippen von Le Croisic über Gebilde dieser Art der gleichen Überlegenheit teilhaftig, die dem Weg nach der Grande Chartreuse[144] vor anderen Engtälern zugestanden wird. Weder die Küsten Korsikas mit ihren recht bizarren Granitriffen noch die Sardiniens, wo die Natur an grandiosen und furchtbaren Effekten nicht gespart hat, noch die Basaltfelsen der nordischen Meere sind von so vollendeter Eigenart. Die Willkür der Natur hat sich dort damit belustigt, unermeßliche Arabesken zusammenzufügen, in denen die phantastischsten Figuren sich miteinander verschlingen und wieder lösen. Sämtliche Formmöglichkeiten sind dort vertreten. Vielleicht ermüdet die Vorstellungskraft angesichts dieser riesigen Galerie von Ungeheuerlichkeiten, wo in Zeiten seiner Wut das Meer hineintobt und schließlich alle Unebenheiten geglättet hat. Man begegnet dort einem von der Natur erschaffenen Gewölbe von einer Kühnheit, die Brunelleschi[145] irgendwie nachgeahmt zu haben scheint; denn auch die größten Kunstleistungen sind stets eine schüchterne Kopie von Natureffekten; und darunter liegt ein Becken, das wie eine Marmorbadewanne poliert und auf dem Boden mit einem ebenmäßigen, feinen, weißen Sand bestreut ist; es ist vier Fuß hoch mit lauem Wasser angefüllt, und man könnte ohne Furcht darin baden. Man bewundert kleine, kühle Buchten, die durch plump behauene, aber majestätische Pfeilerhallen nach Art derer des Palazzo Pitti[146] beschirmt werden, dieser weiteren Nachahmung der launischen Einfälle der Natur. Die Zufallsgestaltungen sind unzählig, es ist alles vorhanden, was die ausschweifendste Phantasie erfinden oder wünschen könnte. Es gibt sogar, und das ist etwas so Seltenes an den Ufern des Ozeans, daß es vielleicht die einzige Ausnahme bildet, einen dicken Buchsbaum von buschartiger Gestalt, von der der Name der Pflanze herrührt[147]. Dieser Buchsbaum, die größte Sehenswürdigkeit von Le Croisic, wo Bäume nicht gedeihen, wächst, etwa eine Meile weit vom Hafen entfernt, auf der am weitesten sich vorreckenden Landspitze der Küste. Auf einem der vom Granit gebildeten Vorsprünge, die so hoch aus dem Meer aufragen, daß die Wogen sie nie erreichen können, nicht einmal, wenn sie am wütendsten tosen, haben nach Süden hin die diluvischen[148] Willkürlichkeiten eine Höhlung gebildet, die etwa vier Fuß weit vorkragt. In diese Spalte hat der Zufall, oder der Mensch, soviel Humus getan, daß dort, vielleicht von den Vögeln ausgesät, ein kurzer, stämmiger Buchsbaum hat aufsprießen können. Die Form der Wurzeln weist auf ein Alter von mindestens dreihundert Jahren hin. Darunter ist der Fels glatt abgebrochen. Das Erdbeben, dessen Spuren in unauslöschlichen Lettern in diese Küste eingegraben sind, hat die Granitstücke überall umhergestreut. Ohne auf Klippen zu stoßen, brandet das Meer an den Fuß dieser Platte, und es ist dort mehr als fünfhundert Fuß tief; ringsum bilden ein paar Felsen in der Höhe des Wasserspiegels, die an schäumenden Wirbeln erkennbar sind, etwas wie einen großen Kreis. Es kostet einigen Mut und ein bißchen Entschlußkraft, bis zum Gipfel dieses kleinen Gibraltar vorzudringen, dessen Kuppe fast rund ist und von wo aus ein Windstoß den Schaubegierigen ins Meer oder, was noch gefährlicher wäre, auf die Felsen schleudern könnte. Diese gigantische Schildwache ähnelt den Laternen[149] alter Burgen, von denen aus man das ganze Land überschauen und etwaige Angriffe im voraus sehen konnte; man erblickt von dort aus den Kirchturm und die dürren Felder von Le Croisic sowie die Sandflächen und Dünen, die das bebaute Land bedrohen und bis in das Gebiet von Batz vorgedrungen sind. Ein paar alte Leute behaupten, daß in weit zurückliegenden Zeiten sich an jener Stelle eine feste Burg befunden habe. Die Sardinenfischer haben diesem weit vom Meer her sichtbaren Felsen einen Namen gegeben; aber es möge dem Autor verziehen werden, daß er dieses bretonische Wort vergessen hat: es ist ebenso schwierig auszusprechen wie zu behalten. An diese Stelle führte Calyste Béatrix; der Rundblick von dort aus ist prächtig, und die dekorativen Wirkungen des Granits erzeugen ein noch größeres Erstaunen als von der sandigen, am Meer entlangführenden Straße aus. Es bedarf keiner Erklärung, warum Camille sich nach vorn geflüchtet hatte. Wie einem verwundeten wilden Tier lag ihr an Einsamkeit; sie verschwand in den Grotten, tauchte auf Felskuppen wieder auf, scheuchte die Krabben aus ihren Löchern oder überraschte sie unversehens bei ihren eigentümlichen Gepflogenheiten. Um nicht durch ihre weibliche Kleidung behindert zu werden, hatte sie Hosen mit gestickten Aufschlägen angezogen, dazu einen kurzen Kittel, einen Biberhut, und statt eines Wanderstabs hatte sie eine Reitpeitsche bei sich, denn sie hat sich von je auf ihre Kraft und Geschmeidigkeit etwas eingebildet; auf diese Weise war sie hundertmal schöner als Béatrix: sie hatte sich einen kleinen Schal aus roter chinesischer Seide kreuzweis über die Brust geschlungen, wie man ihn Kindern umbindet. Eine Zeitlang sahen Béatrix und Calyste sie über Firste und Schluchten hinwegspringen wie ein Irrlicht; sie versuchte, sich von ihren Leiden dadurch abzulenken, daß sie der Gefahr trotzte. Sie war als die erste auf den Buchsbaumfelsen gelangt, hatte sich in einer der Bodenvertiefungen in den Schatten gesetzt und grübelte. Was konnte eine Frau wie sie im Alter tun, nachdem sie aus dem Becher des Ruhms getrunken hatte, den alle großen Talente in einem Zuge leeren, da sie danach zu begierig sind, als daß sie die stumpfsinnigen Genüsse der Eigenliebe im kleinen auskosteten? Sie hat seither eingestanden, daß sie dort auf Grund einer der durch ein Nichts ausgelösten Erwägungen, durch einen der zufälligen Gedanken, die vielleicht für gewöhnliche Leute eine Albernheit sind, die indessen für große Seelen einen Abgrund an tiefsinnigen Betrachtungen darstellen, zu dem seltsamen Tun angeregt worden sei, durch das sie ihr Leben in und mit der Gesellschaft beenden sollte. Sie zog eine kleine Dose aus der Tasche, in die sie für den Fall, daß sie durstig werden sollte, Erdbeerpastillen getan hatte; sie nahm mehrere; aber während sie einige davon im Mund zergehen ließ, konnte sie nicht umhin, festzustellen, daß die Erdbeeren, die ja nicht mehr existierten, dennoch in ihren guten Eigenschaften wieder auflebten. Daraus folgerte sie, daß es mit uns Menschen genauso sein könne. Jetzt bot ihr das Meer ein Abbild der Unendlichkeit dar. Der Unendlichkeit jedoch kann kein großer Geist sich entziehen, wenn er die Unsterblichkeit der Seele gelten läßt, ohne daß er daraus auf eine von der Religion gelehrte Zukunft schlösse. Dieser Gedanke verfolgte sie auch noch, als sie den Duft ihres Fläschchens mit Eau de Portugal einsog. Ihr Vorhaben, Béatrix Calyste in die Arme zu treiben, kam ihr jetzt gemein und niedrig vor: sie spürte das Weibliche in sich absterben, spürte, wie das edle, vogelhafte Geschöpf sich freimachte, das bis jetzt vom Körperlichen verhüllt worden war. Ihr gewaltiger Geist, ihr Wissen, ihre Kenntnisse, ihre mißglückten Liebschaften, wem hatte das alles sie entgegengeführt? Wer hätte ihr das gesagt? Der Nährmutter, der Trösterin der Mühseligen und Beladenen, der römischen Kirche, die so mild mit den Bußfertigen verfährt, so poetisch mit den Poeten, so naiv mit den Kindern und so geheimnisreich mit den ruhelosen, ungebärdigen Geistern, daß sie in ihrem Schoß immerfort grübeln und ihre unersättliche, unablässig sich regende Neugier stillen können. Sie richtete den inneren Blick zurück auf die Winkelzüge, die Calyste sie hatte machen lassen, und zog Vergleiche zwischen ihnen und den gewundenen Pfaden in diesem Felsgeklüft. Calyste war in ihren Augen nach wie vor der schöne Himmelsbote, ein göttlicher Leiter. Sie löschte die irdische Liebe durch die himmlische aus.

Nachdem Calyste eine Weile schweigend weitergegangen war, konnte er nicht umhin, als Béatrix eine Äußerung über die Schönheit des Ozeans tat, die sich beträchtlich von der des Mittelmeers unterscheidet, die Reinheit, die Weite, die Bewegung, die Tiefe, die Ewigkeit dieses Meers mit seiner Liebe zu vergleichen.

»Es wird durch einen Felsen begrenzt«, sagte Béatrix lachend.

»Wenn Sie so zu mir sprechen«, antwortete er und warf ihr einen göttlichen Blick zu, »wenn ich Sie sehe, wenn ich Ihnen zuhöre, dann kann ich eine Engelsgeduld aufbringen; aber wenn ich allein bin und Sie könnten mich sehen, dann hätten Sie Mitleid mit mir. Meine Mutter weint dann immer über mein Leid.«

»Hören Sie, Calyste, es muß ein Ende gemacht werden«, sagte sie und trat auf den Sandweg zurück. »Vielleicht sind wir auf die einzige Stätte gelangt, die geeignet ist, über diese Dinge zu sprechen, denn nie zuvor habe ich es erlebt, daß die Natur sich so völlig im Einklang mit meinen Gedanken befunden hätte. Ich kenne Italien, wo alles von Liebe spricht; ich kenne die Schweiz, wo alles kühl und Ausdruck eines wahren, arbeitsamen Glücks ist, wo das Grün, die stillen Wasser, die lachendsten Konturen von den schneebekränzten Alpen unterdrückt werden; aber ich habe nichts gesehen, was die glühende Dürre meines Lebens besser wiedergäbe als diese kleine Fläche, die der Seewind ausgedörrt hat, die die Meeresdünste zerfressen haben, wo eine armselige Landwirtschaft angesichts des ungeheuren Ozeans kämpft, angesichts der Baumgruppen der Bretagne, aus denen die Türme Ihrer Stadt Guérande aufragen. Ja, Calyste, so bin ich, so ist Béatrix. Klammern Sie sich also nicht an. Ich liebe Sie, aber nie und auf keine Weise werde ich die Ihre sein, denn ich bin mir der Trostlosigkeit meines Innern bewußt. Ach, Sie wissen nicht, wie hart ich gegen mich selber bin, wenn ich so zu Ihnen spreche. Nein, Sie sollen Ihr Idol, sofern ich ein Idol bin, nicht verkleinert sehen, es soll nicht von der Höhe, auf die Sie es stellen, herabstürzen. Mir graut jetzt vor einer Leidenschaft, die von Welt und Gesellschaft und von der Religion mißbilligt wird; ich will nicht abermals gedemütigt werden noch mein Glück verbergen; ich verharre in der Bindung, die ich eingegangen bin; ich will die Sandwüste ohne Pflanzenwuchs, ohne Blumen und Grün sein wie dies hier.«

»Und wenn Sie verlassen würden?« fragte Calyste.

»Dann werde ich um Gnade bitten, dann werde ich mich vor

dem Mann, den ich beleidigt habe, demütigen; aber nie werde ich es wagen, mich in ein Glück zu stürzen, von dem ich weiß, daß es enden muß.«

»Enden!« rief Calyste.

Die Marquise kam dem Dithyrambus[150], den ihr Liebhaber anstimmen wollte, zuvor, indem sie wiederholte: »Enden!«, und zwar in einem Ton, der ihm Schweigen gebot.

Dieser Einspruch löste in dem Jüngling einen der stummen, innerlichen Wutanfälle aus, wie sie einzig hoffnungslos Liebende kennen. Béatrix und er legten etwa dreihundert Schritte in tiefstem Schweigen zurück; sie hatten kein Auge für das Meer und die Felsen oder die Felder von Le Croisic.

»Dabei würde ich Sie so glücklich machen!« sagte Calyste.

»Alle Männer beginnen damit, daß sie uns das Glück versprechen, und dann überlassen sie uns der Schande, der Verlassenheit, dem Ekel. Ich habe dem, dem ich treu sein muß, nichts vorzuwerfen; er hat mir nichts versprochen, ich bin aus freien Stücken zu ihm gegangen; das einzige Mittel, das mir zur Minderung meiner Schuld bleibt, ist, sie zu verewigen.«

»Sagen Sie, daß Sie mich nicht lieben! Ich, der ich Sie liebe, weiß aus eigener Erfahrung, daß Liebe nicht rechtet, sie sieht nur sich selber; es gibt kein Opfer, das ich nicht brächte. Befehlen Sie, und ich versuche das Unmögliche. Der, der in alten Zeiten seine Geliebte geschmäht hat, weil sie ihren Handschuh unter die Löwen warf und ihm befahl, er solle ihn wiederholen, der hat nicht geliebt![151] Er hat das Recht der Frau verkannt, uns Männer auf die Probe zu stellen, um unserer Liebe sicher zu sein und nur vor übermenschlicher Größe die Waffen zu strecken. Ich würde Ihnen meine Familie, meinen Namen, meine Zukunft opfern.«

»Welch eine Beleidigung liegt in dem Wort ›opfern‹!« sagte sie so vorwurfsvoll, daß Calyste sich des Törichten seiner Äußerung bewußt wurde.

Nur unbedingt liebende Frauen oder kokette verstehen sich darauf, ein Wort als Stützpunkt zu ergreifen und sich in wunderbare Höhen aufzuschwingen: Geist und Gefühl gehen dabei auf die nämliche Weise vor; aber die liebende Frau grämt sich, und die kokette verachtet.

»Sie haben recht«, sagte Calyste und ließ zwei Tränen fallen,

»der Ausdruck darf sich nur auf die Kraftanstrengung beziehen, die Sie von mir verlangen.«

»Schweigen Sie«, sagte Béatrix; sie war betroffen über diese Antwort, durch die Calyste zum erstenmal seine Liebe richtig kennzeichnete, »ich habe zur Genüge gefehlt, führen Sie mich nicht in Versuchung.«

Sie waren in diesem Augenblick am Fuß des Buchsbaumfelsens angelangt. Calyste empfand berauschende Seligkeiten, als er die Marquise beim Erklettern jenes Felsens stützte; sie wollte ihn bis zur Spitze erklimmen. Es war für den armen Jungen die letztmögliche Gunst, ihre Taille zu umschlingen, diese ein wenig zitternde Frau zu fühlen: sie bedurfte seiner! Diese unverhoffte Lustempfindung verdrehte ihm den Kopf, er sah nichts mehr, er legte den Arm um Béatrix' Gürtel.

»Na?« fragte sie mit hochfahrender Miene.

»Werden Sie mir wirklich niemals angehören?« fragte er mit erstickter Stimme; sein Blut durchtobte ein Sturm.

»Nie, mein Freund«, antwortete sie. »Ich kann für Sie nichts sein als ein Traum. Ist das nicht etwas Schönes? Wir werden weder Bitterkeit noch Leid, noch Reue durchleben.«

»Und Sie kehren zu Conti zurück?«

»Ich muß es wohl.«

»Dann sollst du niemandem gehören«, sagte Calyste und versetzte der Marquise mit wahnwitziger Heftigkeit einen Stoß. Er wollte hören, daß sie aufschlug, und sich dann selber hinabstürzen, ihr nach; aber er vernahm nur einen dumpfen Aufschrei, das schrille Zerreißen von Stoff und das schwere Prallen eines Körpers auf Erde. Anstatt kopfüber hinabzustürzen, hatte Béatrix sich gedreht und war rücklings in den Buchsbaum gefallen; dennoch wäre sie ins Meer gerollt, wenn ihr Kleid sich nicht an einem Felsvorsprung verfangen und im Zerreißen das Gewicht des auf dem Buchsbaum liegenden Körpers gemindert hätte. Mademoiselle des Touches, die das Geschehnis mitangesehen hatte, konnte nicht schreien, sie war so grauenhaft erschüttert, daß sie lediglich Gasselin winken konnte, er solle zu Hilfe eilen. In einem Anfall von wilder Neugier beugte Calyste sich vor; er sah, in welcher Lage Béatrix sich befand, und es durchschauerte ihn: sie schien zu beten, sie glaubte zu sterben, sie spürte, wie der Buchsbaum nachzugeben begann. Mit der jähen Behendigkeit, die die Liebe verleiht, mit der übernatürlichen Gewandtheit, die die Jugend in der Gefahr aufbringt, ließ er sich neun Fuß tief hinab, wobei er sich an Felsvorsprüngen festhielt, bis er an den Felsrand gelangt war, und so konnte er gerade zur rechten Zeit noch die Marquise in die Arme nehmen und anheben, auf die Gefahr hin, daß sie beide ins Meer stürzten. Als er Béatrix hielt, war sie ohne Bewußtsein; er jedoch konnte glauben, sie sei in diesem luftigen Bett ganz sein, sie würden darin lange Zeit allein bleiben, und so war seine erste Regung ein Lustgefühl.

»Schlagen Sie die Augen auf, verzeihen Sie mir«, sagte Calyste, »oder wir sterben gemeinsam.«

»Sterben?« fragte sie mit bleichen Lippen und öffnete die Augen.

Calyste begrüßte dieses Wort mit einem Kuß und verspürte bei der Marquise ein konvulsivisches Erzittern, das ihn entzückte. In diesem Augenblick wurden über ihm Gasselins eisenbeschlagene Sohlen vernehmlich. Dem Bretonen folgte Camille; beide beratschlagten über die Mittel zur Rettung des Liebespaars.

»Es bleibt nur *eine* Möglichkeit, Mademoiselle«, sagte Gasselin. »Ich klettere hinab, sie steigen auf meine Schultern, und Sie strecken ihnen die Hand entgegen.«

»Und du?« fragte Camille.

Der Diener schien verblüfft, daß ihm Wichtigkeit beigemessen wurde, wo doch sein junger Herr in Gefahr schwebte.

»Besser wäre es, wenn aus Le Croisic eine Leiter geholt würde«, sagte Camille.

»Sie ist dennoch boshaft«, sagte sich Gasselin, als er den Weg antrat.

Mit schwacher Stimme bat Béatrix, gebettet zu werden; sie fühlte eine Ohnmacht nahen. Calyste legte sie zwischen die Granitwand und den Buchsbaum auf den kühlen Humus.

»Ich habe Sie gesehen, Calyste«, sagte Camille. »Ob nun Béatrix umkommt oder gerettet wird, es darf immer nur ein Unfall gewesen sein.«

»Jetzt wird sie mich hassen«, sagte er mit feuchten Augen.

»Vergöttern wird sie dich«, antwortete Camille. »Nun unser

Ausflug zu Ende ist, muß sie nach Les Touches geschafft werden. Was wäre nun aber aus dir geworden, wenn sie tot wäre?«

»Ich wäre ihr nachgefolgt.«

»Und deine Mutter ...?« Dann, nach einer Pause, mit schwacher Stimme: »Und ich?«

Calyste blieb blaß, den Rücken an die Granitwand gelehnt, reglos und stumm sitzen. Gasselin kam rasch von einem der kleinen, zwischen den Feldern verstreuten Pachthöfe wieder; er hatte dort eine Leiter aufgetrieben und war mit ihr zurückgelaufen. Béatrix war wieder ein wenig zu Kräften gekommen. Als Gasselin die Leiter fest hingestellt hatte, bat er Calyste, Camilles roten Schal unter Béatrix' Armen hindurchzuziehen und ihm die Enden zu reichen; so gelangte die Marquise mit Gasselins Hilfe auf die runde Plattform, wo Gasselin sie wie ein Kind auf den Arm nahm und zum Strand hinabtrug.

»Ich hätte zum Tod nicht ›nein‹ gesagt; aber die Schmerzen!« sagte sie mit schwacher Stimme zu Mademoiselle des Touches.

Béatrix fühlte sich schwach und zerschlagen, und so mußte Camille sie nach dem Pachthof tragen lassen, wo Gasselin sich die Leiter geliehen hatte. Calyste, Gasselin und Camille entledigten sich der Kleidungsstücke, die sie entbehren konnten, machten daraus auf der Leiter eine Unterlage, legten Béatrix darauf und trugen sie wie auf einer Bahre. Die Pächtersleute boten ihr Bett an. Gasselin lief zu der Stelle, wo die Pferde warteten, nahm eins, sagte den Ruderknechten, sie sollten nach der dem Pachthof nächstgelegenen Bucht fahren, und ritt nach Le Croisic, um den Wundarzt zu holen. Calyste saß auf einem Schemel und antwortete Camille durch ein Kopfnicken oder einsilbige Worte; sie war beunruhigt durch Béatrix' und Calystes Zustand. Nach einem Aderlaß befand die Kranke sich besser; sie konnte sprechen und erklärte sich bereit, zu Schiffe zu gehen, und gegen fünf Uhr nachmittags wurde sie von der Mole von Guérande nach Les Touches transportiert, wo der Stadtarzt bereits auf sie wartete. Das Gerücht von dem Geschehnis hatte sich mit unerklärlicher Schnelligkeit in der abseitigen kleinen Stadt verbreitet, in der man kaum je Einwohner zu sehen bekam.

Calyste verbrachte die Nacht auf Les Touches, am Fußende von Béatrix' Bett und gemeinsam mit Camille. Der Arzt hatte erklärt, die Marquise werde sich am nächsten Tag nur noch wie zerschlagen fühlen. Durch Calystes Verzweiflung hindurch leuchtete eine tiefe Freude: er saß an Béatrix' Bett, er schaute die Schlummernde oder Erwachende an; er konnte eingehend ihr blasses Gesicht und ihre geringsten Bewegungen beobachten. Camille mußte bitter lächeln, als sie an Calyste die Symptome einer jener Leidenschaften wahrnahm, die für alle Zeit auf die Seele und die Fähigkeiten eines Mannes abfärben und sich in Zeiten, da kein Gedanke, keine Sorge dies grausame innere Wirken stören, in sein Leben mischen. Niemals durfte Calyste Béatrix als die Frau sehen, die sie in Wahrheit war. Mit welcher Naivität ließ der junge Bretone seine geheimsten Gedanken lesen . . .! Dadurch, daß er sich in ihrem Schlafzimmer befand, daß er sie in ihrem zerwühlten Bett bewundern durfte, bildete er sich ein, diese Frau zu sein. Mit ekstatischer Angespanntheit hielt er Ausschau nach Béatrix' leisesten Bewegungen; sein Verhalten bezeigte eine so reizende Neugier, sein Glück bekundete sich so unverhohlen, daß ein Augenblick kam, da die beiden Frauen einander lächelnd anschauten. Als Calyste in den schönen, seegrünen Augen der Kranken ein Gemisch von Verwirrung, Liebe und Spott gewahrte, errötete er und wandte den Kopf ab.

»Habe ich Ihnen nicht gesagt, Calyste, daß ihr Männer uns das Glück versprecht und uns dann am Ende in einen Abgrund stürzt?«

Als Calyste diesen Scherz vernahm, der in einem ganz reizenden Tonfall gemacht worden war und eine Wandlung in Béatrix' Herzen verkündete, warf er sich auf die Knie, nahm eine der feuchten Hände, die sie ihm überließ, und küßte sie in tiefer Unterwürfigkeit.

»Sie haben das Recht, meine Liebe auf ewig zurückzustoßen, und ich habe kein Recht mehr, Ihnen auch nur ein einziges Wort zu sagen.«

»Ach!« rief Camille, als sie den Ausdruck sah, der sich auf Béatrix' Gesicht abzeichnete, und ihn mit dem verglich, den ihre diplomatischen Bemühungen gezeitigt hatten, »die Liebe wird von sich aus immer geistvoller sein als die ganze Welt! Nehmen Sie Ihr Beruhigungsmittel, liebste Freundin, und schlafen Sie.«

Calyste verbrachte die Nacht Seite an Seite mit Mademoiselle des Touches, die mystische theologische Bücher las, während Calyste sich ›Indiana‹ vornahm, das erste Werk von Camilles berühmter Rivalin[152]; es findet sich darin das ergreifende Bild eines Jünglings, der abgöttisch und hingebungsvoll, mit rätselhafter Ruhe und lebenslang, eine Frau liebt, die in derselben schiefen Situation wie Béatrix ist; das Buch sollte ihm zu einem verhängnisvollen Beispiel werden! Diese Nacht hinterließ im Herzen des armen jungen Menschen unauslöschliche Spuren; Félicité gab ihm zu verstehen, daß eine Frau, wenn sie kein Scheusal ist, nur glücklich sein und sich in allen ihren Eitelkeiten geschmeichelt fühlen muß, wenn sie der Gegenstand eines Verbrechens gewesen ist.

»Mich hätten Sie nicht ins Wasser geworfen!« sagte die arme Camille und wischte sich eine Träne ab.

Gegen Morgen war der übermüdete Calyste in seinem Lehnstuhl eingeschlafen. Nun war es an der Marquise, den liebenswürdigen Jungen anzuschauen, der durch all die Aufregungen und seine erste Nachtwache der Liebe ganz blaß aussah; sie hörte ihn im Schlaf ihren Namen murmeln.

»Auch wenn er schläft, liebt er mich«, sagte sie zu Camille.

»Er muß weggeschickt werden, damit er daheim schlafen kann«, sagte Félicité und weckte ihn.

Im Herrenhaus du Guénic war niemand in Sorge; Mademoiselle des Touches hatte der Baronin ein paar Zeilen zukommen lassen. Calyste kam zum Abendessen wieder nach Les Touches; Béatrix war aufgestanden, aber blaß, schwach und müde; aus ihren Worten und Blicken jedoch war alle Härte gewichen. Seit jenem Abend, den Camille mit Musik erfüllte, da sie sich ans Klavier gesetzt hatte, damit Calyste Béatrix' Hände nehmen und drücken konnte, ohne daß einer von beiden zu sprechen brauchte, gab es keine Gewitterstimmung mehr auf Les Touches. Félicité trat völlig in den Schatten. Kalte, schwächliche, harte und unbedeutende Frauen wie Madame de Rochefide, Frauen, die am Hals eine knochige Gelenkfügung haben, die ihnen eine gewisse Ähnlichkeit mit dem Geschlecht der Katzen verleiht, haben Seelen von der bläßlichen Farbe ihrer hellen, grauen oder grünen Augen; um daher diese Steine zu schmelzen, in Glas zu verwandeln, bedarf es der Blitzschläge. Für Béatrix waren Calystes Liebeswut und Mordversuch jener Blitzstrahl gewesen, dem nichts widersteht und der die rebellischsten Charaktere verwandelt. Béatrix fühlte sich innerlich gezüchtigt; die reine, wahre Liebe badete ihr das Herz mit ihren weichen, flüssigen Glutwogen. Sie lebte in einer süßen, lauen Atmosphäre unbekannter Gefühle und kam sich darin gewachsen und erhoben vor; sie ging in den Himmel ein, in den die Bretagne zu allen Zeiten die Frau versetzt hat. Sie genoß die ehrfürchtige Anbetung dieses Knaben, dessen Glück sie wenig kostete; denn eine Geste, ein Blick, ein Wort stellten Calyste zufrieden. Der hohe Preis, den sein Herz diesen Nichtigkeiten beimaß, rührte sie ungemein. Ihr abgestreifter Handschuh konnte für diesen Engel zu mehr werden als ihre ganze Person dem, von dem sie eigentlich hätte angebetet werden müssen. Welch ein Gegensatz! Welche Frau hätte dieser beständigen Vergöttlichung widerstehen können? Sie war sicher, daß ihr gehorcht und daß sie verstanden wurde. Hätte sie zu Calyste gesagt, er solle um der kleinsten ihrer Launen willen sein Leben aufs Spiel setzen, so hätte er nicht einmal nachgedacht. So kam es, daß Béatrix etwas Edles und Ehrfurcht Heischendes annahm; sie sah die Liebe von der Seite ihrer Größe, sie suchte darin eine Art Stützpunkt, um für Calystes Augen die herrlichste aller Frauen zu bleiben; sie wollte ihn auf ewig beherrschen. Ihre Koketterien waren jetzt um so hartnäckiger, als sie sich schwächer fühlte. Eine ganze Woche lang spielte sie mit reizender Verstellungskunst die Kranke. Wie oft ging sie nicht um den grünen Teppich herum, der sich vor der Gartenfassade von Les Touches erstreckte; sie stützte sich dabei auf Calystes Arm und zahlte so Camille das Leid heim, das diese ihr während der ersten Woche ihres Aufenthalts angetan hatte.

»Ach, meine Liebe, du läßt ihn lange zappeln«, sagte Mademoiselle des Touches zur Marquise.

Vor dem Ausflug nach Le Croisic hatten die beiden Frauen eines Abends über die Liebe geplaudert und sich über die verschiedenen Arten des Verhaltens der Männer bei ihren Liebeserklärungen lustig gemacht, wobei sie einander gestanden, daß die geschicktesten und natürlich am wenigsten liebenden keine Freude daran hätten, im Labyrinth der Gefühlsseligkeiten zu lustwandeln, und daß sie damit recht hätten, während die am tiefsten liebenden für eine gewisse Zeit die am ärgsten mißhandelten seien. »Sie benehmen sich dabei wie La Fontaine, wenn er zur Académie ging!« hatte Camille damals gesagt. Ihr eben getaner Ausspruch ließ die Marquise an jenes Gespräch denken, und sie warf ihr ihren Machiavellismus[153] vor. Madame de Rochefide besaß eine absolute Macht, Calyste in den Grenzen zu halten, von denen sie wollte, daß er sie nicht überschritt; durch eine Geste oder einen Blick gemahnte sie ihn an seine schreckliche Gewalttat am Meeresufer. Dann füllten die Augen des armen Märtyrers sich mit Tränen; er verstummte und schluckte seine Einwände, seine Gelübde, seine Leiden mit einem Heroismus hinunter, der sicherlich jede andere Frau gerührt hätte. Sie trieb ihn durch ihre höllische Koketterie in eine so tiefe innere Not, daß er sich eines Tages Camille in die Arme warf und sie um Rat bat. Béatrix benutzte Calystes Brief als Waffe, sie wählte den Absatz aus, in dem er geschrieben hatte, zu lieben sei das höchste Glück, geliebt werden komme dann erst; dieser Feststellung bediente sie sich, um seine Leidenschaft auf die ehrfürchtige Vergötterung zu beschränken, die ihr gefiel. Sie liebte es doch so sehr, sich die Seele durch die süßen Lobgesänge und die Anbetung streicheln zu lassen, die die Natur jungen Menschen eingibt; es liegt soviel Kunst ohne Ziererei, soviel unschuldige Verlockung in ihren Aufschreien, ihren Gebeten, ihren Ausrufen, ihren Berufungen auf sich selbst, in den Hypothesen, die sie für die Zukunft anbieten, daß Béatrix sich sorglich hütete, darauf zu antworten. Sie hatte es gesagt: sie zweifelte! Es handelte sich noch nicht um Glück, sondern um die Erlaubnis, zu lieben; darum bat dieser Knabe immer wieder; er wollte die Festung von der stärksten Seite her angreifen, von der moralischen Seite. Die in Worten stärkste Frau ist oft äußerst schwach, wenn es Taten gilt. Calyste hatte gesehen, welche Fortschritte er dadurch gemacht hatte, daß er Béatrix ins Meer stieß, und deshalb ist es seltsam, daß er nicht fortfuhr, sein Glück durch Gewalttaten zu erzwingen; aber bei jungen Menschen ist die Liebe so ekstatisch und heilig, daß sie alles lediglich durch moralisches Überzeugen erlangen will: darin beruht ihre Erhabenheit.

Nichtsdestoweniger beklagte sich der Bretone, vom Begehren

zum Äußersten getrieben, eines Tages lebhaft bei Camille über Béatrix' Verhalten.

»Ich habe dich heilen wollen, indem ich dich sie rasch kennen lehrte«, antwortete Mademoiselle des Touches, »und du hast durch deine Unschuld alles zunichte gemacht. Vor zehn Tagen warst du ihr Herr und Meister; heute bist du ihr Sklave, mein armer Junge. Auf diese Weise bringst du nie die Kraft auf, meine Befehle auszuführen.«

»Was soll ich tun?«

»Streit mit ihr anfangen ihrer Härte wegen. Eine Frau läßt sich bei einem Wortgefecht immer hinreißen; mach, daß sie dich schlecht behandelt, und komm dann nicht eher wieder nach Les Touches, als bis sie dich ruft.«

Bei allen schweren Krankheiten kommt ein Augenblick, da der Patient sich in die grausamsten Heilmittel schickt und sich den fürchterlichsten Operationen unterwirft. So weit war es jetzt mit Calyste gekommen. Er hörte auf Camilles Rat und blieb zwei Tage daheim; aber am dritten klopfte er an Béatrix' Tür und sagte ihr, Camille und er erwarteten sie zum Frühstück.

»Wieder ein Mittel vertan!« hatte Camille ihm gesagt, als er so feige bei ihr eingetreten war.

Béatrix hatte während jener beiden Tage oftmals an dem Fenster gestanden, von dem aus man den Weg nach Guérande überblicken kann. Als Camille sie dabei ertappt, hatte sie gesagt, sie sei ganz gebannt von der Wirkung des Ginsters am Wegrand, dessen goldene Blüten von der Septembersonne durchschimmert wurden. So war denn also Camille im Besitz von Béatrix' Geheimnis und hätte nur noch ein Wort zu sagen brauchen, um Calyste glücklich zu machen; aber sie sagte es nicht: sie war noch zu sehr Frau, um ihn zu der Handlung zu treiben, vor der junge Herzen zurückschrecken; sie scheinen um alles zu wissen, was zum Verlust ihres Ideals führt. Béatrix ließ Camille und Calyste ziemlich lange warten. Für jeden anderen als ihn wäre diese Verspätung bedeutungsvoll gewesen, denn die Toilette der Marquise verriet den Wunsch, Calyste zu bezaubern und ein abermaliges Fernbleiben zu verhindern. Nach dem Frühstück ging sie im Park spazieren und entzückte den Knaben, den sie schier toll vor Liebe machte, als sie den Wunsch aussprach, mit ihm zusammen jenen Felsen wiederzusehen, wo sie fast umgekommen wäre.

»Lassen Sie uns allein hingehen«, bat Calyste mit zitternder Stimme.

»Wenn ich es ablehnte«, antwortete sie, »könnte ich in Ihnen den Glauben erwecken, Sie seien gefährlich. Ach, ich habe es Ihnen tausendmal gesagt, ich gehöre einem andern und kann nur ihm gehören; ich habe ihn erwählt, ohne die Liebe zu kennen. Die Schuld ist zwiefach, und zwiefach ist die Strafe.«

Als sie das sagte, waren ihre Augen halb feucht von den wenigen Tränen, die Frauen dieser Art vergießen, und Calyste empfand ein Mittel, das seine glühende Leidenschaft milderte; er betete sie in diesem Augenblick an wie eine Madonna. Man darf von verschieden gearteten Charakteren genauso wenig verlangen, daß sie einander im Ausdruck der Gefühle ähneln, wie man von verschieden gearteten Bäumen dieselben Früchte erwarten darf. Béatrix war in dieser Minute außerordentlich unschlüssig; sie schwankte zwischen sich selbst und Calyste, zwischen Welt und Gesellschaft, in die sie eines Tages zurückzukehren hoffte, und dem vollkommenen Glück; zwischen dem Sichverlieren für alle Zeit durch eine Sekunde unverzeihlicher Leidenschaft und der Verzeihung durch die Gesellschaft. Ohne irgendwelchen Unwillen, sogar ohne gespielten, begann sie den Worten einer blinden Liebe zu lauschen; sie ließ sich von den weichen Händen des Mitleids streicheln. Schon mehrmals war sie bis zu Tränen gerührt gewesen, wenn sie angehört hatte, wie Calyste ihr für alles, was sie in den Augen der Welt verlieren würde, Liebe versprochen und sie bedauert hatte, daß sie sich an einen so bösen Geist, einen so falschen Menschen wie Conti gehängt habe. Mehr als einmal hatte sie Calyste nicht Schweigen geboten, wenn sie ihm von den Nöten und Leiden erzählte, die sie in Italien heimgesucht hatten, wenn sie merkte, daß sie in Contis Herzen nicht die einzige sei. Camille hatte Calyste in diesem Zusammenhang mehr als eine Lehre erteilt, und Calyste hatte Nutzen daraus gezogen.

»Ich«, sagte er zu ihr, »werde Sie uneingeschränkt lieben: bei mir werden Sie nicht die Triumphe der Kunst finden, die Genüsse, die eine durch die Wunder des Talents bewegte Menge einem verschafft; mein einziges Talent soll sein, Sie zu lieben, meine einzigen Genüsse sollen die Ihrigen sein, die Bewunderung keiner Frau soll mir als der Vergeltung wert erscheinen; Sie sollen keine widrigen Nebenbuhlerschaften zu befürchten haben; Sie werden verkannt, und dort, wo man Sie empfängt, möchte ich mich täglich empfangen lassen.«

Mit gesenktem Kopf lauschte sie diesen Worten und ließ ihn ihre Hände küssen; dabei gestand sie sich schweigend, aber bereitwillig ein, daß sie vielleicht ein verkannter Engel sei.

»Ich bin allzu sehr gedemütigt worden«, antwortete sie, »meine Vergangenheit beraubt die Zukunft jedweder Sicherheit.«

Für Calyste war es ein schöner Morgen, als er früh um sieben Uhr nach Les Touches ging und zwischen zwei Ginsterbüschen hindurch Béatrix mit dem gleichen Hut am Fenster stehen sah, den sie am Tag ihres Ausflugs getragen hatte. Er war wie geblendet. Dergleichen kleine Dinge in der Liebe machen die Welt größer und reicher. Vielleicht besitzen einzig die Französinnen das Geheimnis solcher Theatercoups; sie verdanken sie der Anmut ihres Geistes, sie verstehen sich darauf, dem Gefühl so viel davon mitzuteilen, wie es aufnehmen kann, ohne etwas von seiner Stärke einzubüßen. Ach, wie leicht wog sie an Calystes Arm. Sie durchschritten beide die nach den Dünen führende Parkpforte. Béatrix fand das Sandgelände schön; sie bemerkte die kleinen, zähen Pflanzen mit den rosigen Blüten, die dort wachsen, sie pflückte ein paar davon und fügte ihnen Kartäusernelken hinzu, die gleichfalls in dem dürren Sand gedeihen, und teilte sie auf bedeutungsvolle Weise mit Calyste, für den diese Blumen und Blätter ein ewiges, unheimliches Bild sein sollten.

»Wir wollen noch Buchsbaum dazu stecken«, sagte sie lächelnd. Sie blieb eine Weile auf der Mole, und während sie auf das Boot warteten, erzählte Calyste ihr von seiner Kinderei am Tag ihrer Ankunft. – »Ich hatte von Ihrem Streich erfahren«, sagte sie, »er war der Grund meiner Strenge am ersten Tag.«

Während dieser Wanderung schlug Madame de Rochefide den leicht scherzenden Ton der liebenden Frau an, und sie bezeigte auch deren Zärtlichkeit und Ungezwungenheit. Calyste konnte sich geliebt glauben. Aber als sie auf ihrem Weg längs der Felsen über den Sand zu einer der zauberhaften kleinen Buchten hinabgestiegen waren, wo die Wellen aus den seltsamsten Marmorsteinchen die eigenartigsten Mosaike gebildet haben, und als sie damit wie Kinder gespielt und die schönsten Proben herausgesucht hatten; als Calyste auf dem Höhepunkte seiner Berauschtheit ihr unumwunden vorschlug, sie sollten nach Irland entfliehen, da setzte sie eine würdevolle, rätselhafte Miene auf, bat um seinen Arm, und sie setzten ihren Weg nach dem Felsen fort, den sie ihren ›Tarpejischen Fels‹[154] getauft hatte.

»Lieber Freund«, sagte sie zu ihm, als sie langsamen Schrittes den prächtigen Granitblock erstieg, der ihr als Piedestal dienen sollte, »ich bringe nicht den Mut auf, Ihnen zu verheimlichen, was Sie mir bedeuten. Seit zehn Jahren ist mir kein Glück widerfahren, das sich dem vergleichen ließe, das wir eben genossen haben, als wir auf dem Felsen unter der Wasseroberfläche nach Muscheln suchten, als wir die Steinchen austauschten, aus denen ich mir eine Halskette anfertigen lassen will, die mir kostbarer sein soll, als wenn sie aus den schönsten Diamanten bestände. Ich bin wieder ein kleines Mädchen gewesen, ein Kind, so, wie ich mit vierzehn oder sechzehn Jahren war, und also Ihrer würdig. Die Liebe, die Ihnen einzuflößen ich das Glück habe, hat mich vor mir selbst wieder erhöht. Verstehen Sie dieses Wort in all seiner Magie. Sie haben aus mir die stolzeste, die glücklichste Frau gemacht, und Sie werden vielleicht länger in meiner Erinnerung leben als ich in der Ihrigen.«

Sie war in diesem Augenblick auf dem First des Felsens angelangt, von wo aus sie nach der einen Seite den unermeßlichen Ozean, nach der anderen die Bretagne mit ihren goldenen Inseln, ihren mittelalterlichen Türmen und ihren Ginsterbüschen sehen konnte. Niemals hat eine Frau auf einer schöneren Bühne gestanden, um ein so großes Geständnis zu machen.

»Aber«, sagte sie, »ich gehöre mir nicht, ich bin durch meinen Willen stärker gebunden, als ich es durch das Gesetz war. Seien Sie also durch mein Unglück gestraft und begnügen Sie sich mit dem Wissen, daß wir darunter gemeinsam leiden. Dante hat Beatrice nie wiedergesehen, Petrarca seine Laura nie besessen. Solch ein Unheil trifft nur große Seelen. Ach, wenn ich verlassen werde, wenn ich noch tausend Stufen tiefer in Schmach und Ehrlosigkeit falle, wenn deine Béatrix von der Welt, vor der mir dann graut, grausam verkannt wird, wenn sie die niedrigste der

Frauen ist . . . dann, mein angebeteter Junge«, sagte sie und nahm ihn bei der Hand, »dann wirst du wissen, daß sie die erste von allen ist, daß sie, gestützt auf dich, sich bis in den Himmel aufschwingen kann; aber dann, mein Freund«, sagte sie und warf ihm einen erhabenen Blick zu, »wenn du mich dann hinabstürzen willst, dann stoße nicht fehl: nach deiner Liebe der Tod!«

Calyste hielt Béatrix umschlungen, er drückte sie an sein Herz. Um ihre Liebesworte zu bestätigen, drückte Madame de Rochefide auf Calystes Stirn den keuschesten und schüchternsten aller Küsse. Dann stiegen sie hinab und gingen langsam zurück; sie plauderten wie Menschen, die einander vollkommen begriffen und verstanden haben, sie im Glauben, sie habe den Frieden gefunden, er aller Zweifel an seinem Glück ledig, und beide in Selbsttäuschung befangen. Nach dem, was Camille ihm angedeutet hatte, hoffte Calyste, Conti werde beglückt über diese Gelegenheit sein, Béatrix verlassen zu können. Die Marquise indessen überließ sich der Unsicherheit ihrer Lage und wartete auf einen Zufall. Calyste war zu harmlos und liebte zu sehr, um jenen Zufall herbeizuführen. Sie waren beide in den köstlichsten Seelenzustand gelangt und kehrten durch die Parkpforte wieder heim nach Les Touches. Calyste hatte den Schlüssel mitgenommen. Die berauschenden Düfte, die laue Luft, die gelblichen Farbtöne der Abendstrahlen, alles paßte zu ihrer Stimmung und ihren zärtlichen Gesprächen. Ihr Schritt war gleichmäßig und harmonisch wie die Schritte eines Liebespaars, ihre Bewegungen zeugten von der Eintracht ihrer Gedanken. Über Les Touches lag eine so tiefe Stille, daß das Geräusch beim Öffnen und Schließen der Tür laut hallte und im ganzen Park vernehmlich sein mußte. Da Calyste und Béatrix einander alles gesagt hatten und da ihre Wanderung mit all den seelischen Erschütterungen sie müde gemacht hatte, traten sie behutsam auf und sprachen kein Wort. Plötzlich, an einer Wegbiegung, durchzuckte Béatrix grausigstes Entsetzen, der ansteckende Schrecken, den das Erblicken einer Schlange auslöst; er ließ Calyste zu Eis erstarren, noch ehe er die Ursache gesehen hatte. Auf einer Bank unter einer Traueresche saß Conti und plauderte mit Camille Maupin. Das krampfhafte Zittern der Marquise war deutlicher zu sehen, als ihr lieb war; Calyste erkannte jetzt, wie teuer er dieser Frau war, die vorhin abermals eine Schranke zwischen sich und ihm aufgerichtet hatte, sicherlich, um sich noch ein paar Tage der Koketterie zu gönnen, ehe sie sie überschritt. Innerhalb einer Sekunde spielte sich in den Herzen eine ganze Tragödie ab.

»Wahrscheinlich haben Sie mich nicht schon so bald erwartet«, sagte der Künstler zu Béatrix und bot ihr den Arm.

Béatrix mußte wohl oder übel Calystes Arm loslassen und den Contis nehmen. Diese niedrige, wenngleich unumgängliche Fahnenflucht, die die neue Liebe entehrte, schmetterte Calyste zu Boden; er tauschte mit seinem Rivalen einen denkbar kalten Gruß und warf sich neben Camille auf die Bank. Er durchlebte eine Fülle widerspruchsvoller Gefühle: da er nun wußte, wie sehr Béatrix ihn liebte, hatte er sich in jäher Regung auf den Künstler stürzen und ihm sagen wollen, Béatrix gehöre jetzt ihm; aber der seelische Kampf der armen Frau, aus dem alles, was sie litt, zu ersehen war, denn sie hatte jetzt innerhalb eines Augenblicks den Preis für alle ihre Verfehlungen gezahlt, hatte ihn so tief erschüttert, daß er völlig abgestumpft war, gleich ihr von einer unerbittlichen Notwendigkeit geschlagen. Diese beiden einander entgegengesetzten Regungen erzeugten in ihm den heftigsten der Stürme, denen er ausgesetzt gewesen war, seit er Béatrix liebte. Madame de Rochefide und Conti gingen an der Bank vorüber, auf der Calyste neben Camille mehr lag als saß; die Marquise schaute ihre Rivalin an und warf ihr einen der schrecklichen Blicke zu, durch die die Frauen alles zu sagen wissen; Calystes Augen wich sie aus; sie tat, als höre sie Conti zu, der zu scherzen schien.

»Was mögen sie einander sagen?« fragte Calyste Camille.

»Lieber Junge, du kennst die fürchterlichen Rechte noch nicht, die eine erloschene Liebe einem Mann über eine Frau läßt; Béatrix hat ihm die Hand nicht verweigern können, wahrscheinlich verhöhnt er sie ihrer Liebelei wegen, er hat sie wohl aus euer beider Haltung erraten, und aus der Art und Weise, wie ihr euch seinem Blick dargeboten habt.«

»Er verhöhnt sie ...?« fragte der ungestüme Jüngling.

»Beruhige dich«, sagte Camille, »oder du verlierst die günstigen Möglichkeiten, die dir bleiben. Wenn er Béatrix' Eigenliebe allzu sehr verletzt, zertritt sie ihn wie einen Wurm. Aber er ist durchtrieben, er wird sich schon intelligent aus der Affäre ziehen. Schwerlich vermutet er, die stolze Madame de Rochefide habe ihn betrügen können. Er würde es für eine zu große Verworfenheit halten, einen Mann um seiner Schönheit willen zu lieben! Sicherlich wird er dich ihr als einen Knaben hinstellen, der aus purer Eitelkeit eine Marquise besitzen wolle, und sich zum Schiedsrichter über das Schicksal zweier Frauen aufwerfen. Kurzum, er wird die leichte Artillerie der schmählichsten Verdächtigungen donnern lassen. Dann ist Béatrix gezwungen, dem lügnerische Ableugnungen entgegenzustellen, und die benutzt er dann, um die Oberhand zu behalten.«

»Ach!« sagte Calyste, »er liebt sie nicht. Ich an seiner Stelle würde sie freigeben: Liebe stellt eine Wahl dar, die, im Augenblick getroffen, von Tag zu Tag bestätigt wird. Der nächste Tag billigt den vorhergegangenen und vergrößert den Schatz unserer Liebesfreuden. Wäre Conti ein paar Tage später gekommen, dann hätte er uns nicht mehr vorgefunden. Was mag ihn nur hergeführt haben?«

»Ein Journalistenscherz«, sagte Camille. »Die Oper, mit deren Erfolg er rechnete, ist durchgefallen, und zwar rettungslos. ›Es ist hart, gleichzeitig den Ruhm und die Geliebte einzubüßen‹, hat vielleicht Claude Vignon im Foyer gesagt und ihn dadurch in seiner ganzen Eitelkeit getroffen. Liebe, die auf kleinlichen Gefühlen basiert, ist erbarmungslos. Ich habe ihn ausgefragt, aber wer kann sich in einem so falschen und trügerischen Charakter auskennen? Er hat getan, als sei er seiner Nöte und seiner Liebe müde, als ekle das Leben ihn an. Er hat bedauert, daß er sich so öffentlich mit der Marquise liiert habe, er hat mir von seinem einstigen Glück erzählt und dabei ein wahres Gedicht an Melancholie vom Stapel gelassen, das ein bißchen zu geistvoll war, um wahr zu sein. Sicherlich hat er gehofft, mir in der Freude, die seine Schmeicheleien mir bereiten sollten, das Geheimnis eurer Liebe zu entreißen.«

»Ja? Und dann?« fragte Calyste und sah zu Béatrix und Conti hin, die herankamen; er hatte kaum noch zugehört.

Vorsichtigerweise hatte Camille sich in der Defensive gehalten; sie hatte weder Calystes Geheimnis noch dasjenige Béatrix' verraten. Der Künstler war befähigt, alle Welt zu übertölpeln, und Mademoiselle des Touches forderte Calyste auf, vor ihm auf der Hut zu sein.

»Lieber Junge«, sagte sie zu ihm, »jetzt kommt für dich der kritischste Augenblick; ihn zu bestehen, erfordert eine Vorsicht, eine Geschicklichkeit, die dir abgehen, du wirst dich von dem abgefeimtesten Mann der Welt an der Nase herumführen lassen müssen; denn jetzt kann ich nichts für dich tun.«

Die Glocke rief zum Abendessen. Conti bot Camille den Arm, Béatrix nahm den Calystes. Camille ließ der Marquise den Vortritt, die sich auf diese Weise Calyste zuwenden, den Finger auf die Lippen legen und ihm dadurch tiefstes Stillschweigen anempfehlen konnte. Während des Essens war Conti von übertriebener Heiterkeit. Vielleicht war das ein Versuch, Madame de Rochefide auf den Zahn zu fühlen; sie spielte ihre Rolle schlecht. Wäre sie kokett gewesen, so hätte sie Conti täuschen können; aber da sie liebte, wurde sie durchschaut. Der durchtriebene Musiker trieb sie nicht etwa in die Enge; er schien ihre Verlegenheit gar nicht zu bemerken. Beim Nachtisch brachte er das Gespräch auf die Frauen und rühmte die Noblesse ihrer Gefühle. »Eine Frau, die uns im Wohlstand ohne weiteres verläßt, opfert uns alles, wenn wir im Unglück sind«, sagte er. »Gegenüber den Männern haben die Frauen den Vorzug der Beständigkeit; sie müssen schon sehr gekränkt worden sein, um sich von ihrem ersten Liebhaber zu lösen; sie legen auf ihn den gleichen Wert wie auf ihre Ehre; eine zweite Liebe ist schmählich«, usw. Er war von vollkommener Moralität, er streute Weihrauch auf den Altar, auf dem ein von tausend Stichen durchbohrtes Herz blutete. Camille und Béatrix verstanden als einzige die Bitterkeit der spottgewürzten Boshaftigkeiten, die er mit jedem Lobespruch losließ. Bisweilen erröteten sie beide, aber sie waren genötigt, sich zusammenzunehmen; sie hakten einander unter, als sie in Camilles obere Räume hinaufstiegen, und gingen in stillschweigendem Einverständnis durch das große Wohnzimmer, wo kein Licht brannte und wo sie für eine kurze Weile allein sein konnten.

»Unmöglich kann ich mich von Conti mit Füßen treten lassen und ihm Rechte über mich einräumen«, sagte Béatrix leise. »Der

Galeerensträfling steht immer unter der Herrschaft seines Kettengenossen. Ich bin verloren, ich muß zurück ins Zuchthaus der Liebe. Und *Sie* haben mich wieder hineingestoßen! Ach, Sie haben ihn einen Tag zu spät oder zu früh herkommen lassen. Daran erkenne ich Ihr höllisches Schriftstellertalent: die Rache ist vollzogen worden, die Lösung vollkommen geglückt.«

»Ich habe Ihnen zwar sagen können, ich wolle an Conti schreiben; aber es wirklich tun ...! Dazu bin ich außerstande!« rief Camille. »Du leidest, ich verzeihe dir.«

»Was soll nun aus Calyste werden?« fragte die Marquise mit wunderbar naiver Selbstsucht.

»Nimmt Conti Sie denn mit?« fragte Camille ...

»Ach, glauben Sie etwa, Sie triumphierten?« rief Béatrix.

Wut verzerrte ihr schönes Gesicht, als die Marquise diese furchtbaren Worte an Camille richtete, die ihr Glück hinter einem geheuchelten Ausdruck der Betrübnis zu verbergen suchte; aber der Glanz ihrer Augen strafte die Gezwungenheit ihrer Maske Lügen, und in Grimassen kannte Béatrix sich aus! Als sie sich daher bei Licht anschauten und sich auf den Diwan setzten, wo seit drei Wochen so viele Komödien gespielt worden waren und wo die intime Tragödie so vieler widerstreitender Leidenschaften begonnen hatte, da musterten die beiden Frauen einander zum letztenmal: sie hatten erkannt, daß tiefer Haß sie trennte.

»Calyste bleibt dir«, sagte Béatrix und blickte der Freundin in die Augen; »aber ich wohne in seinem Herzen, und keine andere Frau wird mich je daraus vertreiben.«

Camille antwortete mit unnachahmlicher Ironie, die die Marquise ins Herz traf, mit den berühmten Worten der Nichte Mazarins[155] an Ludwig XIV.: »Du herrschst, du liebst sie, und du enteilst!«

Keiner von beiden fiel während dieser Szene, die sehr lebhaft verlief, die Abwesenheit Calystes und Contis auf. Der Künstler war mit seinem Nebenbuhler am Tisch sitzen geblieben, hatte ihn aufgefordert, ihm Gesellschaft zu leisten und eine Flasche Champagner mit ihm auszutrinken.

»Wir haben einiges zu bereden«, hatte der Künstler gesagt, um jeder Ablehnung Calystes zuvorzukommen.

In Anbetracht der beiderseitigen Situation war der junge Bretone gezwungen gewesen, der Aufforderung zu folgen.

»Mein Lieber«, sagte der Musiker mit schmeichlerischer Stimme, als der arme Junge zwei Gläser getrunken hatte, »wir sind zwei gute Kerle, wir können offen miteinander sprechen. Ich bin nicht aus Mißtrauen hergekommen. Béatrix liebt mich«, sagte er und vollführte eine geckenhafte Geste. »Ich liebe sie nicht mehr; ich bin nicht hergeeilt, um sie abzuholen, sondern mit ihr zu brechen und ihr die Ehre dieses Bruchs zu überlassen. Sie sind jung, Sie wissen nicht, wie nützlich es ist, als Opfer zu wirken, wenn man sich als Henker fühlt. Junge Leute sprühen Feuer und Flamme, sie verlassen eine Frau mit Eklat, häufig verachten sie sie und machen sich dadurch verhaßt; weise Männer dagegen lassen sich den Laufpaß geben und spielen den Gedemütigten, was die Frauen reuig stimmt und ihnen das süße Gefühl der Überlegenheit eingibt. Die Ungnade seitens der Gottheit ist nichts, was sich nicht wieder gutmachen ließe; hat man selber sie aber abgeschworen, so gibt es keine Abhilfe. Zu Ihrem Glück wissen Sie noch nicht, wie wir in unserem Dasein durch die unsinnigen Versprechungen gehindert werden, die anzunehmen die Frauen dumm genug sind, wenn die Galanterie uns dazu zwingt, die Schlinge solcher Versprechungen zu knüpfen, um die müßigen Stunden des Glücks auszufüllen. Dann schwört man, man wolle einander bis in alle Ewigkeit angehören. Hat man irgendein Abenteuer mit einer Frau, so verfehlt man nicht, ihr höflich zu sagen, am liebsten würde man sein ganzes Leben mit ihr verbringen; man gibt sich den Anschein, als warte man mehr als ungeduldig auf den Tod eines Gatten, und wünscht ihm dabei heimlich die beste Gesundheit der Welt. Stirbt der Gatte dann dennoch, dann gibt es Provinzlerinnen oder Dickköpfige, die dumm oder spottsüchtig genug sind, um angelaufen zu kommen und einem zu sagen: ›Hier bin ich, jetzt bin ich frei!‹ Keiner von uns ist frei. Der lästige Tote erwacht wieder, platzt mitten hinein in den schönsten unserer Triumphe oder unser am besten vorbereitetes Glück. Ich habe gemerkt, daß Sie Béatrix lieben würden; ich hatte sie übrigens in einer Situation zurückgelassen, in der sie, ohne etwas von ihrer geheiligten Majestät einzubüßen, mit Ihnen kokettieren sollte, und sei es nur, um diesen Engel von

Camille Maupin tüchtig zu ärgern. Also, mein sehr Verehrter, lieben Sie sie, Sie tun mir damit einen Gefallen, ich möchte, daß sie sich mir gegenüber abscheulich aufführt. Trotz meines guten Willens brauchen wir vielleicht Zeit, um dieses Bäumchenwechselspiel durchzuführen. Bei dergleichen Gelegenheiten kommt es auf den an, der *nicht* anfängt. Vorhin, als wir um den Rasen herumgingen, hatte ich ihr sagen wollen, ich wisse alles und wünsche alles Gute. Na, sie war verärgert. Ich bin in diesem Augenblick irrsinnig verliebt in die schönste, die jüngste unserer Sängerinnen, in Mademoiselle Falcon von der Oper, und will sie heiraten! Ja, so weit ist es mit mir gekommen; aber wenn Sie mal nach Paris kommen, werden Sie sehen, daß ich die Marquise gegen eine Königin eingetauscht habe!«

Das Glück breitete seine Aureole über das Antlitz des harmlosen Calyste; er gestand seine Liebe ein, und das war alles, was Conti hatte wissen wollen. Es gibt keinen Mann auf Erden, so blasiert, so verderbt er auch sein möge, dessen Liebe nicht aufs neue aufloderte, wenn er sie durch einen Rivalen bedroht sieht. Man möchte eine Frau ganz gern verlassen, aber man will nicht von ihr verlassen werden. Wenn Liebende einmal in diese äußerste Notlage geraten, bemühen der weibliche wie der männliche Teil sich um die Priorität, so tief ist die der Eitelkeit geschlagene Wunde. Vielleicht handelt es sich dabei um alles, was die Gesellschaft in diesem Gefühl geschaffen hat, das sehr viel weniger mit der Eitelkeit zusammenhängt als mit dem Leben an sich, das sich dann in seiner Zukunft bedroht sieht: es hat den Anschein, man werde das Kapital und nicht bloß die Zinsen verlieren. Auf die Frage des Künstlers hin erzählte Calyste alles, was sich in den letzten drei Wochen auf Les Touches ereignet hatte, und er war hingerissen von Conti, der seine Wut durch bezaubernde Biederkeit tarnte.

»Lassen Sie uns nach oben gehen«, sagte er. »Die Damen sind mißtrauisch, sicher können sie sich nicht erklären, wie wir beisammensitzen können, ohne einander in die Haare zu geraten; sie könnten kommen und uns belauschen. Ich will Ihnen weitgehendst entgegenkommen, mein lieber Junge. Ich will der Marquise gegenüber unerträglich sein, plump und eifersüchtig, ich werde in einem fort tun, als hätte ich sie im Verdacht, sie betrüge mich; es gibt kein besseres Mittel, eine Frau dahinzubringen, daß sie es wirklich tut; Sie sollen glücklich werden, und ich werde frei. Spielen Sie heute die Rolle eines verdrossenen Liebhabers; ich werde den argwöhnischen, eifersüchtigen Mann mimen. Bemitleiden Sie diesen Engel, daß er einem Mann ohne Takt und Zartgefühl angehört, weinen Sie! Sie können weinen, Sie sind jung. Ich kann leider nicht mehr weinen, das ist ein großer Vorteil weniger.«

Calyste und Conti gingen nach oben. Der Musiker, der von seinem jugendlichen Nebenbuhler inständig gebeten wurde, etwas zu singen, sang das größte musikalische Meisterwerk, das es für Ausführende gibt, das ›Pria che spunti l'aurora‹[156], das Rubini[157] selber nie ohne zu erbeben anstimmt und mit dem Conti oftmals triumphiert hatte. Nie war er großartiger als in diesem Augenblick, da so viele Gefühle seine Brust durchtobten. Calyste geriet in Ekstase. Beim ersten Wort der Cavatine warf der Künstler auf die Marquise einen Blick, der den Worten eine grausame Bedeutung lieh und verstanden wurde. Camille, die die Klavierbegleitung übernommen hatte, erriet diesen Befehl, der Béatrix den Kopf senken ließ; sie sah zu Calyste hinüber und glaubte, daß der Junge trotz ihrer Ratschläge in eine Falle getappt sei. Das wurde ihr zur Gewißheit, als der glückliche Bretone sich von Béatrix verabschiedete, ihr dabei die Hand küßte und diese mit vertrauensvoller, listiger Miene drückte. Als Calyste in Guérande anlangte, beluden die Zofe und die Dienerschaft Contis Reisewagen; er wollte ›um die Morgenröte‹, wie er gesungen hatte, Béatrix mit Camilles Pferden bis zur Post mitnehmen. Das Zwielicht gestattete es Madame de Rochefide, nach Guérande hinüberzuschauen, dessen im Tagesschein weißlich schimmernde Türme durch die Morgendämmerung leuchteten, und sich ihrer tiefen Traurigkeit hinzugeben: sie ließ dort eine der schönsten Blüten ihres Lebens zurück, eine Liebe, wie sie sich die reinsten jungen Mädchen erträumen. Respekt vor den Menschen hatte die einzige wahre Liebe zerbrochen, die dieser Frau in ihrem ganzen Leben zuteil werden konnte und sollte. Die Weltdame hatte den Gesetzen der Welt gehorcht, sie hatte die Liebe den gesellschaftlichen Rücksichten geopfert, wie gewisse Frauen sie der Religion oder der Pflicht opfern. Oft erhebt sich der Stolz bis zur Tugend. So betrachtet, ist diese Geschichte die vieler Frauen. Am nächsten Tag kam Calyste gegen Mittag nach Les Touches. Als er an der Stelle des Wegs anlangte, von der aus er tags zuvor Béatrix am Fenster erblickt hatte, erkannte er dort Camille; sie lief ihm entgegen. Am Fuß der Treppe sagte sie zu ihm leise das grausame Wort: »Abgereist!«

»Béatrix?« antwortete Calyste niedergeschmettert.

»Sie haben sich von Conti hinters Licht führen lassen und mir nichts gesagt, ich habe nichts tun können.«

Sie führte den armen Jungen in ihren kleinen Salon; er warf sich auf den Diwan, auf die Stelle, wo er so oft die Marquise gesehen hatte, und zerschmolz in Tränen. Félicité sagte nichts, sie rauchte ihre Huka im Wissen, daß dem ersten Anfall eines solchen Schmerzes, der immer taub und stumm ist, nichts entgegengesetzt werden kann. Calyste, der keinen anderen Entschluß zu fassen vermochte, blieb den ganzen Tag über in tiefer Betäubung befangen. Kurz vor dem Abendessen versuchte Camille, ihm ein paar Worte zu sagen, und bat ihn, ihr zuzuhören.

»Lieber Freund, du hast mir sehr heftige Schmerzen angetan, und ich hatte nicht, wie du, zu meiner Genesung ein schönes Leben vor mir. Für mich hat die Erde keinen Frühling, hat die Seele keine Liebe mehr. Daher muß ich, um Trost zu finden, höher steigen. Ich habe dir hier am Tag vor Béatrix' Ankunft ihr Bild entworfen; ich hatte sie dir nicht entstellen wollen, sonst hättest du mich womöglich für eigensüchtig gehalten. Vernimm heute die Wahrheit. Madame de Rochefide ist alles andere als deiner würdig. Der Skandal bei ihrem Fehltritt war unnötig, es wäre kein Aufhebens davon gemacht worden ohne diesen Lärm, den sie kaltblütig veranstaltet hat, um eine Rolle zu spielen: sie gehört zu den Frauen, die den Eklat eines Fehltritts dem ruhigen Glück vorziehen; sie beleidigen die Gesellschaft, um von ihr das fatale Almosen des Klatsches zu empfangen; sie wollen um jeden Preis von sich reden machen. Sie wurde zernagt von der Eitelkeit. Ihr Vermögen, ihr Geist hatten ihr das weibliche Königreich nicht schaffen können, das sie dadurch, daß sie in einem Salon thronte, zu erobern versucht hatte; sie hat geglaubt, sie könne die Berühmtheit der Herzogin von Langeais und der Vicomtesse de Beauséant erlangen; aber die Welt ist gerecht und gewährt die Ehre ihrer Anteilnahme nur echten Gefühlen. Die Komödie spielende Béatrix wird wie eine Schauspielerin zweiten Ranges beurteilt. Ihre Flucht wurde durch keinerlei Widerwärtigkeit gerechtfertigt. Kein Schwert des Damokles blitzte inmitten ihrer Feste, und überdies ist es in Paris leicht, in der Verborgenheit glücklich zu sein, wenn man wahr und aufrichtig liebt. Kurz und gut: wäre sie der Liebe, der Zärtlichkeit fähig, so wäre sie diese Nacht nicht Conti gefolgt.«

Camille sprach lange und sehr beredt; aber diese letzte Bemühung war unnütz; sie verstummte auf eine Geste hin, durch die Calyste seinem vollen Glauben an Béatrix Ausdruck gab; sie zwang ihn, mit nach unten zu kommen und während des Abendessens bei ihr zu sitzen; denn zu essen vermochte er nicht. Nur wenn man sehr jung ist, finden dergleichen Verkrampfungen statt. Später haben die Organe sich eingewöhnt und wirken wie verhärtet. Die Reaktion des Seelischen auf das Körperliche ist nur dann stark genug, tödliche Krankheiten hervorzurufen, wenn der Organismus seine ursprüngliche Empfindlichkeit bewahrt hat. Ein reifer Mann widersteht einem heftigen Schmerz, der einen jungen Menschen tötet, weniger durch die Schwäche der Gemütsbewegung als durch die Kräftigkeit seiner Organe. Daher war Mademoiselle des Touches anfangs erschrocken über die ruhige, resignierte Haltung, die Calyste nach dem ersten Tränenstrom annahm. Ehe er ging, wollte er Béatrix' Schlafzimmer wiedersehen und grub seinen Kopf in das Kissen, auf dem der ihrige geruht hatte.

»Ich benehme mich wie ein Narr«, sagte er, gab Camille einen Händedruck und verließ sie in tiefer Melancholie.

Er kam heim, traf die übliche Gesellschaft beim Mouche-Spiel an und blieb den ganzen Abend neben seiner Mutter sitzen. Der Pfarrer, der Chevalier du Halga und Mademoiselle de Pen-Hoël wußten um die Abreise der Madame de Rochefide, und alle waren deswegen froh; jetzt würde Calyste zu ihnen zurückkehren; daher beobachteten ihn alle nahezu heimtückisch, als sie merkten, daß er sich ein wenig schweigsam verhielt. Niemand in dem alten Herrenhaus konnte sich in das Enden einer ersten Liebe in einem so naiven, so wahren Herzen wie dem Calystes hineindenken.

Einige Tage lang ging Calyste regelmäßig nach Les Touches; er umwandelte den Rasen, wo er sich ein paarmal Arm in Arm mit Béatrix ergangen hatte. Häufig stieß er bis Le Croisic vor und erstieg den Felsen, von dem aus er versucht hatte, sie ins Meer zu stürzen: er blieb stundenlang bei dem Buchsbaum liegen, denn nach genauer Musterung der Stützpunkte in diesem Felsenbruch hatte er gelernt, hinab und wieder hinauf zu klettern. Seine einsamen Gänge, sein Schweigen und seine Versonnenheit machten schließlich seine Mutter besorgt. Nach etwa vierzehn Tagen, denn so lange dauerte sein Verhalten, das eines Tiers im Käfig, wobei der Käfig dieses verzweifelten Verliebten nach La Fontaines Ausdruck ›die von den Schritten der Geliebten geehrte, von ihren Augen erhellte Stätte‹ war, hörte Calyste auf, den kleinen Meeresarm zu überqueren; er verspürte in sich nur noch die Kraft, sich auf dem Weg nach Guérande bis zu der Stelle zu schleppen, von der aus er Béatrix am Fenster erblickt hatte. Die Familie war glücklich über die Abreise der Pariser, um diesen Provinzausdruck anzuwenden; sie nahm an Calyste nichts Unheilvolles oder Krankhaftes wahr. Die beiden alten Jungfern und der Pfarrer verfolgten ihren Plan weiter; sie hatten Charlotte de Kergarouët dabehalten; sie pflegte abermals Calyste zu necken, bekam indessen von ihm lediglich Ratschläge für das Mouche-Spiel. Den ganzen Abend blieb Calyste zwischen seiner Mutter und seiner bretonischen Verlobten sitzen und wurde vom Pfarrer und von Charlottes Tante beobachtet, die über seine mehr oder minder große Niedergeschlagenheit bei der Rückkehr zu ihnen tuschelten. Sie hielten die Gleichgültigkeit des unglücklichen Jungen für ein Sichfügen in ihre Pläne. An einem Abend, da der erschöpfte Calyste frühzeitig schlafen gegangen war, ließen alle ihre Karten auf der Tischplatte liegen, und als der Jüngling seine Schlafzimmertür schloß, schauten sie einander an. Angstvoll hatten sie dem Geräusch seiner Schritte gelauscht.

»Calyste hat etwas«, sagte die Baronin und wischte sich die Augen.

»Gar nichts hat er«, antwortete Mademoiselle de Pen-Hoël, »wir müssen ihn schleunigst verheiraten.«

»Glauben Sie, das würde ihn ablenken?« fragte der Chevalier.

Charlotte warf Monsieur du Halga einen strengen Blick zu;

sie meinte, er sei heute abend ungezogen, unmoralisch und verderbt, gottlos und lächerlich durch sein Getue mit seiner Hündin, trotz der Einwendungen der Tante, die sich für den alten Seemann einsetzte.

»Morgen früh lese ich Calyste die Leviten«, sagte der Baron, von dem alle dachten, er sei eingenickt; »ich möchte nicht aus dieser Welt scheiden, ohne meinen Enkel gesehen zu haben, einen weißen und rosa du Guénic mit einem bretonischen Häubchen in der Wiege.«

»Er spricht kein Wort«, sagte die alte Zéphirine, »keiner weiß, was er hat; nie hat er so wenig gegessen wie jetzt; wovon lebt er eigentlich? Wenn er auf Les Touches ißt, dann schlägt des Teufels Küche bei ihm nicht gut an.«

»Er ist halt verliebt«, sagte der Chevalier; er wagte diese Meinung nur äußerst schüchtern zu äußern.

»Hören Sie mal, Sie alter Knasterbart, Sie haben nichts ins Körbchen gelegt«, sagte Mademoiselle de Pen-Hoël. »Wenn Sie an Ihre Jugend denken, vergessen Sie alles.«

»Kommt morgen zum Mittagessen zu uns«, sagte die alte Zéphirine zu Charlotte und Jacqueline, »mein Bruder wird seinen Sohn schon zur Vernunft bringen, dann können wir alles besprechen. Ein Keil treibt den anderen.«

»Nicht bei Bretonen«, sagte der Chevalier.

Am anderen Tag sah Calyste Charlotte kommen; sie hatte sich schon am frühen Morgen überaus sorgfältig gekleidet; das geschah in dem Augenblick, da der Baron im Eßzimmer eine väterliche Mahnrede beendet hatte, auf die Calyste nur erwidern konnte: er kenne die Weltfremdheit seiner Tante, seiner Eltern und ihrer Freunde; er habe die Früchte vom Baum der Erkenntnis geerntet, er fühle sich vereinsamt und spreche nicht mehr die heimische Sprache. Daher bitte er den Vater lediglich um ein paar Tage Frist; daraufhin rieb der Baron sich die Hände und gab der Baronin, der er die gute Nachricht zuflüsterte, neues Leben. Charlotte, der der Baron einen Wink gegeben hatte, wurde äußerst lustig, Gasselin brachte es fertig, daß sich das Gerücht von einer Verbindung zwischen den du Guénic und den Kergarouët in der ganzen Stadt verbreitete. Nach dem Mittagessen ging Calyste über die Freitreppe vor der großen Halle in den

Garten, wohin Charlotte ihm folgte; er bot ihr den Arm und führte sie zu der Laube ganz hinten. Die alten Eltern standen am Fenster und sahen ihnen mit einer gewissen Rührung nach. Charlotte wandte sich nach der hübschen Fassade um; sie war recht betroffen über das Schweigen ihres Zukünftigen und nahm nun die Gelegenheit zum Anknüpfen eines Gesprächs wahr, indem sie zu Calyste sagte: »Sie halten nach uns Ausschau!«

»Sie können uns nicht hören«, antwortete er.

»Ja, aber sie sehen uns.«

»Komm, Charlotte, wir wollen uns setzen«, entgegnete Calyste freundlich und nahm sie bei der Hand.

»Stimmt es, daß früher Euer Banner auf der gewundenen Säule da geflattert hat?« fragte Charlotte und blickte auf das Haus, als sei es ihr eigenes. Sie würde sich gut darin ausnehmen! Wie glücklich würden sie dort sein! »Du wirst an der Einrichtung deines Hauses mancherlei ändern, nicht wahr, Calyste?«

»Dazu werde ich schwerlich Zeit haben, meine liebe Charlotte«, sagte der junge Herr, nahm ihre beiden Hände und küßte sie. »Ich will dir mein Geheimnis anvertrauen. Ich liebe allzu sehr eine Dame, die du gesehen hast und die mich ebenfalls liebt, als daß ich eine andere Frau glücklich machen könnte, und dabei weiß ich, daß du und ich seit unserer Kindheit füreinander bestimmt sind.«

»Aber sie ist doch verheiratet, Calyste«, sagte Charlotte.

»Ich kann warten«, antwortete der junge Herr.

»Und ich auch«, sagte Charlotte, die Augen voller Tränen. »Du kannst unmöglich diese Frau lange lieben; es heißt, sie sei einem Sänger nachgelaufen . . .«

»Heirate, meine liebe Charlotte«, fuhr Calyste fort. »Mit dem Vermögen, das dir deine Tante zugedacht hat und das für bretonische Verhältnisse riesig ist, kannst du dir einen besseren als mich aussuchen . . . Du wirst schon einen Mann von Rang und Ansehen finden. Ich habe dich nicht in diese Abgeschiedenheit geführt, um dir zu sagen, was du schon weißt, sondern um dich im Namen unserer Kinderfreundschaft zu beschwören, daß du den Bruch auf dich nimmst und mich abweist. Sag, du wollest keinen Mann, dessen Herz nicht frei ist; dann hat meine Leidenschaft wenigstens dazu gedient, daß dir kein Unrecht zugefügt wird. Du weißt nicht, wie das Leben auf mir lastet! Ich kann keinen Kampf ertragen, ich bin geschwächt wie ein Mensch, der von seiner Seele verlassen worden ist, von dem Eigentlichen seines Lebens. Ohne den Kummer, den mein Tod meiner Mutter und meiner Tante bereiten würde, hätte ich mich längst ins Meer gestürzt, und seit dem Tag, da die Versuchung dazu unwiderstehlich wurde, bin ich nicht wieder zu den Felsen von Le Croisic gegangen. Sag davon niemandem etwas. Leb wohl, Charlotte.«

Er nahm die Stirn des Mädchens, küßte es aufs Haar, ging über den Weg davon, der am Giebel endete, und eilte zu Camille, wo er bis Mitternacht blieb. Als er um ein Uhr morgens heimkam, fand er seine Mutter mit ihrer Stickarbeit beschäftigt; sie hatte wieder auf ihn gewartet. Leise trat er ein, drückte ihr die Hand und fragte: »Ist Charlotte abgereist?«

»Sie fährt morgen mit ihrer Tante weg, und beide sind ganz verzweifelt. Komm mit nach Irland, Calyste«, sagte sie.

»Wie oft habe ich schon gedacht, nach dorthin zu entfliehen!« sagte er.

»Ach!« rief die Baronin.

»Mit Béatrix«, fügte er hinzu.

Einige Tage nach Charlottes Abreise begleitete Calyste den Chevalier du Halga bei seinem Spaziergang auf der Mailbahn; er setzte sich in der Sonne auf eine Bank, von der aus sein Blick die ganze Landschaft von den Wetterfahnen von Les Touches bis zu den Riffen umfassen konnte; sie waren an den Schaumstreifen kenntlich, die bei Flut die Klippen umspielen. Calyste war jetzt mager und blaß, seine Kräfte nahmen ab, er begann kleine, regelmäßig wiederkehrende Frostschauer zu verspüren, Anzeichen, daß er Fieber habe. Seine umschatteten Augen hatten den Glanz, den eine fixe Idee den Einsamen zuteil werden läßt oder die Hitze des Kampfs den kühnen Ringern unserer heutigen Kulturwelt. Der Chevalier war der einzige Mensch, mit dem er Gedanken austauschte: er hatte in dem alten Herrn einen Apostel seiner Religion erraten und an ihm die Spuren einer ewigen Liebe wahrgenommen.

»Haben Sie in Ihrem Leben mehrere Frauen geliebt?« fragte er ihn beim zweitenmal, da sie, wie der Seemann sich ausdrückte, auf der Mailbahn ›in Gesellschaft segelten‹.

»Nur eine einzige«, antwortete Kapitän du Halga.

»War sie frei?«

»Nein«, sagte der Chevalier. »Ach, ich habe viel durchgemacht, sie war die Frau meines besten Freundes, meines Gönners, meines Vorgesetzten: aber wir haben einander so sehr geliebt!«

»Hat sie Sie geliebt?« fragte Calyste.

»Leidenschaftlich«, antwortete der Chevalier mit einer für ihn ungewöhnlichen Lebhaftigkeit.

»Sind Sie glücklich gewesen?«

»Bis zu ihrem Tode; sie ist mit neunundvierzig Jahren gestorben, in Sankt Petersburg[158], während der Emigration; das Klima dort hat sie getötet. Es muß sie in ihrem Sarg arg frieren. Ich habe oft daran gedacht, sie herzuholen und sie in unserer geliebten Bretagne zu bestatten, in meiner Nähe! Aber sie ruht ja in meinem Herzen.« Der Chevalier trocknete sich die Augen; Calyste nahm seine Hände und drückte sie. – »Ich hänge an der Hündin da mehr als an meinem Leben«, sagte er und zeigte auf Thisbe. »Das Tierchen ähnelt völlig der Hündin, die sie mit ihren schönen Händen gestreichelt und auf den Schoß genommen hat. Nie kann ich Thisbe anschauen, ohne die Hände der Admiralin vor mir zu sehen.«

»Haben Sie Madame de Rochefide gesehen?« fragte Calyste den Chevalier.

»Nein«, antwortete er. »Es sind jetzt achtundfünfzig Jahre, seit ich keine Frau mehr beachte, Ihre Mutter ausgenommen; sie hat fast den gleichen Teint wie die Admiralsgattin.«

Drei Tage danach sagte der Chevalier auf der Mailbahn zu Calyste: »Mein Junge, mein ganzes Vermögen beträgt hundertvierzig Louis. Wenn Sie wissen, wo Madame de Rochefide sich aufhält, dann holen Sie das Geld bei mir ab und fahren zu ihr.«

Calyste dankte dem alten Herrn, dessen Dasein ihn neidisch stimmte; aber von Tag zu Tag wurde er trübsinniger; er schien niemanden zu mögen, alle Welt schien ihn zu verletzen; nur zu seiner Mutter war er sanft und gütig. Die Baronin verfolgte mit wachsender Unruhe das Fortschreiten dieses Wahns; nur sie vermochte es durch inständiges Bitten zu erreichen, daß Calyste etwas Nahrung zu sich nahm. Zu Oktoberbeginn hörte der junge Kranke auf, zusammen mit dem Chevalier auf die Mailbahn zu gehen; vergebens kam der alte Herr, um ihn zu dem Spaziergang abzuholen, und bedachte ihn mit Greisenneckereien.

»Wir können von Madame de Rochefide reden«, sagte er. »Ich erzähle Ihnen dann mein erstes Abenteuer.«

»Ihr Sohn ist recht krank«, sagte an dem Tage, da seine inständigen Bitten fruchtlos blieben, der Chevalier du Halga zur Baronin.

Calyste antwortete nur auf alle Fragen, es gehe ihm wunderbar, und wie alle jungen Melancholiker kostete er lustvoll den Tod aus; aber er ging nicht mehr aus, er beschränkte sich auf den Garten, wärmte sich an der blassen, lauen Herbstsonne auf der Bank, allein mit seinen Gedanken, und floh jede Gesellschaft.

Als Calyste nicht mehr zu ihr kam, hatte Félicité den Pfarrer von Guérande gebeten, sie aufzusuchen. Die häufigen Besuche des Abbé Grimont, der fast jeden Morgen in Les Touches vorsprach und manchmal bis zum Abendessen dort blieb, erregten großes Aufsehen: in der ganzen Gegend war die Rede davon, sogar in Nantes. Nichtsdestoweniger versäumte er keinen Abend im Haus du Guénic, wo Verzweiflung herrschte. Herrschaft wie Diener nahmen sich Calystes Verbohrtheit zu Herzen, ohne ihn in Gefahr zu glauben; es kam niemandem in den Sinn, daß der arme junge Mensch vor Liebesgram sterben könne. Der Chevalier konnte von seinen Reisen her und aus seinen Erinnerungen mit keinem Beispiel eines solchen Todes aufwarten. Alle schrieben Calystes Magerkeit ungenügender Ernährung zu. Die Mutter warf sich vor ihm auf die Knie und flehte ihn an, doch zu essen. Calyste bemühte sich, ihr zu Gefallen seines Widerwillens Herr zu werden. Das widerwillig genossene Essen beschleunigte noch das schleichende Fieber, das den schönen jungen Menschen verzehrte.

In den letzten Oktobertagen konnte der geliebte Sohn nicht mehr zum Schlafen in den zweiten Stock hinaufgehen; sein Bett wurde in dem großen Zimmer aufgeschlagen, wo er die meiste Zeit im Kreis der Familie verbrachte; sie hatte endlich den Arzt von Guérande zu Rate gezogen. Der Doktor versuchte, das Fieber mit Chinin zu dämpfen, und es ließ tatsächlich für einige Tage nach. Der Arzt hatte Calyste körperliche Bewegung verordnet und ihm geraten, sich zu zerstreuen. Der Baron kam zu

Kräften, seine Apathie verlor sich; er verjüngte sich, indessen sein Sohn alterte. Er nahm Calyste, Gasselin und seine beiden schönen Hunde mit auf die Jagd. Calyste gehorchte dem Vater, und ein paar Tage lang wurde zu dritt gejagt: sie gingen in den Wald, sie besuchten ihre Freunde auf den benachbarten Schlössern; aber Calyste brachte keinen Frohsinn auf, niemand konnte ihm ein Lächeln entlocken, seine bleifahle, verschlossene, maskenhafte Miene ließ auf ein völlig passives Wesen schließen. Der von der Erschöpfung überwältigte Baron fiel in eine furchtbare Müdigkeit, mußte heimkehren und nahm Calyste im gleichen Zustand mit. Einige Tage nach dieser Rückkehr wurden Vater und Sohn so gefährlich krank, daß auf die Bitte des Guérander Arztes hin zwei berühmte Doktoren aus Nantes zugezogen werden mußten. Der Baron war durch die offensichtliche Veränderung, die mit Calyste vor sich gegangen war, völlig niedergeschmettert. Er war mit der erschreckenden Hellsicht begabt, die die Natur den Sterbenden verleiht; er zitterte wie ein Kind, daß sein Geschlecht erlöschen könne: er sprach kein Wort, er saß im Lehnstuhl, in den seine Schwäche ihn bannte, faltete die Hände und betete zu Gott. Er saß dem Bett zugewandt, in dem Calyste lag, und sah ihn ohne Unterlaß an. Bei der geringsten Bewegung, die der Sohn machte, nahm er lebhaften Anteil, als werde die Flamme seines Lebens dadurch angefacht. Die Baronin verließ das Zimmer nicht mehr; in der Kaminecke saß die alte Zéphirine und strickte in grausiger Unruhe: sie wurde um Brennholz gebeten, denn Vater und Sohn fror es gleichermaßen, ihre Vorräte wurden angegriffen: deswegen hatte sie sich entschlossen, ihre Schlüssel abzugeben; sie war nicht mehr behend genug, um Mariotte folgen zu können; aber sie wollte alles wissen; mit leiser Stimme befragte sie Mariotte und ihre Schwägerin alle Augenblicke; sie nahm sie beiseite, um etwas über den Zustand ihres Bruders und ihres Neffen zu erfahren. Als eines Abends, während Calyste und sein Vater schlummerten, die alte Demoiselle de Pen-Hoël ihr sagte, man müsse darauf gefaßt sein, daß der Baron sterben werde – sein Gesicht war weiß und wächsern geworden –, ließ sie ihr Strickzeug fallen, wühlte in ihrer Tasche, brachte daraus einen alten Rosenkranz mit schwarzen Holzperlen zum Vorschein und betete ihn mit einer Inbrunst, die ihrem alten, ausgedörrten Gesicht einen so kraftvollen Glanz zuteil werden ließ, daß die andere alte Jungfer wie die Freundin tat; dann verbanden auf ein Zeichen des Pfarrers hin sich alle der geistigen Erhebung der Mademoiselle du Guénic.

»Ich habe als erste zu Gott gebetet«, sagte die Baronin, die an Calystes verhängnisvollen Brief hatte denken müssen, »aber er hat mich nicht erhört!«

»Vielleicht täten wir gut«, sagte Pfarrer Grimont, »wenn wir Mademoiselle des Touches bäten, Calyste zu besuchen.«

»Die?« rief die alte Zéphirine, »die Urheberin aller unserer Leiden? Sie, die ihn seiner Familie entfremdet, die ihn uns entführt hat, die ihn unfromme Bücher hat lesen lassen, die ihn eine ketzerische Redeweise gelehrt hat? Sie sei verflucht, und Gott möge ihr nie verzeihen! Sie hat die du Guénic gefällt.«

»Vielleicht wird sie sie wieder aufrichten«, sagte der Pfarrer mit sanfter Stimme. »Sie ist eine heilige, tugendsame Frau; ich bürge für sie, sie hegt für ihn nur gute Absichten. Wäre sie doch imstande, sie zu verwirklichen!«

»Sag mir im voraus den Tag, an dem sie den Fuß hierhersetzt, damit ich verschwinden kann«, rief die Alte. »Vater und Sohn hat sie umgebracht. Glaubt ihr etwa, ich hörte nicht, wie schwach Calystes Stimme ist? Er hat kaum noch die Kraft zu sprechen.«

Gerade in diesem Augenblick kamen die drei Ärzte herein; sie erschöpften Calyste mit Fragen; aber die Untersuchung des Vaters dauerte nur kurz; ihre Meinung war im Handumdrehen gefaßt, es wunderte sie lediglich, daß er überhaupt noch lebte. Der Guérander Arzt teilte der Baronin in aller Ruhe mit, wahrscheinlich müsse Calyste nach Paris gebracht werden, damit er die erfahrensten Männer der medizinischen Wissenschaft konsultieren könne; denn diese zum Herkommen zu bewegen, werde mehr als hundert Louis kosten.

»An irgendwas stirbt man, aber die Liebe, das ist doch kein Grund«, sagte Mademoiselle de Pen-Hoël.

»Ach, welches auch der Grund ist, Calyste stirbt«, sagte die Baronin, »ich erkenne an ihm sämtliche Symptome der Auszehrung, der furchtbarsten unter allen Krankheiten meiner Heimat.«

»Calyste stirbt?« fragte der Baron und öffnete die Augen, aus denen zwei dicke Tränen rannen und langsam niederrollten; die vielen Falten seines Gesichts hemmten sie, und sie blieben unten an den Wangen haften, die beiden einzigen Tränen, die er wohl während seines ganzen Lebens vergossen hatte. Er stellte sich auf die Füße, tat die paar Schritte zum Bett seines Sohnes hin, ergriff dessen Hände und blickte ihn an.

»Was willst du, Vater?« fragte er ihn.

»Daß du am Leben bleibst!« rief der Baron.

»Ich kann ohne Béatrix nicht leben«, antwortete Calyste dem alten Mann, der in seinen Lehnsessel sank.

»Wie die hundert Louis auftreiben, damit die Ärzte aus Paris herkommen können? Es ist noch Zeit«, sagte die Baronin.

»Hundert Louis!« rief Zéphirine. »Würde er dann wieder gesund?«

Ohne die Antwort der Schwägerin abzuwarten, steckte die alte Jungfer die Hände in die Taschenöffnungen und nestelte den Unterrock los; mit einem dumpfen Geräusch fiel er zu Boden. Sie kannte die Stellen, wo sie ihre Louis eingenäht hatte, so genau, daß sie sie mit einer an Magie gemahnenden Behendigkeit auftrennte. Eins nach dem anderen fielen die Goldstücke klingend auf ihren Rock. Die alte Pen-Hoël sah ihrem Tun zu und bekundete ein stumpfsinniges Staunen.

»Aber es sehen Ihnen ja alle zu!« sagte sie leise zu der Freundin.

»Siebenunddreißig«, antwortete Zéphirine und zählte weiter.

»Alle erfahren, wieviel Sie haben.«

»Zweiundvierzig.«

»Die ganz neuen Doppellouis: wo haben Sie die her, wo Sie doch nicht sehen können?«

»Ich habe sie ertastet. Da, hundertvier Louis«, rief Zéphirine. »Reicht das?«

»Was fällt Ihnen denn ein?« fragte der Chevalier du Halga, der dazukam und sich die Haltung seiner alten Freundin nicht erklären konnte, die ihren Rock mit all den Goldstücken festhielt.

Mit zwei Worten erklärte Mademoiselle de Pen-Hoël dem Chevalier den Sachverhalt.

»Ich habe es gewußt«, sagte er, »und ich bringe Ihnen gerade die hundertvierzig Louis, die ich Calyste zur Verfügung gestellt habe; er weiß es.«

Der Chevalier zog zwei Geldrollen aus der Tasche und zeigte sie vor. Als Mariotte diese Reichtümer sah, sagte sie zu Gasselin, er solle die Tür zumachen.

»Das Geld gibt ihm die Gesundheit nicht wieder«, sagte die Baronin schluchzend.

»Aber vielleicht kann er mit seiner Hilfe seiner Marquise nachlaufen. Los, Calyste!«

Calyste richtete sich auf und rief frohgemut: »Vorwärts!«

»Er bleibt also am Leben«, sagte der Baron mit schmerzerfüllter Stimme, »nun kann ich sterben. Holt den Pfarrer.«

Diese Worte verbreiteten Schrecken. Als Calyste den Vater infolge der grausigen Aufregungen dieser Szene erbleichen sah, konnte er seinen Tränen nicht wehren. Der Pfarrer, der um das Urteil der Ärzte wußte, hatte Mademoiselle des Touches aufgesucht, denn so groß auch sein Widerwille gegen sie gewesen war, so sehr bewunderte er sie jetzt, und er trat für sie ein, wie ein Hirt eines seiner Lieblingslämmer verteidigen muß.

Bei der Nachricht von dem hoffnungslosen Zustand des Barons hatte sich in dem Gäßchen eine Menschenschar angesammelt: die Bauern, die Paludiers und die Leute aus Guérande knieten im Hof, während der Abbé Grimont den alten bretonischen Kämpen versah. Die ganze Stadt war erschüttert, daß der Vater an der Seite seines kranken Sohnes im Sterben liege. Das Erlöschen dieses alten bretonischen Geschlechts wurde als ein öffentliches Unglück betrachtet. Die heilige Handlung ging Calyste sehr nahe. Sein Schmerz brachte für eine Weile seine Liebe zum Schweigen; während des Todeskampfes des heroischen Verteidigers der Monarchie lag er auf den Knien, beobachtete das Näherkommen des Todes und weinte. In seinem Lehnsessel, in Gegenwart der ganzen um ihn versammelten Familie, hauchte der alte Herr aus.

»Ich sterbe dem König und der Religion getreu. Mein Gott, laß als Lohn meiner Mühen Calyste leben!« sagte er.

»Ich will leben, Vater, und ich will dir gehorchen«, antwortete der junge Herr.

»Wenn du mir den Tod so schön machen willst, wie Fanny mir

das Leben gemacht hat, dann schwöre mir, daß du heiraten wirst.«

»Ich verspreche es dir, Vater.«

Es war ein rührender Anblick, als Calyste, oder vielmehr seine äußere Erscheinung, auf den alten Chevalier du Halga gestützt, ein Gespenst, das einen Schatten geleitete, dem Sarg des Barons folgte und den Trauerzug anführte. Die Kirche und der kleine Platz vor dem Portal waren voller Menschen; aus mehr als zehn Meilen in der Runde waren sie herbeigeeilt.

Die Baronin und Zéphirine versanken in tiefen Schmerz, als sie merkten, daß Calyste trotz aller Bemühungen, dem Vater zu gehorchen, in einer Stumpfheit verharrte, die Unheilvolles zu bedeuten schien. An dem Tag, da die Familie Trauerkleidung anlegte, hatte die Baronin den Sohn nach der Bank hinten im Garten geführt und war mit Fragen in ihn gedrungen. Calyste hatte schmerzlich und gefügig geantwortet, aber seine Antworten waren trostlos gewesen.

»Mutter«, hatte er gesagt, »es ist kein Leben mehr in mir: was ich esse, nährt mich nicht, die Luft, die in meine Brust einströmt, erfrischt mir nicht das Blut; die Sonne dünkt mich kalt, und wenn sie für dich die Fassade unseres Hauses beleuchtet wie in diesem Augenblick, dann sehe ich dort, wo du lichtüberfluteten plastischen Schmuck wahrnimmst, nur undeutliche, in Nebel gehüllte Formen. Wäre Béatrix hier, so würde alles wieder glänzen. Nur eins in der Welt hat seine eigene Form und Farbe behalten, diese Blumen hier und diese Blätter«, sagte er, zog den verwelkten Strauß hervor, den die Marquise ihm überlassen hatte, und zeigte ihn.

Die Baronin wagte es nicht, dem Sohn noch weitere Fragen zu stellen; aus seinen Antworten sprach noch mehr Irrsinn, als sein Schweigen Schmerz verkündete. Indessen erzitterte Calyste, als er durch die einander gegenüberliegenden Fenster Mademoiselle des Touches erblickte: Félicité erinnerte ihn an Béatrix. So dankten die beiden trostlosen Frauen also Camille die einzige Freudenregung, die ihre Trauer durchschimmerte.

»Nun, Calyste«, sagte Mademoiselle des Touches, als sie vor ihm stand, »der Wagen steht bereit, wir wollen Béatrix gemeinsam suchen; kommen Sie mit?«

Das magere, blasse Gesicht des Jünglings in Trauerkleidung nahm sogleich eine rötliche Tönung an, und seine Züge belebte ein Lächeln.

»Wir machen ihn gesund«, sagte Mademoiselle des Touches zu der Mutter, die ihr die Hand drückte und vor Freude weinte.

Acht Tage nach dem Tod des Barons reisten Mademoiselle des Touches, die Baronin du Guénic und Calyste nach Paris und überließen die Sorge um die laufenden Angelegenheiten der alten Zéphirine.

Félicités Zuneigung zu Calyste hatte für den armen Jungen die schönste Zukunft angebahnt. Sie war mit der Familie Grandlieu verwandt, deren herzoglicher Zweig mit fünf Töchtern endete; sie hatte der Herzogin von Grandlieu Calystes Geschichte brieflich mitgeteilt und ihr auch geschrieben, sie habe ihr Haus in der Rue du Mont-Blanc verkauft, für das ihr einige Spekulanten zweieinhalb Millionen geboten hätten. Ihr Sachwalter habe gerade anstelle jenes Hauses eines der schönsten Stadtpalais in der Rue de Bourbon[159] für siebenhunderttausend Francs gekauft. Von dem Rest des Erlöses vom Verkauf des Hauses in der Rue du Mont-Blanc stelle sie eine Million für den Rückkauf der Ländereien der Familie du Guénic zur Verfügung und ihr ganzes Vermögen Sabine de Grandlieu, die sie damit beauftrage, Calyste von seiner Leidenschaft für Madame de Rochefide zu heilen. Félicité kannte die Pläne des Herzogs und der Herzogin; diese hatten die letzte ihrer fünf Töchter dem Vicomte de Grandlieu zugedacht, als dem Erben ihrer Titel; sie wußte auch, daß Clotilde-Frédérique, die zweite, unvermählt bleiben wollte, ohne indessen Nonne zu werden wie die älteste, so daß nur noch die vorletzte zu verheiraten war, die hübsche Sabine; sie war zu jener Zeit zwanzig Jahre alt.

Während der Reise setzte Félicité die Baronin über diese Maßnahme ins Bild. Das Palais in der Rue de Bourbon sollte möbliert werden; sie hatte es für den Fall, daß ihre Pläne glückten, Calyste zugedacht. Alle drei stiegen im Stadtpalais Grandlieu ab, wo die Baronin mit all den Ehren aufgenommen wurde, die ihrem Frauen- und Mädchennamen gebührten. Selbstverständlich riet Mademoiselle des Touches Calyste, sich Paris anzuschauen, während sie selber dort in Erfahrung zu bringen versuchen wolle, wo Béatrix sich gegenwärtig aufhalte; sie überließ ihn den Verlockungen jeglicher Art, die seiner in Paris warteten. Die Herzogin, ihre beiden Töchter und ihr Freundeskreis führten Calyste zu dem Zeitpunkt in die Gesellschaft ein, da die Saison der Feste einsetzte. Das Leben und Treiben in Paris verschaffte dem jungen Bretonen gewaltige Ablenkungen. Er entdeckte in Sabine de Grandlieu eine gewisse geistige Ähnlichkeit mit Madame de Rochefide; Sabine war sicherlich eins der schönsten und reizvollsten Mädchen der Pariser Gesellschaft, und er widmete ihren Koketterien eine Aufmerksamkeit, die er keinem anderen weiblichen Wesen gewährt haben würde. Sabine de Grandlieu spielte ihre Rolle um so besser, als Calyste ihr gefiel. Alles wurde so gut in die Wege geleitet, daß während des Winters 1837 der junge Baron du Guénic, der die frischen Farben seiner blühenden Jugend wiedergewonnen hatte, ohne Widerwillen zuhörte, als seine Mutter ihn an das Versprechen erinnerte, das er dem sterbenden Vater gegeben hatte, und von seiner Heirat mit Sabine de Grandlieu sprach. Aber obwohl er seinem Versprechen nachkam, unterdrückte er eine geheime Gleichgültigkeit; die Baronin wußte darum, und sie hoffte, sie werde den Freuden eines glücklichen Ehelebens weichen. An dem Tag, da die Familie Grandlieu und die Baronin im Kreise ihrer eigens aus England gekommenen Verwandten im großen Salon des Stadtpalais Grandlieu versammelt waren und Léopold Hannequin, der Notar der Familie, den Ehekontrakt erläuterte, ehe er ihn verlas, weigerte sich Calyste, auf dessen Stirn alle einige Wolken wahrnehmen konnten, unumwunden, die Guttaten anzunehmen, die Mademoiselle des Touches ihm zugedacht hatte; er baute noch immer auf Camilles Ergebenheit und glaubte sie auf der Suche nach Béatrix. In diesem Augenblick trat zur Verblüffung der beiden Familien Sabine ein, und zwar in einem Kleid, durch das sie, obgleich sie brünett war, an die Marquise de Rochefide erinnerte; sie übergab Calyste folgenden Brief.

»Calyste, ehe ich meine Postulantinnenzelle betrete, sei es mir gestattet, einen Blick auf die Welt zu werfen, die ich verlassen will, um mich der Welt des Gebets anheimzugeben. Dieser Blick gilt ausschließlich Ihnen, der Sie mir in der letzten Zeit die ganze Welt bedeutet haben. Wenn meine Berechnungen nicht irrig sind, wird meine Stimme inmitten einer Zeremonie zu Ihnen dringen, der beizuwohnen ich nicht habe über mich bringen können. An dem Tag, da Sie vor einem Altar stehen und ihre Hand in die eines jungen, bezaubernden Mädchens legen, das Sie angesichts des Himmels und der Erde wird lieben können, werde auch ich in einem Kloster zu Nantes vor einem Altar stehen, aber für immer Dem verlobt, der niemanden täuscht und betrügt. Ich spreche zu Ihnen nicht, um Sie traurig zu stimmen, sondern um Sie zu bitten, nicht durch ein falsches Zartgefühl das Gute zu durchkreuzen, das ich Ihnen habe antun wollen, seit ich Sie kenne. Machen Sie mir nicht so teuer erkaufte Rechte streitig. Wenn Liebe Leiden ist, ach, dann habe ich Sie sehr geliebt, Calyste; doch machen Sie sich keine Gewissensbisse: die einzigen Freuden, die ich in meinem Leben ausgekostet habe, danke ich Ihnen, und die Schmerzen entstammen mir selbst. Belohnen Sie mich also für alle überstandenen Schmerzen, indem Sie mich mit einer ewigen Freude beschenken. Erlauben Sie dem armen Camille, der nicht mehr ist, ein wenig zu dem materiellen Glück beizutragen, dessen Sie sich immer erfreuen sollen. Lassen Sie mich, Liebster, etwas wie den Duft in den Blüten Ihres Lebens sein, lassen Sie mich daran teilhaben, ohne Ihnen je lästig zu werden. Sicherlich werde ich Ihnen das Glück des ewigen Lebens verdanken; wollen Sie nicht darein willigen, daß ich mich meiner Schuld Ihnen gegenüber durch die Gabe einiger irdischer, vergänglicher Güter entledige? Sollte es Ihnen an Großherzigkeit mangeln? Erkennen Sie darin nicht die letzte Lüge einer verschmähten Liebe? Calyste, die Welt ohne Sie war nichts mehr für mich, Sie haben daraus für mich die grausigste aller Einsamkeiten gemacht, und Sie haben den ungläubigen Camille Maupin, den Autor von Büchern und Bühnenstücken, die ich feierlich abschwören will, Sie haben dies wagemutige, verderbte Mädchen an Händen und Füßen gefesselt vor Gott hingeworfen. Ich bin heute, was ich hätte sein sollen, ein Kind voller Unschuld. Ja, ich habe mein Kleid in Reuetränen gewaschen und darf, von einem Engel, von meinem geliebten Calyste dargeboten, dem Altar nahen! Mit welcher Milde gebe ich Ihnen diesen Namen, den mein Entschluß geheiligt hat! Ich liebe Sie ohne allen Eigennutz, wie eine Mutter ihren Sohn, wie die Kirche ein Kind liebt. Ich werde für Sie und die Ihrigen beten können, ohne in mein Gebet einen anderen Wunsch einzumischen als den für Ihr Glück. Wenn Sie die erhabene Ruhe kennten, in der ich lebe, nachdem ich mich durch mein Sinnen über die kleinen weltlichen Interessen erhoben habe, und wenn Sie wüßten, wie süß das Bewußtsein ist, seine Pflicht erfüllt zu haben, dann würden Sie, Ihrem noblen Wappenspruch getreu, mit festem Schritt und ohne nach rückwärts und um sich zu blicken in Ihr schönes Leben eintreten! Ich schreibe Ihnen also vor allem, um Sie zu bitten, sich selbst und den Ihrigen treu zu sein. Mein Lieber, die Gesellschaft, in der Sie leben sollen, könnte ohne die Religion der Pflicht nicht bestehen, und Sie würden sie mißverstehen, wie ich sie mißverstanden habe, wenn Sie sich der Leidenschaft, der Phantasie ergäben, wie ich es tat. Die Frau ist dem Mann nur gleich, wenn sie aus ihrem Leben ein beständiges Opfer macht, wie das des Mannes ein beständiges Tun ist. Mein Leben nun aber ist nichts als ein langer Anfall von Selbstsucht gewesen. Vielleicht hat Gott Sie deswegen gegen Abend an die Pforte meines Hauses gestellt wie einen Boten, der mit meiner Bestrafung und meiner Begnadigung beauftragt war. Vernehmen Sie dies Geständnis einer Frau, für die die Glorie wie ein Leuchtturm gewesen ist, dessen Schein ihr den wahren Weg gewiesen hat. Seien Sie groß, opfern Sie Ihre Träume Ihren Pflichten als Oberhaupt der Familie, als Gatte und Vater! Richten Sie das niedergesunkene Banner der alten du Guénic wieder auf, verkörpern Sie in diesem Jahrhundert ohne Religion und Grundsätze den Edelmann in seiner ganzen Glorie und seinem ganzen Glanz. Liebes Kind meiner Seele, lassen Sie mich ein wenig die Rolle einer Mutter spielen: die anbetungswürdige Fanny wird auf eine für die Welt tote Frau nicht mehr eifersüchtig sein, und Sie werden von jener Frau nur noch die ewig zum Himmel erhobenen Hände wahrnehmen. Heutzutage bedarf der Adel mehr denn je des Vermögens; nehmen Sie also einen Teil des meinigen entgegen. Calyste, machen Sie guten Gebrauch davon. Es ist keine Schenkung, sondern ein Fideikommiß[160]. Ich habe mehr an Ihre Kinder und an Ihr altes bretonisches Geschlecht gedacht denn an Sie selber, wenn ich Ihnen den Gewinn darbiete, den die Zeit mir auf den Wert meiner Pariser Liegenschaften verschafft hat.«

»Wir wollen unterzeichnen«, sagte der junge Baron zur tiefsten Befriedigung der Versammelten.

DRITTER TEIL

EIN EHEBRUCH DURCH RÜCKSCHAU

Un Adultère rétrospectif

In der folgenden Woche, nach der Hochzeitsmesse, die, dem Brauch einiger Familien des Faubourg Saint-Germain entsprechend, um sieben Uhr in der Kirche Sankt Thomas von Aquin zelebriert wurde, bestiegen Calyste und Sabine unter den Umarmungen, Küssen, Glückwünschen und Tränen von zwanzig Leuten, die sich unter der Markise des Palais Grandlieu eingefunden oder aufgestellt hatten, einen hübschen Reisewagen. Die Glückwünsche kamen von den vier Zeugen und den Herren; die Tränen waren in den Augen der Herzogin von Grandlieu und ihrer Tochter Clotilde zu sehen, die beide zitterten, von demselben Gedanken erschüttert.

»Nun muß sie ins Leben hinaus! Die arme Sabine, nun ist sie der Willkür eines Mannes preisgegeben, der nicht völlig aus freien Stücken geheiratet hat.«

Die Ehe besteht nicht lediglich aus Liebesfreuden, die in diesem Stand genauso flüchtig sind wie in jedem anderen; sie schließt auch Übereinstimmungen der Launen, physische Sympathien, Harmonie der Charaktere in sich ein, und das alles macht diese soziale Notwendigkeit zu einem ewigen Problem. Die heiratsfähigen Töchter wissen ebensogut wie die Mütter um die Grenzen und die Gefahren dieses Lotteriespiels; deshalb weinen die Frauen, die einer Trauung beiwohnen, wohingegen die Männer lächeln; die Männer glauben nicht, daß sie ein Wagnis eingehen, die Frauen indessen wissen halbwegs, was sie riskieren.

In einem anderen Wagen, der vor dem der Jungvermählten herfuhr, saß die Baronin du Guénic, zu der die Herzogin gerade gesagt hatte: »Sie sind Mutter, wenn Sie auch nur *einen* Sohn haben; versuchen Sie, mich bei meiner lieben Sabine zu ersetzen!«

Auf dem Bock dieses Wagens saß ein Leibjäger, der als Kurier diente, und hinten saßen zwei Zofen. Die vier Postillione hatten ihre schönsten Uniformen an – denn jeder Wagen war mit vier Pferden bespannt – und trugen sämtlich Sträußchen im Knopfloch sowie Seidenbänder an den Hüten, einen Schmuck, den zu beseitigen sich der Herzog von Grandlieu die größte Mühe gegeben hatte; sogar bezahlt hatte er dafür; die französischen Postillione sind überaus intelligent, aber sie hängen an ihren lustigen Bräuchen: diese hier hatten das Geld eingesteckt, aber an der Stadtzollschranke steckten sie ihre Bänder wieder an.

»Also leb wohl, Sabine«, sagte die Herzogin, »vergiß dein Versprechen nicht, schreib mir oft. Ihnen, Calyste, sage ich weiter nichts; aber Sie verstehen mich wohl ...!«

Clotilde stützte sich auf den Arm ihrer jüngeren Schwester Athénaïs, der der Vicomte Juste de Grandlieu zulächelte, und warf unter Tränen der Braut einen wissenden Blick zu; dann blickte sie dem Wagen nach, der unter dem immerfort wiederholten Geknall von vier Peitschen verschwand; es war lauter als Pistolenschüsse. In kurzer Zeit gelangte der fröhliche Zug auf die Esplanade des Invalides, erreichte über den Kai den Pont d'Iéna, die Zollschranke von Passy, die Straße nach Versailles und schließlich die große Straße nach der Bretagne.

Ist es nicht zumindest sonderbar, daß die Handwerker in der Schweiz und in Deutschland, daß die großen Familien Frankreichs und Englands dem gleichen Brauch folgen und nach der Hochzeitsfeierlichkeit auf Reisen gehen? Die Großen zwängen sich in einen Kasten auf Rädern. Die Kleinen wandern fröhlich auf den Landstraßen einher, rasten im Wald, bankettieren in allen Gasthäusern, solange ihre Freude dauert oder vielmehr ihr Geld reicht. Der Moralist geriete in große Verlegenheit, wenn er zu entscheiden hätte, wo die bessere Art des Schamgefühls obwaltet: dort, wo es sich vor der Öffentlichkeit verbirgt und den heimischen Herd und das häusliche Lager so einweiht, wie es die wackeren Bürgersleute tun, oder dort, wo es sich vor der Familie verbirgt und sich am hellen, lichten Tag auf der Landstraße und vor Unbekannten zur Schau stellt? Zarte Seelen dürften sich nach

Einsamkeit sehnen und zugleich die Welt und die Familie fliehen. Die schnell handelnde Liebe, mit der eine Ehe beginnt, ist ein Diamant, eine Perle, ein von einem großen Künstler ziseliertes Kleinod, ein Schatz, der im Herzensgrund vergraben werden muß.

Wer kann von Flitterwochen erzählen, wenn nicht die junge Gattin? Und wie viele Frauen erkennen, daß diese Zeit von ungewisser Dauer (sie kann bloß eine Nacht dauern!) die Vorrede des Ehelebens ist? Die drei ersten Briefe Sabines an ihre Mutter zeugen von einer Situation, die, leider, für einige Jungvermählte und für viele alte Frauen nichts Neues sein dürfte. Alle, die sozusagen die Krankenpflegerinnen eines Herzens gewesen sind, haben das, wie auch Sabine, nicht auf der Stelle gemerkt. Aber wenn die jungen Mädchen aus dem Faubourg Saint-Germain intelligent sind, dann sind sie schon mit dem Kopf Frauen. Vor der Ehe haben sie von der Welt und von ihrer Mutter die Taufe der guten Umgangsformen empfangen. Die Herzoginnen, die eifrig auf das Vererben ihrer Traditionen bedacht sind, ahnen häufig nicht die Tragweite ihrer Lehren, wenn sie zu ihren Töchtern sagen: »Diese Bewegung tut man nicht.« – »Lache nicht über so etwas.« – »Man wirft sich nicht auf einen Diwan, man setzt sich darauf.« – »Unterlaß dies abscheuliche Gehaben!« – »Aber so etwas tut man nicht, mein Kind!« usw. Daher haben bürgerliche Kritiker ungerechterweise jenen Mädchen Unschuld und Tugendhaftigkeit abgesprochen, die einzig, wie Sabine, dennoch Jungfrauen, die durch den Geist, das gewohnte Leben im großen Stil, den guten Geschmack vervollkommnet sind und sich vom sechzehnten Lebensjahr an ihres Opernglases zu bedienen wissen. Um sich den von Mademoiselle des Touches ersonnenen Heiratsplänen zu fügen, mußte Sabine aus der Schule der Mademoiselle de Chaulieu hervorgegangen sein. Diese angeborene Gewitztheit, diese Gaben der Rasse werden vielleicht diese junge Frau ebenso anziehend machen wie die Heldin der ›Memoiren zweier Jungvermählter‹[161], wenn man nämlich sehen wird, wie unnütz diese gesellschaftlichen Bevorzugungen in den großen Krisen des Ehelebens sind, wo sie oftmals durch die Doppellast des Unglücks und der Leidenschaft für ungültig erklärt werden.

I

An die Frau Herzogin von Grandlieu

Guérande, April 1838

Liebe Mutter, Du wirst verstehen, warum ich Dir unterwegs nicht habe schreiben können; es geht dann mit dem Kopf wie mit den Wagenrädern. Jetzt bin ich seit zwei Tagen in der tiefsten Bretagne, im Herrenhaus der du Guénic; es ist verziert wie eine Dose aus geschnitzter Kokosnußschale. Trotz der herzlichen Liebenswürdigkeiten seitens der Familie Calystes verspüre ich ein lebhaftes Verlangen, zu Dir hinzufliegen und Dir eine Fülle von Dingen zu sagen, die man, ich fühle es, nur seiner Mutter anvertrauen kann. Calyste hat geheiratet, liebe Mutter, und dabei ein tiefes Leid im Herzen bewahrt, wir alle haben es gewußt, und du hast mir nicht verhehlt, wie schwierig es für mich sein werde, die rechte Haltung zu bewahren; aber leider sind die Schwierigkeiten größer, als Du annahmst. Ach, liebe Mama, welche Erfahrungen lassen sich innerhalb einiger Tage gewinnen, und sogar, warum sollte ich es Dir nicht sagen? innerhalb einiger Stunden! Alle Deine Ratschläge haben sich als unnütz erwiesen, und wodurch, das errätst du aus dem einen Satz: ich liebe Calyste, wie wenn er nicht mein Mann wäre. Das soll heißen: wenn ich mit einem anderen verheiratet wäre und zusammen mit Calyste reiste, so würde ich ihn lieben und meinen Mann hassen. Es handelt sich also um einen vollkommen, unwillkürlich, restlos geliebten Mann, ganz abgesehen von anderen Beiwörtern, die Du nach Belieben hinzufügen magst! Daher bin ich ihm trotz Deiner guten Ratschläge untertan geworden. Du hattest mir empfohlen, groß, nobel, würdevoll und stolz zu bleiben, um von Calyste Gefühle zu verlangen, die im Leben keiner Wandlung unterworfen sein würden: die Achtung, die Hochschätzung, die eine Frau im Kreis der Familie heiligen sollen. Du hattest Dich sicherlich mit Recht gegen die jungen Frauen von heutzutage aufgelehnt, die unter dem Vorwand, sich mit ihren Gatten gut zu stellen, von Anfang an leichtsinnig, entgegenkommend, gutmütig, vertraulich und voller Hingabe sind, was, nach Deinem Ausdruck, ein wenig allzu sehr ›fille‹[162] ist (ein Wort, das ich, wie ich Dir gestehe, noch nicht verstanden habe; aber das wird schon noch kommen), und die, wenn ich Dir glauben darf, vorgehen wie beim Pferdewechsel auf den Poststationen und die dann rasch zur Gleichgültigkeit und vielleicht gar zur Verachtung gelangen. – »Vergiß nie, daß du eine Grandlieu bist!« hast Du mir zugeflüstert. Diese von der mütterlichen Beredsamkeit, die wie die des Dädalus[163] ist, erfüllten Ratschläge haben das Schicksal aller mythologischen Dinge geteilt. Liebe, geliebte Mutter, hättest Du annehmen können, daß ich mit der Katastrophe beginnen würde, die Deiner Meinung nach die Flitterwochen der jungen Frauen von heute beendet?

Als wir allein im Wagen saßen, Calyste und ich, sind wir uns beide recht dumm vorgekommen, da wir uns über die Bedeutung des ersten Wortes, des ersten Blicks klar waren, und so haben wir denn beide, noch ganz im Bann des Sakraments, jeder für sich zum Fenster hinausgeschaut. Das war so lächerlich, daß mein Herr Gemahl mir nach dem Passieren der Zollschranke mit ein wenig verwirrter Stimme eine Rede gehalten hat; sicherlich war sie vorbereitet wie alle Improvisationen; ich habe sie mit bebendem Herzen angehört und nehme mir die Freiheit, sie Dir gekürzt wiederzugeben. – »Meine liebe Sabine, ich will, daß du glücklich wirst, und ich will vor allem, daß du auf deine Art glücklich wirst«, hat er gesagt. »Anstatt uns also in der Lage, in der wir uns befinden, über unsere Charaktere und unsere Gefühle durch noble Willfährigkeit gegenseitig hinwegzutäuschen, wollen wir lieber beide schon jetzt sein, was wir in einigen Jahren ohnehin sein würden. Tu, als hättest du in mir einen Bruder, wie ich in dir eine Schwester haben möchte.« Obgleich das voller Zartgefühl gesagt worden war, gewahrte ich in diesem ersten ›speech‹ ehelicher Liebe nichts, was der Bereitwilligkeit meiner Seele entsprochen hätte, und ich saß nachdenklich da, ehe ich antwortete, ich sei von den gleichen Gefühlen beseelt. Nach dieser Erklärung unseres Rechts auf gegenseitige Kühle haben wir uns über Regen und schönes Wetter, Staub, Pferdewechsel und die Landschaft unterhalten, und zwar auf die liebenswürdigste Weise der Welt, ich mit einem leisen, gezwungenen Lachen, er sehr träumerisch.

Als wir dann aus Versailles herausfuhren, fragte ich Calyste, den ich mit »mein lieber Calyste« anredete, gerade wie er zu mir

»meine liebe Sabine« sagte, in aller Harmlosigkeit, ob er mir die Geschehnisse erzählen könne, die ihn dem Tod so nahe gebracht hätten und von denen ich wisse, daß ich ihnen das Glück verdankte, seine Frau zu sein. Das führte zu einem kleinen Wortgefecht zwischen uns, das drei Poststationen lang dauerte; ich habe dabei versucht, mich als eigensinniges Mädchen hinzustellen, das zum Schmollen entschlossen sei; er dagegen ist mit sich über die fatale Frage zu Rate gegangen, die die Zeitungen als Herausforderung Karls X. stellten: »Wird der König nachgeben?«[164] Kurzum, nach dem Pferdewechsel in Verneuil und nachdem ich Eide abgelegt hatte, die für drei Dynastien ausreichen würden, Schwüre, daß ich ihm diesen Wahnwitz nie vorwerfen, ihn nie kalt behandeln würde, usw., hat er mir seine Liebe zu Madame de Rochefide geschildert. – »Ich will nicht«, hat er abschließend zu mir gesagt, »daß Geheimnisse zwischen Ihnen und mir obwalten!« Der arme, liebe Calyste hat also nicht gewußt, daß seine Freundin Mademoiselle des Touches und Du verpflichtet gewesen sind, mir alles anzuvertrauen, denn schließlich zieht man eine junge Dame am Tag der Unterzeichnung des Ehekontrakts nicht so an, wie es mit mir geschehen ist, ohne sie in ihre Rolle einzuweihen. Einer so zärtlichen Mutter wie Dir darf man alles sagen. Ich war nun also recht betroffen, als ich merkte, daß er weniger meinem Wunsch nachgekommen als seinem eigenen Verlangen gefolgt war, sich über diese Leidenschaft auszusprechen, von der er meinte, sie sei mir unbekannt. Machst Du mir jetzt Vorwürfe, liebe Mutter, daß ich die Ausmaße jenes Schmerzes, dieser Herzenswunde habe feststellen wollen, auf die Du mich hingewiesen hattest? So befand sich also Deine Sabine acht Stunden nach der Trauung durch den Pfarrer von Sankt Thomas in der ziemlich peinlichen Lage einer jungen Gattin, die aus dem Munde ihres Mannes das Geständnis einer verschmähten Liebe, der Missetaten einer Rivalin anhören muß! Ja, ich erlebte das Drama einer jungen Frau, der offiziell mitgeteilt wird, sie danke ihre Eheschließung dem Umstand, daß eine ältliche Blondine ihren Mann verschmäht habe. Durch diese Erzählung ist mir zuteil geworden, wonach ich gesucht hatte! »Was denn . . .?« wirst Du fragen. Ach, liebe Mutter, ich habe auf Stutzuhren oder auf Kaminsimsen genug Amoretten gesehen, die einander wegzuziehen trachteten, als daß ich diese Lehre in die Praxis umsetzen möchte! Calyste hat das Gedicht seiner Erinnerungen mit der heißesten Beteuerung abgeschlossen, er wolle das, was er seinen Wahnwitz genannt hat, völlig vergessen. Der glückliche Unglückswurm hat meine Hand genommen und sie an die Lippen geführt; dann hat er sie eine ganze Weile in seinen Händen festgehalten. Danach ist dann eine Liebeserklärung erfolgt. Die schien mir besser als die erste zu unserem Ehestand zu passen, obwohl unsere Lippen kein Wort gesprochen haben. Ich habe dieses Glück meiner schwungvollen Entrüstung über den schlechten Geschmack einer Frau verdankt, die so dumm gewesen war, meinen schönen, meinen entzückenden Calyste nicht zu lieben . . .

Ich werde zu einem Kartenspiel gerufen, das ich noch nicht verstanden habe. Morgen will ich weiterschreiben. In diesem Augenblick mich von Dir zu verabschieden, um die Fünfte bei einer Partie ›Mouche‹ zu sein, das ist nur in der tiefsten Bretagne möglich . . .!

Mai

Ich fahre mit dem Bericht meiner Odyssee fort. Vom dritten Tag an haben Deine Kinder sich nicht mehr des feierlichen ›Sie‹ bedient, sondern des ›Du‹ von Liebesleuten. Meine Schwiegermutter war hocherfreut, daß sie uns glücklich sah; sie hat versucht, Dich zu ersetzen, liebe Mutter, und wie es allen geschieht, die eine Rolle in der Absicht übernehmen, Erinnerungen auszulöschen, hat sie sich mir gegenüber so reizend verhalten, daß sie für mich beinahe das geworden ist, was Du mir bist. Sicherlich hat sie das Heroische meines Verhaltens durchschaut; denn zu Beginn der Reise hat sie ihre Besorgnisse allzu gut verborgen, als daß sie nicht, eben des Übermaßes an Vorsicht wegen, sichtbar geworden wären.

Als ich die Türme von Guérande auftauchen sah, habe ich Deinen Schwiegersohn leise gefragt: »Hast du sie wirklich vergessen?« Mein Mann, der jetzt ›mein Engel‹ geworden ist, kannte offenbar die Reichtümer einer naiven, aufrichtigen Zuneigung nicht; denn dies kleine Wort hat ihn vor Freude fast verrückt gemacht. Leider hat der Wunsch, Madame de Rochefide in Vergessenheit geraten zu lassen, mich zu weit geführt. Aber was hilft es? Ich liebe nun mal, und ich bin fast eine Portugiesin, weil ich mehr Dir als meinem Vater nachgeartet bin. Calyste hat von mir alles so entgegengenommen, wie verwöhnte Kinder etwas annehmen; er ist ja einziger Sohn. Ganz unter uns: ich werde meine Tochter, sofern ich je Töchter bekommen sollte, nie einem einzigen Sohn geben. Es genügt schon, sich *einem* Tyrannen anzubefehlen; aber in einem einzigen Sohn stecken mehrere. Auf diese Weise haben wir die Rollen getauscht; ich habe mich verhalten wie eine sich aufopfernde Frau. Es liegen Gefahren in solch einer Hingabe, aus der man Nutzen zieht: man verliert dabei seine Würde. Ich vermelde Dir also den Schiffbruch dieser Halbtugend. Die Würde ist lediglich ein Wandschirm, den der Hochmut aufgestellt hat; dahinter geraten wir dann nach Belieben in Zorn. Es hilft nun mal nichts, Mama ... Du warst nicht hier, und ich sah mich vor einem Abgrund. Hätte ich in meiner Würde verharrt, so wären mir die kalten Schmerzen einer Art Geschwisterlichkeit zuteil geworden, und daraus wäre dann bestimmt ganz einfach Gleichgültigkeit geworden. Und welch eine Zukunft hätte ich mir dann bereitet? Das Ergebnis meiner Hingabe war, daß ich Calystes Sklavin geworden bin. Werde ich aus dieser Situation je wieder herauskommen? Wir werden sehen; denn gegenwärtig gefällt sie mir. Ich liebe Calyste, ich liebe ihn unumstößlich mit der Vernarrtheit einer Mutter, die alles gut und schön findet, was ihr Sohn tut, selbst wenn er sie ein bißchen prügelt.

15. Mai

Bis jetzt also, liebe Mama, hat sich mir die Ehe in ganz zauberhafter Gestalt gezeigt. Ich entfalte alle meine Zärtlichkeit für den schönsten aller Männer, den eine dumme Gans um eines Notenquetschers willen ausgeschlagen hat; denn diese Frau ist ganz sicher dumm, und noch dazu kalt, und das sind die schlimmsten unter allen dummen Frauen. Ich bin in meiner legitimen Leidenschaft mildtätig, ich heile Wunden und füge mir dadurch unheilbare zu. Ja, je mehr ich Calyste liebe, desto mehr habe ich das Gefühl, daß ich vor Kummer sterben würde, wenn unser jetziges Glück endete. Im übrigen bin ich ein Gegenstand der Anbetung für seine Familie und die Gesellschaft, die sich im Haus du Guénic versammelt; es sind alles Leute, die Wandteppichen zu entstammen scheinen, denen sie wohl entstiegen sind, um zu beweisen, daß das Unmögliche möglich ist. Wenn ich eines Tages mal allein bin, will ich Dir die Bildnisse meiner Tante Zéphirine, der Mademoiselle de Pen-Hoël, des Chevalier du Halga, der Demoiselle de Kergarouët usw. entwerfen. Auch das Dienerpaar Mariotte und Gasselin, von dem ich hoffe, daß ich es mit nach Paris nehmen darf, betrachtet mich als einen von seiner Stätte im Himmel herabgestiegenen Engel; die beiden zittern noch immer, wenn ich sie anrede; sie verdienten, unter einen Glassturz gestellt zu werden.

Meine Schwiegermutter hat uns feierlich die Räumlichkeiten abgetreten, die bis vor kurzem von ihr und ihrem verstorbenen Mann bewohnt worden waren. Es war eine rührende Szene. – »Ich habe hier mein Leben lang als glückliche Frau gelebt«, hat sie zu uns gesagt, »das möge für euch ein glückhaftes Vorzeichen sein, liebe Kinder.« Sie ist in Calystes Zimmer übergesiedelt. Es schien, als wolle diese heiligmäßige Frau ihren Erinnerungen und ihrem noblen Eheleben entsagen und uns damit belehnen. Die Provinz Bretagne, diese Stadt, diese Familie mit ihren altertümlichen Bräuchen, alles hier, trotz der Lächerlichkeiten, die freilich nur für uns lachlustige Pariserinnen bestehen, hat etwas Unerklärliches, etwas Grandioses bis in die winzigsten Einzelheiten hinein, etwas, das man nur mit dem Wort ›weihevoll‹ bezeichnen kann. Alle Pächter der weiten Ländereien des Hauses du Guénic, die, wie Du weißt, von Mademoiselle des Touches – wir müssen sie in ihrem Kloster einmal besuchen – ausbezahlt worden sind, haben sich geschlossen zu unserer Begrüßung eingefunden. Die wackeren Leute im Festgewand haben alle ihrer herzlichen Freude Ausdruck gegeben, daß Calyste nun tatsächlich wieder ihr Herr geworden ist: sie haben mich die Bretagne, das Feudalwesen, das alte Frankreich verstehen gelehrt. Es war ein Fest, das ich Dir nicht schildern will; ich möchte es Dir lieber einmal erzählen. Die Grundlagen aller Pachtverträge sind uns von den Leuten selbst vorgeschlagen worden; wir wollen sie nach der Inspektionsfahrt durch ›unsere‹ Ländereien unterzeichnen, die seit hundertfünfzig Jahren verpfändet gewesen sind . . .! Mademoiselle de Pen-Hoël hat uns gesagt, die Pächter hätten ihre Einkünfte so wahrheitsgemäß angegeben, daß es in Paris kein Mensch glauben würde.

In drei Tagen brechen wir auf, und zwar zu Pferde. Nach meiner Rückkehr, liebe Mutter, schreibe ich Dir wieder; aber was werde ich Dir dann berichten können, da mein Glück ja jetzt bereits den Gipfel erreicht hat? Ich schreibe Dir also, was Du schon weißt, nämlich wie lieb ich Dich habe.

II

Dieselbe an dieselbe

Nantes, Juni

Nachdem ich die Rolle einer von ihren Vasallen vergötterten Schloßherrin gespielt habe, als wenn die Revolution von 1830 und die von 1789 nicht die Banner niedergerissen hätten, nach Ritten durch Wälder, Rasten auf Pachthöfen, Essen an alten, mit hundertjährigem Leinen gedeckten Tischen, die sich unter homerischen Gerichten in antediluvialischem Geschirr bogen, nachdem wir erlesenen Wein aus Bechern getrunken haben, wie Taschenspieler sie benützen, nach Flintenschüssen zum Nachtisch, nach Rufen »Hoch die du Guénic!«, daß einem der Kopf dröhnte, nach Tanzvergnügen, deren ganze Musikkapelle aus einem ›Biniou‹[165] besteht, den ein Mann zehn Stunden hintereinander bläst! nach Blumensträußen! nach Brautpaaren, die sich von uns segnen ließen! nach schönen Müdigkeiten, deren Heilmittel im Bett ein Schlaf ist, wie ich ihn noch nicht kannte, und ein Erwachen, bei dem die Liebe leuchtet wie die Sonne, die auf uns niederstrahlt und die tausend Mücken auffunkeln läßt, die auf Niederbretonisch summen ...! und schließlich nach einem grotesken Aufenthalt auf der Burg du Guénic, wo die Fenster Hoftore sind und wo die Kühe die Wiesen abweiden könnten, die in den Räumen gewachsen sind, aber die wieder herrichten und ausbessern zu lassen wir uns geschworen haben, um alljährlich herzukommen, wie die Gefolgsleute des Clan[166] du Guénic, von denen einer unser Banner trug, nach alledem, uff, bin ich jetzt in Nantes ...!

Ach, war das ein Tag, als wir in Le Guénic anlangten! Der Rektor mit dem Klerus ist gekommen, Mutter, alle mit Blumenkränzen, und hat uns empfangen, uns gesegnet und uns eine Freude bezeigt ... mir kommen darüber noch Tränen in die

Augen, nun ich Dir davon schreibe. Und der stolze Calyste, der seine Rolle als Edelherr spielte wie eine Gestalt von Walter Scott[167]. Monsieur hat die Huldigungen entgegengenommen, als befinde er sich mitten im dreizehnten Jahrhundert. Ich habe gehört, wie die Mädchen, die Frauen einander sagten: »Was für einen hübschen Herrn wir haben!«, wie ein Chor in der komischen Oper. Die Alten redeten untereinander hin und her über Calystes Ähnlichkeit mit den du Guénic, die sie gekannt hatten. Ach, diese edle, erhabene Bretagne, dies Land der Gläubigkeit und der Religion! Aber der Fortschritt lauert ihr auf, es werden Brücken und Landstraßen gebaut; neue Gedanken werden kommen, und dann ist es aus mit der Erhabenheit. Bestimmt werden die Bauern nie wieder so frei und so stolz sein, wie ich sie erlebt habe, wenn ihnen erst bewiesen worden ist, sie seien dasselbe wie Calyste, sofern sie das überhaupt glauben wollen. Nach dem Gedicht dieser friedlichen Wiederherstellung und der Unterzeichnung der Pachtverträge haben wir also diese entzückende, immer abwechselnd überblühte, heitere, düstere, öde Gegend verlassen und sind hier vor derjenigen niedergekniet, der wir unser Glück verdanken. Calyste und ich empfanden das Verlangen, der Postulantin im Kloster der Heimsuchung Mariä zu danken. Zu ihrem Andenken will er sein Wappen mit dem der des Touches vereinen; es ist schräg rechts geteilt, mit Gold und Grün. Er will einen der silbernen Adler als Schildträger nehmen und ihn die hübsche Frauendevise ›Erinnere dich!‹ im Schnabel tragen lassen. Gestern sind wir also im Kloster der Damen von der Heimsuchung Mariä gewesen; der Abbé Grimont, ein Freund der Familie du Guénic, hat uns hingeführt und uns gesagt, daß Deine geliebte Félicité, Mama, eine Heilige sei; etwas anderes kann sie für ihn ja auch nicht sein, da diese berühmte Bekehrung seine Ernennung zum Generalvikar der Diözese herbeigeführt hat. Mademoiselle des Touches hat Calyste nicht empfangen wollen; nur mich hat sie vorgelassen. Ich habe sie ein bißchen verändert gefunden, blaß und abgemagert; über meinen Besuch schien sie sehr glücklich zu sein. – »Sag zu Calyste«, hat sie ganz leise gesagt, »es sei für mich Sache des Gewissens und nicht des Gehorsams, daß ich ihn nicht sehen will, denn es ist mir erlaubt worden; aber ich will mir lieber nicht das Glück einiger Minuten durch monatelanges Leid erkaufen. Ach, wenn du wüßtest, welche Pein mir die Antwort bedeutet, wenn ich gefragt werde: ›Woran denken Sie?‹ Die Vorsteherin der Novizen kann nicht die Reichweite und die Zahl der Gedanken ermessen, die mir durch den Kopf gleiten wie Strudel. In manchen Augenblicken sehe ich Italien oder Paris vor mir, mit allem, was sie dem Auge bieten, und dabei denke ich gleichzeitig an Calyste, der«, und das sagte sie auf die wundervoll poetische Weise, die Du ja kennst, »die Sonne dieser Erinnerungen ist... Ich war zu alt, um bei den Karmeliterinnen aufgenommen werden zu können, und da habe ich mich dem Orden des heiligen Franz von Sales anbefohlen, und zwar einzig, weil er gesagt hat: ›Ich will euch das Haupt anstatt der Füße entblößen!‹, womit er die Kasteiungen ablehnte, die den Leib zerstören. Denn wirklich: sündigen tut nur der Kopf. Der heilige Bischof hat also wohl daran getan, seine strenge Regel für den Geist aufzustellen und seine furchtbare gegen den Willen...! Eben das hatte ich gewünscht, denn der wahre Schuldige ist mein Kopf, er hat mich über mein Herz getäuscht, bis ich das schicksalhafte Alter von vierzig Jahren erreicht hatte, in dem man zwar für ein paar Augenblicke vierzigmal glücklicher als die jungen Frauen ist, dafür aber später fünfzigmal unglücklicher als sie... Ja, mein Kind, bist du nun zufrieden?« hat sie mich gefragt und ist sichtlich froh gewesen, daß sie aufhören konnte, von sich zu sprechen. – »Sie sehen mich ganz verzaubert durch Liebe und Glück«, habe ich geantwortet. – »Calyste ist ebenso gut und naiv, wie er nobel und schön ist«, hat sie ernst gesagt. »Ich habe dich als meine Erbin eingesetzt; außer meinem Vermögen besitzt du das doppelte Ideal, das ich mir erträumt hatte... Ich zolle mir Beifall für das, was ich getan habe«, hat sie nach einer Pause weitergesprochen. »Jetzt aber, mein Kind, treib keinen Mißbrauch. Du hattest es leicht, das Glück zu ergreifen, du brauchtest nur die Hand auszustrecken; jetzt sei darauf bedacht, es dir zu bewahren. Auch wenn du bloß hierhergekommen wärst, um die Ratschläge meiner Erfahrung mit heimzunehmen, so hätte deine Reise sich schon bezahlt gemacht. Calyste leidet augenblicklich unter einer krankhaften Leidenschaft, die nicht du ihm eingeflößt hast. Damit dein Glück von Dauer sei, Kleines, mußt du versuchen, in ihm Leidenschaft für dich zu erwecken und sie der anderen zuzugesellen. In euer beider Interesse mußt du versuchen, launisch zu sein; sei auch kokett und ein bißchen hart, es geht nicht anders. Ich rate dir nicht zu häßlicher Berechnung und auch nicht zur Tyrannei, sondern zur Klugheit. Zwischen Geiz und Verschwendung, mein Kleines, liegt die Sparsamkeit. Versuch, auf anständige Weise ein bißchen Oberhand über Calyste zu gewinnen. Das sind die letzten weltlichen Worte, die ich aussprechen werde; ich habe sie für dich aufbewahrt; denn mein Gewissen hat gezittert, daß ich dich geopfert habe, um Calyste zu retten! Fessele ihn gut an dich; er muß Kinder haben, damit er in dir deren Mutter ehrt... Kurzum«, sagte sie mit bewegter Stimme, »sei darauf bedacht, daß er Béatrix nie wiedersieht...!« Dieser Name hat uns beide in eine Art Betäubung versenkt, und wir haben Auge in Auge verharrt und die gleiche vage Besorgnis ausgetauscht. – »Kehrt ihr nach Guérande zurück?« hat sie mich gefragt. – »Ja«, habe ich geantwortet. – »Dann geht nie nach Les Touches... Es war falsch von mir, euch dies Gut zu schenken.« – »Und warum?« – »Kind, Les Touches ist für dich die Kammer Blaubarts[168], denn es gibt nichts Gefährlicheres, als eine schlafende Leidenschaft zu erwecken.«

Ich gebe Dir, liebe Mutter, das Wesentliche und den Sinn unserer Unterhaltung wieder. Wenn Mademoiselle des Touches mich viel hat ausplaudern lassen, so hat sie mir noch weit mehr zu denken gegeben; denn in der Trunkenheit dieser Reise und in der Verführungskraft, die ich auf meinen Calyste ausübe, hatte ich die ernste seelische Lage, von der ich Dir in meinem ersten Brief schrieb, vergessen.

Nachdem wir Nantes, eine reizende und prächtige Stadt, gehörig bewundert, nachdem wir die Place Bretagne aufgesucht hatten, die Stelle, auf der Charette[169] auf so noble Weise gefallen ist, faßten wir den Plan, auf der Loire nach Saint-Nazaire zurückzufahren, da wir ja schon den Landweg auf der Straße von Nantes nach Guérande zurückgelegt hatten. Ganz entschieden ist ein Reisewagen einem Dampfboot vorzuziehen. Das Reisen in Gemeinschaft ist eine Erfindung des modernen Ungeheuers, des Monopols. Drei junge, ziemlich hübsche Damen aus Nantes benahmen sich an Deck ziemlich unmöglich; sie waren wohl von dem befallen, was ich als ›Kergarouëtismus‹ bezeichne, welchen

Scherz Du erst verstehen wirst, wenn ich Dir die Familie Kergarouët geschildert habe. Calyste hat sich sehr gut benommen. Als echter Edelmann hat er mich nicht bloßgestellt. Obgleich ich mit seinem guten Geschmack zufrieden bin wie ein Kind, dem die erste Trommel geschenkt worden ist, habe ich gemeint, jetzt hätte ich eine prächtige Gelegenheit zum Ausprobieren des von Camille Maupin empfohlenen Systems; denn bestimmt hatte nicht die Postulantin es mir angeraten. Ich habe also eine Schmollmiene aufgesetzt, und Calyste war auf eine reizende Weise beunruhigt. Auf die mir zugeflüsterte Frage: »Was hast du...?« habe ich wahrheitsgemäß geantwortet: »Nichts!« Und ich habe nur zu gut gemerkt, welch einen geringen Erfolg die Wahrheit zunächst erzielt. In Fällen, wo Raschheit Frauen und Reiche retten muß, ist die Lüge eine entscheidende Waffe. Calyste ist sehr dringlich, sehr besorgt geworden. Ich habe ihn an den Bug des Schiffes geführt, wo ein Stapel Tauwerk lag; und dort habe ich ihm mit angsterfüllter, wenn nicht gar tränenerfüllter Stimme von dem Unglück, den Ängsten einer Frau erzählt, deren Mann zufällig der schönste aller Männer ist...! – »Ach, Calyste«, habe ich ausgerufen, »auf unserer Ehe lastet ein furchtbares Unglück, du hast mich nicht geliebt, du hast mich nicht auserkoren! Du bist nicht zur Statue erstarrt, als du mich zum erstenmal erblicktest! Mein Herz, meine Zuneigung, meine Zärtlichkeit werben um deine Liebe, und eines Tages wirst du mich dafür bestrafen, daß ich dir von mir aus die Schätze meiner reinen, meiner unwillkürlichen Jungmädchenliebe dargebracht habe...! Ich sollte dir gegenüber schlecht und kokett sein, und ich fühle nicht die Kraft dazu... Wenn die schreckliche Frau, die dich verschmäht hat, hier an meiner Stelle wäre, hättest du schwerlich die beiden abscheulichen Bretoninnen angesehen, die der Pariser Stadtzoll sicherlich als dem Vieh zugehörig erklärt hätte...« Calyste, Mutter, sind zwei Tränen in die Augen gestiegen, er hat sich umgedreht, damit ich sie nicht sähe; dabei hat er Basse-Indre[170] erblickt, ist sofort zum Kapitän geeilt und hat gesagt, wir wollten an Land. Gegen solche Antworten erhebt man keinen Einspruch, zumal wenn sie von einem dreistündigen Aufenthalt in einem schäbigen Gasthaus in Basse-Indre begleitet werden; wir haben dort frische Fische zu Mittag gegessen, in einem

Kämmerchen, wie die Genremaler malen, und durch dessen Fenster man die Eisenwerke von Indret[171] über den schönen, glatten Wasserspiegel der Loire hinweg zu uns hereindröhnen hörte. Als ich mir innewurde, welche Wendung das Experiment der Erfahrung genommen hatte, habe ich gerufen: »Ach, liebe Félicité...!« Calyste war außerstande, die Ratschläge der Nonne und die Doppeldeutigkeit meines Ausspruchs[172] zu begreifen; er hat mich mit der Antwort unterbrochen: »Wollen wir uns ein Zeichen der Erinnerung schaffen? Wir schicken einfach einen Künstler her, der diese Landschaft für uns malen soll.« Nein, wie ich gelacht habe, liebe Mutter, so sehr, daß Calyste aus der Fassung geriet; ich habe gemerkt, daß er nahe daran war, böse zu werden. – »Es gibt doch«, habe ich zu ihm gesagt, »von dieser Landschaft und dieser Szene in meinem Herzen ein Bild, das nie auslöschen wird und das von unnachahmlicher Farbigkeit ist!«

Ach, liebe Mutter, es ist mir unmöglich, auf diese Weise meiner Liebe den Anschein des Kriegszustands oder der Feindseligkeit zu leihen. Calyste kann mit mir machen, was er will. Jene Träne ist, so meine ich, die erste, die er mir gespendet hat; ist sie nicht mehr wert als die zweite Erklärung unserer Rechte...? Eine Frau ohne Herz wäre nach dem Auftritt auf dem Dampfer Dame und Herrin geworden; ich jedoch habe abermals falsch gehandelt. Nach Deiner Auffassung werde ich, je mehr ich Frau werde, desto mehr ›fille‹; ich bin nämlich schrecklich feige im Glück; keinem Blick meines Herrn und Gebieters halte ich stand. Nein, ich überlasse mich der Liebe nicht, ich halte sie fest, wie eine Mutter ihr Kind an die Brust drückt, wenn sie ein Unglück fürchtet.

III

Dieselbe derselben

Guérande, im Juli

Ach, liebe Mama, nach drei Monaten die Eifersucht kennenzulernen! Nun ist mein Herz wohl vollkommen, ich spüre darin tiefen Haß und tiefe Liebe! Ich bin mehr als betrogen worden, ich werde nicht mehr geliebt...! Wie glücklich bin ich, daß ich eine Mutter habe, ein Herz, an dem ich mich nach Herzenslust ausweinen kann ...! Für uns Frauen, die wir noch ein wenig Mädchen sind, genügt es, daß uns gesagt wird: »Hier ist ein Schlüssel unter allen Schlüsseln deines Palastes, den die Erinnerungen rostig gemacht haben; tritt überall ein, genieße alles, aber hüte dich, nach Les Touches zu gehen!« – Es genügt, daß wir dann hineingehen, mit brennenden Füßen, die Augen funkelnd vor Eva-Neugier. Welch einen Anreiz hatte Mademoiselle des Touches meiner Liebe beigefügt! Aber warum mußte sie mir auch Les Touches verbieten? Hängt denn ein Glück wie das meine von diesem Spaziergang, von einem Verweilen in einem elenden Winkel der Bretagne ab? Und was habe ich denn zu befürchten? Kurzum, füge den Gründen der Madame Blaubart das Verlangen hinzu, das alle Frauen zwickt, nämlich herauszubekommen, ob ihre Macht unsicher oder verläßlich ist; dann wirst Du verstehen, wieso ich eines Tages mit nicht gleichgültiger Miene fragte: »Was ist eigentlich Les Touches?« – »Les Touches ist dein Eigentum«, hat meine wundervolle Schwiegermutter mir geantwortet. – »Hätte doch Calyste Les Touches nie betreten ...«, rief meine Tante Zéphirine kopfschüttelnd. – »Dann wäre er ja nicht mein Mann geworden«, habe ich der Tante geantwortet. – »Du weißt also, was dort geschehen ist?« hat meine Schwiegermutter listig entgegnet. – »Es ist eine Stätte, auf der ein Fluch liegt«, hat Mademoiselle de Pen-Hoël gesagt. »Mademoiselle des Touches hat dort viele Sünden begangen, für die sie Gott jetzt um Vergebung bittet.« – »Wird dadurch die Seele dieser edlen Dame nicht gerettet und das Glück eines Klosters in die Wege geleitet?« hat der Chevalier du Halga ausgerufen; »Abbé Grimont hat mir gesagt, sie habe den Damen von der Heimsuchung Mariä hunderttausend Francs gespendet.« – »Willst du dir Les Touches mal ansehen?« hat meine Schwiegermutter mich gefragt, »die Besichtigung ist der Mühe wert.« – »Nein, nein«, habe ich lebhaft erwidert. Kommt diese kleine Szene Dir nicht wie eine Stelle aus einem diabolischen Drama vor? Sie hat sich unter tausend Vorwänden wiederholt. Schließlich hat meine Schwiegermutter zu mir gesagt: »Ich verstehe, warum du nicht nach Les Touches willst; du hast recht!« Oh, Du mußt zugeben, Mama, daß dieser unwillentlich versetzte Dolchstich auch Dich bestimmt hätte, Dich davon zu überzeugen, ob Dein Glück tatsächlich auf einer so gebrechlichen Grundlage ruhe, daß es unter diesem und jenem einbrechenden Deckengetäfel zugrunde gehen müsse. Man muß Calyste Gerechtigkeit widerfahren lassen; er hat mir nie den Besuch jener Kartause vorgeschlagen, die sein Eigentum geworden ist. Seit wir einander lieben, sind wir Geschöpfe, denen die Vernunft abhanden gekommen ist; denn dies Schweigen, diese Zurückhaltung haben mir zu schaffen gemacht, und so habe ich ihn eines Tages gefragt: »Was befürchtest du denn von einem Besuch in Les Touches, da du der einzige bist, der nicht davon spricht?« – »Laß uns hingehen«, hat er gesagt. Da saß ich denn in der Falle wie alle Frauen, die sich fangen lassen und die es dem Zufall anheimstellen, den gordischen Knoten ihrer Unentschlossenheit zu durchhauen. Und so sind wir denn nach Les Touches gegangen.

Es ist köstlich, es ist von höchstem Kunstgeschmack, und ich gefalle mir in diesem Abgrund, den zu betreten Mademoiselle des Touches mir so inständig verboten hatte. Alle Giftpflanzen sind bezaubernd. Satan hat sie gesät, denn es gibt Teufelsblumen und Gottesblumen! Wir brauchen nur in uns selber Einkehr zu halten, um zu erkennen, daß sie beide je eine Hälfte der Welt geschaffen haben. Welch wonnige Bitterkeiten empfand ich in dieser Situation, wo ich nicht mit dem Feuer, sondern mit der Asche spielte . . .! Ich beobachtete Calyste; es ging um das Wissen, ob auch tatsächlich alles erloschen sei, und ich habe auf jeden Windzug geachtet, das kannst Du mir glauben! Ich bespitzelte sein Gesicht, als wir von Zimmer zu Zimmer, von Möbelstück zu Möbelstück gingen, ganz und gar wie Kinder, die etwas Verstecktes suchen. Calyste hat mich nachdenklich gedünkt, doch zunächst habe ich geglaubt, ich hätte gesiegt. Ich habe mich so stark gefühlt, daß ich von Madame de Rochefide gesprochen habe, die ich seit dem Abenteuer am Felsen von Le Croisic immer nur ›Rocheperfide‹ nenne. Kurz und gut, wir haben den bewußten Buchsbaum aufgesucht, an dem Béatrix sich verfangen hat, als er sie ins Meer gestürzt hat, damit sie niemandem angehöre. »Sie muß ziemlich leicht gewogen haben, daß sie da hängengeblieben ist«, habe ich lachend gesagt. Calyste hat Schweigen gewahrt. – »Wir wollen die Toten ruhen lassen«, habe ich weitergesprochen.

– Calyste ist stumm geblieben. – »Habe ich was Falsches gesagt?« – »Nein, aber hör damit auf, diese Leidenschaft zu galvanisieren«, hat er geantwortet. Welch ein Ausspruch ...! Calyste hat gemerkt, wie traurig er mich stimmte, und hat seine Fürsorge und Zärtlichkeit verdoppelt.

August

Ich befand mich, leider, in der Tiefe des Abgrunds und amüsierte mich damit, gleich allen Unschuldslämmern in den Melodramen, dort Blumen zu pflücken. Plötzlich ist ein schrecklicher Gedanke in mein Glück hineingaloppiert wie das Pferd durch die deutsche Ballade[173]. Ich glaubte zu erraten, daß Calystes Liebe durch Rückschau wuchs, daß er die Gewitter über mir zusammenballte, die ich hervorrief, wenn ich ihn an die Koketterien der abscheulichen Béatrix erinnerte. Dieses krankhafte, kalte, hartnäckige und weichliche Wesen, das an eine Molluske und eine Koralle gemahnte, wagt, sich Béatrix zu nennen ...! Schon bin ich genötigt, liebe Mutter, einen Argwohn im Auge zu haben, wo doch mein ganzes Herz Calyste gehört, und ist es nicht eine große Katastrophe, daß das Auge über das Herz gesiegt, daß der Argwohn sich als berechtigt erwiesen hat? Das geschah auf folgende Weise. – »Jene Stätte ist mir teuer«, habe ich eines Morgens zu Calyste gesagt, »denn ihr verdanke ich mein Glück; daher verzeihe ich dir, daß du mich manchmal für eine andere nimmst ...« Da ist dieser loyale Bretone rot geworden, ich bin ihm um den Hals gefallen, aber ich habe Les Touches verlassen und will nie dorthin zurückkehren.

An der Stärke des Hasses, der mich den Tod der Madame de Rochefide wünschen läßt (o mein Gott, natürlich durch eine Lungenentzündung, durch irgendeinen Unfall), habe ich die Größe, die Macht meiner Liebe zu Calyste erkannt. Diese Frau stört neuerdings meinen Schlummer, ich sehe sie im Traum, muß ich ihr also begegnen ...? Ach, die Postulantin in Mariä Heimsuchung hatte recht: Les Touches ist eine verhängnisvolle Stätte, Calyste hat dort seine alten Eindrücke wiedergefunden, sie sind stärker als die Entzückungen unserer Liebe. Such zu erfahren, liebe Mutter, ob Madame de Rochefide in Paris ist; denn dann werde ich auf unseren Gütern in der Bretagne bleiben. Die arme

Mademoiselle des Touches bereut jetzt, daß sie mich am Tag der Unterzeichnung des Ehekontrakts als Béatrix hat kleiden lassen, damit ihr Plan glückte; wenn sie wüßte, in welchem Maß ich für unsere verhaßte Rivalin gehalten werde: was würde sie dann wohl sagen? Aber das ist ja Prostitution! Ich bin nicht mehr ich, ich schäme mich. Ich stehe im Bann eines wütenden Verlangens, Guérande und den Dünen von Le Croisic den Rücken zu kehren.

25. August

Ganz bestimmt kehre ich nach den Ruinen von Le Guénic zurück. Calyste, den meine Unruhe ziemlich beunruhigt, bringt mich hin. Entweder, wenn er nichts ahnt, kennt er sich in der Welt nicht aus, oder aber, wenn er um den Grund meiner Flucht weiß, er liebt mich nicht. Ich zittere so sehr, auf eine schreckliche Gewißheit zu stoßen, wenn ich danach suche, daß ich mir, wie die Kinder, die Hände vor die Augen halte, um einen Knall nicht zu hören. Ach, liebe Mutter, ich werde nicht mit der gleichen Liebe geliebt, wie ich sie im Herzen fühle. Freilich, Calyste ist bezaubernd; aber welcher Mann, sofern er kein Scheusal ist, wäre nicht, wie Calyste, liebenswürdig und reizend, wenn er alle Blumen empfängt, die sich in der Seele eines zwanzigjährigen Mädchens erschlossen haben, eines Mädchens, das von Dir erzogen worden ist, das rein ist wie ich, das liebt und von dem viele Frauen zu Dir gesagt haben, es sei schön . . .

Le Guénic, 18. September

Hat er sie vergessen? Das ist der einzige Gedanke, der in meiner Seele widerhallt wie ein Gewissensbiß! Ach, liebe Mama, haben alle Frauen gleich mir gegen Erinnerungen ankämpfen müssen . . .? Es sollten nur unschuldige junge Männer mit reinen Mädchen verheiratet werden! Aber das ist eine trügerische Utopie; es ist besser, man hat seine Rivalin in der Vergangenheit als in der Zukunft. Ach, bedaure mich, Mutter, obwohl ich in diesem Augenblick glücklich bin, glücklich wie eine Frau, die Angst hat, ihr Glück zu verlieren, und sich daran klammert . . .! Das ist ein Verhalten, durch das es bisweilen getötet wird, hat die tiefsinnige Clotilde gesagt.

Ich werde mir bewußt, daß ich seit fünf Monaten lediglich an mich denke, das heißt: an Calyste. Sag meiner Schwester Clotilde, daß mir dann und wann ihre traurigen Weisheitssprüche einfallen; sie ist gut daran, daß sie einem Toten[174] treu ist; sie braucht keine Rivalin mehr zu fürchten. Ich sende meiner lieben Athénaïs Küsse; ich weiß, daß Juste toll verliebt in sie ist. Nach dem, was Du mir in Deinem letzten Brief darüber schriebst, hat er Angst, sie nicht zu bekommen! Pflege diese Angst wie eine kostbare Blume. Athénaïs wird die Herrin sein, und ich, die ich zitterte, Calyste nicht durch ihn selbst zu bekommen, ich werde die Dienerin sein. Tausend zärtliche Grüße, liebe Mama. Ach, wenn meine Befürchtungen nicht unbegründet wären, dann hätte Camille Maupin mir ihr Vermögen recht teuer verkauft. Herzliche, ehrfurchtsvolle Grüße an meinen Vater.

Diese Briefe erklären vollkommen die innere Lage der Frau und des Ehemanns. Da, wo Sabine eine Liebesheirat sah, erblickte Calyste eine Vernunftehe. Mit einem Wort: die Freuden der Flitterwochen hatten nicht völlig dem gesetzlichen System der Gütergemeinschaft entsprochen. Während des Aufenthalts der Ehegatten in der Bretagne waren unter der Leitung des berühmten Architekten Grindot und der Oberaufsicht Clotildes und des Herzogspaars von Grandlieu die Restaurierungsarbeiten, die Einteilung und die Möbelausstattung des Stadtpalais du Guénic vorgenommen worden. Da alles so geregelt worden war, daß das junge Paar im Dezember 1838 zurück nach Paris kommen konnte, zog Sabine voller Freude in die Rue de Bourbon ein, weniger, um dort die Hausherrin zu spielen, als um zu erfahren, was ihre Familie von ihrer Ehe denke. Calyste, der schöne Gleichgültige, ließ sich gern von seiner Schwägerin Clotilde und seiner Schwiegermutter in die Gesellschaft einführen; beide waren ihm für seine Willfährigkeit dankbar. Er erlangte dort die Stellung, die seinem Namen, seinem Vermögen und seinen verwandtschaftlichen Beziehungen gebührte. Der Erfolg seiner Frau, die als eine der liebreizendsten galt, die Zerstreuungen, die die hohe Gesellschaft gewährte, die Pflichten, die es zu erfüllen galt, die Vergnügungen des Pariser Winters stärkten das Eheglück dadurch, daß sie ihm Anregungen und Ruhepausen gaben. Sabine wurde von

Mutter und Schwester für glücklich gehalten; sie erblickten in Calystes Kälte eine Auswirkung seiner englischen Erziehung; und so nahm sie von ihren trüben Gedanken Abstand; sie hörte, daß sie von vielen, unglücklich verheirateten jungen Frauen um ihr Los beneidet wurde, und so verwies sie ihre Ängste ins Reich der Hirngespinste. Schließlich vervollständigte Sabines Schwangerschaft die Bürgschaften, die diese sozusagen neutrale Ehe bot, eine von denen, denen erfahrene Frauen gute Vorzeichen zuweisen. Im Oktober 1839 bekam die junge Baronin du Guénic einen Sohn und beging nach dem Urteil aller Frauen in derselben Lage die Torheit, ihn selber zu nähren. Wie könnte man auch nicht ganz und gar Mutter sein wollen, wenn man sein Kind von einem wahrhaft abgöttisch geliebten Mann empfangen hat? Gegen Ende des folgenden Sommers, im August 1840, sah Sabine also dem Ende der Stillung ihres ersten Kindes entgegen. Während seines zweijährigen Aufenthalts in Paris hatte Calyste jene Unschuld, deren Zauber seine ersten Schritte in der Welt der Leidenschaften vergoldet hatte, völlig eingebüßt. Calyste hatte sich mit dem jungen Herzog Georges de Maufrigneuse angefreundet, der, gleich ihm, unlängst eine Erbin geheiratet hatte, Berthe de Cinq-Cygne; ferner mit dem Vicomte de Portenduère und dem Herzog und der Herzogin von Rhétoré, dem Herzog und der Herzogin von Lenoncourt-Chaulieu, mit allen Stammgästen des Salons seiner Schwiegermutter; er war der Unterschiede innegeworden, die das Provinzleben vom Pariser Leben trennen. Der Reichtum hat verhängnisvolle Stunden, Stunden des Müßiggangs, die Paris mehr als jede andere Hauptstadt amüsant, bezaubernd, interessant zu machen weiß. Im Verkehr mit all diesen jungen Ehemännern, die die edelsten, schönsten Geschöpfe um des Genusses einer Zigarre oder einer Whistpartie, um der erhabenen Klubgespräche, um der Sorgen des ›turf‹[175] willen sich selbst überlassen, wurden viele der häuslichen Tugenden des jungen bretonischen Ehemanns arg in Mitleidenschaft gezogen. Der mütterliche Wunsch einer Frau, ihr Mann möge sich nicht bei ihr langweilen, kommt der Zerstreuungslust junger Gatten stets zu Hilfe. Eine Frau ist so stolz, wenn sie einen Mann zu sich zurückkommen sieht, dem sie alle Freiheit läßt ...!

Eines Oktoberabends jenes Jahres ging Calyste, der das Geschrei des unter der Entwöhnung leidenden Kindes nicht ertragen konnte und auf dessen Stirn Sabine nicht ohne Schmerz eine Falte gewahrte, auf ihren Rat ins Théâtre des Variétés, wo ein neues Stück gespielt wurde. Der Diener, der den Auftrag hatte, für ihn eine Orchesterloge zu nehmen, hatte eine im Proszenium bekommen. Als Calyste in der ersten Pause Umschau hielt, gewahrte er in einer der beiden Proszeniumslogen im Parterre, vier Schritt von sich entfernt, Madame de Rochefide. Béatrix in Paris! Béatrix zeigte sich in der Öffentlichkeit! Diese beiden Gedanken durchdrangen Calystes Herz wie zwei Pfeile. Sie nach bald drei Jahren wiedersehen! Wie vermöchte man den Umsturz zu schildern, der sich in der Seele eines Liebhabers vollzog, der, weit davon entfernt, zu vergessen, sich bisweilen so innig mit Béatrix in seiner Frau vermählt hatte, daß es seiner Frau nicht entgangen war! Wem könnte man erklären, daß das Gedicht einer verlorenen, verschmähten, aber im Herzen von Sabines Mann nach wie vor lebendigen Liebe dort die ehelichen Empfindungen, die unauslöschliche Zärtlichkeit der jungen Gattin verdunkelt hatte? Béatrix wurde das Licht, die Tageshelle, die Bewegung, das Leben und das Unbekannte; wogegen Sabine die Pflicht war, die Finsternis, das Erwartete! Im Handumdrehen wurde die eine zur Lust, die andere zur Langeweile. Es war ein Blitzschlag.

In seiner Redlichkeit kam Sabines Mann der noble Gedanke, den Zuschauerraum zu verlassen. Am Ausgang des Parketts sah er die Logentür halb offen, und wider seinen Willen trugen seine Füße ihn hinein. Der junge Bretone fand Béatrix zwischen zwei außerordentlich eleganten Herren vor, zwischen Canalis und Nathan, einem Politiker und einem Literaten. In den bald drei Jahren, die Calyste sie nicht gesehen, hatte Madame de Rochefide sich erstaunlich verändert; aber obwohl ihre Metamorphose das Weibliche betraf, mußte sie deswegen auf Calyste nur desto poetischer und anziehender wirken. Bis zum dreißigsten Lebensjahr verlangen die hübschen Pariser Frauen von ihrer Toilette nur, daß sie sie kleide; aber wenn sie unter dem fatalen Torbogen der Dreißig hindurchgeschritten sind, sind sie bei ihrem Putz auf Waffen bedacht, auf das Verführerische, die Verschönerung; sie legen sich ein anmutiges Beiwerk zu, sie finden dazu Mittel und Wege, nehmen darin ein gewisses Etwas an, verjüngen sich, beobachten genau die leichtesten Nebensächlichkeiten; schließlich gehen sie von der Natur zur Kunst über. Madame de Rochefide hatte gerade den Umschwung des Dramas hinter sich, der in dieser französischen Sittengeschichte des 19. Jahrhunderts den Titel ›Die Verlassene‹[176] trägt. Sie war von Conti sitzengelassen worden; selbstverständlich hatte sie sich danach zu einer großen Künstlerin in Toilettedingen, in der Koketterie und in künstlichen Blumen jeder Art entwickelt.

»Wieso ist Conti nicht hier?« fragte Calyste ganz leise Canalis, nachdem die beiden die banalen Begrüßungsformeln ausgetauscht hatten, mit denen die feierlichsten Unterredungen beginnen, wenn sie vor aller Öffentlichkeit stattfinden.

Der ehemalige Dichter des Faubourg Saint-Germain, der zweimal Minister gewesen und nun zum viertenmal ein Redner geworden war, der sich einen neuen Ministerposten erhoffte, legte bedeutungsvoll den Finger auf die Lippen. Diese Geste erklärte alles.

»Wie freue ich mich, Sie zu sehen«, sagte Béatrix kätzchenhaft zu Calyste. »Als ich Sie da drüben wiedererkannte, ohne zunächst bemerkt worden zu sein, habe ich mir gesagt, daß gerade Sie mich schwerlich verleugnen würden! – Ach, lieber Calyste, warum haben Sie geheiratet?« flüsterte sie ihm zu, »und noch dazu solch ein Dummchen . . .!«

Wenn eine Frau einem in ihre Loge Gekommenen etwas zuflüstert und ihn auffordert, neben ihr Platz zu nehmen, finden Weltleute stets einen Vorwand, die beiden allein zu lassen.

»Kommen Sie mit, Nathan?« fragte Canalis. »Die Frau Marquise wird mir gestatten, ein paar Worte mit d'Arthez zu sprechen; ich sehe ihn gerade bei der Fürstin von Cadignan; es handelt sich um die Zusammenstellung der Redner für die morgige Kammersitzung.«

Dieser geschmackvolle Abgang ermöglichte es Calyste, sich von dem Schock zu erholen, den er soeben erlitten hatte; aber er verlor vollends den Kopf und die Kraft, als er den für ihn bezaubernden, aber giftigen Duft der Dichtung einsog, mit der Béatrix ihm aufwartete. Madame de Rochefide war knochig und adrig geworden, einen Teint besaß sie fast gar nicht mehr; sie war mager, welk, hatte umschattete Augen; aber sie hatte an diesem

Abend ihrer vorzeitigen Ruine mit den raffiniertesten Mitteln der Pariser Kosmetik Blüten entlockt. Wie alle verlassenen Frauen hatte sie danach getrachtet, sich ein jungfräuliches Aussehen zu geben; durch eine Überfülle an weißen Stoffen erinnerte sie an Ossians Töchter, die Girodet[177] so poetisch gemalt hat. Ihr blondes Haar umhüllte ihr längliches Gesicht mit Fluten von Locken, die der Schein der Rampenlichter, angezogen durch den Schimmer eines parfümierten Öls, durchrieselte. Ihre blasse Stirn leuchtete. Sie hatte unmerklich Rouge aufgelegt, dessen Glanz das Auge über das fade Weiß ihrer mit Kleiewasser aufgefrischten Gesichtshaut hinwegtäuschte. Ein Schal von einer Feinheit, daß man zweifeln konnte, ob Menschenhände ihn zu arbeiten vermocht hatten, war so um ihren Hals gewunden, daß er dessen Länge verminderte, ihn verbarg, daß er nur unvollkommen Schätze sehen ließ, die von dem Korsett geschickt gefaßt wurden. Ihre Taille war ein Meisterwerk an Komposition. Was nun ihre Haltung betrifft, so genügt ein Wort: sie lohnte die Mühe, die sie sich beim Einstudieren gemacht hatte. Ihre abgemagerten, hart gewordenen Arme kamen aus den raffiniert ersonnenen Bauschen ihrer weiten Ärmel kaum heraus. Sie bot die Verquickung von falschen Glanzlichtern und schimmernder Seide dar, von weicher Gaze und gekräuseltem Haar, von Lebhaftigkeit, von Ruhe und Bewegung, die ›das gewisse Etwas‹ genannt worden ist. Alle Welt weiß, worin ›das gewisse Etwas‹ besteht. Nämlich aus viel Geist, Geschmack und Temperament. Béatrix war also ein Ausstattungsstück, ein Verwandlungsstück, ein Stück mit einer phantastischen Maschinerie. Die Darbietung von dergleichen Märchenstücken, die auch sehr geschickt dialogisiert sind, macht mit Freimut begabte Männer verrückt, denn sie empfinden nach dem Gesetz von der Anziehung der Gegensätze ein wahnwitziges Verlangen, mit all dieser Künstlichkeit zu spielen. Dergleichen ist unecht und verlockend, gesucht, aber angenehm; und gewisse Männer vergöttern diese Frauen, die ›Verführung‹ spielen, wie man Karten spielt. Aus folgendem Grunde: das Begehren des Mannes ist ein Syllogismus, der aus dieser auf das Äußere angewandten Kunstfertigkeit auf geheime Theoreme der Wollust schließt. Der Geist sagt sich stumm: »Eine Frau, die sich so schön zu machen weiß, muß bei der Liebesbetätigung noch über ganz andere Hilfsmittel verfügen. Und das stimmt. Die verlassenen Frauen sind die, die lieben; die beibehaltenen sind die, die zu lieben verstehen. Wenn dieser Lehrsatz des Italieners[178] auch schmerzlich für Béatrix' Selbstgefühl gewesen sein mag, so besaß sie doch eine allzu natürlich auf Künstlichkeit erpichte Natur, um nicht Nutzen daraus zu ziehen.

»Es handelt sich nicht darum, euch Männer zu lieben«, hatte sie ein paar Augenblicke vor Calystes Eintreten gesagt, »man muß euch schurigeln, wenn man euch in der Hand hat; darin beruht das Geheimnis derer, die euch für sich festhalten wollen. Die schatzhütenden Drachen sind mit Klauen und Flügeln bewaffnet . . .!«

»Man sollte aus Ihrem Gedanken ein Sonett machen«, hatte Canalis gerade gesagt, als Calyste hereinkam.

Mit einem einzigen Blick hatte Béatrix Calystes Zustand erfaßt; sie fand die Druckstellen des Halsbands, das sie ihm auf Les Touches angelegt hatte, noch frisch und rot. Calyste, den die Äußerung über seine Frau gekränkt hatte, schwankte zwischen seiner Würde als Gatte, der Verteidigung Sabines und einem harten Wort, das in ein Herz hätte geschleudert werden müssen, dem für ihn so viele Erinnerungen entstiegen, ein Herz, von dem er meinte, daß es noch blute. Dieses Zögern nahm die Marquise deutlich wahr; sie hatte jene Äußerung nur getan, um herauszubekommen, bis wohin ihre Herrschaft über Calyste sich erstrecke; als sie ihn so schwach sah, kam sie ihm zu Hilfe und zog ihn aus der Verlegenheit.

»Ja, mein Freund, Sie sehen mich allein«, sagte sie, als die beiden Hofmacher weggegangen waren, »ja, ganz allein auf dieser Welt . . .!«

»Also haben Sie nicht an mich gedacht . . .?« fragte Calyste.

»An Sie!« antwortete sie. »Sind Sie etwa nicht verheiratet . . .? Das war einer der Schmerzen unter denen, die ich erleiden mußte, seit wir einander nicht mehr gesehen haben. Nicht nur, habe ich mir gesagt, daß ich eine Liebe einbüße, sondern auch noch eine Freundschaft, von der ich glaubte, sie sei bretonisch. Aber man gewöhnt sich an alles. Jetzt leide ich weniger, aber ich bin zerbrochen. Dies ist seit langem mein erster Herzenserguß. Da ich stolz vor den Gleichgültigen auftreten muß, arrogant, wie wenn ich nie gefehlt hätte, vor denen, die mir den Hof machen; da ich meine liebe Félicité verloren habe, hatte ich kein Ohr, in das ich hätte hineinrufen können: ›Ich leide!‹ Daher kann ich Ihnen jetzt sagen, wie groß meine Angst gewesen ist, als ich Sie vier Schritt weit vor mir sah, ohne von Ihnen erkannt zu werden, und wie ich mich freute, als Sie vor mich hintraten ... Ja«, sagte sie und beantwortete damit eine Geste Calystes, »das ist fast Treue! Daran erkennt man die Unglücklichen! Ein Nichts, ein Besuch ist für sie alles. Ach, Sie haben mich so geliebt, wie ich von dem geliebt zu werden verdient hätte, der sich darin gefallen hat, alle die Schätze, die ich vor ihm entbreitete, mit Füßen zu treten! Und zu meinem Unglück kann ich nicht vergessen, ich liebe, ich will der Vergangenheit treu sein, die nie wiederkommen wird.«

Als sie diese Tirade sagte, die sie schon hundertmal improvisiert hatte, spielte sie mit dem Augapfel und verstärkte auf diese Weise durch eine Geste die Wirkung der Worte, die durch die Gewalt eines lange zurückgehaltenen Bergstroms aus ihrem Seelengrund herausgerissen worden zu sein schienen. Statt einer Antwort ließ Calyste die Tränen herabrollen, die ihm in die Augen getreten waren; Béatrix nahm seine Hand, drückte sie und ließ ihn erbleichen.

»Danke, Calyste, danke, mein armer Junge, so antwortet ein wahrer Freund auf den Schmerz eines Freundes ...! Wir verstehen einander. Nein, jetzt kein Wort mehr ...! Gehen Sie, man schaut zu uns hin, und Sie könnten Ihrer Frau Kummer bereiten, wenn sie zufällig erführe, daß wir einander getroffen haben, wenngleich ganz harmlos, angesichts von tausend Leuten ... Adieu, ich bin stark, sehen Sie ...?«

Sie wischte sich die Augen und tat, was in der Rhetorik der Frauen als eine Antithese im Handeln bezeichnet werden sollte.

»Lassen Sie mich mit Gleichgültigen, die mich amüsieren, das Lachen der Verdammten lachen«, fuhr sie fort. »Ich sehe bei mir Künstler, Schriftsteller, die Welt, die ich bei unserer armen Camille Maupin kennengelernt habe; sie hat vielleicht recht gehabt! Den reich machen, den man liebt, und dann verschwinden und sich sagen: ›Ich bin zu alt für ihn!‹, das bedeutet: als Märtyrerin enden. Und das ist das Beste, wenn man nicht als Jungfrau enden kann.«

Sie fing an zu lachen, um den traurigen Eindruck zunichte zu machen, den sie in ihrem Anbeter möglicherweise hatte erwecken können.

»Aber«, sagte Calyste, »wo könnte ich Sie denn besuchen?«

»Ich halte mich in der Rue de Chartres[179] verborgen, vor dem Parc de Monceaux, in einem kleinen Stadtpalais, das meinen Vermögensverhältnissen entspricht, und stopfe mir den Kopf mit Literatur voll, aber ganz für mich allein, um mich abzulenken. Gott bewahre mich vor der Manie gewisser Damen . . .! Bitte gehen Sie jetzt, lassen Sie mich allein, ich will nicht, daß ich bei den Leuten ins Gerede komme, und was würde man nicht alles schwatzen, wenn man uns beisammen sähe? Außerdem, Calyste, müssen Sie wissen, daß ich, wenn Sie noch eine Sekunde blieben, in Tränen ausbrechen würde.«

Calyste zog sich zurück, aber erst, nachdem er Béatrix die Hand hingestreckt und zum zweitenmal die tiefe, seltsame Erregung eines doppelten Händedrucks, begleitet von einem verführerischen Fingerstreicheln, empfunden hatte.

»Mein Gott! Sabine hat es nie fertiggebracht, mein Herz so aufzuwühlen.« Dieser Gedanke überfiel ihn im Wandelgang.

Während des Rests des Abends warf die Marquise de Rochefide keine drei unmittelbaren Blicke zu Calyste hin; aber er empfing verstohlene Seitenblicke, deren jeder ein Riß für die Seele eines Mannes bedeutete, der noch ganz in seiner ersten, zurückgestoßenen Liebe befangen war.

Als der Baron du Guénic wieder daheim war, ließ die Pracht seiner Wohnung ihn an die Dürftigkeit denken, von der Béatrix gesprochen hatte, und es überkam ihn Haß gegen seinen Reichtum, weil dieser nicht dem gefallenen Engel gehören konnte. Er hörte, Sabine habe sich längst schlafen gelegt; es machte ihn froh, daß er eine Nacht gewonnen hatte, in der er mit seinen Gefühlen leben durfte. Jetzt verfluchte er den Scharfblick, den die Liebe Sabine lieh. Wenn zufällig ein Mann von seiner Frau angebetet wird, liest sie auf seinem Gesicht wie in einem Buch; sie nimmt das gelindeste Zucken der Muskeln wahr, sie weiß die Ursache seiner Ruhe, sie gibt sich Rechenschaft über die leiseste Traurigkeit und grübelt, ob sie selber der Grund dafür ist, sie schaut ihm prüfend in die Augen; für sie bekommen die Augen einen Anhauch des beherrschenden Gedankens, sie drücken Liebe aus oder nicht. Calyste wußte, daß er der Gegenstand eines so tiefen, so naiven, so eifersüchtigen Kults war, daß er zweifelte, ob er eine Miene werde aufsetzen können, die den Wandel verhehlte, der in seinem Innern vor sich gegangen war. »Wie soll ich mich morgen früh verhalten ...?« fragte er sich beim Einschlafen und fürchtete den prüfenden Blick, den Sabine stets vornahm. Wenn Sabine mit Calyste zusammentraf, fragte sie ihn stets, und sogar mehrmals an einem Tage: »Liebst du mich noch?« Oder auch: »Ich bin dir doch nicht etwa langweilig?« Lauter anmutige, entsprechend dem Charakter oder dem Geist der Frauen wechselnde Fragen, mit denen sie ihre Ängste tarnen, die geheuchelten wie die echten.

An die Oberfläche auch der edelsten und reinsten Herzen kommt der Schlamm, den die Orkane aufgewühlt haben. So zitterte Calyste, der sein Kind gewiß sehr lieb hatte, am anderen Morgen vor Freude, als er erfuhr, Sabine forsche nach der Ursache einiger krampfartiger Symptome, befürchte die Bräune und wolle den kleinen Calyste nicht allein lassen. Der Baron schützte Geschäftliches vor und verließ das Haus, um nicht daheim zu Mittag essen zu müssen. Er entwich, wie Gefangene entweichen, glücklich, zu Fuß gehen zu können, über den Pont Louis XVI[180], die Champs-Elysées entlang, nach einem Boulevard-Café, wo er seinen Spaß daran hatte, als Junggeselle zu Mittag zu essen. Was hat es eigentlich mit der Liebe auf sich? Sträubt die Natur sich gegen das gesellschaftliche Joch? Will die Natur, daß der Schwung des von ihr gespendeten Lebens spontan und frei sei, daß er der Lauf eines tosenden Bergstroms sei, der sich an den Felsen des Widerspruchs und der Koketterie breche, statt eines ruhig zwischen den Gestaden ›Standesamt‹ und ›Kirche‹ dahinfließenden Gewässers? Hat sie ihre Pläne, wenn sie die vulkanischen Ausbrüche ausheckt, denen vielleicht die großen Männer zu verdanken sind? Schwerlich hätte sich ein junger Mensch finden lassen, der gottesfürchtiger, sittenreiner, weniger beschmutzt vom Unglauben erzogen worden wäre als Calyste, und dabei stürzte er sich auf eine seiner unwürdige Frau, wo doch ein milder, ein strahlender Zufall ihm in der Baronin du Guénic ein junges Mädchen von wahrhaft aristokratischer Schönheit, von einem feinen, zarten Geist dargeboten hatte, ein frommes, liebendes Mädchen, das einzig und allein ihm zugetan war, ein Mädchen von engelhafter Sanftmut, die durch die Liebe noch milder geworden war, einer trotz der Ehe leidenschaftlichen Liebe, wie die seine zu Béatrix es war. Vielleicht haben die größten Männer in ihrer Leibesbeschaffenheit ein wenig Lehm zurückbehalten; der Schlamm behagt ihnen nach wie vor. Das weniger unvollkommene Geschöpf wäre dann also die Frau, trotz ihrer Fehler und ihrer Unvernünftigkeiten. Nichtsdestoweniger gehörte Madame de Rochefide ungeachtet des Gefolges von poetischer Anmaßung, das sie umgab, und ungeachtet ihres Fehltritts dem höchsten Adel an; sie war eher eine ätherische als dem Schlamm zugetane Natur und verbarg die Kurtisane, die zu sein sie sich vorgenommen hatte, unter einer höchst aristokratischen Außenseite. Also würde diese Deutung Calystes seltsamer Leidenschaft nicht gerecht werden. Vielleicht ließe sich der Grund dafür in einer so tief vergrabenen Eitelkeit finden, daß die Moralisten diese Seite des Lasters noch nicht entdeckt haben. Es gibt Männer, die voller Noblesse wie Calyste, schön wie Calyste, reich und vornehm und wohlerzogen sind, und die dennoch, vielleicht ohne ihr Wissen, der Ehe mit einer der ihren gleichen Natur müde werden, Wesen, deren Adel sich nicht über den Adel wundert, die Größe und Zartgefühl, weil sie stets den ihrigen entsprechen, nicht aus der Ruhe bringen und die dann bei ihnen unterlegenen oder gefallenen Naturen die Bestätigung der eigenen Überlegenheit suchen, wenn sie nicht gar Lobeserhebungen bei ihnen erbetteln. Der Gegensatz zwischen dem sittlichen Verfall und der Erhabenheit ergötzt ihren Blick. Leuchtet das Reine nicht stärker in der Nachbarschaft des Unreinen? Dieser Widerspruch amüsiert. Bei Sabine brauchte Calyste nichts zu begünstigen, sie war makellos; also strebten die überschüssigen Kräfte seines Herzens sämtlich Béatrix zu. Wenn große Männer vor unseren Augen die Rolle Jesu spielen und die Ehebrecherin emporheben, warum sollten gewöhnliche Sterbliche dann weiser sein?

Gegen zwei Uhr hatte sich in Calyste der Gedanke: »Ich werde sie wiedersehen!« zu einer Dichtung ausgesponnen, wie sie schon oft auf siebenhundert Meilen langen Reisen als Unterhaltungsstoff gedient hat...! Hurtigen Schrittes ging er bis zur Rue de Courcelles, er erkannte das Haus, obgleich er es nie zuvor gesehen hatte, und dann blieb er, der Schwiegersohn des Herzogs von Grandlieu, er, der reich und adlig wie die Bourbonen war, unten an der Treppe stehen, gehemmt durch die Frage eines alten Dieners: »Wen darf ich melden?« Calyste begriff, daß er Béatrix die Entscheidung überlassen müsse; er warf einen Blick über den Garten, über die Hausmauern mit den schwarzen und gelben Wellenlinien, die der Pariser Regen auf dem Kalkmörtel erzeugt.

Wie fast alle großen Damen, die ihre Ketten zerbrechen, war Madame de Rochefide auf und davon gegangen, hatte indessen ihr Vermögen ihrem Mann überlassen; sie hatte ihrem Tyrannen nicht die Hand entgegenstrecken wollen. Conti und Mademoiselle des Touches hatten von Béatrix die Mißlichkeiten des materiellen Daseins abgewandt, überdies ließ ihre Mutter ihr mehrmals einige Beträge zukommen. Nun sie auf eigenen Füßen stand, war sie zu für eine den Luxus gewohnte Frau recht harten Sparmaßnahmen gezwungen. Sie war also auf den Gipfel des Hügels emporgeklommen, an dem der Parc de Monceaux sich erstreckt, und hatte sich in das ehemalige Lusthaus eines großen Herrn zurückgezogen, das an der Straße lag, aber einen reizenden kleinen Garten hatte; die Miete betrug lediglich achtzehnhundert Francs. Da sie nach wie vor von einem alten Diener, einer Zofe und einer Köchin aus Alençon betreut wurde, die auch im Unglück bei ihr geblieben waren, hätte ihr Elend für viele ehrgeizige Bürgersfrauen immerhin Überfluß bedeutet. Calyste stieg eine Treppe hinauf, deren Stufen mit Bimsstein abgeschliffen worden waren; auf den Absätzen standen viele Blumen. Damit der Baron die Wohnung betreten konnte, öffnete der Diener im ersten Stock eine zweiflüglige Tür aus rotem Samt; sie war durch rote Seide und goldene Nägel rautenförmig unterteilt. Die Räume, die Calyste durchschritt, waren gleichfalls mit Seide und Samt ausgeschlagen. Teppiche in zurückhaltenden Farben, einander überschneidende Draperien an den Fenstern, Portieren, die ganze Inneneinrichtung kontrastierte zu der Schäbigkeit des Äußeren, das von dem Hauseigentümer schlecht unterhalten wurde. Calyste erwartete Béatrix in einem Salon nüchternen

Stils, in dem der Luxus sich schlicht gebärdete. Dieser Raum war mit granatrotem Samt bespannt, der durch mattgelbe Seidenstreifen belebt wurde; es lag ein dunkelroter Teppich darin, die Fenster ließen an Treibhäuser denken, so viele Blumen quollen aus den Kästen; das Tageslicht war so gedämpft, daß Calyste auf dem Kaminsims kaum zwei rote und blaßgrüne chinesische Vasen erkennen konnte; zwischen ihnen schimmerte ein silberner, Benvenuto Cellini[181] zugeschriebener Becher, den Béatrix aus Italien mitgebracht hatte. Die mit Samt bespannten Möbel aus vergoldetem Holz, die prächtigen Konsolen, auf deren einer eine seltsame Stutzuhr stand, der Tisch mit der Perserdecke, alles zeugte von ehemaligem Überfluß, dessen Überbleibsel geschickt verteilt waren. Auf einer kleinen Truhe bemerkte Calyste Kleinode, ein angefangenes Buch, in dem der mit Edelsteinen besetzte Griff eines Dolchs funkelte, der als Papiermesser diente, Symbol der Kritik. Schließlich hingen an der Wand zehn reich gerahmte Aquarelle, die sämtlich die Schlafzimmer der unterschiedlichen Behausungen darstellten, in denen Béatrix' unstetes Leben sie hatte verweilen lassen; sie ließen auf eine überlegene Impertinenz schließen. Das Rascheln eines Seidenkleids kündete die Unselige an; sie erschien in einer raffinierten Toilette, die einem Lebemann ohne weiteres gesagt hätte, daß er erwartet worden sei. Das Kleid war als Morgenrock zugeschnitten, damit ein Stückchen der weißen Brust zu sehen war; es bestand aus perlgrauem Moiré und hatte große, offene Ärmel, aus denen die Arme herausragten, freilich verhüllt von gefütterten, litzenbesetzten Bauschärmeln mit Spitzen um die Handgelenke. Das schöne, vom Kamm aufgelockerte Haar quoll unter einem Häubchen aus Spitzen und Blumen hervor.

»Schon . . .?« fragte sie lächelnd. »Ein Liebhaber hätte es weniger eilig gehabt. Sicher haben Sie mir Geheimnisse anzuvertrauen, nicht wahr?«

Und sie ließ sich auf einer Causeuse nieder und forderte Calyste durch eine Geste auf, sich zu ihr zu setzen. Durch einen vielleicht absichtlich herbeigeführten Zufall (denn die Frauen verfügen über zwei Gedächtnisse, das der Engel und das der Teufel) strömte Béatrix das Parfüm aus, dessen sie sich auf Les Touches bei ihrer Begegnung mit Calyste bedient hatte Das erste

Einatmen dieses Dufts, die Berührung mit diesem Kleid, der Blick dieser Augen, die im Halbdunkel das Licht anzogen, um es zurückzuwerfen, all das ließ Calyste den Kopf verlieren. Den Unglücklichen packte die Heftigkeit, die ihn schon einmal Béatrix beinahe hatte umbringen lassen; aber diesmal befand die Marquise sich am Rand einer Causeuse und nicht des Ozeans; sie stand auf, um zu schellen, und legte einen Finger auf die Lippen. Auf dieses Zeichen hin bezähmte sich der zur Ordnung gerufene Calyste; er begriff, daß Béatrix keinerlei feindselige Absichten hegte.

»Antoine, ich bin für niemanden daheim«, sagte sie zu dem alten Diener. »Legen Sie Holz aufs Feuer. – Sie sehen, Calyste, daß ich Sie als Freund behandle«, fuhr sie würdevoll fort, als der alte Mann gegangen war, »behandeln Sie mich nicht wie eine Geliebte. Zweierlei habe ich Ihnen zu bemerken. Erstens würde ich nicht so töricht sein, mich einem Mann, den ich liebe, zu verweigern; zweitens will ich keinem Mann auf dieser Welt mehr angehören; ich hatte nämlich geglaubt, Calyste, ich würde von einer Art Rizzio[182] geliebt, der durch keine Verpflichtung gefesselt sei, durch einen absolut freien Mann, und Sie sehen ja, wohin diese unselige Bindung mich geführt hat! Sie aber stehen unter der Herrschaft der heiligsten aller Pflichten, Sie haben eine junge, liebenswerte, entzückende Frau; und überdies sind Sie Vater. Für mich wie für Sie gäbe es keine Entschuldigung, und wir wären beide wahnsinnig ...«

»Meine liebe Béatrix, alle diese Gründe werden durch ein einziges Wort hinfällig: ich habe auf Erden immer nur Sie geliebt, und ich bin gegen meinen Willen verheiratet worden.«

»Das war ein Streich, den uns Mademoiselle des Touches gespielt hat«, sagte sie lächelnd.

Es vergingen drei Stunden, in denen Madame de Rochefide Calyste bestärkte, an der ehelichen Treue festzuhalten, indem sie ihm das schreckliche Ultimatum eines radikalen Verzichts auf Sabine stellte. Nichts sonst könne ihr in der schrecklichen Situation Ruhe und Sicherheit geben, in die sie durch Calystes Liebe versetzt werden würde, sagte sie. Sie betrachte übrigens die Aufopferung Sabines als etwas Geringfügiges, sie kenne sie ja!

»Mein lieber Junge, das ist eine Frau, die alles hält, was sie als Mädchen versprochen hat. Sie ist ganz und gar eine Grandlieu, brünett wie ihre Mutter, die Portugiesin, um nicht zu sagen, orangen, und trocken wie ihr Vater. Offen gestanden, Ihre Frau kann nicht zugrunde gehen, sie ist ein großer Junge und kann allein weiterkommen. Armer Calyste, ist das die Frau, die Ihnen not getan hätte? Sie hat schöne Augen, aber die sind in Italien, in Spanien und Portugal Allgemeingut. Kann man bei einem so mageren Körper überhaupt Zärtlichkeit aufbringen? Eva ist blond, die braunen Frauen stammen von Adam ab, die blonden sind Gott nachgeartet; seine Hand hat auf Eva seinen letzten Gedanken hinterlassen, als die Schöpfung vollendet war.«

Gegen sechs nahm der verzweifelte Calyste seinen Hut und wollte gehen.

»Ja, geh, mein armer Freund, mach ihr nicht den Kummer, ohne dich zu Abend essen zu müssen . . .!«

Calyste blieb. Jung, wie er war, war er leicht von seiner schlechten Seite zu nehmen.

»Getrauen Sie sich tatsächlich, mit mir zu Abend zu essen?« fragte Béatrix und spielte auf aufreizende Weise die Erstaunte. »Schreckt meine magere Tafel Sie wirklich nicht ab, und sind Sie unabhängig genug, mir die große Freude dieses kleinen Beweises der Zuneigung zu machen?«

»Lassen Sie mich lediglich ein paar Zeilen an Sabine schreiben«, sagte er, »sie würde sonst bis neun auf mich warten.«

»Nur zu, da steht der Tisch, an dem ich immer schreibe«, sagte Béatrix.

Sie selber steckte die Kerzen an und stellte eine davon auf den Tisch, damit sie lesen könne, was Calyste schreiben würde.

»Meine liebe Sabine . . .«

»›Meine liebe‹! Haben Sie Ihre Frau noch immer lieb?« fragte sie und sah ihn so kalt an, daß ihm das Mark in den Knochen gefror. »Gehen Sie doch, essen Sie mit ihr zu Abend . . .!«

»Ich esse mit Freunden im Restaurant . . .«

»Eine Lüge! Pfui! Sie sind unwürdig, von ihr oder von mir geliebt zu werden . . .! Alle Männer sind uns gegenüber feige! Gehen Sie, Monsieur, und essen Sie mit Ihrer lieben Sabine zu Abend.«

Calyste warf sich in den Sessel und wurde leichenblaß. Die

Bretonen besitzen eine Art Entschlossenheit, die sie dahin bringt, bei Schwierigkeiten eigensinnig an ihrem Entschluß festzuhalten. Der junge Baron richtete sich auf, stützte den Ellbogen auf den Tisch, das Kinn in die Hand und schaute mit funkelnden Augen die unversöhnliche Béatrix an. Er sah so herrlich aus, daß eine Frau aus dem Norden oder aus dem Süden vor ihm niedergekniet wäre und gesagt hätte: »Nimm mich!« Aber die auf dem Grenzgebiet der Normandie und der Bretagne geborene Béatrix gehörte dem Geschlecht der Casteran an; daß sie verlassen worden war, hatte in ihr die Wildheit der Franken und die Bosheit der Normannen entwickelt; sie bedurfte als Rache eines furchtbaren Effekts, sie gab keiner solch erhabenen Regung nach.

»Diktieren Sie, was ich schreiben soll, ich werde gehorchen«, sagte der arme Junge. »Aber dann ...«

»Gut, gut, ja«, sagte sie, »denn du wirst mich noch lieben, wie du mich in Guérande liebtest. Schreib: ›Ich esse in der Stadt zu Abend, warten Sie nicht auf mich!‹«

»Und ...«, sagte Calyste; er glaubte, es müsse noch etwas folgen.

»Nichts weiter. Unterschreiben Sie. Gut«, sagte sie und stürzte sich mit zurückgedämmter Freude auf den dreieckig zusammengefalteten Brief, »ich lasse ihn durch einen Dienstmann hinbringen.«

»Jetzt ...«, rief Calyste und sprang auf wie ein Glücklicher.

»Oh, ich meine doch, ich hätte meinen freien Willen ...?« sagte sie, wandte sich um und blieb halbwegs zwischen Tisch und Kamin stehen, wo sie schellte. – »Da, Antoine, lassen Sie das an die Adresse bringen, die daraufsteht. Monsieur bleibt zum Abendessen hier.«

Gegen zwei Uhr morgens kehrte Calyste in sein Palais zurück. Von Müdigkeit überwältigt war Sabine zu Bett gegangen; bis halb eins hatte sie gewartet; sie schlief, obwohl die lakonischen Zeilen ihres Mannes sie recht betroffen gemacht hatten; aber sie erklärte sie sich ...! Wahre Liebe beginnt bei der Frau damit, daß sie sich alles zum Vorteil des geliebten Mannes auslegt. – »Calyste hat es eilig gehabt«, sagte sie sich. Am anderen Morgen ging es dem Kind besser, die Besorgnis der Mutter hatte sich beschwichtigt. Lachend kam Sabine mit dem kleinen Calyste auf dem Arm; sie wollte ihn dem Vater vor dem Mittagessen ein paar Minuten zeigen und dabei die hübschen Albernheiten machen und die dümmlichen Worte sagen, wie alle jungen Mütter es tun. Diese kleine Eheszene ermöglichte es Calyste, sich Haltung zu geben; er war reizend zu seiner Frau, wobei er in einem fort dachte, daß er ein Scheusal sei. Er spielte wie ein Kind mit ›Monsieur le Chevalier‹, er spielte sogar zuviel, er übertrieb seine Rolle; aber Sabine war noch nicht zu dem Grad des Mißtrauens gelangt, bei dem eine Frau eine so feine Nuance wahrzunehmen vermag.

Schließlich, beim Mittagessen, fragte Sabine: »Was hast du eigentlich gestern abend gemacht?«

»Portenduère«, antwortete er, »hat mich zum Abendessen dabehalten, und danach sind wir in den Club gegangen und haben ein paar Partien Whist gespielt.«

»Das ist ein dummes Leben, Calyste«, entgegnete Sabine. »Die jungen Edelleute von heutzutage sollten darauf bedacht sein, in ihrer Heimat alle Ländereien wiederzugewinnen, die ihre Väter verloren haben. Nicht durch Zigarrenrauchen, Whistspielen, durch sinnloses Vertun der Mußestunden könnt ihr fortbestehen und auch nicht dadurch, daß ihr Wert darauf legt, den Emporkömmlingen, die euch aus allen euren Stellungen vertreiben, Unverschämtheiten zu sagen, daß ihr euch von den Massen trennt, denen ihr mit eurer Seele, eurer Klugheit dienen, deren Vorsehung ihr sein solltet. Anstatt eine Partei zu sein, werdet ihr nur noch eine Meinung darstellen, wie de Marsay gesagt hat. Ach, wenn du wüßtest, wie mein Gedankenkreis sich erweitert hat, seit ich dein Kind gewiegt und gestillt habe. Ich möchte es so gern erleben, daß der alte Name der du Guénic in die Geschichte eingeht!« Plötzlich, als sie den Blick in Calystes Augen tauchte, der ihr nachdenklich zugehört hatte, sagte sie zu ihm: »Gib getrost zu, daß der erste Brief, den du mir geschrieben hast, ein bißchen dürr war.«

»Mir ist erst im Club eingefallen, daß ich dich benachrichtigen müßte . . .«

»Dabei hast du mir auf Damenpapier geschrieben; der Brief roch nach einem Damenparfüm.«

»Die Leiter des Clubs sind so komisch . . .!«

Der Vicomte de Portenduère und seine Frau, ein reizendes Ehepaar, hatten sich schließlich so eng mit den du Guénic befreundet, daß sie sich die Bezahlung einer Loge im Théâtre des Italiens teilten. Die beiden jungen Frauen, Ursule und Sabine, waren zu jener Freundschaft durch den reizenden Austausch von Ratschlägen, von Sorgen, von vertraulichen Geständnissen über die Kinder gelangt. Während Calyste als Neuling im Lügen sich sagte: »Ich muß Savinien ins Bild setzen«, sagte Sabine sich: »Mir ist, als sei auf dem Briefpapier eine Krone gewesen ...!« Diese Erwägung durchschoß ihr Bewußtsein wie ein Blitzstrahl, und Sabine schalt sich, sie angestellt zu haben; aber sie nahm sich vor, das Blatt zu suchen; sie hatte es am Abend zuvor in den Ängsten, in denen sie befangen gewesen war, in ihre Briefschachtel getan.

Nach dem Essen verließ Calyste das Haus und sagte zu seiner Frau, er werde bald wieder daheim sein; er bestieg einen der niedrigen Einspänner, durch die man damals die unbequemen Kabrioletts unserer Vorfahren zu ersetzen begann. Innerhalb weniger Minuten gelangte er in die Rue des Saints-Pères, wo der Vicomte wohnte; er bat ihn um den kleinen Gefallen einer Lüge auf Gegenseitigkeit für den Fall, daß Sabine die Vicomtesse ausfragen sollte. Als er das hinter sich hatte, fuhr Calyste, der von vornherein um die größtmögliche Geschwindigkeit gebeten hatte, von der Rue des Saints-Pères nach der Rue de Chartres; das dauerte nur ein paar Minuten; er wollte sehen, wie Béatrix den Rest der Nacht verbracht habe. Die Glücklich-Unglückliche war gerade dem Bad entstiegen, wirkte frisch und verschönt und aß mit vortrefflichem Appetit zu Mittag. Er bewunderte die Anmut, mit der dieser Engel die gekochten Eier aufschlug, staunte das goldene Frühstücksgeschirr an, das Geschenk eines Musiknarren von Lord, für den Conti einige Romanzen komponiert, zu denen der Lord ›die Ideen geliefert‹ und die er später als eigene Werke veröffentlicht hatte. Er hörte ein paar Sticheleien seines Idols an; Béatrix legte großen Wert darauf, ihn zu amüsieren, und als er aufbrach, schalt und schluchzte sie. Er glaubte, er sei nur eine halbe Stunde bei ihr geblieben, kam indessen erst um drei wieder heim. Sein schönes englisches Pferd, ein Geschenk der Vicomtesse de Grandlieu, wirkte wie aus dem Wasser gezogen, so schweißnaß war es. Durch einen Zufall, wie ihn alle eifersüchtigen

Frauen herbeizuführen wissen, hatte sich Sabine an einem der zum Hof hinausgehenden Fenster aufgestellt, voller Ungeduld, daß sie Calyste nicht heimkommen sah, und beunruhigt, ohne zu wissen warum. Der Zustand des Pferdes, dessen Maul schäumte, machte sie betroffen. – »Woher mag er kommen?« Diese Frage wurde ihr von der Macht zugeraunt, die nicht das Bewußtsein, die nicht Teufel und nicht Engel ist; aber die sieht, die ahnt, die uns das Unbekannte zeigt, die uns an geistige Wesenheiten glauben läßt, an in unserem Gehirn geborene Geschöpfe, die da kommen und gehen und in der unsichtbaren Sphäre der Ideen leben.

»Wo kommst du denn her, lieber Engel?« fragte sie Calyste, dem sie bis zum ersten Treppenabsatz entgegengegangen war. »Abd-el-Kader[183] ist ganz abgetrieben, du hattest nur einen Augenblick unterwegs sein wollen, und nun warte ich seit drei Stunden auf dich . . .«

»Na ja«, sagte sich Calyste, der in der Verstellungskunst Fortschritte machte, »ich werde mich durch ein Geschenk aus der Affäre ziehen.« – »Liebe Nährmutter«, sagte er laut zu seiner Frau und umfaßte ihre Taille mit einem kosenden Griff, den er schwerlich angewandt hätte, wenn er nicht schuldig gewesen wäre, »ich sehe ein, daß wir vor einer Frau, die uns liebt, keine Geheimnisse haben können, so harmlos sie auch immer sein mögen . . .«

»Auf der Treppe erzählt man einander keine Geheimnisse«, antwortete sie lachend. »Komm.«

Im Salon, der vor dem Schlafzimmer gelegen war, sah sie in einem Spiegel Calystes Gesicht; er wußte nicht, daß er beobachtet wurde; er lächelte nicht mehr, sondern ließ seine Ermattung und seine wahren Gefühle durchblicken.

»Jetzt heraus mit dem Geheimnis . . .!« sagte sie, als sie sich umwandte.

»Du hast beim Stillen einen Heroismus bezeigt, der mir den künftigen Erben der du Guénic noch teurer macht, und da habe ich dir eine Überraschung bereiten wollen, völlig wie ein Bürgersmann aus der Rue Saint Denis. Es wird jetzt ein Putztisch für dich fertiggestellt, an dem Künstler mitgearbeitet haben; meine Mutter und Tante Zéphirine haben beigesteuert . . .«

Sabine umschlang Calyste, drückte ihn an ihr Herz, lehnte den Kopf an seinen Hals und wurde schwach unter der Last des Glücks, nicht des Putztischs, sondern des ersten zunichte gewordenen Argwohns wegen. Es war eine der herrlichen Gefühlswallungen, die zu zählen sind und die nicht jede Liebe zeitigt, nicht einmal übertriebene, denn sonst würde das Leben allzu rasch verlodern. Die Männer müßten dann den Frauen zu Füßen fallen und sie anbeten, denn es liegt darin etwas Erhabenes; die Kräfte des Herzens und des Verstandes ergießen sich dann wie die Wasser aus den geneigten Urnen der Nymphen an kunstvoll erbauten Brunnen. Sabine zerschmolz in Tränen.

Plötzlich, wie von einer Viper gebissen, stieß sie Calyste von sich, warf sich auf ein Ruhebett und wurde ohnmächtig; die plötzliche Einwirkung von Eiseskälte auf ihr entflammtes Herz hätte sie fast getötet. Als sie Calyste in den Armen gehalten, als sie die Nase in seine Halsbinde getaucht hatte, gänzlich ihrer Freude hingegeben, hatte sie den Duft des Briefpapiers gerochen ...! Der Kopf einer anderen Frau hatte dort geruht, deren Haar und Gesicht einen ehebrecherischen Duft hinterlassen hatten. Sie hatte die Stelle geküßt, die noch warm von den Küssen ihrer Nebenbuhlerin gewesen war ...!

»Was ist dir denn ...?« fragte Calyste, als er Sabine mittels eines angefeuchteten Tuchs ins Leben zurückgerufen hatte.

»Hol meinen Arzt und meinen Geburtshelfer, beide! Ja, ich fühle es, mir ist die Milch umgeschlagen ... Sie kommen nur sofort her, wenn Sie selber sie bitten ...«

Das ›Sie‹ machte Calyste betroffen; zutiefst entsetzt stürzte er hinaus. Als Sabine die Eingangstür ins Schloß fallen hörte, stand sie auf wie ein erschrockenes Reh; sie drehte sich im Salon wie eine Irre und schrie: »Mein Gott! Mein Gott! Mein Gott!« Diese beiden Worte waren an die Stelle aller Gedanken getreten. Die Krise, die sie als Vorwand angegeben hatte, trat tatsächlich ein. Ihre Haare wurden zu im Feuer ihrer Nervenanfälle glühend gewordenen Nadeln, die ihr in den Kopf stachen. Ihr kochendes Blut schien sich mit den Nerven zu vermischen und gleichzeitig aus den Poren treten zu wollen! Für kurze Zeit war sie blind. Sie schrie auf: »Ich sterbe!«

Auf diesen furchtbaren Schrei der verletzten Mutter und Frau hin kam die Zofe herein; als Sabine aufgehoben und ins Bett getragen worden war, als sie wieder klaren Geistes war und sehen konnte, bestand ihr erster Geistesblitz darin, daß sie jenes Mädchen zu ihrer Freundin Madame de Portenduère schickte. Die Gedanken wirbelten ihr im Kopf herum wie von einer Windhose weggewehte Strohhalme. »Ich habe welche gesehen«, hat sie später gesagt, »Myriaden auf einmal.« Sie schellte nach dem Diener, und im Fieberwahnsinn brachte sie die Kraft auf, nachstehenden Brief zu schreiben; denn sie war von der Wut beherrscht, Gewißheit zu bekommen . . .!

An Frau Baronin du Guénic

Liebe Mama, wenn Du nach Paris kommst, wie Du uns hoffen ließest, will ich Dir mündlich für das schöne Geschenk danken, das Du, Tante Zéphirine und Calyste mir für die Erfüllung meiner Pflichten zugedacht haben. Dabei fühlte ich mich durch mein eigenes Glück schon zur Genüge entschädigt . . .! Ich verzichte darauf, Dir die Freude zu schildern, die der herrliche Putztisch mir gemacht hat; wenn Du erst hier bei mir bist, will ich es Dir sagen. Glaub mir: wenn ich mich vor diesem Kleinod schmücke, werde ich stets, wie die römische Dame[184], denken, daß mein schönster Schmuck unser lieber kleiner Engel ist, usw.

Durch ihre Zofe ließ sie diesen Brief zu dem nach Guérande abgehenden Postwagen bringen. Als die Vicomtesse de Portenduère eintrat, war Sabines erster Wahnsinnsausbruch einem furchtbaren Fieberschauer gewichen.

»Ursule, ich glaube, ich muß sterben«, sagte sie.

»Was fehlt Ihnen denn, Liebste?«

»Was haben Savinien und Calyste gestern nach dem Abendessen bei euch getrieben?«

»Was für einem Abendessen?« entgegnete Ursule, der ihr Mann noch nichts gesagt hatte, weil er nicht glaubte, daß eine Nachforschung unmittelbar bevorstehe. »Savinien und ich haben gestern ohne Calyste zu Abend gegessen und sind dann ins Théâtre des Italiens gegangen.«

»Ursule, liebes Kleines, im Namen Ihrer Liebe zu Savinien,

bewahre Stillschweigen über das, was du mir eben gesagt hast und was ich dir jetzt noch sagen werde. Du allein sollst wissen, woran ich sterbe ... Ich werde betrogen, nach drei Ehejahren, und ich bin doch erst zweiundzwanzigeinhalb ...!«

Ihre Zähne schlugen aufeinander, ihre Augen waren wie eingefroren und glanzlos, ihr Gesicht hatte eine grünliche Tönung angenommen, wie ein alter venezianischer Spiegel.

»Sie, die Sie so schön sind ...! Und mit wem ...?«

»Ich weiß es nicht! Aber Calyste hat mich zweimal belogen, kein Wort jetzt! Bedaure mich nicht, werde nicht wütend, tu, als wüßtest du nichts; vielleicht erfährst du durch Savinien, wer es ist. Oh, der Brief gestern ...« Und schlotternd, im Hemd, hastete sie zu einem Schränkchen und entnahm ihm den Brief ... – »Eine Marquisenkrone!« sagte sie und kroch wieder ins Bett. »Erkunde, ob Madame de Rochefide in Paris ist ...! Ich habe jetzt also ein Herz, an dem ich weinen und stöhnen kann ...! Ach Kleines, erleben zu müssen, daß unser Glaube, unser Traum, unser Idol, unsere Tugend, unser Glück, daß alles, alles in Scherben ist, besudelt, verdorben ...! Kein Gott mehr im Himmel! Keine Liebe auf Erden, kein Leben im Herzen, nichts mehr ... Ich weiß nicht, ob es Tag ist, ich zweifle an der Sonne ... In meinem Herzen tut alles so weh, daß ich fast nicht mehr die wilden Schmerzen verspüre, die mir die Brust und das Gesicht zerwühlen. Zum Glück ist der Kleine entwöhnt; meine Milch hätte ihn vergiftet!«

Bei diesem Gedanken brach ein Strom von Tränen aus Sabines Augen; bis jetzt waren sie trocken gewesen.

Die hübsche Madame de Portenduère hielt den verhängnisvollen Brief in Händen, an dem Sabine ein letztes Mal gerochen hatte, und war sprachlos angesichts dieses ungespielten Schmerzes, erschüttert von dieser Agonie der Liebe, ohne sie sich erklären zu können, trotz des unzusammenhängenden Berichts, durch den Sabine alles darzulegen versuchte. Da wurde Ursule durch einen der Gedanken aufgeklärt, wie sie nur aufrichtigen Freundinnen kommen.

»Ich muß sie retten!« sagte sie sich. – »Warte auf mich, Sabine«, rief sie ihr zu, »ich werde die Wahrheit schon herausbekommen.«

»Ach, noch im Grab will ich dich liebhaben . . .!« rief Sabine. Die Vicomtesse eilte zur Herzogin von Grandlieu, bat sie um tiefstes Stillschweigen und schilderte ihr Sabines Zustand.

»Madame«, sagte die Vicomtesse abschließend, »sind nicht auch Sie der Ansicht, daß wir, um einer furchtbaren Krankheit vorzubeugen und vielleicht, was weiß ich?, dem Wahnsinn . . . daß wir alles dem Arzt anvertrauen müßten, und um des schrecklichen Calyste willen Märchen ersinnen, die ihn zunächst als schuldlos erscheinen lassen?«

»Liebe Kleine«, sagte die Herzogin, der diese vertrauliche Mitteilung das Herz hatte erstarren lassen, »die Freundschaft hat Ihnen für einen Augenblick die Erfahrung einer Frau meines Alters zuteil werden lassen. Ich weiß, wie sehr Sabine an ihrem Gatten hängt; Sie haben recht, sie könnte irrsinnig werden.«

»Aber sie könnte auch, und das wäre noch schlimmer, ihre Schönheit einbüßen!« sagte die Vicomtesse.

»Wir müssen uns beeilen«, rief die Herzogin.

Zum Glück konnten die Vicomtesse und die Herzogin den berühmten Geburtshelfer Dommanget, den einzigen der beiden Gelehrten, den Calyste angetroffen hatte, ein paar Augenblicke allein sprechen.

»Ursule hat mir alles anvertraut«, sagte die Herzogin zu ihrer Tochter, »und du irrst dich . . . Vor allem: Béatrix ist gar nicht in Paris . . . Und was deinen Mann betrifft, mein Engel, so hat er gestern sehr viel Geld verloren und weiß nun nicht, womit er deinen Putztisch bezahlen soll . . .«

»Und das hier . . .?« fragte Sabine und hielt der Mutter den Brief hin.

»Das?« rief die Herzogin lachend, »das ist das Briefpapier des Jockey-Clubs, auf Papier mit einer Krone schreibt jeder, bald sind unsere Krämer geadelt . . .«

Die kluge Mutter warf den Unheilsbrief ins Feuer. Als Calyste und Dommanget anlangten, wurde die Herzogin, die zuvor der Dienerschaft Weisungen erteilt hatte, davon benachrichtigt; sie überließ Sabine der Betreuung Madame de Portenduères und hielt den Geburtshelfer und Calyste im Salon fest.

»Es handelt sich um Sabines Leben«, sagte sie zu Calyste, »du hast sie mit Madame de Rochefide betrogen . . .«

Calyste errötete wie ein noch anständiges junges Mädchen, das bei einem Fehltritt ertappt wird.

»Und«, fuhr die Herzogin fort, »da du dich nicht auf Täuschungsmanöver verstehst, hast du soviel Ungeschicklichkeiten begangen, daß Sabine alles erraten hat; aber ich habe bereits alles in Ordnung gebracht. Du willst doch wohl nicht, daß meine Tochter stirbt, nicht wahr . . .? Dies alles, Monsieur Dommanget, setzt Sie auf die Spur der eigentlichen Krankheit und deren Ursache . . . Was dich betrifft, Calyste, so versteht eine alte Frau wie ich deine Verirrung, freilich ohne sie zu verzeihen. Eine solche Verzeihung erkauft man sich lediglich durch ein ganzes, glückliches Leben. Wenn dir an meiner Achtung gelegen ist, dann rettest du zunächst meine Tochter; alsdann vergißt du Madame de Rochefide; sie *einmal* gehabt zu haben genügt . . .! Lerne lügen, bring den Mut und die Schamlosigkeit eines Verbrechers auf. Auch ich habe gut gelogen und werde für diese Todsünde harte Bußübungen auf mich nehmen müssen . . .!«

Und sie setzte ihn ins Bild über die Lügen, die sie kurz zuvor ersonnen hatte. Der geschickte Geburtshelfer saß am Bett der Kranken und war sich bereits durch die Symptome über die Mittel klar geworden, wie dem Übel zu begegnen sei. Während er die Maßnahmen anordnete, deren Erfolg von der Schnelligkeit ihrer Durchführung abhängen werde, hielt Calyste, der am Fußende des Bettes saß, die Augen auf Sabine gerichtet, wobei er versuchte, seinem Blick den Ausdruck innigster Zärtlichkeit zu verleihen.

»Dann hat also das Spiel Ihre Augen so umschattet . . .?« fragte sie mit schwacher Stimme.

Dieser Satz ließ den Arzt, die Mutter und die Vicomtesse erbeben; sie wechselten verstohlene Blicke. Calyste wurde rot wie eine Kirsche.

»Das kommt dabei heraus, wenn man selber nähren will«, sagte Dommanget geistesgegenwärtig und brutal. »Die Männer langweilen sich, weil sie von ihren Frauen getrennt sind, sie gehen in den Club, sie spielen . . . Aber trauern Sie den dreißigtausend Francs nicht nach, die der Herr Baron letzte Nacht verloren hat.«

»Dreißigtausend Francs . . .!« rief Ursule einfältig.

»Ja, ich weiß es«, entgegnete Dommanget. »Heute morgen ist mir bei der jungen Herzogin Berthe de Maufrigneuse erzählt worden, Monsieur de Trailles habe sie Ihnen abgewonnen«, sagte er zu Calyste. »Wie können Sie nur mit einem solchen Menschen spielen? Offen gestanden, Herr Baron, ich begreife, daß Sie sich schämen.«

Als der gute, edle Calyste sah, wie seine Schwiegermutter, eine fromme Herzogin, die junge Vicomtesse, eine glückliche Frau, und ein alter Geburtshelfer, ein Egoist, drauflos logen wie die Antiquitätenhändler, begriff er die Größe der Gefahr, und es entrannen ihm zwei dicke Tränen, die Sabine täuschten.

»Monsieur«, sagte sie, richtete sich auf ihrem Lager auf und blickte Dommanget zornig an, »mein Mann kann dreißig-, fünfzig-, hunderttausend Francs verlieren, wenn es ihm Spaß macht, ohne daß jemand berechtigt wäre, ihn für einen schlechten Menschen zu halten und ihm gute Lehren zu erteilen. Es ist besser, daß Monsieur de Trailles ihm das Geld abgewonnen hat, als daß wir es Monsieur de Trailles abgewonnen hätten.«

Calyste sprang auf, legte seiner Frau den Arm um den Hals, küßte sie auf beide Wangen und flüsterte ihr zu: »Sabine, du bist ein Engel ...!«

Zwei Tage danach meinten alle, die junge Frau sei außer Gefahr. Tags darauf war Calyste bei Madame de Rochefide und rühmte sich seiner Infamie.

»Béatrix«, sagte er zu ihr, »jetzt müssen Sie mich glücklich machen. Ich habe Ihnen meine arme Frau preisgegeben, sie hat alles entdeckt. Das unselige Briefpapier, auf dem Sie mich hatten schreiben lassen, trug Ihren Namen und Ihre Krone, und das hatte ich übersehen ...! Ich habe nur Sie gesehen ...! Zufällig war Ihr Initial, Ihr B., verwischt. Aber Ihr Parfüm, das Sie auf mir hinterlassen haben, und die Lügen, in die ich mich verstrickte wie ein Tölpel, haben mein Glück verraten. Sabine ist fast gestorben, die Milch ist ihr ins Gehirn gestiegen, sie hat eine Gesichtsrose bekommen, vielleicht behält sie lebenslang die Spuren davon ...«

Beim Anhören dieser Tirade machte Béatrix ein so eisiges Gesicht, daß die Seine zugefroren wäre, wenn sie darauf geblickt hätte.

»Na, desto besser«, antwortete sie, »das wird Sie dann vielleicht von ihr abbringen.«

Und Béatrix, die hart wie ihre Knochen geworden war, unausgeglichen wie ihr Teint, scharf wie ihre Stimme, fuhr in dieser Tonart mit einer Litanei von abscheulich boshaften Bemerkungen fort. Nichts ist so ungeschickt, wie wenn ein Ehemann zu seiner Geliebten von seiner Frau spricht, sofern diese tugendhaft ist, oder zu seiner Frau von seiner Geliebten, wenn diese schön ist. Aber diese Pariser Erziehung, die als die Höflichkeit der Liebe bezeichnet werden muß, war Calyste noch nicht zuteil geworden. Er konnte weder seine Frau belügen noch seiner Geliebten die Wahrheit sagen; das ist das Ergebnis zweier Lehrzeiten, die man hinter sich gebracht haben muß, um die Frauen lenken zu können. Daher mußte er die ganze Kraft seiner Leidenschaft einsetzen, damit er von Béatrix eine Verzeihung erlangte, um die er zwei Stunden lang flehentlich bitten mußte; ein erzürnter Engel, der die Augen zur Zimmerdecke erhob, um den Schuldigen nicht zu sehen, verweigerte sie ihm und verbreitete sich über die besondere Rücksichtnahme, die man Marquisen schulde, und noch dazu mit einer Stimme, die kleine Tränen, eine genau wie die andere, durchsickerten; sie wurden flüchtig mit dem Spitzenbesatz des Taschentuchs abgewischt.

»Mir von Ihrer Frau zu reden, fast am Morgen nach meiner Hingabe ...! Warum warten Sie mir nicht damit auf, daß sie eine Perle an Tugend sei? Ich weiß, weil sie Sie bewundert, findet sie Sie schön! Das ist Verderbtheit! Ich dagegen liebe Ihre Seele! Denn Sie müssen wissen, mein Lieber, daß Sie, verglichen mit gewissen Hirten der römischen Campagna, schlechterdings häßlich sind, usw.«

Diese Phraseologie könnte befremden; aber sie stellte ein von Béatrix klüglich ersonnenes System dar. Bei ihrer dritten Inkarnation, denn mit jeder Leidenschaft wird eine Frau etwas gänzlich anderes, macht sie im gleichen Maß Fortschritte im Schwindeln; das ist der einzige Ausdruck, der die Auswirkung der Erfahrung richtig wiedergibt, die dergleichen Abenteuer verleihen. Nun aber hatte die Marquise de Rochefide sich nach ihrem Spiegelbild beurteilt. Geistvolle Frauen sind nie in Selbsttäuschung befangen; sie zählen ihre Falten, sie wohnen dem Entstehen ihrer Krähenfüße bei, sie sehen ihre Gerstenkörner keimen, sie kennen sich auswendig und bekunden es oft gar zu sehr durch die Größe ihrer Bemühungen, sich zu konservieren. Deswegen hatte Béatrix, um gegen eine glanzvolle junge Frau anzukämpfen und sechsmal die Woche über sie zu triumphieren, sich die Kunst der Kurtisanen zu eigen gemacht. Ohne sich die Schwärze dieses Plans einzugestehen und zur Anwendung jener Mittel durch eine geradezu orientalische Leidenschaft für den schönen Calyste veranlaßt, hatte sie sich gelobt, ihm einzureden, er sei unansehnlich, häßlich, von schlechter Körperlichkeit, und zu tun, als hasse sie ihn. Kein System ist fruchtbarer bei Eroberernaturen. Ist für sie nicht das Besiegen dieser ausgeklügelten Mißachtung der Triumph des ersten Tages, der an allen Folgetagen aufs neue begonnen werden muß? Es ist noch mehr, es ist die unter der Livree des Hasses verborgene Schmeichelei, und daraus entspringt die Anmut, die Wahrheit, mit der alle Metamorphosen von den sublimen, unbekannten Dichtern umkleidet werden, die deren Erfinder sind. Sagt sich ein Mann dann nicht: »Ich bin unwiderstehlich!« oder: »Ich verstehe mich aufs Lieben, denn ich bändige ihren Widerstand!«? Wenn man dieses Prinzip ableugnet, das die Koketten und die Kurtisanen aller gesellschaftlichen Zonen erwittert haben, dann muß man auch die hitzigen Verfechter der Wissenschaft, die Erforscher von Geheimnissen verneinen, die jahrelang in ihrem Duell mit den geheimen Ursachen zurückgeschlagen werden. Béatrix hatte den Einsatz der Verachtung als Moraltrompete dadurch untermalt, daß sie beständig zu Vergleichen zwischen ihrem poetischen, behaglichen Heim und dem Palais du Guénic Anlaß bot. Jede verschmähte Ehefrau, die sich vernachlässigt, vernachlässigt auch ihr Heim, so sehr ist sie mutlos geworden. In dieser Voraussicht begann Madame de Rochefide heimliche Angriffe auf den Luxus des Faubourg Saint-Germain, den sie als etwas Dummes hinstellte. Die Versöhnungsszene, in der Béatrix ihn Haß gegen die Gattin schwören ließ, die ihm, so sagte sie, die Komödie mit der ausgetretenen Milch vorgespielt habe, vollzog sich in einem wahren Hain, in dem sie, umgeben von entzückenden Blumen, von bis zum Wahnwitz luxuriösen Arrangements, schöntat. Die Kunst der Nichtigkeiten, der Modebagatellen betrieb sie in ihrer Wohnung bis zum Mißbrauch. Béatrix, die dadurch, daß Conti sie verlassen hatte, gänzlich der Verachtung anheimgefallen war, wollte nun wenigstens den Ruhm, den die Verderbtheit verleiht. Das Unglück einer jungen Gattin, einer reichen, schönen Grandlieu sollte ihr als Piedestal dienen.

Wenn eine Frau nach dem Nähren ihres ersten Kindes wieder ins Alltagsleben eintritt, wirkt sie bezaubernd und kehrt verschönt in die Gesellschaft zurück. Diese Phase der Mutterschaft verjüngt Frauen eines gewissen Alters; ganz jungen Frauen dagegen verleiht sie einen ganz besonderen Glanz, eine heitere Tatkraft, ein brio[185] des Daseins, sofern es erlaubt ist, dieses Wort, das Italien für den Geist erfunden hat, auch auf den Körper anzuwenden. Nun Sabine versuchte, die reizenden Gepflogenheiten der Flitterwochen wieder aufzunehmen, fand sie nicht mehr denselben Calyste. Die Unglückliche beobachtete, anstatt sich dem Glück preiszugeben. Sie war auf das fatale Parfüm aus und roch es. Außerdem vertraute sie sich jetzt nicht mehr der Freundin oder der Mutter an, die sie beide barmherzigerweise hinters Licht geführt hatten. Sie wollte Gewißheit, und die Gewißheit ließ nicht auf sich warten. Die Gewißheit stellt sich stets ein; sie ist wie die Sonne, sie verlangt nur zu bald Fenstervorhänge. Es geht in der Liebe wie in der Fabel vom Holzfäller, der den Tod herbeiruft[186]; man verlangt von der Gewißheit, daß sie uns mit Blindheit schlage.

Eines Morgens, vierzehn Tage nach der ersten Krise, erhielt Sabine folgenden schrecklichen Brief:

An die Frau Baronin du Guénic

Guérande

Liebe Tochter, meine Schwägerin Zéphirine und ich haben uns den Kopf über den Putztisch zerbrochen, den Du in Deinem Brief erwähnst; ich schreibe deswegen an Calyste und bitte Dich, Nachsicht mit unserer Ahnungslosigkeit zu haben. Aber Du kannst ja nicht an unseren Herzen zweifeln. Wir häufen Schätze für Euch auf. Dank den Ratschlägen der Mademoiselle de Pen-Hoël hinsichtlich der Verwaltung Eurer Güter werdet Ihr in ein paar Jahren über ein beträchtliches Vermögen verfügen können, ohne daß Eure Einkünfte dadurch gemindert würden.

Dein Brief, Tochter, die ich liebhabe, als hätte ich Dich in meinem Schoß getragen und mit meiner Milch genährt, hat mich durch seine Kürze und Knappheit überrascht, vor allem aber dadurch, daß Du Dich über meinen lieben kleinen Calyste ausschweigst; über den großen brauchst Du mir nichts zu sagen; den weiß ich glücklich; aber, usw.

Sabine schrieb quer über diesen Brief: »In der edlen Bretagne lügt nicht jedermann ...!« Und dann legte sie den Brief auf Calystes Schreibtisch. Calyste fand und las ihn. Als er die Handschrift und Sabines Zeile erkannte, warf er ihn ins Feuer, fest entschlossen, so zu tun, als habe er ihn nie zu Gesicht bekommen. Sabine durchlebte eine ganze Woche in Ängsten, in die nur engelhafte oder einsame Seelen eingeweiht sind, die der Fittich des bösen Engels nie gestreift hat. Calystes Schweigen erschreckte sie.

»Ich, die ich eitel Sanftmut hätte sein müssen, nichts als Liebesfreude für ihn, ich habe sein Mißfallen erregt, habe ihn verletzt ...! Meine Tugend ist etwas Hassenswertes geworden, sicherlich habe ich mein Idol gedemütigt!« sagte sie sich.

Diese Gedanken höhlten ihr Furchen ins Herz. Sie wollte ihn für das, was sie falsch gemacht, um Verzeihung bitten, aber da schoß die Gewißheit neue Beweise auf sie ab.

Dreist und unverschämt schickte Béatrix Calyste einen Brief ins Haus; Madame du Guénic nahm ihn entgegen und händigte ihn ihrem Mann aus, ohne ihn geöffnet zu haben; aber sie sagte dabei, den Tod in der Seele und mit veränderter Stimme: »Mein Lieber, der Brief kommt aus dem Jockey-Club ... Ich habe den Duft und das Papier wiedererkannt.«

Diesmal wurde Calyste rot; er steckte den Brief in die Tasche.

»Warum liest du ihn nicht ...?«

»Ich weiß, was man von mir will.«

Die junge Frau setzte sich. Sie hatte kein Fieber mehr, sie weinte nicht mehr, aber sie empfand einen der Wutanfälle, die bei diesen schwachen Geschöpfen zu erstaunlichen Verbrechen führen, die ihnen Arsenik in die Hand drücken, für sich selber oder für ihre Nebenbuhlerinnen. Der kleine Calyste wurde gebracht, sie nahm ihn, sie wollte ihn hätscheln. Das unlängst entwöhnte Kind suchte durch das Kleid hindurch ihre Brust.

»Er weiß es noch ...!« sagte sie ganz leise.

Calyste ging in sein Zimmer und las dort den Brief. Als er draußen war, brach die junge Frau in Tränen aus; sie weinte, wie Frauen weinen, wenn sie allein sind.

Der Schmerz wie die Lust haben ihr Erstesmal. Die erste Krise, eine wie die, der Sabine fast erlegen wäre, kehrt so wenig wieder, wie in allen Dingen Erstlingsversuche nie wiederkehren. Nur das Erstemal betrifft das Herz, auf die anderen ist man gefaßt, den Nervenzusammenbruch kennt man, das Kapital unserer Kräfte hat bereits seine Einzahlung für einen energischen Widerstand geleistet. Daher verbrachte Sabine, die jetzt sicher war, betrogen worden zu sein, mit ihrem Sohn auf dem Arm drei Stunden am Kamin, und es wunderte sie, als Gasselin, der Kammerdiener geworden war, ihr meldete: »Madame, es ist angerichtet.«

»Sagen Sie Monsieur Bescheid.«

»Monsieur ist nicht zum Essen hier, Frau Baronin.«

Kann man sich vorstellen, welche Qualen eine junge, dreiundzwanzigjährige Frau bei der Marter erleidet, ganz allein in dem riesengroßen Eßzimmer eines altertümlichen Stadtpalais zu sitzen, noch dazu unter den obwaltenden Umständen, und von lautlosen Dienern bedient zu werden?

»Lassen Sie anspannen«, sagte sie unvermittelt, »ich fahre ins Théâtre des Italiens.«

Sie zog ein herrliches Kleid an, sie wollte sich unbegleitet und wie eine Glückliche lächelnd sehen lassen. Noch immer empfand sie Gewissensbisse um der auf den Brief geschriebenen Randglosse willen; aber sie war jetzt entschlossen, Calyste zu besiegen und ihn durch ein Übermaß an Milde, durch ihre guten Eigenschaften als Gattin, durch die Sanftmut eines Osterlamms zu sich zurückzuführen. Ganz Paris wollte sie belügen. Sie liebte, sie liebte, wie Kurtisanen und Engel lieben, mit Stolz und mit Demut. Aber es wurde ›Otello‹[187] gegeben! Als Rubini[188] sang: »Il mio cuore si divide«[189], eilte sie hinaus. Oftmals ist die Musik mächtiger als der Dichter und der Darsteller, da sie beider Gewalt in sich vereint. Savinien de Portenduère geleitete sie bis in die Vorhalle und half ihr in den Wagen, ohne sich diese überhastete Flucht erklären zu können.

Für Madame du Guénic begann jetzt eine Leidenszeit, wie sie für die Aristokratie bezeichnend ist. Ihr armen, leidenden Neidlinge, wenn ihr an den Armen der Damen die goldenen Schlangen mit den Diamantköpfen, wenn ihr die Halsketten, die Agraffen seht, dann sagt euch, daß diese Vipern beißen, daß die Halsketten vergiftete Spitzen haben, daß diese leichten Ketten tief in das zarte Fleisch schneiden. All dieser Luxus wird teuer bezahlt. Frauen in Sabines Lage fluchen dem Reichtum, sie nehmen die Vergoldungen ihrer Salons nicht mehr wahr, die Seide ihres Diwans dünkt sie Werg, die exotischen Blumen werden zu Brennesseln, die Parfüms stinken, die Wunder der Küche kratzen in der Kehle wie Gerstenbrot, und das Leben nimmt die Bitterkeit des Toten Meers an. Zwei oder drei Beispiele vermögen diese Rückwirkung eines Salons oder einer Frau auf ein Glück aufzuzeigen, so daß alle, die Ähnliches erlitten haben, darin ihre eigenen ehelichen Eindrücke wiederfinden. Im Bewußtsein der grauenhaften Nebenbuhlerschaft befaßte Sabine sich eingehend mit ihrem Gatten, wenn er fortging, um zu erraten, wie der Tag sich weiter entwickeln werde. Und mit welch einer zurückgehaltenen Wut wirft eine Frau sich auf die rotglühenden Spitzen solcher Martergeräte, die wie die von Wilden sind . . .! Welch eine irrsinnige Freude, wenn er nicht in die Rue de Chartres ging! Kam Calyste heute heim? Die Beobachtung der Stirn, der Frisur, der Augen, des Gesichtsausdrucks und der Haltung machte Nichtigkeiten zu etwas Bedeutsamem, Feststellungen, die bis in die Einzelheiten der Kleidung hinein verfolgt werden und über denen dann eine Frau ihren Adel und ihre Würde einbüßt. Diese unseligen Nachforschungen, die in der Herzenstiefe gehütet werden, versauern darin und verderben die zarten Wurzeln, aus denen die blauen Blumen des heiligen Vertrauens erblühen, die Goldsterne der einzigen Liebe, alle Blüten der Erinnerung.

Eines Tages musterte Calyste schlecht gelaunt alles in seiner Wohnung, aber er blieb daheim! Sabine gab sich kätzchenhaft und demütig, fröhlich und witzig.

»Du schaust mich mißgestimmt an, Calyste; bin ich denn keine gute Frau . . .? Was gefällt dir hier nicht?« fragte sie.

»Alle Räume hier sind kalt und kahl«, sagte er. »Von solchen Dingen verstehen Sie nichts.«

»Woran fehlt es denn?«

»An Blumen.«

»Gut«, sagte Sabine sich, »anscheinend hat Madame de Rochefide eine Schwäche für Blumen.«

Zwei Tage später hatten die Räume des Palais du Guénic ein völlig verändertes Aussehen angenommen; niemand in Paris konnte sich rühmen, schönere Blumen als die zu haben, die die Zimmer jetzt schmückten.

Einige Zeit danach beschwerte Calyste sich eines Abends nach dem Essen über die Kälte. Er rückte auf seiner Causeuse hin und her und sah nach, woher die Zugluft komme; es war, als suche er etwas. Es dauerte eine Weile, bis Sabine erraten hatte, was diese neue Laune bedeuten sollte, da doch ihr Haus Dampfheizung besaß, die die Treppen, die Flure, die Gänge erwärmte. Schließlich, nach drei Tagen des Nachdenkens, fiel ihr ein, daß ihre Nebenbuhlerin einen Wandschirm um sich stellen müsse, damit sie das für ihre verfallenden Züge so vorteilhafte Halbdunkel gewänne; und so schaffte sie einen Wandschirm an, aber einen mit Spiegeln und von israelischer Pracht.

»Von woher wird der Sturm jetzt wehen?« fragte sie sich. Es war noch nicht aus mit den indirekten Kritiken durch die Geliebte. Calyste aß daheim auf eine Weise, die Sabine rasend machen konnte; hatte er ein paar Happen hinuntergewürgt, so reichte er dem Diener seinen Teller zurück.

»Schmeckt es dir denn nicht?« fragte Sabine; sie war beinahe verzweifelt, daß alle ihre Mühe umsonst gewesen war; sie war nämlich nach unten gegangen und hatte sich mit ihrem Koch besprochen.

»Das möchte ich nicht behaupten, mein Engel«, antwortete Calyste, ohne aufzubrausen, »ich habe keinen Appetit, daran liegt es!«

Eine von legitimer Leidenschaft verzehrte Frau, die auf solcherlei Weise kämpft, geht mit einer Art Wut daran, den Sieg über ihre Rivalin davonzutragen, und schießt oft übers Ziel hinaus, bis in die Geheimregionen des Ehelebens. Dieser grausame, heftige, unaufhörliche Kampf auf dem Gefilde des Wahrnehmbaren und gewissermaßen in den Außenbezirken der Ehe vollzog sich ebenso erbittert in den Bereichen des Herzens. Sabine gab sorgfältig acht auf ihre Haltung, ihre Toilette; sie überwachte sich auch in winzigsten Belanglosigkeiten der Liebe.

Die Sache mit der Küche beanspruchte fast einen Monat. Von Mariotte und Gasselin unterstützt, erdachte Sabine sich Vaudeville-Kniffe, um herauszubekommen, welche Gerichte Madame de Rochefide Calyste vorsetzte. Calystes Kutscher wurde auf Befehl krank; an seine Stelle trat Gasselin, der sich auf diese Weise mit Béatrix' Köchin anfreunden konnte, und so konnte Sabine schließlich mit Gleichem und Besserem aufwarten; doch nun machte er ihr neue Schwierigkeiten.

»Woran fehlt es denn . . .?« fragte sie.

»An nichts«, antwortete er und suchte auf dem Tisch nach etwas, das nicht darauf stand.

»Ach!« rief Sabine am anderen Morgen beim Erwachen, »Calyste hat zerstampfte Maikäfer haben wollen, die englischen Ingredienzien, die in den Apotheken in Streudosen und Fläschchen verkauft werden; Madame de Rochefide gewöhnt ihn an alle möglichen Gewürze!«

Sie kaufte eine englische Menage und Flaschen mit scharfem Inhalt; aber sie konnte bei solcherlei Entdeckungen nicht sämtliche Zubereitungsarten herausbekommen, die ihre Rivalin ausgeheckt hatte.

Diese Periode währte einige Monate lang; das ist nicht weiter erstaunlich, wenn man bedenkt, welche Reize ein Kampf darbietet. Er ist das Leben, er ist mit seinen Verwundungen und Schmerzen immer noch den Düsternissen des Abscheus, dem Gift der Verachtung, dem Nichts des Verzichts, dem Tod des Herzens vorzuziehen, der da Gleichgültigkeit heißt. Dennoch verließ Sabine aller Mut, als sie eines Abends in einer Toilette erschien, wie sie den Frauen von dem Wunsch inspiriert wird, den Sieg über eine andere davonzutragen; Calyste sagte nämlich lachend zu ihr: »Du kannst machen, was du willst, Sabine, du bleibst immer nur eine schöne Andalusierin!«[190]

»Leider!« antwortete sie und sank auf ihre Causeuse. »Ich kann niemals blond werden; aber wenn das so weitergeht, sehe ich bald aus, als wäre ich fünfunddreißig.«

Sie lehnte es ab, ins Théâtre des Italiens zu gehen; sie wollte den ganzen Abend daheim bleiben. Als sie allein war, riß sie sich die Blumen aus dem Haar und zertrampelte sie; sie zog sich aus, trat ihr Kleid, ihren Schal, ihre ganze Toilette mit Füßen, völlig wie eine Ziege, die sich in ihrem Strick verfangen hat und so lange zappelt und sich sträubt, bis sie ihr Ende nahen fühlt. Und dann ging sie zu Bett. Die Zofe kam herein; man ermesse ihr Erstaunen.

»Mir fehlt nichts«, sagte Sabine, »es liegt an Monsieur!«

Unglückliche Frauen verfügen über eine sublime Eitelkeit, über Lügen, in denen von den beiden sich bekämpfenden Schamgefühlen das weiblichste die Oberhand gewinnt.

Bei diesem schrecklichen Spiel magerte Sabine ab; der Kummer nagte an ihr; aber nie fiel sie aus der Rolle, die sie sich auferlegt hatte. Eine Art Fieber hielt sie aufrecht; ihre Lippen drängten bittere Worte bis in die Kehle zurück, wenn der Schmerz sie ihr eingab; sie unterdrückte das Aufblitzen ihrer herrlichen schwarzen Augen und machte sie sanft bis zur Demut. Bald wurde ihr Kräfteverfall wahrnehmbar. Die Herzogin war eine vortreffliche Mutter, obwohl ihre Frömmelei immer portugiesischer geworden war; sie witterte in dem wahrhaft krankhaften Zustand, in dem Sabine sich gefiel, eine tödliche Ursache. Sie wußte um den geregelten intimen Umgang Calystes mit Béatrix. Sie war darauf bedacht, die Tochter zu sich ins Haus zu ziehen und zu versuchen, ihre Herzenswunden zu verbinden, vor allem aber, sie ihrem Märtyrertum zu entreißen; aber Sabine bewahrte seit einiger Zeit tiefstes Schweigen über ihr Unglück, da sie fürchtete, es möge jemand zwischen sie und Calyste treten. Sie behauptete, sie sei glücklich . . .! Auf dem Gipfel des Unglücks hatte sie ihren Stolz, alle ihre guten Eigenschaften wiedergefunden! Aber nach einem Monat des Verwöhntwerdens durch ihre Schwester Clotilde und die Mutter gestand Sabine ihren Kummer ein, vertraute den beiden ihr Leid an, fluchte dem Leben und erklärte, sie sehe den Tod mit delirierender Freude nahen. Sie bat Clotilde, die unverheiratet bleiben wollte, den kleinen

Calyste, das schönste Kind, das je ein Königsgeschlecht sich als Thronerben habe ersehnen können, mütterlich zu betreuen.

Als Sabine eines Abends im Familienkreis saß, neben ihrer jungen Schwester Athénaïs, deren Hochzeit mit dem Vicomte de Grandlieu nach Ablauf der Fastenzeit stattfinden sollte, und neben Clotilde und der Herzogin, stieß sie den äußersten Notschrei der Agonie des Herzens aus, den das Übermaß ihrer letzten Demütigung ihr entpreßt hatte.

»Athénaïs«, sagte sie und blickte dem jungen Vicomte de Grandlieu nach, der sich gegen elf Uhr verabschiedet hatte, »du wirst heiraten; mach dir mein Beispiel zunutze. Hüte dich wie vor einem Verbrechen, deine guten Eigenschaften zu entfalten, widerstrebe der Lust, dich damit zu schmücken, um Juste zu gefallen. Sei ruhig, würdig und kühl; miß das Glück, das du spenden könntest, an dem, das du empfängst! Das ist infam, aber notwendig. Sieh . . .! Ich gehe durch meine guten Eigenschaften zugrunde. Alles, was ich an Schönem, Heiligem, Großem in mir spüre, alle meine Tugenden sind Klippen, an denen mein Glück zerschellt ist. Ich gefalle nicht mehr, weil ich noch nicht sechsunddreißig bin! In den Augen gewisser Männer ist Jugend etwas Minderwertiges! Ein naives Gesicht gibt keine Rätsel auf. Ich lache unverhohlen, und das ist falsch!, wenn man, um verführerisch zu wirken, sich auf das halbe, melancholische Lächeln der gefallenen Engel verstehen muß, die ihre langen, gelben Zähne verbergen müssen. Eine frische Gesichtsfarbe ist langweilig! Ihr wird ein Überzug aus Rouge, Walrat und Cold Cream vorgezogen, der ein puppenhaftes Aussehen gibt. Ich bin seelisch geradegewachsen, aber nur das Perverse gefällt! Ich bin auf loyale Weise leidenschaftlich wie eine ehrbare Frau, und dabei müßte ich raffiniert sein, ränkevoll und geziert wie eine Provinzschauspielerin. Ich bin trunken vor Glück, daß ich einen der bezauberndsten Männer Frankreichs zum Gatten habe; in aller Harmlosigkeit sage ich ihm, wie vornehm er wirkt, wie anmutig seine Bewegungen sind, daß ich ihn schön finde; aber wenn ich ihm gefallen wollte, müßte ich mit geheucheltem Schrecken den Kopf abwenden, von Liebesgenuß nichts wissen wollen und ihm sagen, seine Vornehmheit sei ganz einfach krankhaftes Getue, die Haltung eines Schwindsüchtigen; ihm die Schultern des Herkules

Farnese[191] rühmen, ihn wütend machen und mich sträuben, als bedürfte ich eines Kampfes, um im Augenblick der Liebesbeglükkung einige der Unvollkommenheiten zu verbergen, die die Liebe töten können. Ich habe das Pech, daß ich schöne Dinge bewundere, ohne darauf bedacht zu sein, mich durch bittere, neidische Kritik an allem, was von Poesie und Schönheit strahlt, größer zu machen. Ich brauche mir nicht von Canalis und Nathan in Vers und Prosa sagen zu lassen, ich sei eine überlegene Intelligenz! Ich bin ein armes, naives Kind, ich kenne nur Calyste. Ach, wenn ich die Welt durchschweift hätte wie ›sie‹, wenn ich in allen Sprachen Europas, wie ›sie‹, gesagt hätte: ›Ich liebe dich!‹, dann würde man mich trösten, bedauern, anbeten, und ich würde den Fruchtsalat kosmopolitischer Liebe servieren! Man ist uns für Zärtlichkeiten nur dankbar, wenn wir ihnen durch Boshaftigkeiten Relief geben. Mit anderen Worten: ich als Edeldame muß mich durch alle Unflätigkeiten, alles berechnende Wesen der Dirnen belehren lassen . . .! Und Calyste geht solchen Mätzchen auf den Leim . . .! O Mutter, o liebe Clotilde, ich bin zu Tode verwundet. Mein Stolz ist ein trügerischer Schild, ich bin wehrlos gegen den Schmerz, ich liebe meinen Mann nach wie vor irrsinnig, und dabei müßte ich, um ihn zu mir zurückzubringen, der Gleichgültigkeit alle ihre Einsichten entleihen.«

»Du Dummchen«, flüsterte Clotilde ihr zu, »tu doch, als wolltest du Gleiches mit Gleichem vergelten . . .«

»Ich will makellos sterben und ohne den Anschein einer Schlechtigkeit«, antwortete Sabine. »Unsere Rache muß unserer Liebe würdig sein.«

»Mein Kind«, sagte die Herzogin zu ihrer Tochter, »eine Mutter muß das Leben etwas kühler betrachten, als du es tust. Die Liebe ist nicht der Zweck, sondern das Mittel der Familie; handle bitte nicht wie die arme kleine Baronin Macumer[192]. Übersteigerte Leidenschaft ist fruchtlos und tödlich. Merk dir: Gott schickt uns das Herzeleid im Wissen um dessen Ursache . . . Nun für Athénaïs' Hochzeit alles geordnet ist, kann ich mich dir widmen . . . Ich habe über die prekäre Lage, in der du dich befindest, bereits mit deinem Vater, dem Herzog von Chaulieu und d'Ajuda gesprochen; wir werden schon Mittel und Wege finden, Calyste zu dir zurückzuführen.«

»Und die Marquise de Rochefide hilft uns dabei!« sagte Clotilde lächelnd zu ihrer Schwester. »Sie behält ihre Anbeter nicht lange.«

»D'Ajuda, mein Engel«, fuhr die Herzogin fort, »ist Monsieur de Rochefides Schwager gewesen ... Wenn unser lieber Beichtvater die kleinen Machenschaften billigt, die unternommen werden müssen, damit der Plan gelingt, den ich deinem Vater unterbreitet habe, kann ich mich für Calystes Rückkehr verbürgen. Mein Gewissen verabscheut solche Mittel, und ich möchte sie dem Urteil des Abbé Brossette unterwerfen. Wir wollen nicht abwarten, mein Kind, bis du in extremis[193] bist, um dir zu Hilfe zu kommen. Sei also guten Mutes! Dein Schmerz ist heute abend so groß, daß mein Geheimnis mir entschlüpft ist; aber es war mir unmöglich, dir nicht ein bißchen Hoffnung zu machen.«

»Wird Calyste darunter arg zu leiden haben?« fragte Sabine und schaute die Herzogin beunruhigt an.

»O mein Gott, ob ich auch einmal so dumm sein werde?« rief Athénaïs naiv aus.

»Ach, du kleines Mädchen, du kennst die Nöte nicht, in die die Tugend uns stürzt, wenn sie sich von der Liebe leiten läßt«, antwortete Sabine; es war eine Art Kehrreim-Schluß, so hatte der Kummer sie verwirrt.

Der Satz war mit einer so eindringlichen Bitterkeit gesprochen worden, daß die Herzogin aus dem Stimmklang, dem Tonfall und dem Blick von Madame du Guénic auf irgendein verheimlichtes Unglück schließen zu dürfen glaubte.

»Kinder, es ist Mitternacht, geht ...«, sagte sie zu ihren beiden Töchtern, deren Augen sich belebt hatten.

»Ich störe also, trotz meiner sechsunddreißig Jahre?« fragte Clotilde spöttisch. Und während Athénaïs die Mutter küßte, beugte sie sich über Sabine und flüsterte ihr zu: »Du mußt es mir aber sagen, ja ...? Ich komme morgen zum Abendessen zu dir. Wenn Mutter meint, ihr Gewissen werde dadurch belastet, dann befreie *ich* Calyste aus den Händen der Ungläubigen.«

»Komm, Sabine«, sagte die Herzogin und führte die Tochter in ihr Schlafzimmer, »jetzt sag mir, was vorgefallen ist, mein Kind.«

»Ach, Mama, ich bin verloren!«

»Und warum?«

»Ich habe über diese furchtbare Frau triumphieren wollen, und ich habe gesiegt, ich bin in anderen Umständen, und dabei liebt Calyste sie so sehr, daß ich ahne: er wird mich endgültig verlassen. Wenn die Treulosigkeit, die er ihr gegenüber begangen hat, ans Licht kommt, wird ›sie‹ toben! Ach, ich leide zu große Qualen, als daß ich dem Widerstand leisten könnte. Ich weiß, wann er zu ihr geht, ich entnehme es seiner Freude; und dann sagt mir seine Mürrischkeit, wenn er bei ihr gewesen ist. Er geniert sich nicht mehr, ich bin ihm unerträglich. Ihr Einfluß auf ihn ist so ungesund, wie ihr Körper und ihre Seele es sind. Du wirst schon sehen, als Preis für die Wiederversöhnung wird sie eine Trennung vor aller Öffentlichkeit verlangen, einen Bruch nach Art ihres eigenen, und sie wird ihn mir entführen, nach der Schweiz vielleicht, oder nach Italien. Er fängt an, es lächerlich zu finden, daß er Europa nicht kennt; ich weiß schon im voraus, was diese hingeworfenen Worte besagen wollen. Wenn Calyste in drei Monaten nicht geheilt ist, weiß ich nicht, was geschieht ... oder vielmehr: ich weiß es, ich bringe mich um!«

»Unseliges Kind! Und deine Seele? Der Selbstmord ist eine Todsünde!«

»Durchschaust du alles? Sie wäre imstande, ihm ein Kind zu schenken! Und wenn Calyste dann das Kind jener Frau mehr lieben sollte als die meinen! Oh, da endet meine Geduld und meine Entsagung.«

Sie ließ sich auf einen Stuhl fallen, sie hatte die letzten Gedanken ihres Herzens preisgegeben, es war kein verhehlter Schmerz mehr darin, und der Schmerz ist wie der Eisenstab, den die Bildhauer in ihr Tonmodell stecken; er stützt, er ist eine Kraft!

»Komm zu dir, du arme Heimgesuchte! Angesichts einer solchen Fülle von Unglück wird der Abbé mir sicherlich die Absolution für die läßlichen Sünden erteilen, die die Tücke der Welt uns zu begehen zwingt. Laß mich jetzt allein, mein Kind«, sagte sie und ging zu ihrem Betstuhl, »ich will unsern Herrgott und die Heilige Jungfrau noch einmal in einem ganz besonderen Gebet deinetwegen anflehen. Adieu, liebe Sabine, laß keine deiner religiösen Pflichten außer acht, zumal wenn du willst, daß uns alles gelingt ...«

»Auch wenn wir triumphieren, Mutter, retten wir nur die Familie. Calyste hat in meinem Innern die heilige Glut der Liebe getötet, weil er mich gegen alles abgestumpft hat, sogar gegen den Schmerz. Was waren das für Flitterwochen, in denen ich vom ersten Tage an die Bitterkeit eines Ehebruchs durch Rückschau habe kosten müssen!«

Am folgenden Tag gegen ein Uhr mittags ging einer der Pfarrer des Faubourg Saint-Germain, der 1840 für einen der freiwerdenden Bischofssitze ausersehen war, was er dreimal abgelehnt hatte, der Abbé Brossette, einer der vortrefflichsten Priester im Pariser Klerus, über den Hof des Stadtpalais Grandlieu, und zwar mit Schritten, die als ekklesiastische Schritte bezeichnet werden müssen, weil sich in ihnen soviel Klugheit, Geheimnis, Ruhe, Ernst und sogar Würde bekundeten. Er war ein kleiner, hagerer Herr von etwa fünfzig Jahren; sein Gesicht war weiß wie das einer alten Frau; es war erkaltet durch das priesterliche Fasten und ausgehöhlt durch alle Leiden, die er zu den seinigen gemacht hatte. Zwei schwarze Augen, die vor Glaubenseifer glühten, aber durch einen Ausdruck gemildert wurden, der mehr mysteriös als mystisch war, belebten sein Apostelgesicht. Er lächelte fast, als er die Stufen der Freitreppe betrat, so wenig glaubte er an die Ungeheuerlichkeit der Fälle, um derentwillen sein Beichtkind ihn meist rufen ließ; aber da die Herzogin sich im Almosenspenden als äußerst freigiebig bezeigte, lohnte die Zeit, die durch ihre harmlosen Beichten den gewichtigeren Nöten des Sprengels vorenthalten wurde. Als der Herzogin der Pfarrer gemeldet wurde, stand sie auf und ging ihm im Salon ein paar Schritte entgegen; das war eine Auszeichnung, die sie nur Kardinälen, Bischöfen, schlichten Priestern, Herzoginnen, die älter als sie waren, und Mitgliedern des Königshauses gewährte.

»Mein lieber Abbé«, sagte sie leise und deutete auf einen Lehnsessel, »ich brauche die Autorität Ihrer Erfahrung, ehe ich mich in eine recht üble Intrige einlasse, aus der freilich etwas sehr Gutes erwachsen soll; ich möchte von Ihnen wissen, ob ich deswegen auf dem Weg zum Heil Dornen finden werde ...«

»Frau Herzogin«, antwortete der Abbé Brossette, »verquikken Sie nicht geistliche und weltliche Dinge miteinander; sie sind häufig unvereinbar. Aber zunächst: worum handelt es sich?«

»Sie wissen, daß meine Tochter Sabine vor Kummer hinsiecht; ihr Mann vernachlässigt sie um Madame de Rochefides willen.«

»Das ist abscheulich, das ist eine ernste Sache; aber Sie wissen ja, was unser lieber Franz von Sales darüber sagt. Ferner denken Sie an Madame Guyon[194], die sich über den Mangel an Mystizismus bei den ehelichen Liebesbeweisen beklagt hat; sie wäre nur zu froh gewesen, wenn ihr Mann eine Madame de Rochefide gehabt hätte.«

»Sabine entfaltet nur allzu viel Sanftmut; sie ist nur allzu sehr eine christliche Gattin; aber sie hat nicht den leisesten Hang zum Mystizismus.«

»Die arme junge Frau!« sagte der Pfarrer boshaft. »Wodurch gedachten Sie diesem Unglück abzuhelfen?«

»Lieber Beichtvater, ich habe die Sünde begangen, mir auszudenken, daß man einen hübschen, mit allen Wassern des Lasters gewaschenen jungen Herrn auf Madame de Rochefide loslassen könnte; der würde dann bestimmt meinen Schwiegersohn ausstechen.«

»Liebe Tochter«, sagte er und streichelte sich das Kinn, »wir sind hier nicht vor dem Bußgericht, ich darf Sie nicht als Richter behandeln. Ich gebe zu: vom weltlichen Standpunkt aus betrachtet, würde dies Vorgehen sicherlich eine Entscheidung herbeiführen ...«

»Das Mittel ist mir wahrhaft abscheulich erschienen ...!« warf sie ein ...

»Und warum? Sicherlich ist es eher die Aufgabe einer Christin, eine Verlorene vom schlechten Weg abzubringen, als sie darauf noch weiter vorwärtszustoßen; aber wenn man darauf schon so weit fortgeschritten ist wie Madame de Rochefide, kann nicht mehr der Arm des Menschen, sondern einzig der Arm Gottes die Sünderinnen zur Umkehr bewegen; sie bedürfen ganz besonderer Blitzschläge.«

»Ehrwürdiger Vater, ich danke Ihnen für Ihre Nachsicht«, fuhr die Herzogin fort, »aber ich habe ein Bedenken: mein

Schwiegersohn ist tapfer und Bretone, bei dem unglücklichen, kühnen Unternehmen der armen Madame[195] hat er sich als Held erwiesen. Wenn nun der junge Leichtfuß, der es auf sich nimmt, Madame de Rochefide zu lieben, mit Calyste in Händel geriete, wenn die Folge daraus ein Duell wäre ...«

»Da haben Sie, Frau Herzogin, einen sehr vernünftigen Gedanken gehabt; er beweist, daß man auf solcherlei krummen Wegen stets Steine des Anstoßes findet.«

»Ich habe ein Mittel ausfindig gemacht, lieber Abbé, durch das sehr viel Gutes vollbracht, durch das Madame de Rochefide von dem unheilvollen Wege, den sie wandelt, abgebracht und durch das Calyste seiner Frau wiedergeschenkt wird; und vielleicht wird dadurch sogar ein armes, verirrtes Geschöpf vor der Hölle gerettet ...«

»Aber warum fragen Sie mich dann um Rat?« fragte der Pfarrer lächelnd.

»Ach!« entgegnete die Herzogin. »Man muß dabei recht häßliche Handlungen begehen ...«

»Sie wollen doch nicht etwa jemanden bestehlen?«

»Im Gegenteil, ich werde wahrscheinlich viel Geld daran wenden.«

»Oder jemanden verleumden, oder ...«

»Oh!«

»Oder Ihrem Nächsten Schaden zufügen?«

»Ja, das weiß ich noch nicht genau.«

»Rücken Sie mit Ihrem neuen Plan heraus«, sagte der Abbé, der neugierig geworden war.

»Wenn ich nun, statt einen Keil mit einem anderen herauszutreiben, so habe ich gedacht, als ich vor meinem Betstuhl kniete, nachdem ich die Heilige Jungfrau um Erleuchtung angefleht hatte, wenn ich nun Calyste durch Monsieur de Rochefide ausstechen ließe, indem ich ihn überredete, er müsse sich mit seiner Frau aussöhnen und sie wieder zu sich nehmen: dann würde ich, anstatt dem Bösen meine Hände zu leihen, um Gutes für meine Tochter zuwege zu bringen, etwas sehr Gutes bewerkstelligen, und zwar durch etwas nicht minder Gutes ...«

Der Pfarrer blickte die Portugiesin an und verharrte in Nachdenken.

»Das ist offenbar ein Gedanke, der aus einer solchen Ferne zu Ihnen gekommen ist, daß . . .«

»Daher habe ich ja auch der Heiligen Jungfrau gedankt!«, fuhr die gute, demütige Herzogin fort. »Und ich habe ein Gelübde getan, nicht nur eine Novene[196] zu begehen, sondern überdies einer armen Familie zwölfhundert Francs zu schenken, wenn mir mein Vorhaben gelingt. Aber als ich den Plan meinem Mann unterbreitet habe, hat er zu lachen angefangen und zu mir gesagt: ›In eurem Alter, Ehrenwort, habt ihr Frauen einen Teufel ganz für euch allein im Leibe!‹«

»Der Herzog hat als Gatte genau die Antwort erteilt, die ich Ihnen hatte geben wollen, als Sie mich unterbrachen«, entgegnete der Abbé und konnte sich ein Lächeln nicht verkneifen.

»Ach, ehrwürdiger Vater, wenn Sie den Einfall billigen, billigen Sie dann wohl auch die Mittel zu seiner Durchführung? Es handelt sich nämlich darum, bei einer gewissen Madame Schontz, einer Béatrix des Stadtviertels Saint-Georges, das zu tun, was ich bei der Marquise de Rochefide unternehmen wollte, damit der Marquis sie wieder zu sich nimmt.«

»Ich bin sicher, daß Sie nichts Böses tun können«, sagte der Pfarrer geistvollerweise; da er das Ergebnis für ersprießlich hielt, wollte er weiter nichts wissen. »Überdies können Sie mich ja um Rat fragen, wenn Ihr Gewissen sich regen sollte«, fügte er hinzu. »Wenn Sie nun aber jener Dame in der Rue Saint-Georges statt zu einem neuen Skandal zu einem Gatten verhelfen würden . . .?«

»Lieber Beichtvater, damit haben Sie das einzige Schlechte berichtigt, das sich in meinem Plan fand. Sie sind würdig, Erzbischof zu sein, und ich hoffe, nicht eher zu sterben, als bis ich zu Ihnen Eure Eminenz sagen durfte.«

»Ich gewahre in alledem nur *eine* Unzuträglichkeit«, fuhr der Pfarrer fort.

»Und welche ist das?«

»Wenn nun aber Madame de Rochefide zu ihrem Mann zurückkehren und dennoch den Herrn Baron beibehalten würde?«

»Lassen Sie das meine Sache sein«, sagte die Herzogin. »Wenn man so wenig Intrigen anzettelt, dann tut man es . . .«

»Schlecht, sehr schlecht«, ergänzte der Abbé; »zu allem bedarf es der Übung. Versuchen Sie, einen der Taugenichtse anzuwerben, deren Lebenselement die Intrige ist, und bedienen Sie sich seiner, ohne selber in Erscheinung zu treten.«

»O Herr Pfarrer, wenn wir uns der Hölle bedienen, steht uns dann der Himmel bei . . .?«

»Sie sind hier nicht im Beichtstuhl«, wiederholte der Pfarrer, »retten Sie Ihr Kind!«

Die gute Herzogin war von ihrem Beichtvater entzückt und geleitete ihn bis zur Tür des Salons.

Wie man sieht, grollte über Monsieur de Rochefide ein Gewitter; er genoß in diesem Augenblick die größte Summe an Glück, die ein Pariser sich zu wünschen vermag: nämlich sich bei Madame Schontz ebenso als Gatte zu fühlen wie bei Béatrix; und, wie der Herzog es gescheiterweise seiner Frau gesagt hatte, es sah ganz so aus, als sei es unmöglich, ein so reizendes und vollkommenes Dasein zu stören. Diese Behauptung verpflichtet zur Mitteilung einiger unbedeutender Einzelheiten über das Leben, das Monsieur de Rochefide geführt, seit seine Frau ihn zu einem ›Sitzengelassenen‹ gemacht hatte. Erst dann wird man richtig verstehen, welch riesigen Unterschied unsere Gesetze und unser Sittenkodex zwischen den beiden Geschlechtern bei gleicher Lage machen. Alles, was bei einer sitzengelassenen Frau zum Unglück ausschlägt, wandelt sich bei einem sitzengelassenen Mann in Glück. Dieser augenfällige Gegensatz wird vielleicht mehr als nur einer jungen Frau den Entschluß einflößen, ihre Ehe aufrechtzuerhalten und darum zu kämpfen wie Sabine du Guénic, wobei sie dann die Wahl hat, die mörderischsten oder harmlosesten Tugenden anzuwenden.

Einige Tage nach Béatrix' unüberlegtem Streich sah sich Arthur de Rochefide, der durch den Tod seiner Schwester, der ersten, kinderlosen Frau des Marquis d'Ajuda-Pinto, einziger Sohn geworden war, im alleinigen Besitz zunächst des Stadtpalais Rochefide in der Rue d'Anjou-Saint-Honoré, und alsdann im Besitz von Einkünften in Höhe von zweihunderttausend Francs, die sein Vater ihm hinterlassen hatte. Dies überreiche Erbe, zu dem noch das Vermögen hinzukam, das Arthur bei seiner Eheschließung besessen hatte, brachte, das Vermögen seiner Frau inbegriffen, täglich etwa tausend Francs Zinsen. Für einen Edelmann, der mit dem Charakter ausgestattet war, den Mademoiselle des Touches Calyste in wenigen Worten geschildert hatte, bedeutete allein schon dies Vermögen das Glück. Während seiner Frau die Liebe und die Mutterschaft zur Last fiel, schwelgte Rochefide im Genuß eines ungeheuren Vermögens; aber er verschwendete es ebensowenig, wie er seinen Geist verschwendete. Seiner gutartigen, plumpen Eitelkeit genügte es bereits, daß er die äußere Hülle eines schönen Mannes trug; ihr hatte er ein paar Erfolge zu verdanken, durch die er sich anmaßte, die Frauen zu verachten; aber jene Eitelkeit brachte ihn dahin, auch auf dem Gebiet der Intelligenz Galopp zu reiten. Er war mit der Art von Geist begabt, die als Hohlspiegel bezeichnet werden muß, und so eignete er sich die Geistesblitze anderer an, die der Theaterstücke oder der Winkelblätter, und brachte sie an den Mann; er schien sich darüber lustig zu machen, er wiederholte sie auf übertriebene Art, er wandte sie als kritische Formeln an; kurzum: sein Offiziershumor (er hatte in der Königlichen Garde gedient) würzte mit solcherlei Bemerkungen immer zur rechten Zeit so sehr die Unterhaltung, daß Frauen ohne Geist von ihm behaupteten, er sei geistvoll, und daß die anderen nicht wagten, ihnen zu widersprechen. Dieses System wandte Arthur in jeder Hinsicht an; er verdankte der Natur die bequeme Gabe der Nachahmung, ohne dabei zum Nachäffer zu werden: er ahmte in vollem Ernst nach. Obgleich er keinerlei Geschmack besaß, verstand er es auf diese Weise, jede Mode als erster zu übernehmen und wieder abzulegen. Es wurde ihm nachgesagt, er verwende ein bißchen gar zuviel Zeit für seine Toilette und trage ein Korsett; aber er stellte das Musterbild jener Leute dar, die niemals und niemandem mißfallen, weil sie sich unaufhörlich jedermanns Gedanken und Dummheiten zu eigen machen, und die, da sie stets auf dem hohen Roß der Umstände reiten, nie altern. Solche Leute sind die Helden der Mittelmäßigkeit. Als Ehemann wurde er bedauert, alle fanden es unverzeihlich von Béatrix, daß sie den besten Menschen der Welt verlassen habe, und lächerlich wurde lediglich die Frau. Er war Mitglied sämtlicher Clubs, stiftete Beiträge für sämtliche Torheiten, die der Patriotismus oder der mißverstandene Parteigeist in die Welt setzen, welche Gefälligkeit ihn bei allen und jedem in die vorderste Reihe rückte, und so mußte dieser loyale, dieser wackere und sehr dumme Edelmann, dem leider, leider so viele reiche Leute gleichen, sich natürlich durch irgendeine in Mode stehende Manie auszeichnen. So rühmte er sich denn hauptsächlich, der Sultan eines Harems von Vierbeinern zu sein, den ein alter englischer Stallmeister leitete und der monatlich vier- bis fünftausend Francs verschlang. Seine Spezialität bestand darin, ›laufen zu lassen‹, er protegierte die Rasse der Pferde, er unterstützte eine Zeitschrift über die Pferdefrage; aber er verstand sich nur mäßig auf Pferde und berief sich von den Zügeln bis zu den Hufeisen immer auf seinen Stallmeister. Es genügt, festzustellen, daß dieser halbe Junggeselle nicht das mindeste Eigene hatte, weder was seinen Geist, noch was seinen Geschmack, noch was seine Haltung, noch was seine lächerlichen Seiten betraf; schließlich stammte sein Vermögen ja von seinen Vorfahren! Nachdem er alle Mißlichkeiten der Ehe ausgekostet hatte, war er so froh, wieder Junggeselle zu sein, daß er unter Freunden zu sagen pflegte: »Ich bin schon gehörnt geboren worden!« Vor allem war er glücklich, daß er ohne die Kosten der Repräsentation leben konnte, zu denen verheiratete Männer nun einmal gezwungen sind; sein Stadtpalais, an dem er seit dem Tode des Vaters keinerlei Veränderungen hatte vornehmen lassen, wirkte wie die, deren Besitzer auf Reisen sind: er bewohnte es kaum je, aß nie und übernachtete nur selten darin. Folgendes ist der Grund dieser Gleichgültigkeit.

Nach zahlreichen Liebesabenteuern langweilten ihn die Damen der Gesellschaft, die ja auch tatsächlich langweilig sind und überdies allzu viele dürre Dornenhecken um das Glück pflanzen; er lebte, wie man sehen wird, mit der berühmten Madame Schontz zusammen: berühmt war sie in den Kreisen der Fanny Beaupré, der Suzanne du Val-Noble, Mariette, Florentine, Jenny Cadine[197] usw. Diese Welt, von der einer unserer Zeichner, bei der Darstellung des Taumels beim Opernball, gesagt hat: »Wenn man bedenkt, daß dies alles gut wohnt, sich kleidet und lebt, bekommt man einen famosen Begriff von der Menschheit«[198], – diese gefährliche Welt ist bereits in diese Sittengeschichte eingebrochen durch die typischen Gestalten der Florine in ›Eine Evastochter‹ und der berüchtigten Malaga in ›Die falsche Geliebte‹[199]; aber um sie getreulich schildern zu können, muß der

Historiker die Zahl dieser Gestalten in ein richtiges Verhältnis zu der Unterschiedlichkeit der Lösungen ihrer eigenartigen Daseinsformen bringen; sie enden entweder im Elend in seiner scheußlichsten Form, mit vorzeitigem Tod, oder im Wohlstand, in glücklichen Ehen und manchmal im üppigsten Reichtum.

Madame Schontz, die zunächst unter dem Namen ›die kleine Aurélie‹ bekannt war, den man ihr beigelegt hatte, um sie von einer ihrer sehr viel weniger geistvollen Rivalinnen zu unterscheiden, gehörte zur obersten Klasse jener Frauen, deren soziale Nützlichkeit weder vom Seine-Präfekten noch von all denen bestritten zu werden vermag, die am Gedeihen der Stadt Paris interessiert sind. Freilich, die ›Ratte‹, die beschuldigt wird, Vermögen zu zerstören, die häufig nur hypothetisch sind, rivalisiert weit eher mit dem ›Biber‹[200]. Ohne die Aspasien[201] des Stadtviertels Notre-Dame-de-Lorette würden in Paris nicht so viele Häuser gebaut werden. Diese Pionierinnen des frischen Kalkmörtels bewegen sich im Schlepptau der Spekulation am Hügelgelände des Montmartre entlang, errichten ihre Zeltpfähle, was wörtlich genommen werden muß, inmitten der Öden aus behauenem Baustein auf, den nach europäischen Städten, nach Amsterdam, Mailand, Stockholm, London und Moskau benannten Straßen, architektonischen Steppen, in denen der Wind zahllose Schilder umpfeift, die von der Leere durch die Worte ›Wohnung zu vermieten‹ künden. Die Stellung dieser Damen ergibt sich aus derjenigen, die sie in diesen apokryphen Stadtgegenden einnehmen; wenn ihr Haus in der Nähe der durch die Rue de Provence gebildeten Linie liegt, hat die betreffende Frau feste Einnahmen, ihr Budget steht günstig; steigt ihr Haus jedoch zu den äußeren Boulevards hinauf, bis nach der scheußlichen Stadt Batignolles, so ist sie mittellos. Nun aber wohnte Madame Schontz um die Zeit, da Monsieur de Rochefide ihr begegnete, im dritten Stock des einzigen Hauses, das in der Rue de Berlin stand; sie hauste also an der Grenze zwischen dem Unglück und Paris. Diese Mädchenfrau hieß, man hat es wohl schon geahnt, weder Schontz noch Aurélie! Den Namen ihres Vaters, eines alten Offiziers des Kaiserreichs, des ewigen Obersten, der am Sonnenaufgang von dergleichen weiblichen Existenzen prangt, sei es als Vater, sei es als Verführer, verheimlichte sie. Madame Schontz hatte die kostenlose Erziehung von Saint-Denis genossen, wo junge Mädchen zwar wunderbar erzogen, wo ihnen aber weder Gatten noch andere Aussichten dargeboten werden, wenn sie diese Schule verlassen, diese wunderbare Schöpfung des Kaisers, der eines fehlt, nämlich der Kaiser! – »Ich werde da sein, wenn es gilt, die Töchter meiner Legionäre auszustatten«, hatte er auf die Bemerkung eines seiner Minister geantwortet, der die Zukunft voraussah. Auch zu den Mitgliedern des Institut Français hatte Napoleon gesagt: »Ich werde da sein«, dessen Mitglieder künftig kein Gehalt außer der Überweisung von dreiundachtzig Francs den Monat erhalten sollten, also weit weniger als mancher Kanzleischreiber. Aurélie war tatsächlich die Tochter des unerschrockenen Obersten Schiltz[202], eines der Führer der kühnen elsässischen Partisanen, die im Feldzug auf Frankreichs Boden fast den Kaiser gerettet hätten; er war in Metz gestorben, ausgeplündert, bestohlen und ruiniert. 1814 gab Napoleon die kleine, damals neunjährige Joséphine Schiltz nach Saint-Denis. Als Doppelwaise ohne Unterkunftsmöglichkeit und ohne Mittel war das arme Kind bei der zweiten Rückkehr der Bourbonen nicht aus der Anstalt vertrieben worden. Sie war dort bis 1827 als Hilfslehrerin tätig; aber dann verlor sie die Geduld; ihre Schönheit lockte sie fort. Nun sie volljährig war, begann Joséphine Schiltz, das Patenkind der Kaiserin, das abenteuerliche Leben der Kurtisanen, wobei sie dem unheilvollen Beispiel einiger ihrer Kameradinnen folgte, die wie sie selber ohne Mittel waren und ihren Entschluß beifällig aufnahmen. Sie ersetzte das ›il‹ in ihrem Vatersnamen durch ein ›on‹[203] und unterstellte sich dem Schutz der heiligen Aurelia[204]. Sie war lebhaft, geistvoll und gebildet, und so beging sie mehr Fehler als ihre stupiden Kolleginnen, deren Seitensprünge immer Geldinteressen als Grundlage hatten. Nachdem sie mit armen, aber unredlichen, geistvollen, aber verschuldeten Schriftstellern Umgang gehabt; nachdem sie es mit reichen Leuten, die ebenso berechnend wie hohlköpfig waren, versucht; nachdem sie das solid Fundierte einer echten Liebe zum Opfer gebracht, hatte sie sich allen Schulungen unterzogen, bei denen man Erfahrungen machen kann; an einem Tage äußerster Not tanzte sie bei Valentino[205], der ersten Etappe Musards[206], in einem geliehenen Kleid, Hut und Mäntelchen und erregte dabei die Aufmerksamkeit Arthurs, der dorthin gegangen war, um sich den berühmten Galopp anzusehen! Sie erfüllte den Edelmann, der nicht mehr wußte, welcher Leidenschaft er sich widmen sollte, mit Schwärmerei für ihren Geist; und da der Marquis zwei Jahre zuvor von Béatrix verlassen worden war, deren Geist ihn oftmals gedemütigt hatte, nahm niemand es ihm übel, daß er sich dem dreizehnten Pariser Arrondissement und einer Gelegenheits-Béatrix verband.

Jetzt sollen hier die vier Jahreszeiten dieses Glückes skizziert werden. Es muß nämlich aufgezeigt werden, daß die im dreizehnten Arrondissement gängige Ehetheorie in gleicher Weise alle dort Ansässigen umfaßt. Ob es sich um einen Marquis und Vierziger handelt oder um einen Sechziger und im Ruhestand lebenden Kaufmann, um einen sechsfachen Millionär oder Rentner (siehe: ›Ein Lebensbeginn‹[207]), einen großen Herrn oder einen Bourgeois: die Strategie der Leidenschaft ändert sich nicht, abgesehen natürlich von den den gesellschaftlichen Schichten innewohnenden Unterschieden. Herz und Kasse stehen stets in genauen, festgelegten Wechselbeziehungen. Kurzum, man kann die Schwierigkeiten ermessen, auf die die Herzogin bei der Durchführung ihres barmherzigen Vorhabens stoßen mußte.

Man ahnt nicht, welche Macht in Frankreich die Schlagworte über gewöhnliche Leute besitzen, noch welches Übel die geistvollen Leute anrichten, die sie erfinden. Daher könnte kein Buchhalter die Ziffer der Summen berechnen, die unproduktiv in edlen Herzen geblieben und in den Kassen verrostet sind durch die vulgäre Phrase: ›Jemanden übers Ohr hauen . . .!‹[208] Jene Redensart ist so volkstümlich geworden, daß es ihr wohl erlaubt werden muß, diese Buchseite zu beschmutzen. Überdies muß man sich, wenn man sich ins dreizehnte Arrondissement begibt, wohl oder übel dessen pittoresken Kauderwelschs bedienen. Wie alle kleinen Geister lebte Monsieur de Rochefide in steter Angst, übers Ohr gehauen zu werden. Vom ersten Tage seiner Leidenschaft für Madame Schontz an war Arthur auf der Hut, und er wurde sehr zur Ratte, um ein weiteres Wort aus den Ateliers des Glücks und den Ateliers der Maler zu gebrauchen. Auf ein junges Mädchen bezogen, bedeutet das Wort ›Ratte‹ die Eingeladene, aber auf den Mann bezogen, bedeutet es einen Amphitryon[209], der knickrig ist. Madame Schontz war zu klug und kannte die Männer zu gut, um nach einem solchen Beginn nicht die größten Hoffnungen zu hegen. Monsieur de Rochefide setzte ihr fünfhundert Francs den Monat aus, richtete ihr ziemlich schäbig eine Wohnung für zwölfhundert Francs in einem zweiten Stockwerk der Rue Coquenard[210] ein und machte sich daran, Aurélies Charakter zu studieren; als sie merkte, daß sie ausspioniert wurde, lieferte sie ihm einen Charakter, der des Studiums wert war. So geschah es, daß Rochefide froh war, einem Mädchen mit einem so guten Charakter begegnet zu sein; aber das wunderte ihn nicht weiter: die Mutter war eine Barnheim von Baden, eine Dame, an der nichts auszusetzen war! Überdies war Aurélie so gut erzogen ...! Sie sprach Englisch, Deutsch und Italienisch; sie besaß gründliche Kenntnisse in den ausländischen Literaturen. Mit Pianisten zweiten Ranges konnte sie, ohne zu unterliegen, den Wettstreit aufnehmen. Und, dies merke man sich!, bei all ihren Talenten benahm sie sich wie wohlgeborene Damen: sie spielte sich damit nicht auf. Bei einem Maler langte sie sich den Pinsel, betätigte ihn wie zum Spaß und malte so keck einen Kopf, daß sie allgemeines Staunen hervorrief. Während der Zeit, da sie als Hilfslehrerin hinsiechte, hatte sie aus purer Langeweile ein paar Vorstöße in den Bereich der Wissenschaft gemacht; aber ihr Leben als ausgehaltene Frau hatte diese gute Saat mit einem Mantel aus Salz bedeckt, und natürlich erwies sie ihrem Arthur die Ehre, die kostbaren Keime zu neuem Leben zu erwecken und für ihn zur Blüte zu bringen. Aurélie hatte also mit einer Selbstlosigkeit begonnen, die ihrer Wollust gleichkam; das erlaubte dieser schwachen Korvette, ihre Enterhaken kräftig in das hochbordige Schiff einzuschlagen. Dennoch polterte sie gegen Ende des ersten Jahres ziemlich vulgär im Vorzimmer in Überschuhen umher und machte sich für den Augenblick fertig, da der Marquis sie erwartete; dabei verbarg sie so, daß er ihn unbedingt sehen mußte, den schmählich beschmutzten Saum ihres Kleides. Mit einem Wort: sie wußte ihren ›dicken Papa‹ auf so vollkommene Weise davon zu überzeugen, daß nach so vielen Höhen und Tiefen ihr ganzer Ehrgeiz darin bestehe, sich auf anständige Weise eine kleine bürgerliche Existenz zu schaffen, daß zehn Monate nach ihrer beider Begegnung die zweite Phase einsetzte.

Madame Schontz bekam jetzt eine schöne Wohnung in der Rue Neuve-Saint-Georges. Arthur konnte sein Vermögen nicht mehr länger vor ihr verheimlichen; er schenkte ihr prächtige Möbel, komplettes Tafelsilber, gab ihr monatlich zwölfhundert Francs, versah sie mit einem freilich nur gemieteten Einspänner und bewilligte ihr recht gnädig einen Groom. Die Schontz wußte ihm für diese Freigiebigkeit keinen Dank; sie spürte den Beweggründen für das Verhalten ihres Arthur nach und erkannte das Berechnende einer ›Ratte‹. Rochefide hatte das Leben im Restaurant satt, denn dort ist die Küche zumeist erbärmlich schlecht, das kleinste Abendessen, das feinschmeckerischen Ansprüchen genügt, kostet sechzig Francs, und zweihundert, wenn man drei Freunde einlädt; deshalb bot er Madame Schontz täglich für sein Abendessen und das eines Freundes vierzig Francs, alles inbegriffen. Aurélie nahm an. Nachdem sie alle moralischen Wechsel akzeptiert hatte, die mit einem Jahr Ziel auf die Gewohnheiten Rochefides gezogen worden waren, fand sie jetzt wohlwollendes Gehör, als sie einen monatlichen Zuschuß von fünfhundert Francs für ihre Garderobe verlangte, damit sie ihrem ›dicken Papa‹, dessen Freunde sämtlich dem Jockey-Club angehörten, keine Schande mache. – »Das wäre ja reizend«, sagte sie, »wenn Rastignac, Maxime de Trailles, d'Esgrignon, La Roche-Hugon, Ronquerolles, Laginski, Lenoncourt und die anderen Sie mit einer Madame Everard[211] zusammen sähen! Nebenbei gesagt: habe Vertrauen zu mir, mein Dicker, du ziehst dabei nicht den kürzeren!« Tatsächlich brachte Aurélie es fertig, in dieser neuen Phase neue Tugenden zu entfalten. Sie spielte sich in die Rolle einer guten Hausfrau hinein und zog daraus den größten Nutzen. Sie knüpfte, so sagte sie, die beiden Enden des Monats, ohne Schulden zu machen, mit zweitausendfünfhundert Francs zusammen, was im Faubourg Saint-Germain des dreizehnten Arrondissements noch nie erlebt worden war, und wartete dabei mit Abendessen auf, die den bei Nucingen servierten unendlich überlegen waren; man trank bei ihr erlesene Weine zu zehn bis zwölf Francs die Flasche. Der aufs höchste erstaunte Rochefide war nur zu froh, seine Freunde zu seiner Geliebten einladen zu können und dabei sogar noch zu sparen; er legte ihr den Arm um die Taille und sagte: »Ein wahrer Schatz ...!« Bald darauf mietete er für sie den dritten Teil einer Loge im Théâtre-Italien; schließlich nahm er sie sogar zu den Premieren mit. Er begann, seine Aurélie um Rat zu fragen, da er gemerkt hatte, daß ihre Ratschläge vortrefflich waren; sie überließ ihm die geistreichen Aussprüche, die sie bei jeder Gelegenheit tat und die, da sie unbekannt waren, seinen Ruf als amüsanter Mann festigten. Endlich hatte er die Gewißheit gewonnen, er werde wahrhaft und um seiner selbst willen geliebt. Aurélie hatte es nämlich abgelehnt, für monatlich fünftausend Francs einen russischen Fürsten glücklich zu machen. – »Sie sind gut dran, lieber Marquis«, rief der alte Fürst Galathionne im Club am Ende einer Whistpartie. »Als Sie gestern Madame Schontz und mich alleingelassen hatten, wollte ich sie Ihnen ausspannen; aber sie hat zu mir gesagt: ›Mein Fürst, Sie sind nicht schöner, aber älter als Rochefide; Sie würden mich prügeln, er jedoch ist zu mir wie ein Vater; habe ich also den Bruchteil eines Grunds zum Wechseln ...? Zwar empfinde ich für Arthur nicht die tolle Leidenschaft wie früher für die kleinen Lümmel in Lackschuhen, denen ich die Schulden bezahlte; aber ich habe ihn lieb wie eine Frau ihren Ehemann, sofern sie eine anständige Frau ist.‹ Und dann hat sie mich vor die Tür gesetzt.« Diese keineswegs nach ›Auftrag‹ riechende Rede hatte die Wirkung, daß sie auf erstaunliche Weise zu der Verödung und Vernachlässigung beitrug, die das Stadtpalais Rochefide entehrte. Nur zu bald verlegte Arthur sein Leben und seine Liebesfreuden gänzlich in Madame Schontz' Heim und fand sich wohl dabei; denn nach Ablauf von drei Jahren hatte er vierhunderttausend Francs erübrigt, die er anlegen konnte.

Die dritte Phase begann. Madame Schontz wurde für Arthurs Sohn die zärtlichste aller Mütter; sie holte ihn von der Schule ab und brachte ihn wieder hin; sie überhäufte ihn mit Geschenken, mit Leckereien, mit Geld, und das Kind nannte sie ›Mamachen‹ und betete sie an. Sie befaßte sich mit der Verwaltung des Vermögens ihres Arthur; sie ließ ihn Staatsrenten kaufen, als diese vor dem berüchtigten Londoner Vertrag[212], der das Ministerium vom 1. März stürzte, besonders niedrig standen. Arthur gewann zweihunderttausend Francs, und Aurélie verlangte keinen roten Heller. Rochefide war ein Edelmann; er legte seine sechshunderttausend Francs in Aktien der Bank von Frankreich an und ließ die Hälfte davon auf den Namen der Mademoiselle Joséphine Schiltz eintragen. Ein kleines, in der Rue de La Bruyère[213] gelegenes Palais wurde Grindot, dem großen Architekten für intime Innenausstattungen, überantwortet, mit dem Auftrag, es zu einer wollüstigen, geschmackvoll eingerichteten kleinen Behausung umzuschaffen. Fortan rechnete Rochefide nicht mehr mit Madame Schontz ab; sie empfing die Einkünfte und bezahlte die Rechnungen. Sie war seine Frau, die Frau seines Vertrauens geworden, und sie rechtfertigte diesen Titel dadurch, daß sie ihren ›dicken Papa‹ glücklicher denn je machte; sie kannte sich jetzt in seinen Neigungen aus und befriedigte sie, wie Madame de Pompadour den Launen Ludwigs XV. geschmeichelt hat. Endlich war sie ›Maîtresse en titre‹ geworden, unumschränkte Herrscherin. Daher gestattete sie es sich, reizende junge Leute zu protegieren, Künstler und Literaten, die jüngst erst zum Ruhm gelangt waren, die Alten wie die Modernen verwarfen und versuchten, sich einen großen Ruf zu schaffen und dabei wenig zu arbeiten. Das Verhalten der Madame Schontz, ein Meisterwerk der Taktik, offenbart ihre ganze Überlegenheit. Einmal amüsierten zehn bis zwölf junge Leute Arthur und lieferten ihm Geistesblitze und kluge Urteile über alles und jedes, ohne dabei die Treue der Herrin des Hauses in Frage zu stellen; und zweitens festigten sie ihren Ruf als eine überaus geistvolle Frau. Daher sorgten diese lebenden Zeitungsanzeigen, diese ambulanten Artikel dafür, daß Madame Schontz für die sympathischste Frau gehalten wurde, die man an der Grenze kennenlernen konnte, die das dreizehnte Arrondissement von den zwölf anderen scheidet. Ihre Rivalinnen, Suzanne Gaillard, die seit 1838 vor ihr den Vorteil voraus hatte, eine in legitimer Ehe verheiratete Frau zu sein, welcher Pleonasmus erforderlich ist, um eine solide Ehe zu definieren; Fanny Beaupré, Mariette und Antonia verbreiteten mehr als nur komische Verleumdungen über die Hübschheit jener jungen Leute und die Willfährigkeit, mit der Monsieur de Rochefide sie empfing. Madame Schontz, die, wie sie behauptete, mit drei Hänseleien den ganzen Geist dieser Damen in die Schranken verweisen konnte, sagte eines Abends gelegentlich eines

Soupers, das Nathan nach einem Opernball bei Florine gab, zu ihnen, nachdem sie sie über ihr Vermögen und ihren Erfolg aufgeklärt hatte: »Habt ihr das ebenfalls fertiggebracht . . .?«, und sie sagte es auf eine Weise, die unvergeßlich geblieben ist. Um diese Zeit ließ Madame Schontz die Rennpferde verkaufen; sie ging dabei von Erwägungen aus, die sie wohl dem kritischen Geist Claude Vignons verdankte, eines ihrer Stammgäste. – »Ich würde es begreifen«, sagte sie eines Abends, nachdem sie die Pferde geraume Zeit mit ihren Scherzen gepeitscht hatte, »wenn Fürsten und reiche Leute sich der Roßarzneikunde annähmen; aber zum Wohl des Landes, und nicht zur Befriedigung einer kindischen Spielereitelkeit. Wenn ihr auf eueren Gütern Gestüte hättet, wenn ihr tausend bis zwölfhundert Pferde züchtetet, wenn dann jeder die besten seines Rennstalls laufen ließe, wenn alle Gestüte Frankreichs und Navarras bei jeder festlichen Veranstaltung in Wettbewerb träten, dann wäre das groß und schön; aber ihr kauft Pferde, wie Schauspieldirektoren Wechsel auf ihre Künstler ziehen; ihr entwürdigt eine Institution, bis sie nur noch ein Spiel ist, ihr habt eine Pferdebeinbörse, wie ihr eine Wertpapierbörse habt . . .! Das ist unwürdig. Setzt man sechzigtausend Francs aufs Spiel, um in der Zeitung zu lesen: ›Lélia, Besitzer Monsieur de Rochefide, hat Ginsterblüte, Besitzer der Herzog von Rhétoré, um eine Länge geschlagen . . .‹? Dann wäre es besser, dies Geld den Dichtern zu schenken, die würden Sie dann in Vers oder Prosa unsterblich machen wie den seligen Montyon[214]!« Durch diese Pferdebremsenstiche durchschaute der Marquis die Hohlheit des ›turf‹, er legte die ersparten sechzigtausend Francs an, und im folgenden Jahr konnte Madame Schontz zu ihm sagen: »Jetzt koste ich dich nichts mehr, Arthur!« Zu jener Zeit wurde der Marquis von vielen reichen Leuten um Madame Schontz beneidet; sie versuchten, sie ihm abspenstig zu machen; aber wie der russische Fürst verloren sie dabei nur ihre Zeit. – »Hör mal, mein Lieber«, hatte sie vor vierzehn Tagen zu dem schwerreich gewordenen Finot gesagt, »ich bin überzeugt davon, daß Rochefide einen kleinen Seitensprung nicht weiter nachtragen würde, wenn ich mich irrsinnig in jemanden verlieben sollte, aber einem Marquis mit so guter Kinderstube gibt man nie den Laufpaß um eines Emporkömmlings willen, wie du einer bist. Du könntest mir nicht die Stellung verbürgen, in die Arthur mich versetzt hat; er hat aus mir eine Halbdame gemacht, und das hättest du nie fertiggebracht, auch nicht, wenn du mich geheiratet hättest.« Das war der letzte Nietnagel, der die Fesselung dieses glücklichen Galeerensklaven vollendete. Der Ausspruch gelangte an die abwesenden Ohren, für die er bestimmt gewesen war.

Somit hatte die vierte Phase begonnen, die der ›Gewöhnung‹, der letzte Sieg dieses Feldzugsplans, ein Sieg, der Frauen dieser Art von einem Mann sagen läßt: »Jetzt halte ich ihn beim Schlafittchen!« Rochefide hatte gerade für die Bagatelle von achtzigtausend Francs das kleine Palais gekauft und es auf den Namen Mademoiselle Joséphine Schiltz eintragen lassen; um die Zeit, da die Herzogin ihre Pläne schmiedete, war er dahin gelangt, auf seine Geliebte eitel zu sein; er nannte sie ›Ninon[215] die Zweite‹ und feierte auf diese Weise ihre strenge Redlichkeit, ihre vortrefflichen Manieren, ihre Bildung und ihren Geist. Er hatte seine Fehler und Vorzüge, seine Neigungen und Liebesfreuden gänzlich auf Madame Schontz konzentriert, und er befand sich in dem Übergangsstadium des Lebens, in dem ein Mann, sei es aus Müdigkeit, Gleichgültigkeit oder Philosophie, nicht mehr wechselt, sondern sich an seine Frau oder seine Geliebte hält.

Man wird die Geltung, die Madame Schontz sich innerhalb von fünf Jahren erworben hatte, verstehen, wenn man vernimmt, daß man geraume Zeit vorgeschlagen werden mußte, um ihr vorgestellt zu werden. Sie hatte es abgelehnt, langweilige reiche oder anrüchige Leute zu empfangen; sie verzichtete auf ihre Strenge nur dann, wenn es sich um große Namen der Aristokratie handelte. »Solche Leute haben das Recht, dumm zu sein«, pflegte sie zu sagen, »weil sie von tadelloser Herkunft sind!« Sie hielt mit den dreihunderttausend Francs, die Rochefide ihr geschenkt hatte, nicht hinterm Berge; ein ›ehrlicher Makler‹ namens Gotenheim, der einzige, der in ihrem Haus verkehren durfte, hatte sie für sie angelegt; aber auf eigene Faust spekulierte sie mit einem heimlichen, kleinen Vermögen in Höhe von zweihunderttausend Francs, das durch ihre seit drei Jahren gesparten Pfründen und die Erträge aus den immerfort in Bewegung gehaltenen dreihunderttausend Francs zusammengekommen war; zugeben tat sie aber immer nur die bewußten dreihunderttausend Francs. »Je mehr Sie gewinnen, desto weniger werden Sie reich«, sagte Gotenheim eines Tages zu ihr. – »Das Wasser ist so teuer«, antwortete sie. Der unbekannte Schatz schwoll an durch Juwelen, durch Diamanten, die Aurélie einen Monat lang trug und dann verkaufte, durch Summen, die ihr geschenkt wurden, damit sie alte Schulden bezahlen könne. Wenn von Madame Schontz behauptet wurde, sie sei reich, so antwortete sie, daß dreihunderttausend Francs bei dem gegenwärtigen Zinsfuß der Staatsrenten zwölftausend Francs ergäben, und die habe sie in der härtesten Zeit ihres Lebens verbraucht, während ihrer Liebschaft mit Lousteau.

Dies Verhalten ließ auf einen Plan schließen, und Madame Schontz hatte, das möge man glauben, tatsächlich einen Plan. Seit zwei Jahren war sie auf Madame du Bruel[216] eifersüchtig; der Ehrgeiz, standesamtlich und kirchlich getraut zu werden, zerschnitt ihr das Herz. Alle gesellschaftlichen Stellungen haben ihre verbotene Frucht, irgendeine Kleinigkeit, die der Wunsch danach noch größer werden läßt, so daß sie schließlich das gleiche Gewicht wie die Erdkugel annimmt. Dieser Ehrgeiz paarte sich, wie es nicht anders sein konnte, mit dem Ehrgeiz nach einem zweiten Arthur, den kein Nachspüren entdecken konnte. Bixiou vermutete in dem Bevorzugten den Maler Léon de Lora; der Maler erblickte ihn in Bixiou, der die Vierzig überschritten hatte und daran denken mußte, unter Dach zu kommen. Auch auf Victor de Vernisset richtete sich der Verdacht, einen jungen Dichter aus Canalis' Schule, dessen Leidenschaft für Madame Schontz bis zum Irrsinn ging; und der Dichter beschuldigte den Bildhauer Stidmann, sein glücklicher Rivale zu sein. Dieser noch sehr junge Künstler arbeitete für Goldschmiede, für Händler mit Bronzekleinplastiken, für Juweliere; er wollte ein zweiter Benvenuto Cellini[217] werden. Claude Vignon, der junge Graf de La Palférine, Gotenheim, der zynische Philosoph Vermanton und andere ständige Gäste dieses amüsanten Salons wurden einer nach dem anderen verdächtigt und als unschuldig befunden. Keiner kam Madame Schontz auf die Schliche, nicht einmal Rochefide, der glaubte, sie habe eine Schwäche für den jungen, geistreichen La Palférine; sie war tugendhaft aus Berechnung und dachte an nichts als an eine gute Heirat.

Man traf bei Madame Schontz nur einen einzigen Mann von zweifelhaftem Ruf, und das war Couture, ein Mann, der die Börsianer mehr als einmal hatte aufheulen lassen; aber Couture gehörte zu ihren ältesten Freunden; sie war die einzige, die ihm treu geblieben war. Der falsche Alarm des Jahres 1840 hatte das letzte Kapital dieses Spekulanten hinweggerafft, der an die Geschicklichkeit der Männer des 1. März geglaubt hatte[218]. Aurélie hatte, da sie Coutures Pechsträhne ahnte, Rochefide im entgegengesetzten Sinn spekulieren lassen. Sie war es, die das letzte Unglück dieses Erfinders der Primen[219] und der Kommandite[220] als eine ›découture‹[221] bezeichnete. Couture war nur zu froh, daß bei Aurélie immer für ihn gedeckt war; Finot, der geschickteste oder, wenn man will, der am meisten vom Glück begünstigte unter den Emporkömmlingen, schenkte ihm dann und wann ein paar Tausendfrancsscheine; er war als einziger so berechnend gewesen, Madame Schontz seinen Namen anzubieten; sie hatte ihn auf Herz und Nieren geprüft, um herauszubekommen, ob der kühne Spekulant befähigt sei, sich in der Politik einen Weg zu bahnen, und ob er über genügend Dankbarkeit verfüge, um seine Frau nicht sitzenzulassen. Er war ein Mann von etwa dreiundvierzig Jahren und recht verbraucht; den schlechten Klang seines Namens tilgte er nicht durch ein Sichberufen auf gute Herkunft; er sprach kaum je von seinen Erzeugern. Madame Schontz stöhnte über die Seltenheit fähiger Leute; da stellte Couture ihr einen Provinzler vor, der die beiden Henkel besaß, an denen die Frauen diese Art Krüge anzufassen pflegen, wenn sie sie behalten wollen.

Diese Persönlichkeit skizzieren heißt einen gewissen Teil der heutigen Jugend schildern. Hier gehört die Abschweifung zur Erzählung.

Im Jahre 1838 hatte Fabien du Ronceret, der Sohn eines im Vorjahr gestorbenen Kammerpräsidenten am Königlichen Gericht zu Caen, seinen Abschied als Richter eingereicht und die Stadt Alençon verlassen und damit einen Richterstuhl, auf dem, wie er zu sagen pflegte, sein Vater ihn gezwungen hatte seine Zeit zu vertrödeln; er war nach Paris gekommen, und zwar in der Absicht, dort seinen Weg zu machen, indem er Aufsehen erregte; das war ein schwierig zu verwirklichender, normannischer Gedanke, da Fabien mit kaum achttausend Francs Einkünften rechnen konnte; seine Mutter lebte noch und bewohnte als Nutznießerin ein sehr einträgliches Mietshaus im Stadtzentrum von Alençon. Der junge Herr hatte bereits auf mehreren Reisen nach Paris den Strick seines Leitgedankens wie ein Seiltänzer benutzt und den Schwindel der scheinbaren sozialen Aussöhnung von 1830 durchschaut; daher hoffte er, ihn auszubeuten; er wollte dem Beispiel der Pfiffikusse der Bourgeoisie folgen. Diese Feststellung macht einen raschen Blick auf eine der Auswirkungen der neuen Ordnung der Dinge erforderlich.

Die moderne Gleichheit, die in unseren Tagen über die Maßen weiter ausgebildet wird, hat notwendigerweise im Privatleben auf einer Parallele zum politischen Leben die drei großen Teilgebiete des sozialen Ich weiterentwickelt, nämlich den Hochmut, die Eigenliebe und die Eitelkeit. Die Dummen wollen als Leute von Geist, die Leute von Geist als Talente, die Talente als Leute von Genie angesehen werden; was die Leute von Genie betrifft, so sind sie vernünftiger, sie bescheiden sich, lediglich Halbgötter zu sein. Dieser Neigung des heutigen öffentlichen Geistes, die in der Abgeordnetenkammer den Fabrikbesitzer auf den Staatsmann und den Verwaltungsbeamten auf den Dichter eifersüchtig sein läßt, treibt die Dummen dazu, die Leute von Geist anzuschwärzen, die Leute von Geist die Leute von Talent, die Leute von Talent diejenigen unter ihnen, die sie um ein paar Daumenbreiten überragen, und die Halbgötter, die Institutionen, den Thron, kurzum alles zu bedrohen, was sie nicht bedingungslos anbetet. Sobald eine Nation auf höchst unpolitische Weise die anerkannten sozialen Überlegenheiten niedergeschlagen hat, öffnet sie Schleusen, aus denen sich ein Strom von ehrgeizigen Bestrebungen zweiten Ranges ergießt, deren geringste noch immer an die Spitze gelangen will; die Nation besaß nach Aussage der Demokraten in ihrer Aristokratie ein Übel, aber ein begrenztes, deutlich umrissenes Übel; jetzt hat sie sie gegen zehn einander bekämpfende, bewaffnete Aristokratien eingetauscht, und das ist die schlimmste aller Situationen. Indem man die Gleichheit aller proklamierte, hat man feierlich die ›Erklärung der Neider-

Rechte‹ bekanntgegeben. Wir erfreuen uns heute der Saturnalien[222] der Revolution, wenngleich auf den dem Anschein nach friedlichen Bereich des Geistes, der Industrie und der Politik übergeleitet; daher sieht es heutzutage auch so aus, als seien Achtung und Ansehen, die man der Arbeit, der Leistung, dem Talent schuldet, auf Kosten der Masse gewährte Privilegien. Demnächst wird das Agrargesetz auf die Gefilde des Ruhms ausgedehnt werden. Zu keiner Zeit ist die Auslese der Namen auf dem öffentlichen Sortierbrett aus kindischeren Beweggründen gefordert worden. Man zeichnet sich um jeden Preis durch Lächerlichkeit aus, durch eitles Herauskehren der Begeisterung für die Sache der Polen, für das System der Besserung der Strafgefangenen, für die Zukunft der freigelassenen Zuchthäusler, für die kleinen Übeltäter über oder unter zwölf Jahren, für jede Form des sozialen Elends. Diese verschiedenen Manien schaffen unechte Ehrenämter, Präsidenten, Vizepräsidenten und Sekretäre von Vereinigungen, deren Zahl in Paris die der sozialen Fragen übersteigt, die man zu lösen sucht. Man hat die große Gesellschaft zerstört, um nach dem Bild der verblichenen tausend kleine zu errichten. Zeugen diese parasitischen Organismen nicht von der Verwesung? Sind sie nicht das Wimmeln der Würmer in einem Kadaver? Alle diese Gesellschaften sind Töchter der gleichen Mutter, der Eitelkeit. Ganz anders gehen die katholische Caritas oder die wahre Nächstenliebe vor; sie studieren das Übel an den Wunden und heilen diese und schwatzen nicht bei Sitzungen hochtrabend über die Grundlagen der Ansteckung, und zwar lediglich aus Lust am hochtrabenden Schwatzen.

Fabien de Ronceret war kein überlegener Geist, aber er hatte durch Betätigung des der Normandie eigentümlichen Hanges zur Habgier erkannt, welchen Nutzen er aus diesem öffentlichen Laster ziehen könne. Jede Epoche hat ihren Charakter, und geschickte Leute beuten ihn aus. Fabien hatte nichts im Sinn, als von sich reden zu machen. »Mein Lieber, man muß von sich reden machen, wenn man etwas sein will!« hatte er du Busquier, dem König von Alençon, einem Freund seines Vaters, erklärt. »In einem halben Jahr bin ich bekannter als Sie!« Auf diese Weise deutete Fabien den Geist seiner Zeit aus; er beherrschte ihn nicht, er gehorchte ihm. Er hatte in der Bohème debütiert, einem

Distrikt in der moralischen Topographie von Paris (siehe ›Ein Fürst der Bohème‹, Szenen aus dem Pariser Leben), wo er einiger mit Vorbedacht durchgeführter Anfälle von Verschwendungssucht wegen unter dem Namen ›der Erbe‹ bekannt wurde. Du Ronceret hatte von der Vernarrtheit Coutures für die hübsche Madame Cadine profitiert, eine der neu aufgetauchten Schauspielerinnen, der man auf einer der Bühnen zweiten Ranges ein großes Talent zuerkannte; Couture hatte für sie in der Zeit seines Eintagsreichtums ein reizendes Erdgeschoß mit Garten in der Rue Blanche eingerichtet. Folgendermaßen schlossen du Ronceret und Couture Bekanntschaft. Der Normanne, der einen fix und fertigen Luxus wollte, kaufte Coutures Mobiliar und die Verschönerungen, die er in der Wohnung hatte durchführen lassen, einen Kiosk, in dem geraucht wurde, eine mit indischen Matten ausgelegte, kunstlose, mit Erzeugnissen der Keramik geschmückte Holzgalerie, durch die man zum Kiosk gelangen konnte, wenn es regnete. Wenn man den ›Erben‹ zu seiner Wohnung beglückwünschte, bezeichnete er sie als seine ›Höhle‹. Der Provinzler hütete sich, einzugestehen, daß der Architekt Grindot bei ihrer Ausstattung all sein Können entfaltet hatte, gerade wie Stidmann in dem plastischen und Léon de Lora im malerischen Schmuck; denn sein Hauptfehler war die Eigenliebe, und diese geht bei dem Verlangen, größer zu erscheinen, als man ist, bis zur Lüge. Der Erbe vervollständigte diese Herrlichkeit durch ein Treibhaus, das er in Südlage längs einer Mauer errichten ließ, nicht etwa, weil er Blumen geliebt hätte, sondern weil er die öffentliche Meinung durch Blumenzucht attackieren wollte. Zur gegenwärtigen Zeit hatte er sein Ziel nahezu erreicht. Er war Vizepräsident irgendeiner Gesellschaft für Gartenkunst geworden; Präsident war der Herzog von Weißenburg, der Bruder des Fürsten von Chiavari, der jüngste Sohn des verstorbenen Marschalls Vernon. Er hatte seinen Vizepräsidentenfrack mit dem Band der Ehrenlegion geschmückt: das war nach einer Blumenausstellung geschehen, deren Eröffnungsrede er für fünfhundert Francs von Lousteau gekauft und kühn als sein Eigengewächs ausgegeben hatte. Er war durch eine Blume aufgefallen, die der alte Blondet aus Alençon, der Vater Emile Blondets, ihm geschenkt und die er als in seinem eigenen Treibhaus gezüchtet ausgestellt hatte. Dieser Erfolg war eine Kleinigkeit. Der Erbe, der als ein Mann von Geist gelten wollte, hatte den Plan gefaßt, sich mit berühmten Leuten anzufreunden, um deren Ruhm zurückzustrahlen; aber dieser Plan war schwierig durchzuführen, da er ihm als Basis nur ein Budget von achttausend Francs geben konnte. Fabien de Ronceret hatte sich also nacheinander und ohne Erfolg an Bixiou, an Stidmann und an Léon de Lora gewandt, um bei Madame Schontz eingeführt zu werden und deren Menagerie von ›Löwen‹ aller Art anzugehören. Er bezahlte Couture so oft das Abendessen, daß Couture Madame Schontz kategorisch bewies, sie müsse ein solches Original unbedingt erwerben, und sei es nur, um aus ihm einen jener eleganten, unbezahlten Diener zu machen, die gewisse Damen für Aufträge verwenden, für die bezahlte Diener ungeeignet sind.

An drei Abenden befaßte Madame Schontz sich eingehend mit Fabien; sie sagte sich: »Wenn Couture mir nicht paßt, kann ich ganz sicher dem da einen Packsattel auflegen. Jetzt steht meine Zukunft auf zwei Beinen!« So wurde denn dieser Hohlkopf, über den alle Welt sich lustig machte, der Bevorzugte, aber aus einer Absicht heraus, die die Bevorzugung zu etwas Beleidigendem machte, und eben durch ihre Unwahrscheinlichkeit entging diese Wahl allen Vermutungen. Madame Schontz berauschte Fabien durch verstohlene Lächelblicke, durch kleine, an der Tür gespielte Szenen, wenn sie ihn als den letzten hinausbegleitete, an Abenden, da Monsieur de Rochefide bei ihr blieb. Häufig nahm sie ihn neben Arthur als Dritten mit in ihre Loge im Théâtre-Italien oder zu Erstaufführungen; sie entschuldigte sich damit, daß sie sagte, Fabien habe ihr diese oder jene Gefälligkeit erwiesen, und sie wisse nicht, wie sie ihm danken solle. Männer haben untereinander einen geckenhaften Stolz, den sie übrigens mit den Frauen teilen, den nämlich, bedingungslos geliebt zu werden. Nun aber steht von allen schmeichelhaften Leidenschaften keine höher im Preise als die einer Madame Schontz für diejenigen, die sie zum Objekt einer sogenannten Herzensliebe im Gegensatz zu der anderen Liebe erhebt. Eine Frau wie Madame Schontz, die die große Dame spielte und deren wirklicher Wert überragend war, mußte für Fabien etwas werden und wurde es auch, was ihn mit Stolz erfüllte; er verliebte sich so sehr in sie, daß er bei ihr nur in großer Aufmachung erschien, mit Lackstiefeln, strohgelben Handschuhen, gesticktem Hemd und Jabot, immerfort anderen Westen, kurzum, mit allen äußeren Anzeichen einer tiefen, anbetenden Verehrung. Einen Monat vor der Besprechung der Herzogin mit ihrem Beichtvater hatte Madame Schontz Fabien das Geheimnis ihrer Abkunft und ihren wahren Namen anvertraut; er wußte nicht, was diese Enthüllung bedeuten sollte. Vierzehn Tage später rief Madame Schontz in ihrem Staunen über den Intelligenzmangel des Normannen aus: »Mein Gott, bin ich blöd! Er glaubt sich um seiner selbst willen geliebt.« Und nun nahm sie den Erben in ihrer Kutsche mit ins Bois; sie besaß nämlich seit einem Jahr eine kleine Kutsche und einen kleinen offenen Wagen mit zwei Pferden. Bei diesem öffentlichen Tête-à-tête schnitt sie die Schicksalsfrage an und erklärte, sie wolle heiraten. »Ich habe siebenhunderttausend Francs«, sagte sie, »und ich gestehe Ihnen, daß ich, wenn ich einem ehrgeizigen Mann begegnete, der meinen Charakter zu verstehen wüßte, meine gegenwärtige Lage aufgeben würde; denn wissen Sie, was mein Traum ist? Ich möchte eine gute Bürgersfrau sein, in eine anständige Familie kommen und meinen Mann, meine Kinder, alle recht glücklich machen.« Der Normanne wollte zwar gern von Madame Schontz ausgezeichnet werden; aber sie heiraten, diese Torheit dünkte einen achtunddreißigjährigen Junggesellen, den die Juli-Revolution zum Richter gemacht hatte, indiskutabel. Als sie sein Zögern wahrnahm, erkor Madame Schontz den Erben zur Zielscheibe ihrer Geistesblitze, ihrer Scherze, ihrer Verachtung und wandte sich Couture zu. Innerhalb von acht Tagen bot der Spekulant, den sie ihre Kasse wittern ließ, ihr seine Hand, sein Herz und seine Zukunft, drei Dinge vom gleichen Wert.

So weit waren die Schliche der Madame Schontz gediehen, als Madame de Grandlieu Leben und Gepflogenheiten der Béatrix der Rue Saint-Georges zu erkunden begann.

Wie der Abbé Brossette es ihr geraten hatte, bat die Herzogin den Marquis d'Ajuda, ihr den König der politischen Strauchdiebe zuzuführen, den berüchtigten Grafen Maxime de Trailles, den Großherzog der Bohème, den Jüngsten der Jungen, obgleich er schon fünfzig war. Monsieur d'Ajuda verabredete sich mit

Maxime zum Abendessen im Club in der Rue de Beaune und schlug ihm vor, beim Herzog von Grandlieu, der vor dem Abendessen einen Gichtanfall erlitten habe und allein sei, eine Partie Whist zu spielen. Obwohl der Schwiegersohn des Herzogs von Grandlieu, der Vetter der Herzogin, wohl das Recht besaß, de Trailles in einen Salon einzuführen, den er nie betreten hatte, täuschte Maxime sich nicht im mindesten über die Bedeutung einer auf diese Weise an ihn ergangenen Einladung; er dachte, der Herzog und die Herzogin bedürften seiner. Das Leben im Club, wo man mit Leuten spielt, die man in seinem Hause keinesfalls empfängt, ist keiner der bedeutungslosesten Züge unserer Zeit.

Der Herzog von Grandlieu erwies Maxime die Ehre, sich leidend zu stellen. Nach fünfzehn Whistpartien legte er sich schlafen und ließ seine Frau mit Maxime und d'Ajuda allein. Unterstützt von dem Marquis teilte die Herzogin Monsieur de Trailles ihren Plan mit und bat ihn um seine Mitwirkung, wobei sie tat, als erbitte sie lediglich Ratschläge. Maxime hörte bis zum Schluß zu, ohne sich zu äußern, und wartete, ehe er etwas sagte, bis die Herzogin ihn unverhohlen um seine Mitarbeit gebeten hatte.

»Madame, ich habe alles sehr wohl verstanden«, sagte er zu ihr, nachdem er ihr und dem Marquis einen der intelligenten, tiefen, abgefeimten, alles umfassenden Blicke zugeworfen hatte, mit denen die großen Gewissenlosen ihre Gesprächspartner bloßzustellen wissen. »D'Ajuda kann Ihnen sagen, daß, wenn irgend jemand in Paris diesen Doppelhandel durchführen kann, ich es bin, und zwar, ohne Sie hineinzuziehen, und sogar, ohne daß jemand erfährt, daß ich heute abend bei Ihnen gewesen bin. Die Sache ist nur die, daß wir die Präliminarien für Leoben[223] festlegen müssen. Wieviel gedenken Sie zu opfern . . .?«

»Alles, was nötig ist.«

»Gut, Frau Herzogin. Dann werden Sie mir also als Lohn für meine Bemühungen die Ehre erweisen, in Ihrem Haus die Frau Gräfin de Trailles zu empfangen und in vollem Ernst zu protegieren.«

»Du bist verheiratet . . .?« rief d'Ajuda.

»Ich heirate in vierzehn Tagen die Erbin einer reichen, aber über die Maßen bürgerlichen Familie; das ist ein Opfer, das ich der öffentlichen Meinung bringe! Ich bekenne mich zu den Grundsätzen meiner Regierung! Ich möchte mir eine neue Haut zulegen. Die Frau Herzogin dürfte also verstehen, wie wichtig für mich die Anerkennung meiner Frau durch sie und ihre Familie ist. Ich habe die Gewißheit, Abgeordneter zu werden; das ergibt sich durch das Ausscheiden meines Schwiegervaters aus seinen Funktionen; und es ist mir ein diplomatischer Posten zugesagt worden, der meinen neuen Vermögensumständen entspricht. Ich sehe nicht ein, warum meine Frau nicht ebensogut wie Madame de Portenduère in dieser Gesellschaft junger Frauen aufgenommen werden sollte, in der die Damen La Bastie, Georges de Maufrigneuse, de l'Estorade, du Guénic, d'Ajuda, de Restaud, de Rastignac und de Vandenesse glänzen! Meine Frau ist hübsch, und ich nehme es auf mich, sie zu entbaumwollnachtmützen[224] . . .! Ist Ihnen das recht, Frau Herzogin . . .? Sie sind fromm, und wenn Sie zustimmen, wird Ihr Versprechen, von dem ich weiß, daß es heilig ist, viel zur Änderung meines Lebenswandels beitragen. Damit vollbrächten Sie eine weitere gute Tat . . .! Ach, ich bin geraume Zeit der König der Taugenichtse gewesen; aber damit soll jetzt Schluß sein. Schließlich führen wir einen feuerspeienden goldenen Drachen mit roten Klauen und grünen Schuppen auf Azur über schwarzem Grund mit weißen Flecken im Wappen, seit Franz I. es als notwendig erachtet hat, den Kammerdiener Ludwigs XI. zu adeln; Grafen sind wir seit Katharina von Medici.«

»Ich werde Ihre Frau empfangen und die Hand über sie halten«, sagte die Herzogin feierlich, »und die Meinen werden ihr nicht den Rücken kehren; darauf gebe ich Ihnen mein Wort.«

»Ach, Frau Herzogin«, rief Maxime sichtlich gerührt, »wenn auch der Herzog geruhen würde, mich mit einiger Güte zu behandeln, verspreche ich Ihnen, Ihrem Vorhaben zum Erfolg zu verhelfen, ohne daß Ihnen große Unkosten erwachsen. Aber«, fuhr er nach einer Pause fort, »Sie müssen es auf sich nehmen, meinen Weisungen zu folgen . . . Dies ist die letzte meiner Intrigen als Junggeselle; sie muß um so besser durchgeführt werden, als es sich um ein gutes Werk handelt«, sagte er lächelnd.

»Ihnen folgen . . .?« fragte die Herzogin. »Dann werde ich also in alledem erscheinen.«

»O Madame, ich werde Sie keinesfalls kompromittieren«, rief Maxime, »und ich achte Sie zu hoch, um Sicherheiten zu verlangen. Es handelt sich lediglich um die Befolgung meiner Ratschläge. So zum Beispiel muß du Guénic von seiner Frau wie der Leichnam eines Heiligen weggeführt werden; zwei Jahre muß er abwesend sein, sie möge ihm die Schweiz, Italien, Deutschland, so viele Länder wie möglich zeigen ...«

»Ah, Sie hegen die gleiche Befürchtung wie mein Beichtvater«, rief die Herzogin naiv; sie mußte an die scharfsinnige Bemerkung des Abbé Brossette denken.

Maxime und d'Ajuda konnten sich bei der Vorstellung der Übereinstimmung zwischen Himmel und Hölle ein Lächeln nicht verkneifen.

»Damit Madame de Rochefide Calyste nie wiedersieht«, fuhr sie fort, »unternehmen wir alle eine Reise, Juste und seine Frau, Calyste und Sabine, und ich. Clotilde lasse ich bei ihrem Vater ...«

»Wir wollen nicht zu früh frohlocken, Madame«, sagte Maxime, »ich erblicke riesige Schwierigkeiten, obwohl ich ihrer sicherlich Herr werde. Ihre Achtung und Ihre Protektion sind ein Preis, der mich dazu antreiben wird, große Schmutzereien begehen zu lassen; aber es werden die ...«

»Schmutzereien?« unterbrach die Herzogin diesen modernen Condottiere[225], und ihre Züge zeigten genauso viel Abscheu wie Verwunderung.

»Auch Sie werden davon befleckt werden, Madame, da ich Ihr Bevollmächtigter bin. Aber wissen Sie denn nicht, bis zu welchem Grad der Verblendung Madame de Rochefide Ihren Schwiegersohn hat gelangen lassen ...? Ich weiß es durch Nathan und Canalis; zwischen den beiden hat sie nämlich geschwankt, als Calyste sich in den Rachen dieser Löwin gestürzt hat! Béatrix hat dem braven Bretonen einzureden verstanden, sie habe nie einen anderen als ihn geliebt, sie sei tugendhaft, die Sache mit Conti sei eine geistige Liebe gewesen, an der das Herz und alles übrige nur geringen Anteil gehabt haben, mit einem Wort: eine musikalische Liebe ...! Und was Rochefide betreffe, so sei es Pflicht gewesen. Sie verstehen also: sie ist noch Jungfrau! Sie beweist es vortrefflich dadurch, daß sie ihren Sohn aus dem Spiel läßt; seit einem Jahr hat sie nicht die mindesten Schritte unternommen, ihn wiederzusehen. Dabei ist der kleine Graf jetzt bald zwölf Jahre alt, und er findet in Madame Schontz eine Mutter, die um so mütterlicher ist, als, wie Sie wissen, die Mutterschaft die Leidenschaft von dieser Art Frauen ist. Du Guénic würde sich für Béatrix in Stücke hacken lassen und würde auch seine Frau in Stücke hacken! Und glauben Sie etwa, es sei leicht, einen Mann herauszuziehen, wenn er im tiefsten Schlund der Leichtgläubigkeit hockt ...? Aber, Madame, dort würde Shakespeares Jago alle seine Taschentücher verlieren. Man glaubt immer, Othello, sein jüngerer Bruder Orosman[226], Saint-Preux[227], René[228], Werther und andere Verliebte von Rang und Ruf verkörperten die Liebe! Keiner ihrer Väter mit den Glatteisherzen hat gewußt, was unbedingte Liebe ist, nur Molière hat eine Ahnung davon gehabt. Die Liebe, Frau Herzogin, besteht nicht darin, eine edle Frau, eine Clarissa[229] zu lieben, das ist, mein Gott, nicht so schwer ...! Liebe heißt, sich sagen zu müssen: ›Die ich liebe, ist ein verworfenes Geschöpf, sie betrügt mich, sie wird mich immer betrügen, sie ist eine Schlampe, sie riecht nach allen Bratdünsten der Hölle ...‹ Und dann ihr nachlaufen, in ihr Ätherbläue und alle Blumen des Paradieses finden! So hat Molière geliebt, so lieben wir, wir Taugenichtse; denn mir, mir kommen die Tränen bei Arnolphes[230] großer Szene ...! Und so liebt auch Ihr Schwiegersohn Béatrix ...! Es wird mich Mühe kosten, Rochefide von Madame Schontz zu lösen, aber Madame Schontz wird sich wohl dazu bereitfinden; ich werde ihr auf den Zahn fühlen. Was nun aber Calyste und Béatrix betrifft, so bedarf es Hiebe mit der Axt, überlegener Tücke und einer so niedrigen Infamie, daß Ihre tugendhafte Phantasie nicht so tief hinabsteigen würde, sofern Ihr Beichtvater Ihnen dabei nicht die Hand reichte ... Sie haben das Unmögliche verlangt; Sie sollen bedient werden ... Und obwohl ich entschlossen bin, Himmel und Hölle in Bewegung zu setzen, kann ich mich nicht für den absoluten Erfolg verbürgen. Ich weiß um Liebende, die auch vor den fürchterlichsten Enttäuschungen und Enthüllungen nicht zurückweichen. Sie sind zu tugendhaft, als daß Sie die Macht kennen könnten, die Frauen besitzen, die es *nicht* sind ...«

»Fangen Sie mit diesen Infamien nicht an, bevor ich nicht den Abbé Brossette befragt habe, damit ich weiß, bis zu welchem

Punkt ich Ihre Mitschuldige bin«, rief die Herzogin mit einer Harmlosigkeit, die verriet, wieviel Selbstsucht in der Frömmelei enthalten ist.

»Du wirst von nichts etwas erfahren, liebe Mutter«, sagte der Marquis d'Ajuda.

Auf der Freitreppe, während der Wagen des Marquis vorfuhr, sagte d'Ajuda zu Maxime: »Sie haben der guten Herzogin einen gehörigen Schrecken eingejagt.«

»Aber sie hat ja keine Ahnung von der Schwierigkeit dessen, was sie verlangt ...! – Lassen Sie uns zum Jockey-Club fahren! Rochefide muß mich unbedingt morgen zum Abendessen bei der Schontz einladen, denn heute nacht ist mein Plan ausgearbeitet, und ich kann auf meinem Schachbrett die Figuren aussuchen, die bei der Partie, die ich spielen werde, angreifen sollen. In den Zeiten ihres Glanzes hat Béatrix mich nicht empfangen wollen; jetzt werde ich meine Rechnung mit ihr begleichen und Ihre Schwägerin so grausam rächen, daß sie vielleicht meinen wird, sie sei zu sehr gerächt worden ...«

Am anderen Tag sagte Rochefide zu Madame Schontz, Maxime de Trailles werde zum Abendessen kommen. Das bedeutete die Aufforderung an sie, all ihren Luxus zu entfalten und für die erlesenste Speisenfolge zu sorgen; diesen bejahrten Kenner fürchteten alle Frauen von der Art der Madame Schontz; sie war also auf ihre Toilette bedacht und ebenso darauf, das Haus für den Empfang dieser Persönlichkeit herzurichten.

Es gibt in Paris fast ebenso viele Königswürden wie verschiedene Künste, Moralsysteme, Wissenschaften und Berufe; und der stärkste von denen, die sie ausüben, besitzt eine ihm allein eigentümliche Majestät; er wird von seinesgleichen geschätzt und geachtet; sie kennen die Berufsschwierigkeiten, und ihre Bewunderung erwirbt sich nur, wer diese zu überwinden weiß. Maxime war in den Augen der Ratten und Kurtisanen ein außerordentlich mächtiger und befähigter Mann, denn er hatte es verstanden, sich ungeheuerlich lieben zu lassen. Er wurde von allen Leuten bewundert, die wissen, wie schwierig es ist, in Paris mit seinen Gläubigern in gutem Einvernehmen zu leben; zudem hatte er, was Eleganz, Haltung und Geist betrifft, nur einen einzigen Rivalen, nämlich den berühmten de Marsay, und der hatte sich seiner bei politischen Missionen bedient. Das genügt zur Erklärung seiner Zusammenkunft mit der Herzogin, seines Ansehens bei Madame Schontz und der Autorität seines Worts bei einer Unterredung, die er auf dem Boulevard des Italiens mit einem jungen Mann zu haben rechnete, der schon berühmt war, obwohl er erst seit kurzem der Pariser Bohème angehörte.

Als Maxime de Trailles am nächsten Morgen beim Ankleiden war, wurde ihm Finot gemeldet, den er schon tags zuvor zu sich bestellt hatte; er bat ihn, ein Mittagessen im Café Anglais in die Wege zu leiten, als geschehe es ganz zufällig; dort sollten Finot, Couture und Lousteau ganz in seiner Nähe plaudern. Finot, der sich dem Grafen de Trailles gegenüber in der gleichen Stellung befand wie ein Leutnant gegenüber einem Marschall von Frankreich, konnte ihm nichts abschlagen; es war überdies zu gefährlich, diesen Löwen zu reizen. Als daher Maxime zum Mittagessen erschien, sah er Finot und dessen beide Freunde bei Tisch sitzen; die Unterhaltung hatte bereits das Kap Madame Schontz angesegelt. Couture wurde von Finot und Lousteau, der, ohne es zu wissen, Finots Spiel trieb, trefflich manövriert, und so erfuhr der Graf de Trailles alles, was er über Madame Schontz wissen wollte.

Gegen eins knabberte Maxime auf seinem Zahnstocher herum und plauderte mit du Tillet, und zwar auf der Terrasse des Cafés Tortoni[231], wo unter Spekulanten jene ›kleine Börse‹ abgehalten wird, die das Vorwort der großen darstellt. Er schien mit Geschäften beschäftigt, wartete indessen auf den jungen Grafen de La Palférine, der zu einem gewissen Zeitpunkt dort vorbeikommen mußte. Der Boulevard des Italiens ist heute, was der Pont-Neuf 1650 war: alle bekannten Leute kommen mindestens einmal am Tag dort entlang. Tatsächlich ließ Maxime nach zehn Minuten du Tillets Arm los, nickte dem jungen Fürsten der Bohème zu und sagte lächelnd zu ihm: »Kommen Sie her, Graf, auf ein Wort . . .!«

Die beiden Rivalen, der eine ein sinkender Stern, der andere eine aufgehende Sonne, setzten sich auf vier Stühle vor dem Café de Paris. Maxime war darauf bedacht, in einer gewissen Entfernung von ein paar alten Männern Platz zu nehmen, die sich dort gegen ein Uhr einzufinden pflegen, um ihre Rheumabeschwerden von der Sonne bescheinen zu lassen. Er hatte triftige Gründe zum Mißtrauen gegen alte Männer (siehe ›Ein Geschäftsmann‹, Szenen aus dem Pariser Leben).

»Haben Sie Schulden . . .?« fragte Maxime den jungen Grafen.

»Wenn ich keine hätte, wäre ich dann würdig, Ihr Nachfolger zu sein . . .?« antwortete La Palférine.

»Wenn ich eine solche Frage an Sie stelle, ziehe ich die Sache an sich nicht in Zweifel«, entgegnete Maxime; »ich will lediglich wissen, ob die Gesamtsumme respektabel ist, und ob sie sich auf fünf oder sechs beläuft.«

»Sechs was?«

»Sechs Stellen! Ob Sie fünfzig- oder hunderttausend Schulden haben . . .? Ich selber habe bis zu sechshunderttausend gehabt.«

La Palférine lüftete zugleich hochachtungsvoll und spöttisch den Hut.

»Hätte ich soviel Kredit, daß ich mir hunderttausend Francs leihen könnte«, antwortete der junge Herr, »so würde ich meine Gläubiger vergessen und in Venedig leben, umgeben von Meisterwerken der Malerei, den Abend im Theater verbringen und die Nacht mit hübschen Frauen, und . . .«

»Und was würde aus Ihnen in meinem Alter werden?« fragte Maxime.

»So weit käme ich gar nicht«, entgegnete der junge Graf.

Maxime vergalt die Höflichkeit seines Rivalen damit, daß er mit einer Geste von lächerlichem Ernst leicht den Hut hob.

»Auch das ist eine Art, das Leben aufzufassen«, antwortete er in einem Tonfall, wie ihn Kenner untereinander anzuschlagen pflegen. »Also wieviel Schulden . . .?«

»Ach, nur eine Kleinigkeit, viel zu gering, sie einem Onkel einzugestehen; wenn ich einen hätte, würde er mich dieser armseligen Ziffer wegen enterben, sechstausend . . .!«

»Sechstausend sind lästiger als hunderttausend«, sagte Maxime sentenziös. »La Palférine, in Ihrem Gesicht ist etwas Kühnes, Sie haben sogar noch mehr Geist als Kühnheit, Sie können es weit bringen, vielleicht Politiker werden. Passen Sie mal auf . . . von allen, die sich in die Laufbahn stürzten, an deren

Ende ich jetzt bin, auf der man mir entgegengetreten ist, sind Sie der einzige, der mir gefällt.«

La Palférine errötete, so sehr fühlte er sich durch dieses Geständnis geschmeichelt, das der König der Pariser Abenteurer ihm mit anmutiger Biederkeit gemacht hatte. Diese Regung seiner Eigenliebe bedeutete zugleich ein Anerkennen seiner Unterlegenheit, und das verletzte ihn; aber Maxime erriet den Übergang zum Gegenangriff, der bei einem so geistvollen Mann ohne weiteres vorauszusehen war, und sorgte sogleich für ein Heilmittel: er vertraute sich der Verschwiegenheit des jungen Herrn an.

»Wollen Sie etwas für mich tun, der ich mich durch eine gute Heirat aus dem olympischen Zirkus zurückziehe?« fuhr er fort. »Ich könnte dann viel für Sie tun.«

»Sie sind drauf und dran, mich sehr stolz zu machen: das hieße ja die Fabel vom Löwen und der Maus[232] in die Wirklichkeit umsetzen«, sagte La Palférine.

»Ich fange damit an, daß ich Ihnen zwanzigtausend Francs leihe«, sprach Maxime weiter.

»Zwanzigtausend Francs...? Ich hab's ja gewußt: man braucht bloß über diesen Boulevard zu schlendern, dann...«, sagte La Palférine gleichsam in Klammern.

»Mein Lieber, es muß Ihnen festen Boden unter den Füßen verschaffen«, sagte Maxime lächelnd, »belassen Sie es nicht bei Ihren beiden Beinen, schaffen Sie sich sechs an; machen Sie es wie ich: ich bin nie aus meinem Tilbury[233] ausgestiegen...«

»Aber dann werden Sie etwas von mir verlangen, das meine Kräfte übersteigt?«

»Nein, es handelt sich darum, daß Sie eine Frau in sich verliebt machen müssen, und zwar innerhalb von vierzehn Tagen.«

»Eine Dirne?«

»Warum nicht gar!«

»Das wäre unmöglich; aber wenn es sich um eine sehr elegante und sehr geistreiche Dame handelte...«

»Es ist eine sehr noble Marquise!«

»Wollen Sie Briefe von ihr haben...?« fragte der junge Graf.

»Ach... du trittst mir zu nahe!« rief Maxime. »Nein, darum handelt es sich nicht.«

»Es muß also drauflosgeliebt werden?«

»Ja, im realsten Sinn ...«

»Wenn ich dabei das Gebiet des Ästhetischen verlassen muß, ist die Sache ganz und gar unmöglich«, sagte La Palférine. »In bezug auf Frauen, müssen Sie wissen, bin ich von einer gewissen Redlichkeit; wir können sie aufs Rad flechten, aber nicht sie ...«

»Ha, man hat mich also nicht getäuscht!« rief Maxime. »Glaubst du etwa, ich sei der Mann danach, dir kleine Gemeinheiten zu zwei Sous vorzuschlagen . . .? Nein, hier heißt es drauflosgehen, blenden, siegen. Kamerad, heute abend gebe ich dir zwanzigtausend Francs und lasse dir zehn Tage Zeit; bis dahin mußt du triumphiert haben. Also bis heute abend, bei Madame Schontz.«

»Ich esse bei ihr.«

»Gut«, sagte Maxime. »Sollten Sie mich später einmal brauchen, Herr Graf, so stehe ich Ihnen zur Verfügung«, fügte er im Ton eines Königs hinzu, der sich fest verpflichtet, anstatt bloß zu versprechen.

»Die arme Frau hat Ihnen wohl viel Böses angetan?« fragte La Palférine.

»Versuche nicht, meine Gewässer auszuloten, Kleiner, und laß mich dir sagen, daß du dir im Fall des Erfolgs so mächtige Gönner gewinnst, daß du dich, wie ich, in eine gute Heirat zurückziehen kannst, wenn das Bohèmeleben dich zu langweilen anfängt.«

»Es kommt also ein Augenblick, in dem es einen langweilt, sich zu amüsieren?« fragte La Palférine, »langweilt, nichts zu sein, zu leben wie die Vögel, in Paris auf die Jagd zu gehen wie die Wilden und über alles zu lachen ...?«

»Alles ermüdet, sogar die Hölle«, sagte Maxime lachend. »Also bis heute abend!«

Die beiden Lebemänner, der junge und der alte, standen auf. Als er seinen Einspänner bestieg, sagte sich Maxime: »Madame d'Espard kann Béatrix nicht leiden; sie wird mir helfen ... Zum Palais Grandlieu!« rief er dem Kutscher zu, als er Rastignac vorübergehen sah.

Gibt es einen großen Mann ohne Schwächen . . .? Maxime fand die Herzogin, Madame du Guénic und Clotilde in Tränen.

»Was ist denn passiert?« fragte er die Herzogin.

»Calyste ist nicht heimgekommen, es ist das erstemal, und meine arme Sabine ist völlig verzweifelt.«

»Frau Herzogin«, sagte Maxime und zog die fromme Dame in eine Fensternische, »im Namen Gottes, der uns richten wird, bewahren Sie tiefstes Schweigen über das, was ich für Sie tue, verlangen Sie dasselbe von d'Ajuda; Calyste darf nie etwas von unserer Verschwörung erfahren, sonst käme es zwischen uns zu einem Duell auf Leben und Tod . . . Als ich Ihnen sagte, die Sache werde Sie nicht allzu viel kosten, habe ich damit gemeint, daß Sie nicht irrsinnige Summen zum Fenster hinauszuwerfen brauchen; ich benötige etwa zwanzigtausend Francs, und alles übrige geht mich an; es werden ein paar wichtige Posten vergeben werden müssen, vielleicht gar der eines Generalsteuereinnehmers.«

Die Herzogin und Maxime gingen hinaus. Als Madame de Grandlieu wieder zu ihren Töchtern trat, hatte sie ein neues Loblied auf Sabine vernommen und zugleich Tatsachen aus deren Eheleben, die noch grausiger waren als die, durch die die junge Gattin ihr Glück hatte enden sehen.

»Sei ruhig, Kleines«, sagte die Herzogin zu ihrer Tochter, »Béatrix soll deine Tränen und dein Leid teuer bezahlen; Satans Hand senkt sich schwer auf sie nieder, und jede Demütigung, die sie dir angetan hat, wird mit zehn vergolten werden . . .!«

Madame Schontz hatte Claude Vignon benachrichtigen lassen; er hatte schon mehrfach den Wunsch geäußert, Maxime de Trailles kennenzulernen; sie hatte auch Couture, Fabien, Bixiou, Léon de Lora, La Palférine und Nathan eingeladen. Um den letzteren hatte Rochefide gebeten, Maximes wegen. Auf diese Weise hatte Aurélie neun mit Ausnahme du Roncerets erstklassige Gäste; aber die normannische Eitelkeit und der brutale Ehrgeiz des Erben standen auf gleicher Höhe wie Claude Vignons literarische Macht, Nathans Dichtkunst, die Durchtriebenheit La Palférines, der Scharfblick Coutures für Börsendinge, Bixious Geist, Finots berechnendes Wesen, Maximes Unergründlichkeit und das Genie Léons de Lora.

Madame Schontz hatte Wert darauf gelegt, jung und schön

zu wirken; sie wappnete sich mit einer Toilette, wie nur solcherlei Frauen sie zu machen wissen. Sie bestand aus einem Umhang aus spinnwebfeiner Gipürespitze[234], einem blauen Samtkleid, dessen zierliches Oberteil Opalknöpfe hatte, und einem Kopfputz aus wie Ebenholz glänzenden Seidenbändern. Madame Schontz dankte ihre Berühmtheit als hübsche Frau dem Glanz und der Frische ihres Teints, der hell und warm war wie der der Kreolinnen, einem Antlitz mit geistvollen Einzelheiten, klar gezeichneten, festen Zügen, deren berühmtester Typus so lange durch die Gräfin Merlin[235] verkörpert worden und der vielleicht südlichen Gesichtern eigentümlich ist. Leider neigte die kleine Madame Schontz, seit ihr Leben glücklich und geruhsam geworden war, dazu, dick zu werden. Ihr Hals war von verführerischer Rundung, begann indessen, wie auch die Schultern, Fett anzusetzen. Man weidet sich in Frankreich so grundsätzlich an den Köpfen der Frauen, daß ein schöner Kopf den entstellten Körper noch lange am Leben erhält.

»Liebes Kind«, sagte Maxime beim Eintreten und küßte Madame Schontz auf die Stirn, »Rochefide hat mich Ihre Wohnung sehen lassen wollen; ich kannte sie ja noch nicht; sie harmoniert beinahe mit seinen vierhunderttausend Francs Zinsen . . . Immerhin, als er Sie kennenlernte, hatte er fünfzigtausend weniger; innerhalb von noch nicht fünf Jahren haben Sie ihn das verdienen lassen, was eine andere, eine Antonia, eine Malaga, Cadine oder Florentine, ihm vernascht haben würde.«

»Ich bin keine Dirne, ich bin eine Künstlerin!« sagte Madame Schontz mit einer gewissen Würde. »Ich hoffe, wie es in der Komödie heißt, als die Stammutter von ehrlichen Leuten zu enden . . .«[236]

»Es ist, um aus der Haut zu fahren; wir heiraten alle«, entgegnete Maxime und ließ sich in einen Sessel am Kamin fallen. »Ich stehe kurz davor, eine Gräfin Maxime zu erschaffen.«

»Oh, wie gern lernte ich die kennen . . .!« rief Madame Schontz. »Aber gestatten Sie«, sprach sie weiter, »daß ich Ihnen Monsieur Claude Vignon vorstelle. – Monsieur Claude Vignon, Monsieur de Trailles . . .!«

»Ach, Sie sind es, der Camille Maupin, die Herbergsmutter der Literatur, hat ins Kloster gehen lassen . . .?« rief Maxime.

»Erst Sie, dann Gott . . .! Mir ist solche Ehre nie widerfahren. Mademoiselle des Touches hat Sie behandelt, als seien Sie Ludwig XIV. . . .«

»So schreibt man Geschichte . . .!« antwortete Claude Vignon. »Wissen Sie nicht, daß ihr Vermögen dazu benutzt worden ist, Monsieur du Guénics Ländereien aus der Verpfändung freizukaufen . . .? Wenn sie wüßte, daß Calyste jetzt mit ihrer Exfreundin . . . (Maxime stieß den Kritiker mit dem Fuß an und deutete auf Rochefide) . . . so käme sie, glaube ich, aus ihrem Kloster heraus und entrisse ihn ihr.«

»Mein Gott, Rochefide, alter Freund«, sagte Maxime, als Claude Vignon sich durch sein Warnungszeichen nicht hatte aufhalten lassen, »an deiner Stelle würde ich meiner Frau ihr Vermögen aushändigen, damit die Leute nicht glauben, sie müsse sich aus Bedürftigkeit an Calyste heranmachen.«

»Maxime hat recht«, sagte Madame Schontz und blickte Arthur an, der über die Maßen rot geworden war. »Wenn ich schon Ihre Einkünfte um ein paar tausend Francs vermehrt habe, könnten Sie keinen besseren Gebrauch davon machen. Dann hätte ich das Glück der Frau und des Mannes gemacht und könnte es mir zur Ehre anrechnen . . .!«

»Der Gedanke ist mir noch nie gekommen«, antwortete der Marquis; »aber man sollte zunächst Edelmann und dann erst Gatte sein.«

»Laß mich dir sagen, wenn es an der Zeit ist, sich großzügig zu bezeigen«, sagte Maxime.

»Arthur!« sagte Aurélie, »Maxime hat recht. Siehst du, Guter, unsere edlen Taten sind wie Coutures Aktien[237]«, sagte sie und schaute in den Spiegel, um zu sehen, wer eintrat, »man muß zum richtigen Zeitpunkt damit arbeiten.«

Couture kam, nach ihm Finot. Ein paar Augenblicke danach waren alle Gäste in dem schönen, blaugoldenen Salon des Palais Schontz versammelt; so nämlich bezeichneten die Künstler ihre Atzungsstätte, seit Rochefide sie seiner Ninon II. gekauft hatte. Als Maxime La Palférine eintreten sah, der als letzter erschienen war, ging er auf ihn zu, zog ihn in eine Fensternische und händigte ihm zwanzig Banknoten ein.

»Vor allem, mein Junge, geh nicht sparsam damit um«, sagte

er mit der allen Taugenichtsen eigentümlichen Liebenswürdigkeit.

»Nur Sie wissen den Wert von etwas, das Sie zu schenken scheinen, auf solcherlei Weise zu verdoppeln . . .«, antwortete La Palférine.

»Dann hast du dich also entschlossen?«

»Wenn ich schon nehme . . .«, antwortete der junge Graf von oben herab und zugleich spöttisch.

»Na, gut; Nathan, der da drüben steht, wird dich in zwei Tagen bei der Marquise de Rochefide einführen«, flüsterte er ihm zu.

La Palférine fuhr zurück, als er den Namen hörte.

»Du mußt dir einreden, du seiest irrsinnig verliebt in sie; und damit du keinen Argwohn erweckst, mußt du Wein und Liköre trinken, bis du nicht mehr kannst! Ich werde Aurélie sagen, sie solle dich neben Nathan setzen. Die Sache ist nur die, mein Junge, daß wir uns jetzt jede Nacht um eins auf dem Boulevard de la Madeleine treffen müssen, du, damit du mir über deine Fortschritte berichtest, ich, damit ich dir Instruktionen erteile.«

»Ich werde zur Stelle sein, mein Herr und Gebieter . . .«, sagte der junge Graf und verbeugte sich.

»Warum läßt du uns zusammen mit einem komischen Kerl zu Abend essen, der wie ein Oberkellner angezogen ist?« fragte Maxime leise Frau Schontz und deutete auf du Ronceret.

»Kennst du denn den ›Erben‹ nicht? Du Ronceret aus Alençon.«

»Monsieur«, sagte Maxime zu Fabien, »Sie kennen doch sicher meinen Freund d'Esgrignon?«

»Victurnien kennt mich schon seit langem nicht mehr«, antwortete Fabien; »aber in unserer frühen Jugend waren wir eng befreundet.«

Das Abendessen war eins von denen, die nur in Paris veranstaltet werden, und nur im Haus von großen Verschwenderinnen, denn ihre Raffinesse überrascht sogar Leute, die nur schwer zufriedenzustellen sind. Es war ein Souper wie das, von dem Paganini[238], der es bei einer ebenso schönen und reichen Kurtisane wie Madame Schontz genossen hat, behauptete, er habe nie bei einem Herrscher so erlesene Dinge gegessen, bei keinem Fürsten solche Weine getrunken, nie eine so geistvolle Unterhaltung angehört, nie einen so koketten Luxus strahlen sehen.

Maxime und Madame Schontz betraten gegen zehn als die ersten wieder den Salon und überließen die Gäste sich selber; sie erzählten einander jetzt unverblümte Anekdoten, rühmten einander ihre Vorzüge und hielten ihre klebrigen Lippen an die Likörgläser, ohne diese leeren zu können.

»Ja, Kleines«, sagte Maxime, »du warst auf der richtigen Spur, ich bin deiner schönen Augen wegen gekommen, es handelt sich um eine wichtige Angelegenheit, du mußt dich von Arthur trennen; aber ich nehme es auf mich, daß er dir dafür zweihunderttausend Francs anbietet.«

»Und warum soll ich mich von dem armen Kerl trennen?«

»Um diesen Idioten zu heiraten, der eigens deswegen aus Alençon nach Paris gekommen ist. Er war schon Richter, ich lasse ihn anstelle von Blondets Vater zum Präsidenten ernennen; der alte Herr wird demnächst zweiundachtzig; und wenn du dein Schifflein zu steuern weißt, wird dein Mann Abgeordneter. Dann seid ihr große Persönlichkeiten, und du könntest die Gräfin du Bruel ausstechen . . .«

»Das geht nicht!« sagte Madame Schontz, »sie ist Gräfin.«

»Hat er das Zeug dazu, gegraft zu werden . . .?«

»Schau, er hat ein Wappen«, sagte Aurélie und suchte in einem am Kamin hängenden reizenden Körbchen nach einem Brief, den sie dann Maxime hinhielt, »was mag das bedeuten? Es sind Kämme darin.«

»Sein Wappen besteht aus einem silbernen Feld mit drei roten Kämmen, zweien und einem, dazwischen drei Weintrauben mit purpurnen Stengeln und grünen Blättern, eine oben, zwei darunter; dann kommt ein blaues Feld mit vier goldenen Federn in einer Reihe; der Wappenspruch lautet ›Dienen‹; über dem Ganzen ein Schildknappenhelm. Damit ist nicht viel los, sie sind unter Ludwig XV. geadelt worden; irgendein Großvater ist Krämer gewesen, die mütterliche Linie ist im Weinhandel zu Vermögen gekommen, und der du Ronceret, der geadelt wurde, dürfte Gerichtsschreiber gewesen sein . . . Aber wenn es dir gelingt, dir Arthur vom Hals zu schaffen, dann werden die du Ronceret mindestens Barone, das verspreche ich dir, mein Rehlein. Siehst du, mein Kind, du mußt dich aber fünf oder sechs Jahre lang in der Provinz einpökeln lassen, wenn du die Schontz in der Präsidentin begraben willst ... Der spaßige Kerl hat dir Blicke zugeworfen, deren Absicht unverkennbar war; der hat angebissen ...«

»Nein«, antwortete Aurélie, »als ich ihm meine Hand anbot, hat er sich verhalten wie die Schnapsaktien auf dem letzten Kurszettel: Tendenz lustlos.«

»Ich nehme es auf mich, ihn herumzukriegen, wenn er blau ist ... Sieh mal nach, was die anderen treiben ...«

»Es lohnt nicht, hinzugehen; ich höre nur noch Bixiou; er erzählt eine seiner unwahrscheinlichen Geschichten, und keiner hört zu; aber ich kenne meinen Arthur, er fühlt sich verpflichtet, Bixiou gegenüber höflich zu sein; er hat die Augen geschlossen und tut immer noch, als sehe er ihn an.«

»Dann laß uns doch wieder hineingehen ...!«

»Sag mal: in wessen Interesse soll ich eigentlich handeln, Maxime?« fragte Madame Schontz plötzlich.

»In dem der Madame de Rochefide«, antwortete Maxime unumwunden; »es ist unmöglich, sie wieder mit Arthur zusammenzubringen, solange du ihn hältst; für sie geht es darum, wieder Herrin ihres Hauses zu sein und über jährlich vierhunderttausend Francs zu verfügen.«

»Und dann schlägt sie mir nur zweihunderttausend vor ...? Ich will dreihunderttausend, da es sich um sie handelt. Soll ich mich vielleicht um ihren Jungen und um ihren Mann gekümmert und sie in jeder Hinsicht ersetzt haben, und sie knausert mit mir? Siehst du, mein Lieber, dann hätte ich eine Million. Wenn du mir außerdem zusagst, daß Fabien in Alençon Gerichtspräsident wird, könnte ich als Madame du Ronceret den Kopf hochtragen ...«

»Läßt sich machen«, sagte Maxime.

»Wie werde ich mich in der kleinen Stadt langweilen ...« rief Aurélie philosophisch. »Ich habe von d'Esgrignon und der Val-Noble soviel von dem Provinznest reden hören, daß mir ist, als hätte ich dort schon gelebt.«

»Und wenn ich dir die Unterstützung des Adels zusicherte ...?«

»Ach, Maxime, das ist alles gut und schön ...! Ja, aber der Täuberich will nicht fliegen ...«

»Und er ist recht häßlich mit seiner Pflaumenhaut; statt eines Backenbarts hat er Borsten, er sieht aus wie ein Frischling, wenn er auch Raubvogelaugen hat. Er wird der schönste Präsident der Welt! Sei unbesorgt: in zehn Minuten singt er dir die Arie aus dem vierten Akt von ›Robert dem Teufel‹[239] vor: ›Sieh mich zu deinen Füßen . . .!‹, dabei nimmst du es auf dich, Arthur zu Béatrix' Füßen zu schicken . . .«

»Das ist schwierig; aber zu mehreren kann es gelingen . . .«

Gegen halb elf kamen die Gäste zum Kaffee in den Salon. So, wie Madame Schontz, Couture und du Ronceret standen, kann man sich ohne weiteres die Wirkung vorstellen, die folgende Unterhaltung zwischen Maxime und Couture auf den ehrgeizigen Normannen hatte; sie wurde in einer Ecke und halblaut geführt, damit niemand sie belausche; aber Fabien hörte sie dennoch.

»Mein Lieber, wenn Sie vernünftig sind, nehmen Sie die Generalsteuereinnehmerstelle in einem entlegenen Département an, die Ihnen Madame de Rochefide verschaffen will; Aurélies Million erlaubt es Ihnen, die Kaution zu stellen, und wenn Sie sie heiraten, vereinbaren Sie Gütertrennung. Sie werden Abgeordneter, wenn Sie Ihr Schifflein gut zu steuern verstehen, und die Prämie, die ich dafür will, daß ich Sie gerettet habe, soll Ihre Stimme in der Kammer sein.«

»Es wird mich stets mit Stolz erfüllen, einer Ihrer Soldaten zu sein.«

»Ach, mein Lieber, Sie sind noch gut davongekommen! Stellen Sie sich doch vor, daß Aurélie sich ein bißchen in diesen Normannen aus Alençon verknallt hat; sie hat darum gebeten, daß er Baron wird, Gerichtspräsident seiner Vaterstadt und Offizier der Ehrenlegion. Der dumme Kerl hat den Wert der Madame Schontz nicht zu wittern verstanden, und Sie verdanken Ihr Glück ihrem Ärger; daher dürfen Sie dieser intelligenten Frau keine Zeit zur Besinnung lassen. Was nun aber mich betrifft, so will ich die Eisen ins Feuer legen.«

Damit verabschiedete sich Maxime von Couture, der auf dem Gipfel des Glücks war, und fragte La Palférine: »Soll ich dich mitnehmen, mein Sohn . . .?«

Um elf saß Aurélie mit Couture, Fabien und Rochefide zusammen. Arthur schlummerte in einem großen Sessel; Couture und Fabien versuchten, einander zum Gehen zu bewegen, ohne daß es ihnen gelang. Madame Schontz machte diesem Kampf dadurch ein Ende, daß sie beiläufig zu Couture sagte: »Also bis morgen, mein Lieber . . .!«, was er zu seinen Gunsten auslegte.

»Mademoiselle«, sagte Fabien ganz leise, »Sie haben mich bei Ihrem indirekten Anerbieten nachdenklich gesehen, aber Sie dürfen nicht glauben, daß ich auch im mindesten geschwankt habe; jedoch Sie kennen meine Mutter nicht, sie würde nämlich niemals in mein Glück einwilligen . . .«

»Sie sind in dem Alter der notariellen Anfrage[240], mein Lieber«, antwortete Aurélie unhöflich. »Aber wenn Sie Angst vor Mamachen haben, sind Sie nicht mein Fall.«

»Joséphine!« sagte der Erbe zärtlich und umfaßte kühn mit der rechten Hand Madame Schontz' Taille, »ich habe geglaubt, Sie liebten mich?«

»Na, und?«

»Vielleicht könnte man meine Mutter beschwichtigen und mehr als ihre Einwilligung erlangen.«

»Und wie?«

»Wenn Sie Ihren Einfluß einsetzten . . .«

»Und dich zum Baron, zum Offizier der Ehrenlegion und zum Gerichtspräsidenten machte, nicht wahr . . .? Hör mal zu, ich habe in meinem Leben so viel Dinge getan, daß ich auch zur Tugend fähig bin! Ich kann eine brave Frau sein, eine treue Frau und meinen Mann sehr hoch hinaufschleppen; aber ich will von ihm geliebt werden, ohne daß er je einen Blick, einen Gedanken von meinem Herzen abwendet, nicht einmal, wenn damit ein Zweck verbunden ist . . . Könntest du das . . .? Binde dich nicht unbedacht, es geht um dein Leben, mein Junge.«

»Bei einer Frau wie Ihnen schlage ich blindlings ein«, sagte Fabien; ihr Blick berauschte ihn ebenso, wie er es ohnehin schon vom Rum war.

»Dies Wort sollst du nie zu bereuen brauchen, mein Junge, du wirst Pair von Frankreich . . . Was den armen Alten da betrifft«, fuhr sie mit einem Blick auf den schlafenden Rochefide fort, »so ist ab heute Schluß, und damit Punktum!«

Das war so hübsch und so gut gesagt worden, daß Fabien Madame Schontz umarmte und küßte, und zwar in einer Aufwallung von Wut und Freude, in der seine Doppelberauschtheit durch Liebe und Wein der durch Glück und Ehrgeiz wich.

»Sei darauf bedacht, lieber Junge, dich deiner künftigen Frau gegenüber tadellos zu benehmen; spiele nicht den Verliebten und laß mich auf anständige Weise aus meiner schlimmen Lage herauskommen. Und Couture, der sich schon reich und Generalsteuereinnehmer glaubt!«

»Der Mann ist mir widerlich«, sagte Fabien, »ich möchte ihn nie wiedersehen.«

»Ich werde ihn nicht mehr empfangen«, antwortete die Kurtisane und verzog prüde den Mund. »Nun wir einig sind, lieber Fabien, geh bitte; es ist ein Uhr.«

Diese kleine Szene führte dazu, daß in der bis dahin vollkommen glücklichen Gemeinschaft zwischen Aurélie und Arthur die Phase des häuslichen Kriegs einsetzte, die in allen Haushalten durch ein geheimes Interesse eines der beiden Partner bestimmt wird. Schon am nächsten Morgen erwachte Arthur allein, und Madame Schontz verhielt sich ihm gegenüber so kühl, wie nur Frauen dieser Art sich zu gehaben verstehen.

»Was ist denn letzte Nacht passiert?« fragte er beim Frühstück Aurélie und sah sie an.

»Das ist nun mal so in Paris«, sagte sie. »Man schläft bei feuchtem Wetter ein, und am anderen Morgen ist das Straßenpflaster trocken, und es hat so wacker gefroren, daß alles staubig ist; wollen Sie eine Bürste ...?«

»Aber was hast du denn, Kleines?«

»Gehen Sie nur zu Ihrem mageren Reff von Frau ...«

»Zu meiner Frau ...?« rief der arme Marquis.

»Ich kann mir schon denken, warum Sie Maxime zu mir ins Haus gebracht haben ...! Sie wollen sich mit Ihrer Frau aussöhnen; vielleicht braucht sie Sie, eines indiskreten grünen Jungen wegen ... Und ich, die Sie als so intelligent bezeichnet haben, habe Ihnen geraten, ihr ihr Vermögen auszuzahlen ...! Oh, ich durchschaue Ihren Plan! Nach fünf Jahren ist der Herr meiner überdrüssig. Ich bin mollig, Béatrix ist Haut und Knochen, das gibt Abwechslung. Sie sind nicht der erste, von dem ich weiß, daß er eine Schwäche für Skelette hat. Übrigens zieht Ihre Béatrix sich gut an, und Sie gehören nun mal zu den Männern, die was für Garderobenständer übrig haben. Ferner wollen Sie Monsieur du Guénic ausstechen. Welch ein Triumph . . .! Das wird die Blicke auf Sie lenken. Wenn davon geredet wird, stehen Sie als ein Held da!«

Ungeachtet der Proteste Arthurs hatte Madame Schontz den Strom ihrer Spöttereien noch um zwei Uhr nachmittags nicht gehemmt. Sie behauptete, sie sei zum Abendessen eingeladen. Sie veranlaßte ›ihren Treulosen‹, im Théâtre-Italien auf ihre Gesellschaft zu verzichten; sie wolle zu einer Premiere ins Ambigu-Comique gehen und dort eine reizende Frau kennenlernen, Madame de La Baudraye, eine Geliebte Lousteaus. Arthur schlug vor, zum Beweis seiner ewigen Zuneigung für seine kleine Aurélie und seiner Abneigung gegen seine Frau, noch am gleichen Nachmittag mit ihr nach Italien zu reisen und in Rom, in Neapel oder Florenz, ganz wie Aurélie wolle, mit ihr in ehelicher Gemeinschaft zu leben; er bot ihr eine Schenkung an, die mit sechzigtausend Francs Zinsen verbunden war.

»Das alles ist eitel Gejammer«, sagte sie. »Es wird Sie nicht hindern, sich mit Ihrer Frau auszusöhnen, und daran täten Sie recht.«

Arthur und Aurélie verabschiedeten sich nach diesem schauerlichen Dialog voneinander; er, um im Club zu spielen und zu Abend zu essen, sie, um sich anzuziehen und den Abend im vertrauten Zusammensein mit Fabien zu verleben.

Im Club traf Monsieur de Rochefide Maxime und jammerte ihm etwas vor, wie einer, der spürt, daß aus seinem Herzen ein Glück herausgerissen wird, dessen Wurzeln an allen Fibern haften. Maxime hörte den Klageliedern des Marquis nach der Art wohlerzogener Leute zu, er gab sich den Anschein des Lauschens und dachte an etwas anderes.

»Ich bin in solcherlei Dingen ein guter Ratgeber, mein Lieber«, antwortete er. »Du bist auf falschem Wege, wenn du Aurélie merken läßt, wieviel dir an ihr gelegen ist. Laß mich dich Madame Antonia vorstellen. Ihr Herz ist gerade zu vermieten. Du wirst dann schon sehen, wie klein die Schontz wird . . . Deine Schontz ist siebenunddreißig, und Madame Antonia erst sechsundzwanzig! Und was für eine Frau das ist! Nur im Kopf hat sie keinen Geist . . .! Überdies ist sie meine Schülerin. Wenn Madame Schontz sich auch weiterhin auf die Hinterbeine ihres Stolzes stellt, weißt du dann, was das bedeuten soll?«

»Nein, wahrhaftig nicht.«

»Daß sie sich vielleicht verheiraten will, und dann kann nichts sie hindern, dir den Rücken zu kehren. Nach einem sechsjährigen Mietvertrag hat sie wohl das Recht dazu, diese Frau ... Aber wenn du auf mich hören wolltest, gäbe es eine bessere Lösung. Deine Frau ist heute tausendmal mehr wert als alle Schontz' und alle Antonias des Stadtviertels Saint-Georges. Sie zu erobern ist schwierig, aber nicht unmöglich, und gerade jetzt würde sie dich glücklich machen wie einen Orgon[241]! Auf jeden Fall aber mußt du, wenn du nicht albern wirken willst, heute abend zum Souper zu Antonia kommen.«

»Nein, dazu habe ich Aurélie zu lieb; ich will nicht, daß sie mir auch nur das mindeste vorzuwerfen hätte.«

»Ach, mein Lieber, wie machst du dir das Dasein schwer ...!« rief Maxime.

»Es ist elf, sie muß vom Ambigu zurück sein«, sagte Rochefide und ging.

Und er brüllte seinen Kutscher an, er solle so rasch wie möglich nach der Rue de la Bruyère fahren.

Madame Schontz hatte genaue Anweisungen gegeben, und so konnte Monsieur vollauf eintreten, als stehe er in gutem Einvernehmen mit Madame; aber da Madame benachrichtigt wurde, daß Monsieur in der Wohnung sei, richtete sie es so ein, daß Monsieur das Geräusch der zuklappenden Tür des Toilettekabinetts hörte, die so zuklappte, wie Türen eben zuklappen, wenn Damen überrascht werden. Dann wurde Fabiens absichtlich auf dem Flügel liegengebliebener Hut höchst ungeschickterweise von der Zofe geholt, als die Unterhaltung zwischen Monsieur und Madame gerade begonnen hatte.

»Bist du nicht ins Ambigu gegangen, Kleines?«

»Nein, mein Lieber, ich habe es mir anders überlegt; ich habe musiziert.«

»Wer hat dich denn besucht ...?« fragte der Marquis gutmütig, als er sah, daß die Zofe den Hut hinaustrug.

»Wieso? Niemand.«

Auf diese dreiste Lüge hin ließ Arthur den Kopf sinken; er

ging unter dem kaudinischen Joch[242] der Willfährigkeit hindurch. Wahre Liebe hat ihre sublimen Feigheiten. Arthur verhielt sich Madame Schontz gegenüber wie Sabine Calyste, wie Calyste Béatrix gegenüber.

Innerhalb einer Woche vollzog sich in dem jungen, geistvollen, schönen Charles-Edouard, Grafen Rusticoli de La Palférine, die Wandlung von der Puppe zum Schmetterling; er ist der Held der Erzählung ›Ein Fürst der Bohème‹ (siehe ›Szenen aus dem Pariser Leben‹), weshalb es sich erübrigt, hier sein Porträt zu entwerfen und seinen Charakter zu zeichnen. Bislang war es ihm schlecht gegangen, und er hatte mit Dantonscher[243] Verwegenheit ein Defizit auf das andere gehäuft; jetzt bezahlte er seine Schulden, kaufte sich auf Maximes Rat hin einen kleinen Wagen, wurde im Jockey-Club[244], im Club in der Rue de Grammont aufgenommen, befleißigte sich einer überlegenen Eleganz und veröffentlichte schließlich im ›Journal des Débats‹[245] eine Novelle, die ihm innerhalb einiger Tage eine Berühmtheit eintrug, wie sie Autoren von Beruf erst nach mehreren Jahren der Arbeit und des Erfolgs zuteil wird; denn in Paris wirkt nichts so heftig wie das, was eine Eintagserscheinung zu bleiben verurteilt ist. In der Gewißheit, daß der Graf nie etwas anderes veröffentlichen werde, sang Nathan bei Madame de Rochefide so nachdrücklich das Lob des anmutigen und unverschämten jungen Herrn, daß die von den Erzählungen des Dichters angestachelte Béatrix den Wunsch bekundete, den jungen König der Vaganten und des guten Tons kennenzulernen.

»Er wird um so begeisterter sein, hierherkommen zu dürfen«, antwortete Nathan, »als ich weiß, daß er so verliebt in Sie ist, daß er Torheiten begehen würde.«

»Aber er hat sie doch schon sämtlich begangen, ist mir gesagt worden.«

»Alle? Nein«, antwortete Nathan, »die, eine anständige Frau zu lieben, noch nicht.«

Einige Tage nach dem von Maxime und dem verführerischen Grafen Charles-Edouard auf dem Boulevard des Italiens angezettelten Komplott vollzog jener junge Herr, den die Natur, sicherlich aus Spottsucht, mit einem köstlich melancholischen Gesicht begabt hatte, seinen ersten Einbruch in das Turteltaubennest in der Rue de Chartres; dort war für diesen Empfang ein Abend gewählt worden, an dem Calyste mit seiner Frau eine gesellschaftliche Veranstaltung besuchen mußte. Wenn der Leser La Palférine abermals begegnet oder wenn er bis ›Ein Fürst der Bohème‹ im dritten Buch dieser langen Geschichte unserer Sitten gelangt ist, wird er vollauf den Erfolg begreifen, der durch diesen funkelnden Geist, diesen unerhörten Schwung an einem einzigen Abend errungen wurde, vor allem, wenn man sich vorstellt, wie gut der Kornati[246] seine Rolle spielte, der sich bereit erklärt hatte, ihn bei diesem ersten Auftreten zu unterstützen. Nathan erwies sich als ein guter Kamerad; er ließ den jungen Grafen glänzen wie ein Juwelier, der ein Schmuckstück, das er verkaufen möchte, hin und her wendet, damit die Diamanten auffunkeln. La Palférine zog sich taktvoll als erster zurück und ließ Nathan und die Marquise beisammen, im Vertrauen auf die Mitarbeit des berühmten Autors, der wacker das Seine tat. Als er die Marquise völlig verblüfft sah, entfachte er durch nur halb Ausgesprochenes, das in ihr eine ihr unbekannte Neugier erregte, ein Feuer in ihrem Herzen. Nathan ließ nämlich durchblicken, daß die Ursache von La Palférines Erfolgen bei Frauen weniger sein Geist als seine Überlegenheit in der Liebeskunst sei, und diese übertrieb er maßlos. Es ist angebracht, hier auf eine weitere Wirkung des großen Gesetzes der Gegensätze hinzuweisen, das viele Krisen des menschlichen Herzens bestimmt und so viele Verschrobenheiten erklärt, daß man veranlaßt ist, sich seiner gelegentlich genauso gut zu erinnern wie des Gesetzes der Gleichartigkeiten. Die Kurtisanen, um mit dieser Bezeichnung das ganze weibliche Geschlecht zu umfassen, das man alle Vierteljahrhundert umtauft und wieder neu tauft, bewahren samt und sonders im Herzensgrunde ein blühendes Verlangen, ihre Freiheit wiederzuerlangen, auf reine, weihevolle und noble Weise ein Wesen zu lieben, dem sie alles opfern (siehe ›Glanz und Elend der Kurtisanen‹). Sie empfinden dieses antithetische Verlangen mit einer solchen Heftigkeit, daß man nur selten eine dieser Frauen antrifft, die nicht mehrmals durch die Liebe zur Tugend zu gelangen gehofft hätte. Auch schauerliche Enttäuschungen nehmen ihnen nicht den Mut. Im Gegensatz dazu werden Frauen, die durch ihre Erziehung oder durch den gesellschaftlichen Rang, den sie einnehmen, zur Zurückhaltung gezwungen, die durch den Adel ihrer Familie angekettet sind, die im Wohlstand leben und eine Aureole von Tugenden tragen, oftmals, selbstverständlich insgeheim, den tropischen Regionen der Liebe entgegengetrieben. Diese beiden einander so entgegengesetzten Frauennaturen hegen also im Herzensgrund die eine ein bißchen Verlangen nach Tugend, die andere jenen kleinen Wunsch nach Liederlichkeit, auf den hinzuweisen J.-J. Rousseau als erster den Mut besessen hat. Bei der einen ist es der letzte Widerschein des noch nicht erloschenen göttlichen Strahls; bei der anderen ist es ein Rest des Schlamms, aus dem wir alle stammen. Mit ungemeiner Geschicklichkeit reizte Nathan die letzte Kralle der Bestie und zupfte an diesem Teufelshaar. Die Marquise überlegte ernstlich, ob sie sich bis jetzt nicht etwa durch ihren Kopf habe hinters Licht führen lassen, ob ihr Wissen vollständig sei. Das Laster ...? Vielleicht ist es das Verlangen, alles kennenzulernen. Am folgenden Tage erschien Calyste Béatrix als das, was er war: als ein loyaler, vollendeter Edelmann, aber schwunglos und geistlos. In Paris gilt als ein geistreicher Mensch einer, der Geist haben muß, wie ein Springbrunnen Wasser hat; denn im allgemeinen sind Weltleute und Pariser geistreich; aber Calyste liebte zu tief, er war zu sehr beansprucht, als daß er Béatrix' Veränderung hätte bemerken und sie durch die Entfaltung neuer Hilfsmittel hätte befriedigen können; er wirkte bläßlich im Nachschein des vorhergegangenen Abends und flößte der ausgehungerten Béatrix nicht die mindeste Erregung ein. Eine große Liebe ist ein offener Kredit an eine so gefräßige Macht, daß stets der Augenblick des Bankrotts eintritt. Trotz des Ermüdenden dieses Tages (des Tages, da eine Frau sich im Beisammensein mit einem Liebhaber langweilt!) erschauerte Béatrix vor Angst bei dem Gedanken, es könne zwischen La Palférine, dem Nachfolger Maxime de Trailles', und Calyste, dem tapferen Mann ohne Großsprecherei, zu einem Zusammenstoß kommen. Sie schwankte also, ob sie den jungen Grafen wiedersehen solle; aber ein entscheidendes Geschehnis zerhieb den Knoten. Béatrix hatte im Théâtre-Italien ein Logendrittel gemietet, und zwar eine dunkle Loge im Parkett, weil sie nicht gesehen werden wollte. Seit ein paar Tagen hatte der kühner gewordene Calyste sie ins Theater begleitet; er saß in jener Loge hinter ihr; sie hatten es immer so eingerichtet, daß sie sehr spät kamen, damit sie von niemandem bemerkt würden. Nach dem letzten Akt verließ Béatrix als erste den Zuschauerraum, und Calyste ging ihr in einiger Entfernung nach und behielt sie im Auge, obwohl der alte Antoine seine Herrin stets abholte. Maxime und La Palférine hatten diese Strategie ausgekundschaftet; ihr Grund bestand in der Achtung vor dem Herkömmlichen, dem Verlangen nach Heimlichkeiten, das die Abgöttereien des Ewigen Kindes kennzeichnet, und auch in der Angst aller Frauen, die einmal die Sterne der Gesellschaft gewesen sind und die die Liebe aus ihrem tierkreiszeichenhaften Rang hat fallen lassen. Sie fürchten die Demütigung und betrachten sie als eine Agonie, die grausamer ist als der Tod; aber jene Agonie des Stolzes, jener Schimpf, mit dem die in ihrem olympischen Rang verbliebenen Frauen die bewerfen, die gefallen sind, vollzogen sich durch die Bemühungen Maximes unter den abscheulichsten Bedingungen. Bei einer Aufführung der ›Lucia‹[247], deren Schluß bekanntlich einer der schönsten Triumphe Rubinis[248] ist, kam die Marquise, die Antoine nicht hatte benachrichtigen können, durch ihren Logengang in die Vorhalle des Theaters, auf dessen Treppenstufen gestaffelt oder unten in Gruppen eine Fülle hübscher Frauen stand; sie warteten darauf, daß ihre Diener meldeten, ihr Wagen sei vorgefahren. Béatrix wurde von den Augen aller gleichzeitig erkannt; sie erregte in sämtlichen Gruppen ein Getuschel, das anschwoll. Im Handumdrehen zerstreute sich die Menge, und die Marquise stand allein wie eine Pestkranke. Calyste, der auf einer der beiden Treppen seine Frau sah, wagte nicht, zu der Verfemten hinzutreten, und Béatrix warf ihm zweimal, aber vergebens, einen tränenfeuchten Blick zu, die Bitte, doch zu ihr zu kommen. In diesem Augenblick verabschiedete sich der elegante, prächtige, bezaubernde La Palférine von zwei Damen, begrüßte die Marquise und begann mit ihr zu plaudern.

»Nehmen Sie meinen Arm und gehen Sie stolz hinaus«, sagte er zu ihr, »ich werde Ihren Wagen schon auftreiben.«

»Wollen Sie den Abend mit mir beschließen?« antwortete sie, stieg in ihren Wagen und machte ihm neben sich Platz.

La Palférine sagte zu seinem Groom: »Folg Madames Wagen!« und setzte sich neben Madame de Rochefide; Calyste stand verblüfft da; ihm war, als seien seine Beine zu Blei geworden, denn erst als Béatrix gesehen hatte, wie blaß und bleifahl er aussah, hatte sie dem jungen Grafen bedeutet, zu ihr einzusteigen. Jede Taube ist ein Robespierre mit weißem Gefieder. Drei Wagen langten mit Blitzesschnelle in der Rue de Chartres an, der Calystes, der La Palférines und der der Marquise.

»Ach nein, Sie sind hier ...?« fragte Béatrix, als sie am Arm des jungen Grafen ihren Salon betrat und darin Calyste vorfand, dessen Pferd die beiden anderen Gefährte überholt hatte.

»Also kennen Sie den Herrn?« fragte Calyste wütend Béatrix.

»Der Graf de La Palférine ist mir vor zehn Tagen durch Nathan vorgestellt worden«, entgegnete Béatrix, »und Sie, Monsieur, kennen mich seit vier Jahren ...«

»Und ich bin bereit, Madame«, sagte Charles-Edouard, »es die Marquise d'Espard bis in ihre Enkelkinder bereuen zu lassen, daß sie sich als erste von Ihnen entfernt hat ...«

»Aha! *Die* ist es also gewesen ...!« rief Béatrix; »das werde ich ihr heimzahlen.«

»Die beste Rache wäre, wenn Sie sich Ihren Gatten zurückeroberten, aber ich bin in der Lage, ihn zu Ihnen zurückzuführen«, flüsterte der junge Herr der Marquise zu.

Die so begonnene Unterhaltung dauerte bis zwei Uhr morgens an, ohne daß Calyste, dessen Wut in einem fort durch Béatrix' Blicke zurückgedämmt wurde, ihr auch nur zwei Worte ungestört hätte sagen können. La Palférine, der sich aus Béatrix nichts machte, bezeigte eine solche Überlegenheit an gutem Geschmack, Geist und Liebenswürdigkeit, wie es Calyste daran mangelte; er wand sich auf den Möbeln wie ein entzweigeschnittener Wurm und stand dreimal auf, um La Palférine zu ohrfeigen. Als Calyste beim drittenmal auf seinen Rivalen zusprang, bedachte der junge Graf ihn mit einem: »Ist Ihnen nicht wohl, Baron ...?«, das Calyste auf einen Stuhl niederzwang, wo er verblieb wie zu Stein geworden. Die Marquise plauderte mit der Ungezwungenheit einer Célimène[249] und tat, als wisse sie gar nicht, daß Calyste da sei. La Palférine bezeigte dadurch ein Höchstmaß an Gewandtheit, daß er sich nach einer überaus geistreichen Bemerkung zurückzog und das verzankte Liebespaar sich selbst überließ.

Auf diese Weise war durch Maximes geschickte Machenschaften in den Doppelehen der beiden Rochefide das Feuer der Zwietracht aufgeflammt. Am anderen Tag erfuhr er im Jockey-Club, wo La Palférine sehr erfolgreich Whist spielte, vom Erfolg des jungen Grafen und ging zum Palais Schontz in der Rue de La Bruyère, um zu erfahren, wie Aurélie ihr Schifflein steuerte.

»Mein Lieber«, sagte Madame Schontz lachend, als sie Maxime erblickte, »ich bin mit meinem Latein am Ende, Rochefide ist unheilbar. Ich mache Schluß mit meiner galanten Laufbahn, weil ich gemerkt habe, daß dabei Geist ein Unglück ist.«

»Willst du mir diesen Ausspruch nicht erklären . . .?«

»So höre denn, daß ich meinem Arthur eine ganze Woche lang eine Diät von Fußtritten vor die Schienbeine verabfolgt, daß ich ihm mit den abgedroschensten patriotischen Redensarten und mit dem Unangenehmsten zugesetzt habe, das wir in unserem Beruf kennen. ›Du bist krank‹, hat er mir da mit väterlicher Sanftmut gesagt, ›denn ich habe dir nur Gutes getan, und ich liebe dich bis zur Anbetung.‹ – ›Sie haben einen Fehler, mein Lieber‹, habe ich ihm geantwortet, ›Sie langweilen mich.‹ – ›Ja, aber hast du denn nicht zu deinem Amüsement die geistreichsten Männer und die hübschesten jungen Leute von ganz Paris?‹ hat mir der arme Kerl geantwortet. Da saß ich fest. Da habe ich gemerkt, daß ich ihn liebe.«

»So, so!« sagte Maxime.

»Nichts zu machen! Es ist nun mal stärker als wir, so etwas gegenüber ist man schwach. Ich habe ein anderes Register aufgezogen. Ich habe nämlich diesen juristischen Eber, meinen Zukünftigen, der sich, wie Arthur, in ein Schaf verwandelt hat, durch Sticheleien herausgefordert; ich habe ihn in Rochefides Sessel sitzen lassen, und er ist mir recht dumm vorgekommen. Habe ich mich gelangweilt . . .! Fabien mußte doch wohl oder übel dabei sein, wenn ich mich mit ihm überraschen lassen wollte . . .«

»Nun aber zur Sache . . .!« rief Maxime. »Was passierte, als Rochefide dich überraschte . . .?«

»Du mißverstehst mich, Guter. Wie du angeordnet hattest, ist unser Aufgebot veröffentlicht worden, wird unser Ehekontrakt schriftlich fixiert, auf diese Weise kann Notre-Dame-de-Lorette nichts mehr einwenden. Wenn ein Eheversprechen vorliegt, kann man ohne weiteres eine Anzahlung machen ... Als der arme Arthur Fabien und mich überraschte, hat er sich auf den Zehenspitzen bis ins Eßzimmer zurückgezogen, und da hat er angefangen, sich laut zu räuspern und zu hüsteln und mehrere Stühle hin und her zu rücken. Der Riesenesel Fabien, dem ich doch nicht alles sagen kann, hat es mit der Angst bekommen ...

›Da siehst du, Freund Maxime, wie jetzt die Dinge stehen ...‹

Wenn Arthur eines Morgens in mein Schlafzimmer käme und mich mit einem Mann sähe, wäre er imstande zu fragen: ›Habt ihr eine angenehme Nacht gehabt, Kinder?‹«

Maxime nickte und spielte eine Weile mit seinem Spazierstock.

»Ich kenne mich in solchen Naturen aus«, sagte er. »Folgendermaßen mußt du dich verhalten: es bleibt dir nichts übrig, als Arthur zum Fenster hinauszuwerfen und die Tür gut zu verschließen. Willst du etwa deine letzte Szene mit Fabien noch einmal spielen ...?«

»Das wäre ein schweres Stück Arbeit, denn schließlich hat mir das Sakrament noch nicht seine Tugend verliehen ...«

»Du mußt es so einrichten, daß du mit Arthur einen Blick austauschst, wenn er dich überrascht«, entgegnete Maxime; »wird er wütend, ist alles in Ordnung. Wenn er sich abermals hörbar räuspert, dann endet alles noch sehr viel besser ...«

»Wieso ...?«

»Na, dann wirst du wütend und sagst ihm: ›Ich hatte mich geliebt und geachtet geglaubt; aber Sie empfinden nichts mehr für mich; nicht mal eifersüchtig sind Sie.‹ Du kennst dich ja in dergleichen Tiraden aus. ›Maxime (misch mich getrost ins Spiel) hätte seinen Nebenbuhler auf der Stelle niedergestreckt. (Jetzt mußt du in Tränen ausbrechen!) Und Fabien (beschäme ihn durch den Vergleich mit Fabien), Fabien, den ich liebe, der würde einen Dolch ziehen und ihn Ihnen ins Herz bohren. Ach, so was nennt sich Liebe! Also Schluß jetzt, adieu, guten Abend, beziehen Sie wieder Ihr Stadtpalais, ich heirate Fabien, *der* nämlich gibt mir seinen Namen! Er wirft sich sogar seiner alten Mutter zu Füßen.‹ Kurz und gut, du ...«

»Ich weiß! Ich weiß! Ich werde großartig sein!« rief Madame Schontz. »Ach, Maxime, es gibt nur *einen* Maxime, gerade wie es nur *einen* de Marsay gegeben hat.«

»La Palférine ist stärker als ich«, antwortete der Graf de Trailles, »er kommt gut voran.«

»Er macht's mit der Zunge, aber du hast Fäuste und Lenden! Was hast du alles ertragen, was hast du durchgefochten!« sagte die Schontz.

»La Palférine hat alles, er ist hoch gebildet, wogegen ich völlig ungebildet bin«, antwortete Maxime. »Ich habe Rastignac aufgesucht; er hat sich sofort mit dem Justizminister ins Einvernehmen gesetzt: Fabien wird Präsident, und wenn er ein Jahr im Amt ist, wird er Offizier der Ehrenlegion.«

»Ich selber werde fromm!« entgegnete Madame Schontz und sprach diesen Satz so aus, als erwarte sie von Maxime ein Zeichen der Billigung.

»Die Priester sind mehr wert als wir«, entgegnete Maxime.

»Ach nein, wirklich?« fragte Madame Schontz. »Dann könnte ich also in der Provinz Leute finden, mit denen sich reden läßt? Ich habe mit meiner Rolle schon angefangen. Fabien hat seiner Mutter bereits mitgeteilt, die Gnade habe mich erleuchtet, und er hat die gute Frau mit meiner Million und dem Präsidententitel fasziniert; sie ist damit einverstanden, daß wir bei ihr wohnen, sie hat um mein Bild gebeten und mir das ihrige geschickt: wenn Amor es sähe, fiele er glatt ... auf den Rücken! Geh jetzt, Maxime, heute abend richte ich meinen armen Kerl hin, und das bricht mir das Herz.«

Zwei Tage später, bei einer zufälligen Begegnung an der Tür des Jockey-Clubs, sagte Charles-Edouard zu Maxime: »Erledigt!« Dies Wort, das ein ganzes, schreckliches, furchtbares Drama enthielt, wie die Rachsucht es häufig zuwege bringt, ließ den Grafen de Trailles lächeln.

»Jetzt wollen wir uns Rochefides Gejammer anhören«, sagte Maxime, »Aurélie und du seid nämlich gleichzeitig ans Ziel gelangt! Aurélie hat Arthur vor die Tür gesetzt, und nun muß vernünftig mit ihm geredet werden; er muß Madame du Ronceret dreihunderttausend Francs schenken und zu seiner Frau zurückkehren; wir müssen ihm beweisen, daß an Béatrix mehr dran ist als an Aurélie.«

»Wir haben noch zehn Tage vor uns«, sagte Charles-Edouard verständnisvoll, »und bei Gewissensfragen ist das nicht zuviel; ich kenne jetzt die Marquise, der arme Mann wird reizend übers Ohr gehauen.«

»Was tust du, wenn die Bombe platzt?«

»Man hat stets Geist, wenn man Zeit zum Überlegen hat; ich bin besonders gut in Form, wenn ich mich vorbereiten kann.«

Die beiden Spieler betraten gemeinsam den Salon und fanden den Marquis de Rochefide um zwei Jahre gealtert vor; er hatte sein Korsett nicht angelegt, er war seiner Eleganz bar, sein Bart war nicht gestutzt.

»Nun, lieber Marquis ...?« fragte Maxime.

»Ach, mein Lieber, mein Leben ist zerstört ...«

Arthur redete zehn Minuten lang, und Maxime hörte mit ernster Miene zu; er dachte unterdessen an seine Hochzeit, die in acht Tagen gefeiert werden sollte.

»Lieber Arthur, ich hatte dir das einzige mir bekannte Mittel angeraten, durch das du Aurélie hättest behalten können, und du hast nicht gewollt ...«

»Welches denn?«

»Hatte ich dir nicht geraten, zu Antonia zum Souper zu gehen?«

»Ja, das stimmt ... Aber da ist nichts zu machen; ich liebe ... aber du betreibst die Liebe, wie Grisier[250] ficht.«

»Hör mal zu, Arthur, schenk ihr dreihunderttausend Francs und ihr kleines Palais, und ich verspreche dir, daß du besser dastehen wirst als sie ... Ich erzähle dir später von der schönen Unbekannten; ich sehe gerade, daß d'Ajuda etwas mit mir besprechen möchte.«

Und Maxime ließ den Untröstlichen stehen und trat zu dem Vertreter einer Familie, die es zu trösten galt.

»Mein Lieber«, sagte der andere Marquis leise zu Maxime, »die Herzogin ist völlig verzweifelt, Calyste hat heimlich seine Koffer packen und sich einen Paß ausstellen lassen. Sabine will dem Entflohenen nachreisen, Béatrix ertappen und ihr die Augen auskratzen. Sie ist in anderen Umständen, und dadurch sind bei ihr mörderische Instinkte erwacht, sie hat sich nämlich ganz öffentlich Pistolen gekauft.«

»Sag der Herzogin, Madame de Rochefide werde nicht abreisen, und in vierzehn Tagen sei alles erledigt. Jetzt deine Hand, d'Ajuda! Weder du noch ich haben je etwas gesagt oder etwas gewußt! Wir werden die Zufälligkeiten des Lebens bewundern . . .!«

»Die Herzogin hat mich bereits auf die heiligen Evangelien und das Kreuz schwören lassen, daß ich den Mund halte.«

»Heute in einem Monat wirst du meine Frau bei dir empfangen . . .«

»Mit Freuden.«

»Alle werden froh und glücklich sein«, fuhr Maxime fort. »Nur mußt du die Herzogin auf einen Umstand hinweisen, der ihre Italienreise um sechs Wochen verzögern wird und der Monsieur du Guénic betrifft; den Grund sollst du später erfahren.«

»Was mag das sein . . .?« fragte d'Ajuda und sah La Palférine an.

»Der Ausspruch des Sokrates vor seinem Tode: ›Wir sind dem Äskulap einen Hahn schuldig.‹ Aber Ihr Schwager kann sich mit einem Hahnenkamm loskaufen«, antwortete La Palférine, ohne mit der Wimper zu zucken.

Zehn Tage lang stand Calyste im Bann eines Zorns, der um so unbezwinglicher war, als eine echte Leidenschaft ihn verdoppelte. Béatrix empfand die Liebe, die Maxime de Trailles der Herzogin von Grandlieu so brutal, aber so wahrheitsgetreu geschildert hatte. Vielleicht existiert kein höhergeartetes Wesen, das diese furchtbare Leidenschaft nicht wenigstens einmal im Leben verspürt hätte. Die Marquise fühlte, wie sie durch eine überlegene Kraft gebändigt wurde, durch einen jungen Mann, dem ihr Rang und ihr Charakter nicht imponierten, der ebenso adlig war wie sie und sie mit machtvollen, ruhigen Blicken betrachtete und dem ihre stärksten weiblichen Bemühungen kaum ein Lächeln entlockten. Kurzum, sie wurde von einem Tyrannen bedrückt, der nie von ihr ging, ohne daß sie weinend und gekränkt zurückblieb und die Schuld sich selbst beimaß. Charles-Edouard spielte mit Madame de Rochefide die Komödie, die

Madame de Rochefide seit einem halben Jahr mit Calyste spielte. Seit der öffentlichen Demütigung, die Béatrix im Théâtre-Italien zuteil geworden war, hatte sie Monsieur du Guénic gegenüber auf folgendem Standpunkt verharrt:

»Sie haben mir die Gesellschaft und Ihre Frau vorgezogen, also lieben Sie mich nicht mehr. Wenn Sie mir beweisen wollen, daß Sie mich lieben, dann opfern Sie mir Ihre Frau und die Gesellschaft auf. Verlassen Sie Sabine, und dann wollen wir in der Schweiz, in Italien, in Deutschland leben!«

Unter Berufung auf dieses harte Ultimatum hatte sie die Blockade verhängt, die die Frauen durch kalte Blicke, verächtliche Gesten und die Haltung einer befestigten Anlage ankündigen. Sie vermeinte, sich von Calyste befreit zu haben; sie glaubte, er werde es nie wagen, mit den Grandlieu zu brechen. Sabine verlassen, der Mademoiselle des Touches ihr Vermögen vermacht hatte: hätte das nicht geheißen, sich dem Elend preisgeben? Aber Calyste, der vor Verzweiflung nicht mehr im Besitz seiner vollen Geisteskräfte war, hatte sich heimlich einen Paß verschafft und seine Mutter gebeten, ihm eine ansehnliche Summe zu überweisen. Während er auf diese Geldsendung wartete, ließ er Béatrix nicht aus den Augen; in ihm war die ganze Wut bretonischer Eifersucht. Endlich, neun Tage nach der verhängnisvollen Mitteilung, die La Palférine Maxime im Club gemacht hatte, eilte der Baron, dem von seiner Mutter dreißigtausend Francs geschickt worden waren, zu Béatrix in der Absicht, die Blockade zu brechen, La Palférine zu vertreiben und Paris mit seinem beschwichtigten Idol zu verlassen. Es war eine der schrecklichen Alternativen, bei denen Frauen, die sich ein wenig Selbstachtung bewahrt haben, einerseits für alle Zeit in den Tiefen des Lasters versinken, aber bei denen sie andererseits zur Tugend zurückgelangen können. Bis jetzt hatte Madame de Rochefide sich für eine tugendhafte Frau gehalten, deren Herz von zwei Leidenschaften überfallen worden war; aber Charles-Edouard anbeten und sich von Calyste lieben lassen, das mußte den Verlust der Selbstachtung mit sich bringen; denn wo die Lüge beginnt, da beginnt auch die Infamie. Sie hatte Calyste Rechte eingeräumt, und keine menschliche Macht konnte den Bretonen daran hindern, sich ihr zu Füßen zu werfen und sie mit den Tränen unbedingter Reue zu benetzen. Viele Menschen wundern sich über die eisige Fühllosigkeit, unter der die Frauen ihre Liebeserlebnisse ersticken, aber wenn sie, was hinter ihnen liegt, nicht auslöschen, wäre das Leben für sie ohne Würde; sie könnten niemals der verhängnisvollen Intimität widerstehen, der sie sich einmal unterworfen haben. In der völlig neuen Situation, in der Béatrix sich befand, wäre sie gerettet worden, wenn La Palférine gekommen wäre; aber die Intelligenz des alten Antoine bereitete ihr den Untergang.

Als sie einen Wagen vor der Tür halten hörte, sagte sie zu Calyste: »Es kommt Besuch!« und lief hinaus, um einen Zusammenstoß zu verhindern.

Als verständiger Mann sagte Antoine zu Charles-Edouard, der aus keinem andern Grund hergekommen war, als um dieses Wort zu vernehmen: »Die Frau Marquise ist nicht daheim!«

Als Béatrix von ihrem alten Diener von dem Besuch des jungen Grafen und der ihm erteilten Antwort hörte, sagte sie: »Es ist gut!«, und dann kehrte sie in ihren Salon zurück und sagte sich: »Ich will Nonne werden!«

Calyste, der sich erlaubt hatte, das Fenster aufzumachen, hatte seinen Rivalen erblickt.

»Wer ist denn gekommen?« fragte er.

»Ich weiß es nicht; Antoine ist noch unten.«

»Es ist La Palférine . . .«

»Das könnte sein . . .«

»Du liebst ihn, und deshalb setzt du mich ins Unrecht; ich habe ihn gesehen . . .!«

»Du hast ihn gesehen . . .?«

»Ich habe das Fenster aufgemacht . . .«

Wie eine Tote fiel Béatrix auf ihren Diwan. Dann verhandelte sie, um Zeit zu gewinnen; sie schützte Geschäftliches vor, verschob die Abreise um eine Woche und gelobte sich, Calyste ihre Tür zu verschließen, wenn es ihr gelinge, La Palférine zu besänftigen; denn so sind die furchtbaren Berechnungen und die brennenden Ängste beschaffen, die dergleichen Existenzen in sich bergen, die die Gleise verlassen haben, auf denen der große gesellschaftliche Zug einherrollt.

Als Béatrix allein war, kam sie sich so unglücklich, so tief gedemütigt vor, daß sie sich zu Bett legte; sie war krank; der heftige Kampf, der ihr das Herz zerriß, schien ihr eine grausige Rückwirkung zu haben, sie ließ den Arzt holen; aber gleichzeitig ließ sie an La Palférine den nachstehenden Brief überbringen, in dem sie sich mit einer Art Wut an Calyste rächte:

»Mein Freund, besuchen Sie mich, ich bin völlig verzweifelt. Antoine hat Sie in einem Augenblick abgewiesen, da Ihr Kommen einem der grausigsten Alpträume meines Lebens ein Ende hätte machen und mich von einem Mann befreien können, den ich hasse und den ich hoffentlich nie wiedersehen werde. Ich liebe auf Erden nur Sie, und ich werde nur Sie noch lieben, obwohl ich das Unglück gehabt habe, Ihnen nicht so zu gefallen, wie ich es gern getan hätte ...«

Sie schrieb vier Seiten, die nach diesem Beginn in einem Überschwang endeten, der viel zu poetisch war, um gedruckt zu werden, aber in dem Béatrix sich so sehr bloßstellte, daß er mit den Worten endete: »Habe ich mich Dir jetzt zur Genüge überantwortet? Ach, ich scheue keinen Preis, um Dir zu beweisen, wie Du geliebt wirst.« Und sie unterschrieb; das hatte sie weder für Calyste noch für Conti je getan.

Zu der Stunde, da anderntags der junge Graf bei der Marquise vorsprach, war sie im Bade; Antoine bat ihn, zu warten. Dann aber ließ er Calyste abweisen, der völlig nach Liebe ausgehungert frühzeitig gekommen war; La Palférine sah ihn vom Fenster aus, als er gerade verzweifelt wieder in seinen Wagen stieg.

»Ach, Charles«, sagte die Marquise, als sie in ihren Salon trat, »Sie haben mich zugrunde gerichtet ...!«

»Das weiß ich nur zu gut«, antwortete La Palférine in aller Ruhe. »Sie haben mir geschworen, daß Sie nur mich liebten; Sie haben sich erboten, mir einen Brief zu übergeben, in dem Sie die Motive anführen wollten, die Sie zum Selbstmord getrieben hätten, sofern ich Sie im Fall einer Untreue etwa vergiften würde, damit ich mich nicht vor der menschlichen Justiz zu fürchten brauchte, als ob überlegene Menschen zu Gift greifen müßten, um sich zu rächen. Sie haben mir geschrieben: ›Ich scheue keinen Preis, um Dir zu beweisen, wie Du geliebt wirst ...!‹ Aber da gewahre ich einen Widerspruch zwischen Ihrer Bemerkung: ›Sie haben mich zugrunde gerichtet!‹ und dem Ende jenes Briefs ... Ich wüßte jetzt gern, ob Sie den Mut aufgebracht haben, mit du Guénic zu brechen ...«

»Du hast dich schon im voraus an ihm gerächt«, sagte sie und fiel ihm um den Hals. »Und eben dadurch sind du und ich auf ewig vereint ...«

»Madame«, entgegnete kühl der Fürst der Bohème, »wenn Sie mich zum Freund haben wollen, dann bin ich damit einverstanden; freilich unter gewissen Bedingungen ...«

»Bedingungen?«

»Ja, folgende Bedingungen. Sie söhnen sich mit Ihrem Mann aus, Sie treten aufs neue in die Ehren Ihrer Stellung ein, Sie ziehen wieder in Ihr schönes Palais in der Rue d'Anjou, Sie werden dort zu einer der Königinnen von Paris; das können Sie werden, wenn Sie Rochefide eine politische Rolle spielen lassen und wenn Sie bei Ihrem Verhalten die Geschicklichkeit und die Beharrlichkeit walten lassen, die Madame d'Espard entfaltet hat. Das ist die Situation, in der sich eine Frau befinden muß, der ich die Ehre erweise, mich ihr zu weihen ...«

»Aber Sie vergessen, daß dazu die Einwilligung meines Mannes erforderlich ist.«

»O liebes Kind!« antwortete La Palférine, »den haben wir schon für Sie präpariert; ich habe ihm mein Wort als Edelmann verpfändet, daß Sie sämtliche Schontz des Viertels Saint-Georges aufwögen, und somit schulden Sie mir Rechenschaft für meine Ehre ...«

Eine ganze Woche lang sprach Calyste täglich bei Béatrix vor; aber stets wurde er von Antoine abgewiesen, der ein entsprechendes Gesicht schnitt, wenn er ihm sagte: »Die Frau Marquise ist schwer erkrankt.« Von dort eilte Calyste zu La Palférine; aber dessen Diener beschied ihn: »Der Herr Graf ist auf der Jagd!« Jedesmal hinterließ der Bretone einen Brief für La Palférine.

Am neunten Tage folgte Calyste einer schriftlichen Aufforderung La Palférines zu einer Aussprache und traf ihn an, aber in Gesellschaft Maxime de Trailles', dem der junge Lebemann wahrscheinlich einen Beweis seiner Weltgewandtheit hatte geben wollen, indem er ihn zum Zeugen dieser Szene machte.

»Baron«, sagte Charles-Edouard ruhig, »hier sind sechs Briefe, die mir zu schreiben Sie mir die Ehre erwiesen; sie sind unversehrt, sie sind nicht geöffnet worden. Ich habe im voraus gewußt, was sie enthalten konnten, als ich erfuhr, Sie hätten mich überall gesucht seit dem Tage, da ich Sie vom Fenster eines Hauses aus beobachtet hatte, an dessen Tür Sie standen, wogegen am Vortage ich an der Tür und Sie am Fenster gestanden hatten. Ich hatte gemeint, ich müsse unangebrachte Provokationen übersehen. Ganz unter uns: Sie besitzen zuviel guten Geschmack, um einer Frau deshalb zu zürnen, weil sie Sie nicht mehr liebt. Es ist ein schlechtes Mittel, sie durch einen Streit mit dem Bevorzugten zurückerobern zu wollen. Unter den gegenwärtigen Umständen nun aber haftet Ihren Briefen ein Grundübel an: sie sind ›gegenstandslos‹, wie die Advokaten sagen. Sie verfügen über zuviel gesunden Menschenverstand, um gegen einen Ehemann aufzubegehren, weil er seine Frau wieder zu sich nimmt. Monsieur de Rochefide hat das Gefühl gehabt, die Lage der Marquise sei unwürdig. In einem halben Jahr, im nächsten Winter, wird Madame de Rochefide sich nicht mehr in der Rue de Chartres befinden, sondern im Palais Rochefide. Es war recht unbesonnen von Ihnen, sich in die Versöhnung zweier Eheleute zu mischen, die Sie selber dadurch angebahnt haben, daß Sie Madame de Rochefide nicht aus der Demütigung befreiten, die sie im Théâtre-Italien erlitt. Als sie das Theater verließ, hat Béatrix, der ich bereits einige freundschaftliche Vorschläge von seiten ihres Mannes unterbreitet hatte, mich zu sich in ihren Wagen steigen lassen, und da ist ihr erstes Wort gewesen: ›Holen Sie Arthur . . .!‹«

»O du mein Gott . . .!« rief Calyste. »Sie hat recht gehabt, ich habe es an Opferwillen fehlen lassen.«

»Unglücklicherweise hat der arme Arthur mit einer jener abscheulichen Frauenspersonen zusammengelebt, der Schontz, und die war unablässig der Stunde gewärtig, da sie von ihm sitzengelassen werden würde. Madame Schontz verließ sich auf Béatrix' Gesichtsfarbe und nährte den Wunsch, Marquise de Rochefide zu werden; jetzt ist sie wütend geworden, als alle ihre Luftschlösser verwehten, und da hat sie sich mit einem einzigen Schlag an der Frau und dem Mann rächen wollen! Diese Frauen reißen sich ein Auge aus, um Ihren Feinden zwei ausreißen zu können; aber die Schontz, die Paris gerade verlassen hat, hat ihrer sechs ausgerissen . . .! Und wenn ich die Unbedachtsamkeit begangen hätte, Béatrix zu lieben, so würde die Schontz ihrer acht ausgerissen haben. Sie dürften bemerkt haben, daß Sie einen Augenarzt brauchen . . .«

Maxime konnte sich ein Lächeln über die Verwunderung in Calystes Gesicht nicht verkneifen; es wurde bleich, als ihm die Augen über seine Lage geöffnet wurden.

»Ob Sie es glauben, Baron, daß dies gemeine Weibsbild ihre Hand dem Mann gereicht hat, der ihr die Mittel zur Rache lieferte . . .? Ach, die Frauen . . .! Jetzt verstehen Sie wohl, weshalb Béatrix sich für einige Monate mit Arthur nach Nogent-sur-Marne zurückgezogen hat; die beiden haben dort ein reizendes Häuschen; da werden ihnen die Augen verheilen. Während sie dort sind, wird ihr Palais wieder instand gesetzt; die Marquise will darin einen fürstlichen Glanz entfalten. Wenn man eine so noble, so große, so liebenswerte Frau wahrhaft liebt, die just in dem Augenblick, da sie den Mut aufbringt, zu ihren Pflichten zurückzukehren, das Opfer der ehelichen Liebe wird, dann besteht die Rolle derjenigen, die sie lieben wie Sie, die sie bewundern wie ich, darin, ihre Freunde zu bleiben, wenn einem nur das übrig bleibt . . . Bitte entschuldigen Sie, daß ich den Grafen de Trailles als Zeugen dieser Erklärung hinzuziehen zu müssen geglaubt habe; aber es hat mir zuviel daran gelegen, in allen diesen Dingen völlige Klarheit zu schaffen. Was nun aber mich betrifft, so möchte ich Ihnen vor allem sagen, daß ich zwar die Intelligenz der Madame de Rochefide bewundere, daß sie mir aber als Frau ungemein mißfällt.«

»So also enden unsere schönsten Träume, unsere himmlischsten Lieben!« sagte Calyste; er war von so vielen Enthüllungen und Ernüchterungen zu Boden geschmettert.

»Als Fischschwanz«, rief Maxime, »oder was noch schlimmer ist, mit einem Apothekerfläschchen. Mir ist keine erste Liebe bekannt, die nicht auf eine dumme Weise geendet hätte. Ach, Baron, was im Menschen himmlisch ist, findet nur im Himmel

Speisung ...! Aus diesem Grunde sind wir Lebemänner im Recht. Ich habe über diese Frage weidlich nachgegrübelt; und nun sehen Sie: ich habe gestern geheiratet, ich werde meiner Frau treu sein, und ich empfehle Ihnen, zu Ihrer Frau zurückzukehren ... aber ... erst in drei Monaten. Trauern Sie Béatrix nicht nach, sie ist das Musterbild eines üblen, energielosen, aus armseligem Geltungsdrang koketten weiblichen Charakters; sie ist eine Madame d'Espard ohne deren tiefgründige Weltklugheit, eine Frau ohne Kopf und ohne Herz, im Bösen unbesonnen. Madame de Rochefide liebt einzig und allein Madame de Rochefide; sie würde Sie mit Ihrer Frau entzweit und Sie dann ohne Skrupel sitzengelassen haben; mit einem Wort: sie ist für das Laster wie für die Tugend unzulänglich.«

»Ich bin nicht deiner Ansicht, Maxime«, sagte La Palférine, »sie wird die entzückendste Gastgeberin von ganz Paris werden.«

Calyste verabschiedete sich nicht, ohne mit Charles-Edouard und Maxime de Trailles herzliche Händedrücke getauscht zu haben; er dankte ihnen, daß sie ihm über seine Illusionen den Star gestochen hatten.

Drei Tage später suchte die Herzogin von Grandlieu ihre Tochter Sabine, die sie seit dem Morgen, da diese Unterredung stattgefunden, nicht gesehen hatte, unvermutet auf; Calyste badete gerade, und Sabine saß bei ihm und häkelte die Kante um ein neues Wickelband.

»Nun, Kinder, was ist euch denn widerfahren?« fragte die gute Herzogin.

»Nur Gutes, liebe Mama«, antwortete Sabine und blickte die Mutter mit glückstrahlenden Augen an; »wir haben die Fabel von den beiden Turteltauben[251] gespielt, und weiter nichts.«

Calyste streckte seiner Frau die Hand hin und drückte die ihrige zärtlich.

Anmerkungen

Béatrix

1 Im Département Loire-Inférieure.

2 Früher unterlagen in Frankreich die nach der Straßenseite hin gelegenen Fenster einer Steuer.

3 Golf von Morbihan, südlich von Vannes. Das bretonische Wort ›Morbihan‹ bedeutet ›Mer petite‹, kleines Meer.

4 Römische Stadt in Campanien, 79 n. Chr. von der Asche des Vesuvs verschüttet, 1719 wiederentdeckt und seither ausgegraben.

5 Jener 1365 zwischen Jean de Montfort und König Karl V. geschlossene Friedensvertrag beendete den Bretonischen Erbfolgekrieg, auch ›Guerre des Deux-Jeannes‹ genannt. Der Abschluß fand nach der Schlacht bei Auray statt, in der Charles de Blois, der französische Prätendent auf den bretonischen Herzogsthron, fiel und der Feldherr Bertrand du Guesclin (1320–1380) gefangengenommen wurde.

6 Siehe Anmerkung 5.

7 Das Wort ist aus dem keltischen ›tolmen‹, Steintisch, abgeleitet. Die Dolmen stellen megalithische Monumente dar und bestehen aus einem großen, flachen Stein, der auf andere, vertikale Steine gelegt worden ist. Es gibt in der Bretagne zahlreiche Dolmen.

8 Stammvater der Dynastie der Capetinger (etwa 938–996), König von Frankreich nach der Entthronung des letzten Karolingerkönigs, Ludwigs V.

9 Es handelt sich um die sogenannten ›Lods et ventes‹, Gebühren, die bei jedem Eigentumswechsel vom Vasallen an den Lehnsherrn zu zahlen waren, vom Erben wie vom Pächter.

10 Diese Namenserklärung ist in der endgültigen Ausgabe des Romans ›Die Königstreuen‹ nicht mehr enthalten, und ebensowenig in den Ausgaben von 1846 und 1834, sondern nur in den allerersten vom Januar und März 1829, deren Text völlig verschieden von dem der endgültigen Ausgabe ist: Balzac hat sein Werk mehrfach überarbeitet, um es der ›Menschlichen Komödie‹ eingliedern zu können. Bekanntlich war der ursprünglich ›Le Dernier Chouan‹ betitelte Roman das erste Werk, das Balzac mit seinem Namen zeichnete, freilich noch ohne die Adelspartikel.

11 Lateinisch: Handle.

12 Siehe Anmerkung 5. Nachdem er sich aus der Gefangenschaft in

der Schlacht bei Auray freigekauft hatte, befreite er Frankreich von brandschatzenden Söldnerhaufen (›Grandes Compagnies‹), indem er sie nach Spanien führte und in den Dienst Heinrichs von Transtamares stellte (1366). Bei seiner Rückkehr wurde er zum Kronfeldherrn (Connétable) ernannt; es gelang ihm, die Engländer nahezu völlig aus Frankreich zu vertreiben, und zwar durch eine aus unablässigen Scharmützeln bestehende Offensive, die den Gegner zermürbte. Er fiel vor Châteauneuf-de-Randon. König Karl V. wollte ihn in Saint-Denis in der Gruft der Könige bestatten lassen.

13 Kleine, volkstümliche Verserzählungen aus dem 12. und 13. Jahrhundert, deren Themen in mehreren Sprachen wiederkehren.

14 Die Form der Wetterfahne wandelte sich entsprechend dem Rang der betreffenden Herren: für Bannerherren war sie quadratisch, für Ritter minderen Ranges spitzig wie ein Panier. Trug die Wetterfahne ein gemaltes oder ausgeschnittenes Wappen, so führte sie die Bezeichnung ›Panonceau‹.

15 Führer des gegen die Revolution gerichteten Aufstands der Bauern der Vendée, der Bretagne, des Poitou und des Anjou von 1789 bis 1795, der mit der Niederwerfung des Aufstands durch Kléber, Marceau und zumal Hoche endete. Nahezu sämtliche Führer fanden den Tod oder wurden hingerichtet.

16 Adriaen van Ostade (1610–1685), Schüler Rembrandts, Meister des Genrebildes (Bauernszenen).

17 Frans van Mieris (1635–1681), niederländischer Maler, Schöpfer zahlreicher Genrebilder aus dem Leben der vornehmen Welt.

18 Gerard Douw oder Dou (1613–1675), Schüler Rembrandts und Meister der sogenannten Feinmalerei, Schöpfer von Genrebildern.

19 Waldgebiet in der Vendée, Hauptgegend des Aufstands.

20 Sumpfige, mit Teichen durchsetzte Küstengegend südlich der Loire-Mündung.

21 Die Soldaten der Republik, ihrer blauen Uniformen wegen.

22 Georges Cadoudal (1771–1804), besonders volkstümlicher Führer der Vendéer; später an dem Höllenmaschinen-Attentat gegen den Ersten Konsul in der Rue Nicaise beteiligt und deswegen hingerichtet.

23 Weiß ist die Farbe des Hauses Bourbon.

24 Die Herzogin von Berry, Tochter Franz' I. von Neapel, Schwiegertochter Karls X., Witwe des 1820 ermordeten Herzogs von Berry, des Thronfolgers, und Mutter des Prätendenten, des Grafen von

Chambord, den seine Anhänger Heinrich V. nannten, hatte 1832 versucht, die Vendée gegen Louis-Philippe aufzuwiegeln. Das Unternehmen scheiterte nach mehreren Gefechten. Die von ihrem Agenten Deutz verratene Herzogin wurde gefangengenommen und eine Zeitlang in der Festung Blaye in Gewahrsam gehalten, bis sich herausstellte, daß die seit zwölf Jahren Verwitwete ein Kind erwartete. Dadurch fiel sie der Lächerlichkeit anheim, bedeutete keine politische Gefahr mehr, wurde entlassen, heiratete einen Jugendgespielen, einen italienischen Grafen, und starb, zweiundsiebzig Jahre alt, 1870 in Österreich.

25 Nordamerikanischer Indianerstamm.

26 Henri-Jacques-Guillaume Clarke, Herzog von Feltre (1765–1818), war unter Napoleon ein ausgezeichneter Kriegsminister gewesen. Die Ereignisse des Jahres 1814 stellten ihn vor große Schwierigkeiten. Bevor die Alliierten in Paris einmarschierten, hatte er die Kaiserin Marie-Louise in Blois in Sicherheit gebracht. Danach schloß er sich an Ludwig XVIII. an, folgte ihm während der Hundert Tage nach Gent und führte in seiner Eigenschaft als Kriegsminister den Vorsitz der Prevotal-Gerichte und die Leitung der Entlassungsverfahren, durch die die bonapartistischen Offiziere auf Halbsold gesetzt wurden. Er behielt seine Funktionen bis Mitte September 1816 bei.

27 Jean-Pierre Travot (1767–1836) stand erstmals in der Vendée im Felde, wo er sich 1796 trotz des Waffenstillstands Charettes bemächtigte, der dann zu Nantes erschossen wurde. Um 1800 erstickte er durch sein maßvolles Verhalten die letzten Aufstandsversuche. Unter dem Kaiserreich nahm er an den Kriegen in Spanien und Portugal teil. Während der Hundert Tage wurde er gegen die royalistischen Aufständischen unter La Rochejaquelein eingesetzt, deren Niederwerfung ihm mehr durch Diplomatie als durch Waffengewalt gelang. Diese Mäßigung wurde ihm von der royalistischen Reaktion übel ausgelegt: 1816 verurteilte ihn ein Kriegsgericht in Rennes zum Tode; Ludwig XVIII. verwandelte die Strafe in zwanzigjährige Haft. Als er im Gefängnis irrsinnig wurde, erhielt er die Freiheit wieder.

28 Siehe Anmerkung 24.

29 Die ›Quotidienne‹ wurde 1792 als Kampforgan gegen die Revolution gegründet; sie war zwischen 1793 und 1815 verboten. Nach ihrer Neugründung unter der Restauration vertrat sie ultraroyalistische Anschauungen. Seit 1822 war sie das Kampforgan der extremen Rechten und hatte dank der Witzigkeit ihrer Artikel gro-

ßen Erfolg, zumal in der Provinz. Auch während der Juli-Revolution bestand sie als Organ der Reaktion weiter.

30 Auch die Herzogin von Berry nahm an jenem Gefecht nicht teil. Seit ihrer Landung in Marseille war die Polizei ihr auf den Fersen; sie mußte sich in Nantes bei royalistischen alten Jungfern verborgen halten (siehe Anmerkung 24).

31 Weiblicher Luftgeist.

32 1814: Napoleons Rückkehr von Elba. 1830: die Juli-Revolution.

33 Mit ›Olim‹ wurden die alten Urteile der Pariser Parlamentsgerichte bezeichnet, die im Nationalarchiv aufbewahrt werden. Die Olim-Register enthalten lediglich Zivilurteile.

34 Eine Art Futtertaft.

35 Siehe Anmerkung 24.

36 Leichter, zweirädriger Wagen.

37 Kartenspiel, auch ›Bête‹ genannt.

38 Pierre-André de Suffren (1726–1788), französischer Seeheld, kämpfte ruhmvoll in Indien gegen die Engländer. Er war Komtur (Bailli) des Malteser-Ordens.

39 Von Balzac erfundene Gestalt.

40 Charles-Henri Graf d'Estaing (1729–1794), Generalleutnant der Seestreitkräfte, Admiral, zeichnete sich in Indien und Amerika gegen die Engländer aus. Er wurde enthauptet.

41 Armand-Emmanuel Herzog von Richelieu (1766–1822), Minister Ludwigs XVIII., machte sich dadurch verdient, daß er nach Waterloo die geplante Besetzung Frankreichs durch die Alliierten verhinderte.

42 Lateinisch: »Herr, erhalte den König gesund.«

43 Die nach dem Geben noch übrigen Karten.

44 Kleine, jetzt nicht mehr im Umlauf befindliche Münze im Wert von 1/4 Sou.

45 Unübersetzbares Wortspiel mit fumer = rauchen und fumer = düngen.

46 Spitzname einer Gestalt aus ›Die Königstreuen‹; sie wird auch im ›Antiquitätenkabinett‹ erwähnt.

47 Madeleine de Scudéry (1607–1701) schrieb die Romane ›Le Grand Cyrus‹ und ›Clélie‹.

48 Marie de Rabutin-Chantal, Marquise de Sévigné (1626–1696), ist berühmt durch die wunderbaren Briefe, die sie an ihre Tochter schrieb.

49 Athenischer Feldherr und Redner (um 400–317 v. Chr.). Er gehörte der Aristokraten-Partei an und war seiner Uneigennützigkeit wegen berühmt. Ungerechterweise wurde er verurteilt, den Schierlingsbecher zu trinken. Er war ein Apostel des Friedens und zugleich ein tapferer Soldat; ihm gelang die Vertreibung der Makedonen aus der Chersonesos. Seine Beredsamkeit war ein wenig rauh. Als er eines Tages auf der Tribüne Beifall erhielt, fragte er: »Sollte ich eben etwas Dummes gesagt haben?« Seine Biographie schrieb Plutarch.

50 Margarethe von Burgund, Königin von Frankreich, die Heldin von Alexandre Dumas' und Gaillards berühmtem Drama ›Der Turm von Nesle‹ (1832), war die Gattin Ludwigs des Zänkers und hat, während ihr Mann noch Thronerbe war, in der Abtei Maubuisson ein recht lockeres Leben geführt. Ludwig der Zänker ließ sie nach seiner Thronbesteigung 1315 ermorden. Sie hat nie im Turm von Nesle (am linken Seineufer, Teil der alten Pariser Stadtbefestigung in der Nähe des Hôtel de Nesle, eines historischen Adelspalastes – daher der Name –, dort gelegen, wo sich heute das Institut de France erhebt) gewohnt. Die Geschichte der Untaten, die sie dort begangen haben soll, erzählt Brantôme. Vielleicht ist das Vorbild der Gestalt die Königin Isabeau von Bayern, die Mutter Karls VII.

51 Prosper Mérimée (1803–1870) hatte 1825 einige seiner Bühnenwerke unter dem Titel ›Théâtre de Clara Gazul, Comédienne espagnole‹ veröffentlicht; im gleichen Jahr waren unter dem Titel ›Guzla‹ seine Prosaadaptationen serbischer Volksballaden erschienen. Die Guzla ist ein südslawisches Saiteninstrument, auf dem die Balladensänger jene Volksdichtungen begleiteten. Der Name ›Gazul‹ ist ein Anagramm von ›Guzla‹, worauf Goethe, dem Mérimée beide Werke sandte, hingewiesen hat.

52 Nach dem Tode Ludwigs XIV. war Herzog Philipp von Orléans von 1715 bis 1723, während der Minderjährigkeit Ludwigs XV., Regent von Frankreich.

53 Philippe Néricourt Destouches (1680–1754), schrieb Lustspiele unter englischem Einfluß, die Lessing anerkannte, und übersetzte als erster Franzose Shakespeare-Szenen. 1717 nahm der Abbé Dubois (1656–1723, später Kardinal, hervorragender Diplomat, Minister des Regenten) ihn gelegentlich seiner Gesandtschaftsreise zu König Georg I. als Sekretär mit nach London. Kurz vor der Rückkehr des Abbé nach Frankreich verstand Destouches es, auf Anraten Dubois', von dem König einen Brief an den Regenten zu erlangen,

in dem Georg I. den Herzog inständig bat, dem Abbé das Erzbistum Cambrai zu verleihen, was Herzog Philipp auch tat. Destouches blieb bis 1723 als französischer Gesandter in London; nach der Heimkehr wurde er in die Académie gewählt.

54 Anne-Louise-Germaine de Staël (1766–1817), Tochter des Finanzministers Necker, nur drei Jahre mit dem schwedischen Gesandten Baron de Staël verheiratet, liberal eingestellt, als Vermittlerin fremden Geistesgutes wichtige Wegbereiterin der französischen Romantik, als Politikerin nach Napoleons Wort ›die fürchterlichste Zunge Frankreichs‹, schrieb, an Rousseau anknüpfend, stark autobiographische Romane wie ›Corinne‹ und ›Delphine‹, in denen sie das Gefühl verherrlichte und das Recht der Frau auf Liebe außerhalb der Ehe und ihren Anspruch auf geistige Ebenbürtigkeit verfocht. Sie hat eine große Zahl von Liebhabern gehabt, darunter Benjamin Constant.

55 Am 10. August 1792 fand der Angriff der Pariser Sektionen auf die Tuilerien statt.

56 Bei den berüchtigten ›Septembermorden‹ des Jahres 1792, bei denen die politischen Gefangenen niedergemetzelt wurden, zumal in L'Abbaye, La Force, Les Carmes und im Châtelet.

57 William Pitt der Jüngere (1759–1806), englischer Staatsmann, zeitweise Ministerpräsident, glühender Gegner der Französischen Revolution.

58 Friedrich-Josias Fürst von Sachsen-Coburg (1737–1815), österreichischer Feldmarschall, besiegte Dumouriez bei Neerwinden, wurde von Moreau bei Tourcoing und von Jourdan bei Fleuris besiegt. – Als ›Partisans de Pitt et Cobourg‹ wurden während der Revolution alle bezeichnet, die im Verdacht gegenrevolutionärer Gesinnung standen.

59 Datumsbezeichnung nach dem Revolutionskalender: der 27. Juli 1794. An diesem Tage endete durch Sturz und Verhaftung Robespierres die Schreckensherrschaft.

60 Daniel Steibelt (1765–1823), zu seiner Zeit gefeierter Klaviervirtuose und Modekomponist, führte ein ruheloses, extravagantes Leben mit Schulden und unredlichen Geschäften. Er schrieb mehrere Opern, Klavierkonzerte, Ouvertüren und Kammermusik. Er hat öffentlich mit Beethoven konkurriert und ist heute völlig vergessen.

61 Am 20. März 1815 um neun Uhr abends kehrte der von der Insel Elba entwichene Kaiser Napoleon in die Tuilerien zurück, die Ludwig XVIII. tags zuvor verlassen hatte.

62 Diesen Namen trug von 1793–1816 die Chaussée-d'Antin.

63 Altägyptische Göttin der fruchtbaren Erde.

64 Ägina, griechische Insel im Saronischen Meerbusen, bekannt durch die um 475 v. Chr. entstandenen, 1811 ausgegrabenen Giebelskulpturen des Athene-Tempels, heute in der Glyptothek zu München. Äginetische Reliefs aus jener Zeit sind nicht erhalten, und schwerlich hätte die Kunst jener Zeit eine ägyptische Gottheit gestaltet.

65 Im Louvre, Salle du Tibre: das auch als ›Diana von Versailles‹ bezeichnete Werk ist eine antike Kopie aus der Zeit des Praxiteles und Skopas, dem Apollo vom Belvedere verwandt.

66 François-Joseph Talma (1763–1826), großer Tragöde, Lieblingsschauspieler Napoleons I., zugleich Reformator der Kostüme und des Bühnenbildes.

67 Größter griechischer Bildhauer (um 500 v. Chr.–430 v. Chr.). Hauptwerke: das Standbild der Athena Parthenos aus Gold und Elfenbein im Parthenon in Athen; Kolossalstatue des Zeus in Olympia (beide nicht erhalten) und der plastische Schmuck des Parthenon, der zumindest auf seine Entwürfe zurückgeht. Er starb, der Gotteslästerung angeklagt, im Gefängnis oder in der Verbannung.

68 Griechisch: mit schönem Hintern. Antiker Beiname der Aphrodite. Schönste Darstellung: eine nach hinten blickende Statue der Aphrodite im Nationalmuseum zu Neapel.

69 Tochter des ägyptischen Königs Ptolemaios Auletes, geboren 69 v. Chr., nach dem Tod des Vaters 52 v. Chr. Mitregentin und Gemahlin ihres Bruders Ptolemaios, 47 v. Chr. Geliebte Cäsars und Alleinherrscherin; ihr Sohn Cäsarion soll Cäsars Sohn gewesen sein; nach Cäsars Ermordung Geliebte des Antonius; verließ ihn 31 v. Chr. in der Seeschlacht bei Aktium, vermochte den Sieger Oktavian nicht an sich zu fesseln und beging 30 v. Chr. Selbstmord durch den Biß einer Giftschlange.

70 Anspielung auf Schillers Ballade ›Das verschleierte Bild zu Sais‹.

71 François Baron Gérard (1770–1837), Historienmaler; Hauptwerk: ›Die Schlacht bei Austerlitz‹, (im südlichen Flügelbau des Schlosses zu Versailles, Galerie des Batailles).

72 Anspielung auf Henri Beyle, genannt Stendhal (1783–1842).

73 Analytischer Roman (1816) von Henri-Benjamin de Constant-Rebecque (1767–1830), mit starken autobiographischen Zügen seine Liebe zu Mme de Staël in ihrem Erlöschen gestaltend.

74 Siehe Anmerkung 54.

75 Sappho (um 600 v. Chr.), griechische Dichterin auf Lesbos, stürzte sich der Sage nach aus unglücklicher Liebe vom Leukadischen Felsen ins Meer.

76 Toise, Klafter, ist ein altes französisches Längenmaß, etwa 1,95 m.

77 Name mehrerer französischer Kupferstecher. Der berühmteste, hier wohl gemeinte, ist Gérard Audran (1640–1703), der Werke von Le Brun, Mignard, Poussin und Le Sueur nachgestochen hat.

78 Die ›Manufacture des Gobelins‹ wurde im 15. Jahrhundert in Paris von einer aus Reims eingewanderten Wollfärberfamilie Gobelin gegründet, deren Name zum Gattungsbegriff für alle Bildteppiche geworden ist. Heinrich IV. berief um 1600 flandrische Weber nach Paris, die in der ehemaligen Fabrik der Gobelins arbeiteten. 1667 ließ Ludwig XIV. die Fabrik neu einrichten. Ihre ersten Leiter waren die Maler Le Brun und Paul Mignard; ihre Blütezeit erlebte die Manufaktur, als eine Reihe von berühmten Malern die Entwürfe schuf. Nachdem während der Revolution die Arbeit für einige Zeit unterbrochen worden war, machte Napoleon I. die Manufaktur 1804 wieder zur Staatsanstalt.

79 Muschelwerk, ein Dekorations- und Ornamentmotiv des Rokoko.

80 Die Savonnerie war eine 1627 in der Seifenfabrik von Chaillot untergebrachte Teppich-Manufaktur, die 1826 mit Les Gobelins vereinigt wurde.

81 Persisch: Wasserpfeife.

82 Pagengestalt aus Mozarts Oper ›Figaros Hochzeit‹.

83 Oper von Meyerbeer, Text von Scribe und Delavigne, Erstaufführung an der Pariser Oper am 21. November 1831.

84 Oper von Rossini, Erstaufführung am 9. August 1829.

85 Laurence Sterne (1713–1768), der Dichter des ›Tristram Shandy‹.

86 Georges Cuvier (1769–1832), Naturwissenschaftler, von Balzac geschätzt und häufig erwähnt.

87 Guillaume Dupuytren (1777–1835), berühmter Chirurg.

88 George Sand.

89 Blätter der in Indien vorkommenden Patschuli-Pflanze, aus denen ein früher beliebtes Parfüm hergestellt wurde.

90 Italienisch: Mundstück.

91 Anne-Louis Girodet de Roussy, genannt Girodet-Trioson (1767 bis 1824), Maler. Hauptwerke ›Der schlummernde Endymion‹, ›Die Sintflut‹, ›Das Begräbnis Atalas‹, sämtlich im Louvre (das letztere nach einem kleinen, dem ›Génie du Christianisme‹ eingefügten Roman von Chateaubriand).

92 Siehe Anmerkung 17.

93 Der Elysée-Palast wurde zu Beginn der Regierungszeit Ludwigs XV. für Henri de la Tour d'Auvergne, Grafen d'Evreux, erbaut. Dem Grafen folgte als Besitzer Mme de Pompadour und ihr Bruder, der Marquis de Marigny. Kurz vor Ausbruch der Revolution ging er in den Besitz der Herzogin von Bourbon über, dann in den Murats, darauf in den Besitz Napoleons. Bei der Restauration erhielt die Herzogin von Bourbon ihn zurück, die ihn sogleich dem Thronfolger, dem Herzog von Berry, dem zweiten Sohn Karls X., überließ, der ihn bis zu seiner Ermordung 1820 bewohnte. Die Herzogin, Tochter des Königs von Neapel (siehe Anmerkung 24), die Verkörperung der Eleganz und des Luxus ihrer Zeit, gab dort glänzende Feste, konnte sich aber nach dem Tod des Herzogs nicht mehr entschließen, den Palast zu betreten. Unter Louis-Philippe diente er durchreisenden Souveränen als Unterkunft. Die Zweite Republik machte ihn zum Palais des Staatspräsidenten; das ist er noch heute. 1850 ist er vergrößert und umgebaut worden.

94 Rousseau.

95 Joseph-Henri-Joachim Vicomte Lainé (1767–1835), unter dem Ancien Régime Advokat, unter der Revolution Mitglied der Départementsverwaltung der Gironde, unter dem Kaiserreich Mitglied der Gesetzgebenden Körperschaft, unter der Restauration deren Präsident, dann erst Innenminister, darauf Minister ohne Portefeuille, schließlich, 1823, Pair von Frankreich, bewahrte unter allen Regierungen, denen er diente, seine liberale Haltung: 1827 nahm er an Montlosiers Kampf gegen die Congregation teil und erblickte in den berüchtigten ›Juli-Ordonnanzen‹ das Ende der legitimen Dynastie.

96 Giacomo Meyerbeer (1791–1864), bedeutender, heute selten gespielter Opernkomponist, zumal seit Richard Wagners (den er in seinen Anfängen förderte) Polemik gegen ihn.

97 Gioacchino Rossini (1792–1868), Opernkomponist (39 Bühnenwerke) von überquellender, lebendiger Inspiration mit feinem Sinn für den Orchesterklang. Zog sich auf der Höhe des Ruhms, nach der Uraufführung des ›Guillaume Tell‹, aus dem aktiven Musikleben zurück und lebte, allgemein verehrt, erst in Italien, dann in Paris, berühmt auch als Feinschmecker und meisterlicher Koch (›Tournedos à la Rossini‹).

98 Niccolò Paganini (1782–1840), Violinvirtuose von dämonischer Wirkung auf seine Zeitgenossen und nicht unbedeutender Komponist zumal von Violinwerken.

99 Franz Liszt (1811–1886), großer Pianist und bedeutender Komponist. Siehe die Vorbemerkung zu diesem Roman.

100 Maria Taglioni (1804–1884), berühmte Tänzerin, Tochter des Ballettmeisters Salvatore Taglioni und Schwester des Chordirigenten und Musikschriftstellers Ferdinando Taglioni (1810–1873).

101 Pierre-Jean Garat (1764–1823), Sänger von seltener Vollkommenheit der Tonbildung und reiner, klarer Aussprache. Anfangs von Marie-Antoinette begünstigt, dann, während der Revolution, Sänger im ›Concert Feydeau‹, später Professor am Conservatoire. Vom Konsulat an ließ er sich nur noch in den vornehmsten Salons hören, so in dem der Mme Récamier, die ihn als einen ihrer besten Freunde betrachtete.

102 Joachim Murat (1767–1815), sagenhaft tapferer, aber nicht eben intelligenter Reitergeneral, Gastwirtssohn, später Napoleons Schwager als Mann von dessen jüngster Schwester Caroline, erst Großherzog von Berg, dann 1808–1815 König von Neapel. Er mußte, als er sich während der Hundert Tage Napoleon angeschlossen hatte; sein Reich verlassen, versuchte, es wiederzuerobern, wurde bei Pizzo gefangengenommen und erschossen.

103 Der Genueser Freskenmaler Giovanni-Battista Carlone (1598 bis 1680) erdolchte 1640 seinen Landsmann und Kollegen Pellegro Piola (geboren 1617).

104 Giovanni Paësiello, richtiger: Paisiello (1740, nicht 1741–1816), begabter, aber charakterschwacher Komponist u. a. von über hundert Opern, hatte sein Leben lang gegen bedeutende Nebenbuhler zu kämpfen, anfangs gegen Piccini, dann gegen Cimarosa, schließlich gegen Rossini, wobei er sich nicht immer sauberer Mittel bediente Er war zunächst Hilfslehrer am Conservatorio Sant'Onofrio zu Neapel, nach der Komposition zahlreicher Buffo-Opern Kapellmeister der Zarin Katharina II. in Petersburg, darauf Hofkapellmeister Ferdinands IV. von Neapel, darauf kurze Zeit, vom Ersten Konsul Napoleon Bonaparte berufen, der seine Musik liebte, Reorganisator und Leiter von dessen Kapelle in Paris. Wieder in Neapel, wurde er in seine alte Stellung eingesetzt, die er auch unter Joseph Bonaparte und Murat beibehielt. Nach der Rückkehr der Bourbonen nach Neapel wurde er, unter Weiterzahlung seines Gehalts, pensioniert, trotz seiner Lobhudeleien. 1897 wurde seine Asche von Neapel nach seiner Vaterstadt Tarent übergeführt.

105 Giovanni-Battista Rubini (1795–1854), italienischer Tenor von mittelmäßiger Begabung, der es durch Willenskraft, Fleiß und

Geschmack zu einem Meister des Gesanges gebracht hatte. Seine Anfänge waren schwierig, bis er in den Werken Rossinis und danach Donizettis und Bellinis die Musik zur Entfaltung seiner sängerischen Möglichkeiten gefunden hatte. 1831–1843 sang er abwechselnd in der Londoner Oper und im Théâtre-Italien in Paris. Seine Gage betrug 60 000 Francs. 1843 reiste er mit Liszt nach Paris, gastierte auch in St. Petersburg. 1845 kehrte er endgültig als mehrfacher Millionär nach Italien zurück und kaufte sich in der Nähe von Romano ein Gut von der Größe eines kleinen Herzogtums, wo er in fürstlichem Glanz seine letzten Lebensjahre verbrachte und starb.

106 Griechischer Heros, Sohn des Zeus und der Danaë, schlug der Medusa das Haupt ab, befreite die als Fraß für einen Drachen an einen Felsen geschmiedete Andromeda, vermählte sich mit ihr und starb als Herrscher von Tiryns.

107 In dem Roman ›L'Ingénu‹ (›Der Unbefangene‹, 1767).

108 Raffael Santi oder Sanzio (1483–1520).

109 Oströmischer Feldherr, Eunuch, kämpfte gemeinsam mit Belisar gegen die Ostgoten, mehrfach abberufen und 552 wieder eingesetzt, besiegte die Könige Totila und Teja, 554 die Alemannen bei Capua, verwaltete Italien als Statthalter, wurde 567 abgesetzt und rief aus Rache dafür die Langobarden ins Land. Er starb bald danach in Rom.

110 Oströmischer Feldherr unter Kaiser Justinian, kämpfte gegen Perser, Vandalen und Ostgoten, mehrfach abberufen und wieder eingesetzt, schlug 559 die Bulgaren vor Konstantinopel, der Teilnahme an einer Verschwörung beschuldigt, eingekerkert, der Sage nach geblendet und wieder freigelassen. Er starb 565.

111 Konstantin der Große (274–337).

112 Diogenes von Sinope (414–324 v. Chr.), griechischer Philosoph der kynischen Schule, suchte den Grundsatz, daß es göttlich sei, keinerlei Bedürfnisse zu haben, praktisch zu verwirklichen; er lebte in einer Tonne.

113 Niccolò di Bernardo dei Machiavelli (1469–1527), italienischer Staatsmann und Geschichtsschreiber, auch Komödiendichter. In seinem Hauptwerk ›Il Principe‹ (›Der Fürst‹) legt er dar, daß die unbeschränkte Fürstenmacht, durch die allein Italien zu retten sei, ohne Rücksicht auf Moral durch Klugheit und Folgerichtigkeit gegründet und erhalten werden müsse.

114 Orientalische Pfeife mit langem Rohr.

115 Beethoven war in jenen Jahren durch die Conservatoire-Konzerte von François-Antoine Habeneck, der sämtliche Symphonien des Meisters aufführte, in vollem Umfang in das französische Musikleben eingeführt worden.

116 Teatro della Scala: das Mailänder Opernhaus.

117 Teatro la Fenice: Operntheater in Venedig.

118 Teatro San Carlo: die Oper zu Neapel.

119 Renée de Rieux, Demoiselle de Châteauneuf, eine der schönsten und geistvollsten Ehrendamen der Katharina von Medici, wurde von Jean d'Aremberg, Brantôme und vielen anderen geliebt. Endlich erhörte sie Heinrich III., der sie zu seiner Geliebten machte und sie dann um der Maria von Cleve, Prinzessin von Condé, willen verließ. Brantôme berichtet viel Gutes über sie, erzählt indessen nichts, was der von Balzac erwähnten Anekdote ähnelte.

120 Balzac bedient sich dieses Vergleichs schon einmal in der Novelle ›Die Börse‹ (›La Bourse‹); er scheint also jenes Bild besonders geschätzt zu haben. Es wurde 1813 gemalt, erst 1817 im Salon ausgestellt und vom König 1818 für den Louvre angekauft. Forster hat es in Holz gestochen.

121 Heldin der Dichtung ›Parisina‹ von Lord Byron.

122 Effie Deans ist die Heldin von Scotts ›The Prison of Edinborough‹.

123 Minna ist die weibliche Hauptgestalt von Scotts ›The Pirate‹.

124 Anspielung auf die Herzogin von Berry (siehe Anmerkung 24), die Calyste während ihres Aufstands in der Vendée gesehen hat.

125 Pierre-Augustin Caron de Beaumarchais (1732–1799), Autor des ›Barbier de Séville‹, des ›Mariage de Figaro‹ und einiger anderer Bühnenwerke; die beiden ersteren wurden mehrfach zu Operntexten umgearbeitet. Beaumarchais ist der Veranstalter der ersten großen Gesamtausgabe der Werke Voltaires, der sogenannten ›Kehler Ausgabe‹.

126 Pagengestalt in ›Le Mariage de Figaro‹ (›Figaros Hochzeit‹).

127 Ein schöner Jüngling, Sohn des Flußgottes Kephissos, verliebte sich beim Anblick seines Bildes im Wasser in sich selber und verschmachtete in Sehnsucht nach sich, worauf auf der Stätte seines Todes die Narzisse aufsproß.

128 Italienisch: Abkürzung von Beatrice.

129 Keepsake (engl.) = kleines, almanachartiges Album mit Porträts, Landschaften usw. in Kupferstich, damals beliebtes Geschenk.

130 Nicola Antonio Zingarelli (1752–1837), fruchtbarer Opernkomponist, einer der letzten Verfechter der strengsten italienischen Tradition. Rossini war ihm ein Greuel. 1804 erhielt er den hohen Ehrenposten eines Kapellmeisters an der Peterskirche in Rom. 1811 weigerte er sich, zur Geburt von Napoleons Sohn, des ›Königs von Rom‹, ein Tedeum aufführen zu lassen; er wurde verhaftet und nach Paris gebracht. Aber Napoleon nahm ihn gnädig auf, ließ ihn für sich eine Messe komponieren und zahlte ihm dafür und für die Reisespesen 14 000 Francs. Zingarelli ging danach nach Neapel und wurde 1816 als Nachfolger Paisiellos (siehe Anmerkung 104) Kapellmeister der Kathedrale und Direktor des Konservatoriums. Er schrieb 34 Opern und sehr viel Kirchenmusik.

131 Siehe Anmerkung 73.

132 Reisigbündel zur Verstärkung von Erdaufwürfen.

133 Roman von Laurence Sterne.

134 Siehe Anmerkung 73.

135 Siehe Anmerkung 75.

136 Buch der Richter 16, 28–30.

137 ›Amadis de Gaula‹, bedeutender Ritterroman des 16. Jahrhunderts in Versen, dessen Held Amadis der Inbegriff hochherzigen Rittertums ist. Es finden sich darin Anspielungen auf Tristan, Lanzelot und die Gralssagen. Der Ursprung ist ungeklärt: die Urfassung dürfte portugiesisch sein; verschiedene spanische Fassungen folgten, französisch-bretonische Einflüsse in Orts- und Personennamen sind deutlich. Das Epos wurde in mehrere Sprachen übersetzt und fand Verbreitung über ganz Europa. Die letzte Nachgestaltung unternahm 1887 Graf Arthur de Gobineau; sie erschien 1914–21 auch in deutscher Sprache.

138 ›Artamène ou le Grand Cyrus‹, ein zehnbändiger Roman von Madeleine de Scudéry, erschien 1649–1653.

139 Italienisch: »Ohne heftige Begierde sicherer Reichtum.« (Paradiso XXVII, 9.)

140 Am 17. Juni 1778 stieß die Fregatte ›La Belle-Poule‹ unter dem Befehl von Chardeau de la Clocheterie beim Auslaufen aus dem Hafen von Brest auf die englische Fregatte ›Arethusa‹, die den Kommandanten aufforderte, sich an Bord der ›Victory‹ zu begeben, des Flaggschiffs des Admirals Keppel. Um der Ehre seiner Flagge willen lehnte La Clocheterie das ab; die ›Arethusa‹ ant-

wortete mit einer Salve; die ›Belle-Poule‹ schoß zurück, und das englische Schiff konnte mit knapper Not entkommen. Diese Episode war die erste Seekriegs-Kampfhandlung im Amerikanischen Unabhängigkeitskrieg.

141 Die ›Coiffure à la Belle-Poule‹ war nur eine Variante der extravaganten Kopfbedeckungen der Zeit Ludwigs XVI. Sie bestand aus einer kleinen Fregatte mit vollen Segeln, die die Damen im Haar trugen.

142 Italienisch: Laune.

143 Balzac hat diese Geschichte in ›Ein Drama am Meeresufer‹ erzählt.

144 Die Grande Chartreuse (Große Kartause) ist ein vom heiligen Bruno 1084 gegründetes, berühmtes Kloster in einem Alpental (Département Isère).

145 Filippo Brunelleschi (1377–1446), bedeutender Florentiner Baumeister der Renaissance, schuf in Florenz die Kuppel des Doms, die Kirchen San Spirito und San Lorenzo und entwarf den Palazzo Pitti.

146 Der Palazzo Pitti am Fuß des Boboli-Hügels in Florenz wurde, vermutlich nach einem Entwurf Brunelleschis (siehe Anmerkung 145), 1440 durch Luca Francelli begonnen, und zwar für Luca Pitti, einen Gegner der Medici. Er wurde erst 1549 vollendet, als der Urenkel jenes Pitti ihn an Eleonore von Toledo verkauft hatte. Er enthält heute die berühmte Pitti-Galerie und ist durch einen 1564 von Vasari erbauten, über den Ponte Vecchio führenden Gang mit den Uffizien verbunden.

147 Französisch: buisson = Busch; Buis = Buchsbaum (Buxus sempervirens).

148 Diluvium: vermeintliches Schwemmland, das auf den Tertiärschichten und unter dem Alluvium liegt.

149 Nach allen Seiten offene Türmchen.

150 Ursprünglich ein dem Dionysos zu Ehren gesungenes Lied, dann, im weiteren Sinn, ein leidenschaftlich-schwungvoller Gesang.

151 Der Held dieser Anekdote ist François de Montgommery, Sieur de Lorges. Sie hat sich unter Franz I. ereignet und ist von Brantôme überliefert worden. Schiller gestaltete daraus seine bekannte Ballade.

152 Kleiner Irrtum Balzacs: der zweibändige Roman ›Indiana‹ (1832) war nicht George Sands Erstlingswerk; ihm war 1831 der Roman ›Rose et Blanche‹ vorausgegangen.

153 Kluge, aber unsittliche, weil despotische Politik.

154 Der steile Westabhang des Kapitols in Rom, von dem Staatsverräter hinabgestürzt wurden.

155 Giulio Mazarini, genannt Mazarin (1602–1661), Kardinal, Premierminister unter Ludwig XIII. und Ludwig XIV. vor dessen persönlicher Regierung. Mit der Nichte wird auf Maria Mancini angespielt, eine der Jugendlieben des Königs.

156 Italienisch: ›Bete, daß die Morgenröte anbricht.‹

157 Siehe Anmerkung 105.

158 Das heutige Leningrad.

159 So hieß bis 1792 und von 1814 bis 1830 die heutige Rue de Lille.

160 Lateinisch: ›Der Treue anvertraut.‹ Verfügung, wonach Vermögensobjekte, besonders unbewegliche, zumal Güter, unveräußerlich im Besitz einer Familie verbleiben und sich nach einer bestimmten Sukzessionsordnung vererben sollen.

161 Roman von Balzac.

162 Französisch: hier in der Bedeutung von Dirne.

163 Mythischer griechischer Künstler, floh, vom Athener Areopag eines Verbrechens wegen verfolgt, nach Kreta zu Minos, verfertigte die Kuh der Pasiphaë, erbaute das Labyrinth, wurde gefangengesetzt, entfloh mit seinem Sohn Ikarus mittels künstlicher Flügel.

164 Am Vorabend der Juli-Revolution.

165 Bretonischer Dudelsack.

166 Englisch: Stamm, Sippe.

167 Sir Walter Scott (1771–1832), Begründer des historischen Romans.

168 Hauptgestalt eines Märchens von Perrault; Blaubart, so genannt nach der Farbe seines Bartes, hatte bereits sechs Ehefrauen ermordet, weil sie gegen sein Gebot eine geheime Kammer öffneten, und will deswegen auch die siebte umbringen, als sie von ihren Brüdern befreit wird, die den Unhold töten. Das Urbild dieser Sage ist der blaubärtige Marschall Gilles de Rais (oder Retz) (1404 bis 1440), ein Kampfgenosse der Jungfrau von Orléans, der sadistische Mörder Hunderter von Kindern, der durch das Schwert des Henkers endete (siehe Huysmans Roman ›Là-bas‹).

169 François-Athanas Charette de la Contrie (1763–1796), einer der Führer des Vendée-Aufstandes, ist in Nantes standrechtlich erschossen worden.

170 Indre oder Basse-Indre ist ein Dorf im Arrondissement Nantes mit Dampfer-Anlegestelle.

171 Loire-Insel, 8 km westlich von Nantes; dort befinden sich staatliche Fabriken, in denen Maschinen für die Flotte hergestellt werden.

172 Sabine hat den Vornamen Félicité (Felicitas) der Mademoiselle des Touches ausgerufen; Calyste jedoch hat das Substantiv félicité (Glückseligkeit) verstanden.

173 Wahrscheinlich Anspielung auf G. A. Bürgers ›Lenore‹.

174 Lucien de Rubempré.

175 Englisch: Rennsport.

176 Roman von Balzac.

177 Anne-Louis Girodet de Trioson (1767–1824) war nicht der einzige Maler der David-Schule, der sich durch die angeblichen Dichtungen des gälischen Barden Ossian, die in Wahrheit von Macpherson (1765) ihre letzte Form erhielten und in dieser größtes Aufsehen erregten, hat anregen lassen. Sein Rivale, der Baron Gérard, schuf einen ›Traum des Ossian‹, der durch einen Stich von Godefroy verbreitet wurde. Jedenfalls aber ist Girodet der bedeutendste Ossian-Illustrator, zumal durch sein Bild ›Fingal inmitten seiner Abkömmlinge‹ und durch sein Deckengemälde ›Die Schatten der französischen Helden werden durch Ossian in Odins Paradies empfangen‹ (Malmaison), das 1801 von Napoleon in Auftrag gegeben wurde. Die Skizze dazu befindet sich im Louvre. Die Ossian-Töchter tragen darauf freilich keine weißen Gewänder, sondern sind unbekleidet.

178 Conti.

179 Die Rue de Chartres-du-Roule, die tatsächlich am Parc de Monceaux entlangführte, der damals doppelt so groß wie heute war, war der Name des Stücks der heutigen Rue de Courcelles zwischen der Rue de Monceaux und dem Boulevard de Courcelles.

180 Der heutige Pont de la Concorde. Die 1787 begonnene, 1790 vollendete Brücke hieß zunächst Pont de la Révolution, dann Pont de la Concorde und von 1814 bis 1830 Pont Louis XVI. Von 1828 bis 1837 wurde sie mit Statuen von Heerführern und Gesetzgebern überladen, die später, als zu groß, teils im Palais Bourbon, teils in Versailles untergebracht wurden, wo sie bis 1930 im Vorhof aufgestellt waren.

181 Benvenuto Cellini (1500–1571), Florentiner Bildhauer, Erzgießer und Goldschmied. Seine Selbstbiographie wurde von Goethe übersetzt. – Der von Balzac erwähnte Becher war zur Zeit der Roman-

tik sehr berühmt und in galvanoplastischen Nachbildungen oder Nachgüssen in unzähligen Exemplaren verbreitet. Sein plastischer Schmuck stellte Götter und Heroen in einer Landschaft mit antiken Baudenkmälern dar. Er stammt nicht von Cellini, mit dessen Stil er keinerlei Ähnlichkeit besitzt, sondern aus späterer Zeit.

182 David Rizzio (um 1533–1566), italienischer Musiker, Liebhaber der Maria Stuart, vor ihren Augen erdolcht.

183 Name eines berühmten arabischen Emirs (um 1807–1883). Er kämpfte 1832–1847 gegen die Franzosen; 1843 wurde seine Smala (›fliegende Stadt‹) vom Herzog von Aumale genommen; 1847 mußte er sich ergeben und wurde bis 1853 in Toulon, später in Amboise interniert. Nachdem er die Freiheit wiedererhalten hatte, wurde er ein treuer Anhänger Frankreichs.

184 Cornelia, die Mutter der Gracchen.

185 Italienisch: Munterkeit, Feuer.

186 ›La Mort et le Bûcheron‹, La Fontaine, Fabeln I, 16.

187 Rossinis Oper ›Otello‹ war 1816 in Neapel uraufgeführt worden.

188 Siehe Anmerkung 105.

189 Italienisch: »Mein Herz ist gespalten.«

190 Anspielung auf Alfred de Mussets Gedicht: »Avez-vous vu à Barcelone / Une Andalouse au sein bruni . . .?«

191 Antike Statue von Glykon von Athen, imposante Gestalt, Vereinigung von Milde, Mäßigung und Kraft. Im Museum zu Neapel.

192 In Balzacs Roman ›Memoiren zweier Jungvermählter‹.

193 Lateinisch: in den letzten Zügen.

194 Französische Mystikerin (1648–1717). Ihre quietistischen Lehren verführten Fénélon, der sich, nach einer heftigen Polemik mit Bossuet, deswegen den Tadel des Hofes und Roms zuzog.

195 Die Herzogin von Berry; siehe Anmerkung 24.

196 Neuntägige Andacht.

197 Sämtlich von Balzac erfundene Kurtisanengestalten.

198 Anspielung auf die Unterschrift einer am 30. Mai 1840 im ›Charivari‹ erschienenen Lithographie von Gavarni.

199 Ein kleiner Roman und eine Novelle von Balzac.

200 ›Ratte‹ hier als Bezeichnung der Lorette; der jungen Bäumen schädliche ›Biber‹ zugleich in der Bedeutung des französischen ›castor‹ = verdächtiger Mensch.

201 Aspasia: gefeierte griechische Hetäre, Geliebte des Perikles, schön und geistvoll; heiratete nach Perikles' Tod (429 v. Chr.) den Viehhändler Lysikles.

202 Wahrscheinlich eine von Balzac erfundene Gestalt.

203 Wortspiel: sie ersetzt das bestimmte Personalpronomen ›il‹ (er) durch das unbestimmte ›on‹(man), um ihren sozialen Abstieg anzudeuten.

204 Römische Märtyrerin des 3. Jahrhunderts. Fest am 2. Dezember.

205 Henri-Justin-Armand-Joseph Valentino (1785–1856), mit Habeneck abwechselnd erster Kapellmeister der Großen Oper, dann der Komischen Oper, begründete 1837 in der Salle Saint-Honoré (Salle Valentino) die ersten Populärkonzerte klassischer Musik, die er indessen einstellen mußte, da die im gleichen Raum abgehaltenen Tanzmusikabende mit Quadrillen von Musard und Tolbecque weit größeren Zulauf fanden. Er zog sich verbittert nach Versailles zurück und starb dort.

206 Philippe Musard (1793–1859), der ›Quadrillen-König‹, hatte seine ersten Erfolge mit Tanzmusik in London, kehrte 1830 nach Paris zurück und wirkte an verschiedenen Theatern als Balldirektor, zuletzt an der Großen Oper. Er leitete das Orchester bei den Bällen in der Salle Valentino (s. o.), bei denen fast ausnahmslos seine Musik gespielt wurde und deren Schluß stets ein ›Galopp‹ bildete, ein 1825 aufgekommener Rundtanz von schneller, springender Bewegung im $^{2}/_{4}$ Takt.

207 Novelle von Balzac.

208 Die vulgärfranzösische Formel für ›übers Ohr hauen‹ ist: ›tirer une carotte‹; daraus ist das Verbum ›carotter‹, ›übers Ohr gehauen werden‹ gebildet worden. Die Übersetzung bedingte, daß Balzacs Satz ›Le substantif s'est fait verbe‹ an dieser Stelle ausgelassen werden mußte.

209 Amphitryon, sagenhafter griechischer Feldherr, Gemahl der Alkmene. Jupiter nahm seine Gestalt an, um Alkmene zu verführen, die die Mutter des Herakles wurde. Den Stoff bearbeiteten der römische Dichter Titus Maccius Plautus (um 250–184 v. Chr.) und Molière zu Komödien; in Molières Werk finden sich die sprichwörtlich gewordenen Verse:

> Le véritable Amphitryon
> Est l'Amphitryon ou l'on dîne.
> (Der echte Amphitryon
> Ist der Amphitryon, bei dem es was zu essen gibt.)

Seither dient das Wort ›Amphitryon‹ als Bezeichnung eines Gastgebers, aber auch eines reichen, mächtigen Mannes, den es verlangt, beweihräuchert zu werden.

210 Die heutige Rue Lamartine.

211 Weibliche Hauptgestalt in der Komödie ›Der alte Junggeselle‹ von Colin d'Harleville, Uraufführung am 24. Februar 1792. Madame Everard ist eine Haushälterin, die den alten Junggesellen heiraten will.

212 Am 1. März 1840 hatte Thiers den Vorsitz des Ministerrats übernommen. Er hatte große außenpolitische Schwierigkeiten zu lösen, die durch die Orientfrage entstanden waren. Frankreich hatte in Ägypten Mehmed Ali unterstützt. Da schlossen ohne Wissen der französischen Regierung Rußland, England, Preußen, Österreich und die Türkei am 15. Juli einen Vertrag, aus dem Frankreich sorglich ausgeklammert war, mit dem Ziel, die Macht Ägyptens zu schwächen. Der auf diplomatischem Gebiet geschlagene Thiers traf geräuschvolle Kriegsvorbereitungen, wagte aber keine militärische Demonstration. Das bedeutete einen zwiefachen Fehlschlag. Der König gab Thiers zu verstehen, daß seine Rolle ausgespielt sei; Thiers demissionierte am 29. Oktober 1840; sein Nachfolger wurde Guizot.

213 Die Rue de La Bruyère ging damals nur von der Rue Notre-Dame-de-Lorette bis zur Rue Pigalle.

214 Jean-Baptiste-Antoine Auget, Baron de Montyon (nicht: Menthyon, wie Balzac schreibt) (1733–1820), aufgeklärter Philanthrop, Stifter mehrerer Tugend- und Literaturpreise, die alljährlich durch das Institut de France zur Verteilung gelangten.

215 Nach Ninon de Lenclos (1620–1705), eine durch Geist glänzende und bis ins Alter schöne Kurtisane, in deren Salon nahezu alle bedeutenden Männer jener Zeit verkehrten.

216 Die ehemalige Tänzerin Tullia, die schließlich von du Bruel geheiratet worden war wie Florine von Nathan.

217 Siehe Anmerkung 181.

218 Siehe Anmerkung 212.

219 Bei der Börse Entschädigung, die dem Verkäufer vom Käufer gegeben wird, wenn letzterer den Kauf rückgängig macht.

220 Anteilsumme eines stillen Teilhabers (Kommanditeurs).

221 Wortspiel mit dem Namen Couture und dem von Balzac gebildeten Wort ›découture‹, das etwa das Aufgetrenntsein einer Naht bedeutet; korrekt müßte das Wort ›décousure‹ lauten.

222 Im antiken Rom ein dreitägiges Fest (vom 17. bis 19. Dezember) zu Ehren des Saturnus, im Gedenken an die glückliche Zeit der Herrschaft dieses Gottes. Ursprünglich ein Sonnwendfest, später zur Bezeichnung zügelloser Feste geworden.

223 Am 18. April 1797 wurden zu Leoben in der Steiermark die Friedenspräliminarien zwischen Frankreich und Österreich festgelegt.

224 ›Désenbonnetdecottoner‹ – parodistische Wortbildung Balzacs: die Baumwollnachtmütze galt damals als Symbol des Bourgeois.

225 Italienisch: Anführer von Söldnerscharen im 14. und 15. Jahrhundert, ebenso kühn wie gewissenlos.

226 Gestalt in Voltaires Tragödie ›Zaïre‹.

227 Gestalt in Rousseaus ›La Nouvelle Héloïse‹.

228 Gestalt in Chateaubriands Novelle gleichen Titels.

229 Heldin des Romans ›Clarissa Harlowe‹ von Samuel Richardson.

230 In Molières Komödie ›L'Ecole des Femmes‹.

231 Jenes Café lag an der Ecke der Rue Taitbout und des Boulevard des Italiens. Es war gegen Ende des 18. Jahrhunderts von einem Neapolitaner eröffnet worden. Während des Kaiserreichs und zumal unter der Restauration galt es als das eleganteste Pariser Café.

232 La Fontaine, Fabeln II, 11.

233 Leichter, zweirädriger Wagen.

234 Mit gedrehter Seide übersponnene Spitze.

235 Maria de las Mercedes de Jaruco, Gräfin Merlin, Literatin, die 1835 ›Mémoires‹ veröffentlichte. Sie unterhielt um 1830 einen der glänzendsten Pariser Salons. Balzac hat viele Jahre lang bei ihr verkehrt und ihr die Novelle ›Les Marañas‹ zugeeignet.

236 Anspielung auf den Schluß von Lesages Komödie ›Turcaret‹.

237 Unübersetzbares Wortspiel mit actions = Taten und actions = Aktien.

238 Siehe Anmerkung 98.

239 Oper von Giacomo Meyerbeer (1791–1864), Text von Scribe, Uraufführung 1831.

240 Sommation oder acte respectueux: notarielle Anfrage von seiten Großjähriger bei Eltern, die die Heiratserlaubnis verweigern.

241 Gestalt in Molières ›Tartuffe‹ und Marivaux' ›Le Jeu de l'Amour et du Hasard‹ (›Das Spiel der Liebe und des Zufalls‹).

242 321 v. Chr. wurden die Römer bei den Pässen von Caudium von den Samnitern umzingelt und gezwungen, unter einem Joch hin-

durchzugehen, als Symbol der Demütigung. Der Ausdruck ›unter dem kaudinischen Joch hindurchgehen‹ ist sprichwörtlich für ein demütigendes Zugeständnis geworden.

243 Georges Danton (1759–1794), Advokat, einer der größten Staatsmänner der Französischen Revolution, mächtiger Redner, von strotzender Gesundheit und Lebensfreude, betrachtete die Schrekkensherrschaft nur als ein provisorisches Mittel der Regierung, wurde von dem auf seine Popularität eifersüchtigen Robespierre als ›Gemäßigter‹ angeklagt und zum Tode verurteilt.

244 Der Jockey-Club wurde erst 1833 vom Herzog von Orléans, dem Herzog von Nemours, dem Fürsten von der Moskwa und anderen Aristokraten gegründet. Er veranstaltete im März die ersten Pariser Rennen auf dem Champ de Mars, die ersten Rennen in Chantilly im nächsten Jahr und eröffnete 1837 die Rennbahn in Longchamps. Seine Statuten waren die gleichen wie die des englischen Jockey-Clubs. Das Clubhaus befand sich zunächst in der Rue de Helder, dann in der Rue Grange-Batelière.

245 Das ›Journal des Débats et Décrets‹ wurde 1789 gegründet und war zunächst nur ein kleines Blatt, dessen dokumentarischer Wert darin besteht, daß es die besten Berichte über die Sitzungen und Versammlungen der Revolution gab. Erst ab 1799 wurde es zu einer wichtigen politischen und literarischen Zeitung. 1805 machte Napoleon es zu einem offiziellen Blatt; nach 1814 verfocht es liberale Tendenzen. 1830 schloß es sich Louis-Philippe an; nach 1848 hielt es sich der Politik fern.

246 Elefantenführer in Indien.

247 ›Lucia di Lammermoor‹, Oper von Donizetti, Text nach Walter Scott; Uraufführung in Neapel 1835, bald danach im Pariser Théâtre-Italien gespielt.

248 Siehe Anmerkung 105.

249 Weibliche Hauptgestalt in Molières ›Le Misanthrope‹.

250 Auguste-Edme-François Grisier (1791–1865), Fechtmeister, war von 1819 bis 1829 in Rußland, wo er die öffentlichen Fechtkämpfe einführte. Nach seiner Rückkehr nach Paris errichtete er dort eine Fechtschule, die von Casimir Périer, dem General Foy, Berryer, Eugène Sue, Horace Vernet und anderen besucht wurde. Er schrieb ein Buch über ›Waffen und Zweikampf‹. Alexandre Dumas hat ihn in ›Le Maître d'Armes‹ geschildert.

251 ›Les deux Pigeons‹. La Fontaine, Fabeln IX, 2.

Biographische Notizen über die Romangestalten

Béatrix

AJUDA PINTO, Miguel, Marquis d', entstammte einer sehr reichen und sehr alten portugiesischen Familie. 1819 war er seit drei Jahren der Geliebte der Vicomtesse de Beauséant, als er sie verließ und Berthe de Rochefide heiratete (›Vater Goriot‹; ›Glanz und Elend der Kurtisanen‹). 1832 verkehrte er noch immer in den höchsten Pariser Kreisen; er nahm an einer Abendgesellschaft der Marquise d'Espard teil (›Die Geheimnisse der Fürstin von Cadignan‹).

CANALIS, Constant-Cyr-Melchior, Baron de, Dichter, Haupt der ›Seraphischen Schule‹, geboren 1800 in Canalis. Zu Beginn seines literarischen Ruhms (1821) wurde er der Liebhaber der stolzen Herzogin von Chaulieu, die ihn veranlaßte, die diplomatische und politische Laufbahn einzuschlagen (›Memoiren zweier Jungvermählter‹). Aber sie war sehr eifersüchtig und vereitelte 1829 die von ihm begehrte Heirat mit Modeste Mignon (im Roman dieses Titels). Trotz der Emphase und Eitelkeit, die er in den elegantesten Salons bekundete (›Das Chagrinleder‹; ›Zweite Frauenstudie‹), heiratete er aus Geldgründen 1838 die Tochter Moreaus, eines bürgerlichen, sehr reichen Gütermaklers und ehemaligen Verwalters des Grafen de Sérisy (›Ein Lebensbeginn‹). 1845 wurde er Abgeordneter (›Die Komödianten wider ihr Wissen‹).

COUTURE, Journalist und Sachwalter, wurde 1836 durch Bixiou über den Ursprung des Vermögens des Bankiers de Nucingen aufgeklärt (›Das Bankhaus Nucingen‹); 1846 verwickelte er Cérizet (›Verlorene Illusionen, III. Teil‹) in eine Spekulation mit Grundstücken in der Nähe der Madeleine (›Die Kleinbürger‹).

DU GUENIC, Gaudebert-Calyste-Charles, Baron de, geboren 1763, nahm an den großen Kriegen in der Vendée teil, war einer der Befehlshaber der Chouans (›Die Königstreuen‹) und 1799 Trauzeuge der Eheschließung in extremis zwischen Alphonse de Montauran und Marie de Verneuil.

DU HALGA, Chevalier, war während der Restauration der ständige Begleiter seines Freundes, des Admirals Grafen de Kergarouët, gewesen, wenn der Admiral zum Whistspielen bei Mme de Rouville ging (›Die Börse‹).

DES TOUCHES, Félicité, begeisterte sich stets für junge Talente, hatte unter der Restauration Joseph Bridau in dessen Anfängen protegiert (›Die Fischerin im Trüben‹) und ebenso Lucien de Rubempré, den sie mit Geld unterstützte (›Verlorene Illusionen‹). Obwohl Legitimistin, schloß sie nach der Juli-Revolution ihren Salon nicht (›Zweite Frauenstudie‹) und war taktvoll bemüht, Marie de Vandenesse vor den Verirrungen ihres Herzens zu bewahren (›Eine Evastochter‹). 1836, als sie sich der Liebe Calystes du Guénic versagte, hatte sie gerade mit Claude Vignon eine Italienreise gemacht, auf der sie in Genua aus dem Munde Horaces de l'Hostal die Geschichte der Ehenöte des Grafen de Bauvan gehört hatte (›Honorine‹).

FINOT, Andoche, hatte ziemlich kläglich als Schreiber von Reklameartikeln begonnen: er verfaßte 1818 den Prospekt für das von César Birotteau erfundene Haaröl (›César Birotteau‹). Später war er Chefredakteur von Zeitungen und Zeitschriften, zumal einer kleinen Theaterzeitung; er war der Trauzeuge Philippe Bridaus (›Die Fischerin im Trüben‹). 1821 brachte Lucien de Rubempré seine ersten Arbeiten in jener Zeitung unter, an der auch Lousteau, Vernon, Nathan und du Bruel mitarbeiteten (›Verlorene Illusionen‹). 1824 traf Finot auf dem Opernball Lucien de Rubempré wieder (›Verlorene Illusionen‹). Im gleichen Jahr stellte Finot seine Zeitung Rabourdin zur Verfügung (›Die Beamten‹). 1825 nahm er an der Orgie im Rocher de Cancale teil, die in Florines Wohnung endete (›Ein Lebensbeginn‹). Fortan bekam er festen Boden unter die Füße: 1831 hatte er ein Einkommen von 30 000 Francs und stand im Begriff, Staatsrat zu werden (›Der berühmte Gaudissart‹). 1836 nahm er großes Interesse am Vermögen Nucingens (›Das Bankhaus Nucingen‹).

GARS, LE, Spitzname des Marquis de Montauran (›Die Königstreuen‹).

GRANDLIEU, Herzogin von, geborene d'Ajuda, war die einzige ihrer Familie, die Lucien de Rubempré gut aufnahm, als er 1829 um die Hand ihrer Tochter Clotilde anhielt (›Glanz und Elend der Kurtisanen‹).

GRANDLIEU, Clotilde-Frédérique de, Tochter des Herzogs Ferdinand de Grandlieu, geboren 1802, ein großes, dunkles, flachbrüstiges Mädchen, liebte Lucien de Rubempré, der sich ihres Vermögens wegen um sie bewarb. Die Bindung fand durch Luciens Verhaftung und Selbstmord 1830 ein jähes Ende (›Glanz und Elend der Kurtisanen‹).

GRANDLIEU, Marie-Athénaïs de, jüngste Tochter des Herzogs Ferdinand de Grandlieu, geboren um 1820, heiratete tatsächlich ihren Vetter, den Vicomte Juste de Grandlieu, auf den der Titel des Vaters überging. Sie empfing Marie de Vandenesse, die damals in Nathan verliebt war (›Eine Evastochter‹).

KERGAROUËT, Emilie, Gräfin de, geboren 1802, jüngste der Töchter des Grafen de Fontaine, verliebte sich um 1830 in Maximilien Longueville, wies ihn aber ab, anstatt ihn zu heiraten. Statt dessen heiratete sie ihren Großonkel, den Admiral de Kergarouët (›Der Ball zu Sceaux‹). Sie war tugendsam, aber mehr aus Angst um ihr Geld als aus Liebe zur Tugend und gab ihrem Vetter Savinien de Portenduère, der sehr in sie verliebt war, einen Korb (›Ursule Mirouët‹); als sie Witwe geworden war, heiratete sie den Grafen Charles de Vandenesse (›Eine Evastochter‹).

LA PALFERINE, Charles-Edouard Rusticoli, Graf de, geboren 1802, Abkömmling der Stuarts durch die Gräfin d'Albany. Er war sehr arm, aber dennoch der Typus des eleganten Bohémiens von tadellosem Benehmen und Phantasie. Als großer Herr, Fechter und sogar beinahe Schriftsteller machte er sich einen Spaß daraus, sein Spiel mit Vermögen, Stellung und Ehre der Mme du Bruel zu treiben (›Ein Fürst der Bohème‹). 1842 gelang es ihm durch das Dazwischentreten Paz' nicht, die Gräfin Laginska zu entführen (›Die falsche Geliebte‹).

MONTAURAN, Alphonse, Marquis de, hatte schon zu Beginn der Revolution mit La Billardière und dem Grafen de Fontaine bei dem Parfümfabrikanten Ragon, dem Vorgänger Birotteaus, Komplotte geschmiedet (›César Birotteau‹). 1799 war er Führer der Chouans und bekämpfte die Blauen in der Gegend von Fougères. Er verliebte sich in Marie de Verneuil, heiratete sie und wurde mit ihr am Tag nach der Hochzeit getötet (›Die Königstreuen‹).

NATHAN, Raoul, hatte 1821 mit einem Roman debütiert, den Lucien de Rubempré nacheinander verriß und lobte (›Verlorene Illusionen‹, II. Teil; ›Glanz und Elend der Kurtisanen‹). Später war er Mitarbeiter von M. und Mme Marie Gaston an einem Drama, das großen Erfolg hatte (›Memoiren zweier Jungvermählter‹). Nathan war der Freund von Philippe Bridau und sein Trauzeuge, als er die ›Fischerin im Trüben‹ (im Roman gleichen Titels) heiratete. Er war auch mit Florentine Cabirolle befreundet (›Ein Lebensbeginn‹), mit Etienne Lousteau und Madame de la Baudraye (›Die Muse des Départements‹). Schließlich heiratete er seine alte Geliebte Florine (›Die Komödianten wider ihr Wissen‹).

PORTENDUERE, Savinien, Vicomte de, geboren 1806, führte zunächst ein sehr lockeres Leben im Kreis der ›Löwen‹ der Restauration, machte Schulden, verliebte sich erfolglos in die Gräfin de Sérisy (›Glanz und Elend der Kurtisanen‹), dann in seine Kusine, die Gräfin de Kergarouët. Schließlich wurde er durch den Ruin des Doktor Minoret gerettet. Dessen Mündel Ursule Mirouët verliebte sich in ihn, brachte ihn durch ihre Liebe wieder zu sich selbst und heiratete ihn nach mancherlei Widrigkeiten (›Ursule Mirouët‹).

ROCHEFIDE, Béatrix, Marquise de, geborene de Casteran, besuchte 1830 den Salon der Lanty, wo ihr die Geschichte Sarrasines (in der Novelle dieses Titels) erzählt wurde. 1835 beteiligte sie sich nach Kräften daran, die Tugend der Gräfin de Vandenesse zu erschüttern (›Eine Evastochter‹). Sie verliebte sich in La Palférine (›Ein Fürst der Bohème‹).

TRAILLES, Maxime, Graf de, Abenteurer und Condottiere der hohen Pariser Gesellschaft. Er hatte sich ruiniert und ruinierte seine Geliebten, zuerst Mme de Restaud (›Vater Goriot‹; ›Gobseck‹). Er konnte sich immer nur durchschwindeln (›Ein Geschäftsmann‹). Doch durch seine Geschicklichkeit machte er sich Hochstehenden nützlich: er protegierte Savinien de Portenduère (›Ursule Mirouët‹), wurde von Henry de Marsay mit heiklen Missionen betraut (›Die Geheimnisse der Fürstin von Cadignan‹) und wurde schließlich gegen Ende der Regierungszeit Louis-Philippes regierungstreuer Abgeordneter.

VIGNON, Claude, geboren 1799, durchdringender Psychologe, tiefschürfender, sicherer Kritiker, war bereits 1821 in der Welt der Literatur berühmt (›Verlorene Illusionen‹). 1835 schrieb er Kritiken hohen Ranges in Nathans Zeitung (›Eine Evastochter‹). 1836 unternahm er mit Camille Maupin eine Italienreise, auf der beide in Genua die Geschichte der ehelichen Mißgeschicke des Grafen de Bauvan anhörten (›Honorine‹). Um 1838 war er Sekretär des Kriegsministers Cottin, Herzogs von Weißenburg (›Tante Bette‹). 1845 war er Bearbeiter der Bittschriften im Staatsrat und erhielt schließlich einen Lehrstuhl an der Sorbonne (›Die Komödianten wider ihr Wissen‹).

HONORÉ DE BALZAC

Die Menschliche Komödie

Dünndruckausgabe in 12 Bänden

I

Balzac. Sein Leben und Werk

SITTENSTUDIEN

Das Haus ›Zum ballspielenden Kater‹

Der Ball zu Sceaux

Memoiren zweier Jungvermählter

Die Börse

Modeste Mignon

Ein Lebensbeginn

II

Szenen aus dem Privatleben

Albert Savarus · La Vendetta

Eine doppelte Familie · Ehefrieden

Madame Firmiani · Eine Frauenstudie

Die falsche Geliebte

Eine Evastochter

Die Botschaft · Die Grenadière

Die Verlassene · Honorine

Béatrix

III

Szenen aus dem Privatleben

Gobseck

Die Frau von dreißig Jahren

Vater Goriot

Oberst Chabert

Die Messe des Gottesleugners

Die Entmündigung

Der Ehekontrakt

Zweite Frauenstudie

Szenen aus dem Provinzleben

Ursule Mirouët

IV

Szenen aus dem Provinzleben

Eugénie Grandet

Die Ehelosen:

1. Pierrette

2. Der Pfarrer von Tours

3. Die ›Fischerin im Trüben‹

Die Pariser in der Provinz:

1. Der berühmte Gaudissart

2. Die Muse des Départements

V

Szenen aus dem Provinzleben

Die Nebenbuhler:

1. Die alte Jungfer

2. Das Antiquitätenkabinett

Verlorene Illusionen:

1. Die beiden Dichter

2. Ein großer Mann aus der Provinz in Paris

3. Die Leiden des Erfinders

VI

Szenen aus dem Pariser Leben

Geschichte der Dreizehn:

Vorrede

1. Ferragus

2. Die Herzogin von Langeais

3. Das Mädchen mit den Goldaugen

César Birotteau

Das Bankhaus Nucingen

Glanz und Elend der Kurtisanen:

1. Wie leichte Mädchen lieben

VII

Szenen aus dem Pariser Leben

Glanz und Elend der Kurtisanen:
2. Was alte Herren sich die Liebe kosten lassen
3. Wohin schlechte Wege führen
4. Vautrins letztes Abenteuer

Die Geheimnisse der Fürstin von Cadignan
Facino Cane
Sarrasine
Pierre Grassou

Die armen Verwandten:
1. Tante Bette

VIII

Szenen aus dem Pariser Leben

Die armen Verwandten:
2. Vetter Pons

Ein Geschäftsmann
Ein Fürst der Bohème
Gaudissart II
Die Beamten
Die Komödianten wider ihr Wissen
Die Kleinbürger

IX

Szenen aus dem Pariser Leben

Die Kehrseite der Zeitgeschichte:
1. Madame de la Chanterie
2. Der Aufgenommene

Szenen aus dem politischen Leben

Eine Episode aus der Zeit der Schreckensherrschaft
Eine dunkle Begebenheit
Der Abgeordnete von Arcis
Z. Marcas

Szenen aus dem Soldatenleben

Die Königstreuen
Eine Leidenschaft in der Wüste

X

Szenen aus dem Landleben

Die Bauern
Der Landarzt
Der Dorfpfarrer
Die Lilie im Tal

XI

PHILOSOPHISCHE STUDIEN

Das Chagrinleder

Jesus-Christus in Flandern

Melmoth

Massimilla Doni

Das unbekannte Meisterwerk

Gambara

Der Stein der Weisen

Das verstoßene Kind

Lebwohl

Die Marañas

Der Aufgebotene

El Verdugo

Ein Drama am Meeresufer

Meister Cornelius

Die rote Herberge

XII

PHILOSOPHISCHE STUDIEN

Katharina von Medici

Das Lebenselixier

Die Verbannten

Louis Lambert

Seraphita

ANALYTISCHE STUDIEN

Physiologie der Ehe

Die kleinen Nöte des Ehelebens